国家出版基金项目
NATIONAL PUBLICATION FOUNDATION

國家出版基金項目

教育部哲學社會科學研究重大課題攻關項目

「十一五」國家重點圖書出版規劃項目·重大工程出版規劃
國家社會科學基金重大項目
北京大學「九八五工程」重點項目

儒藏

精華編七七册
經部春秋類

儒藏

精華編

北京大學《儒藏》編纂與研究中心

《儒藏》精華編第七七册

首席總編纂　季羡林

項目首席專家　湯一介

總　編　纂　湯一介　龐　樸　孫欽善　安平秋（按年齡排序）

本册主編　姜廣輝

《儒藏》精華編凡例

一、中國傳統文化以儒家思想爲中心。《儒藏》爲儒家經典和反映儒家思想、體現儒家經世做人原則的典籍的叢編。收書時限自先秦至清代結束。

二、《儒藏》精華編爲《儒藏》的一部分，選收《儒藏》中的精要書籍。

三、《儒藏》精華編所收書籍，包括傳世文獻和出土文獻。傳世文獻按《四庫全書總目》經史子集四部分類法分類，大類、小類基本參照《中國叢書綜録》和《中國古籍善本書目》，於個别處略作調整。凡單書已收入入選的個人叢書或全集者，僅存目録，並注明互見。出土文獻單列爲一個部類，原件以古文字書寫者一律收其釋文文本。韓國、日本、越南儒學者用漢文寫作的儒學著作，編爲海外文獻部類。

四、所收書籍的篇目卷次，一仍底本原貌，不選編，不改編，保持原書的完整性和獨立性。

五、對入選書籍進行簡要校勘。以對校爲主，確定内容完足、精確率高的版本爲底本，精選有校勘價值的版本爲校本。出校堅持少而精，以校正誤爲主，酌校異同。校記力求規範、精煉。

六、根據現行標點符號用法，結合古籍標點通例，進行規範化標點。專名號除書名號用角號（《》）外，其他一律省略。

七、對較長的篇章，根據文字内容，適當劃分段落。正文原已分段者，不作改動。千字以内的短文一般不分段。

八、各書卷端由整理者撰寫《校點説明》，簡要介紹作者生平、該書成書背景、主要内容及影響，以及整理時所確定的底本、校本（舉全稱後括注簡稱）及其他有關情況。重複出現的作者，其生平事蹟按出現順序前詳後略。

九、本書用繁體漢字豎排，小注一律排爲單行。

《儒藏》精華編第七七册

經部春秋類

左傳之屬

春秋大事表

〔清〕顧棟高 撰
崔冠華 校點

目録

七七册

七八册

七九册

校點說明

《春秋大事表》，清顧棟高撰。顧棟高（一六七九—一七五九），字震滄，又字復初，晚年自號左畬，江蘇無錫人。康熙六十年（一七二一）進士，授內閣尚書。雍正元年（一七二三），因奏對越次而罷職。乾隆七年（一七四二），掌教淮陰書院。十六年，授國子監司業，因年老不任職，改賜司業銜。是時恰逢皇太后大壽，顧氏入京祝賀，受到高宗召見。因提及吳地鄙俗，勸諫高宗躬行節儉，高宗嘉賞，特賜七言律詩兩首。二十二年，高宗南巡，再次召見，加祭酒銜，並賜御書「傳經耆碩」四字。二十四年卒於家，享年八十一歲。顧氏一生致力於儒家經典的研究，著述頗豐。據《清史稿》載，有《尚書質疑》二卷、《毛詩類釋》二十一卷《續編》三卷、《大儒粹語》二十八卷（有學者考證《大儒粹語》作者非顧棟高，而是顧棟南。詳參二〇〇六年台灣大學魏千鈞碩士論文《顧棟高〈春秋大事表〉研究》）。又據《無錫金匱縣志》記載，顧氏著有《毛詩訂詁》三十卷、《儀禮指掌宮室圖》，還有《司馬温公年譜》十卷、《王荆公年譜》五卷以及《萬卷樓文集》十二卷。又據《春秋大事表》，顧氏曾參編《河南省志》與《淮安府志》。顧氏於《春秋》學用力最深，成就最高，也最爲後人所推崇。

據顧氏自叙，《春秋大事表》的主體部分成書於雍正十二年至乾隆十三年。此書前有御製詩兩首，顧氏總序一篇，友朋序書六篇，顧氏自輯《春秋綱領》、《讀春秋偶筆》及《凡例》二十條。正文共五十卷，有的卷下又分若干子卷，故自序「爲目五十，爲卷六十有四」。將《春秋》及三傳所載春秋列國諸事分門別類，製成五十表，即時令、朔閏、長曆拾遺、疆域、爵姓及存滅、地形犬牙相錯、都邑、山川、地形險要、官職、姓氏、卿大夫世系、刑賞、田賦軍旅、吉禮、凶禮、賓禮、軍禮、嘉禮、王迹拾遺、魯政下逮、晉中軍、楚令尹、宋執政、鄭執政、齊楚爭盟、宋楚爭盟、晉楚爭盟、吴晉爭盟、齊晉爭盟、秦晉交兵、晉楚交兵、吴楚交兵、吴越交兵、齊魯交兵、魯邾莒交兵、宋鄭交兵、城築、四裔、天文、五行、三傳異同、闕文、齊紀鄭許宋曹吞滅、亂賊、左傳兵謀、三經、杜註正譌、人物、列女。各表先引述經傳記載，後列杜註、孔疏以及前儒的論説，並附顧氏考證。另有《春秋列國地形口號》和《春秋五禮源流口號》兩篇口號。每表和口號前均有叙，《春秋時令表》和《春秋列國疆域表》後各有一篇後叙，故全書共有五十四篇叙。表後還有論、説、考、辨等共七十七篇，考辨表中相關問題，以補表體的局限性。全書後附《春秋輿圖》一卷，刻繪春秋各諸侯國地理風貌，以文釋圖。《春秋大事表》卷帙浩繁，但有條不紊，原原本本，是《春秋》學研究的總結性之作。《四庫全書總目》對此書評價極高，認爲「條理詳明，考證典核」，「其辨論諸篇，皆引據博洽，議論精確，多發前人所未發」，也指出其體例上的缺點：「體例之間，往往互相出入」，「可以循次而書者，原可無庸立表，棟高事事表之，亦未免繁碎。至參以七言歌括，於著書之體亦乖」。此後梁啟超、錢穆等人都是褒多於貶，給予較高的評價。

《春秋大事表》最早的刻本是顧棟高自刻萬卷樓本。自乾隆十一年開雕，至乾隆十四年竣工，每半葉十一行，行二十五字，版心下刻「萬卷樓」三字，卷末有校字者姓名。書前刻有乾隆御製題詩兩首。書後所附《春秋輿圖》爲乾隆十四年鐫刻，以朱墨兩色套印，卷尾牌記「吴門王堂九成氏書，錫山何允生子厚氏鐫」。《四庫全書》收入《春秋大事表》。同治十二年（一八七三）山東尚志堂、光緒十四年（一八八八）陝西求友齋分别據萬卷樓本重刻此書。光緒十四年，王先謙刊成《皇清經解續編》，所收《春秋大事表》亦據萬卷樓本重刻。一九九三年，今人吴樹平、李解民點校《春秋大事表》由中華書局出版，對此書進行了全面系統整理。

本次點校整理，以萬卷樓刻本爲底本，以影印文淵閣《四庫全書》本與《皇清經解續編》本爲校本，並參校了一些相關典籍。整理過程中參考了吴樹平、李解民二位先生的點校成果，兹向兩位前輩致以謝意。原書中避清帝諱或孔子諱者，如「玄」作「元」、「曆」作「歷」、「丘」作「邱」等字逕回改，不出校。

校點者　崔冠華

御製詩

老不中書尚著書，皤然鶴髮被簪裾。澹辭待詔來金馬，榮爲通經到玉除。詎曰宸嚴常穆若，欲諮民隱便傷如。題屏合倣王家例，一語還淳足起予。

文章風雅數東吴，誰似沉潛味道腴。爲慕談經虚左席，用宏錫類慰慈烏。從教馬鬣榮光賁，要使蓬門義路趨。不是沉香呼學士，貂璫扶掖重醇儒。

乾隆壬申新春御筆賜司業顧楝高

春秋大事表總叙

憶棟高十一歲時，先君子静學府君手抄《左傳》全本授讀，曰：「此二十一史權輿也，聖人經世之大典於是乎在。小子他日當志之。」年十八，受業紫超高先生。時先母舅霞峰華氏方以經學名世，數舉《春秋》疑義與先生手書相辨難。竊從旁飫聞其論，而未心識其所以然。二十一，先君見背，讀《儀禮·喪服》，旁及《周官》、《戴記》，而於《春秋》未暇措手。年二十七八，執筆學爲古文，始深識《左氏》文章用意變化處，而嗤近日所評提掇照應者爲未脱兔園習氣。然於先君提命之旨及兩先生所往復辨論者，未之及也。雍正癸卯歲，蒙恩歸田，謝絶勢利，及悉發架上《春秋》諸書讀之，知胡氏之《春秋》多有未合聖心處，蓋即開章「春王正月」一條，而其背違者有二：其一謂《春秋》以夏時冠周月，是謂夫子以布衣而擅改時王之正朔也；其一謂不書「即位」爲首絀隱公以明大法，是夫子以魯臣子而貶黜君父也。其餘多以復讎立論。是文定之《春秋》，而非夫子之《春秋》，非夫子之《春秋》，即非人心同然之《春秋》。又《春秋》强兼弱削，戰爭不休，地理爲要。學《春秋》而不知地理，是盲人罔識南北也。雨雹霜雪，失時爲災；蒐田城築，非時害稼，時日尤重。學《春秋》而不知時日，是朝菌不知晦朔也。用是不揣愚陋，覃精研思，廢寢與食。家貧客遊，周歷燕、齊、宋、魯、陳、衛、吴、楚、越之墟，所至訪求《春秋》地理。足所不至，則詢之遊人過客、輿夫厮隸。乃始創意爲表，爲目五十，爲卷六十有四。

首列《時令表》，明商、周皆改時改月，以正胡氏及蔡氏《書傳》之非。於《吉禮表》，詳列十二公即位或不書「即位」，明夫子當日皆是據實書，以正聖人以天自處貶削君父之謬。列《朔閏》及《長曆拾遺》二表，以補杜氏之《長曆》，而春秋二百四十二年之時日屈指可數。列《疆域》及《犬牙相錯》五表，以補杜氏之《土地名》，而春秋一百四十國之地里聚米可圖。郊禘社雩、崩薨卒葬、蒐田大閱、會盟聘享、逆女納幣，雜然繁夥，列吉、凶、賓、軍、嘉《五禮表》，以紀春秋天子、諸侯禮儀上陵下僭之情形。税以足食，賦以足兵，乃魯税畝而田制壞，作丘甲而兵制亦壞，列《田賦軍旅表》，以志强臣竊命、損下剥上之實。霸統興而王道絶，周室夷爲列國；霸統絶而諸侯散，列國淆爲戰争。列《争盟》凡五、《交兵》凡七，以紀春秋盛衰始終、矜詐尚力、强弱并吞之世變。晉、楚争衡，互爲勝負，其當國主兵事者，《左氏》備載其人，列《晉中軍》、《楚令尹表》，以志二國盛衰强弱之由。宋、鄭爲天下之樞，晉、楚交争，宋、鄭尤被其害。子産有辭而諸侯是賴，向戌爲弭兵之説而中夏遂靡，列宋、鄭二《執政表》，以志二國向背關於天下之故。周室頽綱，魯亦守府，自襄王錫晉南陽而勢益不振，魯自僖公賜費而季日益强，列《王迹拾遺》、《魯政下逮》二表，以志周、魯陵遲，尾大不掉之漸。禘即祫，祫即禘，一祭二名，而朱子取趙伯循説，謂祭始祖所自出，殊不知帝嚳原非稷、契之父，《生民》、《長發》皆商、周尊祖禘祀之樂歌，斷無稱母而不稱父之理。著《禘祫説》，以明《戴記》、《祭法》、《大傳》之誣。去姜存氏，去氏存姜，不成文理，杜、孔已斷爲闕文，宋儒謂各有意義，殊不知文姜、哀姜之罪惡豈待去其姓氏而明。況上下截去一字，人復知爲誰某，聖人無此弄巧文法以俟後人推測之理。列《闕文表》，以一掃後儒穿鑿支離之翳。三傳各執一説，黨枯護朽，此是彼非，使學者茫然岐路，靡所適從。列《三傳異同表》，酌以義理，衷於一是，以祛後日説經雷同偏枯之弊。蠻夷戎狄，種類雜出，地界既殊，稱名復混，列《四裔表》，别其部落，詳其姓氏，以正史遷允姓姬宗目爲兄弟之妄。戰爭滋興，技巧益甚，決機兩陳，制變無方，列《兵謀表》，以志孫武、吴起、《六韜》、三略之始。文王囚羑里而演《周易》，周公成王業而作《詩》、《書》，一時學士大夫占筮決疑，歌詩贈答，引物知類，千里同風。列《三經表》，以志漢、宋儒者經説傳義之祖。大河遷徙，從古不常，而周定王五年河徙，係己未，爲魯宣之七年。《春秋》以河爲境者六國，獨係於衛，列《河未徙》與《已徙》二圖，以志《春秋》與《禹貢》河流遷變之自。此皆有關於經義之大者。既著叙論百餘首，復編《口號》，以便學者之記誦。

蓋余之於此泛濫者三十年，覃思者十年，執筆爲之者又十五年，始知兩先生於此用心良苦。先母舅霞峰先生博稽衆説，無美不收；高先生獨出心裁，批郤導窾。要皆能操戈入室，洞徹閫奥，視宋儒之尋枝沿葉、拘牽細碎者，蓋不啻什伯遠矣。余小子鈍拙無似，得藉手以告其成，以無負先君子提命之旨與兩先生衣被沾溉、耳濡目染之益。謹述其緣起以識於首簡，命之曰《春秋大事表》云。乾隆十三年戊辰八月錫山顧棟高書。

方苞書

近世治經者有二患：或未嘗一涉諸經之樊，前儒之説罕經于目，而自作主張，以爲心得，不知皆膚學舊説，前賢已辨而絀之矣；或摭拾陳言，少變其辭氣，而漫無所發明。吾子寄示《春秋大事表》，凡漢、唐、宋、元人之書皆博覽而慎取之。其辨古事，論古人，實能盡物理，即乎人心。此僕所以許爲之序而不辭也，而負諸責以至於今，則有説焉。鄖安溪李文貞公《周易通論》初成，屬余序之。愚自忖于《易》概乎未有所明，覺虚爲讚美之言，無質榦可附以立也。高淳張彝歎少與余共治《春秋》，及書成，以道遠難致，要言他日必爲之序。今僕治《儀禮》，九易稿而未能盡通。若舍己所務，究切李、張之書，則力不能給。後二故人所屬而先新知之請，則心不能安，故南歸後新安程起生晨夕相見，而所著《易通》至今未序也。若天幸《儀禮》之業得終，李、張二書既序，當次第及之。太倉顧玉亭亦言有詁釋古書數種，欲寄余訂正。聞其身近已淹忽，歐公所云「勤一世以盡心於文字」，洵可悲也。不識其書已成否？吾子與久故，宜問其家人。餘不宣。苞頓首。

華希閔序

吾友顧子震滄輯《春秋大事表》，凡五十卷，屬余一言爲之序。余既卒讀，作而嘆曰：「此自有《春秋》以來所絶無而僅有之書也。」古來傳《春秋》者三家，而近世功令宗胡氏。顧《春秋》藉是而明，亦由是而晦。何則？《公》、《穀》好以日不日、月不月立例。其弊也，前以不日爲信，後以不日爲渝；又多以闕文强生義例，至以紀子進爵爲侯，啟漢世隆寵外戚之漸。《左氏》好以稱族舍族、稱名稱字立例。其弊也，於孔父、仇牧、荀息、泄冶之死節則多加責備，於里克、夏徵舒之行弑則歸咎其君。貶抑忠義，寬假亂賊，而《春秋》之旨於是乎一晦。《左傳》之誤，杜氏祖述之，而《公》、《穀》之誤，則杜氏、孔氏、啖、趙、陸氏及有宋孫明復氏、劉敞氏亦既辨之不遺餘力矣。胡文定當介甫蔑棄《春秋》之後，力崇聖經，矯枉過正，舉其斷闕者，悉以爲書法所存，復鼓《公》、《穀》之餘焰。且時值靖康，經筵進講多指復仇立説，是南宋之《春秋》而非夫子之《春秋》，而《春秋》之旨於是乎再晦。胡氏之説行百有餘年，諸儒復心知其非，迭加攻擊。至趙木訥氏、家則堂氏遂欲撥棄《左傳》事實，專以經文前後揣摩億度，增造事端，與郢書燕説無異，而《春秋》之旨於是乎三晦。嗚呼！《春秋》一書蒙障二千餘載，非得好學深思之君子，烏能折衆説以歸於一是乎！

余於此經研窮五十年，竊謂善讀《春

秋》者，前惟清江劉仲修，今惟桐城方靈皋，與震滄而三。震滄幼承其舅氏之教，垂老創爲《大事表》一書，歷十五年而成。瓜疇芋區，亦復絲牽繩貫，大旨謂諸儒説經之病有四。其一在以一字爲褒貶，而不知《春秋》之教，比事屬辭，是非得失，直書而義自見。其一在以闕文而强生枝節，不知《春秋》不掌於太史，歿後數十年迺出，故闕誤比他經爲多，無容强爲之説。其一在以傳求經，文十六年楚人、秦人、巴人滅庸，胡氏謂蔿賈善謀國，故與秦並列，以減其罪。夫《春秋》謹夷夏之防，豈反有愛於楚。前者秦輔晉攘楚，今乃從楚撓晉，故特書以志晉、楚之盛衰。其一以《春秋》辨王伯，謂不與桓、文。夫斥伯無如孟氏，而曰「其事則齊桓、晉文」，晉伯息而《春秋》終矣。文、武之天下不至被髮左衽者，全在召陵、城濮，不必以蔡姬與修怨深加苛論。其於三傳不全信，亦不全棄，惟參觀經文前後數十年之事，平心以求其是。一切義例概爲掃除，而聖人之心如日中天矣。此皆其説經之大者。至其論禘則宗鄭氏，謂祭感生帝，徵諸《大雅》之《生民》與《商頌》之《長發》，而不從史遷稷、契父帝嚳之説。論河道則謂周定王五年河徙爲魯宣之七年，《春秋》以河爲境者六國，而衛獨當其衝。前後渡河處各以本朝地界證實之，尤爲千古之未發。書既成，震滄專以授徒，不欲行世。諸同人愛而争抄，手腕爲疲，各踴躍捐貲付刻以公同好。余以系名其端爲幸云。乾隆十三年戊辰二月望日老友華希閔。

楊繩武叙

梁溪顧震滄先生以所著《春秋大事表》屬余叙。余卒讀，喟然歎曰：《春秋》一書，尊王攘夷而重霸。尊王故尊周，尊周故并親魯；攘夷故擯楚，擯楚故并惡吴、越。尊王攘夷，非霸者不可，故重霸。重霸故予桓、文，予桓、文而秦穆、楚莊雖入于夷，事有近于霸，則聖人兼有取焉。此《春秋》之大略也。説《春秋》者，自《左》、《公》、《穀》三傳而外不下百什家。大約自唐以前，説經者各據傳，則三傳互有主客；自唐以後，尊經者多棄傳，則三傳漸若贅瘤。夫六經皆説理之書，而《春秋》獨爲記事之筆。《漢・藝文志》云：「孔子觀書于太史氏，據魯史而作《春秋》，左丘明述本事而爲之傳，明夫子不以空言説經也。」則《春秋》所重尤在事，而《春秋》之事當以《左氏》爲斷。故胡康侯亦曰「事莫備於《左氏》」。但事之大小不同，或合數十事而無與重輕，或一二事而係天下治亂盛衰之故。若不表而出之，則事無所統紀，而聖人筆削之指歸終無以昭揭于天下，萬古如長夜，此先生所以有《春秋大事表》之作也。

事莫大于改朔。而謂「春王正月」乃夫子以夏時冠周月，又曰改時不改月，是無王也。是故表時令一本朱子之説，主用周正，而尊王之義明。事莫大於正始。隱公元年不書「即位」，魯史舊文也，而謂夫子以天自處，首黜公以明大法，是誣魯也。是故表吉禮，明十二公書「即位」不書「即位」之實，以見孔子無擅自黜公之事，而親魯之義明。自晉啟南陽而周益衰，魯賜季氏費而魯益弱，此周、魯下替之漸，兩國大事也。是故表王迹拾遺、魯政下逮而尊王親魯之義益明。春秋以前諸侯無僭王者，僭之自楚始，歷武、文、成、莊而其焰益熾。齊桓崛起，首折其角，晉文代興，復扼其吭，召陵受盟，城濮敗績，厲、悼繼之，鄢陵再創，蕭魚三駕，而楚始不能與晉争。此尤夷夏進退之機，霸業盛衰之界，爲春秋第一件大事也。是故表晉、楚之交兵争盟而攘夷之義明、重霸之義明。時秦亦起自西戎而三置晉君，義聲頗著，又嘗從晉以勤王，助晉以犄楚，事皆近霸。楚雖猾夏，然討徵舒之罪，許宋、鄭之平，有霸者之風。至於吴，晉雖用以斃楚，而柏舉之師以班處宫，非霸者事。闔廬貪暴，夫差荒淫，黄池之争長未定。於越之入吴，已亟霸亦不終。勾踐之狡詐猜忌已開戰國之習，去春秋之霸遠矣。是故表齊晉、秦晉、晉吴、吴楚、吴越交兵争盟之事，而攘夷以重霸之義愈明。春秋之初，鄭莊有創霸之心，其後宋襄有求霸之事，而皆阻於力之不及。然兩國當天下之衝，固霸者之所必争，而其從違向背，亦霸者所視以爲盛衰者也。故其會盟征伐亦不可以不表。其他大如魯、衛，小如邾、莒，以及陳、許、曹、蔡之屬，亦時有蟻穴之争，螳臂之鬭，無與天下大勢，則從略焉。春秋時，世卿執政，故當國之人最重。當國得其人，則强者以興，弱者以存；不得其人，則强者召亂，弱者致敗。所謂國以一人興、以一人亡者，亦大事也。如晉中軍、楚令尹、宋鄭執政皆是也，皆不可以不表。弑逆大惡，滅亡大故，災異大變，《春秋》所載，不止弑君三十六、亡國五十二，日食星隕之不可勝計也。然世有霸主，則亂賊見討，遇災而懼，存亡繼絶之義猶有行之者，霸亡而此義遂熄矣，是亦不可以不表。郊禘大禮，而敢於僭；婚喪亦大禮，而敢于瀆且亂。以至過賓往來，治軍寬猛，覘國者每以其有禮、無禮卜勝負、占禍福焉。五禮皆大事也，不可以不表。《朔閏表》本杜氏之《長曆》，而補其缺略。《疆域表》本杜氏之《土地名》，而詳其沿革。《人物表》仿班氏《漢書》之例，然《漢書》乃一代之史，而上及羲、黄，列爲九等，高下亦多舛誤，兹則人非春秋時者不列，而位置高下亦較核。至于黄河之遷徙不常，四裔之種落各異，亦考古者所當究心之事，兩表尤前人之所未及也。孔子曰：「吾猶及史之缺文也。」《公羊傳》曰：「所見異辭，所聞異辭，所傳聞又異辭。」則夫史之缺文與其同異，大概各因其舊，作史者所不免也。而必欲字字生義，以爲有意缺之而異同之，且謂聖人之褒貶在是，則附會穿鑿之病轉以益滋。是故表《春秋》之缺文，則《春秋》之真面目自出；表三傳之同異，而三傳之得失亦自見矣。若夫有表必有序，有序必有論，有論兼有辨、有説，更編爲口號，以便人之記誦。或古人之所信而辨其誣，或古人之所疑而證其是，或貶古人之所褒，或褒古人之所貶，皆出于震滄之苦心獨斷，而實核其事之至當與理之不易者，初未嘗以私意參之者也。要其大指，總不越乎尊王攘夷，尊王攘夷，總不外乎重霸。蓋春秋之時，固不可一日而無霸者也。孟子無道桓、文，聖人則思王者不得，降而思霸，思霸正所以維王迹也。邵子《皇極經世》一書以皇、帝、王、霸配《易》、《書》、《詩》、《春秋》，其深識此意也夫！

夫學者著書立説，有文人之書，有學人之書，有儒者之書。文人之書持論極工而事未必核，學人之書紀事極核而理未必正，儒者之書説理極正而又不免於迂。康侯之傳，儒者之書也；《左》、《公》、《穀》三傳，學人之書也；唐、宋以來説經諸家，大都文人之書也。震滄是書，論高而事核，兼有文人、學人之長，理不悖于儒者，而又不失之迂，讀《春秋》者可以知所折衷矣。余受震滄之屬，就愚所見而發明之如此。

乾隆歲次丁卯嘉平月上浣三日皐里同學弟楊繩武頓首拜撰。

楊椿序

乾隆己巳春，從子遂曾以無錫顧震滄先生手書并所著《春秋大事表》郵寄於余，請爲之序。序曰：

昔之言《春秋》者，莫善於義，莫不善於例。義者，宜也。例則舞文弄法，吏所爲，非《春秋》教也。自漢胡母生著《公羊條例》，廷尉張湯用之以治大獄，丞相公孫弘以其義繩臣下，江都相董仲舒撰《決事比》，於是《公羊》家以《春秋》之義爲獄吏例矣。《左氏》後出，經生恐不得立穀梁氏因之。於學官，仿《公》、《穀》二家爲書、不書之例，引孔子、君子之言附益之。後儒未察，謂皆出於丘明。杜預集傳中諸例爲《釋例》十五卷，四十部，而習《春秋》者益但知有例，不復知有義矣。司馬遷云：「《春秋》文成數萬，其指數千。」指者，胡母生例也。張晏曰「《春秋》才萬八千字」，李燾曰「今更闕一千二百四十八字」，則《春秋》文脱落蓋甚於他經。後人欲於月日、名字、爵號、氏族之間，以一、二字同異爲聖人之褒貶，且云五經之有《春秋》，猶法律之有斷例，豈不謬乎！

先儒謂《公》、《穀》深於理而事多謬，《左氏》熟於事而理未明，叙事亦多失實。夫《公》、《穀》考事之疏不必言矣，至以祭仲出君爲行權，衛輒拒父爲尊祖，無父無君已甚，猶謂深於理乎！《左氏》則見聞之廣，紀述之詳，後之人讀之，尚能發爲至論，況其自爲之，焉有所見之不明，所叙之失實，如昔賢所譏者乎？隱二年王貳於虢，蓋鄭以王爲貳，王亦受鄭之言貳，欣然交質，《左氏》直書之，以著平王之不君、鄭莊之不臣耳，非以貳爲是也。「君子曰」以下則經生所益之論斷，非《左氏》見理之不明也。齊桓侵蔡，釁由蔡姬；晉文侵曹伐衛，起於觀浴之與與塊，皆事之不可隱者。否則，召陵、城濮仁義之師，非霸者之舉矣。不得言《左氏》叙事之失實也。其他苛論不可勝舉。

余深病之，嘗欲采《左氏》事叙於經文之下而去其書法論斷，取《公》、《穀》之事不同者附焉。又思平、桓之際，王迹雖衰，不可云熄，欲仿《史記·十二諸侯年表》，爲《王迹表》一篇，叙霸者之事之盛衰，著王迹之熄之漸。又欲爲天子、諸侯、大夫、陪臣四表，以著春秋世變，禮樂征伐所自出。庶《春秋》之義明，例自無所用之矣。而浮沈史館，荏苒未成。今老矣，得異聞於先生，又恰如吾意之所欲出，故不辭而爲之序。

是歲夏四月戊寅朔武進同學弟楊椿。

附來書

丙寅冬，惠書以《春秋大事表》序見屬。椿經學甚疏，《春秋》義尤淺，未見先生書，不敢草率爲之。今年春，同學蔣東委以家文叔序郵示，始悉書之大概，而東委述先生待序意甚迫。三月杪，吴江沈懋勤來，再接手東及所著，讀之，知先生用心之苦，致力之勤，爲之肅然起敬，怡然大悦，繼之焕然以解。

竊嘗謂《春秋》家之弊有二：一則泥於賤霸，謂《春秋》專治桓、文之罪；一則惑於褒貶，謂《春秋》有舊例，有變例。夫「誰毁誰譽」、「吾猶及史之闕文」，孔子之言也。今乃於爵號、名字、氏族、月日之訛闕，謂聖人褒貶之例在是，其陋不必言矣。桓、文時，天命未改，周室已衰。陵夷至於敬王，然後王迹熄者，桓、文之力也。故孔子仁管仲而正齊桓。孟子生於戰國，王者之不作已久，生民之憔悴已甚。齊宣有其地，有其民，而不行王政，僅僅以桓、文爲問，故孟子斥之爲不足道耳。要之，桓、文正未可輕貶者也。得先生書，桓、文之功罪明，《條例》之謬誤亦見。

太史公《十二諸侯年表》昉於《春秋》曆譜諜，惜所載未備，亦未嘗先生諸表簡而明、詳而要。顧尚有可商者。孟子曰：「王者之迹熄而《詩》亡，《詩》亡然後《春秋》作」，「其事則齊桓、晉文」。蓋自隱五年王師伐翼、伐曲沃，至莊六年救衛，未嘗無征伐之事，而是非倒置，喜怒失常，故號令不行，每戰輒敗。莊十四年諸侯伐宋，齊桓請師於周，單伯會之，取成於宋而還。自是大盟會、大征伐必皆請王人主之，諸侯亦遂無敢抗者。定四年劉子會召陵，而後成桓公之會；侵鄭，單平公之會黃池，皆不復見於經。蓋霸者之事即王者之迹，霸者亡而王迹熄矣。似宜於《王迹表》中詳叙霸者之事之盛衰，以著王迹之熄之漸，不得僅摭王朝事名之爲《王迹拾遺表》也。孔子言禮樂征伐，以陪臣執國命，繼天子、諸侯、大夫之後。春秋初，石碏使其宰獳羊肩涖殺石厚於陳，陪臣之事始於此。昭、定間，陪臣恣睢甚矣。萇弘爲周室忠臣，亦劉子之陪臣也。聖門如冉有、有若、樊遲、子路、仲弓、子羔，皆嘗仕於季氏。今天子、諸侯、大夫事已詳，而《陪臣表》獨未有，似宜增之，以備春秋世變。《春秋》人物善者固多，不善者亦衆，表之恐不勝表。今以至聖與諸賢並列，似覺未安。諸侯叛王始於鄭莊，大夫助君爲逆莫甚於鄭之祭仲，子元、曼伯、原繁、高渠彌、祝聃之屬。今《賊臣表》止有高渠彌，而祭仲等未載，餘亦尚多可議，似可不立此表。謚法爲有土之君及卿大夫老歸者設耳，而春秋亡國之君、喪家之大夫亦有之，且有子孫同此一謚者，似宜改《謚法考》爲表，以《逸周書》之謚、君大夫所已謚者詳列之於左。其他《時令》、《朔閏》等表，或闡前人所已言，或創前人所未有。叙、論、考、辨、説，皆證據精明，議論雅正，望之若大海之無津涯，即之若江河之可挹注，真今古之奇觀，儒林之盛業也。

椿先君子受《春秋》於宜興儲仲和先生，著《春秋屬辭比事直書》。椿駑下，未能續父之業，於先生書非敢妄有論也，以先生虚懷，故略陳所見，可否惟先生裁之。序文附到，辭義膚謬，恐未足用。秋間天氣稍涼，買舟南下，謁先生於萬卷樓中，彼時再罄餘衷，領先生教益未晚也。椿頓首謹白。

蔣汾功叙

古今善言《春秋》者，莫如孟子。其言孔子繼前聖而爲治也，頻舉《春秋》，非以《春秋》大於諸經也。使夫子得位行道，《周易》自可贊，《詩》、《書》自可删，而制作禮樂更不待言矣，獨於《春秋》可無作，所謂「吾身親見之」也。邪説暴行之禍極於亂賊，《春秋》明天子之事以正之；二帝三王之統絶於桓、文，《春秋》紹王者之迹以維之。顧兩君在莊、僖之世，於二百四十餘年中，曾未及乎四之一，而概以桓、文之事，何也？《春秋》之運以桓、文而開，《春秋》之作以治桓、文爲要。治之奈何？如其所事而詳書之，俾是非功罪咸自見焉，乃所以治之也。世無禹、湯、文、武，則桓、文爲救世之人，宜乎聖心有深嘉樂與者。然亦即爲代興之人，而王迹於焉永熄矣，此又聖人所深憂也。迄乎獲麟，去霸業逾遠，又思其次而不可得矣，故言乎桓、文而始、中、終皆舉之也。

汾少肄業《左氏》，於經有若望洋，而首以「春王正月」爲疑。後檢《朱子語類》，亦云爾。乃其言《春秋》也，較諸他經不啻什伯中之一二，又始終謂爲「不可曉」、「不敢問」，蒙益藉口自慰，不復問津矣。顧子復初奮乎千百世之後，創成《大事表》若干。其書上蟠下際，茹古涵今，於我所獨而非立異也，於衆有稽而不苟同也，遠紹旁搜，囊括萬有，而一出於心所自得，用以承朱子未逮之志，而大肆力焉。厥功偉矣，尚不鄙余而虚衷下問，且以叙請，余何敢辭！抑昌黎有言：「譽盛德者，入耳而不煩。」又奚多事喋喋爲？聊以平日所講習於《孟子》者，指次《春秋》義例，或庶幾乎管窺之一得。是用就正於復初。復初如以爲然，即以是弁諸首，可乎？乾隆戊辰䕫月望前二日毗陵仝學弟蔣汾功。

春秋綱領

歐陽氏曰：「傳之于經，勤矣。其述經之事，時有賴其詳焉；至其失傳，則不勝其戾也。其述經之意，亦時有得焉；及其失也，欲大聖人而反小之，欲尊經而反卑之。取其詳而得者，廢其失者可也；嘉其尊大之心可也，取其卑小之説不可也。」

朱子曰：「《春秋》只是直載當時之事，要見當時治亂興衰，非是于一字上定褒貶。《孟子》有幾處説《春秋》處，皆看得地步闊，聖人之意只如此。今要去一字兩字上討意思，聖人不解恁地細碎。

「先儒説《春秋》添一字、減一字便是褒貶，某不敢信。桓公不書『秋』、『冬』，史闕文。或謂貶天子之失刑，可謂亂道。夫子稱顔淵不遷怒，至作《春秋》却因惡魯桓而及天子，可謂『桑樹着刀，穀樹出汁』者。魯桓之弑，天王之不能討，罪惡自著，何待去『秋』、『冬』而後見乎！又如貶滕子，而滕遂至于終《春秋》稱子，豈有此理！

「或論及《春秋》之凡例，先生曰：『《春秋》之有例固矣，奈何非夫子之爲也？昔嘗有人言及命格，予曰：❶「命格，誰之所爲乎？」曰：「善談五行者爲之也。」予曰：「設若自天而降，具言其爲美爲惡，則誠可信矣。今特出于人爲，惡可信也？」』或又謂《春秋》多變例，所以前後所書之法多不同。

❶ 前後兩「予曰」，原均作「子曰」，今據《朱子語類》（中華書局一九八六年版）改。

曰：『聖人作《春秋》，正欲褒善貶惡，示萬世不易之法。今乃忽用此説以誅人，未幾又用此説以賞人，使天下後世求之莫識其意，是後世舞文弄法之吏之所爲，豈聖人而出此乎！』

「學《春秋》者多鑿説，《後漢·五行志》註載漢末有發范明友家奴冢，❶奴猶活。明友，霍光女壻，説光家事及廢立之際，多與《漢書》合。某嘗説與學《春秋》者曰：『今如此穿鑿説，亦不妨，只恐一旦有于地中得夫子家奴出來，説夫子當時之意不如此。』」

鄭夾漈氏曰：「以《春秋》爲褒貶者，亂《春秋》者也。聖人光明正大，不應以一二字加褒貶于人。不過直書其事，善者惡者，了然自見。」又曰：「目前朝報尚不知朝廷之意，況千百載之下而遂逆推千百載上聖人之意耶！」

黃東發氏曰：「讀《春秋》者往往穿鑿聖經，以求合其所謂凡例。如國各有稱號，書之所以別也。今必曰以某事故國以罪之，及有不合，則又遁其辭。人必有姓氏，書之所以別也。今必曰以某事故名以誅之，及有不合，則又遁其辭。事必有日月，至必有地所，此記事之常，否則闕文也。今必曰以某事故致以危之，不月以外之，不日以略之，及有不合，則又爲之遁其辭。則是非以義理求聖經，反以聖經釋凡例也。

「聖人能與世推移。世變無窮，聖人之救其變者亦無窮。春秋初年，王室微，諸侯强，故抑諸侯以尊王室。及諸侯又微，而夷狄又强，則又抑夷狄而扶諸侯。聖人隨時救世之心正如此。而世儒乃動以五帝、三

❶「註」字原脱，今據《朱子語類》補。

王之事律之，此議論之所以愈繁多，而愈不得其真也。今惟以春秋之世而求聖人之心，則思過半矣。」

吕朴鄉氏曰：「《春秋》事成于日者書日，成于月者書月，成于時者書時，其或應書而不書者，史失之也。説《春秋》者多以是爲褒貶，愚請有以折之。蔑之盟不日，則曰渝之也。柯之盟不日，則曰信之。將以渝之者爲是乎，信之者爲是乎？桓之盟不日，而葵丘之盟則日，或曰危之也，或曰美之也。將以危之者爲是乎，美之者爲是乎？公子益師卒不日，《左氏》曰『公不與小斂也』。然公孫敖卒于外而公在内，叔孫婼卒于内而公在外，其不與小斂明矣，又何以書日？《公羊》曰『遠也』，然公子彄亦遠矣，又何以書日？《穀梁》曰『惡也』，然公子牙、季孫意如亦惡矣，又何以書日？此類不一而足，皆疑誤而難通。若因其所書月日之前後而知其是非，則有之矣。莊三十一年春、夏、秋三築臺，三十二年春城小穀，則有以見其纔閲三時而大役頻興也。宣十五年秋螽，冬蝝生，則有以見其連歷二時而災害薦作也。莊八年春師次于郎，夏圍郕，秋師還，則有以見其閲三時而窮兵于外也。若此之類，蓋于書時見之。桓二年秋七月杞侯來朝，九月入杞，則著其興兵之暴。昭七年三月公如楚，九月公至自楚，則志其留夷之久。僖二年冬十月不雨，三年春王正月不雨，夏四月不雨，六月雨，則書其亢旱之甚。若此之類，蓋于書月見之。癸酉大雨震電，庚辰大雨雪，則著其八日之間而再見天變。辛未取郜，辛巳取防，則著其旬日之間而取其二邑。壬申御廩災，乙亥嘗，則見其嘗于災餘之爲不敬。己丑葬敬嬴，庚寅而克葬，則見明日乃葬之爲無備。若此之類，蓋于書日見之。

「《左氏》熟于事，而其間有不得其事之實；《公》、《穀》近于理，而其間有害于理之正，學者不可不知也。《左氏》之失實，如楚之薦食上國，賴桓、文出攘之，其功偉矣。然桓、文豈能驟舉而攘之？必先翦其手足，披其黨與，故桓公將攘楚必先有事于蔡，晉文將攘楚必先有事于曹、衛，此事實也。《左氏》于侵蔡則曰爲蔡姬故，于侵曹伐衛則曰爲裸浴與塊故。其病在于推尋事由，毛舉細故，而二公攘夷安夏之績，皆晦而不彰，則《左氏》未可盡以爲據也。至《公》、《穀》之害理甚衆。《公羊》論隱、桓之貴賤，而曰：『子以母貴，母以子貴。』啟後世妾母陵僭之漸。《穀梁》論世子蒯聵之事，則曰：『信父而辭王父，則是不尊王父也。其弗受，以尊王父也。』長父子爭奪之禍。晉趙鞅入于晉陽以叛，趙鞅歸于晉。《公》、《穀》皆曰：『其言歸何？以地正國也。』後之臣子有據邑以叛，而以逐君側之小人爲辭者矣。公子結媵陳人之婦于鄄，遂及齊侯、宋公盟。《公羊》曰：『大夫受命不受辭。有可以安國家利社稷者，專之可也。』後之人臣有生事異域，而以安社稷利國家自諉者矣。紀侯大去其國，聖人蓋傷之。《公羊》則以爲齊襄復九世之讎，《春秋》大之。後世有窮兵黷武，而以《春秋》之義自許者矣。祭仲執而鄭忽出，罪在祭仲。《公羊》則以爲合于反經之權，後世蓋有廢置其君如弈棋者矣。是非易位，義利無別。君如武帝，臣如雋不疑，皆以《春秋》定國論而不知其非也，其爲害豈不甚于叙事失實也哉！而何休之謬爲尤甚。『元年春王正月』，《公羊》不過曰『君之始年』耳，而何休則曰：『《春秋》紀新王受命于魯。』滕侯卒，《公羊》不過曰『滕微國而侯，不嫌也』，何休則曰：『《春秋》王魯，託隱公以爲始受命之王。滕子先朝，故褒之。』《公羊》曰：『母弟稱弟，母兄稱兄。』此其言已有失矣，何休又爲之説曰：『《春秋》變周之文，從商之質。質家親親，明當親于群公子也。』使後世有親厚于同母之兄弟而薄于父之枝者，未必不自斯言啟之。《公羊》曰：『立嫡以長不以賢，立子以貴不以長。』此其言固有據也，何休乃爲之説曰：『質家親親，先立弟；文家尊尊，先立孫。』使後世有惑于質文之異而嫡庶互争者，未必不自斯語禍之。若此之類，不一而足。三子之釋傳，惟范寧爲少過。其于《穀梁》之義有未安者，輒曰『寧未詳』。而何休則曲爲之説，適以增《公羊》之過耳。故曰：『范寧，《穀梁》之忠臣；何休，《公羊》之罪人也。』」

程積齋氏曰：「《春秋》有大屬辭比事，有小屬辭比事。其大者，合二百四十二年之事而比觀之；其小者，合數十年之事而比觀之。大凡《春秋》一事爲一事者常少，一事而前後相聯者常多。其事自微而至著，自輕而至重，始之不慎，卒至不可救者，比比皆是，必合數十年之通而後見。或自《春秋》之始至中、中至終而總論之。此正所謂屬辭比事者也。而先儒或略之，乃于一字之間而究其義，此穿鑿附會之所由來也。」

張彝歎氏曰：「諸儒多以稱字爲褒，内如季子來歸，外如宋子哀來奔，皆以爲褒其賢也。顧于析邑歸仇之紀季則賢之，而于因亂復國之許叔則又罪之；于蔡季歸國則賢之，而于蕭叔朝公則又罪之；于高子來盟則賢之，而于仲孫省難則又罪之。至華孫來盟，義不可通，則又以爲義不係乎名，説終不得而定。朱子曰：『如王人子突救衛，自是衛當救，當時有個子突，夫子因舊史存他名字。如何却道王人本不書字，緣其救衛故書字。』推此則知爵氏名字不關褒貶。

「三傳言『侵』、『伐』各不同，李氏駁之極是。文定以爲聲罪致討曰『伐』，潛師掠境曰『侵』，亦未盡然也。蓋『伐』云者，執言而來，陳兵于境，必服而後去之，不服則戰，不戰則守，守之固則圍之，守之不固則入之。故《春秋》書『伐』之後，則有或戰、或圍、或入之事；而書『侵』則無之，無所執以爲言，入其境而即去，志不在于服之。不及其戰，何用其守？不暇于圍，何至于入？至以爲潛師，晉定公合十八國之諸侯有事于楚，而召陵書『侵』，非潛師可知矣。又以『侵』爲貶辭，然《易》稱『利用侵伐』，《大雅》稱『侵阮徂共』，《泰誓》曰『侵于之疆』，則『侵』非不善之辭。又如魯受伐則書『伐』，受侵則書『侵』，據實書之，何係乎褒貶哉！

「諸儒以爲《春秋》于内大惡諱。然諱弑書薨，而且以不地著之，而桓、宣、翬、遂之爲賊，文姜、哀姜之與弑，則終不得而諱也。其他孰有大于國母宣淫之醜乎？孰有大于朝齊、朝晉、朝楚之辱乎？孰有大于郊禘蒐閲之僭禮，易許田、不視朔之變制，逆祀而躋僖公，瀆倫而娶同姓乎？孰有大于刺公子買、公子偃之殺無罪乎？孰有大于丘甲之虐用民力，田賦之厚斂民財乎？則備書于册，而又何諱！蓋聖人正惡夫禮樂變爲干戈，仁義汩于功利，諸侯强而荆蠻横，小侯滅而大族興，篡弑叛亂接跡于世，而作《春秋》以著其變亂之實。使義取乎諱，則《春秋》亦可以不作矣。

「諸儒以書公子不書公子、書氏不書氏爲褒貶。然考春秋初年，内有不稱公子、不稱氏之大夫，非以奪之者貶之也。春秋中葉以後，外無不稱公子、不稱氏之大夫，非以予之者褒之也。褒貶在事，不在氏族名字。

「《春秋》書葬不書葬，内而赴于諸侯以禮葬則書，不以禮葬則不書；外而魯往會則書，魯不往會則不書。因乎舊史，非有筆削。《公》、《穀》以爲君弒賊討則書葬，賊不討則不書葬，殆未盡然也。

「《春秋》之作，非以維王迹，乃著王迹之所以熄也。會盟有見于傳而經不書者，或于大故無關，或又煩而可省。諸儒以爲惡而削之，諱而削之，皆非也。

「文公以前，禮樂征伐自諸侯出，雖大夫將而皆諸侯之事，故不必名大夫，不必舉諸侯之爵，而義自見。文公以後，禮樂征伐自大夫出，故詳大夫之名以見義。非大夫將者，則舉諸侯之爵以別之。其有不必詳者，亦從略書人。故前則書人者十之七八，後則書人者十之二三，此《春秋》之大義也。諸儒于前之書人者，概以爲貶；至于事有差善而不可以通者，則又以爲將卑師少。于後之稱名稱帥師者，概以爲無貶；至于事有極惡而不可以通者，則又以爲不待貶而惡見。是非予奪，遂至失實。朱子曰：『夫子只是將當時之事實寫在此，人見者自有所畏懼。若云去其爵、予其爵，賞其功、罰其罪，却是謬也。』」

先母舅霞峰華氏曰：「《春秋》有將卑師少而稱人，或貶而稱人。然又有宜貶而書爵者，如成四年鄭伯伐許，《傳》謂稱鄭伯以著其惡是也。又有不宜貶而書人，如僖二十六年齊人伐我北鄙，胡氏謂有服展喜之善諱齊侯而書人者是也。以一事而前後異書，同一報怨，文二年伐秦，報彭衙之役，四國貶稱人；而三年伐秦反書晉侯。以一時而美惡同稱，如同時會伐，成三年晉合宋、衛伐鄭，鄭附蠻夷，盟主有辭于伐，故晉侯稱爵；然宋、衛又以背殯越境而亦書爵矣。忽以稱人貶，忽以稱爵貶，忽又以稱爵爲無貶，莫善于齊桓之伐楚次陘而書爵，莫惡于楚成之執宋公伐宋而亦書爵，則後世何所取信哉？　夫《春秋》大義，九伐之法，掌于司馬，諸侯非有王命不得興兵，故通經書伐二百一十有三，皆譏也。而其罪之輕重，則各以其事見義，不關乎稱人與稱爵也。

「茅堂胡氏謂：『讀經當看大旨，有疑且闕之。』此最是讀《春秋》之法。于可疑者而必欲爲之説，則穿鑿傅會而大義反爲之晦矣。如書執國君十有三，惟宋執滕子嬰齊、晉執戎蠻子赤書名。或曰嬰齊書名，遂失國也。然晉人之執虞公非遂失國乎，何以不名？或曰自外于齊盟也。負芻弑君之罪不更甚于外齊盟乎，何以不名？執戎蠻子赤書名，或曰外之；楚誘殺戎蠻子，例當書名而不書，或曰夷狄相殘略之，執戎蠻子，例不當書名而書名，皆臆説也。《春秋》大義，不過罪其不以王命而執諸侯，書以著其無王之罪耳。罪當施于執者，不宜施于受執者，無名之道也。或曰衍文，蓋疑之而未可定也，則闕之可也。又如經書諸侯出奔十有二，惟衛侯成公。出奔楚、衛侯獻公。出奔齊、郕伯來奔不名。或曰衛、鄭不名，叔武攝而位未絶也，衛侯衎何以不名乎？或又曰著衎之立以正，非突、朔之比也。北燕伯款、蔡侯朱、莒子庚輿、邾子益亦立以正者，又何以名乎？郕伯來奔，據傳太子朱儒竊地來奔，此正突、朔之比，何以反不名乎？《春秋》大義，不過罪其遁逃苟免，書以著其失國之罪耳。諸侯失地書名，其不名者，或曰闕文，蓋疑之而未可定也，則闕之可也。又如執君不名，執君歸書名。其執也，大義罪執之者；其執而歸書名也，大義罪受執者，所以著其嘗失國爲後世戒也。而曹伯負芻之歸不名，或曰天子赦之，責王之縱釋有罪。若名負芻以正其罪，不更可以著王之釋有罪乎？又如書國滅出奔，大義責其不能死社稷耳。而譚子、弦子、温子不名，徐子章禹獨名，或曰徐子既已服吳而出奔，責其無興復之志也，然何用知三君有興復之志而不名乎？或曰不名史失之，蓋疑之而未可定也，闕之可也。闕之無害于《春秋》之大義也。

「滅同姓書名獨衛侯燬，誘殺書名獨楚子虔，疑者以爲羨文。蓋以齊滅紀、滅萊，晉滅虞、虢，楚滅夔，皆滅同姓而未嘗書名，楚誘殺戎蠻子亦不書名也。然《春秋》書衛滅邢，雖不書名，而滅同姓之惡著矣。書楚誘殺蔡侯，雖不書名，而楚虔猾夏之惡著矣。不以書名而罪加增，不以不書名而罪加減，雖謂之羨文可也。

「趙東山以魯與邢俱周公之後，衛滅邢而魯不救，爲無親，故聖人特名衛侯以示親親之道，雖罪衛而意實責魯。此正朱子所謂『桑樹着刀，穀樹出汁』者。

「程積齋説《春秋》不書常事，凡崩、薨、卒、葬，皆以爲聖人有故而書。此亦是鑿。」

春秋綱領終

讀春秋偶筆

《春秋》一書，一以存綱紀，一以紀世變。如吴、楚本僭稱王，《春秋》止書曰「子」；又如吴、楚之君不書葬，此聖人之不因魯史，特削以示義，所謂存綱紀也。又有世變所趨，不得不存之以紀其實。如楚始書「荆人」，繼書「楚人」，後書「楚子」，此因其勢漸盛，交通于中國，魯史書之，聖人亦因而不變，所以紀世變也。若槩書曰「荆」，則蠻夷猾夏之實轉不可得而見。乃或以爲嘉其慕義而進之，或因一事之合禮而褒之，皆非也。罪莫大于觀兵問鼎，而聖人書曰「楚子伐陸渾之戎」，諸儒又將何説哉！

春秋中葉，或前書「楚子」，後書「楚人」，又書「楚師」，後又復書「楚子」，諸儒以爲褒貶所係，皆非也。如城濮、柏舉俱戰稱「楚人」，敗稱「楚師」，蓋立文不得不如此爾。其餘或書爵，或書人。以君不在而大夫將則稱人，或以討賊之義予之則稱人。宣十一年楚人殺陳夏徵舒，如蔡人殺陳佗、衛人殺州吁之類是也。間有君將而亦書人者，如齊人伐我北鄙，楚人、陳侯、蔡侯、鄭伯、許男圍宋，亦義存乎其事。初不以稱人爲貶。如以爲貶，則楚子、蔡侯次于厥貉，滅蕭，伐宋，圍宋，其憑陵上國甚矣，聖人反書爵以予之乎？

《春秋》有只一書以見義者，如子同生、肆大眚、鄭棄其師、成宋亂、宋災故、王室亂，終《春秋》不再見。此聖人之特筆，不必屬辭比事而可知者也。有屢書、再書、不一書以見義者，如桓五年齊侯、鄭伯如紀，至莊四年齊侯葬紀伯姬，首尾凡十七年，書紀凡十四事，著齊首滅國，而紀委曲圖存，終不得免，憫紀之亡而傷齊之暴也。桓三年正月公會齊侯于嬴，至冬齊侯使其弟來聘，一年之中連書六事，皆爲昏文姜。莊二十二年及齊高傒盟于防，至二十四年大夫宗婦覿用幣，三年之中連書十四事，皆爲昏哀姜。志閨門之禍，謹履霜之漸，詔天下後世以閑有家之道也。自桓十八年公會齊侯于濼，至莊元年王姬歸于齊，兩年之中連書九事，志魯桓之見殺于齊，而魯吞聲飲恨，爲可憐而可痛也。自莊二年夫人姜氏會齊侯于禚，至莊八年齊無知弒其君諸兒，七年之中連書凡十七事，志齊襄之淫恣，夫人之無恥，而魯莊之忘父事仇，縱母淫奔，更會狩會伐以取媚，至元凶就殛而後已，爲悖天而逆理也。自莊九年齊人殺無知，至十三年公會齊侯盟于柯，五年之中連書凡十一事，志莊公之忘父仇，而欲定仇國納子糾，又見殺，與齊爲難，至桓公定伯而後已也。自僖十七年齊侯小白卒，至二十七年楚人圍宋，公會諸侯盟于宋，首尾十一年，連書凡三十四事，志宋襄嗣伯無功，荆楚暴横莫制，諸夏瀾倒，汲汲有左衽之憂，而晉文之出爲刻不可緩也。自僖二十八年春晉侯侵曹，晉侯伐衛，至二十九年盟于翟泉，兩年之中連書凡二十三事，志晉文之一戰而伯，諸侯翕然背楚歸晉，如日中天，患楚之深，故予晉之亟也。自僖三十三年晉敗秦師于殽，至文五年楚人滅六，六年之中書晉、秦、楚三國凡九事，志秦、晉搆難，晉人失援而楚得滅江滅六，鴟張無忌也。自文十六年楚人、秦人、巴人滅庸，至宣十五年宋人及楚人平，首尾凡十八年，書晉、楚凡二十事，志楚莊桀驁，晉伯中衰，楚得挾義聲以鞭笞列國，馴至入陳服鄭，并得宋，幾有天下之半也。自宣十年公孫歸父如齊葬齊惠公，至宣十八年歸父還自晉，及笙，遂奔齊，九年之中書歸父凡八事，志宣公德襄仲而寵任其子，主會盟，專征伐，頓出季孫之上，卒至力小任重，謀去三桓，君薨而身見逐也。自成二年楚公子嬰齊會十二國之大夫于蜀，至襄二年公會諸侯于戚，遂城虎牢，首尾凡十九年，書晉、楚凡十一事，志楚勢鴟張，鄭尤屢服屢叛，雖以鄢陵之勝而不能得鄭，必扼其要害而後乃服從也。自襄元年圍宋彭城，至十一年會于蕭魚，書晉、楚、魯、宋、陳、鄭凡三十四事，志晉悼再伯，勤宋以爲伯之始，服鄭以爲伯之終，晉盛而楚不能抗也。自昭二十二年天王崩，王室亂，至昭三十二年城成周，首尾十一年，書朝、猛、敬王凡十四事，志王室不綱，晉亦失伯，不能急救天家之難，陵遲至十年之久也。自昭二十五年鸜鵒來巢，至定元年夏六月公之喪至自乾侯，戊辰公即位，首尾凡八年，書昭、定之廢立二十四事，志季之强横，昭之屈辱，而天下無伯之非細故也。自哀元年仲孫何忌帥師伐邾，至八年歸邾子益于邾，八年之中書邾、魯凡十一事，志三家死君忘父，定公骨未寒而殘虐邾國，卒至吴、齊交伐，而後乃悔禍而存亡國也。此須合數十年之通觀其積漸之時勢，真如枯旱之望雨，聖人之意自曉然明白于字句之外，而豈以一字兩字、稱人稱爵爲褒貶哉！

《春秋》二百四十二年，時勢凡三大變。隱、桓、莊、閔之世，伯事未興，諸侯無統，會盟不信，征伐屢興，戎、狄、荆楚交熾，賴齊桓出而後定，此世道之一變也。僖、文、宣、成之世，齊伯息而宋不競，荆楚復熾，賴晉文出而復定，襄、靈、成、景嗣其成業，與楚迭勝迭負，此世道之又一變也。襄、昭、定、哀之世，晉悼再伯，幾軼桓、文，然實開大夫執政之漸。嗣後晉六卿、齊陳氏、魯三家、宋華向、衛孫甯交政，中國政出大夫，而春秋遂夷爲戰國矣。孔子謂「自諸侯出」、「自大夫出」、「陪臣執國命」，實一部《春秋》之發凡起例。逐年有發端，逐代有結案，有起伏，有對照，非可執定一事以求其褒貶也。

春秋大患在楚，堪敵之者惟晉，然必晉與秦合而後可制楚。僖二十八年書「晉侯、宋公、齊師、秦師戰于城濮」，晉、秦合，志晉伯之所以盛；文十六年書「楚人、秦人、巴人滅庸」，秦、楚合，志晉伯之所以衰，此對照也。中原之要害在宋、鄭，晉得鄭則可屏蔽東諸侯，楚得宋而患且及魯。宣十五年夏宋人及楚人平，而其年春，公孫歸父先會楚子于宋，此楚伯之極熾也；襄十一年諸侯會于蕭魚，而楚旋執鄭良霄，不復以鄭爲事，此晉伯之極盛，亦一對照也。齊伯息而宋興，宋襄死而晉興，晉成、景不競而楚莊熾，楚莊死後幾及二十年而晉伯復盛，此起伏也。齊合江、黄爲召陵之師，而江、黄卒見滅于楚；晉合齊、秦以戰于城濮，遂一戰而伯，此對照也。秦自殽之戰仇晉而與楚合，晉伯不競者數十年，晉不得不通吴以犄楚，成十五年會吴鍾離，此發端也。至哀十三年晉、楚俱衰而吴復熾，與晉争伯，黄池之會，此結案也。齊桓之發端在北杏，首欲得宋，屢爲興師伐鄭伐郳，至僖十五年牡丘之盟，宋即伐曹以與齊貳，此結案也。宋襄之發端在甗之戰，以立孝公，攘齊之伯，至敗泓之後，齊即伐宋圍緡，此結案也。晉文之發端在踐土以尊王，迨其末也，昭三十二年會諸侯城成周，亦以勤王室，此結案也。夫子直書其事，而天下之大勢起伏自見，褒貶即存乎其間矣。

看《春秋》，眼光須極遠，近者十年、數十年，遠者通二百四十二年。自桓二年蔡侯、鄭伯會于鄧，始懼楚，此發端也；至定四年蔡侯以吴子及楚人戰于柏舉，楚師敗績，庚辰吴入郢，是結案，志蔡之積怨而能報楚，而褒即寓其中矣。自僖十九年陳人、蔡人、楚人、鄭人盟于齊，此發端也；至昭八年楚師滅陳，是結案，志陳之招楚適自貽患，而貶即寓其中矣。隱十一年鄭伯入許，此發端也；至定六年鄭游速帥師滅許，是結案，志鄭之志在吞許，歷二百八年之久而卒滅之，以著鄭之暴。而中間之許叔入許，及許之四遷，鄭之屢次伐許圍許，皆其聯絡照應也。僖十五年宋人伐曹，此發端也；至哀八年宋公入曹，以曹伯陽歸，是結案，志宋之志在并曹，歷一百五十九年之久而卒滅之，以著宋之暴。而中間之盟于曹南及屢次之圍曹伐曹，皆其聯絡照應也。成七年吴伐郯，此發端也；至哀十三年於越入吴，是結案，志吴之暴興而亦速斃。而中間之入楚破齊，與晉争伯，皆其倏忽變幻也。隱四年書翬帥師，而十一年有鍾巫之禍；宣二年書公子歸生帥師，而四年有解黿之禍；宣元年書趙盾帥師、趙穿帥師，而二年有桃園之禍；成六年、八年、九年連書晉欒書帥師，而十八年有匠麗之禍，此起伏之在十年以内者。蓋弑君有漸，其大要在執兵權，不至弑君不止；滅國亦有漸，其大患在數侵伐，不至滅國不止。聖人灼見諸國之時勢，亂賊諸人之心事，而次第據實摹寫之，故曰「《春秋》成而亂臣賊子懼」。

盟會不書「公」，《左氏》俱以爲諱，不知此經文偶闕「公」字耳。《公》、《穀》現有「公」字，又當如何立説？國惡莫大于成宋亂及文姜之如齊、如莒，此而不諱，何獨諱此乎？

余於先儒及近代《春秋》説瀏覽幾遍，然十分愜意者頗少。惟孫明復、孫莘老及陳君舉三家爲差勝，餘如程積齋《或問》、家則堂《詳説》儘有佳處。然俱以「春王正月」爲夏正，鄭漁仲亦祖其説。最後讀黄東發《日抄》，亦無確見。姑從戴岷隱在東宮所講，謂三代雖有改正朔之事，而天時恐無可改，何其不細玩經文，而但惑于冬不可爲春之説也。此不須别説，只經文「春無冰」及「春王正月，日南至」二句，便確然是周正無疑。只張翠屏先生《春王正月考》是不磨之論。葉少藴夢得説「執曹伯畀宋人」，謂「宋人」下當闕一「田」字，此千古隻眼。然以十二公配十二月，《周官》三百六十職配三百六十日，迂駮可笑。趙木訥多于三傳之外摹擬揣度，另造事端，亦未可信。惟本朝方望溪及張彝歎二先生所著，得聖人之心什八九矣。

鄭夾漈謂：「説《春秋》有三家，有以《春秋》爲一字褒貶者，有以《春秋》爲有貶無褒者，有以爲褒貶俱無者。泥一字褒貶之説，則《春秋》一書字字冰霜劍戟，聖人之心不如是之勞頓也；泥有貶無褒之説，則《春秋》乃司空城旦之書，聖人之心不如是之慘刻也；泥褒貶俱無之説，則《春秋》又似叢語瑣説，聖人又非無故而作經也。」鄭氏之言極是。聖人之心正大平易，何嘗無褒貶，但不可于一字上求褒貶耳。孟子明言：「其事則齊桓、晉文，其文則史。孔子曰：『其義則丘竊取之矣。』」如以爲無褒貶，則是有文事而無義也。如此，則但有魯之《春秋》足矣，孔子更何用作《春秋》乎？近日有厭支離之説，而竟將《春秋》之褒貶抹去者，矯枉過正，亦非聖人之意。

有以《春秋》爲有筆無削者，是即無褒貶之説也。夫未修之《春秋》即不可得見，而《左氏》之書具在。如襄公親送葬楚子，昭公昏于吴，豈有不遣卿大夫往會吴、楚葬之理？而終《春秋》吴、楚之葬不書，此削之以示義也。襄公葬楚子不書，而于二十九年春王正月公在楚見之；昭公昏于吴不書，而于哀十二年書孟子卒見之，此削之以示諱也。又如十二公之納幣逆夫人，魯史皆書，而《春秋》于僖公、襄公不書，此所謂合禮不書也；世子生皆書，而《春秋》止書子同生，此所謂常事不書也。此皆其顯然可見者。如以爲有筆無削，則《春秋》竟是一部鈔胥，何足以爲經世大典乎？

《春秋》有以一事而繁稱不殺，曲折盡意，不煩傳説而顯然明白者。如隱七年「冬，❶天王使凡伯來聘。戎伐凡伯于楚丘以歸」，凡十六言，則志王室凌夷，外裔肆横，衛不修方伯之職，魯不行報聘之禮，爲可誅也。桓二年「春，公會齊侯、陳侯、鄭伯于稷，以成宋亂。夏四月，取郜大鼎于宋。戊申，納于太廟」，凡三十言，則志公納寵賂，成篡弑，而又薦于周公之廟，爲蔑王章而紊祖制也。莊八年「春，師次于郎，以俟陳人、蔡人。甲午，治兵。夏，師及齊師圍

❶「冬」，原誤作「春」，今據《春秋左傳正義》改。

郕。郕降于齊師。秋，師還」，凡三十言，則譏其老師費財，連結與國，親仇讎而滅同姓也。宣四年「齊侯平莒及郯，莒人不肯。公伐莒，取向」，凡十五言，則譏其恃强凌弱，强人從我，借公義以濟其貪欲也。成二年「六月癸酉，季孫行父、臧孫許、叔孫僑如、公孫嬰齊帥師會晉郤克、衛孫良夫、曹公子首，及齊師戰于鞌，齊師敗績」，凡四十三言，則譏其以忿興兵，魯四卿並出，三國之大夫皆以名見，兵權下擅，爲大夫執政所自始也。成七年「春王正月，鼷鼠食郊牛角，改卜牛。鼷鼠又食其角，乃免牛。不郊，猶三望」，凡二十七言，則譏其違天僭禮，可已而不已也。此非貶乎，而謂藉一字以貶乎？僖四年「春王正月，公會齊侯、宋公、陳侯、衛侯、鄭伯、許男、曹伯侵蔡。蔡潰，遂伐楚，次于陘。夏，楚屈完來盟于師，盟于召陵」，凡四十二言，受盟而退，不用力征。僖二十八年「夏四月己巳，晉侯、齊師、宋師、秦師及楚人戰于城濮。楚師敗績。五月癸丑，公會晉侯、齊侯、宋公、蔡侯、鄭伯、衛子、莒子盟于踐土，陳侯如會」，凡五十二言，一戰勝楚，天旋地轉。襄十九年「秋七月，晉士匄帥師侵齊，至穀，聞齊侯卒，乃還」，凡十八言，行師得禮，卒格遠人。此非褒乎，而謂藉一字以褒乎？又如盟會郳、莒、滕、薛皆稱人，雖晉、宋亦間有稱人者，略之也。文七年、十五年、十七年扈三次會盟，俱不列序諸侯，而定四年召陵之會，十八國之諸侯無不列序其爵者，則以楚瓦不仁，從楚諸侯悉起從晉，而荀寅以求貨而失此機會爲可惜也。昭十三年平丘之會，十四國之諸侯無不列序其爵者，則以棄疾新立，楚方內亂，晉復得宗諸侯，而叔向徒盛兵威而失此機會爲可惜也。此皆有關于天下之大者。《春秋》二百四十二年，事勢數變，如高山大川，學者須高處立，大處看，形勢曲折，高低起伏自見。若區區執定一句，又求之一字兩字，如鑽入鼠穴，聖人之心不得出矣！

《春秋》又有各爲一事不宜連屬看者。如莊二十二年「肆大眚」，與下葬文姜自是兩事，而《穀梁》彊連之，謂文姜罪本不應葬，若不赦除衆罪而書「葬」，爲嫌天子許之。二十四年「戎侵曹，曹羈出奔陳」與二十六年曹殺其大夫自是兩事，而《公羊》彊連之，謂殺大夫不死曹君之難者。僖十四年沙鹿崩與十五年韓原之戰自是兩事，而《左氏》彊連之，謂：「期年將有大咎，幾亡國。」文十二年杞伯來朝與下子叔姬卒自是兩事，而《左氏》彊連之，謂：「來朝時請絶叔姬而無絶昏。」十四年齊人執單伯、齊人執子叔姬自是兩事，而《公》、《穀》彊連之，謂：「單伯淫乎子叔姬。」支離扭捏，增造事端，此以屬辭比事而誤用之者也。

先儒説《春秋》爲孔子之刑書，凡誅殺、爵命之見于經者，皆罪也。如天王殺其弟佞夫，此不當殺而殺也，殺王子朝則不書矣；宋公殺其世子痤，晉侯殺其世子申生，此不當殺而殺也，鄭殺其世子華則不書矣；刺公子買、刺公子偃，皆無罪也，殺公子慶父則不書，殺公子牙則變文書「卒」矣。《春秋》書爵命三，皆譏天王之濫賞也。他如錫齊桓公命、錫晉文公命、錫晉惠公命、錫衛襄公及齊侯環命，無論當否皆不書，此詳内而略外也。謂聖人貶桓、文之功而削之，亦非也。僖王以一命命曲沃武公爲晉侯，此最害理，而《春秋》不書。此時晉未通于中國，不告，故魯史亦無從而書也。大抵觀其不書者，而聖人特書之旨自見。此最是看《春秋》之一法。

莊十二年，宋萬弒其君捷及其大夫仇牧。據《左傳》，華督亦見殺。督爲正卿，宋之赴告自必先于牧，此是魯史書之，而聖人削之也。近日毛大可氏乃云：「此是宋人不赴，故不書。若云孔子削之，是絶人自新之路，唐堯、衛武俱稱晚蓋。」此論殊謬。夫弒君大惡，豈有可改過自新之理！堯篡帝摯，衛武弒其兄和而自立，此野史誣罔之言，豈可信乎？此過執《春秋》因魯史之言而失之者也。

未修之《春秋》明見于《左傳》者有二。其一見宋華耦之言，曰：「臣之先臣督得罪宋殤公，名在諸侯之策。」其一見衛甯殖之言。將死，召悼子曰：❶「吾得罪於君，悔而無及也。名在諸侯之策，曰：『孫林父、甯殖出其君。』」此各國皆書，魯之《春秋》亦然。而仲尼一因之，一改之曰「衛侯出奔齊」，以自奔爲文。蓋弒君則責在臣子之討賊。君出奔而將來復入爲君，如此書，自覺非體，書君自出奔以全君臣之分也。此聖經改魯史之鑿然可據者。

孟子曰：「孔子懼，作《春秋》。《春秋》，天子之事。」蓋孔子作《春秋》，天王亦在誅貶之列，然不過直書其事而自見。如隱公不朝聘天王，而王遣使賵惠公之妾；桓公弒其兄，而王追錫桓公命；文姜弒其夫，齊襄淫其妹，而王使魯主王姬之昏。三綱淪，九法斁，昭然具見。初不必名宰咺、王去「天」

❶「悼」，原作「惠」，今據《春秋左傳正義》（上海古籍出版社一九九七年版）改。

以示貶也，故曰「《春秋》，天子之事」。桓、文亦假托其事者，故聖人亦有取焉。然齊桓之一匡九合可取，而其滅譚、滅遂、降鄣之罪，不得爲桓公諱也。晉文之勤王定伯可取，而其召王巡狩、擅執衛侯之罪，不得爲文公諱也。蓋《春秋》只列各人之供招罪狀，未嘗判斷，謂某人應得何罪，某人應罹何條。朱子云：「當時只説張三打李四，李四打張三，未嘗判定云張三應杖六十，李四應杖四十。」

《春秋》云「諸侯盟于扈」，見文七年。從此無天子；曰「大夫盟」，見襄十六年。從此無諸侯。齊桓死，而僖公至以楚師伐齊，取穀；晉伯息，而哀公兩會吴伐齊，夫子所以有被髮左衽之懼。

胡傳云：「王朝命大夫例書字，附庸之君例書字。」案：尊卑有定位，若諸侯書名而大夫書字，侯伯書名而附庸之君反書字，聖人之立法疑倒置矣。此不過因邾儀父及王人子突稱父稱子有類于字耳。不知齊侯禄父、蔡侯考父、季孫行父皆名也，無以見儀父之爲字也。齊子糾、鄭子儀、子亹、子臧、子華皆名也，無以見子突之爲字也。《春秋》無書字之法。邾子克是儀父之子，不得謂儀父之名。方氏苞曰：「克與儀父非一人，儀父之卒不書，至克而後書『卒』耳。儀父之卒當于桓之末年。」

史稱定、哀多微辭，而聖意未嘗不顯。然昭三十年、三十一年、三十二年春王正月三書「公在乾侯」、「公薨于乾侯」、「六月癸亥，公之喪至自乾侯。戊辰，公即位」，則昭公死于客殯，而定公受國意如之情事顯然矣；六次如晉，至河乃復，則季氏連結晉之權臣，伸縮由己，而公束手受制之情事顯然矣；城啟陽及屢次用師于邾，或書三卿，或書二卿，則兵權一手掌握而欲吞滅列國以自肥之情事顯然矣；兩次會吳伐齊皆書公，齊爲仇讎之國，三子坐享厚實，以危難之事委其君，欲陷公死地之情事顯然矣。此皆聖人所親見，故備書之。當日史官爲季氏之黨，阿奉意指，未必能詳盡如此。

諸侯失地名，滅同姓名。然有滅同姓而不名者，如齊侯滅萊、楚子滅夔、晉滅虞滅虢是也；有失地而不名者，如「齊人滅譚，譚子奔莒」、「楚人滅弦，弦子奔黃」、「狄人滅温，温子奔衛」是也。《戴記》乃出《公》、《穀》之後，拾三傳之緒餘以成文耳。學者顧欲據《禮》以論《春秋》，過矣。滅同姓書名，獨衛侯燬，然朱子疑爲羨文。失國書名，獨徐子章禹，先母舅云：「且須闕之。闕之無傷于《春秋》之大義，不得以一事著爲定例。」

惟滅國而以其君歸者，則書其君之名。如鄭游速帥師滅許，以許男斯歸；宋公入曹，以曹伯陽歸；晉人滅肥，以肥子緜皋歸；滅鼓，以鼓子戴鞮歸。此不過因赴告之辭耳。蓋滅國則但以得地告，至其君則但云「奔某國」，不必及其名也。以其君歸，則須有獻俘之禮，不名則不可以告宗廟，因而赴告列國，魯史書之，聖人因而弗削。初非名之以甚其罪，亦非不名以滅其罪也。夫遯逃苟免與身爲囚俘，其失守宗祧之罪等耳，直書而義已見，何用名與不名以別其輕重乎！

黃東發謂：「學《春秋》者，只當就春秋之世以求聖人之心。」此語最合。後儒乃動以五帝三王之事律之。如彭衙之戰，文定謂宜加以文諭，不從，乃更告之天子方伯，不宜遽興師與戰。晉悼三駕，或謂遠人不服，當修文德以來之，未聞道敝諸侯以服之。如此，則當安、史之亂，唐室只須仗義執言，不煩李、郭之苦戰。而聖人當日遇着桓魋，亦可以禮感化，何爲微服而過宋乎？無怪乎明季闖寇憑陵，畿甸垂破，而儒臣召對猶以舞干羽爲言者。此種議論，則讀聖經乃是喫駃藥，何益于救世哉！

《春秋》何以托始乎隱？或謂以隱之讓國而賢之，或謂《春秋》托始于桓王，皆非也。東遷後，弑君之獄自衛州吁及魯桓公始。而桓之弑，隱實有以召之，寵任羽父及菟裘，不早斷，馴致大禍。故曰「爲人君父者，不可以不知《春秋》」。

《春秋》凡書城築皆譏，無論時不時也。城郚、城中丘，則以怯敵書；城向、城諸及鄆，則以啟釁書；城費、城成郛，則以三家營私邑書；城漆、城啟陽、城邾瑕，則以恃强凌弱小書；城杞，則以受役于强大書。其非時與帥師者，則罪又甚焉。蓋《春秋》一書，聖人特書以垂戒，爲百王法，未有無故而書者也。魯方百里五，所統凡數十百城，二百四十二年之中，城壞而修亦極常事，何足重煩聖人之筆乎！

外此，如城邢、城楚丘、城緣陵，爲聖人許之乎？曰：此《春秋》以紀世變也。天王失政，外裔交侵，小國不能自立，賴桓公脩方伯之職，帥諸侯起而城之。聖人所以不得已而思伯，予之亦傷之也。降此而城成周，抑又甚焉。王室内亂，流離顛越，十年之後，又乞城于諸侯。書此而天王之孱弱、晉伯之怠緩，俱可概見。此皆有關于天下之大者。凡褒貶無關于天下之大故，不書。

二百四十二年，君卿大夫之賢奸善惡，千態萬狀，而欲執書名、書字、書族、書爵、書人、書滅、書入及日月時等十數字，以概其功罪，爲聖人者亦太苦矣。不知下筆時費幾許，搖頭苦吟，竄易數四，而後斟酌定此一字，作《春秋》不亦勞頓乎！如此，幾同俗吏之引例比律與鯫生之咬文嚼字，聖人心事光明正大，決不如此。《春秋》只須平平看下去，自如岡巒之起伏。世運十年而一變，或數十年而一變，聖人第因其世變而據實書之。如春秋初年猶以滅邑爲重，至其後則滅邑不書而滅國書矣；猶有未賜族之大夫須命于王朝，至其後列國之大夫無不氏與族者矣。春秋中葉，猶書諸國伐我北鄙、南鄙、東鄙，至定、哀則直書伐我，直造國都而四鄙不足言矣。荆，初年猶舉號，繼而書楚人，繼而書楚子，最後但書楚之大夫。兼及吴、越，南風滋競，中夏反受其蔭庇矣。列國會盟征伐，初皆書君，其卿大夫則稱人，無有以名氏見，至末年而但書大夫之名氏，政自大夫出，而君位幾如贅旒矣。通《春秋》之蒐狩皆書公，至定、哀之蒐狩不書公，君無一民一旅，其得失皆與君無預矣。此皆《春秋》大變故，而聖人書法第據當日之時勢，初非設定一義例，謂有褒貶于其間也。

看《春秋》，須先破除一「例」字。胡文定謂：「凡書『救』，未有不善。」此亦不可以一例拘也。僖二十八年楚人救衛，襄十年楚公子貞帥師救鄭，聖人非是許楚，乃是罪鄭、衛。唐討吴元濟，而王承宗、李師道救之，豈得謂許其當救乎？僖十八年狄救齊，聖人則深罪宋襄。齊桓攘狄，一旦身死内亂，宋襄繼伯，反爲搆禍，致煩狄人之救，聖人蓋傷之。杜少陵詩云：「豈謂盡煩回紇馬，翻然遠救朔方兵。」其意正同。例之不可拘如此。

凡伐而書「次」，則善其節制，僖四年「齊桓伐楚，次于陘」、襄元年「晉悼伐鄭，次于鄫」是也。次而書「俟」，則惡其妄動，莊八年「師次于郎，以俟陳人、蔡人」。師及齊師圍郕」是也。救而書「次」，則惡其怯懦觀望，僖十五年「救徐，次于匡」、襄二十三年「叔孫豹救晉，次于雍榆」是也。外裔而書「次」，則惡其窺覘中夏，文十年「楚子、蔡侯次于厥貉」是也。又如莊二年「公次于滑」，則譏其救紀無功；定九年「齊、衛次于五氏」、十三年垂葭、十五年渠蒢，則志其攘伯生事。俱要合上下文之事與辭而觀之，則褒貶各見。單執一「次」字以爲書法之例，何從得見聖人之意？

會禮之簡者曰遇，非善辭也。然亦有褒者，莊三十年「公及齊侯遇于魯濟」、三十二年「宋公、齊侯遇于梁丘」，齊桓執謙以就宋、魯，以是能得諸侯，此褒也。他如莊二十三年「公及齊侯遇于穀」，則惡其急于成昏；隱四年「公及宋公遇于清」、八年「宋、衛遇于垂」，則惡其比周結黨。又如僖十四年「季姬及鄫子遇于防」，則越禮之甚。褒貶不同如此，而可執一字以爲定例乎！

《春秋》書「初」、書「猶」、書「遂」，俱聖筆頰上添毫處。書「初獻六羽」，以明前此之僭；書「初稅畝」，以志横征之始。「猶繹」、「猶三望」，是譏其可已而不已；「猶朝于廟」，是幸其禮之未盡廢。「遂伐楚，次于陘」、「遂救許」、「遂圍許」，是志其赴機之捷；「遂滅賴」、「遂滅偪陽」、「遂伐曹，入其郛」，是志其兵威之暴；「遂及齊侯、宋公盟」，是志其國事之擅。他如曰「誘殺」，曰「以歸」，曰「取師」，曰「大去」，曰「棄師」，曰「逃歸」，曰「殲」，曰「戕」，曰「用」，皆聖人用意下字，此其顯然可見者。

《春秋》書地震、山崩，是爲天下記異。《公羊》得之，《左氏》專指晉者，非也。僖十五年，沙鹿崩。隕石、六鷁則專爲宋，宋襄創伯六年，屢挫折于楚，是六鷁退飛之象。外災不書，以宋有關于天下之故書之。

《春秋》誅貶，非特不于一字上見，併當於不書處見之。如隱七年「天王使凡伯來聘。戎伐凡伯于楚丘以歸」，則下當書云「師及衛師伐戎，執戎子某歸于京師」，此理之必然者，而其下寂然，則魯、衛不臣之罪著，而戎之桀驁，凡伯之失節，皆其小焉者矣。文八年「天王崩，公孫敖如京師，不至而復。丙戌奔莒」，則下當書云「殺公孫敖，公子某如京師」，而其下寂然，則魯慢天王爲不臣，失刑誅爲不君，而公孫敖之罪不足言矣。又如昭二十二年「王室亂」，則下當書云「公及晉侯及某某國入京師，誅子朝，王室復定」，而其下寂然，但書朝、猛之迭勝迭負，劉、單之拮据萬狀，直至二十五年會于黃父期納王，則晉失方伯之職，諸侯無勤王之義，均無所逃，而王子朝之罪更不足言矣。隱四年「衛州吁弒其君完」，則下當書云「天王使某侯伐衛，殺州吁，立公子某」，而其下寂然，直至九月衛人殺州吁于濮，十有二月衛人立晉，殺係衛人自殺，立係衛人自立，天王不能正列國、不能討其罪自著，而衛人擅立君之罪反其小焉者矣。入春秋，失政刑于是始。嗚呼！此經之所以托始乎隱也。

聖人所以不得已而予桓、文者，只爲桓、文是假行天子之事。如上書「狄伐邢」，下即書「齊人救邢」；上書「狄入衛」，下即書「城楚丘」。楚三伐鄭，而桓公爲檉、貫、陽穀之會，有召陵之師；楚合四國以圍宋，而文公侵曹伐衛，有城濮之戰；楚以彭城封魚石，而悼公合諸侯圍宋彭城；魯爲齊困，非晉不解。此如病急求醫，縣報殺人而有司遣人拘究，不踰晷刻。細撿伯統未興與伯迹既熄以後，則有坐待其斃，聽人之白晝劫殺而已矣，光景截然大異。從此處着眼，而聖人褒貶微意，與孟子所謂彼善于此處，和盤托出紙上。

孟子曰：「《春秋》，天子之事也。」朱子註謂：「惇典庸禮，命德討罪，大要皆天子之事。」然謂聖人筆削代天子行事者，則又非也。彝歎張氏謂「《春秋》非是維王迹，乃著王迹之所以熄」，最得《春秋》之旨。細看全經，如三錫命，是奬篡弑、褻王言，所謂命德者安在？列侯上傲王命，内相篡奪，而王討不加，所謂討罪者安在？諸侯不奔喪會葬，而王遣使求車、求金，典禮一切廢壞。聖人只是于此等標明王迹不行于天下處，而誅貶自見。如齊桓殺哀姜于夷，大義滅親，此正是合天討處，而下書「夫人氏之喪至自齊」，細看一路上文，而僖公此舉已是大錯。聖人之意明白具見，何必去一「姜」字乃爲示貶乎？

列國來朝四十未有書名者，獨桓七年穀伯綏、鄧侯吾離書名。《左氏》云「賤之」，或又以爲嘗失國。林氏曰：「貶穀、鄧遠在方城之外，無爲朝魯朝桓。」諸侯必若穀、鄧而後貶，皆曲説也。失國書名，只當其竄逐苟免之時書之耳。穀、鄧來朝，則現爲君，非失國也。若謂其以前嘗失國，則衛成公出奔，顛沛甚矣，不聞終成公之世皆書名也。蓋桓公篡弑已歷七年，至此遠國來朝，且兩國更迭來，志得意滿，接見于廟，令史臣書之以爲美談，誇詡宋、鄭諸列國。聖人因而弗削，正以見桓公之自侈，大意在責桓，非責穀、鄧也。若責其黨逆，則桓公當日歸獄寫氏，事極隱秘，天王不加討，近鄰不問罪，穀、鄧遠在二千里之外，何從知爲篡逆而求之備乎？亦可謂欲加之罪矣！桓二年，蔡侯、鄭伯會于鄧，始懼楚。當日以魯爲周公之後，故朝魯以求庇，而公亦以此自喜。鄭，魯所畏。鄭會鄧，而鄧朝魯，故書名以震矜之。此當日之情事也。

哀四年，盜殺蔡侯申。凡無主名及賤者，皆稱盜。故聶政之殺俠累，《綱目》只書曰「盜」。雖以子房博浪沙之擊，《史記》只書曰「遇盜」，以其大索不獲也。《左氏》曰公孫翩，則是明有其人，且係貴族，何爲不明正其弒君之罪而諱之曰盜乎？公孫辰三人以賊黨而猶列其名，公孫翩以首禍而顧免于罰。且文之鍇已殺翩，則罪人斯得，則當書曰「蔡公孫翩弒其君，蔡人殺翩」，以伸討賊之義，又何爲作此疑獄乎？大抵是奸人卒起不意，衆疑是三人所爲，逮後或殺或逃，而姑以性、霍二人當獄耳，其實不可得而指名也。學者寧信經而舍傳爲是。

桓五年，蔡人、衛人、陳人從王伐鄭。自是立文宜如此，增一「天」字便覺不順。如王師敗績于郊氏之戎，不可云「天王師」也。諸儒泥于去「天」爲貶之説，遂舍鄭伯滔天之罪，而謂桓王不宜以小故興師，自取敗辱。宥臣責君，悖舛滋甚。又如僖二十八年兩次朝于王所，義當責晉，責諸侯，不宜責王，而反去「天」以貶王，可乎？

《春秋》書衛人殺州吁、蔡人殺陳佗、齊人殺無知，先儒云：「人者，衆辭。言夫人之所得討固然。」然愚謂責天王意較重。討賊，係天子之事。列國有篡弒，天王當遣方伯連帥討而誅之，何待衛人、蔡人、齊人之殺乎？書「人」以明一國之私討，非天王之公討也。由是征伐不自天子出，自諸侯出矣。

書衛人、蔡人、齊人之殺弑君者，討罪不自天子出矣；書齊侯、衛侯之胥命，命德不自天子出矣，皆譏天王之失政也。三傳謂善胥命固非，張氏洽謂罪齊、衛猶落第二義。

莊二十九年樊皮叛王，明年王命虢公討樊，執樊仲皮歸于京師，此天討之最合者，而聖人不書，常事不書也。莊十六年王使虢公命曲沃伯以一軍爲晉侯，此天命之最乖者，而聖人不書，不告不書也。華督亦死閔公之難，不書，此聖人削之也。明季有麗逆案而死闖難者，朝廷之贈卹不及，後世史官不列《忠臣傳》，亦是此義。

《春秋》書游觀二，隱公矢魚，莊公觀社，皆非禮也。若僖公之泮水，則合禮不書矣。書立廟二，立武宮、立煬宮，皆非禮也。若僖公之修閟宮，則合禮不書矣。後世歐陽公修《唐書》，于《玄宗本紀》書「幸温湯」、「至自温湯」，或一歲一行，或一歲再行，詳書不殺，全倣《春秋》之旨。

書弑君，自然知爲大惡，不必以削去公子與稱名以見惡。書死君難，自然是褒，不必以稱名多加責備。三傳泥于稱名之説，遂于死難諸人毛舉細故，謂以此故名之，是將忠義抹撥，泥于稱人稱國以弑之説，謂君爲國人所欲弑，是爲亂賊出脱，正與孔子作《春秋》之意反背。

昌黎詩云：「《春秋》三傳束高閣，獨抱遺經究終始。」「究終始」三字最妙，此即比事屬辭之法。治《春秋》，自宜以經作主，但不可于三傳外另造出一傳來，如趙氏木訥之《經筌》，則杜撰鑿空更甚矣。

終春秋之世，天討之見于經者，桓五年蔡人、衛人、陳人從王伐鄭，及莊六年王人子突救衛二者而已。伐鄭而敗績，救衛而無功，不書，是聖人諱之也。他如王師、秦師圍芮不書，伐翼、伐曲沃不書，❶不告也。必以王去「天」爲貶，則子突書字，又何以稱爲褒乎？

春秋之中葉，討伐無書「王」者，政自諸侯出也。至末季，討伐無書「公」者，政自大夫出也。定公之初，伐齊反書「公」者，陪臣執國命，而欲假公以與大夫抗也。哀公之世，征伐盟會無不書「公」者，大夫復張，已專其利，而以危難之事陷其君也。聖人一字之去留，世變存焉。皆據實書，以爲褒貶者殊錯。

文定動云「上告天子，下告方伯」，不知石碏之除州吁當隱公之四年，桓王初即位，只告陳使討，不聞告王而請討，則此時王令已不行于天下矣。當春秋末世而輒以五帝三王之事律之，敵師壓境而云反躬責己，云加以文諭用兵，云仗義執言、不由詭道，此如人饑將死而曰何不食肉糜，路逢劫盜而與拱手談仁義，其不供人軒渠者幾希！

杜氏以「伯」、「仲」、「叔」、「季」皆字，書字皆褒。此以加于紀季以酅入于齊，蔡季自陳歸于蔡、許叔入于許，可也。他如蕭叔朝公何以書「叔」？宋人執鄭祭仲何以書「仲」？杜氏又云「叔與仲皆名」，然則紀季、蔡季、許叔何以見其獨爲字乎？方望溪曰：「凡書伯、仲，皆行次也。叔肸、宋子

❶「翼」，原作「翌」，今據《春秋左傳正義》改。

哀皆名也。」可云斬盡葛藤矣！

諸侯不生名，死則名之。諸侯死猶名，則大夫無不稱名之理。大夫遇難見殺，更無不稱名之理。《左氏》以稱名爲貶，遂于孔父、仇牧、洩冶謂不足貴；于崔杼之出奔不稱名，以氏告，謂非其罪，顛倒已甚。且以叔肸爲賢而書字，則孔子大聖，續經當書「仲尼卒」，不當書「孔丘卒」矣。

聖人當日何嘗執定以獲麟一句結住，只爲是年春適有此事記了。四月遂有陳恒執君寘于舒州，六月行弑，孔子沐浴請討，不行，于是輟簡廢業，未幾遂卒。是《春秋》乃聖人未竟之書。一切謂文成致麟，與孔子覩獲麟而作《春秋》，俱是憒憒。

讀春秋偶筆終

鑒定校閱姓氏

方　苞　望溪　桐城人。
李　紱　穆堂　臨川人。
蔣汾功　東委　武進人。
楊繩武　文叔　長洲人。
楊　椿　農先　武進人。
程　崟　夔州　歙縣人。
胡期恒　元方　武陵人。
顧陳垿　玉停　太倉人。
鄧鍾岳　悔廬　聊城人。
王歛福　鳳山　諸城人。
盧見曾　雅雨　德州人。
黄施鍔　悔齋　無錫人。

程嗣立　風衣　安東人。
華希閔　芋園　金匱人。
秦蕙田　味經　金匱人。
鍾　晼　勵暇　上元人。
周振采　白民　山陽人。
程廷祚　啟生　江寧人。
秦大吕　人俊　金匱人。
王家賁　素修　山陽人。
潘印賜　君佩　溧陽人。
潘果賜　君懷　溧陽人。
吴志涵　蘊千　甘泉人。
傅辰三　　　　杭州人。
阮　咸　卓庵　寶應人。
邵之鵬　上九　無錫人。
華孳亨　韋軒　金匱人。
秦鈞儀　伯芳　金匱人。
劉執玉　復燕　無錫人。

凡例二十條

一、是編名《大事表》，凡《春秋》之無關於天下之故者，皆不録。如交兵止七表，其餘如鄭、衛、陳、宋諸國之兵争則不載。游觀及備四時皆不載。伯統未興以前及伯統既絶以後，其特盟、參盟俱不載，以其無所附麗也。

一、《春秋》周正、夏正紛然聚訟。胡文定謂夏時冠周月，及蔡氏《尚書傳》謂改時不改月者，皆誤。今一本朱子説，主用周正，而用經、傳文之關于節候者，列爲《時令表》，庶開卷瞭然，夏正之説不煩攻擊而自破矣。

一、《春秋》爲魯史，其編年自宜用本朝正朔，萬無可疑。而諸經容有不盡同者，如《論語》説暮春，《易·説卦》「兑正秋」，及《毛詩》「春日遲遲」、「四月維夏」、「秋日淒淒」、「冬日烈烈」之類，俱是從夏正。先儒必欲强而同之，所以後人益增惶惑，反使周正之説不信。不知諸經中偶從夏正者，蓋民俗話言之習熟，撫時道景之切近爾，於三代固通行無忌也。今將諸經另列一表附於後，庶彼此各不相礙。

一、杜氏之大有功於《春秋》者，以有《長曆》一書，列《春秋》年月；《土地名》一書，詳《春秋》輿地爾。今俱不可得見。謹列《朔閏》及《長曆拾遺》二表，以補杜氏之《長曆》；列《疆域》至《犬牙相錯》五表，以補杜氏之《土地名》，庶二書燦然復見云。

一、《朔閏表》宜列一年之中氣、節氣，

然與經、傳不相關涉。如冬至爲十一月之中氣，孔氏穎達於僖五年「正月朔旦冬至」謂去年爲閏十二月，此拘于常曆法閏後之月中氣在朔之説爾，不知春秋時曆法錯亂，正自不拘，杜元凱已不用此法。愚嘗如其説，從僖五年冬至按二十四氣逆推之，至前一次閏，爲僖元年閏十一月，月之十一日爲冬至，是閏月竟有中氣，不必定在前後之朔晦也。況節氣、中氣須按時刻分數，今經、傳中止得其日耳。從此板板推算，一年之内已要差一日兩日，積久益無憑準，故略而不論。

一、《春秋》時曆法錯亂。杜元凱《長曆》俱就經、傳上下推校而得，與歷代常法不同。今于日食、置閏二項特據趙東山本，以唐《大衍曆》與《長曆》並列上下，并附《元史·律曆志》所書《春秋》日食三十七事，使學者開卷可知其謬，而《左傳》所書再失閏愈曉然矣。

一、《疆域表》止列周王畿及魯、宋、鄭、衛、齊、晉、秦、楚、吴、越十大國，其餘小國不可以疆域言，入於《列國存滅表》内。云都在某處，爲今之某省某府某縣，某年爲某所滅，入某國爲某邑，庶大小相灌輸，有條而不紊云。

一、《春秋》列國各有險要，如函關爲晉桃林，武關爲楚少習，齊之穆陵爲晉時大峴，鄭之虎牢爲漢之成皋，河陽爲唐李光弼死守以固東京之地，鍾離爲梁韋叡苦戰以保淮右之方。謹列出爲表，證以後世史事，使學者知《春秋》爲後代戰争權輿，庶無失經經緯史之意。

一、《春秋》舊有《地里指掌圖》。余謂二百四十二年内，强兼弱削，大小無定形，單就分封時地界畫定某國，則晉之范武子封邑在今山東之范縣，楚之商邑在今陝西商州之雒南縣，昭關在今江南和州之含山縣者，學者反致不曉。今以本朝府州縣輿圖爲定本，註明《春秋》國邑地名，別以朱墨，庶學者開卷瞭然，當日强弱之勢具見。

一、春秋列國地形犬牙相錯，有以今之一縣而四國錯壤者，如山東兖州府之滕縣爲滕、薛、郳三國及邾之絞邑，曹州府之范縣爲齊、晉、魯、衛四國交錯地，河南開封府之封丘爲衛之平丘、宋之長丘、鄭之蟲牢、魯之黄池。恐繁多難載，今以地之東、西、南、北，細字分註于上下兩旁。其有偏于東北、西北、東南、西南者，則書于四角，庶地里精細分寸，俱可按摹而得。

一、春秋北方諸國以河爲境，見于傳文者，秦、晉、周、鄭、衛、齊六國爲多。如秦濟河焚舟，邲之戰晉先縠以中軍佐濟，平陰之役荀偃沈玉而濟，俱不言其何地。他如自茅津濟，自南河濟，涉自棘津，則特志其地名。其不言地者，乃兩國往來常渡處；其特志地名者，乃兵出詭道，乘人不備故也。學者俱弗深考，并《左傳》文法亦懵如矣。今特列《河道》一圖，并註明某國濟某處，在今某府某州縣東西南北幾里。千載河形，瞭如指掌，而當日行師迂直遠近之勢亦如在目前。

一、周定王五年河徙，自宿胥口東行漯川，與禹河故道別。案：周定王五年己未爲魯宣公七年，春秋至此恰一百二十一歲，適當春秋之半。禹河則繞濬縣之西而北流，河徙後則繞濬縣之南經大伾山之足，折而東流。《禹貢》所謂「北過洚水，至於大陸」，河徙後已無之矣。今列爲二圖，各詳註其後，庶於《春秋》之河道無誤。

一、近來地里諸書，首推景范氏《方輿紀要》，高江村《春秋地名考》及《皇輿表》皆用之。然《皇輿表》以晉條邑爲直隸之景州，疑穆侯時疆域不到此。至以豫章爲今南昌，景范已辨之。而景范於魯兩平陽俱引盟越后庸事，高江村刪一存一，遂以宣八年城平陽與越后庸盟於平陽兩地混而爲一。又齊、曹兩國俱有重丘，景范合而爲一，於襄十七年衛伐曹取重丘，即註東昌府，謂曹東北境之邊邑，俱未是。今俱一一校正。

一、晉之中牟，杜元凱時已不知其處，第云當在河北。今開封府中牟縣，在大河之南，本鄭之圃田地，與晉遠不相涉。余向日脩《河南通志》，見中牟縣載入佛肸墓，以爲笑談。乃今檢唐李吉甫《元和郡縣志》及宋樂史《太平寰宇記》，俱以鄭圃田與佛肸墓一齊收入。承譌襲舛，非自今日而然也。又班固《地里志》以楚始封之丹陽謂爲丹陽郡丹陽縣，以衛文公所遷之楚丘混入戎伐凡伯之楚丘，俱大謬。今俱校正。

一、《春秋左傳》説禘，與《大傳》、《小記》、《祭法》、《國語》不同。杜預稱禘爲三年喪畢之吉祭，既大謬。而朱子取趙伯循説，謂禘不兼群廟之主，單祭始祖與所自出，亦未爲得。近世萬充宗兄弟既辨之矣，而其立説間有未安者，謹著論數首，參以鄙意，以俟後之君子論定。

一、《春秋》經、傳隔今二千餘年，先儒舊説容有未當處，經後人之推勘而益精。如魯之郊禘，《明堂位》以爲成王所賜，陳氏傅良則謂此東遷以後之僭禮，惠公請之，至僖公始作頌。田賦車乘，《司馬法》以爲甸出長轂一乘、甲士三人、步卒七十二人，馬牛車輦皆具；李氏廉則謂甸止出一乘之人。越滅吴，《史記》以爲不能正江、淮以北，《吴越春秋》、《越絶》諸書則謂越遷都琅琊，在今山東沂州府日照縣。豫章舊説即南昌，顧氏祖禹謂春秋之豫章與今南昌無涉。余嘗再四推究，知後説爲精當不可易。然前説相沿已久，不容遽革，致啟後人妄作之弊，今于表及序文内仍以前説爲據。另立一論，歷引經史，發明後儒之説，俾學者知讀書當另出手眼，而亦不至輕蔑前人，庶彼此兩得云。

一、杜元凱《長曆》散見註、疏内，共百餘條。愚嘗百方購其書，不得，迺以意創爲《朔閏表》，以經、傳日之干支爲主，而月之大小、閏之疏密於是乎定。後閲趙東山《春秋屬辭》，列《大衍曆》與《長曆》錯互，内有《長曆》云云，與疏中所載不同，知另有《長曆》一書，東山時猶得見。此本而今無之，因就向所定者改正二十餘條，俱從東山本。蓋以今日欲訂定二千年以前之曆日，先之以元凱，申之以東山。兩先生俱終身殫力于《春秋》，決當無誤，讀者鑒之。

一、凡稱引先儒舊説例舉號，然苦人不甚曉，如張氏洽之爲元德，家氏鉉翁之爲則堂，吕氏大圭之爲朴鄉，趙氏與權之爲存耕，孟何之爲浚南。閲積齋《或問》中遍舉諸人，殊費查檢。今一從《彙纂》例，俱列其名。除先師、先母舅外，本朝前輩如望溪先生暨家宛溪亦從稱名之例，庶使人一見瞭然，非敢唐突前輩也。

一、是編凡爲目五十，經始于雍正甲寅，斷手于乾隆戊辰，歷十五年。隨手輯成，不拘次序。家貧客遊，假館恒在千里外，文成輒識其處。又中間十八項曾經失去，重復輯録，最後乃得叙論數十首。故所志干支前後不無顛倒，文義間多重複，欲更删定。程子風衣謂：「删去便不暢，不如仍其舊爲妥，且從前之苦心不容遽没。」感亡友之遺言，附識于此。

一、余于是編備極苦心，亦藉諸賢之力。《氏族》、《世系》、《官制》三表則輯于華師道。《朔閏》一表則經始于華生緯，而師道訂成之。十二圖則華半江一人之力。參校不憚再三，則同里沈生岵瞻及鹽城夏生瀛、山陽楊生日炳之力爲多。將伯之助，深爲銘感，不敢忘也。

凡例終

春秋時令表叙

《春秋》開卷書「春王正月」，議者紛然。蔡氏《尚書傳》既主不改時改月之説，而文定傳《春秋》又謂夫子虚加「春」字於「月」之上，謂周本是冬十一月，夫子特借以明行夏時之意。是皆攷古未核，惑於冬不可爲春之疑，遂至輾轉相誤也。

《後漢書·陳寵傳》有曰：「天開於子，天以爲正，周以爲春；地闢於丑，地以爲正，殷以爲春；人生於寅，人以爲正，夏以爲春。」是子、丑、寅三陽之月皆可以言正，皆可以爲春明矣。而謂周有天下，更姓改物，於履端初始稱冬十一月，以號令天下，一年之内首尾皆冬，非所以一天下之視聽也，周既不改時月矣。而謂夫子爲周之臣子，改冬爲春，改十一月爲正月，戾王朝之正朔，改本國之史書，尤不可以訓也。今試以經文最顯然者證之。隱九年三月大雨震電，若是夏正，則震電不爲災矣。桓十四年春正月無冰，若是夏正，則無冰不足異矣。蓋自王朝之發號施令，列國之聘享會盟，與史官之編年紀月較若畫一。其餘田狩祭享猶用夏時，如蒐苗獮狩、禴祀烝嘗，則以夏時起事，而易其時與月之名，若桓四年春公狩于郎、桓八年春正月己卯烝是也。此皆其歷歷可見者。而傳文内間有一二從夏正者，蓋亦有故。隱六年冬宋人取長葛，而傳書「秋」，劉氏敞謂：「丘明作書，雜取當時諸侯史策，有用夏正者，有用周正者，故致與經錯異。」可見當時諸侯亦不盡用周正。

孔氏穎達云：「王者存二王之後，使統

其正朔，服其服色，故杞、宋各行其祖正朔。」先儒謂宋行商曆，晉行顓曆，顓曆即是建寅。故傳書晉國之事多有從夏正者，若卜偃與絳縣老人之言可證也。要自其國通行已久，習俗使然，三代原所不禁。而其告於王朝，則一稟周之正朔。《左氏》特採録列國之私史，其史官之紀載未經改正，故致偶見此一二耳，無容以爲不改時月之驗也。其經文則與《尚書》符合，斷然周正無疑。善乎朱子之言曰：「夫子未筆削以前，魯史原名《春秋》，可見以春首時。」片言破的，諸儒無所置喙矣。輯《春秋時令表》第一。

春秋時令表卷一

錫山顧棟高復初輯
婁縣受業吳光裕益旃參

經文

隱元年春王正月。

《左傳》：「王周正月。」孔氏穎達曰：「夏以建寅之月爲正，商以建丑之月爲正，周以建子之月爲正，月改則春移。」朱子曰：「劉質夫以

隱六年冬，宋人取長葛。

《左傳》：「秋，宋人取長葛。」劉氏敞曰：「《左氏》作『秋』，杜云『秋取冬來告』，非也。《左傳》日月與經不同者多，或丘明作書，雜取當時

隱九年三月癸酉，大雨，震電。庚辰，大雨雪。

《漢書・五行志》：「劉向以爲周三月，夏正月也，雷電未可以發；既已發，則雪不當復降，皆失節，故謂之異。」

桓四年春正月，公狩于郎。

《左傳》：「書時，禮也。」杜註：「冬獵曰狩。周之春，夏之冬也。田狩皆夏時也。」《公羊傳》：「冬曰狩。常事不書。此何以書？

桓六年秋八月壬午，大閱。

胡傳：「《周禮》仲冬教大閱。書八月，不時。」張氏以寧曰：「周八月，夏六月也，故曰不時。」

『春』字爲夫子所加，但魯史本謂之《春秋》，則似原有此字。」又曰：「文定說夏時冠月，謂如公即位依舊是十一月，只是孔子改作春正月。某便不敢信。據《周禮》有正月，有正歲，則周初實是元改作春正月。夫子只是爲他不順，故欲改從夏之時。」又曰：「夫子周之臣子，《春秋》是魯史，決不改周正朔。」

張氏洽曰：「此所謂春乃建子月，冬至陽氣萌生，在《三統》爲天統。」

熊氏朋來曰：「桓十四年春正月無冰，若夏之春正則解凍矣。」

諸侯史策，有用夏正者，有用周正者，故經所云冬，傳謂之秋也。」據劉氏之說，則當時諸侯亦不盡用周正。孔氏穎達云：「王者存二王之後，使統其正朔，服其服色，故杞、宋之後各行己祖正朔。」愚謂此是宋事，赴告或當用商正耳。先儒謂宋行商曆，晉行顓曆，顓曆即是建寅，故傳書晉國之事多有從夏正者。

汪氏克寬曰：「或謂《春秋》用夏正，故建辰之月雨雪爲異。然苟實建辰之月，則震電不必書矣。」

譏遠也。」

張氏以寧曰：「周春正月，夏十一月也。冬曰狩，不以不時書，以譏遠書也。」

定元年冬十月隕霜殺菽，若建亥之月則隕霜不爲異，而亦無菽矣。大抵周人以夏正並行，《豳詩》、《周禮》則然。惟《春秋》魯史，專主周正。」	桓八年春正月己卯，烝。 杜氏預曰：「《左傳》『閉蟄而烝』，閉蟄係建亥之月。此正月是夏之仲冬月，何爲不得烝？非以不時書，爲下文五月復烝見瀆書也。」 張氏以寧曰：「周正月，夏十一月也，故不以不時書。」
	桓八年夏五月丁丑，烝。 《穀梁傳》：「烝，冬事也。春夏興之，黷祀也。」 張氏以寧曰：「周五月，夏之春三月也。《穀梁》皆主夏時，此誤也。」
	桓八年冬十月，雨雪。 《左》無傳。杜註：「今八月也。書，失時。」 《公羊》曰：「記異也。」何休註：「今八月未當雨雪，此陰氣太盛，兵象也。」 張氏以寧曰：「按《漢書·五行志》劉向曰『周冬夏秋』，周十月，今八月也。」
	桓十四年春正月，無冰。 《公羊》曰：「記異也。」 何休註：「周之正月，夏之十一月，法當堅冰。無冰，温也。」
	桓十四年秋八月，御廩災。乙亥，嘗。 胡傳：「《春秋》用周月，以八月嘗，不時也。」 張氏以寧曰：「周八月，夏六月也，故曰不時。」

		《穀梁》范甯註：「《月令》曰：『孟冬行秋令』，則霜雪不時。」此直以冬爲冬，亦《穀梁》主夏時之一證也。		
莊七年夏四月辛卯，夜恒星不見。 何休《公羊註》曰：「周四月，夏之二月，昏參伐、狼注之星當見。參伐主斬刈，狼注主持衡平。俱不見，是法度廢絶，威信凌遲之象。」	莊七年秋，大水，無麥、苗。 杜註：「周之秋，今五月。平地出水，漂殺熟麥及五稼之苗。」 孔氏《正義》曰：「直言無麥苗，似是麥之苗，而知麥、苗别者，蓋此秋是今之五月，麥已熟矣，不得方云麥之無苗。故知熟麥及五稼之苗皆爲水漂	莊十七年冬，❶多麋。 杜註：「麋多則害五稼，故以災書。」 張氏以寧曰：「周之冬，夏之秋也，故麋多則稼害。」	莊十八年秋，有蜮。 張氏以寧曰：「《漢・五行志》：『爲蜮盛暑所生，非自越來。』按：盛暑爲夏之六月，周八月也。六月而生，七月見異而書。」	莊二十五年六月辛未朔，日有食之，鼓，用牲于社。 《左傳》曰：「非常也。惟正月之朔，慝未作，日有食之，于是乎用幣于社，伐鼓于朝。」 杜註：「正月，夏之四月，周之六月，謂正陽之月。今書六月，而《傳》云唯者，明此月非正陽月也。辛未實七

❶「冬」下，原衍「冬」字，今據《四庫全書》本、《皇清經解續編》本删。

	莊二十八年冬，大無麥禾。 杜註：「書于冬者，五穀畢入，計食不足而後書。」 張氏以寧曰：「冬，周十月也。《豳風》『十月納禾稼』，故曰『五穀畢入，計食不足』。」 湛氏若水曰：「周之冬，乃夏之八、九、十月也。至收成之時，而後知麥禾皆無，故曰『大無』也。」
殺也。種之曰稼，禾始生曰苗。」	莊三十一年冬，不雨。 張氏洽曰：「莊公無閔雨之志，獨酉、戌、亥之月不雨，故不得歷時而言也。」
	僖三年春王正月，不雨。夏四月，不雨。 《穀梁》曰：「一時言不雨者，閔雨也，有志乎民者也。」 趙氏鵬飛曰：「正月，今之十一月。四月，今之二月。此時不雨無害于農，而必書者，又見僖公之念雨也。」
	僖三年六月，雨。 高氏閌曰：「周六月，夏四月。建巳之月，萬物始盛，待雨而大。古者以是月雩而祈雨，則六月之雨尤爲可喜。」
月朔，因置閏失所，誤以七月爲六月。故《左》曰『非常』，謂非常鼓之月也。」	僖十年冬，大雨雪。 張氏以寧曰：「周十月也。孟冬水始冰，地始凍。書『大雨雪』，寒甚過度也。」 黃氏仲炎曰：「雨雪常也，惟大而爲害，故書。獨桓八年冬十月雨雪不言大者，周之十月，今之八月，非雨雪之時，故以異書也。」 湛氏若水曰：「周之冬，酉、戌、亥月，夏之八、九、十月也。是時

陰結而未凝，故以爲異。」

僖三十三年十二月，隕霜，不殺草，李梅實。	《左》無傳。杜以《長曆》推之，知爲十一月，經書十二月，誤也。周十一月，夏之九月，霜當微而重，重而不能殺，所以爲災。《公羊傳》：「書，不時也。」何註：「周之十二月，夏十月也。」張氏以寧曰：「《漢書·五行志》劉向曰：『周十二月，今十月。君誅不行，舒緩之應。』」
文二年，自十有二月不雨，至于秋七月。	《左》無傳。杜註：「周七月，今五月也，不雨是爲災。」
宣十五年秋，螽。冬，蝝生。	孫氏覺曰：「蝝者，螽之子。《春秋》之秋，夏時之夏也；《春秋》之冬，夏時之秋也。螽爲災于夏而蝝生于秋，一歲而再見，故謹志之。《左氏》、《公羊》皆曰『幸之』，以蝝生于冬，物皆已收而不爲災。案：秋乃五穀大成之時，安得曰不爲災乎？且生而不爲災，亦無用書矣。」
成元年春二月，無冰。	杜註：「周二月，今之十二月，而無冰書，冬溫。」孔氏《正義》曰：「襄二十八年春無冰，則是竟春無冰，此亦應終一春無冰。而書在二月下者，以盛寒之月書之也。今之十二月寒最甚，此月無冰是終無冰矣。」
成七年冬，大雩。	劉氏敞曰：「《穀梁》曰『冬無爲雩也』，非也。周之十月，今之八月，若久不雨，可得不雩乎？」案：《穀梁》謂「冬無爲雩」，此亦誤以爲夏正之冬。若周之十月爲夏之八月，不得不雩也。所譏者，僭天子大雩之制耳。此亦《穀梁》主夏時之一證。

黃氏仲炎曰：「經書隕霜二，一曰『隕霜不殺草』，一曰『隕霜殺菽』。蓋周之十二月，夏十月也，霜當殺草而不殺草，異也。周之十月，夏八月也，未當隕霜而殺菽，亦異也。」	成十六年春王正月，雨木冰。 《左》無傳。杜註：「記寒過節。」 孔氏《正義》曰：「正月是今之仲冬十一月，時猶有雨，未是盛寒。雨下即著樹爲冰，記寒甚之過其節度。」
	成十七年九月辛丑，用郊。 《公羊傳》：「用者，不宜用也。正月非所用郊也。」何註：「周之九月，夏之七月，非郊時，故加用之。」 吳氏澂曰：「九月乃夏時孟秋建申之月，豈郊之時乎？不卜日，
	襄二十七年冬十有二月乙亥朔，日有食之。 《左傳》：「十一月乙亥朔，日有食之。辰在申，司曆過也，再失閏矣。」 杜氏預曰：「周十一月，夏九月，斗當建戌而在申，故知再失閏也。」
	襄二十八年春，無冰。 杜註：「前年知其再失閏，頓置兩閏以應天正。故此年正月仍復建子，得以無冰爲災而書。」 張氏以寧曰：「周之春，夏之冬也。杜氏明以建子爲春矣。不
	定元年冬十月，隕霜殺菽。 《公羊傳》曰：「記異也。」何休註：「周十月，夏八月，微霜用事，未可殺也。」 杜氏預曰：「周十月，今八月，隕霜殺菽，非常之災。」 范氏甯曰：「建酉之月

	哀十二年冬十有二月，螽。《左傳》：「火伏而後蟄者畢。今火猶西流，司曆過也。」杜氏預曰：「周十二月，今十月，是歲失不置閏。雖書十二月，實今之九月。火伏在今十月，九月初尚温，故有螽。」
不卜牲，而强用其禮，故曰用非時之甚也。」	哀十四年春，西狩獲麟。杜註：「冬獵曰狩。」孔氏《正義》曰：「《釋天》云『冬獵曰狩』。周之春，夏之冬，故稱狩也。」
孔氏《正義》曰：「經言十二月，而傳言十一月，今杜以《長曆》推之，知乙亥是十一月朔，非十二月也。若是十二月，當爲辰在亥，以申爲亥，則是三失閏，不止再失矣。」	
書『正月』，疑脱文。」湛氏若水曰：「周之春，子、丑、寅月也。子、丑之月，氣方寒，正鑿冰之時，故以無冰見異。」	
隕霜殺菽，舉殺豆則殺草可知。」	

張氏以寧曰：「《漢・五行志》劉歆曰：『周十二月，夏十月，火星既伏，蟄蟲皆畢，天之見異也。』」

左傳

隱三年四月，鄭祭足帥師取温之麥。秋，又取成周之禾。

杜註：「四月，今二月也。秋，今之夏也，麥禾皆未熟。言取者，蓋芟踐之。」孔氏《正義》曰：「以此

桓五年秋，大雩。書，不時也。凡祀，啟蟄而郊，龍見而雩，始殺而嘗，閉蟄而烝。

杜註：「啟蟄，夏正建寅之月，祀天南郊。龍見，建巳之月，爲夏之四月，萬物待雨而大，

莊二十九年冬十二月，城諸及防。書，時也。凡土功，龍見而畢務，戒事也；火見而致用，水昏正而栽，日至而畢。

杜註：「夏之九月，周十一月，角亢晨見東

僖五年春王正月辛亥朔，日南至。

杜註：「周正月，今之十一月。之一日，冬至也。」張氏以寧曰：「周之春，夏之冬也。至日在周十一月，書『日南至』，不書『冬至』者，周十一月非冬也。」

僖五年，晉侯圍上陽。卜偃曰：「克之。」公曰：「何時？」對曰：「童謠云云。其九月、十月之交乎。丙子旦，日在尾，月在策，鶉

傳之下有『八月宋公和卒』，則知此是七月，故爲今之夏，謂今之五月也。」張氏以寧曰：「後世隋人困陳亦用此法。蓋臨期不能盡得，故先時芟蹂之也。」	僖十五年，秦伯伐晉，卜徒父筮之，曰：「歲云秋矣，我落其實而取其材。」杜註：「周九月，夏之七月，孟秋也。」
故遠爲百穀祈膏雨。始殺，建酉之月，爲夏之八月，嘉穀始熟，故薦嘗于宗庙；閉蟄，建亥之月，爲夏之十月，昆蟲閉户，萬物皆成，故烝祭宗廟。」張氏以寧曰：「《春秋》凡書秋者，周九月，夏七月也。七月雩，故曰不時。」	成十年晉侯夢大厲《傳》：「六月丙午，晉侯欲麥，使甸人獻麥。」杜註：「周六月，夏四月，麥始熟。」案：此傳紀晉事亦用周正，蓋三正之通用
方，三務始畢，戒民以土功之事。大火，心星，次角亢而見者，致築作之物。夏之十月，定星昏而中，樹板榦而興作。南至，微陽始動而息。」	襄三十年二月癸未，晉悼夫人食輿人之城杞者。絳縣人與於食，曰：「臣生之歲，正月甲子朔，四百四十五
	襄三十年鄭人殺良霄《傳》：「於子蟜之卒也，在十九年。將葬，公孫揮與裨竈過伯有氏，其門上生莠。子羽
火中，必此時也。」冬十二月丙子朔，晉滅虢。杜註：「以星驗推之，知九月、十月之交謂夏九月、十月也。周十二月，夏之十月。」案：卜偃對君之言乃是夏正，先儒謂晉行夏時，此其證也。	昭四年春王正月，大雨雹。申豐曰：「古者日在北陸而藏冰，註：「謂夏十二月，日在虚危。」西陸朝覿而出之。」註：

案：傳云「九月壬戌，戰于韓原」，即于是日獲晉侯。而經書十有一月壬戌，杜註云「經從赴」，非也。傳之壬戌即是十一月之壬戌，但傳因晉之夏正而稱九月，經自用周正而書十一月耳。《左傳》紀晉事與經文前後多差兩月者，此類是也。若以爲從赴，則晉之至魯，路程不須兩月。魯史所書，當從使人所稱見獲之日書之，決不以赴到之日書也。晉使至魯，豈有不告實期而遲其月日至兩月之久乎？況傳文明有

如此。

甲子矣，其季於今三之一也。」師曠曰：「七十三年矣。」士文伯曰：「二萬六千六百有六旬也。」

杜註：「所稱正月謂夏正月也。三分六甲之一，謂自甲子、甲戌至癸未，凡二十日。」張氏以寧曰：「按老人所歷七十三年，二萬六千六百六旬之數，正當是年夏正正月之癸未。今傳書在三月，則周之三月，夏之正月也。」

曰：『其莠猶在乎？』於是歲在降婁，降婁中而旦。裨竈指之曰：『猶可以終歲。』」

杜註：「降婁，奎婁也。周七月，今五月，降婁中而天明。」

「謂奎婁、昴畢乃西方之星。奎星朝見東方，夏三月，周五月。日在昴畢，出冰而用之。」

張氏以寧曰：「夏三月，周五月，周正也。」

「十一月晉侯歸。丁丑，殺慶鄭而後入」，則十一月已是復國之期，無緣反以獲告也。杜註：「丁丑，是月二十九日。」愚考之當是月三十日。蓋此十一月即是明年周正月。以經文十六年「春正月戊申朔，隕石于宋」推之，自戊申至丁丑恰好是三十日。蓋《傳》紀晉事即用晉之月數耳。晉行夏正，此傳尤彰明可見。又據此，則傳所云「九月壬戌」，竟是夏之九月，無用謂夏之七月孟秋也。況夏之七月亦尚非落實取材之時，尤易明曉。

案：絳人所稱正月是夏正月，亦晉行夏正之一驗。

又案：《正義》云：「應當七十四年而云七十三年者，案文十一年正月甲子溯爲夏之正月，是其年三月也。此年之二月癸未是夏之十二月，年尚未終，故云七十三年。」據此，則古本俱作「二月癸未」，張氏未及考正耳。

昭十七年夏六月甲戌朔，日有食之。祝史請所用幣。平子禦之：「唯正月朔，於是乎有伐鼓用幣。」太史曰：「在此月也。日過分而未至。日過春分而未夏至。當夏四月，是謂孟夏。」

杜註：「正月謂建巳正陽之月，于周爲六月，于夏爲四月。平子以爲六月非正月，故太史答言在此月也。」

昭十七年冬，有星孛於大辰，西及漢。梓慎曰：「火出，於夏爲三月，註：「建辰月。」於商爲四月，亦建辰月。於周爲五月。亦建辰月。夏數得天。若火作，其四月、五月之交，其宋、衛、陳、鄭乎？」

杜註：「夏之八月，辰星見，在天漢西。今孛星在辰西，光芒東及天漢。」

昭十八年夏五月壬午宋、衛、陳、鄭災《傳》曰：「夏五月，火始昏見。註：「大火，心星，建辰之月始昏見。」丙子，风云。戊寅，风甚。壬午，大甚。宋、衛、陳、鄭皆火。」

張氏以寧曰：「大火昏見，夏之三月也。今經書五月，周五月，夏三月也，周正也。」

昭十八年六月邾人入鄅《傳》：「鄅藉稻，邾人襲鄅。」

杜註：「鄅君自出藉稻，蓋履行之。」《正義》曰：「周之六月，夏之四月。種稻之時，其君自出觀行之。藉，猶藉蹈，履行之義。」

昭二十年春王二月己丑，日南至。

杜註：「是歲朔旦，冬至之歲也。當言『正月己丑朔，日南至』。時史失閏，閏更在二月後，《傳》特具于此，以正曆之失。」《正義》曰：「曆法十九年爲一章，章首之歲必周之正月朔旦冬至。僖五年正月辛亥朔日南至，是章首之歲，自此至往年合一百三十三年，是爲七章。今年復爲章首，故云『是歲朔旦冬至之歲也』。曆之正法，往年十二

言此六月當春分、夏至之中，爲夏家之四月，是謂孟夏之月。」	昭二十四年夏五月乙未朔，日有食之。梓慎曰：「將水。」昭子曰：「旱也。」日過分，註：「五月建辰，故曰已過春分
張氏以寧曰：「傳稱八月而經書冬，周之冬，夏之秋；周之十月，夏之八月也。梓慎之言改月明矣。」	昭三十一年十有二月辛亥朔，日有食之。史墨曰：「吳其入郢乎！入郢，必以庚辰，日月在辰尾。庚午之
	昭三十二年冬十一月，晉魏舒、韓不信合諸侯之大夫于狄泉，尋盟，且令城成周。魏子南面。衛彪傒曰：
	哀十七年夏六月《傳》：「楚白公之亂，陳人恃其聚而侵楚。楚既寧，將取陳麥。卜帥，武城尹吉，子西子公孫
月後宜置閏。而傳于八月之下乃云『閏月戊辰殺宣姜』，是史官誤置閏于二月之後，故致以正月爲二月也。」案：周若不改時月，豈有春正月冬至之理乎？合之僖五年，《春秋》之用周正益信。	

之節。」而陽猶不克，克必甚，能無旱乎？」

按：經書夏五月，而傳云「日過分」，僅過春分之節，則周之五月爲夏之春二月，亦周正也。

日，日始有謫。」

杜註：「辰尾，龍尾也。周十二月，今之十月。日月合朔于辰尾而食。」張氏以寧曰：「按此，亦周正也。」

「魏子必有大咎，非其任也。」己丑，士彌牟營成周，計丈數，揣高卑云云。書以效諸劉子。韓簡子臨之，以爲成命。定元年春王正月辛巳，晉魏舒合諸侯之大夫于狄泉，將以城成周。魏子涖政。衛彪傒曰：「將建天子，而易位以令，非義也，必

朝。使帥師取陳麥，遂圍陳。秋七月己卯，滅陳。」

案：周六月，夏之四月，故尚有麥。秋七月，夏之五月也。

有大咎。」是行也，魏獻子屬役于韓簡子，而田于大陸，還，卒于甯。庚寅，栽。宋仲幾不受功云云，城三旬而畢。

案：此兩年傳文，啖氏助以爲重出，信然。愚謂此晉行夏正之確然可據者。蓋昭三十二年之冬十一月即是定元年之春正月。冬十一月之己丑與春正月之庚寅本是相連，但晉史用夏正而謂之十一月，魯史自用周正而謂之春正月。《左氏》因兩載之，中間失于删定，故致有此重出耳。蓋魏舒以正月辛巳日爲會南面以令諸侯之大夫，次日即以役事交付韓簡子，而自往田于大陸，火田，并見燒。還，卒于甯。中間不過一兩日事。晉去周不遠，聞魏舒卒，即馳范鞅往代。己丑士彌牟書役，庚寅即栽設板榦，俱是范鞅既到後事。故宋、薛争役，而士彌牟曰：「晉之從政者新也。」以十日内事而《左傳》劃作兩年，中間日數参差布置，而實脗合。則晉行夏正，與周正前後恒差兩月，《左傳》兩載之，此尤大彰明較著者。

《正義》曰：「《長曆》辛巳是正月七日，庚寅栽是正月十六日，宋仲幾不受功當即于栽時，不肯則執宋仲幾亦當于此時。而經書于三月者，當是既栽以後執以歸晉。後知以歸爲非義，至三月乃歸于京師，故諱其歸晉不告，而以三月初執告也。」傳稱「正月庚寅栽，三旬而畢」，是定元年始城。而經書于去年冬者，晉本以城事召集諸侯，故因其集而遂書城。蓋周史應書其起役與成功之日，而各國自宜書其召集之日，云爲某事某事，故先于傳兩月也。但傳所云冬非經之冬，傳之冬十一月即夏正之春正月。合之定元年《傳》，較然可見。經、傳俱書冬，讀者最易混看。今合兩年傳文考之，則晉之行夏正確有明據，而周之改冬爲春亦不辨自明矣。

又案：經文此條下書「十有二月己未，公薨于乾侯」，杜註以己未爲十二月十五日。據今傳隔斷處推之，則

		日月俱誤。若牽合二傳爲一篇,則自十二月十五日己未隔二十三日爲辛巳,是正月七日。又八日爲己丑,是正月十五日,庚寅爲正月十六日,日數俱合,但晉史用夏正而謂之十一月耳。益知《左傳》此篇錯簡之説可信,而晉之用夏正亦可互見。		

春秋時令表後旁通諸經計七種。

《毛詩》

《唐風·蟋蟀》	《豳風·七月》	十月蟋蟀入我牀	九月築場圃,至	二之日鑿冰沖沖,

篇：「蟋蟀在堂，歲聿其莫。今我不樂，日月其除。」

毛傳曰：「蟋蟀九月在堂。聿，遂也。」孔疏《正義》曰：「户内户外總名爲堂。《七月》篇言蟋蟀九月在户，此言在堂，謂在室户之外。九月，可知《小明》云『歲聿云暮，采蕭穫菽』，采穫亦是九月之事。九月，歲未爲暮，而云聿暮者，言過此則歲將暮耳，謂十月以後爲歲暮也。」

張氏以寧曰：「周以十一月爲歲首，故此

篇：「一之日觱發，二之日栗烈，至三之日于耜，四之日舉趾。」

毛傳曰：「一之日，周正月也。二之日，殷正月也。三之日，夏正月。四之日，夏二月，周四月也。」

案：據此，則公劉當夏之時已自以子月起數，以夏之十一月爲正月，以夏之正月爲三月矣。一之日、二之日猶言一月之日、二月之日。不曰正而曰一者，避時王之正朔也。後武王伐商猶曰「惟一月壬辰旁死

下，至曰爲改歲，入此室處。

《正義》曰：「『曰爲改歲』者，以仲冬十一月陽氣始萌，可以爲年之始，故改正朔，以建子爲正。『歲亦莫止』，謂十月爲歲莫。是過十月則改歲，乃大寒，故言改歲之後觱發、栗烈。大寒之時，方始入此室而居之也。」

案：《豳風》凡言月者皆夏正，言日者皆周正。此于十月之下即云「穹窒熏鼠」、「曰爲改歲」，是明言公劉當夏時已自以十一月爲

其始播百穀。

《正義》曰：「上『塞向墐户』，是治都邑之屋，此治野廬之屋。」朱註云：「所以于茅索綯，治屋之急如此者，蓋以來春將復始播百穀，不暇爲此也。」據此書于十月之下，則此時已是以十一月爲來春矣。可見三正原自通行，夏時原不禁豳之用子正也。

至獻羔祭韭。

案：二之日，夏十二月也。三之日，夏正月。四之日，夏二月也。以是爲鑿冰、藏冰、啟冰之節。《月令》仲春之月，天子獻羔開冰，先薦寢廟。是《豳風》以夏之二月爲四月矣。周之改正，不待有天下時爲然也。

言九月以後爲歲暮，周正也。」愚又案：「日月其除」，除者，除舊布新。今人以臘月三十日爲除夕。是詩明言九月爲歲將莫，十月爲歲除，是以十一月爲歲首之明證也。	魄」，蓋此時未革殷命，猶從舊號，實昉于此。張氏以寧以《豳風》皆從夏時，不引爲周家建子之證，蓋亦未悉此義。	歲首，不待註、疏而本文已是顯然。		
十月滌場，至萬壽無疆。朱註云：「十月農功已畢，歲晚務閒。《豳風》相與盡其忠愛，躋公堂，稱兕觥，而申來年萬壽之祝。」是亦十一月爲歲首之一證也。	《小雅·采薇》篇：「采薇采薇，薇亦作止。曰歸曰歸，歲亦莫止。采薇采薇，薇亦剛止。曰歸曰歸，歲亦陽止。」鄭箋云：「十月爲陽，	《出車》篇：「春日遲遲，卉木萋萋。倉庚喈喈，采蘩祁祁。」張氏以寧曰：「諸詩皆屬周正無異詞，獨此一章有不合。蓋周正雖改，而夏正之迭用已久，故民間之話言猶不能忘而稱道之。」	《杕杜》篇：「日月陽止，女心傷止，征夫遑止。」鄭箋云：「十月爲陽。遑，暇也。陽月而婦人思望其夫者，以初時云『歲亦莫止』。」案：此篇亦以十月爲歲莫，征夫可以歸而不歸，故婦人思之也，	《六月》篇：「六月棲棲，戎車既飭。維此六月，既成我服。」張氏以寧曰：「周六月，夏四月也。盛暑非玁狁入寇時也。」案：此係張氏新説，非毛、鄭舊説也，然極有理。六月盛暑，北蕃

《正月》篇：「正月繁霜，我心憂傷。」毛傳：「正月，夏之四月。」鄭箋云：「建巳純陽之月，而霜多，恒寒若之異，傷害萬物，故心爲之憂傷。」案：此正月，夏之四月，	
《十月》篇：「十月之交，朔日辛卯。日有食之，亦孔之醜。」鄭箋曰：「周之十月，夏之八月也。八月朔日，日月交會而日食，爲陰侵陽，臣侵君之象。又日辰之義，日爲君，辰爲臣，辛金也，	時純坤用事，嫌于無陽，故名此月爲陽月。」張氏以寧曰：「首章曰『莫止』，而三章曰『陽止』，則周十二月夏之十月也。周以夏之十月爲歲莫，以十一月爲歲首也。」
《四月》篇：「四月維夏，六月徂暑。秋日淒淒，百卉具腓。冬日烈烈，飄風發發。」毛傳：「徂，往也。季夏六月，火星中，暑盛而往矣。」	吕氏云：「見三正之通于民俗，此皆述民俗之話言，非史官之紀事也。」
《小明》篇：「我征徂西，至于艽野。二月初吉，載離寒暑。二章。昔我往矣，日月方除。曷云其還，歲聿云莫。三章。昔我往矣，日月方奧。曷云	亦周正也。
《周頌·臣工》篇：「嗟嗟保介，維莫之春。至命我衆人，庤乃錢鎛，奄觀銍艾。」鄭箋云：「周之莫春于夏爲孟春，諸侯朝用孟月，故于周之晚春遣之。勑其車右保介以時事，當歸勸農	弓矢俱脫，故歷代書防秋，則此云夏之四月者較是。

周之六月也。

卯木也。又以卯侵辛，故甚惡也。」孔疏曰：「一食而有二象。」

張氏以寧曰：「下文云『燁燁震電』，蓋八月雷乃收聲之時而震電見焉，亦爲變異。此詩亦周正也。」

此篇毛、鄭及孔疏皆主夏正説，而張氏以寧必欲强從周月、周時，甚覺費力。蓋周正，只王者之發號施令，史官之編年紀事不得不用之。至撫時道景，則恒從夏正。蓋此爲切近，便于人情而易曉。如詩之咏春，只云「春日遲遲，卉木萋萋」，不得以爲周之春，爲夏之十一月也；此曰「秋日淒淒，百卉具腓」，若周之孟秋，爲夏之五月；曰「冬日烈烈，飄風發發」，若周之孟冬，爲夏之八月，豈有此景象乎？張氏所

其還，政事愈蹙。歲聿云莫，采蕭穫菽。」

張氏以寧曰：「周二月，夏十二月也。言自我之徂西至于艽野之地，其時十二月朔旦，今則已離歷冬寒夏暑，尚未得歸。此心之所以憂而且苦也。曰至者，據已至彼地而言；曰往者，據在家始發而言。二章、三章乃追叙其始發之時也。『日月方除』，除者，除舊布新之謂。『日月方奥』，『奥』與『厥民隩』之義同。周以十一月爲歲首，民寒而聚居于隩。

趨時也。」

孔疏云：「知非夏之季春者，以夏之季春非復朝王之月，故知此爲夏之正月也。夏之孟春，耕期已逼，故勑其車右以時事，歸即耕田是也。」

張氏以寧曰：「蔡氏《書傳》引此以爲麰麥將熟，其爲夏之莫春三月可知。今考之全篇，止曰『將受厥明』，不曰『來牟將熟』。『將』之云者，未至而預期之辭，見於經、傳甚多。况其曰『如何新畬』，『命我衆人，庤乃錢鎛』，即《七月》之詩言『于耜』、『舉趾』，

云民俗之話言時有雜出者，于《出車》篇既言之，何于此篇而必欲强從周正，致爲此牽强費力之說也。

我之始往，亦自謂其時即歸，何至今歲將莫而尚未得歸。至九月『采蕭穫菽』，以爲卒歲之用也。蓋《小明》大夫以夏十一月始發徂西，以十二月至于艽野，至明年之九月尚未得歸，經歷踰年之久，所以憂也。此詩首尾相應，次序甚明，與周正合。若以夏正二月而說，則仲春非歲首，不得以爲除舊而布新。自二月至九月，則二月氣已暖，至九月肅霜而肇寒，亦不得以爲離歷寒暑也。」

案：張氏此章發明周正之旨十分精當。若

《周官》遂大夫正歲簡稼器、脩稼政之事。『嗟嗟保介』，即《月令》孟春祈穀，天子載耒耜，措之于保介之御間。皆夏正孟春事也。若待建辰之三月始治新畬，始庤錢鎛，不亦晚乎？『將受厥明』，乃期之之辭，非即時賦物之比，不可以文害辭也。則此莫春爲夏之正月信矣。」

案：張氏此條發明鄭、孔周正之説亦極精。

毛傳以「方奧」爲二月之初，訓「奧」爲「煖」，則二月尚未可云煖。鄭又據《爾雅》文四月爲除，尤無當。上甫言二月，此忽言四月，且自四月至九月皆煖日無寒時，又何言「載離寒暑」乎？孔疏于《蟋蟀》篇引此「采蕭穫菽」爲歲莫九月之事，明以此爲周正，則此二月爲周二月，夏之十二月信矣。

《尚書》

《虞書·舜典》篇：「正月上日，	「月正元日，舜格于文祖。」	《大禹謨》篇：「正月朔旦，受命	《商書·伊訓》篇：「惟元祀十	《太甲中》篇：「惟三祀十有二

受終于文祖。」

案：唐、虞、夏皆建寅，此正月謂建寅之月也。

正月同上。前以攝位告，此以即政告也。

于神宗。」

正月同上。建寅，夏正也。

有二月乙丑，伊尹祠于先王，奉嗣王祇見厥祖。」

孔傳曰：「此湯崩踰月，太甲即位奠殯而告。」

孔疏曰：「殷家猶質，踰月即改元年，以明世次不待正月以爲首也。周法始以踰年即位。」

案：商家建丑，此十二月乃商之十二月，夏之十一月也。

蔡氏《書傳》以元祀爲太甲踰年即位改元之元年。十二月者，商以建丑爲正。據此以爲商、周改正朔不改月數，此十二月即夏之十二月。張氏以寧

月朔，伊尹以冕服奉嗣王歸于亳。」

孔傳曰：「湯以元年十一月崩，至此二十五月，三年服闋。」

孔疏曰：「周制，君薨之年屬前君，明年始爲新君之元年。此殷法，君薨而新君即位，即以其年爲元年。湯以元年十一月崩，至此年十一月爲再期，至十二月服闋。三年之喪，二十五月而畢也。」

張氏以寧曰：「若以元祀爲踰年即位改元之年，則方其改元既已踰年矣。又加以元

曰：「改正即是改月，商改夏正，以十二月爲正月。周改商正，以十一月爲正月。子正以夜半爲朔，丑正以雞鳴爲朔，寅正以平明爲朔。烏有改正朔而不改月數之理乎？」可謂片言破的矣。又曰：「虞、夏受禪，皆以正月行事。至商、周革命，皆改正朔，以歲首之一月爲正月。人君重居正也，月必書正，猶年必書元。今于歲首但書冬十二月而不書正，則是商一代皆無正矣。何以號令天下，整齊萬國乎？」

祀至三祀之二十五月，則爲四年，而非三祀。《孟子》明言『三年復歸于亳』，非四年也。而況營桐之舉，乃人臣之大變，不得已之事。伊尹固幸其君之終喪而急迎以歸，故不待歲首正月也。由是以觀，《伊訓》之元祀非踰年改元之年，而十二月爲商之十二月、夏之十一月信矣。」

《周書·泰誓》篇：「惟十有三年春，大會于孟津。」孔傳：「此周之孟春。」孔疏：「知是周之孟春，建子之月者，案劉歆《三統曆》以殷之十二月武王發師，至明年二月甲子咸劉商王紂。彼十二月即周之正月，夏之十一月也。」張氏以寧曰：「案後世改用周正，如唐武后天授元年十一月朔日南至，以十一月爲正月，十二月爲臘月，夏正月爲一月。至肅宗又以子月爲歲首，

「惟戊午，王次于河朔。」孔疏：「是周之正月二十八日。」《漢書·律曆志》：「周師初發，以殷十一月戊子，亥月。後三日，得周正辛卯朔，子月。明日壬辰，又明日癸巳，始發。戊午渡孟津。孟津去周九百里，師行日三十里，故三十一日而渡。」《正義》曰：「周去孟津千里，以正月三日行自周，二十八日渡孟津。凡日三十里，蓋特言師行之大法耳。」案：《書》明言「癸巳，

《牧誓》篇：「惟甲子昧爽，王朝至于商郊牧野。」孔疏：「周之二月四日。」案：此爲周之二月四日，夏之十二月四日也。

《武成》篇：「惟一月壬辰旁死魄，越翼日癸巳，王朝步自周，于征伐商。戊午，師渡孟津。癸亥，陳于商郊。」孔傳曰：「孟津至朝歌四百里，五日而至，赴敵宜速。」孔疏曰：「戊午之明日猶誓于河朔，癸亥已陳于商郊，凡經五日，日行八十里。」案：此一月，即《泰誓》十有三年春之周正月，夏之十一月也。

「厥四月哉生明，王來自商，至于豐，乃偃武脩文。至越三日庚戌，柴，望，大告武成。」孔疏：「伐紂之年是周正辛卯朔，二日是壬辰，三日是癸巳，發鎬京始東行，二十八日戊午渡河。二月辛酉朔，甲子殺紂，爲二月四日。其年閏二月庚寅朔，三月庚申朔，四月己丑朔。哉生明謂四月三日，其日當是辛卯。丁未祀于周廟，是四月十九日。越

以斗建紀月，行之僅一年而止。俱不改時月，亦未嘗書十一月爲歲首也。則此春爲建子之月，周改子月爲春正月必矣。漢、唐諸儒俱無異辭。蔡氏以爲孟春建寅，殆未及聞朱子晚年之定論，故有是云也。」	王朝步自周」，是正月三日初發無疑也。《漢書·律曆志》泥于師行日三十里之言，以爲殷十一月戊子日初發，自戊子至戊午凡三十一日，而行九百里，明與本文癸巳日背謬，當以孔氏之言爲正。		不曰正而曰一者，此時武王初伐商，未革殷命，未改正朔，故但曰「一月」。	三日庚戌柴、望，是四月二十二日。以正月始往伐，四月告成功，連閏凡歷五月。」 案：此爲周之四月，夏之二月也。
《金縢》篇：「秋，大熟未穫，天大雷電以風，禾盡偃。」 張氏以寧曰：「案：《豳風》夏正，云『八月其穫』，則此云秋者爲七月，于夏爲孟秋，于周爲季秋也。又八月	《召誥》篇：「惟二月既望，越六日乙未，王朝步自周，則至于豐。」 孔傳：「周公攝政七年二月望後六日乙未，爲二十一日。」 張氏以寧曰：「此二月既望爲夏之十二月，	「三月惟丙午朏，越三日戊申，太保朝至于洛，卜宅。至越三日庚戌，太保乃以庶殷攻位于洛汭。越五日甲寅，位成。若	「越三日丁巳，用牲于郊。越翼日戊午，乃社于新邑。越七日甲子，周公乃朝，用書命庶殷侯、甸、男、邦伯。」 孔疏曰：「周公以乙卯	《洛誥》篇：「惟三月哉生魄，周公初基作新大邑于東國洛。」 孔傳：「周公攝政七年三月始生魄，月十六日。」 案：此三月即《召誥》之三月，夏之正月也。

雷乃收聲，『雷電以風』亦爲七月也。後言『歲則大熟』，指十月也。《豳風》言『十月納禾稼』，《春秋》書『冬大無麥禾』，亦謂十月。蓋周以十一月爲歲首，十月爲歲終，會計歲事，皆于十月。此篇書秋不書月，以七月于夏、周皆秋，無俟乎書月也。《春秋》書冬不書月，以十月于夏、周皆冬，亦無俟乎書月也。然則此篇所稱亦周時也。」

與《小明》詩『二月初吉』同義。二月不繫之時者，二月于周非春也。」

翼日乙卯，周公朝至于洛，則達觀于新邑營。」

案：此即《洛誥》所云「予惟乙卯朝至于洛師」也。丙午朏是三月三日，戊申是三月五日，甲寅是三月十一日，乙卯是三月十二日。

孔疏曰：「凡土功水昏正而栽。此以周之三月農時役衆者，遷都事大，不可拘以常制。」

張氏以寧曰：「孔氏以周之三月爲農時，是夏之正月也。」

至洛，是三月十二日。丁巳用牲于郊，是十四日。戊午是十五日。甲子是三月二十一日。用書，謂賦功屬役之書。」

《召誥》言周公以乙卯至洛，丁巳用牲于郊，戊午社于新邑爲三月十五日。此云始生魄月十六日者，郊社禮已畢，規模大定，然後四方民大和，會侯、甸、男、邦采衛，次序正是相應。此十六日當是己未，四方大會之時。再隔六日即是甲子，即用書命邦伯賦功屬役。互文參錯以見義，當合二篇日月參觀之。

孔疏曰：「始生魄月十六日是戊午，社于新邑之明日，其爲己未無疑。」

「予惟乙卯朝至于洛師」云云。

孔傳云：「致政在冬，追本其春來至洛。」

案：此乙卯即《召誥》之乙卯，三月十二日也。致政在冬，以下文總結周公攝政之事在十有二月。十二月，夏之十月也。追本其春來至洛，三月而謂之春，明是夏之正月。若夏正三月，于周已名仲夏，不名春矣。

「戊辰，王在新邑烝祭歲云云，至在十有二月。」

孔傳：「成王既受周公誥，遂就居洛邑，以十二月戊辰晦到。周公攝政盡此十二月。」

孔疏云：「自此以下，周公歸政成王之事也。周公攝政七年之冬，王受周公誥，即東行赴洛，以十二月晦戊辰日到新邑。明月是夏之仲冬，爲冬節烝祭。其月是周之歲首，特異常祭，故加文王、武王騂、牛各一也。後又總述之，言周公盡此十二月，大安

《多士》篇：「惟三月，周公初于新邑洛，用告商王士。」

孔傳：「周公致政明年之三月。」

《正義》云：「王以周公攝政七年十二月來至新邑，明年即政。此篇繼王居洛之後，故知是致政明年之三月也。鄭云『成王元年三月，周公自王城初往成周之邑，周王命告殷多士』是也。」

張氏以寧曰：「此係周三月，夏之正月也。」

《多方》篇：「惟五月丁亥，王來自奄，至于宗周。」

孔傳：「周公歸政之明年，奄與淮夷又叛。魯征淮夷，作《費誓》。王親征奄，滅其國，五月還至鎬京。」

張氏以寧曰：「此亦周正也。五月不繫之夏者，五月于周非夏也。」

《顧命》篇：「惟四月哉生魄，王不懌。」

孔傳：「成王崩年之四月始生魄，月十六日。」

案：《漢書·律曆志》成王即位三十年四月庚戌朔十五日哉生魄，即引此《顧命》之文。此劉歆説也。孔以爲十六日，不與歆同。又下文云「病日臻，既彌留」，則成王遇病已多日，至甲子乃發命耳。孔以爲十六日即是甲子者，亦未是。經文無越幾日之文，則篇中日數皆不可臆斷。

張氏以寧曰：「四月，

文、武受命之事，攝政凡七年矣。」又曰：「周十二月是建亥之月，戊辰是其晦日。明月即是夏之仲冬建子之月。言明月者，此烝祭非朔日，故言月也。」案：此烝祭在歲首，則周改冬爲春，改子月爲正月信矣。

夏二月也。《金縢》書時不書月，《召誥》、《洛誥》、《多士》、《多方》、《顧命》書月日不書時。蓋周以子月爲正，于夏正有兩月之不同。而夏正前代行于民間已久，而正月、正歲又自有參差之不齊，故于時月日之書皆不相繫，以一臣民之視聽，使之不惑。此周一代之書法也。」

《易經》

《臨卦·彖》曰：「至于八月有凶。」

《說卦》曰：「兑，正秋也，萬物之

王弼註：「八月陽衰而陰長，故曰有凶。」

案：八月，何氏以爲從周正，建子陽生，至建未爲八月。朱子《本義》前説從之。而褚氏又以夏正建寅數起，至建酉爲八月。朱子後説亦兼用。竊意前説用周正爲是。《易》之教見微知著。未月一陰初生，正所謂履霜之始。于此曰「有凶」，示人當抑陰于方萌。若待夏正建酉之月，則陰已盛長，無俟聖人之垂戒矣。至張氏以寧，謂文王商之臣子，當用商正，以建申爲八月，同孔氏

所説也。」

《正義》曰：「兑位是西方之卦，斗柄指西，是正秋八月也。」

張氏以寧曰：「兑正秋，夏時也。夏時百王所同。不曰『兑正秋』而曰『兑孟冬』，于理不可也。此與魯史奉周正朔而書之以紀事者自不同。」

說，以用周正爲僭號稱王。此恐太拘泥。三正原通行不禁，公劉當夏之時已自以子月起數，又何有于文王時而必用商正也。

《周禮》

《太宰》：「正月之吉，始和，布治于邦國都鄙，乃縣治象之法于象魏，使萬民觀治象。」

鄭註：「正月，周之正月。以周正布治，至

《宰夫》：「歲終，則令群吏正歲會。」

鄭註：「歲終，謂周季冬。」

賈疏：「知是周之季冬者，以正月始和布教是周正月。至今歲終考之，是盡一歲十二月之事，故知非夏之

《大司徒》：「正月之吉，始和，布教于邦國都鄙。」

鄭註：「周正月朔日。」

賈疏：「《周禮》凡言正歲者，則夏之建寅正月。直言正月者，則周之建子正月也。」

《大司馬》：「正月之吉，始和，布政于邦國都鄙。」

《大司寇》：「正月之吉，始和，布刑于邦國都鄙。」

正歲建寅之月，又書而縣于象魏也。」賈疏：「知正月是周正者，以下縣治象之法于象魏是正歲建寅，故知此是建子之月。」

歲終也。」後凡言歲終倣此。

已上《周禮》正月是用周正，夏十一月也。

《大司徒》：「正歲，令于教官曰：『各供爾職，脩乃事，以聽王命。』」鄭註：「正歲，夏正月朔日。」張氏以寧曰：「朱子所謂《周禮》有正歲、正月，則周實是元改作春正月是已。」

《凌人》：「掌冰，正歲十有二月，令斬冰，三其凌。」鄭註：「正歲，季冬大寒，冰方盛之時。凌，冰室也。三之者，備消釋。」賈疏：「周雖以建子爲正，行事則皆用夏之正歲。若據殷、周，則十二月冰猶未堅也。」

《遂大夫》：「正歲，簡稼器，脩稼政。」鄭註：「稼政，《月令》之孟春所云『脩封疆，審端徑術』之屬也。」

《太史》：「正歲年，以序事，頒之于官府及都鄙，頒告朔于邦國。」鄭註：「中數曰歲，朔數曰年。中朔大小不齊，正之以閏，若今作曆也。」

《訓方氏》：「掌道四方之政事，與其上下之志，誦四方之傳道。正歲，則布而訓四方，而觀新物。」鄭註：「四時于新物出則觀之，以知民志所好惡。若志淫行辟，則以政教化正之。」

《眡祲》：「掌十煇之法，以觀妖祥，辨吉凶。正歲則行事，歲終則弊其事。」鄭注：「占夢，以季冬贈惡夢。此正月而行安宅之事，以順民心。弊，斷也。歲終則計其吉凶然否多少而行賞罰。」
《小司寇》：「歲終，則令群士計獄弊訟，登中于天府。正歲，率其屬而觀刑象。」鄭注：「上其所斷獄訟之數，書于祖廟天府者，重其斷刑，使神監之。」
《士師》：「歲終，則令正要會。正歲，帥其屬而憲禁令于國及郊野。」張氏以寧曰：「《凌人》『正歲十有二月』，夏季冬也。《遂大夫》、《訓方氏》『正歲』，夏正月也。《小司寇》、《士師》先『歲終』而後『正歲』，《眡祲》先『正歲』而後『歲終』，考之皆夏正月、夏季冬也。所謂猶自夏焉者也。」

已上《周禮》正歲是用夏正，夏之正月也。

《禮記》

《明堂位》篇：「魯君孟春乘大輅，建弧韣，祀帝于郊。季夏六月，以禘禮祀周公于太廟。」鄭註：「孟春，建子之月，魯之始郊日以至。季夏，建巳之月。」張氏以寧曰：「建子是十一月而謂之孟春，建巳是四月而謂之季夏六月，則《春秋》建子之爲春明矣。」

《雜記》篇：「孟獻子曰：『正月日至，可以有事于上帝。七月日至，可以有事于祖。』七月而禘，獻子爲之也。」鄭註：「周正月，建子之月。七月日至，夏至日也。獻子欲以兩至相對，建子冬至既祭上帝，則建午夏至亦可禘祖，非也。魯之祭祀宗廟，亦猶用夏家之法。大祭宜用

《郊特牲》篇：「伊耆氏始爲蜡。蜡也者，索之。歲十二月，合聚萬物而索饗之也。」鄭註：「歲十二月，謂周正建亥之月，夏之十月也。」孔疏：「知是周十二月者，以下云『既蜡而收，民息已』。收，謂收斂，則《詩》所云『十月納禾稼』、《月令》孟冬『祈來年于天宗』是也。此經文據周正，

首時，應禘于孟月，于夏是四月，于周爲六月。傳記禮之所由失。」

張氏以寧曰：「建子之月冬至而曰『正月日至』，不曰『冬至』，以周十一月不爲冬也。建午之月夏至而曰『七月日至』，不曰『夏至』，以周五月不爲夏也。然則《春秋》建子之月不以爲冬而以爲春亦明矣。」

案：此篇言「七月而禘，獻子爲之」爲禮之所由失，則禘宜在季夏六月明矣。周之六月，夏之孟夏四月也。祭宗廟宜用首時，禘

故爲十二月。」

應于孟月，所謂祭享猶自夏焉也。二篇相爲表裏，而此篇之言證周改時改月尤明白。

《論語》

曾點曰：「莫春者，春服既成，至詠而歸。」

何晏註：「包曰：『莫春者，季春三月也。』」案：此莫春則明是夏正，何註亦謂季春之三月。而張氏以寧必欲强從周時：「據項氏安世説，引《漢志》

顔淵問爲邦，子曰：「行夏之時。」

張氏以寧曰：「夫子明言『行夏之時』，有夏之時，則有商、周之時。朱子謂：『周實是改冬爲春，改十一月爲正月。夫子只是爲他不順，故欲改從建寅。』若周元不改時

祈穀之祭，舞以七十二人，冠者五六人，五六三十也。童子六七人，六七四十二也。祭而歌舞，有詠歎淫泆之辭，故曰『詠而歸』。蓋點欲以農事爲國，故指孟春祈穀之事言之，亦用世之事。」牽强特甚。夫夏正通于民俗，撫時道景，非夏時不能切近人情，如《詩》咏「春日遲遲」，不可謂是周之正月；秋日曰「淒淒」，不可謂是周之七月；冬日曰「烈烈」、「發發」，不可謂是周之十月。此莫春若以周時言之，則是夏之
月，則夫子亦不須告顔淵以行夏之時矣。」

正月也，豈有風俗之理乎？此不必强同者也。

《孟子》

《梁惠王上》：「七、八月之間旱。」

趙岐註：「周七、八月，夏之五、六月也。」朱子《集註》同。

《滕文公上》：「秋陽以暴之。」

趙岐註：「秋陽，周之秋，夏之五、六月，盛陽也。」

《離婁下》：「歲十一月，徒杠成。十二月，輿梁成。」

趙岐註：「周十一月，夏九月；周十二月，夏十月也。」朱註：「《夏令》曰『十月成梁』，蓋農功已畢，可用民力，又時將寒沍。」

「七、八月之間雨集。」

趙岐註：「周七、八月，夏五、六月也。」朱子《集註》同。

《告子》篇：「公都子曰：『冬日則飲湯，夏日則飲水。』」

趙岐及朱子俱無註。愚案：此冬日、夏日當指夏正言。若周之夏日，是夏之二、三、四月，豈宜飲水乎？

案：《春秋》周正、夏正紛如聚訟。宋儒既有冬不可爲春之疑，而主周正者又於經典一二偶不合之處必欲强以同之，是自尋破綻。是以後人益增惶惑，靡所適從。愚謂改正朔即是改時月，周斷無稱冬十一月爲歲首之理。王者之發號施令與史臣之編年紀事自宜畫一，斷無不用周正而反從夏正之理。惟民俗話言習于夏正已久，偶有雜出者，在三代原所不禁。如《毛詩》用周正，而「春日遲遲」與「秋日淒淒」、「冬日烈烈」，則不可以周正言，以撫時道景，于夏時爲切也。《論語》「行夏之時」，明言周家改時，而莫春曰「春服既成」。《孟子》通篇用周正，而公都子曰「冬日則飲湯，夏日則飲水」，俱不可以周正言，以飲食日用于夏時爲宜也。惟不必一一强求其同，而正無害其爲同。因得張翠屏先生定本，附列于《時令表》之後。其未備者增入之，其强合者駁正之。而後學者于諸經通達無礙，無齟齬不合，亦無勉强求合之病。而《春秋》「王正月」之爲周正，益瞭然無疑矣。其于經學未必無小補云。

附録

余纂《春秋時令表》，集《春秋》經、傳證明周家改時改月，以駁文定夏時冠周月之誤，已經七年。乾隆辛酉，於鄧悔廬年丈處得覩元儒史文璣先生《管窺外篇》。其論周家正朔月數與愚見脗合，不禁先得我心。且其所引陳定宇、張敷言二家之說詳明確當，真足薈萃諸經，疏通隔礙，而史先生之折衷尤核。讀此，則凡《尚書》、《毛詩》、《周易》、《周禮》、《禮記》、《論語》、《孟子》所言時月參錯不齊，悉與《春秋》相通，不煩牽就扭合。不似蔡氏解《書》主不改時月之說，遂置《春秋》于不問也。謹備録其說於左。

史氏伯璿曰：「月數之說，朱子《孟子註》以爲改，蔡氏《書傳》以爲不改。然以《詩・七月》篇攷之，則凡七月、九月之數是自寅月起數，夏正也。觀於『流火』、『授衣』之言可見矣。凡『一之日』、『二之日』之類，是自子月起數，蓋周之先公已用此以紀候。故周有天下，遂定爲一代之正朔，以『觱發』、『栗烈』之氣候驗之可見矣。夏正、周正同見一詩之中，可見月數之未嘗不改，則蔡氏恐不如朱子之的當。近代惟陳定宇、張敷言之論最爲分曉。」

陳定宇曰：「蔡氏主不改月之說，遂謂併不改時。殊不知月數于周而改，春隨正而易，證以《春秋》、《孟子》、《左傳》、《後漢書・陳寵傳》，極爲明著。成公十年六月丙午晉侯使甸人獻麥，六月，乃夏四月也。僖公五年十二月丙子朔晉侯滅虢，先是卜偃言克虢之期『其九月、十月之交乎』，丙子朔，必是時也。偃以夏正言，而《春秋》以周正書，可見十二月丙子爲夏十月也。僖五年春王正月辛亥朔日南至，王正月冬至，豈非夏十一月乎？ 經有只書時者，僖公十年冬大雨雪，蓋以西、戌月爲冬也，使夏時之冬而大雨雪，何足以爲異而紀之；襄公二十八年春無冰，蓋以子、丑月爲春也，使夏時之春而無冰，何足以爲異而紀之。惟夏時八、九月而大雪，不當嚴寒而嚴寒；夏時十一月、十二月而無冰，當嚴寒而不嚴寒，故異而書之耳。桓公四年春正月公狩于郎，杜氏註曰：『冬獵曰狩。』周之春，夏之冬也。魯猶按夏時之冬，而于子月行冬田之狩，夫子只書曰『春狩于郎』，此所謂春，非周之春而何？ 哀公十四年春西狩獲麟亦然。定公十三年夏大蒐于比蒲，魯雖按夏時之春，于卯、辰之月行春田之蒐，夫子只書曰『夏蒐于比蒲』，此所謂夏，非周之夏而何？ 次年又書『五月，大蒐于比蒲』，亦然也。《陳寵傳》說尤明白，曰『天以爲正，周以爲春』，註云『今十一月也』；『地以爲正，殷以爲春』，註云『今十二月也』；『人以爲正，夏以爲春』，今正月也。是三代之正，子、丑、寅三陽月皆可以言春也。胡氏《春秋傳》不敢謂『王正月』爲非子月，而于『春王正月』之『春』字謂以夏時冠周月，皆攷之不審。安得有隔兩月而以夏時冠周月之理？ 但得四時之正，適冬寒夏熱。之宜，則惟夏時爲然。夫子欲行夏時，蓋答顏淵使得爲邦則宜如此耳。豈可但知有夏時之春，而不知有商正、周正之春乎？ 一陽、二陽、三陽之月皆可爲春，故三代迭用之以爲歲首。以一日論，子時既可爲次日，子月豈不可爲次年？ 觀此，則三代皆不改月數，與冬不可爲春之説陷于一偏明矣。」

史氏伯璿曰：「陳氏此説援引的當，已無可議。但《商書》再言十有二月，正蔡氏主意之張本，陳氏既不於彼處辨之，及至此處辨論又無一言及彼，惟張敷言之説可以補陳説之缺。今存於後。」

張敷言曰：「或謂三代改正朔無異議，月數之改，諸儒議論不一，學者病焉。間者伏讀《春秋》，至『王正月』而竊得其説。夫正月固王之正月，如後世史書書正月即時王之正月也，何假稱王？竊意必其别有所謂正月者，故稱王以别之。及讀僖公五年晉獻公伐虢，以克敵之期問于卜偃，答以九月、十月之交。考之童謡、星象之驗，皆是夏正十月，而其傳乃書在十二月，其改月明矣。襄公三十年絳縣老人自實其年，稱『臣生之歲，正月甲子朔，于今四百四十五甲子矣，其季三之一』。所稱正月亦是夏正寅月，考之老人所歷七十三年，二萬六千六百六十日，當盡丑月癸未，其傳乃書在二月，其改月又明矣。然卜偃、老人俱是周人，一則對君，一則執事大夫，其歲月又二事中之切用，非若他事泛言日月，何故舍時王之正月月數而言夏正哉？聽之者何故都不致詰，即知爲寅月起數哉？因是而知周之正朔、月數皆必改。其朝覲聘問、頒朔授時，凡筆之于史册者，即用時王月數；其民俗之歲時、相與之話言，則皆以寅月起數，如後世者自若也。而《春秋》書『王正月』以别民俗爲無疑。周人之《詩》、《孟子》之書，亦各有所取也。不然，諸儒之論各執所見，主改者遇不改之文，則没而不書；主不改者遇改月之義，則諱而不録，終不能曉然相通，以祛學者之惑。曰：『周以子月爲正、爲一月信矣，以爲春乎？』曰：『然。』『寒暑反易可乎？』曰：『先王之制，易姓受命，必改正朔，易服色，新民之耳目，以權一時之宜。非謂冬必爲春，子之月便可祈穀上帝，便可犧牲毋用牝也。』曰：『未有安乎？』曰：『固也。不然，夫子不曰「行夏之時」矣。周公作禮，正月之後不復曰正歲矣。』《凌人》「正歲十有二月，令斬冰」，最可考以寅月爲正歲，則子月爲權宜得矣。曰：『子謂必其筆之史册者則用時王正月月數，《伊訓》之「元祀十有二月」，蔡氏以爲殷正月者，果何月乎？』曰：『建子月也。』『殷正固在丑月，然則「嗣王祗見」及《太甲》篇之「嗣王奉歸」不在正月乎？』曰：『後世嗣王服喪，攷之《顧命》，固有常儀，何待正月？而放桐之事，又人臣之大變。周公之聖猶被流言，阿衡之心爲何如哉？朝而自怨，夕而復辟，尤不須於正月也。況正月但書十二月，以《虞書》「正月上日」、「正月朔旦」及秦、漢而下例之，殷不其獨無正乎？』曰：『秦以亥正，猶稱十月，不亦同乎？』曰：『秦正之謬，何足取法？蓋秦以寅月書正，歲首十月，其制又異，不若殷之全無正也。』曰：『或者謂晉用夏正，故卜偃、老人之言如此，則又何説也？』曰：『是又不然。老人之言在晉文伯後，容或有之。卜偃之言及獻公之世，是時篡國日淺，二軍始備，晉文未興，齊桓尚在，雖嘗滅耿滅霍，小小得志，方朝周納貢之不暇，亦何暇毀冠裂冕、更姓易物而用夏正哉？』然則愚之所見爲有據。而《春秋》『王正月』之一詞，今古諸儒不敢輕議者，固著明矣。」

史氏伯璿曰：「張氏之説與陳定宇

之説互相發明，甚善。至於《商書》再言十二月之辨，尤可以補陳説之缺，故備録之於此云。」

或謂改正朔而不改月數，夏、商、西周之時皆然。故商以建丑之月爲歲首，而《書》言「元祀十有二月乙丑」，又言「惟十有二月朔」，是商雖以丑月爲正，而寅月起數未嘗改也。以蔡《傳》推之，固是如此。然張敷言之説極有理，所礙者即位之年不當稱元祀耳。或正以此破張氏，故及此。蘇氏謂：「崩年改元，亂世之事，不宜在伊尹而有之。」此是據《周禮》以律商耳。三代之禮，至周大備。踰年改元，至周始定，此制夏、殷時未嘗有也。二孔傳、疏云：殷家尚質，踰月即改元，以明世次。周法始以踰年改元，已于《伊訓》明言之。蘇氏推周制律商，亦猶《顧命》中推《春秋》之禮以議召公。召公親與周公同僚，爲周公所敬信，豈知禮反不及蘇氏邪？是皆未得爲至當。蔡《傳》引秦正爲不改月數之證，張敷言已辨之。或又謂因正朔之改而并改月數，周東遷以後則然。意者平王于遷洛，稍欲示有所革，以新天下耳目，故因先王正朔之改，而併改月數以合之。愚竊以爲蔡氏主不改月數之説而爲《春秋》所礙，故其援引皆不及《春秋》。或爲此説，蓋欲爲蔡氏剔撥此礙，會諸經而定爲不刊之論。但此事須得先秦古書爲據，方可取信來世。今但以臆度傅會，未得爲定論也。平王不能自振，事事因循，何以見其獨有意於此邪？

《書·伊訓》「惟元祀十有二月」，蔡氏

傳云云，「秦建亥矣，且秦史制書改年，始朝賀皆以十月朔。夫秦繼周者也，若改月數，則周之十月爲建酉矣，安在其爲建亥乎？」

此一段係蔡氏之言。

史氏伯璿曰：「周亡於秦昭襄王五十一年乙巳，秦改正朔於始皇二十六年庚辰，當是時周亡已三十六年矣。周在時，禮樂已不自天子出，號令已不行於天下，民間私稱已皆是寅月起數者矣。周既亡矣，則建子之正已不得爲時王之制，天下又安有所謂周正者乎？然則秦所謂冬十月者，是因民間私稱夏正而書之，無足疑者。此於周改月數之説自不相礙，不足以爲據也。」

《書·泰誓上》「惟十有三年春」，蔡氏傳云云，「又按漢孔氏以春爲建子之月，蓋謂三代改正朔，必改月數，必以其正爲四時之首。《序》言『一月戊午』，既以一月爲建子之月，而經又係之以春，故遂以建子之月爲春。夫改正朔不改月數，於《太甲》辨之詳矣。而四時改易，尤爲無義，冬不可以爲春，寒不可以爲暖，固不待辨而明矣。或曰：『鄭氏箋《詩》「維莫之春」，亦言周之季春於夏爲孟春。』曰：『此漢儒承襲之誤耳。且《臣工》詩言「維莫之春，亦又何求？如何新畬，於皇來牟，將受厥明」，蓋言莫春之時，牟麥將熟，可以受上帝之明賜。夫牟麥將熟，則是建辰之月，夏正之莫春審矣。鄭氏于詩且不得其意，則其攷之固不審。不然，則商以季冬爲春，周以仲冬爲春，四時反逆，皆不得其正，豈三代奉天之政乎？』」

此一段俱蔡氏之言。

史氏伯璿曰：「四時改易，冬不可爲春之疑，但以夫子『行夏之時』一言證之足矣。既有所謂夏之時，則必有所謂商之時、周之時。顔子問爲邦，夫子欲其行夏之時，則是當時所行未是夏時也。未是夏時，非周之時而何？夏之時以建寅之月爲春，則周之時必以建子之月爲春矣。若周之時，春亦建寅，無以異於夏時之春，則夫子何必曰『行夏之時』哉？至於鄭氏箋《詩》，蓋亦不知民間私稱只是夏時，而例以時王之制律之，故致此誤耳。蔡氏非之誠是也。若以張敷言史册所用民俗所言二説例之，則不待多辨而自解析矣。蓋《詩》爲歌詠之辭，所言多是以寅月起數者，不特《臣工》一篇爲然，正所謂民俗、歲時相與話言者也。鄭氏必欲拗以從子固誤，蔡氏又欲援以爲不改月數之證，要亦知其一而不知其二也。」

《書·武成》篇「惟一月壬辰」，蔡氏傳曰：「一月，建寅之月。不曰正而曰一者，商建丑，以十二月爲正朔，故曰一月也。」

史氏伯璿曰：「二孔、林氏皆以一月爲子月，蔡氏不從其説。竊意一月便是子月，無可疑者。其所以不曰正而曰一者，以時方舉事，商命未改耳。時王正月在周家，雖因國俗紀候而未得定正月之名，史官追書前事，亦不容因後改前，失傳信之意也。與《七月》詩『一之日』者正同，推彼可以明此矣。又按《夏書》明有三正之文，而天正、地正、人正之名見者，亦非一處。若『皆以寅月起數』與『商正建丑以十二月爲正朔，故建寅之月不曰正而曰一』之言，則是惟夏爲有正，殷、周雖改正朔，而皆無正月之名，烏在其爲天正、地正，建子爲正、建丑爲正也？」

陳定宇又曰：「愚按：蔡氏於《泰誓上》及《武成》皆以孟春一月爲建寅之月，與二孔之説不合。必證以《前漢·律曆志》始尤明白。《志》曰：『周師初發以殷十一月亥月。戊子。後三日得周正辛卯朔。子月。明日壬辰，至戊午渡孟津。明日己未冬至。正月二十九日。二月朔，四日癸亥，至牧野。閏二月庚寅朔。三月二日庚申驚蟄。古以驚蟄爲寅月中氣，今云雨水。四月己丑朔死霸。死霸，朔也。生霸，望也。是月甲辰望，乙巳旁之。故《武成》曰：「惟四月旁生霸，越六日庚戌，武王燎於周廟。」』以節氣證之，則《武成》以周正紀月數而非夏正，不辨而明矣。」

史氏伯璿曰：「《漢志》雖非先秦古書，然終是近古可信，較之《陳寵傳》則此尤爲近古，皆非唐、宋以來諸儒臆度附會、無所證據之比。讀者宜有取焉。竊嘗又按《易·臨卦》彖辭有曰『至于八月有凶』，此八月，程、朱二夫子皆以爲自子月數起，當是六月《遯卦》。雖《本義》兼存或説『是今八月《觀卦》』之言於後，終不如主前説之力。況前説勝後説，又朱子平日解經之通例乎！兼《語録》答學者之問，又只主周正可見。愚竊以爲《臨》彖『元亨利貞』與『有凶』皆主陽言，以二陽上進，凌逼四陰，故其亨在陽將來。諸爻盡則變，則二陰長而漸盛，故其凶在陽。況《臨》、《觀》與《遯》三卦皆就陽爻取義名卦，陽浸長則爲《臨》，陽避退則爲《遯》，陽在上示下則爲《觀》。然則避退可以言有凶，在上示下不可以有凶言明矣。《觀》雖亦是陰長陽消之卦，然聖人扶陽抑陰，固已别取義明卦矣，不應於此又指爲凶也。然則八月指《遯》而無凶明甚。卦辭又文王所繫，文王在商而自子月起數者，亦猶周公『一之日』、『二之日』紀數也。」

「右正朔月數改與不改之説，自孟子以來千五六百年，諸儒無有定論。近代陳定宇、張敷言之説，議論援據，似覺平正確實。愚深信之，而同志辨詰紛然。暇日裒集諸説一處，仍疏己見於後，以俟有道而就正焉。」已上俱節録《管窺外篇》。

愚按：史先生及張、陳二家之説可謂精心考究，然尚有一二未盡者，愚請得而折衷之。張謂晉獻公時未敢遽用夏正，卜偃對君只沿民俗之通稱，此猶是以常見拘泥。晉實是行夏正，看僖十五年韓之戰及昭三十二年城成周，與經所書先後俱差兩月。經用周正，傳因晉俗而用夏正，此便瞭然。杜預載《汲冢書》，記曲沃莊伯之十一年十一月爲魯隱之元年正月，其《紀年》篇皆用夏正。先儒謂晉封太原，沿唐堯之故俗，理或有之。然看來成周盛時，原所不禁。不特周也，亦通三代之所不禁。看《豳風》稱「一之日」、「二之日」，公劉當夏之時，便已自以子月起數。周有天下，遂定爲正朔，但不曰正而曰一，以避時王之尊號。至武王伐商之年，商命未改，猶曰「惟一月壬辰」，不敢遽用「正」字。《詩》、《書》所稱，同一揆也。文王於殷時彖《易》，於《臨卦》曰「至于八月有凶」，亦用子月起數，八月爲夏之六月。夏、殷時不禁豳周之用子正，周時獨禁晉之用寅正乎？若三代果有此禁，則啟之罪狀有扈氏，只當云「怠棄夏正」，不當云「怠棄三正」矣。孔子大聖人，爲周之臣子，不當教顏淵以行夏之時矣。當日答顏淵，只是現在侯國有用顏子爲政者，便當行此數事，非必謂代周而有天下更姓改物，然後行夏之時也。孔子時不比孟子時，以扶起衰周爲念。若謂百年之後代周而王者當如此，則孔子教顏淵乃是懸空説話，不是現在可行之事，豈聖賢商略治道之旨乎？可見當時原是通用，在聖人亦看得平常，又何疑于晉之用夏正也？呂氏大圭以爲「孔子答顏淵行夏之時，謂顏子得志行道，改革天命，當如是爾。如使顏子未能改革天命，則亦將從時王之制，不得擅用夏時」。其説太荒唐。顏子當日是布衣，豈有改革天命之理？彼蓋未知夏、殷、周三正原通行故耳。其謂秦以寅月書正，第以十月爲歲首，亦未然。彼第見呂不韋作《月令》用夏正，故云然。不知秦亦改時改月，亥月竟稱春正月，至寅月已稱夏四月矣。沿至漢高、惠、文、景之世猶然。至武帝太初定曆，改用夏正。史官因追改前年月，獨漢元年冬十月失於追改，猶仍秦舊，故有五星聚東井，致高允之疑。其實秦之冬十月，乃夏正之七月。七月初，未交中氣，猶未離六月躔度，日在鶉火與東井，秦分鶉首，猶是隔宮相望。金、水二星附日而行，故俱得會於此。漢初司星者原不錯，因後來史官失於追改，後人疑爲夏正之十月，則日躔析木之次，與鶉首秦分隔離七宮，金、水無會聚之理。秦之改時改月無所見，此一條其大彰明較著者也。詳見唐顏師古《漢書·高帝紀》註及宋劉攽貢父説中。顏、劉俱在史前，而史援引張説未及辨正，可見考核精細之難也。

又案：秦時置閏俱稱後九月，蓋是時曆法不講，不知隨時置閏之法，都堆積在歲終。春秋末年已有此病，此亦秦改時改月之一證也。秦史只稱爲閏十二月，漢太初以後追改爲後九月耳。

春秋時令表卷一終

春秋朔閏表叙

余讀《春秋》，每苦日食置閏不得其解。據先儒舊説，《春秋》不應置閏而置閏者凡二，見莊二十五年「六月辛未朔，日有食之」及文元年閏三月。應置閏而失不置者凡三，見昭二十年二月己丑日南至、襄二十七年冬十月乙亥朔日有食之、哀十二年冬十二月螽。至日食之乖繆尤多。《穀梁》曰：「言日不言朔，食晦日也。言朔不言日，食既朔也。」及襄二十一年九月十月頻食、二十四年七月八月頻食，諸儒皆以爲日無頻食法，日月無頻交之理，不交，無從有食。歷千年罔有折衷。又經、傳中日月多有互異。孔穎達曰：「凡異者，多是傳實而經虚。」以余攷之，亦有經不誤而傳誤者，有經、傳俱不誤而杜以駁正經、傳反致誤者。孔氏僅能發明杜氏之義，而無能救正杜氏之失。至宋儒益務以義理爲穿鑿，不攷本末，憑空臆斷，至使千年經義沉霾晦蝕于附會之儒生、鹵莽之老宿，重可歎也。

歲癸亥，華生綱從余遊，年二十三歲，性敏而有沉思，余教以推求《春秋》朔閏之法。以方幅之紙，一年横書十二月，每月繫朔晦于首尾，細求經、傳中之干支，日數不合，則爲置閏。始猶覺其牴牾，十年以後迎刃而解。其合者凡十九，不合者前後率不過差一兩日。因經、傳之日數以求晦朔，因晦朔之前後以定閏餘，與杜氏《長曆》不差累黍，其違異者則爲著論駁正之。乃知《春秋》二百四十二年之事迹，指掌可數，粲若列眉。而後儒之憑空臆造，都成竊語，試約舉三四事言之。桓五年「正月甲戌、己丑，陳侯鮑卒」，傳曰「再赴也」，杜謂：「甲戌前年十二月廿一日，己丑此年正月六日。」今考桓四年冬當有閏十二月，甲戌實是正月廿一日，而己丑則二月七日也。是經書「正月甲戌」不誤，第「甲戌」之下當有闕文，「己丑」之上併脱「二月」兩字耳。傳不知而誤以爲再赴。杜併不知而誤以今年之日屬之前年，由失不置閏故也。昭元年十二月「晉既烝，趙孟適南陽。甲辰朔，烝于温」，杜以甲辰爲十二月朔，謂：「晉烝當在甲辰之前，傳言十二月，誤。」不知是年當閏十月，不可依《長曆》作「閏十二月」。經、傳皆有十一月己酉，己酉先甲辰五十五日，則甲辰非十二月朔可知。服虔云：「甲辰，夏十一月朔也。」蓋夏之十一月，於周爲正月。晉烝以孟冬，而趙氏以仲冬烝于家廟。傳以烝本冬祭，不可繫之來年，而甲辰實正月朔，故特變其文，先言十二月晉烝，而後言甲辰朔，此明係兩月事。趙氏之烝自在明年正月。傳紀晉事自用晉之夏正耳。杜不知傳文書法之變，誤以來歲之日屬之今年，由置閏失所故也。更有經、傳俱不誤而杜、孔誤者。莊二十五年「六月辛未，日食，鼓，用牲于社」，《左傳》曰：「非常也。」左氏之意，蓋謂正陽之月，日食爲非常之變異爾，是解所以鼓、用牲之故。而杜釋爲非常鼓之月，由置閏失所，誤使七月爲六月。夫不應伐鼓而伐鼓，不過失于謹慎，未足重煩聖筆。而正陽之月受陰氣虧損，乃災異之大者。杜不舉其大而舉其細，何爲乎？今推算辛未確是六月朔日。自莊元年閏十月至二十四年閏七月，凡九置閏，正合五歲再閏，十有九歲七閏之數。而孔氏曲從杜説，反謂二十四年八月以前誤置一閏，所以使七月爲六月。此經、傳俱不誤而杜、孔自誤也。又有杜、孔俱不誤而後儒以意推求而誤者。襄二十八年「十二月甲寅，天王崩。乙未，楚子昭卒」，相去凡四十二日，杜、孔俱云日誤，而胡文定指爲閏月。經不書，謂是喪服不數閏之證。吕氏本中至反駁杜、孔爲非。殊不知置閏須通計兩年上下，若此年十二月置閏，則來年二月安得有癸卯，五月安得有庚午乎？今推算閏當在來年之八月。此宋儒不考經、傳前後，横空臆度，並不信杜、孔而失之者也。

此卷獨多，約有一百八十餘頁，就一卷中釐爲四卷。學者執是求之以上下數千年諸儒議論，如堂上人判堂下人曲直，又如執規矩以量物，毫髮不容少錯。余于此用心良苦。而位置閏月，排列朔晦，則華生經始，華子師道改正之力爲多。嗚呼，綦難哉！余往懷此志六七年而苦無端緒，聞泰興曙峰陳先生有書六卷，屢郵書求其令嗣而不獲。而臨川師有《春秋年譜》一書，亦未見示。亡兒炳從旁贊曰：「是不難，從經、傳日數求之足矣。此事兒請任之。」余呵之曰：「爾何知！」炳不敢言而退。今幸是編成，喜二華之能成吾志，而又恨亡兒之不得與成其事也，爲泫然者久之。輯《春秋朔閏表》第二。

春秋朔閏表卷二之一

錫山顧棟高復初輯
金匱受業華文緯有條參

隱　公名息姑。

己　未

元年	平王宜臼四十九	齊僖公祿父九
正月大	辛巳朔	按：趙東山《屬辭》引杜氏《長
二月小	辛亥朔	
三月大	庚辰朔	
四月小	庚戌朔	
五月大	己卯朔	傳：「辛丑，太叔出奔共。」是
六月小	己酉朔	
七月大	戊寅朔	
八月小	戊申朔	
九月大	丁丑朔	
十月小	丁未朔	傳：「庚申，改葬惠公。」是月之
十一月大	丙子朔	
十二月小	丙午朔	

晉鄂侯郄二

曲沃莊伯鮮十一

衛桓公完十三

蔡宣公考父二十八

鄭莊公寤生二十二

曹桓公終生三十五

陳桓公鮑二十三

杞武公

曆》：「正月辛巳朔，《大衍曆》正月辛亥朔，以傳文五月辛丑、十月庚申考之，則辛巳爲是。《大衍曆》所推與經、傳每先後一月，蓋古法疎，不得以今曆爲準。」

月之二十三日。

十四日。

二十九 宋穆公和七 秦文公四十四 楚武王熊通十九	
	庚戌晦
	己卯晦
	己酉晦
	戊寅晦
	戊申晦
	丁丑晦
	丁未晦
	丙子晦
	丙午晦
	乙亥晦
	乙巳晦
	甲戌晦

庚申

二年 平王五十 齊僖十 晉鄂三❶	
正月大	乙亥朔
二月小	乙巳朔
三月大	甲戌朔
四月小	甲辰朔
五月大	癸酉朔
六月小	癸卯朔
七月大	壬申朔
八月小	壬寅朔 庚辰，公及戎盟
九月大	辛未朔
十月小	辛丑朔
十一月大	庚午朔
十二月小	庚子朔 乙卯，夫

❶「三」，原誤作「二」，今據《四庫全書》本、《皇清經解續編》本改。

衛桓十四 蔡宣二十九 鄭莊二十三 曹桓三十六 陳桓二十四 杞武三十 宋穆八 秦文四十五 楚武二十

于唐。杜註：「八月無庚辰。庚辰，七月九日也。日月必有誤。」《正義》曰：「杜《長曆》八月壬寅朔，其月無庚辰。七月壬申朔，則九日有庚辰。」

人子氏薨。是月之十六日。

甲辰晦	
癸酉晦	
癸卯晦	
壬申晦	
壬寅晦	
辛未晦	
辛丑晦	
庚午晦	
庚子晦	
己巳晦	
己亥晦	
戊辰晦	閏十二月大　己巳朔　戊戌晦

辛酉

三年	平王五十一　齊僖十一　晉鄂四　衛桓十五	
正月大	己亥朔	
二月小	己巳朔	己巳，日有食之。杜註：二月朔也。不書朔，史
三月大	戊戌朔	庚戌，天王崩。傳：「壬戌，平王崩。赴以庚戌，
四月小	戊辰朔	辛卯，君氏卒。是月之二十四日。
五月大	丁酉朔	
六月小	丁卯朔	
七月大	丙申朔	
八月小	丙寅朔	庚辰，宋公和卒。是月之十五日。
九月大	乙未朔	
十月小	乙丑朔	
十一月大	甲午朔	
十二月小	甲子朔	癸未，葬宋穆公。是月之二十日。

蔡宣三十
鄭莊二十四
曹桓三十七
陳桓二十五
杞武三十一
宋穆九
秦文四十六
楚武二十一

失之。」按：《穀梁》云：「言日不言朔，食晦日也。」杜以《春秋》日食皆在朔，故于去年十二月置閏。若移此閏于今年二月，而以己巳爲二月晦，則

故書之。」按：庚戌，月之十三日。壬戌，月之二十五日。

傳：「庚戌，鄭伯之車僨于濟。」杜註：「十二月不得有庚戌，日誤。」《正義》曰：「庚戌無月而云十二月者，以經盟于石門在十二月，知此亦十二月也。」

戊辰晦	
丁酉晦	于《穀梁》之説合矣。蓋今法日食必于合朔，而古法疎，或有食晦日者，漢、晉時猶然。今姑從《長曆》。
丁卯晦	
丙申晦	
丙寅晦	
乙未晦	
乙丑晦	
甲午晦	
甲子晦	
癸巳晦	
癸亥晦	
壬辰晦	經書十二月下有「癸未，葬宋穆公」，計庚戌在癸未之前三十三日，不得共在一月。《長曆》推十二月甲子朔，月有癸未，則月不容誤，知日誤也。」

壬戌

四年	桓王林元　齊僖十二　晉鄂五　衛桓十六　蔡宣三十一　鄭莊二十五　曹桓三十八　陳桓二十六	
正月大	癸巳朔	
二月小	癸亥朔	戊申，衛州吁弑其君完。杜註：「戊申，三月十七日。有日而無月。」《正義》曰：「經文三年十二月『癸未，
三月大	壬辰朔	
四月小	壬戌朔	
五月大	辛卯朔	
六月小	辛酉朔	
七月大	庚寅朔	
八月小	庚申朔	
九月大	己丑朔	
十月小	己未朔	
十一月大	戊子朔	
十二月小	戊午朔	

杞武三十二 宋殤公與夷元 秦文四十七 楚武二十二
葬宋穆公[二]，戊申在癸未之後二十五日，更一周則八十五日，故此年二月不得有戊申。三月壬辰朔，則十七日有戊申也。此經上有二月，下有夏，得

壬戌晦	
辛卯晦	在三月之內，不是字誤，故云有日而無月。」
辛酉晦	
庚寅晦	
庚申晦	
己丑晦	
己未晦	
戊子晦	
戊午晦	
丁亥晦	
丁巳晦	
丙戌晦	

癸亥

五年	桓王二	齊僖十三 晉鄂六 衛宣公晉元 蔡宣三
正月大	丁亥朔	
二月小	丁巳朔	
三月大	丙戌朔	
四月小	丙辰朔	
五月大	乙酉朔	
六月小	乙卯朔	
七月大	甲申朔	
八月小	甲寅朔	
九月大	癸未朔	
十月小	癸丑朔	
十一月大	壬午朔	
十二月大	壬子朔	辛巳，公子彄卒。是月之三十日。

十二
鄭莊二
十六
曹桓三
十九
陳桓二
十七
杞武三
十三
宋殤二
秦文四
十八
楚武二
十三

丙辰晦

乙酉晦

乙卯晦

甲申晦

甲寅晦

癸未晦

癸丑晦

壬午晦

壬子晦

辛巳晦

辛亥晦

辛巳晦
閏十二月小
壬午朔
庚戌晦

甲子

六年	桓王三　齊僖十四　晉哀侯光元　衛宣二　蔡宣三十三　鄭莊二十七　曹桓四十　陳桓二十八　杞武三	
正月大	辛亥朔	
二月大	辛巳朔	
三月小	辛亥朔	
四月大	庚辰朔	
五月小	庚戌朔	辛酉，公會齊侯盟于艾。是月之十二日。傳：「庚申，鄭伯侵陳。」是月之十一日。
六月大	己卯朔	
七月小	己酉朔	
八月大	戊寅朔	
九月小	戊申朔	
十月大	丁丑朔	
十一月小	丁未朔	
十二月大	丙子朔	

十四 宋殤三 秦文四 十九 楚武二 十四	
庚辰晦	
庚戌晦	
己卯晦	
己酉晦	
戊寅晦	
戊申晦	
丁丑晦	
丁未晦	
丙子晦	
丙午晦	
乙亥晦	
乙巳晦	

乙丑

七年	桓王四 齊僖十五 晉哀二 曲沃武公稱元 衛宣三 蔡宣三
正月大	丙午朔
二月小	丙子朔
三月大	乙巳朔
四月小	乙亥朔
五月大	甲辰朔
六月小	甲戌朔
七月大	癸卯朔 傳：「宋及鄭平。庚申，盟于宿。」是月之十八日。
八月小	癸酉朔
九月大	壬寅朔
十月小	壬申朔
十一月大	辛丑朔
十二月小	辛未朔 傳：「陳五父如鄭涖盟。壬申，及鄭伯盟。鄭良佐

十四
鄭莊二
十八
曹桓四
十一
陳桓二
十九
杞武三
十五
宋殤四
秦文五
十
楚武二
十五

乙亥晦

甲辰晦

甲戌晦

癸卯晦

癸酉晦

壬寅晦

壬申晦

辛丑晦

辛未晦

庚子晦

庚午晦

如陳涖盟。辛巳，及陳侯盟。」壬申是月之二日，辛巳是月之十一日。

己亥晦

閏十二月大

庚子朔

己巳晦

丙寅❶

八年	桓王五　齊僖十六　晉哀三　衛宣四　蔡宣三十五　鄭莊二十九　曹桓四十二　陳桓三十
正月大	庚午朔
二月小	庚子朔
三月大	己巳朔　庚寅，我入祊。是月之二十二日。
四月小	己亥朔　傳：「甲辰，鄭公子忽如陳逆婦嬀。辛亥，以嬀氏歸。甲寅，入于鄭。」甲辰是月之六日，辛亥
五月大	戊辰朔
六月小	戊戌朔　己亥，蔡侯考父卒。是月之二日。辛亥，宿男卒。是月之十四日。
七月大	丁卯朔　庚午，宋公、齊侯、衛侯盟于瓦屋。是月之四日。
八月小	丁酉朔　傳：「丙戌，鄭伯以齊人朝王。」杜註：「上有七月庚午，下有九月辛卯，則八月不得有丙戌。」
九月大	丙寅朔　辛卯，公及莒人盟于浮來。是月之二十六日。
十月小	丙申朔
十一月大	乙丑朔
十二月小	乙未朔

❶「丙寅」，原脱，今據《四庫全書》本、《皇清經解續編》本補。

杞武三十六 宋殤五 秦寧公元 楚武二十六		
己亥晦		
戊辰晦		
戊戌晦		
丁卯晦		是月之十三日，甲寅是月之十六日。
丁酉晦		
丙寅晦		
丙申晦		
乙丑晦		
乙未晦		
甲子晦		
甲午晦		
癸亥晦		

丁卯

九年	桓王六 齊僖十七 晉哀四 衛宣五 蔡桓侯封人元	
正月大	甲子朔	
二月小	甲午朔	
三月大	癸亥朔	癸酉，大雨，震電。庚辰，大雨雪。癸酉是
四月小	癸巳朔	
五月大	壬戌朔	
六月小	壬辰朔	
七月大	辛酉朔	
八月小	辛卯朔	
九月大	庚申朔	
十月小	庚寅朔	
十一月大	己丑朔	傳：「甲寅，鄭人大敗戎師。」是月之二十六日。
十二月小	己未朔	

鄭莊三十
曹桓四十三
陳桓三十一
杞武三十七
宋殤六
秦寧二
楚武二十七

癸巳晦

壬戌晦

月之十一日，庚辰是月之十八日。
壬辰晦

辛酉晦❶

辛卯晦

庚申晦

庚寅晦

己未晦

己丑晦

戊午晦
閏十月大
己未朔
戊子晦

戊午晦

丁亥晦

❶「晦」，原誤作「朔」，今據《四庫全書》本、《皇清經解續編》本改。

戊辰

十年	桓王七 齊僖十八 晉哀五 衛宣六 蔡桓二 鄭莊三十一 曹桓四十四 陳桓三十二 杞武三十八 宋殤七
正月大	戊子朔 傳：「公會齊侯、鄭伯于中丘。癸丑，盟于鄧。」杜註：「癸丑是正月二十六日，知經二月誤。」
二月小	戊午朔
三月大	丁亥朔
四月小	丁巳朔
五月大	丙戌朔
六月大	丙辰朔 壬戌，公敗宋師于菅。辛未，取郜。辛巳，取防。杜註：「壬戌，月七日。辛未，十六日。辛巳，二十六日。」
七月小	丙戌朔 傳：「庚寅，鄭師入郊。」是月之五日。
八月大	乙卯朔 傳：「壬戌，鄭伯圍戴。癸亥，克之。」壬戌是月之八日，癸亥是月之九日。
九月小	乙酉朔 傳：「戊寅，鄭伯入宋。」杜註：「九月無戊寅。戊寅，八月二十四日。」《正義》曰：「經有十月壬午，《長曆》
十月大	甲寅朔 壬午，齊人、鄭人入郕。是月之二十九日。
十一月小	甲申朔
十二月大	癸丑朔

	秦寧三 楚武二十八
丁巳晦	
丙戌晦	
丙辰晦	
乙酉晦	
乙卯晦	
乙酉晦	傳：「戊申，公會齊侯、鄭伯于老桃。」杜註：「六月無戊申。戊申，五月二十三日。」「庚午，鄭師入部。」是月之十五日。「庚辰，鄭師入防。」是月之二十五日。
甲寅晦	
甲申晦	
癸丑晦	推是十月二十九日。戊寅在壬午之前四日，故九月不得有戊寅。上有八月，下有冬，則誤在日也。」
癸未晦	
壬子晦	
壬午晦	

己巳

十一年	月	朔	紀事
桓王八 齊僖十九 晉哀六 衛宣七 蔡桓三 鄭莊三十二 曹桓四十五 陳桓三十三 杞武三十九	正月大	癸未朔	
	二月小	癸丑朔	
	三月大	壬午朔	
	四月小	壬子朔	
	五月大	辛巳朔	傳：「鄭伯將伐許。甲辰，授兵于大宮。」是月之二十四日。
	六月小	辛亥朔	
	七月大	庚辰朔	壬午，公及齊侯、鄭伯入許。是月之三日。傳：「庚辰，傅于許。」是月之朔日。
	八月小	庚戌朔	
	九月大	己卯朔	
	十月小	己酉朔	傳：「鄭伯以虢師伐宋。壬戌，大敗宋師。」是月之十四日。
	十一月大	戊寅朔	壬辰，公薨。是月之十五日。
	十二月小	戊申朔	

宋殤八 秦寧四 楚武二十九	
	壬子晦
	辛巳晦
	辛亥晦
	庚辰晦
	庚戌晦
	己卯晦
	己酉晦
	戊寅晦
	戊申晦
	丁丑晦
	丁未晦
	丙子晦

桓公 名允。

庚午

元年	桓王九 齊僖二十 晉哀七 衛宣八 蔡桓四 鄭莊三	
正月大	丁丑朔	
二月小	丁未朔	
三月大	丙子朔	
四月小	丙午朔	丁未，公及鄭伯盟于越。是月之二日。
五月大	乙亥朔	
六月小	乙巳朔	
七月大	甲戌朔	
八月小	甲辰朔	
九月大	癸酉朔	
十月小	癸卯朔	
十一月大	壬申朔	
十二月小	壬寅朔	

十三　曹桓四　十六　陳桓三　十四❶　杞武四　十　宋殤九　秦寧　五❷　楚武三　十
丙午晦
乙亥晦
乙巳晦
甲戌晦
甲辰　晦❸
癸酉晦
癸卯晦
壬申晦
壬寅晦
辛未晦
辛丑晦
庚午晦　閏十二月大　辛未朔　庚子晦

❶「三十四」，原誤作「四十三」，今據《四庫全書》本改。

❷「五」，原誤作「三」，今據《四庫全書》本、《皇清經解續編》本改。

❸「晦」，原誤作「朔」，今據《四庫全書》本、《皇清經解續編》本改。

辛未

二年	桓王十　齊僖二十一　晉哀八　衛宣九　蔡桓五　鄭莊三十四　曹桓四十七　陳桓三十五　杞武四十一　宋殤十
正月大	辛丑朔　戊申，宋督弒其君與夷及其大夫孔父。是月之八日。
二月小	辛未朔
三月大	庚子朔
四月小	庚午朔　取郜大鼎于宋。戊申，納于太廟。杜註：「戊申，五月十日。」
五月大	己亥朔　《正義》曰：「《長曆》此年四月庚午朔，其月無戊申。五月己亥朔，十日得戊申，是有日而無月也。」
六月小	己巳朔
七月大	戊戌朔
八月小	戊辰朔
九月大	丁酉朔
十月小	丁卯朔
十一月大	丙申朔
十二月小	丙寅朔

秦寧六 楚武三十一	
庚午晦	
己亥晦	
己巳晦	
戊戌晦	
戊辰晦	
丁酉晦	
丁卯晦	
丙申晦	
丙寅晦	
乙未晦	
乙丑晦	
甲午晦	

壬申

三年	桓王十一 齊僖二十二 晉哀九 衛宣十 蔡桓六 鄭莊三十五 曹桓四十八	
正月大	乙未朔	
二月小	乙丑朔	
三月大	甲午朔	
四月小	甲子朔	
五月大	癸巳朔	
六月小	癸亥朔	
七月大	壬辰朔	壬辰朔，日有食之，既。
八月小	壬戌朔	
九月大	辛卯朔	
十月小	辛酉朔	
十一月大	庚寅朔	
十二月大	庚申朔	

陳桓三　十六　杞武四　十二　宋莊公　馮元　秦寧七　楚武三　十二	
	甲子晦
	癸巳晦
	癸亥晦
	壬辰晦
	壬戌晦
	辛卯晦
	辛酉晦
	庚寅晦
	庚申晦
	己丑晦
	己未晦
	己丑晦

癸酉

四年	桓王十　二　齊僖二　十三　晉小子	
正月小	庚寅朔	
二月大	己未朔	
三月小	己丑朔	
四月大	戊午朔	
五月小	戊子朔	
六月大	丁巳朔	
七月小	丁亥朔	
八月大	丙辰朔	
九月小	丙戌朔	
十月大	乙卯朔	
十一月小	乙酉朔	
十二月大	甲寅朔	

侯元
衛宣十一
蔡桓七
鄭莊三十六
曹桓四十九
陳桓三十七
杞武四十三
宋莊二
秦寧八
楚武三十三

戊午晦

戊子晦

丁巳晦

丁亥晦

丙辰晦

丙戌晦

乙卯晦

乙酉晦

甲寅晦

甲申晦

癸丑晦

癸未晦

閏十二月大
甲申朔
癸丑晦

甲戌

五年	桓王十三 齊僖二十四 晉小子二 衛宣十二 蔡桓八 鄭莊三十七 曹桓五十 陳桓三十八
正月小	甲寅朔 甲戌、己丑，陳侯鮑卒。按：杜註：「甲戌，前年十二月二十一日。己丑，此年正月六日。」考《長曆》，于
二月大	癸未朔
三月小	癸丑朔
四月大	壬午朔
五月小	壬子朔
六月大	辛巳朔
七月小	辛亥朔
八月大	庚辰朔
九月小	庚戌朔
十月大	己卯朔
十一月小	己酉朔
十二月大	戊寅朔

杞武四十四 宋莊三十四 秦寧九 楚武三十四
桓元年閏十二月，至七年始復閏十二月，相去凡七十三月，中間應更有一閏。今于去年置閏十二月，則甲戌爲今年正月二十一日，己丑乃二月七日。當

從有日無月之例。蓋甲戌之下經有闕文，并二月之文亦脱也。若以爲再赴，則史于去年十二月之下便應先書「陳侯鮑卒」，寧有併書于今年正月

	者乎？
壬午晦	
壬子晦	
辛巳晦	
辛亥晦	
庚辰晦	
庚戌晦	
己卯晦	
己酉晦	
戊寅晦	
戊申晦	
丁丑晦	
丁未晦	

乙亥

六年	桓王十四　齊僖二十五　晉小子三　衛宣十三　蔡桓九　鄭莊三十八	
正月大	戊申朔	
二月小	戊寅朔	
三月大	丁未朔	
四月小	丁丑朔	
五月大	丙午朔	
六月小	丙子朔	
七月大	乙巳朔	
八月小	乙亥朔	壬午，大閱。是月之八日。
九月大	甲辰朔	丁卯，子同生。是月之二十四日。
十月小	甲戌朔	
十一月大	癸卯朔	
十二月小	癸酉朔	

曹桓五十一　陳厲公躍元　杞武四十五　宋莊四　秦寧十　楚武三十五
丁丑晦
丙午晦
丙子晦
乙巳晦
乙亥晦
甲辰晦
甲戌晦
癸卯晦
癸酉晦
壬寅晦
壬申晦
辛丑晦

丙子

七年	桓王十五　齊僖二十六	
正月大	壬寅朔	
二月小	壬申朔	己亥，焚咸丘。是月之
三月大	辛丑朔	
四月小	辛未朔	
五月大	庚子朔	
六月小	庚午朔	
七月大	己亥朔	
八月小	己巳朔	
九月大	戊戌朔	
十月小	戊辰朔	
十一月大	丁酉朔	
十二月大	丁卯朔	

晉小子四 衛宣十四 蔡桓十 鄭莊三十九 曹桓五十二 陳厲二 杞武四十六 宋莊五 秦寧十一 楚武三十六
辛未晦
二十八日。 庚子晦
庚午晦
己亥晦
己巳晦
戊戌晦
戊辰晦
丁酉晦
丁卯晦
丙申晦
丙寅晦
丙申晦 閏十二月小 丁酉朔 乙丑晦

丁丑

八年	桓王十六　齊僖二十七　晉侯緡元　衛宣十五　蔡桓十一　鄭莊四十　曹桓五十三　陳厲三
正月大	丙寅朔　己卯，蒸。是月之十四日。
二月小	丙申朔
三月大	乙丑朔
四月小	乙未朔
五月大	甲子朔　丁丑，烝。是月之十四日。
六月小	甲午朔
七月大	癸亥朔
八月小	癸巳朔
九月大	壬戌朔
十月小	壬辰朔
十一月大	辛酉朔
十二月小	辛卯朔

杞武四十七 宋莊六 秦寧十二 楚武三十七
乙未晦
甲子晦
甲午晦
癸亥晦
癸巳晦
壬戌晦
壬辰晦
辛酉晦
辛卯晦
庚申晦
庚寅晦
己未晦

戊寅

九年	桓王十七 齊僖二十八 晉緡二 衛宣十六
正月大	庚申朔
二月小	庚寅朔
三月大	己未朔
四月小	己丑朔
五月大	戊午朔
六月小	戊子朔
七月大	丁巳朔
八月小	丁亥朔
九月大	丙辰朔
十月小	丙戌朔
十一月大	乙卯朔
十二月大	乙酉朔

蔡桓十 二 鄭莊四 十一 曹桓五 十四 陳厲四 杞靖公 元 宋莊七 秦出子 元 楚武三 十八
己丑晦
戊午晦
戊子晦
丁巳晦
丁亥晦
丙辰晦
丙戌晦
乙卯晦
乙酉晦
甲寅晦
甲申晦
甲寅晦

己卯

十年	桓王十八　齊僖二十九　晉緡三　衛宣十七　蔡桓十三　鄭莊四十二　曹桓五十五　陳厲五　杞靖二
正月小	乙卯朔　庚申，曹伯終生卒。是月之六日。
二月大	甲申朔
三月小	甲寅朔
四月大	癸未朔
五月小	癸丑朔
六月大	壬午朔
七月小	壬子朔
八月大	辛巳朔
九月小	辛亥朔
十月大	庚辰朔
十一月小	庚戌朔
十二月大	己卯朔　丙午，齊侯、衛侯、鄭伯來戰于郎。是月之二十八日。

宋莊八 秦出子二 楚武三十九
癸未晦
癸丑晦
壬午晦
壬子晦
辛巳晦
辛亥晦
庚辰晦
庚戌晦
己卯晦
己酉晦
戊寅晦
戊申晦

庚辰

十一年	桓王十九 齊僖三十 晉緡四 衛宣十
正月大	己酉朔
二月大	戊申朔
三月小	戊寅朔
四月大	丁未朔
五月小	丁丑朔　癸未，鄭伯寤生卒。是月之七日。
六月大	丙午朔
七月小	丙子朔
八月大	乙巳朔
九月小	乙亥朔　傳：「丁亥，昭公奔衛。己亥，厲公立。」丁亥是
十月大	甲辰朔
十一月小	甲戌朔
十二月大	癸卯朔

八
蔡桓十
四
鄭莊四
十三
曹莊公
射姑元
陳厲六
杞靖三
宋莊九
秦出子
三
楚武四
十

戊寅晦
閏正月小
己卯朔
丁未晦

丁丑晦

丙午晦

丙子晦

乙巳晦

乙亥晦

甲辰晦

甲戌晦

月之十三日，己亥是月之二十五日。
癸卯晦

癸酉晦

壬寅晦

壬申晦

辛巳

十二年	桓王二　十　齊僖三　十一　晉緡五　衛宣十　九　蔡桓十　五　鄭厲公突元　曹莊二　陳厲七
正月小	癸酉朔
二月大	壬寅朔
三月小	壬申朔
四月大	辛丑朔
五月小	辛未朔
六月大	庚子朔　壬寅，公會杞侯、莒子盟于曲池。是月之三日。
七月小	庚午朔　丁亥，公會宋公、燕人盟于穀丘。是月之十八日。
八月大	己亥朔　壬辰，陳侯躍卒。杜註：「壬辰是七月二十三日。書于八月，從赴。」
九月小	己巳朔
十月大	戊戌朔
十一月小	戊辰朔　丙戌，公會鄭伯盟于武父。是月之十九日。丙戌，衛侯晉卒。杜註：「再書丙戌，因史成文。」
十二月大	丁酉朔　及鄭師伐宋。丁未，戰于宋。是月之十一日。

杞靖四 宋莊十 秦出子 四 楚武四 十一
辛丑晦
辛未晦
庚子晦
庚午晦
己亥晦
己巳晦
戊戌晦
戊辰晦
丁酉晦
丁卯晦
丙申晦
丙寅晦

壬午

十三年	桓王二十一 齊僖三十二 晉緡六 衛惠公
正月大	丁卯朔
二月大	丙寅朔 公會紀侯、鄭伯。己巳，及齊侯、宋公、
三月小	丙申朔
四月大	乙丑朔
五月小	乙未朔
六月大	甲子朔
七月小	甲午朔
八月大	癸亥朔
九月小	癸巳朔
十月大	壬戌朔
十一月小	壬辰朔
十二月大	辛酉朔

朔元
蔡桓十六
鄭厲二
曹莊三
陳莊公林元
杞靖五
宋莊十一
秦出子五
楚武四十二

閏正月小　丙申晦

衛侯、燕人戰。齊師、宋師、衛師、燕師敗績。是月之四日。

乙未晦

甲子晦

甲午晦

癸亥晦

癸巳晦

壬戌晦

壬辰晦

辛酉晦

辛卯晦❶

庚申晦

庚寅晦

❶「晦」，原誤作「朔」，今據《四庫全書》本、《皇清經解續編》本改。

	丁酉朔 乙丑晦

癸未

十四年	桓王二十二 齊僖三十三 晉緡七 衛惠二 蔡桓十七 鄭厲三 曹莊四
正月大	辛卯朔
二月小	辛酉朔
三月大	庚寅朔
四月小	庚申朔
五月大	己丑朔
六月小	己未朔
七月大	戊子朔
八月小	戊午朔 壬申，御廩災。是月之十五日。乙亥，嘗。是月之十八日。
九月大	丁亥朔
十月小	丁巳朔
十一月大	丙戌朔
十二月大	丙辰朔 丁巳，齊侯祿父卒。是月之二日。

陳莊二 杞靖六 宋莊十二 秦出子六 楚武四十三
庚申晦
己丑晦
己未晦
戊子晦
戊午晦
丁亥晦
丁巳晦
丙戌晦
丙辰晦
乙酉晦
乙卯晦
乙酉晦

甲申

十五年	桓王二十三 齊襄公諸兒元
正月小	丙戌朔
二月大	乙卯朔
三月小	乙酉朔 乙未，天王崩。是月之十一日。
四月大	甲寅朔 己巳，葬齊僖公。是月之十六日。
五月小	甲申朔
六月大	癸丑朔 傳：「乙亥，昭公入。」是月之二十三日。
七月小	癸未朔
八月大	壬子朔
九月小	壬午朔
十月大	辛亥朔
十一月小	辛巳朔
十二月大	庚戌朔

晉緡八 衛惠三 蔡桓十 八 鄭厲四 曹莊五 陳莊三 杞靖七 宋莊十 三 秦武公 元 楚武四 十四
甲寅晦
甲申晦
癸丑晦
癸未晦
壬子晦
壬午晦
辛亥晦
辛巳晦
庚戌晦
庚辰晦
己酉晦
己卯晦

乙酉

十六年

莊王佗元 齊襄二 晉緡九 衛惠四 蔡桓十九 鄭厲五 昭公忽元 曹莊六 陳莊四 杞靖八 宋莊十

正月大	庚辰朔
二月小	庚戌朔
三月大	己卯朔
四月小	己酉朔
五月大	戊寅朔
六月小	戊申朔
七月小	丁未朔
八月大	丙子朔
九月小	丙午朔
十月大	乙亥朔
十一月小	乙巳朔
十二月大	甲戌朔

四 秦武二 楚武四 十五	
己酉晦	
戊寅晦	
戊申晦	
丁丑晦	
丁未晦	
丙子晦	閏六月大 丁丑朔 是年冬，城向。杜註云：「傳曰：『書，時也。』而下有十一月，舊說因謂傳誤。不知此城向亦
乙亥晦	
乙巳晦	
甲戌晦	
甲辰晦	
癸酉晦	
癸卯晦	

俱是十一月之事。又推校此年閏在六月，則月却而節移前，水星可在十一月而正。」按：經書城向在十一月前，明是十月事。杜曲從傳文，爲桓公掩其

失，自屬附會。丙午晦

丙戌

十七年	莊王二　齊襄三　晉緡十　衛惠五　黔牟元　蔡桓二十　鄭厲六　昭二
正月大	甲辰朔　丙辰，公會齊侯、紀侯盟于黄。是月之十三日。
二月小	甲戌朔　丙午，公會邾儀父盟于趡。杜註：二月無丙午。丙午，三
三月大	癸卯朔
四月小	癸酉朔
五月大	壬寅朔　丙午，及齊師戰于奚。是月之五日。
六月小	壬申朔　丁丑，蔡侯封人卒。是月之六日。
七月大	辛丑朔
八月小	辛未朔　癸巳，葬蔡桓侯。是月之二十三日。
九月大	庚子朔
十月小	庚午朔　冬十月朔，日有食之。《左傳》不書日，官失之。今考趙東山《屬辭》
十一月大	己亥朔
十二月大	己巳朔

十八年		曹莊七　陳莊五　杞靖九　宋莊十五　秦武三　楚武四十六
正月小	己亥朔	癸酉晦
二月大	戊辰朔	壬寅晦　月四日也。日月必有誤。」
三月小	戊戌朔	壬申晦
四月大	丁卯朔	辛丑晦
五月小	丁酉朔	辛未晦
六月大	丙寅朔	庚子晦
七月小	丙申朔	庚午晦
八月大	乙丑朔	己亥晦
九月小	乙未朔	己巳晦
十月大	甲子朔	戊戌晦　引《長曆》十月庚午朔，日食。傳：「辛卯，弒昭公而立公子亹。」是月之二十二日。
十一月小		戊辰晦
十二月大		戊戌晦

丁亥

	莊王三　齊襄四　晉緡十一　衛惠六　黔牟二　蔡哀侯獻舞元　鄭厲七　子亹元　曹莊八　陳莊六　杞靖十　宋莊十六　秦武四　楚武四十七
丁卯晦	
丁酉晦	
丙寅晦	
丙申晦	丙子，公薨于齊。是月之十日。丁酉，公之喪至自齊。杜註：「丁酉，五月一日。有日而無月。」
乙丑晦	
乙未晦	
甲子晦	傳：「戊戌，齊人殺子亹。」是月之三日。
甲午晦	
癸亥晦	
癸巳晦	
壬戌晦	甲午朔
壬辰晦	癸亥朔　己丑，葬我君桓公。是月之二十七日。

莊　公名同。

戊　子

元年	莊王四　齊襄五　晉緡十二　衞惠七　黔牟三　蔡哀二　鄭厲八　子儀元　曹莊九　陳莊七　杞靖十
正月小	癸巳朔
二月大	壬戌朔
三月小	壬辰朔
四月大	辛酉朔
五月小	辛卯朔
六月大	庚申朔
七月小	庚寅朔
八月大	己未朔
九月小	己丑朔
十月大	戊午朔　乙亥，陳侯林卒。是月之十八日。
十一月小	戊午朔
十二月大	丁亥朔

一 宋莊十七 秦武五 楚武四十八
辛酉晦
辛卯晦
庚申晦
庚寅晦
己未晦
己丑晦
戊午晦
戊子晦
丁巳晦
丁亥晦 閏十月大 戊子朔 丁巳晦
丙戌晦
丙辰晦

己丑

二年	莊王五 齊襄六 晉緡十
正月大	丁巳朔
二月小	丁亥朔
三月大	丙辰朔
四月小	丙戌朔
五月大	乙卯朔
六月小	乙酉朔
七月大	甲寅朔
八月小	甲申朔
九月大	癸丑朔
十月小	癸未朔
十一月大	壬子朔
十二月小	壬午朔 乙酉，宋

十九	三 衛惠八 黔牟四 蔡哀三 鄭厲九 子儀二 曹莊十 陳宣公 杵臼元 杞靖十 二 宋莊十 八 秦武六 楚武四
丙戌晦	
乙卯晦	
乙酉晦	
甲寅晦	
甲申晦	
癸丑晦	
癸未晦	
壬子晦	
壬午晦	
辛亥晦	
辛巳晦	
庚戌晦	公馮卒。是月之四日。

庚寅

三年	莊王六 齊襄七 晉緡十 四 衛惠九 黔牟五 蔡哀四 鄭厲十 子儀三 曹莊十 一 陳宣二 杞靖十 三 宋閔公
正月大	辛亥朔
二月小	辛巳朔
三月大	庚戌朔
四月小	庚辰朔
五月大	己酉朔
六月小	己卯朔
七月大	戊申朔
八月小	戊寅朔
九月大	丁未朔
十月小	丁丑朔
十一月大	丙午朔
十二月小	丙子朔

捷元 秦武七 楚武五 十	
庚辰晦	
己酉晦	
己卯晦	
戊申晦	
戊寅晦	
丁未晦	
丁丑晦	
丙午晦	
丙子晦	
乙巳晦	
乙亥晦	
甲辰晦	

辛卯

四年	莊王七 齊襄八 晉緡十五 衛惠十 黔牟六 蔡哀五 鄭厲十一
正月大	乙巳朔
二月小	乙亥朔
三月大	甲辰朔
四月小	甲戌朔
五月大	癸酉朔
六月小	癸卯朔 乙丑，齊侯葬紀伯姬。是月之二十三日。
七月大	壬申朔
八月小	壬寅朔
九月大	辛未朔
十月小	辛丑朔
十一月大	庚午朔
十二月小	庚子朔

子儀四 曹莊十二 陳宣三 杞靖十四 宋閔二 秦武八 楚武五 十一
甲戌晦
癸卯晦
癸酉晦
壬寅晦 閏四月大 癸卯朔 壬申晦
壬寅晦
辛未晦
辛丑晦
庚午晦
庚子晦
己巳晦
己亥晦
戊辰晦

壬辰

五年	莊王八　齊襄九　晉緡十六　衛惠十一　黔牟七　蔡哀六　鄭厲十二　子儀五　曹莊十三　陳宣四　杞靖十
正月大	己巳朔
二月小	己亥朔
三月大	戊辰朔
四月小	戊戌朔
五月大	丁卯朔
六月小	丁酉朔
七月大	丙寅朔
八月小	丙申朔
九月大	乙丑朔
十月小	乙未朔
十一月大	甲子朔
十二月大	甲午朔

五 宋閔三 秦武九 楚文王熊貲元	
	戊戌晦
	丁卯晦
	丁酉晦
	丙寅晦
	丙申晦
	乙丑晦
	乙未晦
	甲子晦
	甲午晦
	癸亥晦
	癸巳晦
	癸亥晦

癸巳

六年	莊王九 齊襄十 晉緡十七 衛惠十二 黔牟八 蔡哀七 鄭厲十三	
正月小	甲子朔	
二月大	癸巳朔	
三月小	癸亥朔	
四月大	壬辰朔	
五月小	壬戌朔	
六月大	辛卯朔	
七月小	辛酉朔	
八月大	庚寅朔	
九月小	庚申朔	
十月大	己丑朔	
十一月小	己未朔	
十二月大	戊子朔	

子儀六　曹莊十四　陳宣五　杞靖十六　宋閔四　秦武十　楚文二
壬辰晦
壬戌晦
辛卯晦
辛酉晦
庚寅晦
庚申晦
己丑晦
己未晦
戊子晦
戊午晦
丁亥晦
丁巳晦

甲午

七年	莊王十　齊襄十一　晉緡十八
正月大	戊午朔
二月小	戊子朔
三月大	丁巳朔
四月小	丁亥朔　辛卯，夜，恒星不見。杜註：
五月大	丙戌朔
六月小	丙辰朔
七月大	乙酉朔
八月小	乙卯朔
九月大	甲申朔
十月小	甲寅朔
十一月大	癸未朔
十二月大	癸丑朔

衛惠十　三　蔡哀八　鄭厲十　四　子儀七　曹莊十　五　陳宣六　杞靖十　七　宋閔五　秦武十　一　楚文三

丁亥晦

丙辰晦

丙戌晦

「辛卯，四月五日。」

乙卯晦

閏四月大　丙辰朔　乙酉晦

乙卯晦

甲申晦

甲寅晦

癸未晦

癸丑晦

壬午晦

壬子晦

壬午晦

乙未

八年		
莊王十一　齊襄十二　晉緡十九　衛惠十四　蔡哀九　鄭厲十五　子儀八　曹莊十六　陳宣七		
正月小	癸未朔	甲午，治兵。是月之十二日。
二月大	壬子朔	
三月小	壬午朔	
四月大	辛亥朔	
五月小	辛巳朔	
六月大	庚戌朔	
七月小	庚辰朔	
八月大	己酉朔	
九月小	己卯朔	
十月大	戊申朔	
十一月小	戊寅朔	癸未，齊無知弑其君諸兒。杜註：「經書十一月癸未，《長曆》推之月六日也。傳云十二月，傳誤。」
十二月大	丁未朔	

杞靖十八 宋閔六 秦武十二 楚文四
辛亥晦
辛巳晦
庚戌晦
庚辰晦
己酉晦
己卯晦
戊申晦
戊寅晦
丁未晦
丁丑晦
丙午晦
丙子晦

丙申

九年	莊王十二 齊桓公小白元 晉緡二十 衛惠十五	
正月大	丁丑朔	
二月小	丁未朔	
三月大	丙子朔	
四月小	丙午朔	
五月大	乙亥朔	
六月小	乙巳朔	
七月大	甲戌朔	丁酉，葬齊襄公。是月之二十四日。
八月小	甲辰朔	庚申，及齊師戰于乾時。是月之十七日。
九月大	癸卯朔	
十月小	癸酉朔	
十一月大	壬寅朔	
十二月小	壬申朔	

蔡哀十 鄭厲十 六 子儀九 曹莊十 七 陳宣八 杞靖十 九 宋閔七 秦武十 三 楚文五
丙午晦
乙亥晦
乙巳晦
甲戌晦
甲辰晦
癸酉晦
癸卯晦
壬申晦 閏八月大 癸酉朔 壬寅晦
壬申晦
辛丑晦
辛未晦
庚子晦

丁酉

十年	莊王十　三　齊桓二　晉緡二　十一　衛惠十　六　蔡哀十　一　鄭厲十　七　子儀十　曹莊十　八　陳宣九
正月大	辛丑朔
二月小	辛未朔
三月大	庚子朔
四月小	庚午朔
五月大	己亥朔
六月小	己巳朔
七月大	戊戌朔
八月小	戊辰朔
九月大	丁酉朔
十月小	丁卯朔
十一月大	丙申朔
十二月小	丙寅朔

杞靖二十 宋閔八 秦武十四 楚文六
庚午晦
己亥晦
己巳晦
戊戌晦
戊辰晦
丁酉晦
丁卯晦
丙申晦
丙寅晦
乙未晦
乙丑晦
甲午晦

戊戌

十一年	莊王十四 齊桓三 晉緡二十二 衛惠十七
正月大	乙未朔
二月小	乙丑朔
三月大	甲午朔
四月小	甲午朔
五月大	癸亥朔 戊寅，公敗宋師于鄑。是月之十六日。
六月小	癸巳朔
七月大	壬戌朔
八月小	壬辰朔
九月大	辛酉朔
十月小	辛卯朔
十一月大	庚申朔
十二月小	庚寅朔

蔡哀十
二
鄭厲十
八
子儀十
一
曹莊十
九
陳宣十
杞靖二
十一
宋閔九
秦武十
五
楚文七

甲子晦

癸巳晦

癸亥晦　閏三月大　甲子朔　癸巳晦❶

壬戌晦

壬辰晦

辛酉晦

辛卯晦

庚申晦

庚寅晦

己未晦

己丑晦

戊午晦

❶「晦」，原誤作「朔」，今據《四庫全書》本、《皇清經解續編》本改。

己亥

十二年	莊王十五　齊桓四　晉緡二十三　衛惠十八　蔡哀十三　鄭厲十九　子儀十二	
正月大	己未朔	
二月小	己丑朔	
三月大	戊午朔	
四月小	戊子朔	
五月大	丁巳朔	
六月小	丁亥朔	
七月大	丙辰朔	
八月小	丙戌朔	甲午，宋萬弒其君捷及其大夫仇牧。是月之九日。
九月大	乙卯朔	
十月小	乙酉朔	
十一月大	甲寅朔	
十二月小	甲申朔	

曹莊二十 陳宣十一 杞靖二十二 宋閔十 秦武十六 楚文八
戊子晦
丁巳晦
丁亥晦
丙辰晦
丙戌晦
乙卯晦
乙酉晦
甲寅晦
甲申晦
癸丑晦
癸未晦
壬子晦

庚子

十三年	僖王胡齊元 齊桓五
正月大	癸丑朔
二月小	癸未朔
三月大	壬子朔
四月小	壬午朔
五月大	辛亥朔
六月小	辛巳朔
七月大	庚戌朔
八月小	庚辰朔
九月大	己酉朔
十月小	己卯朔
十一月大	戊申朔
十二月小	戊寅朔

晉緡二十四　衛惠十九　蔡哀十四　鄭厲二十　子儀十三　曹莊二十一　陳宣十二　杞靖二十三　宋桓公御説元　秦武十七　楚文九
壬午晦
辛亥晦
辛巳晦
庚戌晦
庚辰晦
己酉晦
己卯晦
戊申晦
戊寅晦
丁未晦
丁丑晦
丙午晦

辛丑

十四年		僖王二、齊桓六、晉緡二十五、衛惠二十、蔡哀十五、鄭厲廿一、子儀十四、曹莊二十二、陳宣十
正月大	丁未朔	
二月小	丁丑朔	
三月大	丙午朔	
四月小	丙子朔	
五月大	乙巳朔	
六月小	乙巳朔	傳:「甲子,傅瑕殺鄭子及其二子,而納厲公。」是月之二十日。
七月大	甲戌朔	
八月小	甲辰朔	
九月大	癸酉朔	
十月小	癸卯朔	
十一月大	壬申朔	
十二月小	壬寅朔	

三　杞共公元　宋桓二　秦武十八　楚文十
丙子晦
乙巳晦
乙亥晦
甲辰晦
甲戌晦　閏五月大　乙亥朔　甲辰晦
癸酉晦
癸卯晦
壬申晦
壬寅晦
辛未晦
辛丑晦
庚午晦

壬寅

十五年	僖王三
正月大	辛未朔
二月小	辛丑朔
三月大	庚午朔
四月小	庚子朔
五月大	己巳朔
六月小	己亥朔
七月大	戊辰朔
八月小	戊戌朔
九月大	丁卯朔
十月小	丁酉朔
十一月大	丙寅朔
十二月小	丙申朔

齊桓七 晉緡二 十六 衛惠二 十一 蔡哀十 六 鄭厲二 十二 曹莊二 十三 陳宣十 四 杞共二 宋桓三 秦武十 九 楚文十 一
庚子晦
己巳晦
己亥晦
戊辰晦
戊戌晦
丁卯晦
丁酉晦
丙寅 晦❶
丙申晦
乙丑晦
乙未晦
甲子 晦❷

❶「晦」，原誤作「朔」，今據《四庫全書》本、《皇清經解續編》本改。

❷「晦」，原誤作「朔」，今據《四庫全書》本、《皇清經解續編》本改。

癸卯

十六年	僖王四　齊桓八　晉緡二　十七　武三十　八　衛惠二　十二　蔡哀十　七　鄭厲二　十三　曹莊二　十四
正月大	乙丑朔
二月小	乙未朔
三月大	甲子朔
四月小	甲午朔
五月大	癸亥朔
六月小	癸巳朔
七月大	壬戌朔
八月小	壬辰朔
九月大	辛酉朔
十月小	辛卯朔
十一月大	庚申朔
十二月大	庚寅朔

甲辰

十七年	僖王五　齊桓九　晉武三十九　衛惠二	陳宣十五　杞共三　宋桓四　秦武二十　楚文十二
正月小	庚申朔	甲午晦
二月大	己丑朔	癸亥晦
三月小	己未朔	癸巳晦
四月大	戊子朔	壬戌晦
五月小	戊午朔	壬辰晦
六月大	丁亥朔	辛酉晦
七月小	丁亥朔	辛卯晦
八月大	丙辰朔	庚申晦
九月小	丙戌朔	庚寅晦
十月大	乙卯朔	己未晦
十一月小	乙酉朔	己丑晦
十二月大	甲寅朔	己未晦

十三 蔡哀十 八 鄭厲二 十四 曹莊二 十五 陳宣十 六 杞共四 宋桓五 秦德公 元 楚文十 三	
戊子晦	
戊午晦	
丁亥晦	
丁巳晦	
丙戌晦	
丙辰晦	閏六月大 丁巳朔 丙戌晦
乙卯晦	
乙酉晦	
甲寅晦	
甲申晦	
癸丑晦	
癸未晦	

乙巳

十八年	惠王閬元　齊桓十　晉獻公詭諸元　衛惠二十四　蔡哀十九　鄭厲二十五　曹莊二十六　陳宣十
正月小	甲申朔
二月大	癸丑朔
三月小	癸未朔　春王三月，日有食之。按：趙東山所引《長曆》三月係癸未朔。
四月大	壬子朔
五月小	壬午朔
六月大	辛亥朔
七月小	辛巳朔
八月大	庚戌朔
九月小	庚辰朔
十月大	己酉朔
十一月小	己卯朔
十二月大	戊申朔

七 杞共五 宋桓六 秦德二 楚文十四	
壬子晦	
壬午晦	
辛亥晦	
辛巳晦	
庚戌晦	
庚辰晦	
己酉晦	
己卯晦	
戊申晦	
戊寅晦	
丁未晦	
丁丑晦	

丙午

十九年 惠王二 齊桓十一 晉獻二 衛惠二十五 蔡哀二十	
正月大　戊寅朔	
二月小　戊申朔	
三月大　丁丑朔	
四月小　丁未朔	
五月大　丙子朔	
六月小　丙午朔	傳：「庚申，楚子卒。」是月之十五日。
七月大　乙亥朔	
八月小　乙巳朔	
九月大　甲戌朔	
十月小　甲辰朔	
十一月大　癸酉朔	
十二月小　癸卯朔	

鄭厲二十六　曹莊二十七　陳宣十八　杞共六　宋桓七　秦宣公元　楚文十五

丁未晦
丙子晦
丙午晦
乙亥晦
乙巳晦
甲戌晦
甲辰晦
癸酉晦
癸卯晦
壬申晦
壬寅晦
辛未晦

丁未

二十年	惠王三
正月大	壬申朔
二月小	壬寅朔
三月大	辛未朔
四月小	辛丑朔
五月大	庚午朔
六月小	庚子朔
七月大	己巳朔
八月小	己亥朔
九月大	戊辰朔
十月小	戊戌朔
十一月大	丁卯朔
十二月大	丁酉朔

	齊桓十二　晉獻三　衛惠二十六　蔡穆侯肹元　鄭厲二十七　曹莊二十八　陳宣十九　杞共七　宋桓八　秦宣二　楚堵敖熊囏元
	辛丑晦
	庚午晦
	庚子晦
	己巳晦
	己亥晦
	戊辰晦
	戊戌晦
	丁卯晦
	丁酉晦
	丙寅晦
	丙申晦
閏十	丙寅晦

二月小

丁卯朔

按：《長曆》是年無閏。今自十七年閏六月，推至二十四年閏七月，凡歷八十六月，應更有一閏。

乙未晦

戊申

二十一年	惠王四　齊桓十　三　晉獻四　衛惠二　十七　蔡穆二　鄭厲二　十八　曹莊二　十九　陳宣二　十　杞共八
正月大 丙申朔	
二月小 丙寅朔	
三月大 乙未朔	
四月小 乙丑朔	
五月大 甲午朔	辛酉，鄭伯突卒。是月之二十八日。
六月小 甲子朔	
七月大 癸巳朔	戊戌，夫人姜氏薨。是月之六日。
八月小 癸亥朔	
九月大 壬辰朔	
十月小 壬戌朔	
十一月大 辛卯朔	
十二月大 辛酉朔	

宋桓九 秦宣三 楚堵敖二
乙丑晦
甲午晦
甲子晦
癸巳晦
癸亥晦
壬辰晦
壬戌晦
辛卯晦
辛酉晦
庚寅晦
庚申晦
庚寅晦

己酉

二十二年	惠王五 齊桓十四 晉獻五 衛惠二十八 蔡穆三 鄭文公捷元
正月小	辛卯朔 癸丑，葬我小君文姜。是月之二十三日。
二月大	庚申朔
三月小	庚寅朔
四月大	己未朔
五月小	己丑朔
六月大	戊午朔
七月小	戊子朔 丙申，及齊高傒盟于防。是月之九日。
八月大	丁巳朔
九月小	丁亥朔
十月大	丙辰朔
十一月小	丙戌朔
十二月大	乙卯朔

曹莊三十 陳宣二十一 杞惠公元 宋桓十 秦宣四 楚堵敖三
己未晦
己丑晦
戊午晦
戊子晦
丁巳晦
丁亥晦
丙辰晦
丙戌晦
乙卯晦
乙酉晦
甲寅晦
甲申晦

庚戌

二十三年 惠王六 齊桓十五	
正月大	乙酉朔
二月小	乙卯朔
三月大	甲申朔
四月小	甲寅朔
五月大	癸未朔
六月小	癸丑朔 文十七年《傳》：鄭子家
七月大	壬午朔
八月小	壬子朔
九月大	辛巳朔
十月小	辛亥朔
十一月大	庚辰朔
十二月大	庚戌朔 甲寅，公會齊侯

晉獻六　衛惠二十九　蔡穆四　鄭文二　曹莊三十一　陳宣二十二　杞惠二　宋桓十一　秦宣五　楚成王頵元

甲寅晦	
癸未晦	
癸丑晦	
壬午晦	
壬子晦	
辛巳晦	曰：「文公二年六月壬申，朝于齊。」杜註：「鄭文二年六月壬申，魯莊二十三年六月二十四日。」今按：當是六月二十日。
辛亥晦	
庚辰晦	
庚戌晦	
己卯晦	
己酉晦	
己卯晦	盟于扈。是月之五日。

辛亥

二十四年	
惠王七 齊桓十六 晉獻七 衛惠三十 蔡穆五 鄭文三 曹僖公赤元 陳宣二十三 杞惠三	
正月小 庚辰朔	
二月大 己酉朔	
三月小 己卯朔	
四月大 戊申朔	
五月小 戊寅朔	
六月大 丁未朔	
七月小 丁丑朔	
八月大 丙子朔	丁丑，夫人姜氏入。是月之二日。戊寅，大夫宗婦覿用幣。是月之三日。
九月小 丙午朔	
十月大 乙亥朔	
十一月小 乙巳朔	
十二月大 甲戌朔	

宋桓十二　秦宣六　楚成二	
戊申晦	
戊寅晦	
丁未晦	
丁丑晦	
丙午晦	
丙子晦	
乙巳晦	閏七月大　丙午朔　乙亥晦
乙巳晦	
甲戌晦	
甲辰晦	
癸酉晦	
癸卯晦	

壬子

二十五年		惠王八　齊桓十七　晉獻八
正月小	甲辰朔	
二月大	癸酉朔	
三月小	癸卯朔	文十七年《傳》鄭子家曰：「四
四月大	壬申朔	
五月小	壬寅朔	癸丑，衛侯朔卒。是月之十二日。
六月大	辛未朔	辛未朔，日有食之，鼓，用牲于
七月小	辛丑朔	
八月大	庚午朔	
九月小	庚子朔	
十月大	己巳朔	
十一月小	己亥朔	
十二月大	戊辰朔	

衛惠三
十一
蔡穆六
鄭文四
曹僖二
陳宣二
十四
杞惠四
宋桓十
三
秦宣七
楚成三

年二月壬戌，爲齊侵蔡。」按：鄭文四年，魯莊二十五年。杜註：「二月無壬戌。三月二十日。」

社。」按：《左傳》曰：「非常也。」杜註云：「非常鼓之月。辛未，實七月朔，置閏失所，故致月錯。」《正義》曰：「以前不應置閏而置閏，誤使七月爲六月，不當伐鼓用幣，故云非常鼓之月。」此説非也。《左》曰非常者，以六月爲夏之四月，正陽之月，災異尤大，不比尋常之月日食，故須伐鼓用幣以救之。所云餘月則否者，餘月即常月也。經于文十五年及昭十七年皆書『六月朔，日食』，而此爲首見，故須發例。此義極明顯，極有關係。且自莊元年至二十四

壬申晦	
壬寅晦	
辛未晦	
辛丑晦	
庚午晦	
庚子晦	年凡九置閏，正合五歲再閏，十有九歲七閏之數，何云置閏失所乎？」
己巳晦	
己亥晦	
戊辰晦	
戊戌晦	
丁卯晦	
丁酉晦	

癸丑

二十六年	惠王九 齊桓十八
正月大	戊戌朔
二月小	戊辰朔
三月大	丁酉朔
四月小	丁卯朔
五月大	丙申朔
六月小	丙寅朔
七月大	乙未朔
八月小	乙丑朔
九月大	甲午朔
十月小	甲子朔
十一月大	癸巳朔
十二月小	癸亥朔 癸亥朔，

二十七年		甲寅	晉獻九　衛懿公　赤元　蔡穆七　鄭文五　曹僖三　陳宣二　十五　杞惠五　宋桓十　四　秦宣八　楚成四
正月大	壬辰朔	丁卯晦	
二月小	壬戌朔	丙申晦	
三月大	辛卯朔	丙寅晦	
四月小	辛酉朔	乙未晦	
五月大	庚寅朔	乙丑晦	
六月小	庚申朔	甲午晦	
七月大	己丑朔	甲子晦	
八月小	己未朔	癸巳晦	
九月大	戊子朔	癸亥晦	
十月小	戊午朔	壬辰晦	
十一月大		壬戌晦	
十二月小		辛卯晦	日有食之。

惠王十　齊桓十　九　晉獻十　衛懿二　蔡穆八　鄭文六　曹僖四　陳宣二　十六　杞惠六　宋桓十　五　秦宣九　楚成五	
	辛酉晦
	庚寅晦
	庚申晦
	己丑晦
	己未晦
	戊子晦
	戊午晦
	丁亥晦
	丁巳晦
	丙戌晦
丁亥朔	丙辰晦
丁巳朔	乙酉晦

乙卯

二十八年	惠王十一 齊桓二十 晉獻十一 衛懿三 蔡穆九 鄭文七 曹僖五 陳宣二十七 杞惠七 宋桓十
正月大	丙戌朔
二月小	丙辰朔
三月大	乙酉朔 甲寅，齊人伐衛，衛人敗績。是月之三十日。
四月小	乙酉朔 丁未，邾子瑣卒。是月之二十三日。
五月大	甲寅朔
六月小	甲申朔
七月大	癸丑朔
八月小	癸未朔
九月大	壬子朔
十月小	壬午朔
十一月大	辛亥朔
十二月小	辛巳朔

六 秦宣十 楚成六	
乙卯晦	
甲申晦	
甲寅晦	閏三月大 乙卯朔 甲申晦
癸丑晦	
癸未晦	
壬子晦	
壬午晦	
辛亥晦	
辛巳晦	
庚戌晦	
庚辰晦	
己酉晦	

丙辰

二十九年	惠王十二 齊桓二十一 晉獻十	
正月大	庚戌朔	
二月小	庚辰朔	《長曆》是年閏二月。今自二十六年
三月大	己酉朔	
四月小	己卯朔	
五月大	戊申朔	
六月小	戊寅朔	
七月大	丁未朔	
八月小	丁丑朔	
九月大	丙午朔	
十月小	丙子朔	
十一月大	乙巳朔	
十二月小	乙亥朔	

	二 衛懿四 蔡穆十 鄭文八 曹僖六 陳宣二 十八 杞惠八 宋桓十 七 秦宣十 一 楚成七
己卯晦	
戊申晦	十二月癸亥朔推至來年九月庚午朔，中間止容兩閏，不得有三閏。上年閏三月，則今年無閏可知。
戊寅晦	
丁未晦	
丁丑晦	
丙午晦	
丙子晦	
乙巳晦	
乙亥晦	
甲辰晦	
甲戌晦	
癸卯晦	

丁巳

三十年	惠王十三　齊桓二十二　晉獻十三　衛懿五　蔡穆十一　鄭文九　曹僖七　陳宣二十九　杞惠九	
正月大	甲辰朔	
二月小	甲戌朔	
三月大	癸酉朔	
四月小	癸卯朔	傳：「丙辰，虢公入樊。」是月之十四日。
五月大	壬申朔	
六月小	壬寅朔	
七月大	辛未朔	
八月小	辛丑朔	癸亥，葬紀叔姬。是月之二十三日。
九月大	庚午朔	庚午朔，日有食之。
十月小	庚子朔	
十一月大	己巳朔	
十二月小	己亥朔	

宋桓十八　秦宣十二　楚成八	
癸酉晦	
壬寅晦	閏二月大　癸卯朔　壬申晦
壬寅晦	
辛未晦	
辛丑晦	
庚午晦	
庚子晦	
己巳晦	
己亥晦	
戊辰晦	
戊戌晦	
丁卯晦	

戊午

三十一年	惠王十四　齊桓二
正月大	戊辰朔
二月小	戊戌朔
三月大	丁卯朔
四月小	丁酉朔
五月大	丙寅朔
六月小	丙申朔
七月大	乙丑朔
八月小	乙未朔
九月大	甲子朔
十月小	甲午朔
十一月大	癸亥朔
十二月小	癸巳朔

十三晉獻十四衛懿六蔡穆十二鄭文十曹僖八陳宣三十杞惠十宋桓十九秦成公元楚成九
丁酉晦
丙寅晦
丙申晦
乙丑晦
乙未晦
甲子晦
甲午晦
癸亥晦
癸巳晦
壬戌晦
壬辰晦
辛酉晦

己未

三十二年	惠王十五　齊桓二十四　晉獻十五　衛懿七　蔡穆十三　鄭文十一　曹僖九　陳宣三
正月大	壬戌朔
二月小	壬辰朔
三月大	辛酉朔
四月小	辛酉朔
五月大	庚寅朔
六月小	庚申朔
七月大	己丑朔　癸巳，公子牙卒。是月之五日。
八月小	己未朔　癸亥，公薨于路寢。是月之五日。
九月大	戊子朔
十月小	戊午朔　己未，子般卒。是月之二日。
十一月大	丁亥朔
十二月小	丁巳朔

十一
杞惠十
一
宋桓二
十
秦成二
楚成十

辛卯晦

庚申晦

庚寅晦
閏三月大
辛卯朔
庚申晦

己丑晦

己未晦

戊子晦

戊午晦

丁亥晦

丁巳晦

丙戌晦

丙辰晦

乙酉晦

春秋朔閏表卷二之二

錫山顧棟高復初輯
金匱受業華文緯有條參

閔公名開。

庚申

元年	惠王十六　齊桓二十五　晉獻十
正月大	丙戌朔
二月小	丙辰朔
三月大	乙酉朔
四月小	乙卯朔
五月大	甲申朔
六月小	甲寅朔　辛酉，葬我君莊公。是月之八日。
七月大	癸未朔
八月小	癸丑朔
九月大	壬午朔
十月小	壬子朔
十一月大	辛巳朔
十二月小	辛亥朔

六 衛懿八 蔡穆十四 鄭文十二 曹昭公班元 陳宣三十二 杞惠十二 宋桓二十一 秦成三 楚成十一
乙卯晦
甲申晦
甲寅晦
癸未晦
癸丑晦
壬午晦
壬子晦
辛巳晦
辛亥晦
庚辰晦
庚戌晦
己卯晦

辛酉

二年	惠王十七　齊桓二十六　晉獻十七　衛懿九　蔡穆十五　鄭文十三　曹昭二　陳宣三十三　杞惠十
正月大	庚辰朔
二月小	庚戌朔
三月大	己卯朔
四月小	己酉朔
五月大	戊寅朔　乙酉，吉禘于莊公。是月之八日。
六月小	戊寅朔
七月大	丁未朔
八月小	丁丑朔　辛丑，公薨。是月之二十五日。
九月大	丙午朔
十月小	丙子朔
十一月大	乙巳朔
十二月小	乙亥朔

僖公名申。

壬戌

元年	三 宋桓二十二 秦成四 楚成十二
正月大	己酉晦
二月小	戊寅晦
三月大	戊申晦
四月小	丁丑晦
五月大	丁未晦 閏五月大 戊申朔 丁丑晦
六月小	丙午晦
七月大	丙子晦
八月小	乙巳晦
九月大	乙亥晦
十月小	甲辰晦
十一	甲戌晦
十二	癸卯晦

惠王十八	齊桓二十七　晉獻十八　衛文公燬元　蔡穆十六　鄭文十四　曹昭三　陳宣三十四　杞惠十四　宋桓二十三　秦穆公
甲辰朔	
甲戌朔	
癸卯朔	
癸酉朔	
壬寅朔	
壬申朔	
辛丑朔	戊辰，夫人姜氏薨于夷。是月之二十八日。
辛未朔	
庚子朔	
庚午朔	壬午，公子友帥師敗莒師于酈。是月之十三日。
月大	己亥朔
月小	己亥朔　丁巳，夫人氏之喪至自齊。是月之十九日。

任好元 楚成十三
癸酉晦
壬寅晦
壬申晦
辛丑晦
辛未晦
庚子晦
庚午晦
己亥晦
己巳晦
戊戌晦
戊辰晦 閏十一月大 己巳朔 案：此閏距閔二年閏五月止十九月，然以經文十二月丁巳推之，則是年有閏。 戊戌晦
丁卯晦

癸亥

二年	惠王十九　齊桓二十八　晉獻十九　衛文二　蔡穆十七　鄭文十五　曹昭四　陳宣三十五　杞惠十	
正月大	戊辰朔	
二月小	戊戌朔	
三月大	丁卯朔	
四月小	丁酉朔	
五月大	丙寅朔	辛巳，葬我小君哀姜。是月之十六日。
六月小	丙申朔	
七月大	乙丑朔	
八月小	乙未朔	
九月大	甲子朔	
十月小	甲午朔	
十一月大	癸亥朔	
十二月小	癸巳朔	

五 宋桓二 十四 秦穆二 楚成十 四
丁酉晦
丙寅晦
丙申晦
乙丑晦
乙未晦
甲子晦
甲午晦
癸亥晦
癸巳晦
壬戌晦
壬辰晦
辛酉晦

甲子

二年	惠王二 十 齊桓二 十九 晉獻二 十 衛文三 蔡穆十
正月大	壬戌朔
二月小	壬辰朔
三月大	辛酉朔
四月小	辛卯朔
五月大	庚申朔
六月小	庚寅朔
七月大	己未朔
八月小	己丑朔
九月大	戊午朔
十月小	戊子朔
十一月大	丁巳朔
十二月大	丁亥朔

八	鄭文十	六	曹昭五	陳宣三	十六	杞惠十	六	宋桓二	十五	秦穆三	楚成十	五

乙丑

四年	惠王二	
正月小	丁巳朔	辛卯晦
二月大	丙戌朔	庚申晦
三月小	丙辰朔	庚寅晦
四月大	乙酉朔	己未晦
五月小	乙卯朔	己丑晦
六月大	甲申朔	戊午晦
七月小	甲寅朔	戊子晦
八月大	癸未朔	丁巳晦
九月小	癸丑朔	丁亥晦
十月大	壬午朔	丙辰晦
十一月小		丙戌晦
十二月大		丙辰晦

十一 齊桓三 十 晉獻二 十一 衛文四 蔡穆十 九 鄭文十 七 曹昭六 陳宣三 十七 杞惠十 七 宋桓二 十六 秦穆四 楚成十 六	
	乙酉晦
	乙卯晦
	甲申晦
	甲寅晦
	癸未晦
	癸丑晦
	壬午晦
	壬子晦
	辛巳晦
	辛亥晦
壬子朔	庚辰晦
辛巳朔 傳：「戊申，晉太子申生縊于新城。」是月之二十八日。	庚戌晦

丙寅

五年 惠王二 十二 齊桓三 十一 晉獻二 十二 衛文五 蔡穆二 十 鄭文十 八 曹昭七 陳宣三 十八 杞惠十

正月大	辛亥朔	傳：「辛亥朔，日南至。」
二月小	辛巳朔	
三月大	庚戌朔	
四月小	庚辰朔	
五月大	己酉朔	
六月小	己卯朔	
七月大	戊申朔	
八月大	戊寅朔	傳：「甲午，晉侯圍上陽。」是月之十七日。
九月小	戊申朔	戊申朔，日有食之。
十月大	丁丑朔	
十一月小	丁未朔	
十二月大	丙子朔	傳：「丙子朔，晉滅虢。」

八
宋桓二十七
秦穆五
楚成十七

庚辰晦

己酉晦

己卯晦

戊申晦

戊寅晦

丁未晦

丁丑晦

丁未晦

丙子晦

丙午晦

乙亥晦

乙巳晦
閏十二月小
丙午朔
《正義》曰：「杜《長曆》僖元年閏十一月，五年閏十二月。凡閏之相去，曆家大率三十三月耳。杜于此閏相去凡五十月，不與曆數同者，杜推勘《春秋》日月，置閏或稀或概，自準《春秋》時法，故不與常曆同也。」

甲戌晦

丁卯

六年	惠王二　十三　齊桓三　十二　晉獻二　十三　衛文六　蔡穆二　十一　鄭文十　九　曹昭八　陳宣三　十九　杞成公
正月大	乙亥朔
二月小	乙巳朔
三月大	甲戌朔
四月小	甲辰朔
五月大	癸酉朔
六月小	癸卯朔
七月大	壬申朔
八月小	壬寅朔
九月大	辛未朔
十月小	辛丑朔
十一月大	庚午朔
十二月小	庚子朔

元 宋桓二 十八 秦穆六 楚成十 八
甲辰晦
癸酉晦
癸卯晦
壬申晦
壬寅晦
辛未晦
辛丑晦
庚午晦
庚子晦
己巳晦
己亥晦
戊辰晦

戊辰

七年 惠王二 十四 齊桓三 十三 晉獻二 十四 衛文七 蔡穆二
正月大 己巳朔
二月小 己亥朔
三月大 戊辰朔
四月小 戊戌朔
五月大 丁卯朔
六月小 丁酉朔
七月大 丙寅朔
八月小 丙申朔
九月大 乙丑朔
十月小 乙未朔
十一月大 甲子朔
十二月小 甲子朔

十二
鄭文二
十
曹昭九
陳宣四
十
杞成二
宋桓二
十九
秦穆七
楚成十
九

戊戌晦
丁卯晦
丁酉晦
丙寅晦
丙申晦
乙丑晦
乙未晦
甲子晦
甲午 晦❶
癸亥晦
癸巳晦 閏十一月大 甲午朔 傳：「閏月，惠王崩。」 癸亥晦
壬辰晦

❶「晦」，原誤作「朔」，今據《四庫全書》本、《皇清經解續編》本改。

己巳

八年	惠王二 十五 齊桓三 十四 晉獻二 十五 衛文八 蔡穆二 十三 鄭文二 十一 曹共公 襄元 陳宣四 十一
正月大	癸巳朔
二月小	癸亥朔
三月大	壬辰朔
四月小	壬戌朔
五月大	辛卯朔
六月小	辛酉朔
七月大	庚寅朔
八月小	庚申朔
九月大	己丑朔
十月小	己未朔
十一月大	戊子朔
十二月小	戊午朔 丁未，天王崩。是月無丁未。按：天王實以上年閏月崩，其告也必以崩日告，此丁未必是上年閏

杞成三 宋桓三十 秦穆八 楚成二十
月日子，魯史因其赴而書之。觀明年九月甲子晉侯卒，書在戊辰盟後可見。凡經文日子先後差一月者，多係天王及列國之君崩卒之日。疑皆前月

晦	備註
壬戌晦	
辛卯晦	
辛酉晦	
庚寅晦	
庚申晦	
己丑晦	
己未晦	
戊子晦	
戊午晦	
丁亥晦	
丁巳晦	
丁亥晦	之日書于後月者，非必皆由月日有誤。

庚午

九年	襄王鄭元　齊桓三十五　晉獻二十六　衛文九　蔡穆二	
正月小	戊子朔	
二月大	丁巳朔	
三月小	丁亥朔	丁丑，宋公御説卒。是月無丁丑。丁丑，二月二十
四月大	丙辰朔	
五月小	丙戌朔	
六月大	乙卯朔	
七月小	乙酉朔	乙酉，伯姬卒。是月之朔日。
八月大	甲申朔	
九月小	甲寅朔	戊辰，諸侯盟于葵丘。甲子，晉侯佹諸卒。杜註：
十月大	癸未朔	
十一月小	癸丑朔	
十二月大	壬午朔	

十四 鄭文二 十二 曹共二 陳宣四 十二 杞成四 宋桓三 十一 秦穆九 楚成二	十一	
	丙辰晦	
	丙戌晦	
一日。說見上年十二月。	乙卯晦	
	乙酉晦	
	甲寅晦	
	甲申晦	
	癸丑晦	閏七月大 甲寅朔 按：《長曆》于八年十二月置
	癸丑晦	
「甲子，九月十一日。戊辰，十五日也。書在盟後，從赴。」	壬午晦	
	壬子晦	
	辛巳晦	
	辛亥晦	

閏，則是年七月無乙酉。以經文十二月丁未、三月丁丑推之，合矣。然此閏上距七年冬閏月惠王崩僅十二月，下至十二年閏二月凡歷四十

辛未

十年	襄王二　齊桓三　十六　晉惠公	
正月小	壬子朔	
二月大	辛巳朔	
三月小	辛亥朔	
四月大	庚辰朔	
五月小	庚戌朔	
六月大	己卯朔	
七月小	己酉朔	月。今移閏于是年七月，則疏密適均。而乙酉乃七月一日也。癸未晦
八月大	戊寅朔	
九月小	戊申朔	
十月大	丁丑朔	
十一月小	丁未朔	
十二月大	丙子朔	

夷吾元 衛文十 蔡穆二十五 鄭文二十三 曹共三 陳宣四十三 杞成五 宋襄公兹父元 秦穆十 楚成二十二
庚辰晦
庚戌晦
己卯晦
己酉晦
戊寅晦
戊申晦
丁丑晦
丁未晦
丙子晦
丙午晦
乙亥晦
乙巳晦

壬申

十一年	襄王三 齊桓三十七 晉惠二 衛文十一 蔡穆二十六 鄭文二十四 曹共四 陳宣四十四 杞成六
正月大	丙午朔
二月小	丙子朔
三月大	乙巳朔
四月小	乙亥朔
五月大	甲辰朔
六月小	甲戌朔
七月大	癸卯朔
八月小	癸酉朔
九月大	壬寅朔
十月小	壬申朔
十一月大	辛丑朔
十二月大	辛未朔

宋襄二 秦穆十一 楚成二十三	
正月	乙亥晦
二月	甲辰晦
三月	甲戌晦
四月	癸卯晦
五月	癸酉晦
六月	壬寅晦
七月	壬申晦
八月	辛丑晦
九月	辛未晦
十月	庚子晦
十一月	庚午晦
十二月	庚子晦

癸酉

十二年	襄王四 齊桓三十八 晉惠三 衛文十二 蔡穆二十七
正月小	辛丑朔
二月大	庚午朔
三月小	庚午朔 庚午，日有食之。杜註：「不書朔，官失之。」
四月大	己亥朔
五月小	己巳朔
六月大	戊戌朔
七月小	戊辰朔
八月大	丁酉朔
九月小	丁卯朔
十月大	丙申朔
十一月小	丙寅朔
十二月大	乙未朔 丁丑，陳侯杵臼卒。趙東山引《長曆》十二月乙未朔。

鄭文二十五　曹共五　陳宣四十五　杞成七　宋襄三　秦穆十二　楚成二十四
己巳晦
己亥晦　閏二月大　庚子朔　己巳晦
戊戌晦
戊辰晦
丁酉晦
丁卯晦
丙申晦
丙寅晦
乙未晦
乙丑晦
甲午晦
甲子晦　丁丑，十一月十二日。

甲戌

十三年	襄王五　齊桓三十九　晉惠四　衛文十三　蔡穆二十八　鄭文二十六　曹共六　陳穆公款元　杞成八	
正月大	乙丑朔	
二月小	乙未朔	
三月大	甲子朔	
四月小	甲午朔	
五月大	癸亥朔	
六月小	癸巳朔	
七月大	壬戌朔	
八月小	壬辰朔	
九月大	辛酉朔	
十月小	辛卯朔	
十一月大	庚申朔	
十二月小	庚寅朔	

宋襄四 秦穆十三 楚成二十五
甲午晦
癸亥晦
癸巳晦
壬戌晦
壬辰晦
辛酉晦
辛卯晦
庚申晦
庚寅晦
己未晦
己丑晦
戊午晦

乙亥

十四年 襄王六 齊桓四十 晉惠五 衛文十四 蔡穆二十九	
正月大	己未朔
二月小	己丑朔
三月大	戊午朔
四月小	戊子朔
五月大	丁巳朔
六月小	丁亥朔
七月大	丙辰朔
八月小	丙戌朔 辛卯，沙鹿崩。是月之六日。
九月大	乙卯朔
十月小	乙酉朔
十一月大	甲寅朔
十二月大	甲申朔

鄭文二十七 曹共七 陳穆二 杞成九 宋襄五 秦穆十四 楚成二十六	
	戊子晦
	丁巳晦
	丁亥晦
	丙辰晦
	丙戌晦
	乙卯晦
	乙酉晦
	甲寅晦
	甲申晦
	癸丑晦
	癸未晦
	癸丑晦

丙子

十五年		襄王七 齊桓四十一
正月小	甲寅朔	
二月大	癸未朔	
三月小	癸丑朔	
四月大	壬午朔	
五月小	壬子朔	夏五月，日有食之。
六月大	辛巳朔	
七月小	辛亥朔	
八月大	庚辰朔	
九月大	庚戌朔	己卯晦，震夷伯之廟。
十月小	庚辰朔	
十一月大	己酉朔	壬戌，晉侯及秦
十二月小	己卯朔	

晉惠六 衛文十五 蔡莊公甲午元 鄭文二十八 曹共八 陳穆三 杞成十 宋襄六 秦穆十五 楚成二十七

《左傳》：「不書朔與日，官失之也。」按：趙東山引《長曆》五月壬子朔。

《正義》曰：「《公羊》、《穀梁》皆以晦爲冥。杜以《長曆》推，己卯九月三十日。」傳：「壬戌，秦、晉戰于韓原。」杜註：「九月十三日。經書十一月，從赴。」

伯戰于韓，獲晉侯。杜註：「壬戌，月十四日。」傳：「丁丑，殺慶鄭而後入。」杜註：「月二十九日。」按：晉用夏正，傳與經多差兩月。此

壬午晦	
壬子晦	
辛巳晦	
辛亥晦	
庚辰晦	
庚戌晦	
己卯晦	
己酉晦	
己卯晦	
戊申晦	
戊寅晦	丁丑當是十六年正月晦日。互見《時令》及《長曆拾遺表》。
丁未晦	

丁丑

十六年	襄王八 齊桓四十二
正月大	戊申朔 戊申朔，隕石于宋，五。
二月小	戊寅朔
三月大	丁未朔 壬申，公子季友卒。是
四月小	丁丑朔 丙申，鄫季姬卒。是月之
五月大	丙午朔
六月小	丙子朔
七月大	乙巳朔 甲子，公孫兹卒。是月之
八月小	乙亥朔
九月大	甲辰朔
十月小	甲戌朔
十一月大	癸卯朔 傳：「乙卯，鄭殺
十二月大	癸酉朔

晉惠七 衛文十六 蔡莊二 鄭文二十九 曹共九 陳穆四 杞成十一 宋襄七 秦穆十六 楚成二十八	
	丁丑晦
	丙午晦
月之二十六日。	丙子晦
二十日。	乙巳晦
	乙亥晦
	甲辰晦
二十日。	甲戌晦
	癸卯晦
	癸酉晦
	壬寅晦
子華。」是月之十三日。	壬申晦
	壬寅晦

戊寅

十七年	襄王九　齊桓四十三　晉惠八　衛文十七　蔡莊三　鄭文三十　曹共十　陳穆五　杞成十二　宋襄八
正月小	癸卯朔
二月大	壬申朔
三月小	壬寅朔
四月大	辛未朔
五月小	辛丑朔
六月大	庚午朔
七月小	庚子朔
八月大	己巳朔
九月小	己亥朔
十月大	戊辰朔　傳：「乙亥，齊桓公卒。」杜註：「乙亥，十月八日。」案：經書十二月，從赴。
十一月小	戊戌朔
十二月大	丁卯朔　乙亥，齊侯小白卒。傳：「十月，齊桓公卒。十二月乙亥，赴。辛巳夜殯。」乙亥是月之九日，

秦穆十七 楚成二十九	
	辛未晦
	辛丑晦
	庚午晦
	庚子晦
	己巳晦
	己亥晦
	戊辰晦
	戊戌晦
	丁卯晦
	丁酉晦
	丙寅晦
辛巳是月之十五日。	丙申晦
閏十二月大	丁酉朔 丙寅晦

己卯

十八年		襄王十 齊孝公昭元 晉惠九
正月小	丁卯朔	
二月大	丙申朔	
三月小	丙寅朔	
四月大	乙未朔	
五月小	乙丑朔	戊寅，宋師及齊師戰于甗。是
六月大	甲午朔	
七月小	甲子朔	
八月大	癸巳朔	丁亥，葬齊桓公。杜註：「八月無
九月小	癸亥朔	
十月大	壬辰朔	
十一月小	壬戌朔	
十二月大	辛卯朔	

	衛文十八　蔡莊四　鄭文三十一　曹共十一　陳穆六　杞成十三　宋襄九　秦穆十八　楚成三十
乙未晦	
乙丑晦	
甲午晦	
甲子晦	
癸巳晦	月之十四日。
癸亥晦	
壬辰晦	
壬戌晦	丁亥，日誤。」按：趙東山引《長曆》八月癸巳朔。丁亥在七月二十四日、九月二十五日，則七月當甲子朔，九月當癸亥朔。
辛卯晦	
辛酉晦	
庚寅晦	
庚申晦	

庚辰

十九年	襄王十一　齊孝二　晉惠十　衛文十九　蔡莊五　鄭文三十二　曹共十二　陳穆七　杞成十四
正月大	辛酉朔
二月小	辛卯朔
三月大	庚申朔
四月小	庚寅朔
五月大	己未朔
六月小	己丑朔　己酉，邾人執鄫子，用之。是月之二十一日。
七月大	戊午朔
八月小	戊子朔
九月大	丁巳朔
十月小	丁亥朔
十一月大	丙辰朔
十二月小	丙戌朔

宋襄十 秦穆十九 楚成三十一	
	庚寅晦
	己未晦
	己丑晦
	戊午晦
	戊子晦
	丁巳晦
	丁亥晦
	丙辰晦
	丙戌晦
	乙卯晦
	乙酉晦
	甲寅晦

辛巳

二十年	襄王十二 齊孝三 晉惠十一 衛文二十 蔡莊六
正月大	乙卯朔
二月小	乙酉朔
三月大	甲申朔
四月小	甲寅朔
五月大	癸未朔 乙巳，西宮災。是月之二十三日。
六月小	癸丑朔
七月大	壬午朔
八月小	壬子朔
九月大	辛巳朔
十月小	辛亥朔
十一月大	庚辰朔
十二月小	庚戌朔

鄭文三 十三 曹共十 三 陳穆八 杞成十 五 宋襄十 一 秦穆二 十 楚成三 十二
甲申晦
癸丑晦 閏二月大 甲寅朔 癸未晦
癸丑晦
壬午晦
壬子晦
辛巳晦
辛亥晦
庚辰晦
庚戌晦
己卯晦
己酉晦
戊寅晦

壬午

二十一年 襄王十三 齊孝四 晉惠十二 衛文二十一 蔡莊七 鄭文三十四 曹共十四 陳穆九 杞成十	
正月大	己卯朔
二月小	己酉朔
三月大	戊寅朔
四月小	戊申朔
五月大	丁丑朔
六月小	丁未朔
七月大	丙子朔
八月小	丙午朔
九月大	乙亥朔
十月小	乙巳朔
十一月大	甲戌朔
十二月大	甲辰朔 癸丑，公會諸侯盟于薄。是月之十日。

六 宋襄十 二 秦穆二 十一 楚成三 十三
戊申晦
丁丑晦
丁未晦
丙子晦
丙午晦
乙亥晦
乙巳晦
甲戌晦
甲辰晦
癸酉晦
癸卯晦
癸酉晦

癸未

二十二年	襄王十四 齊孝五 晉惠十三 衛文二
正月小	甲戌朔
二月大	癸卯朔
三月小	癸酉朔
四月大	壬寅朔
五月小	壬申朔
六月大	辛丑朔
七月小	辛未朔
八月大	庚子朔 丁未，及邾人戰于升陘。是月之八日。
九月小	庚午朔
十月大	己亥朔
十一月小	己巳朔 己巳朔，宋公及楚人戰于泓。傳：「丙
十二月大	戊戌朔

十四	十二　蔡莊八　鄭文三　十五　曹共十　五　陳穆十　杞成十　七　宋襄十　三　秦穆二　十二　楚成三
壬寅晦	
壬申晦	
辛丑晦	
辛未晦	
庚子晦	
庚午晦	
己亥晦	
己巳晦	
戊戌晦	
戊辰晦	
丁酉晦	子，鄭文夫人勞楚子於柯澤。」是月之八日。丁丑，楚子入饗于鄭。是月之九日。
丁卯晦	

甲申

二十三年	襄王十五　齊孝六　晉惠十四　衛文二十三　蔡莊九　鄭文三十六　曹共十六　陳穆十一
正月小	戊辰朔
二月大	丁酉朔
三月小	丁卯朔
四月大	丙申朔
五月小	丙寅朔　庚寅，宋公茲父卒。是月之二十五日。
六月大	乙未朔
七月小	乙丑朔
八月大	甲午朔
九月小	甲子朔
十月大	癸巳朔
十一月小	癸亥朔
十二月大	壬辰朔

杞成十八　宋襄十四　秦穆二十三　楚成三十五	
	丙申晦
	丙寅晦
	乙未晦
	乙丑晦
	甲午晦
	甲子晦
	癸巳晦
	癸亥晦
	壬辰晦
	壬戌晦
	辛卯晦
	辛酉晦

乙酉

二十四年	襄王十六　齊孝七　晉惠十五
正月小	壬戌朔
二月大	辛卯朔　傳：「甲午，晉師軍于廬柳。」是月之四日。
三月小	辛酉朔　傳：「己丑晦，公宮火。」
四月大	庚寅朔
五月小	庚寅朔
六月大	己未朔
七月小	己丑朔
八月大	戊午朔
九月小	戊子朔
十月大	丁巳朔
十一月小	丁亥朔
十二月大	丙辰朔

衛文二十四
蔡莊十
鄭文三十七
曹共十七
陳穆十二
杞桓公姑容元
宋成公王臣元
秦穆二十四
楚成三十六

辛丑，狐偃及秦、晉之大夫盟于郇。是月之十一日。壬寅，公子入于晉師。是月之十二日。丙午，入于曲沃。是月之十六日。丁未，朝于武宮。是月之十七日。

	庚寅晦
戊申，殺懷公于高梁。是月之十八日。	庚申晦
	己丑晦
閏四月大 庚申朔 己丑晦	己未晦
	戊午晦
	戊子晦
	丁巳晦
	丁亥晦
	丙辰晦
	丙戌晦
	乙卯晦
	乙酉晦

丙戌

二十五年	襄王十七	
正月小	丙戌朔	丙午，衛侯燬滅
二月大	乙卯朔	
三月小	乙酉朔	傳：「甲辰，次于
四月大	甲寅朔	癸酉，衛侯燬卒。
五月小	甲申朔	
六月大	癸丑朔	
七月小	癸未朔	
八月大	壬子朔	
九月小	壬午朔	
十月大	辛亥朔	
十一月小	辛巳朔	
十二月大	庚戌朔	癸亥，公

	齊孝八 晉文公重耳元 衛文二十五 蔡莊十一 鄭文三十八 曹共十八 陳穆十三 杞桓二 宋成二 秦穆二十五 楚成三十七
甲寅晦	邢。是月之二十一日。
甲申晦	
癸丑晦	陽樊。」是月之二十日。
癸未晦	是月之二十日。傳：「丁巳，王入于王城。」是月之四日。戊午，晉侯朝王。是月之五日。
壬子晦	
壬午晦	
辛亥晦	
辛巳晦	
庚戌晦	
庚辰晦	
己酉晦	
己卯晦	會衛子、莒慶盟于洮。是月之十四日。

閏十二月大	庚辰朔 己酉晦

丁亥

二十六年	襄王十八 齊孝九 晉文二 衛成公 鄭元 蔡莊十二
正月小	庚戌朔 己未，公會莒子、衛甯速盟于向。是月之十日。
二月大	己卯朔
三月小	己酉朔
四月大	戊寅朔
五月小	戊申朔
六月大	丁丑朔
七月小	丁未朔
八月大	丙子朔
九月小	丙午朔
十月大	乙亥朔
十一月小	乙巳朔
十二月大	甲戌朔

二十七年

戊子

鄭文三十九　曹共十九　陳穆十四　杞桓三　宋成三　秦穆二十六　楚成三十八

正月小	甲辰朔	戊寅晦
二月大	癸酉朔	戊申晦
三月小	癸卯朔	丁丑晦
四月大	壬申朔	丁未晦
五月小	壬寅朔	丙子晦
六月大	辛未朔	丙午晦
七月小	辛丑朔	乙亥晦
八月大	庚午朔	乙巳晦
九月小	庚子朔	甲戌晦
十月大	己巳朔	甲辰晦
十一月小		癸酉晦
十二月大		癸卯晦

襄王十九　齊孝十　晉文三　衛成二　蔡莊十三　鄭文四十　曹共二十　陳穆十五　杞桓四　宋成四　秦穆二十七　楚成三十九	
	壬申晦
	壬寅晦
	辛未晦
	辛丑晦
	庚午晦
庚寅，齊侯昭卒。是月之二十日。	庚子晦
	己巳晦
乙未，葬齊孝公。是月之二十六日。乙巳，公子遂帥師入杞。杜註：「八月無乙巳。乙巳，九月六日。」	己亥晦
	戊辰晦
	戊戌晦
己亥朔	丁卯晦
戊辰朔　甲戌，公會諸侯盟于宋。是月之七日。	丁酉晦

己丑

二十八年	襄王二十　齊昭公潘元　晉文四　衛成三　蔡莊十四　鄭文四十一　曹共二十一　陳穆十六
正月小	戊戌朔　傳：「晉侯伐衛，戊申取五鹿。」是月之十一日。
二月大	丁卯朔
三月小	丁酉朔　丙午，晉侯入曹。是月之十日。
四月大	丙寅朔　己巳，晉侯、齊師、宋師、秦師及楚人戰于城濮。是月之四日。傳：「戊辰，晉侯及諸侯之師次于城
五月小	丙申朔　癸丑，公會諸侯盟于踐土。杜註：「經書癸丑，月十八日也。傳書癸亥，是月二十八日。經、傳必有
六月大	乙丑朔　傳：「晉師還，壬午濟河。」是月之十八日。
七月小	乙未朔　傳：「丙申，振旅，愷以入于晉。」是月之二日。
八月大	甲子朔
九月小	甲午朔
十月大	癸亥朔　天王狩于河陽。壬申，公朝于王所。杜註：「壬申，十月十日。有日而無月，史闕文。」傳：「丁丑，諸
十一月小	癸巳朔
十二月大	壬戌朔

杞桓五 宋成五 秦穆二十八 楚成四十
濮。」是月之二日。己巳，晉師陳于莘北。是月之四日。及癸酉而還。是月之八日。甲午，至于衡雍。是月之二十九日。
誤。」傳：「丙午，晉侯及鄭伯盟于衡雍。」是月之十一日。丁未，獻楚俘于王。是月之十二日。己酉，王享醴，命晉侯侑。是月之十四日。癸亥，王子虎盟
侯圍許。」杜註：「十月十五日。」

丙寅晦	
丙申晦	
乙丑晦	
乙未晦	
甲子晦	諸侯于王庭。是月之二十八日。
甲午晦	
癸亥晦	
癸巳晦	
壬戌晦	
壬辰晦	
辛酉晦	
辛卯晦	

庚寅

二十九年	襄王二十一 齊昭二 晉文五 衛成四 蔡莊十五	
正月大	壬辰朔	
二月小	壬戌朔	
三月大	辛卯朔	
四月小	辛酉朔	
五月大	庚寅朔	
六月小	庚申朔	
七月大	己丑朔	
八月小	己未朔	
九月大	戊子朔	
十月小	戊午朔	
十一月大	丁亥朔	
十二月小	丁巳朔	

鄭文四十二 曹共二十二 陳共公朔元 杞桓六 宋成六 秦穆二十九 楚成四十一
辛酉晦
庚寅晦
庚申晦
己丑晦
己未晦
戊子晦
戊午晦
丁亥晦
丁巳晦
丙戌晦
丙辰晦
乙酉晦

辛卯

三十年	襄王二
正月大 丙戌朔	
二月小 丙辰朔	
三月大 乙酉朔	
四月小 乙卯朔	
五月大 甲申朔	
六月小 甲寅朔	
七月大 癸未朔	
八月小 癸丑朔	
九月大 壬午朔	傳：「甲
十月小 壬午朔	
十一月大 辛亥朔	
十二月小 辛巳朔	

十二 齊昭三 晉文六 衛成五 蔡莊十 六 鄭文四 十三 曹共二 十三 陳共二 杞桓七 宋成七 秦穆三 十 楚成四 十二

	乙卯晦
	甲申晦
	甲寅晦
	癸未晦
	癸丑晦
	壬午晦
	壬子晦
	辛巳晦
閏九月大	辛亥晦　午，晉侯、秦伯圍鄭。」是月之十三日。
	庚戌晦
	庚辰晦
	己酉晦

壬子朔 辛巳晦	

壬辰

三十一年 襄王二十三 齊昭四 晉文七 衛成六 蔡莊十七 鄭文四十四 曹共二	
正月大 庚戌朔	
二月小 庚辰朔	
三月大 己酉朔	
四月小 己卯朔	
五月大 戊申朔	
六月小 戊寅朔	
七月大 丁未朔	
八月小 丁丑朔	
九月大 丙午朔	
十月小 丙子朔	
十一月大 乙巳朔	
十二月大 乙亥朔	

十四 陳共三 杞桓八 宋成八 秦穆三 十一 楚成四 十三
己卯晦
戊申晦
戊寅晦
丁未晦
丁丑晦
丙午晦
丙子晦
乙巳晦
乙亥晦
甲辰晦
甲戌晦
甲辰晦

癸巳

三十二年	襄王二十四 齊昭五 晉文八 衛成七
正月小 乙巳朔	
二月大 甲戌朔	
三月小 甲辰朔	
四月大 癸酉朔	己丑，鄭伯捷卒。是月之十七日。
五月小 癸卯朔	
六月大 壬申朔	
七月小 壬寅朔	
八月大 辛未朔	
九月小 辛丑朔	
十月大 庚午朔	
十一月小 庚子朔	
十二月大 己巳朔	己卯，晉侯重耳卒。是月之十

三十三年

甲午

蔡莊十八　鄭文四十五　曹共二十五　陳共四　杞桓九　宋成九　秦穆三十二　楚成四十四

正月大	己亥朔	癸酉晦	
二月小	己巳朔	癸卯晦	
三月大	戊戌朔	壬申晦	
四月小	戊辰朔	壬寅晦	
五月大	丁酉朔	辛未晦	
六月小	丁卯朔	辛丑晦	
七月大	丙申朔	庚午晦	
八月小	丙寅朔	庚子晦	
九月大	乙未朔	己巳晦	
十月小	乙丑朔	己亥晦	
十一月大		戊辰晦	
十二月小		戊戌晦	一日。傳：「庚辰，將殯于曲沃。」是月之十二日。

襄王二十五　齊昭六　晉襄公驩元　衛成八　蔡莊十九　鄭穆公蘭元　曹共二十六　陳共五　杞桓十　宋成十　秦穆三十三　楚成四十五	
	戊辰晦
	丁酉晦
	丁卯晦
辛巳，晉人及姜戎敗秦師于殽。是月之十四日。癸巳，葬晉文公。是月之二十六日。	丙申晦
	丙寅晦
	乙未晦
	乙丑晦
傳：「戊子，晉侯敗狄于箕。」是月之二十三日。	甲午晦
	甲子晦
	癸巳晦
甲午朔	癸亥晦
甲子朔　乙巳，公薨于小寢。杜註：「乙巳，十一月十二日。經書十二月，誤。」	壬辰晦

文　公名興。

乙　未

元年		襄王二十六　齊昭七　晉襄二　衛成九　蔡莊二十　鄭穆二　曹共二十七　陳共六　杞桓十一
正月大	癸巳朔	
二月小	癸亥朔	癸亥，日有食之。杜註：「癸亥，月一日。不書朔，官失之。」
三月大	壬辰朔	
四月小	壬辰朔	丁巳，葬我君僖公。是月之二十六日。
五月大	辛酉朔	傳：「辛酉朔，晉師圍戚。」
六月小	辛卯朔	傳：「戊戌，取之。」是月之八日。
七月大	庚申朔	
八月小	庚寅朔	
九月大	己未朔	
十月小	己丑朔	丁未，楚世子商臣弑其君頵。是月之十九日。
十一月大	戊午朔	
十二月小	戊子朔	

宋成十一 秦穆三十四 楚成四十六	
壬戌晦	
辛卯晦	
辛酉晦	閏三月大 壬戌朔 傳：「於是閏三月，非禮也。」 杜註：「于曆法閏當在僖公末年，誤于今年置閏。」
庚申晦	
庚寅晦	
己未晦	
己丑晦	
戊午晦	
戊子晦	
丁巳晦	
丁亥晦	
丙辰晦	

丙申

二年		襄王二十七 齊昭八 晉襄三 衛成十 蔡莊二十一 鄭穆三 曹共二十八 陳共七	
正月大	丁巳朔		
二月小	丁巳朔	甲子，晉侯及秦師戰于彭衙。是月之八日。丁丑，作僖公主。是月之二十一日。	
三月大	丙戌朔	乙巳，及晉處父盟。是月之二十日。傳云「四月己巳」，杜註：「經、傳必有誤。」	詳《長曆拾遺表》。辛卯晦
四月小	丙辰朔		
五月大	乙酉朔		
六月小	乙卯朔		
七月大	甲申朔		
八月小	甲寅朔	丁卯，大事于太廟，躋僖公。是月之十四日。	
九月大	癸未朔		
十月小	癸丑朔		
十一月大	壬午朔		
十二月小	壬子朔		

杞桓十二　宋成十二　秦穆三十五　楚穆王商臣元		
丙戌晦	閏正月大　丁亥朔	丙辰晦
乙酉晦		
乙卯晦		按：己巳是四月十四日。
甲申晦		
甲寅晦		
癸未晦		
癸丑晦		
壬午晦		
壬子晦		
辛巳晦		
辛亥晦		
庚辰晦		

丁酉

三年	襄王二十八	
正月大	辛巳朔	
二月小	辛亥朔	
三月大	庚辰朔	
四月小	庚戌朔	傳：「乙
五月大	己卯朔	
六月小	己酉朔	
七月大	戊寅朔	
八月小	戊申朔	
九月大	丁丑朔	
十月小	丁未朔	
十一月大	丙子朔	
十二月大	丙午朔	

楚穆二	齊昭九　晉襄四　衛成十一　蔡莊二十二　鄭穆四　曹共二十九　陳共八　杞桓十三　宋成十三　秦穆三十六
庚戌晦	
己卯晦	
己酉晦	
戊寅晦	亥，王叔文公卒。」是月之二十六日。
戊申晦	
丁丑晦	
丁未晦	
丙子晦	
丙午晦	
乙亥晦	
乙巳晦	
乙亥晦	己巳，公及晉侯盟。是月之二十四日。

戊戌

四年	襄王二十九　齊昭十　晉襄五　衛成十二　蔡莊二十三　鄭穆五　曹共三十　陳共九　杞桓十四　宋成十四
正月小	丙子朔
二月大	乙巳朔
三月小	乙亥朔
四月大	甲戌朔
五月小	甲辰朔
六月大	癸酉朔
七月小	癸卯朔
八月大	壬申朔
九月小	壬寅朔
十月大	辛未朔
十一月小	辛丑朔　壬寅，夫人風氏薨。是月之二日。
十二月大	庚午朔

秦穆三十七 楚穆三	
甲辰晦	
甲戌晦	
癸卯晦	閏三月大 甲辰朔 癸酉晦
癸卯晦	
壬申晦	
壬寅晦	
辛未晦	
辛丑晦	
庚午晦	
庚子晦	
己巳晦	
己亥晦	

己亥

五年	襄王三十 齊昭十一 晉襄六 衛成十三	
正月小	庚子朔	
二月大	己巳朔	
三月小	己亥朔	辛亥，葬我小君成風。是月之十三日。
四月大	戊辰朔	
五月小	戊戌朔	
六月大	丁卯朔	
七月小	丁酉朔	
八月大	丙寅朔	
九月小	丙申朔	
十月大	乙丑朔	甲申，許男業卒。是月之二十日。
十一月小	乙未朔	
十二月大	甲子朔	

庚子

六年	襄王三	十一	蔡莊二 十四 鄭穆六 曹共三 十一 陳共十 杞桓十 五 宋成十 五 秦穆三 十八 楚穆四
正月大	甲午朔		戊辰晦
二月小	甲子朔		戊戌晦
三月大	癸巳朔		丁卯晦
四月小	癸亥朔		丁酉晦
五月大	壬辰朔		丙寅晦
六月小	壬戌朔		丙申晦
七月大	辛卯朔		乙丑晦
八月小	辛酉朔	乙亥，	乙未晦
九月大	庚寅朔		甲子晦
十月小	庚申朔		甲午晦
十一月大	己丑朔		癸亥晦
十二月小	己未朔		癸巳晦

齊昭十二　晉襄七　衛成十四　蔡莊二十五　鄭穆七　曹共三十二　陳共十一　杞桓十六　宋成十六　秦穆三十九　楚穆五	
癸亥晦	
壬辰晦	
壬戌晦	
辛卯晦	
辛酉晦	
庚寅晦	
庚申晦	
己丑晦	晉侯驩卒。是月之十五日。
己未晦	
戊子晦	
戊午晦	傳：「丙寅，晉殺續簡伯。」杜註：「十一月無丙寅。丙寅，十二月八日也。日、月必有誤。」
丁亥晦	

七年	襄王三十二	
正月大	戊午朔	
二月小	戊子朔	
三月大	丁巳朔	甲戌，取
四月小	丁亥朔	戊子，
五月大	丙辰朔	
六月小	丙戌朔	
七月大	乙卯朔	
八月小	乙酉朔	
九月大	甲寅朔	
十月小	甲申朔	
十一月大	癸丑朔	
十二月大	癸未朔	

辛丑

閏十二月大 戊子朔 閏月不告月，猶朝于廟。《左傳》曰「閏月不告朔，非禮」。 丁巳晦

齊昭十三 晉靈公夷皋元 衛成十五 蔡莊二十六 鄭穆八 曹共三十三 陳共十二 杞桓十七 宋成十七 秦康公罃元 楚穆六

丁亥晦	
丙辰晦	
丙戌晦	須句。是月之十八日。
乙卯晦	晉人及秦人戰于令狐。是月之二日。傳：「己丑，先蔑奔秦。」是月之三日。
乙酉晦	
甲寅晦	
甲申晦	
癸丑晦	
癸未晦	
壬子晦	
壬午晦	
壬子晦	

壬寅

八年	襄王三十三　齊昭十四　晉靈二　衛成十六　蔡莊二十七　鄭穆九　曹共三十四　陳共十三　杞桓十八
正月小	癸丑朔
二月大	壬午朔
三月小	壬子朔
四月大	辛巳朔
五月小	辛亥朔
六月大	庚辰朔
七月小	庚戌朔　趙東山引《長曆》是年閏七月。今以經、傳日月推之，是年不得有閏，閏當在九年。
八月大	己卯朔　戊申，天王崩。是月之三十日。
九月小	己酉朔
十月大	戊寅朔　壬午，公子遂會晉趙盾盟于衡雍。杜註：「月五日。」乙酉，公子遂會雒戎盟于暴。杜註：「月八
十一月小	戊申朔
十二月大	丁丑朔

宋昭公杵臼元 秦康二 楚穆七
辛巳晦
辛亥晦
庚辰晦
庚戌晦
己卯晦
己酉晦
戊寅晦
戊申晦
丁丑晦
丁未晦 日也。」公孫敖如京師，不至而復。丙戌，奔莒。是月之九日。
丙子晦
丙午晦

癸卯

九年	頃王壬臣元	齊昭十
正月小	丁未朔	傳：「己酉，晉
二月大	丙子朔	辛丑，葬襄王。
三月小	丙午朔	傳：「甲戌，晉
四月大	乙亥朔	
五月小	乙巳朔	
六月大	甲戌朔	
七月小	甲辰朔	
八月小	癸卯朔	
九月大	壬申朔	癸酉，地震。
十月小	壬寅朔	
十一月大	辛未朔	
十二月大	辛丑朔	

五 晉靈三 衛成十七 蔡莊二十八 鄭穆十 曹共三十五 陳共十四 杞桓十九 宋昭二 秦康三 楚穆八		
使賊殺先克。」是月之三日。乙丑，晉人殺先都、梁益耳。杜註：「乙丑，正月十九日。經書二月，從告。」	乙亥晦	
是月之二十六日。	乙巳晦	
人殺箕鄭父、士穀、蒯得。」是月之二十九日，即晦日也。	甲戌晦	
	甲辰晦	
	癸酉晦	
	癸卯晦	
	壬申晦	閏七月大 癸酉朔 壬寅晦
是月之二日。	辛未晦	
	辛丑晦	
	庚午晦	
	庚子晦	
	庚午晦	

甲辰

十年	頃王二　齊昭十六　晉靈四　衛成十八　蔡莊二十九　鄭穆十一　曹文公壽元　陳共十五　杞桓二十	
正月小	辛未朔	
二月大	庚子朔	
三月小	庚午朔	辛卯，臧孫辰卒。是月之二十二日。
四月大	己亥朔	
五月小	己巳朔	
六月大	戊戌朔	
七月小	戊辰朔	
八月大	丁酉朔	
九月小	丁卯朔	
十月大	丙申朔	
十一月小	丙寅朔	
十二月大	乙未朔	

宋昭三　秦康四　楚穆九
己亥晦
己巳晦
戊戌晦
戊辰晦
丁酉晦
丁卯晦
丙申晦
丙寅晦
乙未晦
乙丑晦
甲午晦
甲子晦

乙巳

十一年　頃王三　齊昭十七　晉靈五　衛成十九　蔡莊三十　鄭穆十二		
正月大	乙丑朔	
二月小	乙未朔	
三月大	甲子朔	襄三十年《傳》：「晉絳縣人曰：臣生之歲，正月甲子朔。」杜註：「所稱正月，
四月小	甲午朔	
五月大	癸亥朔	
六月小	癸巳朔	
七月大	壬戌朔	
八月小	壬辰朔	
九月大	辛酉朔	
十月小	辛卯朔	甲午，叔孫得臣敗狄于鹹。是月之四日。
十一月大	庚申朔	
十二月大	庚寅朔	

曹文二 陳共十六 杞桓二十一 宋昭四 秦康五 楚穆十

甲午晦	
癸亥晦	
癸巳晦	謂夏正月也。」《正義》曰：「文十一年甲子朔，爲夏之正月，是其年三月也。」按：此亦晉用夏正之一驗。
壬戌晦	
壬辰晦	
辛酉晦	
辛卯晦	
庚申晦	
庚寅晦	
己未晦	
己丑晦	
己未晦	

丙午

十二年 頃王四 齊昭十八 晉靈六 衛成二十 蔡莊三十一 鄭穆十三 曹文三 陳共十七 杞桓二十二

正月小	庚申朔
二月大	己丑朔 庚子，子叔姬卒。是月之十二日。
三月小	己未朔
四月大	戊子朔
五月小	戊午朔
六月大	丁亥朔
七月小	丁巳朔
八月大	丙戌朔
九月小	丙辰朔
十月大	乙酉朔
十一月小	乙卯朔
十二月大	甲寅朔 戊午，晉人、秦人戰于河曲。是月之五日。

宋昭五　秦康六　楚穆十一
戊子晦
戊午晦
丁亥晦
丁巳晦
丙戌晦
丙辰晦
乙酉晦
乙卯晦
甲申晦
甲寅晦
癸未晦　閏十一月大　甲申朔　癸丑晦
癸未晦

丁未

十三年	頃王五　齊昭十九　晉靈七　衛成二
正月小	甲申朔
二月大	癸丑朔
三月小	癸未朔
四月大	壬子朔
五月小	壬午朔　壬午，陳侯朔卒。是月之朔日。
六月大	辛亥朔
七月小	辛巳朔
八月大	庚戌朔
九月小	庚辰朔
十月大	己酉朔
十一月小	己卯朔
十二月大	戊申朔　己丑，公及晉侯盟。杜註：

戊申

十一　蔡莊三　十二　鄭穆十　四　曹文四　陳共十　八　杞桓二　十三　宋昭六　秦康七　楚穆十　二

十四年		
正月大	戊寅朔	壬子晦
二月小	戊申朔	壬午晦
三月大	丁丑朔	辛亥晦
四月小	丁未朔	辛巳晦
五月大	丙子朔	庚戌晦
六月小	丙午朔	庚辰晦
七月大	乙亥朔	己酉晦
八月小	乙巳朔	己卯晦
九月大	甲戌朔	戊申晦
十月小	甲辰朔	戊寅晦
十一月大		丁未晦
十二月大		丁丑晦

「十二月無己丑。己丑，十一月十一日。」

	頃王六　齊昭二十　晉靈八　衛成二十二　蔡莊三十三　鄭穆十五　曹文五　陳靈公平國元　杞桓二十四　宋昭七　秦康八　楚莊王旅元	
		丁未晦
		丙子晦
		丙午晦
		乙亥晦
	乙亥，齊侯潘卒。杜註：「乙亥，四月二十九日。書五月，從赴。」	乙巳晦
	癸酉，同盟于新城。是月之二十八日。	甲戌晦
	傳：「乙卯夜，齊商人弑舍。」杜註：「七月無乙卯，日誤。」	甲辰晦
		癸酉晦
	甲申，公孫敖卒于齊。是月之十一日。	癸卯晦
		壬申晦
癸酉朔		壬寅晦
癸卯朔		壬申晦

己酉

十五年	匡王班元　齊懿公商人元　晉靈九　衛成二十三　蔡莊三十四　鄭穆十六　曹文六　陳靈二　杞桓二十五
正月小	癸酉朔
二月大	壬寅朔
三月小	壬申朔
四月大	辛丑朔
五月大	辛未朔
六月小	辛丑朔　辛丑朔，日有食之，鼓，用牲于社。晉郤缺帥師伐蔡，戊申入蔡。是月之八日。
七月大	庚午朔
八月小	庚子朔
九月大	己巳朔
十月小	己亥朔
十一月大	戊辰朔
十二月小	戊戌朔

宋昭八 秦康九 楚莊二
辛丑晦
辛未晦
庚子晦
庚午晦
庚子晦
己巳晦
己亥晦
戊辰晦
戊戌晦
丁卯晦
丁酉晦
丙寅晦

庚戌

十六年	匡王三 齊懿二 晉靈十 衛成二十四 蔡文公申元 鄭穆十七 曹文七
正月大	丁卯朔
二月小	丁酉朔
三月大	丙寅朔
四月小	丙申朔
五月大	乙丑朔
六月大	甲子朔 戊辰，公子遂及齊侯盟于郪丘。是月之五日。
七月小	甲午朔
八月大	癸亥朔 辛未，夫人姜氏薨。是月之九日。
九月小	癸巳朔
十月大	壬戌朔
十一月小	壬辰朔 傳：「甲寅，宋昭公將田孟諸。」是月之二十三日。
十二月大	辛酉朔

陳靈三 杞桓二 十六 宋昭九 秦康十 楚莊三	
丙申晦	
乙丑晦	
乙未晦	
甲子晦	
甲午晦	閏五月小 乙未朔 癸亥晦
癸巳晦	
壬戌晦	
壬辰晦	
辛酉晦	
辛卯晦	
庚申晦	
庚寅晦	

辛亥

十七年		匡王三 齊懿三
正月大	辛卯朔	
二月小	辛酉朔	
三月大	庚寅朔	
四月小	庚申朔	癸亥，葬我小君
五月大	己丑朔	
六月小	己未朔	癸未，公及齊侯
七月大	戊子朔	
八月小	戊午朔	
九月大	丁亥朔	
十月小	丁巳朔	
十一月大	丙戌朔	
十二月小	丙辰朔	

晉靈十一　衛成二十五　蔡文二八　鄭穆十　曹文八　陳靈四　杞桓二十七　宋文公鮑元　秦康十一　楚莊四	
庚申晦	
己丑晦	
己未晦	
戊子晦	聲姜。是月之四日。
戊午晦	
丁亥晦	盟于穀。是月之二十五日。
丁巳晦	
丙戌晦	
丙辰晦	
乙酉晦	
乙卯晦	
甲申晦	

壬子

十八年	
匡王四 齊懿四 晉靈十二 衛成二十六 蔡文三 鄭穆十九 曹文九 陳靈五 杞桓十八 宋文二	
正月大	乙酉朔
二月小	乙卯朔 丁丑，公薨于臺下。是月之二十三日。
三月大	甲申朔
四月小	甲寅朔
五月大	癸未朔 戊戌，齊人弑其君商人。是月之十六日。
六月小	癸丑朔 癸酉，葬我君文公。是月之二十一日。
七月大	壬午朔
八月小	壬子朔
九月大	辛巳朔
十月小	辛亥朔
十一月大	庚辰朔
十二月小	庚戌朔

秦康十二 楚莊五
甲寅晦
癸未晦
癸丑晦
壬午晦
壬子晦
辛巳晦
辛亥晦
庚辰晦
庚戌晦
己卯晦
己酉晦
戊寅晦

春秋朔閏表卷二之二終

孫：重壽校字

春秋朔閏表卷二之三

錫山顧棟高復初輯
金匱受業華文緯有條參

宣公名倭。

癸丑

元年	匡王五 齊惠公 元元 晉靈十 三
正月大	己卯朔
二月小	己酉朔
三月大	戊寅朔
四月小	戊申朔
五月大	丁丑朔
六月小	丁未朔
七月大	丙子朔
八月小	丙午朔
九月大	乙亥朔
十月小	乙巳朔
十一月大	甲戌朔
十二月小	甲辰朔

甲寅

二年 匡王六	衛成二十七 蔡文四 鄭穆二十 曹文十 陳靈六 杞桓二十九 宋文三 秦共公稻元 楚莊六
正月大 癸酉朔	戊申晦
二月小 癸卯朔	丁丑晦
三月大 壬申朔	丁未晦
四月小 壬寅朔	丙子晦
五月大 辛未朔	丙午晦
六月大 庚午朔	乙亥晦
七月小 庚子朔	乙巳晦
八月大 己巳朔	甲戌晦
九月小 己亥朔	甲辰晦
十月大 戊辰朔	癸酉晦
十一月小	癸卯晦
十二月大	壬申晦

		齊惠二 晉靈十四 衛成二十八 蔡文五 鄭穆二十一 曹文十一 陳靈七 杞桓三十 宋文四 秦共二 楚莊七
	壬寅晦	
	辛未晦	壬子，宋華元帥師及鄭公子歸生帥師戰于大棘。是月之十日。
	辛丑晦	
	庚午晦	
閏五	庚子晦	
	己亥晦	
	戊辰晦	
	戊戌晦	
	丁卯晦	乙丑，晉趙盾弒其君夷皋。杜註：「乙丑，九月二十七日。」
	丁酉晦	乙亥，天王崩。是月之八日。傳：「趙穿逆公子黑臀于周而立之。壬申，朝于武宮。」杜註：「壬申，十月五日。有日無月。」
	丙寅晦	戊戌朔
	丙申晦	丁卯朔

月小	辛丑朔　己巳晦

乙卯

三年	定王瑜元　齊惠三　晉成公黑臀元　衛成二十九　蔡文六　鄭穆二十二　曹文十
正月大	丁酉朔
二月小	丁卯朔
三月大	丙申朔
四月小	丙寅朔
五月大	乙未朔
六月小	乙丑朔
七月大	甲午朔
八月小	甲子朔
九月大	癸巳朔
十月小	癸亥朔　丙戌，鄭伯蘭卒。是月之二十四日。
十一月大	壬辰朔
十二月小	壬戌朔

二 陳靈八 杞桓三 十一 宋文五 秦共三 楚莊八
丙寅晦
乙未晦
乙丑晦
甲午晦
甲子晦
癸巳晦
癸亥晦
壬辰晦
壬戌晦
辛卯晦
辛酉晦
庚寅晦

丙辰

四年	定王二 齊惠四 晉成二 衛成三 十 蔡文七 鄭靈公
正月大	辛卯朔
二月小	辛酉朔
三月大	庚寅朔
四月小	庚申朔
五月大	己丑朔
六月小	己未朔 乙酉，鄭公子歸生弒其君夷。是月之二十七日。
七月大	戊子朔 傳：「戊戌，楚子與若敖氏戰于皐滸。」是月之十一日。
八月小	戊午朔
九月大	丁亥朔
十月小	丁巳朔
十一月大	丙戌朔
十二月大	丙辰朔

夷元　曹文十　三　陳靈九　杞桓三　十二　宋文六　秦共四　楚莊九
庚申晦
己丑晦
己未晦
戊子晦
戊午晦
丁亥晦
丁巳晦
丙戌晦
丙辰晦
乙酉晦
乙卯晦
乙酉晦

丁巳

五年	定王三　齊惠五　晉成三　衛成三　十一
正月小	丙戌朔
二月大	乙卯朔
三月小	乙酉朔
四月大	甲寅朔
五月小	甲申朔
六月大	癸丑朔
七月小	癸未朔
八月大	壬子朔
九月小	壬午朔
十月大	辛亥朔
十一月小	辛巳朔
十二月大	庚戌朔

戊午

六年	定王四 齊惠六	蔡文八 鄭襄公堅元 曹文十四 陳靈十 杞桓三十三 宋文七 秦桓公榮元 楚莊十
正月小	庚辰朔	甲寅晦
二月大	己酉朔	甲申晦
三月小	己卯朔	癸丑晦
四月大	戊申朔	癸未晦
五月小	戊寅朔	壬子晦
六月小	丁丑朔	壬午晦
七月大	丙午朔	辛亥晦
八月小	丙子朔	辛巳晦
九月大	乙巳朔	庚戌晦
十月小	乙亥朔	庚辰晦
十一月大	甲辰朔	己酉晦
十二月大	甲戌朔	己卯晦

晉成四 衛成三十二 蔡文九 鄭襄二 曹文十五 陳靈十一 杞桓三十四 宋文八 秦桓二 楚莊十一
戊申晦
戊寅晦
丁未晦
丁丑晦
丙午晦 閏五月大 丁未朔 丙子晦
乙巳晦
乙亥晦
甲辰晦
甲戌晦
癸卯晦
癸酉晦
癸卯晦

己未

七年	定王五 齊惠七 晉成五 衛成三 十三 蔡文十 鄭襄三 曹文十 六 陳靈十 二 杞桓三 十五 宋文九 秦桓三
正月小	甲辰朔
二月大	癸酉朔
三月小	癸卯朔
四月大	壬申朔
五月小	壬寅朔
六月大	辛未朔
七月小	辛丑朔
八月大	庚午朔
九月小	庚子朔
十月大	己巳朔
十一月小	己亥朔
十二月大	戊辰朔

楚莊十二	
	壬申晦
	壬寅晦
	辛未晦
	辛丑晦
	庚午晦
	庚子晦
	己巳晦
	己亥晦
	戊辰晦
	戊戌晦
	丁卯晦
	丁酉晦

庚申

八年	定王六　齊惠八　晉成六　衛成三十四　蔡文十一　鄭襄四　曹文十七　陳靈十三
正月大	戊戌朔
二月小	戊辰朔
三月大	丁酉朔
四月小	丁卯朔
五月大	丙申朔
六月小	丙寅朔　辛巳，有事于太廟，仲遂卒于垂。是月之十六日。壬午，猶繹。萬入，去籥。
七月大	乙未朔　甲子，日有食之，既。杜註：「月三十日食。」
八月小	乙丑朔
九月大	甲午朔
十月小	甲子朔　己丑，葬我小君敬嬴。雨，不克葬。庚寅，日中而克葬。己丑是月之二十六日，庚寅是
十一月大	癸巳朔
十二月大	癸亥朔

杞桓三十六　宋文十　秦桓四　楚莊十三
丁卯晦
丙申晦
丙寅晦
乙未晦
乙丑晦
甲午晦　是月之十七日。戊子，夫人嬴氏薨。是月之二十三日。
甲子晦
癸巳晦
癸亥晦
壬辰晦　月之二十七日。
壬戌晦
壬辰晦

辛酉

九年　定王七　齊惠九　晉成七　衛成三十五
正月小　癸巳朔
二月大　壬戌朔
三月小　壬辰朔
四月大　辛酉朔
五月小　辛卯朔
六月大　庚申朔
七月小　庚寅朔
八月大　己未朔
九月小　己丑朔　辛酉，晉侯黑臀卒于扈。杜註：
十月大　戊午朔　癸酉，衛侯鄭卒。是月之十六日。
十一月小　戊子朔
十二月大　丁巳朔

	蔡文十二 鄭襄五 曹文十八 陳靈十四 杞桓三十七 宋文十一 秦桓五 楚莊十四
辛酉晦	
辛卯晦	
庚申晦	
庚寅晦	
己未晦	
己丑晦	
戊午晦	
戊子晦	
丁巳晦	「九月無辛酉，日誤。」《正義》曰：「下有十月癸酉，《長曆》推癸酉十月十六日，辛酉在前十二日，故云九月無辛酉。上有八月，下有十月，知非月誤。」
丁亥晦	
丙辰晦	
丙戌晦	

壬戌

十年	定王八 齊惠十 晉景公獳元 衛穆公速元 蔡文十三 鄭襄六 曹文十九 陳靈十五 杞桓三
正月大	丁亥朔
二月小	丁巳朔
三月大	丙戌朔
四月小	丙辰朔 丙辰，日有食之。杜註：「不書朔，官失之。」己巳，齊侯元卒。是月之十四日。
五月大	乙酉朔 癸巳，陳夏徵舒弑其君平國。是月之九日。
六月大	甲申朔
七月小	甲寅朔
八月大	癸未朔
九月小	癸丑朔
十月大	壬午朔
十一月小	壬子朔
十二月大	辛巳朔

十八 宋文十二 秦桓六 楚莊十五
丙辰晦
乙酉晦
乙卯晦
甲申晦
甲寅晦　閏五月小　乙卯朔　癸未晦
癸丑晦
壬午晦
壬子晦
辛巳晦
辛亥晦
庚辰晦
庚戌晦

癸亥

十一年 定王九 齊頃公
正月大 辛亥朔
二月小 辛巳朔
三月大 庚戌朔
四月小 庚辰朔
五月大 己酉朔
六月小 己卯朔
七月大 戊申朔
八月小 戊寅朔
九月大 丁未朔
十月小 丁丑朔 丁亥，楚子入陳。是月之
十一月大 丙午朔
十二月小 丙子朔

無野元 晉景二 衛穆二 蔡文十四 鄭襄七 曹文二十 陳成公午元 杞桓三十九 宋文十三 秦桓七 楚莊十六

庚辰晦	
己酉晦	
己卯晦	
戊申晦	
戊寅晦	
丁未晦	
丁丑晦	
丙午晦	
丙子晦	
乙巳晦	十一日。
乙亥晦	
甲辰晦	

甲子

十二年		定王十　齊頃二　晉景三　衛穆三　蔡文十五　鄭襄八　曹文二十一　陳成二　杞桓四十　宋文十四
正月大	乙巳朔	
二月小	乙亥朔	
三月大	甲辰朔	
四月小	甲戌朔	
五月大	癸卯朔	
六月大	壬寅朔	乙卯，晉荀林父帥師及楚子戰于邲。是月之十四日。傳：「丙辰，楚重至于邲。」是月之十五日。辛未，鄭
七月小	壬申朔	
八月大	辛丑朔	
九月小	辛未朔	
十月大	庚子朔	
十一月小	庚午朔	
十二月大	己亥朔	戊寅，楚子滅蕭。杜註：「十二月無戊寅。戊寅，十一月九日。」

秦桓八 楚莊十七	
	甲戌晦
	癸卯晦
	癸酉晦
	壬寅晦
	壬申晦 閏五月小 癸酉朔 辛丑晦
殺僕叔及子服。是月之三十日。	辛未晦
	庚子晦
	庚午晦
	己亥晦
	己巳晦
	戊戌晦
	戊辰晦

乙丑

十三年	定王十一 齊頃三
正月大	己巳朔
二月小	己亥朔
三月大	戊辰朔
四月小	戊戌朔
五月大	丁卯朔
六月小	丁酉朔
七月大	丙寅朔
八月小	丙申朔
九月大	乙丑朔
十月小	乙未朔
十一月大	甲子朔
十二月小	甲午朔

晉景四
衛穆四
蔡文十
六
鄭襄九
曹文二
十二
陳成三
杞桓四
十一
宋文十
五
秦桓九
楚莊十
八

戊戌晦
丁卯晦
丁酉晦
丙寅晦
丙申晦
乙丑晦
乙未晦
甲子晦
甲午晦
癸亥晦
癸巳晦
壬戌晦

丙寅

十四年	定王十二　齊頃四　晉景五　衛穆五　蔡文十七　鄭襄十　曹文二十三　陳成四　杞桓四十二　宋文十
正月大	癸亥朔
二月小	癸巳朔
三月大	壬戌朔
四月小	壬辰朔
五月大	辛酉朔　壬申，曹伯壽卒。是月之十二日。
六月小	辛卯朔
七月大	庚申朔
八月小	庚寅朔
九月大	己未朔
十月小	己丑朔
十一月大	戊午朔
十二月小	戊子朔

六 秦桓十 楚莊十九	
壬辰晦	
辛酉晦	
辛卯晦	
庚申晦	
庚寅晦	
己未晦	
己丑晦	
戊午晦	
戊子晦	
丁巳晦	
丁亥晦	
丙辰晦	

丁卯

十五年	定王十三 齊頃五 晉景六 衞穆六 蔡文十八 鄭襄十一	
正月大	丁巳朔	
二月小	丁亥朔	
三月大	丙辰朔	
四月小	丙戌朔	
五月大	乙卯朔	
六月小	乙酉朔	癸卯，晉師滅赤狄潞氏。是月之十九日。傳：「辛亥，滅潞。」是月之二十七日。
七月大	甲寅朔	傳：「壬午，晉侯治兵于稷，以略狄土。」杜註：「七月二十九日。」
八月小	甲申朔	
九月大	癸丑朔	
十月小	癸未朔	
十一月大	壬子朔	
十二月小	壬子朔	

曹宣公盧元 陳成五 杞桓四十三 宋文十七 秦桓十一 楚莊二十
丙戌晦
乙卯晦
乙酉晦
甲寅晦
甲申晦
癸丑晦
癸未晦
壬子晦
壬午晦
辛亥晦
辛巳晦 閏十一月大 壬午朔 辛亥晦
庚辰晦

戊辰

十六年	定王十四　齊頃六　晉景七　衛穆七　蔡文十九　鄭襄十二　曹宣二　陳成六　杞桓四十四　宋文十
正月大	辛巳朔
二月小	辛亥朔
三月大	庚辰朔　傳：「晉侯請于王。戊申，以黻冕命士會將中軍，且爲太傅。」是月之二十九日。
四月小	庚戌朔
五月大	己卯朔
六月小	己酉朔
七月大	戊寅朔
八月小	戊申朔
九月大	丁丑朔
十月小	丁未朔
十一月大	丙子朔
十二月大	丙午朔

八　秦桓十二　楚莊二十一
庚戌晦
己卯晦
己酉晦
戊寅晦
戊申晦
丁丑晦
丁未晦
丙子晦
丙午晦
乙亥晦
乙巳晦
乙亥晦

己巳

十七年　定王十五　齊頃七　晉景八　衛穆八　蔡文二十　鄭襄十	
正月小	丙子朔　庚子，許男錫我卒。是月之二十五日。丁未，蔡侯申卒。杜註：
二月大	乙巳朔
三月小	乙亥朔
四月大	甲辰朔
五月小	甲戌朔
六月大	癸卯朔　癸卯，日有食之。杜註：「不書朔，官失之。」己未，公會諸侯
七月小	癸酉朔
八月大	壬寅朔
九月小	壬申朔
十月大	辛丑朔
十一月小	辛未朔　壬午，公弟叔肸卒。是月之十二日。
十二月大	庚子朔

三曹宣三陳成七杞桓四十五宋文十九秦桓十三楚莊二十二

甲辰晦	「丁未，二月四日。」今按：當是二月三日。
甲戌晦	
癸卯晦	
癸酉晦	
壬寅晦	
壬申晦	盟于斷道。是月之十七日。
辛丑晦	
辛未晦	
庚子晦	
庚午晦	
己亥晦	
己巳晦	

庚午

十八年　定王十六

正月大	庚午朔	
二月小	庚子朔	
三月大	己巳朔	
四月小	己亥朔	
五月大	戊辰朔	
六月小	戊戌朔	
七月大	丁卯朔	甲戌，楚子旅卒。
八月小	丁酉朔	
九月大	丙寅朔	
十月小	丙申朔	壬戌，公薨于路
十一月大	乙丑朔	
十二月小	乙未朔	

齊頃八　晉景九　衛穆九　蔡景公固元　鄭襄十四　曹宣四　陳成八　杞桓四十六　宋文二十　秦桓十四　楚莊二十三

己亥晦	
戊辰晦	
戊戌晦	
丁卯晦	
丁酉晦	
丙寅晦	
丙申晦	是月之八日。
乙丑晦	
乙未晦	
甲子晦	寢。是月之二十七日。
甲午晦	
癸亥晦	

成　公名黑肱。

辛　未

元年	定王十七　齊頃九　晉景十　衛穆十　蔡景二　鄭襄十五　曹宣五　陳成九　杞桓四　十七
正月大	甲子朔
二月小	甲午朔　辛酉，葬我君宣公。是月之二十八日。
三月大	癸亥朔　傳：「癸未，王師敗績于徐吾氏。」是月之二十一日。
四月小	癸亥朔
五月大	壬辰朔
六月小	壬戌朔
七月大	辛卯朔
八月小	辛酉朔
九月大	庚寅朔
十月小	庚申朔
十一月大	己丑朔
十二月小	己未朔

宋文二十一　秦桓十五　楚共王審元	
	癸巳晦
	壬戌晦
	壬辰晦
閏三月大	癸巳朔　壬戌晦
	辛卯晦
	辛酉晦
	庚寅晦
	庚申晦
	己丑晦
	己未晦
	戊子晦
	戊午晦
	丁亥晦

壬申

二年	定王十八　齊頃十　晉景十	
正月大	戊子朔	
二月小	戊午朔	
三月大	丁亥朔	
四月大	丁巳朔	丙戌，衛師及齊師戰
五月小	丁亥朔	
六月大	丙辰朔	癸酉，及齊侯戰于鞌。
七月小	丙戌朔	己酉，及國佐盟于袁
八月大	乙卯朔	壬午，宋公鮑卒。是
九月小	乙酉朔	
十月大	甲寅朔	
十一月小	甲申朔	丙申，公及楚人、
十二月大	癸丑朔	

一 衛穆十一 蔡景三 鄭襄十六 曹宣六 陳成十 杞桓四十八 宋文二十二 秦桓十六 楚共二	
丁巳晦	
丙戌晦	
丙辰晦	
丙戌晦	于新築。杜註：「四月無丙戌。丙戌，五月一日。」今按：丙戌，正四月三十日。
乙卯晦	
乙酉晦	是月之十八日。傳：「壬申，師至于靡笄之下。」是月之十七日。
甲寅晦	婁。是月之二十四日。
甲申晦	月之二十八日。庚寅，衛侯速卒。杜註：「庚寅，九月七日。」今按：是九月六日。
癸丑晦	
癸未晦	
壬子晦	秦人、宋人、陳人、衛人、鄭人、齊人、曹人、邾人、薛人、鄫人盟于蜀。是月之十三日。
壬午晦	

癸酉

三年	定王十九　齊頃十一　晉景十二　衛定公臧元　蔡景四　鄭襄十七　曹宣七　陳成十一　杞桓四
正月小	癸未朔　辛亥，葬衛穆公。是月之二十九日。
二月大	壬子朔　甲子，新宮災。是月之十三日。乙亥，葬宋文公。是月之二十四日。
三月小	壬午朔
四月大	辛亥朔
五月小	辛巳朔
六月大	庚戌朔
七月小	庚辰朔
八月大	己酉朔
九月小	己卯朔
十月大	戊申朔
十一月大	戊寅朔　丙午，及荀庚盟。是月之二十九日。丁未，及孫良夫盟。是月之三十日。
十二月小	戊申朔　傳：「甲戌，晉作六軍。」是月之二十七日。

十九 宋共公固元 秦桓十七 楚共三
辛亥晦
辛巳晦
庚戌晦
庚辰晦
己酉晦
己卯晦
戊申晦
戊寅晦
丁未晦
丁丑晦
丁未晦
丙子晦

甲戌

四年	定王二十 齊頃十二 晉景十三 衛定二 蔡景五
正月大	丁丑朔
二月小	丁未朔
三月大	丙子朔 壬申，鄭伯堅卒。杜註：「壬申，二月二十八日。」今
四月小	丙午朔 甲寅，臧孫許卒。是月之九日。
五月大	乙亥朔
六月小	乙巳朔
七月大	甲戌朔
八月小	甲戌朔
九月大	癸卯朔
十月小	癸酉朔
十一月大	壬寅朔
十二月小	壬申朔

鄭襄十八　曹宣八　陳成十二　杞桓五十　宋共二　秦桓十八　楚共四	
丙午晦	
乙亥晦	
乙巳晦	按：當爲二月二十六日，以上年十一月有丙午、丁未推之可見。
甲戌晦	
甲辰晦	
癸酉晦	
癸卯晦	閏七月大　甲辰朔　癸酉晦
壬寅晦	
壬申晦	
辛丑晦	
辛未晦	
庚子晦	

乙亥

五年	定王二十一　齊頃十三　晉景十四　衛定三　蔡景六　鄭悼公費元　曹宣九　陳成十三　杞桓五十一
正月大	辛丑朔
二月小	辛未朔
三月大	庚子朔
四月小	庚午朔
五月大	己亥朔
六月小	己巳朔
七月大	戊戌朔
八月小	戊辰朔
九月大	丁酉朔
十月小	丁卯朔
十一月大	丙申朔　己酉，天王崩。是月之十四日。
十二月小	丙寅朔　己丑，公會諸侯同盟于蟲牢。是月之二十四日。

宋共三 秦桓十九 楚共五	
	庚午晦
	己亥晦
	己巳晦
	戊戌晦
	戊辰晦
	丁酉晦
	丁卯晦
	丙申晦
	丙寅晦
	乙未晦
	乙丑晦
	乙未晦

丙子

六年	簡王夷元 齊頃十四 晉景十五 衛定四 蔡景七 鄭悼二 曹宣十	
正月小	丙申朔	
二月大	乙丑朔	辛巳，立武宮。是月之十七日。
三月小	乙未朔	
四月大	甲子朔	傳：「丁丑，晉遷于新田。」是月之十四日。
五月小	甲午朔	
六月大	癸亥朔	壬申，鄭伯費卒。是月之十日。
七月小	癸巳朔	
八月大	壬戌朔	
九月小	壬辰朔	
十月大	辛酉朔	
十一月小	辛卯朔	
十二月大	庚申朔	

陳成十四　杞桓五十二　宋共四　秦桓二十　楚共六　吳壽夢元	
甲子晦	
甲午晦	
癸亥晦	
癸巳晦	
壬戌晦	
壬辰晦	
辛酉晦	
辛卯晦	
庚申晦	
庚寅晦	
己未晦	
己丑晦	

丁丑

七年	簡王二　齊頃十五　晉景十
正月小	庚寅朔
二月大	己未朔
三月小	己丑朔
四月大	戊午朔
五月小	戊子朔
六月大	丁巳朔
七月小	丁亥朔
八月大	丙辰朔　戊辰，同盟于馬陵。
九月小	丙辰朔
十月大	乙酉朔
十一月小	乙卯朔
十二月大	甲申朔

六　衛定五　蔡景八　鄭成公睔元　曹宣十一　陳成十五　杞桓五十三　宋共五　秦桓二十一　楚共七　吳壽夢二	
戊午晦	
戊子晦	
丁巳晦	
丁亥晦	
丙辰晦	
丙戌晦	
乙卯晦	
是月之十三日。　乙酉晦	閏八月大　丙戌朔　乙卯晦
甲申晦	
甲寅晦	
癸未晦	
癸丑晦	

戊寅

八年	簡王三 齊頃十六 晉景十七 衛定六 蔡景九 鄭成二 曹宣十二 陳成十六 杞桓五十四 宋共六	
正月小	甲寅朔	
二月大	癸未朔	
三月小	癸丑朔	
四月大	壬午朔	
五月小	壬子朔	
六月大	辛巳朔	
七月小	辛亥朔	
八月大	庚辰朔	
九月小	庚戌朔	
十月大	己卯朔	癸卯，杞叔姬卒。是月之二十五日。
十一月小	己酉朔	
十二月大	戊寅朔	

秦桓二十二 楚共八 吳壽夢三	
壬午晦	
壬子晦	
辛巳晦	
辛亥晦	
庚辰晦	
庚戌晦	
己卯晦	
己酉晦	
戊寅晦	
戊申晦	
丁丑晦	
丁未晦	

己卯

九年	簡王四 齊頃十七 晉景十八 衛定七 蔡景十 鄭成三 曹宣十	
正月大	戊申朔	
二月小	戊寅朔	
三月大	丁未朔	
四月小	丁丑朔	
五月大	丙午朔	
六月小	丙子朔	
七月大	乙巳朔	丙子，齊侯無野卒。杜註：「丙子，六月一日。書七月，從赴。」
八月小	乙亥朔	
九月大	甲辰朔	
十月小	甲戌朔	
十一月大	癸卯朔	庚申，莒潰。杜註：「月十八日。」傳：「戊申，楚入
十二月小	癸卯朔	

三 陳成十七 杞桓五十五 宋共七 秦桓二十三 楚共九 吳壽夢四
丁丑晦
丙午晦
丙子晦
乙巳晦
乙亥晦
甲辰晦
甲戌晦
癸卯晦
癸酉晦
壬寅晦
渠丘。」杜註：「月六日。」 壬申晦 閏十一月大 癸酉朔城中城。杜註：「此閏月。城在十一
辛未晦

十一月	月之後，十二月之前，故傳曰書時。」壬寅晦
十二月	

庚辰

十年	簡王五 齊靈公環元 晉景十九 衛定八 蔡景十一
正月大	壬申朔
二月小	壬寅朔
三月大	辛未朔
四月小	辛丑朔
五月大	庚午朔 丙午，晉侯獳卒。杜註：「據傳，丙午六月七日。有日無月。」
六月小	庚子朔 傳：「鄭伯討立君者。戊申，殺叔申、叔禽。」是月之九日。
七月大	己巳朔
八月小	己亥朔
九月大	戊辰朔
十月小	戊戌朔
十一月大	丁卯朔
十二月大	丁酉朔

辛巳

十一年		鄭成四　曹宣十四　陳成十八　杞桓五十六　宋共八　秦桓二十四　楚共十　吳壽夢五	
正月小	丁卯朔	辛丑晦	
二月大	丙申朔	庚午晦	
三月小	丙寅朔	庚子晦	
四月大	乙未朔	己巳晦	
五月小	乙丑朔	己亥晦	傳：「辛巳，鄭伯歸。」是月之十二日。
六月大	甲午朔	戊辰晦	
七月小	甲子朔	戊戌晦	
八月大	癸巳朔	丁卯晦	
九月小	癸亥朔	丁酉晦	
十月大	壬辰朔	丙寅晦	
十一月小		丙申晦	
十二月大		丙寅晦	

簡王六 齊靈二 晉厲公州蒲元 衛定九 蔡景十二 鄭成五 曹宣十五 陳成十九 杞桓五十七 宋共九 秦桓二十五 楚共十一 吴壽夢六	
	乙未晦
	乙丑晦
己丑，及郤犨盟。是月之二十四日。	甲午晦
	甲子晦
	癸巳晦
	癸亥晦
	壬辰晦
	壬戌晦
	辛卯晦
	辛酉晦
壬戌朔	庚寅晦
辛卯朔	庚申晦

壬午

十二年	簡王七 齊靈三 晉厲二 衛定十 蔡景十三 鄭成六 曹宣十六 陳成二十 杞桓五十八
正月大	辛酉朔
二月小	辛卯朔
三月大	庚申朔
四月小	庚寅朔
五月大	己未朔 傳：「癸亥，晉、楚盟于宋西門之外。」是月之五日。
六月大	戊午朔
七月小	戊子朔
八月大	丁巳朔
九月小	丁亥朔
十月大	丙辰朔
十一月小	丙戌朔
十二月大	乙卯朔

宋共十秦桓二十六楚共十二吳壽夢七

庚寅晦

己未晦

己丑晦

戊午晦

戊子晦　閏五月小　己丑朔　按：《長曆》是年無閏月。今以傳文五月癸亥推至來年四月戊午，

丁亥晦

丙辰晦

丙戌晦

乙卯晦

乙酉晦

甲寅晦

甲申晦

凡三百五十六日，中間應有一閏。丁巳晦

癸未

十三年	簡王八　齊靈四　晉厲三　衛定十一　蔡景十四
正月大	乙酉朔
二月小	乙卯朔
三月大	甲申朔
四月小	甲寅朔　傳：「戊午，晉侯使呂相絶秦。」是月之五日。
五月大	癸未朔　傳：「丁亥，晉師及秦師戰于麻隧。」是月之五日。
六月小	癸丑朔　傳：「丁卯夜，鄭公子班自訾求入于大宮。」是月之
七月大	壬午朔
八月小	壬子朔
九月大	辛巳朔
十月小	辛亥朔
十一月大	庚辰朔
十二月大	庚戌朔

	鄭成七	曹宣十	七	陳成二	十一	杞桓五	十九	宋共十	一	秦桓二	十七	楚共十	三	吴壽夢	八
甲寅晦															
癸未晦															
癸丑晦															
壬午晦															
壬子晦															
辛巳晦	十五日。	己巳，子	駟帥國	人盟于	大宫。	是月之	十七日。								
辛亥晦															
庚辰晦															
庚戌晦															
己卯晦															
己酉晦															
己卯晦															

甲申

十四年	簡王九　齊靈五　晉厲四　衛定十二　蔡景十五　鄭成八　曹成公負芻元　陳成二十二　杞桓六十
正月小	庚辰朔
二月大	己酉朔
三月小	己卯朔
四月大	戊申朔
五月小	戊寅朔
六月大	丁未朔
七月小	丁丑朔
八月小	丙子朔　傳：「戊戌，鄭伯復伐許。」是月之二十三日。庚子，入其郛。是月之二十五日。
九月大	乙巳朔
十月小	乙亥朔　庚寅，衛侯臧卒。是月之十六日。
十一月大	甲辰朔
十二月大	甲戌朔

乙酉

十五年		宋共十二 秦桓二十八 楚共十四 吳壽夢九
正月小	甲辰朔	戊申晦
二月大	癸酉朔	戊寅晦
三月小	癸卯朔	丁未晦
四月大	壬申朔	丁丑晦
五月小	壬寅朔	丙午晦
六月大	辛未朔	丙子晦
七月小	辛丑朔	乙巳晦 閏七月大 丙午朔 乙亥晦
八月大	庚午朔	甲辰晦
九月小	庚子朔	甲戌晦
十月大	己巳朔	癸卯晦
十一月小		癸酉晦
十二月大		癸卯晦

簡王十　齊靈六　晉厲五　衛獻公衎元　蔡景十六　鄭成九　曹成二　陳成二十三　杞桓六十一　宋共十三　秦景公元　楚共十五　吳壽夢十	
	壬申晦
	壬寅晦
乙巳，仲嬰齊卒。是月之三日。癸丑，公會諸侯同盟于戚。是月之十一日。	辛未晦
	辛丑晦
	庚午晦
	庚子晦
	己巳晦
庚辰，葬宋共公。是月之十一日。	己亥晦
	戊辰晦
	戊戌晦
己亥朔　傳：「辛丑，楚公子申遷許于葉。」是月之三日。	丁卯晦
戊辰朔	丁酉晦

丙戌

十六年	簡王十一　齊靈七　晉厲六　衛獻二　蔡景十七　鄭成十　曹成三　陳成二十四　杞桓六十二
正月大	戊戌朔
二月小	戊辰朔
三月大	丁酉朔
四月小	丁卯朔　辛未，滕子卒。是月之五日。傳：「戊寅，晉師起。」是月之十二日。
五月大	丙申朔
六月小	丙寅朔　丙寅朔，日有食之。甲午晦，晉侯及楚子、鄭伯戰于鄢陵。傳：「癸巳，潘尫之黨與養由基蹲甲而射之。」
七月大	乙未朔　傳：「戊午，鄭子罕宵軍之。」是月之二十四日。
八月小	乙丑朔
九月大	甲午朔
十月小	甲子朔　乙亥，叔孫僑如出奔齊。是月之十二日。
十一月大	癸巳朔
十二月小	癸亥朔　乙丑，季孫行父及晉郤犫盟于扈。是月之三日。乙酉，刺公子偃。是月之二十三日。

宋平公成元 秦景二 楚共十六 吳壽夢十一	
丁卯晦	
丙申晦	
丙寅晦	
乙未晦	
乙丑晦	
甲午晦	是月之二十八日。
甲子晦	
癸巳晦	
癸亥晦	
壬辰晦	
壬戌晦	
辛卯晦	

丁亥

十七年	簡王十二 齊靈八 晉厲七 衛獻三 蔡景十	
正月大	壬辰朔	
二月小	壬戌朔	
三月大	辛卯朔	
四月小	辛酉朔	
五月大	庚寅朔	
六月小	庚申朔	乙酉，同盟于柯陵。是月之二十六日。
七月大	己丑朔	傳：「壬寅，齊刖鮑牽而逐高無咎。」是月之
八月小	己未朔	
九月大	戊子朔	辛丑，用郊。是月之十四日。
十月小	戊午朔	傳：「庚午，圍鄭。」是月之十三日。
十一月大	丁亥朔	壬申，公孫嬰齊卒于貍脤。杜註：
十二月小	丁巳朔	丁巳朔，日有食之。傳：「壬午，胥

八鄭成十一曹成四陳成二十五杞桓六十三宋平二秦景三楚共十七吳壽夢十二
傳：「戊辰，士燮卒。」是月之九日。
十四日。
「十一月無壬申，日誤也。」《正義》曰：「《公》、《穀》及諸儒皆以壬申爲十月十五日。今據傳曰十一月諸侯還自鄭，壬申至于貍脤而卒，是非十月，
童、夷羊五攻郤氏。」是月之二十六日。

	辛酉晦	
	庚寅晦	
	庚申晦	
	己丑晦	
	己未晦	
	戊子晦	
	戊午晦	
	丁亥晦	
	丁巳晦	
	丙戌晦	
分明誤在日也。」詳見《長曆拾遺表》。	丙辰晦	
	乙酉晦	閏十二月大 丙戌朔 傳：「閏月乙卯晦，欒書、中行偃殺胥童。」 乙卯晦

戊子

十八年	簡王十三 齊靈九 晉厲八 衛獻四 蔡景十九 鄭成十二 曹成五 陳成二十六 杞桓六十四
正月小	丙辰朔 庚申，晉弑其君州蒲。是月之五日。傳：「庚午，盟而入。」是月之十五日。辛巳，朝于武宮。是月之二十六日。
二月大	乙酉朔 傳：「乙酉朔，晉悼公即位于朝」。
三月小	乙卯朔
四月大	甲申朔
五月小	甲寅朔
六月大	癸未朔
七月小	癸丑朔
八月大	壬午朔 己丑，公薨于路寢。是月之八日。
九月小	壬子朔
十月大	辛巳朔
十一月小	辛亥朔
十二月大	庚辰朔 丁未，葬我君成公。是月之二十八日。

宋平三 秦景四 楚共十八 吳壽夢十三	甲申晦，齊侯使士華免以戈殺國佐于內宮之朝。											
	甲申晦	甲寅晦	癸未晦	癸丑晦	壬午晦	壬子晦	辛巳晦	辛亥晦	庚辰晦	庚戌晦	己卯晦	己酉晦

襄　公名午。

己　丑

元年	正月大	二月小	三月大	四月小	五月大	六月小	七月大	八月大	九月小	十月大	十一月小	十二月大
簡王十四	庚戌朔	庚辰朔	己酉朔	己卯朔	戊申朔	戊寅朔	丁未朔	丁丑朔	丁未朔	丙子朔	丙午朔	乙亥朔
齊靈十	傳：「己亥，圍宋								辛酉，天王崩。			

晉悼公　周元　衛獻五　蔡景二十　鄭成十三　曹成六　陳成二十七　杞桓六十五　宋平四　秦景五　楚共十九　吳壽夢十四

彭城。」杜註：「正月無己亥，日誤。」	己卯晦
	戊申晦
	戊寅晦
	丁未晦
	丁丑晦
	丙午晦
	丙子晦
	丙午晦
杜註：「九月十五日。」	乙亥晦
	乙巳晦
	甲戌晦
	甲辰晦

庚寅

二年	靈王泄心元 齊靈十一 晉悼二 衛獻六 蔡景二十一 鄭成十四 曹成七 陳成二十八 杞桓六十六
正月小	乙巳朔
二月大	甲戌朔
三月小	甲辰朔
四月大	癸酉朔
五月小	癸酉朔 庚寅，夫人姜氏薨。是月之十八日。
六月大	壬寅朔 庚辰，鄭伯睔卒。杜註：「庚辰，七月九日。書六月，經誤。」
七月小	壬申朔 己丑，葬我小君齊姜。是月之十八日。
八月大	辛丑朔
九月小	辛未朔
十月大	庚子朔
十一月小	庚午朔
十二月大	己亥朔

宋平五 秦景六 楚共二十 吳壽夢十五	
癸酉晦	
癸卯晦	
壬申晦	
壬寅晦	閏四月大 癸卯朔 壬申晦
辛丑晦	
辛未晦	
庚子晦	
庚午晦	
己亥晦	
己巳晦	
戊戌晦	
戊辰晦	

辛卯

三年	靈王二 齊靈十二	
正月小	己巳朔	
二月大	戊戌朔	
三月小	戊辰朔	
四月大	丁酉朔	壬戌，公及晉
五月大	丁卯朔	
六月小	丁酉朔	己未，公會諸
七月大	丙寅朔	
八月小	丙申朔	
九月大	乙丑朔	
十月小	乙未朔	
十一月大	甲子朔	
十二月小	甲午朔	

	晉悼三 衛獻七 蔡景二十二 鄭僖公髡頑元 曹成八 陳成二十九 杞桓六十七 宋平六 秦景七 楚共二十一 吳壽夢十六
丁酉晦	
丁卯晦	
丙申晦	
丙寅晦	侯盟于長樗。是月之二十六日。
丙申晦	
乙丑晦	侯同盟于雞澤。是月之二十三日。戊寅，叔孫豹及諸侯之大夫及陳袁僑盟。杜註：「戊寅，七月十三日。經誤。」
乙未晦	
甲子晦	
甲午晦	
癸亥晦	
癸巳晦	
壬戌晦	

壬辰

四年	靈王三　齊靈十三　晉悼四　衛獻八　蔡景二十三　鄭僖二　曹成九　陳成三十　杞桓六十八　宋平七　秦景八
正月大	癸亥朔
二月小	癸巳朔
三月大	壬戌朔　己酉，陳侯午卒。杜註：「三月無己酉，日誤。」
四月小	壬辰朔
五月大	辛酉朔
六月小	辛卯朔
七月大	庚申朔　戊子，夫人姒氏薨。是月之二十九日。
八月小	庚寅朔　辛亥，葬我小君定姒。是月之二十二日。
九月大	己未朔
十月小	己丑朔
十一月大	戊午朔
十二月大	戊子朔

楚共二十二　吳壽夢十七	
壬辰晦	
辛酉晦	
辛卯晦	
庚申晦	
庚寅晦	
己未晦	
己丑晦	
戊午晦	
戊子晦	
丁巳晦	
丁亥晦	
丁巳晦	

癸巳

五年	靈王四　齊靈十四　晉悼五　衛獻九　蔡景二十四　鄭僖三　曹成十　陳哀公
正月小	戊午朔
二月大	丁亥朔
三月小	丁巳朔
四月大	丙戌朔　六年傳：「于鄭子國之來聘也，四月，晏弱城東陽，而遂圍萊。甲寅，
五月大	乙酉朔
六月小	乙卯朔
七月大	甲申朔
八月小	甲寅朔
九月大	癸未朔　傳：「丙午，盟于戚。」是月之二十四日。
十月小	癸丑朔
十一月大	壬午朔　傳：「子囊伐陳。甲午，會于城棣以救之。」是月之十三日。
十二月大	壬子朔　辛未，季孫行父卒。是月之二十日。

溺元　杞桓六十九　宋平八　秦景九　楚共二十三　吳壽夢十八

丙戌晦

丙辰晦

乙酉晦

堙之。」甲寅爲是月之二十九日。　乙卯晦　閏四月小　丙辰朔　甲申晦

甲寅晦

癸未晦

癸丑晦

壬午晦

壬子晦

辛巳晦

辛亥晦

辛巳晦

甲午

六年	靈王五 齊靈十五 晉悼六 衛獻十 蔡景二十五 鄭僖四 曹成十一 陳哀二 杞桓七十 宋平九 秦景十	
正月小	壬午朔	
二月大	辛亥朔	
三月小	辛巳朔	壬午，杞伯姑容卒。是月之二日。傳：「乙未，王湫帥師及正輿子、棠人軍齊師，齊師大敗之。丁未，
四月大	庚戌朔	
五月小	庚辰朔	
六月大	己酉朔	
七月小	己卯朔	
八月大	戊申朔	
九月小	戊寅朔	
十月大	丁未朔	
十一月小	丁丑朔	傳：「晏弱圍棠，十一月丙辰而滅之。」案：是月無丙辰，傳既兩言十一月，則丙辰日誤也。
十二月大	丙午朔	

楚共二十四 吳壽夢十九	
庚戌晦	
庚辰晦	
己酉晦	入萊。」乙未，是月之十五日。丁未，是月之二十七日。
己卯晦	
戊申晦	
戊寅晦	
丁未晦	
丁丑晦	
丙午晦	
丙子晦	
乙巳晦	
乙亥晦	

乙未

七年	靈王六 齊靈十六 晉悼七 衛獻十一	
正月大	丙子朔	
二月小	丙午朔	
三月大	乙亥朔	
四月小	乙巳朔	
五月大	甲戌朔	
六月小	甲辰朔	
七月大	癸酉朔	
八月小	癸卯朔	
九月大	壬申朔	
十月小	壬寅朔	壬戌，及孫林父盟。是月之二十一
十一月小	辛丑朔	
十二月大	庚午朔	鄭伯髡頑如會，未見諸侯。丙

蔡景二十六 鄭僖五 曹成十二 陳哀三 杞孝公匄元 宋平十 秦景十一 楚共二十五 吳壽夢二十		
	乙巳晦	
	甲戌晦	
	甲辰晦	
	癸酉晦	
	癸卯晦	
	壬申晦	
	壬寅晦	
	辛未晦	
	辛丑晦	
日。傳：「庚戌，韓獻子使其子宣子朝，遂老。」是月之九日。	庚午晦	閏十月大 辛未朔 庚子晦
	己巳晦	
戌，卒于鄵。是月之十七日。	己亥晦	

丙申

八年	靈王七　齊靈十七　晉悼八　衛獻十二　蔡景二十七❶　鄭簡公嘉元　曹成十三　陳哀四	
正月大	庚子朔	
二月小	庚午朔	
三月大	己亥朔	
四月小	己巳朔	傳：「庚辰，鄭子駟殺子狐、子熙、子侯、子丁。」是月之十二日。庚寅，鄭子國、子耳侵蔡。
五月大	戊戌朔	傳：「甲辰，會于邢丘。」是月之七日。
六月小	戊辰朔	
七月大	丁酉朔	
八月小	丁卯朔	
九月大	丙申朔	
十月小	丙寅朔	
十一月大	乙未朔	
十二月大	乙丑朔	

❶「七」，原誤作「六」，今據《四庫全書》本改。

杞孝二 宋平十一 秦景十二 楚共二十六 吳壽夢二十一	
己巳晦	
戊戌晦	
戊辰晦	
丁酉晦	是月之二十二日。
丁卯晦	
丙申晦	
丙寅晦	
乙未晦	
乙丑晦	
甲午晦	
甲子晦	
甲午晦	

丁酉

九年	靈王八 齊靈十八 晉悼九 衛獻十
正月小	乙未朔
二月大	甲子朔
三月小	甲午朔
四月大	癸亥朔
五月小	癸巳朔 辛酉，夫人姜氏薨。是月之二
六月大	壬戌朔
七月小	壬辰朔
八月大	辛酉朔 癸未，葬我小君穆姜。是月之
九月小	辛卯朔
十月大	庚申朔 傳：「庚午，諸侯從晉伐鄭。」是
十一月小	庚寅朔
十二月大	己未朔 己亥，同盟于戲。杜註：

三 蔡景二十八 鄭簡二 曹成十四 陳哀五 杞孝三 宋平十二 秦景十三 楚共二十七 吳壽夢二十二
十九日，即晦日也。
二十三日。
月之十一日。甲戌，師于汜。是月之十五日。
「傳言十有一月己亥，以《長曆》推之，十二月無己亥，經誤。」按：己亥，十一月十日。傳：「癸亥，晉復伐鄭，門其三門。」是月之五日。

癸亥晦	
癸巳晦	
壬戌晦	
壬辰晦	
辛酉晦	
辛卯晦	
庚申晦	
庚寅晦	
己未晦	
己丑晦	
戊午晦	
戊子晦	閏月戊寅，濟于陰阪，侵鄭。杜註：「此年不得有閏月戊寅。戊寅，是十二月二十日。」

戊戌

十年	靈王九	齊靈十
正月大	己丑朔	
二月小	己未朔	
三月大	戊子朔	傳：「癸
四月小	戊午朔	傳：「戊
五月大	丁亥朔	甲午，遂
六月小	丁巳朔	傳：「楚
七月大	丙戌朔	
八月小	丙辰朔	傳：「楚
九月大	乙酉朔	傳：「諸
十月小	乙卯朔	傳：「戊
十一月大	甲申朔	
十二月小	甲寅朔	

九 晉悼十 衛獻十 四 蔡景二 十九 鄭簡三 曹成十 五 陳哀六 杞孝四 宋平十 三 秦景十 四 楚共二 十八 吳壽夢 二十三	
戊午晦	
丁亥晦	
丁巳晦	丑，齊高厚相太子光，以先會諸侯于鍾離。」杜註：「癸丑，月二十六日。」
丙戌晦	午，會于柤。」杜註：「戊午，月一日。」丙寅，晉圍偪陽。杜註：「月九日。」
丙辰晦	滅偪陽。杜註：「月八日。」傳：「庚寅，荀偃、士匄帥卒攻偪陽。」杜註：「月四日。」
乙酉晦	伐宋。庚午，圍宋。」是月之十四日。
乙卯晦	
甲申晦	圍蕭，丙寅克之。」是月之十一日。
甲寅晦	侯伐鄭，己西師于牛首。」是月之二十五日。
癸未晦	辰，盜殺鄭公子騑、公子發、公孫輒。」是月之十四日。
癸丑晦	傳：「己亥，與楚師夾潁而軍。」是月之十六日。丁未，諸侯之師還。是月之二十四日。
壬午晦	

閏十二月大	癸未朔 壬子晦

己亥

十一年	靈王十 齊靈二十 晉悼十一 衛獻十五 蔡景三十
正月小	癸丑朔
二月大	壬午朔
三月小	壬子朔
四月大	辛巳朔 傳：「諸侯伐鄭。己亥，齊太子光、宋向戌先至于鄭。」是月之十九日。
五月小	辛亥朔
六月大	庚辰朔
七月小	庚戌朔 己未，同盟于亳城北。是月之十日。傳：「丙子，伐宋。」是月之二十七日。
八月大	己卯朔
九月小	己酉朔 傳：「甲戌，晉趙武入盟鄭伯。」是月之二十六日。
十月大	戊寅朔 傳：「丁亥，鄭子展出盟晉侯。」是月之十日。
十一月小	戊申朔
十二月大	丁丑朔 傳：「戊寅，會于蕭魚。」是月之二日。庚辰，赦鄭囚。是月之四日。

十二年　庚子

鄭簡四　曹成十六　陳哀七　杞孝五　宋平十四　秦景十五　楚共二十九　吳壽夢二十四

月	朔	晦	事
正月大	丁未朔	辛巳晦	
二月小	丁丑朔	辛亥晦	
三月大	丙午朔	庚辰晦	
四月小	丙子朔	庚戌晦	
五月大	乙巳朔	己卯晦	
六月小	乙亥朔	己酉晦	
七月大	甲辰朔	戊寅晦	
八月小	甲戌朔	戊申晦	
九月大	癸卯朔	丁丑晦	
十月小	癸酉朔	丁未晦	
十一月大		丙子晦	
十二月小		丙午晦	壬午，秦庶長武濟自輔氏。是月之六日。己丑，秦、晉戰于櫟。是月之十三日。

靈王十 一 齊靈二 十一 晉悼十 二 衛獻十 六 蔡景三 十一 鄭簡五 七 曹成十 陳哀八 杞孝六 宋平十 五 秦景十 六
壬寅朔
壬申朔

楚共三十　吳壽夢二十五
丙子晦
乙巳晦
乙亥晦
甲辰晦
甲戌晦
癸卯晦
癸酉晦
壬寅晦
壬申晦
辛丑晦
辛未晦
庚子晦

辛丑

十三年　靈王十二　齊靈二十二　晉悼十三　衛獻十七　蔡景三	
正月大	辛丑朔
二月小	辛未朔
三月大	庚子朔
四月小	庚午朔
五月大	己亥朔
六月小	己巳朔
七月大	戊戌朔
八月小	戊辰朔
九月小	丁卯朔　庚辰，楚子審卒。是月之十四日。
十月大	丙申朔
十一月小	丙寅朔
十二月大	乙未朔

十二 鄭簡六 八 曹成十 陳哀九 杞孝七 宋平十 六 秦景十 七 楚共三 十一 吳諸樊 元	
庚午晦	
己亥晦	
己巳晦	
戊戌晦	
戊辰晦	
丁酉晦	
丁卯晦	
丙申晦	閏八月大 丁酉朔 丙寅晦
乙未晦	
乙丑晦	
甲午晦	
甲子晦	

壬寅

十四年	靈王十三　齊靈二十三　晉悼十四　衛獻十八　蔡景三十三　鄭簡七　曹成十九　陳哀十
正月大	乙丑朔
二月小	乙未朔，日有食之。
三月大	甲子朔
四月小	甲午朔　己未，衛侯出奔齊。是月之二十六日。傳：「己未，子展奔齊。」同上。
五月大	癸亥朔
六月小	癸巳朔
七月大	壬戌朔
八月小	壬辰朔
九月大	辛酉朔
十月小	辛卯朔
十一月大	庚申朔
十二月大	庚寅朔

杞孝八 宋平十七 秦景十八 楚康王昭元 吳諸樊二	
	甲午晦
	癸亥晦
	癸巳晦
	壬戌晦
	壬辰晦
	辛酉晦
	辛卯晦
	庚申晦
	庚寅晦
	己未晦
	己丑晦
	己未晦

癸卯

十五年		靈王十四 齊靈二十四
正月小	庚申朔	
二月大	己丑朔	己亥，及向戌盟于劉。是月之
三月小	己未朔	
四月大	戊子朔	
五月小	戊午朔	
六月大	丁亥朔	
七月小	丁巳朔	
八月大	丙戌朔	丁巳，日有食之。杜註：「八月無
九月小	丙辰朔	
十月大	乙酉朔	
十一月小	乙卯朔	癸亥，晉侯周卒。是月之
十二月大	甲申朔	

晉悼十五 衛獻十九 殤公剽元 蔡景三十四 鄭簡八 曹成二十 陳哀十一 杞孝九 宋平十八 秦景十九 楚康二
十一日。
丁巳。丁巳，七月一日也。日、月必有誤。」
九日。

甲辰

十六年 靈王十五 齊靈二十五 晉平公彪元 衛獻二十 殤二 蔡景三十五		吳諸樊三
正月小	甲寅朔	戊子晦
二月大	癸未朔	戊午晦
三月小	癸丑朔 公會諸侯于溴梁。戊寅，大夫盟。是月之二十六日。	丁亥晦
四月大	壬午朔	丁巳晦
五月小	壬子朔 甲子，地震。是月之十三日。	丙戌晦
六月大	辛巳朔 傳：「庚寅，伐許，次于函氏。」是月之十日。	丙辰晦
七月小	辛亥朔	乙酉晦
八月大	庚辰朔	乙卯晦
九月小	庚戌朔	甲申晦
十月大	己卯朔	甲寅晦
十一月小	己卯朔	癸未晦
十二月大	戊申朔	癸丑晦

鄭簡九 曹成二十一 陳哀十二 杞孝十 宋平十九 秦景二十 楚康三 吳諸樊四

壬午晦

壬子晦

辛巳晦

辛亥晦

庚辰晦

庚戌晦

己卯晦

己酉晦

戊寅晦

戊申晦 閏十月大 己酉朔 戊寅晦

丁未晦

丁丑晦

乙巳

十七年	靈王十六 齊靈二十六 晉平二 衛獻廿一 殤三 蔡景三十六 鄭簡十 曹成二十二 陳哀十
正月小	戊寅朔
二月大	丁未朔 庚午，邾子牼卒。是月之二十四日。
三月小	丁丑朔
四月大	丙午朔
五月小	丙子朔
六月大	乙巳朔
七月小	乙亥朔
八月大	甲辰朔
九月小	甲戌朔
十月大	癸卯朔
十一月小	癸酉朔 傳：「甲午，國人逐瘈狗。」是月之二十二日。
十二月大	壬寅朔

丙午

十八年 靈王十七 齊靈二		三 杞孝十一 宋平二十 秦景二十一 楚康四 吳諸樊五
正月小	壬申朔	丙午晦
二月大	辛丑朔	丙子晦
三月小	辛未朔	乙巳晦
四月大	庚子朔	乙亥晦
五月小	庚午朔	甲辰晦
六月大	己亥朔	甲戌晦
七月小	己巳朔	癸卯晦
八月大	戊戌朔	癸酉晦
九月小	戊辰朔	壬寅晦
十月大	丁酉朔 傳：「丙寅晦，齊師夜	壬申晦
十一月小	丁卯朔 傳：「丁卯朔，	辛丑晦
十二月大	丙申朔 傳：「戊戌，及秦	辛未晦

十七
晉平三
衛獻廿
二
殤四
蔡景三
十七
鄭簡十
一
曹成二
十三
陳哀十
四
杞孝十
二
宋平二
十一
秦景二
十二

遁。」

入平陰，遂從齊師。」己卯，晉中軍克京茲。是月之十三日。乙酉，晉下軍克邿。是月之十九日。

周，伐雍門之萩。」是月之三日。己亥，焚雍門及西郭、南郭。是月之四日。壬寅，焚東郭、北郭。是月之七日。甲辰，東侵及濰，南及沂。

楚康五 吳諸樊六
庚子晦
庚午晦
己亥晦
己巳晦
戊戌晦
戊辰晦
丁酉晦
丁卯晦
丙申晦
丙寅晦
乙未晦
乙丑晦 是月之九日。

丁未

十九年 靈王十八 齊靈二十八 晉平四 衛獻廿三 殤五 蔡景三十八	
正月小	丙寅朔
二月大	乙未朔 傳：「甲寅，晉荀偃卒。」是月之二十日。
三月小	乙丑朔
四月大	甲午朔 傳：「丁未，鄭公孫蠆卒。」是月之十四日。
五月小	甲子朔 傳：「壬辰晦，齊靈公卒。」是月之二十九日。杜註：「經書七月辛卯，光
六月大	癸巳朔
七月小	癸亥朔 辛卯，齊侯環卒。是月之二十九日。互見五月傳。
八月大	壬辰朔 丙辰，仲孫蔑卒。是月之二十五日。傳：「甲辰，鄭子展、子西殺子孔而分其
九月小	壬戌朔
十月大	辛酉朔
十一月小	辛卯朔
十二月大	庚申朔

鄭簡十二
曹武公
滕元
陳哀十五
杞孝十三
宋平二十二
秦景二十三
楚康六
吳諸樊七

甲午晦	
甲子晦	
癸巳晦	
癸亥晦	
壬辰晦	定位而後赴。」
壬戌晦	
辛卯晦	
辛酉晦	室。」是月之十三日。
庚寅晦 閏九月大 辛卯朔 庚申晦	
庚寅晦	
己未晦	
己丑晦	

戊申

二十年	靈王十九　齊莊公光元　晉平五　衛獻廿四　殤六　蔡景三十九　鄭簡十三　曹武二　陳哀十
正月小	庚寅朔　辛亥，仲孫速會莒人盟于向。是月之二十二日。
二月大	己未朔
三月小	己丑朔
四月大	戊午朔
五月小	戊子朔
六月大	丁巳朔　庚申，公會諸侯盟于澶淵。是月之四日。
七月小	丁亥朔
八月大	丙辰朔
九月大	丙戌朔
十月小	丙辰朔　丙辰朔，日有食之。
十一月大	乙酉朔
十二月小	乙卯朔

六 杞孝十 四 宋平二 十三 秦景二 十四 楚康七 吳諸樊 八
戊午晦
戊子晦
丁巳晦
丁亥晦
丙辰晦
丙戌晦
乙卯晦
乙酉晦
乙卯晦
甲申晦
甲寅晦
癸未晦

己酉

二十一年 靈王二十 齊莊二		
正月大	甲申朔	
二月小	甲寅朔	
三月大	癸未朔	
四月小	癸丑朔	
五月大	壬午朔	
六月小	壬子朔	
七月大	辛巳朔	
八月小	辛亥朔	
九月大	庚戌朔	庚戌朔，日有食之。
十月小	庚辰朔	庚辰朔，日有食之。
十一月大		己酉朔
十二月小		己卯朔

晉平六 衛獻廿 五 殤七 蔡景四 十 鄭簡十 四 曹武三 陳哀十 七 杞孝十 五 宋平二 十四 秦景二 十五 楚康八 吳諸樊 九
癸丑晦
壬午晦
壬子晦
辛巳晦
辛亥晦
庚辰晦
庚戌晦
己卯晦
己卯晦
戊申晦
戊寅晦
丁未晦

閏八月大	庚辰朔 己酉晦

庚戌

二十二年	靈王二十一 齊莊三 晉平七 衛獻廿六 殤八 蔡景四
正月大	戊申朔
二月小	戊寅朔
三月大	丁未朔
四月小	丁丑朔
五月大	丙午朔
六月小	丙子朔
七月大	乙巳朔 辛酉，叔老卒。是月之十七日。
八月小	乙亥朔
九月大	甲辰朔 傳：「己巳，鄭伯張卒。」是月之二十六日。
十月大	甲戌朔
十一月小	甲辰朔
十二月大	癸酉朔 傳：「鄭游眅遭逆妻者，奪之。丁巳，其夫攻子明，

十一
鄭簡十
五
曹武四
陳哀十
八
杞孝十
六
宋平二
十五
秦景二
十六
楚康九
吳諸樊
十

丁丑晦

丙午晦

丙子晦

乙巳晦

乙亥晦

甲辰晦

甲戌晦

癸卯晦

癸酉晦

癸卯晦

壬申晦

殺之，以其妻行。」杜註：「十二月無丁巳。丁巳，十一月十四日也。」

壬寅晦

辛亥

二十三年	靈王二十二　齊莊四　晉平八　衛獻廿七　殤九　蔡景四十二　鄭簡十六　曹武五　陳哀十九
正月大	癸卯朔
二月小	癸酉朔　癸酉朔，日有食之。
三月大	壬寅朔　己巳，杞伯匄卒。是月之二十八日。
四月小	壬申朔
五月大	辛丑朔
六月小	辛未朔
七月大	庚子朔
八月小	庚午朔　己卯，仲孫速卒。是月之十日。
九月大	己亥朔
十月小	己巳朔　乙亥，臧孫紇奔邾。是月之七日。
十一月大	戊戌朔
十二月小	戊辰朔

杞孝十七 宋平二十六 秦景二十七 楚康十 吳諸樊十一
壬申晦
辛丑晦
辛未晦
庚子晦
庚午晦
己亥晦
己巳晦
戊戌晦
戊辰晦
丁酉晦
丁卯晦
丙申晦

壬子

二十四年	靈王二十三 齊莊五 晉平九
正月大	丁酉朔
二月小	丁卯朔
三月大	丙申朔
四月大	乙未朔
五月小	乙丑朔
六月大	甲午朔
七月小	甲子朔 甲子朔，日有食之，既。
八月大	癸巳朔 癸巳朔，日有食之。
九月小	癸亥朔
十月大	壬辰朔
十一月小	壬戌朔
十二月大	辛卯朔

衛獻廿 八 殤十 蔡景四 十三 鄭簡十 七 曹武六 陳哀二 十 杞文公 益姑元 宋平二 十七 秦景二 十八 楚康十 一 吳諸樊 十二
丙寅晦
乙未晦
乙丑晦
甲子晦
癸巳晦
癸亥晦
壬辰晦
壬戌晦
辛卯晦
辛酉晦
庚寅晦
庚申晦

癸丑

二十五年		靈王二十四　齊莊六　晉平十　衛獻廿九　殤十一　蔡景四
正月大	辛酉朔	
二月小	辛卯朔	
三月大	庚申朔	
閏三月小	丙寅朔　甲午晦	
四月小	庚寅朔	
五月大	己未朔	乙亥，齊崔杼弑其君光。是月之十七日。傳：「莒子朝于齊。甲
六月小	己丑朔	壬子，鄭公孫舍之帥師入陳。是月之二十四日。
七月大	戊午朔	
八月小	戊子朔	己巳，諸侯同盟于重丘。《正義》曰：「傳言七月，經言八月。杜
九月大	丁巳朔	
十月小	丁亥朔	傳：「甲午，蔿掩書土田。」是月之八日。
十一月大	丙辰朔	
十二月小	丙戌朔	

十四

鄭簡十八

曹武七

陳哀二十一

杞文二

宋平二十八

秦景二十九

楚康十二

吴諸樊十三

戌，饗諸北郭。」是月之十六日。丁丑，崔杼立景公。是月之十九日。辛巳，公與大夫及莒子盟。是月之二十三日。丁亥，葬齊莊公。是月之二十九日。

以《長曆》校之，己巳是七月十二日。知是經誤也。」

甲寅

二十六年　靈王二十五　齊景公杵臼元　晉平十一　衛獻三十　殤十二　蔡景四十五　鄭簡十

正月大	乙卯朔		庚寅晦
二月小	乙酉朔	辛卯，衛甯喜弒其君剽。是月之七日。甲午，衛侯衎復歸于衛。是月之十日。傳：「庚寅，甯	己未晦
三月大	甲寅朔	傳：「甲寅朔，鄭伯賞入陳之功。」	己丑晦
四月小	甲申朔		戊午晦
五月大	癸丑朔		戊子晦
六月小	癸未朔		丁巳晦
七月大	壬子朔		丁亥晦
八月小	壬午朔	壬午，許男甯卒于楚。是月朔日。	丙辰晦
九月大	辛亥朔		丙戌晦
十月小	辛巳朔		乙卯晦
十一月大	庚戌朔		乙酉晦
十二月小	庚辰朔	傳：「乙酉，楚師入鄭南里。」是月之六日。	甲寅晦

九　曹武八　陳哀二十二　杞文三　宋平二十九　秦景三十　楚康十三　吳餘祭元

甲申晦

喜、右宰穀伐孫氏。」是月之六日。

癸丑晦

癸未晦

壬子晦

壬午晦

辛亥晦

辛巳晦

庚戌晦

庚辰晦

己酉晦

己卯晦

戊申晦

閏十二月大　己酉朔　戊寅晦

乙卯

二十七年		靈王二十六　齊景二　晉平十二　衛獻三十一　蔡景四十六　鄭簡二十　曹武九　陳哀二十三
正月大	己卯朔	
二月小	己酉朔	
三月大	戊寅朔	
四月小	戊申朔	
五月大	丁丑朔	傳：「甲辰，晉趙武至于宋。」是月之二十八日。丙午，鄭良霄至。是月之晦日。
六月小	丁未朔	傳：「丁未朔，宋人享趙文子。」戊申，叔孫豹、齊慶封、陳須無、衛石惡至。是月之二日。甲寅，晉荀盈從趙武至。
七月大	丙子朔	辛巳，豹及諸侯之大夫盟于宋。是月之六日。傳：「戊寅，左師至。」是月之三日。庚辰，子木至自陳。是
八月小	丙午朔	
九月大	乙亥朔	傳：「庚辰，齊崔成、崔彊殺東郭偃、棠無咎。」是月之六日。辛巳，崔明來奔。是月之七日。
十月大	乙巳朔	
十一月小	乙亥朔	傳：「乙亥朔，日有食之。辰在申，司曆過也，再失閏矣。」《正義》曰：「經言十二月，而傳言十一月。杜
十二月小	甲辰朔	

杞文四 宋平三十 秦景三十一 楚康十四 吳餘祭二
是月之八日。丙辰，邾悼公至。是月之十日。壬戌，楚公子黑肱先至。是月之十六日。丁卯，宋向戌如陳。是月之二十一日。戊辰，滕成公至。是月之二十二
月之五日。壬午，宋公兼享晉、楚之大夫。是月之七日。乙酉，宋公及諸侯之大夫盟。是月之十日。
以《長曆》推之，乙亥是十一月朔，非十二月也。若是十二月，當爲辰在亥，以申爲亥，則是三失閏，非再失也。知傳是而經誤。」

戊申晦	
丁丑晦	
丁未晦	
丙子晦	
丙午晦	
乙亥晦	日。庚午，向戌復于趙孟。是月之二十四日。壬申，左師復言于子木。是月之二十六日。
乙巳晦	
甲戌晦	
甲辰晦	
甲戌晦	
癸卯晦	閏十一月大 甲辰朔 癸酉晦
壬申晦	

閏十一月大

甲戌朔

按：《正義》曰：「魯之司曆漸失其閏，至此年日食之月，以儀望審，知斗建在申，乃周家九月。而其時曆稱十一月，故知再失閏。于是始覺其謬，遂頓置兩閏以應天正。前閏月爲建酉，後閏月爲建戌，十二月爲建亥而歲終焉。」詳《長曆拾遺表》。

癸卯晦

丙辰

二十八年	靈王二十七　齊景三　晉平十三　衛獻三　十二　蔡景四十七　鄭簡二十一　曹武十　陳哀二十四
正月大	癸酉朔
二月小	癸卯朔
三月大	壬申朔
四月小	壬寅朔
五月大	辛未朔
六月小	辛丑朔
七月大	庚午朔
八月小	庚子朔
九月大	己巳朔
十月小	己亥朔　傳：「慶封田于萊，陳無宇從。丙辰，文子使召之。」是月之十八日。
十一月大	戊辰朔　傳：「乙亥，齊嘗于太公之廟。」是月之八日。丁亥，伐西門。是月之二十日。癸巳，天王崩。未來赴，
十二月小	戊戌朔　甲寅，天王崩。傳：「王人來告喪。問崩日，以甲寅告，故書之。」《正義》曰：「甲寅是十七日。」

	杞文五 宋平三十一 秦景三十二 楚康十五 吳餘祭三
壬寅晦	
辛未晦	
辛丑晦	
庚午晦	
庚子晦	
己巳晦	
己亥晦	
戊辰晦	
戊戌晦	
丁卯晦	
丁酉晦	亦未書，禮也。按：癸巳，是月之二十六日。
丙寅晦	乙未，楚子昭卒。杜註：「十二月無乙未，日誤。」傳：「乙亥朔，齊人遷莊公殯于大寢。」杜註：「十二月戊戌朔，乙亥誤。」

丁巳

二十九年	正月大	二月小	三月大	四月小	五月大	六月小	七月大	八月小	九月大	十月小	十一月大	十二月小
景王貴元 齊景四 晉平十四 衛獻三十三 蔡景四十八 鄭簡二十二 曹武十一 陳哀二	丁卯朔	丁酉朔 傳：「癸卯，齊人葬莊公于北郭。」是月之七日。	丙寅朔	丙申朔	乙丑朔 庚午，衛侯衎卒。是月之六日。	乙未朔	甲子朔	甲午朔	癸巳朔 傳：「齊放其大夫高止于北燕。乙未，出。」是月之三日。	癸亥朔 傳：「庚寅，閭丘嬰帥師圍盧。」是月之二十八日。	壬辰朔 傳：「乙卯，高豎致盧而出奔晉。」是月之二十四日。	壬戌朔 傳：「己巳，鄭大夫盟于伯有氏。」是月之八日。

十五
杞文六
宋平三
十二
秦景三
十三
楚郟敖
麇元
吴餘祭
四

丙申晦

乙丑晦

乙未晦

甲子晦

甲午晦

癸亥晦

癸巳晦

壬戌晦
閏八月大
癸亥朔
案：二十八年十二月甲寅天王崩，至乙未

壬戌晦

辛卯晦

辛酉晦

庚寅晦

楚子昭卒，相距四十有二日。胡文定以爲此閏月之驗。呂氏本中亦云：「不書閏者，承前月而受其餘日，此史册定例。杜預以十二月無乙未日，孔

穎達以爲甲寅、乙未不得同月，皆不知閏月之日係前月之下耳。」愚按：胡、呂之説非也。杜、孔推校經、傳上下日數極精細。若二十八年十二月置閏，

則此年二月不得有癸卯，五月不得有庚午矣。宋儒未嘗推校通經，得一日誤遂謂其中有閏，反駁杜、孔爲誤，此皆讀書疏略之病也。經、傳內日誤甚多，安得盡以爲閏月耶？故當移閏于此，則前後無牴牾，益知宋儒之疎矣。互見《長曆拾遺表》。

壬辰晦

戊午

三十年		景王二 齊景五 晉平十五 衛襄公惡元 蔡景四十九 鄭簡二十三 曹武十二 陳哀二十六
正月大	辛卯朔	
二月小	辛酉朔	傳：「癸未，晉悼夫人食輿人之城杞者。」是月之二十三日。
三月大	庚寅朔	
四月小	庚申朔	傳：「己亥，鄭伯及其大夫盟。」是月無己亥，日誤。戊子，儋括圍蔿，逐成愆。是月之二十九日，即晦日也。
五月大	己丑朔	甲午，宋災。是月之六日。傳：「癸巳，殺佞夫。」是月之五日。
六月小	己未朔	
七月大	戊子朔	傳：「庚子，子皙以駟氏之甲伐而焚之。」是月之十三日。辛丑，子產斂伯有氏之死者而殯之。是月之
八月小	戊午朔	傳：「甲子，游吉奔晉。」是月之七日。己巳，復歸。是月之十二日。
九月大	丁亥朔	
十月小	丁巳朔	
十一月大	丙戌朔	
十二月大	丙辰朔	

杞文七 宋平三 十三 秦景三 十四 楚郟敖 二 吳夷末 元
十四日。❶壬寅，子產入。是月之十五日。癸卯，子石入。是月之十六日。乙巳，鄭伯及其大夫盟于大宮。是月之十八日。癸丑，伯有自墓

❶ 「是」，原脱，今據《四庫全書》本補。

庚申晦	
己丑晦	
己未晦	
戊子晦	
戊午晦	
丁亥晦	
丁巳晦	門之瀆入。是月之二十六日。
丙戌晦	
丙辰晦	
乙酉晦	
乙卯晦	
乙酉晦	

己未

三十一年		景王三　齊景六　晉平十六　衛襄二　蔡靈公般元　鄭簡二
正月小	丙戌朔	
二月大	乙卯朔	
三月小	乙酉朔	
四月大	甲寅朔	
五月小	甲申朔	
六月大	癸丑朔	辛巳，公薨于楚宫。是月之二十九日。
七月小	癸未朔	
八月大	壬子朔	
九月小	壬午朔	癸巳，子野卒。是月之十二日。己亥，仲孫羯卒。是月之十八日。
十月大	辛亥朔	癸酉，葬我君襄公。是月之二十三日。
十一月小	辛巳朔	
十二月大	庚戌朔	

十四	曹武十	三	陳哀二	十七	杞文八	宋平三	十四	秦景三	十五	楚郟敖	三	吳夷末	二
													甲寅晦
													甲申晦
													癸丑晦
													癸未晦
													壬子晦
													壬午晦
													辛亥晦
													辛巳晦
													庚戌晦
													庚辰晦
													己酉晦
													己卯晦

春秋朔閏表卷二之三終

孫：重光校字

春秋朔閏表卷二之四

錫山顧棟高復初輯
金匱受業華廷相雲題參

昭　公名稠。

庚申

元年		景王四 齊景七 晉平十七 衛襄三
正月小	庚辰朔	傳：「乙未，入，逆而出。」是
二月大	己酉朔	
三月小	己卯朔	傳：「甲辰，盟于虢。」是月之二
四月大	戊申朔	
五月小	戊寅朔	傳：「庚辰，鄭放游楚于吳。」是
六月大	丁未朔	丁巳，邾子華卒。是月之十
七月小	丁丑朔	
八月大	丙午朔	
九月小	丙子朔	
十月大	乙巳朔	
十一月小	乙巳朔	己酉，楚子麇卒。
十二月大	甲戌朔	傳：「晉既烝，趙孟適南

蔡靈二 鄭簡二十五 曹武十四 陳哀二十八 杞文九 宋平三十五 秦景三十六 楚郟敖四 吳夷末三

月之十六日。

十六日。

月之三日。癸卯，秦鍼適晉。是月之二十六日。

一日。傳：「丁巳，鄭伯及其大夫盟。」同上。

杜註：「《長曆》推己酉十二月六日，經、傳皆言十一月，月誤。」按：《長曆》是年閏十二月，今移閏于十月，則己酉乃月之五日也。

陽。甲辰朔，烝于溫。庚戌，卒。」杜註：「甲辰，十二月朔。晉既烝，趙孟乃烝其家廟，則晉烝當在甲辰前。傳言十二月，誤。」按：此年傳十一月、十二月皆具。先言十二月晉烝，而後言甲辰朔，則甲辰爲來年正月朔。晉用夏正，猶是十一月事。傳以烝本冬祭，故繫之今年。

戊申晦		
戊寅晦		
丁未晦		
丁丑晦		
丙午晦		
丙子晦		
乙巳晦		
乙亥晦		
甲辰晦		
甲戌晦		閏十月大 乙亥朔 甲辰晦
癸酉晦		
癸卯晦	服虔說亦如此，今從之。詳見《長曆拾遺表》。杜註：「庚戌，十二月七日。」今按：當是二年正月七日。	

辛酉

二年	景王五 齊景八 晉平十八 衛襄四 蔡靈三 鄭簡二十六 曹武十五 陳哀二十九 杞文十 宋平三十六	
正月小	甲辰朔	
二月大	癸酉朔	
三月小	癸卯朔	
四月大	壬申朔	
五月小	壬寅朔	
六月大	辛未朔	
七月小	辛丑朔	傳：「壬寅，鄭公孫黑縊。」是月之二日。
八月大	庚午朔	
九月小	庚子朔	
十月大	己巳朔	
十一月小	己亥朔	
十二月大	戊辰朔	

秦景三十七 楚靈王虔元 吳夷末四
壬申晦
壬寅晦
辛未晦
辛丑晦
庚午晦
庚子晦
己巳晦
己亥晦
戊辰晦
戊戌晦
丁卯晦
丁酉晦

壬戌

三年	景王六 齊景九 晉平十九 衛襄五 蔡靈四 鄭簡二
正月大	戊戌朔 丁未，滕子原卒。是月之十日。
二月小	戊辰朔
三月大	丁酉朔
四月小	丁卯朔
五月大	丙申朔
六月小	丙寅朔
七月大	乙未朔
八月小	乙丑朔
九月大	甲午朔
十月小	甲子朔
十一月大	癸巳朔
十二月小	癸亥朔

十七 曹武十 六 陳哀三 十 杞文十 一 宋平三 十七 秦景三 十八 楚靈二 吳夷末 五
丁卯晦
丙申晦
丙寅晦
乙未晦
乙丑晦
甲午晦
甲子晦
癸巳晦
癸亥晦
壬辰晦
壬戌晦
辛卯晦

癸亥

四年	正月大	二月小	三月大	四月小	五月大	六月小	七月大	八月小	九月大	十月小	十一月大	十二月小
景王七 齊景十 晉平二 十 衛襄六 蔡靈五 鄭簡二 十八 曹武十 七 陳哀三 十一 杞文十 二 宋平三	壬辰朔	壬戌朔	辛卯朔	辛酉朔	庚申朔	庚寅朔 傳：「丙午，楚子合諸侯于申。」是月之十七日。	己未朔	己丑朔 傳：「楚子使屈申圍朱方。八月甲申，克之。」杜註：「八月無甲申，日誤。」	戊午朔	戊子朔	丁巳朔	丁亥朔 乙卯，叔孫豹卒。是月之二十九日，即晦日。傳：「癸丑，叔孫不食。」是月之二十七日。

十八 秦景三 十九 楚靈三 吳夷末六	
辛酉晦	
庚寅晦	
庚申晦	
己丑晦	閏四月大 庚寅朔 己未晦
己丑晦	
戊午晦	
戊子晦	
丁巳晦	
丁亥晦	
丙辰晦	
丙戌晦	
乙卯晦	

甲子

五年	景王八	齊景十一
正月大	丙辰朔	
二月小	丙戌朔	
三月大	乙卯朔	
四月小	乙酉朔	
五月大	甲寅朔	
六月小	甲申朔	
七月大	癸丑朔	戊辰，叔弓帥師
八月小	癸未朔	
九月大	壬子朔	
十月小	壬午朔	
十一月大	辛亥朔	
十二月大	辛巳朔	

晉平二	十一	衛襄七	蔡靈六	鄭簡二	十九	曹武十	八	陳哀三	十二	杞文十	三	宋平三	十九	秦景四	十	楚靈四	吳夷末	七

乙酉晦	
甲寅晦	
甲申晦	
癸丑晦	
癸未晦	
壬子晦	
壬午晦	敗莒師于蚡泉。是月之十六日。
辛亥晦	
辛巳晦	
庚戌晦	
庚辰晦	
庚戌晦	

乙丑

六年	景王九　齊景十二　晉平二十二　衛襄八　蔡靈七　鄭簡三十　曹武十九　陳哀三十三　杞文十四
正月小	辛亥朔
二月大	庚辰朔
三月小	庚戌朔　七年傳：「壬子，余將殺帶也。」杜註：「壬子，六年三月三日。」
四月大	己卯朔
五月小	己酉朔
六月大	戊寅朔　傳：「丙戌，鄭災。」是月之九日。
七月小	戊申朔
八月大	丁未朔
九月小	丁丑朔
十月大	丙午朔
十一月小	丙子朔
十二月大	乙巳朔

丙寅

七年	景王十	齊景十	宋平四十 秦哀公元 楚靈五 吳夷末八
正月大	乙亥朔	傳：「癸	己卯晦
二月小	乙巳朔	傳：「戊	己酉晦
三月大	甲戌朔		戊寅晦
四月小	甲辰朔	甲辰朔，	戊申晦
五月大	癸酉朔		丁丑晦
六月小	癸卯朔		丁未晦
七月大	壬申朔		丙子晦
閏七月大	丁丑朔		丙午晦
八月小	壬寅朔	戊辰，衛	丙子晦
九月大	辛未朔		乙巳晦
十月小	辛丑朔	傳：「辛	乙亥晦
十一月大	庚午朔		甲辰晦
十二月小	庚子朔		甲戌晦

三 晉平二十三 衛襄九 蔡靈八 鄭簡三十一 曹武二十 陳哀三十四 杞平公 郁釐元 宋平四十一 秦哀二 楚靈六 吳夷末九	
巳，齊侯次于虢。」是月之十九日。壬寅，公孫段卒。杜註：「正月二十八日。」	甲辰晦
午，盟于濡上。」是月之十四日。	癸酉晦
	癸卯晦
日有食之。	壬申晦
	壬寅晦
	辛未晦
	辛丑晦
侯惡卒。是月之二十七日。	庚午晦
	庚子晦
酉，襄頃之族殺獻公而立成公。」是月之二十一日。	己巳晦
癸未，季孫宿卒。是月之十四日。	己亥晦
癸亥，葬衛襄公。是月之二十四日。	戊辰晦

丁卯

八年	景王十一　齊景十四　晉平二十四　衛靈公元元　蔡靈九　鄭簡三十二　曹武二十一　陳哀三十五
正月大	己巳朔
二月小	己亥朔
三月大	戊辰朔　傳：「甲申，陳公子招殺悼太子偃師。」是月之十七日。
四月小	戊戌朔　辛丑，陳侯溺卒。是月之四日。傳：「辛亥，哀公縊。」是月之十四日。杜註：「經書辛丑，從赴。」
五月大	丁卯朔
六月小	丁酉朔
七月大	丙寅朔　傳：「甲戌，齊子尾卒。」是月之九日。丁丑，殺梁嬰。是月之十二日。
八月小	丙申朔　傳：「庚戌，逐子成、子工、子車。」是月之十五日。
九月大	乙丑朔
十月小	乙未朔　壬午，楚師滅陳。杜註：「壬午，月十八日。傳言十一月，誤。」按：九年四月陳災《傳》：「火出而火陳。」
十一月大	甲子朔
十二月大	甲午朔

杞平二
宋平四
十二
秦哀三
楚靈七
吳夷末十

杜《長曆》以爲八年不應閏而誤置閏八月，故四月得火見。今考上下傳文，八年實無閏，壬午實十一月十九日，定爲傳是而經誤。互見《長

戊辰

九年			景王十二 齊景十五 晉平二十五 衛靈二 蔡靈十 鄭簡三十三
正月小	甲子朔	戊戌晦	
二月大	癸巳朔	丁卯晦	傳：「庚申，楚公子棄疾遷許于夷。」按：庚申，是月之二十八日。
三月小	癸亥朔	丁酉晦	
四月大	壬辰朔	丙寅晦	
五月小	壬戌朔	丙申晦	
六月大	辛卯朔	乙丑晦	
七月小	辛酉朔	乙未晦	
八月大	庚寅朔	甲子晦	
九月小	庚申朔	甲午晦	
十月大	己丑朔	癸亥晦	曆拾遺表》。
十一月小	己未朔	癸巳晦	
十二月大	戊子朔	癸亥晦	

曹武二 十二 陳 杞平三 宋平四 十三 秦哀四 楚靈八 吳夷末 十一	
壬辰晦	
壬戌晦	若從杜氏于去年八月置閏，則是月無庚申。
辛卯晦	
辛酉晦	
庚寅晦	
庚申晦	
己丑晦	
己未晦	
戊子晦	
戊午晦	
丁亥晦	
丁巳晦	

己巳

十年	景王十三	齊景十
正月小	戊午朔	
二月大	丁亥朔	
三月小	丁巳朔	
四月大	丙戌朔	
五月小	丙辰朔	傳：「庚辰，戰
六月大	乙卯朔	
七月小	乙酉朔	戊子，晉侯彪
八月大	甲寅朔	
九月小	甲申朔	
十月大	癸丑朔	
十一月小	癸未朔	
十二月大	壬子朔	甲子，

		六 晉平二十六 衛靈三 蔡靈十一 鄭簡三十四 曹武二十三 陳 杞平四 宋平四十四 秦哀五 楚靈九 吳夷末十二
	丙戌晦	
	丙辰晦	
	乙酉晦	
	乙卯晦	
閏五	甲申晦	于稷。」按：庚辰，是月之二十五日。若從杜氏于八年八月置閏，則是月無庚辰。
	甲申晦	
	癸丑晦	卒。是月之四日。
	癸未晦	
	壬子晦	
	壬午晦	
	辛亥晦	
	辛巳晦	宋公成卒。是月之十三日。

月大	乙酉朔 甲寅晦

庚午

十一年	景王十四 齊景十七 晉昭公夷元 衛靈四 蔡靈十二
正月大	壬午朔
二月小	壬子朔
三月大	辛巳朔 傳：「丙申，楚子伏甲而饗蔡侯于申。」是月之十六日。
四月小	辛亥朔 丁巳，楚子虔誘蔡侯般，殺之于申。是月之七日。
五月大	庚辰朔 甲申，夫人歸氏薨。是月之五日。
六月小	庚戌朔
七月大	己卯朔
八月小	己酉朔
九月大	戊寅朔 己亥，葬我小君齊歸。是月之二十二日。
十月小	戊申朔
十一月大	丁丑朔 丁酉，楚師滅蔡。是月之二十一日。
十二月小	丁未朔

鄭簡三十五	曹武二十四	陳	杞平五	宋元公佐元	秦哀六	楚靈十	吳夷末十三
							辛亥晦
							庚辰晦
							庚戌晦
							己卯晦
							己酉晦
							戊寅晦
							戊申晦
							丁丑晦
							丁未晦
							丙子晦
							丙午晦
							乙亥晦

辛未

十二年	
正月大	丙子朔
二月小	丙子朔
三月大	乙巳朔
四月小	乙亥朔
五月大	甲辰朔
六月小	甲戌朔
七月大	癸卯朔
八月小	癸酉朔
九月大	壬寅朔
十月小	壬申朔
十一月大	
十二月小	

景王十五　齊景十八　晉昭二　衛靈五　蔡　鄭簡三十六　曹武二十五　陳　杞平六　宋元二　秦哀七　楚靈十一　吳夷末十四

	乙巳晦
	甲辰晦
壬申，鄭伯嘉卒。是月之二十八日。	甲戌晦
	癸卯晦
	癸酉晦
	壬寅晦
	壬申晦
傳：「壬午，晉荀吳滅肥。」是月之十日。	辛丑晦
	辛未晦
傳：「壬申朔，原輿人逐原伯絞。丙申，殺甘悼公。」是月之二十五日。丁酉，殺獻太子之傅。是月之二十六日。	庚子晦
辛丑朔	庚午晦
辛未朔	己亥晦

閏正月大	丙午朔 乙亥晦

壬申

十三年	景王十六 齊景十九 晉昭三 衛靈六 蔡平公
正月大	庚子朔
二月小	庚午朔
三月大	己亥朔
四月小	己巳朔
五月大	戊戌朔 傳：「癸亥，王縊于芋尹申亥氏。」杜註：「癸亥，五
六月小	戊辰朔
七月大	丁酉朔 傳：「丙寅，治兵于邾南。」是月之三十日。
八月小	丁卯朔 甲戌，同盟于平丘。是月之八日。傳：「辛未，治
九月大	丙申朔
十月小	丙寅朔
十一月大	乙未朔
十二月大	乙丑朔

	盧元 鄭定公寧元 曹武二十六 陳惠公吳元 杞平七 宋元三 秦哀八 楚靈十二 吳夷末十五
己巳晦	
戊戌晦	
戊辰晦	
丁酉晦	
丁卯晦	月二十六日，在乙卯、丙辰後。傳終言之。」乙卯，子干、子皙自殺。是月之十八日。丙辰，棄疾即位。是月之十九日。
丙申晦	
丙寅晦	
乙未晦	兵建而不旆。壬申，復旆之。」辛未，是月之五日。壬申，是月之六日。癸酉，退朝。是月之七日。
乙丑晦	
甲午晦	
甲子晦	
甲午晦	

癸酉

十四年	景王十七　齊景二十　晉昭四　衛靈七　蔡平二　鄭定二　曹武二十七　陳惠二　杞平八　宋元四
正月小	乙未朔
二月大	甲子朔
三月小	甲午朔
四月大	癸亥朔
五月小	癸巳朔
六月大	壬戌朔
七月小	壬辰朔
八月大	辛酉朔
九月小	辛卯朔　傳：「甲午，楚子殺鬬成然。」是月之四日。
十月大	庚申朔
十一月小	庚寅朔
十二月大	己未朔

秦哀九 楚平王居元 吳夷末十六	
正月	癸亥晦
二月	癸巳晦
三月	壬戌晦
四月	壬辰晦
五月	辛酉晦
六月	辛卯晦
七月	庚申晦
八月	庚寅晦
九月	己未晦
十月	己丑晦
十一月	戊午晦
十二月	戊子晦

甲戌

十五年	景王十八 齊景二十一 晉昭五 衛靈八 蔡平三	
正月大	己丑朔	
二月小	己未朔	癸酉，有事于武宮。是月之十五日。
三月大	戊子朔	
四月小	戊午朔	
五月大	丁亥朔	
六月小	丁巳朔	丁巳朔，日有食之。傳：「乙丑，王太子壽卒。」是
七月大	丙戌朔	
八月小	丙辰朔	傳：「戊寅，王穆后崩。」是月之二十三日。
九月大	乙酉朔	
十月大	甲申朔	
十一月小	甲寅朔	
十二月大	癸未朔	

鄭定三
曹平公
須元
陳惠三
杞平九
宋元五
秦哀十
楚平二
吳夷末
十七

戊午晦

丁亥晦

丁巳晦

丙戌晦

丙辰晦

月之九日。
乙酉晦

乙卯晦

甲申晦

甲寅晦
閏九月小
乙卯朔
癸未晦

癸丑晦

壬午晦

壬子晦

乙亥

十六年	景王十九 齊景二十二 晉昭六 衛靈九 蔡平四 鄭定四 曹平二 陳惠四 杞平十 宋元六 秦哀十
正月小	癸丑朔
二月大	壬午朔 傳：「丙申，齊師至于蒲隧。」是月之十五日。
三月小	壬子朔
四月大	辛巳朔
五月小	辛亥朔
六月大	庚辰朔
七月小	庚戌朔
八月大	己卯朔 己亥，晉侯夷卒。是月之二十一日。
九月小	己酉朔
十月大	戊寅朔
十一月小	戊申朔
十二月大	丁丑朔

一 楚平三 吳僚元	
辛巳晦	
辛亥晦	
庚辰晦	
庚戌晦	
己卯晦	
己酉晦	
戊寅晦	
戊申晦	
丁丑晦	
丁未晦	
丙子晦	
丙午晦	

丙子

十七年	景王二十 齊景二十三 晉頃公去疾元 衛靈十 蔡平五 鄭定五
正月小	丁未朔
二月大	丙子朔
三月小	丙午朔
四月大	乙亥朔
五月小	乙巳朔
六月大	甲戌朔 甲戌朔，日有食之。
七月大	甲辰朔
八月小	甲戌朔
九月大	癸卯朔 傳：「丁卯，晉荀吳帥師涉自棘津。」是月之二十五日。庚午，
十月小	癸酉朔
十一月大	壬寅朔
十二月小	壬申朔

曹平三	陳惠五	杞平十一	宋元七	秦哀十二	楚平四	吳僚二
						乙亥晦
						乙巳晦
						甲戌晦
						甲辰晦
						癸酉晦
						癸卯晦
						癸酉晦
						壬寅晦
遂滅陸渾。是月之二十八日。						壬申晦
						辛丑晦
						辛未晦
						庚子晦

丁丑

十八年	景王二十一	齊景二
正月大	辛丑朔	
二月小	辛丑朔	傳："乙卯，周毛得殺
三月大	庚午朔	
四月小	庚子朔	
五月大	己巳朔	壬午，宋、衛、陳、鄭
六月小	己亥朔	
七月大	戊辰朔	
八月小	戊戌朔	
九月大	丁卯朔	
十月小	丁酉朔	
十一月大	丙寅朔	
十二月小	丙申朔	

十四 晉頃二 衛靈十一 蔡平六 鄭定六 曹平四 陳惠六 杞平十二 宋元八 秦哀十三 楚平五 吳僚三		
	庚午晦	閏正月大 辛未朔 庚子晦
毛伯過。」是月之十五日。	己巳晦	
	己亥晦	
	戊辰晦	
災。是月之十四日。傳：「丙子，風。」是月之八日。戊寅，風甚。是月之十日。	戊戌晦	
	丁卯晦	
	丁酉晦	
	丙寅晦	
	丙申晦	
	乙丑晦	
	乙未晦	
	甲子晦	

戊寅

十九年		景王二十二　齊景二十五　晉頃三　衛靈十二　蔡平七　鄭定七　曹悼公午元　陳惠七　杞平十三
正月大	乙丑朔	
二月大	乙未朔	
三月小	乙丑朔	
四月大	甲午朔	
五月小	甲子朔	戊辰，許世子止弒其君買。是月之五日。己卯，地震。是月之十六日。傳：「郲人、郳人、徐人會宋
六月大	癸巳朔	
七月小	癸亥朔	傳：「丙子，齊師入紀。」是月之十四日。
八月大	壬辰朔	
九月小	壬戌朔	
十月大	辛卯朔	
十一月小	辛酉朔	
十二月大	庚寅朔	

宋元九 秦哀十四 楚平六 吳僚四		
	甲午晦	
	甲子晦	
	癸巳晦	
	癸亥晦	
	壬辰晦	公。乙亥，同盟于蟲。」是月之十二日。
	壬戌晦	
	辛卯晦	
	辛酉晦	
	庚寅晦	
	庚申晦	
	己丑晦	
	己未晦	

己卯

二十年	景王二十三 齊景二十六 晉頃四 衛靈十	
正月小	庚申朔	
二月大	己丑朔	傳：「己丑，日南至。」杜註：「是歲朔旦冬
三月大	己未朔	
四月小	己丑朔	
五月大	戊午朔	
六月大	戊子朔	傳：「丙申，宋華亥誘殺群公子。」是月之九
七月小	戊午朔	傳：「戊午朔，遂盟國人。」
八月大	丁亥朔	傳：「辛亥，公子朝出奔晉。」是月之二十五日。
九月大	丙戌朔	
十月小	丙辰朔	傳：「戊辰，華向奔陳。」是月之十三日。
十一月大	乙酉朔	辛卯，蔡侯盧卒。是月之十七日。
十二月小	乙卯朔	

三　蔡平八　鄭定八　曹悼二　陳惠八　杞平十　四　宋元十　秦哀十　五　楚平七　吴僚五
至之歲也。當言正月己丑朔日南至。時史失閏，閏更在二月後。」詳《長曆拾遺表》。
日。癸卯，取太子欒與母弟辰、公子地以爲質。是月之十六日。丙辰，衛侯在平壽。是月之二十九日。丁巳晦，公入，與北宫喜盟。是

戊子晦
戊午晦
戊子晦
丁巳晦
丁亥晦
月之三十日。 丁巳晦
丙戌晦
丙辰晦 閏八月小 丁巳朔 傳：「閏月戊辰，殺宣姜。」是月之十二日。 乙酉晦
乙卯晦
甲申晦
甲寅晦
癸未晦

庚辰

二十一年	景王二十四　齊景二十七　晉頃五　衛靈十四　蔡悼公東國元　鄭定九　曹悼三　陳惠九　杞平十五
正月大	甲申朔
二月小	甲寅朔
三月大	癸未朔
四月小	癸丑朔
五月大	壬午朔　傳：「丙申，子皮將見司馬而行。」是月之十五日。壬寅，華向入。是月之二十一日。
六月大	壬子朔　傳：「庚午，宋城舊鄘及桑林之門而守之。」是月之十九日。
七月小	壬午朔　壬午朔，日有食之。
八月大	辛亥朔　乙亥，叔輒卒。是月之二十五日。
九月小	辛巳朔
十月大	庚戌朔　傳：「丙寅，齊師、宋師敗吳師于鴻口。」是月之十七日。
十一月小	庚辰朔　傳：「癸未，公子城以晉師至。」是月之四日。丙戌，與華氏戰于赭丘。是月之七日。
十二月大	己酉朔

宋元十一 秦哀十六 楚平八 吳僚六
癸丑晦
壬午晦
壬子晦
辛巳晦
辛亥晦
辛巳晦
庚戌晦
庚辰晦
己酉晦
己卯晦
戊申晦
戊寅晦

辛巳

二十二年	景王二十五 齊景二十八 晉頃六 衛靈十
正月小	己卯朔
二月大	戊申朔 傳：「甲子，齊北郭啓帥師伐莒。」是月之十
三月小	戊寅朔
四月大	丁未朔 乙丑，天王崩。杜註：「月之十九日。」傳：「戊
五月小	丁丑朔 傳：「庚辰，劉蚠見王。」是月之四日。
六月大	丙午朔 傳：「丁巳，葬景王。」是月之十二日。壬戌，
七月小	丙子朔 傳：「戊寅，以王如平時，遂如圃車，次于皇。」
八月大	乙巳朔 傳：「辛酉，司徒醜以王師敗績于前城。」是
九月小	乙亥朔
十月大	甲辰朔 傳：「丁巳，晉籍談、荀躒納王于王城。」是月之
十一月小	甲戌朔 傳：「乙酉，王子猛卒。」杜註：「乙酉
十二月大	癸卯朔 癸酉朔，日有食之。杜註：「此月有庚

五蔡悼二鄭定十曹悼四陳惠十杞平十六宋元十二秦哀十七楚平九吳僚七

七日。己巳,宋華亥、向寧、華定出奔楚。是月之二十二日。

辰,劉子摯卒。」杜註:「月之二十二日。」

劉子奔揚。是月之十七日。癸亥,單子出。是月之十八日。乙丑,奔于平時。是月之二十日。子朝奔京。丙寅,伐之。是月之二十一日。

杜註:「戊寅,七月三日。經書六月,誤。」辛卯,鄩肹伐皇。是月之十六日。壬辰,焚諸王城之市。是月之十七日。

月之十七日。己巳,伐單氏之宮。是月之二十五日。庚午,反伐之。是月之二十六日。辛未,伐東圉。是月之二十七日。

十四日。庚申,單子、劉蚠以王師敗績于郊。是月之十七日。

在十一月,經書十月,誤。」《正義》曰:「乙酉是十一月十二日。」己丑,敬王即位。是月之十六日。

戌,又以《長曆》推校前後,當爲癸卯朔,書癸酉誤。」按:是年杜註經誤者三。是時孔子年已三十二,事皆耳聞目見,不應連書三事皆誤。

辛未，鞏簡公敗績于京。是月之二十六日。乙亥，甘平公亦敗焉。是月之三十日。

疑當時置閏本在四月後，傳誤置閏于歲終，遂與經異。《大衍曆》、《元史》俱云十二月癸酉朔入食限，明是傳誤。但此年傳書月日最詳，杜

丁未晦

丁丑晦

丙午晦

丙子晦

乙巳晦

乙亥晦

甲辰晦

甲戌晦

癸卯晦

癸酉晦

壬寅晦

據此作《長曆》，反謂經誤耳。今亦姑從傳。傳：「庚戌，晉師軍于陰，王師軍于汜。」是月之八日。

壬申晦

閏十二月小

癸酉朔

傳：「閏

二十三年	敬王丐		
正月大	壬寅朔	癸丑，叔	
二月小	壬申朔		
三月大	辛丑朔		
四月小	辛未朔	傳：「乙	
五月大	庚子朔		
六月大	庚午朔	傳：「壬	
七月小	庚子朔	戊辰，吴	
八月大	己巳朔	乙未，	
九月小	己亥朔		
十月大	戊辰朔	傳：「甲	
十一月小	戊戌朔		
十二月大	丁卯朔		月，取前城。」「辛丑，伐京，毁其西南。」是月之二十九日，即晦日也。辛丑晦

壬午

元 齊景二十九 晉頃七 衛靈十六 蔡悼三 鄭定十一 曹悼五 陳惠十一 杞平十七 宋元十三 秦哀十八 楚平十
鞅卒。是月之十二日。傳：「壬寅，朔，二師圍郊。」是月之一日。癸卯，郊、鄩潰。是月之二日。丁未，晉師在平陰，王師在澤邑。
酉，單子取訾，劉子取牆人、直人。」是月之十五日。
午，王子朝入于尹。」是月之十三日。癸未，尹圉誘劉佗，殺之。是月之十四日。丙戌，單子、劉子伐尹。是月之十七日。己丑，召伯奐、
敗頓、胡、沈、蔡、陳、許之師于雞父。杜註：「七月二十九日。」《正義》曰：「經不書晦，明經不以晦示褒貶。」傳：「戊申，鄩羅納諸莊宮。
地震。是月之二十七日。傳：「丁酉，南宮極震。」是月之二十九日。
申，吳太子諸樊入郹。」是月之十七日。

吴僚八
是月之六日。庚戌，還。是月之九日。
南宮極以成周人戍尹。是月之二十日。庚寅，單子、劉子、樊齊以王如劉。是月之二十一日。甲午，王子朝入于王城。是月之二十五日。
尹辛敗劉師于唐。」是月之九日。丙辰，又敗諸鄩。是月之十七日。甲子，尹辛取西闈。是月之二十五日。丙寅，攻蒯，蒯潰。是

正月	辛未晦
二月	庚子晦
三月	庚午晦
四月	己亥晦
五月	己巳晦
六月	己亥晦
七月	月之二十七日。戊辰晦
八月	戊戌晦
九月	丁卯晦
十月	丁酉晦
十一月	丙寅晦
十二月	丙申晦

癸未

二十四年 敬王二 齊景三十 晉頃八 衛靈十七 蔡昭公申元 鄭定十	
正月小	丁酉朔 傳：「辛丑，召簡公以甘桓公見王子朝。」是月之五日。戊午，王
二月大	丙寅朔 丙戌，仲孫貜卒。是月之二十一日。
三月小	丙申朔 傳：「庚戌，晉侯使士景伯涖問周故。」是月之十五日。
四月大	乙丑朔
五月小	乙未朔 乙未朔，日有食之。
六月大	甲子朔 傳：「壬申，王子朝之師攻瑕及杏。」是月之九日。
七月小	甲午朔
八月大	癸亥朔 丁酉，杞伯郁釐卒。杜註：「丁酉，九月五日。有日無月。」
九月小	癸巳朔
十月大	壬戌朔 傳：「癸酉，王子朝用成周之寶珪于河。」是月之十二日。甲戌，津
十一月小	壬辰朔
十二月大	辛酉朔

二曹悼六陳惠十二杞平十八宋元十四秦哀十九楚平十一	吳僚九
子朝入于鄟。是月之二十二日。	乙丑晦
	乙未晦
	甲子晦
	甲午晦
	癸亥晦
	癸巳晦
	壬戌晦
	壬辰晦
	辛酉晦
人得諸河上。是月之十三日。	辛卯晦
	庚申晦
	庚寅晦

甲申

二十五年	敬王三 齊景三十一 晉頃九 衛靈十八 蔡昭二 鄭定十三 曹悼七 陳惠十三 杞悼公
正月大	辛卯朔
二月小	辛酉朔
三月大	庚寅朔
四月小	庚申朔
五月大	己丑朔
六月大	己未朔
七月小	己丑朔 上辛，大雩。是月之三日爲辛卯。季辛，又雩。是月之二十三日爲辛亥。
八月大	戊午朔
九月小	戊子朔 己亥，公孫于齊。是月之十二日。傳：「戊戌，伐季氏。」是月之十一日。
十月大	丁巳朔 戊辰，叔孫婼卒。是月之十二日。傳：「辛酉，昭子齊于其寢，使祝宗祈死。」是月之五日。
十一月小	丁亥朔 己亥，宋公佐卒于曲棘。是月之十三日。
十二月大	丙辰朔 傳：「庚辰，齊侯圍鄆。」是月之二十五日。

成元 宋元十五 秦哀二十 楚平十二 吴僚十
庚申晦
己丑晦
己未晦
戊子晦
戊午晦
戊子晦
丁巳晦
丁亥晦
丙辰晦
壬申，尹文公涉于鞏，焚東訾。是月之十六日。 丙戌晦
乙卯晦
乙酉晦 閏十二月小 丙戌朔 甲寅晦

乙酉

二十六年	敬王四 齊景三十二 晉頃十 衛靈十九 蔡昭三 鄭定十四 曹悼八 陳惠十四 杞悼二
正月大	乙卯朔 傳：「庚申，齊侯取鄆。」是月之六日。
二月小	乙酉朔
三月大	甲寅朔
四月小	甲申朔
五月大	癸丑朔 傳：「戊午，劉人敗王城之師于尸氏。」是月之六日。戊辰，王城人、劉人戰于施谷。是月之十六日。
六月小	癸未朔
七月大	壬子朔 傳：「己巳，劉子以王出。」是月之十八日。庚午，次于渠。是月之十九日。丙子，王宿于褚氏。
八月小	壬午朔
九月大	辛亥朔 庚申，楚子居卒。是月之十日。
十月小	辛巳朔 傳：「丙申，王起師于滑。」是月之十六日。辛丑，在郊。是月之二十一日。
十一月大	庚戌朔 傳：「辛酉，晉師克鞏。」是月之十二日。癸酉，王入于成周。是月之二十四日。甲戌，
十二月大	庚辰朔 傳：「癸未，王入于莊宮。」是月之四日。

	宋景欒元 秦哀二十一 楚平十三 吳僚十一
甲申晦	
癸丑晦	
癸未晦	
壬子晦	
壬午晦	
辛亥晦	
辛巳晦	是月之二十五日。丁丑，王次于萑谷。是月之二十六日。庚辰，王入于胥靡。是月之二十九日。辛巳，王次于滑。是月之三十日。
庚戌晦	
庚辰晦	
己酉晦	
己卯晦	盟于襄宮。是月之二十五日。
己酉晦	

丙戌

二十七年	敬王五 齊景三十三 晉頃十一 衛靈二十 蔡昭四 鄭定十五 曹悼九 陳惠十五 杞悼三
正月小	庚戌朔
二月大	己卯朔
三月小	己酉朔
四月大	戊寅朔
五月小	戊申朔
六月大	丁丑朔
七月小	丁未朔
八月大	丙子朔
九月小	丙午朔 傳：「己未，子常殺費無極與鄢將師。」是月之十四日。
十月大	乙亥朔
十一月小	乙巳朔
十二月大	甲戌朔

宋景二 秦哀二十二 楚昭王軫元 吳僚十二
戊寅晦
戊申晦
丁丑晦
丁未晦
丙子晦
丙午晦
乙亥晦
乙巳晦
甲戌晦
甲辰晦
癸酉晦
癸卯晦

丁亥

二十八年 敬王六 齊景三十四 晉頃十二 衛靈二		
正月大	甲辰朔	
二月小	甲戌朔	
三月大	癸卯朔	
四月小	癸酉朔	丙戌，鄭伯寧卒。是月之十四日。
五月大	壬寅朔	
六月大	辛丑朔	
七月小	辛未朔	癸巳，滕子寧卒。是月之二十三日。
八月大	庚子朔	
九月小	庚午朔	
十月大	己亥朔	
十一月小	己巳朔	
十二月大	戊戌朔	

十一 蔡昭五 鄭定十六 曹聲公野元 陳惠十六 杞悼四 宋景三 秦哀二十三 楚昭二 吳闔廬元	
癸酉晦	
壬寅晦	
壬申晦	
辛丑晦	
辛未晦	閏五月小 壬申朔 庚子晦
庚午晦	
己亥晦	
己巳晦	
戊戌晦	
戊辰晦	
丁酉晦	
丁卯晦	

戊子

二十九年	敬王七 齊景三十五 晉頃十三 衛靈二十二 蔡昭六 鄭獻公蠆元 曹聲二 陳惠十七	
正月大	戊辰朔	
二月小	戊戌朔	
三月大	丁卯朔	傳：「己卯，京師殺召伯盈、尹氏固及原伯魯之子。」是月之十三日。
四月小	丁酉朔	庚子，叔詣卒。是月之四日。
五月大	丙寅朔	傳：「庚寅，王子趙車入於鄻以叛。」是月之二十五日。
六月小	丙申朔	
七月大	乙丑朔	
八月小	乙未朔	
九月大	甲子朔	
十月小	甲午朔	
十一月大	癸亥朔	
十二月小	癸巳朔	

杞悼五　宋景四　秦哀二十四　楚昭三　吳闔廬二
丁酉晦
丙寅晦
丙申晦
乙丑晦
乙未晦
甲子晦
甲午晦
癸亥晦
癸巳晦
壬戌晦
壬辰晦
辛酉晦

己丑

三十年　敬王八　齊景三十六　晉頃十四
正月大　壬戌朔
二月小　壬辰朔
三月大　辛酉朔
四月小　辛卯朔
五月大　庚申朔
六月小　庚申朔　庚辰，晉侯去疾卒。是月之二十一日。
七月大　己丑朔
八月小　己未朔
九月大　戊子朔
十月小　戊午朔
十一月大　丁亥朔
十二月小　丁巳朔　傳：「己卯，吳滅徐。」是月之二

衛靈二　十三　蔡昭七　鄭獻二　曹聲三　陳惠十　八　杞悼六　宋景五　秦哀二　十五　楚昭四　吳闔廬三
辛卯晦
庚申晦
庚寅晦
己未晦
己丑晦　閏五月大　庚寅朔　己未晦
戊子晦
戊午晦
丁亥晦
丁巳晦
丙戌晦
丙辰晦
十三日。　乙酉晦

庚寅

三十一年	敬王九 齊景三十七 晉定公午元 衛靈二十四 蔡昭八 鄭獻三 曹聲四 陳惠十九 杞悼七
正月大	丙戌朔
二月小	丙辰朔
三月大	乙酉朔
四月小	乙卯朔 丁巳，薛伯穀卒。是月之三日。
五月大	甲申朔
六月小	甲寅朔
七月大	癸未朔
八月小	癸丑朔
九月大	壬午朔
十月小	壬子朔
十一月大	辛巳朔
十二月小	辛亥朔 辛亥朔，日有食之。

辛卯

三十二年 敬王十 齊景三十八 晉定二 衛靈二十五	宋景六 秦哀二十六 楚昭五 吳闔廬四
正月大 庚辰朔	乙卯晦
二月小 庚戌朔	甲申晦
三月大 己卯朔	甲寅晦
四月小 己酉朔	癸未晦
五月大 戊寅朔	癸丑晦
六月小 戊申朔	壬午晦
七月大 丁丑朔	壬子晦
八月小 丁未朔	辛巳晦
九月大 丙子朔	辛亥晦
十月小 丙午朔	庚辰晦
十一月大 乙亥朔 傳：「己丑，士彌牟營成周。」己丑，是	庚戌晦
十二月大 乙巳朔 己未，公薨于乾侯。杜註：「十五日。」	己卯晦

蔡昭九
鄭獻四
曹聲五
陳惠二十
杞悼八
宋景七
秦哀二十七
楚昭六
吳闔廬五

月之十五日。按：此傳與定元年正月城成周是一事。顧寧人曰：「左氏兩收而失删其一。周之正月，晉十一月也。彼云『庚寅栽』，庚寅即

己酉晦
戊寅晦
戊申晦
丁丑晦
丁未晦
丙子晦
丙午晦
乙亥晦
乙巳晦
甲戌晦
甲辰晦　己丑之明日。而傳分爲兩年，豈有遲之兩月而始栽，宋仲幾乃不受功者乎？」
甲戌晦

定公名宋。

壬辰

元年	敬王十一　齊景三十九　晉定三　衛靈二十六　蔡昭十　鄭獻五　曹隱公通元
正月小	乙亥朔　傳：「辛巳，晉魏舒合諸侯之大夫于狄泉，將以城成周。」《正義》曰：「《長曆》
二月大	甲辰朔
三月小	甲戌朔
四月大	癸卯朔
五月小	癸酉朔
六月大	壬寅朔　癸亥，公之喪至自乾侯。是月之二十二日。戊辰，公即位。是月之二十七
七月小	壬申朔　癸巳，葬我君昭公。是月之二十二日。
八月大	辛丑朔
九月小	辛未朔
十月大	庚子朔
十一月小	庚午朔
十二月大	己亥朔

陳惠二十一 杞悼九 宋景八 秦哀二十八 楚昭七 吳闔廬六		
癸卯晦	辛巳是正月七日。」庚寅，裁。《正義》曰：「庚寅，是正月十六日。」	
癸酉晦		
壬寅晦		
壬申晦		
辛丑晦		
辛未晦		日。
庚子晦		
庚午晦		
己亥晦		
己巳晦		
戊戌晦		
戊辰晦		

癸巳

二年	敬王十二	齊景四
正月小	己巳朔	
二月大	戊戌朔	
三月小	戊辰朔	
四月大	丁酉朔	傳：「辛酉，鞏
五月小	丁卯朔	壬申，雉門及兩
六月大	丙寅朔	
七月小	丙申朔	
八月大	乙丑朔	
九月小	乙未朔	
十月大	甲子朔	
十一月小	甲午朔	
十二月大	癸亥朔	

	十 晉定四 衛靈二十七 蔡昭十一 鄭獻六 曹隱二 陳惠二十二 杞悼十 宋景九 秦哀二十九 楚昭八 吳闔廬七
	丁酉晦
	丁卯晦
	丙申晦
	丙寅晦 氏之群子弟賊簡公。」是月之二十五日。
閏五月大	乙未晦 觀災。是月之二十六日。
	乙未晦
	甲子晦
	甲午晦
	癸亥晦
	癸巳晦
	壬戌晦
	壬辰晦

丙申朔 乙丑晦	

甲午

三年	敬王十三 齊景四十一 晉定五 衛靈二十八 蔡昭十二 鄭獻七 曹隱三
正月小	癸巳朔
二月大	壬戌朔 辛卯，邾子穿卒。是月之三十日。
三月小	壬辰朔
四月大	辛酉朔
五月小	辛卯朔
六月大	庚申朔
七月小	庚寅朔
八月大	己未朔
九月小	己丑朔
十月大	戊午朔
十一月小	戊子朔
十二月大	丁巳朔

陳惠二十三 杞悼十一 宋景十 秦哀三十 楚昭九 吳闔廬八	
正月	辛酉晦
二月	辛卯晦
三月	庚申晦
四月	庚寅晦
五月	己未晦
六月	己丑晦
七月	戊午晦
八月	戊子晦
九月	丁巳晦
十月	丁亥晦
十一月	丙辰晦
十二月	丙戌晦

乙未

四年	敬王十四	齊景四
正月大	丁亥朔	
二月小	丁巳朔	癸巳，陳侯吳
三月大	丙戌朔	
四月小	丙辰朔	庚辰，蔡公孫
五月大	乙酉朔	
六月小	乙卯朔	
七月大	甲申朔	
八月小	甲寅朔	
九月大	癸未朔	
十月小	癸丑朔	
十一月大	壬子朔	庚午，蔡
十二月大	壬午朔	

	十二 晉定六 衛靈二十九 蔡昭十三 鄭獻八 曹隱四 陳惠二十四 杞悼十二 宋景十一 秦哀三十一 楚昭十 吳闔廬九
丙辰晦	
乙酉晦	卒。杜註：「癸巳，正月七日。書二月，從赴。」
乙卯晦	
甲申晦	姓帥師滅沈。是月之二十五日。
甲寅晦	
癸未晦	
癸丑晦	
壬午晦	
壬子晦	
壬午晦	
辛巳晦	侯以吳子及楚人戰于柏舉。是月之十九日。庚辰，吳入郢。是月之二十九日。傳：「己卯，楚子取其妹季芈畀我以出。」是月之二十八日。
辛亥晦	

閏十月小

癸未朔

杜註：「昭三十一年傳曰六年十二月『庚辰，吴入郢』，今以十一月者，并閏月數之。」《正義》曰：「《長曆》推此年閏十月，庚辰又是十一月二十九日，其月垂盡，并數閏得爲十二月也。」詳《長曆拾遺表》。

辛亥晦

丙申

五年	敬王十五　齊景四十三　晉定七　衛靈三十　蔡昭十四　鄭獻九　曹靖公露元　陳懷公柳元　杞僖公
正月小	壬子朔
二月大	辛巳朔
三月小	辛亥朔　辛亥朔，日有食之。
四月大	庚辰朔
五月小	庚戌朔
六月大	己卯朔　丙申，季孫意如卒。是月之十八日。
七月小	己酉朔　壬子，叔孫不敢卒。是月之四日。
八月大	戊寅朔
九月小	戊申朔　傳：「乙亥，陽虎囚季桓子。」是月之二十八日。
十月大	丁丑朔　傳：「丁亥，殺公何藐。」是月之十一日。己丑，盟桓子于稷門之內。是月之十三日。庚寅，大詛，逐公父歜。
十一月小	丁未朔
十二月大	丙子朔

過元 宋景十二 秦哀三十二 楚昭十一 吳闔廬十	
庚辰晦	
庚戌晦	
己卯晦	
己酉晦	
戊寅晦	
戊申晦	
丁丑晦	
丁未晦	
丙子晦	
丙午晦	是月之十四日。
乙亥晦	
乙巳晦	

丁酉

六年	敬王十六 齊景四十四
正月小	丙午朔 癸亥，鄭游速帥師滅
二月大	乙亥朔
三月小	乙巳朔
四月大	甲戌朔 傳：「己丑，吳太子終
五月小	甲辰朔
六月大	癸酉朔
七月小	癸卯朔
八月大	壬申朔
九月小	壬寅朔
十月大	辛未朔
十一月小	辛丑朔
十二月大	庚午朔

晉定八 衛靈三十一 蔡昭十五 鄭獻十 曹靖二 陳懷二 杞僖二 宋景十三 秦哀三十三 楚昭十二 吳闔廬十一	
甲戌晦	許。是月之十八日。
甲辰晦	
癸酉晦	
癸卯晦	纍敗楚舟師。」是月之十六日。
壬申晦	
壬寅晦	
辛未晦	
辛丑晦	
庚午晦	
庚子晦	
己巳晦	
己亥晦	

戊戌

七年	敬王十七 齊景四十五 晉定九 衛靈三十二 蔡昭十六 鄭獻十一 曹靖三 陳懷三 杞僖三 宋景十
正月大	庚子朔
二月小	庚午朔
三月大	己亥朔
四月小	己巳朔
五月大	戊戌朔
六月小	戊辰朔
七月大	丁酉朔
八月小	丁卯朔
九月大	丙申朔
十月小	丙寅朔
十一月大	乙未朔 傳：「戊午，單子、劉子逆王于慶氏。」是月之二十四日。
十二月小	乙丑朔 傳：「己巳，王入于王城。」杜註：「己巳，十二月五日。有日無月。」

四　秦哀三十四　楚昭十三　吳闔廬十二
己巳晦
戊戌晦
戊辰晦
丁酉晦
丁卯晦
丙申晦
丙寅晦
乙未晦
乙丑晦
甲午晦
甲子晦
癸巳晦

己亥

八年		敬王十八　齊景四十六　晉定十　衛靈三十三
正月大	甲午朔	
二月小	甲子朔	傳：「己丑，單子伐穀城，劉子伐儀栗。」是
三月大	癸亥朔	
四月小	癸巳朔	
五月大	壬戌朔	
六月小	壬辰朔	
七月大	辛酉朔	戊辰，陳侯柳卒。是月之八日。
八月小	辛卯朔	
九月大	庚申朔	
十月小	庚寅朔	傳：「辛卯，禘于僖公。」杜註：「十月二日。」
十一月大	己未朔	
十二月小	己丑朔	

蔡昭十七 鄭獻十二 曹靖四 陳懷四 杞僖四 宋景十五 秦哀三十五 楚昭十四 吳闔廬十三	
癸亥晦	
壬辰晦	月之二十六日。辛卯，單子伐簡城，劉子伐盂。是月之二十八日。
閏二月大 癸巳朔 壬戌晦	
壬辰晦	
辛酉晦	
辛卯晦	
庚申晦	
庚寅晦	
己未晦	
己丑晦	
戊午晦	壬辰，將享季氏于蒲圃而殺之。是月之三日。戒都車曰癸巳至。是月之四日。
戊子晦	
丁巳晦	

庚子

九年	敬王十九 齊景四十七 晉定十一 衛靈三十四 蔡昭十八 鄭獻十三 曹伯陽元 陳閔公
正月大	戊午朔
二月小	戊子朔
三月大	丁巳朔
四月小	丁亥朔 戊申，鄭伯蠆卒。是月之二十二日。
五月大	丙辰朔
六月小	丙戌朔
七月大	乙卯朔
八月小	乙酉朔
九月大	甲寅朔
十月小	甲申朔
十一月大	癸丑朔
十二月小	癸未朔

越元 杞僖五 宋景十 六 秦哀三 十六 楚昭十 五 吳闔廬 十四
丁亥晦
丙辰晦
丙戌晦
乙卯晦
乙酉晦
甲寅晦
甲申晦
癸丑晦
癸未晦
壬子晦
壬午晦
辛亥晦

辛丑

十年 敬王二 十 齊景四	
正月大	壬子朔
二月小	壬午朔
三月大	辛亥朔
四月小	辛巳朔
五月大	庚戌朔
六月小	庚辰朔
七月大	己卯朔
八月小	己酉朔
九月大	戊寅朔
十月小	戊申朔
十一月大	丁丑朔
十二月小	丁未朔

十八
晉定十
二
衛靈三
十五
蔡昭十
九
鄭聲公
勝元
曹陽二
陳閔二
杞僖六
宋景十
七
秦惠公
元
楚昭十
六
吳闔廬

十五	
辛巳晦	
庚戌晦	
庚辰晦	
己酉晦	
己卯晦	
戊申晦	閏六月大 己酉朔 戊寅晦
戊申晦	
丁丑晦	
丁未晦	
丙子晦	
丙午晦	
乙亥晦	

壬寅

十一年	敬王二十一 齊景四十九 晉定十三 衛靈三
正月大	丙子朔
二月小	丙午朔
三月大	乙亥朔
四月小	乙巳朔
五月大	甲戌朔
六月小	甲辰朔
七月大	癸酉朔
八月小	癸卯朔
九月大	壬申朔
十月小	壬寅朔
十一月大	辛未朔
十二月大	辛丑朔

十六 蔡昭二 十 鄭聲二 曹陽三 陳閔三 杞僖七 宋景十 八 秦惠二 楚昭十 七 吳闔廬 十六
乙巳晦
甲戌晦
甲辰晦
癸酉晦
癸卯晦
壬申晦
壬寅晦
辛未晦
辛丑晦
庚午晦
庚子晦
庚午晦

癸卯

十二年	敬王二十二　齊景五十　晉定十四　衛靈三十七　蔡昭二十一　鄭聲三　曹陽四　陳閔四	
正月小	辛未朔	
二月大	庚子朔	
三月小	庚午朔	
四月大	己亥朔	
五月小	己巳朔	
六月大	戊戌朔	
七月小	戊辰朔	
八月大	丁酉朔	
九月小	丁卯朔	
十月大	丙申朔	癸亥，公會齊侯盟于黃。是月之二十八日。
十一月小	丙寅朔	丙寅朔，日有食之。
十二月大	乙丑朔	

杞僖八 宋景十九 秦惠三 楚昭十八 吳闔廬十七
己亥晦
己巳晦
戊戌晦
戊辰晦
丁酉晦
丁卯晦
丙申晦
丙寅晦
乙未晦
乙丑晦
甲午晦 閏十一月大 乙未朔 甲子晦
甲午晦

甲辰

十三年	敬王二十三　齊景五十一　晉定十五　衛靈三十八　蔡昭二十二　鄭聲四　曹陽五　陳閔五
正月小	乙未朔
二月大	甲子朔
三月小	甲午朔
四月大	癸亥朔
五月小	癸巳朔
六月大	壬戌朔
七月小	壬辰朔
八月大	辛酉朔
九月小	辛卯朔
十月大	庚申朔
十一月小	庚寅朔　傳：「丁未，荀寅、士吉射奔朝歌。」是月之十八日。
十二月大	己未朔　傳：「辛未，趙鞅入于絳。」是月之十三日。

杞僖九　宋景二十　秦惠四　楚昭十九　吳闔廬十八	
	癸亥晦
	癸巳晦
	壬戌晦
	壬辰晦
	辛酉晦
	辛卯晦
	庚申晦
	庚寅晦
	己未晦
	己丑晦
	戊午晦
	戊子晦

乙巳

十四年	敬王二十四　齊景五十二	
正月大	己丑朔	
二月小	己未朔	辛巳，楚滅頓。是月之二十三
三月大	戊子朔	
四月小	戊午朔	
五月大	丁亥朔	
六月小	丁巳朔	
七月大	丙戌朔	
八月小	丙辰朔	
九月大	乙酉朔	
十月小	乙卯朔	
十一月大	甲申朔	
十二月小	甲寅朔	

晉定十六
衛靈三十九
蔡昭二十三
鄭聲五
曹陽六
陳閔六
杞僖十
宋景二十一
秦惠五
楚昭二十
吳闔廬十九

戊午晦

日。
丁亥晦

丁巳晦

丙戌晦

丙辰晦

乙酉晦

乙卯晦

甲申晦

甲寅晦

癸未晦

癸丑晦

閏十二月大
壬午晦

癸未朔 壬子晦

丙午

十五年	敬王二十五　齊景五十三　晉定十七　衛靈四十　蔡昭二十四
正月大	癸丑朔
二月小	癸未朔　辛丑，楚子滅胡。是月之十九日。
三月大	壬子朔
四月小	壬午朔
五月大	辛亥朔　辛亥，郊。是月之朔日。壬申，公薨于高寢。是月之二十二日。
六月小	辛巳朔
七月大	庚戌朔　壬申，姒氏卒。是月二十三日。
八月小	庚辰朔　庚辰朔，日有食之。
九月大	己酉朔　丁巳，葬我君定公。雨，不克葬。是月之九日。戊午，日下昃，乃克葬。是月之
十月小	己卯朔
十一月大	戊申朔
十二月小	戊寅朔

鄭聲六 曹陽七 陳閔七 杞僖十一 宋景二十二 秦惠六 楚昭二十一 吳夫差元

十日。辛巳，葬定姒。杜註：「辛巳，十月二日。經有日無月。」《正義》曰：「此年八月庚辰朔，二日則辛巳，更盈一周則十月己卯朔，三日得

壬午晦
辛亥晦
辛巳晦
庚戌晦
庚辰晦
己酉晦
己卯晦
戊申晦
戊寅晦 辛巳。」
丁未晦
丁丑晦
丙午晦

哀公 名蔣。

丁未

元年	敬王二十六 齊景五十四 晉定十八 衛靈四
正月大	丁未朔
二月小	丁丑朔
三月大	丙午朔
四月小	丙子朔 辛巳，郊。是月之六日。
五月大	乙巳朔
六月小	乙亥朔
七月大	甲辰朔
八月小	甲戌朔
九月大	癸卯朔
十月小	癸酉朔
十一月大	壬寅朔
十二月小	壬申朔

十一
蔡昭二
十五
鄭聲七
曹陽八
陳閔八
杞僖十
二
宋景二
十三
秦惠七
楚昭二
十二
吳夫差
二

丙子晦

乙巳晦

乙亥晦

甲辰晦

甲戌晦

癸卯晦

癸酉晦

壬寅晦

壬申晦

辛丑晦

辛未晦

庚子晦

戊申

二年	敬王二十七　齊景五十五　晉定十九　衛靈四十二　蔡昭二十六　鄭聲八　曹陽九　陳閔九　杞僖十三
正月大	辛丑朔
二月小	辛未朔　癸巳，叔孫州仇、仲孫何忌及邾子盟于句繹。是月之二十三日。
三月大	庚子朔
四月小	庚午朔　丙子，衛侯元卒。是月之七日。
五月大	己亥朔
六月小	己巳朔　傳：「乙酉，晉趙鞅納衛太子于戚。」是月之十七日。
七月大	戊戌朔
八月小	戊辰朔　甲戌，晉、鄭戰于鐵。是月之七日。
九月大	丁酉朔
十月小	丁卯朔
十一月大	丙申朔
十二月小	丙申朔

宋景二十四　秦惠八　楚昭二十三　吳夫差三	
庚午晦	
己亥晦	
己巳晦	
戊戌晦	
戊辰晦	
丁酉晦	
丁卯晦	
丙申晦	
丙寅晦	
乙未晦	
乙丑晦	閏十一月大　丙寅朔　乙未晦
甲子晦	

己酉

三年	敬王二十八	
正月大	乙丑朔	
二月小	乙未朔	
三月大	甲子朔	
四月小	甲午朔	甲午，地
五月大	癸亥朔	辛卯，桓
六月小	癸巳朔	傳：「癸
七月大	壬戌朔	丙子，
八月小	壬辰朔	
九月大	辛酉朔	
十月小	辛卯朔	癸卯，秦
十一月大	庚申朔	
十二月大	庚寅朔	

齊景五十六
晉定二十
衛出公輒元
蔡昭二十七
鄭聲九
曹陽十
陳閔十
杞僖十四
宋景二十五
秦惠九
楚昭二十四
吳夫差

震。是月之朔日。

宮、僖宮災。是月之二十九日。

卯，周人殺萇弘。」是月之十一日。

季孫斯卒。是月之十五日。

伯卒。是月之十三日。傳：「癸丑，荀寅奔邯鄲。」是月之二十三日。

庚戌

四年	敬王二十九　齊景五十七　晉定二十一　衛出二　蔡昭二十八　鄭聲十　曹陽十一　陳閔十		四
正月小	庚申朔		甲午晦
二月大	己丑朔	庚戌，盜殺蔡侯申。是月之二十二日。	癸亥晦
三月小	己未朔		癸巳晦
四月大	戊子朔		壬戌晦
五月小	戊午朔		壬辰晦
六月大	丁亥朔	辛丑，亳社災。是月之十五日。	辛酉晦
七月小	丁巳朔	傳：「齊、衛救范氏。庚午，圍五鹿。」是月之十四日。	辛卯晦
八月大	丙戌朔	甲寅，滕子結卒。是月之二十九日。	庚申晦
九月小	丙辰朔		庚寅晦
十月大	乙酉朔		己未晦
十一月小	乙卯朔		己丑晦
十二月大	甲申朔		己未晦

一	杞僖十五	宋景二十六	秦悼公元	楚昭二十五	吳夫差五

戊子晦
戊午晦
丁亥晦
丁巳晦
丙戌晦
丙辰晦
乙酉晦
乙卯晦
甲申晦
甲寅晦
癸未晦
癸丑晦

辛亥

五年	敬王三十	
正月大	甲寅朔	
二月小	甲申朔	
三月大	癸丑朔	
四月小	癸未朔	
五月大	壬子朔	
六月小	壬午朔	
七月大	辛亥朔	
八月小	辛巳朔	
九月大	庚戌朔	癸酉，
十月小	庚辰朔	
十一月大	己酉朔	
十二月小	己卯朔	

齊景五十八　晉定二十二　衛出三　蔡成公朔元　鄭聲十一　曹陽十二　陳閔十二　杞僖十六　宋景二十七　秦悼二　楚昭二
齊侯杵臼卒。是月之二十四日。

十六 吴夫差 六
癸未晦
壬子晦
壬午晦
辛亥晦
辛巳晦
庚戌晦
庚辰晦
己酉晦
己卯晦
戊申晦
戊寅晦
丁未晦 閏十二月大 戊申朔閏月，葬齊景公。趙東山引《長曆》是年閏十月。今按：齊景公卒于九月，諸侯五月而葬，

則閏當在十二月。丁丑晦

壬子

六年	敬王三十一　齊安孺子荼元　晉定二十三　衛出四　蔡成二　鄭聲十	
正月大	戊寅朔	
二月小	戊申朔	
三月大	丁丑朔	
四月小	丁未朔	
五月大	丙子朔	
六月小	丙午朔	傳：「戊辰，陳乞、鮑牧及諸大夫以甲入于公宮。」是月之
七月大	乙亥朔	庚寅，楚子軫卒。是月之十六日。
八月小	乙巳朔	
九月大	甲戌朔	
十月小	甲辰朔	傳：「丁卯，齊陳乞立陽生。」是月之二十四日。
十一月大	癸酉朔	
十二月大	癸卯朔	

	二　曹陽十三　陳閔十三　杞僖十七　宋景二十八　秦悼三　楚昭二十七　吳夫差七
丁未晦	
丙子晦	
丙午晦	
乙亥晦	
乙巳晦	
甲戌晦	二十三日。
甲辰晦	
癸酉晦	
癸卯晦	
壬申晦	
壬寅晦	
壬申晦	

癸丑

七年	敬王三十二　齊悼公陽生元　晉定二十四　衛出五　蔡成三　鄭聲十三　曹陽十四　陳閔十四　杞僖十	
正月小	癸酉朔	
二月大	壬寅朔	
三月小	壬申朔	
四月大	辛丑朔	
五月小	辛未朔	
六月大	庚子朔	
七月小	庚午朔	
八月大	己亥朔	己酉，入邾，以邾子益來。是月之十一日。
九月小	己巳朔	
十月大	戊戌朔	
十一月小	戊辰朔	
十二月大	丁酉朔	

八年 敬王三	甲寅	八 宋景二十九 秦悼四 楚惠王章元 吳夫差八
正月小 丁酉朔		辛丑晦
二月大 丙寅朔		辛未晦
三月小 丙申朔		庚子晦
四月大 乙丑朔		庚午晦
五月小 乙未朔		己亥晦
六月大 甲子朔		己巳晦
七月小 甲午朔		戊戌晦
八月大 癸亥朔		戊辰晦
九月小 癸巳朔		丁酉晦
十月大 壬戌朔		丁卯晦
十一月小		丙申晦
十二月大		丙寅晦 閏十二月大 丁卯朔 丙申晦

十三齊悼二晉定二十五衛出六蔡成四鄭聲十四曹陽十五陳閔十五杞僖十九宋景三十秦悼五楚惠二吴夫差九	
	乙丑晦
	乙未晦
	甲子晦
	甲午晦
	癸亥晦
	癸巳晦
	壬戌晦
	壬辰晦
	辛酉晦
	辛卯晦
壬辰朔	庚申晦
辛酉朔 癸亥，杞伯過卒。是月之三日。	庚寅晦

乙卯

九年	敬王三十四　齊悼三　晉定二十六　衛出七　蔡成五　鄭聲十五　陳閔十六　杞閔公維元　宋景三十一
正月大	辛卯朔
二月小	辛酉朔　傳：「甲戌，宋取鄭師于雍丘。」是月之十四日。
三月大	庚寅朔
四月小	庚申朔
五月大	己丑朔
六月小	己未朔
七月大	戊子朔
八月小	戊午朔
九月大	丁亥朔
十月小	丁巳朔
十一月大	丙戌朔
十二月小	丙辰朔

秦悼六 楚惠三 吳夫差十
庚申晦
己丑晦
己未晦
戊子晦
戊午晦
丁亥晦
丁巳晦
丙戌晦
丙辰晦
乙酉晦
乙卯晦
甲申晦

丙辰

十年	敬王三十五 齊悼四 晉定二十七 衛出八 蔡成六 鄭聲十六	
正月大	乙酉朔	
二月小	乙卯朔	
三月大	甲申朔	戊戌，齊侯陽生卒。是月之十五日。
四月小	甲寅朔	
五月大	癸未朔	
六月小	癸未朔	
七月大	壬子朔	
八月小	壬午朔	
九月大	辛亥朔	
十月小	辛巳朔	
十一月大	庚戌朔	
十二月小	庚辰朔	

陳閔十七　杞閔二　宋景三十二　秦悼七　楚惠四　吳夫差十一
甲寅晦
癸未晦
癸丑晦
壬午晦
壬子晦　閏五月大　癸丑朔　壬午晦
辛亥晦
辛巳晦
庚戌晦
庚辰晦
己酉晦
己卯晦
戊申晦

丁巳

十一年		敬王三十六　齊簡公壬元　晉定二十八　衛出九　蔡成七　鄭聲十七　陳閔十八　杞閔三　宋景三
正月大	己酉朔	
二月小	己卯朔	
三月大	戊申朔	
四月小	戊寅朔	
五月大	丁未朔	甲戌，齊國書帥師及吳戰于艾陵。是月之二十八日。傳：「公會吳子伐齊。壬申，至于嬴。」是月之二十六
六月小	丁丑朔	
七月大	丙午朔	辛酉，滕子虞母卒。是月之十六日。
八月小	丙子朔	
九月大	乙巳朔	
十月小	乙亥朔	
十一月大	甲辰朔	
十二月小	甲戌朔	

十三　秦悼八　楚惠五　吳夫差十二	
戊寅晦	
丁未晦	
丁丑晦	
丙午晦	
丙子晦	日。
乙巳晦	
乙亥晦	
甲辰晦	
甲戌晦	
癸卯晦	
癸酉晦	
壬寅晦	

戊午

十二年	敬王三十七　齊簡二　晉定二十九　衛出十　蔡成八	
正月大	癸卯朔	
二月小	癸酉朔	
三月大	壬寅朔	
四月小	壬申朔	
五月大	辛丑朔	甲辰，孟子卒。是月之四日。
六月小	辛未朔	
七月大	庚子朔	
八月小	庚午朔	
九月大	己亥朔	
十月小	己巳朔	
十一月大	戊戌朔	
十二月大	戊辰朔	傳：「鄭罕達救嵒。丙申，圍宋師。」是月之二

鄭聲十八 陳閔十九 杞閔四 宋景三十四 秦悼九 楚惠六 吳夫差十三	
壬申晦	
辛丑晦	
辛未晦	
庚子晦	
庚午晦	
己亥晦	
己巳晦	
戊戌晦	
戊辰晦	
丁酉晦	
丁卯晦	
丁酉晦	十九日。

己未

十三年		敬王三
正月小	戊戌朔	
二月大	丁卯朔	
三月小	丁酉朔	
四月大	丙寅朔	
五月小	丙申朔	
六月大	乙丑朔	傳：「丙
七月小	乙未朔	傳：「辛
八月大	甲子朔	
九月小	甲午朔	
十月大	癸亥朔	
十一月小	癸巳朔	
十二月大	壬戌朔	

	十八 齊簡三 晉定三十 衛出十一 蔡成九 鄭聲十九 陳閔二十 杞閔五 宋景三十五 秦悼十 楚惠七 吴夫差十四
丙寅晦	
丙申晦	
乙丑晦	
乙未晦	
甲子晦	
甲午晦	子，越子伐吴。」是月之十二日。乙酉，戰。是月之二十一日。丙戌，復戰，大敗吴師。是月之二十二日。丁亥，入吴。是月之二十三日。
癸亥晦	丑，盟，吴、晉争先。」是月之七日。
癸巳晦	
壬戌晦	
壬辰晦	
辛酉晦	
辛卯晦	

庚申

十四年	敬王三十九　齊簡四　晉定三十一　衛出十二　蔡成十　鄭聲二十　陳閔二十一　杞閔六
正月小	壬辰朔
二月大	辛酉朔
三月小	辛酉朔
四月大	庚寅朔　庚戌，叔還卒。是月之二十一日。
五月小	庚申朔　庚申朔，日有食之。傳：「壬申，成子兄弟四乘如公。」是月之十三日。庚辰，陳恒執公于舒
六月大	己丑朔　傳：「甲午，陳恒弒其君壬于舒州。」是月之六日。
七月小	己未朔
八月大	戊子朔　辛丑，仲孫何忌卒。是月之十四日。
九月小	戊午朔
十月大	丁亥朔
十一月小	丁巳朔
十二月大	丙戌朔

宋景三十六　秦悼十一　楚惠八　吴夫差十五	
庚申晦	
庚寅晦	閏二月大　辛卯朔　十二年冬十二月，螽。仲尼曰：「火猶西流，司曆過也。」杜註：「是歲應
己丑晦	
己未晦	
戊子晦	州。是月之二十一日。
戊午晦	
丁亥晦	
丁巳晦	
丙戌晦	
丙辰晦	
乙酉晦	
乙卯晦	

置閏而失不置,經雖書十二月,實今九月,故致有螽。」《正義》曰:「是時季孫雖聞仲尼此言,猶不即改。至明年十二月復螽,于是始悟。至十四年

春乃置閏，欲以補正時曆。傳于十五年書閏月，蓋置閏正之，欲以明十四年之閏于法當在十二年也。」案：孔氏云置閏正之者，蓋

閏無連歲置之理。十四年有閏，則十五年不應有閏。傳特書于十五年者，表明十四年之閏于法當在十二年，從十二至十五爲稀密適

均也。	庚申晦

辛酉

十五年	敬王四十 齊平公鶩元 晉定三十二 衛出十三 莊公蒯聵元
正月小 丙辰朔	
二月大 乙酉朔	
三月小 乙卯朔	
四月大 甲申朔	
五月小 甲寅朔	
六月大 癸未朔	
七月小 癸丑朔	
八月大 壬午朔	
九月小 壬子朔	
十月大 辛巳朔	
十一月小 辛亥朔	
十二月大 庚辰朔	

蔡成十一 鄭聲二十一 陳閔二十二 杞閔七 宋景三十七 秦悼十二 楚惠九 吳夫差十六	
甲申晦	
甲寅晦	
癸未晦	
癸丑晦	
壬午晦	
壬子晦	
辛巳晦	
辛亥晦	
庚辰晦	
庚戌晦	
己卯晦	
己酉晦	閏十二月小 庚戌朔 傳：「閏

	月，良夫與太子入。」戊寅晦

壬戌

十六年		敬王四十一　齊平二　晉定三十三　衛莊二　蔡成十二
正月大	己卯朔	己卯，衛世子蒯聵自戚入于衛。是月之朔日。
二月大	己酉朔	
三月小	己卯朔	
四月大	戊申朔	己丑，孔丘卒。杜註：「四月十八日乙丑，無己丑，己丑乃五
五月小	戊寅朔	
六月大	丁未朔	
七月小	丁丑朔	
八月大	丙午朔	
九月小	丙子朔	
十月大	乙巳朔	
十一月小	乙亥朔	
十二月大	甲辰朔	

鄭聲二十二　陳閔二十三　杞閔八　宋景三十八　秦悼十三　楚惠十　吳夫差十七	
戊申晦	
戊寅晦	
丁未晦	
丁丑晦	月十二日也。」互見《長曆拾遺表》。
丙午晦	
丙子晦	
乙巳晦	
乙亥晦	
甲辰晦	
甲戌晦	
癸卯晦	
癸酉晦	

附春秋通經閏數

哀十五年閏十二月，逆數至十四年閏二月，相去凡二十三月。

見續經《左傳》十五年「閏月，衛渾良夫與太子入，舍于孔氏之外圃」上有「冬及齊平」，知爲閏十二月。

哀十四年閏二月，逆數至十年閏五月，相去凡四十六月。

哀十年閏五月，逆數至七年閏十二月，相去凡三十月。

哀七年閏十二月，逆數至五年閏十二月，相去凡二十五月。

見經「冬閏月，葬齊景公」。

哀五年閏十二月，逆數至二年閏十一月，相去凡三十八月。

哀二年閏十一月，逆數至定十四年閏十二月，相去凡三十六月。

定十四年閏十二月，逆數至十二年閏十一月，相去凡二十六月。

定十二年閏十一月，逆數至十年閏六月，相去凡三十月。

定十年閏六月，逆數至八年閏二月，相去凡二十九月。

定八年閏二月，逆數至四年閏十月，相去凡四十一月。

定四年閏十月，逆數至二年閏五月，相去凡三十月。

定二年閏五月，逆數至昭三十年閏五月，相去凡四十九月。

昭三十年閏五月，逆數至二十八年閏五月，相去凡二十五月。

昭二十八年閏五月，逆數至二十五年

閏十二月，相去凡三十月。

昭二十五年閏十二月，逆數至二十二年閏十二月，相去凡三十七月。

見傳「閏月，取前城」上有十二月，則知閏在十二月也。

昭二十二年閏十二月，逆數至二十年閏八月，相去凡二十九月。

見傳「閏月戊辰，殺宣姜」上有八月，則知閏在八月也。

昭二十年閏八月，逆數至十八年閏正月，相去凡三十二月。

昭十八年閏正月，逆數至十五年閏九月，相去凡二十九月。

昭十五年閏九月，逆數至十二年閏正月，相去凡四十五月。

昭十二年閏正月，逆數至十年閏五月，相去凡二十一月。

昭十年閏五月，逆數至六年閏七月，相去凡四十七月。

昭六年閏七月，逆數至四年閏四月，相去凡二十八月。

昭四年閏四月，逆數至元年閏十月，相去凡三十一月。

昭元年閏十月，逆數至襄二十九年閏八月，相去凡三十九月。

襄二十九年閏八月，逆數至二十七年兩閏。杜因《左傳》「辰在申」、「再失閏」之文，頓置兩閏十一月。二十九年閏八月距二十七年之後閏十一月，相去凡二十二月。

襄二十七年之前閏十一月，距二十六年閏十二月，相去凡十二月。

襄二十六年閏十二月，逆數至二十四年閏三月，相去凡三十四月。

襄二十四年閏三月，逆數至二十一年

閏八月，相去凡三十二月。

襄二十一年閏八月，逆數至十九年閏九月，相去凡二十四月。

襄十九年閏九月，逆數至十六年閏十月，相去凡三十六月。

襄十六年閏十月，逆數至十三年閏八月，相去凡三十九月。

襄十三年閏八月，逆數至十年閏十二月，相去凡三十三月。

襄十年閏十二月，逆數至七年閏十月，相去凡三十九月。

襄七年閏十月，逆數至五年閏四月，相去凡三十一月。

襄五年閏四月，逆數至二年閏四月，相去凡三十七月。

襄二年閏四月，逆數至成十七年閏十二月，相去凡二十九月。

見傳「閏月乙卯晦，欒書、中行偃殺胥童」上有十二月，則知閏在十二月也。

成十七年閏十二月，逆數至十四年閏七月，相去凡四十二月。

成十四年閏七月，逆數至十二年閏五月，相去凡二十七月。

成十二年閏五月，逆數至九年閏十一月，相去凡三十一月。

見傳「冬十一月，城中城」，《長曆》推此年閏十一月，杜以爲此閏月城之。

成九年閏十一月，逆數至七年閏八月，相去凡二十八月。

成七年閏八月，逆數至四年閏七月，相去凡三十八月。

成四年閏七月，逆數至元年閏三月，相去凡四十一月。

成元年閏三月，逆數至宣十五年閏十

一月，相去凡四十一月。

宣十五年閏十一月，逆數至十二年閏五月，相去凡四十三月。

宣十二年閏五月，逆數至十年閏五月，相去凡二十五月。

宣十年閏五月，逆數至六年閏五月，相去凡四十九月。

宣六年閏五月，逆數至二年閏五月，相去凡四十九月。

宣二年閏五月，逆數至文十六年閏五月，相去凡四十九月。

文十六年閏五月，逆數至十二年閏十一月，相去凡四十三月。

文十二年閏十一月，逆數至九年閏七月，相去凡四十一月。

文九年閏七月，逆數至六年閏十二月，相去凡三十二月。

見經「閏月不告朔，猶朝于廟」。

文六年閏十二月，逆數至四年閏三月，相去凡三十四月。

文四年閏三月，逆數至二年閏正月，相去凡二十七月。

文二年閏正月，逆數至元年閏三月，相去凡十一月。

見傳「于是閏三月，非禮也」。

文元年閏三月，逆數至僖三十年閏九月，相去凡四十三月。

僖三十年閏九月，逆數至二十五年閏十二月，相去凡五十八月。

僖二十五年閏十二月，逆數至二十四年閏四月，相去凡二十月。

僖二十四年閏四月，逆數至二十年閏二月，相去凡五十一月。

僖二十年閏二月，逆數至十七年閏十

二月，相去凡二十七月。

僖十七年閏十二月，逆數至十二年閏二月，相去凡七十一月。

僖十二年閏二月，逆數至九年閏七月，相去凡三十二月。

僖九年閏七月，逆數至七年閏十一月，相去凡二十一月。

見傳「閏月，惠王崩」。

僖七年閏十一月，逆數至五年閏十二月，相去凡二十四月。

僖五年閏十二月，逆數至元年閏十一月，相去凡五十月。

僖元年閏十一月，逆數至閔二年閏五月，相去凡十九月。

閔二年閏五月，逆數至莊三十二年閏三月，相去凡二十七月。

莊三十二年閏三月，逆數至三十年閏二月，相去凡二十六月。

莊三十年閏二月，逆數至二十八年閏三月，相去凡二十四月。

莊二十八年閏三月，逆數至二十四年閏七月，相去凡四十五月。

莊二十四年閏七月，逆數至二十年閏十二月，相去凡四十四月。

莊二十年閏十二月，逆數至十七年閏六月，相去凡四十三月。

莊十七年閏六月，逆數至十四年閏五月，相去凡三十八月。

莊十四年閏五月，逆數至十一年閏三月，相去凡三十九月。

莊十一年閏三月，逆數至九年閏八月，相去凡二十月。

莊九年閏八月，逆數至七年閏四月，相去凡二十九月。

莊七年閏四月，逆數至四年閏四月，相去凡三十七月。

莊四年閏四月，逆數至元年閏十月，相去凡三十一月。

莊元年閏十月，逆數至桓十六年閏六月，相去凡四十一月。

桓十六年閏六月，逆數至十三年閏正月，相去凡四十二月。

桓十三年閏正月，逆數至十一年閏正月，相去凡二十五月。

桓十一年閏正月，逆數至七年閏十二月，相去凡三十八月。

桓七年閏十二月，逆數至四年閏十二月，相去凡三十七月。

桓四年閏十二月，逆數至元年閏十二月，相去凡三十七月。

桓元年閏十二月，逆數至隱九年閏十月，相去凡三十九月。

隱九年閏十月，逆數至七年閏十二月，相去凡二十三月。

隱七年閏十二月，逆數至五年閏十二月，相去凡二十五月。

隱五年閏十二月，逆數至二年閏十二月，相去凡三十七月。

案：自隱元年至哀十六年孔子卒止，通計二百四十四年，論常曆法當有九十閏。今據經、傳月日推校得八十七閏，杜註于襄二十七年頓置兩閏十一月以應天正，合來凡八十九閏，通計少一閏。

又《左傳》襄九年十二月下有「閏月戊寅，濟于陰阪，侵鄭」，杜註謂此年不得有閏月，當是「門五日」之譌。除此不算外，通計表内閏月見經者二，見傳者七。

凡《長曆》失不置閏今增置者三：桓四年閏十二月，莊二十年閏十二月，成十二年閏五月。《長曆》錯置閏今削去者一：莊二十九年閏二月。其置閏稍有後先今改正者五：僖八年閏十一月，今改九年閏七月；文八年閏七月，今移在九年；昭元年閏十二月，今改閏十月；八年閏八月，今改十年閏五月；哀五年閏十月，今作閏十二月。皆據經、傳上下月日參校，不敢曲爲遷就。餘悉同《長曆》。

附春秋經傳朔數晦數

隱三年春王二月己巳，日有食之。不書朔，史失之。

桓三年秋七月壬辰朔，日有食之。

桓十七年冬十月朔，日有食之。不書日，官失之。《長曆》庚午朔。

莊十八年春王三月，日有食之。不書日與朔，官失之。《長曆》癸未朔。

莊二十五年六月辛未朔，日有食之。

莊二十六年冬十有二月癸亥朔，日有食之。

莊三十年九月庚午朔，日有食之。

僖五年九月戊申朔，日有食之。

僖十二年春王三月庚午，日有食之。不書朔，官失之。

僖十五年夏五月，日有食之。不書日與朔，官失之。《長曆》壬子朔。

文元年二月癸亥，日有食之。不書朔，官失之。

文十五年六月辛丑朔，日有食之，既。

宣八年秋七月甲子，日有食之。不書朔，

官失之。

宣十年夏四月丙辰，日有食之。不書朔，官失之。

宣十七年六月癸卯，日有食之。不書朔，官失之。

成十六年六月丙寅朔，日有食之。

成十七年十有二月丁巳朔，日有食之。

襄十四年二月乙未朔，日有食之。

襄十五年秋八月丁巳，日有食之。不書朔，官失之。

襄二十年冬十月丙辰朔，日有食之。

襄二十一年九月庚戌朔，日有食之。

冬十月庚辰朔，日有食之。

襄二十三年春王二月癸酉朔，日有食之。

襄二十四年秋七月甲子朔，日有食之，既。

八月癸巳朔，日有食之。

襄二十七年冬十有二月乙亥朔，日有食之。

昭七年夏四月甲辰朔，日有食之。

昭十五年六月丁巳朔，日有食之。

昭十七年夏六月甲戌朔，日有食之。

昭二十一年秋七月壬午朔，日有食之。

昭二十二年十有二月癸酉朔，日有食之。

昭二十四年夏五月乙未朔，日有食之。

昭三十一年十有二月辛亥朔，日有食之。

定五年春王二月辛亥朔，日有食之。

定十二年十有一月丙寅朔，日有食之。

定十五年八月庚辰朔，日有食之。

哀十四年五月庚申朔，日有食之。續經。

已上《春秋》所書日食三十七。惟

宣八年七月甲子，杜以爲月三十日，餘皆朔日，無論經書不書。

僖五年春正月辛亥朔，日南至。傳。

冬十二月丙子朔，晉滅虢。傳。

僖十五年九月己卯晦，震夷伯之廟。經。是月之三十日。

僖十六年夏五月戊申朔，隕石于宋五。經。

僖二十二年己巳朔，宋、楚戰于泓。經。

僖二十四年三月己丑晦，公宮火。傳。

文元年五月辛酉朔，晉師圍戚。傳。是月之二十九日。

成十六年六月甲午晦，晉、楚戰于鄢陵。經。是月之二十九日。

成十七年閏十二月乙卯晦，欒書、中行偃殺胥童。傳。是月之三十日。

成十八年正月甲申晦，齊侯使士華免殺國佐于内宫之朝。傳。是月之二十九日。

成十八年二月乙酉朔，晉悼公即位于朝。傳。

襄十八年冬十月丙寅晦，齊師夜遁。傳。是月之三十日。

十一月丁卯朔，入平陰。傳。

襄十九年夏五月壬辰晦，齊靈公卒。傳。是月之二十九日。

襄二十六年三月甲寅朔，鄭伯賞入陳之功。傳。

襄二十七年六月丁未朔，宋人享趙孟。傳。

昭元年十二月甲辰朔，趙孟卒于温。傳。

昭十二年冬十月壬申朔，周原輿人逐原伯絞。傳。

昭二十年六月丁巳晦，衛侯與北宮喜

盟。傳。是月之三十日。

秋七月戊午朔，遂盟國人。傳。

昭二十三年春正月壬寅朔，二師圍郊。傳。

昭二十三年秋七月戊辰晦，吴、楚戰于雞父。傳。是月之二十九日。

已上除日食外，其餘經、傳書朔者凡十三，經二，傳十一；書晦者凡九，經二，傳七。

案：《公》、《穀》二傳説晦、朔多難信。《公羊》于僖十六年春正「是月六鷁退飛，過宋都」云：「何以不日？晦也。」是非晦而謂之晦。又云：「朔有事則書，晦雖有事不書。」因于僖十五年九月「己卯晦，震夷伯之廟」、成十六年六月「甲午晦，晉、楚戰于鄢陵」俱云：「晦，冥也。」是實晦而謂之非晦。何休又云：「非卓佹之事，無取乎言晦、朔，若趡盟、奚戰是也。」謂桓十七年二月丙午及邾婁儀父盟于趡，《春秋説》以丙午爲二月晦；五月丙午及齊師戰于奚，《春秋説》以丙午爲五月朔。今案：二月無丙午，丙午是三月初四日，五月丙午是月之初五日。《公羊》、何氏言朔、晦者俱謬。《穀梁》于僖十五年「己卯晦，震夷伯之廟」亦云「晦，冥」，同《公羊》；于成十六年「甲午晦，鄢城之戰」又云「遇晦曰晦」，同《左氏》，俱無憑準。故《朔閏表》不録二傳。

趙氏匡曰：「《公》、《穀》于僖十五年『己卯晦，震夷伯之廟』，並云『晦，冥也』。據十六年『戊申朔，隕石于宋五』、成十六年『甲午晦，晉、楚戰于鄢陵』，並書晦、朔，則知此言晦者，亦晦朔之晦爾。古史之體應合書日，而遇晦、朔必書之，以爲曆數之證。《穀梁》于成十六年傳云『事遇晦書晦』，何得于此獨名晦冥乎？」

春秋朔閏表卷二之四終

孫　重壽校字

春秋長曆拾遺表叙

余既輯《春秋朔閏表》，懼後人不之信，因命施生龍淵就註、疏中採出杜氏《長曆》凡百餘條，都爲一卷。嗚呼！《長曆》一書，意當唐初孔氏穎達世猶存，今已不可得見，獨其吉光片羽，流傳於斷楮殘墨之間。學者得因是以攷見當時之日月，誠不可不寶愛而珍惜之也。余嘗觀其前後，歎杜氏用心精細，千年來未有及者。

顧余嘗疑之。僖九年「九月戊辰，諸侯盟于葵丘。甲子，晉侯佹諸卒」，杜云：「甲子，九月十一日。戊辰，十五日也。」如此，則九月當爲甲寅朔。經有「七月乙酉，伯姬卒」，乙酉先甲寅二十九日，其年有閏七月無疑。杜《長曆》于八年十一月置閏，則是年七月安得有乙酉乎？據傳七年冬「閏月，惠王崩」，既七年有閏，足知八年無閏。此杜置閏之一失也。昭元年「十一月己酉，楚子麇卒」，杜云：「己酉，十二月六日。經、傳皆言十一月，月誤。」是年傳「十二月，晉既烝。趙孟適南陽。甲辰朔，烝于温」，杜云：「甲辰，十二月朔。晉烝當在甲辰之前。傳言十二月，月誤。」不知是年當閏十月，而《長曆》誤作閏十二月，故反疑經、傳爲誤。己酉實十一月五日，而甲辰爲來年正月朔，由晉用夏正，本十一月事，故傳繫之今年耳。此杜置閏之再失也。昭九年「四月，陳災」，傳曰「火出而火陳」，杜《長曆》以爲八年不應有閏而悮置閏八月，故四月得火見。今考上下傳文，八年實無閏。如八年有閏，則九年二月安得有庚申？十年五月安得有庚辰？是閏在十年五月以後明矣。周之四月，夏正二月，昏弧中，旦建星中，則夜半時大火得見東南，不必前有閏月。此杜置閏之三失也。僖十五年「十一月壬戌，晉侯及秦伯戰于韓」，傳在九月，明是晉用夏正，故經、傳互異。而杜以爲從赴，以傳之壬戌爲九月十三日，以經之壬戌爲十一月十四日。傳紀晉事往往與經先後兩月，凡經書春者，傳皆在前年之冬，豈得盡以爲從赴？此由不知經從周正，傳從夏正，誤混爲一，致令時日違錯。此又杜之四失也。夫日月之差謬，其小小者耳。而聖人之書法，其宏綱大指，未必不係于是，是可不爲鄭重而推究之歟！以杜氏之精細猶不免差繆若此，恨不能起先生于九原而爲之指正其闕失也。

雖然，杜氏迄今二千年，其《長曆》之存于今者千百之十一耳。然即此十一求之，以考見當時之日月，先生有知，應引爲繼起之有人，則余小子曷敢多讓？謹就此百餘條内其標明日月者，推明是月爲某朔，以余所推合之。其不同者，既具論如右；其同者，識明一「同」字。與《閏朔表》相表裏，俾學者知今日之推求非無根據。而先生之《長曆》幾如碎鼎之復完，晉、唐以來不獲睹之書，至此復燦然大明于世。好古之士，有不歎爲千年法物一旦復出矣乎！輯《春秋長曆拾遺表》第三。

春秋長曆拾遺表卷三

錫山顧棟高復初輯
歙縣程鍾葭應参

隱二年秋八月庚辰，公及戎盟于唐。

杜註：「八月無庚辰。庚辰，七月九日也。日、月必有誤。」

《正義》曰：「杜勘檢經、傳上下月日，制爲《長曆》。此年八月壬寅朔，其月三日甲辰，十五日丙辰，二十七

隱三年春王二月己巳，日有食之。

杜註：「以《長曆》推經、傳，明此食是二月朔也。不書朔，史失之。」

《正義》曰：「經無『朔』字。《長曆》推此己巳實是朔日，而不書朔，史失之也。」

《左傳》：「冬庚戌，鄭伯之車僨于濟。」

杜註：「十二月無庚戌，日誤。」

《正義》曰：「庚戌無月而云十二月者，以經『盟于石門』在十二月，知此亦十二月也。經書十二月下云『癸未，葬宋穆公』，計庚

隱四年春王二月，莒人伐杞，取牟婁。戊申，衛州吁弒其君完。

杜註：「戊申是三月十七日。有日而無月。」

《正義》曰：「經文三年『十二月癸未，葬宋穆公』，戊申在癸未之後二十五日，更盈一周則八十五日，不得

隱八年《傳》：「八月丙戌，鄭伯以齊人朝王。」

杜註：「上有七月庚午，下有九月辛卯，則八月不得有丙戌。」

《正義》曰：「庚午之後十六日而有丙戌，二十一日而有辛卯。七月有庚午，九月有辛卯，其間不容一月，

日戊辰，其月無庚辰也。七月壬申朔，則九日有庚辰。杜觀上下，若月不容誤，則指言日誤；若日不容誤，則指言月誤。此則上有秋，下有九月，日，月俱得有誤。」
案：據此，則七月壬申朔，八月壬寅朔。今《朔閏表》同。

案：杜註以己巳實是二月初一日。今《朔閏表》同。

戊在癸未之前三十三日，不得共在一月，故《長曆》推此年十二月甲子朔，十一日有甲戌，二十三日有丙戌，不得有庚戌。而月有癸未，則月不容誤，知日誤。」
按：據此，則癸未當是十二月二十日。今《朔閏表》同。

共在一月之内，故此年二月不得有戊申。雖承二月之下，未必是一月之日也。《長曆》推此年二月癸亥朔，十日是壬申，二十二日是甲申，不得有戊申也。三月壬辰朔，則十七日有戊申也。此經上有二月，下有夏，得在三月之内，不是字誤，故云有日而無月。觀僖二十八年冬下無月，而經有『壬申，公朝于王所』，有日而無月，經有此類，故知此亦同之。凡若此者，有十四事。」

是八月不得有丙戌也。更歷一周，則丙戌去庚午七十七日，八月亦不得有丙戌，足明丙戌爲日誤。《長曆》推此年七月丁卯朔，四日爲庚午，至二十日爲丙戌。九月丙寅朔，二十六日爲辛卯，其月二十一日爲丙戌。八月小，丁酉朔，十日爲丙午，二十日爲丙辰；二日爲戊戌，十四日爲庚戌，二十六日爲壬戌。未知『丙戌』二字孰爲誤也。」
案：七月丁卯朔，八月丁酉朔，九月丙寅

	隱十年春王二月，公會齊侯、鄭伯于中丘。傳：「正月，公會齊侯、鄭伯于中丘。癸丑，盟于鄧。」杜註：「推經、傳日月，癸丑是正月二十六日。知經二月誤。」按：據此，則正月戊子朔。今《朔閏表》同。
	六月壬戌，公敗宋師于菅。辛未，取郜。辛巳，取防。傳：「壬戌，公敗宋師于菅。庚午，鄭師入郜。辛未，歸于我。庚辰，鄭師入防。辛巳，歸于我。」杜註：「壬戌，六月七日。庚午，十五日。辛未，十六日。庚辰，
	傳：「六月戊申，公會齊侯、鄭伯于老桃。」杜註：「六月無戊申。戊申，五月二十三日。日誤。」《正義》曰：「知然者，以下有『辛巳，取防』亦在六月之內。戊申在辛巳之前三十三日，不得在一月。上有五月，今別言六月，知日誤月不誤。《長曆》推六月丙辰朔，三日是戊午，五日
案：二月癸亥朔，三月壬辰朔，戊申是三月十七日。今《朔閏表》並同。	九月戊寅，鄭伯入宋。杜註：「九月無戊寅。戊寅，八月二十四日。」《正義》曰：「知然者，經有十月壬午。《長曆》推壬午是十月二十九日，戊寅在壬午之前四日，故九月不得有戊寅。上有八月，下有冬，則誤在日也。」案：據此，則八月乙卯朔，十月甲寅朔。今《朔閏表》並同。
朔。今《朔閏表》並同。	桓二年夏四月，取郜大鼎于宋。戊申，納于太廟。杜註：「戊申，五月十日。」《正義》曰：「《長曆》此年四月庚午朔，其月無戊申；五月己亥朔，十日得戊申。」今《朔閏表》同。

	桓五年春正月甲戌、己丑，陳侯鮑卒。 杜註：「甲戌，前年十二月二十一日。己丑，此年正月六日。陳亂，故再赴。」 《正義》曰：「以《長曆》推之，知甲戌、己丑別月，而赴者並言正月，故兩書其日而共言正月。設令各以月赴，則當于四年云『十二月甲戌，陳侯鮑卒』，
二十五日。辛巳，二十六日。」今《朔閏表》並同。	桓十二年八月壬辰，陳侯躍卒。 杜註：「壬辰，七月二十三日。書于八月，從赴。」 《正義》曰：「上有七月，書于八月下，如此類者，註皆謂之日誤。今云從赴者，以其終不可通，蓋欲兩解故也。」 按：據此，則七月庚午朔。今《朔閏表》同。
是庚申。未知上下二字孰誤。」 按：據此，則五月丙戌朔，六月丙辰朔。今《朔閏表》並同。	桓十六年冬，城向。 杜註：「傳曰『書，時也』，而下有十一月，舊説因謂傳誤。不知此城向亦俱是十一月之事，但本事異，各隨本而書之耳。又推校此年閏在六月，則月却而節移前，水星可在十一月而正。」 按：此年有閏六月。今《朔閏表》同。
	桓十七年二月丙午，公會邾儀父盟于趡。 杜註：「二月無丙午。丙午，三月四日也。日、月必有誤。」 按：據此，則三月癸卯朔。今《朔閏表》同。
	桓十八年夏四月丙子，公薨于齊。丁酉，公之喪至自齊。 杜註：「丁酉，五月一日。有日而無月。」 按：據此，則五月丁酉朔。今《朔閏表》同。

五年云『正月己丑，陳侯鮑卒』。」 按：桓四年應有閏十二月，甲戌爲今年正月二十一日，己丑爲二月七日。蓋「甲戌」之下經有闕文，「己丑」之上脱「二月」二字。詳《朔閏表》。	莊七年夏四月辛卯，夜，恒星不見。 杜註：「辛卯是四月五日，月光尚微，蓋時無雲，日光不以昏没。」 《正義》曰：「杜以《長曆》校之，知辛卯是四月五日。五日月光尚微，不能掩星使不見。
	莊八年冬十有一月癸未，齊無知弒其君諸兒。 《左傳》「冬十二月，齊侯游于姑棼」云云。 杜註：「經書十一月癸未，《長曆》推之月六日也。傳云十二月，傳誤。」 按：據此，則十一月戊
	莊二十五年六月辛未朔，日有食之，鼓，用牲于社。傳曰：「非常也。」 杜註：「非常鼓之月。《長曆》推之辛未實七月朔，置閏失所，故致月錯。」 《正義》曰：「經雖書
	僖五年《傳》：「春王正月辛亥朔，日南至。」 杜註：「周正月，今十一月。冬至之日，日南極。」 《正義》曰：「冬至者，十一月之中氣。中氣者，月半之氣也。月朔已得中氣，是必前月
	僖九年九月戊辰，諸侯盟于葵丘。甲子，晉侯佹諸卒。 杜註：「甲子，九月十一日。戊辰，十五日。書在盟後，從赴。」 《正義》曰：「甲子晉侯卒，蓋赴以日而不以月。魯史不復審問，

若以爲有雲蔽，當時復無雲，蓋日光不以昏没，故以爲異也。」
按：據此，則四月丁亥朔。今《朔閏表》同。

寅朔。今《朔閏表》同。

六月，實非六月，故云『非常鼓之月』。《長曆》推此辛未爲七月之朔，由置閏失所，故致月錯，不應置閏而置閏，誤使七月爲六月也。若文十五年及昭十七年皆書『六月朔，日有食之』，彼言六月，真是六月。故昭十七年《傳》：『祝史請所用幣，季平子止之曰：「惟正月朔，日有食之，于是乎有伐鼓用幣，其餘則否。」而太史曰：「在此月也。」』爲此六月是夏四月，正陽之月，宜當伐鼓用幣，正是當鼓之月。與此異矣。

閏。閏前之月，中氣在晦；閏後之月，中氣在朔。閏者，聚殘餘分之月，其月無中氣，半屬前月，半屬後月。是去年閏十二月，十六日已得此年正月朔大雪節，故此正月朔得冬至也。而杜《長曆》僖元年閏十一月，此年閏十二月。又閏之相去，曆家大率三十三月耳。杜于此閏相去凡五十月，不與曆數同者，杜推勘《春秋》日月上下置閏，或稀或概，自準春秋時法，故不與常曆同。」

書其來告之日，惟稱甲子而已。不知甲子是何月之日，故在戊辰後也。若赴以九月告魯，魯史當推其日之先後，不得甲子在戊辰後矣。」
按：據此，則九月甲寅朔。今《朔閏表》同。

僖十五年九月己卯晦，震夷伯之廟。 《正義》曰：「《公羊》、《穀梁傳》皆以晦爲冥，謂書日晦冥也。」杜以《長曆》推之，知	
十有一月壬戌，晉侯及秦伯戰于韓，獲晉侯。傳：「九月壬戌，戰于韓原。」 杜註：「壬戌，九月十三日。經書『十一月壬	
僖十七年冬十有二月，齊侯小白卒。傳：「十月乙亥，齊桓公卒。十二月乙亥，赴。辛巳，夜殯。」 杜註：「乙亥，十月八	按：二十四年『八月丁丑，夫人姜氏入』，從彼推之，則六月辛未朔非有差錯。杜云置閏失所者，以二十四年八月以前誤置一閏，非自八月以來始錯也。」 案：辛未實六月朔，杜、孔説非是。詳《朔閏表》。
僖十八年秋八月丁亥，葬齊桓公。 杜註：「十一月而葬，亂故。八月無丁亥，日誤。」 按：趙東山引《長曆》	
僖二十七年秋八月乙巳，公子遂帥師入杞。 杜註：「八月無乙巳。乙巳，九月六日。」 案：據此，則九月庚子朔。今《朔閏表》同。	

己卯晦，正九月三十日。《春秋》值朔書朔，值晦書晦，無義例也。」按：據此，則九月庚戌朔。今《朔閏表》同。

僖二十八年五月癸丑，盟于踐土。傳：「癸亥，王子虎盟諸侯于王庭。」杜註：「經書癸丑，月十八日也。傳書癸亥，是月二十八日。經、傳必有誤。」案：據此，則五月丙申

戌』，十四日，從赴。」案：晉用夏正，傳紀晉事往往與經先後兩月，此尤其顯著者。杜以爲從赴，誤也。據此，則九月庚戌朔，十一月己酉朔。今《朔閏表》同。

冬，會于温。天王狩于河陽。壬申，公朝于王所。杜註：「壬申，十月十日。有日而無月，史闕文。」又《左傳》「丁丑，諸侯圍許」，杜註：「丁丑，十月十五日。有日無月。」案：據此，則十月癸亥朔。今《朔閏表》同。

日。經書十二月，從赴。」案：據此，則十月戊辰朔。今《朔閏表》同。

僖三十三年十有二月乙巳，公薨于小寢。杜註：「乙巳，十一月十二日。經書十二月，誤。」案：據此，則十一月甲午朔。今《朔閏表》同。

八月癸巳朔，丁亥在七月二十四日，九月二十五日，故云八月無丁亥。據此，則七月甲子朔，八月癸巳朔，九月癸亥朔。今《朔閏表》並同。

文元年《傳》：「于是閏三月，非禮也。」杜註：「于曆法閏當在僖公末年，誤于今年置閏，蓋時達曆者所譏。」先王之正時也，履端于始，舉正于中，歸餘于終。履端于始，

夏四月丁巳，葬僖公，緩。杜註：「僖公實以去年十一月薨，并閏計之，歷七月乃葬，故傳云『緩』。」《正義》曰：「經于三十三年十二月下云『乙巳，公薨』，杜以《長曆》推之，知乙巳非十二月，蓋十一月

朔。今《朔閏表》同。

序則不愆。舉正于中，民則不惑。歸餘于終，事則不悖。」

《正義》曰：「閏有進退，以中氣定之。無中氣，則閏月也。古曆十九年爲一章，章有七閏，入章三年閏九月，六年閏六月，九年閏三月，十一年閏十一月，十四年閏八月，十七年閏四月，十九年閏十二月。此據元首初章，若于後漸積餘分，大率三十二月則置閏，不必恒同初章閏月。僖五年『正月辛亥朔，日南至』，

十二日也。又此年有閏三月，至四月乃葬，并閏計之爲七月，諸侯禮當五月而葬，故傳云緩也。」

按：此傳錯編于僖三十三年之末，今改正。

治曆者皆以彼爲章首之歲。《漢書·律曆志》云：『文公元年距僖五年辛亥二十九歲。是歲閏餘十三，閏當在十一月後，而在三月，故傳曰「非禮也」。』《志》之所言，閏當在此年十一月後，今三月已即置閏，是嫌閏月太近前也。杜以爲僖三十年閏九月，文二年閏正月，故言曆法閏當在僖公末年，誤于今年置閏，是嫌置閏太近後也。杜爲《長曆》，置閏疏數無復定準。凡爲曆者，閏前之月中氣在晦，閏後之月中氣在朔。僖五年正月朔旦冬至，則四年當閏十二月也。杜《長曆》僖元年閏十一月，五年閏十二月，與常曆不同者，杜以襄二十七年再失閏，司曆過。昭二十年『二月己丑，日南至』，哀十二年『十二月，螽』云『火猶西流，司曆過』，則《春秋》之世，曆法錯失，所置閏月或先或後，不與常同。杜惟勘經、傳上下日月以爲《長曆》，若日月同者，數年不置閏月；若日月不同，須置閏乃同

文二年三月乙巳，及晉處父盟。	
冬，公子遂如齊納幣。	
文六年《傳》：「十一月丙寅，	
文八年冬十月壬午，公子遂會	者，則未滿三十二月頻置閏，所以異于常曆。故《釋例》云：『《春秋》日有頻月而食者，有曠年不食者，理不得一一如算以守恒數，故曆無有不失也。』始失于毫毛，尚未可覺，積而成多，以失弦望朔晦，則不得不改憲以順之。又云『據經、傳微旨考日辰晦朔，以相發明，爲經、傳、《長曆》，未必得天，蓋《春秋》當時之曆也』。是杜自言不與常曆同。」
文九年《傳》：「春正月己酉，晉	

傳：「四月己巳，晉人使陽處父盟公。」杜註：「經書三月。經、傳必有誤。」今按：乙巳是三月二十日，己巳是四月十四日。	文十三年冬十有二月己丑，公及晉侯盟。杜註：「十二月無己丑。己丑，十一月十一
杜註：「傳曰『禮也』。僖公喪終此年十一月，則納幣在十二月也。」《正義》曰：「《左氏》謂之『禮』，必是喪服已終。杜以《長曆》推之，知僖公以三十三年十一月薨，至此年十一月爲二十五月，喪已畢矣。納幣雖則無月，以傳言『禮』則知納在十二月也。」	文十四年夏五月乙亥，齊侯潘卒。杜註：「乙亥，四月二十九日。書五月，從
晉殺續簡伯。」杜註：「十一月無丙寅。丙寅，十二月八日也。日、月必有誤。」按：據此，則十二月己未朔。今《朔閏表》同。	傳：「秋七月乙卯，齊商人弒其君舍。」杜註：「經書九月，從告。齊人不服，故三
晉趙盾，盟于衡雍。乙酉，公子遂會雒戎，盟于暴。杜註：「壬午，月五日。乙酉，月八日也。」案：據此，則十月戊寅朔。今《朔閏表》同。	文十七年《傳》：「鄭子家與晉趙盾書云：『文公二年六月壬申，朝于齊。四年二
使賊殺先克。乙丑，晉人殺先都、梁益耳。」杜註：「乙丑，正月十九日。經書二月，從告。」案：據此，則正月丁未朔。今《朔閏表》同。	宣二年秋九月乙丑，晉趙盾弒其君夷皋。傳：「趙穿逆公子黑臀于周而立之。

日。」案：據此，則十一月己卯朔。今《朔閏表》同。	宣八年秋七月甲子，日有食之，既。
赴。」《正義》曰：「杜以《長曆》校之，知乙亥是四月二十九日。書五月從赴者，蓋赴以五月到。惟言卒日，不言其月，即書其所至之月也。」案：據此，則四月丁未朔。今《朔閏表》同。	宣九年九月辛酉，晉侯黑臀卒于扈。
月而後定。七月無乙卯，日誤。」	宣十二年冬十有二月戊寅，楚子滅蕭。
月壬戌，爲齊侵蔡。』」杜註：「鄭文二年六月壬申爲魯莊二十三年六月二十四日。四年二月壬戌爲魯莊二十五年，二月無壬戌。壬戌，三月二十日。」按：據此，則莊公二十三年六月當爲己酉朔。今《朔閏表》推得癸丑朔，壬申是六月二十日。二十五年三月當爲癸卯朔。今《朔閏表》同。	宣十五年《傳》：「秋七月壬午，晉侯治兵
壬申，朝于武宮。」杜註：「乙丑，九月二十七日。壬申，十月五日。有日無月。」按：據此，則九月己亥朔，十月戊辰朔。今《朔閏表》並同。	宣十七年正月丁未，蔡侯申卒。杜註：「丁未，二月四

杜註：「月三十日食。」 案：此則食在晦也。是月當爲乙未朔。今《朔閏表》同。	成二年夏四月丙戌，衛孫良夫帥師及齊師戰于新築，衛師敗績。
杜註：「九月無辛酉，日誤。」 《正義》曰：「知然者，以下有十月癸酉。杜以《長曆》推之，癸酉是十月十六日，辛酉在前十二日，是月之四日，故曰九月無辛酉。上有八月，下有十月，知非月誤也。」 按：據此，則十月戊午朔。今《朔閏表》同。	八月壬午，宋公鮑卒。庚寅，衛侯速卒。 杜註：「據傳，庚寅九月七日。」 按：據此，則九月甲申
杜註：「十二月無戊寅。戊寅，十一月九日。」 《正義》曰：「杜以《長曆》校之，十二月無戊寅，乃是十一月九日。然不言月誤者，以傳稱師人多寒。若是十一月則爲今之九月，未是寒時。當月是而日誤也。」 案：據此，則十一月庚午朔。今《朔閏表》同。	成四年三月壬申，鄭伯堅卒。 杜註：「三月無壬申。壬申是二月二十八日。」 案：據此，則二月乙
于稷，以略狄土。」 杜註：「壬午，七月二十九日。」 案：據此，則七月甲寅朔。今《朔閏表》同。	成九年秋七月丙子，齊侯無野卒。 杜註：「丙子，六月一日。書七月，從赴。」 案：六月丙子朔。今《朔閏表》同。
日。」 按：據此，則二月甲辰朔。今《朔閏表》推得乙巳朔，丁未爲二月三日。	冬十一月，城中城。傳曰：「書，時也。」 杜註：「此閏月城之，在十一月之後，十二月之前，故曰書時。」

傳：「十一月戊申，楚入渠丘。庚申，莒潰。」杜註：「戊申，月六日。庚申，月十八日。」按：據此，則十一月癸卯朔。今《朔閏表》同。	杜註：「四月無丙戌。丙戌，五月一日。」今按：丙戌，四月三十日。五月丁亥朔。
成十年丙午，晉侯獳卒。傳：「六月丙午，晉侯使甸人獻麥。將食，張，如厠，陷而卒。」杜註：「丙午，六月七日。經有日無月。」按：據此，則六月庚子	朔。今《朔閏表》推得乙酉朔，庚申九月六日。
成十七年十有一月壬申，公孫嬰齊卒于貍脤。杜註：「十一月無壬申，日誤也。」《正義》曰：「杜《長曆》推十一月丁亥朔，六日壬辰，十六日壬寅，二十六日壬子；	巳朔。今《朔閏表》推得丁未朔，壬申二月二十六日。
襄元年九月辛酉，天王崩。邾子來朝。冬，衛侯使公孫剽來聘。晉侯使荀罃來聘。杜註：「辛酉，九月十五日。冬者，十月初。王崩赴未至，皆未聞	
傳：「春己亥，圍宋彭城。」杜註：「下有二月，則此己亥爲正月。正月無己亥，日誤。」《正義》曰：「《長曆》推此年正月庚戌朔，其月無己亥。圍宋彭城，經在正月之下，傳文下有二月，則己亥	《正義》曰：「《長曆》推此年閏十一月。傳『城中城』文在十二月上，而云『書，時也』，明即是閏月城之。蓋閏月半後即是十二月節氣，故水昏已正而城之，是得時也。」今《朔閏表》同。

朔。今《朔閏表》同。

十日丙申，二十二日戊申。不知「壬申」二字何者爲誤。《長曆》云：『《公》、《穀》二傳及諸儒皆以爲十月十五日。十月庚午圍鄭，十三日也。推至壬申，真在十五日，然據此曰十一月諸侯還自鄭，壬申至于貍脤而卒，是非十月，分明誤在日也。』《公》、《穀》兩傳以爲待公至，然後卒大夫，故十月之日書在十一月之下，于《左傳》則不通，故杜以爲日誤。」
案：據此，則十月戊午朔，十一月丁亥朔。今《朔閏表》並同。

喪，故各得行朝聘之禮。」
《正義》曰：「杜顯言此日者，欲明下冬聘是十月之初，爲王崩日近，赴人未至，故各得行吉禮。」
按：據此，則九月丁未朔。今《朔閏表》同。

必是正月。月不容誤，知是日誤。」
按：正月庚戌朔。今《朔閏表》同。

襄二年夏六月庚辰，鄭伯睔卒。傳：「秋七月庚辰，鄭伯睔卒。」

杜註：「庚辰，七月九日。書六月，經誤。」《正義》曰：「經云『六月庚辰，鄭伯睔卒』，傳云七月異者，杜以《長曆》校之，此年六月壬寅朔，其月無庚辰。七月壬申朔，九日得庚辰，則傳與曆合，知傳是而經誤也。此經六月、七月，其文皆具，所言誤者，非徒字誤而已，乃是七月之事錯書以爲六月。故《長曆》云『書于六

襄三年六月戊寅，叔孫豹及諸侯之大夫及陳袁僑盟。

杜註：「據傳盟在秋，《長曆》推戊寅七月十三日，經誤。」按：據此，則七月丙寅朔。今《朔閏表》同。

襄四年春王三月己酉，陳侯午卒。

杜註：「三月無己酉，日誤。」

襄九年冬十有二月己亥，同盟于戲。

杜註：「傳言十一月己亥，以《長曆》推之，十二月無己亥，經誤。」《正義》曰：「經書十二月己亥，而傳言十一月，經、傳必有一誤。而傳于戲盟之下，更言『十二月癸亥，門其三門』，己亥在癸亥之前二十四日。以《長曆》推之，十一月庚寅朔，十日得己亥；十二月己未朔，五日得癸亥。故《長曆》參校上下，己

傳：「十二月癸亥，門其三門。閏月戊寅，濟于陰阪，侵鄭。」

杜註：「以《長曆》參校上下，此年不得有閏月戊寅，戊寅是十二月二十日。疑『閏月』當爲『門五日』。『五』字上與『門』合爲『閏』，則後學者自然轉『日』爲『月』。晉人三番四軍，更攻鄭門，門各五日。癸亥去戊寅十六日，以癸亥始攻，攻輒五日，凡十五日。鄭不服，故明日濟于陰阪，復侵鄭外邑也。」

月，經誤』，言原本之誤，非字誤也。」按：六月壬寅朔，七月壬申朔。今《朔閏表》並同。
亥在十一月十日。又十二月五日有癸亥，則其月不得有己亥，知經書十二月誤也。此誤惟以『一』字誤爲『二』。」按：十一月庚寅朔，十二月己未朔。今《朔閏表》並同。
《正義》曰：「衛氏難云：『按昭二十年朔旦冬至，其年云閏月戊辰殺宣姜，又二十二年云閏月取前城，並不應有閏。而傳稱閏，是史之失錯，不必在應閏之限。杜豈得云此年不得有閏，而改爲門五日也？』秦氏釋云：『傳既言三分四軍，三番攻門，每番五日，計癸亥至戊寅共十六日，三五十五日。明日戊寅濟于陰阪，上下符合，故杜爲此解也。』蘇氏又云：『按《長曆》襄十年十一月丁未是二十四日，十一年四月己

襄十年《傳》「三月癸丑，會諸侯于鍾離」。 杜註：「癸丑，月二十六日。」 《正義》曰：「杜明言癸	
夏四月戊午，會于柤。丙寅，荀偃、士匄圍偪陽，弗克。五月庚寅，荀偃、士匄帥卒攻偪陽。甲	
襄十一年秋，公會諸侯伐鄭，會于蕭魚。傳：「十二月戊寅，會于蕭魚。」 杜註：「經書秋，史失	
襄十五年秋八月丁巳，日有食之。 杜註：「八月無丁巳。丁巳，七月一日也。日、月必有誤。」 按：七月丁巳朔。今	
襄十九年秋七月辛卯，齊侯環卒。傳：「夏五月壬辰晦，齊靈公卒。莊公即位。」 杜註：「太子光定位而	亥是十九日。據丁未至己亥一百七十三日。計十年十一月之後，十一年四月之前，除兩箇殘月，惟存四箇整月。用日不盡，尚餘二十九日，故杜爲《長曆》于十年十二月後置閏。既十年有閏，明九年不得有閏也。』」 案：據此，則襄十年有閏十二月。今《朔閏表》同。

丑是三月二十六日。下四月戊午云『月一日』，五月庚寅云『月四日』，甲午云『月八日』。所以明言日者，欲證前九年『閏月』爲『門五日』。于上下日月相當，故杜備言其日也。」 按：據此，則三月戊子朔，四月戊午朔，五月丁亥朔。今《朔閏表》並同。	襄二十二年《傳》：「十二月，鄭游眅將如晉，未出竟，遭逆妻者，奪之以館于
午，滅之。 杜註：「戊午，四月一日。丙寅，月九日。庚寅，五月四日。甲午，月八日。」 今《朔閏表》並同。	襄二十五年秋八月己巳，諸侯同盟于重丘。 杜註：「己巳，七月十二日。經誤。」 《正義》曰：「傳言七
之。」 《正義》曰：「會于蕭魚，經雖無月，但會下有『冬』，故以爲會在秋也。傳言日月次第分明，知是經誤。」	襄二十七年冬十有二月乙亥朔，日有食之。 杜註：「今《長曆》推十一月朔，非十二月。傳曰『辰在申再失閏』，
《朔閏表》同。	傳：「十一月乙亥朔，日有食之。辰在申，司曆過也，再失閏矣。」 杜註：「文十一年三月甲子，至今年七十一
後赴，經從赴。壬辰是五月二十九日，辛卯是七月二十九日。」 按：據此，則五月甲子朔，七月癸亥朔。今《朔閏表》並同。	襄二十八年春，無冰。 杜註：「前年知其再失閏，頓置兩閏以應天正，故此年正月建子，得以無冰爲災而書。」

邑。丁巳，其夫攻子明，殺之，以其妻行。」

杜註：「十二月無丁巳。丁巳，十一月十四日也。」

按：據此，則十一月甲辰朔。今《朔閏表》同。

月，經言八月。杜以《長曆》校之，七月十二日有己巳，知是經誤也。」

按：據此，則七月戊午朔。今《朔閏表》同。

若是十二月，則爲三失閏，故知經誤。」

《正義》曰：「此經言十二月而傳言十一月，今杜以《長曆》推之，乙亥是十一月朔，非十二月也。傳曰：『辰在申，再失閏矣。』若是十二月，當爲辰在亥，以申爲亥，則是三失閏，非再失閏也。推曆與傳合，知傳是而經誤也。」

今《朔閏表》十一月乙亥朔，與《長曆》同。

歲，應有二十六閏。今《長曆》推得二十四閏，通計少再閏。」

《正義》曰：「斗建從甲至癸十干謂之日，從子至亥十二支謂之辰。傳言辰在申者，謂昏時斗柄所指于十二辰爲在申也。九月當建戌而建申，故謂再失閏也。閏月無中氣，斗建斜指兩辰之間。魯之司曆漸失其法，至此年日食之月，以儀審望，知斗建之在申。斗建在申，乃是周家九月，而其時曆稱十一月，故知再失閏。于是始覺其繆，遂頓置兩閏以應天

十有二月甲寅，天王崩。乙未，楚子昭卒。杜註：「十二月無乙	
傳：「十有二月乙亥朔，齊人遷莊公，殯于大寢。」杜註：「十二月戊戌	
三十年《傳》：「二月癸未，晉悼夫人食輿人之城杞者。」	
昭元年冬十有一月己酉，楚子麇卒。傳：「十一月己酉，公子	正，叙事期。前閏月爲建酉，後閏月爲建戌，十二月爲建亥而歲終焉。故明年經書『春，無冰』，傳以爲時災。若不復頓置二閏，則明年春乃是今之九月、十月、十一月，無冰非天時之異，無緣總書春也。必遠取文十一年三月甲子者，但據前閏以來計之，不得有再失之理，必遠從文十一年以來通計乃得知也。」
傳：「十二月，晉既烝。趙孟適南陽。甲辰朔，烝于温。庚戌，	

未，日誤。」《正義》曰：「甲寅之後四十二日始得乙未，則甲寅、乙未不得同月。《長曆》推此年十二月戊戌朔，甲寅是十七日，其月無乙未也。經有十一月、十二月，月不容誤，知日誤也。」
按：十二月戊戌朔。今《朔閏表》同。

朔，乙亥誤。」
今《朔閏表》同。

《正義》曰：「《長曆》推此月辛酉朔，二十三日得癸未，來月庚寅朔。」
今《朔閏表》同。

圍入問王疾，縊而弒之。」
杜註：「《長曆》推己酉十二月六日，經、傳皆言十一月，月誤也。」《正義》曰：「下有十二月甲辰朔，甲辰後五日得己酉，故杜以《長曆》推己酉是十二月六日。而經、傳皆云十一月己酉。杜謂十一月誤者，止謂十一月不得有己酉，以己酉爲誤，十一月非誤也。若以爲十二月己酉，則六日己酉子干奔晉，至晉猶見趙孟。七日庚戌趙孟卒，便是日相切迫，無

趙孟卒。」
杜註：「甲辰，十二月朔。晉既烝，趙孟乃烝其家廟，則晉烝當在甲辰之前。傳言十二月，月誤。庚戌是十二月七日。」《正義》曰：「杜以十二月晉既烝，趙孟始適南陽，則趙孟初行已是十二月。乃云『甲辰朔，烝于溫』，則是來年正月朔矣。服虔云：『甲辰朔，夏十一月朔也。』若是夏十一月朔，當于明年言之，無緣說于此年。杜以晉烝當在甲辰之前，當言十一月，傳言

相見之理。故知十一月爲是，己酉爲誤也。」

按：是年當閏十月，己酉實十一月五日。詳見《朔閏表》。

十二月，故以爲月誤也。」

按：服虔以甲辰朔爲夏正十一月，此最有理。傳曰「閉蟄而烝」，杜註謂建亥之月。蓋晉烝以孟冬，而趙氏以仲冬烝于家廟，禮也。晉之十一月，于周爲正月。傳以烝本冬祭，不可繫之來年，而甲辰實正月朔，故特變其文，先言十二月晉烝，而後言甲辰朔，明是兩月事，令後人循其讀而自知之。如杜、孔之説，直言『十二月甲辰朔，趙孟烝于温』可矣，

	昭四年《傳》：「楚子會諸侯伐吴，使屈申圍朱方。八月甲申，克之。」 杜註：「八月無甲申，日誤。」
	昭七年《傳》：「鄭人夢伯有介而行，曰：『壬子，余將殺帶也。明年壬寅，余又將殺段也。』」 杜註：「壬子，六年三
	昭八年夏四月辛丑，陳侯溺卒。傳：「夏四月辛亥，哀公縊。」 杜註：「經書辛丑，從赴。」 《正義》曰：「經書辛
	冬十月壬午，楚師滅陳。傳：「十一月壬午，滅陳。」 杜註：「壬午，月十八日。傳言十一月，誤。」 按：據此，則十月乙
何必先言晉既烝乎？且甲辰之前，于晉爲秋九月，不得行烝祭。歷考傳文，如晉侯殺世子申生，里克弑其君卓子及丕鄭、胥童之殺，經皆在春，傳皆在前年之冬，明是晉用夏正，非由月誤。 今《朔閏表》十二月甲戌朔。	昭九年夏四月，陳災。傳：「火出而火陳。」 杜註：「火，心星也。火出，于周爲五月，而以四月出者，以《長曆》推，前年誤置閏。」 《正義》曰：「昭十七

《正義》曰：「《長曆》推此年七月己未朔，二十六日得甲申；八月己丑朔，其月無甲申。而傳上有七月，下有九月，月不容誤，知日誤也。」今《朔閏表》並同。

月三日。壬寅，七年正月二十八日。」按：據此，則六年三月庚戌朔，七年正月乙亥朔。今《朔閏表》並同。

丑，傳言辛亥，經、傳異者，多是傳實經虛，故言從赴。《長曆》四月戊戌朔，四日爲辛丑，十四日爲辛亥，一月之内有此二日，故不云日誤。」今《朔閏表》同。

丑朔。今推得乙未朔，壬午是十一月十九日，傳是而經誤。詳《朔閏表》。

年《傳》曰：❶『火出，于周爲五月。』今得以四月出者，《長曆》云『閏當在此年五月，後而在前年，故火以四月出也』。《長曆》以爲前年閏八月，則此年四月五日已得中氣，二十日已得五月節，故四月得火見。」案：九年《傳》二月有庚申，十年五月有庚辰，則八年實無閏。今《朔閏表》移閏于十年五月後。蓋四月之末，大火以夜半見于東南，不必初昏也。

❶「昭」，原誤作「襄」，今據《春秋左傳正義》改。

昭十三年夏四月，楚公子比自晉歸于楚，弒其君虔于乾谿。傳：「夏五月癸亥，王縊于芋尹申亥氏。」

杜註：「癸亥，五月二十六日，皆在乙卯、丙辰後，傳終言之，經書四月誤。」《正義》曰：「癸亥，實在乙卯、丙辰之後，傳先言之者，因申亥求王，遂言王縊，傳終言之也。蓋楚人生失靈王，不知其死在五月，遂以四月始禍言靈王

昭二十年《傳》：「春王二月己丑，日南至。」

杜註：「是歲朔旦，冬至之歲也。當言『正月己丑朔，日南至』。時史失閏，閏更在二月後，故經因史而書正月，傳更具于二月，記南至日，以正曆也。」《正義》曰：「曆法十九年爲一章，章首之歲必周之正月朔旦冬至。僖五年『正月辛亥朔，日南至』，是章首之歲也。計僖五年至往年合一百三十三年，是爲七章。今年復爲章首，復當正月

昭二十二年夏四月乙丑，天王崩。傳：「王有心疾。乙丑，崩。戊辰，劉子摯卒。」

杜註：「乙丑，四月十九日。戊辰，二十二日。」《正義》曰：「乙丑、戊辰俱顯言日者，此年之傳其日最多，經之與傳又時日多錯，故特顯言二日，欲令自此以下依次推之易驗耳。」按：據此，則四月丁未朔。今《朔閏表》同。

六月，劉子、單子以王猛居于皇。傳：「秋七月戊寅，以王如平時，遂如圃車，次于皇。」

杜註：「戊寅，七月三日。經書六月，誤。」《正義》曰：「杜以《長曆》校戊寅是七月三日，明傳是也。經書王猛居皇乃在六月下，誤矣。」按：據此，則七月丙子朔。今《朔閏表》同。

秋，劉子、單子以王猛入于王城。傳：「冬十月丁巳，晉籍談、荀躒納王于王城。」

杜註：「丁巳在十月，經書秋，誤。」《正義》曰：「杜以《長曆》推之，丁巳是十月十四日。經書此事在秋，其下乃有『冬』，知經誤。」按：據此，則十月甲辰朔。今《朔閏表》同。

之死，故致錯誤。」按：靈王之縊實在五月癸亥，而經書四月者，蓋本其始禍以赴之耳。王是時孑身逃竄，沿夏入鄢，逗留時日。楚人未知王存亡，故每每夜駭曰王至。迨踰月乙卯，棄疾即用以駭殺二子，丙辰即位，猶未知王之真實，故葬死囚爲王，以絶楚望。其實王尚未死也。至申亥，以王柩告，始知其真死狀。《左氏》叙癸亥在乙卯、丙辰之前，特參錯互見其實。棄疾丙辰即位，後八日爲

朔旦冬至，而傳乃云二月者，是時曆法錯亂，誤名正月爲二月也。曆家正法，往年十二月後即宜置閏，此年正月當是往年閏十二月，此年二月乃是正月，故朔日日南至。時史官錯不置閏，閏更在二月後，傳于八月下乃云『閏月戊辰，殺宣姜』，是閏在八月，置閏錯繆之證也。當時以閏十二月爲正月，經從其誤而書之，傳知其誤，故于二月記日南至，以正其失。冬至爲周正月之中氣。曆法閏月

癸亥，靈王始縊。據此，則五月戊戌朔，十八日乙卯，十九日丙辰，二十六日癸亥，次第秩然。今《朔閏表》並同。	冬十月，王子猛卒。傳：「十一月乙酉，王子猛卒。」杜註：「乙酉在十一月，經書十月，誤。」《正義》曰：「杜以《長曆》推之，乙酉是十一月十二日，知經書十月誤也。」按：據此，則十一月甲戌朔。今《朔閏表》同。
無中氣，中氣必在前月內。時史官誤以閏十二月爲正月，而置冬至于二月之朔，是閏月與冬至悉皆錯也。」今《朔閏表》二月己丑朔同，置閏在八月同。	十有二月癸酉朔，日有食之。杜註：「此月有庚戌。又以《長曆》推校前後，當爲癸卯朔，書癸酉，誤。」《正義》曰：「案傳有十二月庚戌，庚戌上去癸酉三十七日，若此月癸酉朔，不得有庚戌也。又傳十二月下有閏月，又云『辛丑，
	昭二十三年春王正月，叔孫婼如晉。癸丑，叔鞅卒。晉人執我行人叔孫婼。晉人圍郊。杜註：「圍郊在叔鞅卒前，經書在後，從赴。」《正義》曰：「往年傳『閏月辛丑，伐京，毀其西南』，註云『京，子
	秋七月戊辰，吳敗頓、胡、沈、蔡、陳、許之師于雞父。傳：「戊辰晦，戰于雞父。」杜註：「戊辰，七月二十九日。遣兵忌晦戰，擊楚所不意。」《正義》曰：「楚以兵之忌日，不意吳來擊之，必不設備。吳人故
	昭二十四年秋八月丁酉，杞伯郁釐卒。杜註：「丁酉，九月五日。有日無月。」《正義》曰：「此年五月乙未朔，一大一小。七月甲午朔，九月癸巳朔，五日得丁酉。文在八月之下，是有日而無月也。」今《朔閏表》並同。

伐京』。辛丑是壬寅前日。二十三年《傳》曰『正月壬寅朔，二師圍郊』，則辛丑是閏月之晦日也。又計明年正月之朔與今年十二月之朔，中間有一閏，相去當爲五十九日。此年十二月當爲癸卯朔，經書癸酉，明是誤也。《長曆》推校十一月小，甲戌朔，傳有乙酉，十二日也；又有己丑，十六日也。十二月大，癸卯朔，傳有庚戌八日也。閏十二月小，癸酉朔，傳有辛丑二十九日也。明年正月壬寅朔，則上下符

朝所在』。此年『正月壬寅朔，二師圍郊』。計辛丑、壬寅二日相連，蓋京城既毁，郊是子朝之邑，故二師追而圍之。傳稱朔日圍郊，至癸丑叔鞅乃卒，癸丑正月十二日，是圍郊在叔鞅卒前。晉人來告圍郊在叔鞅卒後，故經書在後，從赴也。圍郊在朔，或亦在叔孫婼如晉之前，但行無日，未必不以朔行，據鞅卒有日而言之。」

違兵忌，以晦出兵而戰，擊楚所不意也。」案：據此，則七月庚子朔，戊辰是月之晦。今《朔閏表》並同。

	昭二十五年秋七月上辛，大雩。季辛，又雩。 《正義》曰：「月有三辛：上辛，上旬之辛；下辛，下旬之辛也。《長曆》推校此年七月己丑朔，上辛月三日，季辛二十三日。」 今《朔閏表》並同。
合矣。」 今《朔閏表》日數、朔數並同。	昭三十一年十有二月辛亥朔，日有食之。傳：「史墨曰：『六年及此月也，吴其入郢乎，終亦弗克。入郢必以庚辰。庚午之日，日始有謫。火勝金，故弗克。』」 杜註：「定四年十一月庚辰，吴入郢。又庚午十月十九日，去辛亥朔四十一日，雖
	昭三十二年冬，城成周。十有二月己未，公薨于乾侯。 杜註：「己未，十二月十五日。」 《正義》曰：「傳言十一月令城成周，雖無其日，明年乃始城之，當在月之將末。杜顯言此十五日者，言盟去公薨日近，以明未及告意也。」 按：據此，則十二月乙巳朔。今《朔閏表》同。
	定元年《傳》：「春正月辛巳，晉魏舒合諸侯之大夫于狄泉，以城成周。庚寅，栽。」 《正義》曰：「《長曆》辛巳是正月七日，庚寅是正月十六日。」 按：據此，則正月乙亥朔。今《朔閏表》同。
	定四年二月癸巳，陳侯吴卒。 杜註：「癸巳，正月七日。書二月，從赴。」 按：據此，則正月丁亥朔。今《朔閏表》同。

食在辛亥，更以始變爲占也。午，南方，楚之位。午，火；庚，金也。日以庚午有變，故災在楚。楚之仇敵唯吴，故知入郢必吴。」《正義》曰：「《長曆》：『此年十月壬子朔，故庚午是十月十九日。』從庚午下去十二月辛亥朔爲四十一日。雖食在辛亥，而更以庚午爲占，舍近取遠，是史墨所見，其意不可得而知也。」又云：「此十二月日食，彼十一月入郢，則是未復其月。而云及此月者，《長曆》定四年閏

	冬十有一月庚午，吳、楚戰于柏舉，楚師敗績。庚辰，吳入郢。 杜註：「昭三十一年《傳》曰『六年十二月庚辰，吳入郢』，今以十一月者，并閏月數之。」《正義》曰：「《長曆》推定四年有閏十月，且庚辰又是十一月二
十月庚辰吳入郢，是十一月二十九日，并閏月數之，又其月垂盡，故得爲及此月也。」按：據此，則是年十月壬子朔。今《朔閏表》同。	定七年《傳》：「冬十一月戊午，單子、劉子逆王于慶氏。己巳，王入于王城。」 杜註：「己巳是十二月五日，有日無月。」《正義》曰：「此年經、傳日少，上下無可考驗。杜自以《長曆》校
	定八年《傳》：「冬十月辛卯，禘于僖公。」 杜註：「辛卯，十月二日。」 按：據此，則十月庚寅朔。今《朔閏表》同。
	定十五年九月丁巳，葬我君定公，雨，不克葬。戊午，日下昃，乃克葬。辛巳，葬定姒。 杜註：「辛巳，十月三日。有日無月。」《正義》曰：「此年八月庚辰朔，二日則辛巳，九月不得有辛巳
	哀十二年冬十有二月，螽。 杜註：「周十二月，今十月。是歲應置閏而失不置，雖書十二月，實今之九月，司曆誤一月。九月之初尚温，故得有螽。」

十九日，其月垂盡，并閏數之，故得爲十二月也。」 按：據此，則十一月壬子朔，又前有閏十月。今《朔閏表》並同。	傳：「冬十二月，螽。季孫問諸仲尼。仲尼曰：『火伏而後蟄者畢。今火猶西流，司曆過也。』」 杜註：「猶西流，言未盡没，知是夏之九月，曆官失一閏。」 《正義》曰：「火未盡没是夏九月，周之十一月也。經乃云十二
之，己巳爲十二月五日。」 按：據此，則十二月乙丑朔。今《朔閏表》同。	哀十三年十有二月，螽。 杜註：「前年季孫雖聞仲尼之言，而不正曆，失閏至此年，故復十二月螽，實周之十一月。」
	哀十六年夏四月己丑，孔丘卒。 杜註：「四月十八日乙丑，無己丑。己丑，五月十二日。日、月必有誤。」 《正義》曰：「杜自以《長曆》校之，知四月十八日有乙丑無己丑，己丑乃五月十二日也。」 按：據此，則四月戊申朔，五月戊寅朔。今
也。更盈一周，則六十二日，月有一大一小，十月己卯朔，三日得辛巳，是有日無月也。」 今《朔閏表》並同。	

月，則是曆官失一閏，故致以夏九月爲十月，以周之十一月爲十二月爾。十二月不應螽。而仲尼言火猶西流，明夏之九月尚可有螽。季孫雖聞此言，猶不即改。明年十二月復螽，于是始悟，至十四年春乃置閏，欲以補正時曆。傳于十五年書閏月，蓋置閏正之，欲明十四年之閏于法當在十二年也。」案：據此，則十四年春宜有閏。今《朔閏表》十四年閏二月，至十五年冬復有閏十二月，相去凡二十三月。

《朔閏表》並同。

附録長曆及大衍曆置閏同異

趙東山先生原本。

《長曆》置閏	《大衍曆》置閏
隱二年閏十二月 五年閏十二月 七年閏十二月 九年閏十月 按：經文是年三月有癸酉、庚辰，傳有十一月甲寅，去庚辰凡二百七十五日，中間應有一閏，故《長曆》特置閏十月。《彙纂》作十二月甲寅，則中間不得有閏，閏當在十二月以後矣。《彙纂》偶誤「一」字爲「二」也。	隱二年閏十一月 五年閏八月 八年閏四月 十一年閏正月
桓元年閏十二月 按：自桓元年閏十二月至七年閏十二月，首尾歷七十三月，中間應更有一閏。今《朔閏表》于四年置閏十二月。	桓二年閏九月 五年閏六月 八年閏三月

七年閏十二月 十一年閏正月 十三年閏正月 按：自此至莊元年閏十月，首尾歷七年，共八十餘月。杜註于桓十六年「冬，城向」，傳明言是年閏六月，不知東山本何以失載。	莊元年閏十月 四年閏四月 七年閏四月 九年閏八月 十一年閏三月 十四年閏五月 十七年閏六月 按：自莊十七年閏六月至二十四年閏七月，首尾歷八十六月，中間應更有一閏。今《朔閏表》于二十年置閏十二月。 二十四年閏七月
十年閏十一月 十三年閏七月 十六年閏四月	莊元年閏正月 三年閏九月 六年閏五月 九年閏三月 十一年閏十一月 十四年閏八月 十七年閏四月 按：此年閏四月至二十二年閏十月，首尾積共六十七月，中間應更有一閏，而東山本不載。 二十二年閏十月 二十五年閏六月

二十八年閏三月 二十九年閏二月 按：自莊二十六年十二月癸亥朔，推至三十年九月庚午朔，中間止容兩閏，不得有三閏。杜頻年置閏，非也。今《朔閏表》去二十九年一閏。 三十年閏二月 三十二年閏三月	閔二年閏五月 按：自此至僖元年閏十一月，首尾僅十九月，《唐書·律曆志》所謂近者十餘月而一閏也。文元年閏三月至二年閏正月，相去僅十一月，則傳已明言其非矣。	僖元年閏十一月 五年閏十二月 七年閏十一月 八年閏十一月 按：此閏當在九年七月。詳《朔閏表》。
二十八年閏二月 三十年閏十一月	閔元年閏八月	僖二年閏五月 五年閏正月 七年閏九月 十年閏六月 十三年閏二月

十二年閏二月 按：自此至十七年閏十二月，首尾歷六年，共七十一月，《唐書・律曆志》所謂遠或七十餘月而閏也。 十七年閏十二月 二十年閏二月 二十四年閏四月 此閏距上二十年閏二月，凡隔五十一月，下至二十五年閏十二月，僅二十月。按《晉語》「十月，惠公卒」，韋昭註：「《内傳》魯僖二十三年『九月，惠公卒』，而此云十月。賈侍中以爲閏餘十八，閏在十二月後，魯失閏，以閏月爲正月。晉以九月爲十月而置閏也。」 此則《春秋》置閏不依常法，列國互異之明證。 二十五年閏十二月 三十年閏九月	文元年閏三月 《左傳》于是閏三月，非禮也。杜註：「于曆法閏當在僖公末年，誤于今年置閏。」
十五年閏十月 十八年閏七月 二十一年閏四月 二十四年閏正月 二十六年閏九月 二十九年閏六月 三十二年閏二月	文元年閏十二月 四年閏八月 七年閏四月

二年閏正月
四年閏三月
六年閏十二月
經文閏月不告月。程公説曰：「按曆法是年未應閏而經書閏月，則周閏有所移也。」
八年閏七月
今以經、傳月日推之，閏當在九年七月。
十二年閏十二月
十六年閏五月

按：此年閏四月至十二年閏十月，積共六十七月，中間應更有一閏，❶而東山本不載。
十二年閏十月
十五年閏六月
十八年閏二月

宣二年閏五月
六年閏五月
十年閏五月
程公説曰：「《長曆》自僖十二年至文元年，五年一閏者二，四年一閏者三，凡失二閏焉。又自文十六年至宣十年，四年一閏者三，又失一閏焉。」

宣二年閏十一月
五月閏八月
八年閏五月
十一年閏正月
十三年閏九月
十六年閏六月

❶「閏」，原誤作「間」，今據《四庫全書》本、《皇清經解續編》本改。

按：三失閏，則是以春爲夏也。《長曆》自文元年至宣十二年，頻年置閏者一，兩年置閏者四，雖疏密不均，而于四時之序無改。 十二年閏五月 十五年閏十二月	
成元年閏三月 四年閏七月 七年閏八月 九年閏十一月 案：自成九年閏十一月至十四年閏七月，首尾歷五十七月，中間應更有一閏。今《朔閏表》于十二年置閏五月。 十四年閏七月 十七年閏十二月	成元年閏三月 三年閏十一月 六年閏七月 九年閏四月 十二年閏正月 十四年閏十月 十七年閏六月
襄二年閏四月 五年閏四月 七年閏十月	襄二年閏三月 四年閏十二月 七年閏八月

十年閏十二月

《左傳》九年「諸侯伐鄭。十二月癸亥，門其三門。閏月戊寅，濟于陰阪」，杜註：「以《長曆》參校上下，此年不得有閏月戊寅。戊寅是十二月二十日。」孔氏《正義》曰：「杜爲《長曆》于十年十二月後置閏。既十年有閏，明九年不得有閏也。」

十三年閏八月

十六年閏十月

十九年閏九月

二十一年閏八月

二十四年閏三月

二十六年閏十二月

二十九年閏八月

《左傳》二十七年「十一月乙亥朔，日有食之。辰在申，司曆過也，再失閏矣」，杜註：「文十一年三月甲子至今年七十一歲，應有二十六閏。今《長曆》推得二十四閏，通計少再閏。」按孔氏《正義》曰：「魯之司曆于是始覺其繆，頓置兩閏月以應天正，前閏月爲建

十年閏四月

十三年閏正月

十五年閏十月

十八年閏六月

二十一年閏二月

二十三年閏十二月

二十六年閏八月

二十九年閏五月

酉，后閏月爲建戌，十二月爲建亥而歲終焉。」東山以頓置兩閏爲非，故不載。

昭元年閏十二月

案：此閏當在十月。詳《朔閏》及《長曆拾遺》二表。

四年閏四月

六年閏七月

八年閏八月

今歷攷傳文，八年不應有閏，閏當在十年五月。詳《朔閏》及《長曆拾遺》二表。

十二年閏正月

十五年閏九月

十八年閏正月

二十年閏八月

《左傳》：「二月己丑，日南至。」杜註：「是歲朔旦冬至之歲也，當言『正月己丑朔，日南至』，時史失閏，閏更在二月後。」《正義》曰：「曆家正法，往年十二月後即宜置閏。此年正月當是往年閏十二月，此年二月乃是正月，故當日南至時，史官錯不置閏，閏更在二

昭元年閏正月

三年閏九月

六年閏六月

九年閏三月

十一年閏十二月

十四年閏七月

十七年閏五月

二十年閏二月

二十一年閏十月

按：《大衍曆》無頻年置閏之理，此當在二十一年下，誤重在此。

二十二年閏十月

按：此年閏十月至二十八年閏三月，積共六十六月，中間應更有一閏，而東山本不載。

二十八年閏三月

月後，故致以正月爲二月爾。傳于八月下乃云『閏月戊辰，殺宣姜』，是閏在八月，置閏錯繆之證也。」按《大衍曆》是年正月辛酉小，己丑冬至，閏二月庚申小，則與傳文閏月殺宣姜不合。

二十二年閏十二月

《左傳》：「閏月，王師軍于京楚。辛丑，伐京。」二十三年「正月壬寅朔，二師圍郊」。辛丑是壬寅之前日，知是閏十二月之晦也。

二十五年閏十二月

二十八年閏五月

三十年閏五月

三十年閏十二月

定二年閏五月

四年閏七月

按：《正義》云：「《長曆》推是年閏十月，此『七』字當是『十』字之譌。」

八年閏二月

十年閏六月

定元年閏八月

四年閏四月

七年閏正月

九年閏十月

十二年閏七月

十五年閏三月

十二年閏十一月 十四年閏十二月	
哀二年閏十一月 五年閏十月 按：經：「閏月，葬齊景公。」景公以九月卒，不應三月便葬。今《朔閏表》作閏十二月。 七年閏十二月 十年閏五月 十四年閏二月 以上通計八十三閏，又脱載桓十六年閏六月，并襄二十七年頓置兩閏十一月，凡八十六閏。	哀二年閏十一月 五年閏八月 八年閏五月 十一年閏正月 十三年閏九月 以上通計八十六閏，疑中間脱載三閏，應有八十九閏。

長曆及大衍曆合朔同異與經文日月差繆

隱元年王正月。

《長曆》正月辛巳朔。

《大衍曆》正月辛亥朔大，庚申冬至。

程氏公説曰：「自《三統》至《欽天曆》，正月朔或辛亥、或庚戌。壬子視《大衍曆》，先後只差一日。以傳文五月辛丑、十月庚申考之，則正月朔非辛亥，故杜預遷就以辛巳爲朔。若從辛巳，

二年八月庚辰。

《長曆》八月壬寅朔，無庚辰。庚辰，七月九日。

三年王二月己巳，日有食之。三月庚戌。四月辛卯。八月庚辰。十二月癸未。

《長曆》己巳，二月朔，日食。

《大衍曆》二月己亥大。三月己巳小，日食。庚戌在四月。辛卯在五月。八

四年王二月戊申。

《長曆》戊申，三月十七日。

趙東山曰：「前年十二月有癸未，則此年二月不得有戊申。明是史文差繆。」

六年五月辛酉。

《大衍曆》五月庚辰大，辛酉在六月。

則冬至不在正月。意者差閏只在今年，而杜氏考之不詳爾。」	八年六月己亥、辛亥。七月庚午。九月辛卯。《大衍曆》五月己亥小，己亥、辛亥俱在此月。六月戊辰大，庚
	九年三月癸酉、庚辰。《大衍曆》三月甲午小，癸酉、庚辰在四月。
月丙申大。庚申在九月。十二月甲午大。癸未在明年正月。 趙東山氏曰：「按：二曆所考，《春秋》日食多不入食限者，由曆法有疏密；入食限而日月復不合者，置閏不同故也。」	十一年七月壬午。十一月壬辰。《大衍曆》七月庚戌大，壬午在八月。十一月戊申大，壬辰在十二月。
	桓元年四月丁未。《大衍曆》四月丙子大，丁未在五月。
	二年王正月戊申。四月戊申。《長曆》戊申，五月十日。 《正義》曰：「《長曆》此年四月庚午朔，其月無戊申。五月己亥朔，十日得戊申。」

	午在此月。八月丁卯大，辛卯在此月。
三年七月壬辰朔，日有食之，既。《大衍曆》七月癸	
五年正月甲戌、己丑。《長曆》正月甲申	
六年八月壬午，九月丁卯。《大衍曆》八月乙	
七年二月己亥。《大衍曆》二月壬寅大，己亥在	
八年五月丁丑。《大衍曆》五月乙未小，丁丑在	《大衍曆》四月庚午大，戊申在五月。 趙東山曰：「正月有戊申，則四月不得有戊申。」 按：此年四月朔，《長曆》與《大衍曆》同，但云五月己亥朔，十日得戊申，則四月係月小。《大衍曆》四月庚午大，則五月當庚子朔，戊申爲五月初九日。今《朔閏表》四月小。

亥小。八月壬辰大，朔，日食。	十年王正月庚申。《大衍曆》正月乙酉大，乙巳冬至，庚申在二月。
朔，月内無甲戌。《大衍曆》正月乙卯小，己卯冬至，己丑在二月。	十二年六月壬寅，七月丁亥，八月壬辰，十一月丙戌，十二月丁未。《長曆》八月無壬辰，壬辰是七月二十三日。《大衍曆》六月辛未大，壬寅在七月。七月辛丑小，丁亥在八
巳大，壬午在九月。九月乙亥小，丁卯在十月。	十三年二月己巳。《長曆》閏正月，二月無己巳。按：此年「二月，公會紀侯、鄭伯。己巳，及齊侯、宋公、衛侯、燕人戰」，註、疏並無《長曆》云云，此條所引必有脱誤。杜正以己巳在二月，故于正月置閏耳。二月無己巳，必是《大衍曆》文。
三月。	十四年八月壬申、乙亥，十二月丁巳。《大衍曆》八月戊子大，壬申、乙亥在九月。十二月丙戌大，丁巳在十一月朔及明年正月二日。
六月。	十五年二月乙未，四月己巳。《大衍曆》三月乙卯大，乙未在四月。四月乙酉小，己巳在五月。

	十七年正月丙辰。二月丙午。六月丁丑。八月癸巳。十月朔，日有食之。《大衍曆》正月乙亥小，壬午冬至，丙辰在二月。《長曆》二月無丙午。丙午，三月四日。
月。十月己巳大，丙戌在此月。十一月己亥小，丁未在此月。	十八年四月丙子、丁酉，十二月己丑。《長曆》四月丁卯朔，丙子十日，丁酉五月朔。按：是年四月「丙子，公薨于齊。丁酉，公之喪至自齊」，杜註但云「丁酉，五月一日」，無四月丁卯朔、丙子十日之文，不知東山據何本。今《朔閏表》
	莊二年十二月乙酉。《大衍曆》十二月壬子大，月内無乙酉。
	四年六月乙丑。《大衍曆》六月癸酉大，乙丑在七月。
	八年正月甲午，十一月癸未。《大衍曆》正月壬子大，己巳冬至，甲午在二月。十一月戊申小，癸未在十二月。

趙東山曰：「五月有丙午，六月有丁丑，則二月不得有丙午。」《大衍曆》五月癸酉小，六月壬寅大，丙午在六月，丁丑在七月，八月辛丑大，癸巳在九月。《長曆》十月庚午朔，日食。註、疏無此文。今《朔閏表》推得正同。《大衍曆》十月庚子大。十一月庚午小，朔，日食。

推得正同。《大衍曆》四月丁酉大，丙子在五月，丁酉在六月。十二月癸巳大。己丑，十一月二十六日。

十二年八月甲午。《大衍曆》八月丙辰小，甲午在九月。

十八年王三月，日有食之。《長曆》三月癸未朔，不入食限。《大衍曆》三月癸丑大。四月癸未小。五月壬子大，日食。宋劉孝孫同。沈氏括曰：「《春秋》日食三十六，後世曆家推驗精者不過得二十六。本朝衛樸得三十五。獨莊十八年三月，古今算不入食法。」

二十二年七月丙申。《大衍曆》七月戊午大，丙申在八月。

二十四年八月丁丑、戊寅。《大衍曆》八月丙午大，丁丑、戊寅在九月。

二十五年五月癸丑。六月辛未朔，日有食之。《大衍曆》五月壬申大，六月壬寅小，癸丑在六月。閏六月辛未大，日食。

二十八年王三月甲寅。《大衍曆》二月丙辰大，閏二月丙戌小。甲寅，二十九日。《長曆》是年閏三月。甲寅，三月晦日。

按：是年三月「甲寅，齊人伐衛」，杜註無是年閏三月及甲寅三月晦日之文，不知東山據何本。今《朔閏表》推得正同。

三十年八月癸亥。九月庚午朔，日有食之。《大衍曆》八月辛未大。九月辛丑小，癸亥在此月。十月庚午大，日食。

三十二年七月癸巳，八月癸亥，十月己未。《大衍曆》七月庚申大，八月庚寅小，十月己丑小。癸巳在八月，癸亥在九月，己未在十一月。

閔元年六月辛酉。《大衍曆》六月乙酉大，辛酉在七月。

二年八月辛丑。《大衍曆》八月戊申大，辛丑在九月。

僖元年七月戊辰，十月壬午。《大衍曆》七月癸酉小，戊辰在八月。十月辛丑大，壬午在十一月。

五年《傳》王正月辛亥朔，日南至。《大衍曆》正月癸未小。辛亥冬至，二十九日。閏正月壬子大。

九年七月乙酉。《長曆》七月無乙酉。八月甲申朔，乙酉二日。按：是年秋七月「乙酉，伯姬卒」，杜註並無《長曆》云云，不知東山據何本。但據下文「甲子，晉侯詭諸卒」，杜註「甲子，九月十一日」，從甲申至甲子恰好四十日。今《朔閏表》同。

十二年王三月庚午，日有食之。十二月丁丑。《大衍曆》三月辛未小。五月庚午小，日食。《長曆》十二月乙未朔。丁丑，十一月十二日。《大衍曆》十二月丙申大。丁丑，十一月十一日。按：是年十二月「丁丑，陳侯杵臼卒」，杜註並無《長曆》云云，不知東山據何本。今《朔閏表》同。

十四年八月辛卯。《大衍曆》八月丁巳小，辛卯在九月。

十五年五月，日有食之。九月己卯晦。	《長曆》五月壬子朔，不入食限。《大衍曆》四月癸丑大，日食。五月癸未小。九月辛巳小，己卯晦在十月。閏十月庚辰小。按：十五年日食，傳云：「不書朔與日，官失之也。」杜註並無《長曆》云云，不知東山據何本。今《朔閏表》同。
十八年五月戊寅，八月丁亥。	《大衍曆》五月乙未大，戊寅在六月。《長曆》八月癸巳朔，丁亥在七月二十四日、九月二十五日。《大衍曆》閏七月甲子小，丁亥在此月二十四日。按：是年秋八月「丁亥，葬齊桓公」，杜註並無《長曆》云云，不知東山何所見。今《朔閏表》並同。
二十年五月乙巳。	《大衍曆》五月癸丑大，乙巳在六月。
二十六年王正月己未。	《大衍曆》正月辛巳小，壬寅冬至，己未在二月。
二十七年八月乙巳。	《長曆》八月無乙巳。乙巳，九月六日。《大衍曆》八月辛未大。乙巳，九月五日。

三十二年四月己丑，十二月己卯。《大衍曆》閏二月乙巳小，己丑在三月。十二月庚子大，己卯在十一月。

三十三年四月辛巳、癸巳。《大衍曆》三月己巳小，辛巳、癸巳皆在此月。

文元年二月癸亥，日有食之。《大衍曆》二月甲午小。三月癸亥大，日食。

二年王二月甲子、丁丑。《大衍曆》正月戊子大，己丑冬至，甲子、丁丑皆在二月。

七年三月甲戌，四月戊子。《大衍曆》二月己未小，甲戌在此月。四月戊午大，閏四月戊子小。

八年八月戊申，九月癸酉。《長曆》閏七月。八月戊申晦。癸酉，九月朔。《大衍曆》九月甲辰小。癸酉，十月朔。

十三年五月壬午，十二月己丑。《大衍曆》五月壬午朔，大。十一月庚辰小，己丑在此月。《長曆》五月壬午朔。己丑，十一

十四年五月乙亥。《大衍曆》四月丁酉大，乙亥在此月。按：丁酉朔，則月内無乙亥，疑「酉」當作「未」。

十八年五月戊戌，六月癸酉。《大衍曆》四月甲申小，戊戌在此月。五月癸丑大，癸酉在此月。

宣二年王二月壬子。《大衍曆》正月甲辰小，癸亥冬至，壬子在此月。

按：是年八月「戊申，天王崩」下即爲「冬十月壬午，公子遂會晉趙盾盟于衡雍」。偏考經、傳，從無九月癸酉之文，且云八月戊申晦、九月癸酉朔，戊申、癸酉二日不相連，如何云晦、朔？攷九年「九月癸酉，地震」，此必九月上脱「九年」二字也。又案：是年不得有閏，閏亦當在九年。	宣三年十月丙戌。《大衍曆》九月甲子小，丙戌在此月。
月十日。按：是年「五月壬午，陳侯朔卒。十二月己丑，公及晉侯盟」，杜註「己丑，十一月十一日」，與此先後差一日，却無「五月壬午朔」之文，不知東山又何所見。今《朔閏表》五月壬午朔，己丑十一月十一日。	四年六月乙酉。《大衍曆》五月庚申大，乙酉在此月。
	八年七月甲子，日有食之，既。《長曆》七月乙未朔。甲子，月之
	九年九月辛酉。《長曆》辛酉在八月。《大衍曆》八月庚
	十年四月丙辰，日有食之。《長曆》四月丙辰朔。

三十日，不入食限。

《大衍曆》十月甲子朔，日食。

申小，辛酉在此月。

按：是年九月「辛酉，晉侯黑臀卒于扈」，杜註：「九月無辛酉，日誤。」《正義》曰：「以下有十月癸酉，杜以《長曆》推之，癸酉是十月十六日。辛酉在前十二日，是十月初四日。」此云辛酉在八月，意亦相同。但一推之前，一推之後，爲小別耳。豈東山所見之《長曆》又別有本耶？

《大衍曆》四月丙辰大，日食。

十二年六月乙卯，十二月戊寅。《大衍曆》六月癸酉大，乙卯在七月。《長曆》十二月己亥朔，戊寅在十一月。

按：是年十二月「戊寅，楚子滅蕭」，杜註：「十二月無戊寅。戊寅，十一月九日。」據此，則十一月當爲庚午朔，却無《長曆》云云。今云十二月己亥朔，則十一月當是月小，參互觀之可見。今《朔閏表》並同。

十七年王正月丁未。六月癸卯，日有食之。《長曆》丁未在二月初四。《大衍曆》正月丁丑小，丁未二月二日。《長曆》六月癸卯朔。《大衍曆》五月乙亥朔，日食。六月甲辰大。

成二年四月丙戌，八月庚寅。《長曆》丙戌在五月朔，九月甲申朔，庚寅是九月七日。《大衍曆》八月丙辰小，九月乙酉大，庚寅是九月六日。

四年三月壬申。《長曆》壬申在二月。是歲閏七月。

七年八月戊辰。《大衍曆》八月丁亥小，戊辰在九月。

成九年七月丙子，十一月庚申。《長曆》七月乙巳朔，丙子在八月。《大衍曆》十一月甲戌小，庚申在十月。

按：是年七月「丙子，齊侯無野卒」，杜註：「丙子是六月一日。」今云在八月，蓋一推之前，一推之後。又云七月乙巳朔，蓋六月係小月，從丙子至甲辰得二十九日也。

十年五月丙午。《長曆》六月庚子朔。丙午，七日。《大衍曆》五月辛未小。丙午，六月七日。

十四年十月庚寅。《大衍曆》十月乙巳大，閏十月乙亥大，庚寅在此月。

十七年九月辛丑。十一月壬申。十二月丁巳朔，日有食之。《大衍曆》九月戊午大，辛丑在八月。《長曆》壬申在十月五日。《大衍曆》十一月丁巳朔，日食。

按：是年十一月「壬申，公孫嬰齊卒」，杜註：「十一月無壬申，日誤。」《正義》：「《長曆》云《公》、《穀》二傳及諸儒皆以爲十月十

襄二年六月庚辰。《長曆》六月無庚辰。庚辰，七月九日。《大衍曆》六月壬寅大，庚辰在七月。

按：是年六月「庚辰，鄭伯睔卒」。《正義》云：「經言六月，傳言七月異者，杜以《長曆》校之，此年六月壬寅朔，其月無庚辰；七月壬申朔，九日得庚辰，則傳與曆合。傳是而經誤也。」《大衍曆》所推與《長曆》同。

	三年六月戊寅。《長曆》六月丁酉朔。七月丙寅朔。戊寅，十三日。《大衍曆》同。	十五年八月丁巳，日有食之。十一月癸亥。《長曆》七月丁巳朔，日食。
	四年王三月己酉。《長曆》三月無己酉。《大衍曆》三月壬戌大，己酉在二月。	十六年三月戊寅，五月甲子。《大衍曆》二月癸丑小，戊寅在此月。四月壬子
	七年十月壬戌。《大衍曆》九月壬寅小，壬戌在此月。	十九年七月辛卯，八月丙辰。《大衍曆》七月癸巳大，八月癸亥小。辛卯在六
五日。十月『庚午，圍鄭』是十三日。推至壬申，誠在十五日。此云十月五日，意當脱落一『十』字耳。」	九年十二月己亥。《長曆》十一月庚寅朔。己亥，十日。《大衍曆》十一月己丑朔。己亥，十一日。	二十一年十月庚辰朔，日有食之。《大衍曆》九月庚戌朔，日食。
	十年五月甲午。《大衍曆》閏四月丁亥小，甲午在閏月。	二十四年八月癸巳朔，日有食之。《大衍曆》七月甲子朔，日食。

《大衍曆》同。閏十月乙卯，癸亥在閏月。	二十五年八月己巳。《長曆》八月戊子朔，無己巳。《大衍曆》同。趙東山曰：「六月有壬子，則八月不得有己巳。」
大，甲子在此月。	二十七年冬十二月乙亥朔，日有食之。《長曆》十一月乙亥朔，日食。《大衍曆》同。杜註：「今《長曆》推是十一月朔，非十二月。傳曰『辰在申，再失閏』，若是十二月，則爲三失閏，故知經誤。」
月，丙辰在七月。	二十八年十二月乙未。《長曆》十二月戊戌朔，無乙未，二十二日己未，恐「己」誤作「乙」。《大衍曆》十二月己亥小，二十一日己未。趙東山曰：「是月有甲寅，則不得有乙未，故劉氏以爲當是閏月。」
十月庚辰朔，日在黃道角四度弱，非食限。	昭元年六月丁巳，十一月己酉。《大衍曆》五月戊申大，丁巳在此月。《長曆》十一月乙亥朔，己酉是十二月六日。
八月癸巳朔，日在黃道星二度弱，非食限。	八年十月壬午。《大衍曆》十月丙申小，壬午在十一月。

十年七月戊子。《長曆》七月庚寅朔，無戊子。按：是年七月「戊子，晉侯彪卒」，攷經、傳、杜註，皆無七月庚寅云云，不知東山據何本。今《朔閏表》戊子是七月四日。	二十一年七月壬午朔，日有食之。《大衍曆》七月丙
十二年三月壬申。《長曆》三月無壬申。按：是年三月「壬申，鄭伯嘉卒」，考經、傳、杜註，皆無《長曆》云云，不知東山據何本。今《朔閏表》壬申是三月二十八日。	二十二年十二月癸酉朔，日有食之。《長曆》十一月
十五年六月丁巳朔，日有食之。《大衍曆》五月丁巳大，朔，日食。	二十四年八月丁酉。《大衍曆》八月甲子小，丁酉在
十七年六月甲戌朔，日有食之。《大衍曆》五月丙午朔，大，日食黃道婁四度。閏月丙子小。六月乙巳大，非食限。甲戌是九月朔。	二十五年九月己亥，十月戊辰，十一月己亥。《大衍曆》六月己
二十年。傳：「王二月，日南至。」《三統曆》正月己丑朔旦冬至。杜氏曰：「是歲，朔旦冬至之歲也。時史失閏，閏更在二月後。故傳于二月記南至日，以正曆也。」《大衍曆》正月辛酉小，己丑冬至，閏二月庚申小。	二十八年四月丙戌。《大衍曆》閏三月，癸酉小，丙戌

三十年六月庚辰。《大衍曆》五月庚申大，庚辰在	子小。閏十月甲戌大。十二月癸酉大，朔日食，黄道箕四度半强。按：「閏十月甲戌」以下云云，當在二十二年，脱誤在此。
定二年五月壬辰。《大衍曆》四月丁卯大，壬辰在	小，甲戌朔。傳乙酉是十二日，己丑是十六日。十二月大，癸卯朔。傳庚戌是八日。閏月小，癸酉朔。傳辛丑二十九日。明年正月壬寅朔。推校前後，十二月當爲癸卯朔，經書「癸酉」，誤。
七年。《三統曆》正月己巳朔冬至。	九月。趙東山曰：「五月乙未朔，則八月不得有丁酉。」《長曆》丁酉，九月五日。《正義》曰：「此年五月乙未朔，一大一小，七月甲午朔，九月癸巳朔，五日得丁酉。」
十二年十月癸亥。十一月丙寅朔，日有食之。	丑小，八月戊子小，九月丁巳大，十月丁亥小，十一月丙辰大。己亥在八月，戊辰在九月，又己亥在十月。
十五年二月辛丑，五月辛亥，九月辛巳。	在閏月。

此月。	哀五年九月癸酉。《大衍曆》閏八月辛巳小，癸酉在閏月。
此月。	
《殷曆》庚午朔。《大衍曆》正月庚子大，己巳冬至。	
《大衍曆》九月丁酉小，癸亥在此月。十月丙寅大，日食。	
《大衍曆》正月甲申小，辛亥冬至，辛丑在此月。《長曆》五月辛亥朔。《大衍曆》同。《長曆》九月己酉朔，無辛巳。辛巳，十月三日。《大衍曆》同。趙東山曰：「八月朔庚辰，則九月不得有辛巳。」	

《合朔議》曰：「《大衍曆》視《長曆》，朔每差一月，亦有差二月者。其日月得失，本非所以釋經也。」

趙東山氏曰：「以《長曆》考《春秋》日月失三十六，日朔三，晦二，日食不入限者四，頻月食者二；《大衍曆》失一百二十六，日朔三，日食不入限十七，先一月者六，先二月者二，先三月者一，先五月者一，後一月者六，閏月一，頻月食者二。蓋杜氏據《左傳》屢譏周曆失閏，所以《長曆》前却閏月，求與《春秋》相符，故所失少。《大衍曆》自以三十二月閏率追算，不計與經文合否，故所失多。」又曰：「《長曆》視《大衍曆》少六閏，自隱二年至宣十年三失閏，自宣末年至《春秋》之終復三失閏。果若是，則四時寒暑皆當反易，不止以申爲戌而已。恐周曆雖差，未必如是之繆。案經、傳有曠數年不書日者，前後屢見之。《長曆》于此既無所據，豈能無失？至言頓置兩閏以應天正，則臆決尤甚。併及《大衍曆》者，所以見周曆置閏無準，致日月不與天合也。」

今案：隱二年至宣十年，《長曆》比《大衍曆》止少二閏；宣末年至《春秋》之終，止少一閏，通計少三閏。又言頓置兩閏之謬。案：襄二十七年「十一月乙亥朔，日有食之」，《左傳》曰「辰在申，司曆過也，再失閏矣」。明年春經文即書「無冰」，若不頓置兩閏，則明年春正月乃是戌月，係夏之九月，安得以無冰爲災而書乎？欲以《左傳》求合經文，不得不如此。不得以杜爲臆決也。

梅定九氏曰：「閏月之説，大旨不出兩端：其一謂無中氣爲閏月，此據《左氏》『舉正于中』爲説，乃曆家之法也；其一謂古閏月俱在歲終，此據《左氏》『歸餘于終』爲説，乃經學家之詁也。蓋古今曆法，原自不同，推步之理，踵事加密，故自今日言曆，則以無中氣置閏爲安。而論《春秋》閏月，則以歸餘之説爲長。何則？治《春秋》者，當主經文。今考本經，書閏月俱在年終，此其據矣。」

案：此但據文六年「閏月，不告月」及哀五年「閏月，葬齊景公」俱在歲終十二月而爲言耳。昭二十年「閏八月戊辰，殺宣姜」、文元年閏三月，其餘傳文閏在中間者甚多，不得謂《春秋》閏月都是歸餘于終也。

定九氏又曰：「交食之説有宜知者二端。其一古者只用平朔。平朔者，一大月一小月相間，故漢、晉史志往往有日食不在朔，而在朔之二日或晦日者。唐李淳風《麟德曆》始用定朔，至一行《大衍曆》又發明之，始有四大三小之月，而食必在朔。此是一層道理。其一自北齊張子信積候合食加時，立入氣加減，唐《宣明曆》本之。立氣刻時三差，至今遵用，即《授時曆》之時差及東西南北差也。前二説其根在天，蓋以日纏有盈縮，月離有遲疾，天上行度應有之差，天下所同也；後一説其根在地，蓋以日高月卑，正相掩時，中間尚有空隙。人所居地面不同，而所見虧復之時刻與食分之淺深，隨處各異，謂之視差。非天上行度有殊，而生于人之目一方所獨也。古疎今密，大概可見。」

《新唐書·律曆志》大衍《合朔議》曰：「《春秋》日食有甲乙者三十四。殷曆、魯曆先一日者十三，後一日者三；周曆先一日者二十二，先二日者九。其僞可知矣。莊公三十年九月庚午朔、襄公二十一年九月庚戌朔、定公五年三月辛亥朔，當以盈縮、遲疾爲定朔。殷曆雖合，適然耳，非正也。僖公五年正月辛亥朔、十二月丙子朔、十四年三月己丑朔，文公元年五月辛酉朔、十一年三月甲申晦，襄公十九年五月壬辰晦，昭公元年十二月甲辰朔、二十年二月己丑朔、二十三年正月壬寅朔、七月戊辰晦，皆與周曆合。其所記多周、齊、晉事，蓋周王所頒，齊、晉用之。僖公十五年九月己卯晦、十六年正月戊申朔，成公十六年六月甲午晦，襄公十八年十月丙寅晦、十一月丁卯朔、二十六年三月甲寅朔、二十七年六月丁未朔，與殷曆、魯曆合。此非合食，故仲尼因循時史，而所記多宋、魯事，與齊、晉不同可知矣。昭公十二年『十月壬申朔，原輿人逐原伯絞』，與魯曆、周曆皆差一日，此丘明即其所聞書之也。僖公二十二年『十一月己巳朔，宋、楚戰于泓』，周、殷、魯曆皆先一日，楚人所赴也。昭公二十年『六月丁巳晦，衛侯與北宮喜盟。七月戊午朔，遂盟國人』，三曆皆先二日，衛人所赴也。此則列國之曆不可以一術齊矣。而《長曆》日子不在其月，則改易閏餘，欲以求合。故閏月相距，近則十餘月，遠或七十餘月。此杜預所甚謬也。夫合朔先天，則經書『日食』以糾之；中氣後天，則傳書『南至』以明之。其在晦、二日，則原乎定朔以得之。列國之曆或殊，則稽于六家之術以知之。此四者，皆治曆之大端，而預所未曉故也。」

附元史曆志所推春秋日食三十七事

隱公三年辛酉歲，春王二月己巳，日有食之。

杜預云：「不書日，❶史官失之。」《公羊》云：「日食或言朔或不言朔，或日或不日，或失之前或失之後，失之前者朔在前也，失之後者朔在後也。」《穀梁》云：「言日不言朔，食晦日也。」姜岌校《春秋》日食云：「是歲二月己亥朔，無己巳，似失一閏。三月己巳朔，去交分入食限。」《大衍》與姜岌合。今《授時曆》推之，是歲三月己巳朔，加時在晝，去交分二十六日六千六百三十一入食限。

桓公三年壬申歲，七月壬辰朔，日有食之，既。

姜岌以爲是歲七月癸亥朔，無壬辰，亦失閏。其八月壬辰朔，去交分入食限。《大衍》與姜岌合。以今曆推之，是歲八月壬辰朔，加時在晝，食六分一十四秒。

桓公十七年丙戌歲，冬十月朔，日有食之。

《左氏》云：「不書日，史官失之。」《大衍》推得在十一月交分入食限，失閏也。以今曆推之，是歲十一月加時在晝，交分二十六日八千五百六十入食限。

莊公十八年乙巳歲，春王三月，日有食之。

❶「日」，《春秋左傳集解》（上海人民出版社一九七七年版）作「朔」。

食之。

《穀梁》云：「不言日，不言朔，夜食也。」《大衍》推是歲五月朔，交分入食限，三月不應食。以今曆推之，是歲三月朔，不入食限。五月壬子朔，加時在晝，交分入食限。蓋誤「五」爲「三」。

莊公二十五年壬子歲，六月辛未朔，日有食之。

《大衍》推之，七月辛未朔，交分入食限。以今曆推之，是歲七月辛未朔，加時在晝，交分二十七日四百八十九入食限，失閏也。

莊公二十六年癸丑歲，冬十有二月癸亥朔，日有食之。

今曆推之，是歲十二月癸亥朔，加時在晝，交分十四日三千五百五十一入食限。

莊公三十年丁巳歲，九月庚午朔，日有食之。

今曆推之，是歲十月庚午朔，加時在晝，去交分十四日四千六百九十六入食限，失閏也。《大衍》同。

僖公五年丙寅歲，九月戊申朔，日有食之。《元史》缺此一年。

僖公十二年癸酉歲，春王三月庚午朔，日有食之。

姜氏云：「三月朔，交不應食，在誤條；其五月庚午朔，去交分入食限。」《大衍》同。今曆推之，是歲五月庚午朔，加時在晝，去交分二十六日五千一百九十二入食限。蓋誤「五」爲「三」。

僖公十五年丙子歲，夏五月，日有食之。

《左氏》云：「不書朔與日，史官失之也。」《大衍》推四月癸丑朔，去交分入食限，差一閏。今曆推之，是歲四月癸丑朔，交分一日一千三百一十六入食限。

文公元年乙未歲，二月癸亥，日有食之。

姜氏云：「二月甲午朔，無癸亥。三月癸亥朔，入食限。」《大衍》亦以爲然。今曆推之，是歲三月癸亥朔，加時在晝，去交分三十六日五千九百十七分入食限，失閏也。

文公十五年己酉歲，六月辛丑朔，日有食之。

今曆推之，是歲六月辛丑朔，加時在晝，交分二十六日四千四百七十三分入食限。

宣公八年庚申歲，秋七月甲子，日有食之，既。

杜預以七月甲子晦食。姜氏云：「十月甲子朔，食。」《大衍》同。今曆推之，是歲十月甲子朔，加時在晝，食九分八十一秒。蓋「十」誤爲「七」。

宣公十年壬戌歲，夏四月丙辰，日有食之。

今曆推之，是月丙辰朔，加時在晝，交分十四日九百六十八分入食限。

宣公十七年己巳歲，六月癸卯，日有食之。

姜氏云：「六月甲辰朔，不應食。」

《大衍》云：「是年五月在交限，六月甲辰朔，交分已過食限，蓋誤。」今曆推之，是歲五月乙亥朔，入食限。六月甲辰朔，泛交二日已過食限。《大衍》爲是。

成公十六年丙辰歲，六月丙寅朔，日有食之。

今曆推之，是歲六月丙寅朔，加時在晝，去交分二十六日九千八百三十五分入食限。

成公十七年丁亥歲，十有二月丁巳朔，日有食之。

姜氏云：「十二月戊子朔，無丁巳，似失閏。」《大衍》于十一月丁巳朔，❶交分入食限。今曆推之，是歲十一月丁巳朔，加時在晝，交分十四日二千八百九十七分入食限。與《大衍》同。

襄公十四年壬寅歲，二月乙未朔，日有食之。

今曆推之，是歲二月乙未朔，加時在晝，交分十四日一千三百九十三入食限也。

襄公十五年癸卯歲，秋八月丁巳，日有食之。

姜氏云：「七月丁巳朔，食，失閏也。」《大衍》同。今曆推之，是歲七月丁巳朔，加時在晝，去交分二十六日三千三百九十四分入食限。

襄公二十年戊申歲，冬十月丙辰朔，日有食之。

❶「于」，《元史·曆志》（中華書局一九七六年版）作「推」。

今曆推之，是歲十月丙辰朔，加時在晝，交分十三日七千六百分入食限。

襄公二十一年己酉歲，九月庚戌朔，日有食之。

今曆推之，是月庚戌朔，加時在晝，交分十四日三千六百八十二分入食限。

冬十月庚辰朔，日有食之。

姜氏云：「比月而食，宜在誤條。」《大衍》亦以爲然。今曆推之，十月已過交限，不應頻食，姜説爲是。

襄公二十三年辛亥歲，春王二月癸酉朔，日有食之。

今曆推之，是月癸酉朔，加時在晝，交分二十六日五千七百三分入食限。

襄公二十四年壬子歲，秋七月甲子朔，日有食之，既。

今曆推之，是月甲子朔，加時在晝，日食九分六秒。

八月癸巳朔，日有食之。

《漢志》：「董仲舒以爲比食又既。」《大衍》云：「不應頻食，在誤條。」今曆推之，立分不叶，不應食，《大衍》説是。

襄公二十七年乙卯歲，冬十有二月乙亥朔，日有食之。

姜氏云：「十一月乙亥朔，交分入限，應食。」《大衍》同。今曆推之，是歲十一月乙亥朔，加時在晝，交分初日八百二十五分入食限。

昭公七年丙寅歲，夏四月甲辰朔，日有

食之。

今曆推之，是月甲辰朔，加時在晝，交分二十七日二百九十八分入食限。

昭公十五年甲戌歲，六月丁巳朔，日有食之。

《大衍》推五月丁巳朔，食，失一閏。今曆推之，是歲五月丁巳朔，加時在晝，交分十三日九千五百六十七分入食限。

昭公十七年丙子歲，夏六月甲戌朔，日有食之。

姜氏云：「六月乙巳朔，交分不叶，不應食，當誤。」《大衍》云：「當在九月朔，六月不應食，姜氏是也。」今曆推之，是歲九月甲戌朔，加時在晝，交分二十六日七千六百五十分入食限。

昭公二十一年庚辰歲，七月壬午朔，日有食之。

今曆推之，是月壬午朔，加時在晝，交分二十六日八千七百九十四分入食限。

昭公二十二年辛巳歲，十有二月癸酉朔，日有食之。

今曆推之，是月癸酉朔，交分十四日一千八百入食限。杜預以《長曆》推之，當爲癸卯，非是。

昭公二十四年癸未歲，夏五月乙未朔，日有食之。

今曆推之，是月乙未朔，加時在晝，交分二十六日三千八百三十九分入食限。

昭公三十一年庚寅歲，十有二月辛亥

朔，日有食之。

今曆推之，是月辛亥朔，加時在晝，交分二十六日六千一百二十八分入食限。

定公五年丙申歲，春三月辛亥朔，日有食之。

今曆推之，三月辛亥朔，加時在晝，交分十四日三百三十四分入食限。

定公十二年癸卯歲，十有一月丙寅朔，日有食之。

今曆推之，是歲十月丙寅朔，加時在晝，交分十四日二千六百二十二分入食限，蓋失一閏。

定公十五年丙午歲，八月庚辰朔，日有食之。

今曆推之，是月庚辰朔，加時在晝，交分十三日七千六百八十五分入食限。

哀公十四年庚申歲，五月庚申朔，日有食之。

今曆推之，是月庚申朔，加時在晝，交分二十六日九千二百一分入食限。

右《春秋》所載三十有七事，以《授時曆》推之，惟襄公二十一年十月庚辰朔及二十四年八月癸巳朔不入食限，蓋自有曆以來，無比月而食之理。其三十五食，食皆在朔，經或不書日、不書朔，《公羊》、《穀梁》以爲食晦，二者非；《左氏》以爲史官失之者，得之。其間或差一月二月者，❶蓋古曆疏闊，置閏失當之弊，姜岌、一行已有定說。

❶「一月二月」，《元史》作「一日二日」。

孔子作書，但因時曆以書，非大義所關，故不必致詳也。

春秋長曆拾遺表卷之三終

春秋列國疆域表叙

昔武王大封列侯，各有分地，至春秋時猶存百二十四國。稅安禮爲作《春秋指掌圖》以明之。余謂是不可圖也。若從其始封，則與春秋時之疆境不合；若從春秋當日，則二百四十年中强兼弱削，月異而歲不同，當以何年爲準而圖之？即以周與晉、楚論。晉之始封太原，百里之地耳。其後獻公滅耿、滅霍、滅魏，拓地漸廣。而最得便利者，莫如伐虢之役，自澠池迄靈寶以東崤、函四百餘里，盡虢略之地。晉之得以西向制秦，秦人抑首而不敢出者，以先得虢扼其咽喉也。至文公啟南陽，奄有覃、懷，後經營中原，迫逐戎狄。凡衛河以北、殷墟之境之没于狄，及邢之滅于衛、滑之滅于秦者，晉盡取之。于是東及朝歌，北盡邯鄲，自河南之彰德、衛輝，至直隸之大名、廣平、順德，悉爲晉有，而謂晉猶昔日之晉乎？楚封丹陽，蓋在今歸州東南七里。至文王滅鄧，縣申、息，封畛于汝，此時已涉河南南、汝之境。以後蠶食諸夏，鄀及唐、葉皆南陽府地也；江、黄、道、柏、蓼、胡、沈，皆汝寧府地也。最後城州來、居巢、鍾離，則更侵入鳳陽、廬、壽之境，而謂楚猶昔日之楚乎？至周之東都，鄭氏《詩譜》云：「封域在《禹貢》豫州太華、外方之間，北得河陽，漸冀州之南，畿内方六百里。」逮後南陽入于晉，祭地入于鄭，伊川入于陸渾，日朘月削。故襄王以前猶能興師伐鄭、伐翼，襄王以後如病痿躄不能起，王畿已非復東遷之舊，況在小國乎！夫弱小之日就微滅，與大國之漸肆吞併，非一朝一夕之故也。故曰「是不可圖也」。

夫不原其始封，則不明先王星羅棊置、犬牙相錯之至意；而不極吞併所至，則又無以識春秋當日之大勢。故自王畿以下，凡晉、楚諸大國，先區明其本境，以漸及其拓地之疆域，終春秋之世而止；而小國亦還其始封，末云後入其國爲某邑。庶前後之疆索瞭如，而廢興之故亦從可概睹矣。輯《春秋列國疆域表》第四。

春秋列國疆域表卷四

錫山顧棟高復初輯
同邑受業華西植燕麓參

周

平王東遷，洛邑爲王城，畿内方六百里之地。鄭《詩譜》云：「封域在《禹貢》豫州太華、外方之間。」《正義》曰：「太華即華山，外方即嵩高。《地里志》華山在華陰

北得河陽，漸冀州之南。《正義》曰：「周襄王賜晉文公陽樊、温、原之田，晉于是始啟南陽。杜云在晉山南河北。是未賜晉時，爲周之畿内，故知北得河陽也。」今爲河南懷

又汝州伊陽縣爲周邥垂地。《左傳》文十七年，甘歜敗戎于邥垂。戎即伊洛之戎，與伊陽接境。

申、吕爲南門。申國在南陽府治南陽縣，吕國在府治西三十里。《國語》史伯曰：「當成周者，南有申、吕。」自楚滅申，營方城，因裕州方城山爲固，起南陽葉縣至唐縣，連接數百里；封

虞、虢爲北户。虞國在今山西解州之平陸縣，虢國在今河南河南府陝州東南。虢舊封爲今陝西鳳翔府寶雞縣東六十里，東遷後，棄爲秦之雍地，爲西虢。虢叔之子孫從平王東遷，更

縣南，外方在嵩高。」是從河南河南府嵩縣直接陝西西安府華陰縣，皆周之封域。虢國桃林之地，皆其境内矣。又莊二十一年王與虢公酒泉，杜註：「酒泉，周邑。」在今陝西同州府澄城縣，直跨大河以西。《漢書・地理志》云：「初，洛邑與宗周通封畿，東西長，南北短，短長相覆爲千里。」二封之地本相通。是時周東遷未遠，西畿之地猶未爲秦、晉所侵奪也。自晉滅虢，而畿内始迫狹，東、西都隔絶矣。

慶一府之地。

畛于汝，直至汝水之南，與汝州伊陽縣接界，與王城逼近，自是遂觀兵周疆矣。

封以弘農陝縣東南虢城，則今地也。是虢亦從周畿内析封矣。

隱十一年，桓王與鄭蘇忿生之田：温、原、絺、樊、隰郕、攢茅、向、盟、州、陘、隤、懷。

按：此十二邑俱在今懷慶府。温在今温縣西南三十里。原，今濟源縣西北有原鄉，僖二十五年襄王更以二邑賜晉。絺在今河内縣西三十二里。樊，一名陽樊，在今濟源縣東南三十里，後賜晉。隰郕在今河内縣城西三十里。攢茅在今脩武縣西北二十

桓七年，❶盟、向背鄭。鄭伐盟、向。王遷盟、向之民于郟。

杜註：「郟，王城也。」今河南府洛陽縣西有郟鄏陌。

此十二邑鄭不能有而復歸之周也，傳獨言盟、向耳。觀僖二十五年，王以陽樊、温、原、攢茅之田賜晉；州屬晉，爲郤稱、欒豹邑；陘屬晉，爲太行陘；懷又屬晉，宣六年赤狄伐晉圍懷，即此。使非歸之周，何

莊二十一年，惠王與鄭以虎牢以東，與虢以酒泉。

杜註：「虎牢，河南成皋縣。」今河南開封府汜水縣西有虎牢城。「酒泉，周邑。」今陝西同州府有甘泉出匱谷中，造酒尤美，名酒泉。

僖二十二年，秦、晉遷陸渾之戎于伊川。

伊川，即今河南府嵩縣。

僖二十五年，襄王與晉陽樊、温、原、攢茅之田。晉於是始啓南陽。

俱見上。

❶「七」，原誤作「八」，今據《春秋左傳正義》改。

里。向在今濟源縣西南。盟即古孟津，今孟縣西南三十里有古河陽城，後歸晉。州今懷慶府東南五十里，後屬晉。陘即太行陘，在今懷慶府西北三十里。隤在今脩武縣北。懷在今武陟縣西南十一里，後屬晉。詳《都邑表》。	昭十七年，晉荀吴帥師滅陸渾之戎。 三塗，山名，在今河南府嵩縣南，伊水逕其東。 自是河南嵩縣之地屬于晉，王畿益迫狹矣。
緣更以賜晉乎？	

案：東遷後，王畿疆域尚有今河南、懷慶二府之地，兼得汝州，跨河南北。有虢國桃林之隘，以呼吸西京；有申、吕、南陽之地，以控扼南服。又名山大澤不以封，虎牢、崤、函俱在王略。襟山帶河，晉、鄭夾輔，光武創業之規模不是過也。平、桓、莊、惠相繼百年，號令不行，諸侯攘竊，王不能張皇六師。更復披析其地以爲賞功，酒泉賜虢，虎牢賜鄭。至允姓之戎入居伊川，異類逼處，莫可誰何。晉滅虢而鎬京之消息中斷，楚滅申而南國之窺伺方張。至温、原蘇忿生之田與鄭，復以賜晉，則舉大河以北委而棄之。由是懷慶所屬七縣，原武屬鄭，濟源、脩武、孟縣、温縣屬晉。王所有者，河内、武陟二縣，及河南府之洛陽、偃師、鞏縣、嵩、登封、新安、宜陽、孟津八縣，汝州之伊陽、魯山，許州府之臨潁縣，與鄭接壤而已。

周疆域論

論曰：嘗讀《詩》至《召旻》之卒章，曰：「昔先王受命，有如召公，日闢國百里。今也日蹙國百里。」喟然歎曰：此其故，《春秋》盡之矣。周自平王東遷，尚有太華、外方之間方六百里之地。其時，西有虢，據桃林之險，通西京之道；南有申、吕，扼天下之膂，屏東南之固；而南陽肩背澤潞，富甲天下；轘轅、伊闕，披山帶河，地方雖小，亦足王也。故桓王之世猶能興師以號召諸侯，虎牢屬鄭，仍復收之，至惠王始與鄭。以武公之略，張弛自如，皇綱未盡絶于天下也。而孱弱不振，日朘月削，楚滅申而東南之蔽失，晉滅虢而西歸之道斷。至襄王以温、原畀晉，而東都之事去矣。然論者謂襄王之失計，此又非也。在桓王時已嘗以十二邑易鄔、邘之田于鄭，鄭不能有而復歸諸周，周復不能有而强以與晉。如豪奴悍僕，主人微弱不能制，而擇巨室之能者使治之。至襄王時已視爲棄地，固不甚愛惜也。晉得之而日以强，周日以削。至祭入于鄭，晉遷陸渾之戎于伊川，楚伐陸渾而遂觀兵周疆矣。然則詩人所歎息痛恨于「日蹙國百里」者，其此之謂歟？謹志其疆域而歷叙其朘削之所由，使後之論周事者有考焉。

魯

伯禽初封曲阜。

《漢書・地里志》云：「成王以少皞之墟曲阜封周公子伯禽爲魯侯。」今爲山東兖州府曲阜縣。應劭曰：「曲阜在魯城中，委曲長七八里。」

後益封奄。

高江村云：「《後漢志》謂魯國即奄國。而杜預不主是説，其意以奄另爲一國，與四國流言，或迸散在魯，皆令即屬魯爲柔之。《書大序》云：『成王東伐淮夷，遂踐奄，因以封周公。』夫周公已封于武王時，成王乃以奄地益之，其非一地明矣。孔穎達亦云：『奄，東方之國，近魯之地。』或言奄城在曲阜縣東二里。」

隱二年，入極。

杜註：「附庸小國。」今兖州府魚臺縣西有極亭。案：《公羊》以爲疾始滅，《穀梁》以爲滅同姓，則是以入爲滅矣。而先儒以入與滅不同，極蓋未滅也。案：極自此後不見經。而魚臺縣近魯棠地，則極爲魯有可知。且莒人入向，而宣四年魯伐莒取向，則是入向之後向爲莒邑；秦人入滑，秦雖不能有，而滑則已滅，地歸于晉。安得謂入非滅乎？

隱十年，敗宋師于菅。辛未，取郜。

在今兖州城武縣東南。

案：此爲北郜，本宋邑，今鄭取之以歸于我也。城武有南郜城、北郜城。僖二十年郜子來朝，此南郜耳。

辛巳，取防。

此魯取宋邑。在今兖州府金鄉縣西北，亦謂之西防。以魯舊有防爲臧氏食邑，在沂州府費縣東北，所謂東防也。

僖十七年，滅項。
項，國名，今河南陳州府項城縣東北六十里有故項城。

僖三十三年，伐邾，取訾婁。
《彙纂》：「訾婁，邾邑。」當在今濟寧州界。

文七年，❶伐邾，取須句。
今兗州府東平州東南有須句故城。案：須句本風姓國，成風之母家。僖二十一年邾人滅須句，成風爲之請于公，興師伐邾，取之而反其君。後復滅于邾。邾文公子叛邾奔魯，公再取須句，使文公子爲守須句大夫。絶太皡之祀以與鄰國叛臣，實欲私之爲己邑也。

宣四年，伐莒，取向。
《寰宇志》：「莒州南七十里有向城。」案：向本小國，隱二年莒人入向，蓋莒滅之爲邑，而今復取之耳。

宣九年，取根牟。
杜註「東夷國」。在今沂州府沂水縣東南。昭八年蒐于紅，自根牟至于商、衛，即所取根牟地。

❶「七」，原誤作「十」，今據《春秋左傳正義》改。

宣十年，伐邾，取繹。

杜註「邾邑」。在今鄒縣東南。《彙纂》曰：「繹是邾之國都。文十三年邾遷于繹，距今僅十數年，未必更遷，取繹是滅邾矣。孔疏謂别有繹邑，亦因繹山爲名。」

成六年，取鄟。

杜註「附庸國」。

襄十三年，取邿。

杜註：「任城亢父縣有邿亭。」今亢父城在濟寧州南五十里，邿城在州東南。

襄二十一年，邾庶其以漆、閭丘來奔。

杜註：「邾二邑。在高平南平陽縣，東北有漆鄉，西北有顯閭亭。」俱在今兗州府鄒縣。

昭元年，伐莒，取鄆。

案：此爲東鄆，莒、魯所争者。今沂州府沂水縣北有古鄆城。文十二年季孫行父城諸及鄆，此時鄆蓋屬魯，後入莒爲莒邑。成九年楚子重圍莒，遂入鄆，即此鄆也。至此年季孫宿伐莒取鄆，自是鄆常爲魯有。晉趙文子請于楚曰「莒、魯争鄆爲日久矣」，蓋謂此也。

昭四年，取鄫。

案：鄫本小國，在今兗州府嶧縣東八十里。襄六年見滅于莒，昭五年，莒牟夷以牟婁及防、兹來奔。

案：此莒三邑也。牟昭十年，伐莒，取郠。

杜註「莒邑」。在今沂州府沂水縣界。

昭三十一年，邾黑肱以濫來奔。

杜註「東海昌慮縣」。在今兗州府滕縣東南。

哀二年，伐邾，取漷東田及沂西田。

案：此爲邾之沂，俗呼

爲莒邑，至是魯乘莒亂而取之。	哀三年，城啟陽。杜註「琅琊開陽縣」。今沂州府治北十五里有開陽故城，本鄅國地。季氏本曰：「昭十八年邾人襲鄅，鄅子從帑于邾，遂爲邾地，近季氏費邑。魯既取瀃東、沂西田，則邾不得不以啟陽讓魯矣。」
婁本杞邑，隱三年莒人伐杞取之，地屬莒。在今青州府諸城縣東北，與安丘縣接境。防在今安丘縣西南六十里，兹在今諸城縣西。	西平陽。本邾邑，不知何年屬魯。案：哀二十七年，❶越使后庸來言邾田，封于駘上。二月盟于平陽。平陽在兖州府鄒縣西南，本邾邑，爲魯所取。
小沂水，非沂水縣之沂也，出兖州府費縣。瀃水在今滕縣南十五里。詳見《山川》。	

❶「二十七」，原誤作「十七」，今據《春秋左傳正義》改。

案：魯在春秋，實兼有九國之地，極、項、鄟、郜、根牟，魯所取也；向、須句、鄫、鄅，則邾、莒滅之而魯從而有之者也。其疆域全有兖州府之曲阜、寧陽、泗水、金鄉、魚臺、汶上、濟寧州、嘉祥八州、縣之地。後兼涉滕縣、鄒縣、嶧縣，與邾接境；又泰安府之泰安縣，與齊接境；兼有新泰縣、萊蕪縣、沂州府治及費縣、沂水縣。曹州府之鄆城縣爲魯西鄆，鉅野縣爲獲麟處；城父縣、單縣爲高魚邑，涉范縣界。又兼涉青州府之安丘、諸城二縣，與莒接境。又河南陳州府項城縣爲魯所滅項國地，又涉江南之海州。跨三省共二十六州縣。

魯疆域論

論曰：余讀《春秋》至隱五年「公矢魚于棠」，傳曰：「非禮也，且言遠地也。」哀十四年「西狩獲麟」，歐陽子曰：「西狩言遠也。」嗚呼！魯之東西境盡之矣。余嘗往來京師，親至兖州魚臺縣，訪隱公觀魚處，詢之士人，云距曲阜不二百里。又北至汶上，爲齊、魯接界，俱計日可到。其地平衍，無高山大川爲之限隔，無魚鹽之利爲之饒沃，故終春秋之世，常畏齊而附晉。又其西南則宋、鄭、衛，及邾、莒、杞、鄫諸國地，犬牙相錯，時呑滅弱小以自附益，祊易之鄭，防取之宋，須句取之邾，向、鄫取之莒，而邾則空其國都，致邾衆退保嶧山，與莒争鄆無寧日。逮晉文分曹地，則有東昌府濮州西南。而越既滅吴，與魯泗東方百里地，界稍稍擴矣，然終不能抗衡齊、晉。豈特其君臣之孱弱，亦其地當走集，以守則不足以固，以攻則不足以取勝也。徒以周公之後世爲望國，爲晉、楚所重。故楚靈爲章華之臺，而薳啟疆特致魯侯以落之，好以大屈。至戰國時猶存，于諸姬最爲後亡，豈非周公之明德遠哉！

齊

太公始封營丘。《漢書·地理志》齊郡「臨淄縣，師尚父所封」。今爲山東青州府之臨淄縣。以丘臨淄水，故謂之臨淄。

後益封薄姑。成王廣大邦國之境，時薄姑與四國作亂，成王滅之，以益封太公方五百里。後胡公徙都于此。今爲青州府之博興縣，亦曰姑棼。莊八年齊侯游于姑棼，即此。

莊元年，遷紀郱、鄑、郚。案：此紀三邑也。郱，一作駢，後爲齊大夫伯氏邑。管仲奪伯氏駢邑三百，即此。在今青州府臨朐縣東南。鄑在今萊州府昌邑縣西北三十里。郚在今青州府安丘縣西南六十里。詳見《都邑》。

莊二年，紀季以酅入于齊。在今青州府臨淄縣。案：《國語》齊桓公初立，正封域，東至于紀酅，蓋特存之。齊都臨淄，而酅即在臨淄之境，則知桓公初年齊之東向地甚狹也。

莊四年，紀侯大去其國。紀在今青州府之壽光縣。

莊八年，降郕。杜註「郕，國名」。東平剛父縣西南有郕鄉。

莊十年，滅譚。杜註：「譚國在濟南平陵縣西南。」今濟南府歷城縣東南七十里

莊十三年，滅遂。杜註：「遂國在濟北蛇丘縣東北。」今兗州府寧陽縣西北三十里

莊三十年，降鄣。杜註：「紀附庸國，東平無鹽縣東北有鄣城。」今東平州東六十

閔二年，遷陽。杜註「國名」。今沂州府沂水縣南有陽都城。

高江村曰：「武王之母弟郕叔武封于郕。今兖州府寧陽縣東北三十里有堽城壩，即漢剛縣故地。而郕在其西南，蓋益近寧陽矣。魯成邑在寧陽東北九十里，蓋亦以近郕而得名。」	襄六年，滅萊。杜註：「萊國，東萊黃縣。」今登州府黃縣東南二十里有萊子城。
有譚城。	襄六年，滅棠。杜註「萊邑也」。今萊州府即墨縣南八十里有甘棠社，襄十八年齊侯將走郵棠，即此。
有遂鄉。	襄二十四年，伐莒，取介根。杜註「莒邑」。案：周初莒茲輿期始封于此。春秋時不知何年徙都沂州府莒州，此爲莒别邑。漢置計斤縣，即介根也，在今萊州府高密縣東南四十里。
里有鄣城集。	介不知何年滅于齊。案：僖二十九年介葛盧來朝，杜註：「東夷國，在城陽黔陬縣。」後入于齊。今萊州府膠州南七十里有介亭。
	牟不知何年滅于齊。案：桓十五年邾人、牟人、葛人來朝，牟國自此後絶不見經，蓋入于齊也。《通典》：「登州治蓬萊縣爲春秋牟子國，亦曰東牟郡。」今爲登州府治蓬萊縣。

東至于海。	案：齊桓公時東至于紀酅，未至于海，管仲特夸言耳。至襄公滅萊、棠，則盡登、萊二府之境，東至于海矣。
西至于河。	案：桓公塞八流以自廣，蓋九河故道在今德、景之間，今猶曰古鬲津。是齊之西界當至山東德州平原而止。
南至于穆陵。	案：穆陵關在今青州府臨朐縣東南一百五里，亦曰大峴關。劉裕征慕容超，過大峴關，喜形于色，即此。
北至于無棣。	案：今直隸天津府之慶雲縣、山東武定府之海豐縣皆春秋時無棣之地，元時所分也。

案：齊在春秋，兼併十國之地。紀、郕、譚、遂、鄣、陽、萊七國之滅見於經，如莒之故封介根及牟、介二國，俱不詳其滅之何年。其疆域全有青州、濟南、武定、登州、萊州五府之地。獨青州府之安丘、諸城二縣闌入莒地，後入魯。又東昌府之聊城爲聊聶，堂邑縣爲棠邑，茌平縣爲重丘。泰安府治與魯接境，又兼有東阿、肥城、平陰及東平州。斗入兖州府之陽穀一縣、沂州府之蒙陰一縣，與魯、衛錯壤。又曹州府之范縣爲齊廩丘及顧地，則齊、晉、宋、魯、衛五國交錯處也。直隸天津府之慶雲縣爲齊無棣地。

齊疆域論

論曰：齊於春秋號爲大國，然以山東全省計之，兖州强半屬魯，泰安與魯參半，東昌晉、衛錯處，他如青州、濟南魯地犬牙其間；齊所全有者，武定、登、萊三府及曹、沂所屬數縣而已。其形勢要害不如晉，幅員廣遠不如吴、楚。徒以東至海，饒魚鹽之利；西至河，憑襟帶之固；南至穆陵，有大峴之險；北至無棣，收廣莫之地。用管子之計，官山府海，遂成富强，爲五伯首。豈惟地利，抑亦人謀之善也。然管子以圖伯者，陳氏亦用以竊國，山木如市弗加于山，魚鹽蜃蛤弗加于海，以國爲餌，卒成篡奪。器，一也，而操之者則異。豈非得其人則用以興，失其人則遂以亡者歟？

晉

叔虞始封太原。
今爲山西太原府之太原縣。

春秋前，晉文侯滅韓。
今爲陝西同州府之韓城縣。後爲桓叔子韓萬食邑，《左傳》所謂韓原是也。

閔元年，滅耿。
今山西平陽府河津縣東南十二里有古耿城。

閔元年，滅霍。
今平陽府霍州西十六里有霍城。後爲先且居封邑，爲霍伯。

閔元年，滅魏。
今解州芮城縣北五里爲春秋時魏國。晉滅之以賜畢萬，爲魏氏。其地逼河，與秦以河爲界。《詩譜》云：「南枕河曲，北涉汾水。」

閔二年，伐東山皋落氏。
今絳州垣曲縣西北六十里有皋落鎮，爲東山皋落氏國。

僖五年，滅虢。
在今河南府陝州東南。

僖五年，滅虞。
今解州平陸縣東北四十里有古虞城，在大河之北。

蒲爲狄地，不知何年屬于晉。
今爲山西隰州州治，北四十五里有蒲陽故城。入晉爲蒲邑，即重耳所居之蒲也。

屈爲狄地，不知何年屬于晉。
今爲山西吉州州治。東北二十一里有北屈廢縣，爲晉北屈邑，即夷吾所居之屈也。案：傳二五言于公曰「狄之廣莫，于晉爲

	荀不知何年滅于晉。今蒲州府臨晉縣東北十五里有郇城，舊爲郇國，文王子所封，《詩》所謂「郇伯勞之」者也。亦曰荀，桓九年荀侯、賈伯伐曲沃，以後無所見。《汲郡古文》云：「晉武公滅荀，以賜大夫原氏黯，是爲荀叔。」	僖二十五年，衛滅邢，後入于晉。今爲直隸順德府之邢臺縣。後以賜申公巫
	賈不知何年滅于晉。今絳州界有賈鄉，爲春秋賈國地。桓九年與荀侯伐曲沃，又晉獻公娶于賈。不知何年滅之，後以賜狐偃子狐射姑爲邑，號賈季。	僖二十八年，伐衛，取五鹿。在今直隸大名府治元城縣東。
	楊不知何年滅于晉。今平陽府洪洞縣東南十八里有古楊城，爲春秋時楊侯國。襄二十九年《傳》女叔齊謂虞、虢、焦、滑、霍、楊、韓、魏皆姬姓而晉滅之。後以賜羊舌赤，爲楊氏邑。	僖三十三年，秦滅滑，後入于晉。今河南府偃師縣南二
	焦不知何年滅于晉。今河南府陝州南二里有焦城，爲晉河外五城之二邑。僖三十年《傳》所謂「許君焦、瑕，朝濟而夕設版焉」。是在大河之南，蓋即所滅之焦國也。宣二年秦圍焦，即此。	文二年，伐秦，取汪，及彭衙。今陝西同州府白水縣東北六十里，與郃陽
都」，則知蒲、屈向日皆狄地矣。	僖二十五年，周襄王賜晉陽樊、温、原、攢茅之田。晉于是始啓南陽。今爲河南懷慶府濟源、脩武、孟縣、温縣四縣之地。晉之境于是逾河而南矣。	文十年，伐秦，取少梁。今陝西同州府韓城縣南二十里有少梁城。

臣，爲邢大夫。	宣十五年，滅赤狄潞氏。 今潞安府潞城縣東北四十里有古潞城，爲赤狄潞氏國。案：潞氏封域極廣，國都在潞安，而其邊邑則在今直隸廣平府之曲梁縣，直接山東之界，延袤二省。傳云「荀林父敗赤狄於曲梁，遂滅潞」，蓋師反出其東而轉攻之，以絶其奔逸也。
案：五鹿爲衛邑，晉文取之而仍屬衛。至哀四年齊、衛救范氏，圍五鹿，則終爲晉邑矣。	宣十六年，滅甲氏、留吁、鐸辰。 杜註：「赤狄餘黨。」今潞安府屯留縣東南十里有純留城，即留吁地。晉滅之，爲純留邑。鐸辰亦在潞安府境。甲氏在今直隸廣平府之雞澤縣。案：士會舊封隨，此後即封于范，稱范武子。其地在山東濮州范縣，蓋以爲賞功之邑也。晉地自是亘直隸而東接于山東齊境矣。
十里有緱氏城，爲滑國地。爲秦所滅，尋屬晉。成十七年鄭子駟侵晉虚、滑，即此。	成三年，伐廧咎如。 《左傳》「討赤狄之餘焉，廧咎如潰」。杜註：「赤狄別種。」
接界，有彭衙故城。汪亦在白水縣界。	昭十二年，滅肥。 杜註：「白狄別種。鉅鹿下曲陽縣有肥累城。」在今直隸真定府藁城西南七里。
本梁國地，僖十九年秦穆公滅之，爲少梁邑，後入于晉。	昭十七年，滅陸渾。 在今河南府嵩縣。

昭二十二年，滅鼓。

今直隸真定府晉州治，爲鼓國。州東南爲昔陽，鼓子之都也。鼓亦白狄別種。

衛之百泉不知何年屬于晉。

定十四年《傳》「晉人敗范氏之師于百泉」，杜註：「故衛地，後屬晉。」今河南衛輝府輝縣西

鄭之虎牢不知何年屬于晉。

襄十年《傳》「諸侯戍鄭虎牢」。杜註：「虎牢此時屬晉。」案：虎牢在今河南開封府汜水縣南二里。本鄭地，後入晉。

哀十年，伐齊，取犁及轅。

案：犁在今山東濟南府臨邑縣西十里。轅在今濟南府禹城縣西北。

衛之朝歌不知何年屬於晉。

襄二十三年《傳》「齊侯伐晉，取朝歌」。案：朝歌在今河南衛輝府淇縣。衛始封都此，後入于晉。孔疏：「衛爲狄所滅，渡河遷楚丘，河内殷虚更屬于晉。」

哀十五年，齊伐晉，取冠氏。

杜註「晉邑」。案：今山東東昌府冠縣北有冠氏故城。

衛之河内不知何年屬于晉。

定十三年《傳》齊邴意茲曰：「鋭師伐河内。」杜註「汲郡」。故爲衛之邯邑，遷楚丘後屬晉。今爲河南衛輝府治汲縣。

又沈、姒、蓐、黃四國，春秋前已屬晉。

《左傳》昭元年子産曰：「昔金天氏有裔子曰昧，生允格、臺駘。臺駘能業其官，

衛之邯鄲不知何年屬于晉。

定十三年《傳》：❶「趙鞅殺邯鄲午。」杜註：「邯鄲，廣平縣。」故衛邑，後屬晉。今直隸廣平府邯鄲縣西南三十里有邯鄲故城。

❶「十三」，原誤作「十四」，今據《春秋左傳正義》改。

北七里有蘇門山，一名百泉。

宣汾、洮，障大澤以處太原。帝用嘉之，封諸汾州。沈、姒、蓐、黃實守其祀。今晉主汾而滅之矣。」杜註：「四國，臺駘之後。」

案：四國之地無所考，然據傳所云，則俱在太原近汾水之地，與晉之初封錯壤。其滅于晉當在春秋以前，不待武、獻也。觀女叔齊謂武、獻之時兼國多矣，而不及四國，則知其滅當在前。

案：晉所滅十八國。又衛滅之邢、秦滅之滑皆歸于晉。景公時翦滅衆狄，盡收其前日蹂躪中國之地。又東得衛之殷墟、鄭之虎牢。自西及東，延袤二千餘里。有山西全省。又有直隸大名府之元城縣，爲沙鹿山，晉所取之五鹿地；廣平府之邯鄲、成安、清河、永年四縣，順德府治與邢臺、任、唐山三縣，俱與衛接境。真定府之晉州、趙州、冀州及藁城、欒城、柏鄉、臨城四縣，山東東昌府之恩縣、冠縣，曹州府之范縣，與齊、魯二國接境。又河南懷慶府之濟源、脩武、孟、温四縣，衛輝府之汲縣、淇縣、輝縣、濬縣、新鄉縣，南自解州平陸縣。渡河有河南府之陝州閿鄉、靈寶，桃林之塞在焉；永寧、澠池、偃師三縣。後又得嵩縣陸渾地，與周接境。其西自蒲州永濟縣，渡河有陝西同州府之朝邑、韓城、澄城、白水四縣及華州華陰縣，又延安府爲晉河西、上郡，西安府之臨潼縣爲所滅驪戎地，商州爲晉上雒及菟和、倉野之地，俱與秦接境。後驪戎地入秦，爲侯麗。地跨五省，共二十二府五州。

晉疆域論

論曰：晉當春秋之初，翼侯中衰，曲沃內亂，不與東諸侯之會盟，疑于荒遠之地。然其地實近王畿，是時周新東遷，列侯未甚兼併，沈、姒、蓐、黄處在太原，虞、虢、焦、滑、霍、楊、韓、魏列于四境，晉于其中，特彈丸黑子之地，勢微甚。而桓、莊之時，猶能命諸侯以討有罪。曲沃之叛也，王命虢公伐曲沃。至翼侯滅矣，而虢仲、芮伯、荀侯、賈伯同日興師，庶幾方伯連帥之義，安在《江漢》、《常武》不可再睹哉？而釐王貪其寶賂，列爲諸侯，肆其狂猘，吞滅小國。自武、獻之世，兼國多矣，以不赴告，故經不書，不復可考見。蓋天下之無王自晉始。及勢既强大，乃復勤王以求諸侯，周室之不亡，復于晉重有賴焉。自滅虢據崤、函之固，啟南陽，扼孟門、太行之險，南據虎牢，北據邯鄲，擅河内之殷墟，連肥、鼓之勁地，西入秦域，東軼齊境，天下扼塞鞏固之區無不爲晉有。然後以守則固，以攻則勝，擁衛天子，鞭笞列國，周室藉以綿延者二百年。是猶倒持太阿之柄以與人，而復假之以自衛也。然使晉不兼併諸國，周亦無能聯絡形勢以自强。何則？周行封建，其勢散；而晉併列國爲郡邑，其勢聚。封建之不如郡縣，自春秋之世不已較然哉！

楚

熊繹始封丹陽。今湖廣宜昌府歸州東南七里有丹陽故城，北枕大江。

熊渠封中子紅爲鄂王，後爲楚別都。今武昌府治之武昌縣，即楚之鄂都也。

權不知何年滅于楚。今安陸府之當陽縣東南有古權城，爲春秋時權國。莊十八年《傳》楚武王克權，鬭緡尹之，即此。案：莊十八年爲楚文王之十四年，《左傳》特追叙其事耳。其滅權之年則不可考矣。

鄀不知何年滅于楚。鄀，一名那處。文王子鄀季載所封。或作那，皆讀爲「然」。莊十八年鬭緡以權叛，圍而殺之，遷權于那處，使閻敖尹之，則那之滅更在權前矣，其年月則不可考。今安陸府荆門州東南有那口城，爲春秋時那處地。

鄾不知何年滅于楚。今襄陽府治襄陽縣東北十二里有鄾城，爲鄾國地。桓九年楚子使道朔將巴客以聘于鄧，鄧南鄙鄾人攻而奪之，後入楚爲鄾邑。

穀不知何年滅于楚。今襄陽府穀城縣西十里有穀城山，爲穀國地。桓七年穀伯綏來朝，後不見經，入于楚。	鄢不知何年滅于楚。今襄陽府宜城縣西南有古鄢國，後入楚爲鄢縣。昭十三年楚靈王沿夏將欲入鄢，杜註「順漢水入鄢也」。是時鄢已爲楚別都，與郢相近，故通謂之鄢郢。	羅不知何年滅于楚。今襄陽府宜城縣西二十里有古羅川城，爲羅國地。桓十年楚伐羅，即此。後入楚。	盧戎不知何年滅于楚。今襄陽府南漳縣東五十里有中廬鎮，爲廬戎國。一作盧，「盧」與「廬」通，皆近鄢水。桓十三年楚屈瑕伐羅及鄢，❶亂次以濟，及羅，羅與盧戎兩軍之，大敗之，即此。後入楚爲邑。文十六年廬戢黎，即其大夫也。	鄀不知何年入楚。今襄陽府宜城縣西南九十里有鄀城。鄀本在秦、楚界上，爲今河南南陽府淅川縣。僖二十五年秦、晉伐鄀，楚人戍，以争之不克，遂徙之南郡鄀縣爲附庸，即今地也。縣入楚爲邑。定六年後避吴北去，徙都于此，仍名郢，謂之鄢郢，傳所謂「遷郢于鄀」是也。
鄖不知何年滅于楚。今德安府治安陸縣爲	貳、軫二國不知何年滅于楚。今德安府應山縣境爲	絞不知何年滅于楚。今鄖陽府鄖縣西北爲	州不知何年滅于楚。今荆州府監利縣東三	蓼不知何年滅于楚。杜註：「蓼國，義陽棘

❶「十三」，原誤作「十」，今據《春秋左傳正義》改。

鄖國地。桓十一年楚屈瑕將盟貳、軫，鄖人軍于蒲騷，將與隨、絞、州、蓼伐楚師。「鄖」、「䢵」、「溳」三字通用。若敖娶于䢵，即此。後楚滅之，以封鬬辛爲鄖公。	貳國，應城縣爲軫國。	絞國地。桓十二年楚伐絞，大敗之，爲城下之盟而還。後入于楚。	十里有州陵城，爲州國地。哀十七年《傳》子穀謂武王克州、蓼，即此。 案：隨、絞、州、蓼伐楚師在桓十一年，爲楚武四十年。楚武凡五十一年，以莊四年卒，則州、蓼之滅即在此十數年之内矣。	陽縣東南湖陽城。」在今河南南陽府唐縣南八十里。 案：此蓼與文五年楚所滅六與蓼之蓼不同，另爲一國。此蓼讀爲「飂」，音溜。非皐陶庭堅之後也。
莊十四年，滅息。 今河南汝寧府光州息縣西南七里有息城，爲息國地。	莊十六年，滅鄧。 今襄陽府治襄陽縣東北二十里有鄧城鎮，爲鄧國地。	申不知何年滅于楚。 今河南南陽府治南陽縣有故申城，爲申國地。	吕不知何年滅于楚。 今南陽府治南陽縣城西三十里爲吕國地。	僖五年，滅弦。 今湖廣黄州府蘄水縣東三十里有軑縣故城，爲弦地。又河南光州光山縣西南有弦城，蓋光、黄本接壤也。

僖十二年，滅黃。

今河南汝寧府光州西十二里有黃城，爲黃國地。

僖二十六年，滅夔。

今湖廣宜昌府歸州治東二十里有夔子城，爲楚所分之夔國，熊摯之後。熊摯有疾，弗得立，而遂居國都之側者也。

文四年，滅江。

在今河南汝寧府真陽縣東。

文五年，滅六，滅蓼。

六國，杜註「廬江六縣」，在今江南廬州府六安州北。蓼國，杜註「安豐蓼縣」，今河南汝寧府固始縣東北即其地。

文十一年，滅麇。

今湖廣鄖陽府治鄖縣爲麇國地。按《傳》，楚子伐麇，敗麇師于防渚；潘崇復伐麇，至于錫穴，爲麇之國都，則麇遂滅矣。防渚爲今鄖陽府房縣。

文十二年，滅宗、滅巢。

杜註：「吴、楚間小國。廬江六縣有居巢城。」今江南廬州府巢縣東北五里有古巢城，爲巢國地。宗國在今廬州府廬江、舒城二縣境。

文十六年，滅庸。

今湖廣鄖陽府竹山縣東四十里有上庸故城，爲庸國地。當四川、陝西、湖廣三省之交界。庸之魚邑爲今四川夔州府治奉節縣。

道不知何年并于楚。

今河南汝寧府確山縣北二十里有道城，爲道國地。

柏不知何年并于楚。

今河南汝寧府西平縣西有柏亭，爲柏國地。

房不知何年并于楚。

今河南汝寧府遂平縣爲房國地。昭十三年楚靈王遷許、胡、沈、道、房、申于荆。定六年昭王更以封吴夫概王，謂之吴房。

沈不知何年并于楚。

案：春秋有二沈。宣十二年《傳》沈尹將中軍，此蓋沈之別邑，楚取之以爲重鎮。時爲沈尹者，莊王之子公子貞也，亦名寢。莊王後更以封孫叔敖爲食邑，所謂寢丘是也。今爲河南光州固始縣。沈，本國，世屬于楚，則定四年爲蔡所滅，後入楚，爲平輿邑。杜註：「汝南平輿縣有沈亭。」今河南汝寧府治沈陽縣東南六十里有平輿故城。

蔣不知何年并于楚。

今河南開封府尉氏縣西六十里有蔣城，爲蔣國地。

宣八年，滅舒蓼。

案：舒蓼、舒庸、舒鳩及宗四國皆偃姓，皐陶之後，所謂群舒也。杜註皆不能明其地，但云廬江南有舒城及龍舒城，約略四國所居在此兩城之間。今江南廬州舒城縣爲古舒城，廬江縣爲古龍舒城，是當在此二縣之境。

成十七年，滅舒庸。

見上。

襄二十五年，滅舒鳩。

見上。

昭四年，滅賴。 今河南光州息縣東北爲賴國地。	**定五年，滅唐。** 今湖廣德安府隨州東南八十五里有唐城鎮，爲唐國地。楚武王服隨，免楚昭于難，故楚滅唐而隨復列于諸侯。	**定十四年，滅頓。** 今河南陳州府商水縣爲頓國地。商水舊名南頓縣。	**定十五年，滅胡。** 今江南潁州府治新設阜陽縣，爲胡國地。	**哀四年，滅蠻氏。** 今河南汝州西南有蠻城，爲春秋時蠻子國。傳云晉執戎蠻子以畀楚師于三户。案：三户，今河南南陽府淅川縣西南有三户城，蓋在南陽與汝州之間矣。
哀十七年，滅陳。 今河南陳州府爲陳國府治淮寧縣，即陳宛丘也。				

案：楚在春秋吞并諸國凡四十有二。其西北至武關，在今陝西商州東少習山下，文十年《傳》子西爲商公，即商州之雒南縣也，與秦分界。其東南至昭關，在今江南和州含山縣北二十里，昭十七年吴、楚戰于長岸，即和州南七十里之東梁山，與太平府夾江相對是也，與吴分界。其北至河南之汝寧府、南陽府汝州，與周分界。其南不越洞庭湖，全有今湖北十府八

州六十縣之地。惟隨州爲隨國，僅存。又全有河南之汝寧、南陽二府，光州一州，又闌入汝州之郟縣、魯山縣，河南府之嵩縣，開封府之尉氏縣，許州府之郾城縣及禹州，與鄭接境。四川夔州府之奉節縣與巴接境。江西之南昌、南康、九江、饒州與吳、越錯壤。又全有江南之廬州、鳳陽、潁州三府及壽州、和州之地。江寧府之六合、太平府之蕪湖、徐州府之碭山，則與吳日交兵處也。後廬、壽之地多入于吳。

楚疆域論

論曰：余讀《春秋》至莊六年楚文王滅申，未嘗不廢書而歎也。曰：「天下之勢盡在楚矣。」申爲南陽，天下之膂，光武所發迹處。是時齊桓未興，楚横行南服，由丹陽遷郢，取荆州以立根基。武王旋取羅、鄀，爲鄢郢之地，定襄陽以爲門户。至滅申，遂北向以抗衡中夏。然其始，要非一朝一夕之故也。平王東遷，即切切焉戍申與甫、許，豈獨内德申侯爲之遣戍，亦防維固圉之計，有不獲已。逮桓王、莊王六七十年之久，楚之侵擾日甚，卒爲所滅。自後滅吕、滅息、滅鄧，南陽、汝寧之地悉爲楚有。如河決魚爛，不可底止，遂平步以窺周疆矣。故楚出師，則申、息爲之先驅；守禦，則申、吕爲之藩蔽。城濮之敗，而子玉羞見申、息之老。楚莊初立，而申、息之北門不啟。子重欲取申、吕以爲賞田，而巫臣謂「晉、鄭必至于漢」。申之係于楚，豈細故哉！故論當日楚之形勢，東拒齊，則召陵之陘爲咽喉之塞；西拒晉，則少習、武關通往來之道；南面扞吳，則鍾離、居巢、州來屹爲重鎮。迨州來失，而入郢之禍始兆。楚之植基固而形勢便，使周曆猶緜延四百年不遂併于楚者，桓、文之力也。

案：《王風・揚之水》，先儒謂譏平王忘父仇，内德申侯爲之遣戍者，非也。戍申自不容已，但可仇，申之地自不可棄。蓋申侯不當使畿内之民戍耳。平王若能發憤興師，命方伯連帥南向討楚侵擾之罪，申自不煩戍。即云戍，亦當使方伯連帥當其役，何至使畿内之民反爲侯國遠戍？是足顧居上，首顧居下，《詩》所以致怨于平王之微弱也。言激揚之水至不能流一束薪，喻以天子之威令不能役使群侯也。「彼其之子」，指方伯應戍申者而言；「不與我戍申」，言當時方伯不能爲王家効命，而使我獨當此苦，所以懷思而欲歸也。如此纔與興意浹洽有味。朱《傳》以「之子」指其室家，則與「束薪」意一毫無涉，上下文不聯貫矣；至謂内德申侯，尤非。《詩》明言三國，戍申、戍甫、戍許。甫即吕也。後申、吕俱爲楚滅，而許役屬于楚。此時楚之侵擾，三國已被其禍，戍自時勢不得不然。平王豈有德于吕、許二國者哉！且《詩》稱「彼其之子」，俱係賤惡之辭，外之之辭，如「彼其之子，三百赤芾」、「彼其之子，不稱其服」，猶言乃如之人、夫已氏云耳。若詩人謂其室家，豈宜作此等語？余因《春秋》而備論《揚水》之義如此。

宋

微子封于商丘。 今爲河南歸德府之商丘縣。	**莊十年，遷宿。** 杜註：「東平無鹽縣。」在今山東泰安府東平州東二十里。
杞不知何年屬于宋。 杞本封雍丘，爲今開封府之杞縣。然終春秋之世，雍丘常屬于宋，蓋杞遷淳于，其地爲宋有也。但不知何年宋以何道取之。詳見《都邑表》。	**襄十年，晉滅偪陽，以與宋。** 杜註：「彭城傅陽縣。」在今江南徐州府沛縣北，山東兗州府
戴不知何年屬于宋。 杜註：「陳留外黄縣東南有戴城。」在今歸德府考城縣東南五里。 案：隱十年宋人、蔡人、衛人伐戴，自後不見經。地入于宋，但不知何年。	**哀八年，滅曹。** 山東曹州府治菏澤縣。曹縣、定陶縣皆曹國之地。 案：宋滅曹而經文書
彭城不知何年屬于宋。 舊爲大彭氏國，春秋時爲宋邑。今爲江南徐州府治銅山縣。	
蕭本爲宋所分，後仍入于宋。 杜註：「沛國蕭縣。」今江南徐州府蕭縣北十里有蕭城。莊十二年蕭叔大心殺南宫牛，立桓公有功，封爲附庸。宣十二年楚滅之，後仍入爲宋邑。	

嶧縣南五十里。吴、晉往來之要道也。汪氏克寬曰：「偪陽國及柤地皆在沛縣，乃吴入北方之要衝。」

「入」，先儒以爲「入」與「滅」不同。然哀十四年經書「宋向魋入于曹以叛」，則曹爲宋邑明矣。且《春秋》書「入」者多矣，莒人入向而向爲莒邑，秦人入滑而滑爲晉邑，楚人入鄀而鄀爲楚邑，至哀十三年於越入吴，豈得謂其非滅耶？而宣十二年書「楚子滅蕭」，而蕭反未滅，仍屬于宋。然則謂「入」與「滅」之判然不同者，殆未可爲定例也。益知隱二年「無駭入極」，《公》、《穀》以爲滅者，其説近是矣。

案：宋在春秋兼有六國之地：宿、偪陽、曹三國其見于經者也；杞、戴及彭城則經、傳俱不詳其入宋之年，而地實兼併于宋。其封域全有河南歸德府一州八縣之地、開封府之杞縣。封丘縣有宋之長丘，蘭陽縣有宋之户牖，衛輝府之滑縣有宋之城鉏，陳州府治之睢寧縣有宋檉地，西華縣有宋鬼閻地。又江南徐州府之銅山縣、沛縣、蕭縣，潁州府之太和縣，山東兖州府之金鄉縣、單縣，泰安府之東平州。後滅曹，又得曹州府之曹縣、菏澤縣、定陶縣。共跨三省九府二州二十三縣之地。

宋疆域論

論曰：余嘗適汴梁，取道鳳陽，由歸德以西，歷春秋吴、楚戰争地及杞、宋、衛之郊，慨然思曰：「周室棊布列侯，各有分地，豈無意哉？」蓋自三監作孽，武庚反叛，周公誅武庚而封微子于宋，豈非懲創當日武庚國于紂都，有孟門、太行之險，其民易煽，其地易震，而商丘爲四望平坦之地，又近東都，日後雖子孫自作不靖，無能據險爲患哉！故殷之遺民屬之懿親康叔，而杞、宋接壤，俱在開、歸，匪特制馭，亦善全先代之後宜爾也。入春秋時，宋乃有彭城。彭城俗勁悍，又當南北之衝，故終春秋之世，宋最喜事。齊興則首附齊，晉興則首附晉。悼公之再伯也，用吴以犄楚，先用宋以通吴，實于彭城取道。楚之拔彭城以封魚石也，非以助亂，實欲塞夷庚，使吴、晉隔不得通也。晉之滅偪陽以畀宋也，非以德宋，欲宋爲地主，通吴、晉往來之道也。蓋彭城爲宋有，而相爲楚地，偪陽爲楚與國，皆在今沛縣境，如喉嚨中之有物。宋有偪陽，而吳、晉相援如左右手矣。故當日楚最仇宋，常合鄭以齮宋亦最力。迨悼公已服鄭，不復恃吳。吳闔閭之世力足以制楚，不復專賴晉，而宋于是晏然無事。是彭城之係于南北之故者非小。而宋常爲天下輕重者，以其有彭城也。自後吳日强横，齊、魯俱被其毒害，而宋始終不受兵，亦以前日爲東道主之故。而黄池之役，吳歸，道自商、魯，王欲伐宋，太宰嚭曰：「可勝也，而弗能居。」蓋杞、宋舊封，其非險阨之地久矣。

衛

康叔始封朝歌。	今爲河南衛輝府之淇縣，殷紂之舊都。遷楚丘後，地屬晉。
兼有邶、鄘之地。	邶城在府治汲縣，鄘城在新鄉縣西南三十二里。
僖二年，遷楚丘。	今爲衛輝府之滑縣。案：閔二年衛爲狄所滅，遺民渡河，立戴公以廬于漕，至僖二年齊桓公封衛于楚丘，此爲北楚丘。
僖三十一年，又遷帝丘。	今爲直隸大名府之開州。案：《元和郡縣志》：「淇縣東渡河一百十五里至滑縣，滑縣東北五里爲漕，又東北五十五里爲楚丘，又東北一百三十里至開州。」自始封朝歌至此，凡三百零五里。黄河更在開州北十五里。衛之再遷，皆在河之南矣。
僖二十五年，滅邢。	今爲直隸順德府之邢臺縣。後入晉。

南陽爲衛邊地，在衛之西境，與晉接界。	案：文元年晉使告于諸侯而伐衛及南陽，即晉所啓之南陽。杜註：「今河内也。」應劭曰：「河内，殷國也。周謂之南陽，後又爲晉、鄭、衛三國之地。」徐廣曰：「河内郡脩武縣，古名南陽。」今屬河南懷慶府，蓋在衛西近晉之地。
莘爲衛邊地，在衛之東境，與齊接界。	今山東東昌府莘縣北莘亭爲衛之莘地。桓十六年衛宣公使伋子于齊，使盜待諸莘將殺之；成二年鞌之戰，晉師及衛地，從齊師于莘。蓋在衛東近齊之地。
羊角爲衛邊邑，在衛之東北境，與齊、晉、宋、魯錯壤。	在今山東曹州府范縣東南。襄二十六年齊烏餘以廩丘奔晉，襲衛羊角，又取地于宋。是在衛之東北與四國犬牙相錯處。
南楚丘爲衛邊邑，在衛之南境，與曹、宋錯壤。	今曹州府曹縣東南四十里，爲衛之南楚丘。隱七年戎伐凡伯于楚丘以歸，又襄十年宋公享晉侯于楚丘，即此。蓋宋、衛兩國相錯處。

案：衛之始封，兼三監之地，封域本大。後再遷至帝丘，而其舊封多入于晉，稍迫狹矣。春秋之初，霸令未興，諸侯多務兼併以自益，而衛以介在齊、晉、宋、魯，四面皆大國，無所朘削，又屢經狄難，崎嶇遷徙。其地有今之直隸大名府開州及府治元城縣、魏縣、長垣縣；廣

平府之邯鄲縣爲邯鄲邑，旋入晉。河南衛輝府之淇縣爲始封之朝歌，汲縣爲河内，輝縣爲百泉，後俱入晉；僅有滑縣之楚丘及漕地耳；又兼涉懷慶府脩武縣界；有彰德府之安陽縣、内黄縣、林縣；歸德府之睢州爲襄牛地；又錯入開封府之封丘縣。山東曹州府之濮州爲城濮地，曹縣爲南楚丘地，又錯入兖州府之陽穀縣、泰安府之東阿縣。其地多奇零，與諸國交錯，共跨三省十府三州十二縣之地。其入晉之地不在内。

衛疆域論

論曰：衛地西鄰晉，東接齊，北走燕，南拒鄭、宋。楚之與晉争伯也，争鄭、宋而衛不受兵，以鄭、宋南面爲之蔽也。晉文城濮之戰，楚始得曹而新昏于衛，蓋欲爲遠交近攻之計，結衛以折晉之左臂，使晉不得東向争鄭也。故晉文當日汲汲焉首事曹、衛，豈惟報怨之私，亦事勢有不得不爾。晉欲救宋，則不得不先伐衛；晉欲服鄭，則不得不先服衛，衛服而鄭、魯諸國從風而靡矣。蓋衛踞大河南北，當齊、晉、鄭、楚之孔道。晉不欲東則已，晉欲東則衛首當其衝。曹、衛以北方諸侯而爲楚之役，天下幾不復知有中夏，此晉之用兵所以不獲已也。自是以後，衛幾同晉之鄙邑。其曹、濮之地，與齊犬牙錯互。宣、成之世，衛屢受齊師。每有齊師，則乞援于晉。至春秋之季年，晉、鄭之大夫擅權，孫林父以戚如晉，晉取衛懿氏六十與孫氏。戚近帝丘，衛都肘腋之地，世爲孫氏邑。自是衛非復衛有，并不爲晉有，而爲晉、鄭大夫所營狡兔之三窟也。失其地利，首受强鄰之見侵，繼受叛臣之桀鷔，衛之爲衛，亦可哀矣哉！

鄭

武公初定虢、檜之地爲新鄭。

案：此爲東虢，文王弟虢叔所封。杜註：「滎陽縣。」在今河南開封府汜水縣東十里，并滎陽、滎澤皆其地。檜即管叔鮮之故封。管除屬檜。《左傳》有檜城，有管城。檜城在今許州府密縣東北五十里。管城在開封府鄭州北二里。

隱十一年，入許。

今爲河南許州府治新設石梁縣。時鄭莊使許叔居許西偏，猶未全并許地也。

櫟爲鄭別都。

案：桓十五年鄭伯突入于櫟，杜註：「鄭別都。」今爲許州府禹州。後入楚。

莊二十一年，莊王與鄭以武公之略，自虎牢以東。

案：虎牢在今開封府汜水縣西。武公初年滅東虢即有其地，今復與鄭者。孔氏穎達以爲鄭當桓王之世，失之。

成十五年，許遷于葉。

案：成十五年許畏鄭，請遷于楚，楚遷許于葉。而許之舊都盡歸于鄭，鄭人謂之舊許。襄十一年諸侯伐鄭，東侵舊許是也。

成十六年，楚以汝陰之田求成于鄭。 杜註：「汝水之南，近鄭地。」楚境止于汝之南，田蓋在汝州郟縣及裕州葉縣間。	定六年，滅許。 案：此所滅之許，非許本國也。成十五年許遷于葉，其地已悉歸于鄭，爲舊許矣。至定四年楚遷許于容
襄十年，諸侯戍鄭虎牢。 杜註：「虎牢，此時屬晉。」	
襄十年，晉師城梧及制。 杜註：「鄭舊地。」虎牢之旁邑也。案：梧在今滎陽縣。制即北制，在今成皋縣。鄭州之北俱屬開封府。	
襄十八年，楚公子格侵鄭費、滑。 案：滑爲古滑國，在今河南府偃師縣南二十里。秦滅之而不能有，爲晉所得。然其地近鄭，在所必争。成十七年鄭子駟侵晉虛、滑。至此時屬鄭，後又屬周。定六年鄭伐周馮、滑、胥靡。鄭之始終與周、晉争滑如此。	
昭元年，楚城犨、櫟、郟。 案：犨，今汝州魯山縣東南有犨縣故城。郟爲今汝州郟縣，即所謂汝陰之田也。櫟即禹州，鄭別都。昭元年楚靈王爲令尹始城之，至平王初立，使子躬致鄭犨、櫟之田，事畢弗致。昭十九年令尹子瑕復城郟。自是三邑終爲楚地矣。	

城，則在今南陽府葉縣西。至此年鄭復滅之，則係容城，楚所遷之地也。傳云因楚敗，蓋以四年入郢之難而滅其與國耳。				

案：鄭桓公、武公當幽、平之世，以詐取虢、檜之地。其地當中國要害，四面皆强國，故雖以鄭莊之奸雄，無能爲狡焉。啟疆之計，終春秋二百四十年，僅再滅許肆其吞噬而已。而虎牢入晉，犨、櫟、郟入楚，鄭之封疆亦蝕于晉、楚焉。其地有開封府之祥符、蘭陽、中牟、陽武、鄢陵、洧川、尉氏、鄭州、河陰、汜水、滎陽、滎澤，凡一州十一縣。亦兼涉杞縣，與楚接界。陳留與陳接界，封丘與衛接界。許州府爲所奪許國之地，禹州爲櫟都，汝州之魯山、郟縣本楚以餌鄭，旋復爲楚奪。又闌入衛輝府之延津縣，河南府之登封縣、鞏縣、偃師縣，陳州府之扶溝縣，懷慶府之武陟縣，❶歸德府之睢州，其地俱在今河南一省。其闌入直隸大名府之長垣縣者，爲祭仲邑。東明縣有武父地，僅彈丸黑子而已。

❶「陟」，原作「涉」，今據《四庫全書》本改。

鄭疆域論

論曰：鄭當幽王之世，王室未遷，遽興寄帑之謀，攘取虢、檜之國而有其地，首亂天朝之疆索，鄭誠周室之罪人矣。入春秋後，莊公以狙詐之資，倔强東諸侯間。是時楚僻處南服，而晉方内亂，莊公與齊、魯共執牛耳。其子昭公、厲公俱梟雄絶人。使其兄弟輯睦，三世相繼，鄭之圖伯未可知也。乃三公子争立，卒歸厲公，與虢弭定王室，庶幾桓、文勤王之義。然自是而楚患興矣，齊、晉迭伯，與楚争鄭者二百餘年。是時鄭西有虎牢之險，北有延津之固，南據汝、潁之地，恃其險阻，左支右吾。蓋滎陽、成皋自古戰争地，❶南北有事，鄭先被兵，地勢然也。至子産之世，而虎牢已先屬晉，犨、櫟、郟已先屬楚。鄭之地險盡失，徒善其區區之辭命，以大義折服晉、楚。雖以楚靈王之暴横，莫敢凌侮，蓋亦人謀之臧，匪關地勢矣。然自後三家分晉，而韓得成皋，卒以滅鄭。則鄭之虎牢，豈非得之以興，失之以亡者哉？

❶「成」，原作「城」，今據《四庫全書》本改。

秦

秦襄公逐戎。文公收周餘民有之，地至岐。

案：《史記》：「秦文公收地至岐，岐以東獻之周。」岐爲今陝西鳳翔府岐山縣，則豐、鎬故京在岐之東，秦未嘗有也。可見平、桓之世，晉未滅虢，東、西周猶通，封畿號令猶令于西土；虢、鄭遺地之在畿内者，尚無恙。《黍離》詩人過故宗廟宮室，盡爲禾

隱九年，遷平陽。

案：《史記·年表》秦寧公二年遷平陽。在今鳳翔府郿縣西四十六里。時春秋隱公之九年也。

桓十五年，伐彭戲氏，至于華山。

案：《史記》秦武公元年伐彭戲氏，《正義》云即彭衙也。在今同州府白水縣東北六十里。後入于晉。武公元年實春秋魯桓之十五年。

莊六年，縣冀戎。

案：《史記》秦武公初縣冀戎。在今鞏昌府之伏羌縣。時當春秋莊公之六年。

莊六年，縣邽戎。

案：《史記》秦武公初縣邽戎。今秦州西六十里有上邽城，爲古邽戎邑。時當莊公之六年。

黍，破瓦頽垣，依然故物。使秦有其地，當更營建，無復此景象矣。所以莊二十一年莊王與虢酒泉，猶在同州府澄城縣；而虢公敗犬戎于渭汭，猶在西周之封内也。自晉滅虢，斷桃林之隘；而秦穆亦東竟至河築壘，爲王城以塞其路，而故京遂判若異域。僖十五年獲晉侯舍諸靈臺。靈臺在西安府鄠縣，豐、鎬之側。自是周之遺地盡入于秦。西歸之好音絶矣，自晉獻、秦繆始也。乃知鄭《詩譜》謂

秦襄公逐戎横有西都八百里之地者，其説誠疎謬，當以《史記》爲正。	莊七年，滅小虢。案：西虢君隨平王東遷，王别封之河南郟縣。其支庶之留于雍者，謂之小虢，在今鳳翔府寶雞縣東五十里。秦武公十一年滅之，時當莊公之七年。
	莊七年，縣杜、鄭。鄭之舊封爲西周畿内咸林地，在今同州府之華州。後鄭東徙，秦因有之，亦曰舊鄭。《史記》秦武公十一年初縣杜、鄭，即此鄭也。杜爲古杜伯國，亦在華州界。時當莊公之七年。餘詳《都邑》。
	莊十七年，都雍。在今鳳翔府治鳳翔縣南。《史記》秦德公元年卜居雍，後子孫飲馬于河。時當莊公之十七年。
	莊二十二年，晉滅驪戎，後入秦。《國語》云「晉滅驪戎」，不詳何年。《史記》稱在獻公之五年，實魯莊公之二十二年也。後入秦，爲侯麗地。在今西安府臨潼縣東二十四里。
	僖二年，滅芮。今同州府朝邑縣西二里有故臨晉城，爲芮國地。《竹書紀年》秦穆公二年滅芮，築壘以臨晉地，故曰臨晉，爲秦之王城。其地濱河，與晉以河爲界。成十一年秦、晉爲令狐之會，秦伯不肯涉河，次于王城，使史顆盟晉侯于河東；晉郤犨盟秦伯于河西。蓋秦自是始東地至河矣。秦穆之二年，魯僖之二年也。

僖十九年，滅梁。今同州府韓城縣南二十里爲梁國地。秦滅之爲少梁邑，與晉之韓原錯壤，後入于晉。
僖三十三年，滅滑。滑地見前。秦滅之而不能有，後入晉。
文五年，滅鄀。今河南南陽府淅川縣西有丹水故城，爲舊鄀國地。居秦、楚之界，秦滅之而不能有，後入楚。詳《犬牙相錯表》。

案：秦以西陲小國，乘衰周之亂，逐戎有岐山之地。是時兵力未盛，西周故物未敢覬覦也。值平、桓懦弱，延及寧公、武公、德公，以次蠶食，盡收虢、鄭遺地之在西畿者。垂及百年至穆公，遂滅芮築壘爲王城，以塞西來之路。而晉亦滅虢，東西京隔絶。由是據豐、鎬故都，判然爲敵國，與中夏抗衡矣。然滅滑而滑爲晉有，不能越崤、函以東一步；滅鄀而鄀爲楚有，不能越武關以南一步。其地有鳳翔府、延安府、平凉府秦州、西安府商州、同州府乾州，不越陝西一省。其同州府與商州之地，猶與晉、楚錯壤。

秦疆域論

論曰：秦與晉以河爲界，河以東爲晉，河以西爲秦。然秦當春秋時，疆域褊小，非特隔于函關之外，爲晉所限閡而不得出也。攷《史記》，繆公立五年而晉獻滅虞、虢。是時新立，初起岐、雍，基業未固，而晉武、獻已絶盛，滅虢而桃林已舉，秦之門户在晉肘腋中矣。後晉文公初伯，攘白翟，開西河，魏得之爲西河、上郡。白翟之地爲今陝西延安府，東去山西黄河界四百五十里。至戰國惠王六年魏始納陰晉，八年納河西地，十年納上郡十五縣。陰晉，今華陰縣。河西，孔氏曰同、丹二州。丹州，今延安府宜川縣。上郡爲延安以北。又惠公之世韓之戰，曰「寇深矣，若之何」，可見晉之幅員廣遠，斗入陝西内地，不始于文公時。此亦可爲秦、晉疆域之一證也。故終穆公之世，未嘗一日忘東向。其援立惠公也，實貪河外列城之賂，蓋欲圖虢之故地以爲東出之謀。既而韓之戰，秦始征晉河東，未幾復屬于晉，秦之不得志于晉可知也。迨初立文公，秦欲納王而晉辭秦師獨下，文公梟雄，賴秦之力而實陰忌之，必不使勤王之舉得分其功，晉之抑秦又可知也。至其季年，日暮途遠，背晉與鄭盟，已復襲鄭，懸師深入，年老智昏，而穆公之始終不忘東向，其情蓋汲汲矣。其後絶晉，日尋干戈，少梁、北徵、彭衙、刳首迭有勝負，然終不能越河以東一步。蓋有桃林以塞秦之門户，而河西之地復犬牙于秦之境内，秦之聲息，晉無不知。二百年來秦人屏息而不敢出氣者，以此故也。至孝公發憤，東地渡洛，魏人納地恐後，而河西始悉爲秦有。吴起去西河而泣，豈無故哉！

吴

泰伯始居勾吴。

今江南常州府無錫縣東南三十里有泰伯城。

遷于姑蘇。

今爲蘇州府治長洲縣。闔閭始遷都于此。

襄五年，會于善道。

在今泗州之盱眙縣。

昭四年，伐楚，取棘、櫟、麻。

今徐州府碭山縣。

昭二十三年，滅州來。

今爲鳳陽府之壽州，吴争七十年而後得之，入郢之禍兆于此。定四年舍舟淮汭，自豫章與楚夾漢。淮汭，即州來也。

昭二十四年，滅鍾離及巢。

鍾離爲今鳳陽府之臨淮縣，巢爲今廬州府之巢縣，與州來皆楚之沿淮重鎮。昭四年楚始患吴，築此三城

昭三十年，滅徐。

今泗州北八十里有古城，相傳爲徐偃王築，即古徐國也。

昭三十年，滅鍾吾。

今徐州宿遷縣西南有司吾城，爲鍾吾國地。

定六年，伐楚，取番。

今爲江西饒州府治之鄱陽縣，鄱陽湖之東。《史記》闔閭十一年伐楚取番，實當定公之六年也，在入郢之後二年。

以斷其北來之路。吴争七十年而後得之。三城滅而楚淮右之藩籬盡撤，吴遂由陸道，從光、黄經義陽三關之險以瞰郢都，置大江于不問矣。

案：武王定天下，此時泰伯之子孫已自立于勾吴，武王因而封之。時大江以南尚屬蠻夷之地，分茅胙土之所不及，非若中原齊、魯星羅碁置也，故其地最廣遠。春秋初尚服屬于楚，自後寖强，遂爲勍敵。而其所并吞之國亦歷歷可紀焉，大抵北出則擾廬、壽，東出則向番陽。其地略有江南全省，而徐州屬宋，廬、鳳屬楚，安慶屬群舒。最後廬、鳳亦入于吴，而入郢之禍自此始。太平府則與楚之和州爲昭關。對岸，江寧府則與楚之六合爲棠邑。接境。其自浙之嘉興以及湖州、杭州，則與越日相角逐之區也。其自浙之嚴州以及江南之徽州、江西之饒州，則與楚日相窺伺之地也。方輿家以江西全省亦俱爲吴地，然于經、傳無所見，第存其説如此云。

吴疆域論

論曰：余考春秋吴疆域，而竊有感于明祖之事也。當明祖與張、陳相持，而劉誠意謂陳氏勢居上游，宜先定陳。當日之分界，與春秋時吴、楚略相似。而明祖之地較吴尤迫狹，日汲汲于池州、太平、徽、寧、廬、鳳之地。逮得南昌而守之，一戰遂覆陳氏。嗚呼，此春秋闔閭入郢之勢也！夫長江之險，吴、楚所共，而楚居上游，故長岸之戰，司馬子魚曰：「我得上游，何故不吉！」卒得其乘舟餘皇。故吴、楚交兵數百戰，從水則楚常勝，而從陸則吴常勝。楚以水師臨吴，而吴常從東北以出楚之不意。當其始叛楚也，即伐巢、伐徐、伐州來，争鬬于廬州、鳳陽之間，蓋欲自上而瞰下。子重之克鳩兹也，爲今太平之蕪湖，此用水也。而吴報之，伐楚取駕，則在廬之無爲矣。楚靈之克朱方也，爲今鎮江之丹徒，此用水也。而吴報之，取棘、櫟、麻，則出碭山與汝寧矣。至昭二十三年，州來入吴。州來爲今之壽春，以淮爲固，撤楚之籓籬而據其要害，而入郢之禍兆矣。當日舍舟于淮汭，自豫章與楚夾漢。淮汭即州來，豫章今南昌。舍舟爲沉船破釜之舉，陸路出南昌，爲出奇擣險之謀，欲避所短而用所長。懸師深入，千里襲人，蓋亦逆知楚瓦不仁，而後敢出此。使當日但斂兵持重，勿與交鋒，絶其餉道，吴人輕鋭，師老欲歸，正不必爲毁舟與塞城口之計，正欲徐行驅之，吴人遇險，則必争舟以濟，争則必亂，半渡擊之，可使隻輪不返。故當日楚之失計在速戰，而吴亦第僥倖而一得也。使第固守鍾離、居巢、州來，三城屹然不動，而多方以撓吴，隳其亟肄之算，吴既不得志于東北，必不能由水道以窺楚，而吴且坐困矣。故明方事廬、鳳，而旋得南昌，則爲折其左臂。吴先有豫章而兼得州來，則爲扼其喉吭。申公、子胥之謀略，與明祖君臣前後一揆矣。夫地勢何常，人能用之則勝。厥後越兼吴之地，而卒覆于楚，豈非楚常得地勢之便哉！

案：此論猶仍舊説，以豫章即南昌。其實豫章非南昌也，另有論見後。

越

少康封庶子無餘于會稽。

今浙江紹興府治山陰縣南十二里有無餘故城。

允常都諸暨。

今紹興府諸暨縣。

南至于勾無。

今寧波府定海縣東北有舟山，故海中洲有越勾章地，即勾無也。亦名甬東。

北至于禦兒。

今嘉興府石門縣東二十里石門鎮爲禦兒地。

東至于鄞。

今爲寧波府治鄞縣。

西至于姑蔑。

今衢州府龍游縣有姑蔑城。

後又增封，西至于檇李。

今嘉興府治嘉興縣南四十五里有醉李城，勾踐敗闔閭處。此時屬吴。《吴越春秋》以勾踐歸吴後，夫差增封其地至此。

北至于平原。

《越絶書》作「武原」，即今嘉興府之海鹽縣。

又餘汗爲越地。

今爲江西饒州府之餘干縣。《通典》曰：「越之西界。」所謂于越，越之餘也。又廣信一府皆餘汗地，弋陽、貴溪二縣即餘干之所分。然則《國語》所云「西至于姑蔑」，殆未盡矣。由衢州府龍游縣至江西廣信府，由廣信府至饒州之餘干縣，與鄱陽縣分列鄱陽湖東西，蓋越之西境與楚相接。即昭二十四年越大夫胥犴帥師從王，及歸王乘舟處也。

案：越自少康初封，歷商至周初千有餘歲，武王因其舊而不改。延及春秋之季，又五六百年。至允常始與吴相戰伐，見于經、傳。然封域極隘。《國語》與《越絶書》所載不同。其北向所至曰禦兒、曰平原，皆在今嘉興一府之地；其西南至于姑蔑，《越絶書》作「姑末」。則在今衢州府龍游縣。然昔人稱餘汗爲越地，淮南王安謂「越人欲爲變，必先田餘汗界中」，《通典》亦謂「爲越之餘」，則自江西廣信至饒州皆越之西界。《國語》所云姑蔑，蓋未盡矣。余嘗歷淮、揚至餘杭，盡吴之境。又親至左蠡，而知越大夫胥犴勞王于豫章之汭實在今鄱陽湖。蓋鄱陽爲楚，餘干爲越，分峙湖之兩岸。楚、越相結，歸王乘舟，應在于此。若北出則千餘里皆吴地，越方仇吴，豈能以孤軍徑行其地而與楚會耶？其地全有浙之紹興、寧波、金華、衢、温、台、處七府之地。其嘉、杭、湖三府則與吴分界。由衢歷江西廣信府至饒之餘干縣，與楚分界。

越疆域論

論曰：越自允常始見《春秋》。再世至勾踐，遂成伯業，天子致胙。五傳而至無疆，而卒爲楚所滅。竊怪勾踐以廣運百里之地而能覆二千里之吴，其後世地兼吴、越而楚滅之如反掌之易。其故何也？曰：其故仍勾踐自貽之也。當其滅吴，而不能正江、淮以北，使楚東侵，廣地至泗上，是爲畫江自守之計。棄其地利以與人，其得延至五世幸矣。昔人有言，守江不如守淮，守淮必宿重兵于廬、鳳、徐、泗，而後進可以戰，退可以守。當吴之與楚角也，争鍾離、州來、居巢三邑，七十餘年而後取之。迨既得州來，而入郢之勢已兆。故孫氏之保江東也，守濡須，與魏争合肥。東晉之有江左也，覆苻堅之兵八十萬于淝水。蕭梁之都建業也，敗拓跋之衆二十萬于鍾離。至汴宋稍稍不振矣，而劉、楊諸將猶力争于壽春、藕塘間，而後劉豫不敢南渡。夫非昔日吴、楚之已事乎！越既有吴，不能守吴故轍，北扼州來，西阻豫章，而戀戀于三江五湖之利，志意驕滿，號稱伯王。此猶項氏之棄關中而都彭城，同一沐猴之見耳。楚人既得上游，而復兼有廣陵、徐、泗之地，長江帶水，策馬可渡。勾踐當日豈爲子孫計長久者哉！曰：「勾踐本爲報怨，值吴之荒怠而幸勝之。以范蠡之謀略而不爲一言，何也？」曰：「吴壽夢之争州來也，是申公教之也；闔閭之舍舟淮汭，自豫章與楚夾漢也，是子胥教之也，皆當創業之始，志意明鋭，故其言易入。至諫夫差與越行成，子胥且以屬鏤死耳，使少伯復進説于志得意滿之餘，夫安知不從文種之誅乎？宜其卷舌高蹈以去也。」曰：「項氏棄關中及身而亡，而越延至五世，何也？」曰：「項氏實有雄據天下之志，故漢高并力而取之。而楚既得廣陵、徐、泗，知越無争雄之心，視爲掌中物而不之忌，而越兵力尚强，故且相與遷延，待其自發兵端而後取之也。噫！古來披堅執鋭如項氏、卧薪嘗膽如勾踐，而皆坐失天下之大計，人皆知爲項氏惜，而不知爲勾踐惜也，其猶有目睫之見也夫。

案：此論猶仍《史記》舊説，謂越滅吴後棄江、淮以北，此説非也。當從《吴越春秋》、《越絶》諸書，越徙都瑯琊爲是。另有論見後。

春秋列國疆域表後叙

或曰：周室封建在德不在險，信乎？曰：此爲後王守成者言之也。武王既勝殷有天下，大封功臣宗室。凡山川糾紛形勢禁格之地，悉周懿親及親子弟，以鎮撫不靖，翼戴王室。自三監監殷而外，封東虢于滎陽，據虎牢之險；西虢于弘農陝縣，阻崤、函之固；太公于齊，召公于燕；成王又封叔虞于晉，四面環峙。而王畿則東西長，南北短，短長相覆方千里。無事則都洛陽，宅土中以號令天下；有事則居關内，阻四塞以守，曷嘗不據形勝以臨制天下哉？褒姒煽虐，禍由内作，播遷東周。而西虢實爲東西都出入往來之地，周有西歸之志，不得不問途于虢，故平之末年即欲以虢公爲卿士。迨乎惠王，鄭、虢卒定王室。當晉之圖虢也，王曷不赫然震怒，命方伯以討罪于晉？晉必不敢動，乃談笑置之。虢入晉而晉日强，周日削矣。洎惠公之入，賂秦以虢略，秦若得之，則可東向以抗衡于晉，雖有文公不能以圖伯，而晉之諸臣固不與也。雖戰韓見獲，秦于此時幾可分晉之半，而卒征繕以輔孺子，閉關謝秦。秦知空名爲質之無用，卒歸惠公。吕、郤諸人可謂智勇絶人者矣。秦立文公以後，知文公梟雄，決不能覬覦桃林以東一步，乃偕晉師滅鄀。鄀近武關，穆公之意以爲不得于東，猶可經營商、雒，圖武關以爲南出之門户，而亦終不能有。由是二百餘年，秦屏伏西陲不敢出，以秦地形四塞，而函關、武關之門户俱爲他人有也。至三晉瓜分，秦得其地置關。函關入秦，而三晉之亡自此始矣。嗚呼！晉自獻公滅虢以後，固守桃林之塞，主伯天下者二百年，迨三晉之分而後失之。而周室東遷，不三世而虢已爲晉有。捐國之利器以與人而不悟，豈非恃德不恃險之説有以悞之也哉！

春秋時晉中牟論

河南今日之中牟縣，即鄭之圃田。春秋定、哀時屬晉，三卿分晉時屬魏。《前漢・地理志》謂趙獻侯自耿徙此，非也。《志》既言河南之開封、中牟、陽武、酸棗、卷皆魏分地，既係魏地，趙安得而都之？自相矛盾矣。

至春秋定九年齊侯伐晉夷儀，晉車千乘在中牟，則與今日之中牟絶不相涉。據本註云：「救夷儀也。」夷儀，前本邢地，傳云「邢遷于夷儀」，在今順德府邢臺縣西，去河南之中牟六百餘里，道里遠不相及，一也。衛侯如晉過中牟，衛本在河北，適晉安用更過河南之中牟，非途次所經，二也。孔子適趙，聞趙簡子殺竇鳴犢、舜華，臨河而返，此時趙界明在大河以北，中牟不得更在河南境，三也。《國語》晉侯問趙武曰：「中牟，邯鄲之肩髀。吾欲其令良，誰可？」武曰：「邢伯可。」是中牟與邯鄲接近。日後獻侯自耿徙中牟，敬侯又自中牟徙邯鄲，相去本不甚遠。今河南中牟距邯鄲里數與所云肩髀者不合，四也。趙鞅與范、中行相攻，哀四年九月圍邯鄲，荀寅奔鮮虞，鮮虞納荀寅于柏人。五年春克柏人，遂圍中牟。《史記》亦云：「趙簡子攻范、中行，伐中牟，佛肸叛。」是中牟爲范、中行氏邑，與柏人俱當在直隸順德府界，去大河之南絶遠，五也。

蓋河南之中牟，在春秋止稱圃田，無中牟之名。至漢初始置中牟縣，屬河南郡。而《左傳》、《史記》所載之中牟，在杜元凱時已不復知其處，第云當在河北。後人但當存疑，不必强爲之説。臣瓚謂此中牟當在温水之上；張守節《史記正義》又以相州湯陰縣西有牟山，謂中牟當在其側，俱係臆説，無明據。且《春秋傳》：「衛師過中牟，中牟人欲伐之，緒師圃曰：『衛未可勝。齊師克城而驕，不如從齊。』遂伐齊師，敗之。」克城謂克夷儀，則中牟與夷儀當朝發夕至，疑當在邢臺、邯鄲之間。温水、湯陰二處離此尚遠，亦非也。

雍正八年春，余應河東田制臺聘修《河南省志》，作爲此論，力辨今日之中牟非《論語》、《左傳》、《史記》所載之中牟。而舊《志》竟於縣内載入佛肸墓，可發一笑。然攷杜氏《通典》已先誤，千慮一失，往往有此。後閲宛溪氏《方輿紀要》，謂在彰德府湯陰縣牟山之側，此亦承張守節《史記正義》之謁，非確然也。因思春秋時晉之中牟、楚之豫章，雖使杜元凱復生，亦不能確知其處，況更在元凱千五百年後乎！因檢點舊稿，入于卷内，漫識于此。乾隆五年三月上浣識。

春秋時楚豫章論

先王建國，其小者不能五十里，若邾、滕、郳、薛近在一縣之地。故其時爲邑絶小，《論語》稱「十室之邑」，《周官》、《司馬法》「九夫爲井，四井爲邑」，至十室乃大矣。若荆、舒、吴、越，地處荒遠，井牧之所不及，如後世新復之苗疆，動輒千百里，不可以方域計。故今日而欲求春秋之地，亦不可概以一州一府當之也。

嘗讀《春秋》至吴、楚、越之傳，其稱豫章者凡六見：昭六年，「楚使薳洩伐徐，吴人救之。令尹子蕩帥師伐吴，師于豫章，而次于乾谿。吴人敗其師于房鍾」；昭十三年，「楚師還自徐，吴人敗諸豫章，獲其五帥」。案：徐在泗州北八十里，乾谿在今潁州府之亳州，房鍾在今潁州府蒙城縣。昭三十一年，「吴人圍弦，左司馬戌、右司馬稽帥師救弦，及豫章」。弦爲今河南光州之光山縣。又定二年，「桐叛楚，吴使舒鳩誘楚人，曰：『以師臨我，我伐桐。爲我使之無忌。』秋，楚伐吴，師于豫章。吴人見舟于豫章，而潛師于巢。冬十月，吴敗楚師于豫章，遂圍巢，克之」。桐爲今安慶府之桐城縣，巢爲今廬州府之巢縣，舒鳩在廬州府之舒城。定四年柏舉之役，「吴人舍舟淮汭，自豫章與楚夾漢」。淮汭即今壽州。案：數《傳》皆爲吴、楚鬭争，杜註于前則曰江北淮水南，於柏舉之《傳》則曰漢東，兩岐其説。又云自江北徙于江南，不知何所據。又昭二十四年，「楚子爲舟師以略吴疆，越大夫胥犴勞王于豫章之汭，歸王乘舟，且帥師從王」。此爲楚、越交接，豫章當又在楚、越之境。諸儒求其説而不得，或以爲兩地，或以爲三地，迄無一定。

然愚嘗考之，豫章係寬大之語。自江西之九江、饒州二府，隔江爲江南之安慶府境，北接潁、亳、廬、壽，西接光、黄，皆爲楚之豫章地。蓋鳳陽以西壽、霍、光、固之境，皆近淮壖，爲吴、楚日交兵處。柏舉在湖廣黄州府之麻城縣，從壽州循淮而西，歷河南光山縣、信陽州三關之塞，至麻城六百里，至漢口九百里。杜氏所云豫章在江北淮水南者，正當即指淮汭而言。蓋是地之總名，舍舟于此，遵陸亦即在此耳。至豫章之汭，則爲今日之鄱陽湖無疑。何則？饒之餘干縣爲越之西境，鄱陽縣爲楚之東境，俱濱鄱陽湖。楚以舟師略吴疆，而越歸王乘舟，俱在水際，舍此更無别處交接。總之，吴、楚、越接境之豫章非一地，而實非有二名。如秦之會稽、九江兩郡，統隸俱一二千里，豈可以一州一縣當之哉？漢分秦九江郡置豫章郡，蓋亦以春秋之豫章得名，然實非當日之豫章地。至以南昌爲豫章，尤非。《左傳》「舍舟淮汭，自豫章與楚夾漢」，壽州至漢口，中歷光州、信陽州、黄州，至武昌、漢陽夾峙之漢口，循淮至漢，路徑甚明。南昌在其南千餘里，無迂道至南昌之事。且南昌始終爲楚地，于吴無與也。《史記》：「闔閭十一年，吴伐楚，取番。」番今鄱陽縣，爲饒州府治。而闔閭十一年係定公六年，在柏舉之後。則當柏舉戰時，吴尚未有饒州之地，又安得越南康、九江二府而遽至南昌也哉？

愚嘗推廣其説，凡列國之邊境地，俱極廣遠，不止一豫章也。楚北境之方城，自裕州東北至葉縣、唐縣，連接數百里。齊之無棣，今直隸天津府之慶雲、山東武定府之海豐皆是。晉合温、原、攢茅之地，俱謂之南陽，幾盡懷慶一府之境；其所謂東陽者，則爲太行山東地，非有城邑，至楚漢之間始置東陽郡。而秦之河西在今同、華二州，總謂大河以西。則楚西境之豫章，由淮水之南，盡大江南北，連屬彭蠡，與吴、越俱接境，乃其常理，非日後始遷于江南也。至漢東無豫章地，高氏辨之甚明。近《志》乃謂春秋之豫章去江陵甚近，引宋武帝討劉毅，遣王鎮惡先襲至豫章口，去江陵城二十里爲證，尤謬。後世地名沿譌襲舛甚多，即同時亦有相襲者。如戰國時韓之南陽，豈可以晉之南陽當之也哉？

余作此論，實當乾隆之四年。時假館九江大孤山堂，旅中乏書，未能博稽載籍，第反覆就《左氏傳》臆斷，頗矜獨得，然亦未敢自信。踰年歸里，索宛溪氏《方輿紀要》讀之，于南昌府豫章城云：「酈道元謂昭六年楚令尹子蕩伐吴師于豫章即此地，非也。夫江湖沮洳，春秋時舟楫便利未逮今日，吴、楚所争實在淮、漢之間，酈氏之言應非篤論。」因歷舉余所引《左氏傳》六處并杜氏前後兩註，謂自昔由江、漢之間以達于淮，豫章實爲要害，而其地今不可考。又稱乾谿在今江南亳州，徐在泗州，弦在光州，則豫章當在近淮之地，光州、壽州之間，與漢所置之豫章全不相蒙也。與余論脗合，先得我心，不覺大快。因知讀書到着實處，自然所見略同。但未及豫章之汭爲鄱陽湖，第存疑云在江、漢之北，則越地固不能踰大江而北也。餘干爲越，鄱陽爲楚，後爲吴奪，俱今饒州府屬，則鄱陽正爲三國結輳之地。且此時吴、越既已興兵，而楚、吴又方搆鬭。楚與越通，吴人必忌，越必不敢出境一步公然與楚交接，以犯吴之深怒也。若概云江、漢之北，越且離境千里，顯張從楚，以掎吴之幟，獨不畏吴人壓境問罪近在肘腋耶？固知歸王乘舟，乃二國于其接境處陰相聯絡，又在水際，則舍鄱陽左右更誰屬哉？余所謂豫章之名，廣遠雖不能確知爲何地，而可約舉數處以概之，但于今日之南昌決無涉耳。因閱宛溪氏之説，借爲余證，而又廣其所未及如此。乾隆五年八月上浣三日復初氏又識。

晉公子重耳適諸國論

《左氏》叙事，其藏鋮不露處，要使人統前後傳而得之。向嘗疑重耳遊歷遍天下，而其返國也卒由秦。則當其處狄十二年而行也，何不徑之秦以求入，而必過衛適齊？及其之鄭也，又何不入秦而必迂道之楚？楚爲蠻夷之國，重耳豈不知其不可倚仗？而當日之所以爲此者，蓋其事勢實有所萬不得已也。夫重耳有賢名，且多得士，夷吾以弟越次而代立，其君臣之欲甘心于重耳非一日矣。此時爲重耳者，藏形匿影，側足無所，幸有齊、狄、秦、楚諸大國，其力足與晉相抗，得庇護公子。餘如鄭、衛諸小邦，則晉令朝下，而夕且縶公子而獻于晉耳。故其如齊也，時當秦歸惠公之明年。秦、晉新協，和未有釁，而齊桓方下士，故且之齊以求庇。逮桓公卒，而孝公内亂，兄弟相爭，諸侯之兵數至，不得不更適他國。其歷曹、歷宋、歷鄭，特爲過客耳。宋方新敗，而曹與鄭皆小國。由鄭入秦，路必由周而道晉殽、函之境，晉如寺人披者以百騎邀之有餘耳。趙衰、狐偃輩慮之密矣。是時楚成方强，恢廓大度，力足以容公子，啟口即云「公子若返晉國，則何以報不穀」，蓋送重耳入國之事，楚子已身任之。會子玉有言，而秦穆公來迎公子，乃送公子之秦。秦、楚别有間道，而楚又設兵防衛以備不測，則重耳之返國雖藉秦力而楚子實成之。故日後猶曰「楚君之惠，未之敢忘」，又曰「微楚之惠，不及此」，此豈爲當日一饗與不殺之恩而已哉？《左氏》平平叙次八國，若公子無故遍游天下，而不知當日之事勢實如此，《左氏》特未嘗明言其故耳。逮觀寺人披爲惠公求殺重耳，與懷公以狐毛、狐偃故而殺狐突，而當日之故始瞭然矣。謹備列之，以告世之善讀《左氏》者。

春秋時楚地不到湖南論

考春秋之世，楚之經營中國，先北向而後東圖。其始封在丹陽，在今歸州東南七里，爲最南境。武、文遷都于郢，爲荆州府治江陵縣。昭王徙郢于鄀，爲襄陽府宜城縣。頃襄王二十八年秦白起拔郢，楚東北保郢陳，今河南陳州府治。明年又遷壽春，爲江南壽州。歷世自南而北，其所吞滅諸國未嘗越洞庭湖以南一步。蓋其時湖南與閩、廣均爲荒遠之地，如今交趾、日南相似，計惟群蠻、百濮居之，無係于中國之利害，故楚亦有所不争也。

竊嘗偏考《詩》、《書》及《春秋》三傳與《職方》、《爾雅》之文，無有及「洞庭」兩字者。至屈原放廢江濱，彷徨山澤，作爲《九歌》，抒其憤懣，乃始曰「嫋嫋兮秋風，洞庭波兮木葉下」。蓋楚俗好歌舞淫祠，原爲作迎享送神之曲，爲湘君、湘夫人以實之，道之使歸于正，以寄其忠君愛國之意。至始皇侈心，浮江至湘山，問湘君何神，博士所對，蓋即祖屈原之辭。而漢儒爲《戴記》，遂有舜崩于蒼梧之説。其因襲傅會，蓋有自來。其實唐、虞、三代之世，湘山、洞庭何嘗入職方。況舜既禪禹，而必親歷荒遠之地；舜崩而二妃以天子之后離其宫闕，遠歷萬里，藁葬絶域之野，此皆必無之事，儒者可以理斷者也。用是而知《尚書》蔡傳謂九江即洞庭之誤。而臨川師謂「九江即彭蠡之源，而以彭蠡爲九江，漢爲北江，并岷江爲中江，合爲三江」者，其説爲斷斷不可易也。蔡傳之説祖朱子，而實出于晁氏説之。蓋以經文「過九江，至于東陵」，曾氏以爲湖廣岳州府之巴陵縣，在洞庭湖之東，不知程氏大昌已駁之，謂其絶無根據。而「過九江，至于敷淺原」，則爲今德安之敷揚山。而朱子以廬阜當之。廬阜在今江西九江府之德化縣，與彭蠡尤近。況《水經注》又云「刊水出廬江郡之東林鄉，西南注江水」，《尚書》「過九江，至于東陵」者是也。東陵在廬江，則九江爲尋陽之九江益可信不誣。且劉歆、班固、應劭皆謂江至尋陽分爲九派。晉郭璞《江賦》亦曰「源二分于崌、崍，流九派于尋陽」，隨取之以名郡。至張僧監《尋陽地記》復列其名爲九，唐孔穎達引之以釋《禹貢》，賈公逵以釋《周禮・職方》，宋樂史《寰宇記》、李宗諤《九江圖》並宗其說。今舍漢、晉、隋、唐、宋數千年博雅之説不用，而獨取一晁氏説之，其立論可謂偏枯矣。

愚更嘗尋繹經文曰「九江孔殷」，殷者，歸往趨向之辭。《周禮》諸侯見于天子曰「殷見」，與「朝宗」二字略同，是川之取象。若洞庭爲大澤，不宜立此名義。《禹貢》于大野、彭蠡、滎波、雷夏俱云「既瀦」、「既澤」可證也。明是九江爲彭蠡之上源，彭蠡爲九江之下委。殷者，歸往之得其正；瀦者，容蓄之得所歸。荆、揚二州正是首尾相應，則荆州之川爲江、漢，爲九江，其澤爲雲夢；揚州之川爲三江，其澤爲彭蠡、震澤，不既直截了當矣乎。況江、漢、九江合之恰爲揚州之三江，尤自一綫不爽也。

或謂：江至揚州，更何從分而爲三？曰：五湖只一太湖也，三江只一大江也。九河分爲九，至入海之處合爲一矣，而仍曰「九河既道」。三江其源岐爲三，至入海之處合爲一，而仍曰「三江既入」，有何不可乎？往嘗取歸氏有光之論，以三江爲揚子江、錢塘江、吴淞江，而取證于《國語》「三江環之」，自以爲得之矣。今乃知其猶未也。越在錢塘江之外，三江只可云環吴，不可云環越。孰若大江横截南區，吴、越俱在襟帶之内，如兩鼠鬭于穴中。所云民無所移者，益信。況吴淞與錢塘，《禹貢》並無其水，尤不可取以爲據。若如《尚書》蔡傳之説，則洞庭至春秋之世當益灼然顯著矣。乃嘗反覆《左傳》，而知楚之疆域斷斷無此。何也？楚靈王淫侈，周行無所不至，嘗召諸侯以田于江南之夢矣，不聞其田洞庭也，證一也；入郢之役，吴兵東北自光、黄來，楚宜南走洞庭之野，反更西北涉睢以奔隨國，證二也；昭王論命祀，而曰「江、漢、睢、漳，楚之望」，不聞其及洞庭、湘水之神，證三也。意其時非特不隸版圖，且洞庭亦尚微渺。如屈原所云「洞庭波兮木葉下」，亦是微波淺瀨，可供愛玩，無今日浩渺之觀。蓋當時雲夢方八九百里，跨江南北，故文人學士多侈言之。至雲夢涸而水悉歸入洞庭湖，乃始包山絡澤。而洞庭山浸其内，因以山得名。古今來盈虚之數，如濟水絶而爲大清河，鉅野涸而爲南旺湖之類，川澤之改易多矣，豈特疆域之變遷無常所哉！

史記越勾踐世家與吴越春秋越絶書竹書紀年所書越事各不同論

《史記》：「越滅吴而不能正江、淮以北。故楚得東侵，廣地至泗上」，「與魯泗東之地方百里。」張守節《正義》曰：「泗上，謂廣陵、徐、泗等州。」則今揚、淮以及徐州、泗州之地皆棄與楚。余嘗著論，謂越棄地利不守，得延至五世爲楚所滅，幸矣！後閲《吴越春秋》，有云：「越既平吴，北渡淮，會齊、晉諸侯，徙都于琅琊。」《竹書紀年》云：「晉出公七年，越徙都琅琊。」《水經注》亦云：「琅琊，越勾踐之故都也。」《越絶書》：「勾踐平吴，霸關東，從琅琊起觀臺，周七里，以望東海。」諸書所載較若畫一。案：春秋時琅琊爲今山東沂州府，其所屬日照縣，向係海曲，爲沿海要地，疑所謂觀臺望東海即于此。又《吳越春秋》：「勾踐聽范蠡謀，築會稽小城。城成而怪山自生，本琅琊東武海中山也，一夕自來。後因徙都琅琊。」余考越徙都琅琊事，不見于《左傳》，《國語》亦無之。《吳越春秋》與《越絶》所書，皆怪誕不足信。然《史記》云「越滅吳，棄江、淮以北」，徵之《左傳》，他事多不合。據《傳》文，哀公二十二年越滅吳；二十七年越使后庸來正邾、魯之界，公與之盟于平陽。後哀公嘗欲以越伐魯而去季氏，公又嘗如越。曾子居武城有越寇，見于《孟子》。武城在今沂州府費縣西南九十里。季氏之私邑亦在費，與琅琊之説相合。夫越既滅吳，與齊、晉諸侯會于徐州，徐州，本薛地，今爲兗州府滕縣，非江南之徐州也。天子致胙。方欲正邾、魯山東諸侯之侵界，豈其棄江、淮不事，且既棄之以予楚矣？如后庸使命之往來，及出兵侵魯，豈反假道于楚耶？又范蠡既雪會稽之恥，變姓名寓于陶，陶爲今曹州府曹縣。蓋先時吳屢伐齊、魯，沂、曹之邊地，吳蓋略而有之。哀八年吳嘗伐魯入武城，「武城人或有田于吳竟，拘鄫人之漚菅者，曰：『何故使吾水滋？』及吳師至，拘者遂道之以伐武城」。觀此，則沂州之地久已爲吳之錯壤。越滅吳，因有其地。則其遷都琅琊，蓋盡吳之境，與北方諸侯爭衡，豈有反棄江、淮之地以資勍敵之楚耶？且即如《史記》所云越自勾踐以後五世至無疆，中間嘗欲伐齊。齊舊與吳接境，與越之故土遠隔江、淮。若勾踐棄江、淮以北，則其後世必不能復拓有吳境，與齊遠不相及，無緣有伐齊之事，則《史記》之自相矛盾更較然矣。蘇子由謂：「史遷淺陋而不學，疎略而輕信，而于地里尤疎舛。」余既據其説作《越封疆論》，復附識他書所見于此，以俟後之博學者攷焉。

春秋列國疆域表卷之四終

孫：重光校字

春秋列國爵姓及存滅表叙

余既輯《春秋疆域》，自成周以迄齊、楚、秦、晉凡十一國。而當日之形勢，如鱗次櫛比，犬牙相錯，凡行軍用師、出入往來之迂直遠近，及築城戍守之輕重疎密，莫不瞭然具見。繼爲原其封爵之所由，及其姓氏，與小國之入于某國爲某邑。而春秋之列侯，始而星羅棊布，繼而疆兼弱削，究其源流，指掌可數。作而歎曰：封建之裂爲郡縣，蓋不自秦始也。自莊公之世，而楚文王已縣申、息，封畛于汝，逮後而晉有四十縣。哀二年趙鞅爲銕之師，誓曰：「克敵者，上大夫受縣，下大夫受郡。」終春秋之世，而國之滅爲縣邑者强半天下，而諸國卒以强盛。則當日之勢，較之周初已稍稍異矣。雖聖王復起，不得不變其制也。且入春秋以來，周室得以綿延數百年者，賴齊與晉耳，而齊、晉之兼國爲不少也。假令齊、晉謹守侯度，猶然臨淄、太原百里之封，而周天子能統虞、虢、譚、遂諸國，以鞭笞荆楚，披攘戎狄乎？不能也。其不能者何也？其勢散。且有土之諸侯未必皆賢，即使因其不賢而易置之，而其政令不能盡出于王朝，其民之視聽不能盡屬于天子，故常散而不能聚，弱而不能强。其易而縣邑也則不然，度才而使之，程能而任之，朝不道則夕斥之矣，夕不道則朝罷之矣。晉文難守原之大夫而得趙衰，鄭子皮欲使尹何爲邑而子産曰「少，未知可否」，其操縱由一己，其呼吸若一氣，其簡練教訓如親父兄之于子弟也，故能抗方張之敵而成翼戴之勢。

嗚呼！ 世變之所趨，如天地之化，陰陽積而成寒暑，豈一朝一夕之故哉！ 雖聖人復起，無如之何也。 西漢之興，侯國與郡縣參半，未幾而反者四起，其存者皆淫侈不軌。 逮國除爲郡，而黎民乂安，垂數百年。 漢之國除爲郡而地入于天子，春秋之國滅爲邑而地歸于强侯；漢以淫侈不軌而除，春秋以弱小不能自立而滅。 其事不同，而世變之所趍則一也。 天下之勢，合則治，而分則亂，自三代以來莫之有易矣。 輯《春秋列國爵姓及存滅表》第五。

春秋列國爵姓及存滅表卷之五

錫山顧棟高復初輯
婁縣姚培謙平山參

國	爵	姓	始封	都	存滅
魯	侯	姬	周公子伯禽	國于曲阜，今山東兖州府曲阜縣。	獲麟後二百三十二年，頃公二十四年滅于楚。
蔡	侯	姬	文王子叔度	國于蔡，今河南汝寧府上蔡縣。平侯遷新蔡，今汝寧府新蔡縣。昭侯遷州來，今江南鳳陽府壽州北三十里下蔡城是。	宣公二十八年入《春秋》。靈公十二年爲楚所滅。昭十一。後二年平公復興。昭十三。成公十年，獲麟。後三十四年，蔡侯齊四年滅于楚。
曹	伯	姬	文王子叔振鐸	國于陶丘，今山東曹州府定陶縣。	桓公三十五年入《春秋》。曹伯陽十五年滅于宋。哀八。○孟子時有曹交，趙註云：「曹君之弟。」

					疑曹地既入于宋，宋以封其大夫，如齊封田文爲薛公之類。
衛	侯	姬	文王子康叔封	國于朝歌，今河南衛輝府淇縣東北有朝歌城。戴公廬曹，今衛輝府滑縣。文公遷楚丘，今滑縣東六十里廢衛南縣是。成公遷帝丘，今直隸大名府開州。	桓公十三年入《春秋》。出公十二年獲麟。後二百七十二年，衛君角二十一年爲秦二世所滅。
滕	侯後書「子」。	姬	文王子叔繡	今山東兗州府滕縣西南十四里有古滕城。	入《春秋》七年始見經，終春秋世猶存。○《世族譜》：「春秋後六世，齊滅之。」今按：《戰國策》宋康王滅滕，疑宋亦尋滅，地入于齊，故《譜》云然。
晉	侯	姬	武王子叔虞	國于大夏，今山西太原府太原縣北有古唐城。燮父改國號曰晉。穆侯徙絳。孝侯改絳曰翼，亦曰故絳，	鄂侯二年入《春秋》。定公三十一年獲麟。後一百五年，静公二年爲魏、韓、趙所滅。

				今山西平陽府翼城縣東南十五里有故翼城。景公遷新田，仍稱絳，今平陽府曲沃縣西南二里有絳城。	
鄭	伯	姬	厲王子友	舊都咸林，今陝西同州府華州。武公遷于溱洧，今河南許州府新鄭縣。	莊公二十二年入《春秋》。聲公二十年獲麟。後一百六年，康公二十一年滅于韓。
吳	子按《國語》，本伯爵。	姬	太王子太伯	國于梅里，今江南常州府無錫縣東南三十里有太伯城。諸樊南徙吳，闔廬築大城都之，今蘇州府治是。	入《春秋》一百二十二年始見傳。宣八。又十七年，壽夢二年始見經。成七。夫差十五年獲麟。後八年滅于越。
北燕	伯《史記》作「侯」。	姬	召公奭	國于薊，今直隸順天府治大興縣是。	穆侯七年入《春秋》。獻公十二年獲麟。後二百五十九年，燕王喜三十三年滅于秦。
齊	侯	姜	太公尚父	國于營丘，今山東青州府臨淄縣。	僖公九年入《春秋》。簡公四年獲麟。後九十五年，田氏篡齊，遷康公于海上。又七年，康公二十六年亡。

秦	伯	嬴	伯益後非子	國于秦，今陝西秦州清水縣。莊公徙故西犬丘，秦州西南百二十里西縣故城是。寧公遷平陽，在今陝西鳳翔府郿縣西四十六里。德公遷雍，今鳳翔府治是。	文公四十四年入《春秋》。悼公十一年獲麟。後二百六十年，始皇初并天下。
楚	子	羋	顓頊後熊繹	國于丹陽，在今湖廣宜昌府歸州東南七里。武王遷郢，今荆州府城北十里紀南城是。昭王遷鄀，旋還郢。	武王十九年入《春秋》。惠王八年獲麟。後二百五十八年，楚王負芻五年滅于秦。
宋	公	子	殷後微子啟	國于商丘，今河南歸德府治商丘縣。	穆公七年入《春秋》。景公三十六年獲麟。後一百九十五年，宋王偃四十三年滅于齊。
杞	侯 後書「伯」，或書「子」。◯	姒	禹後東樓公	國于雍丘，今河南開封府杞縣。成公遷緣陵，在今山東青州府昌樂縣東南五十里。文公遷淳于，在今	武公二十九年入《春秋》。閔公六年獲麟。後三十六年，簡公元年滅于楚。

	按《正義》，本公爵。			青州府安丘縣東北三十里。其雍丘之地，不知何年入于宋。	
陳	侯	媯	舜後胡公	國于宛丘，今河南陳州府治淮寧縣。	桓公二十三年入《春秋》。哀公三十五年爲楚所滅。昭八。後五年，惠公復興。昭十三。閔公二十一年獲麟。後三年滅于楚，《史記》先一年。
薛	侯 後書「伯」。	任	黃帝後奚仲	今山東兗州府滕縣南四十里有薛城。	入《春秋》十一年始見經。終春秋世猶存。後不知爲誰所滅，或曰齊滅之。
邾	子 本附庸，進爵。	曹	顓頊苗裔挾	今山東兗州府鄒縣。文公遷繹，今鄒縣東南二十六里有古邾城。	儀父始入《春秋》。隱元。終春秋世猶存。後改國號曰鄒。○杜《譜》：「春秋後八世，楚滅之。」
莒	子	己	茲輿期	舊都介根，今山東萊州府膠州西南五里有計斤城。春秋初徙于莒，今山東沂州府莒州。	入《春秋》二年始見經。莒子狂其廷反。卒之年，獲麟。後五十年，滅于楚。

小邾	子 本附庸，進爵。	曹	郳公子友	國于郳，今山東兖州府滕縣東六里有郳城。	入《春秋》三十四年始見經。莊五。終春秋世猶存。○杜《譜》：「春秋後六世，楚滅之。」
許	男	姜	伯夷後文叔	今河南許州府治東三十里故許昌城是。靈公遷于葉，今河南南陽府葉縣。悼公遷夷實城父，今江南潁州府亳州東南七十里有城父城。旋還葉。又遷于析實白羽，今南陽府内鄉縣。許男斯遷容城，或曰在葉縣西。	入《春秋》十一年始見經，是年莊公奔衛。後十五年，穆公復立于許。桓十五。許男斯十九年爲鄭所滅。定六。後十年復見經。哀元。或云楚復封之。許男結元年獲麟。戰國時滅于楚。
宿	男	風	太皞後	今山東泰安府東平州東二十里無鹽城是。	隱元年見。莊十年宋人遷宿。後入齊爲邑。
祭	伯	姬	周公子	今河南開封府鄭州東北十五里有祭亭。	隱元年見。
申	侯	姜	伯夷後	國于謝，今河南南陽府北二十里申城是。	隱元年見。莊六年《傳》楚文王伐申，後遂入楚爲申邑。

東虢		姬	文王弟虢仲	今河南開封府汜水縣是。	春秋前爲鄭所滅，爲制邑。隱元年見傳。
共	伯			今河南衛輝府輝縣是。	隱元年見。後地入于衛。
紀	侯	姜		今山東青州府壽光縣東南有紀城。	隱元年見。莊四年滅于齊。
夷		妘		今山東萊州府即墨縣西六十里有壯武故城，即其地。	隱元年見。
西虢	公	姬	文王弟虢叔	舊都在今陝西鳳翔府寶雞縣東五十里。後隨平王東遷，更封于上陽，今河南陝州東南有上陽城。其支庶留于故都者爲小虢。	隱元年見。僖五年滅于晉。其小虢于莊七年爲秦所滅。
向		姜		今江南鳳陽府懷遠縣東北四十五里有古向城。	隱二年見。
極	附庸	姬		今山東兗州府魚臺縣西有極亭。	隱二年見。

邢	侯	姬	周公子	今直隸順德府治邢臺縣。後遷夷儀，今山東東昌府西南十二里有夷儀城。	隱四年見。僖二十五年滅于衛。
郕	伯	姬	文王子叔武	今山東兗州府汶上縣北二十里有郕城。	隱五年見。文十二年郕伯來奔，傳云「郕人立君」，則郕尚存也。戰國時有城陽君，《括地志》云古郕國。
南燕	伯	姞	黃帝後	今河南衛輝府東南三十五里廢胙城縣是。	隱五年見。
凡	伯	姬	周公子	今衛輝府輝縣西南二十里有凡城。	隱七年見。
戴		子		今河南歸德府考城縣東南五里考城故城是。	隱十年見。不知何年滅于宋。
息	侯	姬		今河南光州息縣。	隱十一年見。莊十四年《傳》爲楚所滅，爲息邑。
郜	子	姬	文王子	今山東曹州府城武縣東南二十里有郜城。	桓二年見。

芮	伯	姬		在今陝西同州府城南。	桓三年見。僖二十年滅于秦。《竹書》作「二年」，今從《史記》。
魏		姬		今山西解州芮城縣東北七里有古魏城。	桓三年見。閔元年爲晉所滅，以賜畢萬爲邑。
州	公	姜		國于淳于，在今山東青州府安丘縣東北三十里。	桓五年州公如曹，傳云「度其國危，遂不復」。後地入于杞，爲杞都。
隨	侯	姬		今湖廣德安府隨州。	桓六年見。終春秋世猶存。
穀	伯	嬴		今湖廣襄陽府穀城縣西北七里故穀城是。	桓七年見。後地入于楚。
鄧	侯	曼		今河南南陽府鄧州。	桓七年見。莊十六年滅于楚。
黄		嬴		今河南光州西十二里有黄城。	桓八年見。僖十二年滅于楚。
巴	子	姬		今四川重慶府治巴縣。	桓九年見。至戰國時滅于秦。
鄾	子			今湖廣襄陽府城東北十二里有鄾城。	桓九年見。不知何年滅于楚。

梁	伯	嬴		今陝西同州府韓城縣南二十二里有少梁城。	桓九年見。僖十九年滅于秦，以其地爲少梁邑。文十年晉人取少梁，地遂入晉。
荀或云即郇國。	侯	姬		在今山西絳州界。	桓九年見。後爲晉所滅，以賜大夫原氏黯，是爲荀叔。
賈	伯	姬		今陝西同州府蒲城縣西南十八里有賈城。	桓九年見。不知何年滅于晉，後以賜狐射姑爲邑。
虞	公	姬	仲雍後虞仲	國于夏墟，今山西解州平陸縣東北四十五里有虞城。	桓十年見。僖五年滅于晉。
貳				在今湖廣德安府應山縣境。	桓十一年見。不知何年滅于楚。下同。
軫				在今德安府應城縣西。	
鄖即邧國。	子			今德安府治安陸縣即古鄖城。	
絞				在今湖廣鄖陽府西北。	

州				今湖廣荆州府監利縣東三十里有州陵城。	
蓼顔師古曰「力救反」。				今河南南陽府唐縣南九十里湖陽故城是。	
羅		熊		今湖廣襄陽府宜城縣西二十里有羅川城。又荆州府枝江縣、岳州府平江縣皆其所遷處。	桓十二年見。不知何年滅于楚。
賴	子			今河南光州商城縣南有賴亭。	桓十三年見。昭四年滅于楚。《公》、《穀》俱作「滅厲」，蓋古「厲」、「賴」二字同音，故有此誤。
牟	附庸			今山東泰安府萊蕪縣東二十里有牟城。	桓十五年見。
葛	伯	嬴		今河南歸德府寧陵縣北十五里有葛城。	桓十五年見。

於餘丘				未詳其地，或曰在沂州境。	莊二年見。
譚	子	子		今山東濟南府治東南七十里有譚城。	莊十年見。爲齊所滅。
蕭	附庸	子	蕭叔大心	今江南徐州府蕭縣西北十里有蕭城。	莊十二年見。宣十二年滅于楚。後仍入宋爲邑。
遂		嬀		今山東兖州府寧陽縣北有遂鄉。	莊十三年見。爲齊所滅。
滑	伯	姬		國于費，今河南河南府偃師縣南二十里緱氏故城是。	莊十六年見。僖三十三年滅于秦，旋入晉，後又屬周。
原	伯	姬	文王子	今河南懷慶府濟源縣西北十五里有原鄉。	莊十八年見。僖二十五年王以其地賜晉，晉遷原伯貫于冀。此後原伯見于傳者甚多，或曰遷邑于河南。至隱十一年《傳》蘇忿生之田亦有原邑，當是兩地。《正義》合爲一，誤。

權		子		今湖廣安陸府當陽縣東南有權城。	莊十八年見。不知何年滅于楚。
郭				今山東東昌府東北有郭城。	莊二十四年經書「郭公胡」，傳「郭亡也」。
徐	子	嬴	伯益後	今江南泗州北八十里有古徐城。	莊二十六年見。昭三十年滅于吴。徐子奔楚，楚城夷以處之。後仍爲楚所滅。
樊	侯		仲山甫	國于陽，今河南懷慶府濟源縣西南十五里有陽城。	莊二十九年見。僖二十五年王以其地賜晉。《晉語》倉葛曰「陽有樊仲之官守」，知尚未絶封，蓋遷于河南。昭二十二年《傳》有樊頃子。
鄣	附庸	姜		今山東泰安府東平州東六十里有鄣城集。	莊三十年齊人降鄣。
耿		姬		今山西絳州河津縣南十二里有耿城。	閔元年見。爲晉所滅，以賜趙夙爲邑。

霍	侯	姬	文王子叔處	今山西霍州西十六里有古霍城。	閔元年見。爲晉所滅，後以賜先且居爲邑。
陽	侯	姬		今山東沂州府沂水縣南有陽都城。或曰陽國本在今益都縣東南，齊逼遷之于此。	閔二年齊人遷陽。
江		嬴		今河南汝寧府正陽縣東南有故江城。	僖二年見。文四年滅于楚。
冀				今山西絳州河津縣東有冀亭。	僖二年見。後地入于晉，爲郤氏食邑。
舒	子	偃		今江南廬州府舒城縣。	僖三年徐人取舒。後復見。至文十二年楚子孔執舒子平，疑自後遂滅于楚。
弦	子	隗		今湖廣黄州府蘄水縣西北四十里有軑縣古城，爲弦國地。又河南光州西南有弦城，蓋因光山縣西有僑置軑縣故城而誤。或曰弦子奔黄時所居也。	僖五年見。爲楚所滅。〇宛溪氏曰：「昭三十一年《傳》吴圍弦，蓋楚復其國也。」

道				今河南汝寧府確山縣北二十里有道城。或云在息縣西南。	僖五年見。昭十一年楚靈王遷之于荆，十三年平王即位而復之，知此時尚存。杜註謂楚已滅之爲邑，未詳何據。
柏				今河南汝寧府西平縣有柏亭。	僖五年見。
温	子	己	司寇蘇公	今河南懷寧府温縣西南三十里有古温城。	春秋初，蘇氏已絶封。隱十一年王與鄭人蘇忿生之田十二，温居一焉。不知何時地復歸王。蘇氏續封而仍居温。僖十年爲狄所滅。二十五年王以其地賜晉。至文十年女栗之盟復見蘇子，杜註「蓋王復之」，或云自是遷于河南。
鄫	子	姒	禹後	今山東兖州府嶧縣東八十里有鄫城。	僖十四年見。襄六年滅于莒。昭四年地入于魯。
厲		姜	厲山氏後	今湖廣德安府隨州北四十里有厲山，山下有厲鄉。	僖十五年見。

英氏		偃	皋陶後	今江南六安州西有英氏城。	僖十七年見。後滅于楚。
項				今河南陳州府項城縣。	僖十七年滅項，後爲楚地。
密		姬		今河南許州府密縣。	僖十七年見。
任		風	太皞後	今山東兖州府濟寧州是。	僖二十一年見，至孟子時猶有任國。
須句	子	風	太皞後	今山東泰安府東平州是。	僖二十一年見，爲邾所滅。二十二年公伐邾，復其封。後復滅于邾。文七年魯再取之，卒爲魯地。
顓臾	附庸	風	太皞後	今山東沂州府費縣西北八十里有顓臾城。	僖二十一年見。
頓	子	姬		今河南陳州府商水縣即故南頓城。或曰頓國本在今縣北三十里。頓子迫于陳而奔楚，自頓南徙，故曰南頓。	僖二十三年見，定十四年滅于楚。

管		姬	文王子叔鮮	今河南開封府鄭州即故管城。	春秋前已絶封，其地屬檜。檜滅，屬鄭。宣十二年《傳》「晉師救鄭，楚子次于管以待之」是也。戰國時屬韓。○以下十三國俱僖二十四年見。
毛	伯	姬	文王子叔鄭	未詳。或曰在今河南府宜陽縣境。	昭二十六年毛伯奔楚。
聃		姬	文王子季載	國于那處，今湖廣安陸府荆門州東南有那口城。	不知何年滅于楚。莊十八年《傳》「遷權于那處」，則聃之滅又在權前矣。
雍		姬	文王子	今河南懷慶府修武縣西有雍城。	
畢		姬	文王子	今陝西西安府咸陽縣北五里有畢原。	春秋前不知爲誰所滅。畢萬，其後也。
酆	侯	姬	文王子	今陝西西安府鄠縣東五里有酆城。	酆本商崇侯虎地。文王滅崇，作豐邑。武王封其弟爲酆侯。《竹書》成王十九年黜酆侯，自是絶封。後其地復爲崇國。

郇	侯	姬	文王子	今山西蒲州府臨晉縣東北十五里有古郇城。	不知何年滅于晉。
邘		姬	武王子	今河南懷慶府城西北三十里有邘臺村。	《地名考略》：「隱十一年《傳》：『王取鄔、劉、蔿、邘之田于鄭。』邘即武王子所封。據此則春秋初邘已并于鄭矣。」然註、疏無明文，當别是一邑。邘國不知爲誰所滅。高氏誤。
應	侯	姬	武王子	今河南汝州魯山縣東三十里有應城。	不知何年絶封。地入周，後入秦。《史記》赧王四十五年客謂周最以應爲秦太后養地是也。
韓	侯	姬	武王子	今陝西同州府韓城縣南十八里有古韓城。	春秋前爲晉所滅，後以封大夫韓萬爲邑。
蔣		姬	周公子	今河南光州固始縣西北七十里期思城是。	不知何年滅于楚，爲期思邑。
茅		姬	周公子	今山東兖州府金鄉縣西北有茅鄉。	後爲邾邑。哀七年《傳》茅成子以茅叛是也。

胙		姬	周公子	在今河南衛輝府廢胙城縣西南。	
鄀				國于商密，今河南南陽府內鄉縣西南百二十里丹水故城是。後遷於鄀，今湖廣襄陽府宜城縣東南九十里有鄀縣故城。	僖二十五年見。文五年秦人入鄀，蓋自是南徙爲楚附庸。定六年《傳》遷郢于鄀，則楚已滅之爲邑矣。
夔	子	羋	熊摯	今湖廣宜昌府歸州東二十里有夔子城。	僖二十六年見，爲楚所滅。
檜		妘	祝融後	今河南許州府密縣東北五十里有古檜城。	春秋前爲鄭所滅。僖三十三年見傳。
沈	子	姬		今河南汝寧府東南有平輿城，其北有沈亭。	文三年見。定四年爲蔡所滅。後屬楚，爲平輿邑。
六		偃	皋陶後	今江南六安州。	文五年見，爲楚所滅。下同。
蓼音「了」。		偃	皋陶後	今江南潁州府霍丘縣西北有蓼縣故城。	
偪		姞			文六年見。

麇	子			國于錫穴，今陝西興安州白河縣是。	文十年見。不知何年滅于楚。
巢	伯見《尚書序》。			今江南廬州府巢縣東北五里有居巢城。	文十二年見。昭二十四年滅于吴。
宗	子			見下註。	文十二年見。
舒蓼		偃	皋陶後	今江南廬州府舒城縣爲古舒城，廬江縣東百二十里有古龍舒城。舒蓼、舒庸、舒鳩及宗四國約略在此兩城間。	文十四年見。宣八年滅于楚。
庸				今湖廣鄖陽府竹山縣東四十里有上庸故城。	文十六年見，爲楚所滅。
崇				見前酆國註。蓋秦之與國，復居酆而襲崇之舊號者。	宣元年見。
郯	子	己	少昊後	今山東沂州府郯城縣西南百里有古郯城。	宣四年見。終春秋世猶存。○《紀年》云：「于越子朱勾三十五

					年滅郯。」今按《史記・楚世家》頃襄王十八年猶有郯國，相去一百三十五年，《紀年》悞。
萊	子	姜		今山東登州府黄縣東南二十里有萊子城。	宣七年見。襄六年滅于齊。
越	子	姒	夏后少康子	國于會稽，今浙江紹興府治山陰縣。	宣八年見。獲麟後一百四十七年大爲楚所破，遂微弱，濱于海上，服朝于楚。又一百十二年滅于秦。
劉	子	姬	匡王子	今河南河南府偃師縣南三十五里有劉聚。	宣十年見。至貞定王時絶封。
唐	侯	祁	堯後	今湖廣德安府隨州西北八十五里有唐城鎮。	宣十二年見。定五年滅于楚。
黎	侯			今山西潞安府黎城縣東北十八里有黎侯城。	宣十五年見，嘗爲狄所滅，是年晉復立之。《詩・旄丘》序「狄人迫逐黎侯」。《詩譜》次于周桓王之世，誤也。酆舒奪黎氏地，即當日罪案，豈有失國百年而後復之乎？

鄅	附庸			未詳。或曰在今山東沂州府郯城縣東北。	成六年見，爲魯所滅。
州來				在今江南鳳陽府壽州北三十里。	成七年見。昭十三年滅于吴。
吕	侯	姜		今河南南陽府城西三十里有吕城。	不知何年并于楚爲邑。成七年《傳》子重請取于申、吕以爲賞田，即此。
檀	伯			蓋在今河南懷慶府濟源縣境。	成十一年見。
鍾離	子			今鳳陽府臨淮縣東四里有鍾離城。	成十五年見。昭二十四年滅于吴。
舒庸		偃		見舒蓼註。	成十七年見，爲楚所滅。
偪陽	子	妘		今山東兖州府嶧縣南五十里有偪陽城。	襄十年見，晉滅之以予宋。使周内史選其族嗣，納諸霍人以奉妘姓之祀。
邿				今山東兖州府濟寧州東南有邿城。	襄十三年見，爲魯所滅。

鑄		祁	堯後	今山東兖州府寧陽縣西北有鑄城。	襄二十三年見。
杜	伯	祁	堯後	今陝西西安府治東南十五里有杜陵故城。	春秋前已絶封。襄二十四年見傳。
舒鳩	子	偃		見舒蓼註。	襄二十四年見，二十五年滅于楚。定二年復見傳，蓋楚復之。
胡	子	歸		今江南潁州府西北二里有胡城。	襄二十八年見。定十五年滅于楚。
焦		姬		今河南陝州南二里有焦城。	襄二十九年見。不知何年滅于晉。
楊	侯	姬		今山西平陽府洪洞縣東南十八里有楊城。	襄二十九年見。不知何年滅于晉。以賜羊舌肸，爲楊氏邑。
邶				今河南衛輝府東北有邶城。	襄二十九年見。不知何年併于衛。下同。
鄘				今河南衛輝府新鄉縣西南三十二里有鄘城。	

沈			金天氏苗裔臺駘之後	封于汾川。	昭元年見。不知何年滅于晉。
姒			同上		
蓐			同上		
黄			同上		
不羹				今河南許州府襄城縣東南有西不羹城，南陽府舞陽縣西北有東不羹城。按：舊説如此，疑有誤。	昭十一年見。不知何年滅于楚。
房				今河南汝寧府遂平縣是。	昭十三年見。前二年楚靈王遷之于荆，至是平王復之。不知何年并于楚。《漢志》吴房縣孟康註：「楚封吴夫概于此，故曰吴房。」
鄅	子	妘		國于啟陽，今山東沂州府治北十五里有開陽城。	昭十八年邾人入鄅。十九年宋公伐邾，盡歸鄅俘，知鄅復存。不知何年地入于魯。哀三年城

					啟陽，即此。
鍾吾	子			今江南徐州府宿遷縣西北有司吾鄉。	昭二十七年見。三十年吴子執鍾吾子，疑遂亡。
桐		偃		今江南安慶府桐城縣。	定二年見。
戎				今山東曹州府曹縣東南四十里楚丘城是。	隱二年見。後地入于衛，所謂戎州也。○以下四裔。
北戎				在今直隸永平府境。	隱九年見。莊三十年齊人伐山戎，即此。
盧戎	子		南蠻	今湖廣襄陽府南漳縣東北五十里有中盧鎮。	桓十三年見。後滅于楚，爲盧邑。文十六年《傳》「自盧以往，振廩同食」是也。
大戎		姬	唐叔後	在今陝西延安府境。	莊二十八年見。下同。
小戎		允	四岳後	今陝西肅州西八百六里敦煌廢縣是。後遷伊川。	
驪戎	男	姬		今陝西西安府臨潼縣東二十四里有驪戎城。	莊二十二年爲晉所滅，二十八年見傳。後入秦，爲侯麗地。

山戎			即北戎		
狄			有北狄、赤狄二種		莊三十二年見。
犬戎			西戎之别在中國者	在今陝西鳳翔府境。其本國則今陝西西寧府西北樹敦城是也。	閔二年見。
東山皐落氏			赤狄别種	今山西絳州垣曲縣西北六十里有皐落鎮。又山西平定州樂平縣東七十里有皐落山。未詳孰是。	閔二年見。後滅于晉。
揚、拒、泉、皐、伊、雒之戎				在今河南府境。	僖十一年揚、拒、泉、皐、伊、雒之戎同伐王城。按：文八年公子遂及雒戎盟于暴。《國語》北有洛、泉、徐、蒲，知其類不一。
淮夷				在今江南徐州府邳州境。	僖十三年見。

陸渾之戎又名陰戎。	子	允	即小戎之徙于中國者	陸渾即瓜州地名。後遷伊川，今河南府嵩縣北三十里有古陸渾城。	僖二十二年秦、晉遷之伊川，仍以陸渾爲名。昭十七年爲晉所滅，陸渾子奔楚，其餘服屬于晉，曰九州戎。
廧咎如		隗	赤狄别種		僖二十三年見。
介			東夷國	今山東萊州府膠州南有介亭。	僖二十九年見。
姜戎	子	姜	四岳後，陸渾之别部		僖三十三年見。襄十四年晉執戎子駒支，即此。
白狄				傳云「白狄及君同州」，當與秦相近。在今陝西延安府境。	僖三十三年見。
鄋瞞		漆	防風氏後	古防風氏國于封禺之山，在今浙江湖州府武康縣。春秋時爲長狄，在今山東濟南府北境。	文十一年見。宣十五年滅于晉。

群蠻				在今湖廣辰州、沅州二府之境。	文十六年見。戰國時滅于楚。
百濮			西南夷	在今雲南曲靖府境。或曰湖廣常德、辰州二府境。	文十六年見。
赤狄				赤狄種類至多。	宣三年見。
根牟			東夷國	今山東沂州府沂水縣東南有牟鄉。	宣九年見，爲魯所滅。
潞氏	子		赤狄別種	今山西潞安府潞城縣。	宣十五年見，爲晉所滅。
甲氏			赤狄別種	在今直隸廣平府雞澤縣境。	宣十六年見，爲晉所滅。下同。
留吁			赤狄別種	今潞安府屯留縣東南十里純留城是。	
鐸辰			赤狄別種	在潞安府境。	
茅戎			戎別種	今山西解州平陸縣東南有茅城。	成元年見。

戎蠻即蠻氏。	子		戎別種	今河南汝州西南有蠻城。	成六年見。哀四年滅于楚。
無終	子		山戎國	今直隸永平府玉田縣西有無終城。	襄四年見。
肅慎			東北夷	今興京所屬地。	昭九年見。
亳			西夷《史記索隱》蓋成湯之胤。	在今陝西北境。	隱十年爲秦所滅。昭九年見傳。
鮮虞一名中山。		姬	白狄別種	今直隸真定府西北四十里有鮮虞亭。	昭十二年見。獲麟後一百八十六年滅于趙。
肥	子		白狄別種	今直隸真定府藁城縣西南七里有肥纍城。	昭十二年見，爲晉所滅。
鼓	子	祁	白狄別種	今直隸真定府晉州是。	昭十五年見，二十二年滅于晉。
有莘			夏、商時國		僖二十八年見。〇以下古國。
有窮			夏時國下同。		襄四年見。下同。

寒				今山東萊州府濰縣東北三十里有寒亭。	
有鬲		偃		今山東濟南府德平縣東十里有故鬲城。	
斟灌		姒		今山東青州府壽光縣東北四十里有斟灌城，又有灌亭。	
斟鄩		姒		今山東萊州府濰縣西南五十里有斟城。	
過				今山東萊州府掖縣北有過鄉。	
戈				地在宋、鄭之間。	
豕韋		彭	夏、商時國	今河南衛輝府滑縣東南有韋城鎮。	襄二十四年見。按：昭二十九年《傳》云「夏后孔甲嘉劉累，賜氏曰御龍，以更豕韋之後」，杜註：「以劉累代彭姓之豕韋。累尋遷魯縣。豕韋復國，至商而滅。累之後世，復承其國爲豕韋氏。」

觀		姒	夏時國	今山東曹州府觀城縣。	昭元年見。下同。
扈		姒	同上	在今陝西西安府鄠縣北。	
姺			商時國下同。		
邳				今江南徐州府邳州。	
奄		嬴		今山東兗州府曲阜縣東二里有奄城。	
仍			夏時國下同。		昭四年見。下同。
有緡					
駘				今陝西乾州武功縣西南二十二里有斄城。	后稷封于邰，即此。○以下俱昭九年見。
岐				今陝西鳳翔府岐山縣。	太王遷于岐，即此。
蒲姑			商時國	今山東青州府博興縣東北十五里有薄姑城。	成王滅之，以其地益封齊。
逢		姜	商時國		昭十年見。其地後爲齊國。
昆吾		己	夏時國	在今河南許州府。又直隸大名府開州東二十五里	昭十二年見。春秋時其地屬許、衛二國。

				有昆吾城。按：《正義》曰：「蓋昆吾居此二處，未知孰爲先後。」	
密須		姞	商時國	今陝西平涼府靈臺縣西五十里有陰密城。	文王伐密，即此。○昭十五年見。下同。
闞鞏			古國		
甲父			同上	今山東兗州府金鄉縣有甲父亭。	昭十六年見。
鄅			古國		昭二十九年見。其地後爲州、蓼之蓼。
鬷夷		董	虞、夏時國	封于鬷川。	昭二十九年見。其地後爲曹國。
封父			古國	今河南開封府封丘縣。	定四年見。
有虞		姚	夏、商時國	今河南歸德府虞城縣。	哀元年見。○武王封其後于陳。

春秋列國爵姓存滅表卷之五終

孫：重光校字

春秋列國地形犬牙相錯表敘

先王建國，各有分地，紛若列碁，界如分畛。其後列侯争相侵奪，務據勢勝，而春秋列國之疆域繁然亂矣。如山東濮州范縣爲晉士會邑；楚之子西爲商公，爲今陜西商州之雒南縣，學者多所不曉。以此讀傳，譬若矮人觀場，余竊病之。今詳考輿圖，各據今之州府而列春秋當日之地形犬牙錯互處，以《左氏》經、傳附註其下。其在大國者無論，即如鄭、衛、魯、宋，以一國而錯列幾府；邾、滕、郳、薛以四國而並處一縣。今兖州府滕縣。他如吴、楚、徐、越，界在蠻夷，未收版籍。今日而欲知其交兵苦戰者在何地，使命通接者在何方。晉之通吴以制楚也，滅偪陽以與宋，通吴、晉往來之道，而今之沛縣實當南北之衝。偪陽在今沛縣。楚之通越以制吴也，越大夫胥犴勞王于豫章之汭，歸王乘舟，且帥師從王，而今之饒州實居楚、越之界。饒之鄱陽爲楚，饒之餘干爲越。以至山東不當有晉地，觀隨武子之稱范，在宣十五年滅潞之後，而知其皆赤狄遺疆，另有攷。晉之封域彌大于景公之世。陜西不當有楚地，觀子西之爲商公在文十年商臣之世，而知少習、武關早爲楚有，商城在武關西北百二十里。楚之問鼎幾成于踐土之前。楚之順大江而直下也，吴不能勝楚而盛兵以瞰東北，多在廬、壽、潁、亳之間。晉之據桃林以西拒也，秦不敢抗晉而竊出以窺東南，多出上雒、析城之界。觀笠澤爲吴、越接戰之區，則知苕、霅爲兩國莫居之地。觀黄池爲吴、晉會盟之地，則知運河早已合江、淮、沂、濟之流。黄池在今河南封丘縣。吴既溝通江、淮，復闕爲深溝于商、魯之間，北屬之沂，西屬之濟，以會晉于黄池。沂水入泗，濟在封丘縣南。蓋其水道自江入淮，自淮入泗，自泗入沂，復穿魯、宋之境，連屬水道，有不通者鑿而通之，以達于封丘之濟。起揚州至封丘，千有餘里，即今日運河之故迹。庶茫茫千載，歷歷可見，如審星以識度，撫掌而指螺。而凡行師道里之迂直遠近，盟會徵調之疎數繁簡，靡不曉然確知其故，斯亦學《春秋》者之所必講也。輯《春秋列國地形犬牙相錯表》第六。

春秋列國地形犬牙相錯表卷六之上

錫山顧棟高復初輯
安東程易聖則參

河南
河南府本東周王畿地，後有陸渾及晉地，
陝州及靈寶、閿鄉二縣本虢國，後入晉。
開封府爲鄭地，兼有衛、魯、宋、陳四國錯壤，
陳州府以陳得名。中有項、頓二國。後項入
許州府以許得名。後入于鄭，鄭人謂之舊
歸德府本宋地，中有陳、衛、鄭三國，亦斗入
汝州本周王畿地，後爲晉、鄭、楚三國接界。
懷慶府本周王畿地。桓王以與鄭，襄王復
衛輝府本衛地，後半入于晉，晉人謂之舊
彰德府爲晉、衛二國地。
汝寧府爲江、道、柏、房、沈、蔡諸國地。蔡南遷，
光州爲黃、息、賴、蔣、蓼諸國地，皆滅于楚，全
南陽府爲申、吕、蓼諸國地，皆滅于楚，全境

兼有鄭地。
又斗入楚地。鄭之虎牢屬晉，由是兼有晉地。
魯，頓入楚。又斗入宋、鄭二國地。
許。又斗入楚召陵地。後鄭之櫟邑入楚，由是禹州爲楚地。
楚地。又夏邑縣爲曹黍丘邑地。
以賜晉，由是與晉、鄭二國錯壤。
衛。亦兼有鄭地，爲晉、衛、鄭三國接壤。
諸國并于楚，全境皆楚地。
境皆楚地。
皆楚地。又楚遷許容城，在葉縣西。定六年鄭滅許，更兼有鄭地。

河南府

今府城西偏故河南縣，爲周王城，即周公所營洛邑，平王東遷居此。府城東二十里洛陽故城，爲成周，即周公所營下都，敬王遷都于此。狄泉本在下都城北。定元年城成周，繞狄泉于城内。

鞏縣西南七十里有轘轅山。又洛水于鞏縣入河，亦名什谷，隋于此置洛口倉，《春秋》謂之洛汭。襄二十一年使候出諸轘轅，昭元年趙孟館于雒汭，蓋周、晉往來必由之道。昭二十五年尹文公涉于鞏，杜註「于鞏縣涉洛水也」。

府城南三十里有闕塞山。昭二十六年晉師納王，使女寬守闕塞，即此。

偃師縣南二十里有緱氏城，爲滑國，僖公三十三年爲秦所滅，後屬晉。成十七年鄭子駟侵晉虛、滑，後又屬周。定六年鄭伐周馮、滑、胥靡，皆此滑國也。周人又謂之侯氏，昭二十二年子朝之亂，晉師軍于侯氏，即此。

又偃師縣西二十里尸鄉亭爲西亳，春秋時係鄭地。襄十一年同盟于亳城北，即此。

澠池縣界有蚌，爲虢邑。莊二十一年王巡虢守，虢公爲王宫于蚌，即此。

永寧縣北六十里有崤山，春秋時謂之二殽。東北入澠池縣界，本虢地，後屬晉。僖三十三年晉人敗秦師于殽，即此。詳見《險要》。

嵩縣本周之伊川地。僖二十二年秦、晉遷陸渾之戎于此。昭十七年陸渾滅于晉。

陝州

州南二里有焦城，即焦國，後并于晉爲邑。

州西南三十二里有曲沃城，爲晉之瑕邑。文十三年晉使詹嘉處瑕以守桃林之塞，即此。

州硤石鎮西十五里有莘原，爲虢之莘地。莊三十二年有神降于莘，即此。

閿鄉縣東三十里有稠桑驛，爲虢桑田地。僖二年虢公敗戎于桑田。後入晉。成十年《傳》晉景公召桑田巫，即此。靈寶縣爲晉之桃林塞，晉守之以拒秦處，後爲秦函谷關。詳見《險要》。盧氏縣有陰地城，爲晉之陰地。宣二年趙盾自陰地率諸侯之師以侵鄭，哀四年蠻子赤奔晉陰地，杜俱註「晉河南山北，自上洛以東至陸渾」。上洛，今陜西商州雒南縣；陸渾，今河南府嵩縣。其地南阻終南，北臨大河，所謂「河南山北」也，而盧氏縣乃命大夫屯戍之所。猶南陽爲河南之總名，而別有南陽城則在脩武也。

開封府

今儀封、封丘二縣爲衛地。祥符、蘭陽、中牟、陽武、鄢陵、洧川、尉氏、鄭州、河陰、汜水、滎陽、滎澤一州十一縣皆鄭地。陳留爲陳地。杞縣爲宋雍丘地。又鄭之圉地在杞縣南五十里，與楚接界。脩干戈以虞患，故曰圉。昭五年韓起自楚至鄭，鄭伯勞諸圉，蓋以此地爲楚、鄭接壤也。又杞縣北四十里有鳴鴈亭，爲鄭鳴鴈地。成十六年晉侯伐鄭，至于鳴鴈，即此。又蘭陽縣東北二十里爲宋户牖地。哀十三年會于黄池，吴人囚子服景伯而還，及户牖歸之，即此。城東四十里有鄭時來地。隱十一年公會鄭伯于時來，即此。又尉氏縣西南四十里有向城，爲鄭向地。襄十一年諸侯師于向，杜註「鄭地」，即此。又縣西北四十里菟氏城係鄭地。昭五年鄭伯勞屈生于菟氏，即此。又爲鄭大夫尉氏邑，縣因以得名。

封丘縣爲魯、衛、宋、鄭四國錯壤，在衛者曰平丘，在魯者曰黄池，在宋者曰長丘，在鄭者曰蟲牢。昭十三年會于平丘，係衛地，在封丘縣東四十里。哀十三年會于黄池，係魯地，在封丘縣西南。黄池爲魯地，從趙匡説。胡文定謂爲衛地者，非。文十一年《傳》「鄋瞞伐宋，宋敗之于長丘」，係宋地，在封丘縣南八里，即白溝也。孟康曰：「長丘，今翟溝是。」「白」音轉爲「翟」。又縣北三里有桐牢，一名蟲牢，係鄭地。成五年同盟于蟲牢，襄八年楚侵鄭至于蟲牢，即此。

滎陽縣東二十里有隴城，春秋時謂之垂隴，係鄭地。文二年盟于垂隴，襄二十年鄭伯享趙孟于垂隴，即此。

滎澤縣西北十五里有王宮城，城内東北隅有踐土臺，係鄭地。僖二十八年盟于踐土，即此。去衡雍三十餘里。《括地志》云原武縣西北七里有卷縣故城，即衡雍城也。

虎牢在汜水縣南二里。莊二十一年，惠王與鄭以武公之略，自虎牢以東，後入晉。襄十年諸侯戍鄭虎牢，即此。

敖山在河陰縣西二十里。宣十二年晉師在敖、鄗之間，即此。敖，山也。秦于其地沿河置倉，名曰敖倉，北臨汴水。酈生説漢高據敖倉之粟，即此。

宣十二年晉、楚戰于邲，邲城在鄭州東六里；成十六年晉、楚戰于鄢陵，鄢陵城在今鄢陵縣西南四十里，皆鄭地，亦曰鄢。隱元年鄭伯克段于鄢，即此。蓋鄢本古國，武公滅之，初仍故名，後乃改爲鄢陵。

洧川縣南有鄭曲洧地。成十七年「諸侯

伐鄭，自戲童至于曲洧」，杜註「新汲縣治曲洧城臨洧水」，在今縣南。又縣西有鄭陰口地。襄九年諸侯「濟于陰阪，次于陰口而還」，杜註：「陰阪，洧津。陰口，鄭地名。」

陽武縣北十里有鄭城棣地。襄五年諸侯會于城棣以救陳，杜註「鄭地」。《寰宇記》有南棣城、北棣城，在縣北十里。二棣城之間有博浪沙亭，即子房擊始皇處。

陳留縣東北四十里有老丘城，爲宋老丘地。定十五年鄭敗宋師于老丘，即此。

陳州府

今府治淮寧縣，即陳宛丘地。

商水縣舊名南頓縣，爲古頓國。定十四年爲楚所滅。光武父欽爲南頓令。

項城縣爲古項國。僖十七年魯滅項，後亦并于楚。項氏世爲楚將，封于項，即此。

又府治西北有犖城，爲宋地。僖元年會于檉，《左傳》一作「犖」，即此。

西華縣西南有閻倉城，爲宋鬼閻地。昭二十年八公子之徒與華氏戰于鬼閻，杜註「潁川長平縣西北有閻亭」是也。

沈丘縣東有養城，爲楚養邑。昭三十年吳公子掩餘、❶燭庸奔楚，楚子大封而定其徙，逆吳公子使居養是也。

扶溝縣爲鄭桐丘地。莊二十八年鄭人將奔桐丘。今縣西二十里有桐丘亭。

許州府

故許城在府治東三十里，今爲新設石梁縣，故許國也。成十五年許靈公畏鄭

❶「三十」，原誤作「三十八」，今據《春秋左傳正義》改。

遷于葉，鄭有其地，仍謂之舊許。襄十一年諸侯伐鄭，東侵舊許，即此地。臨潁、襄城、長葛三縣皆鄭地。臨潁即鄭莊公置母姜氏處。長葛即繻葛，隱五年宋人伐鄭圍長葛，桓五年戰于繻葛，皆其地也。襄城爲鄭南氾，以周襄王出居于此，故名。

又府治西北爲鄭陽陵地，當鄭國之南。襄十年諸侯伐鄭，至于陽陵，即此。

郾城縣東四十五里爲楚召陵地。僖四年齊伐楚盟召陵，昭十四年楚屈罷簡東國之兵于召陵，即此。

禹州爲鄭櫟地。桓十五年鄭伯突入于櫟，杜註「櫟爲鄭別都」，今禹州治。後入楚。昭元年楚靈王爲令尹始城之。至平王初立，使子躬致鄭犨、櫟之田，事畢弗致，禹州終爲楚地。

密縣、新鄭皆鄭地。密縣爲鄭新密，亦曰新城。僖六年齊桓公伐鄭，圍新城，即此。新鄭爲鄭滅檜國地，以別于初封之鄭，故號曰新鄭。縣北十三里有函陵。僖三十年晉、秦圍鄭，晉軍函陵，即此。又縣東北有制城。成十六年伐鄭，諸侯遷于制田是也。

歸德府

宋全有商丘、寧陵、鹿邑、夏邑、永城、虞城、睢州、考城、柘城一州八縣之地。

今鹿邑縣西十三里爲陳鳴鹿地。成十六年諸侯之師侵陳，至于鳴鹿，即此。

睢州接寧陵縣境，爲衛首止地。僖五年會王世子于首止，即此。

又寧陵縣西南七十里有大棘城，爲春秋時宋、鄭戰處，後爲楚莊所并。今大棘城有楚太子建墳及伍員釣臺。

睢州境内有衛襄牛地。僖二十八年衛侯出居于襄牛，杜註云「衛地」，即此。又州東南有鄭鄫地。襄元年諸侯之師次于鄫，杜註：「鄭地，在陳留襄邑縣東南。」

考城縣東有葵丘，係宋地。僖九年會于葵丘，即此。縣西三十六里有黄溝，爲宋黄地。隱元年《傳》惠公之季年敗宋師于黄，即此。

僖二十二年宋、楚戰于泓。泓，水名，在今柘城縣北三十里。

夏邑縣西南有曹黍丘地。哀七年宋人伐曹，「築五邑于其郊，曰黍丘、揖丘、大城、鍾、邘」，杜註：「梁國下邑縣西南有黍丘亭。」案：下邑，漢縣，金改曰夏邑，今仍之。

汝州

楚文王封畛于汝，楚地止于汝水之南。成十六年楚以汝陰之田求成于鄭。高氏曰：「汝水出汝州魯山縣，至潁州入淮，其在汝州郟縣及裕州葉縣間者，汝陰田也。」郟自是入鄭，後復入楚。昭元年楚靈王爲令尹城郟，十九年令尹子瑕復城之郟，復爲楚地。

魯山縣有鄭繞角地。成六年晉欒書救鄭，與楚師遇于繞角，即此。杜佑《通典》汝州魯山縣東南繞角城。

伊陽縣爲周郲垂地。文十七年甘歜敗戎于郲垂，蓋即伊洛之戎，與伊陽接境。昭二十九年晉趙鞅、荀寅帥師城汝濱，杜註：「即晉所取陸渾地。」陸渾在河南府嵩縣，地相接。

又州東南五十里有鄭魚齒山。襄十八年楚師伐鄭，涉于魚齒之下，杜註：「魚齒山下有湳水，故言涉。」又州西南有蠻城，爲春秋時戎蠻子國。昭十六年楚誘戎蠻子嘉殺之，哀四年晉執戎蠻子赤歸于楚，自是地滅于楚矣。

懷慶府

鄭氏《詩譜》曰：「周東都畿内方六百里，北得河陽。」河陽在河之北，即懷慶府也。隱十一年桓王與鄭蘇忿生之田十二邑，鄭不能有，復歸周。桓七年王遷盟、向之民于郟。僖二十五年襄王賜晉文公以陽樊、温、原、攢茅之田，晉始啟南陽。由是懷慶所屬七縣，原武屬鄭，濟源、脩武、孟縣、温縣屬晉，王所有者河内、武陟二縣而已。

僖二十五年殺大叔于隰城，即隰郕，在懷慶府河内縣。成十一年郤至與周争鄇田，鄇即鄇人亭，在懷慶府武陟縣。

案：僖二十八年晉敗楚師于城濮，城濮爲衛地，在今山東曹州府濮州南七十里；甲午，至于衡雍，作王宫于踐土，踐土在今開封府滎澤縣西北十五里，衡雍在原武縣西北七里，皆鄭地。天王狩于河陽，河陽城在孟縣西南三十里；會于温，温城在今温縣西南三十里，皆晉地。蓋文公伐衛致楚，因而勝之，還師由衛歷鄭及周，渡河而北返于河陽，道里歷歷可見。

衛輝府

今淇縣爲衛朝歌，康叔始封都此。汲縣爲衛河内，輝縣爲衛百泉，後俱屬晉。延津縣爲鄭廩延邑，亦曰酸棗。隱元年《傳》大叔收貳以爲己邑，至于廩延。襄三十年游吉奔晉，駟帶追之及酸棗。廩延、酸棗同一地。

滑縣爲衛漕邑，戴公廬曹，即此。縣東六十里有衛南故城，爲衛楚丘，文公遷都于此。

濬縣爲晉雍榆及牽地。襄二十三年叔孫豹救晉次于雍榆，定十四年會于牽，皆在濬縣境。

新鄉縣爲晉厥慭。昭十一年晉會諸侯于厥慭，謀救蔡，即此。

彰德府

今安陽縣有衛商任地。襄二十一年會于商任以錮欒氏，即此。

内黄縣北有衛戲陽城。昭九年晉荀寅如齊逆女，還，卒于戲陽，即此。

林縣西北林慮山，洹水所出，經臨漳、安陽、内黄而入衛水，亦曰安陽河。成十七年聲伯夢涉洹，即此水也。

汝寧府

江國在汝寧府真陽縣東。道國在確山縣北二十里，有道城。柏國在西平縣西，有柏亭。房國在今遂平縣西北百里，楚後以封吴夫概王，謂之吴房；沈國在今汝寧府治東南，皆滅于楚。蔡始封上蔡縣，昭十三年平侯徙新蔡，至哀二年冬吴更遷蔡于州來。由是汝寧一府全境皆楚地。

信陽州爲楚大隧、直轅、冥阨三關之地，吴兵陸行入楚之隘道。冥阨，一名平靖關，在州東南九十里；大隧，一名武陽關，在州東南一百五十里；直轅，一名黄峴關，在州南九十里，俱與湖廣德安府應山縣接界，所謂義陽三關之塞也。詳見《險要》。

光州

今光州西十二里有黄城。息縣西南七里

有息城。賴在息縣東北，商城縣南有賴城。固始縣西北七十里有期思城，爲蔣國。又蓼國在今固始縣東北蓼城岡，即文五年楚所滅之蓼國也。五國皆滅于楚，全境皆楚地。

息縣東有白城，楚白公封邑。哀十六年《傳》「子西召太子建之子勝于吴，使處吴境，爲白公」，杜註：「白，楚邑。」今汝陰褒信縣西南有白亭是也，在今息縣東北七十里。

南陽府

故申城在府治南陽縣。故吕城在府城西三十里。蓼國在唐縣南八十里，此蓼爲楚武王克州、蓼之蓼，桓十一年《傳》所謂隨、絞、州、蓼伐楚師者也，與文五年所滅之蓼不同。三國皆滅于楚。南陽唯犨邑屬鄭，後仍屬楚。昭元年楚靈王爲令尹城犨，即此。由是南陽一府皆爲楚地矣。

又南陽縣北爲楚武城地。僖六年許僖公見楚子于武城。襄九年秦人侵晉，楚子師于武城爲秦援。楚有事于中國，恒出兵于此。

又淅川縣境有豐鄉城地，與鄖陽之上津接，爲楚豐邑。哀四年司馬起豐、析與狄戎以臨上雒，杜註：「析縣屬南鄉郡，析南有豐鄉，皆楚邑。」

又内鄉縣西南有三户亭。哀四年「晉執蠻子與其五大夫，以畀楚師于三户」，杜註「今丹水縣北三户亭」是也。

裕州爲楚方城，築連城以拒中國處。齊、晉伐楚，必及此地。方城山在今裕州東北四十里，北連葉縣。楚人因山爲固，起葉縣至唐縣，築城連接數百里。

《國語》「齊桓公伐楚，濟汝，踰方城」，《左傳》文三年「晉陽處父伐楚以救江，門于方城」，襄十六年「荀偃伐楚，侵方城之外」，爲楚之重鎮受兵處。

山東

兗州府	本魯始封地，中有齊、宋、衛三國地，并滕、薛、邾、郳、鄫、任諸小國。
濟南府	全境皆齊地。
武定府	爲齊地。
泰安府	爲齊、魯中分之地，中亦錯入宋、衛二國地。
沂州府	爲齊、魯、莒、郯四國地。
曹州府	以曹得名，中兼魯、宋、鄭、衛、齊、晉，爲七國交錯之地。
東昌府	爲齊、晉、衛三國交錯之地。
青州府	全境皆齊地，中有杞國，又錯入魯、莒二國地。
登州府	舊有萊、牟二國，後滅于齊，全境皆齊地。
萊州府	舊有介、莒二國地，後并于齊，全境皆齊地。

兗州府

魯有曲阜、滋陽、寧陽、泗水、金鄉、魚臺、汶上及濟寧州、嘉祥縣，凡一州八縣之地。後兼涉滕、鄒、嶧三縣境。

嘉祥縣西二十五里有獲麟堆。哀十四年《傳》「西狩于大野，獲麟」，杜註：「大野在高平鉅野縣東北大澤是也。」案：今嘉祥縣即鉅野縣之所分，金皇統中析置。

金鄉縣東北二十里爲宋緡邑。僖二十三年齊侯伐宋圍緡，二十六年楚人伐宋圍緡，即此。爲宋邊境，數被齊、楚侵伐。

鄒縣東南二十六里爲邾國地。文十三年邾文公遷于繹，繹即鄒山，後改國號曰鄒以此。

滕縣爲滕、薛、郳三國。滕城在縣西南十四里，薛城在縣南四十里，郳城在縣東六里。又縣北爲邾絞邑，哀二年伐邾，將伐絞，即此。

陽穀縣爲齊地。僖三年齊、宋、江、黃會于陽穀，即此。

又縣東有阿澤，爲衛地，與東阿縣接界，爲今運道所經，有七級上下二閘，即襄十四年孫氏敗公徒于阿澤處。

嶧縣東八十里爲鄫地。

濟寧州治爲任國。

又州東南有邿城，爲邿國，襄十三年并于魯。

又滕縣南十五里有漷河，爲邾田。襄十九年取邾田自漷水，哀二年季孫斯伐邾，取漷東田，由是魯地兼涉滕縣之境。

濟南府

今府治歷城縣南十里爲齊之鞌地，成二年齊、晉戰處。高氏曰：「《穀梁傳》『鞌去齊五百里』，《括地志》及《通典》並以鞌在平陰縣。今平陰至臨淄果得五百餘里，以傳會《穀梁》之説，似可信。乃以本傳考之，壬申晉師至于靡笄之下，癸酉師陳于鞌，自始合以至齊敗三周華不注止，爲一日事，甚明。案：華不注山在濟南城北，見于《水經》，無可疑者。若云鞌在平陰，則去濟南二百三十里，何由一奔遂至此？近《志》云『鞌即古之歷下』，殆不易之論也。《史記》云『戰于靡下』，徐廣云：『「靡」當作「歷」，蓋因「靡笄之下」省文爲「靡下」，「靡」字又譌而爲「歷」耳。』」案：高氏之説極精，鞌當在歷城無疑。

又今歷城縣西南有小清河，春秋時謂之濼水。桓十八年公會齊侯于濼，即此。其源即趵突泉，濟水伏流重發處，《志》云濟之南源也。又東北合大清河，即濟瀆。《水經注》：「濼水出歷城縣故城西南，泉源上湧若輪。《春秋》桓公會齊侯于濼是也。其水北爲大明湖，引瀆入西郭，北流逕歷城，東引水爲流桮池，州僚賓燕多萃其上。又北注濼水。」今濼水並城北流，大明湖在城内，自城北水門合。濼水又東北經華不注山合華泉，又東北合大清河。

齊河縣境有大清河，自泰安府平陰縣流入長清縣，又東北入齊河縣境，春秋時謂之濟水。隱三年齊、❶鄭盟于石門，鄭伯之車僨于濟，即此。石門在長清縣西南，濟水之門也。舊有石門在岸側，去水三百步，今圮于水。

又齊河縣北有晏城，爲晏平仲采邑。縣東有齊野井。昭二十五年齊侯唁公于

❶「三」，原作「二」，今據《春秋左傳正義》改。

野井，即此。

又長清縣西南二十五里有盧城，爲齊公子高傒采邑。成十七年齊高弱以盧叛，襄十八年晉趙武、韓起以上軍圍盧，即此。

又歷城縣東三十里有鮑城，在鮑山下，爲鮑叔牙采邑，山因城名。

又長清縣豐齊鎮北二里有故祝柯城。襄十九年諸侯盟于祝柯，即此。《左傳》謂之督揚。唐乾元二年史思明侵濟南，守將李鋭于長清邊家口決大河，東至縣，縣遂淪陷，移治于還善鎮，即今禹城縣治。

又禹城縣北四十里有故高唐城。襄十九年夙沙衛入于高唐以叛，即此。二十五年祝佗父祭于高唐，杜註「高唐有齊別廟」，爲齊之宗邑，猶宋之亳、晉之曲沃。齊景公母穆孟姬爲陳氏請高唐，陳氏始大。

又禹城縣西北有轅城，爲齊轅邑。哀十年晉趙鞅伐齊取犂及轅，即此。

章丘縣西北三十里有賴亭，爲齊賴邑。哀六年胡姬以安孺子居賴，即此。西北六十里有崔氏城，爲崔杼邑。襄二十七年崔成請老于崔，即此。

長山縣西南二十里有於陵城，爲齊於陵邑。《左傳》謂之夫于。昭十年陳桓子召子周，與之夫于，即此。戰國時陳仲子所居。

臨邑縣西十里爲齊犂邑，即哀十年晉趙鞅伐齊所取者。

武定府

今海豐縣爲齊之無棣邑。《水經注》：「清河入南皮縣界分爲無棣溝，流逕高城入海。」今河間府滄州之慶雲縣及武定府之海豐縣皆有無棣溝，舊合鬲津河入海，通魚鹽之利，今淤。

泰安府

今府治泰安縣城北五里有泰山，《史記·貨殖傳》「其陽則魯，其陰則齊」。萊蕪縣東二十里爲牟國地。《通典》「牟國在登州蓬萊縣」，似悞，此漢之東牟縣也。

新泰縣爲魯平陽。宣八年城平陽，即此。東阿縣爲齊阿邑，亦曰柯。莊十三年齊桓爲柯之盟，即此。

又縣東北有清亭，爲衛清邑。隱四年公及宋公遇于清，即此。縣西二十五里有桃城，爲衛桃丘邑。桓十年公會衛侯于桃丘，即此。

肥城縣爲齊平陰地。襄十八年諸侯伐齊，齊侯禦諸平陰。今故城在縣東北三十五里。

又平陰縣東南爲齊京茲邑，縣西爲齊邿邑。荀偃、士匄以中軍克京茲，魏絳、欒盈以下軍克邿，即其地。

東平州東二十里爲宿國。莊十年宋人遷宿，更爲宋地。

又州東六十里爲郚國，紀附庸也。莊三十年降齊，爲齊地。

沂州府

今府治北十五里有開陽城，故鄅國，後入魯爲啟陽邑。哀三年季孫、叔孫城啟陽，即此。

費縣爲魯費邑，僖公賜季友爲采邑。

沂水縣東南有牟縣，爲東夷根牟國。宣九年取根牟，更爲魯地。昭八年蒐于紅，自根牟至于商、衛，革車千乘。商即宋。宋、衛在魯西，蓋由魯極東以至極西，舉全境而言也。

又沂水縣治西北四十里有古鄆城，爲魯之東鄆，莒、魯所争者。文十二年季孫行父帥師城諸及鄆，此時鄆蓋屬魯。後入于莒。成九年楚子重圍莒，莒潰，楚遂入鄆，即此鄆也。至昭元年季孫宿伐莒取鄆，自是鄆常爲魯有矣。

莒州爲莒國。戰國時入齊爲邑，齊湣王走莒，即此。

郯城縣爲郯國，與江南邳州接界。宣四年公會齊侯平莒及郯，蓋二國本鄰近也。

蒙陰縣西北堂阜溪上有夷吾亭，爲管仲税囚處，係齊地。

曹州府

定陶縣爲曹都。《詩譜》云：「在雷夏、荷澤之野，夾于魯、衛之間。」今府治荷澤縣是其地也。又濮州西南五十里有洮城，爲曹地。僖三十一年晉文公分曹地，自洮以南，東傅于濟。齊桓公嘗盟諸侯于此。

曹縣南八十里爲曹南山。僖十九年宋人、曹人、邾人盟于曹南，范氏曰「曹南，曹之南鄙」是也。詳見《曹山川》。

又曹縣境内有鄭武父地。桓十二年公會鄭伯，盟于武父，杜註「武父，鄭地」，即此。

又曹縣西十里爲宋貫地。僖二年齊侯、宋公、江人、黄人盟于貫，杜註「宋地」。

又縣北三十里爲宋穀丘地。桓十二年公會宋公、燕人盟于穀丘，即此。

曹縣東南四十里爲衛楚丘邑。隱七年戎伐凡伯于楚丘以歸，襄十年宋公享晉侯于楚丘，即此。其地蓋在曹、宋之間，是爲衛之南楚丘，與滑縣之楚丘有別。

又曹縣東北八十里爲曹重丘邑。襄十七年衛孫蒯田于曹隧，飲馬于重丘，重丘人詢之，遂伐曹，取重丘。杜註：「重丘，曹地。」高氏云：「案：《六韜》周志古亡國三十，其中有重丘國，以美女遺青陽。《路史》曰在曹州，《寰宇記》重丘在乘氏縣東北三十一里。漢乘氏縣，隋以後俱屬曹州，今故城在曹縣東北五十里。或云在東昌府東南，跨茌平縣界，乃襄二十五年諸侯同盟之重丘，此係齊地，杜氏明註兩國，不可混。《方輿紀要》混而一之，似誤。又縣北有大鄉城，爲曹鄸邑。昭二十年曹公孫會自鄸出奔宋，杜註『鄸，曹邑』，即此。」

又曹縣東北爲宋鹿上地。僖二十一年宋人、齊人、楚人盟于鹿上，杜註「宋地」。

又縣東北三十里爲魯生竇地，爲齊、魯交界。莊九年殺子糾于生竇，即此。

濮州南七十里有臨濮城，爲衛城濮地。僖二十七年晉敗楚師于城濮，即此。所謂伐衛以致楚是也。

觀城縣爲衛五鹿地，與直隸大名府開州接界。晉文公還，自南河濟，侵曹伐衛，取五鹿，即此。詳見《開州》。

鄆城縣爲魯西鄆。成四年城鄆，杜註：「公欲叛晉，故城之以爲備。」蓋與晉接界。昭二十六年齊取之以居公者。

城武縣東北三十二里有梁丘城，爲魯地。莊三十二年齊侯、宋公遇于梁丘，即此。又縣東南有北郜城，爲郜國。有南部城，爲宋邑。隱十年歸于魯。

單縣即魯單父縣，宓子賤鳴琴而治者。

范縣爲晉士會邑，今縣東三里有士會墓。後范入齊爲邑，孟子自范之齊，即此。蓋春秋之末，范氏叛晉，齊、衛助之，而范因以入齊耳。據此，則范在齊、衛之間益信。季氏《私考》疑「濮州，衛地，晉不應以封其大夫，士氏本居隨」，疑范爲隨之別名者，非也。

又范縣東南七十里有廩丘故城，爲齊之廩丘邑。又有羊角城，爲衛之羊角邑。鄄城東北與范縣接界，爲魯之高魚邑。襄二十六年齊烏餘以廩丘奔晉，又襲衛羊角，襲魯高魚，又取地于宋，明年晉悉以其地還諸侯。則范縣、鄄城之境爲齊、晉、宋、魯、衛五國之交界地，最分錯。

又范縣南二里有秦亭，爲魯地。莊三十一年築臺于秦，杜註「東平范縣西北有秦亭」是也。

又范縣東南五十里有顧城，爲齊地。哀二十一年公及齊侯盟于顧，杜註：「顧，齊地。」《詩》云「韋、顧既伐，昆吾、夏桀」，即此顧也。

東昌府

今府治聊城縣爲齊聊聶，晏子所謂聊聶以東也。堂邑縣爲齊棠邑，棠公爲棠邑大夫，孟子勸齊王發棠，即此。後譌爲「棠」。茌平縣爲齊重丘，襄二十五年同盟于重丘，即此。又大隧在今高唐州境，襄十九年齊及晉平，盟于大隧，即此。皆齊地。又縣西南十二里有夷儀聚，爲邢國地。僖二年邢遷于夷儀，即此。衛滅邢，地入于衛，後又入晉。定九年齊伐晉夷儀。蓋齊、晉、衛三國接壤地。

冠縣爲晉冠氏邑。哀十五年齊伐晉，取冠氏，即此。丘縣爲晉乾侯邑，昭公出居于乾侯，即此，係晉地。

桓十六年《傳》「衛使公子伋如齊，使盜待諸莘」，杜註「衛地」。成二年戰于鞌，《傳》「晉師從齊師于莘」，杜註「齊地」。今案：東昌府莘縣西去府治七十里，從東昌府治至濟南府治歷城縣，中經茌平、長清、齊河三縣，共二百四十里。鞌爲歷城縣，從莘至鞌約計三百一十里。高氏疑其太遠，遂疑莘非今日之莘縣。然愚嘗就傳文考之，上云「及衛地，韓獻子將斬人」云云，下遂云「師從齊師于莘。六月壬申，師至于靡笄之下」，則知莘與鞌中間原隔幾日，觀其特志月日可見。蓋當日莘地，必有齊之偏師侵略衛疆而未返者，晉師適遇，遂與交戰，緣是偏師零卒望風披靡，故不言勝負。至六月壬申，遂長驅至靡笄之下，則傳所云從齊師者，乃是志前月事耳。考今日之地理，細案傳文之時日，可以瞭然無疑。莘應耑屬衛地，杜兩註者，猶屬騎牆之見也。

恩縣爲晉東陽地。襄二十三年齊伐晉，趙勝帥東陽之師追之，獲晏氂；又昭二十二年晉荀吴略東陽以滅鼓。杜兩註俱云：「東陽，晉之山東，廣平以北。」王氏曰：「自漢以前，東陽大抵爲晉太行山東地，非有城邑。楚、漢之間始置東陽郡。漢置東陽縣，屬清河郡。今恩縣西北六十里東陽故城是也。」據此，則東陽之地極廣，今直隸之冀州及廣平府之清河縣，皆晉東陽之境。

青州府

今臨淄縣爲太公始封之營丘。博興縣爲齊薄姑，《左氏》作「蒲姑」，本殷末薄姑氏國。成王時薄姑與四國作亂，成王滅之，以益太公之封。後胡公徙都于此。一名姑棼，莊八年齊襄公遊于姑棼，即其地。

臨淄縣西五十里爲齊葵丘。莊八年齊侯使連稱、管至父戍葵丘，杜註「臨淄縣西有地名葵丘」是也。蓋二人以久戍而怨，非以遠戍而怨。若僖九年會于葵丘，此係宋地，在河南考城縣東。

又博興縣南五里有貝中聚，爲齊貝丘。京相璠曰：「博昌縣南有地名貝丘，即齊襄公田處。」

府治益都縣西南爲齊馬陘，《史記》作「馬陵」。成二年齊、晉戰于鞌，晉師追齊師，入自丘輿，擊馬陘，即此。《齊乘》：「淄水出益都岳陽山北，經萊蕪谷，又北經長峪道，亦曰馬陵，即郤克追齊侯處。」丘輿亦在益都界。

博山縣東有萊蕪故城，爲魯夾谷邑。定十年齊、魯會于夾谷，即此。

臨朐縣東南一百五里大峴山上有齊穆陵關。山高七十丈，周圍二十里，道徑危惡，僅容一軌，爲齊南天險。劉裕伐南燕慕容超，兵過大峴，舉手指天，喜形于色，即此。詳見《險要》。僖四年管仲對楚使曰齊地南至于穆陵，蓋齊之南境止此。過此爲莒、魯二國境。

又杜氏《通典》：「臨朐縣東有東陽城，爲齊東陽邑。」襄二年晏弱城東陽以逼萊子，即此。案：此係齊地，與晉之東陽有別。

安丘縣東北三十里有廢淳于城，爲故淳于國。《春秋》桓五年：「冬，淳于公如曹。度其國危，遂不復。」後入杞，爲杞都。

昌樂縣東南五十里有廢營陵城，《春秋》謂之緣陵。僖十四年淮夷病杞，齊桓遷杞緣陵，即此。後杞復遷淳于。

又安丘縣西南有防亭，爲莒防邑。昭五年莒牟夷以牟婁及防、兹來奔，遂屬魯。案：此防本屬莒地，與魯之東防、西防有別。

諸城縣東北有婁鄉城，爲杞牟婁邑。隱四年莒人伐杞取牟婁，❶自是遂屬莒，杜註「城陽諸縣東北有婁鄉」是也。昭五年莒牟夷又以奔魯，亦與安丘接境，蓋二縣本連壤。

又諸城縣西有兹亭，爲莒兹邑。昭五年莒牟夷以防、兹來奔，即此兹也。

又諸城縣治西南三十里有古諸城，爲魯諸邑。莊二十九年城諸及防，杜註「諸，今城陽諸縣」是也。又文十二年季孫行父城諸及鄆。

又安丘縣東北十里有渠丘亭，爲莒渠丘邑。成九年楚子重伐莒圍渠丘，渠丘城惡，衆潰奔莒。楚師圍莒，莒城亦惡，莒潰，楚遂入鄆。浹辰之間，楚克其三城，蓋地相近也。莒爲莒州，鄆爲今沂水縣，向俱屬青州府，今改屬沂州府。

登州府

今黄縣東二十里有萊子城，即萊國。襄

❶「四」，原誤作「三」，今據《春秋左傳正義》改。

六年齊滅之爲邑，二十八年慶封田于萊，即此。《通典》：「萊州治掖縣，春秋萊子國，亦爲東萊郡。以在齊國之東，故曰東萊。」蓋萊之幅員廣遠，由萊跨登以至于海也。

萊州府

今高密縣西有黔陬城，爲介國地。膠州南七十里又有介亭，蓋高密與膠州連壤也。

即墨縣有棠鄉，爲萊之棠邑。《左傳》齊入萊，萊共公奔棠，晏弱圍棠，滅之。按：《史記》「營丘邊萊」，萊地甚廣，亘登、萊二府之境。自是齊地東盡于海矣。

又高密縣爲晏子封邑，蓋亦以晏弱滅萊棠之故。

又高密縣東四十里有計斤城，春秋時謂之介根，莒兹輿期始封邑也。春秋初徙于莒，此爲莒别邑。襄二十四年齊侯伐莒取介根，杜註「莒邑，今城陽黔陬縣東北計基城」是也。漢置計斤縣。

春秋列國地形犬牙相錯表卷六之上終

孫：重光校字

春秋列國地形犬牙相錯表卷六之中

錫山顧棟高復初輯
安東程時與宜參

直隸

順天	府爲北燕國地。
永平	府有無終子國，古孤竹地，兼有燕地。
保定	府爲北燕、鮮虞二國地，兼有晉地。
易州	爲北燕地。
河間	府爲北燕、晉二國地。
天津	府爲北燕地，兼有齊北無棣。
真定	府爲鮮虞、肥、鼓三國地，兼有晉地。後
趙州	爲晉地。
冀州	爲晉地。
順德	府爲晉地。
廣平	府舊爲齊、衛、晉、赤狄四國交錯之地。
大名	府爲晉、衛二國接境之地，中亦錯入

肥、鼓滅于晉。
後赤狄爲晉所滅，衛邯鄲亦屬晉，由是齊、晉爲接壤。
鄭地。

順天府

今大興縣爲古薊丘，燕所都。《史記》曰「武王封帝堯之後于薊」，張守節《正義》曰「召公始封」。蓋在北平無終縣，以燕山爲名。後漸强盛，乃并薊徙居之。至王喜二十九年，秦攻拔我薊，燕始亡。

永平府

今玉田縣治西有古無終城，爲春秋時無終子國。

盧龍縣有舊肥如縣城，應劭曰：「肥子奔燕，燕封之于此。」

保定府

今唐縣北八里有唐山，爲燕唐邑，亦曰陽。昭十二年齊高偃帥師納北燕伯于陽，《左傳》作「唐」，一地二名。

又唐縣東北十三里有中人城，爲鮮虞中人邑。昭十二年晉荀吴帥師侵鮮虞及中人，即此。

完縣東南三十里爲晉逆時邑。哀四年齊國夏伐晉取逆時，酈道元以爲即曲逆也，張晏曰：「濡水于城北曲而西流，故名。」漢封陳平爲曲逆侯，即此。

易州

今易州爲燕之下都。《記》曰：「易者，燕桓侯之别都。」又曰：「燕文公遷易。」二君皆在春秋時。是燕之有易，猶夫晉之曲沃、齊之高唐，以先君所常居而謂之下都。

又燕昭王築黄金臺，在易水東南十八里。子丹踵其迹，荆軻歌「風蕭蕭兮易水寒」，是其地也。

又《寰宇記》燕召公始封，即今淶水縣，後徙于薊。

河間府

任丘縣爲燕濡上地。昭七年齊侯次于虢，燕人行成，盟于濡上。杜註：「濡水出高陽縣東北，至河間鄚縣入易水。」鄚縣在今任丘縣境，則濡上當在今安州任丘間。

《皇輿表》以景州爲晉條邑，《左傳》「晉穆侯以條之役生太子」。案：穆侯時晉地不應到此，疑未敢信。

天津府

今滄州境有燕虢地，昭七年齊侯次于虢，杜註「虢燕竟」，即此。

慶雲縣爲春秋時齊之無棣。案：杜氏《通典》：「鹽山，春秋時之無棣邑也。」元分其地，置兩無棣縣，一屬河間路之滄州，一屬濟南路之棣州。明改河間之無棣爲慶雲，改濟南之無棣爲海豐，蓋二縣皆與鹽山接壤也。今慶雲屬天津府，海豐屬山東武定府。

真定府

今府治西北四十里有鮮虞亭，爲春秋時鮮虞國，《左傳》亦曰「中山」。

晉州治爲鼓國，又州東南爲春秋時昔陽。昭二十二年晉荀吴略東陽，使師僞糴者負甲以息于昔陽之門外，遂襲鼓，滅之。昔陽即鼓子都。

藁城縣西南七里爲肥國，昭十二年晉滅肥，即此。

欒城縣爲晉欒邑，欒武子所封。哀四年齊國夏伐晉取欒，即此。

平山縣爲晉蒲邑，在真定府西九十里。

趙州

今州城中有棘蒲社，爲晉棘蒲地。哀元年師及齊師、衛孔圉、鮮虞人伐晉取棘蒲，即此。

柏鄉縣北十二里有古鄗城，爲晉鄗邑。哀四年齊國夏伐晉取鄗，讀若「郭」。光武即位于鄗南，更名曰高邑。北齊天保六年移治于房子縣東北，去舊城三十里，即今高邑縣。

臨城縣治東有古臨城，爲晉之臨邑。哀四年趙鞅圍邯鄲，邯鄲降，荀寅奔鮮虞，趙稷奔臨，即此。

冀州

今州治爲晉之東陽地，荀吴略東陽以滅鼓，即此。

順德府

今邢臺縣西南爲邢國，後入晉爲邢邑，晉以申公巫臣爲邢大夫；哀四年齊國夏伐晉取邢，即此。

任縣東南爲晉任邑，襄三十年鄭羽頡奔晉爲任大夫，哀四年齊國夏伐晉取任，即此。

唐山縣西十二里有柏人故城，爲晉之柏人邑。皇甫謐曰：「柏人城，堯所都也。」哀四年齊弦施會鮮虞，納荀寅于柏人。即漢高帝過柏人心動處。

廣平府

今邯鄲縣爲晉之邯鄲邑，向屬衛，後屬晉。定十三年趙鞅殺邯鄲午，午子趙稷以邯鄲叛，即此。

又縣西爲晉五氏邑，亦曰寒氏，爲邯鄲午之食邑。

襄二十七年衛侯之弟鱄出奔晉，託于木門，杜註：「木門，晉邑。」高氏：「按《穀梁傳》曰：『織絢邯鄲，終身不言衛。』木門當在邯鄲之境。」

成安縣東南十三里爲晉乾侯邑。昭二十八年公如晉，次于乾侯，即此。漢爲斥丘縣，闞駰曰：「地多斥鹵因名。」或又以乾侯爲山東東昌府之丘縣，意當與成安接壤。或以「斥丘」而誤脱一「斥」字也。

清河縣治東，杜佑曰「齊地」。亦爲晉東陽之境，孔穎達曰：「東陽是寬大之語，總謂晉之太行山東地。」

永年縣東北爲晉曲梁邑，本赤狄之地。宣十五年晉荀林父敗赤狄于曲梁，遂滅潞；又晉侯之弟揚干亂行于曲梁，即此。

又襄三年諸侯同盟于雞澤，杜註「在廣平曲梁縣西南」，當亦在永年縣境。若今之雞澤縣，乃隋析廣平縣所置，非春秋時雞澤也。

大名府

今開州治西南三十里有濮陽城，爲衛帝丘，僖三十一年衛成公遷都于此。又州西北爲衛澶淵，與河南彰德府内黄縣接界，襄二十年晉及諸侯會于澶淵，即此。又州北五里爲衛鐵丘，哀二年晉趙鞅、鄭罕達戰于鐵，即此。又二里爲衛孫氏之戚邑，文元年晉侯疆戚田，即此。又州東南爲衛斂盂，僖二十八年晉侯、齊侯盟于斂盂，即此。東南三十里爲衛清丘，宣十二年同盟于清丘，即此。東南六十里爲衛鹹地，僖十三年會于鹹，即此。又州東有衛圉城，襄二十六年孫蒯敗衛師于圉，即此。又東二十五里爲昆吾觀，哀十七年衛侯夢于北宮，見人登昆吾之觀，即此。又戚東鄙爲衛茅氏，襄二十六年晉戍茅氏，即此。俱在開州境，爲會盟要地。孫氏之難，晉助孫氏，衛之受師，亦多于此。蓋開州瀕河，東與東昌觀城縣接界，北與内黄縣接界，據中國要樞，不獨衛之重地，抑亦晉、鄭、吳、楚之孔道也。

府東四十五里有晉沙鹿山。僖十四年沙鹿崩，杜註「陽平元城縣東有沙鹿土山」是也。又府東有沙亭，爲衛沙地。定七年齊侯、衛侯盟于沙，杜註「陽平元城縣東有沙亭」。

又府東四十五里爲衛五鹿邑，杜註「陽平元城縣東亦有五鹿」，晉文公過衛乞食野人處也。僖二十八年晉伐衛取之，後仍入衛，最後復入于晉。哀元年齊、衛救邯鄲午之子稷于邯鄲，圍五鹿；四年齊、衛救范氏，圍五鹿，即此。

案：晉之沙鹿與衛之五鹿及沙三地，杜註俱云在元城縣東，且名亦相近。《穀梁》云：「沙，山名。林屬于山爲鹿。」杜註云「沙鹿，土山」也。豈五鹿亦沙鹿之旁地，而沙亦以山得名歟？且五鹿迭屬晉、衛，蓋爲兩國之接壤，而齊、衛伐晉首先交兵之地。定七年《傳》：「衛侯欲叛晉，諸大夫不可。乃使北宮結如齊，而私于齊侯曰：『執結以侵我。』齊侯從之，乃盟于瑣。」瑣即沙也。齊侯、結叛晉，公然于晉之近地無所忌憚，猶晉悼公會十二國諸侯于楚之柤地，蓋欲張其聲勢，以觀其應敵何如耳。是時晉伯極衰，政在大夫，恬然置不爲意，而哀元年及四年齊、衛遂屢次連兵以伐五鹿矣。觀此，則沙與五鹿之爲近地益信。

又府治東南爲衛馬陵地，成七年公會諸侯同盟于馬陵，即此。戰國時孫臏射殺龐涓處。

魏縣南二十里爲衛新築地，成二年齊、衛戰于新築，即此。

長垣縣治爲衛甯氏之蒲邑。桓三年齊侯、衛侯胥命于蒲，即此。

又縣東北有祭城，爲祭仲邑。又縣西北六十里與河南衛輝府滑縣接界，爲衛訾婁地。僖十八年邢、狄伐衛，衛侯師于訾婁，即此。

又縣西南十五里爲衛之匡邑。僖十五年諸侯盟于牡丘，遂次于匡；文八年晉侯使解揚歸匡、戚之田于衛；《論語》「子畏于匡」，即此。

陝西

西安府爲秦地。臨潼縣爲驪戎國，晉獻公滅之，爲晉地，不知何年入于秦。
商州爲秦、晉、楚三國接境之地。
同州府分屬秦、晉，爲二國交兵之地。
乾州爲秦地。
鳳翔府爲秦地。
興安州爲楚地。
延安府舊爲白狄地，後爲晉地。斗入秦界，尋入秦。
平涼府爲秦地。
鞏昌府爲秦地。
秦州以秦得名，爲非子始封之地。

西安府

今咸陽縣北五里有畢原，係畢公高所封。《竹書》「穆王十四年狄人侵畢」，後不知何以亡。

春秋時，裔孫畢萬仕晉。

臨潼縣東二十里爲春秋時驪戎國。《國語》云「晉滅驪戎」，《史記·年表》稱在獻公之五年，實魯莊公之二十二年也。其地亦曰櫟陽。《史記》秦獻公二年徙都櫟陽。櫟陽城在臨潼縣北三十里。據此，則驪戎地當入于秦。又縣竟爲秦侯麗地。《路史》云「麗」與「驪」通，即驪戎國。成十三年晉及諸侯之師伐秦，濟涇，及侯麗而還，則此時驪戎之地已爲秦有，距晉滅驪戎之歲凡九十五年。其由晉入秦之年則不可考矣。舊以爲晉之櫟邑，非也。襄十一年秦、晉戰于櫟，《左傳》庶長武濟自輔氏，與鮑交伐晉師，則櫟當爲河以東之地。櫟陽去河絶遠，不得牽混。

鄠縣爲西周豐邑，今縣東五里有酆宮。又二十五里有靈囿，囿中有靈臺，高二丈，周一百二十步。僖十五年秦獲晉侯，舍諸靈臺，即此。

鄠縣東有酆國。《左傳》所謂「畢、原、酆、郇，文之昭也」，即文王所宅之酆邑。本崇侯虎國，文王克崇而居之，故《詩》云「既伐于崇，作邑于酆」。武王既遷鎬京，封其弟于此。《竹書》「成王十九年巡狩侯甸，正百官，黜酆侯」，蓋絶封久矣。宣元年晉趙穿帥師侵崇，杜註「秦與國」，蓋復居酆而襲崇之舊號者。

渭南縣北五十里有下邽城，秦武公所置。又涇水自乾州永壽縣來，南歷西安府醴泉縣之谷口，又東南過涇陽，至高陵縣西南十里合于渭水。

涇陽有睢城渡，即諸侯濟涇，秦人毒涇上流處。又縣西南有麻隧地，晉、秦戰于麻隧，即此。

商州

今州治爲晉之上雒邑及菟和、倉野之地。哀四年蠻子赤奔晉陰地，楚起豐、析與狄、戎，以臨上雒，左師軍于菟和，右師軍于倉野。《水經注》「丹水自倉野東歷菟和山，又東至商縣」。上洛，春秋時晉地，即今商州治也。今州南百四十里有倉野聚。

雒南縣爲楚之商邑。文十年《傳》楚子西爲商公，杜註：「商，楚邑，今上雒商縣。」上雒廢城在今商州東九十里古商邑，本契所封，春秋時屬楚，蓋近河南南陽府界。盛弘之《荆州記》：「武關西北百二十里有商城。」

又哀四年楚使謂陰地之命大夫曰「將通于少習以聽命」，杜註「商縣武關也」。春秋時武關屬楚，在商州東少習山下，故亦名少習。

同州府

今朝邑縣西二里有故臨晉城，爲秦之王城。僖十五年晉陰飴甥會秦伯盟于王城，二十四年晉文公潛會秦伯于王城是也。本芮國地，《竹書》秦穆公二年滅芮，築壘以臨晉地，故曰臨晉。亦曰大荔城。《史記》：「厲共公十六年，塹河旁，以兵二萬攻大荔，取其王城。」蓋厲共公在春秋之末地失于戎，而秦復取之也。今新設府治大荔縣亦以此得名。

又縣西北十三里有輔氏城，爲晉之輔氏地。宣十五年秦伐晉，次于輔氏；襄十一年庶長武濟自輔氏，爲晉濱河以西要地。

韓城縣舊爲韓、梁二國地。韓在春秋前

爲晉文侯所滅，後爲桓叔子韓萬食邑。僖十五年晉惠公獲于韓，即此。梁于僖十九年秦穆公滅之，爲少梁邑，後亦入于晉，文十年晉人取少梁。韓在縣東南二十里。少梁城在縣南二十里。

澄城縣南二十二里爲晉北徵邑，後入于秦。文十年秦伐晉取北徵，即此。又縣有泉出匱谷中，造酒極美，名曰酒泉。莊二十一年王與虢公酒泉，杜註「周邑」，由是虢地跨河東西，晉滅虢因有其地。

又縣東北二十里爲秦之新城邑，即梁國之新里。秦取之，謂之新城。文四年晉侯伐秦圍刓、新城，即此。

白水縣東北六十里與郃陽接界，有彭衙古城，爲秦之彭衙邑。本戎地，《史記》「秦武公元年伐彭戲氏，至于華山」，《正義》云：「彭戲即彭衙也。」後入于晉，文二年晉伐秦，取汪及彭衙而還。汪亦在白水縣界。

郃陽縣東南有刳首坑，爲秦刳首地，與山西蒲州府猗氏縣接界。文七年晉敗秦于令狐，至于刳首，杜註「從刳首去也」。闞駰曰：「令狐即猗氏，其處猶名狐村。」今猗氏縣西十五里有令狐城，係晉地，在河之東，與秦之刳首隔河相接。

華州爲秦棫林，襄十四年晉師伐秦至棫林，即此。舊爲宣王弟友采邑，爲畿內咸林地。後鄭東徙，秦因有之，亦曰舊鄭。《史記》秦武公「十一年，初縣杜、鄭」是也。時當魯莊公之七年。後嘗屬晉，蓋晉獻公取之。至僖十五年晉惠公賂秦伯以河外列城五，南至華山，即舊鄭之地。自是棫林長爲秦有矣。又州城東北十三里爲晉之武城邑，文公八年秦伐晉，取武城，即此。一名武平城。

華陰縣爲晉之陰晉邑，華山在縣南十里。高氏曰：「晉賂秦，東盡虢略，南至華山，蓋陰晉亦在五城之中矣。」

案：春秋時，晉有桃林爲函關，而陰晉更在函關西百里；楚有少習爲武關，而商邑更在武關西北百二十里，俱在今同州府及華州之境。是時秦地蹙狹，迫于晉、楚。南出滅都而都終爲楚有，東出襲鄭滅滑而滑適爲晉有，扼秦之吭幾二百年。逮孝公據殽、函之地，惠王兼武關而有之，秦遂虎視以雄列國矣。

乾州

今武功縣南有秦終南山。《左傳》作「中南」，昭四年司馬侯曰「荆山、中南、九州之險」，杜註：「在始平武功縣南。」又涇水自平涼府涇州來，經州及長武、邠州、淳化、永壽之境。俱詳見《秦山川》。

鳳翔府

今府治鳳翔縣城南有故雍城，爲秦雍都。《史記・年表》秦德公元年卜居雍，後子孫飲馬于河，時當春秋莊公之十七年。後世世都之。僖十三年秦輸粟于晉，自雍及絳相繼，杜註「雍，秦國都」是也。至戰國初，獻公始徙都櫟陽。然雍仍爲故都，昭襄王五十四年郊見上帝于雍，始皇九年上宿雍。橐泉、蘄年、棫陽諸宮俱在故雍都。

岐山縣爲周西岐之地。幽王末陷于犬戎，秦襄公逐戎，即有其地。

寶雞縣東五十里爲古小虢。案：西虢君隨平王東遷，王别封之于河南陝縣，其支庶之留于雍者謂之小虢，亦曰桃虢城。秦武公十一年滅之，時當春秋莊公之七年。

又縣東二十里有故陳倉城，爲秦文公所築，其孫武公增搆徙都之。又有陳倉山，即文公獲陳寶處。其地在汧水之南，渭水之北，所云汧、渭之間。

郿縣西四十六里爲秦平陽。《史記·年表》秦寧公二年遷平陽，《春秋》隱公之九年也。

興安州

《皇輿表》以興安州爲庸國地，文十六年楚人、秦人、巴人滅庸，即此。自是地屬楚。蓋接湖廣鄖陽府竹山縣之境。

延安府

高氏曰：「晉文公初伯，攘白翟，開西河，魏得之爲河西、上郡。至戰國惠王六年魏始納陰晉，八年納河西地，十年納上郡十五縣。陰晉，今華陰縣。河西，孔氏曰同、丹二州。丹州今延安府宜川縣，上郡爲延安以北。」案：晉地至此，疑其太遠。然惠公于韓之戰已曰「寇深矣，若之何」。韓爲今韓城縣，濱河，爲秦、晉接界，無寇深之理。而延安府治東去山西黄河界四百五十里，晉之幅員廣遠，在惠公時早已至此，合之寇深之言，理當有之。

鞏昌府

今伏羌縣爲古冀戎地，《史記》秦武公初縣冀戎，即此。時春秋莊公之六年也。

秦州

今州西六十里有上邽城，爲古邽戎邑。

秦武公初縣邽戎，即此。時春秋莊公之六年。又州西百二十里有西縣城，爲秦之先大駱地，後莊公復都焉。清水縣西有故秦城，爲非子始封。

江南

江寧府全境皆吳地。惟六合縣屬楚，與吳分界，爲戰争地。

太平府爲吳地。蕪湖、當塗縣爲楚所奪，與吳分界，爲戰争地。

淮安、揚州、鎮江、常州、蘇州、松江及通州全境皆吳地。

海州爲莒、魯二國地。

徐州府爲宋彭城，係宋地。中有偪陽、鍾吾二國，後偪陽入宋，鍾吾入

安慶府爲吳、楚界上蠻夷之地，舊屬楚，後屬吳。

廬州府及六安州爲群舒地，舊屬于楚。巢縣爲楚巢邑，吳争七十年

鳳陽府屬楚，中斗入魯地、徐地。鳳陽縣爲楚鍾離。壽州爲楚州來，吳

泗州爲吳、徐二國。後徐滅于吳。吳與中國諸侯交接結盟抗楚多于此。

潁州府屬楚，爲吳、楚戰争地。中有胡國，又斗入宋地。

滁州屬吳。和州屬楚，與太平府隔江相對，爲吳、楚戰争地。

廣德州屬吳，爲吳、楚戰争地。

徽州、寧國、池州三府皆吳地。

				吴。又錯入楚地。		而後得此。	争七十年而後得此。					

江寧府

《寰宇記》六合縣爲古之棠邑。襄十四年楚子囊師于棠以伐吴，即此。後伍奢長子棠公尚爲棠邑大夫。

太平府

襄三年子重克鳩兹，至于衡山。鳩兹城在今太平府蕪湖縣東三十里。衡山，當塗縣東北六十里有横山，「横」與「衡」通。今自長江東下，先蕪湖、當塗而後至六合，六合爲楚棠邑。觀襄十四年子囊師于棠以伐吴，則二縣之終爲楚地可知矣。

又府隔江相對爲和州，係楚地。昭十七年長岸之戰，獲吳乘舟餘皇，其地在今太平府西南三十里、和州南七十里，號曰天門山，則楚地已軼入太平府界。

常州府

今無錫縣東南三十里有泰伯城地，曰梅李鄉，乃泰伯始逃荆蠻所居處，闔廬以上皆都之。詳《都邑》。

府治武進縣爲春秋時延陵邑，吳季札所封。詳《都邑》。

蘇州府

今府城爲闔閭所都，因城西三十里姑蘇山爲名。城西十里有虎丘，即闔閭墓。

府西南八十五里有西洞庭山，一名包山，春秋時所云夫椒也，哀元年吳王夫差敗越處。

《通典》：「蘇州理吳、長洲二縣，春秋吳國之都，其南百四十里與越分境。吳伐越，越禦之于檇李，則今嘉興縣之地。」

鎮江府

今府治丹徒縣，爲吳朱方邑。襄二十八年齊慶封奔吳，吳句餘與之朱方，即此。詳《都邑》。

揚州府淮安府

哀九年吳城邗溝通江、淮，即今之漕河。起于揚州府城東南二里，歷邵伯湖、高郵湖、寶應湖，北至黄浦接淮。

其合淮處爲末口，在淮安府城北五里，今爲新城之北水關。自江達淮，南北長三百餘里。

又哀十三年晉侯及吳子會于黄池，杜註：「封丘縣南有黄亭，近濟水。」《國語》云：「吳王夫差起師北征。闕爲深溝，于商、魯之間，北屬之沂，西屬之濟，以會晉公午于黃池。」沂水入泗，濟水在封丘縣南。蓋既溝通江、淮，遂率舟師自淮入泗，自泗入沂，復穿魯、宋之境，連屬水道，有不通者鑿而通之，以達于封丘之濟，即杜氏所云「近濟水」也。其道極回遠，由今考城過杞縣北境，歷蘭陽而至于封丘。

案：吴城邗溝，自揚州至淮安三百里，闕深溝于宋、魯接界，自河南歸德府考城至開封府之封丘又四百里。今日之漕河，夫差時已及其半。連屬江、淮、沂、濟，即今日治漕借山東汶、沂諸水之法。

通州

哀十二年公會衛侯、宋皇瑗于鄖。《左傳》：「衛侯會吴于鄖。公及衛侯、宋皇瑗盟，而卒辭吴盟。」杜註：「鄖，發陽也。廣陵海陵縣東南有發繇口。」高氏曰：「發陽无可考。今通州如皐縣亦晉海陵地，縣南十里有會盟原，相傳爲吴、楚會盟處。考《春秋》吴、楚始終無會盟事，意必指此。」

海州

《皇輿表》以海州爲魯地。

《左傳》成九年城中城，杜註「在東海廪丘縣西南」。廪丘是「厚丘」之譌。《後漢志》東海郡厚丘縣註引此《傳》文爲證，云「縣西南有中鄉城」，今海州之沭陽縣也。魯之南境至是止。又一說中城爲魯之内城，諸儒多從其說。

又莒紀鄣城在海州贛榆縣北七十五里。昭十九年齊高發伐莒，莒子奔紀鄣，杜註「莒邑，東海贛榆縣東北有紀城」是也。《後漢志》贛榆縣引此傳文爲證，今山東沂州府莒州與贛榆縣接界。

徐州府

今新設府治銅山縣爲宋彭城邑。成十八年楚子伐宋，宋魚石復入于彭城，西鉏吾曰：「今將崇諸侯之姦，而披其地以塞夷庚。」杜註：「夷庚，晉、吴往來之要道。」蓋吴、晉往來必由彭城，故杜云然。

沛縣爲春秋時偪陽國，與山東兖州府嶧縣南接界。襄十年晉悼公滅之以與宋，通吴、晉往來之道。又楚柤地亦在沛縣境，是年會吴于柤，遂滅偪陽是也。

蕭縣爲宋附庸蕭國，宋以封蕭叔大心。宣十二年楚莊滅之，後仍爲宋邑，定十一年宋公之弟辰入于蕭以叛是也。又成十八年楚子辛、鄭皇辰侵城郜，取幽丘，杜註「皆宋地」，在今徐州府蕭縣界。

碭山縣爲楚之麻邑。昭四年吴伐楚，取棘、櫟、麻。魏收《志》「碭郡安陽縣治麻城」。《彙纂》曰：「碭山縣有安陽城，即故麻城也。以楚之東鄙言之，近是。」

邳州北六十里有良城，爲吴良地。昭十三年晉侯會吴子于良，水道不可，吴子辭。《正義》云：「吴地水行，故以水路不通辭。」此時吴未溝通江、淮故也。

宿遷縣西南有司吾城，應劭曰：「古鍾吾國也。」昭二十七年吴公子燭庸奔鍾吾，三十年爲吴闔閭所滅。《縣志》以爲隱元年宋人遷宿于此，因謂之宿遷，非也。宿遷本名宿豫，晉元帝督運軍儲，于此立邸閣，因名。安帝遂立宿豫縣。唐寶應初避代宗諱，改爲宿遷，與宿國無與。

安慶府

今桐城縣爲春秋時桐國，楚附庸也。定二年桐叛楚，吴子使舒鳩氏誘敗楚人。漢朱邑爲桐鄉令，謂子孫死必葬我桐鄉，即此。

案：安慶亦春秋時群舒地。潛山縣爲古舒州，宋封王安石爲舒王，今潛山有安石讀書臺。嘗質諸桐城劉畊南。畊南云：「《詩》云『荆、舒是懲』，荆以東即爲舒地。蓋舒之種類甚多，今皖城連接廬州府之廬江、舒城二縣皆是，居吴、楚之界，迭爲向背。是時吴强楚弱，故桐叛楚，《春秋傳》所謂『蠻夷屬于楚者，吴盡取之』是也。」

又大江東流，自湖廣黄州府之廣濟縣、黄梅縣，流入江南安慶府之宿松縣界，南岸爲江西九江府之德化縣，楚地止此。則安慶一府自宿松以東皆爲吴地矣。故江南之安慶，江西之南康、九江皆謂之吴頭楚尾。

廬州府及六安州

群舒及宗國俱在今廬江、舒城二縣境。

文十二年群舒叛，楚子孔執舒子平及宗子，遂圍巢。蓋宗、巢二國皆群舒之屬也。英氏在六安州西，六在六安州北，諸國皆皐陶之後，界在蠻夷。成七年《傳》：「吴始伐楚、伐巢、伐徐。蠻夷屬于楚者，吴盡取之。」蓋指廬州及安慶二府之境，統前後而言之也。

襄十三年庸浦之戰，在今廬州府無爲州。

昭五年鵲岸之戰，在今廬州舒城縣西北，杜註「廬江舒縣有鵲尾渚」是也。

昭二十七年吳師圍潛，潛在今六安州霍山縣東北三十里。

案：《春秋傳》楚滅舒蓼、舒庸、舒鳩及宗四國，杜皆不能明其處，但云廬江南有舒城及龍舒城，約略四國所居在此兩城之間。舒城即今舒城縣，龍舒城在今廬江縣。

巢縣東北五里有故巢城，爲春秋時楚之巢邑。按：巢本古國，楚滅之爲邊邑。昭四年楚城巢，五年使沈尹射待命于巢，至二十四年平王爲舟師以略吳疆，吳人踵楚而邊人不備，遂滅巢及鍾離。

巢縣西北六十里有柘臯鎮，俗名會吳城，爲吳橐臯地。哀十二年公會吳于橐臯，杜註「在淮南逡遒縣東南」。逡遒故城在今府治合肥縣東，與巢縣相接。

又無爲州境有楚駕、釐二邑，廬江縣境有楚虺邑。成十七年吳人圍巢伐駕，取釐、虺，杜註：「巢、駕、釐、虺，楚四邑。」

鳳陽府

壽州爲楚之州來。案：州來本小國，後屬于楚。自成七年吳始争州來，至昭二十三年雞父之戰，楚師大奔，州來遂爲吳地。以封季札，號延州來季子。哀二年遷蔡于此，更謂之下蔡。戰國時爲楚地。考烈王遷都壽春，在淮之南，下蔡城在淮之北，相距三十里。二城對據，翼蔽淮濆，宋時謂之南、北壽春。定四年吳入郢，舍舟淮汭，自豫章與楚夾漢。淮汭即州來，蓋吳既得州來，即屯宿重兵爲歸計，故留舟船于此。楚司馬戌曰「我悉方城外以毀其舟」，亦知吳爲必死之計，欲用大衆以争之，以絶吳師之後也。雞父在壽州西南。

府治鳳陽縣爲楚之鍾離。按：鍾離本小國，屬于楚。昭四年楚始患吳，使箴尹宜咎城鍾離，薳啟疆城巢，然丹城州來，皆沿淮要害處。蓋楚師從大江東下，吳人仰攻不能敵楚，故其侵擾楚疆，多從淮右北道，鳳陽以西，壽、霍、光、固之間，皆近淮壖，築此三城以斷其北來之路。而吳亦置楚南道之師于不問，克鳩兹，克朱方，逼近吳都。吳之報楚則取駕，取棘、櫟、麻，日爭鬭于廬之無爲及碭山、汝寧之境，蓋舍水從陸以避楚長江直下之險。至昭二十三年吳滅州來，二十四年滅鍾離及巢，淮之藩籬盡撤，而吳遂長驅以入郢矣。

懷遠縣東北四十五里有向城，爲春秋時向國。隱二年莒人入向，即此。又宣四年公伐莒取向，此在今山東兗州府嶧縣境，係兩地。

虹縣北有蒲姑陂，爲徐蒲隧地。昭十六年齊師伐徐至于蒲隧，即此。又縣東北有婁亭，爲徐婁林地。僖十五年楚人敗徐于婁林，即此。徐國在徐、僮間，僮縣故城在今虹縣境。

泗州

今州北八十里有古城，與鳳陽府虹縣接境，相傳爲徐偃王築。《括地志》：「徐城縣西四十里有大徐城，即古徐國也。」隋時屬泗州。昭三十年冬吳闔閭伐徐防山而水之，遂滅徐，蓋決泗水也。

盱眙縣爲吳善道地。襄五年晉悼公欲通吳，先使魯、衛會吳于此，告以會期。《南兗州記》：「盱眙本吳善道地。秦置盱眙縣。許慎曰：『張目爲盱，舉目爲眙。』城居山上，可以矚遠，因名。」又襄三年晉會諸侯于雞澤，使荀會逆吳子于淮上，吳子不至。淮上亦在臨淮、泗州之境。

潁州府

今蒙城縣界有吳房鍾地，昭六年楚令尹子蕩伐吳，吳敗之于房鍾，即此。縣北有楚瑕地，成十六年鄢陵之戰，楚師還及瑕，即此。

潁水入淮處謂之潁尾，爲楚地。昭十二年楚子狩于州來，次于潁尾。在今潁州府潁上縣，與壽州接界。

亳州東南有乾谿，爲楚地。昭十二年楚遣兵圍徐以懼吳，楚子次于乾谿，以爲之援，明年就弒，即此。

又州東南七十里有城父城，本陳夷地，後爲楚邑。僖二十三年楚伐陳取焦、夷，杜註「夷，一名城父」；昭九年楚公子棄疾遷許于夷，實城父，即此。

霍山縣西南八里有窮水。昭二十七年楚左司馬沈尹戌與吳師遇于窮，令尹子常以舟師及沙汭而還。《水經注》：「淮水又東，窮水入焉，出安豐縣窮谷。春秋吳救灊，沈尹戌與吳師遇于窮谷是也。」沙亦水名，其合淮之處謂之沙汭，在今霍丘縣境。詳見《山川》。

又縣東有楚瑣地，昭五年楚伐吳，越大夫常壽過帥師會楚子于瑣，即此。

又縣西南八十里有雩婁城，爲楚雩婁地。《淮南子》：「孫叔敖決期思之陂，灌雩婁之野。」期思陂即芍陂，在河南光州固始縣境，與霍丘縣接壤。襄二十六年楚子、秦人侵吳及雩婁，昭五年楚使薳啟彊待命于雩婁，即此。

新設府治阜陽縣爲春秋時胡國。昭四年楚靈王合十三國于申伐吴，胡國與焉。及吴入郢，胡子盡俘楚邑之近胡者。定十五年楚滅胡。蓋潁于此時已盡屬楚地，胡僅存，至是亦滅。

又潁上縣西北有慎城，爲楚慎邑。哀十六年吴人伐慎，白公敗之，杜註「汝陰慎縣」是也。漢置慎縣，至劉宋初改置慎縣于合肥縣境，此城遂廢。

太和縣西有原鹿城，爲宋鹿上地。僖二十一年宋襄公爲鹿上之盟以求諸侯于楚，杜註「鹿上，宋地，汝南有原鹿縣」是也。

和州

昭十七年吴伐楚，楚卜戰不吉，司馬子魚曰：「我得上流，何故不吉？」戰于長岸，大敗吴師，獲其乘舟餘皇。杜註：「長岸，楚地。」今太平府西南三十里有西梁山，與和州南七十里之東梁山夾江相對，如門之闕。《郡國志》云：「楚獲乘舟餘皇處。」

廣德州

今州西北二十五里有桐水，匯于丹陽湖入大江。哀十五年楚伐吴，及桐汭，杜註「宣城廣德縣西南有桐水」是也。詳見《山川》。

寧國府

今府境有吴頯黄地。哀十六年楚白公之亂，王孫燕奔頯黄氏，杜註「吴地」，即此。

池州府

今銅陵縣北十里有鵲頭山，高聳臨江。太平府繁昌縣西南大江中有鵲尾洲，春秋時所云鵲岸也。昭五年楚伐吴，聞吳師出，薳啟疆帥師從之，吳人敗諸鵲岸。杜註：「廬江舒縣有鵲尾渚。」高氏曰：「杜註所云蓋謂今廬州府舒城縣西北之鵲亭。然薳射自夏汭出，薳啟疆別從江道，不應在内地。杜佑曰：『南陵大江中有鵲尾洲，即古鵲岸也。』此説可通。」今池州府銅陵縣即南陵縣地所分，與太平府繁昌縣相連，自古常爲戰争之地。

徽州府

《皇輿表》以爲吳地，然于經、傳無所見。據《史記·年表》吳闔閭十一年伐楚取番，實當魯定公之六年。番爲江西饒州府治之鄱陽縣。由吳取番，路須經浙江之嘉興府、杭州府、嚴州府，江南之徽州府，而後至江西之饒，則嚴、徽二府之爲吳地信矣。

《通典》：「歙州理歙縣，春秋時屬吳。」

浙江

杭州府	舊爲吴地，自勾踐行成，吴增封越後，當爲越地。
嘉興府	舊爲吴之南境、越之北境地。自夫差增封越西至于檇李以後，全境皆越地。
湖州府	舊爲吴地，自吴增封越後，當爲越地。
寧波府	爲越之東境、南境地。
紹興府	爲越始封地。
台州府	爲越地。
金華府	爲越地。
衢州府	爲越之西境地。
嚴州府	舊爲吴地，自吴增封越後，當爲越地。
温州府、處州府	皆越地。

杭州府

《通典》「春秋越國之西境，越西北至語兒」，今嘉興府石門縣，與吴分界。然以浙江之嚴州、江南之徽州謂均屬吴地，由嘉興趨嚴、徽，路必由杭，越豈能孤處孑立于吴地中耶？竊意杭在春秋時尚荒僻，爲兩國莫居之地，所以越之侵吴，則徑入笠澤；吴之敗越，窮追至會稽。杭在其中，曾無藩籬之限。謂杭竟爲越地者，亦非也。或當增封越地後，則杭、嚴俱當屬越耳。

近者《嘉興府志》云：「禾郡地名其見于《春秋》、《國語》、《越絶》諸書者，曰檇李，曰禦兒，曰平原，三者而已，皆在嘉興一府之地。」蓋自吴、越兵争，三江播蕩，地荒而不治，民徙而失業，數百里之間靡然榛莽。可見春秋當日嘉興實爲吴、越分界，所以戰争多在夫椒、笠澤。唐人詩所云「到江吴地盡，隔岸越山多」，謂杭州尚屬吴地者，非也。蓋不獨兩國兵争蕩爲墟莽，其實杭、湖二府春秋時尚未開闢。自越之會稽至吴之檇李三四百里，曠無人居，不在版圖之内。杭近海，自唐以前尚不宜稼穡。李鄴侯爲刺史，開西湖，爲六井以溉田，民始樂業，況春秋當日乎！余向著論謂杭州爲吴、越兩國之甌脱，因閲《嘉興府志》而復附識于此。

大凡割據兵争之世，兩國俱各遠斥堠以自保，所以中間多棄地，不止春秋時吴、越也。魏曹操與吴分境，欲徙淮南民，而江、淮間十餘萬衆皆驚走入吴，其地遂空。今淮安府之淮陰、射陽、鹽瀆三縣及揚州府所屬諸縣，凡四五百里之地,三國時俱廢不立。至晉平吴混一,太康元、二兩年復置郡縣。曹、孫分境時且然,足知春秋時之吴、越矣。

富陽縣本爲富春,春秋時屬越西境。

海寧縣,春秋時地介吴、越間,彼此分屬。

餘杭縣,春秋時屬吴、越二國。

嘉興府

今府治嘉興縣南四十五里爲吴檇李地。定十四年於越敗吴于檇李,杜註「吴郡嘉興縣南醉李城」是也。案:《吴越春秋》吴王夫差增越封,西至于檇李,然則與闔閭戰時,越境猶未能至此,檇李當爲吴地矣。

《嘉禾百詠注》有東顧城、西新城、南于城、北主城四城,並吴、越争戰時所築,後俱廢。今嘉興縣西二十七里有市曰新城税務,亦曰新城,土人呼曰新市,當往來大道,即西新城之遺蹟矣。

石門縣東二十里有石門鎮,爲越之禦兒地,《國語》越地「北至于禦兒」是也。吴人纍石爲門以距越,即其處,蓋吴、越分界矣。

《嘉禾志》有管城、何城、晏城、萱城,吴王築四城以禦越。管城屬鹽官,今爲海寧縣,其三城在今石門縣境。

高氏曰:「勾踐初歸越,吴封以百里之地,東至炭瀆,西至周宗,南造于山,北薄于海,蓋不得有浙西之地也。後又增其封,東至于勾甬,西至于檇李,南至于姑末,北至于平原。《越絶書》作『武原』,即今海鹽縣。時海鹽與海寧尚未析縣也,縱横八百餘里。」據此,則嘉興全境吴皆棄之以予越,而杭、湖二府其爲越地可知矣。厥後吴、越戰争常在太湖近吴國都之側，豈非以杭、湖已屬越，無藩籬之限耶！

海鹽縣治爲春秋時馬嘷城，亦曰吴禦越城。《越絶書》「吴伐越，道逢大風，匹馬啼嘷」，因名。宋《武原志》：「晉咸康七年移縣治于此，唐并省，開元五年復于舊海鹽縣吴禦越城西北置縣。」今不改。

湖州府

《通典》「春秋時屬吴」，領長城縣，「有卞山、❶若溪，吴王闔閭使弟夫概居此，築城狹而長，因名」。吴越當梁時避梁諱，改爲長興縣。

寧波府

《通典》：「勾踐平吴，遷夫差于甬東，即勾章。」在鄮縣西，今府治鄞縣。《國語》越地東至于鄞，即此。

定海縣故海中洲爲越甬東地，一名勾章。哀二十二年越使吴王居甬東，杜註「勾章縣東海中洲」是也。勾章故城在今慈谿縣西南三十五里。海中洲即舟山，爲壘八十有三，五穀魚鹽之饒，可供數萬人。本朝康熙二十六年設定海縣，其地在故定海縣之東北。故定海縣乃錢氏所置。本朝改爲鎮海縣，亦秦勾章縣地。

紹興府

今府治山陰縣南十二里有越王城，爲無餘故城。《史記》少康封庶子無餘于會稽，以守禹祀，號于越。杜註：「越國，

❶「卞」，原誤作「木」，今據《通典》（中華書局一九八八年版）改。

今會稽郡治山陰縣也。」越世世都此。

諸暨縣,《皇輿表》以爲越王允常所都。

台州府

《通典》:「春秋時屬越,理臨海縣。」

金華府

《通典》:「婺州,春秋時屬越,理金華縣。」

衢州府

今龍游縣穀溪之南有姑蔑故城,爲越姑蔑地。《國語》越地西至于姑蔑,即此。哀十三年越伐吴,王孫彌庸見姑蔑之旗,杜註:「姑蔑,東陽大末縣。」錢氏改爲龍游。

嚴州府

《通典》:「睦州,春秋時屬吴,理建德縣。」

温州府

《通典》:「春秋時屬越,理永嘉縣。」

處州府

《通典》:「春秋時屬越,理括蒼縣。」

春秋列國地形犬牙相錯表卷六之中終

孫:重壽校字

春秋列國地形犬牙相錯表卷六之下

錫山顧棟高復初輯
安東程春令和參

江西

南昌	府爲楚地。
饒州	府爲吳、楚、越三國分界之地。
南康	府爲吳、楚分界之地。
九江	府爲吳、楚分界之地，《通志》以爲楚地。
廣信	府爲楚、越分界之地。
建昌	府爲吳地，《皇輿表》及《通志》並同。
撫州	府，《皇輿表》以爲吳地，《通志》以爲百越地。
臨江	府爲吳地，《皇輿表》及《通志》並同。
吉安	府，《皇輿表》以爲吳地，《通志》爲百越地。
瑞州	府爲吳地，《皇輿表》及《通志》並同。
袁州	府，《皇輿表》以爲吳地，《通志》以爲吳、楚地。
贛州	府，《皇輿表》以爲吳地，《通志》以爲百越地。
南安	府，《皇輿表》以爲吳地，《通志》闕。

南昌府

《皇輿表》以南昌爲吴之豫章地，非也。春秋時豫章未嘗屬吴，且南昌亦並非豫章地。按：定四年吴入郢《傳》「吴舍舟淮汭，自豫章與楚夾漢」，以爲吴地據此。今考闔閭之十一年爲定公之六年，在入郢之後，吴始伐楚取番。番爲今饒州府治鄱陽縣，在鄱陽湖之東，南昌在鄱陽湖之西，相去三四百里。入郢時吴尚未得鄱陽，豈能越饒、南、九三府而先取南昌之地耶？《左傳》豫章凡六見，其地極廣，均非今日之南昌。蓋秦得楚地置九江郡，漢武帝分九江郡之西置豫章郡，漫取春秋舊地以名之，而不知其道里差池貿易如此。如春秋時夔國本在湖廣歸州，「夔」即「歸」，而今四川之夔州府乃遥取夔國爲名。南昌之爲豫章亦猶此。《通典》斷爲楚地，較是。

今寧州西一百里龍平岡有古艾城。哀二十年吴公子慶忌出居于艾，杜註：「吴邑，豫章有艾縣。」一名濆水，《水經注》：「濆水出豫章艾縣桓山西南。吴公子慶忌諫夫差不納，居于艾是也。」案：杜註及《水經注》所云豫章，俱據漢豫章郡。

饒州府

今府治鄱陽縣爲楚之東境。昭王時吴伐楚取番，爲吴地。漢置鄱陽縣，屬豫章郡。

餘干縣爲越之西境。漢置餘汗縣。《寰宇記》餘干縣西南有于越渡。漢淮南王安獻議曰：「越人欲爲變，必先田餘汗界中。」蓋今餘干縣以東皆越地矣。《通志》云：「餘水在餘干縣南，會縣之西南諸溪餘水。一名三餘水，或曰吳、楚、越之餘水也。」

廣信府

《通志》：「秦爲番縣地，漢爲餘汗地。」又弋陽、貴溪二縣，即餘干縣之所分。哀十九年越人侵楚以誤吳。夏，楚公子慶、公子寬追越師至冥，不及而還。冥地，自杜註至《春秋地名考》俱不詳何所。意當在饒州至廣信之境，蓋是時吳方强盛，舍此無楚、越相接之地。

南康府

今府治星子縣及都昌縣俱浸大湖，鄱陽湖實吳、楚所共。《方輿勝覽》：「南康軍，春秋時吳、楚之地。」

九江府

《通典》：「江州理尋陽縣，春秋時屬楚。」即今九江府治之德化縣也。

四　川

重慶府爲春秋時巴國地。	
	夔州府舊爲春秋時庸國之魚邑。楚滅庸，因有其地。

重慶府

今府治巴縣爲古江州，巴子所都。巴蓋古國，從周武王伐殷，善歌，前歌後舞而入，因封其宗姬于巴，爵之以子。桓九年巴人使韓服告于楚，杜註「在巴郡江州縣」。江水逕其城南，三折如「巴」字，因名。封境極遠，東至魚復，西至僰道，北至漢中，南至黔涪，地當秦、楚之交。文十六年從楚人、秦人滅庸，始見經。戰國時稱王，爲秦所滅。

夔州府

今府治奉節縣爲庸國魚邑。文十六年楚侵庸，與庸遇，裨、儵、魚人逐之，❶杜註：「魚，庸邑。」漢置魚復縣屬巴郡，公孫述號曰白帝城，先主改爲永安，唐改夔州。其地在湖廣歸州之西。歸州爲春秋時夔子國。夔既滅，其地爲歸鄉。宋忠曰「歸」即「夔」，今爲夔州

❶「魚」，原脱，今據《四庫全書》本、《皇清經解續編》本補。

府，蓋遥取夔國爲名。

已上凡八省，皆列春秋各國地形相錯處。自魯、衛、鄭、宋至畸零小國，以及晉地之闌入直隸、陝西、河南、山東，楚地之闌入江南、江西、河南、陝西及四川者，棼如亂絲，錯如列宿，靡不詳考縷載。若乃山西全爲晉地，湖北全爲楚地，而以前併吞諸國，學者亦多不詳其處。又二國都屢遷而名仍相襲，如晉再遷而皆名曰絳，楚三遷而皆名曰郢。又晉有二瑕，楚丹陽在歸州，尤易蒙混。今仍以今之州府列之，詳其道里，别其異同，庶若綱在綱，犂然易見云。乾隆五年庚申三月上浣復初氏又識。

山西

太原府太原縣爲叔虞始封之晉陽。祁縣爲晉祁奚邑。府治陽曲縣

平定州壽陽縣爲晉馬首邑。

平陽府翼城縣爲晉故絳邑，一名翼。曲沃縣爲晉新田，景公遷都于

蒲州府臨晉縣爲荀國地，晉滅之爲荀氏邑。猗氏縣爲晉令狐。又州

解州平陸縣舊爲虞國地，兼有虢之下陽邑，又爲晉茅津。河之南接

絳州聞喜縣爲晉曲沃。河津縣爲冀國地，入晉爲冀芮邑。縣南爲耿

吉州舊爲狄地，後入晉爲北屈邑，晉公子夷吾所居。又有采桑津，晉

隰州舊爲狄地，後入晉爲蒲邑，晉公子重耳所居。又永和縣爲晉樓

潞安府潞城縣舊爲赤狄潞氏地。屯留縣爲留吁地。黎城縣爲黎國

汾州府舊爲蓐、黃、沈、姒諸國地。平遥縣爲晉中都。介休縣爲晉綿上，

澤州府沁水縣爲晉黑壤地，一名黃父。

沁州爲晉銅鞮邑，州東有晉斷道地。

爲晉盂邑。榆次縣爲晉塗水邑。清源縣爲晉梗陽邑。文水縣爲晉平陵邑。大谷縣爲

此，亦謂之絳。霍州爲霍國地，晉滅之，爲先且居邑。府治臨汾縣爲晉高梁，又爲晉平

東南五里有河曲地，與秦以河爲界。

陝州界。芮城縣爲魏國地，晉滅之以賜畢萬爲邑。

國地，晉滅之以賜趙夙。又州境爲賈國地，入晉爲賈季邑。垣曲縣爲東山皋落氏地。

里克敗狄處。

邑，趙嬰齊爲樓嬰齊。

地。後俱入晉。府治長治縣爲晉壺口邑。長子縣爲晉長子邑。

縣東北有晉鄔邑。

晉陽處父邑。
陽邑。洪洞縣爲楊國地，入晉爲楊氏邑。二縣皆羊舌肸采地。

太原府

今太原縣爲古唐國，本堯之後裔。周成王滅唐以封叔虞，分徙舊唐之子孫于許、郢之間，春秋唐惠侯是其後，在今湖廣隨州西北八十五里。叔虞受封，因仍其國號曰唐，至叔虞子燮侯始改唐號曰晉。

祁縣東南八里有古祁城，《志》以爲晉祁奚邑，縣以近祁藪而得名，即《爾雅》所謂「昭餘祁」也。

府治陽曲縣東北八十里有大盂城，爲祁氏之盂邑。昭二十八年魏獻子爲政，分祁氏之田以爲七縣，孟丙爲盂大夫。

榆次縣有涂水鄉，爲晉祁氏之塗水邑。魏獻子以知徐吾爲塗水大夫。又縣西北爲晉魏榆邑，昭八年石言于晉魏榆，即此。

清源縣爲祁氏之梗陽邑。魏獻子以魏戊爲梗陽大夫。❶

文水縣東北二十里有大陵城，爲祁氏之平陵邑。魏獻子以司馬烏爲平陵大夫。

大谷縣東南十五里有漢陽邑。縣爲晉陽處父邑。又縣東三十五里有箕城，僖三十三年晉人敗狄于箕，即此。

平定州

今壽陽縣東南十五里有馬首村，爲祁氏之馬首邑。魏獻子以韓固爲馬首大夫。

平陽府

今翼城縣治東南十五里有古翼城，爲晉穆侯所徙之絳。莊二十六年獻公城絳，以深其宮，即此。一名翼。《詩譜》云「穆侯遷都于絳，孝侯改絳爲翼，獻公又北廣其城方二里，命之曰絳」，則翼與絳爲一地。成六年景公遷新田，仍謂之絳，因更名翼爲故絳。

曲沃縣治西南二里爲晉新田，成六年景公遷都于此，亦謂之絳。自此以後，傳

❶「戊」，原誤作「戍」，今據《春秋左傳正義》改。

文所書絳皆新田之絳矣。又縣西三十五里有汾水縣，南五里有澮水，所謂有汾、澮以流其惡。澮水，一名少水。

又縣西三十里有汾水，爲晉汾隰地。桓三年曲沃武公伐翼，次于陘庭，逐翼侯于汾隰，獲之，即此。

府治臨汾縣東北三十七里有高梁城，爲晉高梁地。僖二十四年晉公子重耳入國，使殺懷公于高梁，即此。

又府城西北有狐谷亭，孔氏以爲即晉之狐厨邑。僖十六年狄侵晉，取狐厨、受鐸，涉汾，及昆吾。蓋府城西二里即逼汾水，是時狄自西來薄平陽境，狐厨、受鐸在汾之西，而昆吾則在汾東，故涉汾而後及昆吾也。

又府治東爲晉平陽邑，故堯都，春秋時係羊舌氏邑。昭二十八年魏獻子分羊舌氏之田以爲三縣，謂平陽、楊氏及銅鞮也。趙朝爲平陽大夫，即此。

洪洞縣東南十八里有古楊城，舊爲楊侯國。應劭曰：「伯僑自晉歸周，封于楊。晉滅楊以賜羊舌肸，爲楊氏邑。」襄二十九年《傳》女叔齊謂「虞、虢、焦、滑、霍、楊、韓、魏皆姬姓而晉滅之」是也。魏獻子分其地，以僚安爲楊氏大夫。

霍州西十六里有古霍城，舊爲霍叔處封國，閔元年晉獻公滅之，後爲先且居封邑。一名霍人。襄十年晉悼公滅偪陽，使周内史選其族嗣，納諸霍人。霍名霍人，猶直伯柄之後爲直人也。

又州西三里有吕鄉，州西南十里有吕城，蓋皆以吕飴甥所居得名。後以賜魏錡，故復有吕錡、吕相之稱。

蒲州府

今臨晉縣東北十五里有郇城，舊爲郇國，文王子所封，《左傳》所謂「畢、原、酆、郇」，《詩》所謂「郇伯勞之」者也，亦曰荀。桓九年荀侯、賈伯伐曲沃；《汲郡古文》晉武公滅荀，以賜大夫原氏黯，是爲荀叔；成六年晉人謀去故絳，諸大夫皆曰必居郇瑕氏之地，即此。

案：郇城亦曰瑕城，本一地，故《左氏》連屬言之。此所謂河北之瑕也。僖三十年燭之武曰：「許君焦、瑕，朝濟而夕設版焉。」則在河之南。杜註：「焦、瑕，晉河外五城之二邑。」今河南陝州南二里有焦城，陝州西南三十二里有曲沃城，曲沃即瑕也。文十三年晉人使詹嘉處瑕以守桃林之塞，崔浩以爲詹嘉處此備秦，以曲沃之官守之，故謂瑕爲曲沃，桃林爲今潼關。然則瑕非河北之瑕，曲沃亦非桓叔所封之曲沃也。《戰國策》每以焦、曲沃並稱，如《左氏》之言焦、瑕，蓋曲沃即瑕之明證。文十二年秦師夜遁，復侵晉入瑕，高江村以爲「秦已渡河而西，必不能復深入東渡，其爲河外甚明」，駁辨可謂精且審矣。

又縣東南十八里有解城，爲晉解梁邑。惠公賂秦以河外列城五，内及解梁城，即此。

又縣東南有臼衰城，東南十八里有桑泉城。僖二十四年晉公子濟河圍令狐，入桑泉，取臼衰，即此。

猗氏縣西十五里有令狐城，西北有廬柳城。僖二十四年晉師軍于廬柳，退軍于郇。郇在臨晉，蓋與猗氏接壤也。文七年晉敗秦師于令狐，至于刳首。《通典》陝西同州郃陽縣有刳首水，在河之西，士會于此奔秦。猗氏縣爲秦、晉通衢，與秦以河爲界。

又縣南二里有王官故城，爲晉王官邑。文三年秦伯伐晉，取王官及郊，郊亦平陽、臨晉間小邑。裴駰註《史記》，以王官在陝西澄城縣，非也。本《傳》上云「濟河焚舟」，下云「自茅津濟」，所取之地在河之東無疑。高氏辨之審矣。

又縣南二十里有鹽池，《左傳》謂之鹽。成六年晉謀去故絳，皆曰必居郇瑕氏之地，沃饒而近鹽，杜註：「鹽，鹽也。猗氏縣鹽池是也。」《宋志》：「引池而化者，《周官》所謂鹽鹽。煮海、煮井、煮鹻而成者，《周官》所謂散鹽。」

府治永濟縣東南五里有蒲坂城，爲晉河曲。文十二年晉人、秦人戰于河曲，杜註「在河東蒲阪縣南」是也。僖二十四年子犯從重耳反國，及河，以璧授公子請亡，即其處。又是年，濟河圍令狐；文三年秦伯伐晉，濟河焚舟；文十三年晉魏壽餘誘士會，秦伯師于河西，魏人在東，既濟，魏人譟而還，皆其地也。蓋此爲秦、晉東西往來渡河通道，故凡濟皆不言其地名。他如自茅津濟，自南河濟，則兵行詭道，故特舉以見之，《左傳》文法如此。其地在今華陰縣潼關以東，河水自此折而東，故謂之河曲，爲秦、晉交界之地。

又府治南三十六里有羈馬城，爲晉羈馬邑。文十二年秦伐晉，取羈馬，即此，在河之東。杜佑以爲在陝西郃陽縣，非是。

又府治東南有首山，即首陽山，靈輒餓處。

又府治東北二十八里有涑水城，即秦所伐之涑川。

解州

今平陸縣東北六十里有古虞城，爲春秋時虞國，武王封周章弟虞仲于此。又縣東北五十里爲虞顛軨阪，東北二十五里爲虞鄍邑，東五十里有砥柱山，山有三門。僖二年晉假道于虞，曰冀爲不道，入自顛軨，伐鄍、三門，即此。

又縣東五十里有大陽城。大陽東北三十里爲虢下陽城，其地有虞阪之險。晉欲伐虢，慮虞人要而擊之，攻虞則虢又救之，蓋虞、虢之門户。滅下陽而兩國皆失其險。

又縣西爲晉茅津，亦曰大陽津，以在大河之北也。河之南爲陝州，乃黄河津濟處。

芮城縣北五里爲春秋時魏國，閔元年晉滅之以賜畢萬，爲魏氏。文十三年使魏壽餘僞以魏叛者，以誘士會，秦伯師于河西，魏人在東，既濟，魏人譟而還。蓋魏地逼河，與秦以河爲界。《詩譜》云「南枕河曲，北涉汾水」是也。

又解州鹽池東有苦成故城，爲晉郤犨邑，謂之苦成叔。

安邑縣東南有中條山。又縣北三十里有鳴條岡，爲晉條邑。桓二年《傳》「晉穆侯以條之役生太子」，當係此地。孟子曰「舜卒于鳴條」，即此。舊以爲在直隸河間府景州，漢周亞夫所封。晉在春秋前其地不宜至此，當誤。

絳州

今聞喜縣東二十里爲桓叔所封之曲沃，歷莊伯、武公，國之三世凡六十七歲。

滅晉後，仍爲別都。一名下國。有武公之廟在焉。凡外來公子入立，及君薨而殯，皆于曲沃武公之廟。重耳及成公、悼公即位，皆朝于武宫。文公卒，殯于曲沃是也。曲沃距翼城縣之故絳凡二百里。《正義》曰：「國君五日而殯。文公以己卯卒，明日庚辰柩即出絳，蓋以曲沃路遠。」詳見《都邑》。

又縣東北三十五里有董氏陂，產楊柳，可爲箭，即所謂「董澤之蒲」也。

河津縣東有冀亭，舊爲冀國地。杜註「冀國并于虞」，虞亡歸晉。晉惠公以與郤芮爲食邑，芮被誅，邑復入晉。後其子郤缺獲白狄子有功，復與之冀。

又縣南十二里有古耿城，爲春秋時耿國地。閔元年晉滅之，以賜趙夙爲邑。

絳州界有賈鄉，爲春秋時賈國地。桓九年荀侯、賈伯伐曲沃，後不知何年滅之，以賜狐偃子狐射姑爲邑。

垣曲縣西北六十里有皐落鎮，爲東山皐落氏國。閔二年晉侯使太子申生伐東山皐落氏，杜註「赤狄別種」。又縣東南有陽壺城，南臨大河，爲晉瓠丘地。襄元年晉悼公以宋五大夫在彭城者寘諸瓠丘，杜註「在河東垣縣東南」。又縣東有邵亭，爲晉之郫邵邑，一名郫。文六年趙孟殺公子樂于郫，襄二十三年齊侯伐晉戍郫邵，杜註「取晉邑而戍之」，蓋三名爲通稱矣。

稷山縣西北二十里爲晉清原地，一名清。僖三十一年晉蒐于清原，作五軍以禦狄；宣十三年赤狄伐晉及清；成十八年悼公入國，大夫逆于清原，皆此地。

吉州

今州治東北二十一里有北屈廢縣，爲晉北屈邑。莊二十八年晉獻公使夷吾居屈，又晉有屈産之乘。案：《傳》二五言于公曰「狄之廣莫，于晉爲都」，知蒲、屈向日皆狄地矣。

又州西有晉采桑津，僖八年晉里克敗狄于采桑，即此。

隰州

今州治北四十五里有蒲陽故城，在蒲水之北，即重耳所居之蒲邑。又州境有晉交剛地，成十二年晉人敗狄于交剛，即此。

永和縣南十里有樓山城，爲晉趙嬰齊食邑，《左傳》謂之樓嬰。

潞安府

今潞城縣東北四十里有古潞城，爲赤狄潞氏國都。按：潞氏國爲最大，封境極廣，國都在潞安，據晉之腹心，而其邊邑則在今直隸廣平府之曲梁，延袤二省。宣十五年《傳》荀林父敗赤狄于曲梁，遂滅潞。蓋師反出其東而轉攻之，所以絶其奔逸。滅潞之歲，秦師東來，晉侯別遣魏顆以偏師禦之，而身留治兵于稷，以略狄土，其用力亦勤矣。明年又遣士會滅甲氏、留吁、鐸辰，以盡其餘黨。留吁、鐸辰俱在今潞安府境，甲氏在今廣平府之雞澤縣。自此以後，晉勢益强，而六卿亦漸跋扈。

黎城縣東北十八里有黎侯城，爲春秋時黎國，後屬晉。杜註「上黨壺關縣有黎亭」，今壺關縣亦接壤。

屯留縣爲留吁地，晉滅之爲純留邑，亦曰余吾。襄十八年晉執孫蒯于純留，即此。今縣東南十里有純留城。

長子縣爲晉長子邑，襄十八年晉執衛行人石買于長子，即此。

府治長治縣爲晉壺口邑。哀四年齊國夏伐晉取壺口，杜註「潞縣有壺口關」。《舊志》：「關在府城東南十三里，延袤百餘里，山形險狹，形如壺口，因名。」

汾州府

今平遥縣西十二里西南接介休縣界，有中都古城，爲晉中都邑。昭二年晉人執陳無宇于中都，即此。

介休縣東南二十五里有介山，以介之推得名，一名綿山。僖二十四年晉侯求之不獲，以綿上爲之田，即此。又縣東有隨城，隱五年翼侯奔隨，又士會食邑于隨，即此。

又縣東北二十七里爲晉祁氏之鄔邑。昭二十八年魏獻子分其地，以司馬彌牟爲鄔大夫。

石樓縣南有龍泉山，接隰州界，多産名駒，《左傳》所謂「屈産之乘」也。

澤州府

今沁水縣西北四十里有平陽府翼城縣接界，有黑壤山，宣七年會于黑壤，即此。《左傳》謂之黃父，文十七年晉侯蒐于黃父，杜註「即黑壤」，二名爲一地。後周宇文泰小字黑獺，諱之，改爲烏嶺。澮水所出。

沁州

今州南十里有銅鞮故城，爲羊舌氏之食邑。昭二十八年分其地，以樂霄爲銅鞮大夫。又爲晉離宮，子産曰：「銅鞮之宮數里。」羊舌邑在宮旁二十里。成九年鄭伯如晉，執諸銅鞮，即此。

州東又有斷梁城，吳氏云：「即春秋晉之斷道地。」宣十七年同盟于斷道，《左傳》謂之卷楚，杜註「卷楚即斷道」。

湖廣

武昌府	武昌縣爲楚之鄂邑，熊渠封中子紅爲鄂王，即此。後爲楚別都。全境皆楚地。
漢陽府	全境皆楚地。大別山在府城東百步，小別山在漢川縣南十里。大別山下即漢口，春秋時
安陸府	舊有權、郍二國。郍即那處，郍季載所封。楚武王遷權于那處，即此。全境皆楚地。
襄陽府	宜城縣爲鄀國。後爲楚都，定六年遷郢于鄀是也。亦曰鄢郢。又有羅、盧戎、鄧、鄾、穀諸
鄖陽府	舊爲麇、絞、庸諸國地，皆滅于楚，與巴、秦二國接界。
德安府	舊爲鄖、貳、軫、隨、唐諸國地，皆滅于楚。惟隨以役屬于楚獨存。楚大隧、直轅、冥阸俱
黃州府	舊有弦國地。楚之柏舉在麻城縣東六十里。
荊州府	治江陵縣爲楚故郢都，謂之紀郢。監利縣舊有州國地。枝江縣爲楚，後徙之丹陽。
宜昌府	歸州爲楚始封之丹陽。又有夔國，本楚熊摯之後，別封爲夔，在歸州治東二十里，後亦滅于楚。
長沙府	以南爲群蠻地，服屬于楚。

謂之夏汭。
國地，皆滅于楚。
在今應山縣境。與河南信陽州接界。

武昌府

今府治江夏縣爲古夏口，今名漢口，與漢陽府治漢陽縣對岸，春秋時謂之夏汭。昭四年吴伐楚，楚沈尹射奔命于夏汭，爲漢水入江之處。漢受夏水，亦通稱夏江，夏之名取此。武昌縣爲楚之鄂都，漢屬江夏郡，孫權改置武昌縣。

漢陽府

府城東南百步有大别山，江水逕其南，漢水自西北來會之，亦謂之魯山。乃漢水入江處，與武昌府治江夏縣對岸。蓋江自漢陽府城東、武昌府城西而會于漢水，今日之漢口是也。

漢川縣南十里有小别山，亦名甑山，在府治漢陽縣之西北百七十里。定四年楚子常濟漢而陳，自小别至于大别，乃吴由西漸東，且戰且却，求間道爲歸計。孔穎達謂小别當在大别之東者，誤。

安陸府

今當陽縣東南有古權城，爲春秋時權國。莊十八年楚武王克權，使鬬緡尹之。《水經》：「沔水逕當陽縣章山東，又東右會權口。權水在章山東南流，逕權城北，古之權國也。」

荆門州東南有那口城，爲楚鄀處地。楚武王遷權于那處，即此。舊爲文王子鄀季載所封。「鄀」，《史記》作「冉」，或作「那」，皆讀爲「然」。不知何年入楚。《荆門州志》亦謂之權國城，蓋權、鄀二國本相近也。

府治鍾祥縣東六十里有鹿湖，池深不可測，爲楚之沈鹿地。桓八年楚子合諸侯于沈鹿，即此。今湮爲上腴。

又縣東三十里有臼水入漢，定四年楚昭王奔隨，將涉于成臼，即此。

又府治爲春秋時郊郢地。桓十一年鄖人軍于蒲騷，將與隨、絞、州、蓼伐楚師，莫敖患之，鬬廉曰：「君次于郊郢以禦四邑，我以鋭師宵加于鄖。」鄖國爲今德安府治，在安陸府之東。安陸下臨漢水，地形險固。四國相去甚遠，不能一時遽集。而安陸爲居中扼要之地，故使屈瑕據之也。

又府治東一里有樠木山。莊四年楚武王侵隨，卒于樠木之下，即此。詳見《山川》。

京山縣西南八十里有澨水，流通漢、江，爲春秋時之雍澨。定四年吴從楚敗諸雍澨，五戰及郢，即此。又縣境有薳澨、漳澨、汊澨，即《禹貢》之三澨。昭二十三年薳越縊于薳澨，宣四年鬬椒師于漳澨，即此。

當陽縣北一里有沮水，一作雎。定四年楚子涉雎，孔穎達曰：「雎水在郢都之西，楚王避吴西走處。」《水經注》曰：「沮水東南逕當陽縣北，又南逕楚昭王冢，又南與漳水合，過枝江縣而入于江，謂之沮口。」又襄陽府南漳縣東有漳水，流入當陽縣東南五十里，合于沮。楚昭王謂「江、漢、沮、漳，楚之望」，即此。詳見《山川》。

荆門州西北有長林城，接當陽縣東南境，爲楚之大林。文十六年戎伐楚之西南，師于大林，即此。自當陽之北接長林之境，栱木修竹，隱天蔽日，即曹操追先主處，所謂當陽長坂也。胡氏曰：「長坂在當陽縣東南百二十里。」

襄陽府

今宜城縣西南九十里有鄀城，與安陸府之荆門州接界，爲春秋時鄀國地。杜註：「鄀本在商密，在秦、楚界上，爲南鄉丹水縣。」今河南南陽府淅川縣西有丹水故城，此舊鄀也。僖二十五年秦、晉伐鄀；文五年秦人入鄀，楚人戍以争之而不克，因遂徙之南郡鄀縣爲附庸，即今襄陽府宜城縣。後仍入楚。定六年楚避吴北去，徙都鄀，仍名郢，謂之鄢郢，《左傳》所謂「遷郢于鄀」是也。因名江陵舊都爲紀郢。

又縣東南有湫城，爲楚湫邑，伍舉食采于此，爲湫舉。莊十九年楚子伐黄，還及湫，有疾，即此。

又縣西南九里有古鄢國，入楚爲鄢縣。昭十三年楚靈王沿夏將欲入鄢，杜註「順漢水入鄢也」。是時鄢爲楚别都，與郢相近，故通謂之鄢郢。

又縣西二十里有古羅川城，爲春秋時羅國。南漳縣東五十里有中廬鎮，爲廬戎國。一作「盧」，孔疏曰「盧」與「廬」通，皆近鄢水。桓十三年楚屈瑕伐羅及鄢，亂次以濟，及羅，羅與盧戎兩軍之，大敗之是也。鄢水至宜城縣南四十里入于漢。

府治襄陽縣東北二十里有鄧城鎮，爲春秋時鄧國，莊十六年爲楚文王所滅。又縣東北十二里有鄾城，爲鄾國，居鄧之南鄙。桓九年楚子使道朔將巴客以聘于鄧，鄧南鄙鄾人攻而奪之幣。不知何年滅于楚。哀十八年巴人伐楚圍鄾，鄾蓋爲楚邑久矣。《後漢志》鄧縣有鄾聚，光武曰「宛最强，鄾次之」是也。

穀城縣西十里有穀城山，爲春秋時穀國。《水經注》曰「國在穀城山上」。不知何年滅于楚。

光化縣西漢水東岸有古陰縣城，爲楚下陰地。昭十九年楚工尹赤遷陰于下陰，即此。陰即陰地之戎也。

南漳縣西有荆山。昭十三年《傳》「楚遷許、胡、沈、道、房、申于荆」，杜註：「荆，荆山也。」能容六小國之衆，是荆山之爲地廣矣。《山海經》曰「荆山之首曰景山」，即卞和抱璞處。自宜城、南漳以至房縣，迤邐而西，與歸州相接，亦曰西山。

自襄陽府城以南至安陸府城西，凡七百里，通謂之漢汭。自安陸府城至沔陽州北、漢川縣南，凡七百里，又至漢陽府城東北入江，通謂之夏汭。孔穎達曰「漢水之尾變爲夏水」是也。莊四年莫敖以王命入盟隨侯，且請爲會于漢汭而還。此漢汭乃襄陽以南至安陸之漢水。隨國爲今隨州，西至襄陽府一百五十里。漢水之東爲隨，西爲楚地，故濟漢而後發喪也。蓋楚之初未能越漢而有之，其後奄有江、漢，包絡南陽、汝寧。至吴伐楚，從淮右入，與楚夾漢而軍，入楚之腹心内地，而楚岌岌矣。

鄖陽府

今府治鄖縣爲春秋時麇國地。文十一年楚子伐麇，敗麇師于防渚、潘崇，復伐麇至于錫穴。「錫」音「陽」，即麇之國都。防渚在今房縣，唐時謂之房州，武后遷中宗于此。

又府治西北爲絞國地。桓十二年楚伐絞，大敗之，爲城下之盟而還。又伐絞之役楚師分涉于彭。彭水在房縣境西南，流入襄陽府之穀城，蓋穀城與房縣連壤也。

又房縣南五十里有阜山，文十六年戎伐楚之西南，至于阜山，即此。

竹山縣東四十里有上庸故城，爲春秋時庸國地。文十六年楚使廬戢梨侵庸，及庸方城，又與之遇，七遇皆北，惟裨、儵、魚人逐之，庸人遂不設備，楚及巴人、秦人滅庸。今縣東四十五里有方城山，四面險固。山南有城，周十餘里，所謂庸方城也。蓋當四川、陝西之交界。庸之魚邑爲今四川夔州府治奉節縣。

德安府

今府治安陸縣城東南有古雲夢城，今雲夢縣在其南四十六里，又南六十步爲雲夢澤。宣四年䢵子之女生子文，䢵夫人使棄諸夢中。又定四年楚子涉睢濟江，入于雲中。蓋雲夢跨江南北，包絡五府，今安陸府之荆門、沔陽二州及京山縣，漢陽府治漢陽縣，荆州府之監利、枝江二縣，黄州府之蘄州及黄岡、麻城二縣，及德安府治。蓋東抵蘄州，西抵枝江，在在有雲夢之名。而德安之雲夢爲尤著。

今府治爲春秋時鄖國。桓十一年楚屈瑕將盟貳、軫，鄖人軍于蒲騷，將與隨、絞、州、蓼伐楚師。「鄖」、「䢵」、「溳」三字通用。若敖娶于䢵，即此。楚滅之，以封鬭辛爲鄖公。蒲騷，鄖邑，在今應城縣北三十里。

應山縣境爲貳國，應城縣西爲軫國，俱出近《志》。

又府治安陸縣西北有清水，春秋時謂之清發。定四年吴從楚師及清發，即此。

隨州南有古隨城，爲春秋時隨國。桓六年楚武王侵隨。僖二十年鬭穀於菟伐隨，取成而還，自後爲楚私屬，不與諸侯會盟。至定四年吴入郢，楚昭王奔隨，隨人免之，楚以此德隨。哀元年使復列于諸侯侵蔡，終春秋世不滅。

又州東南三十里有光化城。《志》云本楚子城，《左傳》所謂「軍于漢、淮之間」者，蓋築城于此以逼隨也。今隨州之光化廢爲鎮。淮源出河南南陽府桐柏縣，逼近隨州之北，故曰漢、淮之間。

又隨州西北八十五里有唐城鎮，爲春秋時唐國，本堯後，舊封晉陽。周成王以其地封叔虞，而分徙其後于許、郢之間。春秋時服屬于楚，宣十二年唐惠侯從楚莊王敗晉于邲。定四年唐成公與蔡侯及吴子伐楚入郢，五年楚復國，爲楚所滅。

又州西南有楚軍祥地，定五年薳射子從子西敗吴師于軍祥，即此。

應山縣東北一百三十里、河南汝寧府信陽州東南一百五十里有武陽關，即《左傳》之大隧。應山縣北九十里、信陽州南亦九十里有黄峴關，即《左傳》之直轅。應山縣北六十五里、信陽州西南宛溪、江村俱云東南，疑悮。今從《元和志》及《皇輿圖》。九十里有平靖關，即《左傳》之冥阨，一曰黽塞。三關勢如首尾，爲漢東之隘道。吴師從淮北陸路來，道必由此，所謂義陽三關之險也。其總名曰城口。定四年楚左司馬戌謂子常曰：「子沿漢而與之上下，我悉方城外以毁其舟，還塞大隧、直轅、冥阨。子濟漢而伐之，我自後擊之，必大敗之。」史皇曰：「若司馬毁舟于淮，塞城口而還，是獨克吴也。」即謂此三關之險。互見《險要》。

黄州府

今蘄水縣東三十里有軑縣故城，爲春秋時弦國。僖五年楚人滅弦，杜註「弦國在弋陽軑縣東南」。又河南光州西南有弦城，蓋接界也。皆魏晉時弋陽郡境。

麻城縣東六十里有龜峯山，山勢嵯峨，上有白、黑二龍井，爲舉水之源。又縣東三十里有柏子山。定四年吴、楚戰于柏舉，柏舉之名蓋合柏山、舉水而得。

荆州府

今府治江陵縣北十里爲楚之故郢都，一名紀南城。定六年遷于鄀，爲襄陽府之宜城縣，謂之鄢郢，因名此爲紀郢。

江陵縣治爲春秋時楚之渚宫，在郢都之南十里。文十年子西爲商公，沿漢將入郢，王在渚宫下見之。《水經注》渚宫爲今江陵城，楚之船官地，歷代爲重鎮。晉桓温及弟沖皆保據渚宫。梁元帝都此，爲西魏所陷，遷後梁居之，爲藩國。隋并梁置荊州，後爲蕭銑所據。唐平銑復爲荊州。五代時高季興據此，稱高平。

枝江縣西有楚丹陽城，蓋從歸州而移于此，亦曰丹陽。詳見《宜昌府》。楚又徙羅人居于此，故《後漢志》云「枝江本羅國」。《水經注》云：「江汜枝分，縣治洲上，故名枝江。」

又縣西三里有津鄉。莊十九年巴人伐楚，楚子禦之，大敗于津，杜註「江陵縣有津鄉」，蓋本應劭之説，以地相近而稍訛。酈道元辨之，謂「枝江縣西有津鄉，蓋里名」，當矣。後漢建武十一年岑彭自津鄉攻田戎，于荊門克之，即此。

監利縣東三十里有州陵城，爲春秋時州國。桓十一年鄖人將與隨、絞、州、蓼伐楚師，即此。又縣東北三十里有楚章華之臺。

又縣東南有涌水，乃夏水支流。莊十八年巴人門于楚，閻敖游涌而逸。《水經注》：「江水當華容縣東南涌水出焉。涌水自夏水南通于江，謂之涌口。」閻敖游涌，而逸于二水之間也。

宜昌府

歸州東南七里北枕大江，有丹陽故城，爲楚始封之丹陽。《史記·楚世家》：「周封熊繹于楚蠻，居丹陽。」徐廣、宋忠以爲在南郡之枝江縣，而郭璞註《山海經》則曰丹陽在秭歸，爲説不同。杜佑《通典》曰：「楚初都丹陽，今秭歸東南故城是。後徙枝江，亦曰丹陽也。」春秋時諸侯徙都，常襲前都之名，如晉遷新田仍名絳之類。至後世猶仍兩丹陽之名。晉王濬伐吴，破丹陽，遂克西陵，此秭歸之丹陽。西魏伐江陵，曰爲蕭氏計，席捲渡江，直據丹陽，此枝江之丹陽也。

歸州治東二十里有夔子城，爲楚所分之夔國。僖二十六年楚人滅夔，杜註「夔，楚同姓國，今建平秭歸」。案：《左傳》夔子對楚人曰：「我先王熊摯有疾，鬼神弗赦，而自竄于夔。」夔即歸，其地即楚之丹陽。蓋當時熊摯自竄，不過遜居國都之側，楚人因而封之。及其後，楚國徙于枝江，夔乃獨爲一國也。

長沙府

自府以南爲群蠻地。《後漢書·南蠻傳》：「槃瓠之種曰精夫，今長沙武陵蠻是也。唐、虞曰『要服』。周宣王命方叔南征，所謂『蠻荆來威』者也。平王東遷，侵暴上國。至春秋楚武王時，蠻與羅子共敗楚師，殺其將屈瑕。莊王初立，民飢兵弱，復爲所寇。楚師既振，然後乃服，自是遂屬于楚。及吴起相悼王，南并蠻、越，遂有洞庭、蒼梧。」據此，則長沙府以南洞庭、蒼梧之地，春秋時俱非楚有，楚地不到湖南信矣。蓋楚始封在歸州之丹陽，其後屢遷而益北，未嘗南移一步。洞庭、蒼梧其時尚未入版圖。《禹貢》蔡傳謂九江即洞庭，可知其謬。九江爲潯陽之九江。唐張僧監《尋陽地記》列其名爲九，孔穎達之釋《禹貢》、賈公彦之釋《周禮・職方》皆宗之。今爲江西之九江府。不宜取晁氏説之之説，以爲即洞庭也。

湘陰縣東六十里有羅城，岳州府平江縣南三十里亦有羅城，乃接境處。《後漢志》：「枝江，侯國，本羅國。」後乃徙于長沙，亦謂之羅川。隋末蕭銑爲羅川令，即此地。有汨羅江，即屈原自沈處也。

附列國地名考異

列國地名，《都邑表》已備列今府、州、縣之某地。而《左傳》更有兩地、三地、四地同一名者，更有二名同一地者，後學恐致混誤。且杜註與後人之説，或合或分。今彙聚而剖析之，并略附鄙見，庶一覽瞭如指掌。乾隆戊辰正月下浣九日復初氏識。

魯有東鄆、西鄆

文十二年城諸及鄆，此東鄆也，莒、魯所争之邑，今爲山東沂州府沂水縣之鄆城。

成四年城鄆，此西鄆也，今爲濟寧州鄆城縣之舊城。

魯有三防

隱九年公會齊侯于防，此東防也，本魯地，在今沂州府之費縣。世爲臧氏食邑。襄二十三年臧紇自邾如防，即此。

隱十年敗宋師于菅，辛巳取防。此西防也，爲魯取宋地，在今兖州府之金鄉縣。欲別于臧氏之防，故謂之西防。

僖十四年季姬及鄫子遇于防，此魯國之防山也，在曲阜縣東二十里。孔子父母合葬于防，即此。

魯有兩平陽

宣八年城平陽。本魯邑，今濟南府新泰縣西北四里有平陽故城。

哀二十七年公及越后庸盟于平陽。爲魯取邾地，在今兖州府鄒縣西南。《方輿紀要》及高氏《地名考》俱併入宣八年之平陽，誤矣。

又晉、衛二國俱有平陽

昭二十八年魏獻子以趙朝爲平陽大夫。即堯所都，今故城在山西平陽府臨汾縣西南。

哀十六年衛侯飲孔悝酒于平陽。今河南衛輝府滑縣東南有韋城，韋城南有平陽城。

齊、曹俱有重丘

襄二十五年同盟于重丘。今東昌府城東南，跨茌平縣界有古重丘，杜註云「齊地」，《方輿紀要》謂曹北竟之邊邑。案：曹都定陶，去此尚三四百里，小國之邊疆安能及此？

襄十七年衛孫蒯伐曹取重丘，杜註「曹地」。在今曹州府曹縣東北。杜明註兩國，不可混。

魯、齊、晉俱有東陽

哀八年吳伐我，克東陽而進。東陽爲魯邑，在今費縣西南七十里。

襄二年晏弱城東陽，以逼萊子。此東陽爲齊竟上邑，今青州府臨朐縣東有東陽城。

襄二十三年齊侯伐晉，趙勝帥東陽之師以追之，獲晏氂。爲晉地，今臨清州恩縣西北六十里有東陽城。

魯、齊、楚、萊俱有棠邑

隱五年公觀魚于棠。魯濟上之邑，在今兗州府魚臺縣東北十二里。

襄二十五年《傳》「齊棠公尚」，杜註「齊棠邑大夫」。今爲東昌府之堂邑縣。

襄十四年《傳》「楚子囊師于棠以伐吳」。今爲江南江寧府之六合縣。

襄六年齊滅萊，萊共公奔棠，杜註：「棠，萊邑。」今膠州即墨縣南八十里有甘棠社，襄十八年齊靈公將走郵棠，即此。

齊、宋俱有黃地

桓十七年公會齊侯、紀侯，盟于黃。《路史》：「登州府之黃縣東南有古黃城，本紀邑，後入齊。」

隱元年《傳》：「惠公之季年，敗宋師于黃。」《寰宇記》：「睢州考城縣西三十六里有黃溝，西距外黃城四里，即魯惠公敗宋師處。」又有黃國，汝寧府光州有黃城。

鄭、衛、楚俱有瑣地

襄十一年諸侯伐鄭，次于瑣。一云瑣澤，其地在新鄭縣北。

定七年《傳》「齊、衛盟于瑣」，❶經文作「沙」。《晉地地道記》：「元城縣有瑣陽城。」

昭五年越大夫常壽過帥師會楚子于瑣，杜註「楚地」。在今壽州霍丘縣東。

晉、齊、楚、宋俱有稷地

宣十五年《傳》「晉侯治兵于稷，以略狄土」，杜註「晉地」。在今山西平陽府稷山縣南五十里。

❶「衛」，原誤作「鄭」，今據《四庫全書》本改。

昭十年齊陳鮑與欒高戰于稷，杜註「祀后稷之處」。在今山東青州府臨淄縣西。

定五年秦子蒲使楚人先與吴戰，而自稷會之，杜註「楚地」。在今河南南陽府桐柏縣境。

桓二年公會齊侯、陳侯、鄭伯于稷，以成宋亂，杜註「宋地」。當在今歸德府境。

衛、齊、晉俱有清地

隱四年公及宋公遇于清，杜註：「衛邑，濟北東阿縣有清亭。」今東阿縣屬兖州府。

哀十一年齊師伐我及清，杜註：「齊地，濟北盧縣有清亭。」盧縣今爲濟南府之長清縣。程啟生曰：「衛、齊各有清，杜氏以東阿、盧縣别之，景范氏以爲一地。今仍從杜説。」

成十七年齊侯使國勝告難于晉，待命于清，杜註：「齊地，陽平樂平縣。」今東昌府堂邑縣東南有清城。

宣十三年赤狄伐晉及清，杜註「一名清原」。今山西平陽府稷山縣西北二十里有清原城。

衛、蔡、虢俱有莘地

桓十六年使盜待諸莘，杜註「衛地」。今東昌府莘縣北有莘亭故城。成二年師從齊師于莘，即此。杜更以爲齊地者，非是。

莊十年荆敗蔡師于莘，杜註「蔡地」。在今河南汝寧府汝陽縣境。

莊三十二年有神降于莘，杜註「虢地」。高氏《地名考》以爲今陝州硤石鎮西十五里莘原是也。

宋、晉、周、衛俱有盂地

僖二十一年宋公會諸侯于盂，杜註：「宋

地，襄邑西北有盂亭。」襄邑爲今河南之睢州。哀二十六年宋大尹盟六子于唐盂，即此。

昭二十八年魏獻子以孟丙爲盂大夫，杜註：「晉地，太原盂縣。」今山西太原府陽曲縣東北八十里有大盂城。高氏《地名考》以哀四年齊國夏伐晉取盂即此。案：晉爲大國，齊不應深入至此。亭林先生以爲當在順德、廣平之間。

定八年劉子伐盂，杜註「周邑」。今河南懷慶府河内縣西北有邘臺鎮。

定十四年衛太子蒯聵獻盂于齊。盂即斂盂，杜註「衛地」。今直隸大名府開州東南有斂盂聚。僖二十八年齊、晉盟于斂盂，即此。

周、魯、燕俱有唐地

隱二年公及戎盟于唐，杜註「魯地」。在今兖州府魚臺縣東十二里。

昭十二年齊高偃納北燕伯款于唐，經文作「陽」，杜註「燕别邑」。今直隸保定府唐縣北八里有唐山。

昭二十三年尹辛敗劉師于唐，杜註「周地」。《後漢志》洛陽有唐聚。在今河南府洛陽縣東。

魯有兩武城

襄十九年城武城，懼齊也，杜註「太山南武城縣」。故城在今沂州府費縣西南九十里。程啟生以爲在濟寧州嘉祥縣界。

昭二十三年邾人城翼，還自離姑，武城人塞其前。哀八年吴伐我，道險從武城。程啟生以爲：「此武城乃費縣之武城也。費縣乃魯與邾、吴相接界，非所當備齊之處。襄十九年之武城宜在嘉祥。杜註併而爲一，似誤。」案：高氏《地名考》從杜註，以昭二十三年、哀八年之武城併子之武城、曾子居武城俱即此地。然余嘗往來京師，至嘉祥縣有絃歌臺，此地與齊界相接，去費縣尚遠。啟生以爲費縣非所當備齊之處，此説是也。

又晉、楚俱有武城

文八年秦人伐晉取武城。在今陝西同州府華州東北十三里，一名武平城。

僖六年蔡穆侯將許僖公見楚子于武城，杜註：「楚地，在南陽宛縣北。」今在河南南陽府城北。

周、晉、楚、隨俱有瑕地

昭二十四年王子朝之師攻瑕，杜註「敬王邑」。不詳何地。

僖三十年許君焦、瑕，杜註「晉邑」。高氏《地名考》以爲此晉河外之瑕也，即曲沃。文十二年秦復侵晉及瑕，十三年使詹嘉處瑕，以曲沃之官守之。今河南陝州西南三十二里有曲沃城，即此瑕也。又成六年《傳》有郇瑕，爲古郇伯之國，在今山西蒲州府臨晉縣東北十五里。此晉河東之瑕，與此有別。

成十六年楚師還，及瑕，杜第云「楚地」。《都邑表》據《水經注》謂山桑縣有瑕城，即此。瑕在今江南潁州府蒙城縣北。案：楚敗于鄢陵，狼狽遁歸，決無反遠道東南之理。或曰瑕即襄城縣之汾丘城。襄城縣今屬許州府，在鄢陵之西，爲楚歸道。此説近是。

桓六年楚武王侵隨，軍于瑕以待之，杜註「隨地」。

魯、齊、楚俱有棘地

成三年叔孫僑如圍棘，杜註：「魯邑，在濟北蛇丘縣。」在今兗州府寧陽縣西北。

昭十年陳桓子召子山而反棘焉，杜註：「齊國西安縣東有戟里亭。」在今青州府臨淄縣西北。

昭四年吴伐楚取棘，杜註：「楚譙國酇縣東北有棘亭。」在今河南歸德府永城縣西南。

鄭、晉、楚俱有櫟地

桓十五年鄭伯突入于櫟，杜註「鄭別都」。今爲河南開封府之禹州。

襄十一年秦伐晉，戰于櫟，杜註「櫟在河北」。在山西境，非陝西臨潼縣北之櫟陽也。

昭四年吴伐楚取櫟，杜註「汝陰新蔡縣北有櫟亭」。在今汝寧府新蔡縣北二十五里。

向爲國名，又莒、周、鄭俱有向地

隱二年莒人入向，杜註「譙國龍亢縣東南有向城」。在今江南鳳陽府懷遠縣西四十里。

隱十一年王與鄭人蘇忿生之田向，杜註「軹縣西有地名向上」。今懷慶府濟源縣西南有向城。《詩》皇父「作都于向」，即此。

僖二十六年公會莒子盟于向，杜註「莒邑」。今莒州南七十里有向城。

襄十一年諸侯伐鄭師于向，杜註「鄭地」。今開封府尉氏縣西南四十里有向城。

晉、鄭、宋、秦俱有新城

僖四年太子奔新城，杜註「即曲沃」。今在山西絳州聞喜縣東二十里。

僖六年諸侯伐鄭圍新城，杜註：「鄭新密，滎陽密縣。」今河南許州府密縣東南三十里有故密城。

文十四年同盟于新城，杜註：「宋地，在梁國穀熟縣西。」今在歸德府商丘縣西南。

文四年晉侯伐秦，圍刓、新城，杜註：「新城，秦邑。」今陝西同州府澄城縣東北二十里有古新城。秦謂之新里，爲秦取梁地。

齊、宋俱有葵丘

莊八年齊侯使連稱、管至父戍葵丘，杜註「齊地」。在今山東青州府臨淄縣西三十里。

僖九年會于葵丘，杜註：「宋地，陳留外黄縣東有葵丘。」在今河南開封府考城縣東三十里。

鄭、莒俱有鄢陵

成十六年晉、楚戰于鄢陵，杜註：「鄭地，屬潁川郡。」今河南開封府鄢陵縣。

文七年公孫敖爲襄仲逆己氏，及鄢陵，登城見之美，自爲娶之，杜註「莒邑」。在今山東沂州府沂水縣界。

唐即棠

隱二年公及戎盟于唐，杜註「高平方與縣有武唐亭」。在今魚臺縣西十二里。

隱五年公觀魚于棠，杜註「與唐同」。《方輿紀要》于魚臺縣武唐亭下亦並列二年、五年《傳》，合爲一地。

厲即賴

桓十三年楚屈瑕伐羅，楚子使賴人追之，不及。杜註「賴國有義陽隨縣」。❶

僖十五年齊師、曹師伐厲，杜註「義陽隨縣北有厲鄉」，則知「厲」與「賴」通矣。另有論，見後。

❶ 「有」，《春秋左傳集解》作「在」。

蓼飂，音溜。與蓼了。有別

桓十一年鄖人將與隨、絞、州、蓼伐楚師，杜註「蓼國」。今義陽縣東南湖陽城。師古曰：「蓼，力救反。」楚得其地，謂之湖陽。光武封姊爲湖陽公主。今湖陽故城在河南南陽府唐縣南九十里。

文五年《傳》楚公子燮滅蓼，杜註「今安豐蓼縣」。今河南汝寧府固始縣蓼城岡即其地。

費如字。與費秘。有別

隱元年費伯帥師城郎。高氏曰：「今魯大夫費庈父之食邑，讀如字，與季氏費邑讀曰『秘』者有別。」今兖州府魚臺縣西南有費亭。

僖元年公賜季友汶陽之田及費，此季氏之私邑也。今沂州府費縣西南七十里有費城。高氏《地名考》既以魚臺之費亭爲費庈父食邑，非季氏之費，而于費縣註云「初爲懿公子費伯食邑，及僖元年賜季友，遂爲季氏邑」，前後自相違反。

春秋時厲賴爲一國論

春秋時有賴國。左氏桓十三年楚屈瑕伐羅《傳》：「楚子使賴人追之，不及。」杜註：「賴國在義陽隨縣，蓋賴人仕于楚者。」僖十五年齊師、曹師伐厲，杜註：「厲，楚與國，義陽隨縣北有厲鄉。」傳書「賴」，經書「厲」，古通用，實則一國也。宣九年楚子爲厲之役伐鄭，十一年《傳》厲之役鄭伯逃歸，則傳並書「厲」。昭四年，❶楚子執齊慶封殺之，遂滅賴，傳云「賴子面縛銜璧，造于中

❶「四」，原作「十四」，今據《春秋左傳正義》改。

軍」，則經、傳並書「賴」。《前漢·地理志》南陽郡隨縣：「厲鄉，故厲國也。師古云：『厲』讀曰『賴』。」「厲」與「賴」之通用，徵之《左傳》、《漢書》，歷有明據矣。《公羊》僖十五年齊師、曹師伐厲，何休云「厲于葵丘之會，叛天子之命。厲如字，舊音『賴』」；昭四年楚子滅厲，註云「《左氏》作賴」。《穀梁》于僖、昭兩傳俱書「厲」。《史記》豫讓、范睢《傳》「漆身爲厲」，「厲」並音「賴」，古人之通用如此。杜佑《通典》乃以厲、賴並列兩國。杜精于考古，而乃有此失歟？

余在汴梁脩《志》，著此論。獨見杜氏《通典》分列兩國，以爲不深考之過。及作《春秋大事表》，遍閱《方輿》諸書，杜氏以下如馬氏《通考》、王氏《地里通釋》、高氏《地名考略》及宛溪《方輿紀要》俱主分列，竊疑余說之不然。夫余所據者杜預氏、何休氏、顔師古氏之說也。且即三傳本文同一年事，而《左》作「賴」，《公》、《穀》作「厲」，其爲一國顯然，更無待杜、何之註釋也。諸儒特以《通典》從分列，更不復深考。而馬氏又以賴在光州商城縣南，以杜預在義陽隨縣者爲不知何據。賴在光州，以昭四年「楚子合諸侯于申，遂滅賴」之文合之，申在今南陽，于光州洵屬相近。而更于厲從杜氏之說，謂厲在隨縣，賴在光州商城，則因杜氏而更爲添設，尤非矣。謹書之以俟後之知者。

齊穆陵辨

僖四年《傳》管仲對楚使曰「南至於穆

陵」，杜註以爲齊封境。今山東青州府臨朐縣東南一百五里有穆陵關，在大峴山上，歷千百年無異辭。華子師茂獨據《史記索隱》之説以闢之，曰：此楚地也，以爲齊地者殊謬。此不過言太公征伐所至，與上「五侯九伯，女實征之」相應。楚使言汝何故至吾地，管仲言先王有命，征伐南可以至穆陵，如此纔與楚使鍼鋒相對。若只鋪張齊境，仍與楚地風馬牛不相及，烏能折楚使之口？

考《元和志》，穆陵關在淮南道黄州麻城縣西北八十八里穆陵山上，一名木陵關。南北朝爲戍守重鎮，梁、陳間，夏侯夔、周炅屢出兵苦戰。唐元和中，鄂岳帥李道古出木陵關討吴元濟，其地在召陵與陘之南，與當日語意尤脗合。況當日齊之疆界實不止此。莊九年《傳》管仲及堂阜而税之，杜註：「齊地，在東莞蒙陰縣西北。」閔二年齊人遷陽，今沂水縣南有陽都城。蒙陰、沂水二縣今俱屬沂州府，在臨朐之穆陵西南百數十里。是時齊疆已擴，而管仲反稱舊封之界，何耶？《索隱》明言今淮南有故穆陵門，是楚之境。無棣在遼西孤竹，服虔以爲太公受封之境，不然也，蓋言其征伐所至之域耳。可見穆陵、無棣在唐時猶有可考者，特以小司馬晚出，未爲人所尊信，不能勝服、杜兩家之言。後人習以相傳，遂至譌謬千載，不可復辨。晉之受封，不過夏墟；楚之受封，不過丹陽；而齊始封在營丘。後各拓地數千里，決無始封之地終春秋世爲疆界。是杜解固失，而後人所傳併失。杜解之意，循而按之，瞭然大白矣。杜於地理最精審，其春秋地名皆核以晉之郡縣。其未確知者，則但云某地以闕疑。杜於穆陵、無棣第云皆齊地，未嘗指實今某郡某縣。以是知杜註《左》之時尚未有穆陵關、無棣溝之名，乃後人設關浚溝之時，因註《左》之誤而命名耳。劉裕伐南燕，更在杜後百餘年。燕臣或謂宜守大峴，或謂宜出峴逆戰，裕部下亦慮燕人塞大峴之險，裕過大峴，喜形於色。可見此時尚無穆陵之稱，亦並未設關。而後人乃指爲齊之南界，引杜註爲援據，不亦誤乎！

近世《禹貢錐指》引《元和志》謂：「穆陵關在麻城縣穆陵山上，齊之四履南至穆陵即此。」定四年戰于柏舉，亦在麻城縣界，爲楚腹心要地。管仲借以懾楚使，意當在此。

師茂初作此論示余，凡千餘言。余初不以爲然，尋繹久之，實是有見。此從傳文上下語氣推究，非故立異翻新者。況木陵關爲楚地，在今湖廣麻城縣，一見於《史記索隱》，再見於《元和志》，三見於林堯叟註，四見於《禹貢錐指》。諸人皆精熟地理，遞相祖述，非師茂一人創見。因爲删其繁芿，并略參鄙見，存此論以俟後之君子。乾隆十三年三月中浣四日復初氏識。

春秋列國地形犬牙相錯表卷六之下終

孫：重光校字

春秋列國都邑表叙

世嘗謂三代行封建，至秦、漢乃爲郡縣。而宋儒寱語更謂後世不復封建、井田、肉刑三者而言治皆苟道。嗚呼！此皆讀書泥古，未嘗深觀其故而明其所以然也。

夫三代之都邑，即後世郡縣之制。而三代之封建，其國之大者，僅劣如今之縣。而春秋之中葉，强兼弱削，列國已半爲郡縣，初不始于秦也。何則？三代之世，九夫爲井，四井爲邑，四邑爲都。故孔子言邑，自十室以至千室，其大小可知。而齊、晉之初封不過百里，今之下州小縣尚可當古之大國。蓋古之疆域不及今五分之一，而執玉帛者有萬。非儉于制，其勢不得不爾也。故其勢亦弱，其力亦分，無能抗衡爲患，方伯連帥得以臂指相使。又其時風俗淳古，無有兼併之志，吞噬之患，故夏、商之世有王者，無群雄。三代之諸侯皆以次相授，其更姓改物另爲建置者，不過百餘國耳。杞、鄫、薛、越傳國幾及二千年，其故可知也。

嗚呼！封建之不可，論者謂有國之子孫不能皆賢，余謂不待其子孫也，即其祖宗已斷斷不可。何則？三代之取天下也以德，湯曰「聿求元聖」，武曰「既得仁人」，其時伊、萊、周、召皆有聖人之德，輔佐天子，治定功成，剖符析土，創法垂制。踰數百年，至戰國之世而有七雄矣。世益降則群雄割據益横，非得翦、信、韓、彭凶虓暴桀之徒，則不得芟除群醜，削平叛亂，其人皆出于賣漿屠狗、庸奴氓隸，間有如斛律金、王君廓之流，不識一字者，即使之爲郡縣長，無異豺狼之牧斯人，何況世有爵土與國長久哉！此亦世變爲之也。故漢之七國，晉之八王，皆自其及身蒙禍。

論者又謂此非封建之害，患不行教學齒胄之制耳。嗚呼！此又迂也。即今之郡縣而設立師儒教授之官，尚不能施行教化，漸于禮義，而謂行封建之後能馴習膏粱紈綺之徒，使明于君國子民之道，此又如寸莛之撞巨鐘、龍肉欲以療饑耳。余觀春秋中葉，如楚之申、息，晉之荀、賈，秦之少梁，吴之州來，其初皆小國諸侯，而夷爲都邑。嗚呼！得其道，則爲湯之兼弱攻昧，文王之伐密伐崇；失其道，則爲秦、晉、吴、楚之攘竊并吞，貪婪薦食。無他，仁與不仁而已矣。後之有天下者，精擇守令，用久任超遷之制，則能熟知其民之利病而施教化；慎簡督撫，授以專制一方之柄，則能習知其吏之賢否而加黜陟。用後世郡縣之制，而兼有三代封建之利而去其害，雖使聖人復生，計無易于此。必謂郡縣出于李斯之議，不如湯、武之封建，此儒者之迂論也。輯《春秋列國都邑表》第七。

春秋列國都邑表卷七之一

錫山顧棟高復初輯
鹽城受業夏建勳介酬参

周

都

洛邑王城

今河南府洛陽縣城内西偏，即王城故址。周公營洛邑澗水東、瀍水西，南繫乎洛水，北因乎郟山。自平王東遷至景王十一世皆居此。敬王遷成周，王城廢。至赧王復居之。

邑

鄔隱十一年，王取鄔、劉、蔿、邘之田于鄭。

杜註：「鄔邑，河南緱氏縣西南有鄔聚。」今在河南府偃師縣西南。

劉

杜註：「劉邑，緱氏縣西北有

地

伊川僖二十二年，辛有適伊川。

杜註：「周地。」今爲河南府嵩縣。詳見《山川》。

坎欿僖二十四年，王遂出，及坎欿。

杜註：「周地。」在今河南府鞏縣東。

郲垂文十七年，甘歜敗戎于郲垂。

郟鄏

即郟山北邙山也，在洛陽縣城北二里，亦謂之郟。桓七年遷盟、向之民于郟，杜註：「郟，王城。」知郟鄏即王城之別名矣。

其南門曰圉門

莊二十一年子頹之亂，鄭、虢同伐王城。鄭伯將王自圉門入，虢叔自北門入。圉門爲王城南門。

北門曰乾祭門

昭二十四年子朝之亂，晉士景伯立于乾祭而問介衆，杜註：「乾祭，王城北門。」

遷于成周

劉亭。」《後漢書》「周大夫劉子邑也」。今在偃師縣。劉子始封爲匡王少子劉康公。

蒍

東周大夫子國之食邑，謂之蒍國。

邗

在今懷慶府城北三十里有邗臺村，地後屬晉。

温 王與鄭人蘇忿生之田温、原、絺、樊、隰郕、攢茅、向、盟、州、陘、隤、懷。

在今懷慶府温縣西南三十里。後襄王更以賜晉，晉以狐溱爲温大夫。

原

今懷慶府濟源縣西北有原

杜註：「垂亭在新城縣北。」今爲汝州伊陽縣地。

湨梁 襄十六年，會于湨梁。

《爾雅》：「梁莫大于湨梁。」湨梁，水隄也。湨水源出懷慶府濟源縣西北，至温縣入河。見《山川》。

轘轅 襄二十一年，使候出諸轘轅。

杜註：「轘轅，關名。」在今河南府鞏縣西南七十里。見《險要》。

雒汭 昭元年，趙孟館于洛汭。

《水經注》：「洛水入河之處，亦名什谷。張儀謂『下兵三川，塞什谷之口』是也。」在今河南府鞏縣三十里。見《山川》。

在今河南府洛陽縣城東二十里。周公營王城，并營下都處殷頑民，在瀍水之東，與王城相去十八里，亦謂之成周。昭二十六年子朝奔楚，其餘黨多在王城。敬王畏之，徙都成周。成周狹小，乃請諸侯城之。自是迄春秋之末，凡書京師者，皆指成周。

翟泉

杜註：「城內太倉西南池水也。」鄭氏曰：「狄泉本在下都城北，城成周時乃繞翟泉于城內。」昭二十三年天王居于狄泉，二十六年始入于成周。此時狄泉與成周猶爲兩地。

鄉。後賜晉，晉以趙衰爲原大夫。

絺

今懷慶府河內縣西三十二里有故絺城。

樊

一名陽樊，今懷慶府濟源縣東南三十里有古陽城。東遷後，仲山甫子孫所封。莊二十九年樊皮叛王，即此。後賜晉，晉以予陽處父爲食邑。

隰郕

今懷慶府城西三十里有期城，即其地。一名隰城，僖二十五年殺太叔于隰城，即此。

攢茅

潁昭元年，景王使劉定公勞趙孟于潁。九年，晉梁丙、張趯率陰戎伐潁。

杜註：「潁水出陽城縣。」《方輿紀要》云：「陽城廢縣本周之潁邑。」在今河南府登封縣東南四十里。戰國初屬鄭，謂之陽城。後入韓、秦，亦爲陽城縣。陳勝，陽城人。

甘鹿昭十七年，陸渾衆奔甘鹿。

杜註：「周地。」今河南府宜陽縣有鹿蹄山，甘水所出。

榮錡氏昭二十二年，王崩于榮錡氏。

杜註：「河南鞏縣西有榮錡澗。」《方輿紀要》、《括地志》云在縣西，澗蓋在邑旁。

皇昭二十二年，王猛居于皇。

宣榭
宣十六年成周宣榭火，杜註：「講武屋，別在洛陽者。」宣王會同東都，南征北伐，講武于此。

左巷
昭二十三年子朝入于王城，次于左巷，杜註：「近東城。」當是王城之東。

莊宮
昭二十二年單子逆悼王于莊宮以歸。莊宮，莊王廟，杜註「在王城」。

平宮
昭二十二年單子盟百工于平宮，杜註：「平宮，平王廟。」

今懷慶府脩武縣西北二十里有攢城。

向
今懷慶府濟源縣西南有向城。

盟
今懷慶府孟縣西南三十里有古河陽城。武王會諸侯于孟津，即此。地後歸晉，謂之河陽，僖二十八年天王狩于河陽是也。

州
在今懷慶府東南五十里。後屬晉，初爲郤稱邑，後爲欒豹邑。昭三年晉人以賜鄭豐施，七年子產歸州田于韓宣

杜註：「河南鞏縣西南有黃亭。」今在河南府鞏縣西北。

東圉 單氏伐東圉。
《路史》：「周地。」杜註：「洛陽東南有圉鄉。」

社 前城人敗陸渾于社。
杜註：「周地。」黃河西自偃師界至鞏縣，洛水入之，有五社渡，又有五社津。光武幸懷，遣耿弇等軍五社津，備滎陽以東，即此。

陰 晉籍談軍于陰。
漢平陰縣地。今爲河南府孟津縣治。

侯氏 荀躒軍于侯氏。
杜註：「周地。」即緱氏，今河

在王城。案：平王廟已當毀，此猶存者，以其爲東遷之祖故也。

襄宮

昭二十六年十一月癸酉，王入于成周。甲戌，盟于襄宮。杜註：「襄王之廟。」此又似在洛陽。

子，宣子更以賜宋樂大心。後宣子自徙居之。

陘

即太行陘，在今懷慶府西北三十里。連山中斷曰陘。太行首始河内，北至幽州，中有八陘，此其一也。

隤

在懷慶府修武縣北。

懷

今懷慶府武陟縣西南十一里有懷城。後屬晉，宣六年赤狄伐晉圍懷，即此。

酒泉莊二十一年，王與虢公酒泉。

杜註：「周邑。」今陝西同州

南府偃師縣東南二十里有廢緱氏城。

谿泉賈辛軍于谿泉。

杜註：「鞏縣西南有明谿泉。」

平陰昭二十三年，晉師在平陰。

即陰，漢爲平陰縣地。見前。

訾單子取訾。

《路史》曰：「訾有二，西訾在洛，東訾在鞏。」此蓋西訾也。二十四年河津人得子朝用于河之寶珪，陰不佞拘之，王定而獻，與之東訾；二十七年尹文公焚東訾，始爲鞏縣之訾。杜氏混而一之，則傳文「東」字爲贅矣。

府澄城縣有甘泉出匱谷中，造酒尤美，名曰酒泉。

甘僖二十四年，甘昭公有寵于惠后。

杜註：「王子帶食邑，河南縣西南有甘水。」西二十五里有故甘城。今俱在河南府洛陽縣西南。

毛狄伐周，獲毛伯。

杜註：「毛伯采邑。」在今河南府宜陽縣界。

郩田成十一年，郤至與周爭郩田。

杜註：「温別邑，懷縣西南有郩人亭。」在今懷慶府武陟縣界。

要、餞昭二十二年，子朝帥要、餞之甲以逐劉子。

蒯尹辛攻蒯。

杜註：「河南縣西南蒯鄉。」今在河南府洛陽縣西南。

尸氏昭二十六年，劉人敗王城之師于尸氏。

即尸鄉，在河南府偃師縣西三十里，田横自剄處。

渠劉子以王出，次于渠。

杜註：「周地。」即陽渠也，周公所鑿，在河南鞏縣西，通洛陽。

堤上遂軍圉澤，次于隄上。

杜註：「周地。」《漢書》：「河決酸棗，東潰金隄。」《寰宇記》：「金堤在洛陽縣西南二十三里，時漢興未四十年，河

杜註：「周二邑。」《水經注》：「畛水出新安縣青要山。」《新唐書》河南郡諸府有餞濟。

揚 劉子奔揚。

杜註：「周邑。」《路史》謂即山西之揚侯國，宣王子尚父所封。今山西平陽府洪洞縣東有揚城。案：傳云：「壬戌，劉子奔揚。癸亥，如劉。」劉爲今偃師縣劉亭，浹日即至其地，當不出百里外。山西洪洞距偃師絶遠，且地已屬晉。決當爲僖十一年揚、拒、泉、皐之揚，❶而非山西

道始決。」金隄係三代時物明矣。所云堤上，疑即此。

❶「一」，原脱，今據《春秋左傳正義》補。

之揚侯國也。

前城王師敗績于前城。

杜註：「子朝所得邑。」服虔曰：「『前』讀爲『泉』，即泉戎地，在伊闕南。」京相璠曰：「在今洛陽西南五十里伊闕外。」

解王師軍于氾，于解，于任人。

杜註：「王師分在三邑。」氾即鄭州氾水縣，本鄭地，王時駐軍于此。解有大解、小解。《後漢書》大解城在今洛陽縣南，小解城在縣西南也。任人地闕。

鄩昭二十三年，郊、鄩潰。

杜註：「郊、鄩二邑皆子朝所得。」《括地志》故鄩城在河南府鞏縣西南五十八里。《史記》「塞什谷之口」，徐廣曰：「即鄩邑。」

澤邑王師在澤邑。

賈逵曰：「即翟泉。」

牆人劉子取牆人、直人。

《路史》曰：「今河南府新安縣東北有白牆村。」

直人

杜註：「子朝邑。」直伯柄國。

尹王入于尹。

杜註：「尹氏邑。」今山西汾州有尹吉甫墓，即古尹城。

唐尹辛敗劉師于唐。

杜註：「周邑。」《後漢志》有唐聚。在今河南府洛陽縣。

鞏昭二十五年，尹文公涉于鞏。杜註：「于鞏縣涉洛水。」周鞏伯邑，即今鞏縣。後西周惠公封少子班于此，爲東周。今縣西南三十里有鞏王城。

萑谷昭二十六年，王次于萑谷，于胥靡，于滑。杜註：「皆周邑。」萑谷在洛陽縣東。見《山川》。

胥靡杜註：「本鄭邑。」今河南府偃師縣東南四十里有胥靡城。

滑

杜註：「本鄭邑。」今偃師縣南緱氏故城即古滑地。高氏曰：「滑，本國名。秦滅之而不能有，爲晉所得。然其地近鄭，在所必争，成十七年鄭人所以侵晉虛、滑也。是時則歸王室，逮定六年鄭伐周馮、滑、胥靡，此鄭人争滑之驗也。」

莒陰忌奔莒。

杜註：「周邑。」案：莒國之外又有三莒，周莒、齊莒、魯莒父。此周莒也，其地未詳。

馮定六年，鄭伐馮、滑、胥靡、負黍、狐人、闕外。

杜註：「周邑。」《東觀記》曰「魏之别封曰華侯。華侯孫長卿食采于馮城」，即此。

負黍

杜註：「周邑，陽城西南有負黍亭。」在今河南府登封縣。

狐人

杜註：「周邑。」《後漢志》潁陰縣有狐宗鄉，古狐人亭也。在今許州府臨潁縣。

闕外

杜註：「周邑。」即伊闕外之邑也，在今河南府洛陽縣南闕塞山下。

穀城定八年，單子伐穀城。單子伐簡城。劉子伐盂。

	杜註：「在河南縣西。」在今河南府洛陽縣西北。《水經注》：「城西臨穀水，故名。」 簡城 杜註：「周邑。」周有簡師父，簡城蓋其采地。 盂 杜註：「周邑。」今懷慶府河内縣西北有邘臺鎮，爲古盂國。

魯

都	邑	地
曲阜 今爲山東兗州府曲阜縣治。	郎隱元年，費伯帥師城郎。 杜註：「魯邑，高平方與縣東	蔑隱元年，盟于蔑。 杜註：「魯地，即姑蔑也，魯

應劭曰：「曲阜在魯城中，委曲長七八里。」自春秋至戰國，魯世世都之。

其正南曰稷門亦曰南門，一名高門。

稷門，南城正門也。莊三十二年圉人犖能投蓋于稷門，定五年陽虎盟季桓子于稷門之内是也。亦謂之高門，僖二十年新作南門，傳曰本名稷門，僖公更高而大之，故名高門。定十年齊人陳女樂、文馬于魯城南高門外，即此。

南之右曰雩門

雩門，南城西門也，面臨雩水因名。莊十年公子偃自雩門

南有郁郎亭。」在今兖州府魚臺縣東北九十里。桓十年齊侯、衛侯、鄭伯來戰于郎，莊十年齊師、宋師次于郎，蓋魯之邊邑，故數受兵。

費見上。

魯大夫費庈父之食邑，讀如字，與季氏費邑讀曰「秘」者有別。在今兖州府魚臺縣西南。

棠隱五年，公觀魚于棠。

魯濟上之邑。杜註：「高平方與縣北有武唐亭，魯侯觀魚臺。」《水經注》：「菏水又東經武唐亭，有高臺二丈許，下臨水，昔魯侯觀魚處。」在今魚臺縣東北十二里。「棠」

國卞縣南有姑城。」在今兖州府泗水縣東北四十五里。定十二年費人攻公，仲尼命申句須、樂頎下伐之，費人北，國人追之，敗諸姑蔑，即此。

潛隱二年，公會戎于潛。

杜註：「魯地。」潛地蓋近戎。戎在今曹州府曹縣故戎城。潛當在魯兖州府西南境。

唐隱二年，公及戎盟于唐。

杜註：「魯地，高平方與縣北有武唐亭。」在今兖州府魚臺縣東十二里。

鄧隱十年，盟于鄧。

杜註：「魯地。」黃帝臣鄧伯温國，與南陽子姓之鄧有別，

竊出犯宋師，即此。又沂水出尼丘山西北，經雩門外，即曾點浴沂處。

東之左曰始明門 亦曰上東門。

上東門，魯東城之北門也。定八年公斂處父帥成人自上東門入，與陽虎戰于南門之內。《國語》臧文仲祭爰居于魯東門之外，即此。

東之右曰鹿門

鹿門，魯東城南門也。襄二十三年臧紇斬鹿門之關以出奔邾，即此。

其正西曰史門

史門，魯西門也。《公羊傳》：「齊桓公使高子將南陽

與「唐」古通用，即二年公與戎盟之唐也。

中丘 隱七年，城中丘。

《公羊》云：「内之邑也。」杜註：「在瑯琊臨沂縣東北。」今沂州府東北三十里有中丘城。

防 隱九年，公會齊侯于防。

杜註：「在瑯琊華縣東南。」案：魯有兩防，此所謂東防也，在今沂州府費縣東北六十里，世爲臧氏食邑。襄二十三年臧紇自邾如防，即此。

防 隱十年，敗宋師于菅。辛巳，取防。

此所謂西防也。杜註：「高平昌邑縣西南有西防城。」宋

當在今兖州府境。

讙 桓三年，齊侯送姜氏于讙。

杜註：「魯地，濟北蛇丘縣西有下讙亭。」在今濟南府肥城縣西南。

祝丘 桓五年，城祝丘。

杜註：「魯地。」莊四年夫人姜氏享齊侯于祝丘，即此。是齊、魯兩境上之邑。在今沂州府東南五十里。

咸丘 桓七年，焚咸丘。

杜註：「魯地，高平鉅野縣南有咸亭。」在今曹州府鉅野縣南。

闞 桓十一年，公會宋公于闞。

杜註：「魯地，在東平須昌縣東南。」魯先公墓所在，自隱、

之甲，立僖公而城魯。或曰自鹿門至于争門，或曰自争門至于吏門。」吏門即史門矣。

正北曰圭門 一曰争門。

争門，魯北門，即《公羊》所云争門。一云當作浄門。浄，魯北門池也。

西郭門曰子駒之門

文十一年獲長狄僑如，埋其首于子駒之門，即此。

東北郭門曰萊門

哀公六年齊人召公子陽生，陽生請于南郭且于乘，出萊門而告之故，即此。

宫之南門曰雉門，門之旁曰

防既爲魯有，欲别于臧氏之防，故謂之西防。在今兗州府金鄉縣西北。

菟裘 隱十一年，吾使營菟裘。

杜註：「魯邑，在泰山梁父縣南。」在今兗州府泗水縣西北。

許田 桓元年，鄭伯以璧假許田。

《寰宇記》：「許昌城南四十里有魯城。」在今河南許州府東境，爲魯朝宿邑，鄭伯請以泰山之祊易之而祀周公。《公羊》云：「田多邑少稱田，邑多田少稱邑。」

成 桓六年，公會紀侯于成。

杜註：「在泰山鉅平縣東南。」

桓以下皆葬此。今兗州府汶上縣西南三十五里有南旺湖，湖中有闞亭。其地高阜六七，即魯先公葬處。定元年季孫使役如闞，即此。

曲池 桓十二年，盟于曲池。

杜註：「魯地，魯國汶陽縣北有曲水亭。」在今曲阜縣東北四十里。

趡 桓十七年，盟于趡。

杜註：「魯地。」當在今兗州府泗水、鄒縣之間。

奚 桓十七年，戰于奚。

杜註：「魯地。」今兗州府滕縣南奚公山下有奚邑。《水經注》：「夏車正奚仲之國也。」

兩觀

定二年雉門及兩觀災，杜註：「雉門，公宫之南門也。兩觀，闕也。」在門兩旁，中央闕然爲道也。

雉門之左有亳社

哀四年亳社災。左有亳社，又有周社。成季之繇曰：「間于兩社，爲公室輔。」兩社之間，朝廷議政事之所也。

朝中有黨氏溝

哀十一年季孫使冉求俟于黨氏之溝，杜註：「朝中地名。」

城内有大庭氏之庫

昭十八年宋、衛、陳、鄭火，梓

在今兖州府寧陽縣東北九十里。莊三十年次于成，備齊也。襄十五年齊人圍成，公救成，于是城成郛。後爲孟氏邑。定十二年仲由爲季氏宰，將墮成，公斂處父曰：「墮成，齊人必至于北門。」是魯之北境近齊之邑。

鄟❶莊二十八年冬，築鄟。

杜註：「魯下邑。」在今兖州府壽張縣東南五十里。

諸莊二十九年，城諸及防。

杜註：「今城陽諸縣。」在今青州府諸城縣治西南三十里。

小穀莊三十二年，城小穀。

蒧莊九年，公及齊大夫盟于蒧。

杜註：「魯地，瑯琊繒縣北有蒧亭。」在今兖州府嶧縣東八十里。

生竇莊九年，殺子糾于生竇。

杜註：「魯地。」在今曹州府曹縣東北三十里，濮水所逕，爲齊、魯交界。

長勺莊十年，公敗齊師于長勺。

杜註：「魯地。」《路史》曰：「成王以商民六族錫魯，有長勺氏、尾勺氏。」此蓋商民所居。

乘丘莊十年，公敗宋師于乘丘。

杜註：「魯地。」西漢泰山郡有

❶「鄟」，原誤作「鄖」，今據《四庫全書》本、《皇清經解續編》本改。

慎登大庭氏之庫以望之，杜註：「大庭氏，古國名。魯于其處作庫。高顯，故登以望氣。」又昭五年豎牛作亂，攻諸大庫之庭，杜註並同，知一地。其曰「大庫之庭」，蓋傳寫之誤耳。

又有武子之臺

定十二年費人襲魯，公與三子入季氏之宮，登武子之臺。今曲阜縣東有臺，相去二百五十步，高三丈五尺，即武子之臺。又有襄仲臺，俱在正東建春門内。

又有棘下地

定八年公斂處父與陽虎戰于

孫氏復謂此宜從《穀梁》註爲魯邑，曲阜縣西北有小穀城。《左傳》杜註謂爲齊邑，爲管仲城之，非也。詳《正譌》及《三傳異同表》。

費 僖元年，公賜季友汶陽之田及費。

世爲季氏邑，在今沂州府費縣治西南七十里。賈逵、《索隱》俱以爲魯懿公子費伯之食邑者，非是。

昌衍 僖二十九年，介葛盧來，舍于昌衍。

杜註：「魯縣東南有昌平城。」在今曲阜縣東南八十里。

郚 文七年，城郚。

乘丘縣，顔師古曰：「即春秋乘丘也。」《括地志》：「乘丘在瑕丘縣西北三十五里。」今兖州府治滋陽縣西有古瑕丘城。

鄑 莊十一年，公敗宋師于鄑。

杜註：「魯地。」當在兖州府境，與元年齊遷紀郱、鄑、郚之郚在都昌縣西者爲二地。

濟西 莊十八年，公追戎于濟西。

杜註：「公逐戎于濟水之西。」莊三十年公及齊侯遇于魯濟，杜註：「濟水歷齊、魯界，在齊界爲齊濟，在魯界爲魯濟，蓋魯地。」宣元年齊人取濟西田，杜註：「故曹地。」

棘下，杜註：「城内地名。」

有觀臺

僖五年日南至，公登觀臺以望，杜註：「觀臺，臺上搆屋可以遠觀者也。」在今曲阜縣南故泮宮中，亦曰泮宮臺。

黨氏臺

莊三十三年《傳》：「初，公築臺臨黨氏。」在曲阜縣治東北八里。故魯城内有莊公臺，稍西南又有昭公臺。

其内城曰中城

經于成九年、定六年俱書「城中城」，國都之内城也。杜註謂在東郡廩丘者，非是。定六年高氏閱曰：「時公之所

杜註：「魯邑，卞縣南有郚城。城郚備邾難也。」在今兖州府泗水縣東南。

鄆 文十二年，季孫行父帥師城諸及鄆。

杜註：「城陽姑幕縣南有員亭。員即鄆。」在今沂州府沂水縣治東北四十里。此爲東鄆，莒、魯所争者。

平陽 宣八年，城平陽。

杜註：「泰山有平陽縣。」在今泰安府新泰縣西北四里。案：魯有兩平陽，此係東平陽也。西平陽在兖州府鄒縣西三十里，本邾邑，爲魯所取，見哀二十七年。

僖三十一年晉文以分魯濟西，約在今曹州府曹縣、鄆城、鉅野三縣之地。

洮 莊二十七年，公會杞伯姬于洮。

杜註：「魯地。」在今曹州府濮州西南五十里。

薛 莊三十一年，築臺于薛。

杜註：「魯地。」今兖州府滕縣東南有薛城。

秦 莊三十一年，築臺于秦。

杜註：「東平范縣西北有秦亭。」在今曹州府范縣南三里。

梁丘 莊三十二年，齊侯、宋公遇于梁丘。

杜註：「在高平昌邑縣西南。」

有，中城而已。」汪氏克寬曰：「定公豈能役衆脩城，蓋陽虎欲去三家，將挾公以自固耳。」

城外有東郛、西郛

襄十九年城西郛，杜註：「魯西郭。」汪氏克寬曰：「郛乃外城。此云西郛，實國都外城之西郭。」而中城爲魯國都之内城可知矣。

城北曰泗上

襄十九年諸侯次于泗上，疆我田，此魯城北之泗也。《從征記》：「洙、泗二水交于魯城東北十七里。」今在曲阜縣西北八里。詳見《山川》。

龍 成二年，齊人伐我北鄙，圍龍。

杜註：「魯邑，在泰山博縣西南。」今在泰安府城西南。

棘 成三年，叔孫僑如帥師圍棘。

杜註：「汶陽田之邑，在濟北蛇丘縣。」今當爲泰安府肥城縣地。

台 襄十二年，莒人伐我東鄙，圍台。

杜註：「瑯琊費縣南有台亭。」在今沂州府費縣東南。

桃 襄十七年，齊侯伐我北鄙，圍桃。

杜註：「魯邑，卞縣東南有桃墟。」在今兗州府泗水縣東南。昭七年晉人來治杞田，季孫以成與之，而遷孟氏之邑于桃，即此。

今曹州府城武縣東北三十里有梁丘城，蓋齊、宋接界處。《公羊》云梁丘在曹、邾之間，去齊八百里，其地近宋，見齊桓之能執謙。

密 閔二年，共仲歸，及密乃縊。

杜註：「魯地，瑯琊費縣北有密如亭。」在今沂州府費縣北。

汶陽 僖元年，公賜季友汶陽之田及費。

杜註：「汶水北地。」定十年齊人歸鄆、讙、龜陰田，三邑皆汶陽也。其地在今兗州府寧陽縣境。

甯母 僖七年，盟于甯母。

城南曰沂上

昭二十五年季孫請待于沂上以察罪，此魯城南之沂也。杜註「魯城南自有沂水」，即曾點浴沂之沂。今在曲阜縣南二里。詳見《山川》。

東門外有蒲圃

襄四年季孫樹六檟于蒲圃東門之外，杜註：「場圃名。」定八年陽虎將享季氏于蒲圃而殺之，即此。

五父之衢

襄十一年季武子將作三軍，詛于五父之衢。白褎《魯記》：「在魯東南門外二里。」

其泉曰逵泉

陽關 襄十七年，師自陽關逆臧孫。

魯邑，杜註：「在泰山鉅平縣北。」後屬齊。定七年齊人歸鄆、陽關，即此。在今兖州府寧陽縣東北。

武城 襄十九年，城武城。

魯邑，杜註：「泰山南武城縣。」子游爲武城宰，即此。在今沂州府費縣西南九十里。

高魚 襄二十六年，齊烏餘以廩丘奔晉，遂襲我高魚。

魯邑，杜註：「廩丘東北有高魚城。」今其地在曹州府鄆城縣東北，北與范縣接界。

陽州 襄三十一年，齊閭丘嬰伐陽州。

杜註：「魯地，高平方與縣東有泥母亭，讀如『甯』。」在今兖州府魚臺縣東二十里。

卞 僖十七年，夫人姜氏會齊侯于卞。

杜註：「魯國卞縣。」在今兖州府泗水縣東五十里。

升陘 僖二十二年，及邾人戰于升陘。

杜註：「魯地。」

重館 僖三十一年，臧文仲如晉，宿于重館。

杜註：「高平方與縣東北有重鄉城。」在今兖州府魚臺縣西北十一里。

鹹 文十一年，叔孫得臣敗狄于鹹。

杜註：「魯地。」《後漢志》濮陽縣春秋時有鹹城，濮水之

莊三十三年公子牙歸，及逵泉卒。今曲阜縣南五里有逵泉，下流入于沂。

郰

襄十年郰人紇抉之以出門者，杜註：「郰邑，魯縣東南莝城。」孔子還轅息郰，即此。今曲阜縣與鄒縣相接處。

寢有路寢

路寢，正寢也。人君終于路寢，乃爲正終。《春秋》十一公得正而薨者，惟莊、宣、成。

小寢 亦謂之西宮。僖二十年，西宮災。

僖三十三年公薨于小寢。

高寢

齊、魯境上邑，在今泰安府東平州西北。昭二十五年公孫于齊，次于陽州，杜註云：「未敢直前，故次于竟。」定八年公侵齊，門于陽州，則此時陽州當爲齊有矣。

郈 昭二十五年，臧會奔郈。

叔孫氏邑。杜註：「郈在東平無鹽縣東南。」在今泰安府東平州東南十里。定十二年仲由將隳三都，叔孫氏隳郈，即此。

東野 定五年，季平子行東野，還，卒于房。

杜註：「季氏邑。」今《闕里志》周公後有東野氏，蓋以邑

北。當在今曹州府曹縣境。

蜀 成二年，公會楚公子嬰齊于蜀。

杜註：「博縣西北有蜀亭。」今兖州府汶上縣西南四十里有蜀山，其下有蜀山湖，與南旺湖東西相對，爲泰安府接境。

陽橋 成三年，楚侵及陽橋。

杜註：「魯地。」在今泰安府泰安縣西北。

壤隤 成十六年，公往會晉，出于壤隤。

杜註未詳所在，第據成十六年《傳》云「公待于壤隤，申宮儆備，設守而後行」，意其地當去公宮不遠。又昭公之

定十五年公薨于高寢，杜註：「高寢，宮名。不于路寢，失其所。」

宮有泉宮，有泉臺　文十六年有蛇自泉宮出，❶入于國，如先君之數。秋八月辛未，聲姜薨，毀泉臺。《正義》曰：「臺在宮內，人見蛇自宮出，而毀其臺，并毀其宮也。」以聲姜薨爲蛇妖所致，故毀之。十八年公薨于臺下，即其地。則蛇之妖，乃不係于聲姜而係于文公矣。《公羊》謂即莊公所築之郎臺者，非是。

爲氏。東野及房皆近費之邑。

龜陰田定十年，齊人來歸鄆、讙、龜陰田。　杜註：「三邑皆汶陽田，泰山博縣北有龜山。」案：博縣爲今之泰安府。龜山在新泰縣之西南，泗水縣之東北，與泰安府境相接。

莒父定十四年，城莒父及霄。　杜註：「魯邑。」莒係以「父」，魯人語音，如梁父、亢父、單父是也。子夏爲莒父宰，即此。今爲沂州府莒州地。

霄見上。

喪，送君者自壞隤而反，當在曲阜境內。

貍脤成十七年，公孫嬰齊卒于貍脤。　舊説云魯地，杜駁之曰：「傳稱『庚午，圍鄭。還自鄭。壬申，至于貍脤』，由庚午至壬申纔二日，未得及魯竟也。又大夫卒其境內，則經不書地，益明貍脤非魯地矣。」但不知是何國之地耳。

劉襄十五年，及宋向戌盟于劉。　孔氏穎達曰：「《釋例》地闕，蓋魯城外之近地。」

庚宗昭四年，穆子去叔孫氏，及庚宗。

---

❶「文」，原誤作「成」，今據《春秋左傳正義》改。

楚宮
襄三十一年公薨于楚宮。何氏休曰：「公朝楚，好其宮，歸而作之，故名。」薛氏季宣曰：「魯別宮也。小寢猶非正，況別宮乎？」

廟有太廟
僖八年禘于太廟。范氏甯曰：「太廟，周公廟。」《左氏》謂又有周廟爲文王之廟，非是。

有世室
文十三年世室屋壞，《公羊》曰：「魯公之廟也。」諸侯不毀之廟一，而魯不毀之廟有

杜註：「魯邑。」在今莒州境。

漆定十五年冬，城漆。
杜註：「邾庶其邑，南平陽縣東北有漆鄉。」今在兖州府鄒縣北。

啟陽哀三年，叔孫、季孫城啟陽。
杜註：「瑯琊開陽縣。」今沂州府治北十五里有開陽故城。本鄅國，後屬魯。

邾瑕哀六年，城邾瑕。
杜註：「任城亢父縣有邾婁城。」今在兖州府濟寧州南二十里。

負瑕哀七年，公伐邾，以邾子益來，囚諸負瑕。

高氏曰：「時穆子適齊。又哀八年吴伐我，舍于庚宗，次于泗上。當在魯北竟，此時吴師自武城而來也。今兖州府泗水縣有庚宗亭。」

塞關昭五年，豎牛奔齊，孟仲之子殺諸塞關之外。
杜註：「齊、魯界上關。」亦六關之一。

紅昭八年，大蒐于紅。
杜註：「蕭縣西有紅亭。」今爲江南徐州府蕭縣。蕭爲宋地，蕭叔所封邑。傳云「自根牟至于商、衛，革車千乘」，商即宋也。豈魯蒐于近宋之

二，❶以比文、武之世室，僭也。

又有武宮

成六年立武宮。武公乃伯禽九世孫，獻公之子，于公爲十一世祖，佐宣王有武功。季文子以鞌之功復立之，僭也。《明堂位》謂武公之廟武世室者，大謬。

有煬宮

定元年立煬宮。煬公係伯禽之子，考公之弟。魯之以弟繼兄，蓋始乎此。季平子逐昭公，廢太子，而立定公，于是立煬宮，以著魯一生一及

杜註：「魯邑，南平陽縣西北有瑕丘城。」在今兖州府嶧陽縣西二十五里。

闡 哀八年，齊人取讙及闡。

杜註：「在東平剛縣北。」戰國時爲齊之剛邑，故剛城在今兖州府寧陽縣東北三十五里。

東陽 哀八年，吳伐我，克東陽，而進舍于五梧。明日，舍于蠶室。

杜註：「三邑，魯地。」東陽在今沂州府費縣西南七十里。

五梧 見上。

在費縣西。

蠶室

郚，而蕭縣魯亦有其地歟？當更考。

祲祥 昭十一年，會邾子，盟于祲祥。

杜註闕。當在今兖州府嶧陽縣境。

拔 定三年，及邾子盟于拔。《左傳》作「郯」。

杜註：「郯即拔也。」當在兖州府嶧陽縣境。

蛇淵囿 定十三年，築蛇淵囿。

京相璠曰：「濟北有蛇丘城，城下有水，魯囿也。」在今濟南府肥城縣南。

丘輿 哀十四年，司馬牛卒于魯郭門之外，葬諸丘輿。

❶「而」下，原衍「而」字，今據《四庫全書》本刪。

所自始。煬至昭已二十世。

桓宮、僖宮

哀三年桓宮、僖宮災。胡氏曰：「季氏出于桓而立于僖，故不毁其廟。」李氏曰：「魯有世室，又立武宮、煬宮，又桓、僖之宮不毁，是五廟之外又有五廟矣。」

又有御廪

桓十四年御廪災，杜註：「御廪，公所親耕以奉粢盛之倉也。」《月令》亦謂之神倉。

有仲子之宫

隱五年考仲子之宫。陳氏曰：「爲仲子别立廟，非禮也。妾祔于妾祖姑，無妾祖

今兖州府滕縣東三十里有鼉母山。

杜註：「泰山南城縣西北有輿城。」在今兖州府費縣西。

姑則易牲而祔于女君。」

夷伯之廟

僖十五年震夷伯之廟。夷伯爲公子展之子，展氏當以公子展爲始祖，則夷伯廟宜毀。以大夫而過三廟，故震及之。

齊

都

臨淄

故齊城，今在山東青州府臨淄縣城北。班固曰：「臨淄名營丘，師尚父所封，以地臨淄水而名。」齊世世都此。城

邑

盧隱三年《傳》：「齊、鄭盟于石門，尋盧之盟也。」

杜註：「齊地。」後爲齊公子高傒邑。成十七年高弱以盧叛，即此。今盧城在濟南府

地

石門隱三年，齊、鄭盟于石門。

杜註：「齊地，盧縣故城西南濟水之門也。」在今濟南府長清縣西南。

艾隱六年，公及齊侯盟于艾。

周五十里，有十三門。」

其西曰雍門 襄十八年晉伐齊，伐雍門之萩，己亥焚雍門。杜註「雍門，齊城門」是也。

其南曰稷門 昭二十二年莒子如齊蒞盟，盟于稷門之外。又齊于此立學舍，故談説之士會于稷下。荀卿嘗爲稷下祭酒。

西南有申門，門外有申池 文十八年齊懿公遊于申池。襄十八年晉伐齊，焚申池之竹木，杜註：「齊南城西門名申門。齊城無池，惟此門左右有池。」門因以池名。

長清縣西南二十五里。

嬴 桓三年，公會齊侯于嬴。 杜註：「齊邑，今泰山嬴縣。」在今泰安府東南五十里。

禚 莊二年，夫人姜氏會齊侯于禚。 杜註「齊地」，實邑也。定九年齊侯致禚、媚、杏于衛，杜註：「三邑，皆齊西界。」據此當爲齊、魯、衛三國分界之地。

鮑 莊八年《傳》：「鮑叔牙奉公子小白奔莒。」 今濟南府歷城縣東三十里有鮑城。《齊乘》曰：「禹後有鮑叔仕齊，食采于鮑，因以爲氏。」叔牙其後。

杜註：「泰山牟縣東南有艾山。」不言齊地，尚疑地在齊、魯之間。在今沂州府蒙陰縣西北。又哀十一年及齊師戰于艾陵，孔氏曰「在博縣南六十里」，在今泰安府泰安縣東南，與此自別。張守節謂艾與艾陵爲一地者，誤。

姑棼 莊八年，齊侯游于姑棼，遂田于貝丘。 杜註：「齊地。」即薄姑，一名蒲姑，樂安博昌縣北有薄姑城。周成王時，薄姑與四國作亂，成王滅之，以益太公之封。後胡公徙都于此。在今青州府博興縣東北五十里。

西北有揚門

襄十八年范鞅門于揚門，杜註：「齊西門。」

其東門曰東閭

襄十八年州綽門于東閭，左驂迫還于東門中，以枚數闔。杜註：「東閭，齊東門。」

東南門曰鹿門

昭十年國人追敗欒施、高彊于鹿門，遂來奔。

其郭門曰郭關

哀十四年田氏殺闞止于郭關。

其宮之外門曰虎門

昭十年陳、鮑伐虎門，晏子端委立于虎門之外。林氏曰：

柯莊十三年，公會齊侯盟于柯。

杜註：「齊之阿邑。」齊威王烹阿大夫，即此。今故城在兖州府陽穀縣東北五十里，曰阿城鎮，有阿城上下二閘，爲運道所經。

周首文十一年《傳》：「齊王子成父獲長狄僑如弟榮如，埋其首于周首之北門。」

杜註：「齊邑，濟北穀城東北有周首亭。」在今泰安府東阿縣東，近濟南府長清縣界。

晏宣十四年晏桓子。

今濟南府齊河縣北有晏城。《志》云：「晏嬰采邑。」

石窌成二年，齊侯以辟司徒之妻有禮，予之石窌。

堂阜莊九年，管仲請囚，鮑叔受之，及堂阜而税之。

杜註：「齊地，東莞蒙陰縣西北有夷吾亭。」今在沂州府蒙陰縣西北。

北杏莊十三年，會于北杏。

杜註：「齊地。」當在今泰安府東阿縣境。

落姑閔元年，盟于落姑。

杜註：「齊地。」在今泰安府平陰縣界。

陽穀僖三年，齊侯、宋公、江人、黄人會于陽穀。

杜註：「齊地，在東平須昌縣北。」今兖州府陽穀縣東北三十里陽穀故城是也。縣治南

「寢門畫虎，故曰虎門。」

城南有淄水

見《山川》。

城北有澠水

見《山川》。

其城内之里曰莊

襄二十八年陳桓子曰：「得慶氏之木百車于莊。」孔穎達曰：「六達謂之莊。」又昭十年陳、鮑與欒、高戰，敗諸莊。莊在鹿門之内。

曰嶽

襄二十八年慶封伐西門，弗克，還，伐北門，克之，入，伐内宮，弗克，反陳于嶽。杜註：「嶽，里名。」是在宮門之

杜註：「邑名，濟北盧縣東有地名石窌。」在今濟南府長清縣城東南三十里，以清水在城南爲名。

丘輿 晉師入自丘輿，擊馬陘。

杜註：「齊邑。」當在今青州府治益都縣界。

馬陘

杜註：「齊邑。」《史記》作「馬陵」。《齊乘》：「淄水出益都岳陽山北，徑萊蕪谷，又北徑長峪道，亦曰馬陵，即郤克追齊侯處。所謂弇中狹道，亦即此，在益都縣西南，近臨淄。」蓋已直逼齊都矣。

上鄍 公會晉師于上鄍。

有會盟臺，即齊桓公會江、黃處。

穆陵 僖四年，管仲對楚子曰：「南至于穆陵。」

杜註：「齊境。」穆陵關在青州府臨朐縣東南一百五里。詳見《險要》。

無棣

杜註：「齊境。」杜氏《通典》：「鹽山，春秋之無棣邑也。」元于其地分置兩無棣縣。今北直天津府之慶雲、山東武定府之海豐，皆元所分無棣之地，皆以無棣溝得名。詳見《山川》。案：無棣是齊西北邊境，其地廣莫，今

外，北門之內。合莊與嶽，即孟子所謂「莊、嶽之間」也。

又有魚里

前傳「陳、鮑圉人爲優。慶氏之士觀優，至于魚里」，杜註：「里名。」當近在宮門之外。

城西祀后稷之處曰稷

昭十年陳、鮑伐欒、高，戰于稷，杜註：「稷，祀后稷之處。」今臨淄縣西南十三里有稷山。

其西北有地名棘

前傳「陳桓子召子山而反棘焉」，杜註：「西安縣東有棘里亭。」今在臨淄縣西北。

西南有狹道名弇中

杜註地闕。當在今兖州府陽穀縣境，蓋齊、衛境上之邑。

清 成十七年，齊侯使國勝告難。

杜註：「陽平樂平縣。」今東昌府堂邑縣東南有清城。

東陽 襄二年，晏弱城東陽以逼萊子。

杜註：「齊境上邑。」今青州府臨朐縣東有東陽城。

郲 襄十四年，衛獻公奔齊，齊人以郲寄衛侯。

杜註：「齊東鄙邑。」哀五年齊置群公子于萊，即此。即齊所滅之萊國是也。今登州府之蓬萊縣、黃縣皆故萊國之地。

平陰 襄十八年，諸侯伐齊，齊侯禦諸平陰。

現跨兩省。春秋置邑安得如此之大？《通典》失之。

牡丘 僖十五年，盟于牡丘。

杜註地闕。今東昌府治聊城縣東北七十里有牡丘，或云即春秋會盟處。

甗 僖十八年，宋敗齊師于甗，立孝公而還。

杜註：「齊地。」在今濟南府治歷城縣界。

鄗 僖二十六年，公追齊師至鄗，弗及。

杜註：「齊地，濟北穀城縣西有地名鄗下。」在今泰安府東阿縣西南。趙氏曰：「鄗，齊之附庸，紀季之邑。」

鄑 文十六年，公子遂及齊侯盟于鄑。

襄二十五年崔杼弒莊公，閭丘嬰與申鮮虞乘而出，及弇中，遂來奔。哀十四年子我失道于弇中，即此。《志》云：「自臨淄縣西南至萊蕪，有長峪界兩山間，長三百里，爲齊、魯往來之道。」《齊乘》所云馬陘亦即此。成二年晉師入自丘輿，擊馬陘，蓋晉師自魯來也。豈弇中爲峪之總名，而馬陘爲峪中之一地歟？

西五十里有地名葵丘

莊八年連稱、管至父戍葵丘，杜註：「在臨淄縣西。」京相璠曰：「齊西五十里即雍廩

杜註：「齊邑，在濟北盧縣東北故平陰城。」在今泰安府平陰縣東北三十五里。

防門 塹防門而守之廣里。

杜註：「平陰城南有防，防有門，于門外作塹，防橫行廣一里。」案：此即齊築長城之始。戰國時七國皆有長城，齊城即托始于此。《郡縣志》：「故長城首起平陰縣二十九里。」

京兹 荀偃、士匄以中軍克京兹。

杜註：「在平陰城東南。」今在泰安府平陰縣東南。

邿 魏絳、欒盈以下軍克邿。

杜註：「平陰西有邿山。」在

杜註：「齊地。」當在今泰安府東阿縣境。

平州 宣元年，公會齊侯于平州。

杜註：「齊地，在泰山牟縣西。」今泰安府萊蕪縣西有平州城。

垂 宣八年，仲遂卒于垂。

杜註：「齊地，非魯竟，故書地。」當在今泰安府平陰縣境。

鞌 成二年，齊、晉戰于鞌。

杜註：「齊地。」《通典》云：「鞌在平陰縣東。」今從高氏之説，取近《志》謂鞌即古之歷下城，即今濟南府治之歷城縣。詳見《犬牙相錯表》。

之渠丘。」二人蓋以久戍而怨，非以遠戍而怨也。

臺有檀臺

哀十四年公與婦人飲酒于檀臺。檀臺在臨淄縣東一里。

遄臺

昭二十年晏子侍于遄臺。臺在臨淄縣西五十里。

廟有太公之廟

襄二十八年慶舍《傳》「嘗于太公之廟」。太公爲齊始封，當即齊太廟矣。下文云「慶氏以其甲環公宮」，註云：「廟在宮内。」左祖右社，豈有廟在宮内之理？杜蓋誤。

今平陰縣西。

郪棠齊侯將走郪棠。

杜註：「齊邑，故萊邑也。北海即墨縣有棠鄉。」今膠州府即墨縣南八十里有甘棠社，即古棠鄉。

祝柯襄十九年，諸侯盟于祝柯。

杜註「祝柯縣今屬濟南郡」。今濟南府長清縣豐齊鎮北二里有故祝柯城。

高唐襄十九年，夙沙衛入于高唐以叛。

杜註：「在祝柯縣西北。」案：襄二十五年祝佗父祭于高唐，杜註「高唐有齊別廟」，蓋齊之宗邑也。穆孟姬爲陳

袁婁成二年秋，及齊國佐盟于袁婁。

杜《釋例》地名闕，註第引《穀梁》曰「袁婁去齊五十里」，且《公》、《穀》二傳並爲近郊之辭。張氏洽因曰「臨淄縣西有袁婁」，蓋亦約略之語耳。或曰在淄川境。

莘師從齊師于莘。

杜註：「齊地。」桓十六年衛公子伋使于齊，使盜待諸莘，即此。今爲東昌府莘縣。杜註一云「衛地」，一云「齊地」。高氏以莘去牽四百餘里，齊侯既親遇晉師境上，即當遏勿使進，何爲不戰引退，縱敵入境四百里而後戰？疑莘

無宇請之，陳氏始大。故城在今濟南府禹城縣北四十里。

棠襄二十五年，齊棠公之妻。

杜註：「邑名。」孟子勸齊王發棠，即此。後譌爲「堂」。今爲東昌府之堂邑縣。

廩丘襄二十六年，齊烏餘以廩丘奔晉。

杜註：「東郡廩丘故城是也。」在今曹州府范縣東南七十里，介乎齊、晉、宋、魯、衛之間。

崔襄二十七年，崔成請老于崔。

杜註「濟南東朝陽縣西北有崔氏城」，崔之宗邑也。今在亦當爲近窴之地。今細按《左傳》本文，莘確是東昌府之莘縣，專屬衛地，與齊無預。詳見《犬牙相錯表》。

徐關齊侯自徐關入。

今濟南府淄川縣有徐關。

大隧襄十九年，齊及晉平，盟于大隧。

杜註地闕。或曰在今東昌府高唐州境。

重丘襄二十五年，同盟于重丘。

杜註：「齊地。」今東昌府聊城縣東北，跨茌平縣界，有古重丘，爲諸侯會盟處。《彙纂》云：「濟南府德州亦有重丘城，或云會盟處。」以經文

濟南府章丘縣西北二十五里。

郰殿襄二十八年，與晏子郰殿，其鄙六十。

杜註：「齊別都。以郰殿邊鄙六十邑與晏嬰。」高氏曰：「案：《晏子春秋》：『景公封晏子于都昌，辭不受。』都昌古城在今萊州府昌邑縣西，舊以爲即郰殿。然古者增封，每因其原封而附益之。晏子本封于晏，在今濟南府齊河縣境，郰殿當亦在此。都昌之説不可通。」余謂高氏之言非也。《皇輿表》以高密爲晏子封邑，高密縣屬萊州

考之，公會諸侯于夷儀，同盟于重丘，夷儀爲今北直順德府地，去東昌爲近，自夷儀涉齊境，則其地當在聊城。

寧風昭五年，孟、仲之子殺豎牛，投其首于寧風之棘上。

杜註：「齊地。」

野井昭二十五年，齊侯唁公于野井。

杜註：「濟南祝阿縣東有野井亭。」在今濟南府齊河縣東濟河北岸。

夾谷定十年，公會齊侯于夾谷。

杜註：「即祝其。」舊以濟南淄川縣西南三十里有夾山，上有夾谷臺，爲定公會齊侯處。案：齊、魯兩君相會，不

府，蓋以晏弱滅萊、棠之故。太史公亦謂晏子爲萊之濰夷人。昌邑與高密爲接壤，則其增封非無據。晏城之爲晏，或其未封高密時所食邑耳。

夫于 昭十年，陳桓子召子周，與之夫于。

杜註：「濟南於陵縣西北有于亭。」案：於陵，齊邑，陳仲子所居。今故城在濟南府長山縣南二十里。

莒 陳桓子請老于莒。

陳私邑，在齊東境，昭三年齊侯田于莒，即此。高氏曰：「取地于莒，遂謂之莒。如鄭

應去齊若此之近，去魯若此之遠。今泰安府萊蕪縣有夾谷峪，《名勝志》以爲萊兵劫魯侯處，庶幾近之。

安甫 定十年，會于安甫。

杜註闕。張洽傳曰：「齊地。」

鄎 哀十年，公會吳，伐齊南鄙，師于鄎。

杜註：「齊地。」

清 哀十一年，齊伐我，及清。

杜註：「齊地，濟北盧縣東有清亭。」今爲濟南府之長清縣。又隱四年公及宋公遇于清，杜註：「衛地，濟南東阿縣有清亭。」東阿今屬泰安府，蓋當時濟水流于二邑之

取許田而謂之許，楚取沈邑而謂之沈，魯有薛地而謂之薛耳。」

聊、攝 昭二十年，晏子曰：「聊、攝以東。」

杜註：「齊西界，聊城縣東北有攝城。」案：聊城，齊邑，爲今東昌府治。治城自石晉、汴宋以河患再徙古聊城，在今府治十五里。

攝，一作「聶」。《水經注》：「聊城縣西二十五里有古聶邑，僖元年次于聶北救邢，即此。」蓋齊之西界近邢地也。

媚 定九年，齊侯致禚、媚、杏于衛。

杜註：「齊西界。」當在今濟

間，而清地跨占其左右，故二國皆得有清也。

顧 哀二十一年，公及齊侯盟于顧。

杜註：「齊地。」《詩》云「韋、顧既伐」，即此。今曹州府范縣東南有顧城。

留舒 哀二十七年，齊陳成子救鄭，及留舒，違穀七里，穀人不知。

杜註：「齊地。」今泰安府東阿縣西南有留舒城，與東平州接壤。

南府禹城縣。祲近魯，見前。
杏
杜註「齊西界」，當在今東昌府博平縣。
賴哀六年，公子陽生入齊，使胡姬以安孺子居賴，又遷之于駘。
杜註：「齊邑。」哀十年晉趙鞅伐齊，毁高唐之郭，及賴而還，即此。今濟南府治東近章丘縣界有賴亭。
駘
杜註：「齊邑。」或曰在今青州府臨朐縣界。
犂哀十年，晉趙鞅伐齊，取犂及轅。
杜註：「犂，一名隰，濟南有隰陰縣。」大夫隰氏之采邑。

在今濟南府臨邑縣西十里。

轅

杜註：「祝阿縣西有轅城。」在今濟南府禹城縣西北。

博哀十一年，公會吴伐齊，及博，至于嬴。

杜註：「齊邑。」故城在今泰安府泰安縣東南。嬴見桓三年。

舒州哀十四年，陳恒執公于舒州。

《史記》作「徐州」。今兖州府滕縣東南薛城是。本薛地，爲齊陳氏邑。案：春秋末薛尚存，當是齊侵其近郊之地，别置舒州以封陳氏耳。

蒙哀十七年，公會齊侯，盟于蒙。

杜註：「東莞蒙陰西有故蒙陰城。」在今沂州府蒙陰縣東十里。

春秋列國都邑表卷七之一終

孫：重光校字

春秋列國都邑表卷七之二

錫山顧棟高復初輯
清河受業吴昭烺道崇參

鄭

都	新鄭 今爲河南許州府之新鄭縣。初，宣王封弟桓公友于鄭，居咸林，爲今陝西同州府之華州。幽王時，桓公寄帑于虢、檜。子武公與平王東遷，卒定其地，號曰新鄭，以別于初
邑	鄢 隱元年，鄭伯克段于鄢。 杜註：「今潁川鄢陵縣。」成十六年，晉、楚戰于鄢陵，即此。在今河南開封府鄢陵縣西南四十里。 制 制，巖邑也。 杜註：「鄭邑，今河南成皋縣。」
地	城潁 遂寘姜氏于城潁。 杜註：「鄭地。」孔潁達曰：「即臨潁縣也。」故城在今許州府臨潁縣西北十五里。 時來 隱十一年，公會鄭伯于時來。 杜註：「鄭地，滎陽縣東有釐城。」在今開封府祥符縣東四

封之鄭，故城在今縣治西北。

其南門曰皇門

宣十二年楚克鄭，入自皇門。吴氏曰：「諸侯國各以其所向之地爲名。皇，周邑，蓋走王畿之道。」

東門曰鄟門

襄十年晉以諸侯之師伐鄭，門于鄟門。吴氏曰：「魯嘗取鄟，衛有鄟澤。鄟門者，國之東門，走魯、衛之道。」

西門曰師之梁

襄十年門于鄟門、師之梁及北門，蓋環其東、西、北三門也。北門無别名，惟曰北門而已。

一名虎牢。故城在今開封府汜水縣西。詳見《險要》。

京 請京使居之。

杜註：「鄭邑，今滎陽京縣。」在今開封府滎陽縣東南二十里。

祭 祭仲。

杜註：「陳留長垣縣東北有祭城。」高氏曰：「人但知長垣近衛，鄭不能有，因不取杜説。而《括地志》遂以管城之祭爲祭仲邑，或又疑爲周祭伯之采地，鄭并之以封仲，非也。祭伯、祭仲同見于隱元年，至莊二十三年尚有祭叔來聘，鄭安得取以封仲乎？

十里。

狐壤 隱十一年《傳》：「公與鄭人戰，于狐壤止焉。」

杜註：「鄭地。」《後漢志》潁陰縣有狐宗鄉，疑即此。

武父 桓十三年，公會鄭伯，盟于武父。

杜註：「鄭地，陳留濟陽縣東北有武父城。」《水經注》：「濟陽縣，故武父城也。」今在直隸大名府東明縣西南，與河南開封府蘭陽縣接界。

滑 莊三年，公次于滑。

杜註：「鄭地，在陳留襄邑縣北。」案：《後漢志》襄邑有滑，此杜氏所本也。今歸德府睢州有滑亭。

其外郭南又有純門

莊二十八年楚伐鄭，衆車入自純門，杜註：「鄭外郭門。」

遠郊又有桔柣之門

莊二十八年楚伐鄭，入于桔柣之門，杜註：「鄭遠郊門。」《正義》曰：「此已入一門矣。下又云『入自純門』，復言『縣門不發』，不發是内城門，故知純門外郭門，桔柣遠郊門也。」哀二十七年晉知伯伐鄭，入南里，門于桔柣之門，則此兩重門皆當在南，所云内城門當係皇門矣。

純門之内有逵市

莊二十八年入自純門，及逵

列國錯壤甚多，祭仲省留取道于宋而被執，則留亦錯入宋境矣。長垣之旁有滑，鄭、衛日争之，然則長垣固亦鄭、衛相接之地耳。」今長垣縣屬北直大名府，南至開封府蘭陽縣九十里。

廪延至于廪延。

杜註：「鄭邑，陳留酸棗縣北有延津。」一名酸棗。襄三十年游吉奔晉，駟帶追之，及酸棗，即此。故城在今衛輝府延津縣北十五里。詳見《險要》。

潁谷潁考叔爲潁谷封人。

孔潁達曰：「鄭邊邑。」《水經

大陵莊十四年，鄭厲公自櫟侵鄭，及大陵，獲傅瑕。

杜註：「鄭地。」京相璠曰：「潁川臨潁縣東北有故巨陵亭，古大陵也。」在今許州府臨潁縣北三十里。

弭莊二十一年，鄭、虢胥命于弭。

杜註「鄭地」，近西鄙。在今許州府密縣境。

扈莊二十三年，盟于扈。

杜註：「鄭地，在滎陽卷縣西北。」《後漢志》卷縣有扈城亭，今原武縣西北扈亭是也。原武向屬開封府，今改屬懷慶府。

桐丘莊二十八年，鄭人將奔桐丘。

市，杜註：「逵市，郭内道上市。」
皇門之内有逵路
宣十二年入自皇門，至于逵路，杜註「逵方九軌曰逵」，蓋國中之道也。
南又有時門
昭十九年鄭大水，龍鬭于時門之外洧淵，杜註：「時門，鄭城門。」洧水在鄭城南，故知是城南門。
遠郊東又有渠門
桓十四年宋伐鄭，焚渠門，入及大逵，伐東郊，杜註「渠門，鄭城門」。據傳文言之，亦當爲遠郊之門。其城東門，當即鄟門矣。

注》：「潁水出陽城陽乾山之潁谷。」在今河南府登封縣。
長葛隱五年，宋人伐鄭，圍長葛。
杜註「潁川長社縣北有長葛城」。在今許州府長葛縣北十二里。
牛首桓十四年，宋以諸侯伐鄭，伐東郊，取牛首。
杜註：「鄭邑。」今開封府陳留縣西南十一里有牛首城。
新城僖六年，伐鄭，圍新城。
杜註：「鄭新密，滎陽密縣。」今許州府密縣東南三十里有故密城。
氾水僖二十四年，王適鄭，處于氾。
杜註：「鄭南氾也，在襄城縣

杜註：「許昌東北有桐丘。」今陳州府扶溝縣西二十里有桐丘亭，即此。
柯澤僖二十二年，鄭文夫人勞楚子于柯澤。
杜註：「鄭地。」襄十四年衛孫氏敗公徒于阿澤，《水經注》作「柯澤」，此在東阿，非鄭之柯澤也。
踐土僖二十八年，晉文公還，至衡雍，作王宫于踐土。
杜註：「鄭地。」《括地志》：「滎澤縣西北十五里有王宫城，城内東北隅有踐土臺，去衡雍三十餘里。」滎澤今屬開封府。

西又有墓門

襄三十年伯有自墓門之瀆入，國西門也。

又有舊北門

襄三十年伯有介于襄庫以伐舊北門。

其内宫之北門曰閨門

昭元年鄭爲游楚之亂，諸大夫私盟于閨門之外，實薰隧，杜註：「鄭城門。」或曰閨門，鄭内宫北門也。薰隧如後世複道。

其東南門曰倉門

襄十年尉止之亂，子産請焚載書于倉門之外。倉門，鄭之東南門，以面石倉城得名。

南。」襄城今屬許州府。

鄶城僖三十三年，公子瑕葬鄶城之下。

杜註：「故鄶國在滎陽密縣東北。」案：鄭取鄶不居其都，故别有鄶城。今在許州府密縣東北五十里。

管宣十二年，晉師救鄭，楚子次于管以待之。

杜註：「滎陽京縣東北有管城。」在今開封府鄭州北二里，即管叔鮮所封國。管除屬檜，檜滅屬鄭。

鄟成三年，諸侯伐鄭，鄭公子偃使東鄙覆諸鄟。

《路史》曰：「春秋鄭邑。商武丁封季父于河北曼，曰曼

衡雍

杜註：「鄭地，今滎陽卷縣。」今懷慶府原武縣西北五里有衡雝城，即衡雍也。

汜南僖三十年，晉、秦圍鄭，晉軍函陵，秦軍汜南。

杜註：「此東汜也，在滎陽中牟縣南。」中牟今屬開封府。

函陵見《山川》。

垂隴文二年，盟于垂隴。

杜註：「鄭地，滎陽縣東有隴城。」今在開封府滎澤縣東北。

匡文元年，衛孔達侵鄭，取綿訾及匡。

杜註：「匡在潁川新汲縣東北。本衛地，中屬鄭。」今陳州府扶溝縣西有匡城。定六

石倉城在陳留西南七十里。

南郊有周氏之汪

桓十五年祭仲殺雍糾，尸諸周氏之汪，杜註「汪，池」。吴氏曰：「鄭大夫周氏之池，在南郊，近桔柣之門。」

又有周氏之衢

昭二年子産殺公孫黑，尸諸周氏之衢，加木焉。杜註：「衢，道也。」

宫有西宫、有北宫

襄十年尉止攻執政于西宫之朝，殺子駟、子國、子耳，刧鄭伯以如北宫，杜註「公宫也」。

里有南里

侯，優鄧其出也。」

氾、祭成四年晉伐鄭，取氾、祭。

吴氏曰：「此爲二邑。氾即成皐之氾，祭即中牟之祭亭。」今俱屬開封府。

虚、滑成十七年，鄭子駟侵晉虚、滑。

杜註：「晉二邑。滑，故滑國，爲秦所滅，時屬晉。」案：成十三年吕相絶秦曰「殄滅我費滑」，孔疏滑即費，春秋更無費國，蓋國、邑並舉也。自後更歷晉、歷鄭、歷周。秦滅之而不能有，爲晉得。然其地近鄭，在所必争，是年所以侵晉虚、滑也，時蓋屬晉。

年公侵鄭取匡，此鄭國之匡也，在今開封府洧川縣東南。

申文八年，晉致鄭公壻池之封，自申及虎牢之境。

杜註：「鄭地。」當在今開封府氾水縣界。

棐文十三年，鄭伯會公于棐。

即棐林。宣元年諸侯會晉師于棐林，杜註：「鄭地，滎陽宛陵縣東南有林鄉。」今開封府新鄭縣東二十五里林鄉城是其地也。

北林宣元年，諸侯伐鄭，楚蔿賈救之，遇于北林。

杜註：「鄭地，滎陽中牟縣西南有林亭。」❶在鄭北，今屬開

❶「牟」，原作「牢」，今據《皇清經解續編》本改。

襄二十六年楚伐鄭，入南里，墮其城，涉于樂氏，門於師之梁，縣門發，獲九人焉。南里在新鄭縣南五里，杜註謂爲鄭邑，非也，當是城門外之里耳。哀二十七年知伯伐鄭入南里，門于桔柣之門，杜以桔柣爲遠郊門，則此更當在遠郊門之外。總之，由城而郭而郊，南道之里皆謂之南里。杜於昭二十一年華氏以南里叛亦云宋城内里名，何于此獨異？不過因「墮其城」三字耳。然鄭因邊楚，或更于郊外築城捍禦未可知，實非

襄十八年楚公子格帥師侵鄭費滑、胥靡，此時滑又屬鄭。至定六年鄭伐周馮、滑、胥靡，此時滑又屬周。鄭之始終不忘情于滑可知矣。周人又謂之侯氏。今緱氏故城在今河南府偃師縣南二十里。❶

梧 襄十年，晉師城梧及制。杜註：「鄭舊地。」嚴氏啟隆曰：「梧與制皆虎牢之旁邑，城之所以翼虎牢。」案：《隋書》滎陽縣有梧桐澗，疑即梧也。制即北制，杜註：「鄭邑，河南成皋縣。」在今開封封府。

邲 宣十二年，晉、楚戰于邲。杜註：「鄭地。」今開封府鄭州東六里有邲城。

郔 楚子北師次于郔。杜註：「鄭北地。」或云即廩延。

蟲牢 成五年，同盟于蟲牢。杜註：「鄭地，陳留封丘縣北有桐牢。」今桐牢亭在開封府封丘縣北三里。

繞角 成六年，晉欒書救鄭，與楚師遇于繞角。杜註：「鄭地。」杜佑《通典》汝州魯山縣東南有繞角城。

脩澤 成十年，鄭子然與晉盟于脩澤。

❶ 上「今」，原誤作「令」，今據《四庫全書》本改。

邑也。若已得邑，楚早已逞而歸，不須更涉欒氏，從南折轉更攻西門。蓋楚、鄭非有深怨，直因欲悦許之心，以伐鄭爲名耳，觀子産之言可見矣。《論語》「東里子産」，邢疏亦曰：「東里，鄭城中里名。」則南里之爲里益明矣。

有中分

襄九年鄭及楚平，楚公子罷戎入盟，同盟于中分。杜註：「中分，鄭城中里名。」

其城南曰洧上

襄元年晉伐鄭，敗其徒兵於洧上，杜註：「洧水出密縣東南，至長平入潁。」案：洧水出

府鄭州之北。

舊許 襄十一年，諸侯伐鄭，東侵舊許。

杜註：「許之舊國，鄭新邑。」案：成十五年許遷于葉，則許之舊地爲鄭所有，故謂之舊許。故許城在今許州府東三十里。

胥靡 襄十八年，楚蒍子馮帥師侵費滑、胥靡、獻于、雍梁。

杜註：「鄭邑。」

獻于

杜註：「鄭邑。」

雍梁

杜註：「鄭邑，河南陽翟縣東北有雍城。」襄三十年伯有奔

杜註：「滎陽卷縣東有脩武亭。」今在懷慶府原武縣北。

訾 成十三年，鄭公子班自訾求入于大宮。

杜註：「鄭地。」高氏曰：「此即周之訾，在河南府鞏縣西南。」

鳴鴈 成十六年，晉侯伐鄭，至于鳴鴈。

杜註：「在陳留雍丘縣西北。」今開封府杞縣北四十里有白鴈亭。

督揚 成十六年，諸侯伐鄭，我師次于督揚，不敢過鄭。

杜註：「鄭東地。」案：襄十九年諸侯自沂上盟于督揚，杜以督揚即祝柯，係齊地，在

密縣馬嶺山，又東過新鄭縣南。鄶水自西北來會之，即晉敗鄭徒兵處。鄶，一作「溱」，蓋溱水在城北，洧水在城南也。昭十九年龍鬬于時門之外洧淵，亦在此。

津曰欒氏

襄二十六年楚入南里，涉于欒氏，門于師之梁。杜註：「欒氏，津名。」洧水濟渡處。蓋楚師南來，正當洧水，復涉洧而西更攻西門也。師之梁爲鄭西門。

廟有周廟

昭十八年鄭人救火，使祝史徙主祏于周廟，杜註：「周廟，

雍梁，即此。在今許州府禹州東北。

宛 襄二十四年，晉求御于鄭，鄭人卜宛射犬吉。

《水經注》：「潩水自長社故城逕皇臺，又東南逕宛亭，即鄭大夫宛射犬之食邑。」

城麇 襄二十六年，楚侵鄭，至于城麇。

杜註「鄭邑」。

犨 昭元年，楚城犨、櫟、郟。

杜註：「犨縣屬南陽，本鄭邑。」此時已入楚。《史記》沛公與秦南陽守莊齮戰于犨東，即此。今汝州魯山縣東南有犨縣故城。

今山東濟南府長清縣北，與此不同。

制田 諸侯遷于制田。

杜註：「滎陽宛陵縣東有制澤。」在今開封府新鄭縣東北。

戲童 成十七年，諸侯伐鄭，自戲童至于曲洧。

《水經注》：「汜水出浮戲之山。」在今開封府汜水縣南四十里。襄九年諸侯盟於戲，即此。

曲洧

杜註：「今新汲縣治曲洧城臨洧水。」在今開封府洧川縣南。

厲王廟也。」案：春秋宋、魯、鄭、衛四國俱有所出王之廟。宋祖帝乙，鄭祖厲王，俱立廟。《正義》曰：「宋以王者之後，故得立。而周制，王子有功德出封者，得廟祀所出之王。魯以周公，故得立文王之廟。襄十二年《傳》『魯爲諸姬臨于周廟』，杜註『周廟，文王廟也』。鄭之桓、武，世有大功，故得立厲王之廟。哀二年蒯聵禱云『敢昭告皇祖文王』，是衛亦立文王廟也。」案：註、疏因魯、鄭俱有周廟之文而傅會之，其實《左

郟見上。

杜註：「郟縣屬襄城，本鄭邑。」此時已入楚。二世元年陳勝將鄧龍居郟，章邯破之，即此。今爲汝州郟縣。

彌作六邑

哀十二年宋、鄭之間有隙地焉，曰彌作、頃丘、玉暢、嵒、戈、鍚。❶子產與宋人爲成，曰：「勿有是。」杜註：「凡六邑。」

玉暢

今開封府杞縣東北三十里有玉帳，或云古玉暢。案：杞縣爲春秋宋地，北與陳留接

柯陵成十七年，同盟于柯陵。

杜註：「鄭西地。」

汝上楚師于汝上。

汝水出汝州魯山縣，蓋鄭、楚之界。

鄬襄元年，諸侯之師次于鄬。

杜註：「鄭地，在陳留襄邑縣東南。」襄邑今爲歸德府睢州。

城棣襄五年，諸侯會于城棣以救陳。

杜註：「鄭地，陳留酸棗縣西南有棣城。」《寰宇記》有南棣城、北棣城，在陽武北十里。二棣城之間有博浪沙亭，即子房擊始皇處。陽武縣今屬開封府。

❶「鍚」，原作「錫」，今據《四庫全書》本改。

氏》不足信也。或是當時諸侯僭禮，未可知耳。

有大宮

前傳「使子寬、子上巡群屏攝，至于大宮」，杜註：「大宮，鄭祖廟。」當是始封君桓叔之廟耳。

城內、城外俱有九軌之道曰大逵

隱十一年鄭授兵大宮，子都與潁考叔爭車，拔棘以逐潁考叔，及大逵，弗及。《正義》曰：「涂方九軌，天子之制，侯國不得皆有。惟鄭獨有之，故傳於鄭國每言『逵』。此大逵近祖廟，當在城門之

壤，傳曰「宋、鄭之間」，或即是也。

戈

故夏國，即豷所封，杜云「戈在宋、鄭之間」，故知即是邑矣。

錫

《路史》：「商末錫疇子斯其先爲御姓，國在宋、鄭之間，鄭滅之以處宋元公之孫。」即錫邑也。餘未詳。

鄬 襄七年，會于鄬以救陳。

杜註：「鄭地。」

鄵 鄭伯卒于鄵。

杜註：「鄭地。」

陰坂 襄九年，諸侯濟于陰坂，次于陰口而還。

杜註：「陰坂，洧水津。陰口，鄭地名。」在今開封府洧川縣北。

陽陵 襄十年，諸侯伐鄭，至於陽陵。

杜註：「鄭地。」在今許州府西北。

瑣 襄十一年，諸侯次于瑣，圍鄭，觀兵于南門。

杜註：「滎陽宛陵縣西有瑣侯亭。」在今許州府新鄭縣北。

內。桓十四年焚渠門，入及大逵，下云『伐東郊』；莊二十八年入自純門及逵市，下云『縣門不發』，則當在城門之外、郭門之內也。杜以純門爲外郭門，逵市爲郭內道上市，是城內、城外俱有逵路。劉炫以爲國國皆有逵道，以規杜氏，非也。」

櫟爲鄭別都

桓十五年鄭伯突入于櫟，杜註：「鄭別都，河南陽翟縣。」今爲許州府禹州。李氏曰：「《春秋》書『突入櫟』而不書『其入鄭』，所以著强都之害，如書『晉滅下陽』之義。」櫟後

向襄十一年，諸侯會于北林，師于向。杜註：「鄭地。」十四年會吴于向，即此。今開封府尉氏縣西南四十里有向城。

亳城同盟于亳城北。杜註：「鄭地。」當在今河南府偃師縣西二十里。

蕭魚會于蕭魚。杜註：「鄭地。」

斗城襄三十年，子産葬伯有于斗城。杜註：「鄭地。」今開封府陳留縣南三十五里有斗城。

蒍氏昭五年，鄭伯勞屈生于蒍氏。杜註：「鄭地。」《寰宇記》蒍氏城在開封府尉氏縣西北四十里。

屬楚。

高氏

成十七年衛北宫括侵鄭，至于高氏，杜註：「在陽翟縣西南。」即今禹州。

上棘

襄十八年楚伐鄭，右師城上棘，遂涉潁，次于旃然。杜註：「將涉潁，故于水邊權築小城，以爲進退之備。」《郡縣志》「陽翟有上棘城」，今在禹州南。

索氏鄭勞韓宣子于索氏。

杜註：「河南成皋縣東有大索城。」今開封府滎陽縣東北三十里有京城，大索城在京城西二十里，其東北四十里爲小索城。楚、漢戰于京、索間，即此。

圉韓宣子自楚反，鄭伯勞諸圉。

杜註：「鄭地。」《陳留風俗傳》曰：「圉，故陳地。鄭取之，苦楚之難，修干戈以虞患，故曰圉。」在今開封府杞縣南五十里。

相昭六年，鄭伯勞楚公子棄疾于相。

杜註：「鄭地。」襄十一年會吴于相，此係楚地。蓋有二相。

都	
邑	
地	皐鼬定四年，盟于皐鼬。鄭氏曰：「鄭地，城皐也。」杜註：「繁昌縣東北有城皐亭。」今在許州府臨潁縣界。

宋

都	商丘 今爲河南歸德府之商丘縣。初，成王既殺武庚，命微子啟代殷後，國號宋，亦曰商。昭八年魯蒐于紅，革車千乘，自根牟至於商、衛，《釋例》曰「商、
邑	黄隱元年《傳》：「惠公之季年敗宋師于黄。」 杜註：「宋邑，陳留外黄縣東有黄城。」《寰宇記》：「歸德府考城縣西三十六里有黄溝，西距外黄城四里，即魯惠
地	老桃隱十年，公會齊侯、鄭伯于老桃。 杜註：「宋地。」《戰國策》高誘註曰：「任城有桃聚。」今山東兖州府濟寧州城北有桃鄉城。

宋一地」是也。今城西南有商丘，周三百步，世稱閼臺。

其正東門曰揚門

昭二十一年華向之亂，公自揚門見公徒，下而巡之。杜註：「揚門，正東門名。」

東城南門曰澤門

襄十七年皇國父爲太宰，爲平公築臺。築者謳曰：「澤門之皙，實興我役。」杜註：「澤門，宋東城南門也。」《孟子》「魯君之宋，呼于垤澤之門」，即此。

其北門曰桐門

哀二十六年得夢啟北首而寢于盧門之外，己爲烏而集諸

公敗宋師處。」

郜隱十年辛未，取郜。

杜註：「濟陰成武東南有郜城。」案：郜有北郜，有南郜。北郜爲郜國，桓二年取郜大鼎于宋，杜註「郜國所造器」是也。又有南郜，爲宋邑，在北郜城南二里。今山東曹州府城武縣東南二十里有郜城。

亳莊十二年，宋萬弑閔公，群公子奔蕭，公子御説奔亳。

杜註：「宋邑，蒙縣西北有亳城。」在今商丘縣西北。案：《周書·立政》有「三亳阪尹」，皇甫謐曰：「蒙爲北亳，

菅公敗宋師于菅。

杜註：「宋地。」當在今山東曹州府單縣北境。

稷桓二年，會于稷，以成宋亂。

杜註：「宋地。」當在今歸德府境。

穀丘桓十二年，公會宋公、燕人，盟于穀丘。

杜註：「宋地。」《左傳》云「句瀆之丘」，杜註：「即穀丘也。」《方輿紀要》云：「在今山東曹州府曹縣北三十里。」

虛公會宋公于虛。

杜註：「宋地。」疑在睢州境。

龜公會宋公于龜。

杜註：「宋地。」疑在睢州境。

其上，咮加于南門，尾加于桐門。杜註：「桐門，北門。」

西門無名

襄九年宋災，祝宗用馬于四墉，祀盤庚于西門之外。

東南城門曰盧門

昭二十一年華氏居盧門以叛，杜註：「盧門，宋東南城門。」

又有曹門

成十八年鄭伯侵宋，及曹門，杜註：「宋城門。」案：侯國各以所向之地爲名，此蓋走曹之道。曹在宋西北，則亦西北門矣。

又有蒙門

穀熟爲南亳，偃師爲西亳。」此蓋北亳也，湯始興時所居。《孟子》曰：「湯居亳，與葛爲鄰。」亦名薄。僖二十一年公會諸侯盟于薄，釋宋公；哀十四年桓魋請以鞌易薄，公不可，曰「薄，宗邑也」，即此。穀熟之亳，湯所遷也。伊尹曰「天誅造攻自牧宮，朕載自亳」，即此。今商丘縣東南四十里有穀熟故城。偃師之亳，湯伐商時所居也。《書序》「湯居亳，從先王居」，孔安國曰：「契父帝嚳居亳，湯自商丘遷焉。」以二亳俱在商丘境，故曰自商丘遷也。

袲桓十五年，會于袲，伐鄭。

杜註：「宋地，沛國相縣西南有袲亭。」今在江南鳳陽府宿州。

幽莊十六年，同盟于幽。

杜註：「宋地。」當在今歸德府考城縣界。

梁丘莊三十二年，齊侯、宋公遇于梁丘。

杜註：「在高平昌邑縣西南。」《穀梁傳》：「梁丘在曹、邾之間，去齊八百里。」張氏曰：「齊不以伯主自居，以梁丘近宋而先之也。」今山東曹州府城武縣東北三十里有梁丘山，山南有梁丘城，與兖州

襄二十七年宋公及諸侯之大夫盟于蒙門之外，杜註：「宋城門。」案：宋有蒙邑，故有蒙門。今歸德府治東北有蒙城，則亦東北門矣。

外城門曰桑林門

昭二十一年宋城舊墉及桑林之門，杜註：「舊鄘，故城。桑林，城門名。」

其闕門曰耏門

宋武公之世，耏班御皇父充石獲長狄緣斯，宋公以門賞耏班，使食其征，謂之耏門。杜註「耏門，闕門」是也。

里有南里

昭二十一年華氏居盧門，以

在今河南府偃師縣城西二十里。春秋時係鄭地，襄十一年同盟于亳城北，即此。

蕭見上。

杜註：「宋邑，沛國蕭縣。」今江南徐州府蕭縣北十里有蕭城，光武封蕭王，即此。案：蕭本宋邑，是年蕭叔大心殺南宮牛，立桓公有功，宋封之，以爲附庸，自是遂爲國。莊二十三年蕭叔朝公，《穀梁》云：「微國之君，未爵命者。」至宣十二年楚莊王滅蕭，然楚雖滅之而不能有，還爲宋邑。襄十年楚子囊、鄭子耳伐我西鄙，還圍蕭，克之；定

府金鄉縣接界。

檉僖元年，會于檉。

杜註：「宋地，陳國陳縣西北有檉城。」《公羊》作「朾」，《左傳》作「犖」。今陳州府西北有犖城，即檉也。

貫僖二年，齊、宋、江、黄盟于貫。

杜註：「宋地，梁國蒙縣西北有貰城，『貰』與『貫』字相似。」在今山東曹州府曹縣西南十里。

多魚齊寺人貂始漏師于多魚。

杜註闕。高氏曰：「時爲貫澤之盟，蓋在宋境也。」當在今歸德府虞城縣界。

葵丘僖九年，會于葵丘。

南里叛，杜註「宋城内里名」，近盧門地。《穀梁》謂宋之南鄙，誤也。

又有新里、公里

前傳「敗華氏于新里」，杜註云「華氏所取邑」，恐未然。意亦城内里名，如前南里之類耳。詳見《正譌表》。

其舊都曰舊鄘

高氏曰：「殷之先相土，嘗居商丘。商丘爲宋舊都，有城。昭二十一年宋城舊鄘及桑林門以守；《桑林之舞》爲宋享祖廟之樂；又《書傳》湯禱于桑林之社；《吕氏春秋》『立湯後于宋，以奉桑林』。桑林

十一年，宋公之弟辰入于蕭以叛，是仍爲宋邑之明證也。

緡僖二十三年，齊侯伐宋，圍緡。

杜註：「宋邑，高平昌邑縣東南有東緡城。」古緡國。昭四年椒舉曰「桀爲仍之會，有緡叛之」，即此。今在山東兗州府金鄉縣東北三十里。

彭城成十八年，楚、鄭伐宋。宋魚石復入于彭城。

杜註：「宋邑，今彭城縣。」舊爲大彭氏國，春秋時爲宋地。項羽都此，爲西楚霸王，時號江陵爲南楚，陳爲東楚，彭城爲西楚。晉立徐州，東晉時嘗爲重鎮。明亦爲徐州，直

杜註：「宋地，陳留外黄縣東有葵丘。」今在歸德府考城縣東三十里。

次睢之社僖十九年，宋公使邾子用鄫子于次睢之社。

杜註：「睢水次有妖神，東夷人皆祠之，蓋殺人而用祭。」《後漢志》臨沂縣有叢亭。《博物志》：「縣東界次睢有大叢社，民謂之食人社。」今在山東沂州府治蘭山縣境。

鹿上僖二十一年，宋、齊、楚盟于鹿上。

杜註：「宋地，汝陰有原鹿縣。」今江南潁州府太和縣西有原鹿城。

盂僖二十一年，宋公、楚子會于盂。

即在商丘之境，廟社所在，知爲舊都明矣。」

宫曰沃宫

哀二十六年大尹奉公自空桐入如沃宫，杜註：「沃宫，宋都内宫名。」

又有少寢之庭

前傳「六子盟於少寢之庭」，少寢即小寢。

又有東宫

莊十二年宋萬弑閔公，遇太宰督於東宫之西，又殺之。

有蒙澤

前傳「宋萬弑閔公于蒙澤」，杜註：「宋地，梁國有蒙縣。」

隸南京。今陞府，治銅山縣。

夷庚西鉏吾曰：「今將崇諸侯之姦而披其地，以塞夷庚，毒諸侯而懼吴、晉。」

杜註：「吴、晉往來之要道。」案：吴、晉往來，必由彭城。襄十年晉悼公會吴于柤，遂滅偪陽，以予宋。柤爲楚地，偪陽爲楚與國，俱在徐州府沛縣，與山東兖州府嶧縣南接界，亦所以通吴、晉往來之道也。

吕、留襄元年，楚子辛救鄭，侵吕、留。

杜註：「吕、留，二縣，今屬彭城郡。」即宋之二邑。吕縣，

杜註：「宋地。」今歸德府睢州有盂亭。

承筐文十一年，叔仲、彭生會晉郤缺于承筐。

杜註：「宋地，在陳留襄邑縣西。」今歸德府睢州西三十里有故承筐城。❶

長丘文十一年《傳》：「初，宋武公之世，鄋瞞伐宋，宋敗之于長丘。」

杜註：「宋地。」在今開封府封丘縣南八里，即白溝也。音轉爲「翟」。孟康曰：「春秋敗翟于長丘，今翟溝是。」

新城文十四年，公會諸侯及晉趙盾于新城。

❶「承」，原誤作「城」，今據《皇清經解續編》本改。

今商丘縣北有蒙澤。案：高氏謂蒙爲宋邑，非也。下文云「遇仇牧於門，批而殺之，遇太宰督於東宫之西，又殺之」，則蒙澤當在宫門之内。意蒙水之引入宫牆内爲遊觀，如齊桓公乘舟于囿之類耳。《公羊》云「婦人皆在側」，則此爲宫中燕私之地可知。

逢澤

哀十四年宋皇野語向巢「迹人來告逢澤有介麇焉」，杜註：「《地里志》言逢澤在滎陽開封縣東北，遠，疑非。」《正義》曰：「宋都睢陽，計去

漢置。泗水至吕城積石爲梁，故曰吕梁。今吕梁城在徐州府治北五十里，中河分司駐焉。

留縣，秦置。張良遇漢高於此，因封留侯。《水經注》：「濟水過沛縣東北，又東南過留縣北，即《春秋》吕、留也。」今屬徐州府，爲運道所經。

犬丘 襄元年，鄭子然侵宋，取犬丘。

杜註：「譙國酇縣東北有太丘城，迂迴，疑。」案：太丘地不近鄭，故杜以爲疑。然是時楚方侵宋，取吕、留，鄭蓋爲楚取也。今歸德府永城縣西北三十里有太丘集，與夏

杜註：「宋地，在梁國穀熟縣西。」今商丘縣西南有新城亭。

大棘 宣二年，宋、鄭戰于大棘。

杜註：「在陳留襄邑縣南。」今歸德府睢州西曲棘里有棘城，又寧陵縣西南七里有大棘城，亦與睢相近。《水經注》云：「後其地爲楚莊所併，故大棘有楚太子建墳、伍員釣臺。」

沙隨 成十六年，會于沙隨。

杜註：「宋地，梁國寧陵縣北有沙隨亭。」今沙隨城在歸德府寧陵縣西六里。

汋陵 成十六年，鄭子罕伐宋，敗宋師于汋陵。

開封四百餘里，非輕行可到，故杜以遠疑。蓋於宋都之旁別有近地名逢澤耳。」

廟有太廟，亦曰大宮

襄三十年宋災《傳》：「或叫于宋太廟，曰：『譆譆！出出！』」哀二十六年大尹殯公于大宮三日，而後國人知之。案：《左傳》謂宋、魯、鄭俱有所出王之廟，魯之周廟爲文王廟，鄭之周廟爲厲王廟。而魯之太廟、鄭之大宮爲始封君伯禽、桓叔之廟，則宋之太廟亦僅當爲微子之廟。宋祖帝乙，帝乙更當立商廟以祀，而傳無所見。

邑接界，大河經此，東北流入碭山境。酇縣，漢屬沛郡，音嵯，非蕭何所封邑。

雍丘哀九年，宋皇瑗取宋，師于雍丘。

杜註：「雍丘縣屬陳留。」案：杞封雍丘，杞遷東國，地屬宋。今爲開封府杞縣治。

城鉏哀十一年，衛太叔疾奔宋，臣向魋納美珠焉，與之城鉏。

杜註：「宋邑。」今衛輝府滑縣東十五里有鉏城。其後更屬衛。哀二十五年衛侯出奔宋，適城鉏，杜註：「城鉏，衛之近宋邑。」二十六年「衛悼公立，以城鉏與越人」、「出公在城鉏，以弓問子貢」是也。

杜註：「宋地。」今歸德府寧陵縣南二十五里有沟陵城。

朝郟成十八年，鄭會楚子伐宋，取朝郟。楚子辛、鄭皇辰侵城郜，取幽丘。

杜註：「宋地。」當在今歸德府夏邑縣界。

城郜

杜註：「宋地。」當在今江南徐州府蕭縣界。

幽丘

杜註：「宋地。」當在蕭縣界。

靡角之谷成十八年，晉侯遇楚師于靡角之谷。

杜註：「宋地。」案：彭城之役，晉、楚遇于靡角之谷，晉將遁矣。用雍子謀，楚師宵

户牖哀十三年，會于黄池，吴人囚子服景伯而還，及户牖歸之。

杜註：「户牖，陳留外黄縣西北東昏城是。」今東昏故城在開封府蘭陽縣東北二十里。

鞌哀十四年，向魋請以鞌易薄。

杜註：「向魋邑。」

曹向魋入于曹以叛。

杜註：「哀八年宋滅曹以爲邑。」曹國即今山東曹州府之曹縣。

空澤哀二十六年，宋景公遊于空澤，卒于連中。大尹興空澤之士千甲，奉公自空桐入。

杜註：「宋邑。」在今歸德府虞城縣東。《水經注》所謂「獲

潰，晉降彭城而歸諸宋，則靡角之谷當爲近彭城地。

虚朾諸侯同盟于虚朾。

杜註闕。或云即宋之虚也。

訾母襄十年，楚伐宋，師于訾母。

杜註：「宋地。」當在歸德府鹿邑縣境。

楊梁襄十二年，楚子囊、秦庶長無地伐宋，師于楊梁。

杜註：「梁國睢陽縣東有地名楊梁。」今在歸德府城東南三十里。

合襄十七年，合左師。

《彭城古蹟志》徐州沛縣有合鄉，近《志》合鄉在嶧縣西北。晉滅偪陽，以封向戌，是就其

	水又東南逕空桐澤北」是也。 空桐 杜註：「梁國虞縣東南有地名空桐。」今虞城縣空桐澤有空桐亭。 連中 杜註：「館名。」《名勝志》連中館在空澤，後遺址高二丈。	初封益之也。二縣本接壤。 鬼閻昭二十年，宋八公子之徒與華氏戰于鬼閻。 杜註：「潁川長平縣西北有閻亭。」今陳州府西華縣東北閻倉亭城是也。 鴻口昭二十一年，齊師、宋師敗吴師于鴻口。 杜註：「梁國睢陽縣東有鴻口亭。」今在歸德府商丘、虞城二縣界。 赭丘與華氏戰于赭丘。 杜註：「宋地。」《後漢志》陳國長平縣有赭丘城，應在今陳州府西北境。 曲棘昭二十五年，宋公卒於曲棘。

杜註：「宋地，陳留外黄縣城中有曲棘里。」當在今開封府杞縣境。

老丘 定十五年，鄭罕達敗宋師于老丘。

杜註：「宋地。」今開封府陳留縣東北四十五里有老丘城。

蕖蒢 鄭伐宋，齊侯、衛侯次于蕖蒢。

杜註：「宋地。」今無考。

衛

都

朝歌

在今河南衛輝府之淇縣。

邑

清 隱四年，公及宋公遇于清。

杜註：「衛邑，濟北清河縣有

地

牧 隱五年，鄭人侵衛牧。

杜註：「衛地。」即商之牧野。

《漢書・地理志》曰：「河内本殷舊都，周既滅殷，分其畿内爲三。邶以封紂子武庚；庸，管叔尹之；衛，蔡叔尹之：以監殷民，謂之三監。武王崩，三監畔，周公誅之，盡以其地封康叔，遷邶、庸之民于洛邑。」今淇縣東北有朝歌城。張洽《集傳》以爲在淇縣北關西社是也。邶城在府治汲縣東北，鄘城在新鄉縣西南三十二里。自衛遷楚丘，河内殷虚更屬于晉。

遷楚丘

今爲河南衛輝府之滑縣。閔

清亭。」《水經注》：「濟水自魚山而北，逕清亭東。京相璠曰：『今東阿縣東北四十里有清亭，濟水通得清之目焉。』」在今山東泰安府東阿縣東北。

蒲 桓三年，齊侯、衛侯胥命于蒲。

杜註：「衛地，在陳留長垣縣西南。」後爲甯氏邑。在衛西，與晉、楚接界。衛靈公曰：「蒲，衛之所以待晉、楚也。」甯殖以蒲出獻公，甯氏誅，繼受蒲者爲公叔氏，出于獻公，復以蒲叛。是蒲爲衛之巖邑矣。今爲直隸大名府

杜佑曰：「汲郡，古牧野地。」在今衛輝府治汲縣西南二十五里。

垂 隱八年，宋公、衛侯遇于垂。

杜註：「衛地。」《左傳》作「犬丘」，一地兩名。「濟陰句陽縣東北有垂亭」。今山東曹州府曹縣北三十里句陽店是其地。

越 桓元年，公及鄭伯盟于越。

杜註：「近垂地名。」當在山東曹州府曹縣附近。

桃丘 桓十年，公會衛侯于桃丘，弗遇。

杜註：「衛地，濟北東阿縣東南有桃城。」今山東泰安府東

二年衛懿公爲狄所滅，遺民渡河，立戴公以廬于漕。至僖二年，齊桓公封衛于楚丘。漕近楚丘，俱在滑縣。

又遷帝丘

今爲北直大名府之開州。僖三十一年狄圍衛，衛成公遷于帝丘。杜註：「今東郡濮陽縣，故帝顓頊之虚，故曰帝丘。」又曰：「濮陽，以地在濮水北也。」故城在今開州治西南三十里。

其城門有閱門

昭二十年齊豹之亂，公聞亂，乘驅自閱門入。《正義》曰：長垣縣治。宋紹定十三年，❶金主珣自黃陵岡向河北，行至蒲城東，登舟渡河，遇風。蒙古兵追至南岸，後軍皆敗。蓋當時大河尚在今縣北。

鄄莊十四年，會于鄄。

杜註：「衛地，今東郡鄄城。」後爲齊豹邑。昭二十年衛公孟縶與齊豹狎，奪之司寇與鄄，即此。「鄄」讀「絹」。漢末爲兗州治，曹操創業於此。《水經注》：「鄄城在河南岸十八里，河上之邑最爲險固。」今山東曹州府濮州東二十里舊城集，故鄄城也。阿縣西五十里有桃城鋪，旁有一丘，高可數仞，即桃丘也。

莘桓十六年，衛宣公使急子於齊，使盜待諸莘，將殺之。

杜註：「衛地，陽平縣西北有莘亭。」道阨險，自衛適齊之道。《輿地志》云：「陽平之莘有衛宣公二子争死處。」今山東東昌府莘縣北莘亭故城是也。成二年戰鞌《傳》「師從齊師于莘」，即此地。《左傳》云「至衛地」，即指下文之莘而言。

首止桓十八年，齊侯師于首止。

❶「紹定十三年」，《金史》（中華書局一九七五年版）作「嘉定十三年」。

「閱門，衛城門。蓋偏側之門，其路遠齊氏。」故疾驅從此入。

又有南門、東門

定六年魯侵鄭，不假道于衛。陽虎使季、孟自南門入，出自東門，舍于豚澤。

又有北門

哀二十六年越納衛侯輒，公孫彌牟請自北門出。

又有西門

定十年晉趙鞅圍衛，邯鄲午以徒七十人門於衛西門。

豚澤

蓋東門外近城之地。

其郭門曰蓋獲之門

共 閔二年，狄滅衛。衛之遺民七百有三十人益之以共、滕之民，立戴公以廬于曹。

杜註：「共及滕，衛別邑。」共國，今汲郡共縣。」案：《漢志》：「共縣，故國。北山，淇水所出。」孟康曰：「共伯入爲三公者。」蓋其地逼近衛都，故先爲國而後并于衛也。古共城爲今衛輝府輝縣治。

曹

杜註：「衛下邑。」《正義》云：「當在河東，近楚丘。」今爲滑縣。見衛都。

匡 僖十五年，諸侯盟于牡丘，遂次于匡。

杜註：「匡在陳留長垣縣西南。」

杜註：「衛地，陳留襄邑縣東南有首鄉。」僖五年會王世子于首止，即此。在今河南歸德府睢州治東南，接寧陵縣境。

城濮 莊二十七年，公會齊侯于城濮。

杜註：「衛地，將討衛之立子頹。」是時王命齊桓爲侯伯。僖二十八年晉文敗楚于城濮，即此。今山東曹州府濮州南七十里有臨濮城。

鹹 僖十三年，會于鹹。

杜註：「衛地，東郡濮陽縣東南有鹹城。」在今直隸大名府開州東南六十里。文十一年得臣敗狄于鹹，自爲魯地，別見。

昭二十年公孟有事于蓋獲之門外，杜註：「衛郭門。」

死鳥

昭二十年公如死鳥，蓋郭門外之地。據傳云「公遂出，華寅閉郭門，踰而從公」，「析朱鉏宵從竇出，徒行從公」，必去郭門不遠。又齊公孫青來聘，從諸死鳥，親執鐸，終夕與於燎，當是郭門外東向適齊之地也。

馬路之衢

褚師子申遇公于馬路之衢，遂從，過齊氏。此當爲城門内之衢路。

有近關

文八年晉侯使解揚歸匡、戚之田于衛。杜註：「匡本衛邑，中屬鄭。孔達伐，不能克，今晉令鄭還衛。」《論語》「子畏于匡」，即此。《史記》孔子自匡至蒲，《括地志》「蒲城在匡城縣北十五里」。今俱在直隸大名府長垣縣境。

訾婁 僖十八年，邢、狄伐衛。衛師於訾婁，狄師還。

杜註：「衛邑。」今河南衛輝府滑縣西南六十里有訾婁城，西北與直隸大名府長垣縣接界。

五鹿 僖二十八年，晉侯侵曹伐衛，取五鹿。

斂盂 僖二十八年，齊侯、衛侯盟于斂盂。

杜註：「衛地。」今直隸大名府開州東南有斂盂聚，是其地。

襄牛 衛侯出居于襄牛。

杜註：「衛地。」秦置襄邑縣，明初省縣併入睢州，今屬河南歸德府。

鄬 楚師背鄬而舍。

杜註「丘陵險阻名」。《正義》曰：「楚所舍之處，有丘陵名鄬，其地有險阻也。」

有莘之墟 晉侯登有莘之墟以觀師。

杜註「故國名」。《元和志》：「汴州陳留縣東北三十五里有

襄十四年蘧伯玉從近關出，《正義》曰：「《周禮・司關》註云：『關，界上之門。』衛都不當竟中，其界有遠有近。伯玉懼難作，欲速出竟，故從近關出也。」

城内有昆吾之觀

哀十七年衛侯夢於北宫，見人登昆吾之觀，被髮北面而譟。杜註：「衛有觀在昆吾氏之虚。今濮陽城中。」今開州東二十五里有古顓頊城，城中有昆吾臺。

有北宫見上。

《正義》曰：「北宫，衛别宫也。於是衛侯在南宫，夢裏身在

杜註：「衛縣西北有地名五鹿，陽平元城縣東亦有五鹿。」蓋兩註以存疑。晉之衛縣今爲山東東昌府觀城縣。元城縣即今大名府治也。

案：五鹿爲衛邑，晉文取之而仍屬衛。襄二十五年衛獻公自齊還國，齊崔杼止其帑以求五鹿，此時蓋屬衛。哀十四年齊、衛救范氏，圍五鹿，杜註「晉邑」，則又屬晉。其迭屬晉、衛，且地近邯鄲、中牟、鄴城，則元城之説爲長。今大名府有五鹿城二，屬元城縣者即沙鹿城，屬開州者衛地五鹿是也。開州東

故莘城，爲古莘國地。又曹州濟陰縣今曹縣。南三十里有莘仲故城，爲伊尹所耕地。」案：城濮之戰晉侯所登有莘之墟是曹州而非汴州。

宛濮甯武子與國人盟于宛濮。

杜註：「陳留長垣縣西南有宛亭，近濮水。」今在直隸大名府長垣縣北。

清丘宣十二年，同盟於清丘。

杜註：「衛地，在濮陽縣東南。」今大名府開州東南七十里有清丘，高五丈。

新築成二年，衛孫良夫及齊師戰于新築。

杜註：「衛地。」今大名府魏縣南二十里有新築城。

北宮，見人登昆吾之觀，被髮北面而譟。北宮在昆吾觀北，故此人北面向君而叫譟也。」

又有丘宮

襄十四年公使子蟜、子伯、子皮與孫子盟于丘宮，孫子皆殺之。杜註：「丘宮，近戚地。」

有藉圃

哀十七年衛侯爲虎幄于藉圃，杜註：「藉田之圃也。」

有靈臺

哀二十五年衛侯爲靈臺于藉圃。

與東昌觀城縣接界。

戚文元年，公孫敖會晉侯于戚。

杜註：「衛邑，在頓丘衛縣西。」世爲孫氏邑，會盟要地。孫林父出獻公後，以戚如晉，晉人爲之疆戚田。蒯聵自戚入衛。蓋其地瀕河西，據中國之要樞，不獨衛之重地，亦晉、鄭、吴、楚之孔道也。今開州北七里有古戚城，亦曰戚田。晉衛縣爲今東昌府觀城縣，在開州東接界。

桑中成二年，夫子有三軍之懼，而又有桑中之喜。

高氏曰：「桑中，衛邑之小者。」在今衛輝府淇縣。

鞫居齊師次于鞫居。

杜註：「衛地。」《後漢志》封丘有鞫亭，即古鞫居也。封丘縣今屬河南開封府。

馬陵成七年，同盟于馬陵。

杜註：「衛地，陽平元城縣東南有地名馬陵。」戰國時孫臏射殺龐涓處。宋人河北漕運往往於黎陽或馬陵道口裝卸，蓋津要之地。今大名府治東南十五里有馬陵道，又有馬陵城。

柯襄十九年，叔孫豹會晉士匄于柯。

杜註：「魏郡内黄縣東北有柯城。」《後漢志》内黄有柯城。在今河南彰德府内黄縣

夷儀襄二十五年，衛侯入于夷儀。
杜註：「本邢地，衛滅邢而爲衛邑。」晉愍衛衎失國，使衛分之一邑。」又定九年齊伐晉夷儀，爲衛討也，則又爲晉地。蓋實衛之邊邑，與齊、晉皆連壤。今直隸順德府西南四十里有夷儀城。

懿氏襄二十六年，晉取衛西鄙懿氏六十以與孫氏。
杜註：「戚城西北五十里有懿城，因姓以名城。取田六十井。」《正義》云：「上世有大夫姓懿氏，食邑于此。」今戚城在開州北七里，戚城西北二十五里有懿城。

境。莊十三年公會齊侯盟于柯，乃齊阿邑，在今山東兖州府陽穀縣東北五十里，曰阿城鎮。本兩國地，高氏《地名考》混爲一，謂地相接者，非是。

商任襄二十一年，會于商任。
杜註闕。或曰在今彰德府安陽縣地。

茅氏襄二十六年，晉戍茅氏。
杜註：「戚東鄙。」

圉孫蒯敗衛師于圉。
杜註：「衛地。」今開州東有圉城。

戲陽昭九年，晉荀盈如齊逆女，還，卒于戲陽。

羊角襄二十六年，齊烏餘以廩丘奔晉，襲衛羊角。
杜註：「廩丘縣所治羊角城是。」今山東曹州府范縣東南之義東保有羊角城。
平丘昭十三年，會于平丘。
杜註：「在陳留長垣縣西南。」《寰宇記》「在封丘縣東四十里」，蓋縣與封丘接境。《陳留風俗傳》云：「衛靈公所置邑。」
平壽昭二十年，齊豹之亂，衛侯在平壽。
杜註：「衛下邑。」
犂哀十一年，太叔疾誘其初妻之娣，置于犂。

杜註：「魏郡內黃縣北有戲陽城。」《郡國志》內黃有羛陽聚。今屬河南彰德府。
厥慭昭十一年，會于厥慭。
杜註闕。或曰在今衛輝府新鄉縣境。
沙定七年，齊侯、衛侯盟于沙。
《左傳》作「瑣」。杜註：「即沙也。陽平元城縣東南有沙亭。」在今大名府元城縣東。
瓦定八年，公會晉師于瓦。
杜註：「衛地，東郡燕縣東北有瓦亭。」今衛輝府滑縣東南瓦岡集，古瓦亭也。
垂葭定十三年，齊侯、衛侯次于垂葭，實郹氏。

杜註：「衛邑。」當在今山東曹州府濮州東南。

外州 太叔疾淫于外州。

杜註：「衛邑。」

平陽 哀十六年，衛侯飲孔悝酒于平陽。

杜註：「東郡燕縣東北有平陽亭。」今衛輝府滑縣東南有韋城，韋城南有平陽城。

案：下文云「使貳車反祏于西圃」，註云「還取廟主。西圃，孔氏廟所在」，則平陽蓋孔氏之宗邑。

泠 哀二十五年，衛侯出奔，將適泠。

杜註：「近魯邑。」

杜註：「高平鉅野縣西南有郰亭。」鉅野縣今屬山東曹州府。

牽 定十四年，會于牽。

杜註：「魏郡黎陽縣東北有牽城。」《路史》内黄西南三十里有故牽城。今在内黄之西南、濬縣之北，二縣本連壤。内黄今屬河南彰德府，濬縣屬衛輝府。

鐵 哀二年，晉趙鞅、鄭罕達戰於鐵。

杜註：「鐵，丘名，在戚城南。」今大名府開州北有戚城，其南爲王合里，即鐵丘也。

巢 哀十一年，衛莊公復太叔疾，使處巢，死焉。

都	邑	地
		杜註：「衛地。」《寰宇記》「巢亭在襄陵縣南二十里」，今歸德府睢州巢亭是也。

曹

都	邑	地
陶丘 今爲山東曹州府曹縣。鄭氏曰：「曹在濟陰定陶，去王城八百里，在畿外，故稱甸服。」《詩譜》曰：「在雷夏、菏澤之野，夾于魯、衛。」《通釋》云：「濟陰東北三十七里即定陶故城，曹所都。」宋濟陰縣在今曹縣西南六十里。	重丘襄十七年，衛孫蒯田于曹隧，飲馬于重丘，毀其瓶，重丘人閉門而詢之。衛伐曹，取重丘。 杜註：「曹邑。」《寰宇記》：「重丘在乘氏縣東北三十一里。」漢乘氏故城在今曹州府曹縣東北五十里。又襄二十五年同盟於重丘，杜註「齊地」，在今東昌府城東南，跨	洮僖八年，齊桓公盟諸侯於洮。 杜註：「曹地。」僖三十一年晉文公分曹地，自洮以南東傅于濟，即此。今曹州府濮州西南五十里有洮城。 曹南僖十九年，宋公、曹人、邾人盟于曹南。 范氏曰：「曹南，曹之南鄙。」今曹縣東南八十里有曹南山。

茌平縣界。漢置重丘縣。杜氏明註兩國,乃《方輿紀要》混而一之,謂「東昌府之重丘爲曹北竟之邊邑,同盟于重丘即衛所取者」,似誤。

詳見《山川》。

鄸昭二十年,曹公孫會自鄸出奔宋。

杜註:「曹邑。」《寰宇記》:「濟陰乘氏縣西北有大饗城,曹之鄸邑也。一作『大鄉』。」在今曹州府曹縣北。

郊定十一年,衛公孟彄伐曹,克郊。

杜註:「曹邑。」在今曹州府菏澤縣界。

黍丘哀七年,宋人伐曹,築五邑于其郊,曰黍丘、揖丘、大城、鍾、邘。

杜註:「梁國下邑縣有黍丘亭。」

案：下邑即今之夏邑也，屬河南歸德府，黍丘亭在縣西南。 揖丘 當在今曹縣界。 大城 當在今府治菏澤縣界。 鍾 當在今曹州府定陶縣界。 邗 當在今定陶縣界。	

邾

都	邾
邑	訾婁僖三十三年，公伐邾，取訾婁。
地	翼隱元年，公子豫及邾人、鄭人盟于翼。

今爲山東兗州府鄒縣。後改國號曰鄒，因山爲名。鄒山周四十里，在縣東南。今縣治爲宋時所徙。古邾城在縣東南二十六里。

遷于繹

文十三年邾文公遷於繹，杜云：「鄒縣北有繹山。」徙都于彼山旁，山旁當有舊邑也。邾既遷都於此，境内應别有繹邑。宣十年公孫歸父帥師伐邾，取繹，必非取其國都，當是取其别邑。至哀七年，魯師入邾，處其公宮，邾衆保于繹，則棄城而栖山矣。疏稱嶧山在鄒縣北，而今之嶧胡傳及薛氏、趙氏皆以爲邾邑，在兗州府濟寧州界。

漆 襄二十一年，邾庶其以漆、閭丘來奔。

杜註：「邾二邑，在高平南平陽縣，東北有漆鄉，西北有顯閭亭。」定十五年城漆，即此。今鄒縣北有漆城。

閭丘

在鄒縣南。

蟲 昭十九年，宋公伐邾，圍蟲。

杜註：「邾邑。」當在今兗州府濟寧州境。

離姑 昭二十三年，邾人城翼，還自離姑，武城人塞其前。

杜註：「邾邑。」孔穎達曰：杜註：「邾地。」在今山東沂州府費縣西南九十里。

偃 僖元年，公敗邾師于偃，虚丘之戍將歸者也。

杜註：「邾地。」在費縣南。

虚丘

杜註：「邾地。邾人戍虚丘，欲以侵魯，公要而取之。」在費縣界。

狐駘 襄四年，臧孫紇侵邾，敗于狐駘。

杜註：「邾地，魯國番縣東南有目駘亭。」哀二十七年越子使后庸來聘，言邾田，封於駘上，即此。今狐駘山在兗州府滕縣東南二十里。

漷東 哀二年，魯伐邾，取漷東田及沂西田。

山在縣東南二十五里，蓋古時縣治在山南，而今則徙于山北也。文公徙都不過稍北數里。

其城門曰魚門

僖二十二年公及邾人戰於升陘，我師敗績，邾人獲公冑，懸諸魚門，杜註：「邾城門。」

郭門曰范門

哀七年魯伐邾，及范門，猶聞鐘聲。杜註：「范門，邾郭門也。」

「邾、魯境界相錯，邾人從翌邑還，❶先徑魯之武城，然後始至離姑，而後至邾。」今其地在費縣故武城之南。

濫昭三十一年，邾黑肱以濫來奔。

杜註：「東海昌慮縣。」今昌慮故城在滕縣東南六十里。

絞哀二年，伐邾，將伐絞。

杜註：「邾邑。」在今滕縣境。

茅哀七年，邾茅成子以茅叛。

杜註：「高平西南有茅鄉亭。」在今兗州府金鄉縣西北四十里。

見魯地漷水。

沂西

小沂水也。見魯地沂上。

句繹及邾子盟于句繹。

杜註：「邾地。」當在今鄒縣東南境。哀十四年小邾射以句繹來奔，即此。高氏列諸小邾地。

❶「翌」，《春秋左傳正義》作「翼」。

莒

都

莒

今爲山東沂州府莒州，接江南界。武王初封兹輿期于計，不知何年徙都此。戰國時楚簡王滅莒，地入于齊爲莒邑，齊湣王走莒，即此。

初封介根

今爲山東萊州府高密縣，即計也。春秋初徙於莒，而介根爲莒邑。襄二十四年齊侯伐莒，取介根，即此。漢置計斤縣，師古曰：「計斤即介

邑

密隱二年，紀子伯、莒子盟于密。

杜註：「莒邑，城陽淳于縣東北有密鄉。」今萊州府昌邑縣東南十五里有密鄉故城。疑此時之莒尚都介根。

鄟陵文七年，公孫敖如莒涖盟，且爲仲逆己氏。及鄟陵，登城見之美，自爲娶之。

杜註：「莒邑。」在今沂州府沂水縣，與鄭之鄟陵有别。

渠丘成八年，渠丘公立于池上。

杜註：「渠丘公，莒子朱也。渠丘，邑名。莒縣有蘧里。」

地

向僖二十六年，公會莒子、衛甯速，盟于向。

杜註：「莒地。」《寰宇記》曰：「莒州南七十里有向城，與沂州府治接界。」案：向本小國。隱二年莒人入向，杜註：「龍亢縣東北有向城。」龍亢故城在今江南鳳陽府懷遠縣西北八十五里，古向城在縣東北四十五里。《江南通志》收入臨淮縣，二縣本相接。

壽餘昭二十二年，莒敗齊師于壽餘。

杜註：「莒地。」當在青州府

根。」今縣東南四十里有計斤城。

漢北海安丘縣。孟康曰：「古渠丘也。」伏琛《齊記》亦云：「渠丘亭在安丘東北十里。」但非莒縣境，與杜不合。然地自相鄰。安丘縣今屬青州府。

且于 襄二十三年，齊侯襲莒，門于且于。明日復戰，期于壽舒。

杜註：「莒邑。」在今莒州境。

壽舒

杜註：「莒邑。」亦屬莒州。

蒲侯氏 杞殖華還，載甲宿于莒郊。明日，先遇莒子于蒲侯氏。

杜註：「近莒之邑。」

大厖 昭元年，莒務婁、瞀胡以大厖及常儀靡奔齊。

安丘縣境。

常儀靡
杜註：「莒二邑。」當在莒州北境。
防昭五年，莒牟夷以牟婁及防、兹來奔。
杜註：「莒邑，城陽平昌縣西南有防亭。」今青州府安丘縣西南六十里有故平昌城，防亭亦在縣西南。
兹
杜註：「莒邑，姑幕縣東北有兹亭。」今青州府諸城縣西四十里有姑幕城，兹亭在其境。
牟婁見杞地。
紀鄣昭十九年，齊人伐莒，莒子奔紀鄣。
杜註：「莒邑，東海贛榆縣東

北有紀城。」案：贛榆縣今屬江南海州，縣北七十五里有古紀鄣城。

鄣昭十年，季孫意如伐莒，取鄣。杜註：「莒邑。」當在今沂水縣界。

杞

都

淳于

在今山東青州府之安丘縣。案：淳于本州國地。桓五年冬，經書「州公如曹」，傳曰：「淳于公度其國危，遂不復。」淳于本州國之都而杞居之，

邑

牟婁隱三年，莒人伐杞，取牟婁。

杜註：「杞邑，城陽諸縣東北有婁鄉。」自隱三年後地屬莒，昭五年莒牟夷以奔魯。今青州府諸城縣東北有婁鄉城，與安丘縣接境。

地

是亡州者杞也。然隱三年州未亡，莒人所取之牟婁已在東土，與淳于爲鄰。杞本弱小，不應立國雍丘，而遥屬小邑于千數百里之外，則知春秋之前杞早居于東土矣。女叔齊曰：「杞，夏餘也。而即東夷。」郳、莒以東，皆爲東夷，特未詳其何地耳。今青州府安丘縣東北三十里有淳于故城。

遷于緣陵

在今青州府之昌樂縣，亦曰營陵，路通登、萊。僖十四年諸侯城緣陵，蓋是時淮夷病杞，齊桓遷之稍北以自近，如

無婁宣十五年，仲孫蔑會齊高固于無婁。

杜註：「杞邑。」《公羊》作「牟婁」。蓋即莒人所取，然此時已爲莒邑，杜註疑有誤。

楚遷許于葉，吴遷蔡于州來。然杜註「杞地」，則仍爲杞地之錯入于齊者耳。至襄二十七年，杞復遷淳于。案：是年晉合諸侯之大夫城杞，祁午數趙文子之功曰「城淳于」。蓋城杞即城淳于，是杞復遷淳于之證也。今縣東南三十里有營陵故城。		

紀

都	邑	地
紀 在今山東青州府壽光縣。莊四年紀侯大去其國，自是紀	浮來隱八年，公及莒人盟于浮來，成紀好也。 杜註：「紀邑，東莞縣北有邳	

亡于齊矣。杜註：「紀國在東莞劇縣。」今縣東南三十里有劇城。又紀城亦在縣東南。

後以鄑入齊

在今青州府臨淄縣。莊三年，❶「紀季以鄑入于齊，紀于是乎始判」，杜註：「齊欲滅紀，故季以鄑入齊爲附庸也。」《國語》齊桓公初立，正封域，東至于紀鄑，蓋特存之。案：齊都臨淄，而鄑即在臨淄之境，則知桓公初年齊之東向地甚狹。管仲云「東至于海」，特夸辭耳。迨

鄉，邳鄉西有公來山，號邳來間。」今沂州府蒙陰縣西北有浮來山，與莒州接界。

郱莊元年，齊師遷紀郱、鄑、郚。

杜註：「紀邑，在東莞臨朐縣東南。」應劭曰一作「駢」。後爲齊大夫伯氏邑，管仲奪伯氏駢邑三百，即此。今在青州府臨朐縣東南。

鄑

杜註：「紀邑，都昌縣西有訾城。」今在萊州府昌邑縣西北三十里。

郚

杜註：「紀邑，朱虛縣東南有

❶ 「三」，原誤作「二」，今據《春秋左傳正義》改。

都	滅紀、滅郕，後復稍併莒、杞之地以自益。至襄六年晏弱滅萊、棠，則盡有登、萊之地，東至于海矣。杜註：「鄑，紀邑，在齊國東安平縣。」今臨淄縣東十九里有安平城。又鄑亭亦在縣東。
邑	郚城。」今青州府安丘縣西南六十里有郚山，四面險絕，其上寬平，約數百里，有古城遺址，即郚城也。晉朱虛縣在臨朐縣東六十里。
地	

徐

都	下邳 在今江南泗州。自兩漢迄南北朝皆曰徐縣。《左傳》杜註：「徐國在下邳僮縣東南。」《漢書志》：「臨淮郡徐
邑	
地	婁林僖十五年，楚敗徐于婁林。 杜註：「徐地。」在今江南泗州境。《後漢書・志》下邳國徐縣有樓亭，或曰古蔞林。伏滔《北征記》曰：「縣北有

縣，春秋時徐國。」昭三十年徐子章禹爲吳所滅。今泗州北八十里有古城，相傳爲徐偃王築，地與虹縣接。

大冢，徐君墓，延陵解劍之處。」

蒲隧 昭十六年，齊師伐徐，至于蒲隧。

杜註：「徐地，取慮縣南有蒲姑陂。」在今鳳陽府虹縣北。

春秋列國都邑表卷七之二終

孫：重壽校字

春秋列國都邑表卷七之三

錫山顧棟高復初輯
鹽城受業夏建謨臯言參

晉

都	邑	地
絳 今爲山西平陽府之翼城縣。成王封叔虞于唐，在河、汾之東，方百里，今太原府之太原縣。四世至成侯，南徙曲沃。又五世至穆侯，復遷于絳，亦曰翼。自桓叔封曲沃，其子	隨 隱五年，翼侯奔隨。 杜註：「晉地。」後爲士會食邑，號隨武子。今山西汾州府介休縣東有隨城。 陘庭 桓二年，哀侯侵陘庭之田。陘庭南鄙啟曲沃伐翼。 杜註：「翼南鄙邑。」翼爲今	條 桓二年《傳》：「晉穆侯以條之役生太子。」 杜註：「晉地。」舊以直隸河間府景州有古條，爲晉條地。漢周亞夫所封。《皇輿表》亦從其說。今案：其地太遠，穆侯時疆土疑不到此。今山

莊伯浸强，時謂晉侯爲翼侯。桓八年武公遂滅翼，自曲沃徙都之，王命爲晉侯。至莊二十六年，武公子獻公命士蔿城絳，以深其宮。翼即絳也。鄭氏《詩譜》言「穆侯遷都于絳，孝侯改絳曰翼，獻公又北廣其城方二里，命之曰絳」，則翼、絳之爲一地明矣。僖十三年秦輸粟于晉，自雍及絳；成六年遷新田後，謂之故絳，皆指此。古翼城在今縣治東南十五里。

曲沃爲晉別都

今爲山西絳州之聞喜縣。曲沃自穆侯徙絳後爲晉大邑。

平陽府翼城縣，縣東南七十五里有熒庭城，《志》云即陘庭也。襄二十三年齊侯伐晉，張武軍于熒庭，即此。

欒桓二年《傳》：「靖侯之孫欒賓。」

杜註：「晉地。」晉大夫欒氏之封邑。今直隸真定府欒城縣是也。案：欒賓傅桓叔在春秋前，晉疆未得到真定，當存疑。

蒲莊二十八年，驪姬使梁五、東關五言于公曰：「蒲與二屈，君之疆也。」「二」，或云當作「北」。

杜註：「今平陽蒲子縣。」今山西隰州東北有蒲子故城。

二屈見上。

西解州安邑縣有中條山，縣北三十里有鳴條岡。《孟子》曰：「舜卒於鳴條。」《尚書大傳》：「湯伐桀，戰於鳴條。」此爲晉之條地，當近是。

千畝其弟以千畝之戰生。

杜註：「西河介休縣南有地名千畝。」今汾州府介休縣南有千畝原。

汾隰桓三年，曲沃伐翼，逐翼侯于汾隰。

杜註「汾水邊」，《史記》作「汾旁」，蓋翼地之近汾者。

屈産僖二年，晉以屈産之乘與垂棘之璧假道于虞。

《公羊》謂屈産爲地名。今汾州府石樓縣東南四里有屈産

昭侯封桓叔于曲沃，師服曰：「晉，甸侯也，而建國。」言大邑不當以封也。自桓叔初封曲沃，至武公并晉，歷三世，凡六十七歲。武公既從絳，曲沃復爲大邑。驪姬使言于公：「曲沃，君之宗也，不可以無主。」於是獻公城曲沃，使太子申生居之。亦謂之新城，亦謂之下國。新城以城曲沃而名，下國以桓叔至武公國之三世爲晉之舊國也。僖二十四年晉公子入于曲沃，朝于武宮，蓋武公廟所在。後爲欒氏食邑，襄二十三年晉欒盈入于曲沃以叛，

杜註：「平陽北屈縣。」今山西吉州東北二十一里有北屈廢縣。

韓　僖十年，帝許我罰有罪矣，敝于韓。

古韓國。春秋前晉文侯二十四年滅韓，後爲桓叔子韓萬封邑，亦曰韓原。在今陝西同州府韓城縣東南二十里。

陰　僖十五年，陰飴甥會秦伯。

杜註：「呂甥食采于陰。」今山西平陽府霍州西南十里有呂城，蓋以呂甥所居得名。後以賜魏錡，故復有呂錡、呂相之稱。

狐廚　僖十六年，狄侵晉，取狐廚，受鐸，涉汾，及昆都。

泉，牧馬川上，多産名駒，接隰州界。

垂棘

杜註地闕。

高梁　僖九年，齊侯以諸侯之師伐晉，及高梁。

杜註：「晉地，在平陽楊縣西南。」僖二十四年晉公子使殺懷公于高梁，即此。今平陽府臨汾縣東北三十七里高梁都地名梁虚是也，與洪洞縣接界。

虢略　僖十五年，晉侯許賂秦伯，東盡虢略，内及解梁城。

杜註：「從河南而東盡虢界。」見《山川》。

即此。晉亡入魏，秦謂之左邑。《水經注》：「左邑，故曲沃，《詩》所謂『從子于鵠』者也。」漢武帝分置聞喜縣。今左邑故城在今聞喜縣治東。

遷于新田

今爲山西平陽府之曲沃縣。成六年晉人謀去故絳，韓獻子曰：「新田土厚水深，居之不疾，有汾、澮以流其惡。」公從之，遷于新田。自此以後命新田爲絳，而以舊都爲故絳。自襄二十三年欒盈晝入絳，至定十三年趙鞅歸晉入于絳，皆指新田之絳矣。絳故城在今縣治西南二里。

杜註：「晉邑，平陽臨汾縣西北有狐谷亭。」今屬平陽府襄陵縣。

受鐸

杜註：「晉邑。」

昆都

杜註：「晉邑。」今平陽府臨汾縣南有昆都聚。是時狄自西來，薄平陽境，狐廚、受鐸在汾西，而昆都在汾東，故涉汾而及昆都也。今平陽府治臨汾縣城西二里即逼汾水。

郇 僖二十四年，咎犯與秦、晉之大夫盟于郇。

杜註：「解縣西北有郇城。」

案：郇，國名，《詩》所謂「郇

解梁城

杜註：「河東解縣。」今山西蒲州府臨晉縣東南十八里有解城。

令狐 僖二十四年，晉公子濟河，圍令狐，入桑泉，取臼衰。

文七年晉敗秦師于令狐，即此。闞駰曰：「令狐即猗氏也。」今蒲州府猗氏縣西十五里有令狐城。

桑泉

杜註：「在河東解縣西。」今蒲州府臨晉縣東十三里有桑泉城。

臼衰

杜註：「解縣東南有臼城。」

大夏爲晉陽，爲晉舊都 今爲山西太原府之太原縣。古唐國，叔虞始封時所都也。昭元年子產曰：「昔高辛氏有二子，伯曰閼伯，季曰實沈，不相能，日尋干戈。帝遷實沈于大夏，主參，唐人是因。及成王滅唐而封太叔，故參爲晉星。」杜註「大夏，晉陽也」。曰大夏，曰太原，曰大鹵，曰夏墟，曰唐，曰晉，曰鄂，《左傳》所稱凡七名，皆指晉陽一地。後爲趙氏食邑，定十三年趙鞅入于晉陽以叛，即此。古唐國在今縣治北，古晉陽城在縣治東北。

伯勞之」者。亦曰荀。《汲郡古文》晉武公滅荀，以賜大夫原氏黯，是爲荀叔。今在蒲州府臨晉縣東北十五里。

原 僖二十四年《傳》：「文公妻趙衰，生原同、屏括、樓嬰。」

杜註：「原、屏、樓，三子之邑。」原即周襄王所賜邑，趙衰嘗爲原大夫。今河南懷慶府濟源縣西北十五里有原鄉。

屏

《路史》曰：「炎帝臣屏翳，封屏國。」趙括采邑當在其處。

樓

今隰州永和縣南十里有樓山

今在解州西北。

廬柳 晉師軍于廬柳。

今蒲州府猗氏縣西北有廬柳城。

緜上 僖二十四年，介之推隱而死，晉侯以綿上爲之田。

杜註：「西河介休縣南有地名緜上。」襄十三年晉侯蒐于緜上以治兵，即此。今沁州沁源縣北八十里有綿上城。

南陽 僖二十五年，王與晉陽、樊、溫、原、攢茅之田。晉于是始啟南陽。

杜註：「晉山南河北，故曰南陽。」又文元年「晉使告於諸侯而伐衛，及南陽」，杜註：「今河內地。」然則南陽地極寬

諸浮
文十三年六卿相見于諸浮，杜註「晉地」，《正義》曰：「六卿在朝，旦夕聚集，而特云相見于諸浮者，將欲密謀，慮其漏泄，故出就外野，屏人私議。諸浮當是城外之近地耳。」

長樗
襄三年公及晉侯盟于長樗，公至自晉。杜註：「晉侯出其國都，與公盟于外。」《正義》曰：「長樗蓋近城之地，盟訖還入于晉，故公歸書『至自晉』也。文三年盟于晉都，此盟出城外者，悼公謙以待

城。隋嘗置樓山縣。

冀僖二十五年，遷原伯貫于冀。
案：冀，本國名，地并于虞，虞亡歸晉。詳《存滅表》。惠公與郤芮爲食邑，謂之冀芮。僖二十四年芮謀殺文公被誅，邑入晉。其子缺因臼季舉，命爲卿，復與之冀。杜註：「平陽皮氏縣東北有冀亭。」在今絳州河津縣東。又縣東十五里有如賓鄉。

河陽僖二十八年，天王狩于河陽。
本周盟邑，後歸晉，謂之河陽。古河陽城在今河南懷慶府孟縣西南三十里。

焦僖三十年，燭之武曰：「許君焦、瑕。」

大，兼涉衛境，不止晉有矣。蓋本周圻内地，文公始受之，故曰啟。馬融曰：「晉地自朝歌以北至中山爲東陽，朝歌以南至軹爲南陽。」應劭曰：「河内，殷國也，周謂之南陽。」後又爲魏、鄭、衛三國之地。魏即分晉地，應蓋本其後而言之耳。徐廣曰：「河内郡脩武縣古名南陽。」劉原父曰：「脩武有古南陽城。」蓋南陽其統名，而脩武則魏之南陽邑也。今懷慶府脩武縣北有南陽故城。

清原僖三十一年，晉蒐于清原。
杜註：「河東聞喜縣北有清

人，不敢使國君就己，出盟于外，若似相就然。」

翼東門

成十八年欒書、中行偃弒厲公，以車一乘葬之于翼東門之外。案：此是故絳之東門也。晉以成六年遷新田，以新田爲絳，故謂故絳爲翼。在平陽府翼城縣。

聚

莊二十五年晉士蔿城聚，以處群公子。冬，晉侯圍聚，盡殺之。明年，命士蔿城絳，以深其宫。此時之絳都爲翼，爲翼城縣。而聚在今絳州絳縣東南十里，有車箱城，相傳

杜註：「焦、瑕，晉河外五城之二邑。」宣二年秦圍焦，杜註：「晉河外邑。」案：焦本國名，晉之同姓，司馬侯所謂虞、虢、焦、滑皆晉所滅者。今陝州南二里有故焦城。

瑕

文十三年晉使詹嘉處瑕，以曲沃之官守之，故瑕亦名曲沃。《戰國策》每以焦、曲沃並稱，如《左傳》之言焦、瑕，知瑕即曲沃矣。今陝州西南三十二里有曲沃城，即詹嘉所處瑕邑。桃林在靈寶縣，蓋相近之地也。《晉地道記》猗氏縣東北有瑕城，今屬蒲

原。」在今絳州稷山縣西北二十里。

王官 （文三年，秦伯伐晉，取王官及郊。）

杜註：「晉地。」今蒲州府臨晉縣東南七十里王官谷有廢壘，即王官城也。

郊

杜註：「晉地。」《史記》「取王官及鄗」，《正義》曰：「鄗音郊。」當爲臨晉、平陽間小邑。

董 （文六年，改蒐于董。）

杜註：「河東汾陰縣有董亭。」晉汾陰今爲蒲州府滎河縣。又聞喜縣東北四十里接絳州界有董氏陂，中産楊柳，

爲晉置群公子之所。是城絳、城聚非一地，亦非一時。《史記》謂「城聚，都之，命曰絳，始都絳」，混而一之，誤矣。

絳市

宣八年晉人獲秦諜，殺諸絳市，六日而蘇。案：此時未遷新田，蓋故絳之市也。

絳縣

襄三十年晉悼夫人食輿人之城杞者，絳縣老人無子而往，與於食。趙文子召而謝過，以爲絳縣師。《正義》曰：「絳，晉國都也。」此時晉已

州府，乃郇瑕氏之瑕在河北。此在河南，舊混而一之誤。

箕 僖三十三年，晉人敗狄于箕。

杜註：「太原陽邑縣南有箕城。」昭二十三年叔孫婼如晉，❶士伯曰「將館子于都」，乃館諸箕。杜註：「都，别都，謂箕邑。」今太原府太谷縣東南三十五里有箕城。

先茅之縣 以先茅之縣賞胥臣。

杜註：「先茅絶後，故取其縣以賞胥臣。」猶言蘇忿生之田也。

甯 文五年，晉陽處父聘于衛，反過甯。

杜註：「晉邑，汲郡修武縣。」

可以爲箭，即《左傳》所謂董澤之蒲也。見《山川》。疑爲一地。

堇陰 文七年，趙盾禦秦師于堇陰。

杜註：「晉地。」疑亦當在蒲州府滎河縣。蓋蒲州界接潼關，與秦以大河爲限。秦、晉戰争，刳首、令狐、河曲、羈馬俱在今永濟、臨晉、滎河、猗氏之地。

刳首 文七年，晉敗秦師于令狐，至于刳首。

杜註：「令狐在河東，當與刳首相近。」案：令狐，今蒲州府猗氏縣地。《水經注》「刳

❶「二十三」，原誤作「二十二」，今據《春秋左傳正義》改。

遷，蓋指新田之絳矣。

絳郊

昭二十九年龍見于絳郊，蓋曲沃縣之郊也。

固宮

襄二十三年晉欒盈以晝入絳，范宣子奉公以如固宮。杜註：「宮之有臺觀備守者。」《正義》曰：「《晉語》云『范宣子以公入于襄公之宮』，蓋襄公有別宮，牢固，故謂之固宮。」下傳云「范氏之徒在臺後，欒氏乘公門」，則臺可守禦，若漢宮之漸臺矣。

銅鞮之宮

襄三十一年子産曰「銅鞮之

今河南衛輝府獲嘉縣西北有修武故城，古甯邑，秦置縣。

郫文六年，晉賈季使迎公子樂于陳，趙孟使殺諸郫。

襄二十三年齊侯伐晉，入孟門，登太行，張武軍于熒庭，戍郫邵。杜註「取晉邑而戍之」，即此郫也。蓋郫邵在太行之南界，接鄭、衛，戍之以防追襲耳。今河南懷慶府濟源縣西一百里有郫亭，與山西絳州垣曲縣接界，蓋逼近晉都之地。

陽文六年，晉殺其大夫陽處父。

陽爲處父食邑，漢陽邑縣是

首在西三十里」，當在今滎河、臨晉間也。

武城文八年，秦人伐晉，取武城。

杜註闕。《史記》秦厲公二十一年晉取武城。漢置武城縣，屬左馮翊。

北徵文十年，秦伐晉，取北徵。

今陝西同州府澄城縣西南二十一里有北徵古城。

河曲文十二年，晉人、秦人戰于河曲。

杜註：「在河東蒲坂縣南。」今蒲州府治永濟縣東南五里有蒲坂故城。

黄父文十七年，晉侯蒐于黄父。

杜註：「一名黑壤，晉地。」宣七年會于黑壤，傳云「盟于黄

宮數里」，杜註：「晉離宮，在上黨。」羊舌氏食邑在宮北二十里。漢置銅鞮縣。《水經》曰「銅鞮水出覆釜山」，酈氏註云：「鞮水出銅鞮之山北石磴山，與專池、女諫諸水亂流，以注于銅鞮。」今銅鞮故城在沁州南十里。

虒祁之宮

昭八年晉築虒祁之宮，杜註：「虒祁，地名，在絳西四十里，臨汾水。」《水經注》：「汾水西逕虒祁宮北，有故梁截汾水中，凡三十柱，柱逕五尺，裁與水平，蓋晉平公時物也。其宮面汾背澮，西則兩

也。今太原府太谷縣東南十五里有陽縣。

羈馬文十二年，秦伯伐晉，取羈馬。

杜註：「晉邑。」今蒲州府治南三十六里有羈馬城。

懷宣六年，赤狄伐晉，圍懷及邢丘。

即周之懷邑。今河南懷慶府武陟縣西南十一里有懷城。

邢丘

杜註：「今河內平皐縣。」今懷慶府河內縣東南七十里有平皐故城。平皐陂周圍二十五里多産茭蒲，民賴其利。陂南即大河。

向陰宣七年，赤狄伐晉，取向陰之禾。

父」，杜註：「黃父即黑壤。」蓋二名爲一地矣。黑壤山在今澤州府沁水縣西北四十里，澮水所出。後周宇文泰小字黑獺，諱之，改曰烏嶺。

陰地宣二年，趙盾自陰地率諸侯之師以侵鄭。

杜註：「晉河南山北，自上洛以東至陸渾。」哀四年蠻子赤奔晉陰地，即此。晉上洛，今陝西商州雒南縣。陸渾，今河南府嵩縣。其地南阻終南，北臨大河，所謂河南山北也。又陝州盧氏縣有陰地城，即命大夫屯戍之所。猶夫南陽爲河內之總名，而別

川之交會。」今平陽府曲沃縣西四十九里有虒祁宮址，地連絳州之聞喜縣界。

廟有武宮

曲沃武公廟也。在曲沃，今絳州聞喜縣。案：晉以武公爲再受命有國，故特于曲沃立廟，爲不遷之祖。凡新君自外入立及有武功，必告于武公之廟。僖二十四年文公重耳以丙午入于曲沃，丁未朝于武宮；宣二年成公黑臀以壬申朝于武宮；成十八年悼公周以辛巳朝于武宮；襄十年滅偪陽，以偪陽子歸獻

向即周之向邑。今懷慶府濟源縣西南有向城。

瓜衍之縣 宣十五年，晉賞士伯以瓜衍之縣。

吴氏曰：「今汾州府孝義縣北十里有瓜城。晉滅虞、虢，遷其民于此。」

苗 宣十七年，苗賁皇使見晏桓子。

杜註：「賁皇食邑于苗。」今河南懷慶府濟源縣西十五里有苗亭。

邢 成二年，楚申公巫臣奔晉，晉人使爲邢大夫。

故邢國，衛滅之。後入于晉爲邑，哀四年齊國夏伐晉取

有南陽城則在修武也。

曲梁 宣十五年，荀林父敗赤狄于曲梁。

杜註：「廣平曲梁縣。」襄三年晉侯之弟揚干亂行於曲梁，即此。故城在今直隸廣平府治永年縣東北。

黎氏 伯宗曰：「狄棄仲章而奪黎氏地。」

杜註：「黎侯國，上黨壺關縣有黎亭。」❶今潞安府治長治縣西三十里黎侯亭是也。又山東曹州府范縣有黎城，則黎侯失國寓衛時所居之地。

稷 宣十五年，晉侯治兵于稷。

杜註：「晉地。」今山西絳州稷山縣南五十里有稷神山，

❶「亭」，原誤作「城」，今據《春秋左傳集解》改。

于武宫。而唐叔之廟無聞。不以分封開國者爲始祖，而以篡弑奪嫡者爲始祖，宜其卒致三家之篡也。又僖三十二年「晉文公卒，殯于曲沃」，杜註：「曲沃有舊宫。」《正義》云：「武公自曲沃而兼晉國，曲沃有舊時宫廟，故公卒而往殯。案：周人殯於西階之上，蓋就其室之西階。諸侯五日而殯，即《士喪禮》亦應三日大斂成服。今文公以己卯卒，明日庚辰即斂于棺而出絳，蓋以曲沃路遠，故早行。」是晉雖都絳，而仍如以曲沃爲家矣。

邢，即此。今爲直隸順德府邢臺縣。

銅鞮 成九年，鄭伯如晉，執諸銅鞮。

杜註：「晉别縣，在上黨。」後爲羊舌赤之食邑。昭二十八年滅羊舌氏，以樂霄爲銅鞮大夫。漢置銅鞮縣，屬上黨郡，晉因之。故城在今沁州南十里。

桑田 成十年，晉景公召桑田巫。

杜註：「晉邑。」故虢地，後入晉。僖二年虢公敗戎于桑田，即此。今河南陝州閿鄉縣東三十里有稠桑驛。

鄐 成十三年，吕相絶秦，焚我箕、鄐，我是以有輔氏之聚。

山下有稷亭，即晉侯治兵處也。

斷道 宣十七年，同盟于斷道。

杜註：「晉地。」傳云「卷楚」，一地二名。今沁州東有斷梁城。

野王 晉人執晏弱于野王。

杜註：「野王縣屬河内。」今爲河南懷慶府治河内縣。

赤棘 成元年，盟于赤棘。

杜註：「晉地。」

交剛 成十二年，晉人敗狄于交剛。

杜註闕。或云在今隰州境。

保城 成十三年《傳》：「吕相絶秦，伐我保城。」

杜註無之。高氏曰：「杜不言

有文宮

文公之廟。昭十七年，荀吴滅陸渾，獻俘于文宮。汪氏克寬曰：「成之十八年晉悼公朝于武宮。是年當晉頃公之元年，而中行穆子獻俘于文宮。自武公至悼，文公至頃，皆已十世，而其廟猶存。則當時諸侯親盡不毁，僭禮者不獨魯之有桓宮、僖宮矣。」

高氏曰：「今太原府祁縣西七里有部城，俗呼其地曰高城村，舊以爲即此部。考是役秦次于輔氏，晉侯方略狄土，遣魏顆禦却之。又襄十一年秦伐晉，濟自輔氏，其爲濱河之邑無疑。今陝西朝邑縣西北十三里有輔氏城，其地東接蒲津，理可通也。或者但見箕在太谷，遂謂部在祁縣。夫太原與蒲津相去數百里，秦師何由至此乎？存以俟考。」

苦 成十四年苦成叔。

王符曰：「郤犨食采于苦，曰保城何地，蓋非地名，不過爲完守入保之城耳。」

苕丘 成十六年，晉人執季孫行父，舍之于苕丘。

杜註：「晉地。」《公羊》作「招丘」。

台谷 成十八年，晉侯師于台谷以救宋。

杜註闕。或曰在今澤州府治界。

瓠丘 襄元年，晉人以宋五大夫在彭城者寘諸瓠丘。

杜註：「河東東垣縣東南有壺丘。」❶在殽谷之北岸，亦曰陽壺。《寰宇志》曰：「古陽壺城南臨大河。」今絳州垣

❶「東」下，原脱「東」字，今據《春秋左傳集解》補。

苦成。」《路史》曰：「苦成故城在今山西解州鹽池東。」

虛 成十七年，鄭子駟侵晉虛、滑。

杜註：「晉二邑。」滑，故滑國，爲秦所滅。時屬晉，後屬周。在河南府偃師縣東二十里。又偃師東南有虛城。

雞澤 襄三年，同盟于雞澤。

杜註：「在廣平曲梁縣西南。」今曲梁故城在今直隸廣平府治永年縣東北，即《國語》所謂「雞丘」。若今雞澤縣乃隋析廣平縣所置，非春秋時雞澤也。

霍人 襄十年，晉滅偪陽，使周内史選其族嗣，納諸霍人。

曲縣東南陽壺城是也。

著雍 襄十年，晉悼公還自宋，及著雍疾。

杜註：「晉地。」襄十九年晉荀偃伐齊歸，濟河，及著雍病；昭十三年會于平丘，荀吴自著雍侵鮮虞。蓋晉適齊、宋河以内之地，約當在直隸河間府境。

雍榆 襄二十三年，叔孫豹救晉，次于雍榆。

杜註：「晉地，汲郡朝歌縣東有雍城。」《郡邑志》：「黎陽縣有雍城，即古雍榆也。」故城在今河南衛輝府濬縣西南十八里。

杜註：「霍，晉邑。」案：霍本周霍叔處所封，晉獻公滅之以爲邑。後以賜先且居，爲霍伯。今悼公以偪陽之罪不合絶祀，故歸之天子，使周内史選其宗族賢者，令居晉之霍邑以奉祀。言納諸霍人者，此霍邑或稱霍人，猶如晉邑謂之柏人也。今平陽府霍州西十六里有霍城。《正義》又引班固《漢書・樊噲傳》云「攻霍人」，此係秦、漢以來别有霍人縣。《漢・地理志》謂之葰人縣，在今代州繁峙縣北，相去數百里，不可混。

櫟襄十一年，秦、晉戰于櫟。

東陽襄二十三年，齊侯伐晉，取朝歌。趙勝帥東陽之師以追之，獲晏氂。杜註：「晉之山東，魏郡廣平以北。」昭二十二年「荀吴略東陽，遂襲鼓，滅之」，杜註東陽與此同。孔穎達曰：「鼓在鉅鹿，居山之東。山東曰朝陽，知東陽是寬大之語，總謂晉之山東，故爲魏郡廣平以北。」王氏曰：「自漢以前，東陽大抵爲晉太行山東地，非有城邑也。楚、漢之間始置東陽郡，漢置東陽縣。」今山東東昌府恩縣西北六十里有東陽城。猶南陽爲河内之總名，而别有南陽城則在脩武也。

高氏曰：「今陝西西安府臨潼縣北三十里有櫟陽城，相傳即晉之櫟邑，非也。傳稱是役秦庶長武濟自輔氏，與鮑交伐晉師，戰于櫟，晉師敗績，則櫟爲河上之邑明矣。《史記》晉悼公十二年秦取我櫟，杜氏《釋例》云『櫟在河北』，此爲差近。若櫟陽則古驪戎國，秦獻公所都，且去河絶遠，必非此櫟也。」

長子 襄十八年，晉執衛行人石買于長子，孫蒯于純留。

杜註：「長子、純留二縣，今皆屬上黨郡。」案：長子周初爲辛甲所封邑，後歸晉，今爲

雍 昭元年冬，晉趙武適南陽，烝于温，卒。鄭伯如晉弔，及雍乃復。

故雍國地，入于晉。今河南懷慶府脩武縣西有雍城。

魏榆 昭八年，石言于晉魏榆。

杜註：「晉地。」今太原府榆次縣西北有榆次故城。《通典》曰：「晉魏榆邑也。」

汝濱 昭二十九年，晉趙鞅、荀寅帥師城汝濱。

杜註：「晉所取陸渾地。」陸渾，今河南府嵩縣，汝水在縣南。

適歷 昭三十一年，季孫意如會晉荀躒于適歷。

杜註：「晉地。」

潞安府長子縣。

純留

本春秋時留吁國，赤狄之別種也。宣十六年晉滅之爲邑，謂之純留。亦曰屯留。《史記》「始皇八年王弟長安君成蟜將軍擊趙，反，死屯留」，即此。今潞安府屯留縣東南十里有純留城。

梗陽襄十八年，中行獻子見梗陽之巫皐。

杜註：「晉邑，在太原晉陽縣南。」昭二十八年魏戊爲梗陽大夫，即此。今太原府清源縣有梗陽故城。

祁襄二十一年，叔向曰：「必祁大夫。」

大陸定元年，魏獻子田于大陸，焚焉。

杜註：「《禹貢》大陸在鉅鹿北，疑此田在汲郡吴澤荒蕪之地。」《正義》曰：「鉅鹿城去成周千餘里，魏子不應往彼田獵。吴澤在脩武縣北。『還，卒于甯』，甯即脩武城是也。」案：吴澤陂在今河南懷慶府脩武縣北，東入衛輝府獲嘉縣界，爲太白陂，與《禹貢》之大陸自別。

平中定三年，鮮虞人敗晉師于平中。

杜註：「晉地。」案：昭十二年晉荀吴帥師侵鮮虞及中人，杜註：「中山望都縣西北

杜註：「祁奚食邑于祁，因以爲氏。祁縣屬太原。」今太原府祁縣東南八里有古祁城，《志》以爲晉祁氏之邑。又縣東七里有祁藪，即《爾雅》所謂昭餘祁矣。祁縣以藪得名。

范襄二十四年，范宣子曰：「在周爲唐杜氏，晉主夏盟爲范氏。」

杜註：「杜伯之子隰叔奔晉，四世及士會，食邑于范，復爲范氏。」今山東曹州府范縣東三里有士會墓。季氏《私考》疑濮州衛地，晉不應以封其大夫。愚嘗考狄嘗滅衛，衛之遺壤入于狄者甚多。至宣

有中人城。」在今直隸保定府唐縣西北十三里，此平中當亦相近。

中牟定九年，晉車千乘在中牟。

杜註：「滎陽有中牟縣，迴遠，疑非也。」《索隱》曰：「此中牟當在河北，非鄭之中牟。」《正義》：「蕩陰縣西有牟山，中牟蓋在其山之側。」今河南彰德府湯陰縣西有中牟城，在牟山下，正當衛走邯鄲之道。

百泉定十四年，晉人敗范氏之師于百泉。

故衛地，今河南衛輝府輝縣西北七里有蘇門山。一名百

十五年，晉復滅狄。而士會于宣十二年《傳》稱隨武子，以于十七年請老稱范武子，以後終春秋之世稱范不稱隨。蓋士會以十六年與於滅狄之功，滅留吁、甲氏，晉得狄之土以爲士會賞功之邑耳。其後范復入齊，孟子自范之齊，即此。蓋春秋之季，范氏叛晉即齊，齊、衛助之，而范遂入齊爲邑。其地之去來固甚明也。另有考。

鄗襄二十六年，蔡聲子曰：「雍子奔晉。晉與之鄗，以爲謀主。」杜註：「晉邑。」昭十四年邢侯與雍子争鄗田，蓋亦近邢

門山，有百門泉，《衛風》所謂「泉源在左」者也。定公時已屬晉。衛水源于此。

棘蒲哀元年，師及齊、衛、鮮虞取棘蒲。杜註：「晉地。」漢封功臣柴武，爲侯邑。今直隸趙州城中有棘蒲社。

上雒哀四年，蠻子赤奔晉陰地。楚起豐析與狄戎以臨上雒，左師軍于菟和，右師軍于倉野。今陝西商州雒南縣。《水經注》：「丹水自倉野又東，歷菟和山，又東至商縣上洛，春秋時晉地。」《竹書》「晉烈公三年楚人伐南鄙，至于上洛」，即此。漢置上洛縣，至

臺之地。邢臺縣今屬直隸順德府。

木門襄二十七年，衛侯之弟鱄出奔晉，托于木門。

杜註：「晉邑。」在今直隸河間府城西北三里。城中古有大樹，謂之木門城。漢置參户縣，武帝封河間獻王子免，爲侯邑。宋元符三年張商英請開木門口泄徒駭東流，即此地。

任襄三十年，鄭羽頡奔晉，爲任大夫。

杜註：「晉邑，屬廣平郡。」哀四年齊國夏伐晉取任，即此。後爲趙邑，漢因置任縣。故

元始廢。其地即今商州治也。丹水在城南一里。

陰地使謂陰地之命大夫士蔑。

杜註：「河南山北，自上雒以東至陸渾。命大夫，別縣監尹。」《正義》曰：「河南山北，東西橫長，其間非一邑。若是典邑大夫，則當以邑冠之。傳言『陰地之命大夫』，則是特命大夫使總監陰地，故以爲別縣監尹也。以其去國遥遠，別爲置監。」

英丘哀二十三年，❶荀瑶伐齊，曰：「齊取我英丘。」

杜註：「晉地。」案：是役以報

❶「二十三」，原作「二十二」，今據《春秋左傳正義》改。

城在今直隸順德府任縣東南。

中都昭二年，晉人執陳無宇于中都。杜註：「晉邑，在西河介休縣東南。」今汾州府平遥縣西北十二里有中都古城，西南至介休五十里。

良昭十三年，晉侯會吴子于良。《後漢書·志》：「良成縣故屬東海，春秋時曰良。」《漢書·志》良成縣註「侯國」，師古曰：「《左氏傳》晉侯會吴子于良，即此。」今爲江南徐州府邳州。

乾侯昭二十八年，公如晉，次于乾侯。

英丘之怨。傳稱「戰于犁丘，齊師敗績」，犁丘在今山東濟南府臨邑縣，則英丘當亦相近之地。

杜註：「晉境内邑，在魏郡斥丘縣。」闞駰曰：「地多斥鹵，故曰斥丘。」歷代皆爲斥丘縣，高齊始改置成安。今直隸廣平府成安縣東南有斥丘古城。

鄔昭二十八年，晉分祁氏之田爲七縣，司馬彌牟爲鄔大夫。

杜註：「太原鄔縣。」今鄔城故址在汾州府介休縣東北二十七里。

平陵司馬烏爲平陵大夫。

亦曰大陵。後屬趙，漢置大陵縣，隋改爲文水。今太原府文水縣東北二十里有大陵故城。

塗水知徐吾爲塗水大夫。

杜註：「太原榆次縣。」今太原府榆次縣西南二十里有塗水故城。

馬首韓固爲馬首大夫。

《元和郡縣志》：「馬首故城在壽陽縣東南十五里。」漢爲榆次之東境，隋置壽陽縣。今屬平定州，縣東南十五里有馬首村。

盂孟丙爲盂大夫。

杜註：「太原盂縣。」哀四年齊國夏伐晉取盂，即此。盂縣今屬平定州。

平陽分羊舌氏之田爲三縣，趙朝爲平陽大夫。

杜註：「平陽平陽縣。」堯所都。春秋時晉邑，後韓武子都此。歷代皆爲平陽縣，隋改曰臨汾。今爲平陽府治。

楊氏僚安爲楊氏大夫。

杜註「平陽楊氏縣」。今平陽府洪洞縣南二里有古楊城。一名范城，叔向所築。

五氏定九年，齊侯、衛侯次于五氏。

杜註：「晉大夫邯鄲午之私邑，亦曰寒氏。」十年《傳》「午以徒七十人門于衛西門，曰：請報寒氏之役」，即此。今直隸廣平府邯鄲縣有五氏城。

邯鄲定十三年，趙鞅殺邯鄲午。

杜註：「邯鄲廣平縣。」故衛邑，後屬晉。戰國時趙肅侯都此。今直隸廣平府邯鄲縣西南三十里有邯鄲故城。

河内定十三年，齊邴意茲曰：「鋭師伐河内。」

杜註：「汲郡。」故爲衛之邶邑。衛遷楚丘後，河内殷虚更屬于晉。今爲河南衛輝府治汲縣。

晉陽秋，趙鞅入于晉陽以叛。

即今太原府之太原縣，唐叔始封時故都也。見晉都。

朝歌冬，荀寅、士吉射入于朝歌以叛。

即今河南衛輝府之淇縣，衛康叔始封時故都也。後屬晉。

詳衛都。
臨哀四年，趙稷奔臨。
杜註：「晉邑。」今直隸趙州臨城縣有古臨城，即春秋時臨邑。
欒哀四年，齊國夏伐晉，取邢、任、欒、鄗、逆畤、陰人、盂、壺口，會鮮虞，納荀寅于柏人。杜註：「欒至壺口八邑，皆晉地。」
杜註：「在趙國平棘縣西北。」本欒武子封邑，其後南徙。漢于其故地置關縣，後漢改曰欒城縣。今屬直隸真定府。又直隸趙州之北境皆古欒邑地。
鄗

杜註：「即高邑縣也。」鄗本晉邑，後屬趙。漢置鄗縣，光武改曰高邑。北齊移治于房子縣東北，去舊城三十里，即今直隸趙州之高邑縣也。古鄗城在今趙州柏鄉縣北十二里。

逆時

《水經注》：「濡水回湍曲復，亦謂之曲逆水。春秋齊國夏伐晉取曲逆是也。」是直以逆時爲曲逆矣。秦置縣，漢封陳平爲曲逆侯。今曲逆故城在直隸保定府完縣東南二十里。

壺口

杜註：「潞縣東有壺口關。」《舊志》：「壺關山在山西潞安府壺關縣西北二里。」今在府治長治縣東南十三里。詳見《山川》。

柏人

杜註：「晉邑，趙國柏人縣也。」哀五年，晉圍柏人。《史記》趙王遷元年置柏人縣，屬趙國。漢高祖八年過趙，問縣名不宿而去。今柏人故城在直隸順德府唐山縣西十二里。

冠氏哀十五年，齊伐晉，取冠氏。

杜註：「陽平館陶縣。」案：冠氏，晉邑。隋因分館陶界

都	邑	地
	析置冠氏縣。今山東東昌府冠縣北有冠氏故城。	

虞

都	邑	地
夏墟 今爲山西解州之平陸縣，在河之北。《譜》云：「武王封虞仲之庶孫爲虞仲後，處中國爲西吳。」《史記》：「武王封周章弟虞仲于周之北故夏墟，與荆蠻、勾吳爲兄弟。」杜註：「虞在河東大陽縣。」唐改曰平陸。今縣東北四十里有古虞城。	鄍 僖二年，晉荀息曰：「冀爲不道，入自顛軨，伐鄍、三門。」杜註：「虞邑。」今山西解州平陸縣東北二十五里有故鄍城。	共池 杜註闕。今平陸縣西四十里許有共池，與讓畔城相近。《志》云：「虞公出奔地。」 顛軨 在平陸縣東北五十里。見《山川》。 三門 在平陸縣東五十里，即砥柱之三門也。見《山川》。

虢

都	上陽 在今河南陝州東南，周文王弟虢叔始封，在陝西鳳翔府寶雞縣東六十里。東遷後爲秦之雍地，漢置虢縣。《志》云「雍爲西虢」是也。隱元年鄭人以王師、虢師伐衛，杜註「弘農陝縣東南有虢城」，則從平王東徙後所封矣。
邑	下陽僖二年，虞師、晉師滅下陽。 杜註：「虢邑，在河東大陽縣。」今大陽廢縣在山西解州平陸縣東五十里，又東北三十里爲故下陽城。
地	玤莊二十一年，王巡虢守，虢公爲王宮于玤。 杜註：「虢地。」在今河南河南府澠池縣界。 莘莊三十二年，有神降于莘。 杜註：「虢地。」今河南陝州硤石鎮西十五里莘原是也。 渭汭閔二年，虢公敗犬戎于渭汭。 杜註：「水之隈曲曰汭。」案：渭水入河處在今陝西同州府華陰縣，乃虢之西境。見《山川》。

都	邑	地
		桑田僖二年，虢公敗戎于桑田。杜註：「虢地，在弘農陝縣東北。」今河南陝州靈寶縣西二十五里稠桑驛即其地。

秦

都	邑	地
雍 今爲陝西鳳翔府治鳳翔縣。《史記》「德公元年，初居雍城大鄭宮」，時魯莊公十七年也。至僖十三年「輸粟于晉，自雍及絳」，杜註「雍，秦國	彭衙文二年，戰于彭衙。杜註：「郃陽縣西北有彭衙城。」《史記》「秦武公元年，伐彭戲氏」，《正義》曰：「彭戲，戎號，即彭衙。」秦文公于其地置泉縣。在今陝西同州府	王城僖十五年，晉陰飴甥會秦伯盟于王城。杜註：「秦地，❶馮翊臨晉縣東有王城。」在今陝西同州府朝邑縣東。僖二十四年晉侯潛會秦伯于王城，瑕甥、郤芮

❶「秦」，原誤作「晉」，今據《春秋左傳集解》改。

都」，始見于《春秋》。孔穎達曰：「周初爲召穆公采邑，有召亭。」東遷時地陷于戎，平王賜襄公岐以西之地，曰：「能攻逐戎，即有之。」至文公十六年伐戎，戎敗走，遂收周餘民，地至岐。岐以東獻之周。鄭氏《詩譜》云「秦襄公横有周西都畿内八百里之地」，非是。詳《疆域表》。今縣南七里有古雍城，秦德公所居大鄭宫城也。

平陽爲秦舊都

白水縣東北六十里。

汪 文二年，晉伐秦，取汪及彭衙而還。

當亦在白水縣界。

邧 文四年，晉侯伐秦，圍邧、新城。

杜註：「秦邑。」當在同州府澄城縣境。

新城

杜註：「秦邑。」即梁國之新里也。秦取之，謂之新城。今同州府澄城縣東北二十里有古新城。

少梁 文十年，晉人伐秦，取少梁。

杜註：「馮翊夏陽縣故梁國

不獲公，乃如河上；成十一年秦、晉將會于令狐，秦伯不肯涉河，次于王城，則王城爲河以西臨河之地。《史記》厲共公十六年，塹河旁，攻大荔，取其王城，蓋春秋末地失于戎而復取之也。

河西 文十三年，秦伯師于河西。

杜註：「今河北縣，于秦爲在河之東。」❶在今陝西同州府及華州之境。

麻隧 成十三年，晉、秦戰于麻隧，秦師敗績。師遂濟涇，及侯麗而還。迓

❶「東」，原作「西」，今據《春秋左傳集解》改。

今爲陝西鳳翔府之郿縣。《史記》「秦寧公二年，徙居平陽」，是爲魯隱公之九年。至桓四年秦師圍魏，執芮伯萬以歸，秦始見經，則寧公徙平陽後之七年矣。

靈臺僖十五年，秦獲晉侯，舍諸靈臺。

杜註：「周之故臺，在京兆鄠縣。」今西安府鄠縣東五里有酆宮。又東二十五里有靈囿，囿中有靈臺，高二丈，周回一百二十步。

具囿僖三十三年，鄭皇武子曰：「鄭之有原圃，猶秦之有具囿。」

也。」秦取其地以爲邑，曰少梁。今同州府韓城縣南二十里有古少梁城。

晉侯于新楚。

杜註：「秦地。」在今陝西西安府涇陽縣西南。

侯麗

杜註「秦地」。劉伯莊云：「在今涇陽縣境。」

新楚

杜註「秦地」。當在今同州府朝邑縣境。

棫林

杜註：「秦地，即舊鄭咸林，宣王母弟友所封也。」今爲陝西同州府華州。

杜註：「囿名。」穆公都雍，具囿必在祈年、橐泉之間，今鳳翔縣。		

春秋列國都邑表卷七之三終

孫：重光校字

春秋列國都邑表卷七之四

錫山顧棟高復初輯
山陽受業楊日炳贊皇參

楚

都	邑	地
郢 今爲湖廣荆州府治江陵縣。《史記》：「文王熊貲始都郢。」孔穎達曰「《世本》及《譜》皆云武王都郢」。又《左傳》沈尹戌曰「若敖蚡冒至于武、文，土不過圻，猶不城郢」，	湫莊十九年，楚子伐黄，還及湫，有疾。 杜註：「南郡都縣東南有湫城。」今在襄陽府宜城縣西南。楚靈王時爲伍舉采邑。《國語》有湫舉，子湫鳴。 析僖二十五年，秦、晉伐鄀，過析隈，	沈鹿桓八年，楚子合諸侯于沈鹿。 杜註：「楚地。」今湖廣安陸府治鍾祥縣東六十里有鹿湖，池深不可測，相傳有白鹿入此，因名。今涸爲上腴。 郊郢桓十一年，鬭廉謂屈瑕曰：「君次于郊郢，以禦四邑。」

則楚之都郢并不始于武王。蓋經營之數世，至武、文而始定耳。初時未有城郭，文十四年公子燮、子儀因城郢作亂，事未得訖。襄十四年子囊將死，遺言謂子庚必城郢，楚于是始城之。至昭二十三年囊瓦畏吴，復增脩以自固，即杜預所云「江陵縣北紀南城也」。今紀南城在荆州府治北十里。

遷于鄀

今爲湖廣襄陽府之宜城縣，所謂鄢郢也。以江陵爲紀郢，故謂此爲鄢郢。《史記》昭王十二年吴伐楚取鄱，楚入而係輿人以圍商密。商密人懼，曰：「秦取析矣。」

杜註：「楚邑，一名白羽，南鄉析縣。」昭十八年楚遷許于此。今河南南陽府鄧州内鄉縣即其地，近武關。戰國時秦昭王發兵下武關，攻楚取析是也。

商 文十年，子西爲商公。

杜註：「楚邑，上雒商縣。」今陝西商州東九十里有上洛廢縣。又河南鄧州内鄉縣西有商於城，爲商鞅封邑。張儀以商於地誑楚。裴駰曰：「有商城在於中，故曰商於。」酈道元曰：「丹水經内鄉、丹

杜註：「楚地。」今安陸府治鍾祥縣郢州故城是其地也。前代置郢州，蓋以楚郊郢故。案：府治旁控石城，下臨漢水，蓋險固地。當時四國，隨在隨州，蓼在固始，州在監利，絞在鄖陽，遼遠不能遽集。而此居中扼要，故欲據之以離其黨羽，因以伐鄖之孤軍耳。鄖國在今德安府治安陸縣，與「涢」、「䢵」二字通用。《水經注》「涢水經安陸故城」，古鄖國也。若敖娶䢵子之女生子文即此。

樠木之下 莊四年，楚武王卒于樠木之下。

恐，北去徙都鄀，實當春秋定公之六年，吴入郢後之二年矣。因仍謂之郢，故《左傳》曰：「遷郢于鄀也。」今縣西南九十里有故鄀城。又《史記》頃襄王二十一年秦白起拔郢，燒夷陵，楚王東北保陳城，即故陳國。今爲河南陳州府治，號曰郢陳。考烈王二十二年又遷壽春，仍謂之郢，即今江南鳳陽府之壽州。又三世至負芻而亡。

丹陽爲楚故都

在今湖廣歸州東南七里，北枕大江，亦曰秭歸。《史記》周成王封熊繹于楚，居丹陽。

水二縣間，隔於中，故曰商於。」或謂商即商州，於即内鄉，蓋自内鄉至商州凡六百里，皆古商於地矣。

期思文十年，楚子田孟諸，期思公復遂爲右司馬。

杜註：「弋陽期思縣。」故蔣國，楚滅之以爲邑，在今河南光州固始縣西北七十里。

大林文十六年，楚大飢，戎伐其西南，師于大林。又伐其東南，至于陽丘，以侵訾枝。

杜註：「楚邑。」《城邑考》：「今安陸府荆門州西北有長林城，城北有櫟林長坂，栱木脩竹，隱天蔽日，即曹操追先主處。」胡氏曰：「長坂在當

今安陸府治鍾祥縣東一里有樠木山。一名武陵，以楚武王卒于此因名。

那處莊十八年《傳》：「楚武王遷權于那處。」

杜註：「楚地，南郡編縣東南有那口城。」《史記》文王少子季載封于冉。孔氏曰：「冉，一作『郙』，或作『那』，皆讀曰『然』。」即那口也。今安陸府荆門州東南有那口故城。

津莊十九年，楚子禦巴人，大敗于津。

杜註：「楚地。」《水經注》：「枝江縣西三里有津鄉。」枝江縣今屬荆州府。後漢建武四年岑彭謀伐蜀，引兵屯津

章懷太子曰：「丹陽在秭歸東南。」袁崧謂：「屈原有賢姊，聞原放逐亦來歸，因名秭歸。」又枝江亦名丹陽者，不知楚何時所遷。杜佑《通典》曰：「楚初都丹陽爲今秭歸，後徙枝江，亦曰丹陽。」蓋諸侯遷都常仍舊名，故有兩丹陽。後世猶因之，晉王濬伐吴，破丹陽，遂克西陵，此歸州之丹陽也；西魏伐江陵，曰爲蕭氏計，席捲渡江，直據丹陽，此枝江之丹陽也。枝江，漢縣，今屬荆州府。《水經注》云：「北據大江，江汜枝分，東入大江，縣治洲上，

陽縣東南百二十里長林城北。」蓋自當陽之北而接長林之境皆長坂也。

訾枝

杜註：「楚邑。」當在安陸府治鍾祥縣境。

廬 文十六年，自廬以往，振廩同食。

故廬戎國，伐羅《傳》所謂羅與廬戎兩軍之者也。楚滅之爲廬邑。孔疏曰：「『盧』與『廬』通，漢置中廬縣。」今爲中廬鎮，在襄陽府南漳縣東五十里。而應劭謂廬州古廬子國，《通典》因之，而復云《左傳》自廬以往即此地。又廬州古蹟有同食館，唐元和

鄉，當荆門要會，十一年自津鄉攻田戎于荆門，克之是也。

陘 僖四年，齊伐楚，次于陘。

杜註：「楚地，潁川召陵縣南有陘亭。」在今河南許州府郾城縣召陵城南。詳《山川》。

召陵 盟于召陵。

杜註：「潁川縣也。」今郾城縣東四十五里有召陵故城。

武城 僖六年，許僖公見楚子于武城。

杜註：「楚地，在南陽宛縣北。」今南陽府治南陽縣北有武延城，故爲申國地，申滅屬楚。

選 文十六年，麇人率百濮聚于選，將伐楚。楚謀徙于阪高。

故名。」所謂江陵有九十九洲是也。班固《地里志》謂楚封在丹陽郡丹陽縣者，大謬。丹陽郡爲今江南鎮江府。

鄀爲楚別都

今襄陽府宜城縣西南九里有古鄀國。桓十三年「楚屈瑕伐羅及鄢，亂次以濟」，杜註：「鄢水在襄陽宜城入漢。」昭十三年靈王沿夏將欲入鄢，夏即漢之別名，杜註云：「順漢水入鄢也。」本爲楚別都，故靈王欲入。後昭王徙郢于鄀，兼稱鄢郢。以鄢與鄀俱在宜城縣，地相近，故稱鄢以別于江陵之紀郢

中刺史路應求建，亦採《左傳》「自廬以往，振廩同食」之義爲名，誤甚矣。

魚 文十六年滅庸《傳》：「惟裨、儵、魚人逐之。」

杜註：「裨、儵、魚，庸三邑。」魚即魚復縣，漢爲益州都尉治，公孫述號曰白帝城，先主改曰永安。今爲四川夔州府治奉節縣，縣東有魚復浦。

葉 宣三年，鄭文公生公子士朝于楚，楚人酖之，及葉而死。

杜註：「南陽葉縣。」楚遷許于葉。王子勝曰：「葉在楚，方城外之蔽也。」楚子乃使遷許于析，而更以葉封沈諸梁，

杜註：「楚地。」當在荆州府枝江縣南境。

阪高

杜註：「楚險地。」當在今襄陽府西境。

句澨 楚次于句澨，使廬戢梨侵庸，及庸方城。

杜註：「楚西界地。」當在襄陽府均州西。

庸方城

杜註：「庸地，上庸縣東有方城亭。」今鄖陽府竹山縣東四十五里有方城山，上平坦，四面險固。山南有城，周十餘里，即春秋時庸方城也。

陘隰 先君蚡冒所以服陘隰也。

也。楚又嘗自都徙鄀，踰年而復。《史記・六國表》頃襄王二十年秦白起拔鄢，二十一年拔郢，王亡走陳。高誘曰：「秦兵出武關則臨鄢，下黔中則臨郢。」

渚宮

即今荆州府治江陵城也。文十年子西爲商公，沿漢泝江，將入郢，王在渚宮下見之。孔穎達曰：「商在漢水北，漢水東流而南入江，子西自商縣沿漢水順流而下，至江乃泝流逆上。渚宮當郢都之南，故王在渚宮下見之。」《水經注》：「今江陵城，楚船官

號曰葉公。東魏置襄州。其地險隘，高齊保此以備周。今河南南陽府葉縣南三十里有古葉城。

轑陽 宣四年，子越圍伯嬴于轑陽而殺之，遂處烝野，將攻王。

杜註：「楚邑。」

烝野

杜註：「楚邑。」俱當在荆州府境。

沂 宣十一年，令尹蔿艾獵城沂。

杜註：「楚邑。」定五年大敗夫概王于沂，即此。

九縣 宣十二年，鄭行成于楚，曰：「請改事君，夷于九縣。」

杜註：「楚滅九國以爲縣。」

杜註：「地名。」荆州府以東多山谿之險，因名。

臨品 楚子會師于臨品，子越自石溪，子貞自仞以伐庸。

杜註：「地名。」當在襄陽府均州界。

石溪

杜註：「入庸道。」當在均州界。

仞

杜註：「入庸道。」當在均州界。

臯滸 宣四年，楚子與若敖氏戰于臯滸。

杜註：「楚地。」《路史》：「英、六、貳、軫皆臯地，臯陶

地，即春秋時渚宮也。」互見《犬牙相錯表》。

荒谷　治父

在今荊州府治江陵縣西。桓十三年莫敖縊于荒谷，群帥囚于治父以聽刑。案：《荊州記》：「州東三里餘有三湖，湖東有水名荒谷。又西北有小城曰治父。」《水經注》：「揚水逕郢城南，又東北路白湖注之。湖在大港北，港南曰中湖，下曰昏官湖，三湖合爲一水，東逕荒谷。荒谷東岸有冶父城。水盛則南通大江，否則南迄江隄。」皆當在郢都之側，故群

《正義》曰：「莊十四年滅息，十六年滅鄧，僖五年滅弦，十二年滅黄，二十六年滅夔，文四年滅江，五年滅六、滅蓼，十六年滅庸；傳又稱楚武王滅庸，文王縣申、息，凡十一國，不知何以言九。」高氏曰：「楚人拓地始于北境，次及于東。欒貞子曰：『漢陽諸姬，楚實盡之。』杜謂姬姓之國在漢北者。夷考姬姓國之近楚者，曰隨，曰息，曰蓼，曰穀。隨終春秋不滅，穀在漢南，息、蓼在淮壖，又非漢北。蓋楚所吞滅姬姓國甚多，皆不見于經、傳也。鄭所

之所封也。」後皆屬楚。滸，水邊地名。案：傳上文云「若敖師于漳澨」，漳水在荊州府枝江縣北四十里，此亦當在其境。

郔　宣十一年，楚左尹子重侵宋，王待諸郔。

杜註：「楚地。」當在河南陳州府項城縣境。

夏州　宣十一年，楚入陳，鄉取一人焉以歸，謂之夏州。

杜註：「州，鄉屬。示討夏氏所獲。」《地理通釋》云：「大江中州也。」今在湖廣武昌府江夏縣。

鄧　成九年，鄭伯會楚公子成于鄧。

帥囚于此以聽刑。今治父城在江陵縣東。

窒皇宣十四年，楚子伐宋，屨及于窒皇，劍及于寢門之外，車及于蒲胥之市。杜註：「寢門闕。」《正義》曰：「下云『劍及于寢門之外』，則屨之所及未至于外，故以窒皇爲寢門之闕。莊十九年鬻拳葬于絰皇，『窒』與『絰』字異音同，杜註亦云『絰皇，冢前闕』。經、傳通謂兩觀爲闕，以其在門兩旁，而中央闕然爲道，故雉門之觀特得闕名。其實雖小門亦如此耳。」

蒲胥之市

謂九縣者，未知何所指。」

沈宣十二年，戰于邲，沈尹將中軍。杜註：「沈，或作『寢』。寢，縣也。」今汝陰固始縣。案：此沈國之別邑，楚取之以爲重鎮，故沈尹見于《春秋》甚詳。時爲沈尹者，莊王之子公子貞也。靈王時有沈尹射，平王時有沈尹赤，昭王時有沈尹戌，惠王時有沈尹朱。邑本名寢，楚人因取之于沈，遂謂之沈。至光武時改名固始。今屬河南光州。又沈本國，定四年爲蔡所滅，後入楚爲平輿邑，在今汝寧府沈丘縣。《後漢・地理志》汝南郡

桓二年蔡侯、鄭伯會于鄧。《穀梁傳》曰：「鄧某地，不知其國。」《公羊傳》曰：「鄧與會爾。」又賈逵、服虔並以鄧爲國，而《正義》駁之，云：「蔡、鄭懼楚始爲此會，不應就近楚小國，故知非鄧國也。」昭十三年楚蔡公召子干、子晳盟于鄧，杜註：「潁川召陵縣西南有鄧城。」推知桓二、成九兩會皆在此矣。戰國時楚懷王伐秦，敗于藍田，韓、魏聞之，南襲楚至鄧，即此。今河南許州府郾城縣東南三十五里有鄧襄城。

汝陰之田成十六年，楚使公子成以

《正義》云：「闕名窒皇及市名蒲胥，義皆未聞。」蓋謂郢都之市耳。

章華之臺

昭七年楚子成章華之臺，杜註：「章華，南郡華容縣。臺在華容城内。」今荊州府監利縣北六十里有章華臺。又江陵沙市鎮有章華臺，《荊州志》云：「故楚離宫也。」亦曰豫章臺，今爲章臺寺。

脾洩

定五年「王在隨，子西爲王輿服，國于脾洩」，杜註：「楚邑。」近郢都，當在今荊州府江陵縣境。

有「平輿，有沈亭，故國」。《輿圖備考》于河南沈丘下註云：「古沈子國，漢平輿。」合諸《後漢志》平輿有沈亭之説相符，則沈國之在沈丘信矣。

州來 成七年，吴入州來。

杜註：「楚邑，淮南下蔡縣。」今爲江南鳳陽府壽州，即壽春也。自成七年吴入州來，至昭二十三年雞父之戰，楚師大奔，州來遂入吴，自是入郢之禍兆矣。吴蓋争之七十餘年而後得。哀二年吴遷蔡于州來，謂之下蔡。由是壽春城在淮之南，下蔡城在淮之北，相去三十里，夾淮爲

汝陰之田求成于鄭。

杜註：「汝水之南，近鄭地。」楚文王封畛于汝，楚地止于汝水之南。田蓋在汝州陜縣及裕州葉縣間。

瑕 成十六年，鄢陵之戰，楚師還及瑕。

杜註：「楚地。」《水經注》：「肥水逕山桑縣故城南，又東積而爲陂，謂之瑕陂。又東南逕瑕城南，《春秋》楚師還及瑕，即此城也。」山桑，漢縣，在今江南潁州府蒙城縣北。

繁陽 襄四年，楚師爲陳叛故，猶在繁陽。

杜註：「楚地，在汝南鮦陽縣南。」今河南汝寧府新蔡縣北

鄂爲楚熊渠時別都

今爲湖廣武昌府武昌縣，在府東北百八十里。《史記》：「熊渠當周夷王時，興兵伐庸、揚粵，至于鄂，立其長子康爲句亶王，中子紅爲鄂王。」句亶即今江陵，鄂即武昌也。「熊渠卒，長子康蚤死，子熊摯紅立，即鄂王紅也。其弟弒而代立，曰熊延。」又《鄭語》孔晁註云：「熊繹玄孫曰熊摯，有疾，楚人廢之，立其弟熊延。熊摯自棄于夔，子孫有功，王命爲夔子。」與《史記》云弒少異。案：夔即歸，即楚始封之丹

固。歷東漢至六朝，常爲重鎮。汴宋南渡，亦謂之南、北壽春。今壽州治即古壽春，縣城爲楚考烈王所築。州北三十里有蔡國城，即下蔡矣。

呂 成七年，子重請申、呂爲賞田。

呂爲虞、夏時國。《國語》史伯曰：「當成周者，南有申、呂。」後并于楚。今南陽府城西三十里有呂城。

鍾離 成十五年，諸國大夫會吴于鍾離。

杜註：「楚邑，淮南縣。」昭四年楚箴尹宜咎城鍾離以備吴；二十四年楚子爲吴師以略吴疆，師還，吴踵楚，遂滅

有繁陽亭。

柤 襄十年，會吴于柤。

杜註：「楚地。」今山東兖州府嶧縣東南有渣口戍，即今泇河入氶水之泇口。又汪氏克寬曰：「偪陽國及柤地皆在沛縣。」蓋地相接云。

庸浦 襄十三年，吴侵楚，子庚與吴戰于庸浦。

杜註：「楚地。」在今江南廬州府無爲州南濱江之浦也。

雩婁 襄二十六年，楚子、秦人侵吴，及雩婁。

《淮南子》：「楚相孫叔敖決期思之陂，灌雩婁之野。」期思陂即芍陂。今雩婁縣在江

陽。熊摯自竄，不過遜居國都之側。蓋熊渠當日仍都丹陽，分立兩子，各啟土宇。逮武王定都江陵，夔乃獨爲一國，世守宗祀爲附庸，而武昌亦世爲别都耳。

巢及鍾離。南北朝時爲重鎮。今江南鳳陽府鳳陽縣東四里有鍾離舊城。

新石成十五年，鄭子罕侵楚，取新石。

杜註：「楚邑。」當在河南南陽府裕州葉縣境。

巢成十七年，吴人圍巢，伐駕，圍釐、虺。

杜註：「巢、駕、釐、虺，楚四邑。」巢即薳啟疆城之以備吴者，今爲江南廬州府巢縣。

駕、釐、虺

襄三年吴伐楚，取駕。駕，良邑也。駕、釐皆在無爲州境，虺在廬江縣境，俱屬廬州府。

棠襄十四年，楚子囊師于棠以伐吴。

南潁州府霍丘縣西南，期思城在河南光州固始縣境，二邑相鄰並也。《水經注》云「雩婁，故吴地」，此悮。本傳原云知吴有備而還，是不入吴境也。又爲叔敖陂水所漑，其爲楚地明矣。《史記》吴王餘祭十二年楚伐吴，至雩婁。服虔亦曰：「雩婁，楚之東邑。」

夏汭昭四年，楚沈尹射奔命于夏汭。

杜註：「漢水曲入江，今夏口也。」《荆州記》「夏口入江處謂之夏汭」，蓋夏水之尾。漢末謂之夏口，亦曰漢口，亦曰沔口。沔之下流爲漢，夏水

昭二十年伍奢長子曰棠公尚。《寰宇記》：「六合，古棠邑。」今爲江南江寧府六合縣。

棘襄二十六年，聲子曰：「吴于是伐巢，取駕，克棘。」杜註：「楚邑，譙國酇縣東北有棘亭。」今在河南歸德府永城縣南。

櫟昭四年，吴伐楚，入棘、櫟、麻。杜註：「楚東鄙邑，汝陰新蔡縣東北有櫟亭。」今河南汝寧府新蔡縣北二十里有野櫟店，即古櫟城也。若鄭之櫟邑，則今河南禹州，與此不同。

亦會，三水共出此口也。今在湖廣武昌府治江夏縣。

瑣昭五年，楚伐吴。越大夫常壽過帥師會楚子于瑣。杜註：「楚地。」當在今江南潁州府霍丘縣東。

鵲岸聞吴師出，薳啟彊帥師從之。杜註：「廬江舒縣有鵲尾渚。」高氏曰：「《志》云今廬江府舒城縣西北有鵲亭，即杜預所云也。然薳射自夏汭出，薳啟彊別從江道交戰，不應在楚之内地。杜佑曰：『南陵大江中有鵲尾洲，即古鵲岸也。』此説可通。今江南太平府繁昌縣西南大江中有

麻
杜註：「楚東鄙邑。」魏收《志》：「碭郡安陽縣治麻城。」今江南徐州府碭山縣有安陽城，即故麻城也。以楚東鄙言之，安陽之説近是。

城父昭九年，楚公子棄疾遷許于夷，實城父。
杜註：「城父縣屬譙郡。」案：楚有兩城父，此所謂夷城父，取諸陳者也。僖二十三年「楚伐陳，取焦、夷」，杜註「夷，一名城父」，即此。焦邑別見陳地。昭三十年楚城夷以處徐子章羽，三十一年吳人侵楚伐夷，蓋夷、城父二

鵲尾洲。又池州府銅陵縣北十里有鵲頭山，高聳臨江。」故江曰鵲江，岸曰鵲岸。

南懷昭五年，薳射帥繁陽之師先入南懷，及汝清，吳不可入。

汝清
杜註：「皆楚界。」俱應在今江、淮間。

豫章昭六年，楚使薳洩伐徐，吳人救之。令尹子蕩帥師伐吳，師于豫章，而次于乾谿。吳人敗其師于房鍾。
豫章凡六見于《左傳》。杜註始云：「在江北淮水南，蓋後徙江南豫章。」至柏舉之戰，又云豫章「漢東江北地名」，與前文小異。由是諸説紛然。

名兼用矣。今江南潁州府亳州東南七十里有城父城。又有北城父。昭十九年「費無極言于楚子大城城父而寘太子焉，以通北方，故太子建居于城父」，杜註：「今襄城城父縣。」此又一城父也。哀六年昭王攻大冥，卒于城父，即此。漢置父城縣。王莽末，馮異爲父城長，光武屯巾車鄉獲馮異處也。今河南汝州郟縣西四十里有城父城。

不羹昭十一年，楚子城陳、蔡、不羹。杜註：「襄城縣東南有不羹城，定陵西北有不羹亭。」案：羹，音「郎」，有東、西二

至求之湖廣德安府之章山，施諸吴、楚夾漢，則可以解定二年之見舟豫章。昭十三年楚師還自徐，吴人敗諸豫章，獲其五帥，則相距千餘里。求諸傳文，前後斷不可合。愚嘗考之，豫章係寬大之語。自江西之饒州、南康二府，西抵九江府之德化，盡鄱陽湖之境，隔江爲江南安慶府之宿、松，北接潁、亳、廬、壽，西接光、黄，皆爲楚之豫章，地跨大江南北以及淮南。蓋鳳陽以西，壽、霍、光、固之境皆近淮壖，爲吴、楚日交兵處。今日但以江西爲豫章，乃

不羹。今河南許州府襄城縣東南有西不羹城。定陵故城在南陽府舞陽縣北，縣西北有東不羹城。

中犨昭十三年，王奪鬬韋龜中犨田。

杜註：「邑名。」疑當在南陽府境。

州屈昭二十五年，楚子使薳射城州屈，復茄人焉。

在今江南鳳陽府治鳳陽縣西。

茄

近淮小邑。

丘皇城丘皇，遷訾人焉。

在今河南汝寧府信陽州境。

訾

漢豫章郡，非春秋時豫章地也。秦滅楚，置九江郡。漢分九江，置豫章郡，乃遥取春秋之豫章爲名。如會稽本在浙東，而秦、漢之會稽郡則盡浙西之境也。至《皇輿表》以南昌爲吴豫章地，尤非。南昌乃漢豫章郡治，如秦會稽都尉治蘇州、嘉興，其地統隸極遠，今日豈可求會稽于蘇州乎？且南昌始終爲楚地，于吴無涉。考《史記》闔閭十一年吴伐楚取番，番即今鄱陽縣，爲饒州府治，而闔閭十一年爲定公六年，在柏舉之後，則當柏舉戰時吴尚未有

亦在信陽州境。昭十三年楚靈王師及訾梁而潰，即此訾水之梁也。

卷使熊相禖郭巢，季然郭卷。

杜註：「使二大夫爲巢、卷二邑築郭也。卷城在南陽葉縣南。」《後漢志》葉有卷城，在今河南南陽府葉縣西南。巢見前。

潛昭二十七年，吴師圍潛。

杜註：「楚邑，在廬江六縣西南。」昭三十一年吴人侵潛、六，楚沈尹戌帥師救潛，吴師還，楚遷潛于南岡，即此。漢置灊縣，屬廬江郡，晉因之。今江南六安州霍山縣東北三

饒州之地，又安得越南康、九江二府而先有南昌也哉？由是知《左傳》「舍舟淮汭，自豫章與楚夾漢」，豫章斷非今日之南昌。案：淮汭爲今壽州，在淮之南，杜氏所云豫章在江北淮水南者，正當即指淮汭而言。蓋舍舟于此，遵陸亦當由此耳。至漢東之說，高氏辨之甚明，不論可也。

乾谿

杜註：「在譙國城父縣南，楚東境。」今江南潁州府亳州東南七十里有乾谿，與城父村相近，即漢城父縣也。

十里有瀙城南岡，即漢置縣處也。

養昭三十年，吳公子掩餘、燭庸奔楚。楚子大封而定其徙。逆吳公子使居養。莠尹然、左司馬沈尹戌城之，取于城父與胡田以益之。

杜註：「養即楚封吳公子之邑。胡田，故胡子之地。」今河南陳州府沈丘縣東有養城，春秋時楚養邑也。杜雖不言養所在，然他處註云「城父屬譙郡，汝陰西北有胡城」。譙郡今爲江南亳州，汝陰今爲潁州府，沈丘與之逼近，正在吳、楚境上，言養邑在此，理可通矣。

豐哀四年，司馬起豐、析與狄戎。

夷濮西田昭九年，然丹遷城父人于陳，以夷濮西田益之。

杜註：「夷田在濮水西者。」《水經注》：「夏肥水上承沙水，東南流逕城父縣故城，《春秋》所謂夷田在濮水西者也。」蓋濮水亦稱沙水，在潁州府亳州西境，今堙。

潁尾昭十二年，楚子狩于州來，次于潁尾。

杜註：「潁水之尾，在下蔡西。」蓋潁水入淮處也。亦謂之潁口。歷南北朝至唐、宋，皆爲戰爭地。今在江南鳳陽府壽州西北四十里。

魚陂昭十三年，楚公子比爲王，公子黑肱爲令尹，次于魚陂。

杜註：「楚邑，析南有豐鄉。」今河南南陽府淅川西南有豐鄉城，其地與鄖陽相接。

析

杜註：「楚邑，析縣屬南鄉郡。」今淅川縣及内鄉縣之西北境皆析地。

白哀十六年，子西召故太子建之子勝于吴，使處吴境，爲白公。

杜註：「楚邑，汝陰褒信縣西南有白亭。」今河南光州息縣東有白城，東北七十里有褒信城。

慎吴人伐慎，白公敗之。

杜註：「汝陰慎縣也。」今江南潁州府潁上縣西北有慎

杜註：「竟陵縣城西北有甘魚陂。」《戰國策》泠向曰「楚南有符離之塞，北有甘魚之口」是也。今在湖廣安陸府天門縣西北。天門縣即古竟陵縣。

訾梁師及訾梁而潰。

梁名，在河南汝寧府信陽州界。

宗丘昭十四年，楚子使然丹簡上國之兵于宗丘。

杜註：「楚地。」當在今湖廣宜昌府歸州境。上國在國都之西，西方居上流，故謂之上國。

長岸昭十七年，楚人及吴戰于長岸。

城。《水經注》「潁水經慎縣故城」，是其地。《文獻通考》云：「白公勝邑。」案：《左傳》「子西召勝，使處吴境，爲白公」，杜註「白，楚邑也。汝陰郡褒信縣西南有白亭」。是勝之封邑在褒信矣。白公敗吴于慎，非封慎也。慎自是楚邑，但非白公所封之邑耳。

杜註：「楚地。」今江南太平府當塗縣西南三十里有西梁山，與和州南七十里之東梁山夾江相對，如門之闕，亦曰天門山。《郡國志》云：「春秋楚獲吴乘舟餘皇處也。」歷代爲建康西偏之要地。

下陰昭十九年，楚工尹赤遷陰于下陰。

杜註：「陰縣，屬南鄉郡。」《水經注》：「沔水逕穀城東，又南逕陰縣故城西，故下陰也。《春秋》『遷陰于下陰』，即此。」今湖廣襄陽府光化縣西漢水西岸有古陰縣城。

雞父昭二十三年，戰于雞父。

杜註：「楚地，安豐縣南有雞備亭。」今江南鳳陽府壽州西南六十里有安豐故城，雞備亭又在其城西南。

圉陽昭二十四年，楚子爲舟師以略吴疆，及圉陽而還。杜註：「楚地。」應在江南廬州府巢縣南境。

柏舉定四年，吴、楚戰于柏舉。杜註：「楚地。」《名勝志》云：「湖廣黄州府麻城縣東北三十里有柏子山，縣東南有舉水。」柏舉之名蓋因柏山、舉水而得。今案：《傳》文子常濟漢，自小别至于大别，又三戰而陳于柏舉，是在漢之東北，其地應在麻城縣境也。

大隧　直轅　冥阸左司馬戌謂子常曰：「子沿漢而與之上下，我悉方城外以毁其舟，還塞大隧、直轅、冥阸。」杜註：「三者，漢東之隘道。」又城口是三隘道之總名，所謂義陽有三關之塞也。三關之中，冥阸最著，在河南汝寧府信陽州東南九十里、湖廣德安府應山縣北六十五里。一名平靖關，其關因山爲障，不營濠湟，故以平靖爲名。亦曰冥塞，莊辛對楚襄王「穰侯填黽塞之内，投己乎黽塞之外」是也。大隧，一名武陽關，在信陽州東南一百五十里，西南至應山縣一百三十里。地名大寨嶺，薛氏云『三關之險，大寨嶺爲平易』是也。直轅，一名黄峴關，又謂之九里關，在信陽州南九十里，南至應山亦九十里。義陽城與三關勢如首尾，南北朝時最爲重鎮，得失不常。侯景之亂，三關爲齊有，南國之勢益弱。春秋之世，楚所恃以爲國者，申、息之間，方城之外，扼要惟此也。

稷定五年，秦子蒲使楚人先與吴戰，而自稷會之，大敗夫概王于沂。

杜註：「楚地。」當在河南南

陽府桐柏縣境。

軍祥薳射子從子西，敗吴師于軍祥。

杜註：「楚地。」當在湖廣德安府隨州西南。

堂谿夫概王奔楚，爲堂谿氏。

杜註：「楚地。」《水經注》「濯水出汝南吴房縣，吴房西北有堂谿城」，即此也。吴房本房子國，楚封夫概于此，故曰吴房。今河南汝寧府遂平縣西吴房故城，北有堂谿城，與西平縣及許州府郾城縣相接。

麇吴師居麇。

杜註：「楚地。」今湖廣岳州府治巴陵縣東有麇城。案：

麇本小國，其地爲今鄖陽府治鄖縣。文十一年楚子伐麇，後尋爲楚滅。高氏謂：「吴師敗楚師于雍澨，吴師居麇。雍澨在安陸府京山縣境。麇地不能至此，當是麇滅之後，楚人遷之以來，如羅、鄀類耳。」竊謂麇之爲麇國不可知，而《彙纂》謂在岳州巴陵縣，此斷非也。細案前後傳文，定四年戰于柏舉，係黄州府麻城縣；吴從楚師及清發，係德安府附郭安陸縣；繼敗諸雍澨，五戰及郢，雍澨係安陸府京山縣；楚子遂棄其國都奔隨，隨爲德安府之隨州，近河南，蓋吴師從淮右陸路來，與楚夾漢，在漢水之北，交戰只在楚之北境。楚亦倉皇向北走，未嘗一涉洞庭湖之南也。且《傳》云「敗諸雍、澨，五戰及郢」，是年「左司馬戌及息而還，敗吴師于雍澨，三戰皆傷」，五年「秋，吴師又敗楚師于雍澨」，則雍澨爲苦戰之地，所謂父兄親暴骨焉者也。子期欲焚麇而子西不可，則麇即爲雍澨無疑。案：麇，亦作「麇」，宋白曰「楚伐麇」。今安陸府當陽縣東南六十里有麇城，與京山接壤，此爲較近。竊意水草之交爲麇，麇即雍、澨水邊，吴師偶屯駐其地耳。如此纔與《傳》文脗合。若岳州、巴陵遠在湖南，吴、楚未嘗一戰，其地何暴骨之有？且郢爲今荆州江陵縣，在湖之北。王已出奔隨州，何用更涉楚之南，入楚之内地乎？必不然矣。

負函哀四年，楚人謀北方，致蔡于負函。

杜註：「楚地。」在今河南汝寧府信陽州境。

繒關致方城之外于繒關。

杜註：「楚地。」在今邵州境。

倉野右師軍于倉野。

	杜註：「在上洛縣。」今陝西商州東南有倉野聚。 三户晉執蠻子與其五大夫以畀楚師于三户。 杜註：「丹水縣北有三户亭。」今河南南陽府淅川縣西南有三户城。

陳

都	宛丘 今爲河南陳州府治。孔穎達曰：「《樂記》『武王克殷，未及下車，封黄帝之後于薊，帝堯之後于祝，帝舜之後于陳』，
邑	焦、夷僖二十三年，楚伐陳，取焦、夷。 杜註：「陳邑譙縣也。」襄元年晉以諸侯之師伐陳，遂侵楚焦、夷，蓋其時已屬楚矣。
地	厥貉 杜註地闕。當在今陳州府項城縣界。 辰陵宣十一年，楚子、陳侯、鄭伯盟于辰陵。

《左傳》所謂以備三恪者也。鄭玄以薊、祝、陳爲三恪，杞、宋爲二王之後；杜氏以陳、杞、宋爲三恪。鄭説爲優。」虞閼父爲周陶正，其子曰胡公滿，武王配以元女大姬而封諸陳。今府城南三里有宛丘，高二丈。又城内東北隅有池，即《詩》所謂「東門之池」也。

夏封舜後曰虞

今爲河南歸德府虞城縣。杜註：「梁國有虞縣。」案：《堯典》「嬪于虞」，虞在河東大陽縣西，山上有虞城，今爲山西解州平陸縣，舜因以爲有天

秦爲譙縣。《史記》「葛嬰攻譙，下之」。曹操，譙縣人，于譙東五十里築精舍，往往治兵于此，以擊孫權。曹丕改建五都，譙其一也。至後周始改爲亳。今爲江南潁州府亳州治。《通典》乃云：「亳州，理譙縣，周武王封神農于焦即其地。」案：《史記·周本紀》註：「《地理志》弘農陜縣有焦城，古焦國。」爲晉所滅，所謂「許君焦、瑕，朝濟而夕設版焉」者也，與亳州之譙無預。夷見楚地，即城父。

壺丘文九年，楚侵陳，克壺丘。

杜註：「陳邑。」在今陳州府

杜註：「陳地，潁川長平縣東南有辰亭。」今陳州府西南四十里有辰陵亭，故長平城在府西北四十里。

大冥哀六年，吴伐陳。楚昭王救陳，攻大冥，卒于城父。

杜註：「陳地，吴師所在。」當在今陳州府項城縣境。

濮隱四年，衛人殺州吁于濮。

杜註：「陳地，水名。」在今陳州府北境，即濮水。

下之號。周興，封仲雍之後爲虞國，正是其地。而禹受舜禪，封商均于虞，却在梁國虞縣。虞思妻少康以二姚，而邑諸綸，是其後也。今縣西三十五里有綸城，即夏時綸邑。周武王封陳時，虞絶封已久。

殷封舜後曰遂

今山東兖州府寧陽縣西北十里有遂鄉。杜氏以爲殷所封。昭八年《傳》：「舜重之以明德，寘德于遂，遂世守之，及胡公不淫，故周賜之姓，使祀虞帝。」杜註：「殷之興，存舜之後而封遂。胡公

南境。

鳴鹿成十六年，知武子以諸侯之師侵陳，至于鳴鹿。杜註：「陳國，武平縣西南有鹿邑。」今河南歸德府鹿邑縣西十三里有古鹿邑城。

	滿，遂之後，武王賜姓曰嬀，封諸陳。」蓋胡公自以選建明德而封遂本國，能世守，至周時尚存，特微不克振耳。莊十三年爲齊桓公所滅，《春秋》「齊人殲于遂」是也。 陳城門曰栗門 宣十一年「楚子入陳，殺夏徵舒，轘諸栗門」，杜注：「陳城門。」

蔡

都	上蔡 今爲河南汝寧府上蔡縣。《左
邑	郥陽昭十九年，楚子在蔡，郥陽封人之女奔之，生太子建。
地	莘莊十年，荆敗蔡師于莘。 杜注：「蔡地。」在今汝寧府汝

傳》蔡仲封淮、汝之間。今縣西南十里有故蔡國城。

遷新蔡

今爲汝寧府新蔡縣。昭十一年楚滅蔡，使公子棄疾爲蔡公。十三年平王立，復蔡封，于是隱太子之子廬歸于蔡，是爲平侯。《漢・地里志》「新蔡縣，蔡平侯徙此」，當在此時也。其事不見經、傳，惟杜氏《釋例》嘗言之。

又遷州來

今爲江南鳳陽府壽州。哀元年楚子圍蔡，使蔡疆于江、汝之間而還。蔡請遷于吳，後

杜註：「蔡邑。」在今汝寧府新蔡縣境。

陽縣境。

桑隧成六年，晉師侵蔡。楚公子申、公子成以申、息之師救蔡，禦諸桑隧。

杜註：「汝南朗陵縣東有桑里，在上蔡西南。」❶朗陵，漢縣，在今汝寧府確山縣西南三十五里。又縣東有桑里亭。

❶「西」，原作「東」，今據《春秋左傳集解》改。

都	邑	地
中悔。二年吴洩庸如蔡聘，因襲之，蔡侯哭而遷墓。冬，蔡遷于州來，謂之下蔡，在淮水之北，與壽春夾淮爲固。今州北三十里有下蔡城。		

許

都	邑	地
許 今爲河南許州府治石梁縣。隱十一年公及齊侯、鄭伯入許，鄭莊公使許叔居許西偏。莊公卒，鄭亂，許叔乃復入于許。後屢受兵于鄭，遂遷楚境。鄭因有其地，謂之舊許。	鉏任成四年，鄭伯伐許，取鉏任、泠敦之田。 泠敦 俱在今許州府治境。	展陂成四年，鄭公孫申帥師疆許田，許人敗諸展陂。 杜註：「許地。」在今許州府治西北。 棫林襄十六年，晉伐許，次于棫林。 杜註：「許地。」案：此許即葉也。昭九年遷許于夷，遷

今府治東三十里有故許城。

遷于葉

今爲河南南陽府葉縣。成十五年許畏鄭，請遷于楚。楚遷許于葉。襄二十六年許靈公如楚，請伐鄭，既而卒于楚，楚爲之伐鄭，而後葬許靈公。蓋許雖遷，猶在方城之外，鄭患未已。昭四年楚欲遷許于賴，卒不行。至昭九年，遷許于夷，葉仍入楚。十一年靈王滅蔡，遷六小國于荆山，許亦與焉。十三年，平王復封陳、蔡，許亦復居于葉。十八年楚王子勝曰：「葉在楚，方城外之蔽也，土

方城外于許，杜註「許遷于葉，因謂之許」是也。棫林在今葉縣東北。

函氏又伐許，次于函氏。

杜註：「許地。」亦在今葉縣北。

不可易。」楚子乃遷許于析，葉復入楚，以封葉公。今縣治東有古葉城。
又遷于夷
今爲江南潁州府亳州。昭九年楚公子棄疾遷許于夷，實城父。今州東南七十里有城父城。
又遷于白羽
今爲河南南陽府内鄉縣。昭十八年「楚使王子勝遷許于析，實白羽」，杜註：「自葉遷也。」
又遷于容城
在今南陽府葉縣西。應劭以漢華容縣爲許所遷之容城，

都	非也。定四年許遷于容城，後二年鄭即滅許，傳云：「因楚敗也。」漢華容爲今荆州府監利縣，在郢都之側，鄭豈能至此？又哀元年，許復從楚圍蔡，似未嘗滅。或云楚復封之，則不可考其何地矣。
邑	
地	

庸

都	上庸 今爲湖廣鄖陽府竹山縣。文十六年楚大饑，戎伐其西南，庸人率群蠻以叛楚。麇人率百濮聚于選。楚使廬戢梨侵
邑	裨 儵 魚見上。 杜註：「庸三邑。魚，魚復也。」漢置魚復縣，公孫述改
地	庸方城見上。 杜註：「庸地，上庸縣東有方城亭。」今竹山縣東四十五里有方城，山上平坦，四面險固，山南有城，周十餘里，即

都	邑	地
庸，及庸方城。又與之遇，七遇皆北。惟裨、鯈、魚人逐之，庸人遂不設備。楚人、秦人、巴人滅庸。楚自此益强。今縣東四十里有上庸故城。	號曰白帝城，先主改曰永安，蕭梁置信州，唐改夔州。今爲四川夔州府治奉節縣。	春秋時庸方城也。

麇

都	邑	地
錫穴 今爲湖廣鄖陽府治鄖縣。文十一年潘崇伐麇，至錫穴，杜註「麇地」，蓋即麇之國都。錫，音「陽」。至十六年楚伐庸，麇人率百濮聚于選，則麇猶存。蓋庸在上庸，爲今竹		防渚文十一年，楚子伐麇，成大心敗麇師于防渚。 杜註：「麇地。」杜佑曰：「房陵即春秋時麇國地，所謂防渚者也。」秦始皇徙趙王遷于房陵，即此。建安十四年先主遣孟達攻下房陵，又使劉

山縣。麇有錫穴及防渚，爲今之鄖縣、房縣，俱屬鄖陽府，爲接壤。庸滅而麇亦不復存矣。今與陝西、四川俱接界。		封自漢中乘沔水會達，攻上庸，上庸太守申耽降。後孟達據房陵降魏。蓋隴蜀咽喉，蜀、魏所必爭之地也。今爲鄖陽府房縣。明季流賊張獻忠居穀城，羅汝才居房縣，既降復叛，遂潰爛天下。蓋幅員曠遠，接壤四川，爲藏慝伏奸之地。穀城屬襄陽府，今有鎮臣駐劄。

吴

都	邑	地
梅里 今爲江南常州府無錫縣。《吴	鳩兹 襄三年，楚子重伐吴，克鳩兹，至于衡山。	淮上 襄三年，晉侯使荀會逆吴子于淮上。

地記》：「泰伯築城于梅李，平墟周三里二百步，外郭周三百餘里。」其地漢爲無錫縣地。劉昭曰：「無錫縣東皇山有太伯冢，去墓十里即舊宅，井猶存。」杜氏《通典》無錫縣東南三十里有泰伯城，地曰梅李鄉，亦曰梅里村。城東五里有皇山，一名鴻山。自泰伯至闔閭二十三君俱都此。

遷于姑蘇

今爲江南蘇州府治。《城邑考》：「周敬王六年闔閭築大城，周四十二里三十步，小成八里二百六十步。開陸門

杜註：「吴邑，在丹陽蕪湖縣東。」今太平府蕪湖縣東四十里有鳩兹港，即此也。漢蕪湖縣屬丹陽郡，以地卑蓄水，嘗生蕪藻，因名。孫權使陸遜屯兵于此，先主嘗謂權曰：「江東形勝，先有建業，次有蕪湖。」古蕪湖城在今縣東三十里。《輿地通考》「今蕪湖縣德政鄉有勾慈社」，即鳩兹之訛也。衡山即横望山，在當塗縣城東北六十里。「衡」、「横」古通用。杜註云「在烏程縣南」，太遠，非是。

朱方襄二十八年，齊慶封奔吴，吴與之朱方。

淮水東流，由楚地入吴境入海。此淮上當在臨淮、泗州之境。

善道襄五年，會吴于善道。

杜註地闕。《公》、《穀》皆作「善稻」。范甯註曰：「吴地。」阮勝之《南兗州記》云：「盱眙本吴善道地，秦置盱眙縣。項羽尊楚懷王爲義帝，都盱眙。許慎曰：『張目爲盱，舉目爲眙。』城居山上可以矚遠，故曰盱眙。」今屬江南泗州。

皋舟之隘襄十四年，楚子囊師于棠以伐吴，吴人自皋舟之隘要而擊之。

杜註：「吴險阨之道。」或曰水

八，水門八，名皆子胥所制，東曰婁，曰匠，西曰閶，曰胥，南曰盤，曰蛇，北曰平，曰齊。以地有姑蘇山，因曰姑蘇。山在府城西三十里。」案：敬王六年爲吴闔閭元年，魯昭公之二十八年也。韋昭《國語註》曰「姑蘇，臺名」，非也。姑蘇爲吴國都之地名。越伐吴，吴王率其賢士重禄以上姑蘇，猶夫越棲會稽耳，安有棄其國都而走保一臺乎？觀後范蠡「入姑蘇之宫，遂滅吴」，則姑蘇爲吴都無疑矣。

杜註：「吴邑。」顔師古曰：「丹徒，古朱方也。」秦始皇以其地有天子氣，使赭衣徒三千鑿京峴以敗其勢，因名丹徒。漢置縣。有孫氏所築子城，特堅，號鐵甕城。汴宋改名曰鎮江府。今爲鎮江府附郭丹徒縣。

延陵襄三十一年，趙文子問曰：「延州來季子，其果立乎？」

杜註：「季札邑。」本封延陵，後復封州來，故曰延州來。《公羊傳》：「季子去，之延陵。」春秋時已有延陵之名，其曰延州來者，省文也。漢改毗陵。晉改晉陵，尋爲郡。

淺滯舟之處，非地名也。案：傳云「師于棠」，棠爲今江寧府六合縣。又云「吴不出而還，子囊殿，吴人要而擊之，楚人不能相救」，蓋從濱江水淺之處邀其惰歸，使首尾斷絶也。約當近六合，在泗州、盱眙之間。

房鍾昭六年，楚子蕩伐吴，吴人敗其師于房鍾。

杜註：「吴地。」或曰在今潁州府蒙城縣界。案：傳云子蕩「師于豫章，而次于乾谿」，乾谿在今潁州府亳州，則此蒙城縣當亦相近。

槖皋哀十二年，會吴于槖皋。

隋廢郡，置常州府。唐增置武進縣，與晉陵俱附郭。明初并晉陵入武進。季札墓在今武進縣北七十里申浦之西。

檇李定十四年，於越敗吳于檇李。

杜註：「吳郡嘉興縣南醉李城。」《吳越春秋》：「吳王夫差增越封，西至于醉李。」然則與闔廬戰時，檇李猶當爲吳地。杜氏《通典》吳國南百四十里與越分境，吳伐越，越子禦之于檇李，則今嘉興縣之地也。古檇李城在今浙江嘉興府嘉興縣南四十五里。

艾哀二十年，吳公子慶忌出居于艾。

杜註：「在淮南逡遒縣東南。」孟康曰：「槖皋，音『拓姑』。」漢置縣。宋紹興十一年兀朮陷廬州，屯兵柘皋，爲劉錡等所敗。「槖」訛爲「拓」，又訛爲「柘」。今廬州府巢縣西北六十里有柘皋鎮，俗猶名會吳城。漢逡遒故城在今廬州府治合肥縣東，與巢縣相接壤。

鄖哀十二年，公會衛侯、宋皇瑗于鄖。

杜註：「發陽也，廣陵海陵縣東南有發繇口。」案：晉時海陵縣屬廣陵郡，今爲江南泰州。發陽無考。今通州如皋縣亦係海陵地，縣南十里有

杜註：「吴邑，豫章有艾縣。」《水經注》：「潁水出豫章艾縣桓山西南，吴公子慶忌諫夫差不納，居于艾是也。」今江西南昌府寧州西一百里龍平岡有古艾城。

會盟原，相傳爲吴、楚會盟處。考春秋之世，吴、楚始終無盟會事，意必指此矣。

桐汭哀十五年，楚伐吴，及桐汭。

杜註：「宣城廣德縣西南有桐水。」在今江南廣德州西北二十五里。詳見《山川》。

良哀十五年，楚伐吴，陳侯使公孫貞子弔焉，及良而卒。

杜註：「吴地。」又昭十三年「晉侯會吴子于良，水道不可，辭」，杜註「下邳有良城縣」，即此良也。前漢于良地置良成縣，屬東海郡，師古曰：「即晉將會吴處。」後漢屬下邳國，晉改曰良城縣。今邳州北六十里有良城。

		額黄哀十六年，楚白公之亂，王孫燕奔額黄氏。杜註：「吴地。」在今寧國府境。

越

都	邑	地
會稽 今爲浙江紹興府山陰縣。《史記》：帝少康之庶子封于會稽，以奉禹祀。至周初，受封爲不成子。韋昭曰：「《周禮》諸子之國，封疆方二百里。越不能成子，言其國小也。」昭五年會楚伐吴，事始見于經。是時越地南至于勾		鄞見上。 今浙江寧波府治鄞縣。 禦兒見上。 越地，一名語兒。在今浙江嘉興府石門縣東二十里。 姑蔑哀十三年，越伐吴，王孫彌庸見姑蔑之旗。 杜註：「東陽大末縣。」案：越境西至于姑蔑，即此。秦

無，北至于禦兒，東至于鄞，西至于姑蔑，蓋跨有錢塘之東西。至句踐歸吴，吴又增其封，東至于勾甬，西至于檇李，南至于姑末，北至于平原，縱横八百餘里。禦兒在今嘉興府石門縣東二十里。會稽，越王城，在紹興府南十二里。

置大末縣，屬會稽郡。晉改屬東陽郡。今爲衢州府龍游縣。

甬東哀二十二年，越使吴王居甬東。杜註「勾章縣東海中洲」是也。案：越境南至于勾無，即此。勾無即勾章。越滅吴，因大城之，章霸功以示子孫，故曰勾章。秦置縣。漢武帝遣横海將軍韓説出勾章，浮海擊閩越是也。故城在今寧波府慈谿縣西南三十五里。海中洲即舟山。本朝置定海縣，屬寧波府，其地在故定海縣東北。故定海縣，

		錢氏置，今改爲鎮海縣，亦晉時勾章縣地。 冥哀十九年，楚公子慶、公孫寬追越師至冥，不及。 杜註：「越地。」案：江西饒州府之鄱陽縣爲楚，餘干縣爲越。餘干即漢時餘汗，❶越之餘也。廣信府之弋陽、貴溪二縣本餘干縣地。此冥地當在饒州、廣信之間。

春秋時之滑非今滑縣論

高江村駁正地理處，多體會傳文而知其道里之遠近，説多當理。獨于僖二十年鄭人入

❶「汗」，原作「汙」，今據《皇清經解續編》本改。

滑，謂非緱氏之滑，而反有取于熊過之説，以爲大名之滑縣。此大謬，所謂過求而失之也。

滑縣在春秋時止稱漕邑，無滑之名。漢、魏爲白馬縣，至隋開皇十六年始改曰滑州。聞有前代之地名而後世因之者矣，未聞有後世之改革而前代可假用之者也。此其不可者一也。

漕本爲衛下邑，所謂白馬，與北岸黎陽止隔一河。衛舊都在黎陽之廢衛縣，爲狄人所逐，渡河野處，去其國都不遠。若先有滑國在焉，戴公安得廬之？而齊桓又安得驅滑之衆庶而更以封衛乎？若謂既爲滑，又以封衛，則衛爲鵲巢鳩居，而滑爲鳥鼠同穴，必無之事也。

又江村云：「戴公野處漕邑，與齊桓城楚丘封衛皆在滑境。滑蓋衛都邑所在，故鄭人極力争之，而終不得。」自古無與人争國都之理，以戰國秦之强，圍趙邯鄲已爲異事，在春秋時尚無此等。且使滑爲衛都邑，則滑已滅于衛矣，安得更謂之滑屬于列國，而上煩周天子之命乎？

原江村所以疑滑非緱氏之滑者，以傳云「滑人聽命，師還，又即衛」，謂滑必鄭、衛交境之地，而緱氏遠在河南，非衛所及。似又不必如此拘泥。齊、晉與國，幾半天下。即如魯之郲、莒，亦不必十分逼近。攷秦人滅滑《傳》「秦師過周北門，次及滑，鄭商人弦高遇之滑」，與鄭鄰近自不必言。而衛之儀封亦在河南，與滑非絶遠，不必以此爲疑也。

又按：莊三年公次于滑，杜註：「鄭地，在陳留襄邑縣西北。」此本《後漢志》之説。今睢州西北之滑亭是也，與緱氏之滑自別。

蓋彼是滑國，此是滑地，謂滑有二則可，高江村謂滑有三，而以滑縣之滑當其一，則非也。

春秋兩楚丘辨

春秋時有兩楚丘。隱七年戎伐凡伯于楚丘，在山東曹縣東南四十里。本戎州己氏之邑，凡伯過其地，因劫略之，杜註所謂「濟陰成武縣西南」者是也，地界曹、宋間。襄十年宋享晉侯于楚丘，即此。其一爲僖四年衛遷于楚丘，在滑縣東六十里，于漢爲白馬縣。杜註《春秋》無明文，而毛《詩》傳、鄭箋、孔疏及《水經注》言之甚晰。毛《定之方中》傳云：「虚，漕虚也。楚丘有堂邑。」鄭箋云：「自河以東，夾于濟水，文公登漕之虚以望楚丘。」孔疏則云：「楚丘西有河，東有濟，故曰夾于濟水。」《水經注》曰：「白馬，濟有白馬城，衛文公東徙渡河，都之。」其不得混于成武，彰彰明矣。

又隋開皇十六年同時置兩楚丘縣，一在漢己氏縣，以戎伐凡伯之楚丘爲名，爲南楚丘；一在漢白馬縣，即桓公封衛者，爲北楚丘。後以曹縣有楚丘，因改名衛南縣。杜佑《通典》：「白馬，春秋衛國漕邑。衛南，衛國楚丘也。」《元和郡縣志》及《舊唐書》所載並同。而朱子《詩集註》亦云「漕、楚丘皆在滑州」，尤顯然較著。乃班固《地理志》于成武下則云：「齊桓公所城，遷衛文公于此。」既混滑縣之楚丘于成武，而文定說《春秋》，于凡伯《傳》又云「罪衛不救王臣之難」，又混成武之楚丘于滑縣，蓋兩失之。至熊過謂楚丘爲魯地，言城楚丘猶夫城向、城郎耳，因力辨桓公無封衛之事，引僞《子貢詩傳》謂楚丘爲《魯風》，不惟與《公羊》之本文相悖，并舉《詩》所稱楚宮、楚室而一概抹殺之，豈非尤荒經蔑古之甚乎！

高江村辨楚丘甚明晰，獨以宋亨晉侯于楚丘謂即衛地，此又不然。宋都在歸德府睢州，與滑縣之楚丘中間尚隔一開封府，相去五六百里，雖宋之邊不宜至是，且宋亨晉侯亦無于衛國都之理。又臆度之，云「衛北遷帝丘，隔遠南鄙，由是地緼于宋」，亦無明文，不可强爲之説。不如景范所説戎州己氏，地界曹、宋間，宋之楚丘與戎伐凡伯之楚丘爲一，差爲近是也。

春秋時衛莘地爲今東昌府莘縣論

宣十六年《傳》：「衛宣公使公子伋如齊，使盜待諸莘。」杜註：「衛地，陽平縣西北有莘亭。」《水經注》：「京相璠曰：『莘爲自衛適齊之道，縣東有二子廟，猶謂之孝祠。』」今山東東昌府莘縣北莘亭故城是也。成二年戰于鞌《傳》：「師從齊師于莘。」杜又註云：「莘，齊地。」高江村曰：「莘原跨兩境，齊、衛皆有之。蓋晉師自衛來，至齊疆故也。但莘去鞌四百餘里，齊侯既親遇晉師境上，即當遏勿使進，何爲不戰引退，縱敵入境四百里而後戰乎？由是推之，莘亦當爲近鞌之地。」蓋調停兩屬之説，而又疑莘縣爲未必然。

然愚嘗詢諸東昌士大夫習往來于是者，云莘縣在東昌府治西南七十里，從府治聊城縣東歷茌平、長清、齊河三縣，而後至濟南府治歷城，共二百四十里，華不注山在城北，則從莘至鞌約計三百一十里，亦無四百餘里之遠。而細考傳文，莘與鞌原屬兩日事，高氏之疑非也。杜兩註齊、衛，亦屬騎牆之見。《左傳》明言莘是衛地，特人習讀之而不察耳。傳云「晉師救魯、衛，季文子帥師會之。及衛地，韓獻子將斬人，郤獻子馳將救之」云云，下遂云「師從齊師于莘。六月壬申，師至于靡笄之下」。觀其特志月日，則知從于莘自是前月事，尚在衛地。至六月壬申，歷東昌至濟南，深入齊境三百餘里，齊侯始親自迎敵，道里與時日一絲不爽。蓋自四月丙戌孫良夫敗于新築，不入，遂如晉乞師，而晉師旋以五月至。是時莘地必有齊之偏師侵略衛疆而未返者，晉師適遇，遂與交戰，緣是偏師零騎望風披靡，故不言勝負。直至六月壬申長驅至靡笄之下，齊侯始請戰期。其前言齊師，後言齊侯，歷歷分明可證。若如高氏之疑，豈有國君巡徼境上躬自迎敵之理乎？蓋高氏所以疑者，緣《左傳》插入韓獻子將斬人一段，隔斷上下文，而又忽看過「六月壬申」四字，疑莘與靡笄之下爲同日至，故有莘當爲近窜之疑。是齊地而非衛地之説，是泥于杜註而不細察傳文之故也。今以「及衛地」與下文「師從齊師于莘」一連看，「六月壬申」略一停頓，則莘止是衛地，爲今東昌府莘縣，兩傳地理俱瞭然矣。

秦自穆公始東境至河宜從史記不宜從鄭詩譜論

鄭康成《詩譜》：「秦襄公當平王初，興兵討西戎救周。平王東遷，以岐、豐之地賜之，遂橫有周西都畿内八百里之地。」《史記·秦本紀》云：「平王封襄公爲諸侯，賜之岐以西之地，與誓曰：『戎侵奪我岐、豐，秦能攻逐戎，即有其地。』襄公十二年伐戎至岐，卒。」至襄公之子文公，「以兵伐戎，戎敗走，遂收周餘民有之，地至岐，岐以東獻之周」。岐爲今陝西鳳翔府岐山縣。是秦至文公未嘗越岐以東一步，❶豐、鎬故物依然尚在也。是時周之號令猶行西土，虢、鄭懿親雖從王東遷，而其故封無恙，呼吸可通。魯莊之二十一年惠王與虢酒泉，酒泉在今同州府澄城縣。計東遷至此，已歷平、桓、莊、僖四世九十四年矣，而金甌尚無缺也。直至魯僖之二年而秦穆公滅芮，即其地築王城以臨晉，濱河而守，晉亦于僖五年滅虢，守桃林之塞，秦、晉遂以河爲界，豐、鎬故都淪入于秦而不可反矣。計至此距初遷已及百有二十年，此豈一朝一夕之故哉？藉令如鄭氏之説，則西都久已在秦封内，天朝宫殿當已脩葺，王使至秦當有設館迎候之禮，何至有《黍離》之痛，滿目悲涼，破瓦頽垣，依然故物哉！孔氏穎達曲護鄭説，引《終南》之詩爲證，謂襄公時已得岐東，非唯自岐以西。案：終南山凡八百里，亘鳳翔、岐山、郿三縣及西安一府之境，是岐西亦有終南，不得援以爲據。況此詩原係興體，言山之高大必有美材，以稱其穹窿；人君尊崇必有令德，以稱其顯服，未嘗指終南爲當日之實境也。惟朱傳謂「至止」爲至終南之下，似指爲本國之境。而鄭箋則謂受命服于天子而來，爲下句作起耳，于當日之封域無與也。孔氏又謂如《本紀》説文公獻岐東于周，而春秋時秦境東至河，計襄公以後更有何功德之君得之？噫！此又不思之甚也。據《史記》秦武公十年伐邽、冀戎，

❶「東」，原誤作「西」，今據《史記·秦本紀》（中華書局一九五九年版）改。

初縣之；十一年初縣杜、鄭，滅小虢。而《汲冢周書》穆公二年滅芮，《春秋傳》所載僖十九年秦取新里，遂滅梁。是其累世蠶食，非一日之故。而謂東遷之初，一舉手而横有西都八百里之地，此理勢所必無者。余反覆《左傳》、《史記》及《詩·秦風》，而斷謂《詩譜》之不足信如此。後之尚論者，尚其有取于余言。乾隆十年七月中浣九日復初氏識。

春秋列國都邑表卷七之四終

孫：重壽校字

鳴謝

《儒藏》精華編惠蒙善助，共襄斯文；謹列如左，用伸謝忱。

本焕法師　壹佰萬元

智海企業集團董事長　馮建新先生　壹佰萬元

NE·TIGER時裝有限公司董事長　張志峰先生　壹佰萬元

張貞書女士　壹佰萬元

北京大學《儒藏》編纂與研究中心

本册审稿人　赵伯雄
本册责任编委　张丽娟

ISBN 978-7-301-11795-8

9 787301 117958 >

定價：1200.00元

圖書在版編目 (CIP) 數據

儒藏 . 精華編 . 七七 / 北京大學《儒藏》編纂與研究中心編 . —北京：北京大學出版社，2016. 10

ISBN 978-7-301-11795-8

Ⅰ. ①儒… Ⅱ. ①北… Ⅲ. ①儒家 Ⅳ. ① B222

中國版本圖書館 CIP 數據核字 (2016) 第 253991 號

書　名	儒藏（精華編七七） RUZANG
著作責任者	北京大學《儒藏》編纂與研究中心　編
责任編輯	陳軍燕
標準書號	ISBN 978-7-301-11795-8
出版發行	北京大學出版社
地　址	北京市海淀區成府路 205 號　100871
網　址	http://www. pup. cn　　新浪微博：@ 北京大學出版社
電子信箱	dianjiwenhua@163.com
電　話	郵購部 62752015　發行部 62750672　編輯部 62756449
印刷者	北京中科印刷有限公司
經銷者	新華書店
	787 毫米 ×1092 毫米　16 開本　63.5 印張　615 千字 2016 年 12 月第 1 版　2016 年 12 月第 1 次印刷
定　價	1200. 00 元

国家出版基金项目
NATIONAL PUBLICATION FOUNDATION

國家出版基金項目

教育部哲學社會科學研究重大課題攻關項目

「十一五」國家重點圖書出版規劃項目·重大工程出版規劃

國家社會科學基金重大項目

北京大學「九八五工程」重點項目

儒藏

精華編五〇册

經部禮類

儒藏

精華編

北京大學《儒藏》編纂與研究中心

《儒藏》精華編第五〇册

首席總編纂　季羨林

項目首席專家　湯一介

總　編　纂　湯一介　龐　樸　孫欽善　安平秋（按年齡排序）

本册主編　毛遠明

《儒藏》精華編凡例

一、中國傳統文化以儒家思想爲中心。《儒藏》爲儒家經典和反映儒家思想、體現儒家經世做人原則的典籍的叢編。收書時限自先秦至清代結束。

二、《儒藏》精華編爲《儒藏》的一部分，選收《儒藏》中的精要書籍。

三、《儒藏》精華編所收書籍，包括傳世文獻和出土文獻。傳世文獻按《四庫全書總目》經史子集四部分類法分類，大類、小類基本參照《中國叢書綜録》和《中國古籍善本書目》，於個别處略作調整。凡單書已收入入選的個人叢書或全集者，僅存目録，並注明互見。出土文獻單列爲一個部類，原件以古文字書寫者一律收其釋文文本。韓國、日本、越南儒學者用漢文寫作的儒學著作，編爲海外文獻部類。

四、所收書籍的篇目卷次，一仍底本原貌，不選編，不改編，保持原書的完整性和獨立性。

五、對入選書籍進行簡要校勘。以對校爲主，確定内容完足、精確率高的版本爲底本，精選有校勘價值的版本爲校本。出校堅持少而精，以校正誤爲主，酌校異同。校記力求規範、精煉。

六、根據現行標點符號用法，結合古籍標點通例，進行規範化標點。專名號除書名號用角號（《》）外，其他一律省略。

七、對較長的篇章，根據文字内容，適當劃分段落。正文原已分段者，不作改動。千字以内的短文一般不分段。

八、各書卷端由整理者撰寫《校點説明》，簡要介紹作者生平、該書成書背景、主要内容及影響，以及整理時所確定的底本、校本（舉全稱後括注簡稱）及其他有關情況。重複出現的作者，其生平事蹟按出現順序前詳後略。

九、本書用繁體漢字豎排，小注一律排爲單行。

《儒藏》精華編第五〇册

經部禮類

禮記之屬

禮記正義卷第二十六❶

國子祭酒上護軍曲阜縣開國子臣孔穎達等奉勅撰

曾子問第七

正義曰：案鄭《目録》云：「名爲《曾子問》者，以其記所問多明於禮，故著姓名以顯之。曾子，孔子弟子曾參。此於《別録》屬《喪服》。」

曾子問曰：「君薨而世子生，如之何？」孔子曰：「卿、大夫、士從攝主北面，於西階南。變於朝夕哭位也。攝主，上卿代君聽國政。大祝裨冕，執束帛，升自西階，盡等，不升堂，命毋哭。將有事，宜清静也。裨冕者，接神則祭服也。諸侯之卿大夫所服裨冕，絺冕也，玄冕也。士服爵弁服。大祝裨冕，則大夫。祝聲三，告曰：『某之子生，敢告。』聲，噫歆警神也。某，夫人之氏也。升，奠幣于殯東几上，哭降。几筵於殯東，明繼體也。衆主人、卿、大夫、士、房中皆哭，不踊。衆主人，君之親也。房中，婦人。盡一哀，反位，遂朝奠。反朝夕哭位。小宰升，舉幣。所主也。舉而下，埋之階間。疏「曾子」至「舉幣」 正義曰：此一節論君薨而世子生，告殯之事。各隨文解之。「君薨而世子生」者，案《聘禮》云：「子即位，不哭。」《公羊》云：「君存稱世子，君薨稱子某。」此既君薨，仍稱「世子」者，以其別於庶子，又用世子之禮告殯，故雖君薨，猶稱世子，異於

---

❶「正義」，原作「注疏」，據此本全書卷題文例改。按：常盤《校記》云：「除此卷外，每卷題『禮記注疏卷第幾』，此卷獨稱『禮記正義卷第幾』。」

《春秋》之例。案《左傳》桓六年：「子同生。」賈、杜注云：「不稱大子者，書始生。」此亦始生，而稱「世子」者，彼爲父在始生，未命，故直云「子」。此是君薨初生，則舉以世子之禮，故云「世子」也。熊氏云：「下稱『奠幣于殯東』，則此告世子生，謂既殯以後。若未殯之前，則世子生亦不告。」凡天子、諸侯稱「世子」，《春秋》經稱「王世子」、「曹世子」是也。卿大夫以下謂之適子，《喪服》云「大夫之適子」是也。若在喪，諸侯之子亦稱適子，《檀弓》云「君之適長殤」是也。天子、諸侯亦謂之「大子」，則《王制》云「王大子」及《檀弓》云「大子申生」是也。冢子則上下通名，故《内則》云：「其非冢子，則皆降一等。」注則言天子以下至庶人，是其通名也。其《春秋》三傳世子之例，煩而不要，今所不用也。　「孔子」至「北面」　此論卿大夫士等皆衣衰服也。攝主，上卿代國政者。卿大夫士等皆衣衰服，北面，文不言者，以下文云「大祝裨冕」，明卿大夫士等不裨冕也。❶

「於西階南」**注**「變於朝夕哭位也」　正義曰：案《喪大記》云：「君之喪，既正尸，卿大夫父兄子姓，立于東方。」又《士喪禮》：「朝夕哭，丈夫即位于門外，西面，北上。外兄弟在其南，南上。賓繼之，北上。」若其門内位，「主人堂下直東序，西面。兄弟皆即位，如外位。卿大夫在主人之南」。是朝夕内外哭位，皆在東方也。今乃「從攝主北面，於西階南」，故云「變於朝夕哭位」也。必於西階南者，以將告殯，近殯位故也。若君喪大斂，《喪大記》云「卿大夫即位于堂廉楹西，北面」者，彼斂，故升堂，非朝夕哭位。此爲告世子生，故在堂下。　「大祝」至「毋哭」　大祝以大夫爲之。祝主接神，故服裨冕。裨冕，祭服也。以其將告神，故執束帛。執，持也。束帛，十端也。端則二丈。鬼神質，故用偶數也。鬼神以丈八尺爲端。鬼神之道，陰陽不測，故用陰陽之數求之。一丈，象陽；八尺，法陰。十端，六玄、四纁。五兩，三玄二纁。纁是地色，玄是天色也。欲往告殯，故「升自西階」。若於堂下告，則大遠；堂上告，則大近殯。故升階，盡等級，即不升堂。將有告事，宜静，故「命毋哭」。**注**「裨冕」至「大夫」　正義曰：「卿大夫所服裨冕，絺冕也」，案《覲禮》「侯氏裨冕」，鄭注云：「裨冕者，衣裨衣而冠冕也。裨之爲言埤也。天子六服，大裘爲上，其餘爲裨，以事尊卑服之。而諸侯亦服焉。」又注云：「衮衣者，裨之上也。」則裨唯據衣也。言服裨衣而著

❶ 「士」，殿本、阮本無「士」字。汪文臺《識語》云：「宋本非也。士無冕服，不裨冕，不待言。」

冕，故云「裨冕」。言裨者，取其續𦈡。云「諸侯之卿大夫所服裨冕，絺冕也，玄冕也」者，此言五等諸侯孤卿大夫，唯絺冕而下；以上諸侯薨，兼五等。故揔解其臣服。此卿，兼公、孤、卿也。若孤、卿，則絺冕。若三命、再命卿大夫，服玄冕。故《周禮·司服》云：「孤自絺冕而下，卿大夫自玄冕而下。」又《大宗伯》云：「再命受服。」鄭注云：「受玄冕之服。列國之大夫，於子男爲卿。卿大夫自玄冕而下，如孤之服也。」是孤則絺冕，卿與大夫皆玄冕。《周禮》謂三孤六卿爲九卿，揔云謂卿，四命，是卿名通於孤也。云「士服爵弁服」者，以天子大祝是大夫，諸侯則無文，若是士，則爵弁。今經云「大祝裨冕」，故云「則大夫」。

「祝聲」至「敢告」 聲，謂噫歆之聲三，所出警神也。❶ 言若夫人某氏之子生，以告殯之辭也。注「聲，噫歆警神也」 正義曰：直云「祝聲」，不知作何聲。案《論語》云：「顔淵死，子曰：『噫！天喪予！』」《檀弓》云：「公肩假曰：『噫』！」是古人發聲，多云「噫」，故知此聲亦謂噫也。凡祭祀，神之所享謂之歆。今作聲欲令神歆享，故云「歆警神也」。 「升，奠幣于殯東几上，哭降」者，謂告殯竟，執束帛者升堂，奠置所執之幣于殯東几筵上畢，遂哭，哭竟而降階也。注「几筵」至「體也」 正義曰：案阮諶《禮圖》云：「几長五尺，高尺二寸，❷廣二尺。」皇氏云：「《周禮》天子下室喪奠有素几，不云殯宮有几。而諸侯雖無文，當與天子同。而大夫士葬前下室並無几，降於人君也。並葬後殯宮皆有几。人君未葬前，而於下室有素几，其殯宮無几。今世子生，既告，權移下室之几於殯東，告於繼體，異常日。」庾氏云：「未虞，施几筵常於下室。然殯宮几筵，爲朝夕之奠，常在不去。今更特設几筵於殯宮東者，特異其事，以爲世子之生。故鄭云：『几筵於殯東，明繼體也』。」今案《既夕禮》「燕養饋羞如他日」，則下室所供之物如平常，皆用吉物，即今之告靈，不得有素几。又《司几筵》云：「凡喪事，右素几。」注云：「喪事，謂凡奠也。」又云：「凶事仍几。」注云：「凶事，謂凡奠几朝夕相因。喪禮略。」以此推之，❸即素几是殯宮朝夕設奠之几，不在下室。而庾、皇等以爲素几設於下室，未審何以知之，其義非也。熊氏以爲：「天子、諸侯在殯宮則有几筵。大夫士

❶「出」，阮校云：「浦鏜校，『出』改『以』。」
❷「高尺二寸」，孫詒讓《校記》云：「『尺二寸』，似太卑。《周官·司几筵》疏引阮《圖》作『高三尺』，近之。」
❸「以」原是墨丁，據足利本、阮本補。

大斂有席，虞始有几。然殯宮几筵，爲朝夕之奠，常在不去。今更特設几於殯東，當明世子是繼體之貴，故於常几筵之外，别特設之。」考三家之説，熊以爲是，皇、庾以爲非。

注「衆主」至「婦人」　正義曰：知者，案《喪大記》云：「君將大斂，父兄堂下，北面。」父兄，即「君之親」。又云：「外宗房中，南面。」故云「房中，婦人」。

注「反朝夕哭位」　正義曰：案《士喪禮》每日之旦，於朝夕哭位先哭，而後行朝奠，朝奠了又哭。今因西階前哭畢，反此朝夕哭位，於位不更哭，即行朝奠禮，謂一時兼哭兩事，故云「遂朝奠」。案《士喪禮》，尋常朝奠，皆先哭後奠。皇氏云：「尋常先奠後哭，此謂告世子生，故先哭後奠。」其義非也。

注「所主」至「階間」　正義曰：所以小宰舉幣，幣是小宰所主，故云「所主」也。故《周禮·小宰職》云「凡祭祀，贊玉幣爵之事。❶喪荒，受其含襚幣玉之事」是也。必知「埋之階間」者，下文云「師行，主命。反必告，設奠。卒，斂幣玉，藏諸兩階之間」，故知此幣亦埋之階間也。

三日，衆主人、卿、大夫、士如初位，北面。三日，負子日也。初，告生時。大宰、大宗、大祝皆裨冕，少師奉子以衰，祝先，子從，宰、宗人從，入門，哭者止。宰、宗人，詔贊君事者。子升自西階，殯前北面。祝立于殯東南隅。祝聲三，曰：❷『某之子某，從執事敢見。』子拜稽顙哭。奉子者拜哭。祝、宰、宗人、衆主人、卿、大夫、士哭，踊三者三，降，東反位，皆袒。子踊，房中亦踊三者三，襲，衰，杖。踊、襲、衰、杖，成子禮也。奠，出。亦謂朝奠。大宰命祝、史以名偏告于五祀山川。」因負子名之。喪，於禮略也。

疏「三日」至「山川」　正義曰：此一節論世子生已三日，名之，以名見於殯之禮。各依文解之。三日之朝，自衆主人以下，悉到西階下列位，如初日子生之儀也。以子自爲主，故不云「從攝主」也。

注「三日」至「生時」　正義曰：案《内則》云：「國君世子生，告于君。三日，卜士

❶「玉」，原作「王」，據孫詒讓《周禮正義》改。孫詒讓引段玉裁云：「此『玉幣爵』即《大宰》之『祀五帝贊玉、幣、爵』，疏云『贊此三者』。《唐石經》及越注疏、建大字本作『王幣爵』非也。」

❷「曰」，《考文》引宋板、古本、足利本「曰」上有「告」字。

負之。」此亦生則告君，三日負之。但告時直負之而已。子未見君，至三月爲名之時，則始見之也。今既在喪，禮略，於負子之時則見也。此不用束帛者，初告生已用，今既禮殺，故不用也。云「初，告生時」者，以經云「如初」，恐初是朝夕哭位，故以初爲「告生時」也。必知「告生時」者，以告生時北面，於西階南，此亦云「北面」，故知是告生時也。　「大宰、大宗、大祝皆裨冕」　大宰是教令之官，大宗是主宗廟之官，初不裨冕，今得裨冕者，以爲奉子接神，故服祭服。此大宰、大宗等亦從子升堂，故下文云「祝、宰、宗人降，東反位」。既言「降」，明其時當在堂，此經不云「升堂」者，文不具耳。　「少師奉子以衰」者，少師，主養子之官，又奉子，故與子皆著衰也。皇氏及王肅云：「謂以衰衣而奉之。」崔氏云：「諸侯五日而殯，殯而成服。此三日而衰者，喪已在殯，異於未殯也。」　「祝先，子從」者，祝主接神，故先進也。少師奉子，次從祝也。　「宰、宗人從」者，大宰、大宗，爲詔告贊君事，故次從在後也。　「入門，哭者止」者，入門，是入殯宮門也。衆主人及諸臣並已先列位而哭，今祝、宰、宗三人將子入門見，故命門內在位者止哭也。前告是初生日，哀甚，故「祝升階」乃命止哭。今三日，哀已微殺，故子「入門」而哭則止也。　**注**「宰宗」至「事者」　正義曰：上云「大宰、大宗」，此直云「宰、宗人」者，皇氏云：「宰則大宰，宗人則大宗也。此『祝先，子從』者，同吉祭之禮。故《特牲》、《少牢》皆祝前，主人後。若凶祭，則主人前，祝在主人後，《士虞禮》是也。今此亦凶祭，而祝在先者，以其告神故也。」　「子升」至「顙哭」　「子升自西階」者，謂世子不忍從先君之階升，故由西階升。於時大宰、大宗及祝亦升，不言「從」者，以子爲主，故略而不言也。「殯前北面」者，殯以東爲前，謂當殯之東，稍南北面也。　「祝立于殯東南隅」者，祝在子之西而北面，當殯之東南，故云「殯東南隅」也。其宰及宗人，皇氏云：「以次立於子之東，皆北面。若其須詔相之時，或就子前而西面也。」　「祝聲三」者，亦謂警神也。前告生，哀甚，故「盡階，不升堂」。此見子，須近殯，故進立於殯東南隅。既警神之後，祝乃告曰：「夫人某氏之子某，從執事宰、宗人等敢見。」告訖，奉子之人拜而稽顙，乃哭。不踊者，未即位故也。皇氏云：「於時未立子名，不得云『某氏之子某，從執事』，下有『某』字者，誤也。」今案定本及諸本皆有「某」字。子升堂之時，大宰即位立名，告殯云「某之子某」。　「祝宰」至「衰杖」　祝、宰、宗人、卿、大夫、士哭，踊三者三」，此等以子「稽顙哭」，故亦哭。❶ 祝、宰、宗

❶ 「哭」字原脱，據殿本、庫本及衛氏《集説》補。

人在堂上北面哭，衆主人、卿、大夫、士俱在西階下北面哭。爲踊，每踊三度爲一節，如此者三，故云「三者三」。「降，❶東反位」者，堂上皆降，反東。在下者皆東，反朝夕哭位。降者，謂降自西階也。「皆袒」者，以初堂上堂下之哭非正位，故不袒。今反朝夕哭位，故皆袒。「子踊，房中亦踊」者，以上文子不踊，房中亦不踊。至此乃踊，故云「子踊，房中亦踊」，明祝、宰、宗人、衆主人及卿、大夫、士反位亦皆踊也。當子踊之時，亦袒也。故下注云：「踊、襲、衰、杖，成子禮也。」既云「襲」，明初時「袒」也。皇氏云：「子踊，不袒。」若然，子初不袒，何得後有襲乎？皇氏説非也。注「亦謂朝奠」　正義曰：恐是見子，故爲奠祭，故云「亦謂朝奠」。以告生之時，「遂朝奠」，故云「亦謂朝奠」。知非特奠者，在殯，無特告奠之法故也。注「因負」至「略也」　正義曰：案《内則》及《左傳》桓六年，皆三月乃名之。今此因負子，三日即名之，以喪事促遽，於禮簡略，不暇待三月也。上見殯之時，既以名告，故云「某之子某」。鄭於此乃解名者，以經有「名」文而遂解之，非謂告山川之時始作名也。若依皇氏，以「見殯後乃作名」，故鄭於此解之。

曾子問曰：「如已葬而世子生，則如之何？」孔子曰：「大宰、大宗從大祝而告于禰。告生也。**三月，乃名于禰，以名徧告及社稷、宗廟、山川。」**疏「曾子」至「山川」　正義曰：此一節因前論問君未葬而世子生，❷今更問已葬後世子生之禮。「大宰、大宗從大祝而告于禰」者，禰，父殯宮之主也。既葬訖，殯無尸柩，唯有主在，故告於主，漸神事之故也。同廟主之名，故曰禰也。然直云三人告禰，不云「攝主」者，葬時攝主已弁絰葛以交神明，葬竟又服受服，喪之大事便畢，攝主亦無復有此事。❸故子生，則攝主不復與群臣列位西階下，故自還依大宰之禮，與大宰、大宗從大祝裨冕而告殯宮中主也。不云「裨冕」者，未葬尚裨冕，葬後不言自顯也。不云「束帛」者，凡告必制幣，從之可知也。不言「盡階，不升」者，三人例是升者，非不升也。不言「某之子生，敢告」者，亦自可知也。「三月，乃名于禰」者，葬後神事之，故依平常之禮，三日不見也。三

❶「降」，原作「階」，據阮本、衛氏《集説》改。
❷「問」，殿本、庫本及衛氏《集説》無「問」字，疑是。
❸「此」，阮校云：「按：『此』字衍文。」

月乃見，因見乃名，故云「乃名于禰」也。從見之人，與告生不異，故不重言也。雖三日不見，其成服衰絰，自依常禮也。「以名徧告及社稷、宗廟、山川」者，名於禰既畢，宰亦命祝、史徧告也。不言「宰命祝、史」，從可知也。又前不云「社稷、宗廟」，此不云「五祀」，相互明也。王肅云：「前三日名之，君未葬當稱子某，❶故三日因名之也。此經既葬，稱子不稱名，故三月乃名也。」鄭云：「稱世子生，喪在殯，告五祀、山川耳。五祀，殯宮之五祀。山川，國鎮之重，不可不告，故越社稷告之。既葬而世子生，三月而名。葬後三月，於禮已祔廟，故告可及廟。廟與社稷相連，不得不告社稷。」❷

孔子曰：「諸侯適天子，必告于祖，奠于禰。皆奠幣以告之，互文也。冕而出視朝，聽國事也。諸侯朝天子，必禆冕，爲將廟受也。禆冕者，公衮，侯伯鷩，子男毳。命祝、史告于社稷、❸宗廟、山川，臨行又徧告宗廟，孝敬之心也。乃命國家五官而后行，五官，五大夫典事者。命者，勑之以其職。道而出。祖道也。《聘禮》曰「出祖釋軷，祭酒脯」也。告者五日而徧，過是非禮也。既告，不敢久留。凡告用牲幣，反亦如之。牲，當爲「制」，字之誤也。制幣一丈八尺。諸侯相見，必告于禰。道近，或可以不親告祖。朝服而出視朝，朝服，爲事故也。命祝、史告于五廟、所過山川，山川所不過則不告，貶於適天子也。亦命國家五官道而出。反必親告于祖、禰，乃命祝、史告至于前所告者，而后聽朝而入。反必親告祖禰，同出入禮。

疏「孔子」至「如之」　正義曰：此一節論諸侯朝覲天子將出之禮。不云「曾子問」，直云「孔子曰」者，以此與上事連文。上既云「以名徧告社稷、宗廟」，因論出朝告祖禰之事，此乃因上起文也。此篇之内，時有如此。故下「曾子問云：『除喪則不復昏禮乎？』孔子曰：『祭，過時不祭，禮也，又何反於初？』」又云：「孔子曰：『嫁女之家，三夜不息燭。』」與此相類。云「告于祖」，亦告于禰也；言「奠

❶「君」，原作「云」，據殿本、阮本改。

❷「鄭云」至「社稷」，衛氏《集説》無「鄭云」二字，而以「鄭云」以下之七十二字入作本節經後之注。

❸「社稷」，王引之疑爲衍文。詳《經義述聞》。

于禰」，亦奠于祖也。「冕而出視朝」 裨冕，謂裨衣而冕。裨衣者，公衮，侯伯鷩，子男毳。視朝，詔聽事也。

注「聽國」至「受也」 正義曰：「聽國事」，解經「視朝」之事。云「諸侯朝天子，必裨冕，爲將廟受也」，諸侯視朝，當用玄冠、緇衣、素裳。今視朝而服裨冕之服者，案《覲禮》「侯氏裨冕，天子受之於廟」，故鄭云：「諸侯朝天子，必裨冕，爲將廟受也。」言天子於廟受己之禮。今諸侯往朝天子，爲天子將欲於廟中受己之禮。故諸侯豫敬之，以冕服視朝也。「命祝、史告于社稷、宗廟、山川」 注「臨行又偏告宗廟，孝敬之心也」 正義曰：案上文云「諸侯適天子，必告于祖，奠于禰」，此又「命祝、史告于宗廟、山川」，是臨行一告宗廟，則知後再告，故云「臨行又偏告宗廟，孝敬之心也」。言「偏告宗廟」，則五廟皆告也。前云「告于祖」者，亦祖禰皆告也。「乃命國家五官而后行」 注「五官」至「其職」 正義曰：案《大宰》云：「建其牧，立其監，設其參，傅其伍。」是諸侯有三卿五大夫。經云「五官」，故云「五大夫」。以屬官大夫，其數衆多，直云「五」者，據典國事者言之。不云「命卿」者，或從君出行，或雖在國留守，摠主群吏如三公。然不專主一事，且尊之。既命五大夫，則卿亦命之可知，故不顯言命卿也。命者，謂戒勑以所掌之事也。注「祖道」至「脯也」 正義曰：經言「道而出」，明諸侯將行，爲祖祭道神，而後出行。引《聘禮》者，證祖道之義。案《聘禮·記》云：「出祖釋軷，祭酒脯。」彼注云：「祖，始也。行出國門，止陳車騎，釋酒脯之奠於軷，爲行始也。《春秋傳》曰：『軷涉山川。』然則軷，山行之名也。道路以險阻爲難，是以委土爲山，或伏牲其上，使者爲軷，祭酒脯祈告也。禮畢，然後乘車轢之而遂行。其有牲，犬羊可也。」❶此城外之軷祭也。其五祀行神則在宫内。故鄭注《聘禮》云：「行，謂行者之先，其古人之名未聞。天子、諸侯有常祀，在冬也。喪禮有『毁宗躐行，出于大門』，則行神之位，在廟門外西方。」又鄭注《月令》：「軷壇，厚二寸，廣五尺，輪四尺。」《周禮》注云：「以菩芻棘柏爲神主。」此鄭釋爲軷祭之義。此軷亦有尸。故《詩·生民》云：「取羝以軷。」注「燔烈其肉爲尸羞」是也。其牲，天子軷用犬。故《犬人》云：「伏、瘞亦如之。」注云：「伏，謂伏犬於軷上。」諸侯用羊。《詩》云「取羝以軷」，謂諸侯也。卿大夫以酒脯。既行祭軷竟，御者以酒祭車軾前及車左右轂末。故《周

❶「有」，衛氏《集説》無「有」字，與《聘禮》注合。

禮・大馭》云：「及犯軷，王自左馭，馭下祝，登，受轡，犯軷，遂驅之。」又云：「及祭，❶酌僕。僕左執轡，右祭兩軹，祭軓，乃飲。」軹，即轂末；軓，謂車軾前是也。其祭宮内行神之軷，及城外祖祭之軷，其制不殊。崔氏云：「宮内之軷，祭古之行神。城外之軷，祭山川與道路之神。」義或然也。壇名山，❷其神曰纍。「告者五日而徧，過是非禮也」 前「命祝、史告山川」，而諸侯猶待告徧乃行也。故以五日爲期，若近者，乃可就彼告；若遠者，則當望告。故以五日爲限也。所以爾者，爲先以告廟，載遷主，若久留不去，則爲非禮。故云「過是非禮也」。《曲禮》云「凡爲君使者，已受命，君言不宿於家」是也。注「牲，當爲『制』，字之誤也」 正義曰：皇氏、熊氏以此爲諸侯禮，不應用牲，故「牲」當爲「制」。其天子則當用牲。故熊氏云：「鄭注《周禮・大祝職》引此文云『告用牲幣』，不破『牲』字，是天子用牲幣也。」必知天子用牲者，《校人》云王所過山川「則飾黄駒」，是用牲也。必知諸侯不用牲者，約下文云「幣帛皮圭」以告，故知不用牲也。或天子、諸侯出入，有告有祭，故告用制幣一丈八尺。其卿大夫唯入祭而已，故《聘禮》既使而反，祭用牲也。注「道近」至「告祖」 正義曰：以直云「告于禰」，是據其道近，故云「或可以不親告祖」。知諸侯不直告禰者，下文云「反必親告于祖、禰」，明出時亦告祖、禰。爲道近，唯告禰耳。注「朝服，爲事故也」 正義曰：「朝服，爲事故」者，或會或弔之事，諸侯朝服，玄冠、緇衣、素裳。以上文諸侯朝天子，「冕而出視朝」，爲將廟受，尊敬天子，習其禮，故著冕服。諸侯相朝，亦雖在廟受，降下天子，不敢冕服，唯著臨朝聽事之服，故云「朝服，爲事故也」。熊氏又云：「此朝服謂皮弁服，以天子用以視朝，故謂之朝服。《論語》云：『吉月必朝服而朝』，注云『朝服，皮弁服』是也。」必知朝服皮弁服者，《聘禮》諸侯相聘皮弁服，明相朝亦皮弁服，此義爲勝也。注「反必親告祖、禰，同出入禮」 正義曰：庾蔚云：「鄭當謂出入所告，理不容殊。❸而諸侯相見，出不云『告祖』者，或道近，變其常禮耳。故『反必親告祖禰』，以明出入之告，其禮不殊也。」

曾子問曰：「並有喪，如之何？何先何後？」並，謂父母若親同者同月死。

❶「祭」，原作「登」，據毛本、殿本及阮校改。
❷「壇名山」，孫詒讓《校記》云：「疑當作『壇象山』。《大馭》『犯軷』注云『犯之者，封土爲山象』是也。」
❸「理」，毛本「理」作「禮」。

孔子曰：「葬，先輕而後重；其奠也，先重而後輕：禮也。自啓及葬不奠，不奠，務於當葬者。行葬不哀次。不哀次，輕於在殯者。反葬奠，而后辭於殯，遂脩葬事。殯，當爲「賓」，聲之誤也。辭於賓，謂告將葬啓期也。其虞也，先重而後輕，禮也。」疏「曾子」至「禮也」 正義曰：此一節論並有喪葬之事。各隨文解之。注「並謂」至「月死」 正義曰：「並」，謂父母也。「親同者」，祖父母及世叔兄弟。云「同月死」，不云「同日」者，略可知也。 「自啓」至「葬事」 既父喪在殯，先葬母之時，自，從也，從啓母殯之後，及至葬柩欲出之前，唯設母之啓殯之奠、朝廟之奠及祖奠、遣奠而已，不於殯宮爲父設奠，故云「自啓及葬不奠」，謂不奠父也。不奠者，不朝夕更改新奠，❶仍有舊奠存也。「行葬不哀次」者，次，謂大門外之右，平生待賓之處。葬柩車出門，至此，孝子悲哀，柩車暫停。今爲父喪在殯，故行葬母之時，出門外，孝子不得爲母伸哀於所次之處，遂行而去。所以然者，若此悲哀，恐輕於在殯也。「反葬奠」者，謂葬母還，反于父殯宮而設奠也。❷ 「而后辭於殯，遂脩葬事」者，辭，猶告也。謂奠父之後，孝子告語於賓以明日啓父殯期節。既告賓，賓出之後，遂脩營葬父之事。所以葬則先輕、奠則先重者，皇氏云：「葬是奪情，故從輕者爲首；奠是奉養，故令重者居先也。」注「不奠，務於當葬者」 正義曰：「不奠」，謂不奠父及餘喪也。重喪所以不奠者，若營奠父事，恐葬事遲晚，務欲輕喪在先，當葬者使其速畢故也。知此「不奠」不據先葬者，葬是喪之大事，永離宮室，不可以不奠也。注「不哀次，輕於在殯者」 正義曰：解經「不哀次」之義。以父喪在殯爲重，今爲母至次處而哀，爲輕於在殯者。今爲在殯者所壓，不敢爲母伸哀，故云「不哀次，輕於在殯者」。上注云「若親同者」，則除父母之外，餘喪其重喪在殯，皆爲輕喪不哀次。注「殯當」至「期也」 正義曰：此經「辭於殯」，知非告殯以將葬，而云「殯，當爲賓」，爲告賓者，案《既夕禮》云，主人「請啓期，告于賓」之後，即陳葬事，設盥，陳鼎饌、夷牀之屬，下乃云「祝聲三」，是告殯之事。今先云「辭於殯」，乃云「遂脩葬事」，故云「殯，當爲賓」，謂詔告賓也。與《既夕禮》同。 「其虞也，先重而後輕，禮也」 以虞是奠之類，

❶ 「朝夕」，毛本作「哀次」。

❷ 「而」，阮本「而」下有「後」字。

故亦先重後輕。以禮結之，故云「禮也」。案崇精問曰：「葬母亦朝廟否？其虞，父與母同日異日乎？」焦氏答曰：「婦未廟見，不朝廟耳。《内豎職》云：王后之喪，朝廟，則爲之蹕也。是母喪亦朝廟明也。虞當異日也。」

孔子曰：「宗子雖七十，無無主婦。族人之婦，不可無統。非宗子，雖無主婦可也。」疏正義曰：此一節論宗子立後之事。凡無問而稱「孔子曰」者，皆記者失問也，亦此卷之通例矣。「宗子」，大宗子也。凡人年六十無妻者，不復娶，以陽道絶故也。而宗子領宗男於外，宗婦領宗女於内，昭穆事重，不可廢闕，故雖年七十，亦猶娶也。故云「無無主婦」，言必須有也。然此謂無子孫及有子而年幼小者，若有子孫，則傳家事於子孫。故《曲禮》「七十老而傳」是也。

曾子問曰：「將冠子，冠者至，揖讓而入，聞齊衰、大功之喪，如之何？」冠者，賓及贊者。孔子曰：「内喪則廢。外喪則冠而不醴，徹饌而埽，即位而哭。如冠者未至，則廢。內喪，同門也。不醴，不醴子也。其廢者，喪成服，因喪而冠。如將冠子而未及期日，而有齊衰、大功、小功之喪，則因喪服而冠。」廢吉禮而因喪冠，俱成人之服。及，至也。「除喪不改冠乎？」孔子曰：「天子賜諸侯大夫冕弁服於大廟，歸設奠，服賜服，於斯乎有冠醮，無冠醴。酒爲醮。冠禮，醴重而醮輕。此服賜服，酌用酒，尊賜也。不醴，明不爲改冠，改冠當醴之。父没而冠，則已冠，埽地而祭於禰。已祭而見伯父叔父，而后饗冠者。」饗，謂禮之。疏「曾子」至「冠者」正義曰：此一節論冠子逢喪之事。「將冠子，冠者至，揖讓而入」者，曾子問：將欲冠子，冠者，謂賓及贊者至主人之門，而與主人揖讓而入，主人忽聞齊衰、大功之喪，如之何？孔子答之云：若是大門内之喪則廢。以加冠在廟，廟則在大門之内，吉凶不可同處，故云「内喪則廢」。「外喪則冠而不醴」者，外喪，謂大門外之喪。喪在他處，猶可以加冠也。但平常吉時，三加之後，設醴以禮冠者之身。今既有喪，故直三加而已，不醴之。「徹饌而埽」者，以初欲迎賓之時，未知有喪，醴及饌具，既已陳設。今忽聞喪，故徹去醴與饌具，又埽除冠之舊位，令使清絜更新，❶乃即位而哭。如賓及贊者未至，則廢而不冠也。　「如將」至「而冠」　既答曾子之問，遂言未及期日有喪之禮，故云「未及期日而有齊衰、大功、小功之喪」。「則因喪服而冠」者，孔子言冠日尚遠，不可以吉加冠，故廢其吉禮，則因著喪之成服而加喪冠也。　「除喪不改冠乎」者，曾子既得夫子引類以答之，仍疑而發問云：此人因喪服而冠，除喪之後，不更改易而行吉冠之禮乎？

「孔子」至「賜服」　此一經，孔子引類答曾子除喪不合改冠之事。所以然者，謂諸侯幼弱未冠，❷總角從事。至當冠之年，因朝天子，天子而賜諸侯大夫或弁或冕之服於天子大廟之中。榮君之賜，歸設奠，祭於己宗廟。此時身服所賜之服，更不改冠也。　「於斯乎有冠醮，無冠醴」斯，此也。於此之時，唯有冠之醮法，行醮以相燕飲；無有冠之醴法，謂不用醴以禮受服者之身。所以然者，凡改冠，則當用醴。今既受服於天子，不可歸還更改爲初冠禮法。然則既因喪而冠，不可除喪更改爲吉冠也。　「父没」至「冠者」　孔子既答其問，又釋父没加冠之禮，故云「父没而冠」，則加冠，❸已冠之後，埽地而祭於禰廟。已祭之，而見伯父叔父。見伯叔之後，乃饗冠者。　注「内喪」至「而冠」　正義曰：「内喪，同門」者，皇氏云：「謂同大門之内。」云「不醴，不醴子也」者，案《士冠禮》醴子之後始醴賓，恐此經云「不醴」是不醴賓，故云「不醴子」也。必知「不醴子」者，以經云「冠者未至則廢」，廢，謂子身冠廢，明「不醴」是「不醴子」也。云「其廢者，喪成服，因喪而冠」者，以下文云「未及期日，因喪服而冠」是也。熊氏以「『即位而哭』，謂在冠家即位，以文承『徹饌而埽』之下」。皇氏以爲「即喪家之位」，非也。　注「廢吉」至「之服」　正義曰：吉冠是吉時成人之服，喪冠是喪時成人之服。今既有凶，廢吉禮而因喪冠，故云「俱成人之服」也。　注「酒爲」至「醴之」　正義曰：案《士冠禮》云：「若不醴則醮，用酒。」是酌酒爲醮。謂之醮者，鄭注云：「酌而無酬酢曰醮。」皇氏云：「醴亦無酬酢，而云『酒無酬酢』者，以酒有酬酢爲常禮，故無酬酢乃謂之爲醮。」云「冠禮，醴重而醮輕」者，案《士冠禮》，適子三加於阼，乃醴於客位。醴是古之酒，故爲重。《士冠禮》又云：「若庶子，則冠于房外，南面，

❶「令」，原作「今」，據殿本、阮本及阮校改。
❷「諸侯」，《通解》卷一「諸侯」下有「大夫」二字。據上下文，宜有。
❸「冠」，殿本、庫本「冠」前有「喪」字。據上文，疑是。

遂醮焉。」醮既用酒，酒是後代之法，故爲輕也。案《士冠禮》「若不醴則醮用酒」，注云：「若不醴，謂國有舊俗可行，聖人用焉不改者也。」如鄭此言，則行周禮者，適子用醴，庶子用醮。若用先王舊俗者，雖適子，與庶子同用醮。先王是夏、殷也，雖在周前，因而用也。醮之所以異於醴者，醴則三加之後，揔一醴之。醮則每一加而行一醮，凡三醮也。云「酌用酒，尊賜也」者，謂諸侯大夫既受賜服而歸，祭告之後，使人酌酒以飲己，榮上之賜，不酬酢也。云「不醴，明不爲改冠」者，受賜服而來，若其改而更冠，應從適子之尊，冠必酌醴以醴之。今既不醴，明不改冠也。皇氏云：「謂諸侯及大夫，幼弱未冠，總角從事。當冠之年，因朝天子，而賜之服，故歸還不改冠也。」義或然也。注「饗，謂禮之」 正義曰：案《士冠禮》「醴賓以壹獻之禮」，此云「饗冠者」，前注云「冠者，賓及贊者」，此即是饗賓及贊者。此父没而冠。案《士冠禮》云：「若孤子，則父兄戒宿。冠之日，主人紒而迎賓，拜揖讓，立于序端。」則冠身自迎賓。皇氏云「冠者諸父迎賓」，非禮也。

曾子問曰：「祭，如之何則不行旅酬之事矣？」孔子曰：「聞之，小祥者，主人練祭而不旅，奠酬於賓，賓弗舉，禮也。奠無尸，虞不致爵，小祥不旅酬，大祥無無筭爵，彌吉。昔者魯昭公練而舉酬行旅，非禮也。孝公大祥奠酬弗舉，亦非禮也。」孝公，隱公之祖父。疏「曾子」至「禮也」 正義曰：此一節論喪祭簡略之事。「孔子」至「舉禮也」 練，小祥祭也。旅，謂旅酬。故奠無尸，虞不致爵，至小祥，彌吉，但得致爵於賓，而不得行旅酬之事。大祥乃得行旅酬，而不得行無筭爵之事也。此皆謂喪事簡略，於禮未備故也。注「奠無」至「彌吉」 正義曰：案《士虞禮》云：「男，男尸。女，女尸。」《檀弓》云「虞而立尸」，是虞時始立尸，故云「奠無尸」。奠所以無尸者，奠是未葬之前，形體尚在，未忍立尸異於生，故未立尸。虞是既葬之後，形體已去，鬼神事之，故立尸以象神也。又案《特牲》云：「祝延尸於奧，尸即席坐。主人拜妥尸，尸答拜。尸左執觶，右取菹挭于醢，祭于豆間。佐食取黍稷肺祭授尸，尸祭之，祭酒，啐酒，祭鉶，乃食，九飯。主人洗角，升，酌酳尸，尸卒爵。祝酌授尸，尸以酢主人，主人卒爵。筵祝，南面。主人酌獻祝，祝受卒爵。主人酌獻佐食，佐食受卒爵。」此是主人之獻也。《特牲》又云：「主婦洗爵，獻尸，尸卒爵。

尸酢主婦，主婦卒爵。主婦酌獻祝，祝卒爵；酌獻佐食，佐食卒爵。」此是主婦之獻也。「賓三獻，獻于尸，尸三爵止」，注云：「尸止爵者，三獻禮成，欲神惠之均於室中。」云「虞不致爵」者，案《士虞禮》，賓三獻尸，尸卒爵，禮畢，無致爵以下之事，所謂「虞不致爵」也。案《特牲》又云：尸止爵之後，席于户内。「主婦洗爵酌，致爵于主人。主人拜受爵，主婦拜送爵。主人卒爵，拜。主婦答拜，受爵，酌酢，左執爵，拜。主人答拜。主人降，洗酌，致爵于主婦。席于房中，南面。主婦拜受爵，主人西面答拜。主婦卒爵，拜。主人答拜。主人更爵，酢，❶卒爵，拜。主婦答拜。」所謂「致爵」也。三獻之賓作，尸所止爵。尸飲，卒爵，酢賓。賓飲，卒爵，獻祝及佐食，致爵于主人主婦畢，主人降阼階，升，酌，西階上獻賓及衆賓。訖，主人洗觶，于西階前北面酬賓。訖，❷主人洗爵，于阼階上獻長兄弟及衆兄弟，及内兄弟于房中。獻畢，賓乃坐，取主人所酬之觶，於阼階前酬長兄弟。長兄弟受觶，於西階前酬衆賓，衆賓酬衆兄弟。所謂「旅酬」也。云「小祥不旅酬」者，賓不舉主人所酬之觶，不行旅酬之事。所謂「小祥不旅酬」，謂奠酬於主人。主人酬於賓，賓不舉也。旅酬之後，賓弟子、兄弟弟子各酌于其尊，舉觶各於其長，賓取觶酬兄弟之黨，長兄弟取觶酬賓之黨，所謂「無筭爵」也。云「大祥無無筭爵，彌吉」者，大祥乃得行旅酬，而不得行此無筭爵之事，故云「大祥無無筭爵」。以其漸漸備禮，故云「彌吉」，仍未純吉也。　「昔者魯昭公練而舉酬行旅，非禮也」者，練祭但得致爵於賓，賓不合舉此爵而行旅酬，今昭公行之，故曰「非禮也」。大祥彌吉，得行旅酬，今孝公不然，亦曰「非禮」。　注「孝公，隱公之祖父」　正義曰：案《世本》：「孝公生惠公弗皇，弗皇生隱公。」是「隱公之祖父」也。

曾子問曰：「大功之喪，可以與於饋奠之事乎？」饋奠，在殯時也。孔子曰：「豈大功耳！自斬衰以下皆可，禮也。」曾子曰：「不以輕服而重相爲乎？」怪以重服而爲人執事。孔子曰：「非此之謂也。非謂爲人，謂於其所爲服也。天子、諸侯之喪，斬衰者奠。爲君服者皆斬

❶「酢」，浦鏜校云，「酢」上脱「酌」字。按《特牲饋食禮》，浦校是。

❷「訖」，殿本、阮本「訖」上的「酬賓」二字重，閩、監、毛本同。

衰，唯主人不奠。大夫，齊衰者奠。服斬衰者不奠，辟正君也。齊衰者，其兄弟。士則朋友奠，不足則取於大功以下者，不足則反之。」服齊衰者不奠，辟大夫也。言不足者，謂殷奠時。曾子問曰：「小功可以與於祭乎？」祭，謂虞、卒哭時。孔子曰：「何必小功耳！自斬衰以下與祭，禮也。」曾子曰：「不以輕喪而重祭乎？」怪使重者執事。孔子曰：「天子、諸侯之喪祭也，不斬衰者不與祭。大夫，齊衰者與祭。士祭不足，則取於兄弟大功以下者。」**疏**「曾子」至「反之」　正義曰：此一節論爲死者服，還得爲死者饋奠之事。曾子之意，云「己有大功之喪，可以與於他人饋奠之事乎」？孔子不解曾子問旨，謂言曾子所問，己有大功之喪，得爲大功者饋奠以否？故答云：「豈大功乎！」言己有大功，豈但爲大功者饋奠，「自斬衰以下皆可，禮也。」言身有斬衰，所爲者斬衰；身有齊衰，所爲者齊衰。皆可與於饋奠，故云「禮也」。　「曾子曰：不以輕服而重相爲乎」？孔子所論，據所服者言之。曾子又不解孔子之旨，謂言爲他人，故更問云：若爲他人，不以輕己喪服而重他人相爲饋奠乎？　「孔子曰：非此之謂也」，孔子乃答云：我之所言，據所爲服者饋奠，非此爲他人之謂也。故注云「非謂爲人，謂於其所爲服也」。以下乃論所爲饋奠之事也。天子諸侯之喪，斬衰者奠。大夫之喪，齊衰者奠。士則朋友奠，若朋友不足，則取於大功以下小功、緦麻者奠。若其「不足則反之」，謂奠大，執事其人不足，則反取前人執事者充之。**注**「饋奠，在殯時也」　正義曰：以其稱「奠」，又下云「天子、諸侯之喪祭也」。喪祭，謂虞、卒哭，故知此「饋奠」謂「在殯時也」。**注**「爲君」至「不奠」　正義曰：知「主人不奠」者，案《士喪禮》，主人不親奠。又此文云「士則朋友奠」，故知「主人不親奠」也。主人必不親奠者，以主人悲號思慕，不暇執事故也。**注**「服斬」至「兄弟」　正義曰：大夫之喪，子服斬衰者不親奠。此「服斬衰」，謂大夫家臣，雖服斬衰，不得饋奠，辟天子、諸侯之正君。云「齊衰者，其兄弟」者，以大夫之喪，子及屬臣皆服斬衰，今服齊衰，唯兄弟耳，故云「其兄弟」也。**注**「言不」至「奠時」　正義曰：「殷奠」，謂月朔之奠，以其有牲牢黍稷，用人多也。殷，盛也。以月朔之奠，盛於常奠。非月半之殷奠也，以士月半不暇殷奠故也。以次差之，天子斬衰者奠，大夫用齊衰，士則應先取大功。今先取朋友者，以天子、諸侯皆使臣爲奠，大夫辟正君，故遣兄弟奠。士則位卑，不嫌敵君，故遣僚屬奠。僚屬則朋友也。案《士虞禮》「祝免，澡葛絰帶」，鄭云：「治葛以爲首絰及帶，接神宜變也。然則士之屬官爲其長，弔服加麻矣。」祝則僚屬也，加麻則朋友也。 注「祭，謂虞、卒哭時」 正義曰：知者，以下文孔子答云「諸侯之喪祭也」，故知此祭謂虞、卒哭時也。知非練祥者，以士練祥之祭，大功之服已除，不得云「取於兄弟大功以下者」。其天子、諸侯則得兼練祥也。以其練祥時，猶斬衰與祭也。

曾子問曰：「相識，有喪服可以與於祭乎？」問己有喪服，可以助所識者祭否？ 孔子曰：「緦不祭，又何助於人？」 疏「曾子」至「於人」 正義曰：此一節論身有喪服，不得助他人祭事。 「緦不祭，又何助於人」者，言身有緦服，尚不得自祭己家宗廟，何得助於他人祭乎？ 而熊氏云：「謂身有緦服，則不得自爲父母虞、祔、卒哭祭。此謂同宫緦，則士爲妾有子，及大夫爲貴妾，是同宫緦者。若大夫士有齊衰、大功、小功、緦麻，同宫則亦不祭。若異宫，則殯後得祭。故《雜記》云：『父母之喪，將祭而昆弟死，既殯而祭。若同宫，則雖臣妾，葬而后祭。虞、祔亦然。』天子、諸侯臣妾死於宫中，雖無服，亦不得爲父母虞、祔、卒哭祭也。天子、諸侯適子死，斬衰，既練乃祭。天子、諸侯爲適孫、適婦，則既殯乃祭，以異宫故也。」

曾子問曰：「廢喪服，可以與於饋奠之事乎？」謂新除喪服也。 孔子曰：「説衰與奠，非禮也，執事於人之神，爲其忘哀疾也。 以擯相可也。」 疏正義曰：此一節論大祥除服，不得即與他人饋奠之事。 廢，猶除也。言己新説喪服，可以與他人在殯饋奠之事乎？ 不問可以與於吉祭，而問「可與饋、奠」者，以己新説喪服，吉祭禮輕，吉凶不相干，決其不可。 饋奠是他人之重者，己又新始説衰，凶事相因，疑得助奠，故問之也。

曾子問曰：「昏禮既納幣，有吉日，女之父母死，則如之何？」吉日，取女之吉日。 孔子曰：「壻使人弔。 如壻之父母死，則女之家亦使人弔。必使人弔者，未成兄弟。 父喪稱父，母喪稱母。 禮宜各以其敵者也。 父使人弔之，辭云：「某子聞某之喪，某子使某，如何不淑！」母則若云：「宋蕩伯姬聞姜氏之喪，伯姬使某，如何不淑！」凡弔辭一耳。父母不在，則稱伯父、世母。弔禮不可廢也。伯父母又不在，則稱叔父母。壻已葬，壻之伯父致命女氏曰：『某之子有父母之喪，不得嗣爲兄弟，使某致命。』女氏許諾而弗敢嫁，禮也。必致命者，不敢以累年之喪，使人失嘉會之時。壻免喪，女之父母使人請，壻弗取而后嫁之，禮也。請，請成昏。女之父母死，壻亦如之。」女免喪，壻之父母亦使人請。其已葬時亦致命。疏「曾子」至「如之」 正義曰：此一節論昏娶遭喪之事。各隨文解之。注「必使人弔者，未成兄弟」 正義曰：以夫婦有兄弟之義，故下云「不得嗣爲兄弟」。或據壻於妻之父母有緦服，故得謂之爲兄弟也。「父喪稱父，母喪稱母」 禮各宜以敵。若彼家父死，則此家遣使弔，當稱此家父遣使弔也。若彼家母死，則此家亦稱母遣使弔也。注「某子」至「一耳」 正義曰：「某子」，謂此父姓位。「某之喪」者，謂若彼家死者之身。❶「某子使某，如何不淑」者，某子，還指此父姓位。「使某」，某是使者之名。淑，善也。致辭云「如何不善」！云「母則若云『宋蕩伯姬聞姜氏之喪』」者，鄭假説爲文，故云「若」。「宋蕩伯姬」，據此婿家之母。「姜氏之喪」，據彼女家之母。「伯姬使某，如何不淑」者，某，謂使者之名。案僖二十五年經云「宋蕩伯姬來逆婦」，是宋國公子蕩之妻，元是魯女，既嫁與蕩氏爲妻，故云「宋蕩伯姬」也。今爲其子來迎魯公之女而爲婦，魯之夫人多是齊女，故稱姜氏。姜氏若薨，伯姬遣使來弔，則云「聞姜氏之喪」。云「凡弔辭一耳」者，謂男弔女家，女弔男家，皆云「使某，如何不淑」，是弔辭一也。「父母不在，則稱伯父世母」 此家父不在，彼家父亡，則稱「伯父某子使某」。伯父某亦不在，則稱「叔父某子使某」。若此家母不在，彼家母亡，則稱「伯母某氏、叔母某氏使某」。直云「父母不在」，不云「没亡」，則兼没亡及餘不在也。「壻已葬，壻之伯父致命女氏」，必待已葬者，葬後哀情稍殺，始兼他事。不待踰年者，不可曠年，廢人昏嫁也。「不得嗣爲兄弟」者，夫婦有兄弟之義，或據壻爲妻父母有緦麻之服，故謂之兄弟。「壻免喪，女之父母使人請」 壻免喪之後，則應迎婦。必須女之父母請者，以壻家既葬，致命於

❶「若」，《考文》引古本、殿本、庫本作「名」，疑是。

已，壻既免喪，所以須請也。　「女之父母死，壻亦如之」女之父母死，已葬之後，女之伯父致命於男氏曰：「某之子有父母之喪，不得嗣爲兄弟，使某致命。」男氏許諾而不敢娶。女免喪，壻之父母使人請，女家不許，壻而後別娶，禮也。陽唱陰和，壻之父母使人請昏而女家得有不許者，亦以彼初葬訖致命於己故也。

曾子問曰：「親迎，女在塗，而壻之父母死，如之何？」孔子曰：「女改服，布深衣，縞總，以趨喪。布深衣，縞總，婦人始喪未成服之服。女在塗，而女之父母死，則女反。」奔喪服期。「如壻親迎，女未至，而有齊衰、大功之喪，則如之何？」孔子曰：「男不入，改服於外次。女入，改服於内次。然後即位而哭。」不聞喪即改服者，昏禮重於齊衰以下。

曾子問曰：「除喪則不復昏禮乎？」復，猶償也。孔子曰：「祭，過時不祭，禮也。又何反於初？」重喻輕也。同牢及饋饗，相飲食之道。孔子曰：「嫁女之家，三夜不息燭，思相離也。親骨肉也。取婦之家，三日不舉樂，思嗣親也。重世變也。三月而廟見，稱來婦也。擇日而祭於禰，成婦之義也。」謂舅姑没者也。必祭成婦義者，婦有共養之禮，猶舅姑存時，盥饋特豚於室。

曾子問曰：「女未廟見而死，則如之何？」孔子曰：「不遷於祖，不祔於皇姑，壻不杖、不菲、不次，歸葬于女氏之黨，示未成婦也。」遷，朝廟也。壻雖不備喪禮，猶爲之服齊衰也。

曾子問曰：「取女有吉日而女死，如之何？」孔子曰：「壻齊衰而弔，既葬而除之。夫死亦如之。」未有期，三年之恩也。女服斬衰。

疏「曾子」至「趨喪」　正義曰：「女改服」者，謂女在塗聞舅姑喪，即改嫁時之衣服。嫁服者，士妻褖衣，大夫妻展衣，卿妻則鞠衣。故《士昏禮》云：「女次，純衣。」純衣即褖衣也。

注「布深」至「之服」　正義曰：深衣，謂衣裳相連，前後深邃，故曰深衣。縞，白絹也。總，束髮也，長八寸。女在塗，以其聞喪即改嫁服，故云「未成服之服」也。《士喪禮》注：「始死，婦人將斬衰者，去笄而纚；將齊衰者，骨笄而纚。至將斂，齊衰婦人亦去笄纚而髽。」皆不云「縞總」，文不備也。注「奔喪，服期」 正義曰：經云「女反」，故知「奔喪」。《喪服》期云：❶「女子子在室爲父，箭笄，髽，衰，三年。」今既在塗，非復在室，故知服期。但在室之女，父卒爲母亦三年。今既在塗，故爲父母同，皆期也。於時女亦改服，布深衣，縞總，反而奔喪。 「孔子」至「而哭」 女既未至，聞壻家有齊衰、大功之喪，則廢其昏禮，男女變服，就位哭。男，謂壻也，不入大門，改其親迎之服，服深衣於門外之次。女，謂婦也，入大門，改其嫁服，亦深衣於門内之次。男女俱改服畢，然後就喪位而哭。謂於壻家爲位也。皇氏以爲「就喪家爲位哭也」。然曾子唯問齊衰、大功，不問小功者，以小功輕，不廢昏禮，待昏禮畢乃哭耳。故《雜記》云：「小功可以冠子、取婦。」明與大功及期異也。此文據壻家齊衰、大功之喪。若女家齊衰、大功之喪，皇氏云：「女不反歸，其改服、即位，與男家親同也。」此不見喪而改服。《奔喪禮》注云「不見喪，不改服」者，崔氏云：「《奔喪》不見喪，不改服，謂不改素冠而著免。其改吉服，著布深衣，素冠，聞喪即改之。」 注「不聞」至「以下」 正義曰：上文云女聞壻之父母喪，在塗即改服。今女聞壻齊衰、大功之喪，入門始改服，故云「不聞喪即改服者，昏禮重於齊衰以下」者，案《禮運》云：「三年之喪，與新有昏者，期不使。」又《王制》云：「齊衰、大功，三月不從政。」是「昏禮重於齊衰以下」也。此謂在塗聞齊衰、大功，廢昏禮。若婦已揖讓入門，内喪則廢，外喪則行昏禮，約上《冠禮》之文。此熊氏之説。然昏禮重於冠，故《雜記》云「大功之末，可以冠子。小功之末，可以取妻」也。 注「復，猶償也」 正義曰：「復」是反覆之義，故爲「償也」。曾子以初昏遭喪，不得成禮，除喪之後，豈不酬償，更爲昏禮乎？ 「孔子曰：祭，過時不祭，禮也。又何反於初」 「過時不祭」，謂四時常祭也。謂祭重而昏輕，重者過時尚廢，輕者不復可知。熊氏云：「若喪祭及禘、祫祭，雖過時，猶追而祭之。故《禘祫志》云：『昭十一年齊歸薨，十三年會于平丘，❷冬，公如晉，不得祫。至十四年，乃追而祫之，十五年乃禘也。又僖公八年春，當禘。以正月會王人于洮，故七月而禘。』故《雜記》云：『三年之喪既潁，其練祥皆行。』是追行前練祥祭也。」 注「重喻」至「之

❶ 「喪服期云」，下引文出自《儀禮・喪服》「斬衰三年章」，「期」字疑衍。

❷ 「三」原作「二」，據阮本、魏氏《要義》改。

道」　正義曰：祭祀是奉事鬼神，故爲重。昏禮是生人燕飲，故爲輕。喻，明也。據重者尚廢，以明輕者廢可知也，故云「重喻輕也」。注「重世變也」　正義曰：所以「不舉樂」者，思念己之取妻，嗣續其親，則是親之代謝，所以悲哀感傷，重世之改變也。　「三月」至「義也」　此謂舅姑亡者，婦入三月之後，而於廟中以禮見於舅姑，其祝辭告神稱「來婦」也。謂選擇吉日，婦親自執饌，以祭於禰廟，以成就婦人盥饋之義。注「謂舅」至「於室」　正義曰：若舅姑存者，於當夕同牢之後，明日，婦執棗栗、腶脩見於舅姑。見訖，舅姑醴婦。醴婦訖，婦以特豚盥饋舅姑。盥饋訖，舅姑饗婦。更無「三月廟見」之事。此是《士昏禮》之文。若舅姑既没，雖昏夕同牢禮畢，明日無見舅姑盥饋之事。至三月，乃奠菜於舅姑之廟。故《昏禮》云「舅姑既没，則婦入三月，乃奠菜」是也。《昏禮》奠菜之後，更無祭舅姑之事。此云「祭於禰」者，正謂奠菜也。則廟見、奠菜、祭禰是一事也。熊氏云：「如鄭義，則從天子以下至於士，皆當夕成昏，舅姑没者，三月廟見。故成九年『季文子如宋致女』，鄭云：『致之使孝，非是始致於夫婦也。』又隱八年『鄭公子忽先配而後祖』，鄭以『祖爲祖道之祭，應先爲祖道，然後配合。今乃先爲配合，而後乃爲祖道之祭』。如鄭此言，是皆當夕成昏也。若賈、服之義，大夫以上，無問舅姑在否，皆三月見祖廟之後，乃始成昏。故譏鄭公子忽先爲配匹，乃見祖廟。故服虔注云：『季文子如宋致女，謂成昏，是三月始成昏。』與鄭義異也。」若舅姑偏有没者，庾氏云：「昏夕厥明，即見其存者，以行盥饋之禮。至三月，不須廟見亡者。」崔氏云：「厥明，婦盥饋於其存者。三月廟見於其亡者。」未知孰是。此盥饋、廟見，皆謂適婦。其庶婦，案《士昏禮》：「庶婦，則使人醮之，婦不饋。」注云：「使人醮之，不饗也。不饋者，共養統於適也。」以此言之，則庶婦不饋舅姑，舅姑不饗也，使人醮之以酒而已。既不饋，亦不廟見也。《昏禮》唯云「不饋」，不云「不見」，則庶婦亦以棗栗、腶脩見舅姑也。三月廟見之禮，必待三月一時，天氣改變，乃可以事神也。　「不遷」至「婦也」　婦既死於己寢，將反葬於女氏之黨，故其柩不遷移朝於壻之祖廟，言祔祭之時，又不得祔於皇姑廟也。皇，大也，君也。稱皇者，尊之也。凡人爲妻，齊衰杖而菲屨。今壻爲之「不杖、不菲、不次」。菲，草屨也。不次，謂不別處止哀次也。壻爲妻，合服齊衰，杖而菲屨，及止哀次。今未廟見而死，其壻唯服齊衰而已。其柩還歸，葬於女氏之黨，以其未廟見，不得舅姑之命，示若未成婦然。其實已成婦，但示之未成婦禮，欲見其不敢自專也。注「猶爲之服齊衰也」 正義曰：此經但云「不杖、不菲」，不云「不服」，故知服齊衰。其女之父母則爲之降服大功，以其非在家。壻爲之服齊衰期，非無主也。注「未有」至「斬衰」 正義曰：所以「既葬除」者，壻於女未有期之恩，女於壻未有三年之恩。以婿服齊衰，故知女服斬衰。 曾子問曰：「喪有二孤，廟有二主，禮與？」怪時有之。孔子曰：「天無二日，土無二王。嘗、禘、郊、社，尊無二上。未知其爲禮也。尊喻卑也。神雖多，猶一一祭之。 昔者齊桓公亟舉兵，作僞主以行。及反，藏諸祖廟。廟有二主，自桓公始也。僞，猶假也。舉兵，以遷廟主行，無則主命。爲假主，非也。 喪之二孤，則昔者衛靈公適魯，遭季桓子之喪，衛君請弔，哀公辭，不得命。公爲主，客入弔，康子立於門右，北面。公揖讓，升自東階，西鄉。客升自西階弔，公拜，興，哭，康子拜稽顙於位。有司弗辯也。今之二孤，自季康子之過也。」辯，猶正也。若康子者，君弔其臣之禮也。鄰國之君弔，君爲之主，主人拜稽顙，非也，當哭踊而已。靈公先桓子以魯哀公二年夏卒，桓子以三年秋卒，是出公也。疏「曾子」至「過也」

正義曰：此一節論喪不得有二孤，廟不得有二主之事。各隨文解之。 「孔子曰『天無二日，土無二王』」者，天有二日，則草木枯萎；土有二王，則征伐不息。《老子》云「天得一以清，地得一以寧」是也。注「尊喻卑也」者，尊，謂「天無二日，土無二王。嘗、禘、郊、社，尊無二上」。卑，謂「喪有二孤，廟有二主」。喻，明也。尊者尚不可二，明卑者不二可知也。舉尊以明卑，故云「尊喻卑也」。云「神雖多，猶一一祭之」者，解「嘗、禘、郊、社，尊無二上」之意。以嘗禘之時，雖衆神並在，猶先尊後卑，一一祭之，不一時揔祭，故云「尊無二上」也。 「昔者齊桓公亟舉兵，作僞主以行」者，此說二主之由。桓公，名小白，作霸主。亟，數也。僞，假也。言作假主以行，而反藏於祖廟，故有二主也。舉兵，爲南伐楚，❶北伐山戎，西伐白狄，故云

❶「爲」，阮校云：當作「謂」。

「數舉兵」也。「今之二孤，自季康子之過也」　上云「自桓公始」，此不云「自季康子始」而云「康子之過」者，以孔子答曾子之時，上去桓公已遠，二主行來又久，故云「自桓公始也」。「康子之過」者，正當孔子之時，未知後代行之以否，不得云「自季康子始」，但見當時失禮，故云「今之二孤，自季康子之過也」。注「辯猶」至「公也」　正義曰：若康子者，經云「有司」，謂當時執事之有司，畏康子之威，不敢辯正，故云「若康子者」。若，順也。云「君弔其臣之禮也」者，案《士喪禮》：「君使人弔，主人進中庭，哭拜稽顙，成踊。」《喪大記》云：「大夫既殯，君弔，主人門右，北面，哭拜稽顙。」今季康子與之同，故云「君弔其臣之禮也」。云「鄰國之君弔，君爲之主」者，以賓主尊卑宜敵，故君爲主，主則拜賓，康子又拜，故云「非也」。當哭踊而已，但唯君答拜耳。出公來弔，《春秋》不見經者，蓋爲弔而來，非有國之大事，故略而不書於經也。出公輒，是靈公孫也。曾子所問，皆前孤後主。今答前主後孤者，謂齊桓公之時事在前，衛君之事在後。

曾子問曰：「古者師行，必以遷廟主行乎？」孔子曰：「天子巡守，以遷廟主行，載于齊車，言必有尊也。今也取七廟之主以行，則失之矣。齊車，金路。當七廟五廟無虛主。虛主者，唯天子崩，諸侯薨，與去其國，與祫祭於祖，爲無主耳。吾聞諸老聃曰：『天子崩，國君薨，則祝取群廟之主而藏諸祖廟，禮也。卒哭成事，而后主各反其廟。老聃，古壽考者之號也，與孔子同時。藏諸主於祖廟，象有凶事者聚也。卒哭成事，先祔之祭名也。君去其國，大宰取群廟之主以從，禮也。鬼神依人者也。祫祭於祖，則祝迎四廟之主。祝，接神者也。主出廟、入廟，必蹕。』蹕，止行者。老聃云。」

曾子問曰：「古者師行無遷主，則何主？」孔子曰：「主命。」問曰：「何謂也？」孔子曰：「天子、諸侯將出，必以幣帛皮圭告于祖禰，遂奉以出，載于齊車以行。每舍奠焉，而后就舍。以脯醢禮神，乃敢即安也。所告而不以出，即埋之。反必告，設奠，卒，斂幣玉藏諸兩階之間，乃出。蓋貴命也。」

疏正義曰：此一節論師出當取遷廟主，及幣帛皮圭以行，廟無虚主之事。各隨文解之。**注**「齊車，金路」　正義曰：案《齊僕》云：「掌馭金路。」《大馭》「掌馭玉路」。凡祭祀，皆乘玉路，齊車則降一等，乘金路也。「遷廟主行」者，皇氏云：「謂載新遷廟之主。」義或然也。**注**「老聃」至「名也」　正義曰：案下文助葬於巷黨，老聃曰：「丘！止柩。」又《莊子》稱孔子與老聃對言，是「與孔子同時」也。案《史記》云：老聃，陳國苦縣賴鄉曲仁里人也，❶爲周柱下史，或爲守藏史。鄭注《論語》云：「老聃，周之大史，未知所出。」云「象有凶事者聚也」者，此實凶事而云「象」者，以凶事生人自聚，今主亦集聚，似生人之聚，故云「象」也。云「卒哭成事，先祔之祭名也」者，《檀弓》云：「卒哭曰成事。」謂漸成吉事。《檀弓》又曰：「明日祔于祖。」是卒哭之事在祔祭之前。鄭必云「先祔之祭名」者，以卒哭主各反其廟者，爲明日祔時，須以新死者祔祭於祖，故祖主先反廟也。**注**「祝，接神者也」　正義曰：以其「祫祭於祖」，是祝之所掌之事，故祝迎四廟之主。若去其國，非祭祀之事，故大宰取群廟之主以從，鬼神依人故也。「祫祭於祖，則迎四廟之主」，祝主接神，故迎之也。祫，合祭。祖，大祖。三年一祫，謂當祫之年，則祝迎高、曾、祖、禰四廟而於大祖廟祭之。天子祫祭則迎六廟之主，今言「迎四廟」者，舉諸侯言也。「主出廟入廟，必蹕」　主，謂木主，群廟之主也。主，天子一尺二寸，諸侯一尺。「出廟」者，謂出己廟而往大祖廟。「入廟」，謂從大祖廟而反還入己廟。若在廟院之外，當主出入之時，必須蹕止行人。若王入大祖廟中，❷則不可須蹕也，似壓於尊者也。❸若有喪及去國，無蹕禮也。「老聃云」從上「天子崩」以下，至「出廟入廟必蹕」以上，皆是老聃所云，結上義也。「孔子曰『主命』」者，孔子言天子、諸侯將出，既無遷主，乃以幣帛及皮圭告于祖禰之廟，遂奉以出行，載于齊車，以象受命，故云「主命」。「將出」至「命也」　以曾子不解「主命」之意，故孔子答以「主命」之義云：天子、諸侯將出，必以幣帛皮圭告于祖禰之廟。告訖，遂奉此幣帛皮圭以出於廟，載于齊車金路以行。每至停舍之處，先以脯醢奠此幣帛皮圭，而後始就停舍之處。行還反後，必陳此幣帛皮圭於祖

❶「人」字原脱，據衛氏《集説》、浦鏜校補。按《史記》有「人」字。

❷「王」，原作「主」，據阮本及閩、監、毛本改。

❸「似」，衛氏《集説》作「以」。

禰主前以告神，又設奠祭，既卒，斂此幣帛皮圭，埋諸兩階之間，乃後而出。蓋貴此「主命」故也。注「以脯」至「埋之」　正義曰：經云「每舍奠焉」，以其在路，不可恒設牲牢，故知以脯醢也。與殯奠同謂之奠，以其無尸故也。云「所告而不以出，即埋之」者，皇氏云：「謂有遷主者，直以幣帛告神，而不將幣帛以出行，即埋之兩階間。無遷主者，加之以皮圭，告於祖禰，遂奉以出。」熊氏以爲：「每告一廟，以一幣玉。告畢，若將所告遠祖幣玉行者，即載之而去。若近祖幣玉不以出者，即埋之。以其反還之時，以此載行幣玉告於遠祖，事畢，則埋於遠祖兩階間。其近祖以下，直告祭而已，不陳幣玉也。」

子游問曰：「喪慈母如母，禮與？」如母，謂父卒三年也。子游意以爲國君亦當然。《禮》所云者，乃大夫以下父所使妾養妾子。孔子曰：「非禮也。古者男子外有傅，內有慈母，君命所使教子也，何服之有？言無服也。此指謂國君之子也。大夫士之子，爲庶母慈己者服小功，父卒乃不服。昔者魯昭公少喪其母，有慈母良，及其死也，公弗忍也，欲喪之。有司以聞曰：『古之禮，慈母無服。據國君也。良，善也。謂之慈母，固爲其善。國君之妾，子於禮不服也。昭公年三十，乃喪齊歸，猶無慼容，是不少，又安能不忍於慈母？此非昭公明矣，未知何公也。今也君爲之服，是逆古之禮而亂國法也。若終行之，則有司將書之，以遺後世，無乃不可乎！』公曰：『古者天子練冠以燕居。』公弗忍也，遂練冠以喪慈母。喪慈母，自魯昭公始也。」公之言又非也。天子練冠以燕居，蓋謂庶子王爲其母。

疏「子游」至「始也」　正義曰：此一節論諸侯之子喪慈母無服之事。「喪慈母」者，子游之意，以《喪服》大夫以下所使妾無子者，❶養妾子之無母者，謂之慈母。喪此慈母，如己之母。今國君喪其慈母，還如己母，是禮與？注「如母」至「妾子」　正義曰：「如母，謂父卒三年也」，知者，以《喪服》「慈母如母」在《父卒三年章》中，故云「謂父卒三

❶「所」，阮校云：「惠棟校宋本『所』上有『父』字，毛本同。」

年」。若父在之時，則期也。鄭注《喪服》：「大夫妾子，父在爲母大功。士之妾子，父在爲母期。」則父在爲慈母，亦當與己母同也。云「子游意以爲國君亦當然」者，鄭知國君者，以下孔子答云「君命所使教子也」，又引魯昭公之事，皆以國君答子游，明子游本問國君也。云《禮》所云者，乃大夫以下父所使妾養妾子」者，「《禮》所云」，謂《喪服》所云「慈母如母」也。案《喪服傳》云：「慈母者何也？妾之無子者，妾子之無母者，父命妾曰：『女以爲子。』命子曰：『女以爲母。』若是，則生養之，終其身如母，死則喪之三年。」必知「大夫以下」者，以天子、諸侯不服庶母，故此云「君命所使，何服之有」？故知此「慈母如母」謂大夫以下也，天子、諸侯則絶之也。　注「此指」至「不服」　正義曰：鄭知經指「國君之子」者，以經云「君命所使教子」，故知「謂國君之子也」。國君之子尚不服庶母，則國君身不服庶母可知也。云「大夫士之子，爲庶母慈己者服小功」者，案《喪服·小功章》云：「君子子爲庶母慈己者。」傳云：君子子者，貴人之子也。爲庶母何以小功也？以慈己加也。」云「父卒乃不服」者，案《喪服》云「士爲庶母緦」，則大夫之子，父没爲庶母慈己亦緦。此云「父卒乃不服」者，謂不服小功，仍服緦耳。若大夫之子，庶母不慈己者，雖父在亦服緦。故鄭注《喪服》云：「其不慈己，則緦可也。」《喪服注》又云：「士之妻自養其子。」則不得有庶母慈己。此云「大夫士」者，因「大夫」連言「士」耳，其實士無庶母慈己者。皇氏云「有士」誤也。熊氏云：「士之適子無母，乃命妾慈己，亦爲之小功。知者，以『士爲庶母緦』，明士子亦緦，以慈己，加小功，故此連言『大夫士』也。」凡諸侯之子，適庶皆三母。故《内則》云：「必求其寬裕、慈惠、温良、恭敬、慎而寡言者爲子師，其次爲慈母，其次爲保母。」《内則》據諸侯也。其大夫及公子適妻子亦三母。故《喪服》云：「君子子爲庶母慈己小功。」注云：「君子子者，大夫及公子之適妻子。」又注引《内則》三母，是大夫及公子適妻之子爲三母，故彼注：「不云師、保，慈母居中，服之可知也。」言君之庶子，内有慈母。又大夫、公子適妻子爲慈母小功，則大夫、公子之庶子無三母也，但有「慈母如母」也。　注「據國」至「公也」　正義曰：前經指國君之子，此經引魯昭公，故云「據國君也」。是國君與其子同也。云「謂之慈母，固爲其善」者，《内則》既云「擇於諸母寬裕、慈惠、温良者，以爲子師，其次爲慈母」，此云「慈母良」，固當是性行善者。云「國君之妾，子於禮不服也」者，以《喪服》「公子爲其母，練冠，麻衣」，故云「於禮不服」。

親母尚不服，庶母不服可知。若父卒，得爲己母大功也。云「昭公年三十，乃喪齊歸」者，案襄三十一年，襄公薨，《左傳》云：「昭公十九，猶有童心。」是即位時年十九也。昭公十一年，其母齊歸薨而無感容，是年三十，非少孤也。案《家語》云：「孝公有慈母良。」今鄭云「未知何公」者，鄭不見《家語》故也。或《家語》王肅所足，故鄭不見也。

注「公之」至「其母」　正義曰：「公之言又非」者，以上云「公弗忍，欲喪慈母」，既爲非；今公言「古者天子練冠以燕居」，是「公言又非」也。云「天子練冠以燕居，蓋謂庶子王爲其母」者，案鄭注《服問》云：「庶子爲後，爲其母緦。《春秋》有以小君服之者。」故《春秋》「母以子貴」，其服皆伸。而天子服練冠者，皇氏云：「若適小君没，則得伸；若小君猶在，則其母壓屈，故練冠也。所以不同大夫士爲後著緦服必練冠者，以大夫士爲母，本應三年，以爲後壓屈，故降服緦麻。王侯庶子爲母，本練冠，故今還練冠。此乃異代之法。」案《喪服·緦麻章》云：「庶子爲後，爲其母緦。」鄭注《服問》云：「庶子爲後，爲其母緦。」則是周法，天子、諸侯、大夫、士一也。凡言「古者」，皆據今而道前代。此經既云「古者」天子爲其母，則是前代可知也。以經無明文，故鄭注云「蓋謂庶子王爲其母」，「蓋」是疑辭也。

曾子問曰：「諸侯旅見天子，入門，不得終禮，廢者幾？」旅，衆。孔子曰：「四。」「請問之。」曰：「大廟火，日食，后之喪，雨霑服失容，則廢。大廟，始祖廟。宗廟皆然，主於始祖耳。如諸侯皆在而日食，則從天子救日，各以其方色與其兵。示奉時事，有所討也。方色者，東方衣青，南方衣赤，西方衣白，北方衣黑。兵未聞也。大廟火，則從天子救火，不以方色與兵。」曾子問曰：「諸侯相見，揖讓入門，不得終禮，廢者幾？」孔子曰：「六。」「請問之。」曰：「天子崩，大廟火，日食，后、夫人之喪，雨霑服失容，則廢。」夫人，君之夫人。曾子問曰：「天子嘗、禘、郊、社、五祀之祭，簠簋既陳，天子崩，后之喪，如之何？」孔子曰：「廢。」既陳，謂夙興陳饌牲器時也。天子七祀，言五者，關中言之。曾子問曰：「當祭而日食、大廟火，其祭也如之何？」孔子曰：「接祭而已矣。如牲至未殺，則廢。」接祭而已，不迎尸也。**疏**正義曰：此一節論行禮有故，不得終之事。各依文解之。　注「大廟」至「祖耳」　正義曰：《公羊傳》云：「周公稱大廟。」魯之始祖也。明諸國皆然。餘廟有火，亦廢朝，故云「宗廟皆然」。特云「大廟火」，是「主於始祖」而言耳。**注**「示奉」至「聞也」　正義曰：「示奉時事」，解「各以其方色」；「有所討」解「與其兵」也。故諸侯皆在京師者，則從天子救日。爲陰侵陽，是君弱臣强之象。「方色者，東方衣青，南方衣赤，西方衣白，北方衣黑。兵未聞」者，《隱義》云：「東方用戟，南方用矛，西方用弩，北方用楯，中央用鼓。」所以有所討者，以日食陰侵陽，示欲助天子討陰也，亦備非常。以彼非正經，故不取也。《穀梁》云：「天子救日，置五麾，陳五兵五鼓。諸侯置三麾，陳三鼓三兵。大夫擊門，士擊柝。言充其陽也。」范甯云：「凡聲，陽也。擊鼓爲聲，所以助陽壓陰也。」《春秋傳》曰「日有食之，天子伐鼓於社」，責上公也；「諸侯伐鼓於朝」，退自責也。《夏書》曰：「辰不集于房，瞽奏鼓，嗇夫馳，庶人走。」孔傳曰：「辰，日月所會。集，合也。房，日月所舍。而不合其所舍，食可知也。」馳走者，救日之備也。奏，猶擊也。《周禮》有「救日之弓」。但不知兵之細別，故云「未聞」。　「大廟火，則從天子救火，不以方色與兵」　以日食是陰之災，故象五方之色，以兵討陰。救火無此義，故不用五方色及兵也。**注**「夫人，君之夫人」　正義曰：此經云「后、夫人之喪」，恐是天子之三夫人，故云「君之夫人」。此「大廟火」者，亦謂君之大廟，非天子大廟也。知非者，既云「揖讓入門」，無容天子大廟之火，赴告即至，故知非王之大廟。假令在後當朝，❶方聞火時，過已久，又不可廢朝，故知非王之大廟也。　**注**「既陳」至「言之」　正義曰：知「既陳，謂夙興陳饌牲器時也」者，以下文云「當祭而日食」，則此「簠簋既陳」不當祭也。既不當祭時，明是祭前陳饌牲器也。前文云「天子崩」、「后之喪」，與「日食」、「大廟火」，其禮皆同，則此「簠簋既陳」，日食、大廟火，亦同也。故下云「如牲至未殺，則廢」是也。牲至已殺，則行接祭。其天子崩、后之喪，牲入雖殺，不可行接祭，以其喪事重故也。云「天子七祀，言五者，關中言之」者，鄭此注以周禮言之。《祭法》：周天子七祀，諸侯五祀，大夫三祀。五居其中，言是諸侯之法。舉五而言，則上兼七，下通三，欲見天子及大夫其祭皆然，故云「關中言之」。關，通也，謂通取中央而言之。

❶「當」，阮本、閩本、監本、毛本作「堂」。

經云「嘗、禘」者，謂宗廟之祭也；「郊、社」，謂天地之祭。舉天地、宗廟，則五祀以上之祭，皆在其中。「孔子曰『接祭而已矣』」者，謂牲至之後，則接祭之也。接，捷也。捷，速也，速而祭之。注「接祭而已，不迎尸也」　正義曰：經云「如牲至未殺，則廢」，此云「接祭」，則牲至已殺之後也。案《郊特牲》云：「既灌，然後迎牲。」則迎尸於奧，在未殺牲之前。此經殺牲後云「不迎尸」者，凡迎尸之禮，其節有二：一是祭初迎尸於奧，而行灌禮，灌畢而後出迎牲。於時延尸於户外，殺牲，薦血毛，行朝踐之禮，設腥爓之俎於尸前，是一也。然後退而合亨，更迎尸入坐於奧，行饋孰之禮，是二也。此云「不迎尸」者，直於堂上行朝踐禮畢則止，不更迎尸而入。此謂宗廟之祭。郊社之祭無文，不迎尸，亦謂此時也。熊氏云：「郊社、五祀，祭初未迎尸之前，已殺牲也，以其無灌故也。故《大宰》云：『祀五帝納亨。』注云：『納亨，謂祭之時。』❶又《中霤禮》：『皆爲俎，奠於主，乃始迎尸。』是郊及五祀，殺牲在迎尸之前也。則此『不迎尸』，亦得爲祭初不迎尸也。」

禮記正義卷第二十六

❶「時」，孫詒讓《校記》云：「據《大宰》注，『時』當爲『晨』。」

禮記正義卷第二十七

國子祭酒上護軍曲阜縣開
國子臣孔穎達等奉勑撰

天子崩，未殯，五祀之祭不行。既殯而祭。其祭也，尸入，三飯不侑、酳不酢而已矣。自啓至于反哭，五祀之祭不行。已葬而祭，祝畢獻而已。既葬彌吉，畢獻祝而後止。郊、社亦然。唯嘗、禘宗廟俟吉也。曾子問曰：「諸侯之祭社稷，俎豆既陳，聞天子崩、后之喪、君薨、夫人之喪，如之何？」孔子曰：「廢。亦謂夙興陳饌牲器時也。自薨比至于殯，自啓至于反哭，奉帥天子。」帥，循也。所奉循如天子者，謂五祀之祭也。社稷亦然。疏「天子」至「而已」　正義曰：天子、諸侯祭禮既亡，今《儀禮》唯有大夫、士祭禮以言之。案《特牲饋食禮》，祝延尸于奥，迎尸而入，即延坐，三飯，告飽。祝侑尸，尸又飯，至於九飯畢。若大夫，依《少牢饋食》，尸食十一飯而畢。鄭注《少牢》云：「士九飯，大夫十一飯也。則其餘有十三飯、十五飯也。」案此説，則諸侯十三飯，天子十五飯。又案《特牲禮》，尸九飯畢，主人酳酒酳尸。尸飲，卒爵，酢主人。主人受酢，飲畢，酌獻祝。祝飲畢，主人又酌獻佐食。此是士之祭禮也。今約此而説天子五祀之祭也。「天子崩，未殯，五祀之祭不行」者，以初崩哀慼，未遑祭祀，雖當五祀祭時，不得行。「既殯而祭」者，但五祀外神，不可以己私喪，久廢其祭，故既殯，哀情稍殺而後祭也。「其祭也，尸入，三飯不侑，酳不酢而已矣」者，今喪既殯，不得純如吉禮，理須宜降殺。侑，勸也。故迎尸入奥之後，尸三飯告飽則止，祝更不勸侑其食，使滿常數也。又熊氏云：「『三飯不侑、酳不酢而已矣』，謂迎尸入奥之後，尸三飯即止，祝不勸侑至十五飯。於時冢宰攝主，酌酒酳尸，尸受，卒爵，不酢攝主。故云『三飯不侑、酳不酢而已』者，謂唯行此而已，不爲在後餘事也。」「自啓至于反哭，五祀之祭不行」者，謂欲葬之時，從啓殯以後，葬畢反哭以前，靈柩既見，哀摧更甚，故云「五祀之祭不行」。「已葬而祭，祝畢獻而已」，「已葬而祭」者，謂已葬，反哭殯宫畢，而行其祭。但既葬彌吉，尸入，三飯之後，祝乃侑尸，尸食十五飯。攝主酳尸，尸飲，卒爵而酢攝主。攝主飲畢，酌而獻祝。祝受飲畢，則止。無獻佐食以下之事。所以然者，以葬後未甚吉，唯行此禮而已。「而已」，是語辭也。皇氏云：「已，止也。」注「既葬」至「吉也」 正義曰：經云「祝畢獻」止，謂祝受獻，祭禮遂畢止，不獻佐食以下。云「郊、社亦然」者，《王制》云：「天地、社稷爲越紼而行事。」是與五祀同也。趙商問云：「『自啓至反哭，五祀之祭不行』，注云『郊、社亦然』者，案《王制》云：『唯祭天地社稷爲越紼而行事。』既云葬時郊、社之祭不行，何得有『越紼而行事』？」鄭答：「越紼行事，喪無事時。天地郊社有常日，自啓及至反哭，自當辟之。」鄭言「無事」者，謂未殯以前是有事，既殯以後，未啓以前，是無事，得行祭禮，故有「越紼行事」。鄭云「郊社有常日，自啓至反哭，自當辟之」者，郊社既有常日，自啓反哭，❶當辟此郊社之日。郊社尊，故辟其日，不使相妨。五祀既卑，若與啓、反哭日相逢，則五祀辟其日也。鄭言天地社稷去殯處遠，祭時踰越此紼而往赴之；五祀去殯處近，暫往則還，故不爲越紼也。云「唯嘗、禘宗廟，俟吉也」者，謂爲嘗、禘之禮，以祭宗廟，俟待於吉。故《王制》云「喪三年不祭」是也。其在喪祭郊社之時，其喪所朝夕仍奠。知者，《雜記》云：「國禁哭則止，朝夕之奠，即位自因也。」人臣尚爾，明天子得也。注「帥循」至「亦然」 正義曰：❷「帥，循也」，此《釋詁》文。今云「奉循天子」，案上天子有祭五祀之文，今云「奉循如天子」，謂諸侯五祀，亦如天子。故云「謂五祀之祭」，是諸侯五祀，如天子五祀也。今此諸侯祭社稷，其遭喪節制，與五祀同，故云「社稷亦然」。案天子崩，后喪，諸侯當奔赴，得奉循天子之禮者，諸侯或不自親奔而身在國者，或唯據君薨及夫人之喪，其嗣子所祭，得奉循天子也。

曾子問曰：「大夫之祭，鼎俎既陳，籩豆既設，不得成禮，廢者幾？」孔子曰：「九。」「請問之。」曰：「天子崩，后之喪，君薨，夫人之喪，君之大廟火，日食，三

❶「啓」，浦鏜校云，「啓」下脱「至」字。
❷「正」，原作「王」，據阮本改。

年之喪，齊衰，大功，皆廢。外喪自齊衰以下，❶行也。齊衰異門則祭。其齊衰之祭也，尸入，三飯不侑，酳不酢而已矣。大功，酢而已矣。小功、緦，室中之事而已矣。室中之事，謂賓長獻。士之所以異者，緦不祭。然則，士不得成禮者十一。所祭，於死者無服則祭。」謂若舅、舅之子、從母昆弟。**疏**「曾子」至「行也」正義曰：不直云「大功以上皆廢」，而歷序「三年之喪，齊衰，大功」者，以曾子問廢者有幾，孔子對云廢者有九，遂歷序九種之事，一一備言。此「大夫祭」者，謂祭宗廟。故下文云「所祭，於死者無服則祭」，是據宗廟也。**注**「齊衰異門則祭」正義曰：今遭異門，其齊衰之喪，祭也。「尸入，三飯不侑，酳不酢而已矣」若遭異門齊衰之喪，其祭，迎尸入室，但三飯則止，祝更不勸侑，使至十一，但三飯耳；則主人酌酒酳尸，尸不酢主人，唯此而已。「大功，酢而已矣」大功服輕，祭禮稍備。尸三飯，祝侑至十一飯而止。主人酌酒酳尸，尸酢主人，主人乃停。故云「大功，酢而已矣」。「小功、緦，室中之事而已矣」小功與緦麻，其服轉輕，祭禮轉備。其祭，尸十一飯訖，主人酳尸，尸卒爵，酢主人。主人獻祝及佐食畢，次主婦獻尸，尸酢主婦。主婦又獻祝及佐食，次賓長獻尸。若平常之祭，尸得賓長獻爵，則止不舉，待致爵之後，尸乃舉爵。今既喪殺，賓長獻尸，尸飲以酢賓，賓又獻祝及佐食，而祭畢止。凡尸，在室之奥；祝，在室中北廂，南面；佐食，在室中户西，北面。但主人、主婦及賓獻尸及祝、佐食等三人畢則止，故云「室中之事而已矣」。若致爵之時，主婦在房中，南面；主人獻賓堂上，北面。皆不在室中。其室中者，獻尸、祝、佐食耳。故此注云「室中之事，謂賓長獻」。此小功、緦麻，兼内外。知者，以前文云内喪大功以上廢，則知内喪小功以下不廢也。案《雜記》云：「臣妾死於宫中，三月而後祭之。」❷此内喪緦麻不廢祭者，此謂鼎俎既陳，臨祭之時，

❶「齊」字原脱，據《唐石經》、余本、撫本、岳本、阮本及衛氏《集説》補。

❷「案雜記云臣妾死於宫中三月而後祭之」，案：《雜記》無此文。《儀禮・喪服・緦麻三月章》：「庶子爲父後者爲其母。」傳曰：「有死於宫中者，則爲之三月不舉祭。」蓋引文出於此。

故不廢也。若不當祭時，有臣妾死於宮中，及大夫爲貴妾緦，庶子爲父後者爲其母緦之屬，皆不祭。「士之所以異者，緦不祭」孔子見曾參歷問至大夫，必應及士，故因廣舉士以語之。大夫唯至大功爲九，而士又加緦、小功二等，合爲十一。此亦謂祭宗廟，鼎俎既陳而值喪也。大夫祭，值緦、小功，不辨內外，皆不廢祭，而禮則小異耳。士值緦、小功，不辨外內，一切皆廢祭。士輕，故爲輕親伸情也。「所祭，於死者無服則祭」「所祭」，謂士祭祖禰。而死者己雖爲緦，祖禰於死者無服，鼎俎既陳，則亦祭也。

注「謂若」至「昆弟」 正義曰：此等於己雖服緦，而於祖禰則無服。然此皆母親而得云「無服」者，祭祀以祖禰爲主，母親於己服緦，於祖禰無服。然此皆母親，以父爲主也。其從母，父雖無服，己爲小功。熊氏云：「亦廢祭也。」皇氏云：「以從母於父無服，不廢祭也。」案經云「緦不祭。所祭，於死者無服則祭」，據緦爲文，似不關小功，故鄭以緦服解之。皇氏橫加小功，其義非也。

曾子問曰：「三年之喪，弔乎？」孔子曰：「三年之喪，練不群立，不旅行。爲其苟語忘哀也。君子禮以飾情，三年之喪而弔哭，不亦虛乎！」爲彼哀則不專於親也，爲親哀則是妄弔。

疏正義曰：此一節論身有重服不得弔人之事。「君子禮以飾情」，凡行吉凶之禮，必使外內相副，用外之物，以飾內情。故云衰以飾在內之情，❶故冠冕文彩以飾至敬之情，❷麤衰以飾哀痛之情。所以《三年問》云「衰服爲至痛飾也」，故云「君子禮以飾情」也。「三年之喪而弔哭，不亦虛乎」者，若身有重服而弔他人，則非飾情，所以爲虛也。言「虛」者，弔與服並虛也。何者？若己有喪，弔彼而哭，哀彼則忘己本哀，是己服爲虛也。若心存於己哀，忘彼而哭彼，則是於弔爲虛也。故注云「爲彼哀則不專於親也，爲親哀則是妄弔」。

曾子問曰：「大夫士有私喪，可以除之矣。而有君服焉，其除之也如之何？」孔子曰：「有君喪服於身，不敢私服，又何除焉？重喻輕也。私喪，家之喪也。《喪服四制》曰：「門外之治，義斷恩。」於是乎有過時而弗除也。君

❶「云」，衛氏《集説》無「云」字，浦鏜云衍字。
❷「故」，衛氏《集説》無「故」字，浦鏜云衍字。

之喪服除而后殷祭，禮也。」謂主人也。支子則否。❶ 疏 正義曰：此一節論臣有君親之喪，當隆於君之事。各依文解之。　「孔子曰：有君喪服於身，不敢私服，又何除焉」者，答以重喻輕也。「門外之治，義斷恩」，若身有君服，後遭親喪，則不敢爲親制服也。「又何除焉」者，謂成喪服爲重始，除服爲輕末，在親始重之日尚不獲伸，況輕末之時而可行乎？故云「又何除焉」？「君之喪服除而后殷祭，禮也」者，❷殷祭，謂小大二祥祭也。以其禮大，故曰殷也。言初乃爲身有君服，不敢爲親私除。若君服除後，乃可爲親行私喪二祥之祭，以伸孝心也。故盧氏云：「殷祭，盛也。君服除乃行釋私服之禮。」庾蔚云：「今月除君服，明月可小祥，又明月可大祥，猶若久喪不葬者也。若未有君服之前，私服已小祥者，除君服後，但大祥而可。已有君服之時，已私服或未小祥。❸是以揔謂之殷祭，❹而不得云再祭。殷，大也。小大二祥，變除之大祭，❺故謂之殷祭也。禘、祫者，祭之大，故亦謂之殷祭。」但此論大夫士，❻則不應有禘祫。此「殷」是釋除之祭也。有殷事則之君所。❼鄭以爲朔月、月半、薦新之奠，此又比朝夕爲大也。❽各有所指，❾不嫌殷名同也。 注「謂主人也，支子則否」「主人」，謂適子仕官者。❿適子主祭祀，故二祥待除君服而後行也。若支子仕官，雖不得除私服，而其家適子已行祥祭，庶子於後無所復追祭，故云「否」也。

曾子問曰：「父母之喪，弗除可乎？」以其有終身之憂。孔子曰：「先王制禮，過時弗舉，禮也。非弗能勿除也，患其過於制也。故君子過時不祭，禮也。」言制禮以爲民中，過其時則不成禮。 疏 正義曰：曾子又疑云：聖人制

❶「支」，原作「父」，據余本、撫本、岳本、阮本改。
❷「者」原是墨丁，據阮本補。
❸「祥」字原漶滅，據足利本、阮本補。
❹「是以」二字原漶滅，據足利本、阮本補。
❺「除之大」三字原漶滅，據足利本、阮本補。
❻「但此論」三字原漶滅，據足利本、阮本補。
❼「則之君」三字原漶滅，據足利本、阮本補。
❽「也」字原漶滅，據足利本、阮本補。
❾「各有」二字原漶滅，據足利本、阮本補。
❿「官」，阮校云：「衛氏《集説》『官』作『宦』。下『支子仕官』同。」

變受之期，情禮之殺，使送死有已，復生有節，是不許人子有不除之喪。若適子除君服後乃有殷祭之事，如喪久不葬者，此則可解。若庶子除君服後，無復殷祭之事，便是其爲父母之服，一生不有除説之事。此於禮許得可乎？

「孔子」至「禮也」　據制以答此所以不除意也。孔子言先王制禮，各有時節，若過則不追舉，是禮之意也。「非弗」至「制也」　勿，猶不也。言今日不追除服者，非是不能除改也。爲此不除，正是患其過於聖人之禮制也。

「故君子過時不祭，禮也」　又引君子過時不舉之事以證之。「過時不祭」，謂春雨露既濡，君子履之，怵惕思親，思親故設祭。若春時或有事故，不得行祭，至夏，乃行夏祭，不復追補春祭。是「過時不祭」，以爲禮也。若「過時不祭」，如適子仕者，除君服後，猶得行殷祭。其四時之祭，過時所以不追者，假令春夏祭，本爲感春夏而祭，至秋非時，故不追也。且今年春夏雖過時，至明年，會應復有春夏。故當時則祭，❶過時不補前祭。祥非爲感時，正是孝子爲存親，存親則前後無異，❷故除君服已伸孝心也。

曾子問曰：「君薨既殯，而臣有父母之喪，則如之何？」孔子曰：「歸居于家，有殷事則之君所，朝夕否。」居家者，因其哀後，隆於父母。殷事，朔月、月半、薦新之奠也。疏殷，大也。孔子答云：君殯既訖，君所無事，父母新喪，故歸於家，以治父母之喪。若君喪有朔月、月半、薦新大事，則臣之適君所以哭君。若凡常朝夕，則不往哭君，唯在家爲父母治喪，故云「朝夕否」。若臣有父母之喪，既殯而後有君喪，則歸君所，若父母之喪有殷事之時則來歸家，平常朝夕則不來，恒在君處。注「居家」至「父母」　正義曰：「君薨既殯」，是君喪在前；殯後親死，是父母喪在後。親喪痛甚，恒居於家，是「隆於父母」也。

曰：「君既啓，而臣有父母之喪，則如之何？」孔子曰：「歸哭而反送君。」言送君，則既葬而歸也。歸哭者，服君服而歸，不敢私服也。疏正義曰：曾子上問「既殯」，今問「既啓」，故云「君既啓，而臣有父母之喪，則如之何」？孔子答曰：「歸哭父母而反往送君，既葬畢，還來歸家，而治父母之喪。」以此言之，父母之葬既啓，而有君之喪，則亦往哭於

❶「祭」字原漶滅，據足利本、阮本補。
❷「存」字原漶滅，據足利本、阮本補。

君所而反送父母，父母葬畢，而居君所。注「言送」至「服也」　正義曰：知「既葬而歸」者，以言「送君」，則葬罷而歸，則不待君之虞祭也。其君喪祔與卒哭，未知臣往君所與否。云「歸哭者，服君服而歸，不敢私服也」者，謂歸哭父母，猶服君服，不私服也。知不私服者，上文云「有君喪服於身，不敢私服」，故知不私服也。曰：「君未殯，而臣有父母之喪，則如之何？」孔子曰：「歸殯，反于君所，有殷事則歸，朝夕否。」其哀雜，主於君。疏正義曰：前問君「既殯」及「既啓」而有父母之喪，今問「君未殯，而臣有父母之喪，如之何」？孔子答曰：「歸殯父母訖，反于君所以殯君，恒在君所。家有殷事之時則暫歸於家，若尋常朝夕，則不得歸也。」故云「朝夕否」。盧氏云：「『歸殯，反于君所』者，人君五日而殯，故可以歸殯父母而往殯君也。」若其臨君之殯日，❶盧云：「歸哭父母而來殯君，則殯君訖乃還殯父母也。」以此言之，臣有父母之喪，未殯而有君喪，去君殯日雖遠，秖得待殯君訖而還殯父母，以其君尊故也。注「其哀雜，主於君」　正義曰：以君未殯，則君哀重；而父母又喪，是親哀亦重。君與親哀既半相雜，君爲尊，故主意於君，故尋常恒在君所。大夫，室老行事；士則子孫行事。大夫士，其在君所之時，則攝其事。大夫内子，有殷事，亦之君所，朝夕否。」謂夫之君既殯而有舅姑之喪者。内子，大夫適妻也。妻爲夫之君，如婦爲舅姑，服齊衰。疏「大夫」至「行事」　以大夫士有殷事在君所之時，則在家之朝夕之奠有闕；若朝夕恒在君所之時，則在家朝夕之奠亦闕。奠不可廢，其大夫尊，故遣室老攝行其事。士卑，則子孫攝行其事。「大夫」至「朝夕否」　正義曰：「大夫内子，有殷事，亦之君所，朝夕否」，上文明大夫禮節，此明婦人之進止。君既殯而婦有舅姑之喪，大夫者，卿之摠號。内子者，卿之適妻。以前問「君薨既殯，有父母之喪」，此明君既殯後，而婦有舅姑之喪，歸居於家，君有殷事之時，亦之君所。云「亦」者，謂亦同其夫也。非但夫往君所，妻亦往君所也。若尋常朝夕，則不往君所。舉此一條，婦同於夫，則「君既啓」及「君未殯」而有舅姑之喪，其禮悉同夫也。注「内子」至「齊衰」　正義曰：案僖二十四年《左傳》云：「晉趙姬請以叔隗爲内

❶「日」，原作「曰」，據阮本改。

子，而已下之。」叔隗爲趙衰妻，是大夫適妻也。若對而言之，則卿妻曰内子，大夫妻曰命婦。若散而言之，則大夫是卿之揔號，其妻亦揔名爲内子。云「妻爲夫之君，如婦爲舅姑，服齊衰」者，此《喪服》文也。賤不誄貴，幼不誄長，禮也。誄，累也，累列生時行迹，讀之以作謚。謚當由尊者成。唯天子稱天以誄之。以其無尊焉。《春秋公羊》説以爲，讀誄制謚於南郊，若云受之於天然。諸侯相誄，非禮也。禮當言誄於天子也，❶天子乃使大史賜之謚。疏「賤不」至「禮也」　正義曰：此一節論謚由尊者出之事。「賤不誄貴」，誄，累也，謂賤不得累列貴者之行而爲謚，幼不得累列長者之行而作謚，如此是其禮也。所以然者，凡謚，表其實行，當由尊者所爲。若使幼賤者爲之，則各欲光揚在上之美，有乖實事，故不爲也。「唯天子稱天以誄之」者，諸侯及大夫，其上猶有尊者爲之作謚。其天子，則更無尊於天子者，故唯爲天子作謚之時，於南郊告天，示若有天命然，不敢自專也。「諸侯相誄，非禮也者」，非但賤不誄貴，平敵相誄，亦爲不可，故云「諸侯相誄，非禮也」。既賤不誄貴，案襄十三年《左傳》楚子囊爲共王作謚者，春秋亂世，不能如禮。此不言「君臣兄弟」而言「貴賤長幼」者，廣包餘人，非唯君臣兄弟而已。注「以其」至「南郊」　正義曰：案鄭之時，説《公羊》者而爲此言，故《白虎通》云：「天子崩，大臣之於南郊，稱天以謚之者，爲人臣子，莫不欲襃大其君，掩惡揚善，故至南郊，明不得欺天也。」注「禮當」至「之謚」　正義曰：案《白虎通》云：「君薨請謚，世子赴告於天子，天子唯遣大夫會葬而謚之。」又《檀弓》云：「公叔文子卒，其子戍請謚於君曰：『日月有時，將葬矣，請所以易其名者。』」大夫當請誄於君，則諸侯理當言誄於天子。云「天子乃使大史賜之謚」者，案《大史職》云：「小喪，賜謚。」鄭云：「小喪，卿大夫也。」卿大夫言「賜之謚」，明諸侯之喪亦然。

曾子問曰：「君出疆，以三年之戒，以椑從。君薨，其入如之何？」其出有喪備，疑喪入必異也。戒，猶備也，謂衣衾也。親身棺曰椑。其餘可死乃具也。孔子曰：「共殯服，此謂君已大斂。殯服，謂布深衣，苴絰，散帶垂。殯時主人所服，共之以待其來也。其餘殯事，亦皆具焉。則子麻弁絰，疏衰，菲杖。棺

❶「言」，阮校引浦鏜云，「言」乃「請」之誤。

柩未安，不忍成服於外也。麻弁絰者，布弁而加環絰也。布弁，如爵弁而用布。杖者，爲已病。**入自闕，升自西階。**闕，謂毁宗也。柩毁宗而入，異於生也。升自西階，亦異生也。所毁宗，殯宫門西也。於此正棺，而服殯服。既塗而成服。殷，柩出毁宗；周，柩入毁宗：禮相變也。**如小斂，則子免而從柩。**謂君已小斂也。主人布深衣。不括髮者，行遠，不可無飾。**入自門，升自阼階。**親未在棺，不忍異入，使如生來反。**君、大夫、士一節也。」**

疏正義曰：此論諸侯在外死，❶以喪歸之事。曾子問夫子云：諸侯之君，或出疆朝會，其出之時，「以三年之戒，以椑從」，戒，備也，謂以三年喪備衣衾之屬，并以椑棺而從。出既有備，今其入也如之何？

注「其出」至「具也」　正義曰：案《王制》云：「絞、紟、衾、冒，死而后制。」此云「戒，備，謂衣衾」者，熊氏云：「此言三年之戒，謂衣衾之裁。若其造作，死後乃爲之。」云「親身棺曰椑」，案《喪大記》云：「大棺八寸，屬六寸，椑四寸。」從外嚮内，親身也。《檀弓》注云：「椑，堅著之言也。」謂椑雖親身，天子椑内猶有水、兕，諸公椑内猶有兕，諸侯以椑爲親身也。云「其餘可死乃具也」，謂除椑之外，大棺與屬，若在家年老，亦死前爲之。今出疆，椑從，年未老，故大棺等，死後乃具也。「孔子曰：共殯服」者，於時大斂之後，主人從柩而歸，則其家豫共主人殯時所著之服，謂布深衣，苴絰，散帶垂也。於時主人從柩在路，以棺柩未安，未忍成服於外，唯著麻弁。麻，布也，謂布弁。布弁之上，而加環絰。

注「此謂」至「具焉」　正義曰：知此謂「大斂」者，以下文云「如小斂」，故知此謂「已大斂」也。云「殯服，謂布深衣、苴絰、散帶垂」，案《士喪禮》云：「小斂，苴絰大鬲，散帶垂。」又禮，親始死，布深衣，至成服以來，其服不改，故知「殯服，布深衣、苴絰、散帶垂」。其首服，崔氏云：「小斂之前，大夫士皆素冠。小斂括髮之後，士則加素冠，大夫加素弁。」云「其餘殯事，亦皆具焉」，以殯不可闕，故知「具焉」。經特云「共殯服」者，舉主人服爲重。

「則子麻弁絰，疏衰，菲杖」　身著疏衰，疏衰是齊衰也。足著菲屨，菲，謂藨屨也。其身已病者柱杖，故云「疏衰，菲杖」也。

注「棺柩」至「已病」　正義曰：案《士喪禮》云：「三日成服。」今君喪在外，仍著「麻弁，疏衰」，故

❶「在」，阮本作「出」，閩、監、毛本同。

知「不忍成服於外」也。云「麻弁絰者，❶布弁而加環絰也」者，布弁，謂吉布十五升，與「子游麻衰」，及《詩》云「麻衣如雪」同。知「加環絰」者，《雜記》云「小斂，環絰」是也。云「布弁，如爵弁而用布」者，案《檀弓》云：「周人弁而葬，殷人冔而葬。」冔是殷之祭冠，明弁絰似周之祭冠，故知爵弁也。云「杖者，爲已病」者，以《士喪禮》服、杖同時，今服未成而已杖，故云「爲已病」也。　「入自闕，升自西階」謂柩入宫之時，毁殯宫門西邊牆，從柩而入。其升堂之時，自西階而升。必西階者，以柩從外來，如似賓客，故就西而升階，就客位也。　注「闕謂」至「變也」　正義曰：鄭恐是門闕，故云「毁宗」也。　謂毁此宗廟之牆，其處空闕，故謂之「闕」。云「柩毁宗而入，異於生也」，《公羊》定元年：「癸亥，公之喪至自乾侯。戊辰，公即位。正棺於兩楹之間，然後即位。」注云：「正棺者，象既小斂，夷於堂也。」於此之時，服殯服也。云「既塗而成服」者，謂菆塗既畢而成服也。　云「殷，柩出毁宗；周，柩入毁宗：禮相變也」，《檀弓》云：「毁宗躐行，殷道也。」既云「毁宗」，始云「躐行」，是先毁宗，後躐行也。是從内而出，故云「殷，柩出毁宗」。「如小斂，則子免而從柩」，上之所言，謂大斂之後。此所謂未大斂，❷當小斂以後之節，則子首不著麻弁，身不服疏衰，唯首著免，身著布深衣，而從柩也。　注「謂君」至「無飾」　正義曰：案《士喪禮》，從死至成服，主人皆著深衣，故知「小斂，主人布深衣」也。《士喪禮》云：「小斂，主人髻髮。」今著免者，以在外遠行，不可無飾，故著免也。　「入自門，升自阼階」　其柩入之時，入自門，不自闕也。升自阼階，不由西階也。故注云：「親未在棺，猶如生也。」　「君、大夫、士一節也」　言上來從柩之儀，更無尊卑之異，非但君死於道路亦然，諸侯與大夫、士一等也。

曾子問曰：「君之喪既引，聞父母之喪，如之何？」孔子曰：「遂既封而歸，不俟子。」遂，遂送君也。封，當爲「窆」。子，嗣君也。　曾子問曰：「父母之喪既引，及塗，聞君薨，如之何？」孔子曰：「遂既封，改服而往。」封，亦當爲「窆」。改服，括髮，徒跣，布深衣，扱上衽，不以私喪包至尊。

疏 正義曰：此一節論君葬在路遭父母喪，或父母葬聞君喪之事。　注「遂遂」至「君也」　正義曰：以經云

❶「絰」，原作「經」，據阮本改。

❷「所」，殿本、庫本無「所」字，義勝。

「遂既封而歸」，今君喪既引在塗而言「遂」，故知「遂送君」也。又云「不俟子」，是不待子而先還。若待封壙既畢，必在子還之後。❶今經云「既封而歸」，非封壙也，故知「封，當爲窆」。窆，下棺也。　注「封亦」至「至尊」　正義曰：《禮》：「親始死，笄纚。」小斂始括髮。今臣聞君喪即括髮，不笄纚者，若尋常是吉，今忽聞君喪，❷故去冠而笄纚。今臣有父母之喪，葬在於塗，首先服免，忽聞君喪，若著其笄纚，則與尋常吉同，以首不可無飾，故括髮也。知葬時著免者，以《雜記》云：「非從柩與反哭，無免於堩。」故知葬時著免也。

曾子問曰：「宗子爲士，庶子爲大夫，其祭也如之何？」孔子曰：「以上牲祭於宗子之家，貴祿重宗也。上牲，大夫少牢。祝曰：『孝子某爲介子某薦其常事。』介副也。不言「庶」，使若可以祭然。

疏　正義曰：此一節論宗子祭用大夫牲之事。　「以上」至「之家」　「上牲」，謂大夫少牢也。宗子是士，合用特牲。今庶子身爲大夫，若祭祖禰，當用少牢之牲，就宗子之家而祭也。以廟在宗子家故也。　注「貴祿」至「少牢」　正義曰：用大夫之牲，是「貴祿」也。宗廟在宗子之家，是「重宗」也。此宗子，謂小宗也。若大宗子爲士，得有祖禰二廟也。若庶子是宗子親弟，則與宗子同祖禰，得以上牲於宗子之家而祭祖禰也。但庶子爲大夫，得祭曾祖廟。己是庶子，不合自立曾祖之廟。崔氏云：「當寄曾祖廟於宗子之家，亦得以上牲，宗子爲祭也。若己是宗子從父庶子兄弟，父之適子，則於其家自立禰廟，其祖及曾祖，亦於宗子之家寄立之，亦以上牲，宗子爲祭。若己是宗子從祖庶兄弟，父祖之適，則立祖禰廟於己家，則亦寄立曾祖之廟於宗子之家，己亦供上牲，宗子爲祭。」此「大夫」者，謂諸侯大夫，故少牢。知此是諸侯大夫者，以下文云「宗子有罪，居于他國」，言「他國」則是據諸侯也。以文相連接，故知此「大夫」是諸侯大夫也。　「祝曰」至「常事」　宗子祭時，祝告神辭云「孝子某」，孝子，謂宗子也。「某」是宗子之名。「介子某」，介子，謂庶子爲大夫者。介，副也。「某」是庶子名也。薦其歲之常事。告神止稱宗子，其時庶子身在祭位。必知庶子在者，以經云「祭於宗子之家」，是大夫就宗子家而祭。　注「介副」至「祭然」　正義曰：上云「庶子爲大夫」，此亦當云「爲

❶「在」，毛本作「待」。
❷「今」，原作「令」，據足利本、阮本改。

庶子某」。今云「介子某」者，庶子，卑賤之稱。介是副貳之義，介副則可祭，故云「使若可以祭然」，故稱「介子」。

若宗子有罪，居于他國，庶子爲大夫，其祭也，祝曰：『孝子某使介子某執其常事。』此之謂宗子攝大夫。

疏正義曰：此一節以曾子前問宗子爲士，庶子爲大夫，孔子答畢，更爲曾子廣陳宗子有罪，出居他國，庶子爲大夫在家法。其祭之禮，案《少牢饋食》，司宮筵于奥，設饌畢，祝酌，奠于鉶南。主人西面，再拜稽首。祝曰：「孝孫某，敢用柔毛剛鬣、嘉薦普淖，用薦歲事于皇祖伯某，以某妃配某氏。尚饗。」此所謂「配」也。今攝主則不配。《少牢》又云：祝出迎尸，尸入，即席坐，而執祝前之觶，而祝命尸挼。❶尸取菹，擩于醢，祭于豆間，及祭黍、稷、肺等。是謂「尸綏祭」也。尸飯十一飯訖，主人洗爵酳尸，尸酢主人，主人拜受爵。上佐食取黍稷肺授主人。所謂「綏祭」也。今攝主不綏祭。《少牢》又云：主人左執爵，祝與二佐食取黍以授尸，尸執以命祝。祝受以東，北面，嘏于主人曰：「皇尸命工祝，承致多福無疆于女孝孫。」所謂「嘏」也。今攝主則不嘏也。案《特牲》，主人受嘏之後，獻祝及佐食訖，主婦獻尸及祝、佐食訖，乃賓長獻尸，尸爵止，未飲。主人、主婦交相致爵訖，尸乃飲止爵以酢賓。賓飲訖，賓獻祝及佐食，洗酌致于主人、主婦訖，主人獻賓，賓酢主人。主人又獻衆賓訖，尊兩壺于阼階東，西方亦如之。主人酌西方之尊以酬賓。主人奠爵于賓之薦北，賓取爵，東面，奠于薦南。所謂「布奠於賓」也。今攝主，主人奠於薦北，賓取奠於薦南而不舉也。主人獻長兄弟，又獻衆兄弟訖，長兄弟加爵於尸，衆賓長又加爵於尸訖。嗣子舉奠。舉奠訖，賓坐，取薦南之爵，酬長兄弟。長兄弟酬衆賓，酬衆兄弟。❷所謂「旅酬」。今攝主，不旅酬也。《特牲》云，旅酬之後，無筭爵。無筭爵之後，祝告利成，尸起，主人降。佐食徹尸薦俎，設於西北隅。所謂「陽厭」。今攝主，不爲此陽厭也。注「此之」至「大夫」　正義曰：《喪服小記》：「士不攝大夫。士攝大夫，唯宗子也。」

攝主不厭祭，不旅，不假，不綏祭，不配。

皆辟正主。厭，厭飫神也。厭有陰有陽。迎尸之前，祝酌奠，奠之且饗，是陰厭也。尸謖之後，徹薦俎敦，

❶「挼」，浦鏜校云，「挼」下脱「祭」字。

❷「酬」，阮本「酬」上「衆賓」二字重，疑是。

設於西北隅，是陽厭也。此不厭者，不陽厭也。不旅，不旅酬也。假，讀爲嘏，不嘏主人也。不綏祭，謂今主人也。綏，《周禮》作「墮」。不配者，祝辭不言「以某妃配某氏」。

疏「攝主不厭祭」　正義曰：此宗子有罪，出在他國，庶子既爲攝主，不敢備禮，故於祭末不爲陽厭之祭也。所以不爲陽厭者，厭是神之厭飫，❶今攝主謙退，似若神未厭飫然也。　「不旅」　謂於將行旅酬之時，❷賓奠不舉，不爲旅酬也。旅酬是賓主交歡之始，今攝主不敢當正主，故「不旅」也。　「不嘏，不綏祭」　嘏是主人受福，綏是將欲受福，先爲綏祭。❸今辟正主，故不敢受嘏。以其不嘏，故不綏祭也。　「不配」　以祭初，尸未入之時，祝告神辭曰：「以某妃配某氏。」備告考妣。今攝主，不敢備禮，略言「皇祖」而已。此經所陳，從祭末然後以次至祭初，逆陳之。必逆陳之者，皇氏云：「以其攝主非正，故逆陳以見義。」　**注**「皆辟」至「某氏」　正義曰：以其無尸，設饌欲神之歆饗而厭飫是也。　云「厭有陰有陽」，謂一祭之中，有此兩厭，下文「有陰厭，有陽厭」是也。　云「迎尸」至「陰厭也」，約《少牢》、《特牲禮》文。「祝酌奠」者，謂祝酌，奠於鉶南。「且饗」者，祝奠訖，且復以辭饗告神也。是室奧陰静之處，故云陰厭。尸謖之後，佐食徹尸之薦俎，設於西北隅，得户明白之處，故曰陽厭。今「攝主不厭」，謂不陽厭也。所以然者，厭是厭飫，凡厭是神之歆饗。　云「尸謖」至「陽厭也」，其上大夫當自賓尸，故《少牢禮》無陽厭也。下大夫不賓尸，有陽厭也。其天子、諸侯，明日乃爲繹祭，亦有陽厭也。故《詩》云：「相在爾室，尚不媿于屋漏。」謂天子之禮。天子既爾，諸侯亦然。此謂下大夫攝也。禮有陽厭，以其攝主，故闕陽厭。若上大夫，本無陽厭可闕。知「此不厭者，不陽厭」，此皆逆陳，於祭末者先言，故知不陽厭也。　云「假，讀爲嘏」至「主人也」，以古旁之「嘏」，是福慶之辭。《少牢》云「嘏于主人」，「嘏」字古旁爲之。祭禮唯主人受嘏，故知「不嘏，不嘏主人」也。云「不綏祭，謂今主人」者，謂欲食之時，先減黍稷牢肉，而祭之於豆間，故曰綏祭。尸與主人，俱有綏祭。今攝主則不綏也。所以然者，凡將受福，先爲綏祭。今辟正主，不敢受福，故不綏也。若綏，《少牢禮》云：祝出迎尸，尸入，即席坐。而祝命尸綏祭，尸取菹及黍、稷、肺祭于豆間，是謂

❶「厭」，原作「陽」，據衛氏《集説》和浦鏜校改。
❷「於將行」，原作「所將祭」，據殿本、庫本及阮校改。
❸「爲」，原作「受」，據阮本、阮校改。

之綏祭。綏是減毁之名。尸與主人，俱有綏祭也。云「今主人」者，謂今攝主人也。云「綏，《周禮》作『墮』」者，以綏是綏安之義，墮是減毁之名，故從於《周禮》「墮」爲正。《守祧》云「既祭，則藏其隋」是也。　云「不配者」至「某氏」　謂祝辭直言「薦歲事於皇祖伯某」，不云「以某妃配某氏」。「某氏」者，其妃之姓也，若云某妃姜氏、子氏之類也。

布奠於賓，賓奠而不舉。布奠，謂主人酬賓，奠觶於薦北。賓奠，謂取觶奠於薦南也。此酬之始也。奠之不舉，止旅。疏謂主人酬賓之時，賓在西廂，東面。主人布此奠爵於賓薦之北。❶　「賓奠而不舉」者，賓坐取薦北之爵，奠於薦南而不舉，用以酬兄弟。此則不旅酬之事，而更別言者，以上文揔云祭祀，是主人之事。自此以下，更別論賓禮有闕，故重言之。注「布奠」至「止旅」　正義曰：此皆《特牲禮》文。云「此酬之始也」者，案《特牲禮》云，賓奠之後，主人獻衆兄弟、内兄弟訖，乃行旅酬，故云「此酬之始也」。云「奠之不舉，止旅」者，謂止旅酬之事而不爲也。

不歸肉。肉，俎也，謂與祭者留之共燕。❷

其辭于賓曰：『宗兄、宗弟、宗子在他國，使某辭。』」辭，猶告也。宿賓之辭，與宗子爲列，則曰「宗兄」若「宗弟」，昭穆異者，曰「宗子」而已。其辭若云：「宗兄某在他國，使某執其常事，使某告。」疏「不歸肉」　歸，饋也，謂不歸俎肉於賓也。注「肉俎」至「共燕」　正義曰：賓客正祭，諸助祭之賓客，各使歸俎。今攝主不敢饋俎肉於賓，故注云「諸與祭者，留之共燕」。「其辭」至「某辭」　正義曰：非但祭不備禮，其將祭之初，辭告於賓，與常禮亦別，云：宗兄、宗弟、宗子在他國，不得親祭，故使某執其常事，使某告也。故云「使某辭」。注「辭猶」至「之辭」　正義曰：云「宿賓之辭」，案《特牲》云：「乃宿尸。」注云：「宿，讀爲肅。肅，進也。進者，使知祭日當來。」下云「宿賓」，故云「宿賓之辭」。　云「與宗子爲列」至「而已」　若同列者，云「宗兄若宗弟」。其昭穆異者，宗子雖祖父及子孫之行，但謂之「宗子」，故云「而已」。

曾子問曰：「宗子去在他國，庶子無爵而居

❶「薦」，原脱，據衛氏《集説》及潘宗周《校勘記》補。
❷「謂」，《考文》引宋板、古本、足利本作「諸」。阮校云：「《釋文》出『諸與』。《通典》五十一引亦作『諸與祭者』。按《正義》作『諸』。」張敦仁《考異》亦云作「諸」是。

者，可以祭乎？」孔子曰：「祭哉！」有子孫存，不可以乏先祖之祀。「請問其祭如之何？」孔子曰：「望墓而爲壇，以時祭。不祭于廟。無爵者賤，遠辟正主。若宗子死，告於墓，而后祭於家。言祭於家，容無廟也。宗子死，稱名不言『孝』，孝，宗子之稱，不敢與之同其辭，但言「子某薦其常事」。身没而已。至子可以稱孝。子游之徒有庶子祭者，以此，以，用也。用此禮祭也。若義也。❶若，順。今之祭者，不首其義，故誣於祭也。」首，本也。誣，猶妄也。

疏正義曰：此一節論庶子代宗子祭之事。各依文解之。「曾子問」至「以祭乎」論曾子以孔子上文云，❷宗子有罪，居在他國，庶子爲大夫，得在本國攝祭。未知庶子無爵，在國居者，可祭以否，故問之。「孔子曰『祭哉』」者，孔子既許其祭，以無正文得祭，故云「祭哉」。「哉」者，疑而量度之辭。故注云：「有子孫存，不可以乏先祖之祀。」「『請問其祭如之何』？孔子曰『望墓而爲壇，以時祭』」者，宗子雖有廟在宗子之家，庶子無爵，不得就宗子之廟而祭，唯可望近所祭者之墓而爲壇，以四時致祭也。注「不祭」至「正主」正義曰：所以不祭于宗子廟者，以庶子無爵卑賤，遠辟正主。正主，謂宗子也。據鄭此言，「宗子去在他國」，謂有爵者。若其無爵，在家本自無廟，何須云「不祭廟，辟正主」也。鄭必知是有爵者，以經云「宗子去在他國，庶子無爵而居」，庶子云「無爵」，明宗子是有爵。此宗子去他國，謂有罪者。若其無罪，則以廟從，本國不得有廟。故《喪服小記》注云：「宗子去國，乃以廟從。」謂無罪也。「若宗」至「於家」孔子上爲曾子説宗子身在外，此又説宗子身没，謂告於所祭之墓，而后祭於庶子無爵者之家也。注「言祭於家，容無廟也」正義曰：從上以來，雖據宗子有爵而言，其廟在家。今宗子既死，庶子無所可辟，當云「告於墓而后祭於宗子之家」，今直云「祭於家」，是祭於庶子之家，是容宗

❶「子游之徒有庶子祭者以此若義也」，王念孫曰：「『以此若義也』，五字當作一句讀。此若義，猶言此義。若亦此也。」詳《經義述聞》。又，王國維校云：「經文『子游之徒』以下乃記者之語，不得爲孔子之辭。」今標點姑依注疏之舊。

❷「論」，浦鏜校云，「論」字當衍文。

子之家無廟故也。宗子所以無廟者，宗子無爵，不合立廟。或云「祭於家」者，是祭於宗子之家，容庶子之家無廟也。庶子所以無廟者，一是庶子無爵，不合立廟；二是宗子無罪，居他國，以廟從，本家不復有廟故也。「宗子死，稱名不言孝」宗子既死，庶子其祭之時，告神但稱其名，不得稱「孝」，辟宗子也。注「孝宗」至「常事」正義曰：上文「孝子某使介子某」，「孝子」是宗子之稱。今直言名，不言「介」。若宗子在，得言「介子某」。今宗子既死，身又無爵，復稱名，❶不得稱「介」，故但言「子某薦其常事」。「身没而已」者，其不稱孝者，唯己身終没而已。至其子，則稱孝也。注「至子可以稱孝」正義曰：以庶子合稱「孝」者，庶子身死，其子則是庶子適子，祭庶子之時，可以稱「孝」。「子游之徒有庶子祭者，以此」以其禮無正文，故孔子引子游之徒黨，有庶子祭者而用此禮而祭。「若義也」者，若，順也。謂順於古義，故云「若義也」。「今之祭者，不首其義，故誣於祭也」注「首，本也。誣，猶妄也」❷正義曰：謂今日世俗庶子祭者，不尋本義之道理爲此祭，故云「誣於祭」。謂妄爲祭之法，不依典禮。

曾子問曰：「祭必有尸乎？言無益，無用爲。**若厭祭亦可乎？」**厭時無尸。**孔子曰：「祭成喪者必有尸。尸必以孫，孫幼則使人抱之。無孫，則取於同姓可也。**人以有子孫爲成人。子不殤父，義由此也。**祭殤必厭，蓋弗成也。**厭飫而已，不成其爲人。**祭成喪而無尸，是殤之也。」**與不成人同。**孔子曰：「有陰厭，有陽厭。」**言祭殤之禮，有於陰厭之者，有於陽厭之者。

疏正義曰：此一節論祭有尸，有陽厭、陰厭之事。各依文解之。「祭必有尸乎」曾子之意，以祭神，神本虚无，無形無象，何須以生人象之，故云「祭必有尸乎」？注「言無益，無用爲」正義曰：祭是祭神，不祭生人。今祭生人，無益死者，故云「無益」。云「無用爲」者，無用爲此尸。一解云：「無用爲」者，無用此之爲。「爲」是助語。「若厭祭亦可乎」？若如厭祭之時，亦應可乎？謂祭

❶「復」，阮校云，許宗彦改作「徒」。
❷「注首本也誣猶妄也」，阮元引浦鏜校云，此八字當衍文。

初尸未入之前，祭末尸既起之後，並皆無尸，直設饌食以厭飫鬼神。如此之時，其理亦可？注云：「厭時無尸。」「孔子曰：祭成喪者必有尸」孔子答：祭以成人之喪者，必須有尸。以成人之喪，威儀具備，必須有尸，以象神之威儀也。尸必以孫，若其孫幼，則使人抱之。若無孫，則取同姓昭穆孫行適者可也。以其成人，威儀既備，有爲人父之道，不可無尸。「祭殤必厭，蓋弗成也」年若幼，在殤，人道未備，威儀簡略，不足可象，不須立尸，故「祭殤必厭」。「蓋弗成也」者，蓋以不成人，故不立尸也。今祭成人喪，但厭飫而已，是將成人與殤同也。「孔子曰：有陰厭，有陽厭」孔子答問已了，更起別端，辯祭殤之禮，其處有異，故記者又言孔子曰：其祭殤，有於陰厭者，謂適殤也；有於陽厭者，謂庶殤也。

曾子問曰：「殤不祔祭，何謂陰厭陽厭？」祔，當爲「備」，聲之誤也。言殤乃不成人，祭之不備禮，而云陰厭、陽厭乎？此失孔子指也。祭成人，始設奠於奧，迎尸之前，謂之陰厭；尸謖之後，改饌於西北隅，謂之陽厭。殤則不備。疏正義曰：曾子既聞孔子云「有陰厭，有陽厭」，不解孔子之旨。謂言祭殤始末，一祭之中，有此兩厭，故問云：祭成人之時，有此二厭。「殤不祔祭」，祔，備也，謂祭殤簡略，何謂備有陰厭有陽厭也？注「祔當」至「不備」　正義曰：知「祔，當爲備」者，案《喪服小記》云：「殤與無後者，從祖祔食。」今云「殤不祔祭」，與《小記》文乖，故知「祔，當爲備」。「備」、「祔」聲相近，故云「聲之誤也」。云「言殤」至「陰厭」，約《特牲》、《少牢禮》文，當設饌於西南奥，尸未入之前也。云「尸謖之後，改饌於西北隅，謂之陽厭」者，當祭末，謖，起也，謂尸起之後也。

孔子曰：「宗子爲殤而死，庶子弗爲後也。族人以其倫代之，明不序昭穆立之廟。其祭之，就其祖而已，代之者主其禮。疏孔子更爲辯云：若宗子爲殤而死，以其未成人，庶子不得代爲之後。注「族人」至「其禮」　正義曰：以經云庶子既不爲後，宗子理不可闕，明「族人以其倫代之」。倫，謂輩也，謂與宗子昭穆同者則代之。凡宗子爲殤而死，庶子既不得爲後，不以父服服之。鄭注《喪服》云：「若與宗子期親者，其長殤，大功衰九月；中殤，大功衰七月；下殤，小功衰五月。有大功之親者，成人，服之齊衰三月，卒哭受以大功衰九月；其長殤、中殤，大功衰五月；下殤，小功衰三月。有小功之親者，成人，服之齊衰三月，卒哭受以小功衰五月；其殤與絶屬者同。有緦麻之親者，成人及殤，皆與絶屬者同。」故《喪服・記》云：「宗子孤爲殤而死者，大功衰，小功衰，皆三月。」據與宗子小功以下及無服者，長中殤則大功，下殤則小功。又云：「親則月筭如邦人。」則鄭注是也。此是「族人以其倫代之」者，各以本服服之。　云「明不序昭穆立之廟」，以宗子殤死，無爲人父之道，故不序昭穆，不得與代之者爲父也。云「代之者主其禮」者，以宗子存時，族人凡殤死者，宗子主其祭祀。今宗子殤死，明代爲宗子者主其禮也。此宗子是大宗，族人但是宗子兄弟行，無限親疏，皆得代之。

其吉祭，特牲。尊宗子，從成人也。凡殤，則特豚。自卒哭成事之後爲吉祭。

祭殤不舉，❶無肵俎，無玄酒，不告利成，此其無尸，及所降也。其他如成人。舉肺脊、肵俎、利成，禮之施於尸者。**是謂陰厭。**是宗子而殤，祭之於奧之禮。小宗爲殤，其祭禮亦如之。

疏其卒哭成事之後，祭之以特牲。

注「尊宗」至「吉祭」　正義曰：士祭，成人特牲，今宗子祭亦特牲，故云「尊宗子，從成人」之禮也。云「凡殤，則特豚」者，以凡殤降宗子之殤，故用特豚。云「自卒哭成事之後，爲吉祭」者，《檀弓》云：「卒哭曰成事。是日也，以吉祭易喪祭。」熊氏云：「殤與無後者，唯祔與除服二祭則止。此言吉祭者，唯據祔與除服也。」庾云：「吉祭通四時常祭。」若如庾言，殤與無後者之祭，不知何時休止，未有聞焉。經云「吉祭特牲」，則喪祭之時，以其未成人，降用特豚也。　「祭殤」至「利成」　謂祭此殤時，不舉肺。以其無尸，故不舉肺脊。　「無肵俎」者，肵是尸之所食歸餘之俎。以其無尸，故無肵俎。　「無玄酒」者，若祭成人，則有玄酒，重古之義。今祭殤既略，故「無玄酒」也。　「不告利成」者，謂祭畢，今既無所可告，故「不告利成」。利，猶養也，不告供養之禮成也。　注「此其」至「尸者」　正義曰：以經云「不舉肺，無肵俎，不告利成」，此三事，本主於尸。今以無尸，故不爲，故云「此其無尸」也。玄酒之設，本不爲尸所有，祭殤略，「無玄酒」，是降也，故云「及所

❶「舉」，監、毛本「舉」下有「肺」字。阮校云：「案《正義》云『以經云不舉肺，無肵俎』，是孔氏所據本有『肺』字也。監本據此補。」黄侃校亦據監本補「肺」字。張敦仁《考異》云：「注云『舉肺脊』，以解經之『舉』也。肺脊二字連文，皆是鄭據《特牲》、《少牢》而爲注，並非經言『肺』而注乃言『肺脊』也。今本《正義》『舉』下皆有『肺』字，衍耳。俗本又取以添經，誤也。」

降也」。云「舉肺脊、肵俎，利成，禮之施於尸者」，案《特牲》、《少牢》，尸將食，舉肺脊。又云上佐食設肵俎，初載心舌。肵者，敬也，主人敬尸之俎。又云無筭爵，祝東面告利成。「舉肺脊、肵俎、利成之禮」，並施於尸也。「是謂陰厭」 此宗子殤死，祭於祖廟之奧，陰闇之處，「是謂陰厭」也。 **注**「是宗」至「如之」 正義曰：❶鄭既云「小宗爲殤」，祭禮如大宗者，以前經云「宗子爲殤而死」，不顯大小，故知凡宗子殤祭之禮皆然，是以小宗爲殤，祭禮亦如之。必知此經指大宗者，以何休《公羊》注云：「小宗無子則絶，大宗無子則不絶，重適之本。」上文「庶子不爲後」，謂大宗子在殤而死，不得爲後。若非殤，則得爲後，故知是大宗也。凡宗子成人而死，則得立子孫爲後，若立兄弟爲後則不可。故成十五年《公羊傳》譏仲嬰齊，是公孫歸父之弟，當云公孫嬰齊，而云仲嬰齊者，爲歸父之後，譏其亂昭穆，故云「仲」是也。

凡殤與無後者，祭於宗子之家，當室之白，尊于東房，是謂陽厭。

凡殤，謂庶子之適也，或昆弟之子，或從父昆弟。無後者，如有昆弟及諸父。此則今死者，皆宗子大功之内親，共祖禰者。言「祭於宗子之家」者，爲有異居之道。無廟者爲墠祭之，親者共其牲物，宗子皆主其禮。「當室之白，尊於東房」，異於宗子之爲殤。當室之白，謂西北隅得户明者也。明者曰陽。凡祖廟在小宗之家，小宗祭之亦然。宗子之適，亦爲凡殤。過此以往，則不祭也。祭適者，天子下祭五，諸侯下祭三，大夫下祭二，士以下祭子而止。

疏「凡殤」，謂非宗子之殤，故云「凡殤」。「無後者」，謂庶子之身，無子孫爲後。此二者，皆宗子大功内親，祭於宗子之家祖廟之内，不敢在成人之處，故於當室之明白顯露之處爲之，設尊於東房。以其明是陽，故爲「陽厭」也。 **注**「凡殤」至「而止」 正義曰：謂庶子之適子爲殤而死。此「庶子之適」一句，與下文爲揔，即是「昆弟之子、從父昆弟」是也。云「或昆弟之子」者，謂宗子親昆弟所生之子是適，❷其昆弟是庶子，昆弟所生者是適，故云「庶子之適」。云「或從父昆弟」者，亦謂宗子之從父兄弟。宗子之父身是適，諸父是庶，諸父所生之適子，亦是「庶子之適」，故云「或從父昆弟」。云「無後者如有昆弟及諸父」者，如，而

---

❶「義」，原作「毅」，據足利本、阮本改。

❷「子是適」，浦鏜校曰，當作「適子也」。案：浦鏜蓋據《通解》校。殿本、庫本則作「適子」，無「也」字。

也。「而有昆弟」，謂宗子之親、庶兄弟，與宗子同祖，今既無後，祭之當於宗子祖廟。「及諸父」，謂宗子諸父，身並是庶子，與宗子同曾祖，祭之當於宗子曾祖之廟。凡殤有二。一昆弟之子，❶祭之當於宗子父廟。二是從父昆弟，祭之當於宗子祖廟。其「無後者」亦有二。一是昆弟無後，祭之當於宗子祖廟；二是諸父無後，祭之當於宗子曾祖之廟。凡殤得祭者，以其身是適故也。「無後者」，成人無後則祭，若在殤而死則不祭，以其身是庶故也。案《小記》云：「庶子不祭殤與無後者，殤與無後者從祖祔食。」注云：「不祭殤者，父之庶。不祭無後者，祖之庶。」但此經據死者之身，《小記》注據生者設祭之人。宗子昆弟是庶，不得自祭適子，故云「父之庶」。宗子之諸父，自是庶，不得祭所生適子，適子即是宗子從父兄弟，故云「父之庶」。「不祭無後，祖之庶」者，宗子昆弟無後而死，其餘兄弟應祭之，以兄弟並是祖庶，不合立廟，故云「祖之庶」。宗子諸父無後，其餘諸父，親者亦應合祭之。以諸父並是庶子，不合立祖廟，故云「祖之庶」，義與此不異也。云「此則今死」至「共祖禰者」，從父兄弟是宗子大功親，昆弟、諸父是宗子期親。諸父及從兄弟，共祖者；昆弟及昆弟之子，共禰者。鄭必限以「大功内親，共祖禰者」，以上文云「吉祭特牲」，唯據士禮，適士二廟，有祖有禰。下士祖禰共廟。故鄭限以祖禰同者，唯大功之内親也。云「言『祭於宗子之家』者，爲有異居之道」也，禮，大功以上同居，命士以上則父子異宫，故云「有異居之道」。云「無廟者爲墠祭之」者，士立二廟，若祭諸父，當宗子曾祖之廟。❷宗子是士，但有二廟，無曾祖廟，故云「無廟者爲墠祭之」。推此而言，大夫立三廟，無大祖者，其祭諸父，得於曾祖廟也。其立大祖廟者，其祭諸父，當於曾祖廟。曾祖無廟，亦爲墠祭之。云「親者共其牲物，宗子皆主其禮」，大功雖有同財之義，其經營祭事牲牢之屬，親者主爲之，又牲牢視親者之品命，故云「親者共其牲物」。就宗子之家，祭其祖禰，故云「宗子皆主其禮」。云「當室之白，尊於東房」，以宗子之殤，祭於室奥。今祭凡殤，乃於西北隅。又《特牲》云：「尊於户東。」注云：「室户東。」案上文宗子之殤，但「不舉肺，無肵俎，無玄酒，不告利成」，其餘皆與祭成人同，❸則其尊亦設於室户東。今祭凡殤，乃「尊於東房」，❹

❶「一」下疑脱「是」字。
❷「當」，衛氏《集説》「當」下有「於」字，義勝。
❸「與」字原模糊，據足利本、阮本釐清。
❹「房」字原模糊，據足利本、阮本釐清。

故云「當室之白，尊於東房，異於宗子之殤」也。云「宗子之適，亦爲凡殤」者，以上經云「宗子爲殤而死」，據宗子身殤，不論宗子適子也。此明宗子適子，父雖是適，其子殤死，亦爲凡殤。以其更無別文，故知與凡殤同。云「過此以往，則不祭也」者，此謂宗子身殤，及宗子昆弟之子及從父昆弟，并宗子適子等，唯此等殤死祭之，過此以外，皆不祭也。云「祭適者，天子下祭五」以下，並《祭法》文。彼注云：「祭適殤於廟之奥，謂之陰厭。」是天子、諸侯祭適殤於其廟奥。彼注又云：「王子、公子祭其適殤於其黨之廟。大夫以下，庶子祭其適殤於宗子之家，皆當室之白，謂之陽厭。」是王子以下及大夫等，祭其適殤皆爲凡殤也。彼注又云：「凡庶殤不祭。」以其身是庶。若其成人無後則祭之，則上文「無後昆弟及諸父」是也。

曾子問曰：「葬引至于堩，❶日有食之，則有變乎？且不乎？」堩，道也。變，謂異禮。孔子曰：「昔者吾從老聃助葬於巷黨，及堩，日有食之。老聃曰：『丘！止柩就道右，止哭以聽變。既明反，而后行，曰：禮也。』巷黨，黨名也。就道右者，行相左也。變，日食也。反，復也。反葬而丘問之曰：『夫柩不可以反者也。日有食之，不知其已之遲數，則豈如行哉？』已，止也。數，讀爲速。老聃曰：『諸侯朝天子，見日而行，逮日而舍奠。大夫使，見日而行，逮日而舍。舍奠，每將舍，奠行主。夫柩不蚤出，不莫宿。侵晨夜，則近姦寇。見星而行者，唯罪人與奔父母之喪者乎！日有食之，安知其不見星也。爲無日而慝作，豫止也。且君子行禮，不以人之親痁患。』痁，病也。以人之父母行禮而恐懼其有患害，不爲也。吾聞諸老聃云。」疏正義曰：此一節論葬

❶「葬引至于堩」，王念孫云：「本作『葬既引』，句，『至于堩』。上文云『君之喪既引』，又云『父母之喪既引』，與此『葬既引』文同一例。然據《正義》『曾子以葬引至塗』云云，則所見本已脱『既』字。《士喪禮》記注引此正作『葬既引，至于堩』。」詳《經義述聞》。

在道，逢日食之事。各依文解之。　「曾子」至「不乎」❶　曾子以葬引至塗，值日有食之，則有變常禮而停住乎？且不變常禮而遂行乎？不審其事而問孔子也。　「孔子」至「禮也」　孔子答以己從老聃助葬於巷黨，遭日食之事，老聃令止柩就道右，止哭以聽日食變動。既待日食光明反迴，而後引柩行，老聃稱曰：「禮也。」注「巷黨」至「復也」　正義曰：「就道右者，行相左也」者，就道右者，以道東爲右也。案《儀禮》云：「吉事交相左，凶事交相右。」此既柩行而交相左者，以其遭日食之變，止哭停柩，而不行凶禮，故從吉禮「行相左」。或可「行相左」者，云此據北出，停柩在道東，北鄉，對南鄉行人，爲交相左。　「反葬」至「行哉」　丘反問老聃云：夫柩務於速葬，不可以迴反。今日有食之，令止柩就道右不行，不知其日食休已之遲速。既不知其遲速，設若遲晚，遂至於夜莫，則豈如行哉？言豈如早行爲勝哉？言當疾行以至於墓，赴其吉辰也。　「夫柩」至「痁患」　唯罪人及奔父母之喪，見星而行。今若令柩見星而行，便是輕薄人親，與罪人同。非但輕薄人親，且君子行禮之時，當尊人後己，不可以人之親痁患。痁，病也，病於危也。言不可使人之親病於危亡之患也。故注云：「以人之父母行禮而恐懼其有患害，不爲也。」意者，言若日食而務速葬，以赴吉辰，即慮有患害，而遂停柩，待明反而行，禮也。

曾子問曰：「爲君使而卒於舍，禮曰：『公館復，私館不復。』凡所使之國，有司所授舍，則公館已，何謂『私館不復』也？」復，始死招魂。孔子曰：「善乎問之也！善其問難明也。❷自卿、大夫、士之家曰私館，公館與公所爲曰公館。『公館復』，此之謂也。」公館，若今縣官宮也。公所爲，君所命使舍己者。

疏　正義曰：此一節論人臣死招魂復魄之事。　「自卿大夫士之家曰私館」❸　孔子又爲曾子釋私館、公館之義。私館者，謂非君命所使，私相停舍，謂之私館。公館，謂公家所造之館。「與公所爲」者，與，及也。謂公之所使爲命停舍之處，亦謂之公館。君所命停客之

❶「曾」，「曾」上原有「注」字，據阮本删。
❷「問」字原脱，據余本、撫本、岳本、阮本補。
❸「曰私館」，浦鏜校云當作「至公館」。蓋浦鏜以此爲標起止之語也。

處，❶即是卿大夫之館也。但有公命，故謂之公館也。注「公館，若今縣官宮也」 鮑遺問曰：「注此云：『公所爲，君所命使舍己者。』注《雜記》云：『公所爲，若今離宮、別館也。』是二説異何？」張逸答曰：「公館，若今停待者也，離宮是也。《聘禮》曰：『卿館於大夫，大夫館於士。』公命人使館客，亦公所爲也。」曾子問曰：「下殤土周，葬于園，遂輿機而往，塗邇故也。土周，堲周也。周人以夏后氏之堲周葬下殤於園中，以其去成人遠，不就墓也。機，輿尸之牀也。以繩絙其中央，又以繩從兩旁鉤之。禮，以機舉尸，輿之以就園，而斂葬焉，塗近故耳。輿機，或爲「餘機」。今墓遠，則其葬也如之何？」今人斂下殤於宮中，而葬於墓，與成人同。墓塗乃遠，其葬當輿其棺乎？載之也？問禮之變也。孔子曰：「吾聞諸老聃曰：『昔者史佚有子而死，下殤也，墓遠。蓋欲葬墓如長殤，從成人也。長殤有送葬車者，則棺載之矣。史佚，成王時賢史也，❷賢猶有所不知。召公謂之曰：何以不棺斂於宮中？欲其斂於宮中如成人也。斂於宮中，則葬當載之。史佚曰：吾敢乎哉？畏知禮也。召公言於周公，爲史佚問。周公曰：豈。不可。言是豈，於禮不可。不許也。史佚行之。失指以爲許也，遂用召公之言。下殤用棺衣棺，自史佚始也。』」棺，謂斂於棺。

疏 正義曰：此一節論葬下殤之事。「曾子問曰：下殤土周」 曾子既見時所行與古禮異，故舉事而問也。下殤，謂八歲至十一也。「土周」，《檀弓》所云「夏后氏之堲周」是也。周人用特葬下殤之喪，故云「下殤土周」也。 「葬于園」者，園，圃也。下殤去成人遠，不可葬於成人之墓，故用土周而葬於園中也。 「遂輿機而往」者，輿，猶抗也。機者，以木爲之，狀如牀，無脚及簀也。先用一繩直於中央，係著兩頭之楅。又別取一繩，係一邊材，橫鉤中央直繩，報還鉤材，往還取帀，❸兩邊悉然。而後以尸置於繩上，抗舉以往園中。臨斂時，當堲周之上，

❶「客」，衛氏《集説》作「舍」。

❷「成王」，撫本作「武王」。張敦仁《考異》云「成」字非也。

❸「帀」，浦鏜校「帀」上有「一」字。

先縮除直繩，則兩邊交鉤之繩悉各離解，❶而尸從機中央零落入於堲周中，故曰「輿機而往」也。❷　「塗邇故也」者，塗，路也。邇，近也。若成人墓遠，則以棺衣棺於宮中。此下殤葬於園，是路去家甚近，故先用機舉尸往園中，而後棺斂，故曰「塗邇故也」。　注「土周」至「餘機」　正義曰：案《檀弓》云：「夏后氏之堲周葬中殤」，❸故知土周是堲周也。云「周人以夏后氏之堲周葬下殤於園中」者，《檀弓》云「中殤、下殤」，此直云「葬下殤」，土周葬於園者，以經云「下殤」，故指下殤爲言。《檀弓》所云，據士及庶人也。若諸侯，長、中殤，適者車三乘，下殤車一乘。既有遣車，即不得堲周輿機而葬也。諸侯庶長殤、中殤車一乘，則宗子亦不用堲周輿機而葬，其下殤則輿機。其大夫之適長殤、中殤，遣車一乘，亦不輿機；下殤無遣車，❹則輿機也。然則王之適庶長中下殤皆有遣車，並不輿機。士及庶人適庶皆無遣車，則中下殤並皆輿機。故熊氏云：「若無遣車，中從下殤。其長殤既無遣車，年又長大，不可與下殤同，蓋棺斂於宮中，載棺而往之墓，從成人也。」「今墓遠，則其葬也如之何」　今，謂曾子見時世禮變，皆棺斂下殤於宮中，而葬之於墓，與成人同隆。❺今既遠，不復用輿機於尸，爲當用人抗與棺而往墓？❻爲當用車載棺而往墓邪？問其葬儀，故云「如之何」？　「昔者史佚有子而死，下殤也，墓遠」　此舉失禮所由之人。史佚，周初良史，武王、周公、成王時臣也，有子下殤而死。　「墓遠」者，史佚欲不葬於園，而載尸往墓，及棺而葬之。其墓稍遠，猶豫未定。　注「史佚，武王時賢史也」　正義曰：史佚，文王、武王時臣，故《國語》稱「訪於辛、尹」，《尚書》稱「逸祝册」是也。但下殤之喪，非成人之要，故史佚猶有不知。　「召公謂」至「宮中」　召公，名奭，見史佚欲依下殤禮而不棺斂於宮中，而欲車載往墓，猶豫未定，故勸之令棺斂於宮中，如成人也。　「史佚曰：吾敢乎哉」者，言吾雖欲如此，猶不敢，恐違禮者所譏。　注「畏知禮也」者，是畏周公也。不欲直指。　「召公言於周公」者，言，猶問也。史佚既畏周公，故召公爲諮問於周公，述其事狀以決

❶「繩」字原漶滅，據足利本、阮本補。
❷「而」字原漶滅，據足利本、阮本補。
❸「中殤」，阮元引惠棟校，「中殤」下有「下殤」二字。浦鏜校同。
❹「車」字原脱，據庫本補。
❺「隆」，原作「降」，據庫本及阮校改。
❻「與」，阮校作「舉」，疑是。

之者。❶「周公曰：豈。不可」者，周公聞召公之問，故答云「豈」。「豈」者，怪拒之辭。先怪拒之，又云「不可」。「不可」，是不許之辭。　「史佚行之」者，召公述周公曰「豈。不可」之辭以語史佚，史佚不達其指，猶言周公「豈不可」是許之辭，故行棺衣宮中之禮也。　「下殤用棺衣棺，自史佚始也」　更據失禮所由也。然此云棺衣棺於宮中，自史佚爲始，明昔非唯於宮中不棺亦不衣也。而不言「於宮中」者，略，從可知也。曾子問曰：「卿大夫將爲尸於公，受宿矣，而有齊衰內喪，則如之何？」孔子曰：「出舍於公館以待事，禮也。」吉凶不可以同處。孔子曰：「尸弁冕而出，爲君尸或弁者，先祖或有爲大夫士者。卿大夫士皆下之，見而下車。尸必式，小俛禮之。必有前驅。」爲辟道。疏正義曰：此一節論卿大夫與君爲尸之事。　「曾子」至「之何」　曾子言卿大夫或爲尸，而已受宿齋戒，而門內有齊衰之喪，其禮如何？故云「則如之何？」　「孔子曰：出舍於公館以待事，禮也」者，此答曾子云：且舍公館，待事畢，❷然後歸哭也。所以出於公館者，以祭是吉，吉凶不可同處也。　「孔子尸冕而出」。❸此孔子因曾子上問爲尸之事，遂與曾子廣説事尸之法。故此直言「孔子曰」，無「曾子問」辭。此篇之內，時有如此。皇氏以爲「無『曾子問』者，後寫脱漏」，非也。　注「爲君」至「士者」　正義曰：案《士虞禮》云：「尸服卒者之上服。」以君之先祖有爲士者，當著爵弁以助君祭，故子孫祭之，尸得服爵弁者。若以助君祭服言之，大夫著冕。此云「大夫」者，因「士」連言「大夫」耳。案《儀禮·特牲》「尸服玄端」，《少牢》又云「尸服朝服」，尸皆服在家自祭之服，不服爵弁及冕者，大夫士卑，屈於人君，故尸服父祖自祭之上服。人君禮伸，故尸服助祭之上服也。　「卿大夫士皆下之」者，謂尸或出於道路，其卿大夫乘車，見尸則下車也。「尸必式」者，而尸當馮式小俛以敬之。「必有前驅」者，謂尸出行，則有前驅辟道之人也。子夏問曰：「三年之喪，卒哭，金革之事無辟也者，禮

❶「者」，山井鼎云，「者」字可刪去。

❷「待」，原作「以」，據殿本、阮本改。

❸「孔子尸冕」，阮本「子」下有「曰」字。浦鏜校復在「冕」上增「弁」字。

與？初有司與？」疑有司初使之然。孔子曰：「夏后氏三年之喪，既殯而致事。殷人既葬而致事。❶致事，還其職位於君。周卒哭而致事。❷《記》曰：『君子不奪人之親，亦不可奪親也。』此之謂乎！」二者，恕也，孝也。子夏曰：「金革之事無辟也者，非與？」疑禮當有然。孔子曰：吾聞諸老聃曰：『昔者魯公伯禽有爲爲之也。』伯禽，周公子，封於魯。有徐戎作難，喪卒哭而征之，急王事也。征之，作《費誓》。今以三年之喪，從其利者，吾弗知也。」時多攻取之兵，言非禮也。

疏正義曰：此一節論君不奪孝子情之事。各依文解之。

「子夏問曰：三年之喪」至「初有司與」者，子夏以人遭父母三年之喪，卒哭之後，國有金革戰伐之事，❸君使則行，無敢辭辟。爲是禮當然與？爲當初時有司强逼遣之與？

注「致事」至「致事」　正義曰：皇氏云：「夏后氏尚質，孝子喪親恍惚，君事不敢久留，故既殯致事還君。殷人漸文，思親彌深，故既葬畢，始致事還君。周人極文，悲哀至甚，故卒哭而致事。知周卒哭致事者，以喪之大事有三：殯也，葬也，卒哭也。夏既殯，殷既葬，後代漸遠，以此推之，故知周卒哭也。」「記曰」至「謂乎」　解人臣喪親，在上君子，許之致事。君子，謂人君也。人臣有親之喪，在上君子許其致事，是不奪人喪親之心，此謂恕也，以己情恕彼也，據君許於下也。「亦不可奪親」者，謂臣遭親之喪若不致事，❹是自奪思親之心也。故遭喪須致事，是

❶「殷人既葬而致事」，撫本此句下有「周人卒哭而致事」七字，《考文》引古本、足利本同，魏氏《要義》同。阮校云：「段玉裁云：《公羊》宣元年注有『周人卒哭而致事』一句，疏統謂《曾子問》文。岳氏云興國本《禮記》有『周人卒哭而致事』一句，大書爲經文。案此同《公羊》注疏，而與本疏不合。」孫志祖《讀書脞録》、朱大昭《實事求是齋經説》均主當從興國本。張敦仁《考異》則以爲此七字是興國本改注爲經。

❷「周卒哭而致事」，余本、撫本、閩本、監本、毛本「周」作「則」。浦鏜校云：「按皇氏疏，則『周人卒哭致事』是鄭君從夏、殷推而知之，當是注文；而孔氏云『孔子既前答周人卒哭而致事』，則又似屬經文而誤入注耳。」

❸「革」字原模糊，據足利本、阮本釐清。

❹「臣」，阮本「臣」上有「人」字，閩、監、毛本同。

不奪情以從利禄。❶ 此謂孝也，此據孝子之身也。 言孝子居喪，不可以不致事，人君不可以不許。 舊《記》先有此文，故孔子引之，故云「此之謂乎」！ **注**「二者，恕也，孝也」者，「恕也」解「不奪人之親」。 己既思親，以己方人，何可奪人之親，是君忠恕也。❷「孝也」解「亦不可奪親」。是孝子思親，今不致事，不能念親。 今既致事，是不奪思親之情，是其孝也。 「子夏曰：金革之事無辟也者，非與？」孔子既前答「周人卒哭而致事」，則無從金革之理。子夏既見周代行金革無辟之事，謂其禮當然，故問孔子云：「金革之事無辟也者，豈非禮也與？」疑其於禮當然。又意謂見魯君居喪有金革之事，豈是禮也與？ 疑其非禮也，故問之。 「孔子曰：『吾聞諸老聃曰：昔者魯公伯禽有爲爲之也」者，孔子對云：「金革之事無辟也者」，當亦有之。 吾聞諸老聃曰：昔者魯君伯禽，卒哭而從金革，時有徐戎作亂，東郊不開，故征之，「有爲爲之也」。 **注**「伯禽」至「費誓」 正義曰：言「伯禽，周公之子，封於魯」，案《史記·魯世家》文。 云「徐戎作難」，《尚書序》文。❸ 云「卒哭而征之，急王事也」，以此上經云「卒哭金革之事無辟」，此云「魯公伯禽有爲爲之」，故知征之。 然周公致政之後，成王即位之時，周公猶在，則此云「伯禽卒哭」者，爲母喪也。 「今以三年之喪」至「弗知也」 今以三年之喪，卒哭而從金革之事，更無所爲，蓋直貪從於利，攻取於人者，吾不知也。言「不知」，是不得此禮也。

禮記正義卷第二十七

❶「從」，阮本作「求」，閩、監、毛本同。
❷「忠」，阮校云「忠」字乃衍文。
❸「文」，原作「又」，據王國維校改。

禮記正義卷第二十八

國子祭酒上護軍曲阜縣開國子臣孔穎達等奉勑撰

文王世子第八

正義曰：案鄭《目録》云：「名曰《文王世子》者，以其記文王爲世子時之法。此於《别録》屬《世子法》。」此篇之内，凡有五節。從「文王之爲世子」下終「文王之爲世子也」爲第一節，論文王、武王爲世子之禮，下之事上之法。從「凡學世子」至「周公踐阼」爲第二節，論在上教下，説庠序，❶釋奠先聖先師，養老東序，并明三王教世子，又更論周公踐阼，抗世子法於伯禽之事。自「庶子之正於公族」至「不翦其類」爲第三節，明庶子正理，族人燕飲及刑罰之事，殊於異姓，又更覆説殊於異姓之義。自「天子視學」至「典于學」爲第四節，論天子視學，養三老五更，并明公侯伯子男反歸，養老於國。自「《世子之記》」以終篇末，爲第五節，以其文王爲世子，聖人之法，非凡人所行，故更明尋常世子法。各隨文解之。

文王之爲世子，朝於王季日三。三皆曰朝，以其禮同。雞初鳴而衣服，至於寢門外，問内豎之御者曰：「今日安否何如？」内豎，小臣之屬，掌外内之通命者。御，如今小史直日矣。内豎曰：「安。」文王乃喜。孝子恒兢兢。及日中，又至，亦如之。又，復也。及莫，又至，亦如之。莫，夕也。其有不安節，則内豎以告文王，文王色憂，行不能正履。節，謂居處故事。履，蹈地也。王季復膳，飲食安也。然後亦復初。

❶「説」，浦鏜校云，當作「設」。

憂解。**食上，必在視寒煖之節。**在，察也。**食下，問所膳。**問所食者。**命膳宰曰：「末有原。」應曰：「諾。」然後退。**末，猶勿也。原，再也。勿有所再進，爲其失飪，臭味惡也。退，反其寢。**武王帥而行之，不敢有加焉。**庶幾程式之。帥，循也。**文王有疾，武王不説冠帶而養。**言常在側。**文王一飯，亦一飯；文王再飯，亦再飯。**欲知氣力箴藥所勝。**旬有二日乃閒。**閒，猶瘳也。

疏「文王」至「日三」　正義曰：案緯候之説，文王年九十六始稱王，崩後謚之曰「文」，則爲世子之時，未得爲文王也。記者於後追而書之。下《記》世子朝父母，每日唯二。又《内則》云「命士以上，昧爽而朝，日入而夕」者，朝禮具，夕禮簡，故言夕。今三皆曰「朝」者，以其禮同，故通言朝。凡常世子朝父母，每日唯二。今文王朝於王季日三者，增一時，又三者皆稱「朝」，並是聖人之法也。　「食上」至「後退」　正義曰：「食上」，謂獻饌。「食下」，謂食畢，徹饌而下。文王問進食之人，其父所膳何食？膳宰答畢，文王又命戒膳宰云：「末有原。」末，無也。原，再也。言在後進食之時，皆須新好，無得使前進之物而有再進。❶膳宰應曰「諾」，然後文王乃退反其寢也。**注**「末猶」至「其寢」　正義曰「末」，微末，故爲勿也。「原，再也」，《釋言》文。云「爲其失飪，臭味惡也」者，食若再進，❷必孰爛過節，故爲「失飪」。臭，謂氣也。言氣之與味皆惡也，故云「臭味惡」。云「退，反其寢」者，以來至王季寢門外，今云「退」，故知「退，反其寢」，謂文王私寢也。**注**「庶幾程式之。帥，循也」　正義曰：案《爾雅·釋言》云：「庶幾，尚也。」是庶幾爲尊尚之義。❸「程式之」者，程，是程限也。式是法式。言武王慕尚文王，以爲程限法式。「帥，循也」，《釋詁》文。經云「不敢有加焉」者，以武王伐紂，功業既成，恐有踰越文王之嫌，故記者云「不敢有加焉」。**注**「閒，猶瘳也」　正義曰：若病重之時，病恒在身，無少閒空隙。病今既損，不恒在身，其閒有空隙，故云「閒，猶瘳也」。瘳是疾減損也。**文王謂武王曰：「女何夢矣？」**閒後容卧。**武王對曰：「夢帝與我九**

❶「進」字原漶滅，據足利本、阮本補。
❷「再」字原漶滅，據足利本、阮本補。
❸「尊」，殿本、阮本作「慕」，《考文》引宋板同。

齡。」帝，天也。文王曰：「女以爲何也？」武王曰：「西方有九國焉，君王其終撫諸。」撫，猶有也。言「君王」，則此受命之後也。文王曰：「非也。古者謂年齡，齒亦齡也。我百，爾九十，吾與爾三焉。」年，天氣也。齒，人壽之數也。九齡，九十年之祥也。文王以勤憂損壽，武王以安樂延年。言「與爾三」者，明傳業於女，女受而成之。文王九十七乃終，武王九十三而終。「君子曰終」，終其成功。**疏**正義曰：文王疾瘳，武王得安睡。文王問：「爾其何夢？」武王對曰：「夢見天帝與我九齡之言而與我也。」文王語武王云：「天既與女九齡之言，女以九齡爲何事也？」武王曰：「齡，善也，是福善之事。西方有九國未賓，既夢得九種齡善，君王其終撫諸。」撫，有也。諸，之也。言王終久有之。文王曰：「女之所言非也。古者謂年齡，謂稱年爲齡，古者稱齒亦爲齡。天既與女九齡，女得九十年之祥。是我爲百歲，爾爲九十。」「吾與爾三焉」，言我於百年中，與爾以三年焉。皇氏云：「以九齡謂鈴鐸，謂天以九箇鈴鐸而與武王。」徧驗書本，齡皆從齒，解爲鈴鐸，於理有疑。亦得爲一義。今謂天直以九齡之言而與武王，不知齡是何事，故文王不審，云「女以爲何」？**注**「撫猶」至「後也」　正義曰：「撫」爲存撫，故爲「有也」。「言『君王』，則此受命之後」者，文王繼王季爲西伯，是殷之諸侯，不合稱王。今武王謂之「君王」，故知「受命之後」也。案《書傳》云：「文王受命，一年質虞、芮之訟，二年伐鬼方，三年伐密須，四年伐犬夷，五年伐耆，六年伐崇，七年而崩。」《書序》云：「殷始咎周。」鄭注云：「紂聞文王三伐皆勝，而始畏惡之，囚於羑里。」三伐者，謂二年伐鬼方，三年伐密須，四年伐犬夷，則被囚在四年之末，五年之初，於時必未稱王。若其稱王，反叛已露，紂何肯囚復釋之，是知於時必未稱王也。《書傳》云：「五年伐耆。」《殷傳》云：「五年之初，得散宜生等獻寶而釋文王。文王出則尅黎，六年伐崇則稱王。」故《詩・皇矣》論伐崇「是類是禡」，行天子禮。此云稱王在受命之後者，謂受命六年之後也。受命者，謂受赤雀丹書之命。故《中候我應》云：「赤雀入酆，止於昌户。受命之時，已三分有二。」今云「西方有九國」，於時未賓，則非有二分諸侯也。或以爲庸、蜀、羌、髳、微、盧、彭、濮之徒。❶未知定是何國也。**注**「年天」至「成之」　正義曰：《爾雅・釋天》云：「周曰年。」年，稔

❶「濮」，原作「獛」，據阮本改。

也。稔孰，謂歲穀一孰，是年爲「天氣」也。《大戴禮》云：「男，八月生齒，八歲而齔齒。」是「人壽之數也」。又年穀一孰而零落，人之年老，齒亦零落，是年之與齒，俱有零落之義。❶云「文王以勤憂損壽」者，以文王當紂暴虐之時，故知勤憂損壽也。《無逸》篇云「文王自朝至于日中昃，不遑暇食」，是勤憂也。云「武王以安樂延年」者，以武王承文王之業，故安樂延年。《詩·魚麗》「美萬物盛多，始於憂勤，終於逸樂」也。年壽之數，賦命自然，不可延之寸陰，不可減之晷刻。文王九十七，武王九十三，天定之數。今文王云「吾與女三」者，示其傳基業於武王，欲使武王承其所傳之業。此乃教戒之義訓，非自然之理。

成王幼，不能涖阼。涖，視也。不能視阼階，行人君之事。周公相，踐阼而治。踐，履也。代成王履阼階，攝王位，治天下也。抗世子法於伯禽，欲令成王之知父子、君臣、長幼之道也。抗，猶舉也。謂舉以世子之法，使與成王居而學之。成王有過，則撻伯禽，所以示成王世子之道也。以成王之過擊伯禽，則足以感喻焉。《文王之爲世子》也。題上事。

疏正義曰：武王既終，成王幼弱，不能涖阼階行人君之事。周公乃輔相成王，令成王且在學，學世子之道。周公代成王踐履阼階，攝王位而臨天下。乃興舉世子之法於伯禽，伯禽舉行世子之法以示成王。欲令成王觀而法之，使知父子、君臣、長幼之道。「成王有過，則撻伯禽」者，若成王法效伯禽，不能備具，而有過失，周公則笞撻伯禽，責其不能以世子之禮教成王也。必如此者，所以示成王世子之道。「文王之爲世子也」者，從篇首以至於此，是文王之爲世子，及武王、成王之法。其武王、成王爲世子之禮，皆上法文王，故以「文王之爲世子」總結之也。**注**「涖視」至「之事」　正義曰：案鄭注《金縢》云：「文王崩後明年，生成王。則武王崩時，成王年十歲。服喪三年畢，成王年十二。明年將踐阼，周公欲代之攝政，群叔流言，周公辟之，居東都，時成王年十三也。居東二年，成王收捕周公之屬黨，時成王年十四也。明年秋，❷大孰，遭雷風之變。時周公居東三年，成王年十五，迎周公反，而居攝之元年也。居攝四年，封康叔，作《康誥》，是成王年十

❶「零」，原作「齡」，據殿本、阮本改。
❷「明」字原漶滅，據足利本、阮本補。

八也。故《書傳》云：『天子大子十八，稱孟侯。』居攝七年，成王年二十一也。明年，成王即政，年二十二也。」此是鄭義，推成王幼，不能踐阼之事也。注「踐履」至「下也」正義曰：經云「周公相，踐阼而治」，知非周公輔相成王，今云「踐阼而治」，必知「周公代成王履阼階」者，以《明堂位》云「天子負斧依，南鄉而立」，又云「周公踐天子之位」，是代居位也。**凡學世子及學士，必時。**四時各有宜學。❶士，謂司徒論俊選所升於學者。**春夏學干戈，秋冬學羽籥，皆於東序。**干，盾也。戈，句孑戟也。干戈，萬舞，象武也，用動作之時學之。羽籥，籥舞，象文也，用安静之時學之。《詩》云：「左手執籥，右手秉翟。」**小樂正學干，大胥贊之；籥師學戈，籥師丞贊之。**四人皆樂官之屬也。通職，秋冬亦學以羽籥。小樂正，樂師也。《周禮·樂師》：「掌國學之政，教國子小舞。」《大胥》：「掌學士之版，以待致諸子。春入學，舍菜，合舞。秋頒學，合聲。」《籥師》：「掌教國子舞羽吹籥。」**胥鼓《南》。**《南》，南夷之樂也。胥掌以六樂之會正舞位，旄人教夷樂，則以鼓節之。《詩》云：「以《雅》以《南》，以籥不僭。」**春誦夏弦，大師詔之。瞽宗秋學《禮》，執《禮》者詔之；冬讀《書》，典《書》者詔之。《禮》在瞽宗，《書》在上庠。**誦，謂歌樂也。弦，謂以絲播詩。陽用事則學之以聲，陰用事則學之以事，因時順氣，於功易成也。❷周立三代之學：學《書》於有虞氏之學，典、謨之教所興也；學舞於夏后氏之學，文武中也；學《禮》、《樂》於殷之學，功成治定，與己同也。疏 正義曰：此一節還是第二節中教世子及學士時節，❸兼明所教之官及所教之處。「凡學世子及學士，必時」者，學，謂教也。言三王教世子及學士等，必各逐四時所宜，則下文之類是也。注「四時」至「學者」正義曰：「四時各有所宜

❶「各有宜學」，閩、監、毛本「宜」上有「所」字，衛氏《集説》同。阮校引盧文弨云：「『所』字當有，『宜』字絶句。否則『學』字當從重。」張敦仁《考異》云：「俗注疏本『有』下衍『所』字，案誤用《正義》文添也。」汪文臺《識語》云：「案疏『所』字有，『學』字亦當重。」

❷「成」字原脱，據余本、撫本、岳本、殿本、阮本及衛氏《集説》補。

❸「還」，阮本無「還」字，閩、監、毛本同。

學」者，即下云「春夏學干戈」及「春誦夏弦」之類是也。云「學士，謂司徒論俊選所升於學」者，則《王制》云「王子、卿大夫元士之適子及國之俊選」等升於學，謂大學也。❶故下云「於東序」，是大學也。 注「干盾」至「秉翟」 正義曰：「干，盾也」，春時萬物有孚甲，故象干也。盾，捍也。盾所以捍難，故以干爲盾也。云「戈，句孑戟也」者，夏氣茂盛，萬物體壯，枝葉似戟有句孑也。案《考工記》：「戈廣二寸，内倍之，胡三之，援四之。」以其形句曲有孑刃，鄭云「若今雞鳴戟也」。云「干戈，❷萬舞，象武也」者，宣八年《公羊傳》：「萬者何？干舞也。」以其用干，故知象武。若其《大武》，則以干配戚，則《明堂位》云「朱干、玉戚，冕而舞《大武》」；若其小舞，則以干配戈，則《周禮·樂師》「教小舞干舞」是也。春夏陽氣發動，故云「用動作之時學之」。「秋冬學羽籥」，羽，翟羽也。秋則體成文章也。籥，笛也。籥聲出於中，冬則萬物藏於中。云「羽籥，籥舞，象文也」，宣八年《公羊傳》云：「籥者何？籥舞也。」以其不用兵器，故象文也。引《詩》者，《邶風·簡兮》之篇也，證羽籥之義。以秋冬凝寒漸静，故云「用安静之時學之」。盧植以爲「春教干，夏教戈，秋教羽，冬教籥」。但干與戈、羽與籥，舞時相對之物。皇氏云：「鄭引《詩》『左手執籥，右手秉翟』，則秋冬羽籥同教，春夏亦同教干戈，義或然也。」皆據年二十升大學者也。」 注「四人」至「吹籥」 正義曰：云「通職，秋冬亦學以羽籥」者，此籥師云「教戈」，《周禮·籥師》「掌教國子舞羽、歙籥」，是籥師既教戈，又教籥。此「小樂正教干」，《周禮·樂師》「教小舞」，則六舞皆教。故知通職，至秋冬之時，亦教羽籥也。云「小樂正，樂師也」者，諸侯謂之小樂正，天子謂之樂師。此有大樂正及小樂正，《周禮》有大司樂，有樂師，故知小樂正當樂師也。但此經雜，多有諸侯之禮，故謂之大樂正也。❸云「《周禮·樂師》『掌國學之政，教國子小舞』」者，證樂師有教舞之事。小舞者，謂年幼小時教之舞，其舞即帗舞、羽舞、皇舞、旄舞、干舞、人舞也。云「《大胥》『掌學士之版，以待致諸子。春入學，舍菜，合舞；秋頒學，合聲』」者，證大胥有教樂之事。大胥掌教學士版籍，以待聚致諸子，諸子則學士也。春時入學，釋蘋藻之菜，禮先聖先師，合六

❶「大」，原作「入」，據阮本、阮校改。
❷「戈」字原漶滅，據足利本、阮本補。
❸「大樂正也」，阮本「也」下有「小樂正也」四字，閩、監、毛本同。

舞節奏，令之得所；秋時頒布學者才藝，和合音聲，使應曲折。云「《籥師》『掌教國子舞羽、吹籥』」者，證籥師有教樂之事。《周禮》唯有籥師，此云「籥師丞」者，或諸侯之禮，或異代之法。　「胥鼓《南》」　胥，謂大胥。《南》，謂南夷之樂。旄人教國子南夷樂之時，大胥則擊鼓以節《南》樂，故云「胥鼓《南》」　**注**「南南」至「不僭」　正義曰：《鉤命決》云：「東夷之樂曰《昧》，南夷之樂曰《南》，西夷之樂曰《朱離》，北夷之樂曰《禁》。」《南》，一名《任》。《明堂位》云：「《任》，南蠻之樂也。」云「胥掌以六樂之會正舞位」者，證大胥所以鼓節《南》，由正舞位，故鼓之也。云「旄人教夷樂」者，證教《南》樂之人是旄人也。引「《詩》『以《雅》以《南》』」者，是《小雅·鼓鍾》之詩，刺幽王用樂不與德比，故陳先王正樂以刺之。教夷蠻者，明王德化，率來四夷。言先王以萬舞之《雅》樂，以四夷之《南》樂，以籥舞之文樂，進旅退旅，則知三舞各得其所，不有僭差。引之者，證此經之《南》。舉《南》樂，則四夷之樂皆教之也。❶　**注**「誦謂」至「同也」　正義曰：「誦，謂歌樂」者，謂口誦歌樂之篇章，不以琴瑟歌也。云「弦，謂以絲播詩」者，謂以琴瑟播彼詩之音節，詩音則樂章也。若學舞之時，春夏學干戈而用動，秋冬學羽籥而用静，皆據年二十升於大學者。若其未升大學之時，則「春誦夏弦」在殷之瞽宗也。云「陽用事則學之以聲」，春夏是陽，陽主清輕，故學聲，聲亦清輕。云「陰用事則學之以事」，秋冬屬陰，陰主體質，故學事，事亦體質。因四時所宜，順動静之氣，於學功業易成也。云「周立三代之學」者，謂立虞、夏、殷學也。其虞之學制在國，兼在西郊，郊則周之小學也。夏、殷之學亦在國。而鄭注《儀禮》云「周立四代之學於國」者，合周家爲言耳，故與此註不同。夏后氏之學在上庠，即周之大學，爲夏之制也。云「學《書》於虞氏之學，典、謨之教所興也」者，《虞書》有典有謨，故就其學中而教之，則周之小學也。云「學舞於夏后氏之學，文武中也」，夏后氏上受舜禪，是文；下有湯伐，是武。以此二者之間，故云「文武中」，以兼有文舞、武舞故也。云「學《禮》、《樂》於殷之學，功成治定，與己同也」者，以湯伐桀，武王伐紂，殷、周革命，事類相似，故云「功成治定，與己同也」。先師以爲，三代學皆立大學、小學。今案下「養老於東序」，是周之大學，夏之東序也。又《王制》云「養老於虞庠」，是周之小學爲虞庠

❶ 自「四夷之樂皆教之也」始，至下節疏文「三是合語」止，底本原據毛本鈔補，今改據足利本補。

也。又此學虞學也，❶學舞於夏學，學禮於殷學，若周别有大學、小學，更何所教也？ **凡祭與養老乞言、合語之禮，皆小樂正詔之於東序。** 學以三者之威儀也。養老乞言，養老人之賢者，因從乞善言可行者也。合語，謂鄉射、鄉飲酒、大射、燕射之屬也。《鄉射記》曰：「古者於旅也語。」 疏「凡祭與養老」至「在東序」 正義曰：此一節還是第二節中教世子及學士祭與養老、合語之威儀，又教世子等祭與養老、合語之義理，兼明所教之官及所教之處，又明司成之官考課才藝深淺也。「凡祭與養老乞言、合語之禮」者，此之一「凡」，總包三事也：一是祭，二是養老乞言，三是合語之禮。「皆小樂正詔之於東序」，謂祭與養老乞言及合語之禮，❷皆小樂正之官詔告世子及學士於東序之中，謂小樂正以此祭及養老、合語三者之威儀以教世子及學士等。 注「學以」至「也語」 正義曰：「學以三者」，學，教也。教以三者威儀容貌。言祭與養老乞言及合語，行禮之時，皆有容貌，故小樂正教之。云「合語，謂鄉射、鄉飲酒、大射、燕射之屬也」者，❸此經先云「祭與養老乞言」，别云「合語」，則合語非祭與養老也，故知是鄉射、鄉飲酒及大射、燕射之等，指《儀禮》成文而言之，以其此等至旅酬之時皆合語也。其實祭末及養老亦皆合語也。故《詩·楚茨》論祭祀之事，云：「笑語卒獲。」箋云：「古者於旅也語。」是祭有合語也。養老既乞言，自然合語也。引《鄉射記》者，證旅酬之時得言説先王之法，故云「古者於旅也語」。言「合語」者，謂合會義理而語説也。 **大樂正學舞干戚，語説、命乞言，皆大樂正授數。** 學以三者之義也。戚，斧也。語説，合語之説也。數，篇數。 疏前文小樂正既教三者之威儀，今大樂正又教三者之義理，故「大樂正學舞干戚」。干戚，則前經「祭祀」也。祭祀之時，舞其干戚之樂。不云「祭祀」而云「舞干戚」者，容祭祀之外，餘干戚皆教之。「語説」，謂合語之説，則前經「合語」也，亦大樂正教以語説義理。「命乞言」者，大樂正命此世子及學士於老者而乞言，則前經「養老乞言」。但前經云「祭」，故「養老乞言」與「祭」相連，故尊之，序在「合語」之上。此經不云「祭」，故

❶「又此學虞學也」，阮本同，阮校云：「許宗彦校改作『又此學書於虞學』。」

❷「皆小」至「之禮」凡二十一字原脱，據足利本、阮本補。

❸「也」，原作「三」，據殿本、阮本改。

略其「養老」，在「語説」之下。「皆大樂正授數」者，謂干戚、語説、乞言三者，皆大樂正之官授世子及學士等篇章之數，爲之講説，使知義理。注「學以」至「篇數」　正義曰：此經與前經重序其事，文勢相似。前經小樂正乃教威儀，事淺，故云「詔之東序」。此大樂正所教義理既深，故「大樂正授數」。知者，文承「東序」之下，大樂正授數之時，亦在東序。大司成論説在東序。論説，課其義之深淺、才能優劣。此云「樂正司業，父師司成」，則大司成，司徒之屬師氏也。《師氏》「掌以媺詔王」。教國子以三德、三行及國中失之事」也。疏小樂正既詔以三者威儀，大樂正又教以三者義理，於是大司成之官論量課説此世子、學士等義理之深淺、才能之優劣於東序之中。注「司成」至「事也」　正義曰：鄭以下文云「樂正司業，父師司成」，父師與樂正相連，此大司成亦與大樂正相次，故知司成則大司成也。以其掌教，故知是司徒之屬。以其「父師司成」，又掌教國子，故知當師氏也。引《師氏》「以媺詔王」以下者，皆《師氏職》文。案《書傳》：「大夫爲父師。」《周禮》師氏，中大夫。云「教國子以三德三行」，三德：「一曰至德，以爲道本。二曰敏德，以爲行本。三曰孝德，以知逆惡。」教三行：「一曰孝行，以親父母。二曰友行，以尊賢良。三曰順行，以事師長。」云「及國中失之事」者，中，謂中禮。失，謂失禮。掌國家中禮失禮之事也。凡侍坐於大司成者，遠近間三席，可以問。問，猶容也。容三席則得指畫相分別也。席之制，廣三尺三寸三分，❶則是所謂函丈也。終則負牆。郤就後席相辟。列事未盡，不問。錯尊者之語，不敬也。疏正義曰：此一節論國子侍坐於大司成之儀，故云「侍坐於大司成」。「遠近間三席，可以問」者，去大司成遠近，中間可容三席之地。席制，廣三尺三寸三分寸之一，三席則函一丈，可以指畫而問也。「終則負牆」者，問終則起，郤就後席，負牆而坐，辟後來問者。「列事未盡，不問」者，其問事之時，必待尊者言終，如有不曉，然後更問。若尊者序列其事未得終盡，則不可錯亂尊者之語，而輒有咨問，則爲不敬也。凡學，春官釋奠于其先師，秋冬亦如之。官，謂《禮》、《樂》、《詩》、《書》之官。《周禮》

❶「分」，鄭珍《巢經巢經説》謂「分」下脱「寸之一」三字。按：鄭説是也。

曰：「凡有道者，有德者，使教焉，死則以爲樂祖，祭於瞽宗。」此之謂先師之類也。若漢，《禮》有高堂生，《樂》有制氏，《詩》有毛公，《書》有伏生，億可以爲之也。不言夏，夏從春可知也。釋奠者，設薦饌酌奠而已，無迎尸以下之事。**疏**正義曰：此論四時在學釋奠之事。「凡學」者，謂《禮》、《樂》、《詩》、《書》之學，於春夏之時，所教之官，各釋奠於其先師。秋冬之時，所教之官，亦各釋奠於其先師，故云「秋冬亦如之」。猶若教《書》之官，春時於虞庠之中，釋奠於先代明《書》之師，四時皆然。教《禮》之官，秋時於瞽宗之中，釋奠於其先代明《禮》之師。如此之類是也。

注「官謂」至「之事」　正義曰：「官，謂《禮》、《樂》、《詩》、《書》之官」者，謂所教之官也。若「春誦夏弦」，則大師釋奠也。❶「教干戈」，則小樂正、樂師等釋奠也。教《禮》者，則執禮之官釋奠也。皇氏云：「其教雖各有時，其釋奠則四時各有其學，❷備而行之。」引「《周禮》曰：凡有道者，有德者，使教焉，死則以爲樂祖，祭於瞽宗」者，此《周禮·大司樂》文，引之者，證《樂》之先師也，後世釋奠祭之。然則《禮》及《詩》、《書》之官，有道有德者，亦使教焉，死則以爲《書》、《禮》之祖，後世則亦各祭於其學也，故云「此之謂先師之類也」。以大司樂掌《樂》，故特云「樂祖」，其餘不見者，《周禮》文不具也。云「若漢，《禮》有高堂生，《樂》有制氏，《詩》有毛公，《書》有伏生」者，皆《漢書·儒林傳》文。案書傳，伏生，濟南人，故爲秦時博士，孝文帝時，以《書》教於齊、魯之間。「《詩》有毛公」者，毛公，趙人，治《詩》，爲河間獻王博士。高堂生者，魯人，漢興，爲博士，傳《禮》十七篇。《藝文志》：「漢興，制氏以雅樂聲律，世爲樂官，頗能記其鏗鎗鼓舞，不能言其義。」是其事也。其儒林傳《詩》、《書》及《禮》多矣，而不言者，以其非俊異也。又有傳《易》及《春秋》，不引者，以此經唯有《詩》、《書》、《禮》、《樂》，故不引《易》與《春秋》。云「億可以爲之也」者，「億」是發語之聲。言此等之人，後世亦可爲先師也。疑而不定，故發聲爲「億」。以三時釋奠，獨不言夏，故言「夏從春可知也」。以其釋奠直奠置於物，無食飲酬酢之事，故云「設薦饌酌奠而已，無迎尸以下之事」。釋奠所以無尸者，以其主於行禮，非報功也。

凡始立學者，必釋奠于先聖先師，及行事，必以幣。謂天子命

❶「師」，原作「帥」，據殿本、庫本、阮本改。

❷「有」，殿本、庫本作「於」，義勝。下文亦有「四時常奠，各於其學」之語。

之教，始立學官者也。先聖，周公若孔子。疏正義曰：此明諸侯之國，天子命之始立學者，❶必釋奠於先聖先師，及行事之時，必用幣而行禮。諸侯言始立學，必釋奠於先聖先師，則天子始立學，亦釋奠於先聖先師也。天子云四時釋奠於先師，不及於先聖者，則諸侯四時釋奠，亦不及先聖也。始立學云「必用幣」，則四時常奠不用幣也。皇氏云：「行事必用幣，謂禮樂器成及出軍之事，其告用幣而已。」今案「釁器用幣」，下別具其文。此「行事必用幣」，繫於「釋奠」之下，皇氏乃離文析句，其義非也。注「謂天」至「孔子」　正義曰：此謂諸侯新建國，天子命之始立學也。故《王制》云「天子命之教，然後爲學」是也。知非天子始立學者，以此下文云「有國故則否」，是廣記諸侯之國，故知此始立學者，據諸侯也。但天子立虞、夏、殷、周四代之學，若諸侯，止立時王一代之學，❷有大學、小學耳。其所習經業，皆於時王學中。其鄉學爲庠。故《鄉飲酒義》曰：「迎賓于庠門之外。」注云：「庠，鄉學也。」若州、黨與鄉同處，共在鄉學。故《學記》云「黨有庠」，是鄉之所居黨也。州及遂以下，皆謂之序。故《州長》「春秋射于序」，《學記》云「術有序」，鄭云「術，當爲遂」，是州、遂爲序也。云「先聖，周公若孔子」者，以周公、孔子皆爲先聖，近周公處祭周公，近孔子處祭孔子，故云「若」。「若」是不定之辭。立學爲重，故及「先聖」。常奠爲輕，故唯祭「先師」。此經「始立學」，故「奠先聖先師」。凡釋奠者，必有合也。國無先聖先師，則所釋奠者，當與鄰國合也。有國故則否。若唐、虞有夔、伯夷，周有周公，魯有孔子，則各自奠之，不合也。疏正義曰：此謂諸侯之國釋奠之時，若己國無先聖先師，則合祭鄰國先聖先師，謂彼此二國，共祭此先聖先師，故云「合也」。非謂就他國而祭之，當遥合祭耳。若魯有孔子、顔回，餘國祭之，不必於魯。若己國有先聖先師，則不須與鄰國合也，當各自祭，故云「有國故則否」。「若唐、虞有夔、❸伯夷，周有周公，魯有孔子」，是國故，有此人則不與鄰國合祭也。凡大合樂，必遂養老。大合樂，謂春入學，舍菜，合舞；秋

❶「始」，原作「使」，據閩本、監本、毛本及衛氏《集説》改。

❷「止」，原作「正」，據殿本、庫本、衛氏《集説》及浦鏜校改。

❸「若唐虞有夔」，「若」原作「是」，據殿本、庫本及注文改。「夔」下原有「龍」字，據阮校、張敦仁《考異》删。

頒學，合聲。於是時也，天子則視學焉。遂養老者，謂用其明日也。《鄉飲酒》、《鄉射之禮》：「明日，乃息司正，徵唯所欲，以告於先生、君子可也。」是養老之象類。疏正義曰：此明合樂之時，天子視學。於其明日，必遂養老。注「大合」至「象類」　正義曰：經云「凡大合樂」者，凡者，非一之辭。鄭以「大合樂，謂春入學，釋菜，合舞；秋頒學，合聲」者，其《月令》「季春大合樂」則亦在其中。以「季春大合樂」，其文自明，故鄭不引之耳。　云「於是時也，天子則視學焉」者，《周禮・大胥》：「春合舞，秋合聲。」雖無天子視學之文，而《月令》「季春大合樂，❶天子親往」，則明「春合舞，秋合聲」之時，天子亦親視學也。云「遂養老者，謂用其明日也」者，案《鄉飲酒》、《鄉射禮》：「明日，乃息司正。」云「徵唯所欲，以告於先生、君子可也」，先生謂致仕者，君子謂鄉中有德行者。此皆老人也，故云「是養老之象類」。凡語于郊者，語，謂論説於郊學。必取賢斂才焉。或以德進，或以事舉，或以言揚。「大樂正論造士之秀者，升諸司馬，曰進士」，謂此矣。曲藝皆誓之，曲藝，爲小技能也。❷誓，謹也，皆使謹習其事。以待又語。又語，爲後復論説也。三而一有焉，三説之中，有一善則取之。以有曲藝，不必盡善。乃進其等，進於衆學者。以其序，又以其藝爲次。謂之郊人，遠之。❸俟事官之缺者以代之。遠之者，不曰俊選，曰郊人，賤技藝。於成均以及取爵於上尊也。董仲舒曰「五帝名大學曰成均」，則虞庠近是也。天子飲酒于虞庠，則郊人亦得酌于上尊以相旅。疏正義曰：此以下明官爵於學士已成者。注「語，謂論説於郊學」　正義曰：語，謂論課學士才能也。郊，西郊也。周以虞庠爲小學，在西郊。今天子親視學於其西郊，考課論説於西郊之學，以西方成就之地故也。或偏在四郊。　「必取賢斂才焉」者，謂在於西郊學之中，論説取賢，斂其才能者，以爵之也。　「或以德進」者，謂人能不

❶「而」，原作「又」，據衛氏《集説》及浦鏜校、殿本《考證》改。

❷「爲」，衛氏《集説》作「謂」。張敦仁《考異》云：「案《正義》云『謂小小技術』，則爲當作『謂』，各本皆誤。下注『爲後復論説也』同。凡古書『爲』、『謂』多互譌。」

❸「遠之」，金榜《禮箋》以爲當連下文「於成均」三字爲句。孫希旦《集解》、鄒漢勛《讀書偶識》説同。

同，各隨才用也。德，謂有道德者。進，謂用爵之也。德最爲上，故進之宜先也。「或以事舉」者，事次德者，雖無德，而解世事，或吏治之屬，亦舉用之也。「或以言揚」者，次事也。「揚」亦進、舉之類，互言之。雖無德無事，而能言語應對，堪爲使命，❶亦舉用之。「曲藝皆誓之」者，曲藝，謂小小技術，若醫、卜之屬也。❷誓，謹也。若學士中雖無前三事，而有小小技術，欲授試考課，皆且郤之，令謹習。「以待又語」者，又語，謂後復論説之日。令待後時，若春待秋時也。「三而一有焉」者，謂小技藝者，所説三事之中，而一事有善者。「乃進其等」者，等，輩類也。若説三事，有一善者，則進於大衆輩中也。「以其序」者，序，次也。雖得進衆，而不得與衆爲一，猶使與其輩中自爲高下之次序也。「謂之郊人」者，雖有次序，而待職缺，當擬補之。若國子學士，未官之前，俱爲「俊選」；而以小才技藝者，未官之前，而不得同爲俊選，但名曰「郊人」，言其猶在郊學也。「遠之」者，所以謂爲郊人者，是疏遠之故也。「於成均以及取爵於上尊也」者，成均，則虞庠也。上尊，堂上之酒尊。天子於成均之内飲酒，以恩澤被及於此郊人。其郊人雖賤，亦得取爵於堂上之尊以相旅也。所以榮之。注「董仲」至「相旅」　正義曰：董仲舒爲《春秋繁露》，云成均爲五帝之學。虞庠是舜學，則成均五帝學也。以無正文，故云「近是也」。言虞庠近是成均。凡飲酒之禮，尊者酌於堂上之尊，卑者酌於堂下之尊。故《特牲禮》主人獻賓及獻衆賓及長兄弟等，及次賓及次兄弟等，皆酌於堂下之尊以相旅是也。今郊人雖賤，亦得酌於堂上尊，故云「取爵於上尊」。

始立學者，既興器，用幣，興，當爲「釁」，字之誤也。禮樂之器成，則釁之，又用幣告先聖先師以器成。**然後釋菜，**告先聖先師以器成有時將用也。❸**不舞不授器。**釋菜禮輕也。釋奠則舞，舞則授器。司馬之屬司兵、司戈、司盾，祭祀授舞者兵也。**乃退，儐于東序，一獻，無介、語可也。**言乃退者，謂得立三代之學者。釋菜于虞庠，則儐賓于東序。魯之學，有米廩、東序、瞽宗也。

❶「堪」字原是墨丁，據足利本、阮本補。

❷「若」，原作「也」，據足利本、殿本、阮本及衛氏《集説》改。

❸「有時」，衛氏《集説》無「有時」二字，浦鏜校以爲衍。按：《正義》亦無此二字。

《教世子》。亦題上事。**疏**正義曰：此一節明禮樂之器初成，用幣告先聖先師，又釋菜告器成將用，乃退儐之事也。❶「始立學者」，亦謂天子命諸侯始立教學，❷又造禮樂之器新成，❸釁之既畢，乃用幣告先聖先師以器成也。「然後釋菜」，既以幣告，後又更釋菜，告先聖先師以器成將用也。故前「用幣」告其器成，後「釋菜」告其將用也。「不舞不授器」，凡釋奠，禮重，故作樂時須舞，乃授舞者所執干戈之器。今其釋菜之時，雖作樂，不爲舞也。亦既不舞，故不授舞者之器。「乃退，儐于東序」，釋菜虞庠既畢，乃從虞庠而退，乃儐禮其賓於東序之中。其禮既殺，唯行一獻，無介無語，如此於禮可也。**注**「興當」至「器成」　正義曰：案《雜記》「宗廟之器，其名者成，則釁之以豭豚」。是器成當釁之，故知「興」當爲「釁」。經言「用幣」，故知「告先聖先師以器成」也。**注**「告先」至「用也」

正義曰：前「用幣」直云「告器成」，此「釋菜」云「告器成將用」，則兩告不同也。熊氏云：「用幣則無菜，用菜則無幣。」皇氏云：「用幣、釋菜，秖是一告。」其義恐非也。案四時釋奠，不及先聖。知此「用幣」及「釋菜」及先聖者，以上文「始立學，釋奠先聖先師」，此文亦云「始立學，既釁器，用幣」，釋菜亦及先聖也。以其始立學及器新成，事重於四時常奠也。故《學記》云「皮弁祭菜」，鄭注：「禮先聖先師。」知及先聖者，以彼云「未卜禘，不視學」，則祭菜與視學爲一也。此下文云「天子視學，祭先聖先師」，故知《學記》「祭菜」及先聖也。熊氏云：「《月令》釋菜不及先聖者，以其四時入學釋菜，❹故不及先聖也。《王制》『釋奠于學』，注以爲『釋菜奠幣』。知非釋奠者，彼是告祭之禮，初天子出師，受成於學，告之無牲，明反告亦無牲也，故謂釋奠時亦不及先聖也。凡釋奠有六：始立學釋奠，一也；四時釋奠有四，通前五也；《王制》『師還釋奠于學』，六也。釋菜有三：『春入學，釋菜，合舞』，一也；此『釁器，釋菜』，二也；《學記》『皮弁祭菜』，三也。『秋頒學，合聲』，無釋菜之文，則不釋菜也。釋幣唯一也，即此『釁器，用幣』是也。」以前皆熊氏之說，義或當然也。**注**「釋菜禮輕也」

❶「儐」字原漶滅，據足利本、阮本補。
❷「教」，衛氏《集説》無「教」字，浦鏜校及庫本《考證》均以爲衍。
❸「禮」字原漶滅，據足利本、阮本補。
❹「釋菜」，孫詒讓《校記》云：「『菜』當作『奠』。下引熊説釋菜無四時，是其塙證。」

正義曰：此既釋菜禮輕，不可爲舞。所以《大胥》云「春舍采，合舞」，似釋菜爲舞者，彼謂春欲合舞之時，先行釋菜之禮，不謂釋菜之時，則合舞也。 注「言乃」至「宗也」 正義曰：從「釁器」以來，皆據諸侯之禮，故云「始立學」。若其諸侯唯立時王之學，何得云「乃退儐于東序」？故云「乃退者，得立三代之學」，❶得有夏之東序。謂諸侯有功德者，得立三代之學，若魯國之比。東序與虞庠相對，東序在東，虞庠在西，既「退儐于東序」，明釋菜在於虞庠。云「魯之學，有米廩、東序、瞽宗也」者，《明堂位》文也。

「教世子」 正義曰：從上「凡學世子」至此，皆是教世子之法。其間雖有王子、公卿大夫元士之子，及國之俊選，諸侯之事，及釋奠養老之事，雖非一也，以世子爲主，故云「教世子」以總之。 注「亦題上事」 正義曰：題，謂題目。前「文王之爲世子」，文在於下，題目以上之事。今「教世子」之文又在於下，亦是題目以上所設諸事，故云「亦題上事」也。

凡三王教世子，必以禮樂。樂，所以脩內也。禮，所以脩外也。禮樂交錯於中，發形於外，是故其成也懌，恭敬而温文。中，心中也。懌，説懌。 立大傅、少傅以養之，欲其知父子、君臣之道也。養，猶教也。言養者，積浸成長之。 大傅審父子、君臣之道以示之，謂爲之行其禮。 少傅奉世子以觀大傅之德行而審喻之。爲説其義。 大傅在前，少傅在後。謂其在學時。 入則有保，出則有師。謂燕居出入時。 是以教喻而德成也。以有四人維持之。 師也者，教之以事而喻諸德者也。保也者，慎其身以輔翼之而歸諸道者也。慎其身者，謹安護之。 《記》曰：「虞、夏、商、周，有師、保，有疑、丞。《記》所云，謂天子也。取以成説。 設四輔及三公，不必備，唯其人。」語使能也。語，言也。得能則用之，無則已，不必備其官也。小人處其位，不如且闕。 君子曰：「德，德成而教尊，教尊而官正，官正而國治，君之謂也。」仲尼曰：「昔者周公攝政，踐阼而治，抗世子法

❶「學」字原漶滅，據足利本、阮本補。

於伯禽，所以善成王也。聞之曰：『爲人臣者，殺其身，有益於君，則爲之。』況于其身以善其君乎！周公優爲之。」聞之者，聞之於古也。于，讀爲「迂」。迂，猶廣也，大也。是故知爲人子，然後可以爲人父；知爲人臣，然後可以爲人君；知事人，然後能使人。成王幼，不能涖阼，以爲世子，則無爲也。以爲世子，若爲世子時。是故抗世子法於伯禽，使之與成王居，亦學此禮於成王側。欲令成王之知父子、君臣、長幼之義也。君之於世子也，親則父也，尊則君也。有父之親，有君之尊，然後兼天下而有之。是故養世子不可不慎也。處君父之位，覽海内之士，而近不能教其子，則其餘不足觀矣。行一物而三善皆得者，唯世子而已，其齒於學之謂也。物，猶事也。故世子齒於學，國人觀之，曰：「將君我而與我齒讓，何也？」曰：「有父在，則禮然。」然而衆知父子之道矣。其二曰：「將君我而與我齒讓，何也？」曰：「有君在，則禮然。」然而衆著於君臣之義也。其三曰：「將君我而與我齒讓，何也？」曰：「長長也。」然而衆知長幼之節矣。故父在斯爲子，君在斯謂之臣，居子與臣之節，所以尊君親親也。故學之爲父子焉，學之爲君臣焉，學之爲長幼焉。學，教。父子、君臣、長幼之道得而國治。語曰：「樂正司業，父師司成。一有元良，萬國以貞。」世子之謂也。司，主也。一，一人也。元，大也。良，善也。貞，正也。《周公踐阼》。亦題上事。

疏正義曰：此一節是第三節中論三王教世子禮樂，及立師傅教以道德既成，教尊、官正、國治之事。

「樂，所以脩内」者，樂是喜樂之事，喜樂從内而生，和諧性情，故云「所以脩内」也。「禮，所以脩外也」者，禮是恭敬之事，恭敬是正其容體，容體在表，故「所以脩外」也。「禮樂交錯於中，發形於外」者，樂雖由中，從中而見外。

禮雖由外，從外而入中。是中之與外，皆有禮樂，故云「禮樂交錯於中」，謂交間錯雜於其情性之中。「發形於外」，謂宣發形見於身外也，謂威儀和美也。　「是故其成也懌」者，謂内外有樂，心既喜悦，外貌和美，「故其成也懌」。懌，説懌也。　「恭敬而温文」者，謂内外有禮，貌恭心敬，而温潤文章，故云「恭敬而温文」也。❶ **注**「謂燕居出入時」　正義曰：上云「在前」、「在後」，謂行步動止之節。此文言「入」言「出」，故以爲「燕居出入」也。「是以教」至「者也」　以世子外有傅相，内有師保，是以世子於師教曉喻，其德業成就。「師也者，教之以事而喻諸德者也」，作《記》者更明師保之德，故云「師也者，教之以事而喻諸德者」，謂教世子以所行之事，喻，曉也；諸，於也，而每事之上，使世子曉喻於德義也。　「保也者，慎其身以輔翼之而歸諸道者也」，保是護也。輔，相也。翼，助也。謂護慎世子之身，輔相翼助，使世子而歸於道。案《老子》先「道」後「德」，則道尊德卑。此師喻諸德，保歸諸道，先「德」後「道」者，以道、德無定據，各有大小。《老子》謂無爲自然之道，故在先；德謂人所法行，故在後。皆謂大道大德也。此謂教世子之身，先須於事得理，若身之有德，乃可通達流行，故德先道後，謂小道小德也。已具《上曲禮》疏。

《記》曰：虞、夏、商、周，有師、保，有疑、丞」。　**注**「《記》所云，謂天子也。取以成説」　正義曰：此作《記》之人更言「《記》曰」，則是古有此《記》，作《記》者引之耳。注「《記》所云，據天子也」，必知據天子者，以有師、保、疑、丞，下則云「四輔三公」，故知天子也。後人作《記》者，取此古《記》天子之事，以成世子之《記》耳。　「設四」至「能也」　「設四輔及三公，不必備，唯其人」，此皆古《記》之文。「語使能」一句，是後作《記》者解前《記》之人所言。以四輔三公，不必須備，唯擇好人者，「語使能也」。語，言也。言古《記》如此。言四輔三公，必使能也。其「四輔」者，案《尚書大傳》：「古者天子必有四鄰，前曰疑，後曰丞，左曰輔，右曰弼。天子有問無以對，責之疑。可志而不志，責之丞。可正而不正，責之輔。可揚而不揚，責之弼。其爵視卿，其禄視次國之君也。」　「仲尼」至「爲之」　正義曰：此一節是第三節中覆説周公教成王爲世子之事，及在學行一物而有三善之事，故云「抗世子法於伯禽，所以善成王也」。　「況于其身以善其君乎！　周公優爲之」者，仲尼聞古之言爲人臣者，殺其身有益於君，不辟殺害，

❶「文」字原脱，據阮本、衛氏《集説》補。

猶尚爲之，況周公于其身，于，廣大也，今乃廣大其身，謂其身得廣大以善其君乎！「周公優爲之」，其周公比殺身之人，則優饒爲之。言周公自優饒光益也。所以光益者，古人益君則身處危亡，周公益君，身居尊顯，又古人益君則勤苦，周公益君則逸樂，是於身有優饒，於德又廣大也。**注**「于讀」至「大也」❶　正義曰：「于」是語辭，「迂」爲迴遠，故讀「于」爲「迂」，從廣大之義也。「是故」至「爲也」

正義曰：凡教世子之法，必須對父。成王既幼，未能涖阼爲人君，應須教以世子之法，然後能爲人君。成王既無父，今若以成王爲世子時，則無爲世子之處。故抗世子法於伯禽，使伯禽與成王居，令成王學之，知父子、君臣之義也。**注**「以爲」至「子時」　正義曰：武王既崩，則成王非復是世子。今經云「以爲世子」，❷則是周公全用世子禮教之，故云「若爲世子時」。言雖爲君，未能涖阼，與世子時無異。故云「以爲世子，則無爲也」，以實則不爲世子也。「行一」至「謂也」❸　物，猶事也。謂與國人齒讓之一事而三善者，謂衆知父子，衆知君臣，衆知長幼，是其三善，則下經所云者是也。俗本皆云「著於君臣之義」，而定本無「著」字，義亦通。云「父在，則禮然」，「君在，則禮然」，直云「長長」，不云「兄在，則禮然」者，於世子無兄，故不云「兄在」也。「故世子齒於學，國人觀之，曰：將君我而與我齒讓，何也」者，國人，謂不知禮者，疑而發問。「曰：有父在，則禮然」者，是知禮者曉其意而答之。❹言「父在，則禮然」者，父在之時，恒須謙退，不敢居人之前，故云父在，則禮當如此。「然而衆知父子之道矣」者，國人見世子雖貴，尚屈降於人，則知父尊彌甚，故云「衆知父子之道」。父子天性自然，故云「道」。君臣以義相合，故云「義」。長幼有等級上下，故云「節」。以幼時事父，成人事君，故先父子，後君臣。長幼輕於君臣，故在下。父子、長幼，親屬易明，故云「知」。君臣以義和合，於後始顯，故云「著」也。此世子齒於學者，唯在學受業時，與國人齒。若朝會、飲食，則各以位之尊卑。《諸子職》云：「辨其等，正其位。」注云「位，朝位」是也。「故父在斯爲子，君在斯謂之臣」　國人聞世子爲君父之在，而居臣子之禮，不敢自尊，於是各知尊其君父，故世子所以父在爲子禮，君

❶「讀」字原脱，據阮本補。
❷「今」，原作「令」，據足利本、阮本改。
❸「謂也」，阮本作「踐阼」，疑是。
❹「者」字原脱，據殿本、庫本補。

在爲臣禮也。斯，語辭也。然父子天性，故云「爲子」也。君臣以義相合，不云「爲臣」而云「謂之臣」者，世子於君，雖曰君臣，異於義合，故云「謂之臣」也。注「司主」至「正也」　正義曰：「司」是職司，故爲「主」。謂樂正主大子《詩》、《書》之業，父師主大子成就其德行也。云「一，一人也」，一人，謂世子也。「元，大也。良，善也。貞，正也」，言世子有大善，則萬國以正。此經謂世子也，何直云「一，一人」者，恐爲一時之事，故云一人謂世子也。《釋詁》文。元是首，故爲大也。《論語》云：「温良恭儉讓。」漢有賢良方正，故良爲善。《易·文言》云：「貞固足以幹事。」故貞爲正也。　「周公踐阼」　從上「三王教世子」至此，皆周公踐阼之事，故注云「亦題上事」也。　庶子之正於公族者，教之以孝弟、睦友、子愛，明父子之義，長幼之序。正者，政也。庶子，司馬之屬，掌國子之倅，爲政於公族者。　其朝于公，內朝則東面北上，臣有貴者以齒。內朝，路寢庭。　其在外朝，則以官，司士爲之。外朝，路寢門之外庭。司士，亦司馬之屬也，掌群臣之班，正朝儀之位也。　其在宗廟之中，則如外朝之位，宗人授事，以爵以官。宗人，掌禮及宗廟也。以爵，貴賤異位也。以官，官各有所掌也。若司徒奉牛，司馬奉羊，司空奉豕。　其登餕、獻、受爵，則以上嗣。上嗣，君之適長子。以《特牲饋食禮》言之，受爵，謂上嗣舉奠也；獻，謂舉奠、洗爵、酌、入也。餕，謂宗人遣舉奠盥，祝命之餕也。大夫之嗣無此禮，辟君也。　庶子治之，雖有三命，不踰父兄。治之，治公族之禮也。唯於內朝則然，其餘會聚之事，則與庶姓同。「一命齒于鄉里，再命齒于父族，三命不齒」。不齒者，特爲位，不在父兄行列中。　其公大事，則以喪服之精麤爲序。　雖於公族之喪亦如之，以次主人。大事，謂死喪也。其爲君雖皆斬衰，序之必以本親也。主人，主喪者。次主人者，主人恒在上，主人雖有父兄，猶不得下齒。　若公與族燕，則異姓爲賓，同宗無相賓客之道。　膳宰爲主人，君尊，不獻酒。　公與父兄齒。親親也。　族食，世降一等。親者稠，疏者希。　其在軍，則守於公禰。謂從軍者。公禰，行主也。行以遷主，言禰，在外親也。公若有出疆之政，謂朝、覲、會、同也。庶子以公族之無事者守於公宮：正室守大廟，正室，適子也。大廟，大祖之廟。諸父守貴宮、貴室，謂守路寢。諸子諸孫守下宮、下室。下宮，親廟也。下室，燕寢。或言「宮」，或言「廟」，通異語。五廟之孫，祖廟未毀，雖爲庶人，冠、取妻者必告，❶死必赴，練、祥則告。赴，告於君也。實四廟孫，而言五廟者，容顯考爲始封子也。族之相爲也，宜弔不弔，宜免不免，有司罰之。弔，謂六世以往。免，謂五世。至于賵、賻、承、含，皆有正焉。承，讀爲「贈」，聲之誤也。正，正禮也。**疏**正義曰：此一節是第四節中之上節也，論庶子之官，治理公族朝祭燕食吉凶刑罰之事。各隨文解之。**注**「正者」至「族者」　正義曰：以經之「正」字，乃是「正定」之正。今案：在下皆論公之接待族人及犯罪，公之赦宥刑殺，皆君之所爲，非庶子所正，故知庶子唯主其政令而已，故讀爲「政」也。「庶子，司馬之屬，掌國子之倅」者，案《周禮》「諸子，下大夫二人」，屬夏官司馬。諸侯謂之庶子，職掌與諸子同，故《周禮·序官》鄭注云：「或曰庶子。」「掌國子之倅」者，倅，副也。鄭注《諸子》云「國子是公卿大夫士之副貳」也，言副貳於父也。　「其朝」至「以齒」　此公族之等，若朝於公之內朝，內朝謂路寢庭朝也，公族內朝則西方，東面北上。「臣有貴者以齒」者，皆同姓之臣，不得踰越父兄，皆以昭穆長幼爲齒。謂父兄雖賤而在上，子弟雖貴而處下。**注**「內朝，路寢庭」　正義曰：知「路寢庭」者，以下云「其在外朝，司士爲之」。案《周禮》，司士掌路寢門外之朝，則知此內朝是「路寢庭」朝也。　「其在外」至「爲之」　外朝，謂路寢門外之朝也。若公族在於外朝，與異姓同處位次之時，則以官之上下，不復以年齒也。　「司士爲之」者，謂司士之官，主爲朝位之次。外朝位既司士主之，則內朝庶子主之也。上文「內朝」不云「庶子爲之」者，以文承「庶子」之下，主之可知，故不言也。**注**「外朝」至「位也」　正義曰：以言「司士，亦司馬之屬也，掌群臣之班，正

❶「者」，《唐石經》、余本、撫本、岳本、阮本及衛氏《集說》均無「者」字。

朝儀之位也」，案《周禮・司士》：「掌正朝儀之位。王族故士、虎士在路門之右，南面；大僕從者在路門之左，南面。」是在路門外也。故知此外朝，路門外之朝也。此對路寢庭朝爲外朝，若對庫門外朝，朝士所掌三槐九棘之朝，則此路門外朝，亦爲内朝也。故《玉藻》云：「朝於内朝。朝，辨色始入。君日出而視之，退適路寢」是也。其朝位，天子之朝。三公北面，東上；孤東面，北上；卿大夫西面，北上；其士，門西東面，北上。若諸侯之朝，案《大射》，卿西面，北上；大夫北面，東上；士門西東面，北上。與天子不同。《周禮》司士屬司馬，故云「亦司馬之屬」。「掌群臣之班，❶正朝儀之位」，皆《司士職》文。「其在」至「以官」

此論同姓公族在宗廟之禮，故云「其在宗廟之中，則如外朝之位」也。言立位所在，如外朝之位也。「宗人授事，以爵以官」者，宗人，掌禮之官，及宗廟授百官之事。「以爵」者，隨爵之尊卑，貴者在前，賤者在後。又以官之職掌，各供其事。**注**「宗人」至「奉豕」　正義曰：言「宗人掌禮及宗廟」者，別言「及宗廟」，則「掌禮」謂宗廟之外諸禮皆掌也。云「若司徒奉牛，司馬奉羊，司空奉豕」者，以經云「以官」，謂祭祀之時，官官各司其事。❷更無正文，故引「司徒奉牛」以下證之。案《周禮》，司徒奉牛牲，司馬奉羊牲，其「司空奉豕」無文。此云知「奉豕」者，案《周禮》雞人屬宗伯，羊人屬司馬，故此云「司馬奉羊」。犬人屬司寇。案《五行傳》云：「牛屬土，雞屬木，羊屬火，犬屬金，豕屬水。」司空冬官，其位當水，故鄭注《周禮》：「司空奉豕與？」案《五行傳》，馬屬火，而《周禮》司馬羞馬牲者，以其主馬，故特使供之。此注直云奉牛、奉羊、奉豕者，據諸侯三卿以言之，故不云雞犬及馬。「其登」至「上嗣」　此亦公族廟中之禮，論貴適子之事。案《特牲禮》尸食之後，主人、主婦、賓長等獻尸。三獻禮畢，主人獻賓，及獻衆賓畢，主人酬賓，賓奠不舉。主人獻長兄弟及獻衆兄弟、内兄弟等訖，長兄弟洗觚酌尸爲加爵。衆賓長又爲加爵畢，嗣子乃舉奠。奠者，初尸未入之前，祝酌，奠于鉶南。尸入，祭，奠，不飲。至此，乃嗣子舉之。必嗣子舉奠者，鄭注《特牲》云：「將傳重，累之者。」又云：「大夫之嗣子不舉奠。」則此舉奠者，天子、諸侯及士之子禮。

❶「掌群臣之班」，此句上原有「司馬」二字，據殿本、庫本及阮校删。

❷「其」，原作「故」，據閩本、監本、毛本、殿本、庫本、阮本改。

《特牲》云：「嗣舉奠，盥入，北面再拜稽首。尸執奠。嗣子進受，復位，再拜稽首，尸答拜。嗣子卒觶，拜尸，尸答拜。」則此經所謂「受爵」也。《特牲》又云：「嗣舉奠，洗，酌，入。尸拜受，嗣子答拜。」則此經所謂「獻」也。《特牲》又云：無筭爵之後，禮畢，尸謖而出，宗人遣嗣子及長兄弟相對而餕。所謂「餕」也。以《特牲》言之，則先受爵而後獻，獻而後餕。今此經先云「餕」者，以餕爲重，舉重者，從後以嚮先，逆言之，故云「其登餕、獻、受爵」也。登，謂登堂。無事之時，嗣子在堂下。餕時登堂，獻時亦登堂，受爵之時亦登堂。此一「登」之文，包此三事。以經文連於上「宗廟之中，宗人授事，以爵以官」，謂衆官皆爲其事。

「則以上嗣」　其登餕、獻不用衆官，唯用上嗣，故云「則以上嗣」。案《特牲》餕時雖有長兄弟，以上嗣爲主。

注「上嗣」至「君也」　正義曰：言「適長子」者，是適子之中長也。凡適皆可以嗣，今云「上嗣」，是嗣中最上。云「受爵，謂上嗣舉奠」者，以《特牲》無「受爵」之文，唯有嗣子舉尸之奠爵，受而飲之，故此經謂之「受爵」也。云「獻，謂舉奠、洗爵、酌、入也」者，亦以《特牲》無「嗣獻」之文，故將此爲「獻」也。舉奠，謂嗣子也，名此嗣子爲舉奠。嗣子既飲尸前爵畢，乃更洗爵，酌，入，以進尸。此謂士禮。若天子、諸侯，除此酌入之數外，子孫別有獻尸。故鄭注《小雅》云：「天子則有子孫獻尸之禮。」云「大夫之嗣無此禮，辟君也」者，案《少牢饋食》無嗣子舉奠。大夫尊於士而不舉奠，故知辟正君也。

「庶子治之，雖有三命，不踰父兄」　「庶子治之」，謂治此公族朝於內朝之時也。既不計官之大小，故雖有三命之貴，而列位不得踰越在無爵父兄之上也。然此句應承第二條前「臣有貴者以齒」之下。其外朝既云「司士爲之」，則內朝自然庶子治之也。所以在此者，當是簡札遺脱，故在此也。鄭不言者，略耳。

注「治之」至「列中」　正義曰：「治之，治公族之禮也，唯於內朝則然」者，鄭恐外朝亦爾，故云「唯於內朝則然」。云「其餘會聚之事，則與庶姓同」者，其餘，謂非內朝，則皆並計官也。云「一命齒于鄉里」者，引《黨正》文，解「三命不踰父兄」之事也。一命尚卑，若與鄉里長宿燕食，則猶計年也。云「再命齒于父族」者，再命漸尊，不復與鄉里計年，唯官高在上，但父族爲重，而猶與之計年爲列也。云「三命不齒」者，三命大貴，則不復與父族計年。若應有燕會，則別席獨坐，在賓之東也。

「其公」至「主人」　此謂君喪而庶子官掌之事也。大事，謂君喪。其臣雖皆斬衰，其庶子列次之時，則以其本服之精麤爲序。衰麤者在前，衰精者在後。　「雖於公族之喪亦如之」者，言非但公喪如此，雖於公族之内有死喪之事，相爲亦如之。爲死者服麤者居前，服精者居後，故云「亦如之」。　「以次主人」者，謂雖有庶長父兄尊於主人，仍次於主人之下，使主人在上，居喪主也。　注「大事」至「下齒」　正義曰：以其經云「則以其喪服之精麤」，故知「大事，謂死喪也」。云「序之必以本親也」者，案《喪服》，臣爲君斬衰。今言「服之精麤爲序」，故知必以本親。服之精麤，謂衰服縷布精麤也。皇氏云以爲：「《喪服》以麤爲精。故鄭注《雜記》云：『臣爲君三升半，微細焉，則屬於麤。』是知斬爲精，齊爲麤。」若如皇氏説，緦麻、小功爲極麤，斬衰爲極精也。書傳何處謂斬衰爲精乎？但斬衰於麤之外，別更稱「斬」，見其哀痛之甚，故於齊衰而稱麤也。云「微細焉，則屬於麤」者，謂得入齊衰之限，不復稱斬耳，豈謂斬衰細乎？皇氏之説非也。云「主人雖有父兄，猶不得下齒」者，❶言主喪之人，當在於上，以爲喪主。雖族人父兄尊，則主人猶不得在父兄之下而齒列焉。❷　「若公」至「一等」　正義曰：此明公與族人燕食之禮，庶子掌之也。「則異姓爲賓」，燕飲必須禮儀，獻酬交酢，故宜立賓，以行禮也。但公欲與族人相親，若使族人爲賓，賓禮疏隔，故用異姓爲賓也。「膳宰爲主人」者，既有其賓，賓必對主人，而君尊，不宜敵賓。故使供膳之宰以爲主人，對於賓，使得抗禮酬酢也。若與異姓燕飲，則《燕禮》云「宰夫爲獻主」，故注云：「君尊，不獻酒。」「公與父兄齒」者，公既不爲主，族人又不爲賓，故列位在父兄之坐上，與族人相齒，見親親也。　「族食，世降一等」者，族食，謂與族人燕食也。族人既有親疏，燕食亦隨世降殺也。　注「親者稠，疏者希」　正義曰：假令本是齊衰，一年四會食。若大功，則一年三會食；小功，則一年二會食；緦麻，則一年一會食。是「世降一等」也。　「其在」至「下室」　正義曰：此一節明庶子從行在軍，及公行庶子留守之事。「則守於公禰」者，公禰，謂遷主載在齊車，隨公行者也。庶子官既從在軍，故守於公齊車之行主也。行主是遷主而呼爲「禰」者，既在國外，欲依親親之辭。　注「謂朝、覲、會、同也」　正義曰：上云「在軍」，謂庶子之官從公出行。此云「公若出疆」，庶子不從公行，在國掌其留守。對上「在軍」，故知此出疆是朝、覲、會、同，非出軍也。其庶子之官，公有

❶「猶」字原漶滅，據足利本、阮本補。

❷「則主人猶不得在父兄之下而齒列焉」，浦鏜校作「然主人亦不得下而與之序齒列焉」。

朝、覲、會、同，不從公行，既掌留守公宮。若征伐出軍，庶子不從公行，亦是所掌留守之事。**注**「正室」至「之廟」 正義曰：經云「庶子以公族之無事者守於公宮」者，與下文爲總。「正室守大廟」以下文，各言其别。無事，謂不從行及無職事者。「正室，適子也」者，謂公卿大夫之適子也。案《公羊傳》云：「周公稱大廟。」周公是魯之始祖，故知其餘諸侯大廟，皆大祖之廟也。**注**「謂守路寢」 正義曰：以下云「下宫」，上云「大廟」，此「貴宫、貴室」既非大廟，又非下宫、下室，唯當路寢也。指其院宇謂之宫，指其所居之處謂之室。《爾雅》云：「宫謂之室，室謂之宫。」此「貴宫、貴室」，總據路寢。皇氏云：「或俗本無『貴宫』者，定本有『貴宫』。」**注**「下宫」至「異語」 正義曰：上云「大廟」，此云「下宫」，除大廟之外，唯有親廟，高祖以下，故云「下宫，親廟也」。上云「貴室」，此又云「下室」，故知燕寢也。云「或言宫」，則「下宫」也。「或言廟」，則「大廟」也。故《春秋》云「立武宫」，《明堂位》云「武公之廟，武世室也」，是「通異語」也。此云「諸父」及「諸子諸孫」者，未審爲是君之諸父及諸子孫之後，❶爲當是見任卿大夫者之諸父子孫也。然鄭解「正室，適子」，不云「世子」，則卿大夫之適子。則諸父子孫，亦謂卿夫夫之諸父子孫也。不云「諸兄諸弟」者，蓋諸兄從諸父，諸弟從子孫也。「五廟」至「正焉」 正義曰：此論族人雖或至賤，吉凶必須相告，弔、賵、含、贈，皆當有正禮，庶子掌其正焉。「皆有正焉」者，正，謂正禮。庶子之官治之，使賵、賻、贈、含，隨其親疏，各有正禮。**注**「實四」至「子也」 正義曰：經云「祖廟未毁」，謂同高祖。若高祖以下，唯有四廟。今云「五廟」，故云「容顯考爲始封子」。是高祖爲四世也，其五世祖是始封之君。自五世以下，其廟不毁，故爲「五廟」也。**注**「弔謂」至「五世」 正義曰：「六世以往」者，從六世以至百世，但有弔禮，故言「以往」。四世同高祖，有緦麻之親。五世則親盡，但有祖免，故云「免，謂五世」也。**注**「承讀」至「禮也」 正義曰：「承」文在「賻」、「含」之閒，則贈含之類，故以「承」爲「贈」。云「正，正禮也」者，謂庶子之官，正之以禮，非訓「正」爲「禮」也。庶子之官治之，使賵賻隨其親疏，各有正禮。賵、賻、含、襚，皆贈喪之物。賵，車馬；賻，財帛；含，珠玉；襚，衣服。總謂之贈。贈，送也。

禮記正義卷第二十八

❶「後」，阮本作「行」，閩、監、毛本同，衛氏《集説》同。

禮記正義卷第二十九

國子祭酒上護軍曲阜縣開
國子臣孔穎達等奉勑撰

公族其有死罪，則磬于甸人。不於市朝者，隱之也。甸人，掌郊野之官。縣縊殺之曰磬。其刑罪，則纖剸，亦告于甸人。纖，讀爲「殲」。殲，刺也。❶剸，割也。宮割、臏、墨、劓、刖，皆以刀鋸刺割人體也。告，讀爲「鞫」，讀書用法曰鞫。公族無宮刑。宮割，淫刑。獄成，有司讞于公，其死罪，則曰：「某之罪在大辟。」其刑罪，則曰：「某之罪在小辟。」成，平也。讞之言白也。辟亦罪也。公曰：「宥之。」宥，寬也，欲寬其罪，出於刑也。有司又曰：「在辟。」公又曰：「宥之。」又，復也。有司又曰：「在辟。」及三宥，不對，走出，致刑于甸人。對，答也。先者君每言「宥」，則答之，以將更寬之。至於三，罪定，不復答，走往刑之，爲君之恩無已。公又使人追之，曰：「雖然，必赦之。」有司對曰：「無及也。」罪既正，不可宥。乃欲赦之，重刑殺其類也。反命于公，白已刑殺。公素服不舉，爲之變，如其倫之喪，無服。素服，於凶事爲吉，於吉事爲凶，非喪服也。君雖不服臣，卿大夫死，則皮弁、錫衰以居。往弔，當事則弁絰。於士蓋疑衰，同姓則緦衰以弔之。今無服者，不往弔也。倫，謂親疏之比也。素服亦皮弁矣。親哭之。不往弔，爲位哭之而已。君於臣，使有司哭之。**疏**正義曰：此一節論公之同族有死刑之罪，有司行法之事，及公爲之貶降之禮。「公族，其有死罪，則磬于甸人」者，甸人，掌郊野之官。又云：磬，盡也。

---

❶「纖讀爲殲殲刺也」，惠棟《九經古義》、浦鏜校、阮校、張敦仁《考異》皆云兩「殲」字均當從《釋文》作「鍼」。

磬謂縣縊殺於甸人之官，❶令其性命磬盡也。　「其刑」至「甸人」　謂族人犯刑罪者，欲纖刺劓割之時，亦鞠讀刑法之書於甸人之官也。　「公族無宮刑」者，雖犯宮刑，不得行宮刑。　「獄成，有司讞于公」者，成，平也。讞，言白也。謂獄斷既平，定其罪狀，有司以此成辭言白於公。若其所犯死罪，白公之時則曰：「某之罪在大辟。」其犯刑罪，則曰：「某之罪在小辟。」「公曰『宥之』」　公既得有司之白，此公族之親，則公更言曰「寬宥之以法」，商量使從其寬也。「有司又曰『在辟』」　有司既得公言，更往平審，理無可出也。有司又更白公，言「罪在大辟」。公又曰「宥之」，有司又曰「在大辟」。　「及三宥」　有司執法，又曰「在大辟」。公又曰「宥之」。凡三宥也。初有司白公，公令寬宥，則答公將更寬宥。及公遣三宥之後，爲公意無已，有司不復對公，則走出，致此刑死之事於甸人也。

「公又使人追之」　謂追止行刑殺之人。云「雖然，必赦之」，然，猶如是。雖罪重如是，必更寬宥，赦其刑殺也。「有司對曰：無及也」，言其追之不可及也。「公素服不舉，爲之變，如其倫之喪，無服」者，謂公身著素服，衣裳皆素，不舉饌食，爲之變其常禮，如其親疏倫輩之喪，身不往弔，無弔服也，乃親自哭之於異姓之廟。　注「縣縊殺之曰磬」　正義曰：磬，謂磬盡也。《左傳》云「室如縣磬」，杜預云：「磬，盡也。」皇氏云：「如縣樂器之磬也。」　注「纖讀」至「曰鞠」　正義曰：案《魯語》云：「小刑用鑽鑿，次刑用刀鋸。」案墨刑刻其面，是「用鑽鑿」也。其宮劓之屬，則劓割也。故云「宮割、臏、墨、劓、刖，皆以刀鋸刺割人體也」。云「告，讀爲『鞠』，讀書用法曰鞠」者，以刑之殺人，皆於甸師氏，何得唯告而已，故以爲「鞠」。《漢書》每云「鞠獄」是也。「讀書」，讀囚人之所犯罪狀之書。「用法」，謂以法律平斷其罪。❷鞠，盡也，謂推審其罪狀令盡也。今言公族雖無宮刑，❸但髡去其髮也。　注「罪既」至「類也」　正義曰：「罪既正定，不可宥」，謂罪當正條，無可赦宥之理。君今乃更欲赦之者，是重慎刑殺其族類也。　注「白已刑殺」　正義曰：公不遣刑，而云「反命于公」者，秖謂行刑者反迴，而來告已刑殺之命言於公。　注「素服」至「弁矣」　正義曰：案《下曲禮》「重素」，鄭云：「重素，衣裳皆素。」謂之「重素」，素爲衣裳也。此素服亦然也。「於凶事爲

❶「磬」，殿本、庫本無「磬」字，疑衍。
❷「以」，原作「其」，據殿本、庫本及惠棟《九經古義》改。
❸「無」，衛氏《集説》作「犯」，浦鏜校從之。

吉」者，❶人以凶事用布，今乃用素，是比於凶事爲吉也。「於吉事爲凶」者，吉時皮弁服，白布深衣，素積，裳以采爲領緣。今唯素服衣裳，是比吉事爲凶也。非如五服之限，故云「非喪服也」。云「君雖不服」至「弁絰」者，並《服問》文也。云「於士蓋疑衰，同姓則緦衰，以弔之」者，案《司服》云：「王爲三公六卿錫衰，爲諸侯緦衰，爲大夫士疑衰。」是疑衰輕於錫衰。諸侯爲卿大夫既錫衰，士宜卑降，故疑衰。但士有同姓異姓，故以同姓爲緦衰，異姓爲疑衰。知諸侯亦有三衰者，以《司服》王有三衰，又云「上公如王之服」，轉次相如，故知諸侯亦有三衰也。此云君弔士疑衰。案《士喪禮》「公視斂」，注云「主人成服之後往，則錫衰」者，彼謂士有俊選，於君有師友之恩，與常士不同，故錫衰也。或於諸侯弔士無文，因諸侯弔必錫衰，無明文，故注《士喪禮》爲錫衰也。❷云「素服亦皮弁矣」者，諸侯亦爲卿大夫弔服皮弁、錫衰，今此但云「素服」，不言「素冠」，故云「亦皮弁」也。譙周云：「此素服著素冠。」非鄭義也。**注**「君於」至「哭之」　正義曰：案《檀弓》云「天子之哭諸侯，爵弁絰，紂衣。或曰使有司哭之」是也。

公族朝于内朝，内親也。雖有貴者，以齒，明父子也。謂以宗族事會。外朝以官，體異姓也。體，猶連結也。宗廟之中，以爵爲位，崇德也。崇，高也。宗人授事以官，尊賢也。官各有能。登餕、受爵以上嗣，尊祖之道也。上嗣，祖之正統。喪紀以服之輕重爲序，不奪人親也。紀，猶事也。公與族燕則以齒，而孝弟之道達矣。以至尊不自異於親之列。其族食，世降一等，親親之殺也。殺，差也。戰則守於公禰，孝愛之深也。行主，君父之象。正室守大廟，尊宗室，而君臣之道著矣。以其不敢以庶守君所重。諸父諸兄守貴室，子弟守下室，而讓道達矣。以其貴者守貴，賤者守賤。上言父、子、孫，此言兄弟，互相備也。五廟之孫，祖廟未毁，雖及庶人，冠、取妻必告，死必赴，不忘親也。親未絶而列

❶「吉」，原作「告」，據足利本、阮本、魏氏《要義》改。
❷「士」，原作「云」，據阮本改。

於庶人，賤無能也。敬弔、臨、賻、賵，睦友之道也。古者庶子之官治，而邦國有倫；邦國有倫，而衆鄉方矣。鄉方，言知所鄉。公族之罪，雖親，不以犯有司，正術也，所以體百姓也。犯，猶干也。術，法也。刑于隱者，不與國人慮兄弟也。弗弔，弗爲服，哭于異姓之廟，爲忝祖，遠之也。素服居外，不聽樂，私喪之也，骨肉之親無絶也。公族無宫刑，不翦其類也。翦，割截也。**疏**正義曰：此謂第三節中之下節，覆明在上公族九條之義。「公族朝于内朝，内親也」，此覆釋前第一條。言公族所以朝于内朝者，其「内親也」，欲使親在其内，故於内朝也。「雖有貴者，以齒，明父子也」者，此覆釋在上第二條。言宗族在内朝，雖貴，猶與賤者計年以爲齒列者，欲明父子昭穆之本恩故也。「外朝以官，❶體異姓也」者，此覆釋在上第三條也。若族人在外朝，❷則不復計年，各隨官爲次者，外朝主尊別，❸不得以私恩爲異。故雖族人，悉以計爵爲位，是欲與異姓相連結以爲體也。「宗廟之中，以爵爲位，崇德也」者，覆釋上第四條也。所以在廟中行禮時不計年，而以官爵列位者，爵以德序，而廟中行禮時，是先祖尊嚴之所，所主在德，不可私恩，故列爵爲位，是崇高於有德也。「宗人授事以官，尊賢也」者，此覆釋廟中所以授事必隨官序，司徒奉牛之屬者，官由賢能而興，今欲尊崇此賢，故授事以表之也。「登餕、受爵則以上嗣，尊祖之道也」者，此覆釋所以登餕、受爵用適子者。夫祭祀，是尊嚴於祖也。適子是先祖之正體，故使受爵於尸，及升餕尸餕，是尊祖之道理也。「喪紀以服之輕重爲序，不奪人親也」者，此覆釋前第五條。臣服君，皆斬而已，又以本輕者爲下，本重者爲上，不計爵尊卑爲次序者，是不奪人親之恩，故輕重爲序也。「公與族燕則以齒，而孝弟之道達矣」者，此覆釋前第六條。公所以降己尊而與族人燕會齒列，是欲使

❶「外」上原有「在」字，據足利本、阮本和潘宗周《校勘記》删。

❷「在外」二字原倒，據足利本、阮本、衛氏《集説》乙正。

❸「别」，阮校云：「許宗彦『别』改『卑』。」按：殿本、庫本作「卑」。

孝弟之道通達於下也。君上存親而與族人燕，❶則民有親屬者，豈得相遺棄？此孝弟之道達於下也。「其族食世降一等，親親之殺也」者，此覆釋族食之事。近者食稠，遠者食希，每世降一等，是「親親之殺也」。「戰則守於公禰，孝愛之深也」者，此覆釋前第七條。公在軍，戰伐之事，而載遷主將行，又使庶子官主守之者，是爲孝愛情深故也。載主將行，示不自專，是孝也；使守而尊之，是愛也，乃是「孝愛之深也」。「正室守大廟，尊宗室」者，此覆釋所以遣適子守大廟。適子是宗室之正，大廟是祖之正，用適子守大廟，是尊於宗及廟之室故也。「而君臣之道著矣」者，臣下不敢以庶賤之人守君所重，是君臣之道著明也。「諸父諸兄守貴室，子弟守下室，而讓道達矣」者，此覆釋前諸父、諸子、諸孫守貴宮、下室之事。而貴者守貴，賤者守賤，賤者讓於貴，貴者不相陵犯，是讓道達也。「五廟」至「親也」　此覆釋前第八條「祖廟未毀，雖及庶人，冠、取妻必告，死必赴」之事。所以必告必赴者，君不以貴，仍統於親，故族人有事告赴，是「不忘親也」。「親未絶而列於庶人，賤無能也」，此解既與君有親，何得爲庶人者？賤其無能也。「敬弔、臨、賻、賵，睦友之道也」者，此覆釋前「宜弔不弔，宜免不免」及賵賻必有正焉之事。言君敬重弔、臨、賵、賻，不使闕失者，是君親睦和友之道也。「古者庶子之官治，而邦國有倫」者，此合結須庶子官義也。不待於第九條覆，而先在第八結者，第九是罪惡之事，今結邦國之功，不宜與罪惡相連，故於此結也。倫，理也。言庶子官治，則邦國治理也。「邦國有倫，而衆鄉方矣」者，若邦國治理，則天下之人衆，皆知其所鄉之方矣。「公族之罪，雖親，不以犯有司，正術也」者，此釋前第九條也。犯，干也。有司，獄官也。術，法也。公族之親有罪，公應宜放赦之，而猶在五刑者，國立有司之官，以法齊治一切，今不可以私親之罪而干壞有司之正法也。「所以體百姓也」者，此解公所以不干有司正法義也。法無二制，故雖公族之親，猶治之，與百姓爲一體，不得獨有私也。「刑于隱者，不與國人慮兄弟也」者，此覆釋上「致刑于甸人」之事。若異姓，則刑之於市。此同姓，刑於甸師隱僻之處者，不與國人謀慮兄弟也。「弗弔，弗爲服，哭于異姓之廟，爲忝祖，遠之也」者，此覆釋上無服及公親哭之事。所以不弔、無服、哭於異姓之廟者，爲其犯罪，忝辱先祖，於公法合疏遠之也。

❶「上」，殿本、庫本作「尚」，義勝。

「素服居外，不聽樂，私喪之也，骨肉之親無絶也」者，覆釋上君爲之「素服，爲之變」之事。所以素服，居在外寢不在內，又不聽樂，爲之變常者，以其實是己親，私心喪之也。所以私喪之者，骨肉之親，雖犯刑戮，無斷絶之理故也。「公族無宮刑，不翦其類也」者，覆釋上「公族無宮刑」。所以無宮刑者，不可翦其同類也。上「公族無宮刑」在哭與素服之前，此在哭與素服之後，此覆説刑殺之後，君則哭之，及素服，文相連接。待其事終，然後别釋「公族無宮刑」，故在後也。注「翦，割截也」　正義曰：公族既無宮刑，當髡去其髮。故《掌戮》云：「髡者使守積。」鄭康成注云「謂同族不宮者」是也。天子視學，大昕鼓徵，所以警衆也。早昧爽擊鼓，以召衆也。警，猶起也。《周禮》，凡用樂，大胥以鼓徵學士。衆至，然後天子至，乃命有司行事，興秩節，祭先師、先聖焉。興，猶舉也。秩，常也。節，猶禮也。使有司攝其事，舉常禮，祭先師、先聖。不親祭之者，視學觀禮耳，非爲彼報也。有司卒事，反命，告祭畢也。祭畢天子乃入。始之養也。又之養老之處。「凡大合樂，必遂養老」，是以往焉。言「始」，始立學也。適東序，釋奠於先老，親奠之者，己所有事也。養老東序，則是視學於上庠。遂設三老、五更、群老之席位焉。三老、五更，各一人也，皆年老更事致仕者也。天子以父兄養之，示天下之孝弟也。名以三、五者，取象三辰五星，天所因以照明天下者。群老無數，其禮亡。以《鄉飲酒禮》言之，席位之處，則三老如賓，五更如介，群老如衆賓必也。適饌，省醴、養老之珍具，親視其所有。遂發咏焉。退脩之以孝養也。發咏，謂以樂納之。退脩之，謂既迎而入，獻之以醴，獻畢而樂闋。反，登歌《清廟》。反，謂獻群老畢，皆升就席也。反就席，乃席工於西階上，歌《清廟》以樂之。既歌而語，以成之也。言父子、君臣、長幼之道，合德音之致，禮之大者也。既歌，謂樂正告「正歌備」也。語，談説也。歌備而旅，旅而説父子、君臣、長幼之道，説合樂之所美，以成其意。《鄉射記》曰：「古者於旅也語。」下管《象》，舞《大武》，大合衆以事，達有神，興有德也。《象》，周武王伐紂之樂也。以管播其聲，又爲之舞，皆於堂下。衆，謂所合學士也。達有神，明天授命周家之有神也。興有德，美文王、武王有德。師樂爲用，前歌後舞。**正君臣之位、貴賤之等焉，而上下之義行矣。**由《清廟》與《武》也。**有司告以樂闋，**闋，終也。告君以歌舞之樂終。此所告者，謂無筭樂。**王乃命公、侯、伯、子、男及群吏曰：「反，養老幼于東序。」❶終之以仁也。**群吏，鄉、遂之官。王於燕之末，而命諸侯時朝會在此者，各反養老如此禮，是終其仁心。《孝經説》所謂「諸侯歸，各帥於國；大夫勤於朝；州、里驗於邑」是也。疏正義曰：此一節是第四節中之上節，論天子視學，必遂養老之法則。養老既畢，乃命諸侯、群吏，令養老之事。「天子視學」者，謂仲春合舞，季春合樂，仲秋合聲，於此之時，天子親往視學也。「大昕鼓徵」者，謂視學之晨，大猶初也，昕猶明也，徵猶召也，謂初始昕明，擊鼓以召學士。「所以警衆」者，初昕擊鼓，警動衆人，令早起也。「衆至，然後天子至」者，衆人既聞鼓聲而起，先至會聚之處，然後天子始至，尊者體盤故也。「乃命有司行事，興秩節」者，天子既至，乃命遣有司行此釋奠之事。興，舉也。秩，常也。節，禮也。謂興舉尋常舊禮，以祭先師、先聖焉。有司，則《詩》、《書》、《禮》、《樂》之教官也。「有司卒事，反命」者，卒事，謂終卒釋奠之事。行事畢而反命於天子。于時天子視學在虞庠之中，有司釋奠既畢，天子乃從虞庠入反於國。明日，乃之東序而養老，故云「始之養也」。「適東序，釋奠於先老」者，若其尋常視學，則於東膠中，唯行養老之禮。若始立學，既視學畢，則適之養老之處東序之中，天子親自釋奠於先世之老。祀先老既畢，「遂設三老、五更、群老之席位焉」。禮先老畢，遂之於東序中，設三老、五更、群老之席位焉。若非始立學，則不釋奠於先老也。「適饌，省醴，養老之珍具」者，布席既畢，天子親適陳饌之處，省視醴酒，并省視養老之珍具。❷「遂發咏焉」者，省具既畢，出迎三老、五更。將入門之時，遂作樂，發其歌咏，❸以樂納之也。「退脩之以孝養」者，謂三老、五更入而即位於西階下，天子乃退，酌醴獻之，以脩行孝養之道也。「反，登歌《清廟》」者，反，謂反席。三老、五更、群老初

❶「幼」，阮校以「幼」爲衍字。孫希旦《集解》同。張敦仁云「或欲去『幼』字者非也」，孫詒讓《校記》同。

❷「視」，原作「親」，據阮本改。

❸「歌」，原作「酘」，據足利本、阮本改。

受獻畢，皆立於西階下，東面。今皆反升就席，乃使工登堂上，西階北面，歌《清廟》之詩以樂之也。「既歌而語，以成之也」者，謂既歌《清廟》之後，則至旅酬之節。語，謂談説善道，以成就天子養老之義也。「言父子、君臣、長幼之道」者，所談説善言，論父子、君臣、長幼、尊卑、上下之道理也。「合德音之致」者，德音，謂歌《清廟》之詩，文王道德之音。致，謂致極也。言説父子、君臣、長幼之道理，合會《清廟》文王道德音聲，理之至極也。「禮之大者也」，言登歌《清廟》，語説父子、君臣之道，是「禮之大者也」。「下管《象》，舞《大武》」者，謂登歌之後，笙入，立於堂下。《象》，謂象武王伐紂之樂。堂下管中奏此《象武》之曲，庭中舞此《大武》之舞。《大武》，即《象》也，變文耳。「大合衆以事」者，衆，謂大會聚學士，以登歌、下管之事。「達有神」者，謂歌舞其樂，明達上天授命周家之有神也。「興有德」者，興，謂發起。謂發起文王、武王之有德，使衆前歌後舞也。「正君臣之位、貴賤之等焉」者，登歌《清廟》，文王詩也，君詩在上，下管《象》，是武王詩，臣詩在下。是「正君臣之位、貴賤之等」也。「而上下之義行矣」者，既以此教上下，衆知之，是上下之義行於衆庶也。「有司告以樂闋」者，闋，終也。謂養老之末，無筭樂已終也。❶有司告王以樂終。「王乃命公、侯、伯、子、男及群吏」者，於時諸侯及鄉遂之吏在此席，王燕末，乃告之，令其養老幼也。「曰：反，養老幼于東序」者，此則王所告諸侯之辭也。令其各反其國，養老幼如我於東序之禮也。「終之以仁也」者，謂仁恩。王家恒自養老，❷是仁恩也。又令諸侯、州里而行養老，是「終之以仁」，謂仁恩之心也。

注「早昧」至「學士」 正義曰：經云「大昕」，昕，明也。恐是盛明之時，故云「早昧爽」之前。凡物，以初爲大，以末爲小。必知「早昧爽」者，以云「鼓徵，衆至，然後天子至」。若其盛明始召學士，則晚矣。

注「興猶」至「報也」 正義曰：「秩，常也」，《釋詁》文也。云「舉常禮，祭先師、先聖」者，此謂因大合樂之時，在虞庠之中祭先師先聖也。若四時常奠，各於其學之中，又不祭先聖也。云「視學觀禮耳，非爲彼報也」者，解天子不親釋奠之意。所以視學者，觀看有司行禮耳，非是爲彼學士而報先聖先師也。

注「凡大」至「學也」 正義曰：言「凡大合樂，必遂養老」者，爲其養老，是以往焉。「大合樂」者，

❶「已」，阮本作「之」，閩、監、毛本、衛氏《集説》同。
❷「恒」，原作「但」，據殿本、阮本和閩、監、毛本改。

鄭前注「春合舞，秋合聲」爲大合樂，其實《月令》「季春合樂」亦是也。云「言始，始立學也」者，以上文稱云「始立學」，故以此「始」爲始立學。若然，始立學則之養老，而尋常視學則不養老，何得云「凡大合樂，必遂養老」者？然此云「始之養也」，爲下「釋奠於先老」之學，故云「始立學也」。若非始立學之後，則視學凡養老於東膠，不釋奠於先老也。皇氏云：「若尋常視學，則養老於東膠。若始立學，則養老於東序。」以爲周立三代之學，又立周之大學於東，謂之東膠；立小學於西郊，謂之虞庠，故以東膠別也。

注「三老」至「必也」　正義曰：「三老、五更各一人」，蔡邕以爲「更」字爲「叟」，叟，老稱。又以「三老爲三人，五更爲五人」，非鄭義也，今所不取。云「皆年老更事致仕者」，三老亦有「更」名，五更亦有「老」稱，但尊此老名，特屬三老耳。以其天子父兄所事，故知致仕者。知「天子以父兄養之」者，以天子冕而總干而舞，執醬而饋，是父兄事也。❶云「取象三辰」，❷謂日、月、星。「五星」，謂東方歲星，南方熒惑，西方大白，北方辰星，中央鎮星。其三辰之星者，二十八宿及諸星也。云「三老如賓，五更如介」者，案《鄉飲酒》注「敷席：賓席，牖前，南面；介席，西階上，東面」是也。云「群老如衆賓必也」者，三老既如賓，五更既如介，故群老如衆賓。以其無文，故云「必也」。案《鄉飲酒》注「席衆賓於賓之西，南面，各特焉」是也。

注「發咏」至「樂闋」　正義曰：此文承設席、省醴之後也，云「發咏」，以《大射》之禮約之，當納賓之節。案《大射》「賓入及庭，奏《肆夏》」。此養老既尊，故用兩君敵禮，入門即奏《肆夏》。故《仲尼燕居》云「入門而縣興」是也。云「退脩之，謂既迎而入，獻之以醴」者，謂迎老更就位，主人乃退，酌醴獻之也。

注「反就」至「樂之」　正義曰：知「反就席，乃席工於西階上」者，約《鄉飲酒禮》文知之也。

注「既歌」至「也語」　正義曰：案《鄉飲酒》登歌之後，乃下管、閒歌，合樂之後，樂正告云：「正歌備。」定本云「正歌」，云「工歌備」誤也，「工」當爲「正」也。云「歌備而旅」者，案《鄉飲酒》之禮，告「正歌備」後，「作相爲司正，賓取觶，酬主人，主人酬衆賓」，是歌備而旅酬也。旅酬之時，則「語説合於樂之所美，以成其意」者，解經「合德音之致」。「樂之所美」，謂《清廟》之詩所美。文王有君臣、父子、長幼之

❶「事」，衛氏《集説》「事」下有「之」字。

❷「三辰」，殿本、阮本、庫本「三辰」下有「五星者三辰」五字，疑是。

德，今於旅之時，論説君臣、父子之道，合會《清廟》所美之事，以成就其升歌《清廟》之意。 注「象周」至「後舞」 正義曰：案《詩·維清》「奏《象》舞」，是武王作樂稱《象》也。故《左傳》云：「見舞《象箾》、《南籥》。」必知此是武王伐紂樂者，以上文云「登歌《清廟》」，此云「下管《象》」，下云「正君臣之位，上下之義」，故知此《象》爲武王樂，在堂下也。云「師樂爲用，前歌後舞」者，今文是《泰誓》之文也。❶ 注「由《清廟》與《武》也」 正義曰：「登歌《清廟》，下管《象》，」父詩在上，子詩在下，故得正君臣之位、貴賤之等也。 注「此所告者，謂無筭樂」 正義曰：以上云「登歌《清廟》」，次「下管《象》」，此云「告以樂闋」，下即云「王乃命諸侯反養老」，是燕末之事，故知樂闋者，謂無筭樂也。 注「群吏」至「是也」 正義曰：經云「乃命公、侯、伯、子、男」，又云「及群吏」，諸侯既爲畿外，故知「群吏」謂畿内「鄉遂之官」也。云「各反養老如此禮，是終其仁心」者，此是王命諸侯、群吏，使之養老如此禮，謂如王家於東序之禮，是終竟其仁心也。云《孝經説》以下者，《孝經援神契》文。云「諸侯歸，各帥於國」者，諸侯還歸，帥行於國。云「大夫勤於朝」者，大夫勤力行之於朝。云「州、里騶於邑」者，州長里宰之官，希騶慕仰，行之於邑是也。謂此在下奉行在上之事也。

是故聖人之記事也，慮之以大，謂先本於孝弟之道。**愛之以敬，**謂省其所以養老之具。**行之以禮，**謂親迎之，如見父兄。**脩之以孝養，**謂親獻之、薦之。**紀之以義，**謂既歌而語之。**終之以仁。**謂又以命諸侯歸於國，復自行之。

疏正義曰：此一節是第四節中之下節，申説視學養老之義。「是故聖人之記事也」者，方釋養老之義。「記事」，謂聖人親行養老之禮，記序前代之事也。「慮之以大」者，先解初將謀慮養老之時也。慮，謀也。大，謂孝弟也。言謀慮於養老之事，是本於孝弟故也，故云「慮之以大」也。 「愛之以敬」者，解「適饌省醴」，是愛而又敬之也。 「行之以禮」者，解「遂發咏焉」，而自迎之，如見父兄之禮也。 「脩之以孝養」者，解既迎又親獻醴薦饌，是脩於孝養故也。 「紀之以義」者，解「既歌而語」，是紀録德音之義，亦存天下之大義也。 「終之以仁」者，解樂闋而又命諸臣，令歸國各行此禮，是終之以仁心也。

是故

❶「今文是」，浦鏜校云，「是」字當在「今文」上。

古之人，一舉事而衆皆知其德之備也。古之君子，舉大事，必慎其終始，而衆安得不喻焉！言其爲之，本末露見，盡可得而知也。喻，猶曉也。《兑命》曰：「念終始典于學。」兑，當爲「説」。《説命》，《書》篇名，殷高宗之臣傅説之所作。典，常也。念事之終始常於學。學，禮義之府。疏正義曰：此亦是第四節中之下節，覆説養老，而在下衆庶知道德之備，其在學乎！「一舉事而衆皆知其德之備」者，謂一舉養老之事以示於下，而衆皆知其在上道德備具。其備具者，則上「慮之以大，愛之以敬，行之以禮」之屬是也。「古之君子，舉大事，必慎其終始」者，大事，謂養老。初則「慮之以大」，是慎其始。末則「終之以仁」，是慎其終也。「而衆安得不喻焉」，聖人養老，既慎其本末終始，一一露見，盡以示衆庶，而衆何得不曉喻焉？言衆皆曉喻養老之德也。「《兑命》曰：念終始典于學」者，《兑命》，《尚書》篇名，殷高宗之臣傅説所作。録記者既美養老終始，而衆得曉諭，是由學而來，故引《兑命》學爲可重之事以結之。云「念終始」者，言人君念録事之終始，常在於學中念之。以學爲禮義之府，故聖人於中而行養老之禮，是念終始常於學也。注「兑當」至「之府」正義曰：案《尚書序》云：「高宗夢得説，得諸傅巖，作《説命》三篇。」故知「兑」當爲「説」也。「典，常也」，《釋詁》文。

《世子之記》曰：「朝夕至于大寢之門外，問於内豎曰：『今日安否？何如？』」朝夕，朝朝暮夕也。日中又朝，文王之爲世子，非禮之制。《世子之禮》亡，言此存其《記》。内豎曰：『今日安。』世子乃有喜色。其有不安節，則内豎以告世子，世子色憂不滿容。色憂，憂淺也，不及文王行不能正履。内豎言『復初』，然後亦復初。朝夕之食上，世子必在視寒煖之節。食下，問所膳，羞必知所進，以命膳宰，然後退。羞必知所進，必知親所食。若内豎言『疾』，則世子親齊玄而養。親，猶自也。養疾者齊玄，玄冠、玄端也。膳宰之饌，必敬視之。疾者之食，齊和所欲或異。疾之藥，必親嘗之。試毒味也。嘗饌善，則世子亦能食；善，謂多於前。嘗饌寡，世子亦不能飽。又不及武王一飯，再飯。❶以至于復初，然後亦復初。」復常所服。**疏**正義曰：此第五節也。以文王爲世子，是聖人之法也，不可以爲常行，故此記尋常世子之禮也。「則世子親齊玄而養」者，内豎既言有疾，則世子親自齊戒，衣玄冠、玄端而養也。**注**「親猶」至「端也」正義曰：經云「親齊」，恐是世子親視齊戒之事，非身自爲，故云「親，猶自也」。以其玄冠而養，是世子自養，故知「齊」是世子自齊也。云「齊玄，玄冠、玄端也」，以經直云「齊玄」，故知冠衣俱玄也，❷是以爲玄冠、玄端，此則齊服。故《玉藻》云：「玄冠丹組纓，諸侯之齊冠也。玄冠綦組纓，士之齊冠也。」玄端，其衣則緇布衣也。謂之「端」者，端，正也。其制正幅，袂二尺二寸，袪尺二寸。鄭注《玉藻》云：「天子諸侯，玄端朱裳，大夫素裳。」《士冠禮》，上士玄端玄裳，中士玄端黄裳，下士玄端雜裳。齊必用玄者，玄是陰之色，陰氣静，齊亦静，故用玄也。

禮運第九

正義曰：案鄭《目録》云：「名曰《禮運》者，以其記五帝三王相變易、陰陽轉旋之道。此於《別録》屬《通論》。」不以「子游」爲篇目者，以曾子所問，事類既煩雜，不可以一理目篇。子游所問，唯論禮之運轉之事，故以《禮運》爲標目耳。

昔者仲尼與於蜡賓，蜡者，索也。歲十二月，合聚萬物而索饗之，亦祭宗廟。時孔子仕魯，在助祭之中。事畢，出遊於觀之上，喟然而嘆。觀，闕也。孔子見魯君於祭禮有不備，於此又覩象魏舊章之處，感而嘆之。仲尼之嘆，蓋嘆魯也。言偃在側，曰：「君子何嘆？」言偃，孔子弟子子游。孔子曰：「大道之行也，與三代之英，丘未之逮也，而有志焉。」大道，謂五帝時也。英，俊選之尤者。逮，及也。言不及見。志，謂識古文。❸不言魯事，爲其

❶「武王」，《考文》引古本作「文王」。阮校引盧文弨云：「作『文王』是。疏只言文王。」
❷「俱」，阮本作「皆」，閩、監、毛本同。
❸「古」，《考文》引古本、足利本「古」下有「之」字。

大切，廣言之。大道之行也，天下爲公，選賢與能，講信脩睦。公，猶共也。禪位授聖，不家之。睦，親也。故人不獨親其親，不獨子其子，孝慈之道廣也。使老有所終，壯有所用，幼有所長，矜、寡、孤、獨、廢疾者皆有所養，無匱乏也。男有分，分，猶職也。女有歸。皆得良奧之家。貨，惡其弃於地也，不必藏於己；力，惡其不出於身也，不必爲己。勞事不憚，施無吝心，仁厚之教也。是故謀閉而不興，盜竊亂賊而不作。尚辭讓之故也。故外户而不閉。禦風氣而已。是謂大同。同，猶和也，平也。今大道既隱，隱，猶去也。天下爲家，傳位於子。各親其親，各子其子，貨力爲己，俗狹嗇。大人世及以爲禮，城郭溝池以爲固。亂賊繁多，爲此以服之也。大人，諸侯也。禮義以爲紀，以正君臣，以篤父子，以睦兄弟，以和夫婦，以設制度，以立田里，以賢勇、知，以功爲己。故謀用是作，而兵由此起。❶以其違大道敦朴之本也。教令之稠，其弊則然。《老子》曰：「法令滋章，盜賊多有。」禹、湯、文、武、成王、周公，由此其選也。由，用也。能用禮義以成治。此六君子者，未有不謹於禮者也，以著其義，以考其信，著有過，刑仁講讓，示民有常。考，成也。刑，猶則也。如有不由此者，在執者去，衆以爲殃。執，執位也。去，罪退之也。殃，猶禍惡也。是謂小康。」康，安也。大道之人，以禮於忠信爲薄。言小安者，失之則賊亂將作矣。

疏正義曰：皇氏云：「從『昔者仲尼』以下至於篇末，凡爲四段。自初至『是謂小康』，爲第一，明孔子爲禮不行而致發嘆。發嘆所以最初者，凡説事，必須因漸，故先發嘆，後使弟子因而怪問，則因問以答也。又自『言偃復問曰：如此乎禮之急』至『天下國家可得而正也』，爲第二，明須禮之急。前所嘆之意，正在禮急，故以禮急次之也。又自

❶「故謀用是作而兵由此起」，孫希旦《集解》云：「此十字當在上文『貨力爲己』之下。」

『言偃復問曰：夫子之極言禮也』至『此禮之大成也』，爲第三，明禮之所起。前既言禮急，急則宜知所起之義也。又自『孔子曰：嗚呼哀哉』訖篇末，爲第四，更正明孔子嘆意也。以前始發，未得自言嘆意。而言偃有問，即隨問而答。答事既畢，故更備述所懷也。」今此第一段，明孔子發嘆，遂論五帝、三王道德優劣之事。各隨文解之。　「昔者仲尼與於蜡賓」者，謂仲尼與於蜡祭之賓也。「事畢」者，謂蜡祭畢了。　「出遊於觀之上」者，謂出廟門，往雉門，雉門有兩觀。皇氏云：「登遊於觀之上。」熊氏云：「謂遊目看於觀之上。」「喟然而嘆」者，喟是嘆之形貌，言口輔喟然而爲嘆也。　**注**「蜡者」至「之中」　正義曰：「蜡者，索也，歲十二月，合聚萬物而索饗之」者，《郊特牲》文。十二月者，據周言之。若以夏正言之，則十月；以殷言之，則十一月。謂建亥之月也，以萬物功成報之。云「亦祭宗廟」者，以《月令》孟冬云：「祈來年于天宗，大割祠于公社及門閭，臘先祖、五祀。」以「臘先祖」，故云「亦祭宗廟」。摠而言之，謂之爲蜡。若析而言之，祭百神曰蜡，祭宗廟曰息民。故鄭注《郊特牲》云：「息民與蜡異。」此據摠而言之，故祭宗廟而云「與於蜡賓」也。《廣雅》云「夏曰清祀」，以清潔祭祀；「殷曰嘉平」，嘉，善也。平，成也。以歲終萬物善成就而報功。其「蜡」與「臘」名，已具於上。知此「蜡」是祭宗廟者，以下云「出遊於觀之上」，故知是祭宗廟也。云「時孔子仕魯，在助祭之中」者，以其與蜡祭，故知仕魯也。魯臣而稱賓者，以祭祀欲以賓客爲榮，故雖臣亦稱賓也。　**注**「觀闕」至「嘆之」　正義曰：《爾雅·釋宮》云：「觀謂之闕。」孫炎云：「宮門雙闕者，舊懸法象，使民觀之處，因謂之闕。」熊氏云：「當門闕處，以通行路。既言雙闕，明是門之兩旁，相對爲雙。」熊氏得焉。《白虎通》云：「闕是闕疑。」義亦相兼。案何休注《公羊》：「天子兩觀外闕，諸侯臺門。」則諸侯不得有闕。魯有闕者，魯以天子之禮，故得有之也。《公羊傳》云「設兩觀，乘大路」，此皆天子之禮是也。案定二年「雉門災及兩觀」。❶魯之宗廟在雉門外左，孔子出廟門而來至雉門，遊於觀。此觀又名象魏，以其縣法象，魏，巍也，其處巍巍高大。故哀三年「桓宮災，季桓子至，御公立于象魏之外，命藏象魏，曰：『舊章不可亡也。』」熊氏云：「天子藏舊章於明堂，諸侯藏於祖廟。知者，以天子視朔于明堂，諸侯於祖廟故也。」

❶「雉門災及兩觀」，據《春秋》定二年，疑「災」字當在「觀」字下。

《穀梁傳》云「天子班告朔于諸侯，諸侯受乎禰廟」，非鄭義也。云「感而嘆之」者，一感魯君之失禮，二感舊章廢棄，故爲嘆也。　「仲尼」至「何嘆」　作《記》者言其所嘆之由，又言其所嘆之事，故云「仲尼之嘆，蓋嘆魯也」。言「蓋」者，謙爲疑辭，不即指正也。於時言偃在側，而問之曰：「君子何嘆？」言嘆恨何事？不云「孔子」而云「君子」者，以《論語》云「君子坦蕩蕩」，不應有嘆也，故云「君子何嘆」？　注「言偃，孔子弟子子游」　正義曰：案《仲尼弟子傳》云：姓言，名偃，字子游，魯人也。❶　「孔子」至「志焉」　孔子既見子游所問，若指言魯失禮，恐其大切，故廣言五帝以下及三王盛衰之事。此一經，孔子自序雖不及見前代，而有志記之書，披覽可知。自「大道之行」至「是謂大同」，論五帝之善。自「大道既隱」至「是謂小康」，論三王之後。今此經云「大道之行也」，謂廣大道德之行，五帝時也。　「與三代之英」者，英，謂英異。并與夏、殷、周三代英異之主，若禹、湯、文、武等。　「丘未之逮也」者，未，猶不也。逮，猶及也。言生於周衰，身不及見上代，不能備知。雖然不見大道、三代之事，而有志記之書焉。披覽此書，尚可知於前代也。　注「大道」至「言之」　正義曰：以下云「禹、湯、文、武、成王、周公」，此大道在禹、湯之前，故爲「五帝時」也。云「英，俊選之尤者」，案《辨名記》云：「倍人曰茂，十人曰選，倍選曰俊，千人曰英，倍英曰賢，萬人曰傑，倍傑曰聖。」《毛詩傳》又云：「萬人爲英。」是英皆多於俊選，是俊選之尤異者。即禹、湯、文、武三王之中俊異者。云「志，謂識古文」者，志是記識之名，古文是古代之文籍。故《周禮》云「掌四方之志」，《春秋》云「其善志」，皆志記之書也。　「大道」至「大同」　正義曰：既云見其遺記，此以下説記中之事，故此先明五帝時也。

「天下爲公」者，謂天子位也。爲公，謂揖讓而授聖德，不私傳子孫。即廢朱、均而用舜、禹是也。　「選賢與能」者，歸明不私傳天位，此明不世諸侯也。國不傳世，唯選賢與能也。黜四凶、舉十六相之類是也。鄭注《鄉大夫》云：「賢者，有德行者。能者，有道藝者。」四凶，共工、驩兜、鯀、三苗。十六相：八元謂伯奮、仲堪、叔獻、季仲、伯虎、仲熊、叔豹、季貍；八愷謂蒼舒、隤敳、檮戭、大臨、尨降、庭堅、仲容、叔達也。　「講信脩睦」者，講，談説也。信，不欺也。脩，習也。睦，親也。世淳無欺，談説輒有信也。故哀公問周豐云「有虞氏未施信於民而民信之」是

❶「魯人」，按：《史記》作「吴人」。

也。又凡所行習，皆親睦也。故《孝經》云「民用和睦」是也。

「故人不獨親其親，不獨子其子」者，君既無私，言信行睦，故人法之，而不獨親己親，不獨子己子。

「使老有所終」者，既四海如一，無所獨親，故天下之老者，皆得贍養，終其餘年也。

「壯有所用」者，壯，謂年齒盛壯者也。所用，謂不愛其力，以奉老幼也。亦「重任分，輕任并，斑白者不提挈」是也。

「幼有所長」者，無所獨子，故天下之幼，皆獲養長，以成人也。

「矜、寡、孤、獨、廢疾者皆有所養」者，壯不愛力，故四者無告及有疾者皆獲恤養也。

「男有分」者，分，職也。無才者耕，有能者仕，各當其職，無失分也。

「女有歸」者，女謂嫁爲歸。君上有道，不爲失時，故有歸也。若失時者，則《詩》衛女淫奔，「期我乎桑中，要我乎上宫」，是失時也，故注云「皆得良奥之家」。

「貨，惡其棄於地也，不必藏於己」者，貨，謂財貨也。既天下共之，不獨藏府庫，但若人不收録，棄擲山林，則物壞世窮，無所資用，故各收寳而藏之，是惡棄地耳。非是藏之爲己，有乏者便與也。

「力，惡其不出於身也，不必爲己」者，力，謂爲事用力。言凡所事，不憚劬勞，而各竭筋力者，正是惡於相欺，惜力不出於身耳。非是欲自營贍，故云「不必爲己」也。

「是故謀閉而不興」者，興，起也。夫謀之所起，本爲鄙詐。今既天下一心，如親如子，故圖謀之事閉塞而不起也。

「盗竊亂賊而不作」者，有乏輒與，則盗竊焉施？有能必位，則亂賊何起作也？

「故外户而不閉」者，扉從外闔也。不閉者，不用關閉之也。❶「重門擊柝」，本禦暴客，既無盗竊亂賊，則户無俟於閉也。但爲風塵入寢，故設扉耳。無所捍拒，故從外而掩也。

「是謂大同」者，率土皆然，故曰大同。

注「禪位」至「親也」 正義曰：「禪位授聖」，謂堯授舜也。「不家之」者，謂不以天位爲己家之有而授子也。天位尚不爲己有，諸侯公卿大夫之位，灼然與天下共之，故「選賢與能」也。己子不才，可捨子，立他人之子，則廢朱、均而禪舜、禹是也。然己親不賢，豈可廢己親而事他人之親？但位是天位，子是卑下，可以捨子立他人之子。親是尊高，未必有位，無容廢己之親而事他親。但事他親有德，與己親同也。案《祭法》：「有虞氏禘黄帝而郊嚳，祖顓頊而宗堯。」配天事重，不以瞽叟爲祖宗，此亦不獨親之義也。

注「勞事」至「教也」 正義曰：以經云「力惡其不出於身」，欲得身出氣力，是「勞事無憚」也。憚，難也，謂不難勞事。

❶「用」字原是墨丁，據阮本補。

云「施無吝心」者，經云「不必藏於己」，財貨欲得施散，是無吝惜之心。先釋「力」，然後釋「財」，便文，無義例也。

「今大」至「小康」　前明五帝已竟，此明三代俊英之事也。孔子生及三代之末，故稱「今」也。隱，去也。干戈攻伐，各私其親，是大道去也。　「天下爲家」者，父傳天位與子，是用「天下爲家」也，禹爲其始也。　「各親其親，各子其子」者，君以天位爲家，故四海各親親而子子也。　「貨力爲己」者，藏貨爲身，出力贍己。　「大人世及以爲禮」者，大人，謂諸侯也。世及，諸侯傳位自與家也。父子曰世，兄弟曰及。謂父傳與子，無子則兄傳與弟也。以此爲禮也。然五帝猶行德，不以爲禮。三王行爲禮之禮。故五帝不言禮，而三王云「以爲禮」也。　「城郭溝池以爲固」者，城，内城。郭，外城也。❶溝池，城之塹。既私位獨財，則更相争奪，所以爲此城郭溝池，以自衛固也。　「禮義以爲紀」者，紀，綱紀也。五帝以大道爲紀，而三王則用禮義爲紀也。　「以正君臣，以篤父子，以睦兄弟，以和夫婦」者，緣此諸事有失，故並用禮義爲此以下諸事之紀也。君臣義合，故曰「正」。父子天然，故云「篤」。篤，厚也。兄弟同氣，故言「睦」。夫婦異姓，故言「和」，謂親迎、合巹之事。　「以設制度」者，又用禮義設爲宫室、衣服、車旗、飲食、上下、貴賤，各有多少之制度也。　「以立田里」者，田，種穀稼之所。里，居宅之地，貴賤異品。　「以賢勇知」者，賢，猶崇重也。既盜賊並作，故須「勇」也。更相欺妄，故須「知」也。所以勇知之士皆被崇重也。　「以功爲己」者，立功起事，不爲他人也。　「故謀用是作，而兵由此起」者，故姦詐之謀，用是貨力爲己而興作；而戰争之兵，由此貨力爲己而發起。　「禹、湯、文、武、成王、周公，由此其選也」者，以其時謀作兵起，遞相争戰，禹、湯等能以禮義成治，故云「由此其選」。由，用也。此，謂禮義也。用此禮義教化，其爲三王中之英選也。　「此六君子者，未有不謹於禮者也」，言此聖賢六人，皆謹慎於禮，以行下五事也。　「以著其義」者，此以下皆謹禮之事也。著，明也。義，宜也。民有失所，則用禮明裁斷之，使得其宜也。　「以考其信」者，考，成也。民有相欺，則用禮成之，使信也。　「著有過」者，著，亦明也。過，罪也。民有罪，則用禮以照明之也。　「刑仁」者，刑，則也。民有仁者，用禮賞之，以爲則也。　「講讓」者，民有争奪者，用禮與民講説之，使推讓也。　「示民有常」者，以禮行上五

❶「外城」二字原倒，據監本、毛本、衛氏《集説》乙正。

德，是示見民下爲常法也。然此五德，即仁、義、禮、知、信也。能明有罪，是知也。能講推讓，即是禮也。「如有不由此者，在執者去，衆以爲殃」者，由，用也。去，罪退之。殃，禍惡也。若爲君而不用上「謹於禮」以下五事者，雖在富貴執位，而衆人必以爲禍惡，共以罪黜退之。「是謂小康」者，康，安也。行禮自衛，乃得不去執位，及不爲衆所殃，而比大道爲劣，故曰小安也。注「大人，諸侯也」 正義曰：上既云「天下爲家」，是天子之治天下也。以「大人世及而爲禮」，明「大人」非天子，又云「世及」，復非卿大夫，故以爲諸侯。凡文各有所對。《易·革卦》「大人虎變」對「君子豹變」，故大人爲天子。《士相見禮》云：「與大人言，言事君。」對士，又云「事君」，故以大人爲卿大夫。注「教令之稠，其弊則然」 正義曰：以三王之時，教令稠數，徵責繁多，在下不堪其弊，則致如此。然，謂「謀作兵起」也。案《史記》「黄帝與蚩尤戰于涿鹿之野」，《尚書》舜征有苗，則五帝有兵。今此三王之時而云「兵由此起」者，兵設久矣，但上代之時，用之希少，時有所用，故雖用而不言也。三王之時，每事須兵，兵起煩數，故云「兵由此起」也。

言偃復問曰：「如此乎禮之急也？」孔子曰：「夫禮，先王以承天之道，以治人之情，故失之者死，得之者生。《詩》曰：『相鼠有體，人而無禮。人而無禮，胡不遄死！』相，視也。遄，疾也。言鼠之有身體如人，而無禮者矣。人之無禮，可憎賤如鼠，不如疾死之愈。是故夫禮，必本於天，殽於地，列於鬼神，聖人則天之明，因地之利，取法度於鬼神，以制禮下教令也。既又祀之，盡其敬也，教民嚴上也。鬼者，精魂所歸。神者，引物而出，謂祖廟、山川、五祀之屬也。達於喪、祭、射、御、冠、昏、朝、聘。❶民知嚴上，則此禮達於下也。故聖人以禮示之，故天下國家可得而正也。」民知禮，則易教。疏正義曰：言偃既見夫子

---

❶「御」，邵懿辰《禮經通論》云：「『御』字乃『鄉』字形近而譌。《家語》正作『鄉』字。御是六藝之一耳，豈與冠昏喪祭朝聘爲類乎？《樂記》曰『射鄉食饗，所以正交接也』，《仲尼燕居》曰『射鄉之禮，所以仁鄉黨也』。此『射鄉』二字連文之證也。鄉爲六禮之一，指鄉飲酒而言也。」疏文同此。

所云三王得禮則興，失禮則亡，故云「禮之急也」。故孔子乃答以禮所用，既上以「承天之道」，下以「治民之情」，不云「承地」者，承天則承地可知。「故失之者死」者，言失禮則死，若桀、紂也。「得之者生」者，若禹、湯也。引《詩·鄘風》者，證人若無禮，不如速死。此詩，衛文公以禮化其臣子，臣子無禮之人。相，視也。視鼠有其形體，人亦有其形體。鼠無禮，故賤。人有禮，故貴。若人而無禮，何異於鼠！鼠之無禮，不能損害。人之無禮，傷害更多，故云「胡不遄死」。胡，何也。遄，疾也。何不疾死，無所侵害。既言無禮則死，又言禮之所起，其本尊大。故云「夫禮，必本於天」，言聖人制禮，必則於天。禮從天出，故云「必本於天」。非但「本於天」，又「殽於地」，殽，效也，言聖人制禮，又效於地。天遠，故言「本」；地近，故言「效」。

「列於鬼神」者，言聖王制禮，布列法於鬼神，謂法鬼神以制禮。聖王既法天、地、鬼神以制禮，本謂制禮以教民，故祀天、禋地、享宗廟、祭山川，一則報其禮之所來之功，二則教民嚴上之義。「達於喪、祭、射、御、冠、昏、朝、聘」者，民既知嚴上之義，曉達於禮。❶喪有君親，既知嚴上，則哀篤君親，是曉達喪禮也。祭是享祀君親，既知嚴上，則達於祭也。射、御是防衛供御尊者，人知嚴上，則達於射、御。冠有著代之義，昏有代親之感，人知嚴上，則達冠、昏矣。朝是君之敬上，聘是臣之事君，民知嚴上，則達於朝、聘。在下既曉於此八者之禮，無教不從。「故聖人以禮示之，故天下國家可得而正也」者，天下，謂天子。國，謂諸侯。家，謂卿大夫。下既從教，不復爲邪，故得而正也。注「聖人」至「屬也」 正義曰：「則天之明，因地之利」，昭二十五年《左傳》文。「則天之明」者，彼傳云：「爲昏媾姻亞。」杜預云：「若衆星之共辰極也。」猶昏媾姻亞繫於家人。云「因地之利」者，彼傳云「爲君臣上下，以則地義」是也。云「取法度於鬼神」者，下文云「降于祖廟之謂仁義」，謂教令由於祖廟下者，謂取仁於禰，取義於祖，是取仁義法度於祖禰之鬼神。下文云「降於山川之謂興作」，謂教令由山川下者，山川有草木鳥獸，可以興作器物，是取興作法度於山川鬼神也。下又云「降於五祀之謂制度」，謂教令由於五祀下者，此五祀之神，始謂中霤、門、

❶「曉達於禮」，「於」，原作「喪」，據閩本、監本、毛本、《考文》引古本、殿本、庫本改。按：阮校以「喪」是「於」非，誤也。「曉達於禮」，是總釋「達於喪、祭、射、御、冠、昏、朝、聘」一句，而每字之分釋詳下。

戶、竈、行之法，❶後王制禮，取之以爲制度，是取法度於五祀之鬼神也。下文又云：❷「必本於天，殽於地。」之後乃云祖廟、山川、五祀。此文「本天殽地」之下，❸總云「列於鬼神」，則鬼神之文，包此三事，故鄭注云：「謂祖廟、山川、五祀之屬也。」云「以制禮下教令也」者，謂法天地鬼神以制禮既畢，下此禮之教令以教民。故下文云「殽以降命」，又云「命降于社」，又云「降于祖廟」，又云「降於山川」，又云「降於五祀」。降則下也。謂法此等之神以下教令，又祀此等之神，教民嚴上。故鄭解此云：「既又祀之，盡其敬也，教民嚴上也。」云「鬼者，精魂所歸。神者，引物而出」者，謂宗廟、山川、五祀，據其精魂歸藏，不知其所，則謂之鬼。宗廟能引出仁義，山川能引出興作，五祀能引出制度，又俱能引出福慶，謂之神也。三者皆爲鬼神，故下文云「聖人參於天地，並於鬼神」。又云「山川所以儐鬼神」，是山川稱鬼神也。皇氏以此鬼神謂宗廟、山川、五祀，其義非也。

禮記正義卷第二十九

❶ 「謂」，浦鏜校改作「爲」。
❷ 「云」，原作「有」，據殿本、阮本及庫本改。
❸ 「文」，原作「又」，據殿本、阮本及庫本改。

禮記正義卷第三十

國子祭酒上護軍曲阜縣開國子臣孔穎達等奉勑撰

言偃復問曰：「夫子之極言禮也，可得而聞與？」欲知禮終始所成。孔子曰：「我欲觀夏道，欲行其禮，觀其所成。是故之杞，杞，夏后氏之後也。而不足徵也，徵，成也。無賢君，不足與成也。吾得《夏時》焉。得夏四時之書也。其書存者，有《小正》。我欲觀殷道，是故之宋，而不足徵也，宋，殷人之後也。吾得《坤乾》焉。得殷陰陽之書也。其書存者，有《歸藏》。《坤乾》之義，《夏時》之等，吾以是觀之。觀於二書之意。夫禮之初，始諸飲食。其燔黍捭豚，汙尊而抔飲，蕢桴而土鼓，猶若可以致其敬於鬼神。言其物雖質略，有齊敬之心，則可以薦羞於鬼神。鬼神饗德不饗味也。中古未有釜甑，釋米捭肉，加於燒石之上而食之耳。今北狄猶然。汙尊，鑿地爲尊也。抔飲，手掬之也。蕢，讀爲凷，聲之誤也。凷，堛也，謂摶土爲桴也。土鼓，築土爲鼓也。及其死也，升屋而號，告曰：『皋！某復！』招之於天。然後飯腥而苴孰。飯以稻米。上古未有火化。苴孰，取遣奠，有火利也。苴，或爲「俎」。故天望而地藏也，體魄則降，知氣在上。地藏，謂葬。故死者北首，生者南鄉，鄉陽也。皆從其初。謂今行之然也。昔者先王未有宮室，冬則居營窟，夏則居橧巢。寒則累土，暑則聚薪柴居其上。未有火化，食草木之實，鳥獸之肉，飲其血，茹其毛。未有麻絲，❶衣其羽皮。此上古之時也。後聖有

❶「麻絲」，王念孫云：「當爲『絲麻』。『麻』與『皮』爲韻。」詳《經義述聞》。劉台拱《經傳小記》說同。

作，作，起。然後脩火之利，孰冶萬物。范金鑄作器用。合土，瓦、瓬、甓及甒、大。以爲臺榭、宫室、牖户。❶樹，器之所藏也。以炮，裹燒之也。以燔，加於火上。以亨，煮之鑊也。以炙，貫之火上。以爲醴酪。烝釀之也。酪，酢截。治其麻絲，❷以爲布帛。以養生送死，以事鬼神上帝，皆從其朔。朔，亦初也。亦謂今行之然。故玄酒在室，醴、醆在户，粢醍在堂，澄、酒在下，陳其犧牲，備其鼎俎，列其琴瑟、管磬、鍾鼓，脩其祝嘏，以降上神與其先祖，以正君臣，以篤父子，以睦兄弟，以齊上下，夫婦有所。是謂承天之祜。此言今禮饌具所因於古，及其事義也。粢，讀爲「齊」，聲之誤也。《周禮》：「五齊：一曰泛齊，二曰醴齊，三曰盎齊，四曰醍齊，五曰沈齊。」字雖異，「醆」與「盎」，「澄」與「沈」，蓋同物也。奠之不同處，重古略近也。祝，祝爲主人饗神辭也。嘏，祝爲尸致福於主人之辭也。祜，福也，福之言備也。作其祝號，玄酒以祭，薦其血毛，腥其俎；孰其殽，與其越席，疏布以冪，衣其澣帛，醴醆以獻，薦其燔炙，君與夫人交獻，以嘉魂魄。是謂合莫。此謂薦上古、中古之食也。《周禮》祝號有六：「一曰神號，二曰鬼號，三曰祇號，四曰牲號，五曰齍號，六曰幣號。」號者，所以尊神顯物也。腥其俎，謂豚解而腥之，及血毛，皆所以法於大古也。孰其殽，謂體解而爓之。此以下皆所法於中古也。越席，翦蒲席也。冪，覆尊也。澣帛，練染以爲祭服。嘉，樂也。莫，虚無也。《孝經説》曰：「上通無莫。」❸然後退而合亨，體其犬豕牛羊，實其簠、簋、籩、豆、鉶羹，祝以孝告，嘏以慈告。是謂大祥。此謂薦今世之食也。體其犬豕牛羊，謂分

❶「牖」，原作「牗」，據《唐石經》、余本、撫本、岳本及阮本改。疏同。

❷「麻絲」，王念孫云當作「絲麻」。詳《經義述聞》。

❸「無莫」，阮校云：「段玉裁校，『無』改『元』。盧文弨校云：按疏此本作『元莫』。《正義》云『上通元氣寂寞』，是注當作『元莫』之明證。」疏放此。

別骨肉之貴賤以爲衆俎也。祝以孝告，嘏以慈告，各首其義也。祥，善也。今世之食，於人道爲善也。**此禮之大成也」**。解子游以禮所成也。疏正義曰：言偃既見孔子極言禮，故問其禮之終始可得聞不。「孔子曰：我欲觀夏道」以下至「禮之大成」，答以所成之事。但語意既廣，非一言可了，所答之辭，凡有數節，今略言之。前云「大道之行，三代之英，丘未之逮也，而有志焉」，此「我欲觀夏道」至「以是觀之」，論披檢二記之書，乃知上代之禮運轉之事。自「夫禮之初」至「皆從其初」，論中古祭祀之事及死喪之禮，今時所法於前，取以行者。自「昔者先王」至「皆從其朔」，論昔者未有宮室、火化，後聖有作，始制宮室、炮燔、醴酪之事，今世取而行之，故云「皆從其朔」。但今世一祭之中，凡有兩節。上節是薦上古、中古，下節是薦今世之食。自「玄酒在室」至「承天之祜」，揔論今世祭祀饌具所因於古及其事義，揔論兩節祭祀獲福之義。自「作其祝號」至「是謂合莫」，別論祭之上節薦上古、中古之食，并所用之物。自「然後退而合亨」至「是謂大祥」，論祭之下節薦今世之食。「此禮之大成」一句，總結上所陳之言也。

「我欲觀夏道」者，我欲行夏禮，故觀其夏道可成與不。是故之適於杞，欲觀夏禮而與之成。「而不足徵」者，徵，成也。謂杞君闇弱，不堪足與成其夏禮。然因往適杞，而得夏家四時之書焉。夏禮既不可成，我又欲觀殷道可成與不。是故適宋，亦以宋君闇弱，不堪足與成其禮，吾得殷之《坤乾》之書，謂得殷家陰陽之書也。其殷之《坤乾》之書，并夏《四時》之書，吾以二書觀之，知上代以來，至於今世，時代運轉，禮之變通，即下云「夫禮之初」以下是也。注「欲行」至「所成」 正義曰：言我欲行夏禮，觀此夏禮堪成與不。知非直觀其禮，而云「觀其所成」者，以下云「而不足徵」。注「杞，夏后氏之後」 正義曰：案《樂記》云：「武王下車而封夏后氏之後於杞」。又《史記》云「武王伐紂，求夏后氏之後而得東樓公，封之於杞」是也。注「徵成」至「成也」 正義曰：徵者，徵驗之義，故爲成。若有賢君，則自然成之，當不須孔子。而云「無賢君，不足與成」者，以杞是夏後，雖有賢君，欲成夏禮，必須聖人贊佐。若其君之不賢，假令孔子欲往贊助，終不能舉行夏禮，雖助無益。故《論語》云：「夏禮吾能言之，杞不足徵。」則說之在孔子，行之在杞君。以杞君不能行，故「不足與成」。所以不能行者，《論語》云「文獻不足故也」。注「得陰陽之書」 正義曰：先言「坤」者，熊氏云：「《殷易》以《坤》爲首，故先《坤》後《乾》。」 注「觀於二書之意」 正義曰：案孔子以大聖之姿，無所不覽，故脩《春秋》，贊《易》道，定《禮》、《樂》，明舊章，今古墳典，無所不載。而獨觀此二書，始知禮之運轉者，以《詩》、《書》、《禮》、《樂》，多是周代之書，皇帝墳典，又不論陰陽轉運之事。而夏之《四時》之書，殷之《坤乾》之説，並載前王損益，陰陽盛衰，故觀此二書，以知其上代也。 「夫禮之初，始諸飲食」 正義曰：此一節論上代物雖質略，以其齊敬，可以致祭神明。「夫禮之初，始諸飲食」者，從此以下，至「禮之大成」，皆是二書所見之事。「夫」者，發語之端。禮，謂吉禮。此吉禮元初，始諸飲食。諸，於也。始於飲食者，欲行吉禮，先以飲食爲本。但中古之時，飲食質略，雖有火化，其時未有釜甑也。「其燔黍捭豚」者，燔黍者，以水洮釋黍米，加於燒石之上以燔之，故云「燔黍」。或捭析豚肉，加於燒石之上而孰之，故云「捭豚」。 「汙尊而抔飲」者，謂鑿地汙下而盛酒，故云「汙尊」。以手掬之而飲，故云「抔飲」。「蕢桴」者，又摶土凷爲桴。皇氏云：「桴，謂擊鼓之物，故云蕢桴。」 「土鼓」，築土爲鼓，故云「土鼓」。 「猶若可以致其敬於鬼神」者，言上來之物，非但可以事生，若，如也，言猶如此，亦可以致其恭敬於鬼神。以鬼神饗德不饗味也。 注「中古」至「鼓也」 正義曰：伏犧爲上古，神農爲中古，五帝爲下古。若《易》歷三古，則伏犧爲上古，文王爲中古，孔子爲下古。故《易緯》云：「蒼牙通靈，昌之成運。❶孔演命，明道經。」蒼牙則伏犧也，昌則文王也，孔則孔子也。故《易・繫辭》云：「《易》之興也，其於中古乎！」謂文王也。若三王對五帝，則五帝亦爲上古。故《士冠禮》云「大古冠布」，下云「三王共皮弁」，則大古，五帝時，大古亦上古也。不同者，以其文各有所對，故上古、中古不同也。此云「中古」者，謂神農也。知者，以《明堂位》云：「土鼓、葦籥，伊耆氏之樂。」又《郊特牲》云：「伊耆氏始爲蜡。」是報田之祭，❷伊耆氏始爲蜡，則於時始爲田也。今此云「蕢桴土鼓」，故知此謂神農也。「蕢，讀爲凷」者，以經中「蕢」字，乃是草名，不可爲桴。「桴」與「土鼓」相連，凷是土之流類，故「讀爲凷」。「凷，堛也」，❸《廣雅》文。❹「土鼓，築土爲鼓」者，以與「汙尊抔飲」相連，貴尚文。

❶「運」，浦鏜校云：「『運』字衍。從《易》、《周禮》二序校。」按：浦校是也。

❷「是」，浦鏜校云：「『是』上脱一『蜡』字。」

❸「堛」，原作「掘」，據阮本改。

❹「廣雅文」，「文」，原作「云」，據阮本改。又，「廣」，當作「爾」。引文見《爾雅・釋言》。

質素，故知「築土爲鼓」。周代極文，而不爾也。故杜注《周禮·籥章》云「以瓦爲匡」，不須築土。或以爲桴則摶拊也，謂摶土爲摶拊，以手擊之而爲樂。其築土爲鼓，先儒未詳，蓋築地以當鼓節。不云「築地鼓」者，以經稱「土鼓」，故言「築土」，順經文也。經云「禮之初，始諸飲食」，謂祭祀之禮，故「始諸飲食」。其人情之禮，起則遠矣。故昭二十六年《左傳》云「禮之可以爲國也久矣，與天地並」是也。　「及其」至「其初」　正義曰：上言古代質素，此言後世漸文。謂五帝以下，至於三王，及其身之死也，升上屋而號呼，「告曰：皋！某復」者，謂北面告天曰：「皋！」「皋」，引聲之言。「某」，謂死者名。令其反復魄。復魄不復，然後浴尸而行含禮。於含之時，飯用生稻之米，故云「飯腥」，用上古未有火化之法。「苴孰」者，至欲葬設遣奠之時，而用苞裹孰肉，以遣送尸，法中古脩火化之利也。熊氏云：「升屋而號，爲五帝時，或爲三王時。」皇氏云：「中古也。」中古未有宫室，皇説非也。　「故天望而地藏也」者，「天望」，謂始死，望天而招魂。「地藏」，謂葬地以藏尸也。　「體魄則降，知氣在上」者，覆釋所以「天望地藏」之意。所以「地藏」者，由體魄則降故也；故以「天望」，招之於天，由知氣在上故也。　「故死者北首，生者南鄉」者，體魄降入於地爲陰，故「死者北首」，歸陰之義。死者既歸陰，則「生者南鄉」歸陽也。　「皆從其初」者，謂今世「飯腥苴孰」及「死者北首，生者南鄉」之等，非是今時始爲此事，皆取法於上古、中古而來，故云「皆從其初」。前文云「燔黍捭豚」，謂中古之時。次云「及其死也」，似還論中古之死。但中古神農，未有宫室。上棟下宇，乃在五帝以來。❶此「及其死也」而云「升屋」，則非神農時也。故熊氏云：「及其死也，以爲五帝時，或爲三王時。」皇氏以爲：「及其死也，還論中古時。飯腥苴孰，謂五帝時，故云『然後』。」其義非也。　「昔者」至「羽皮」　正義曰：此一節更論上古之事。「昔者先王」，既云「未有宫室」，則揔是五帝之前。云「未有火化」之事，則唯爲伏犧之前，以上文中古神農有火故也。　「冬則居營窟」者，營累其土而爲窟。地高則穴於地，地下則窟於地上，謂於地上累土而爲窟。　「夏則居橧巢」者，謂橧聚其薪以爲巢。　「飲其血，茹其毛」者，雖食鳥獸之肉，若不能飽者，則茹食其毛，以助飽也。若漢時蘇武，以雪雜羊毛而食之，是其類也。

「後聖」至「其朔」　正義曰：此一節論中古神農及五帝并

❶「乃」，原作「及」，據阮本及浦鏜校改。

三王之事。各隨文解之。「後聖有作」者，謂上古之後，聖人作起。「然後脩火之利」者，謂神農也。火利言「脩」者，火利先有，用之簡少，至神農，更脩益使多，故云「脩」。知者，以《世本》云：「燧人出火。」案鄭《六藝論》云：「燧人在伏犧之前，凡六紀九十一代。」《廣雅》云一紀二十六萬七千年，六紀計一百六十萬二千年也。「范金合土」者　「范金」者，謂爲形范以鑄金器。「合土」者，謂和合其土，燒之以作器物。「以爲臺榭、宫室、牖户」者，謂五帝時也。「以炮以燔，以爲醴酪」及「治其麻絲，以爲布帛」之屬，亦五帝時也。「皆從其朔」者，謂今世所爲范金、合土、燒炙、醴酪之屬，非始造之，皆倣法中古以來，故云「皆從其朔」。**注**「孰冶萬物」　正義曰：孰，謂亨煮。冶，謂陶鑄也。**注**「瓦、瓬、甓及甒、大」　正義曰：《檀弓》云：「有虞氏之瓦棺。」《釋器》云：❶「瓬甂謂之甓。」郭注云：「㼾塼也。」《禮器》云：「君尊瓦甒。」又《明堂》云：「泰，有虞氏之尊。」此等皆燒土爲之。**注**「榭，器之所藏也」　正義曰：知者，案宣十六年「成周宣榭火」，《公羊》云「樂器藏焉爾」，《穀梁》云「樂器之所藏」是也。

「故玄」至「之祐」　正義曰：此一節明祭祀因於古昔所供之物，并酒之所陳之處。「玄酒在室」者，玄酒，謂水也。以其色黑，謂之玄。而大古無酒，此水當酒所用，故謂之玄酒。以今雖有五齊三酒，貴重古物，故陳設之時，在於室内而近北。「醴醆在户」，醴，謂醴齊。醆，謂盎齊。以其後世所爲，賤之，陳列雖在室内，稍南近户，故云「醴醆在户」。皇氏云：「醴在户内，醆在户外。」義或然也。其泛齊所陳，當在玄酒南，醴齊北。雖無文，約之可知也。以熊氏、崔氏並云：「此據禘祭，用四齊，不用泛齊也。」「粢醍在堂」者，以卑之，故陳列又南，近户而在堂。「澄酒在下」者，澄，謂沈齊也。酒，謂三酒：事酒，昔酒，清酒之等。稍卑之，故陳在堂下也。「陳其犧牲」者，謂將祭之夕，省牲之時，及祭日之旦，迎牲而入，麗於碑。案《特牲禮》陳鼎于門外，北面。獸在鼎南，東首。牲在獸西，西上，北首。其天子、諸侯夕省牲之時，亦陳於廟門外，橫行，西上。「備其鼎俎」者，以牲煮於鑊，鑊在廟門之外。鼎隨鑊設，各陳於鑊西。取牲體以實其鼎，舉鼎而入，設於阼階下，南北陳之。俎設於鼎西，以次載於俎也。故云「備其鼎俎」。案《少牢》「陳鼎于廟門之外東方，北面，北

❶「釋器云」，孫詒讓《校記》云：「此《釋宫》文。孔蓋誤記。」

上」，又云「鼎入，陳于東方，當序，西面，北上。俎皆設于鼎西」是也。　「列其琴瑟」者，琴瑟在堂而登歌，故《書》云「搏拊琴瑟以詠」是也。　「管磬、鍾鼓」者，堂下之樂，則《書》云「下管鼗鼓，笙鏞以間」是也。其歌鍾、歌磬，亦在堂下。　「脩其祝嘏」者，祝，謂以主人之辭饗神。嘏，謂祝以尸之辭致福而嘏主人也。　「以降上神與其先祖」者，上神，謂在上精魂之神，即先祖也。指其精氣，謂之上神；指其亡親，謂之先祖。協句而言之，分而爲二耳。皇氏、熊氏等云：「上神，謂天神也。」　「以正君臣」者，《祭統》云「君在廟門外則疑於君，入廟門則全於臣。」是「以正君臣」也。　「以篤父子」者，《祭統》云「尸南面，父北面而事之」，是「以篤父子」也。　「以睦兄弟」者，《祭統》云「昭與昭齒，穆與穆齒」，《特牲》云「主人洗爵，獻長兄弟、衆兄弟」，是「以睦兄弟」也。　「以齊上下」者，《祭統》云「尸飲五，君洗玉爵獻卿；尸飲七，以瑶爵獻大夫」是也。　「夫婦有所」者，《禮器》云「君在阼，夫人在房」，及《特牲》夫婦交相致爵是也。　「是謂承天之祜」者，言行上事得所，則承受天之祜福也。　注「此言」至「備也」　正義曰：「今禮饌具所因於古」者，此「玄酒在室」，及下「作其祝號」，并「然後退而合亨」，皆是今世祭祀之禮。醴醆、犧牲之屬，是饌具也。用古玄酒、醴醆，是所以因於古，故言「今禮饌具所因於古也」。云「及其事義」者，從「玄酒」以下，至「其先祖」以上，是事也；「以正君臣」以下，至「承天之祜」，是義也。云「粢，讀爲齊」者，案《爾雅》云：「粢，稷也。」作酒用黍，不用稷，故知「粢」當爲「齊」，聲相近而致誤。引《周禮》「五齊」者，是《酒正》文也。鄭注云：「泛者，成而滓浮泛泛然，如今宜成醪矣。醴，猶體也，成而汁滓相將，如今恬酒矣。盎，猶翁也，成而翁翁然，葱白色，如今酇白矣。緹者，成而紅赤，如今下酒矣。沈者，成而滓沈，如今造清矣。」云「醆與盎，澄與沈，蓋同物」者，以《酒正》文「醴」「緹」之間有「盎」，此「醴」「醍」之間有「醆」；又《周禮》「緹齊」之下有「沈齊」，此「醍齊」之下有「澄齊」，故云「醆與盎，澄與沈，蓋同物也」。案此注，澄是沈齊；案《酒正》注：「澄酒是三酒。」二注不同，故趙商疑而致問，鄭答之云：「此本不誤，轉寫益『澄』字耳。」如鄭所答，是轉寫《酒正》之文，誤益「澄」字，當云「酒，三酒也」。則是與《禮運》注同。然案《坊記》云：「醴酒在室，醍酒在堂，澄酒在下，示民不淫也。」注云：「淫，猶貪也。」又以澄爲清酒。田瓊疑而致問，鄭答之云：「《禮運》云醴、醆、醍、澄，各是一物，皆不言酒，故推其意，澄爲沈齊，酒爲三酒。《坊記》云醴也，醍也，澄也，皆言酒，故因注云『澄酒，清酒也』，其實沈齊也。」如鄭此言，《坊記》所云醴酒醆酒，五齊亦言酒，則澄酒是沈齊也，是五者最清，故云澄酒，非爲三酒之中清酒也，❶是與《禮運》不異也。云「奠之不同處，重古略近」者，奠之或在室，或在堂，或在下，是「不同處」。古酒奠於室，近酒奠於堂，或奠於下，是「重古略近」。云「祝，祝爲主人饗神辭」者，案《特牲》、《少牢禮》云，祝稱「孝孫某，用薦歲事于皇祖伯某，尚饗」，是祝爲主人饗神辭。云「嘏，祝爲尸致福於主人之辭」者，此下云「嘏以慈告」，《詩·小雅》云「錫爾純嘏，子孫其湛」，是致福於主人之辭也。云「祜，福也」者，《釋詁》文。❷「福之言備」，《郊特牲》文，❸言嘉慶備具，福之道也。其用酒之法，崔氏云：「《周禮》大祫於大廟，則備五齊、三酒。朝踐，王酌泛齊，后酌醴齊。饋食，王酌盎齊，后酌醍齊。朝獻，王酌泛齊，因朝踐之尊；再獻，后酌醍齊，因饋食之尊。諸侯爲賓，則酌沈齊。尸酢王與后，皆還用所獻之齊。賓長酳尸，酢用清酒，加爵亦用三酒。大禘則用四齊、三酒者，醴齊以下悉用之。故《禮運》云：『玄酒在室，醴、醆在户，粢醍在堂，澄、酒在下。』用四齊者，朝踐，王酌醴齊，后酌盎齊；饋食，王酌醍齊，后酌沈齊；朝獻，王酌醴齊；再獻，后還酌沈齊，亦尊相因也。諸侯爲賓，亦酌沈齊。用三酒之法，如祫禮也。四時之祭，唯二齊三酒，則自祫禘以下，至四時祭，皆通用也。二齊，醴、盎也。故鄭注《司尊彝》，四時祭法，但云醴、盎而已。用二齊者，朝踐，王酌醴齊，后亦酌醴齊；饋食，王酌盎齊，后亦酌盎齊；朝獻，王還用醴齊；再獻，后還用盎齊：亦尊相因也。諸侯爲賓，亦酌盎齊。三酒同於祫。三酒所常同不差者，三酒本爲王以下飲，故尊卑自有常，依尊卑之常，不得有降。祫、禘、時祭，本明所用，揔有多少，故正祭之齊，有差降也。魯及王者之後，大祫所用，與王禘之禮同；若禘，與王四時同。用三酒亦同於王。侯伯子男，祫禘皆用二齊醴、盎而已，三酒則並用。用二齊之法，朝踐，君、夫人酌醴齊；饋食，君、夫人酌盎齊；朝獻，君還酌醴齊；再獻，夫人還酌盎齊。諸臣爲賓，酌盎齊。尸酢君、夫人，用昔酒；酢諸臣，用事酒。加爵，皆清酒。時祭之法，用一齊。故《禮器》云：『君親制祭，夫人薦盎。』鄭云『謂朝事時』也。又云：『君親割牲，夫人薦酒。』

❶「爲」，浦鏜、盧文弨校，俱云「爲」當作「謂」。
❷「文」，原作「云」，據阮本改。
❸「文」，原作「云」，據常盤《校記》改。

鄭云『謂進孰時』也。其行之法，朝踐，君制祭，則夫人薦盎爲獻；進孰時，君親割，夫人薦酒；朝獻時，君酌盎齊以酳尸；再獻時，夫人還酌酒以終祭也。賓獻皆酒，加爵如禘祫之禮。天子、諸侯酌奠皆用齊、酒。卿大夫之祭，酌奠皆用酒。」其祫祭之法，既備五齊三酒，以實八尊。祫祭在秋。案《司尊彝》秋嘗冬烝，朝獻用兩著尊，饋獻用兩壺尊，則泛齊、醴齊各以著尊盛之，盎齊、醍齊、沈齊各以壺尊盛之，凡五尊也。又五齊各有明水之尊，凡十尊也。三酒三尊，各加玄酒，凡六尊也。通斝彝盛明水，黄彝盛鬱鬯，凡有十八尊。故崔氏云：「大祫祭，凡十八尊。」其明水、玄酒，陳之各在五齊、三酒之上。祭日之旦，王服衮冕而入。尸亦衮冕，祝在後侑之。王不出迎尸。故《祭統》云：「君不迎尸，所以别嫌也。」尸入室，乃作樂降神。故《大司樂》云「凡樂，圜鍾爲宫，❶九變而致人鬼」是也。乃灌，故《書》云「王入大室裸」。當灌之時，衆尸皆同在大廟中，依次而灌。所灌鬱鬯。《小宰》注云「尸祭之，啐之，奠之」，是爲一獻也。王乃出迎牲，后從灌，二獻也。迎牲而入，至於庭。故《禮器》云：「納牲詔於庭。」王親執鸞刀，啓其毛，而祝以血毛告於室。故《禮器》云：「血毛詔於室。」凡牲，則廟各别牢。故《公羊傳》云：「周公白牡，魯公騂犅。」案逸《禮》云：「毁廟之主，昭共一牢，穆共一牢。」於是行朝踐之事。尸出於室，大祖之尸坐於户西，南面，其主在右。昭在東，穆在西，相對坐，主各在其右。故鄭注《祭統》云：❷「天子、諸侯之祭，朝事延尸於户外，是以有北面事尸之禮。」祝乃取牲膟膋，燎于爐炭，入以詔神於室，又出以墮于主前，《郊特牲》云「詔祝於室，坐尸於堂」是也。王乃洗肝於鬱鬯而燔之，以制於主前，所謂制祭。次乃升牲首於室中，置於北墉下，后薦朝事之豆籩，乃薦腥於尸主之前，謂之朝踐，即此《禮運》「薦其血毛，腥其俎」是也。王乃以玉爵酌著尊泛齊以獻尸，三獻也。后又以玉爵酌著尊醴齊以亞獻，四獻也。乃退而合亨，至薦孰之時陳於堂，故《禮器》云：「設饌於堂。」乃後延主入室，大祖東面，昭在南面，穆在北面。徙堂上之饌於室内坐前，祝以斝爵酌，奠於饌南。故《郊特牲》注云：「天子奠斝，諸侯奠角。」即此之謂也。既奠之後，又取腸間脂，焫蕭合馨薌。《郊特牲》注云：「奠，謂薦孰時。」當此大合樂也。自此以前，

❶「圜鍾」，孫詒讓《校記》云：「依《大司樂》文，『圜鍾』當作『黄鍾』。」

❷「統」，原作「紀」，據阮本、魏氏《要義》改。

謂之接祭。乃迎尸入室，舉此奠斝，主人拜以妥尸。故《郊特牲》云「舉斝角，拜妥尸」是也。❶后薦饋獻之豆籩，❷王乃以玉爵酌壺尊盎齊以獻尸，爲五獻也。后又以玉爵酌壺尊醴齊以獻尸，是六獻也。於是尸食十五飯訖，王以玉爵因朝踐之尊泛齊以酳尸，爲七獻也。故鄭云：❸「變朝踐云朝獻，尊相因也。」朝獻，謂此王酳尸，因朝踐之尊也。后乃薦加豆籩，尸酌，酢主人，主人受嘏，王所以獻諸侯。❹於是后以瑤爵因酌饋食壺尊醍齊以酳尸，爲八獻也。鄭注《司尊彝》云：「變再獻爲饋獻者，亦尊相因也。」再獻，后酳尸；獻，❺謂饋食時后之獻也。於時王可以瑤爵獻卿也。諸侯爲賓者，以瑤爵酌壺尊醍齊以獻尸，爲九獻。九獻之後，謂之加爵。案《特牲》有三加，則天子以下，加爵之數，依尊卑，不秪三加也。故《特牲》三加爵，別有嗣子舉奠。《文王世子》，諸侯謂之上嗣，舉奠亦當然。崔氏以爲后獻皆用爵。❻又以九獻之外，加爵用璧角、璧散。今案《内宰》云：「后裸獻，則贊，瑤爵亦如之。」鄭注云：「瑤爵，謂尸卒食，王既酳尸，后亞獻之，始用瑤爵。」則后未酳尸以前不用也。又鄭注《司尊彝》云：「王酳尸用玉爵，而再獻者用璧角，璧散可知。」此璧角、璧散則瑤爵也。崔氏乃云「正獻之外，諸臣加爵，用璧角、璧散」，其義非也。其禘祭所用四齊者，禘祭在夏，醴齊、盎齊盛以犧尊，醍齊、沈齊盛以象尊。王朝踐，獻用醴齊，后亞獻，用盎齊；王饋獻，用醍齊，后亞獻，用沈齊。尸卒食，王酳尸，因朝踐醴齊；后酳尸，因饋食沈齊。諸臣爲賓，獻亦用沈齊。禘祭無降神之樂。熊氏以爲：「大祭皆有三始，有降神之樂。又未毀廟者，皆就其廟祭之，其餘皆如祫祭之禮。天子時祭用二齊者，春夏用犧尊盛醍齊，用象尊盛沈齊；秋冬用著尊盛醴齊，用壺尊盛盎齊：是一齊用一尊。《司尊彝》皆云『兩』者，以一尊盛明水，故皆云『兩』。若禘祫之祭，其齊既多，不得唯兩而已。」前已備釋也。時祭唯用二齊，其諸侯用齊及酒，皆視天子，具如前説。其魯及王者之後，皆九獻，其行之法，與天子同。侯伯七獻，

❶「拜」，浦鏜校云：「『拜』，原文作『詔』。」

❷「饋」，原作「饌」，據殿本、庫本及孫詒讓《校記》改。

❸「鄭」，浦鏜校云：「『鄭』下脱『注司尊彝』四字。」

❹「所」，阮校云，惠棟校宋本「所」改「可」。孫詒讓《校記》亦「所」改「可」，云：「依江氏《禮經綱目》正。」

❺「獻」，殿本、庫本及秦蕙田《五禮通考》卷八十八「獻」上有「饋」字，疑是。

❻「用」，阮校引盧文弨云：「『用』下當有『瑤』字。」

朝踐及饋獻時，君皆不獻，於九獻之中減二，故爲七獻也。《禮器》云「君親制祭，夫人薦盎；君親割牲，夫人薦酒」是也。子、男五獻者，亦以薦腥、饋孰二，❶君皆不獻。酳尸之時，君但一獻而已。九獻之中去其四，故爲五。此皆崔氏之説。今案《特牲》、《少牢》，尸食之後，主人、主婦及賓備行三獻，主婦因獻而得受酢。今子、男尸食之後，但得一獻，夫人不得受酢，不如卿大夫，理亦不通。蓋子、男饋孰以前，君與夫人，並無獻也。食後行三獻，通二灌，爲五也。《禮器》所云，自據侯伯七獻之制也。一曰尸酢侯、伯、子、男，亦用所獻之齊也。

「作其」至「合莫」　正義曰：此一節明祭祀用上古、中古之法也。「玄酒以祭，薦其血毛，腥其俎」，此是用上古也。「孰其殽」以下，用中古也。

「作其祝號」者，謂造其鬼神及牲玉美號之辭，史祝稱之，❷以告鬼神，故云「作其祝號」。

「玄酒以祭」者，謂朝踐之時，設此玄酒於五齊之上，以致祭鬼神。此重古設之，其實不用以祭也。

「薦其血毛」者，亦朝踐時延尸在堂，祝以血毛告於室也。

「腥其俎」者，亦謂朝踐時，既殺牲，以俎盛肉，進於尸前也。

「孰其殽」者，殽，骨體也。孰，謂以湯爓之。以其所爓骨體進於尸前也。

「與其越席」至「澣帛」，皆謂祭初之時。「越席」，謂蒲席。「疏布」，謂麤布。若依《周禮》，越席、疏布是祭天之物，此經云「君與夫人」，則宗廟之禮也。此蓋記者雜陳夏、殷諸侯之禮，故雖宗廟而用越席、疏布也。

「衣其澣帛」者，謂祭服練帛，染而爲之。「醴、醆以獻」者，朝踐之時用醴，饋食之時用醆。

「薦其燔炙」者，謂燔肉、炙肝。案《特牲禮》，主人獻尸，「賓長以肝從」，主婦獻尸，「賓長以燔從」，則此君薦之用炙、夫人薦用燔是也。❸皇氏云：「燔，謂薦孰之時，焫蕭合馨薌。」知不然者，案《詩·楚茨》云：「或燔或炙。」鄭云：「燔，燔肉也。炙，肝炙也。」則知此燔炙亦然，皇説非也。

「君與夫人交獻」，第一君獻，第二夫人獻，第三君獻，第四夫人獻，是君與夫人交錯而獻也。

「以嘉魂魄」者，謂設此在上祭祀之禮，所以嘉善於死者之魂魄。

「是謂合莫」，莫，謂虚無寂寞。言死者精神，虚無寂寞，得生者嘉善，而神來歆饗。是生者和合於寂寞。但《禮運》之作，因魯之失禮，孔子乃爲廣陳天子諸侯之事，

---

❶「二」，殿本、庫本「二」下有「節」字，義勝。

❷「史祝」，阮校云：「閩、監、毛本作『祝史』，衛氏《集説》同。」

❸「炙」下原有「也」字，據殿本、庫本及衛氏《集説》刪。

及五帝三王之道。其言雜亂，或先或後，其文不次，舉其大綱，❶不可以一代定其法制，不可以一概正其先後。若審此理，則無所疑惑。 注「周禮」至「無莫」 正義曰：案《周禮・大祝》：「辨六號：一曰神號」，注「若皇天上帝」；「二曰鬼號」，注「若皇祖伯某」；「三曰祇號」，「若后土地祇」；「四曰牲號」，「若牛曰一元大武」；「五曰齍號」，「若稷曰明粢」；「六曰幣號」，「若幣曰量幣」是也。云「號者，所以尊神顯物」者，其神號、鬼號、祇號，是「尊神」也；牲號、齍號、幣號，是「顯物」也。云「腥其俎，謂豚解而腥之」者，案《士喪禮》，小斂之奠，載牲體兩髀、兩肩、兩胉并脊，凡七體也。《士虞禮》「主人不視豚解」，注云：「豚解，解前後脛、脊、脅而已。」是豚解七體也。案《特牲》、《少牢》以薦孰爲始之時，皆體解，無豚解，以無朝踐薦腥故也。其天子、諸侯既有朝踐薦腥，故知「腥其俎」之時豚解。云「孰其殽，謂體解而爓之」者，體解，則《特牲》、《少牢》所升於俎，以進神者是也。案《特牲》九體：肩一，臂二，臑三，肫四，胳五，正脊六，横脊七，長脅八，短脅九。《少牢》則十一體，加以脡脊、代脅，爲十一體也。是分豚爲體解。此「孰其殽」，謂體解訖，以湯爓之，不全孰，次於腥而薦之堂。故《祭義》曰「爓祭，祭腥而退」是也。此則「腥」以法上古，「爓」法中古也。云「澣帛，練染以爲祭服」者，此亦異代禮也。《周禮》則先染絲，乃織成而爲衣。故《玉藻》云「士不衣織」。云「《孝經説》曰『上通無莫』」者，《孝經緯》文。言人之精靈所感，上通元氣寂寞。引之者，證「莫」爲虚無也。正本「元」字作「無」，❷謂虚無寂寞，義或然也。 「然後」至「大祥」 正義曰：此論祭饋之節，供事鬼神，及祭末獻賓，并祭竟燕飲，饗食賓客、兄弟也。

「然後退而合亨」者，前明薦爓既未孰，今至饋食，乃退取嚮爓肉，更合亨之，令孰，擬更薦尸。又尸俎唯載右體，其餘不載者及左體等，亦於鑊中亨煮之，故云「合亨」。

「體其犬豕牛羊」者，亨之既孰，乃體別骨之貴賤，以爲衆俎，供尸及待賓客、兄弟等。「體其犬豕牛羊，謂分別骨之貴賤以爲衆俎」，知非尸前正俎者，以此經所陳，多是祭末之事。若是尸前正俎，當云「是謂合莫」，不得云「是謂大祥」。既是人之祥善，故爲祭末饗燕之衆俎也。「實其簠簋、籩豆、鉶羹」者，此舉事尸之時所供設也。若籩豆，亦

❶「綱」，原作「網」，據殿本、阮本改。

❷「正本元字作無」，阮校云：「惠棟校宋本『無』作『无』。段玉裁校本云：『正』當作『定』。」

兼據賓客及兄弟之等。故《特牲》、《少牢》賓及衆賓兄弟之等，皆有籩豆及俎是也。「祝以孝告，嘏以慈告」者，此論祭祀祝嘏之辭。案《少牢》，祝曰：「孝孫某，敢用柔毛剛鬣，嘉薦普淖，用薦歲事于皇祖伯某，以某妃配某氏。尚饗。」是「祝以孝告」。《少牢》又云：主人獻尸，祝嘏主人云：「皇尸命工祝，承致多福無疆于女孝孫，來女孝孫，使女受禄于天，宜稼于田，眉壽萬年，勿替引之。」是「嘏以慈告」。言祝嘏於時以神之恩慈而告主人。「是謂大祥」者，祥，善也。謂饋食之時，薦今世之食，於人道爲善，故爲「大祥」。注「各首其義」者 正義曰：首，猶本也。孝子告神，以孝爲首；神告孝子，以慈爲首：各本祝嘏之義也。

孔子曰：「嗚呼哀哉！我觀周道，幽、厲傷之。吾舍魯，何適矣？政亂禮失，以爲魯尚愈。疏正義曰：此明孔子歎意。前始發歎，未言自歎之意。子游有問，即隨問而答。答事既畢，故更述其所懷。「嗚呼哀哉」，是傷歎之辭。言觀周家文、武之道，以經幽、厲之亂傷，此禮儀法則，無可觀瞻。唯魯國稍可，吾捨此魯國，更何之適而觀禮乎？言魯國尚愈。愈，勝也。言尚勝於餘國。故韓宣子適魯，云：「周禮盡在魯矣！」魯之郊、禘，非禮也，周公其衰矣！非，猶失也。魯之「郊牛口傷，鼷鼠食其角」，又有「四卜郊，不從」，是周公之道衰矣。言子孫不能奉行興之。疏魯合郊、禘也，非是非禮，但郊失禮，則牛口傷，禘失禮，躋僖公。❶ 注「非猶」至「興之」 正義曰：「郊牛口傷」，宣三年經文。「鼷鼠食其角」，成七年經文。「四卜郊，不從」，僖三十一年經文。言子孫不能承奉興行周公之道，故致使郊牛有害，卜郊不從。

杞之郊也，禹也；宋之郊也，契也。是天子之事守也。先祖法度，子孫所當守。故天子祭天地，諸侯祭社稷。疏正義曰：杞郊禹，宋郊契，蓋是夏、殷天子之事。杞、宋是其子孫，當所保守，勿使有失。案《祭法》云：「夏郊鯀，殷郊冥。」今「杞郊禹，宋郊契」者，以鯀、冥之德薄，故更郊禹、契，蓋時王所命也。

祝嘏莫敢易其常古，是謂大假。假，亦大也。不敢改其常古之法度，是謂大大也。將言今不然。疏正義曰：言天子諸侯所祭之時，祝以主人之辭而

❶「躋」，衛氏《集説》「躋」上有「則」字。

告神，神以嘏福而與主人，二者皆依舊禮，無敢易其常事古法，「是謂大假」。假，大也。既不敢易法，是於禮法大中之大，謂大大之極也。注「假亦」至「不然」 正義曰：「假，大也」，《釋詁》文。以經既有「大」字，故云「假，亦大也」。從此以前，皆論法於古道則爲善。故上云「承天之祜」，❶次云「是謂合莫」，又次云「是謂大祥」，又次云「是謂大假」，皆論其善也。所以論其善者，將欲論其惡故也。故鄭云「將言今不然」。今，謂孔子之時也。禮廢政壞，不如大祥、大假之等。自此以下，皆論今時之惡，故下云「是謂幽國」、「是謂僭君」是也。**祝嘏辭説，藏於宗、祝、巫、史，非禮也，是謂幽國。**藏於宗祝巫史，言君不知有也。幽，闇也。國闇者，❷君與大夫俱不明也。疏正義曰：祝，謂主人之辭告神。嘏，謂尸之辭致福告於主人。皆從古法，依舊禮辭説，當須以法用之於國。今乃棄去不用，藏於宗、祝、巫、史之家，乃更改易古禮，自爲辭説，非禮也。而國之君臣，秪聞今日祝嘏之辭，不知古禮舊説，當是君臣俱闇，故云「是謂幽國」。**醆斝及尸君，非禮也，是謂僭君。**僭禮之君也。醆斝，先王之爵也，唯魯與王者之後得用之耳，其餘諸侯用時王之器而已。疏正義曰：醆是夏爵，斝是殷爵。若是夏、殷之後，祭祀之時，得以醆斝及於尸君，其餘諸侯，於禮不合。今者，諸侯等祭祀之時，乃以醆斝及於尸君，非禮也。此諸侯乃是僭禮之君。注「醆斝」至「用之」 正義曰：案《明堂位》云：「夏曰醆，殷曰斝。」是「先王之爵」也。天子有六代之樂，王者之後得用郊天，故知唯天子、王者之後得用之，其餘諸侯用時王之器而已。此醆斝，謂祭祀尸未入之時，祝酌，奠於鉶南者也。故《郊特牲》云「舉斝角」是也。若尋常獻尸，則用玉爵耳。**冕弁兵革，藏於私家，非禮也，是謂脅君。**劫脅之君也。冕弁，君之尊服。兵革，君之武衛及軍器也。疏正義曰：「冕弁兵革，藏於私家，非禮」者，私家，大夫以下稱家。冕是衮冕，弁是皮弁。冕弁是朝廷之尊服，兵革是國家防衛之器，而大夫私家藏之，故云「非禮也」。「是謂脅君」，脅，劫脅

❶「云」，原作「文」，據殿本、庫本及阮校改。下文「次云」、「又次云」之「云」，同此。

❷「國闇」，《考文》引古本作「闇國」。

也。❶私藏公物，則見此君恒被臣之劫脅。**大夫具官，祭器不假，聲樂皆具，非禮也，是謂亂國。**臣之奢富，擬於國君，敗亂之國也。孔子謂管仲「官事不攝，焉得儉」？【疏】正義曰：「大夫具官」者，天子六卿，諸侯三卿。卿大夫若有地者，則置官一人，用兼攝群職，不得官官各須具足如君也。故孔子譏管仲云「官事不攝，焉得儉」是也。「祭器不假」者，凡大夫無地則不得造祭器，有地雖造而不得具足，並須假借。若不假者，唯公孤以上得備造。故《周禮》「四命受器」，鄭云：「此公之孤始得有祭器者也。」又云：「王之下大夫亦四命。」「聲樂皆具」者，大夫自有判縣之樂，而不得如三桓舞八佾。一曰大夫祭不得用樂者，故《少牢饋食》無奏樂之文，唯君賜，乃有之。「非禮也」者，若大夫並爲上事，則爲非禮也。「是謂亂國」者，大夫爲此上諸事，與君相敵，乃是敗亂之國也。**故仕於公曰臣，仕於家曰僕。三年之喪與新有昏者，期不使。以衰裳入朝，與家僕雜居齊齒，非禮也，是謂君與臣同國。**臣有喪昏之事而不歸，反服其衰裳以入朝，或與僕相等輩而處，是謂君臣共國，無尊卑也。有喪昏不歸，唯君耳。臣有喪昏，當致事而歸。僕又不可與士齒。【疏】正義曰：「仕於公曰臣」者，公是諸侯之號，臣是至賤之稱。今若仕於諸侯，其自稱以至賤之辭而曰「臣」，自貶退也。「仕於家曰僕」者，謂卿大夫之僕，又賤於臣。若仕於大夫之家，即自稱曰「僕」，彌更卑賤也。「三年之喪與新有昏者，期不使」者，若君有喪昏，則恒在於國，不歸。臣有喪昏，則歸鄉家，一期之間，不復使役也，故云「期不使」。「以衰裳入朝，與家僕雜居齊齒，非禮也」者，今臣之有喪，乃不致事，身著衰裳而入君朝，或與家臣之僕錯雜而居，齊齒等輩，是爲「非禮也」。「是謂君與臣同國」者，君之喪昏而在國，臣有喪昏而不歸家，亦在國，是「君與臣同國」。又臣是卿大夫，與僕雜居。且臣是君之臣，僕是臣之僕，今卿大夫與僕雜居，尊卑無別，亦是君臣共國也。**故天子有田以處其子孫，諸侯有國以**

❶「脅」字原脱，據閩本、監本、毛本、殿本及阮本補。

處其子孫，大夫有采以處其子孫，❶是謂制度。言今不然也。《春秋》昭元年「秦伯之弟鍼出奔晉」，刺其有千乘之國，不能容其母弟。故天子適諸侯，必舍其祖廟，而不以禮籍入，是謂天子壞法亂紀。以禮籍入，謂大史典禮，執簡記，奉諱惡也。天子雖尊，舍人宗廟，猶有敬焉，自拱勑也。諸侯非問疾弔喪而入諸臣之家，是謂君臣爲謔。無故而相之，是戲謔也。陳靈公與孔寧、儀行父數如夏氏，以取弒焉。**疏**正義曰：「天子有田以處其子孫」者，案《王制》云「天子之田方千里」是也。「以處其子孫」者，謂子孫若有功德者，封爲諸侯，無功德，直食邑於畿内也。「諸侯有國以處其子孫」者，謂諸侯子孫封爲卿大夫。若其有大功德，❷其子孫亦有采地。❸故《左傳》云：「官有世功，則有官族，邑亦如之。」是「處其子孫」。「大夫有采地以處其子孫」者，大夫位卑，不合割其采地以處子孫。但大夫以采地之禄養其子孫，故云「以處其子孫」。然從「是謂幽國」以下，皆論其臣惡。今此云「是謂制度」而論善者，此論古之制度如此，今日則不然。爲今惡起文，❹故云「是謂制度」。非論今日之好，故注云「言今不然也」。**注**「昭元」至「母弟」　正義曰：此所引，《春秋》昭元年《公羊傳》文。引之者，證諸侯有國處子孫之義，譏秦伯不然也。**注**「陳靈」至「弒焉」　正義曰：此宣十年《左傳》文。陳靈公與孔寧、儀行父通於夏徵舒之母夏姬，公謂孔寧、儀行父曰：「徵舒似女。」行父對曰：「亦似君。」徵舒病之。公出，自其廄射而殺之。二子奔楚。後楚殺徵舒，立成公。是「取弒」也。

是故禮者，君之大柄也，所以別嫌明微，儐鬼神，考制度，別仁義，所以治政安君也。疾今失禮如此，爲言禮之大義也。柄，所操以治事。**疏**正義曰：此一經疾時失禮，致此在上禍敗之事，故言禮之大義。「禮者，君之大柄」者，言人君治國須禮，如巧匠治物，執斤斧之柄。「所以別嫌明微」

❶「采」，《考文》引古本、足利本「采」下有「地」字。阮校云：「案《正義》亦有『地』字。」
❷「其有」，原作「有其」，據閩本、監本、毛本、殿本乙正。
❸「采」字原漶滅，據阮本補。
❹「爲」，原作「謂」，據殿本、庫本及浦鏜校改。

者，此以下亦並明用禮爲柄之事。使「寡婦不夜哭」，❶是「別嫌」；「君子表微」，是「明微」也。「儐鬼神」者，接賓以禮曰儐，❷以禮郊天祀地及一切神明，❸是「儐鬼神」也。「考制度」者，考，成也。制度，爲廣狹丈尺，以禮成之也。「別仁義」者，仁生義殺，各使中禮，有分別也。「所以治政安君也」者，用禮爲柄，如前諸事，故治國得政，君獲安存。故《孝經》云：「安上治民，莫善於禮。」

故政不正則君位危，君位危則大臣倍，小臣竊。刑肅而俗敝則法無常，法無常而禮無列，禮無列則士不事也。刑肅而俗敝，則民弗歸也。是謂疵國。又爲言政失君危之禍敗也。肅，駿也。疵，病也。

疏正義曰：「大臣」，謂大夫以上。倍，謂倍君行私也。或有屢諫不聽，皆越關倍君而去。「小臣竊」者，小臣，士以下。竊者，盜也。職闇位卑，但爲竊盜府庫之事。「刑肅而俗敝則法無常」者，肅，駿急也。敝，凋殘也。君位已危，大臣又倍，小臣盜竊，愚君無奈此何，唯知暴怒，急行刑罰，故云「刑肅」；上下乖離，故云「俗敝」。俗敝刑肅，故法教無常。注「肅，駿也。疵，病也」正義曰：案《釋詁》文云「肅」、「駿」俱訓爲「疾」，❹是肅爲駿也。《釋詁》文又云：「疵，病也。」「疵國」者，君既危於上，臣又叛於下，刑肅嚴重，風俗凋敝，皆國之病，故云「疵國」。

故政者，君之所以藏身也。於此又遂爲之言政也。藏，謂輝光於外而形體不見，若日月星辰之神。是故夫政，必本於天，殽以降命。降，下也。殽天之氣以下教令，天有運移之期、陰陽之節也。命降于社之謂殽地，謂教令由社下者也。社，土地之主也。《周禮》土會之法，有五地之物生。降于祖廟之謂仁義，謂教令由祖下者。《大傳》曰：自禰率而上，至于祖，遠者輕，仁也；自祖率而下，至于禰，高者重，義也。降於山川之謂興作，謂教令由山川下者也。山川有草木禽獸，可作器物，共國事。降於五祀之謂制度。謂教令由五祀下者。五祀有中霤、門、户、竈、行之

❶「使」，衛氏《集説》無「使」字，疑是。按：「寡婦不夜哭」，《坊記》文。
❷「接」，「接」上原有「以」字，據殿本、庫本及浦鏜校删。
❸「禮」字原脱，據殿本、庫本補。
❹「詁」，原作「古」，據阮本改。

神，此始爲宮室制度。**此聖人所以藏身之固也。**

政之行如此，何用城郭溝池之爲？【疏】正義曰：此一節以上文云政之不正則國亂君危，此則廣言政之大理，本於天地及宗廟、山川、五祀而來。所來既重，故君用之，得藏身安固也。「故政者，君之所以藏身也」者，「故」，因上起下之辭。人君身在於中，施政於外，人但見其政，不見其身。若政之美盛，則君身安静，故云「政者，所以藏身也」。鄭云「藏，謂煇光於外而形體不見，若日月星辰之神」是也。「是故夫政，必本於天」，是故，謂政是藏身之固，其事既重，所施教令，必本於天而來。天有運移，若星辰圍遶北極。氣有陰陽，若冬夏之有寒暑。「殽以降命」者，殽，効也。言人君法效天氣以降下政教之命。效星辰運轉於北極爲昏媾姻亞，效天之陰陽寒暑爲刑獄賞罰，是「殽以降命」。「命降于社之謂殽地」者，上云「政本於天」，此論政降於地。上既云「必本於天，殽以降命」，此亦當云「必本於地，❶殽以降命」。但上文既具，故此略而變文，直云「命降于社之謂殽地」。命者，政令之命。降下於社，謂從社而來以降民也。社即地也。指其神，謂之社。指其形，謂之地。法社以下教令，故云「之謂殽地」。地有五土，生物不同。人君法地，亦養物不一也。「降于祖廟」者，此亦政教之命降下於民，由祖廟而來，謂法祖廟以下政令。「之謂仁義」者，父親，仁也。祖尊，義也。言法此父祖，施仁義於民也。上云「命降于社之謂殽地」，此亦當云「命降于祖之謂殽廟」，以上文既具，故此又略而變文，與上不同。自下皆然也。「降於山川」者，謂所施政令之命下於民者，從山川而來，謂法效山川以爲教令也。「之謂興作」者，山川有草木鳥獸，可作器物。人君法山川以興作其物也。❷「降於五祀」者，所施政令降於民者從五祀而來，謂法此五祀之神以施政令也。「之謂制度」者，初造五祀之人，既立中霤、門、户、竈、行，大小形制，各有法度，後王所以取爲制度等級也。「此聖人所以藏身之固也」者，政既法天地，法祖廟、山川、五祀，所重若此，謹慎行之，所以藏其身而堅固。【注】「殽天」至「之節」正義曰：案昭二十五年《左傳》云：「禮者，天之經，地之義，爲父子、兄弟、昏媾、姻亞，以象天明。爲温慈惠

---

❶「必」字原脱，據閩本、監本、毛本、殿本及阮本補。

❷「其物」，當作「器物」。蓋音近致譌。下節孔疏即有「興作器物」之文。

和，以效天之生殖長育。爲刑罰威獄，以類其震曜殺戮。」此注云「天有運移之期、陰陽之節」，揔包之也，皆法天之所爲以下教令也。注「社土」至「物生」　正義曰：下云「社者，神地之道」，此云「土地之主」，主則神也。「土會之法，有五地之物生」者，此《大司徒》文。五地則山林、川澤、丘陵、墳衍、原隰，各有所生。五地揔生萬物，人君法之施政令，亦揔養萬民也。注「《大傳》」至「義也」　正義曰：引此者，證祖、禰廟有仁、義也。云「自禰率而上，至于祖，遠者輕，仁也」者，自，用也。率，循也。言用禰之仁，依循而上，以至於祖，遠者恩愛漸輕，是據仁恩也。「自祖率而下，至于禰，高者重，義也」者，言用祖之義，依循而下，以至于禰，高者尊重，是義事也。祖廟之中，自然有此仁義。人君法之，施此仁義教令以教下民也。注「五祀」至「制度」　正義曰：此五祀，鄭云「有中霤、門、户、竈、行之神，此始爲宫室制度」者，如鄭此言，則五祀神者，謂初造五祀之神。此人造五祀，有其制度。後王法此人之神，更爲制度。此人造五祀，非五祀本神也。其五祀亦自然有其虚無之神，非後王所取法也，故此不言之。注「政之」至「之爲」　正義曰：言政之行若能如此：法天陰陽，使賞罰得所；法地高下，令尊卑有序；法之祖廟而行仁義；法之山川、五祀而爲興作、制度。若能如此，則民懷其德，禍害不來，何所防禦？故云「何用城郭溝池之爲」？言不用城郭溝池也。

故聖人參於天地，並於鬼神，以治政也。處其所存，禮之序也；玩其所樂，民之治也。並，并也。❶謂比方之也。存，察也。治，所以樂其事居也。**故天生時而地生財，人，其父生而師教之，四者君以正用之，故君者立於無過之地也。**順時以養財，尊師以教民，而以治政，則無過差矣。《易》曰：「何以守位？曰仁。何以聚人？曰財。」疏正義曰：此一節結上政令之命降于天地、宗廟之等，使禮儀有序，民之治理。「故聖人參於天地」者，政是聖人藏身之固，所以聖人參擬於天地，則法于天地是也。「並於鬼神」者，並，謂比方。鬼神，則祖廟、山川、五祀也。言比方祖廟、山川、五祀而爲事。「以治政」者，治，謂脩治也。言參擬天地，比並鬼神，以脩治政教也。「處其所存，禮之序也」者，存，謂觀察也。

❶「并」，岳本作「併」。《釋文》出「並併」。

天有運移寒暑，地有五土生殖，廟有祖禰仁義，皆是人之
所觀察。言聖王能處其人所觀察之事以爲政，則禮得次
序也。　「玩其所樂，民之治也」者，謂興作器物、宮室制
度，皆是人之所樂。聖人能愛玩民之所樂以教於民，則民
所治理，各樂其事業居處也。　「故君者立於無過之地
也」者，正義曰：若天不生時，地不生財，父不生子，師不
教訓，直欲令人君教之不可，教誨則君多有過。今人君順
天時以養財，尊師傅以教民，因自然之性，其功易成，故人
君得立於無過之地。言其功易成，無過差也。故君者，
所明也，非明人者也；君者，所養也，非養
人者也；君者，所事也，非事人者也。故君
明人則有過，養人則不足，事人則失位。明，
猶尊也。故百姓則君以自治也，養君以自安
也，事君以自顯也。故禮達而分定，故人皆
愛其死而患其生。則，當爲「明」。人之道，身治、居
安、名顯，則不苟生也。不義而死，舍義而生，是不愛死患
生也。疏正義曰：此一節論政之大體，皆下之事上，非上
之事下也。上下分定，人皆以死事上。　「君者，所明也」
者，明，猶尊也。謂在下百姓所尊奉君，使之光顯尊明人
君。　「非明人者也」者，非謂遣君尊明在下之人。下云
「君者所養也，非養人者也；君者所事也，非事人者也」，並
與此義同。以「所明」與「所養」、「所事」文同相類，故鄭以
「明」爲「尊」也。　「故君明人則有過」者，君位既尊，乃自
下嚮尊人，於理不順，故云「則有過」。　「養人則不足」
者，君唯一身，若養百姓，力不能周贍，故云「養人則不足」
也。　「事人則失位」者，君尊在上，而屈事於在下之人，
是「失位」也。　「故禮達而分定」者，達，謂曉達。分，謂
尊卑之分。以下之事上，於禮當然，人皆知之，是禮之曉
達。尊者居上，卑者處下，是上下分定也。　「故人皆愛
其死而患其生」者，愛，謂貪愛。患，謂恥患。人皆知禮，
上下分定，君有危難，皆欲救之，故人皆貪愛其以義而死，
競欲致死救之，恥患其不義而生，不欲苟且生也。注
「則，當爲明」　正義曰：以此「則君以自治」覆述上文，故
知「則」當爲「明」。故用人之知，去其詐；用人
之勇，去其怒；用人之仁，去其貪。用知者之
謀、勇者之斷、仁者之施，足以成治矣。詐者害民信，怒者
害民命，貪者害民財，三者亂之原。故國有患，君死

社稷謂之義，大夫死宗廟謂之變。變，當爲「辯」，聲之誤也。辯，猶正也。君守社稷，臣衛君宗廟者。患，謂見圍入。疏正義曰：上既禮達分定，患其不義而生。因上生下，故云「故」也。此論去不義之事。「用人之知，去其詐」者，知，謂謀計曉達前事。詐者不敢爲之，故云「去其詐」。「用人之勇，去其怒」者，勇，謂果敢決斷，能除惡人凶暴，怒者不敢爲之，故云「去其怒」也。「用人之仁，去其貪」者，仁者好施，不苟求其財。貪者見之，心慚止息也，故云「去其貪」也。注「用知」至「之原」 正義曰：言用此三者，「足以成治」。如鄭此言，但得知者、勇者、仁者，則足以成治矣，何須用詐、怒、貪者乎？故云「去之」。如鄭此言，則解之當云：選用人知者，退去其奸詐者不須用之，爲其害民信也；用人之勇者，去其忿怒不須用之，爲其害民命也；用人之仁者，去其貪殘不須用之，爲其害民財也。如注之意，指當如此。先師既爲前解，故備載之，任後哲擇焉。注「變當」至「圍入」 正義曰：「變」與「義」相對，「義」是正禮，明「變」是惡事，故讀爲「辯」，辯即正也。以聲相近，故致字誤。云「臣衛君宗廟者」，恐是臣之宗廟，故云「衛君宗廟」致死。案《孝經》云：「守其宗廟」。謂大夫家之宗廟。此所以爲「君宗廟」者，以人臣義則進，不則退，不可致死於己宗廟，故爲「君宗廟」也。《孝經》謂不被黜削，恒得守之，故爲己宗廟，所據意異也。

故聖人耐以天下爲一家，以中國爲一人者，非意之也，必知其情，辟於其義，明於其利，達於其患，然後能爲之。耐，古「能」字。傳書世異，古字時有存者，則亦有今誤矣。意，心所無慮也。辟，開也。疏正義曰：此承上「君死社稷」，以統於下，然後能治其國。因上生下，故云「故」也。「聖人耐以天下爲一家，以中國爲一人」者，此孔子說聖人所能以天下和合，共爲一家，能以中國共爲一人者，問其所能致之意。「非意之也」者，釋其能致之理。所以能致者，非是以意測度，謀慮而已，須知其諸事，謂以下之事。「必知其情」者，謂必知民之情也。則下文「七情」是也。「辟於其義」者，謂開闢其義以教之，則下文「父慈、子孝」十者之類是也。「明於其利」者，謂顯明利事以安之，則下文「講信脩睦」是也。「達於其患」者，謂曉達其禍患而防護之，則下文「爭奪相殺」是也。「然後能爲之」者，聖人必知此情義利患，然後能使天下爲一家，中國爲一人，皆感義懷德而歸之。注「耐古」至「開也」 正義曰：

案《説文》云：「耐者，鬚也。」❶鬚，謂頤下之毛，象形字也。古者犯罪，以髡其鬚，謂之耐罪，故字從「寸」，「寸」爲法也。以不虧形體，猶堪其事，故謂之耐。《漢書・惠帝紀》中具有其事。古之「能」字，爲此「耐」字，❷取堪能之義，故古之「能」字皆作「耐」字。後來「能」字乃假借「鼈三足」爲能，是後世傳書，世人殊異，「耐」字悉作「能」也。故云「傳書世異」。今書雖悉作「能」，或有作「耐」字者，則此「耐以天下爲一家」及《樂記》云「人不耐無樂」，仍作「耐」字，是「古字時有存者」。云「則亦有今誤矣」者，今書雖存古字爲「耐」，亦有誤不安「寸」，直作「而」字，則《易・屯・象》云「利建侯而不寧」，及劉向《説苑》「能」字皆爲「而」也。是「亦有今誤矣」。案鄭注《樂記》：「耐，古『能』字，後世變之，此獨存焉。古以能爲三台字。」兩注雖異，其意同也。彼云「後世變之」，即此「傳書世異」也。彼云「此獨存焉」，即此云「古字時有存者」。云「古以能爲三台字」者，謂今世以「能」字爲堪能之能，古者以「能」字爲三台字，是古今異也。云「意，心所無慮」者，謂於無形之處，用心思慮。無慮，即慮無也。宣十二年《左傳》云：「前茅慮無。」是備慮無形之處。謂聖人以德義而感天下，非是以意豫前無時以測度思慮，故云「非意」也。一云：「心所無慮」，謂心無所思慮，但知其情等而已。

何謂人情？喜、怒、哀、懼、愛、惡、欲，七者弗學而能。何謂人義？父慈、子孝、兄良、弟弟、夫義、婦聽、長惠、幼順、君仁、臣忠，十者謂之人義。講信脩睦，謂之人利。争奪相殺，謂之人患。極言人事。故聖人之所以治人七情，脩十義，講信脩睦，尚辭讓，去争奪，舍禮何以治之？唯禮可耳。飲食男女，人之大欲存焉。死亡貧苦，人之大惡存焉。故欲惡者，心之大端也。人藏其心，不可測度也。美惡皆在其心，不見其色也，欲一以窮之，舍禮何以哉？言人情之難知，明禮之重。

疏正義曰：此一節以上經情、義、利、患四者，聖人皆知之，能有天下。故此

❶「耐者鬚也」，浦鏜校「耐」改「而」是也。又，「鬚」，當作「須」。下「鬚謂頤下之毛」同。此處論六書，故須辨字形。

❷「字」，原作「事」，據阮本改。

覆釋情、義、利、患，必須禮以治之。又明人之欲惡，在心難知，若其舍禮，無由可化。「喜、怒、哀、懼、愛、惡、欲」者，案昭二十五年《左傳》云，天有六氣，在人爲六情，謂「喜、怒、哀、樂、好、惡」。此之喜、怒及哀、惡，與彼同也。❶此云「欲」，則彼云「樂」也；此云「愛」，則彼「好」也。謂六情之外，增一「懼」而爲七。熊氏云：「懼則怒中之小別，以見怒而怖懼耳。」六氣，謂陰、陽、風、雨、晦、明也。案彼傳云：❷「喜生於風，怒生於雨，哀生於晦，樂生於明，好生於陽，惡生於陰。」其義可知也。「何謂人義？父慈、子孝、兄良、弟弟、夫義、婦聽、長惠、幼順、君仁、臣忠」者，此文先從親者爲始，以漸至疏，故長幼在後，君臣處末。案昭二十六年《左傳》云：「君令、臣共、父慈、子孝、兄愛、弟敬、夫和、妻柔、姑慈、婦聽。」與此大同。「兄愛」即此「兄良」也，「弟敬」即此「弟弟」也，「夫和」即此「夫義」也，故彼云「夫和而義」。「妻柔」即此「婦聽」也，「君令」即此「君仁」也，以仁恩而號令。「臣共」即此「臣忠」也。又隱三年《左傳》云：「君義，臣行，父慈，子孝，兄愛，弟敬。」義亦同。但傳之二文，皆以國家之事言之，故先君臣，後父子。但異人之説既有多少，不皆同也。「治人七情，脩十義，講信脩睦」者，七情好惡不定，故云「治」。十義俱是義事，故云「脩」。信是深隱，故須「講」。睦恐乖離，故云「脩」。各隨事立文也。「欲惡者，心之大端也」者，端，謂頭緒。「飲食男女」，是人心所欲之大端緒也。「死亡貧苦」，是人心所惡之大端緒也。「人藏其心，不可測度」者，言人深心厚貌，内外乖違，包藏欲惡之心，既無形體，不可測度而知，故美惡皆在其心，外邊不見其色。「欲一窮之，❸舍禮何以哉」者，一，謂專一。窮，謂窮盡。言人君欲誠慤專一窮盡人美惡之情，若舍去其禮，更將何事以知之哉？禮所以知人心者，有事於中心，貌必見於外。若七情美善，十義流行，則舉動無不合禮。若七情違僻，十義虧損，則動作皆失其法，故云「舍禮何以哉」？

故人者，其天地之德，陰陽之交，鬼神之會，五行之秀氣也。言人兼此，氣性純也。**疏**正義曰：上既言禮知人情，從此以下，言人感天地鬼神而生，聖王還因天地鬼神作其法則以化人，所以人情萬物可知也。

❶「惡」，原作「樂」，據阮本、阮校改。

❷「傳」，浦鏜校云：「按此出賈逵注，『傳』當『注』字誤。」殿本《考證》同。

❸「一」，浦鏜校云：「『一』下脱『以』字。」

「故人者，其天地之德」者，天以覆爲德，地以載爲德，人感覆載而生，是「天地之德」也。　「陰陽之交」者，陰陽則天地也。據其氣，謂之陰陽。據其形，謂之天地。獨陽不生，獨陰不成，二氣相交乃生，故云「陰陽之交」也。　「鬼神之會」者，鬼謂形體。神，謂精靈。《祭義》云：「氣也者，神之盛也。魄也者，鬼之盛也。」必形體精靈相會，然後物生，故云「鬼神之會」。　「五行之秀氣也」者，秀，謂秀異。言人感五行秀異之氣，故有仁、義、禮、知、信，是「五行之秀氣」也。「故人者，天地之德，陰陽之交」，是其氣也。「鬼神之會，五行之秀」，是其性也。故注云：「兼此，氣性純也。」今案下文云「鬼神以爲徒」，覆説此經「鬼神」，不云陰陽鬼神者，陰陽鬼神，天地中物，故不重陳。鄭下注：「鬼神，謂山川也。」此義未知孰是，故兩存焉。

禮記正義卷第三十

禮記正義卷第三十一

國子祭酒上護軍曲阜縣開國子臣孔穎達等奉敕撰

故天秉陽，垂日星；秉，猶持也。言天持陽氣，施生照臨下也。地秉陰，竅於山川。播五行於四時，和而后月生也。是以三五而盈，三五而闕。竅，孔也。言地持陰氣，出内於山川，以舒五行於四時。此氣和，乃后月生而上配日，若臣功成進爵位也。一盈一闕，屈伸之義也。必三五者，播五行於四時也。一曰水，二曰火，三曰木，四曰金，五曰土，合爲十五之成數也。五行之動，迭相竭也。五行、四時、十二月，還相爲本也。五聲、六律、十二管，還相爲宮也。五味、六和、十二食，還相爲質也。❶五色、六章、十二衣，還相爲質也。竭，猶負戴也。言五行運轉，更相爲始也。五聲，宮、商、角、徵、羽也。其管，陽曰律，陰曰吕。布十二辰，❷始於黄鐘，管長九寸，下生者三分去一，上生者三分益一，終於南吕，更相爲宮，凡六十也。五味，酸、苦、辛、鹹、甘也。和之者，春多酸，夏多苦，秋多辛，冬多鹹，皆有滑甘，是謂六和。五色、六章，畫繢事也。《周禮・考工記》曰「土以黄，其象方，天時變。火以圜，山以章，水以龍。鳥，獸，蛇。雜四時五色之位以章之，謂之巧」也。

疏正義曰：此一節以上經人稟天地、陰陽、鬼神、五行而生，此又述明天地之德及五行之氣也。以陰陽、鬼神是天地中物，故不重陳，但陳天地與五行耳。「故天秉陽，垂日星」，此論天德。言天秉持陽氣，垂懸日星，以施生照臨於下也。「地秉陰，竅於山川」，此一經揔論地之德也。

❶「質」，《五經算術》下引作「滑」，戴震以爲當作「滑」，詳阮校。王引之云：「『滑在六和之中』，『還相爲滑』，猶宮在五聲之中而『還相爲宮也』。今作『質』者，因與下文相涉而誤。」詳《經義述聞》。

❷「布」，《五經算術》「布」下有「在」字。

謂地秉持於陰氣，竅，孔也，爲孔於山川，以出納其氣也。　「播五行於四時」者，播，❶謂播散五行金、木、水、火、土之氣於春夏秋冬之四時也。　「和而后月生也」者，若四時不和，日月乖度，寒燠失所，則月不得依時而生。若五行四時調和，道度不失，而后月依時而生也。　「是以三五而盈，三五而闕」者，以其依時得節，是以三五十五日而得盈滿，又三五十五日而虧闕也。日無虧闕之理，故前經天德直言「垂日星」。地既播五行之氣，月有虧盈之理，故須備言之，故略於天德而詳於地德也。　「五行之動，迭相竭也」，前經論天地既畢，故此更論五行之動。動，謂運轉。竭，謂負戴。言五行運轉，迭相負竭。猶若春時木王，則水爲終謝。迭往王者爲負竭，夏火王，則負竭於木也。　「五行、四時、十二月，還相爲本也」，猶若孟春，則建寅之月，爲諸月之本；仲春，則以建卯之月爲諸月之本。是還迴迭相爲本也。　「五聲、六律、十二管，還相爲宫也」，五聲，謂宫、商、角、徵、羽。六律，謂陽律也。舉陽律，則陰吕從之可知，故十二管也。十一月黄鐘爲宫，十二月大吕爲宫，是還迴迭相爲宫也。　「五味、六和、十二食，還相爲質也」，五味，謂酸、苦、辛、鹹，加之以滑與甘，爲六和也。每月之首，各以其物爲質，是十二月之食還相爲質也。「五色、六章、十二衣，還相爲質也」，五色，謂青、赤、黄、白、黑，據五方也。六章者，兼天玄也。以玄黑爲同色，則五中通玄。續次對五方，❷則爲六色，爲六章也。爲十二月之衣，各以色爲質，故云「還相爲質」也。

注「竅孔」至「數也」　正義曰：「地持陰氣，出納於山川」，氣有陰氣陽氣，皆出於地。地體是陰，故雖陽氣，亦揔謂之陰氣也。云「以舒五行於四時」者，謂氣在地中，含藏聚斂，出於地則舒散，故云「舒五行於四時」也。定本無「於」字，直云「播五行四時」，謂宣播五行及四時也。五行四時者，以金木水火，各爲一行，土無正位，分寄四時，故云「播五行於四時」也。云「此氣和，乃后月生而上配日，若臣功成進爵位也」者，此氣，謂此五行之氣。凡月體之生，稟於日光。若氣之不和，日月行度差錯，失於次序，❸則月生不依其時。若其五行氣和，則月依其時而生，上配日也。猶若治理得所，臣之功成，進受爵位，上配君也。云「一盈一闕，屈伸之義也」者，盈，謂月光圓滿，若臣之進受高位，

❶「播」，浦鏜校云：疑「播」下脱「散也」二字。
❷「次」，阮本作「以」，閩、監、毛本同，衛氏《集説》同。
❸「失」字原漶滅，據足利本、阮本補。

是其伸也。闕，謂月光虧損，若臣之退就下位，是其屈也。云「一曰水，二曰火」以下，是《尚書·洪範》文也。積一二三四五，揔爲十五也。注「竭猶」至「巧也」　正義曰：竭是擔竭之名，故爲負戴。負謂背負，戴謂頭戴也。云「言五行運轉，更相爲始也」者，解負戴之義也。物之在人上，謂之爲負戴。氣之過去在上者，其在下者，亦負戴也。春爲木王，負戴於水；夏爲火王，負戴於木；秋爲金王，負戴於火；冬爲水王，負戴於金是也。更相爲始，負戴前氣也。云「其管，陽曰律，陰曰呂，布十二辰，始於黃鍾，管長九寸，下生者三分去一，上生者三分益一」，皆《律曆志》文。云「終於南呂，更相爲宮，凡六十也」者，以十二管更相爲宮，以黃鍾爲始，當其爲宮，備有五聲。言黃鍾下生林鍾，林鍾上生大簇，大簇下生南呂，南呂上生姑洗，姑洗下生應鍾，應鍾上生蕤賓，蕤賓上生大呂，大呂下生夷則，夷則上生夾鍾，夾鍾下生無射，無射上生中呂。此則相生之次也。隨其相生之次，每辰各自爲宮，各有五聲。十二管相生之次，至中呂而帀。黃鍾爲第一宮，下生林鍾爲徵，上生大蔟爲商，下生南呂爲羽，上生姑洗爲角。林鍾爲第二宮，上生大蔟爲徵，下生南呂爲商，上生姑洗爲羽，下生應鍾爲角。大蔟爲第三宮，下生南呂爲徵，上生姑洗爲商，下生應鍾爲羽，上生蕤賓爲角。南呂爲第四宮，上生姑洗爲徵，下生應鍾爲商，上生蕤賓爲羽，上生大呂爲角。姑洗爲第五宮，❶下生應鍾爲徵，上生蕤賓爲商，上生大呂爲羽，下生夷則爲角。應鍾爲第六宮，上生蕤賓爲徵，上生大呂爲商，下生夷則爲羽，上生夾鍾爲角。蕤賓爲第七宮，上生大呂爲徵，下生夷則爲商，上生夾鍾爲羽，下生無射爲角。大呂爲第八宮，下生夷則爲徵，上生夾鍾爲商，下生無射爲羽，上生中呂爲角。夷則爲第九宮，上生夾鍾爲徵，下生無射爲商，上生中呂爲羽，上生黃鍾爲角。夾鍾爲第十宮，下生無射爲徵，上生中呂爲商，上生黃鍾爲羽，下生林鐘爲角。無射爲第十一宮，上生中呂爲徵，上生黃鍾爲商，下生林鍾爲羽，上生大蔟爲角。中呂爲第十二宮，上生黃鍾爲徵，下生林鍾爲商，上生大蔟爲羽，下生南呂爲角。是十二宮各有五聲，凡六十聲。南呂最處於末，故云「終於南呂」。以此言之，則「南呂」爲是。然諸本及定本多作「終於南事」，則是京房律法。案漢元帝時，郎中京房知五音十二律之數，上使大子大傅韋玄成等親試問房於樂府，房對：「受學故小黃令焦延壽等。❷六十律

❶「姑」，原作「沽」，據阮本、魏氏《要義》改。

❷「等」，阮校引齊召南云，案《後漢志》無「等」字，此「等」字衍。

相生之法：以上生下，皆三生二。以下生上，皆三生四。陽下生陰，陰上生陽，❶終於中吕，而十二律畢矣。中吕上生執始，執始下生去滅，上下相生，終於南事，六十律畢矣。夫十二律之變至於六十，猶八卦之變至於六十四也。宓犧作《易》，紀陽氣之初，以爲律法。建日冬至之聲，以黄鍾爲宫，大簇爲商，姑洗爲角，林鍾爲徵，南吕爲羽，應鍾爲變宫，蕤賓爲變徵。此聲氣之元，五音之正也，故各統一日。其餘以次「運行，當月者各自爲宫，❷而商、徵以類從焉。《禮運》篇曰『五聲、六律、十二管，還相爲宫』，此之謂也。以六十律分一期之日，❸黄鍾自冬至始，及冬至而復，❹陰陽寒燠風雨之占生焉。❺於以檢攝群音，考其高下。」黄鍾下生林鍾，黄鍾爲宫，大簇爲商，林鍾爲徵。一日。律，九寸。色育下生謙待，❻色育爲宫，未知商，謙待徵。六日。律八寸八分小分八微强。❼執始下生去滅，執始爲宫，時息商，去滅徵。六日。律八寸八分小分八弱。丙盛下生安度，丙盛爲宫，屈齊商，安度徵。六日。律，八寸七分小分六微弱。分動下生歸嘉，❽分動爲宫，隨期商，歸嘉徵。六日。律，八寸六分小分四强。質未下生否與，❾質未爲宫，刑晉商，❿否與徵。六日。律，八寸五分小分二强。⓫大吕下生夷則，大吕爲宫，夾鍾商，夷則徵。八日。律，八寸四分小分三弱。分否下生解刑，⓬

---

❶「陰」，原作「陽」，據阮本改。

❷「月」，汪文臺《識語》云：「『月』，當作『日』。」按校點本《後漢書・律曆志》、《宋書・律曆志》、《隋書・律曆志上》引皆作「日」。

❸「日」，原作「占」，據殿本、阮本改。按《後漢志》亦作「日」。

❹「復」，原作「後」，據殿本《考證》和《後漢書・律曆志》改。

❺「占」，原作「古」，據殿本、阮本改。

❻「色育下生謙待」，校點本《後漢書校勘記》云：「盧文弨説『色育』，《隋志》及《律曆新書》作『包育』，當是也。『謙待』，《隋志》作『謙侍』。下同。」

❼「八分」，阮校云：「惠棟校宋本作『九分』，與《後漢志》合。」

❽「分動」，《後漢志》作「分勳」。下同。

❾「質未」，《後漢志》作「質末」。下同。

❿「刑」，監、毛本作「形」，《後漢志》同。下同。

⓫「强」，阮校引盧文弨校云：「《五經算術》『强』上有『半』字是也。」

⓬「刑」，監、毛本作「形」。下同。按：《後漢志》作「形」，《隋志》作「刑」。

分否爲宮，開時商，解刑徵。八日，律，八寸三分小分一强。陵陰下生去南，陵陰爲宮，侯嘉商，❶去南徵。八日。律，八寸二分一少弱。❷少出下生分積，少出爲宮，爭南商，分積徵。六日。律，八寸小分九强。大簇下生南吕，大簇爲宮，姑洗商，南吕徵。一日。律，八寸。未知下生白吕，未知爲宮，南授商，白吕徵。六日。律，七寸九分小分八强。時息下生結躬，時息爲宮，變虞商，結躬徵。二日。❸律，七寸八分小分九强。❹屈齊下生歸期，屈齊爲宮，路時商，歸期徵。七日。律，七寸七分小分九强。隨期下生未卯，隨期爲宮，刑始商，未卯徵。六日。律，七寸六分小分八强。刑晉下生夷汗，刑晉爲宮，依行商，夷汗徵。六日。律，七寸五分小分八弱。夾鍾下生無射，夾鍾爲宮，中吕商，無射徵。六日。律，七寸四分小分九强。開時下生閉掩，開時爲宮，南中商，閉掩徵。七日。律，七寸三分小分九微强。侯嘉下生鄰齊，侯嘉爲宮，内負商，鄰齊徵。七日。律，七寸二分小分九微强。爭南下生期保，爭南爲宮，揔應商，❺期保徵。七日。❻律，七寸一分小分九强。姑洗下生應鍾，姑洗爲宮，蕤賓商，應鍾徵。一日。律，七寸一分小分一微强。南授下生分烏，南授爲宮，南事商，分烏徵。六日。律，七寸小分九大强。變虞下生遲内，變虞爲宮，盛變商，遲内徵。六日。律，七寸小分一强。❼路時下生未育，路時爲宮，離躬商，未育徵。六日。律，六寸九分小分二微强。刑始下生遲時，刑始爲宮，制時商，遲時徵。五日。律，六寸八分小分三弱。依行上生色育，依行爲宮，謙待商，色育徵。七日。律，六寸七分小分三大强。❽中吕上生執始，中吕爲宮，去滅商，執始徵。八日。律，六寸六分小分六弱。南中上生丙盛，南中爲宮，安度商，丙盛徵。七日。律，六寸五分小分七微弱。内負上生分動，内負爲宮，歸嘉商，分動徵。八日。律，六寸四分小分八强。❾揔應上生質未，揔應爲宮，否

❶「侯」，監、毛本作「族」。下同。按《後漢志》作「族」。
❷「一少弱」，監、毛本作「小分一弱」，與《後漢志》合。
❸「二日」，監、毛本作「六日」，與《後漢志》合。
❹「强」，監、毛本「强」上有「少」字，與《後漢志》合。
❺「總」，監、毛本作「物」，與《後漢志》合。
❻「七日」，監、毛本作「八日」，與《後漢志》合。
❼「强」，監、毛本「强」上有「半」字，與《後漢志》合。
❽「大强」，阮校引盧文弨校云：「《五經筭術》作『半强』是也。」
❾「八强」，阮校引盧文弨校云：《五經筭術》作「八微强」，是。

與商，質未徵。七日。律，六寸三分小分九强。蕤賓上生大吕，蕤賓爲宫，夷則商，大吕徵。一日。律，六寸三分小分二微强。南事不生，❶南事窮，無商、徵，不爲宫。七日。律，六寸三分小分一弱。盛變上生分否，盛變爲宫，解刑商，分否徵。七日。律六寸二分小分三大强。❷離躬上生陵陰，❸離躬爲宫，去南商，陵陰徵。七日。律，六寸一分小分五微强。制時上生少出，制時爲宫，分積商，少出徵。八日。律，六寸小分七弱。❹林鍾上生大簇，林鍾爲宫，南吕商，大簇徵。一日。律，六寸。謙待上生未知，謙待爲宫，白吕商，未知徵。五日。律，五寸九分小分九弱。去滅上生時息，去滅爲宫，結躬商，時息徵。七日。律，五寸九分小分二弱。安度上生屈齊，安度爲宫，歸期商，屈齊徵。六日。律，五寸八分小分四弱。❺歸嘉上生隨期，歸嘉爲宫，未卯商，隨期徵。六日。律，五寸七分小分六微强。否與上生刑晉，否與爲宫，夷汗商，刑晉徵。五日。律，五寸六分小分八强。夷則上生夾鍾，夷則爲宫，無射商，夾鍾徵。八日。律，五寸六分小分二弱。解刑上生開時，解刑爲宫，閉掩商，開時徵。八日。律，五寸五分小分四强。去南上生侯嘉，去南爲宫，鄰齊商，侯嘉徵。八日。律，五寸四分小分六大强。分積上生争南，分積爲宫，期保商，争南徵。七日。律，五寸三分小分九强。❻南吕上生姑洗，南吕爲宫，應鍾商，姑洗徵。一日。律，五寸三分小分三强。白吕上生南授，白吕爲宫，分烏商，南授徵。五日。律，五寸三分小分二强。結躬上生變虞，結躬爲宫，遲内商，變虞徵。七日。❼律，五寸二分小分六强。歸期上生路時，歸期爲宫，未育商，路時徵。六日。律，五寸一分小分九微强。未卯上生刑始，未卯爲宫，遲時商，刑始徵。六日。律，五寸一分小分一微强。❽

❶「不」，原作「下」，據阮校和校點本《後漢志》改。
❷「大」，阮校引盧文弨校云：《五經筭術》作「半」，是。
❸「躬」，阮校云：「監、毛本作『宫』。下『離躬』並同。盧文弨校云：《續志》作『宫』。」
❹「弱」，阮校引盧文弨校云：「『弱』上當有『微』字。」
❺「弱」，阮校引盧文弨校云：「《五經筭術》『弱』上有『微』字，是。」
❻「强」，阮校云：「監、毛本『强』上有『半』字。盧文弨校云：『半』，當作『少』。」
❼「七日」，監、毛本作「六日」，與《後漢志》合。
❽「一」，《後漢志》作「二」，《五經筭術》同。

夷汗上生依行，夷汗爲宫，色育商，依行徵。五日。❶律，五寸小分五强。無射上生中吕，無射爲宫，執始商，中吕徵。八日。律，四寸九分小分九强。❷閉掩上生南中，閉掩爲宫，丙盛商，南中徵。八日。律，四寸九分小分三弱。鄰齊上生内負，鄰齊爲宫，分動商，内負徵。七日。律，四寸八分小分六微强。期保上生揔應，期保爲宫，質未商，揔應徵。八日。律，四寸七分小分九微强。❸應鍾上生蕤賓，應鍾爲宫，大吕商，蕤賓徵。一日。律，四寸七分小分四微强。分烏上生南事，分烏窮大，❹無徵，不爲宫。七日。律，四寸七分小分三微强。遲内上生盛變，遲内爲宫，分否商，盛變徵。八日。律，四寸六分小分八弱。未育上生離躬，未育爲宫，陵陰商，離躬徵。八日。律，四寸六分小分一少强。遲時上生制時，遲時爲宫，少出商，制時徵。六日。律，四寸五分小分五弱。❺又京房《易》云：「十二律得位者生五子，失位者生三子，不失不得生四子。」五律得位，各生五子，謂黄鍾、大簇、姑洗、林鍾、南吕也。五五二十五，并本五，凡三十也。失位者生三子，亦五律，謂大吕、夾鍾、中吕、夷則、無射，三五十五，并本五凡二十。二十就三十，合成五十也。不得不失者生四子，謂蕤賓、應鍾也。二四爲八，并本二爲十也。十就五十，合爲六十也。言其得位者，謂以陽居陽，以陰居陰。失位者，謂以陽居陰，❻以陰居陽。不失不得者，處陰陽交際之間也。又黄鍾、大簇等七律，各統一日，自爲宫。其餘五十三律，隨所生日六七等，爲其日之宫，則周一期日數，如京房所述。然其所生者，則黄鍾生色育、執始，大吕生分否、陵陰之類是也。其「上生三分益一，下生三分損一」，皆《漢書·律曆志》文。云「春多酸，夏多苦，秋多辛，冬多鹹，皆有滑甘」，《周禮·食醫》之文。以四時有四味，皆有滑有甘，益之爲六也，是爲六和也。云「五色六章，畫繢事也」者，繢，猶畫也。然初畫曰畫，成文曰繢。鄭注《司服》云「畫以爲繢」是也。云「《周禮·考工記》曰」至「謂之巧也」，證繢畫有五色六章也。「土以黄，其象方」

❶「五日」，監、毛本作「七日」，與《後漢志》合。

❷「强」，阮校引盧文弨校云：「『强』上當有『少』字。」按《五經筭術》、校點本《後漢志》並無「少」字。

❸「微」，阮校引盧文弨校云：《五經筭術》「微」作「半」是也。

❹「大」，阮本作「次」，閩、監、毛本同，與《後漢志》合。

❺「弱」，監、毛本作「强」，與《後漢志》合。

❻「陽」字原漶滅，據足利本、阮本補。

者，言若畫作土，必黄而四方之，象地之黄而方。鄭注：「古人之象，無天地也。爲此記者，見時有之耳。」云「天時變」者，畫作天，則無定色，是隨四時色而爲之也。鄭司農云：「畫天隨四時色。」云「火以圜」者，鄭司農云：「爲圜形似火。」鄭康成云：「形如半環然。」云「山以章」者，鄭康成云：「獐，山物也。」云「水以龍」者，鄭云：「龍，水物。」云「鳥獸蛇」者，鄭康成云：「所謂華蟲也。蟲之毛鱗有文采者。」云「雜四時五色之位以章之，謂之巧」者，鄭康成云：「章，明也。繢繡皆用五采鮮明之，❶是爲巧。」庾云：「鄭注《考工記》以六章爲當時行，非古人之象，而引之以會此者，明亦周制也。」其十二管，每月各一，得有還相爲宮，其事可明。其食與衣服，唯有四時之異。故《周禮》「春多酸」，謂《月令》「食麥與羊」，❷春三月其食皆同。夏秋冬亦然，無月别之異。故《月令》云「春衣青衣，夏衣赤衣」，三月俱同，亦無每月之異。此云「十二食」、「十二衣」，似月别各别衣食者，❸熊氏云：「此是異代之法，故與《周禮》、《月令》不同。或則每時三月，衣食雖同，大揔言之，一歲之中，有十二月之異，故揔云十二也。」**故人者，天地之心也，五行之端也，食味、别聲、被色而生者也。**此言兼氣性之効也。**疏**正義曰：此一節以前文論人稟天地、五行氣性而生，此以下論稟氣性之有效驗。各依文解之。「故人者，天地之心也」者，天地高遠在上，臨下四方，人居其中央，動静應天地。天地有人，如人腹内有心，動静應人也，故云「天地之心也」。王肅云：「人於天地之間，如五藏之有心矣。人乃生之最靈，其心五藏之最聖也。」「五行之端也」者，端，猶首也。萬物悉由五行而生，而人最得其妙氣，明仁、義、禮、智、信，爲五行之首也。王云：「端，始用五行者也。」「食味」者，人既是「天地之心，五行之端」，故有此下之事也。五行各有味，人則並食之。「别聲」者，五行各有聲，人則含之，皆有分别也。「被色」者，五行各有色，人則被之以生也。被色，謂人含帶五色而生者也。五行有此三種，最爲彰著，而人皆稟之以生，故爲「五行之端」者也。然味言「食」，聲言「别」，色言「被」，各别隨義爲言也。**注**「此言

❶「皆」，原作「音」，據殿本、阮本改。
❷「謂」，衛氏《集説》無「謂」字，殿本、庫本同。疑衍。
❸「似月别各别」，監、毛本無上「别」字，殿本、庫本同，衛氏《集説》同。

兼氣性之効也」　正義曰：此並是五行彰著之事，而人氣性有之，故云「兼氣性之効也」。然前注「五行秀氣」，亦言「兼此氣性純」，而此云「氣性効」者，前明之始，此明之末，以末，故云「効」。効，猶驗實也。即五味、五聲、五色，是其効也。

故聖人作則，❶必以天地爲本，以陰陽爲端，以四時爲柄，以日星爲紀，月以爲量，鬼神以爲徒，五行以爲質，禮義以爲器，人情以爲田，四靈以爲畜。天地以至於五行，其制作所取象也。禮義、人情，其政治也。四靈者，其徵報也。此則《春秋》始於元，終於麟，包之矣。吕氏説《月令》而謂之《春秋》，事類相近焉。量，猶分也。鬼神，謂山川也。山川，助地通氣之象也。器，所以操事。田，人所捊治也。禮之位，賓主象天地，介僎象陰陽，四面之位象四時，三賓象三光，夫婦象日月，亦是也。

疏「故聖人作則，必以天地爲本」，則，法也。本，根本也。人既是天地之心，又帶五色、五行、五味，故聖人作法，必用天地爲根本也。祭帝於郊，祭社於國，是用天地爲本也。然則自此至「四靈以爲畜」凡十句，分爲三重。此至「五行以爲質」七句，明聖人制教所法象也。又自「禮義」、「人情」二句，明聖人爲治政之時事也。又「四靈」一句，明徵報之功也。

「以陰陽爲端」者，端，猶首也。用天地爲根本，又用陰陽爲端首也。猶如劒戟，以近柄處爲根本，以鋒杪爲端首也。聖人制法，左右法陰陽，及賞以春夏，刑以秋冬，是法陰陽爲端首也。

「以四時爲柄」者，春生，夏長，秋斂，冬藏，是法四時爲柄也。劒戟須柄而用之，聖人爲教象，須法四時而通也。

「以日星爲紀」者，紀，綱紀也。日行有次度，星有四方列宿，分部昏明，敬授民時，是法日星爲綱紀也。

「月以爲量」者，量，猶分限也。天之運行，每三十日爲一月，而聖人制教，亦隨人之才分，是法月爲教之限量也。

「鬼神以爲徒」者，鬼神，謂山川。鬼神助地以通氣，是以爲地之徒屬。聖王象之，樹立群臣助己以施教，爲己徒屬也。

「五行以爲質」者，質，體也。五行循迴不停，周而復始。聖人爲教，亦循還復始，是法五行爲體也。

「禮義以爲器」者，此以下二句，明聖人爲治政時事也。上既有法象爲先，故可執禮義爲器用，如農夫之執耒耜也。

「人情以爲田」者，用禮義以爲器，可耕於人情。人情得禮義之耕，如田得耒耜之耕也。「四靈以爲

❶「則」，王引之以爲「則」字當屬下讀。詳《經義述聞》。

畜」者，此一句明徵報也。聖人既法象天地，用禮義耕人情，故獲天地應以徵報也。四靈並至，聖人畜之，如人養牛馬爲畜然。自「天地爲本」至此，凡十句。上四句皆以「以」字在於事上，從「月以爲量」以下六句，「以」字置於事下者，上明天道事遠，故「以」字在事上，連於天也。後明地道事近，故「以」字居下，欲連於人。案前經云「人者，天地之德，陰陽之交，鬼神之會，五行之秀氣」，備論四者。此經云「天秉陽」，❶覆説天有日星。次經云「地秉陰」，地有四時，并有月也。次經云「五行之動」，覆説五行也。於前天地、陰陽、鬼神、五行之中，唯説天地與五行，舉其大者。此經揔覆前事，故云「以天地爲本，以陰陽爲端，以四時爲柄，以日星爲紀，月以爲量，鬼神以爲徒，五行以爲質」，皆覆説前事。「禮義以爲器」，覆説上「舍禮何以哉」也。「人情以爲田」，覆説上「人情」也。「四靈以爲畜」一句，論若行以前諸事，施之得所，則四靈報應也。**注**「天地」至「是也」　正義曰：「天地以至於五行，制作所取象也」者，天地、陰陽、四時、日星、月量、鬼神、五行等，皆外物，非人所行，故云「所取象也」，謂聖人所法象以爲教也。云「禮義、人情，其政治也」者，此是人親自行，故云「其政治」，謂聖人行之爲政，以治天下也。云「此則《春秋》始於元，終於麟，包之矣」者，言此一經，初「以天地爲本」，終以「四靈爲畜」，是當《春秋》始於元年，終於獲麟也。包之者，謂《春秋》元年以後，獲麟以前，包籠此天地、陰陽、四時、星辰、日月之等。案《春秋》書「元年，春王正月，公即位」爲五始。元者，氣之始，則天地也。春者，四時之始，則四時也。王者，政教之始，則禮義也。正月者，十二月之始，則「月以爲量」也。公即位者，即一國之始，亦禮義也。熊氏云：「《春秋》書『郊』，祭天，是天也。書『地震』，是地也。書『冬無冰』，是陽也。書『大雨雹』，是陰也。書『春』、『夏』、『秋』、『冬』，是四時也。又四時，陰陽也。隱元年『公子益師卒』，公不與小斂，故不書日。《春秋》記事皆書日，是日也。莊七年『恒星不見』，是星也。《春秋》記事皆有月，是月也。僖十四年『沙鹿崩』，成五年『梁山崩』，是鬼神也。桓二年『取郜大鼎』，是金也。成十六年，『雨，木冰』，❷是木也。桓元年『秋，大水』，是水也。宣十六年『成周宣榭火』，是火也。莊二十九年『城諸及防』，是土也。金、木、水、火、土，即五行也。春秋得禮則褒，失禮

❶「此」，疑「次」之誤。

❷「木」，原作「水」，據阮本改。

則貶，是『禮義』也。桓元年『公即位』。先君被弑而行即位，安忍其喪，其情惡也。莊元年『不書即位』。文姜出，不忍行即位之禮，其情善也。此是『人情』也。哀十四年西狩獲麟，是『四靈爲畜』也。」云「吕氏説《月令》而謂之《春秋》，事類相近焉」者，吕氏，謂吕不韋也。説十二月之令，謂爲《吕氏春秋》，事之倫類，與孔子所脩《春秋》相附近焉。《月令》亦載天地、陰陽、四時、日月、星辰、五行、禮義之屬，故云「相近」也。云「器，所以操事」者，操，執也。謂操執所爲之事。若手秉耒耜耕田之事，手操執之。云「田，人所捊治也」者，捊，謂以手捊聚，即耕種耘鋤也，即上「汙尊而抔飲」之類也。云「禮之位」至「三光」，是《鄉飲酒義》文。賓於西北，象天。主於東南，象地。介是賓副，坐於西南，象天嚴凝之氣始於西南。僎是主人之觀禮者，坐於東北，象陽氣之始。是「介僎象陰陽」。主人在阼階，西面；賓在户西，南面；介在西階，東面；僎在房户之間，南面。以四者位殊，故爲「四面之位象四時」。云「三賓」者，衆賓三人，在正賓西，南面，是爲三賓也。《禮器》云：「君在阼，夫人在房」，象日月也。云「亦是也」者，以禮之取象，其數非一，以無正文，故取此義而明之，故云「亦是」，言亦是法象之義也。**以天地爲本，故物可舉也。**物，天地所養生。**以陰陽爲端，故情可睹也。**情以陰陽通也。**以四時爲柄，故事可勸也。**事以四時成。**以日星爲紀，故事可列也。**事以日與星爲候，興作有次第。**月以爲量，故功有藝也。**藝，猶才也。十二月各有分，猶人之才各有所長也。藝，或爲「倪」。**鬼神以爲徒，故事有守也。**山川守職不移。**五行以爲質，故事可復也。**事下竟，復由上始也。**禮義以爲器，故事行有考也。**考，成也。器利則事成。**人情以爲田，故人以爲奥也。**奥，猶主也。田無主則荒。**四靈以爲畜，故飲食有由也。**由，用也。四靈與羞物爲群。【疏】此一節覆明前經諸事，若行諸事，治理皆應，則萬事得成也。「以天地爲本，故萬物可舉也」，天地生養萬物，今本天地而爲政教，故萬物可舉而興也。「以陰陽爲端，故人情可睹也」，人情與陰陽相通，今法陰陽爲教，故人情無隱，所以可睹見也。「以四時爲柄，故事可勸也」，生長收藏，隨時無失，故民不假督勵而事自勸成也。「以日星爲紀，故事可列也」，列，猶次第也。日中星鳥，敬授民時，無失早晚，故民事有次第也。　「月以爲量，故功有藝也」，藝，猶才也。十二月限分，猶人才各有所長，聖人隨人才而教之，則人竭其才之所長而爲功，故云「功有藝也」。　「鬼神以爲徒，故事有守也」，山川鬼神，各有分職不移。今爲教，引鬼神爲徒屬，則事無失業，故云「事有守也」。　「五行以爲質，故事可復也」，五行周而復始，運迴無窮。爲教法則此，則事必不絶，故云「可復」。復，反也。　「禮義以爲器，故事行有考也」，考，成也。「工欲善其事，必先利其器」。若治國用禮義爲器，是器之利者，故所治之事，行必有成也。　「人情以爲田，故人以爲奥也」，上「人」是人民，下「人」是聖人。奥，主也。田無主則荒廢，故用人爲主。今以人情爲田，用聖人以爲田主，則人情不荒廢也。　「四靈以爲畜，故飲食有由也」，由，用也。靈是衆物之長，長既至，爲聖人所畜，則其屬並隨其長而至，❶得以充庖廚，是「飲食有用」也。　**注**「情以陰陽通也」　正義曰：案《易·文言》云：「同聲相應，同氣相求。水流濕，火就燥。」是萬物之情，因陰陽而通也。　**注**「事下竟，復由上始也」　正義曰：五行相次，終而復始。凡所營爲之事，亦終而復始，故云「事下竟，復由上始也」。謂事於下終末竟了，更復從上而始也。　**注**「考，成也。器利則事成」　正義曰：「考，成也」，《釋詁》文。《論語》云：「工欲善其事，必先利其器。」是「器利則事成」也。

何謂四靈？麟、鳳、龜、龍，謂之四靈。故龍以爲畜，故魚鮪不淰；鳳以爲畜，故鳥不獝；❷麟以爲畜，故獸不狘；龜以爲畜，故人情不失。　淰之言閃也。獝、狘，飛走之貌也。失，猶去也。龜，北方之靈，信則至矣。

疏此一經以上有「四靈」之文，更復解「四靈」之事，故記人假問答以明四靈也。　「何謂四靈？麟、鳳、龜、龍，謂之四靈」者，問答四靈名也。謂之靈者，謂神靈。以此四獸，皆有神靈，異於他物，故謂之靈。　「故龍以爲畜，故魚鮪不淰」，解「飲食有由」之義也。淰，水中驚走也。魚鮪從龍者，龍既來爲人之畜，故其屬見人，不淰然驚走也。　「鳳以爲畜，故鳥不獝」，獝，驚飛也。鳥從鳳來，鳳既來爲人之畜，故其屬見人，不獝然驚

❶「則」上原有「人所畜」三字，據阮本、阮校删。

❷「獝」，錢大昕《潛研堂集·答問五》：「陸氏《釋文》『獝』本作『矞』，《周禮·大司樂》注引此文亦作『矞』，俗本从犬者誤也。」

飛也。「麟以爲畜，故獸不狘」，狘，驚走也。獸從麟者，麟既來爲人之畜，故其屬見人，不狘然驚走也。「龜以爲畜，故人情不失」，以龜知人情，龜既來應人，知人情善惡，故人各守其行，其情不失也。然上三靈皆言其長來而族至，則此應云「龜以爲畜，而甲族馴狎」。今獨云其感信而至者，與上三族相互也。此言感信，則上亦感仁、義、禮而至也。但因龜是知人情之易見者，故就龜而言耳。又初陳四靈，麟在初者，孔子獲麟，記者隨時所見爲先也。後列以龍爲首，依四方之舊次也。

注「淰之」至「至矣」

正義曰：讀「淰」爲「閃」者，淰是水中之形狀，故字從水。閃是忽有忽無，故字從「門中人」也。人在門，或見或不見。「獝」見飛而獝起，「狘」是狘然驚走，故云「獝、狘，飛走之貌也」。云「龜，北方之靈，信則至矣」者，案《月令》冬云「其蟲介」，注云：「龜鱉之屬。」則龜爲水蟲。水主信，故信則至。知「水主信」者，《易乾鑿度》云：「陽氣合閉，信之類。」故北方水爲信。水既爲信，則土爲知也。故《乾鑿度》云：「四時之義，皆法中央。中央土者，可以兼四方之行，知之決也。」是土爲知。但水、土二行俱有信、知。故《樂緯》云：「宮致鳳皇，身信。羽致幽昌，身知。」又《中庸》注云：「水神則信，土神則知。」是土、水俱有信、知。龜屬北方水。《大戴禮》及《樂緯》云：「介蟲三百六十，龜爲長。鱗蟲三百六十，龍爲長。羽蟲三百六十，鳳爲長。毛蟲三百六十，麟爲長。」案《月令》「春，其蟲鱗」，則龍屬東方木也；「夏，其蟲羽」，則鳳屬南方火也；「秋，其蟲毛」，則麟屬西方金也。案《異義》：「説《左氏》者，以昭二十九年傳云『水官不脩，故龍不至』，以水生木，故爲脩母致子之説。」故服虔注「獲麟」云：「麟，中央土獸。土爲信。信，禮之子。脩其母，致其子。視明禮脩而麟至，思睿信立而白虎擾，言從乂成而神龜在沼，聽聰知正則名川出龍，貌恭性仁則鳳皇來儀。」又《毛詩傳》云：「麟，信而應禮。」又云：「騶虞，義獸，有至信之德則應之。」皆爲以脩母致子之義也。若鄭康成之説，則異於此。脩當方之事，則當方之物來應。故《異義》：「《公羊》説：哀十四年獲麟，此受命之瑞，周亡失天下之異。《左氏》説：麟是中央軒轅、大角獸，孔子脩《春秋》者，禮脩以致其子，故麟來爲孔子瑞。陳欽説：麟，西方毛蟲。孔子作《春秋》，有立言。西方兑，兑爲口，故麟來。許慎謹案：公議郎尹更始、待詔劉更生等議石渠，以爲吉凶不並，瑞災不兼。今麟爲周亡天下之異，則不得爲瑞，以應孔子至。」玄之聞也：「《洪範》『五事，二曰言』。言作從；從作乂。乂，治也。言於五行屬金。

孔子時，周道衰亡，已有聖德，無所施用，作《春秋》以見志。其言少從，❶以爲天下法，故應以金獸性仁之瑞。賤者獲之，則知將有庶人受命而行之。受命之徵已見，則於周將亡，事勢然也。興者爲瑞，亡者爲災，其道則然，何吉凶不並，瑞災不兼之有乎？如此脩母致子，不若立言之説密也」。如鄭此説，從陳欽之義，以孔子有立言之教，故致其方毛蟲。熊氏申鄭義云：「若人臣官脩，則脩母致子之應，《左氏》之説是也。若人君脩其方，則當方來應。孔子脩《春秋》爲素王法，以立言，故西方毛蟲來應。」未知然否，且具録焉。或以脩母致子，康成所以不用也。故《異義》：「《公羊》説：麟，木精。《左氏》説：麟，中央軒轅、大角之獸。陳欽説：麟是西方毛蟲。許慎謹案：《禮運》云：『麟、鳳、龜、龍，謂之四靈。』龍，東方也。虎，西方也。鳳，南方也。龜，北方也。麟，中央也。」鄭駮云：「古者聖賢言事，亦有効三者，取象天、地、人；四者，取象四時；五者，取象五行。今云『麟、鳳、龜、龍，謂之四靈』，是則當四時明矣。虎不在靈中，空言西方虎者，麟中央，得則無近誣乎！」如鄭此言，是麟非土精，無脩母致子之義也。四靈配四方，如上所説。若其取象，理有多途。虎雖屬西方，以其淺毛，得屬中央土也。故《月令》：「中央土，其蟲倮。」注云：「虎、豹之屬恒淺毛。」又於陰陽，虎屬寅是也。麟屬東方，取其性仁，則屬木也。故《公羊》説：「麟者，木精。」鄭云：「金九以木八爲妻，其性義，❷木性仁。得陽氣，性似父。得陰氣，性似母。麟，毛蟲，得木八之氣而性仁。」《鶡冠子》云：❸「麟，北方玄枵之獸。」是取象不一也。龜屬北方，亦屬東方。《五行傳》云「一曰貌，時有龜孽」是也。龍屬東方，亦屬天。《五行傳》云「皇之不極，則有龍蛇之孽」是也。《五行傳》又云：「二曰言，時則有介蟲之孽。三曰視，❹時則有倮蟲之孽。」是取象既多，理非一概。今以煩而無用，故不備言其數也。《釋獸》云：「麐，麕身，牛尾，一角。」京房《易傳》云：「麟，麕身，牛尾，馬蹄，有五采，腹下黄，高丈二。」《廣雅》云：「麒麟，狼頭，肉角，含仁懷義，音中鍾吕，行中規矩，遊必擇地，詳而後處。不履

❶「少」，阮校云：「段玉裁校本從《詩·周南》《正義》『少』改『可』」。

❷「其」，閩、監、毛本「其」作「金」。

❸「鶡」，原作「褐」，據阮本、魏氏《要義》改。

❹「三」字原漶滅，據阮本補。

生蟲，不折生草，不群居，不侶行，不入檻穽，❶不入羅網，文章斌斌。」故呼爲大角之獸也。故先王秉蓍龜，列祭祀，瘞繒，宣祝嘏辭説，設制度。故國有禮，官有御，事有職，禮有序。皆卜筮所造置也。埋牲曰瘞。幣帛曰繒。宣，猶揚也。繒，或作「贈」。**疏**正義曰：此一節論上既言龜知人情，故此言卜筮所造置之事。故先王有事「秉蓍龜」，龜既知人情，因美龜德也。先王聖人，將有大事，必秉執蓍龜而問吉凶。言「蓍」者，凡卜皆先筮，故兼言之也。　「列祭祀」，自此至「禮有序」，皆「秉蓍龜」事也。陳列祭祀，謂郊廟以下皆用卜筮也。　「瘞繒」者，瘞，埋也。謂祀地埋牲也。《祭法》云：「瘞埋於泰折，祭地也。」幣帛曰繒。繒之言贈也，謂埋告又贈神也。　「宣祝嘏辭説」，宣，揚也。祝嘏有舊辭，更宣揚告神也。　「設制度」，謂造宮室、城隍、車旗之屬也。　「故國有禮」，上諸事既並用卜筮，故國家必有其禮也。　「官有御」，國既有禮，故百官各御其事也。　「事有職」，官既有御，故百事各有職主也。❷「禮有序」者，凡所行禮，❸皆有次序也。故先王患禮之不達於下也。❹患下不信也。**疏**正義曰：此一經爲下生文。雖並用卜筮，而民下猶未見信，先王患之，更爲下諸事，使達下也。故祭帝於郊，所以定天位也；祀社於國，所以列地利也；祖廟，所以本仁也；山川，所以儐鬼神也；五祀，所以本事也。故宗祝在廟，三公在朝，三老在學，王前巫而後史，卜筮瞽侑皆在左右。王中心無爲也，以守至正。此所以達禮於下也。教民尊神，慎居處也。宗，宗人也。瞽，樂人也。侑，四輔也。**疏**正義曰：是一節論上云「禮有序」，故記人因説禮須達下之事。　「故祭帝於郊，所以定天位也」者，天子至尊，而猶祭於郊，以行臣禮而事天也。是欲使嚴上之禮達於下。天高在上，故云「定天位也」，亦即是「必本於天」也。　「祀社於國，所以列地利也」者，天子至尊，而猶自祭社，欲使報恩之禮達於下也。地出財，故云「列地利也」，亦即是「命降于社之謂殺地」

❶「檻」，毛本作「陷」，與《廣雅・釋獸》合。

❷「各有職主」四字原漶滅，據殿本、阮本補。

❸「凡所行禮」四字原漶滅，據足利本、殿本、阮本補。

❹「下也」二字原漶滅，據足利本、殿本、阮本補。

也。「祖廟，所以本仁也」者，王在宗廟，以子禮事尸，是欲使仁義之教達於下也，亦即「降于祖廟之謂仁義」。「山川，所以儐鬼神也」者，王自祭山川，是欲使儐敬鬼神之教達於下也。儐，敬也。亦即是「降於山川之謂興作」也。「五祀，所以本事也」者，王自祭五祀，是欲使本事之教達於下也。五祀是制度，故云「本事」也。亦即是「降於五祀之謂制度」也。「故宗祝在廟」者，前明因事鬼神，使禮達於下。此明因委於人，使禮達於下也。宗，宗伯也。祝，大祝也。王在宗廟，則委於宗祝，示不自專以達下也。「三公在朝」者，在朝職事，則委任三公也。「三老在學」者，乞言則受之三老。「王前巫」者，若王弔臨，則前委於巫也。「而後史」者，「動則左史書之，言則右史書之」，不敢爲非也。既言「前巫」，故云「後史」也。「卜筮瞽侑皆在左右」者，卜筮主決疑。瞽是樂人，主和也。侑是四輔，典於規諫者也。示不自專，故並置左右也。「王中心無爲也，以守至正」者，既祭祀尊神，及委任得人，故中心無爲，以守至正之道也。注「此所」至「輔也」　正義曰：自「祭帝於郊」至「五祀，所以本事」，是教民尊神也。自「宗祝在廟」至「皆在左右」，是慎居處也。左輔右弼，前疑後丞，❶皆侑勸人君爲善，故以侑爲輔。其「四輔」之義，已具於《文王世子》。

故禮行於郊而百神受職焉，禮行於社而百貨可極焉，禮行於祖廟而孝慈服焉，禮行於五祀而正法則焉。言信得其禮，則神物與人皆應之。百神，列宿也。百貨，金玉之屬。故自郊社、祖廟、山川、五祀，義之脩而禮之藏也。脩，猶飾也。藏，若其城郭然。

疏正義曰：此一節論上文禮既達於下，有功而見徵應。

「故禮行於郊而百神受職焉」者，百神，天之群神也。王郊天備禮，則星辰不忒，故云「受職」。「禮行於社而百貨可極焉」者，王祀社盡禮，則五穀豐稔，金玉露形，盡爲國家之用，故云「可極焉」。「禮行於祖廟而孝慈服焉」者，王祭廟盡禮，而天下皆服行孝慈也。《詩》云「無思不服」是也。王云：「孝慈之道，爲遠近所服也。」「禮行於五祀而正法則焉」者，王祭五祀以禮，而天下法則各得其正也。然前有「山川興作」，此不言者，法則之事包之也。「故自郊社、祖廟、山川、五祀，義之脩而禮之藏也」，此

❶「丞」，原作「承」，據阮本、衛氏《集説》改。

經覆説祭在上諸神，是義之脩飾，禮之府藏也。是故夫禮，必本於大一，分而爲天地，轉而爲陰陽，變而爲四時，列而爲鬼神。其降曰命，聖人象此，下之以爲教令。其官於天也。官，猶法也。此聖人所以法於天也。疏正義曰：此一節，論上言禮既藏於郊社天地之中，是故制禮必本於天以爲教也。「必本於大一」者，謂天地未分，混沌之元氣也。極大曰大，未分曰一，其氣既極大而未分，故曰「大一」也。禮理既與大一而齊，故制禮者用至善之大理以爲教本，是「本於大一」也。「分而爲天地」者，混沌元氣既分，輕清爲天在上，重濁爲地在下，而制禮者法之，以立尊卑之位也。「轉而爲陰陽」者，天地二形既分，而天之氣運轉爲陽，地之氣運轉爲陰。而制禮者貴左以象陽，貴右以法陰。又因陽時而行賞，因陰時而行罰也。「變而爲四時」者，陽氣則變爲春夏，陰氣則變爲秋冬。而制禮者，吉禮則有四面之坐，凶時有恩理節權，❶是法四時也。「列而爲鬼神」者，鬼神，謂生成萬物鬼神也。四時變化，生成萬物，皆是鬼神之功。聖人制禮，則陳列鬼神之功以爲教也。「其降曰命」者，降，下也。言聖人制禮，皆仰法「大一」以下之事，而下之以爲教命也。「其官於天也」者，結之也。官，猶法也。言聖人所以下爲教命者，皆是取法於天也。夫禮必本於天，本於大一與天之義。動而之地，後法地也。列而之事，後法五祀。五祀所以本事也。變而從時，後法四時。協於分藝。協，合也。言禮合於月之分，猶人之才也。其居人也曰養，養，當爲「義」，字之誤也。下之則爲教令，居人身爲義。《孝經説》曰：「義由人出。」其行之以貨力、辭讓、飲食、冠昏、喪祭、射御、❷朝聘。貨，摯幣、庭實也。力，筋骸强者也，不則偃罷。疏正義曰：此一節論上本説禮從天地、四時、五行而生也，❸而教於人。故此以下論人用之，以行刑罰、冠昏、朝聘之等，皆得其宜也。「夫禮必本於天」，謂本於大一與上天也。謂行至誠大道，是本「大一」；效天降命，是「本於天」也。「動而之地」，「祀社於國」是

❶「時」，監本、毛本、殿本作「禮」。
❷「御」，邵懿辰《禮經通論》以爲「御」當作「鄉」，形近而譌。詳本書卷二十九校勘記。
❸「本」，疑「文」之誤。

也。「列而之事」，謂五祀。即「五祀，所以本事」是也。「變而從時」，時，四時也。則「四時以爲柄」是也。「協於分藝」，協，合也。是分，月之量也。藝，人之才也。言制禮以月爲量，合人才之長短也。「其居人也曰養」者，養，宜也。言制度以上諸事之禮，居人中身，則人得其宜也。「其行」至「朝聘」，此皆居人身曰義之禮也。謂諸禮皆須義行，故云「行」也。貨，庭實也。力，筋力，拜伏也。辭讓，賓主三辭三讓。飲食，饗食之屬也。冠，二十成人而冠。昏，三十而取。射，五射。御，五馭。朝，五年朝及諸侯自相朝相見之禮。聘，謂比年一小聘，三年一大聘。言人若有義在身，則能行此諸禮也。注「養當」至「人出」正義曰：知「養，當爲義」者，以上云「義之脩，禮之藏」，下云「聖人陳義以種之」，又云「義者，藝之分，仁之節」，❶故知「養」當爲「義」也。案《聖證論》，王肅以「下云『穫而弗食，食而弗肥』，字宜曰『養』。《家語》曰：『其居人曰養。』」鄭必破爲「義」者，馬昭云：「『立人之道，曰仁與義』，又此云：『禮義者，人之大端。』下每云『義』。故知『養，當爲義』也。」張融謹案，亦從鄭説。云「下之則爲教令，居人身爲義」者，鄭爲此注，欲明改「養」爲「義」之意。言法天地、山川下教於民者則爲教令，法天地、山川居在人身之中者則爲義事，是不得爲「養」也。引《孝經説》曰「義由人出」者，證義從人身而出也。

故禮義也者，人之大端也。所以講信脩睦而固人之肌膚之會、筋骸之束也，所以養生、送死、事鬼神之大端也，所以達天道、順人情之大竇也。❷竇，孔穴也。**故唯聖人爲知禮之不可以已也。故壞國、喪家、亡人，必先去其禮。**言愚者之反聖人也。疏正義曰：此一節論上文説禮爲治理之本，故今説禮不可去之事。注「竇，孔穴也」正義曰：案哀元年《左傳》云「逃出自竇」，又「篳門閨竇」，是「竇，孔穴也」。孔穴開通，人之出入。禮義者，亦是人之所出入，故云「達天道、順人情之大竇也」。

故禮之於人也，猶酒之有糵也，君子以厚，小人以薄。皆得以爲美味，性善者醇耳。疏正義曰：此一節論上云禮不可去，故次

❶「仁」，原作「人」，據殿本、阮本改。

❷「也」字原脱，據《唐石經》、余本、撫本、岳本、殿本、阮本補。

云禮之在人，有厚薄之事。「禮之於人也，猶酒之有蘗也」者，禮不可以已之，故在人。譬如釀酒，須因麴蘗則成。酒無麴蘗則酒不成，人無禮則壞敗也。「君子以厚，小人以薄」者，君子，譬精米嘉器也。小人，譬麤米弊器。言譬如釀酒，共用一麴，分半持釀精米嘉器，則其味醇和；一半釀麤米弊器，則其味醨薄。亦猶如禮，自是一耳，行之自有厚薄。若君子，性識純深，得禮而彌深厚；小人智慮淺薄，得禮自虛薄也。

故聖王脩義之柄，禮之序，以治人情。治者，去瑕穢，養菁華也。故人情者，聖王之田也，脩禮以耕之，和其剛柔。陳義以種之，樹以善道。講學以耨之，存是去非類也。本仁以聚之，合其所盛。播樂以安之。感動使之堅固。故禮也者，義之實也。協諸義而協，協，合也。合禮於義，則與義合，不乖刺。則禮雖先王未之有，可以義起也。以其合於義，可以義起作。義者，藝之分，仁之節也。藝，猶才也。協於藝，講於仁，得之者强。有義，則人服之也。仁者，義之本也，順之體也，得之者尊。有仁，則人仰之也。故治國不以禮，猶無耜而耕也；無以入也。爲禮不本於義，猶耕而弗種也；嘉穀無由生也。爲義而不講之以學，猶種而弗耨也；苗不殖，草不除。講之以學而不合之以仁，猶耨而弗穫也；無以知收之豐荒也。合之以仁而不安之以樂，猶穫而弗食也；不知味之甘苦。安之以樂而不達於順，猶食而弗肥也。功不見也。四體既正，膚革充盈，人之肥也；父子篤，兄弟睦，夫婦和，家之肥也；大臣法，小臣廉，官職相序，君臣相正，國之肥也；天子以德爲車，以樂爲御，諸侯以禮相與，大夫以法相序，士以信相考，百姓以睦相守，天下之肥也。是謂大順。大順者，所以養生、送死、事鬼神之常也。常，謂皆有禮，用無匱乏也。車，或爲「居」。故事大積焉而不苑，並行而不繆，細行而不失，深而通，茂而有間，連而不相及也，動而不相害也，此順之至也。

言人皆明於禮，無有蓄亂滯合者，各得其分理，順其職也。**故明於順，然後能守危也。**能守自危之道也。君子居安如危，小人居危如安。《易》曰：「危者安其位。」**疏**正義曰：此一節論因上君子小人厚薄不同，故此論聖人脩禮義，治人情，以至大順也。各依文解之。「故聖王脩義之柄」者，柄，操也。謂執持而用者。謂脩理義之要柄，脩理禮之次序，以治正人情，使去其瑕穢之惡，養其菁華之善也。「故人情者，聖王之田也」者，土地是農夫之田，人情者，亦是聖王之田也。「脩禮以耕之」者，農夫之田，用耒耜以耕之，和其剛柔。聖人以禮耕人情，正其上下。「陳義以種之」者，農夫耕田既畢，以美善種子而種之。聖王以禮正人情既畢，用此善道而教之。「講學以耨之」者，農夫種苗既畢，勤力耘鋤，去草養苗，則苗善矣。聖王以善道教民既畢，又須講説學習，以勸課之，存是去非則善也。「本仁以聚之」者，農夫既勤耘耨，苗稼成孰，當本此仁恩愛惜之心，以聚集所收，勿令浪爲費散。聖王勸課行善既畢，本此仁恩和親，聚集善道，使不廢棄也。「播樂以安之」者，播，布也。農夫收穫既畢，布其歡樂之心，共相飲食，以安美之。聖王既勸民善道備足，又説樂感動，使其勤行善道，保寧堅固也。「故禮也者，義之實也」，前既明禮耕、義種、仁聚之，今此以下，廣明上三者相須也。此明禮義相須。禮是造物，爲實。義以脩飾，爲禮之華。故云「禮也者，義之實也」。「協諸義而協」者，協，合也。諸，之也。今將此禮合會於義，謂以禮比方於義而協，謂禮與義相協會也。「則禮雖先王未之有，可以義起也」者，起，作也。禮既與義合，若應行禮而先王未有舊禮之制，則便可以義作之。如將軍文子之子是也。先無其禮，臨時以義斷之，垂涕洟待賓于廟，是其以義而作禮也。庾云：「謂先王制禮雖所未有，而此事亦合於義，則可行之，以義與禮合也。」「義者，藝之分仁之節也」者，此明仁須義也。義者，裁斷合宜也。藝，才也。仁，施也。人有才能，又有仁施，若非義裁斷則過失，故用義乃得分節也。此唯明仁須義，而云「才」者，因明一切皆須義斷。庾云：「藝者審其分，仁者宜得節，皆須義以斷之，是義爲藝之分，仁之節，明義之貴也。」「協於義」者，斷才得分，即是義能合藝也。「講於仁」者，講，猶明也。使仁得節，是義能明於仁也。「得之者强」者，若能得才分仁節之理，則是豪强，爲衆所畏服也。「仁者，義之本也」者，上云「義者，藝之分，仁之節」，明義能與仁爲節。此言「仁者，義之本」，謂仁能與義作本。「順之體也」

者，仁者施生，故爲「順之體也」。　「得之者尊」，既能施生，又爲順體，故爲人所尊仰也。但義主斷割，能服於人，故得義者强。仁是恩施，衆所敬仰，故「得仁者尊」也。

注「協合」至「乖刺」　正義曰：「合禮於義」，解經「協諸義」；「則與義合」者，解經「而協」也。云「合禮於義」者，謂將禮比方於義。云「則與義合」者，言禮與義相合，不乖刺也。禮所以與義合者，禮者，體也，統之於心，行之合道，謂之禮也。義者，宜也，行之於事，各得其宜，謂之義也。是禮據其心，義據其事，但表裏之異，意不相違，故禮與義合也。**注**「以其」至「起作」　正義曰：云「以其合於義」者，謂此禮以其合會於義，故雖當無禮，臨事制宜而行禮，是可以義起作也。衛將軍文子之子，既除喪，而后越人來弔。於時，無除喪後受弔之禮，主人乃量事制宜，練冠，垂涕洟，待于廟而受弔，是以義而起作此禮也。「故治」至「肥也」　此以下顯前譬也。人君治人情，若無禮，猶農夫耕而無耜也。「爲禮不本於義，猶耕而弗種也」者，治國雖用禮，不本其所宜，如農夫徒耕而不下種子也。「爲義而不講之以學，猶種而弗耨也」者，治國雖用善道所宜，而不更爲講學，使民知其道理，如農夫雖種嘉穀而不耘耰，則苗不滋茂厚實也。「講之以學而不合之以仁，猶耨而弗穫也」者，治國雖講之以學而不聚其仁行者，如農夫雖耘耰成孰而不收穫取之也。「合之以仁而不安之以樂，猶穫而弗食也」者，治國雖聚仁，若不奏樂和之，則仁心不堅，如農夫雖聚穀而不食，則甘穀空失也。「安之以樂而不達於順，猶食而弗肥也」者，前陳聖人禮耕，以至安樂。今顯譬農夫耒耜，以至食之，其事相似。今更欲設譬，以人身之肥，譬家國禮足。聖人爲教，反覆相明，正在此矣。言雖奏樂於仁人而不使知達至順之理，亦爲未善，猶如人雖食五味，而調和温清不順，則雖食不肥也。

「四體」至「常也」　此一節明人及國家、天下等皆悉肥盛，所以養生、送死、常事鬼神。「膚革充盈」者，膚是革外之薄皮，革是膚内之厚皮革也。「天子以德爲車，以樂爲御」，率土皆達順，故合天下之肥也。「天子以德爲車」，謂用孝悌以自載也。德，孝悌也。「以樂爲御」，謂用要道以行之。樂，要道也。行孝悌之事須禮樂，如車行之須人御也。「大順者，所以養生、送死、事鬼神之常也」者，前雖明國家之順，而皆局有條目，而順理廣被，無所不在。此更揔説其事也。一切生死鬼神，無不用順爲常也。

故孔子答孟武伯問「無違」之言云「生事之以禮，死葬之以禮」是也。❶養生、送死、事鬼神，無違道之常也。「故事」至「至也」　皇氏云：「『事大積焉而不苑』者，既用順爲常，事無苑滯。事大者，天子事也。雖復萬機輻湊，而應之有次序，不使苑積也。」「並行而不繆」者，並行，謂諸侯來朝也。既四方隨時貢賦有序，雖並列俱陳，而不錯繆也。「細行而不失」者，謂大夫士出聘者也。天子不遺小國之臣，是「不失」也。「深而通」者，深，爲九州之外也。❷雖地在遠荒，而皆通貢王庭，越裳是也。「茂而有間」者，謂萬國貢賦，庭實密茂，而國朝之間，自不廁雜。以國之相次，小則讓大，不相及入也。萬乘龍趨，千乘雷動，不相妨害。自「四體既正」至此，皆由王者「順之至也」。熊氏云：「此普據天下萬事，有大有細，有深有通，有連有動。言人皆明禮順，政事無蓄亂滯合，各得其分理，順於其職，所以大小深淺，並合得其宜。此『順之至』，結自『四體既正』以下至此，並是順之至極也。」「故明於順然後能守危也」者，上言「順之至」，此明順有益。「明於順然後能守危」者，既明順道，不敢爲非，則能守自危之道。謂以危戒慎而自保守也。注「《易》曰：危者安其位」　正義曰：此《易·下繫》文也。❸案《易·繫辭》云：「危者，安其位者也；亡者，保其存者也。」「危者安其位」，謂所以今日危亡者，正爲不知畏懼，偷安其位，故致危也。引之者，證人之所居，恒須危懼也。**故禮之不同也，不豐也，不殺也，所以持情而合危也。**豐、殺，謂天子及士，名位不同，禮亦異數，所以拱持其情，合安其危。**故聖王所以順，山者不使居川，不使渚者居中原，而弗敝也。**小洲曰渚。廣平曰原。山者利其禽獸，渚者利其魚鹽，中原利其五穀。使各居其所安，不易其利，勞敝之也。民失其業則窮，窮斯濫。❹**用水、火、金、木，飲食必時。**用水，謂《漁人》「以時

❶「武伯」，汪文臺《識語》云：「案『武伯』當作『懿子』。然此乃疏本偶誤。」按：汪說是也。事見《論語·爲政》「孟懿子問孝」章。

❷「爲」，浦鏜校曰：「『謂』誤『爲』。」

❸「下」，原作「上」，據常盤《校記》改。

❹「窮斯濫」，阮校云：「宋監本作『窮斯盜』。」按：撫本亦作「窮斯盜」。張敦仁《考異》云：「案『斯盜』是也。《坊記》云：『約斯盜。』注云：『約，猶窮也。』此取彼文，當依撫本。」

漁爲梁」,「春獻鼈蜃,秋獻龜魚」也。❶用火,謂《司爟》「四時變國火,以救時疾」,及「季春出火,季秋納火」也。用金,謂《丱人》「以時取金、玉、錫、石」也。用木,謂《山虞》「仲冬斬陽木,仲夏斬陰木」。飲食,謂「食齊視春時,羹齊視夏時,醬齊視秋時,飲齊視冬時」。合男女,頒爵位,必當年德。謂《媒氏》「令男三十而取,女二十而嫁」,《司士》「稽士任,進退其爵禄」也。用民必順。不奪農時。故無水旱昆蟲之災,民無凶饑妖孽之疾。言大順之時,陰陽和也。昆蟲之災,螟螽之屬也。故天不愛其道,地不愛其寶,人不愛其情。言嘉瑞出,人情至也。故天降膏露,地出醴泉,山出器車,河出馬圖,鳳皇麒麟,皆在郊棷,龜龍在宮沼,其餘鳥獸之卵胎,皆可俯而闚也。膏,猶甘也。器,謂若銀甕、丹甑也。馬圖,龍馬負圖而出也。棷,聚草也。沼,池也。則是無故,非有他事使之然也。先王能脩禮以達義,體信以達順,故此順之實也。實,猶誠也,盡也。疏正義曰:此一節論上既得明順乃安位,此以下説行順以致太平之事。各依文解之。「故禮之不同也」者,天子至士,貴賤宜順,故禮不得同也。「不豐也」者,禮應須少,不可求多也。「不殺也」者,禮應須多,不可殺少也。「所以持情而合危也」者,能順序如上,故使扶持其情,合安其危,不使危也。「故聖王所以順,山者不使居川」,既使天下皆肥,由於至順,此更廣説順也。既欲其順,本居山者,所利便於禽獸,本居川者,所利在舟檝。故聖人隨而安之,不奪宿習,不使居山之人居川也。「不使渚者居中原」,小洲曰渚,渚利魚鹽。廣平曰原,原利五穀。既順安之,故不使渚者徙中原。「而弗敝也」者,必各保其業,故恒豐而不敝困也。「用水、火、金、木,飲食必時」者,舉動皆順,故「必時」也。水時者,謂虞人入澤梁及出入水之屬也。火時者,鄭注《司爟》引司農説以《鄹子》曰:「春取榆柳之火,夏取棗杏之火,季夏取桑柘之火,秋取柞楢之火,冬取槐檀之火。」釋者曰:「榆柳青,故春用之。棗杏赤,故夏用之。桑柘黄,故季夏時用之。柞楢白,故秋用

❶「春獻」上,疑脱「鼈人」二字。蓋此八字是《鼈人》文,非《漁人》文。

之。槐檀黑，故冬用之。」金，謂金、錫、石、丱也。木，謂「仲冬斬陽木，仲夏斬陰木」也。「飲食必時」者，謂「食齊視春」之屬也。「合男女」者，《媒氏》中春「令男三十而取，女二十而嫁」。「頒爵位」者，頒，分也。謂《司士》「稽士任而進退其爵禄」也。「必當年德」者，「合男女」，使當其年。「頒爵位」，必當其德。年，謂男三十、女二十也。當德，謂「君十卿禄」、「下士食九人」等是也。「用民必順」者，使之以時，不奪農務也。「故無水旱昆蟲之災」，此論聖王用大順之道，故致陰陽和調，群瑞並至。正由順之誠實，故至於此也。「故天不愛其道」者，此以下明天地爲至順之主下瑞應也。四時和，甘露降，是「天不愛其道」也。「地不愛其寶」者，謂五穀豐，醴泉生，器車出也。「人不愛其情」者，皆盡孝悌及越裳至也。「山出器車」，案《禮緯斗威儀》云：「其政大平，山車垂鉤。」注云：「山車，自然之車。垂鉤，不揉治而自圓曲。」「河出馬圖」，案《中候握河紀》：「堯時受河圖，龍銜赤文緑色。」注云：「龍而形象馬，故云馬圖。」是龍馬負圖而出。又云伏犧氏有天下，龍馬負圖出於河，遂法之畫八卦。又龜書，洛出之也。「鳳皇麒麟，皆在郊棷」，案《中候握河紀》云：「鳳皇巢阿閣。」今云「在郊棷」者，言鳳皇之衆，或郊棷，或阿閣也。「其餘鳥獸之卵胎，皆可俯而闚也」者，此「飲食有由」也。各隨其長而至，既不獝狘，故生乳而衆多也。俯，下頭也。鳥不畏人，作巢在下，故下頭可闚其巢卵也。手撫獸背，則知有胎也。「則是無故」者，言致此上事，則是更無他故，由先王能脩禮達義，體信達順之誠盡，故致此也。**注**「器謂若銀甕、丹甑也」　正義曰：此「銀甕、丹甑」，《援神契》文。案《援神契》：「德及於天，斗極明，日月光，甘露降。德及於地，嘉禾生，蓂莢起，秬鬯出。德至八表，❶則景星見。德至草木，則朱草生，木連理。德至鳥獸，則鳳皇來，鸞鳥舞，麒麟臻，白虎動，狐九尾，雉白首。德至山陵，則景雲出。德至深泉，則黄龍見，醴泉湧，河出龍圖，洛出龜書。」其所致群瑞非一，❷不可盡言，故略記之而已。

禮記正義卷第三十一

❶「表」，殿本、阮本作「極」，閩、監、毛本同。

❷「一」字原漶滅，據足利本、阮本補。

禮記正義卷第三十一

國子祭酒上護軍曲阜縣開
國子臣孔穎達等奉勅撰

禮器第十

正義曰：案鄭《目録》云：❶「名爲《禮器》者，以其記禮使人成器之義也。故孔子謂子貢：『汝器也。』曰：『何器也？』曰：『瑚璉也。』此於《別録》屬《制度》。」

禮器，是故大備。大備，盛德也。禮器，言禮使人成器，如耒耜之爲用也。「人情以爲田，脩禮以耕之」，此是也。大備，自耕至於食之而肥。**禮釋回，增美質，措則正，施則行。**釋，猶去也。回，邪辟也。質，猶性也。措，置也。**其在人也，如竹箭之有筠也，如松栢之有心也，二者居天下之大端矣，故貫四時而不改柯易葉。**箭，篠也。❷端，本也。四物於天下最得氣之本，或柔刃於外，❸或和澤於內，用此不變易也。❹人之得禮，亦猶然也。**故君子有禮，則外諧而內無怨，**人協服也。**故物無不懷仁，鬼神饗德。**懷，歸也。疏正義曰：此一節論禮能使人成器，則於外物無不備。❺各依文解之。

「禮器」至「德也」　言禮能使人成器，故云「禮器」也。既得成器，則於事無不足，故云「是故大備」也。身既成器，又能備足，則是「盛德」也。此「大備」者，則上《禮運》所云

❶「案」字原脱，據阮本及閩、監、毛本補。
❷「箭篠」二字原漶滅，據阮本補。
❸「外」字原漶滅，據阮本補。
❹「易」，原作「傷」，據監本、毛本、殿本及衛氏《集説》改。
❺「不」字未刻，據阮本補。

自「人情以爲田，❶脩禮以耕之」至「食而弗肥」是也。

「禮釋」至「則行」　「禮釋回」，此以下，用禮爲器，以耕人情之事。釋，去也。回，邪也。用禮爲器，能除去人之邪惡也。「增美質」者，增，益也。質，性也。禮非唯去邪而已，人有美性者，禮又能益之也。「措則正」者，措，置也。言置禮在身，則身正也。「施則行」者，施，用也。若以禮用事，事皆行也。　「其在」至「易葉」　「其在人也，如竹箭之有筠也」，禮道既深，此爲設譬也。竹，大竹也。箭，篠也。言人情備德，由於有禮。譬如竹箭，四時蔥翠，由於外有筠也。筠是竹外青皮。《顧命》云：「敷重筍席。」鄭云：「筍，析竹青皮也。《禮記》曰：『如竹箭之有筠。』」案鄭引《禮記》之「筠」以爲青皮，是知呼筍爲筠。「如松栢之有心也」者，又設譬也。人經夷險，不變其德，由禮使然。譬如松柏，陵寒而鬱茂，由其内心貞和故也。「二者居天下之大端矣」者，二者，竹、松也。端，猶本也。松竹居於天下，比於衆物，最得氣之本也。「故貫四時不改柯易葉」，貫，經也。既得氣之本，故經四時，柯葉無凋改也。「改」、「易」互言也。　「故君」至「無怨」　「解外諧内無怨」者，❷謂於外疏遠之處，與人諧和；❸於内親近之處，無相怨恨。以其有禮接人，故内外協服也。爲譬既畢，此合之也。前并舉筠、心二事，正欲譬於君子内外俱美。外柔刃如筠，故能與一切物相諧，内和澤如松心，故能與人無怨。經云「二者」，據譬也；鄭云「四物」者，析別言之。　「故物」至「饗德」　「故物無不懷仁」者，懷，歸也。由内外協服，故悉歸仁，故云「物無不懷仁」。　「鬼神饗德」者，鬼神聰明正直，依人而行，物既懷仁，故神亦饗德也。

先王之立禮也，有本有文。❹忠信，禮之本也。義理，禮之文也。無本不立，無文不行。言必外内具也。禮也者，合於天時，設於地財，順於鬼神，合於人心，理萬物者也。鬼神，所祀事有德也。是故天時有生也，地理有宜也，人官有能也，物曲有利也。言皆有異。故

❶「自」字原漶滅，據阮本補。

❷「解」，浦鏜校，「解」改「則」。殿本、庫本則無「解」字。

❸「和」，原作「知」，據殿本、阮本改。

❹「有文」，《唐石經》無「有文」二字。張敦仁《考異》以「有文」二字爲衍文。段玉裁則謂「《唐石經》奪『有文』二字」，詳《經韻樓集》卷十一。

天不生，地不養，君子不以爲禮，鬼神弗饗也。天不生，謂非其時物也。地不養，謂非此地所生。居山以魚鼈爲禮，居澤以鹿豕爲禮，君子謂之不知禮。不順其鄉之所有也。故必舉其定國之數，以爲禮之大經。定國之數，謂地物所出多少。禮之大倫，以地廣狹；謂貢賦之常差。禮之薄厚，與年之上下。用年之豐凶也。是故年雖大殺，衆不匡懼，則上之制禮也節矣。言用之有節也。殺，謂穀不熟也。匡，猶恐也。

【疏】正義曰：此一節論因上禮則人外内諧和，遂云禮須信義，兼説行禮之事。各依文解之。「忠信，禮之本也」者，禮之爲本，即忠信是也。忠者，内盡於心也。信者，外不欺於物也。内盡於心，故與物無怨；外不欺物，故與物相諧也。「義理，禮之文也」，禮雖用忠信爲本，而又須義理爲文飾也。得理合宜，是其文也。「無本不立」，解須本也。無忠信，則禮不立也。「無文不行」，解須文也。行禮若不合宜得理，則禮不行也。

「禮也」至「知禮」　此一節論禮者合於天地，協於鬼神，合於人心，而行其禮。若不得天時，不得地財，而行其禮，則不知禮也。「禮也者，合於天時」者，前云忠信爲本，易見；而義理爲文，難覩。故此以下廣説義理爲文之事也。夫君子行禮，必須使仰合天時，俯會地理，中趣人事，則其禮乃行也。仰合天時，即依於四時，及豐儉隨時也。「設於地財」者，俯會地理也。財，物也。所設用物爲禮，各是其土地之物也。「順於鬼神」者，鬼神，助天地爲化之鬼神也。祀之必順，不濫逆也。「合於人心」者，中趣人事也。雖合天會地，順於鬼神，又須與人心符合，其禮乃行也。是以《書》云「謀及卿士，謀及庶人，謀及卜筮」是也。「理萬物者也」者，若能使事事如上，則行葦得所，豚魚戴賴，是萬物各得其理也。「是故天時有生也」者，言天四時自然，各有所生，若春薦韭卵、夏薦麥魚是也。「地理有宜也」者，地之分理自然，各有所宜，若高田宜黍稷、下田宜稻麥是也。「人官有能也」者，人居其官，各有所能，若司徒奉牛、司馬奉羊，及庖人治庖、祝治尊俎是也。「物曲有利也」者，謂萬物委曲，各有所利。若麴蘖利爲酒醴，絲竹利爲琴笙，皆自然有其性各異也。皇氏云：「有聖人制禮得宜，故致天時有生，地理有宜之等。」非其義也。「故天不生」者，既得時財而爲天地人物美功，故君子行禮，不爲失時非財之事。故此以下明之也。此是不合天時也。「天不生」，謂非時之物，若寒瓜、夏橘，及李梅冬實之屬也。「地不養」者，此是不設地財也。地不養，若山之魚鼈、澤之鹿豕也。「君子不以爲禮」者，此是不合人心也。「鬼神弗饗」者，此是不順鬼神也。「居山以魚鼈爲禮，居澤以鹿豕爲禮，君子謂之不知禮」者，此翻廣設地財也。鹿豕是山養，魚鼈是澤物，今若非其地所養而設爲禮，此是謂爲「不知禮」也。注「鬼神」至「德也」　正義曰：以經云「順於鬼神」，先王制禮，所以能順鬼神者，以鬼神是有德之人，死乃祀爲鬼神。禮既合於人心，故得順於鬼神也。「故必」至「節矣」　此一節以上文制禮，因合天時地宜，故此論隨地之所有以制禮也。「舉其定國之數，以爲禮之大經」，禮物必鄉之所有，故有國者必書其國内所生物多少定數，以爲國之大法也。經，法也。「禮之大倫，以地廣狹」者，倫，猶例也。制禮之大例，又宜隨地廣狹爲法，謂貢賦之常差也。「禮之薄厚，與年之上下」者，此廣順天時。上，猶豐也。下，猶荒也。雖以地廣狹爲制，而又皆須隨於天時也，多少隨年豐荒也。「是故年雖大殺，衆不匡懼」者，此言得時之美也。大殺，謂五穀不孰也。匡，猶恐也。雖大凶殺之年，則人主隨而省斂狹用，故天下之衆，不恐懼也。「則上之制禮也節矣」，合結地財、天時也。廣狹隨地而賦，豐凶逐時而斂，衆之不恐，並由君上制禮有節故也。

禮，時爲大，順次之，體次之，宜次之，稱次之。言聖人制禮所先後也。堯授舜，舜授禹，湯放桀，武王伐紂，時也。言受命改制度。《詩》云：「匪革其猶，聿追來孝。」革，急也。猶，道也。聿，述也。言文王改作者，非必欲急行己之道，乃追述先祖之業，來居此爲孝。天地之祭，宗廟之事，父子之道，君臣之義，倫也。倫之言順也。社稷山川之事，鬼神之祭，體也。天、地、人之別體也。喪祭之用，賓客之交，義也。義之言宜也，人道之宜。羔豚而祭，百官皆足，大牢而祭，不必有餘，此之謂稱也。足，猶得也。稱，稱牲之大小而爲俎。此指謂助祭者耳，而云「百官」，喻衆也。諸侯以龜爲寶，以圭爲瑞。家不寶龜，不藏圭，不臺門，言有稱也。古者貨貝、寶龜。大夫以下有貨耳。《易》曰：「十朋之龜。」瑞，信也。諸侯執瑞，孤卿以下執摯。闍者謂之臺。**疏**正義曰：此一節，明亦因上制禮得節，故以下諸事，皆由禮洽天時。今各依文解之。「禮，時爲大」者，揖讓干戈之時，於禮中最大，故云「時爲大」也。「順次之」者，雖合天時，又須順序，故順次之也。「體次之」者，有時有順，又須小大各有體別也。「宜次之」者，大小雖有體，行之又須各當其宜也。「稱次之」者，稱，猶足也。行禮又須各自足也。「堯授」至「來孝」，此釋「時爲大」也。堯、舜所以相授者，堯、舜知子不賢，自能遜退而授人，此時使之然也。桀、紂凶虐，不能傳位與人。湯、武救民之災，不可不伐，亦時使之然也。「《詩》云：匪革其猶，聿追來孝」，此《大雅·文王有聲》之篇。革，急也。猶，道也。聿，述也。言文王改作豐邑，非是急行己之道，能述追先祖之業，來行孝道於此豐邑，時使之然，不得不爾。釋「時」之義也。今《詩》本「革」作「棘」，「猶」作「欲」，「聿」作「遹」，字不同者，鄭答炅模云：「爲《記》注之時，依循舊本，此文是也。後得《毛詩傳》而爲詩注，更從毛本，故與《記》不同。」革棘、聿遹，字異義同。詩注：「來，勤也。言作豐邑，非急成己之欲，乃追述王季，勤行孝之道也。」**注**「革急」至「述也」 正義曰：「革，急。聿，述」，並《釋言》文。「猶，道也」，《釋詁》文。

「天地」至「倫也」 此事皆是下之事上，以敬順爲本，故云「倫也」。以前經云「時爲大，順次之」，故以「倫」爲「順」也。「社稷」至「體也」 以前經云「體次之」，此覆説體也。社稷、山川爲天地之別體，鬼神是人之別體，各有軀體也。**注**「天地」至「體也」 正義曰：神是天之別體，社稷、山川是地之別體，鬼是人之別體。兼云「天」者，社稷、山川雖形屬於地，精靈上連於天也。此經「鬼神之祭」，則上「宗廟之事」，而別屬體者，宗廟至尊，事之須順，故屬順也。體是人死所爲，故後屬體也。故云「天、地、人之別體也」。「喪祭」至「義也」 此釋「宜次之」也。宜，義也。主人有喪祭之事，應須費用，而賓客有賻賵之交，是人道之宜也。故後云「喪禮，忠之至；賓客用幣，義之至也」。「羔豚」至「稱也」 此釋「稱次之」。「羔豚而祭，百官皆足」，足，猶得也。夫臣助祭則各有俎，❶祭竟，播及胞翟。雖復羔豚之小，而百官一切，皆悉得也。「大牢而祭，不必有餘」者，假令大牢，亦不使有餘也。「此之謂稱也」者，小而皆得，大而不餘，是各稱牲體也。**注**「此指」至「衆也」

❶「夫」，阮校云：「衞氏《集説》無『夫』字。許宗彦校，『夫』改『大』。」

正義曰：案《儀禮》，士祭用特牲，大夫祭用少牢，皆以成牲，不用羔豚。此得有羔豚祭者，案《王制》云：「大夫士有田則祭，無田則薦。」則無地大夫士薦羔豚也。無地則無臣助祭，故云「百官，喻衆也」。「諸侯」至「稱也」　正義曰：此一節還明上經「稱次之」事也。但禮主威儀，以尊卑、大小、多少、質文各有所宜，其稱非一。故從此以下，更廣明爲稱之事。❶各依文解之。「諸侯以龜爲寶」者，諸侯有保土之重，宜須占詳吉凶，故得「以龜爲寶」也。「以圭爲瑞」者，圭兼五等玉也。諸侯之於天子，如天子之於天也。天子得天之物謂之瑞，故諸侯受封於天子，❷天子與之玉，亦謂爲瑞也。《書》云「輯五瑞」，又云「班瑞于群后」是也。此云「圭」，不云「璧」，從可知也。「家不寶龜」者，家，卿大夫也。大夫卑輕，不得寶龜，故「臧文仲居蔡」爲僭也。「不藏圭」者，卿大夫不得執玉，故不得藏圭。「不臺門」者，兩邊築闍爲基，基上起屋曰臺門。諸侯有保捍之重，故爲臺門。而大夫輕，故不得也。「言有稱」者，結上得與不得，各有所稱。注「古者」至「之臺」　正義曰：言「古者貨貝」，以貝爲貨，若今之用錢爲貨也。貝有五種。案《食貨志》：「王莽作金、銀、龜、貝、錢、布之品，名曰『寶貨』。大貝四寸八分以上，二枚爲一朋，直二百一十六文。壯貝三寸六分以上，二枚爲一朋，直五十文。幺貝二寸四分以上，二枚爲一朋，直三十文也。小貝一寸二分以上，二枚爲一朋，直十文也。不盈寸二分，漏度不得爲朋，率枚直錢三文。」是爲貨貝五品。又以龜爲寶，故云「古者貨貝、寶龜」。云「《易》曰：十朋之龜」者，案《損卦》六五爻云：「或益之十朋之龜。」鄭注引《爾雅》云「一曰神龜」，郭注：「此當龜以爲畜，❸在宮沼者。」「二曰靈龜」，注云：「今江東所用卜龜黄靈黑靈者，此蓋與天龜靈屬一也。」「三曰攝龜」，注云：「以腹甲翕然攝斂頭閉藏之，即當《周禮》地與四方之龜。知者，以皆有奄斂之義故也。」「四曰寶龜」，即「遺我大寶龜」，及《樂記》曰「青黑緣者，天子之寶龜」，及《公羊》定公八年「龜青純」，皆是也。「五曰文龜」，注：「甲有文采者。」《河圖》云『靈龜負書，丹甲青文』是也。言靈者，直是神龜之義，非天龜

❶「明」，原作「則」，據足利本、阮本改。

❷「天子」，原作「大子」，據足利本、阮本改。下「天子」同。

❸「郭注此」至下「義故也」，孫詒讓《校記》云：「此引神、靈、攝三龜郭注，並與今本郭注迥異，未詳。」

也。」「六曰筮龜」，注云：「常在著叢下者。」「七曰山龜，八曰澤龜，九曰水龜，十曰火龜」，注：「此皆説龜所生處也。」大凡神、靈、寶、文、攝，唯五體而已。《家語》：「臧氏家有守龜，名曰蔡。文仲三年爲一兆，武仲三年而爲二兆，孺子容三年而爲三兆。」此云「家不寶龜」，案《三正記》、《白虎通》「天子之龜尺二寸，❶諸侯一尺，大夫八寸」者，彼謂卜龜。❷士亦有龜，故《士喪禮》「卜宅」是也。❸龜出於蔡，故得以爲名也。臣瓚注《漢書》云：「蔡，龜名。」非也。臧氏又有僂句。故《左氏》昭二十五年傳云「僂句不余欺」是也。《食貨志》云：「元龜尺二寸，直二千一百六十，爲大貝十朋。公龜九寸以上，直五百，爲壯貝十朋。侯龜七寸以上，直三百，爲幺貝十朋。子龜五寸以上，直百，爲小貝十朋。」此等皆謂一貝有十朋，與「十朋之龜」義同也。云「闍者謂之臺」，《爾雅·釋宫》文。

禮有以多爲貴者。天子七廟，諸侯五，大夫三，士一。天子之豆二十有六，諸公十有六，諸侯十有二，上大夫八，下大夫六。諸侯七介七牢，大夫五介五牢。天子之席五重，諸侯之席三重，大夫再重。天子崩，七月而葬，五重八翣；諸侯五月而葬，三重六翣；大夫三月而葬，再重四翣。此以多爲貴也。豆之數，謂天子朔食，諸侯相食及食大夫。《公食大夫禮》曰：「宰夫自東房薦豆六，❹設于醬東。」此食下大夫而豆六，❺則其餘著矣。《聘禮》致饔餼於上大夫，「堂上八豆，設于户西」，則凡致饔餼，堂上之豆數亦如此。《周禮》：公之豆四十，其東西夾各十有二；侯伯之豆三十有二，❻其東西夾各十；子男之豆二十有四，其東西夾各六。諸侯七介七牢者，周之侯伯也。大夫五介五牢者，侯伯之卿使聘者也。《周禮》上公九介九牢，侯伯七介七牢，子男五介五牢。《聘義》所云「上公七介，侯伯五介，子男三介」，乃謂其使者也。天子葬五重者，謂抗木與茵也。葬者抗木在上，茵

❶「二」，原作「一」，據足利本、阮本改。
❷「卜」，原作「上」，據足利本、阮本改。
❸「卜」，原作「十」，據足利本、阮本改。
❹「宰」，原作「牢」，據阮本改。
❺「此」，原作「北」，據阮本改。
❻「三」，原作「二」，據阮本改。

在下。《士喪禮》下篇陳器曰：「杭木横三縮二。加抗席三。❶加茵，用疏布，緇翦，有幅，亦縮二横三。」此士之禮一重者。以此差之，上公四重。**疏**「禮有以多爲貴者」，稱也。

正義曰：「天子七廟」，尊者識深孝篤，故立廟乃多世爲稱也。「諸侯五，大夫三，士一」者，德轉薄，故廟少爲稱也。「士一廟」者，據下士爲言。若適士，則二廟也。「天子之豆二十有六」者，謂天子朔食也。尊者宜備味，多乃稱之，故多致豆二十有六也。「諸公十有六」，上公也。謂更相朝時，堂上之豆數也。「諸侯十有二」者，侯伯子男也。亦謂相朝時，堂上之豆數也。「上大夫八，下大夫六」者，皆謂主國食使臣堂上之豆數。「諸侯七介七牢」者，介，副也。牢，大牢也。謂諸侯朝天子，天子以大牢禮賜之也。《周禮》，公九介九牢，侯伯七，子男五。今言「七」，舉中言之也。「大夫五介五牢」者，臣爲君使，各降其君二等。此五介五牢，謂侯伯之卿，亦舉中言之。「諸侯之席三重」者，謂相朝時，賓主皆然也。尊者須温厚，故多重乃稱也。三重則四席也。熊氏云：「二重則三席也。」❷「大夫再重」者，卑於人君故也。「天子崩，七月而葬，五重」者，五重，謂抗木與茵也。尊者宜堅固，故多重也。「八翣」者，尊，宜多鄣蔽，以稱之也。「三重六翣」者，五等同也。卑於王，故鄣蔽少也。然前介及牢不云「天子」者，天子無介，牢禮無等，及爲賓客之事。「再重四翣」者，諸侯大夫又卑，故從而少飾也。「此以多爲貴也」者，都結上之文也。**注**「豆之」至「四重」

正義曰：「豆之數，謂天子朔食、諸侯相食」者，以文連「下大夫六豆，上大夫八豆」，皆食饗大禮，明天子、諸侯之豆數亦是大禮，故爲「天子朔食、諸侯相食」也。其天子齊則無文，亦當與朔食同也。皇氏云：「天子之豆二十有六者，天子庶羞百二十品，籩豆各六十。今云二十六者，説堂上數也。堂下東西夾各十七，兩十七合三十四。三十四就二十六，故合六十也。」今案禮有正羞、庶羞。故《公食大夫禮》設韭菹、醓醢六豆，「設于醬東」，是正羞也。將食，「士羞庶羞，設于稻南」，膷、臐、膮、牛炙之等十六豆，謂之庶羞。又《掌客》云「公豆四十」，又云「食四十」，則豆盛正羞，食，謂庶羞也。故鄭注《掌客》云：「食者，其庶羞美可食者。」是庶羞與正羞別。此「上大夫八豆，下大夫六豆」，

❶「加」，原作「如」，據阮本改。
❷「二重」，孫詒讓《校記》云：「當作『三重』。熊、孔説不同，孔氏爲允。」

皆爲正羞。而天子二十六豆，亦爲正羞。故熊氏以爲「正羞，醯醢百二十罋之等」，但不知堂夾若爲陳列。皇氏以爲庶羞，其義非也。云「《公食大夫禮》曰：宰夫自東房薦豆六，設于醬東」者，鄭引以證「下大夫六豆」之義。云「此食下大夫而豆六，則其餘著矣」者，下大夫六豆，設于堂上，則天子之豆二十有六，諸公十有六，諸侯十有二，亦設于堂上，顯著可知，故云「其餘著矣」。云《聘禮》致饔餼於上大夫，堂上八豆，設于户西」者，證明此經「上大夫八豆」之義也。案《公食大夫禮》亦有「上大夫八豆」之文，必引《聘禮》上大夫者，此以《公食大夫》是食禮，《聘禮》上大夫是致饔餼禮，欲見食與饔餼堂上豆數同，故鄭此云「凡致饔餼，堂上豆數亦如此」，謂亦如此食上大夫之禮。❶云「《周禮》：公之豆四十，其東西夾各十有二；侯伯之豆三十有二，其東西夾各十；子男之豆二十有四，其東西夾各六」，此豆數皆《周禮・掌客》文。其陳于堂上及東西夾，此鄭以意量之。案《聘禮》致饔餼於上大夫，「堂上八豆，西夾六豆。東方亦如之」。此是堂上、東西夾各設其豆，東西夾又減於堂上之數。上公堂上十六豆，故知東西夾各十二；侯伯堂上十二，故知東西夾各十也；子男堂上亦十二，故知東西夾各六也。云「諸侯七介七牢者，周之侯伯也」者，《大行人》云：「上公介九人，禮九牢；侯伯介七人，禮七牢；子男介五人，禮五牢。」此獨言侯伯者，舉中言也。云「大夫五介五牢者，侯伯之卿使聘者也」者，案《大行人》云，凡卿大夫士之禮，「各下其君二等」。侯伯七介七牢，其臣既降二等，故卿大夫五介五牢。其介數得各下其君二等。若牢則以爵等，❷五等之卿同牢。今言「五牢」者，唯據侯伯之卿降君二等也，其餘牢禮則否。云「天子葬五重者，謂抗木與茵也」者，明五重之義。云「葬者抗木在上，茵在下」者，古者爲椁，累木於其四邊，上下不周，致茵於椁下，所以藉棺。從上下棺之後，又置抗木於椁之上，所以抗載於土。引《士喪禮》下篇陳器曰『抗木横三縮二，加抗席三。加茵，用疏布，緇翦，有幅，亦縮二横三』。此士之禮一重者」，引之者，證此經葬五重、三重之義也。皇氏云：「下棺之後，先加折於壙上，以承抗席。折，猶庪也。方鑿連木爲之。蓋如牀，縮者三，横者五，無簀。於上加抗木，抗木之上加抗席三。此爲一重。如是者五，則爲五重。茵者，藉棺外下縟，用淺色緇布爲之。

❶「上」，原作「下」，據閩本、監本、毛本、殿本改。

❷「若」，阮本作「君」，閩、監、毛本同，衛氏《集説》同。

每將一幅，輒合縫爲囊，將茅秀及香草著其中，如今有絮緤也。而縮二橫三，每爲一重也。抗木，上橫三，下縮二。以其在上象天，天數奇，故上三也；下象地，地數耦，故下二也。茵則上直二，下橫三。茵既在下，下法地也。上數二，象地。下數三，象天。以天三合地二，❶人中央也。故鄭注《士喪禮》下篇云：「謂天三合地二，人藏其中焉。」此皆皇氏之説也。今案《既夕禮》：「抗木橫三縮二，茵縮二橫三。」鄭注云：「其用之，木三在上，茵二在下，象天三合地二，人藏其中。」如鄭此注，則茵縮二在下。皇氏云：「茵縮二在上，橫三在下，象天裹於人。」與鄭注違，其義非也。云「以此差之，上公四重」者，案天子既五，諸侯乃三。案豆數及棺之重數，上公與諸侯不同，今諸侯既三，明「上公四重」也。熊氏於此明筵之例，既是禮之通義，今略載焉。熊氏云：「天子祫祭，席五重，此文是也。禘則宜四重也。時祭三重，《司几筵職》是也。受神酢席亦然。大朝覲、大饗食、❷封國、命諸侯，皆然。知者，《司几筵職》文。其平常朝覲及燕，蓋亦三重席。知者，以諸侯燕禮有加席故也。其卧席則亦『下莞上簟』，則《詩·斯干》所云是也。天子待諸侯，則莞筵紛純，加繅席畫純。待諸侯之孤亦然。故《公食大夫禮》注云『孤爲賓，則莞筵紛純，加繅席畫純』是也。待諸侯之卿大夫，則《公食》云上下大夫『蒲筵常，緇布純。加萑席尋，玄帛純』，注云『謂三命大夫』是也。《公食大夫》雖是諸侯之法，然天子待之亦然也。天子於己臣子，孤卿以下蓋亦然。若其燕此上等之人，皆單席。故《燕禮》『賓無加席』，注云：『燕，私禮，臣屈也。』然天子燕臣亦然也。祭天則『蒲越、稾鞂』，《郊特牲》云是也。自天地以外，日月、山川、五祀，則《郊特牲》『鬼神之祭單席是也。❸及《司几筵》云『甸役則設熊席』，注『表貉所設席』亦是也。❹《顧命》『席』鄭注：『不用生時席，新鬼神之事故也。』諸侯，則《司几筵》云：『祭祀席，蒲筵繢純，加莞席；酢席，紛純，❺加繅席。』是祭祀二重也。諸侯相朝，亦二重也。相饗，此經三重，及《郊特牲》云：『大饗，君三重席而酢焉。』於燕則兩重。以介爲賓，或可賓亦單席

❶「合」，原作「含」，據阮本、阮校改。
❷「食」，據《司几筵》，疑當作「射」。
❸「則郊特牲鬼神之祭單席是也」，孫詒讓《校記》云：「『鬼神之祭單席』，即此下文，而云『郊特牲』，殊誤。」
❹「注」，浦鏜校在「注」下補「祭」字是也。
❺「紛純」，據《司几筵》，「紛純」上應有「莞筵」二字。否則，酢席構不成「二重」。

也。待聘卿大夫，諸侯自坐，蓋亦兩重也。其聘者身，則禮時及饗食，孤則莞筵藻席，卿大夫則蒲筵萑席。故《聘禮》之『賓改筵』，注引《公食大夫禮》曰『蒲筵，萑席』。公燕則以介爲賓，故《郊特牲》云『三獻之介，君專席而酢焉，此降尊以就卑』是也。於己臣子，則《燕禮》『賓無加席。卿辭重席，則司宫徹之』。諸公亦無加席。《大射》則賓有加席，以射辨尊卑故也。然則饗食已卿大夫亦重席。其祭社稷、山川亦單席。大夫士祭祀止一席也。故《特牲》、《少牢》無異席也。其卿大夫，依法再重席。《燕禮》賓及卿一席，屈也。聘賓爲苟敬，❶席屈。《大射》賓雖加席，餘卿一席，亦屈也。然則孤卿大夫再重，正也。故《鄉射》注：『大夫再重席，正也。』然則《鄉飲酒》諸公三重席者，鄉人特尊之也。故『諸公升如賓禮，辭一席，使人去之』，注『謙，自同於大夫』是也。大夫再重。『有諸公則辭加席，委于席端，主人不徹。無諸公則大夫辭加席，主人對，不去加席』。注云：『大夫席再重也。』卿大夫爲主人，❷正一重席者，❸以賓鄉人之賢者，故下之也。《公食》『賓坐，遂卷加席，公不辭』者，注云：『贊者以告公，公聽之，重來優賓也。』凡《儀禮》之例，一種席，皆稱重。故《燕禮》注云『重席，重蒲筵』是也。所以《鄉射》『大夫辭加席』，亦是一種，稱『加』者，以上已云『公三重，大夫再重』，故變云『加』耳。若餘經，雖異席，亦稱重，則此經是也。凡席，有兩則稱二重，有一則稱一重，與棺重别也。」

有以少爲貴者。天子無介，祭天特牲。天子適諸侯，諸侯膳以犢。諸侯相朝，灌用鬱鬯，無籩豆之薦。大夫聘禮以脯醢。天子一食，諸侯再，大夫士三，食力無數。大路繁纓一就，次路繁纓七就。❹圭璋，特；琥璜，爵。鬼神之祭單席。諸侯視朝，大夫特，士旅之。此以少爲貴也。天子無介，無客禮也。灌，獻也。一食、再食、三食，謂告飽也。食力，謂工商農也。大路繁纓一就，殷祭天之車也。《周禮》：「王之五路：玉路繁纓十有二就，金路九就，象路七就，革路五就，木路翦繁鵠纓。」圭璋

❶「苟敬」，阮校云：「監本、毛本作『敬徹』。」按：殿本、庫本同監、毛本。依監、毛本，則「徹」字屬下爲句。

❷「卿」，阮校云：「盧文弨校，『卿』改『鄉』。」

❸「正」，浦鏜校云：「「正」當「止」字誤。」

❹「七」，當作「五」，詳本節孔疏。

特，朝聘以爲瑞，無幣帛也。琥璜爵者，天子酬諸侯，諸侯相酬，以此玉將幣也。大夫特，士旅之，謂君揖之。疏 正義曰：此一節明以少爲貴，亦是稱之義也。「天子無介」者，爲賓用介，而天子以天下爲家，既不爲賓客，故無介也。「祭天特牲」者，特，一也。天神尊，尊質，❶故止一特也。❷「天子適諸侯，諸侯膳以犢」者，諸侯事天子，如天子事天。天子事天既用一牛，故天子巡守過諸侯境土，諸侯奉膳，亦止一牛而已也。「諸侯相朝，灌用鬱鬯」者，轉卑，須味轉多也。諸侯相朝，謂五等自相朝也。灌，獻也。天子祭天，不用鬱鬯。諸侯膳天子，亦無鬱鬯。而自相朝，朝享禮畢，未饗食之前，主君酌鬱鬯之酒以獻賓，示相接以芬芳之德，不在殽味也。何以知朝享畢而灌？案《司儀職》云：「凡諸公相爲賓」，將幣畢，云「儐亦如之」，鄭云：「儐，謂以鬱鬯禮賓也。上於下曰禮，敵者曰儐。」而引「《禮器》『諸侯相朝，灌用鬱鬯，無籩豆之薦』」，謂此朝禮畢儐賓也。」案《大行人》云：「上公，王禮再裸而酢。」則諸侯朝天子，天子灌亦用鬱鬯。此特云「諸侯相朝」者，此經據「以少爲貴」，諸侯於天子無鬱鬯，諸侯相朝則設鬱鬯，欲見卑者禮多，故特舉「諸侯相朝」也。「無籩豆之薦」者，義在少而不在味，故唯有鬯而無殽也。「大夫聘禮以脯醢」者，大夫出使，行聘禮畢，主國禮之，酌以酒而又有脯醢。無芬芳之德，故須味稍多也。「天子一食」者，食猶飧也。尊者常以德爲飽，不在食味，故每一飧轉告飽，而待勸之乃更飧，故云「一食」也。「諸侯再」者，德降天子，故至再飧而告飽，須勸乃又食。「大夫士三」者，德轉少，告轉疏也。故《少牢》、《特牲禮》皆三飯而告飽也。「食力無數」者，食力，謂工、商、農庶人之屬也。以其無德不仕，無禄代耕，故但陳力就業，乃得食，故呼食力也。此等無德，以飽爲度，不須告勸，故飧無數也。庾云：「食力，力作以得食也。」「大路繁纓一就」者，大路，殷祭天之車也。殷猶質，以木爲車，無别雕飾，乘以祭天，謂之大路也。繁，謂馬腹帶也。纓，鞅也。染絲而織之曰罽，五色一帀曰就。就，成也。言五色帀一成。車既樸素，故馬亦少飾，止一就也。「次路繁纓七就」者，次路，殷之第三路也。供卑用，故就多也。然《郊特牲》云「大路一就，先路三就，次路五就」，而此云「次路七就」，鄭注《郊特牲》以此云「七」爲誤。❸「圭璋特」者，圭璋，玉中之貴也。特，謂不用他物媲之也。諸侯朝王以圭，朝后執

❶「尊」，衛氏《集説》作「貴」。

❷「特」，阮校云：「齊召南校，『特』改『牲』。」

❸「鄭」，衛氏《集説》「鄭」上有「故」字。

璋，表德特達，不加物也。❶「琥璜爵」者，琥璜，是玉劣於圭璋者也。❷天子饗諸侯，或諸侯自相饗，行禮至酬時，則有幣將送酬爵。又有琥璜之玉將幣，故云「琥璜爵」也。琥璜既賤，不能特達，故附爵乃通也。崔氏云：「諸侯貴者以琥，賤者以璜，則公侯以琥，伯子男以璜也。」「鬼神之祭單席」者，神道異人，不假多重自温，故單席也。「諸侯視朝，大夫特，士旅之」者，視朝，謂日出視諸臣之朝者也。特，猶獨也。旅，衆也。君行日出路門視諸臣之朝，若大夫，則君人人揖之；若士，則不問多少，而君衆共一揖之也。是大夫貴，故人人得揖；士賤，故衆共得一揖。是「以少爲貴也」。此諸侯所尊者少，故「大夫特，士旅之」。若天子之朝，所尊者多，故《司士》云「孤卿特揖，大夫以其等旅揖，士旁三揖。」是也。**注**「天子」至「揖之」　正義曰：此云「天子無介」，謂無以客禮陳擯介也。其實，餘事亦有介副。故《鬯人》「共介鬯」，是天子臨鬼神，使介執鬯也。云「一食、再食、三食，謂告飽也」者，案《儀禮·特牲》有九飯，《少牢》十一飯，鄭云：「諸侯十三飯，天子十五飯。」此云「一食、再食」，與彼不同，此據食畢更加飯告飽之數也。云「食力，謂工、商、農也」者，以經既云「大夫士」，別云「食力」。❸大夫士之下唯有工、商、農，故知「食力」是工、商、農也。若對文言之，❹則庶人食力。故《晉語》云「士食田，庶人食力，工商食官」也。云「《周禮》『王之五路：玉路繁纓十有二就，金路九就，象路七就，❺革路五就，木路翦繁鵠纓』」者，皆《周禮·巾車》文。案《巾車》云：「一曰玉路，鍚，樊纓十有再就，建大常，十有二斿，❻以祀。二曰金路，鉤，樊纓九就，建大旂，以賓。三曰象路，朱，樊纓七就，建大赤，以朝。四曰革路，龍勒，條纓五就，建大白，以即戎。五曰木路，前樊鵠纓，建大麾，以田。」云「圭璋特，朝聘以爲瑞，無幣帛也」者，《聘禮》曰「聘君以圭，聘夫人以璋」是也。❼《典瑞》云：「公執桓圭，侯執信圭，伯執躬圭。」諸侯以相見及朝天子，亦無束帛，是圭璋朝聘以爲瑞，無幣帛。案《聘禮》，行享之時，則璧以

❶「加」，原作「如」，據殿本、阮本、衛氏《集説》改。
❷「玉」字未刻，據殿本、阮本補。
❸「云」，原作「一」，據足利本、阮本改。
❹「對」，原作「封」，據足利本、阮本改。
❺「七」，原作「十」，據殿本、阮本改。
❻「斿」，原作「放」，據足利本、阮本改。
❼「是也」，「是」下原有「聘」字，據衛氏《集説》及浦鏜校删。

帛，琮以錦，是加束帛。又《小行人》云以玉「合六幣：圭以馬」，注云：「二王之後享天子。」「璋以皮」，注云：「二王之後享后。」皮馬不上堂，唯圭璋特升堂，亦是「圭璋特」義也。云「琥璜爵者，天子酬諸侯，諸侯相酬，以此玉將幣也」者，琥璜非爵名，經云「琥璜，爵」故知琥璜送爵也。案《聘禮》，禮賓之幣，束帛乘馬。又「致饗以酬幣」，又「致食以侑幣」，鄭云：「禮，束帛乘馬，亦不是過也。」則諸侯於聘賓唯用束帛乘馬，皆不用玉。今琥璜送爵，故知是天子酬諸侯及諸侯自相酬也。

有以大爲貴者。宫室之量，器皿之度，棺椁之厚，丘封之大，此以大爲貴也。有以小爲貴者。宗廟之祭，貴者獻以爵，賤者獻以散，尊者舉觶，卑者舉角。五獻之尊，門外缶，門内壺，君尊瓦甒。此以小爲貴也。凡觴，一升曰爵，二升曰觚，三升曰觶，四升曰角，五升曰散。五獻，子男之饗禮也。壺大一石。瓦甒五斗。缶大小未聞也。《易》曰：「尊酒，簋貳，用缶。」

疏 正義曰：「貴者獻以爵，賤者獻以散」，案《特牲》云主人獻尸用角，角受四升，其器小。佐食洗散以獻尸，散受五升，其器大。是尊者小，卑者大。案天子、諸侯及大夫皆獻尸以爵，無賤者獻以散之文。禮文散亡，略不具也。「尊者舉觶，卑者舉角」者，崔氏云：「案《特牲》、《少牢禮》，尸入舉奠觶，是尊者舉觶。《特牲》主人受尸酢，受角飲者，是卑者舉角。此是士禮耳。天子、諸侯祭禮亡，文不具也。」「五獻之尊」者，五獻，子男之饗禮也。凡王饗臣，及其自相饗，行禮獻數，各隨其命。子男五命，故知五獻是子男。其饗有酒列尊之法，故云尊也。「門外缶」者，缶，尊名也。列尊之次，❶缶盛酒，在門外。「門内壺」者，壺亦尊也，盛酒陳尊在門内。「君尊瓦甒」者，君尊，子男尊也。子男用瓦甒爲尊，故云「君尊瓦甒」。云「君尊」，則壺缶但飲諸臣也。不云内外，則陳之在堂。人君面尊，專惠也。「此以小爲貴也」者，小尊近君，大尊在門，是不重味，故以小爲貴稱也。注「凡觴」至「用缶」❷ 正義曰：「一升曰爵，二升曰觚，三升曰觶，四升曰角，五升曰散」者，❸皆

❶ 「次」，閩、監、毛本作「法」。
❷ 「注」字原漶滅，據殿本、阮本補。
❸ 「五升」二字原漶滅，據殿本、阮本補。

《韓詩説》文。案《異義》：「今《韓詩説》：一升曰爵。爵，盡也，❶足也。二升曰觚。觚，寡也，飲當寡少。三升曰觶。觶，適也，飲當自適也。四升曰角。角，觸也，不能自適，觸罪過也。五升曰散。散，訕也，飲不能自節，爲人所謗訕也。揔名曰爵，其實曰觴。觴者，餉也。觥亦五升，所以罰不敬。觥，廓也，所以著明之貌。君子有過，廓然明著。非所以餉，不得名觴。古《周禮》説：爵一升，觚二升。❷獻以爵而酬以觚，一獻而三酬，則一豆矣。食一豆肉，飲一豆酒，中人之食。《毛詩》説：觥大七升。許慎謹案：《周禮》云一獻三酬當一豆。若觚二升，不滿一豆。又觥罰不過一。一飲而七升爲過多。」鄭駁之云：「《周禮》『獻以爵而酬以觚』，觚，寡也。觶字『角』旁著『氏』，❸是與『觚』相涉，誤爲『觚』也。南郡大守馬季長説：『一獻三酬則一豆』，豆，當爲『斗』，與一爵三觶相應。」如鄭此言，是《周禮》與《韓詩説》同一也。此《周禮》一獻三酬，案《燕禮》獻以觚，又《燕禮》四舉酬。熊氏云：「此一獻三酬，是士之饗禮也。若是君燕禮，則行無筭爵，非唯三酬而已。若是大夫以上饗禮，則獻數又多，不唯一獻也。故知士之饗禮也。」云「壺大一石，瓦甒五斗」者，《漢禮器制度》文也。此「瓦甒」，即《燕禮》「公尊瓦大」也。云「缶大小未聞也」者，今以小爲貴，近者小則遠者大。缶在門外，則大於壺矣。案《禮圖》：「瓦大，受五斗，口徑尺，頸高二寸，徑尺，大中身，鋭下，平底。」❹瓦甒與瓦大同。引「《易》曰：尊酒，簋貳，用缶」，《易·坎卦》六四爻辭。案六四：「尊酒，簋貳，用缶。納約自牖，終無咎。」鄭云：「六四上承九五，又互體在《震》上，天子大臣以王命出會諸侯，尊於簋副，設玄酒而用缶也。」

有以高爲貴者。天子之堂九尺，諸侯七尺，大夫五尺，士三尺。天子、諸侯臺門。此以高爲貴也。有以下爲貴者。至敬不壇，埽地而祭。天子、諸侯之尊廢禁，大夫士棜禁。此以下爲貴也。廢，猶去也。棜，斯禁也。謂之棜者，無足，有似於棜，或因名云

❶ 「盡」字原漶滅，據殿本、阮本補。

❷ 「觚二升」，孫詒讓《校記》云：「『觚二升』，程瑤田、陳壽祺並謂『二』當作『三』是也，當從之。」

❸ 「觶字角旁著氏」，按：此語欠明。據《周禮·梓人》賈疏引鄭駁，「字」下若補出「古書或作」四字，則意達矣。

❹ 「底」字原脱，據《新定三禮圖·瓦甒》及浦鏜校補。

耳。大夫用斯禁，士用棜禁。❶禁，如今方案，隋長局足，高三寸。疏正義曰：「天子之堂九尺」，此周法也。案《考工記》：「殷人重屋，堂崇三尺。」鄭差之云「夏高一尺」，故知此九尺者周法也。　「至敬不壇，埽地而祭」者，此謂祭五方之天，初則燔柴於大壇，燔柴訖，於壇下埽地而設正祭。此周法也。　「天子、諸侯之尊廢禁」者，謂廢去其禁。《司尊彝》鬱鬯之尊用舟以承之，其犧、象等六尊皆無用舟。又《燕禮》，諸侯之法，「瓦大兩，有豐」，是無禁也。是「天子諸侯廢禁」。　「大夫士棜禁」者，謂大夫用棜，士用禁。　注「棜斯」至「三寸」　正義曰：「棜，斯禁」，此文謂之棜，案《鄉飲酒》是大夫禮，謂之斯禁也。棜長四尺，廣二尺四寸，深五寸，無足，赤中，畫青雲氣、菱苕華爲飾。禁長四尺，廣二尺四寸，通局足高三寸，漆赤中畫青雲氣、菱苕華爲飾，❷刻其足爲褰帷之形也。　云「謂之棜者，無足，有似於棜，或因名云耳」者，棜是轝名。故《既夕禮》云：「設棜於東堂下。」注云：「棜，今之轝也。」又注《特牲》云：「棜之制，如今大木轝矣。上有四周，下無足。」今大夫斯禁亦無足，似木轝之棜，故周公制禮，或因名此斯禁云棜耳。故《少牢》「司宫尊兩甒于房户之間，同棜」，是周公時已名斯禁爲棜也。今定本無「世人」二字。熊氏以爲「後世人因名云耳，謂後世作記之人始名爲棜」，其義非也。云「大夫用斯禁」者，案《玉藻》云：「大夫側尊用棜。」則斯禁也。案《鄉飲酒》「兩壺斯禁」，是大夫用斯禁也。《玉藻》云「士用禁」，又《士冠禮》、《士昏禮》承尊皆用禁，是「士用禁」也。謂之禁者，鄭注《士冠禮》云：「名之禁者，因爲酒戒也。」案《鄉射》是士禮而用斯禁者，以禮樂賢，從大夫也。案《特牲》是士禮而云「棜禁在東序」，士亦言「棜」者，鄭注云：「棜禁者，祭尚厭飫，故得與大夫同也。」云「禁，如今方案，隋長局足，高三寸」者，案《漢禮器制度》而知。今案鄭注《儀禮》，棜，今無足轝。皇氏以爲「棜一頭有足，一頭無足」，未知有何馮據。且高下不等，何以承尊？其義非也。

禮有以文爲貴者。天子龍衮，諸侯黼，大夫黻，士玄衣纁裳。天子之冕朱緑藻，十有二旒，諸侯九，上大夫七，下大夫五，士三。此以文爲貴也。此祭冕服也。朱緑，

❶「棜」，阮校云：「惠棟云『棜』字衍是也。」

❷「畫」字原脱，據閩本、殿本、庫本、衛氏《集説》及阮校補。

似夏、殷禮也。《周禮》天子五采藻。疏正義曰：「天子龍衮，諸侯黼，大夫黻，士玄衣纁裳」，人君因天之文章以表於德，德多則文備，故天子龍衮，諸侯以下又稍少也。然《周禮》上公亦衮，侯伯鷩，子男毳，孤卿絺，大夫玄，士爵弁、玄衣、纁裳。今言「諸侯黼，大夫黻」，雜明夏、殷禮也。但夏、殷衣有日、月、星辰、山、龍，今云「龍衮」者，舉多文爲首耳。日月之文，不及龍也。崔云然也。「天子之冕朱緑藻，十有二旒」者，亦是夏、殷也。周藻五采也。十二，謂旒數也。「諸侯九，上大夫七，下大夫五，士三」者，亦夏、殷也。周家旒數隨命數，又士但爵弁，無旒也。「此以文爲貴也」者，是其稱也。注「此祭」至「采藻」正義曰：「此祭冕服也」，既漫云龍衮、黼、黻，故鄭云「此是祭祀冕服」也。云「朱、緑，似夏、殷禮也。《周禮》天子五采藻」者，鄭據經，非周法也。而云「似夏、殷」者，夏、殷無服禮文，今此文非周制，故云「似」也。熊氏云：「『朱緑』以下，是夏、殷禮。其『天子龍衮，諸侯黼，大夫黻』等，皆周法無嫌。諸侯雖九章、七章以下，其中有黼也。孤絺冕而下，其中有黻。特舉黼、黻而言耳。故《詩·采菽》云『玄衮及黼』，是特言黼也；《詩·終南》美秦襄公『黻衣繡裳』，是特言黻也。」熊氏之義，踰於皇氏耳。**有以素爲貴者。至敬無文，父黨無容，大圭不琢，大羹不和，大路素而越席，犧尊疏布鼏，樿杓。**此以素爲貴也。大圭，長三尺，杼上，終葵首。琢，當爲「篆」，字之誤也。《明堂位》曰：「大路，殷路也。」鼏，或作「幂」。樿，木白理也。疏正義曰：「至敬無文」，至敬，謂敬之至極。謂祭天服用大裘，是「無文」也。「父黨無容」者，謂父之族黨，是親質素，故事之無有折旋揖讓之容。「大圭不琢」者，大圭，天子朝日月之圭也。尚質之義，但杼上，終葵首，而無琢桓蒲之文也。「大羹不和」者，大羹，肉汁也。❶不和，無鹽梅也。大古初變腥，但煮肉而飲其汁，未知調和。後人祭也既重古，❷故但盛肉汁，謂之「大羹不和」。「大路素而越席」者，大路，殷家祭天車也。越席，蒲席也。祭天本質素，故素車蒲席也。「犧尊」者，先儒云：「刻尊爲犧牛之形，用以爲尊。」鄭云：「畫尊作鳳羽娑娑然，故謂娑尊也。」祭天既用陶匏，蓋

❶「肉汁」二字原漶滅，據阮本補。
❷「也」，浦鏜據衛氏《集説》校，謂「也」字衍。

以瓦爲尊，畫犧羽於上，或可用犧爲尊，是夏、殷禮也。用陶也。❶皇氏以爲「犧尊，即《周禮》犧、象也。而祭天用陶匏者，謂盛牲牢及酌酒器」，其義非也，具在《特牲》疏。「疏布鼏」者，疏，麤也。鼏，覆也。謂郊天時以麤布爲巾以覆尊也。故《冪人》云：「祭祀，以疏布巾冪八尊。」注云「以疏布者，天地之神尚質」也。「樿杓」者，樿，白理木也。貴素，故用白理木爲杓。而鄭注《周禮》亦云：「祭天，爵不用玉也。」注「大圭」至「葵首」　正義曰：杼，殺也。長三尺，下頭方而殺其上，故云「杼上」。「終葵首」者，椎名也。於杼上之頭，又爲方椎，故云「終葵首」也。

孔子曰：「禮不可不省也。禮不同，不豐，不殺。」此之謂也。蓋言稱也。省，察也。不同，言異也。

疏正義曰：「禮不可不省」，記者引孔子語證上諸事也。省，察也。禮既有諸事，所趣不同，不可不察。不察則禮道無由可知也。「禮不同」者，此是可省之事也。不同，謂或高下、大小、文素之異也。「不豐」者，應少不可多，是「不豐」也。「不殺」者，應多不可少也，是「不殺」也。「此之謂也。蓋言稱也」者，此之謂，上諸事也。上事各異，蓋是各言其稱故也。此經揔說在上稱之事也。

禮之以多爲貴者，以其外心者也。外心，用心於外，其德在表也。德發揚，詡萬物，詡，猶普也，徧也。大理物博，如此，則得不以多爲貴乎？故君子樂其發也。發，猶見也。樂多其外見也。

疏正義曰：此一節以上言「稱」，作記之人因廣明「稱」之事。「禮之以多爲貴」者，此說禮之所以須多爲貴之意。「以其外心者也」，謂其用心於外也。用心於外，謂起自朝廷，廣及九州四海也。王者居四海之上，宜爲四海所畏服，故禮須自多厚，顯德於外，於外亦以接物也，故云「以其外心者也」。《隱義》云：「萬物在人外，非己所有，故以多爲貴也。」「德發揚，詡萬物」者，此以下解心在外義也。詡，普也，徧也。言王者撫有四海，宜發揚其德，普徧萬物也。「大理物博」者，言王者大，領理萬物之事廣博。「如此，則得不以多爲貴乎」者，結上也。既有德發於外，徧萬物，理博事備如此，❷則豈得不貴多乎？故貴之也。「故君子樂其發也」者，君子，則天子

❶「用」，殿本、庫本「用」上有「周」字。

❷「備」，原作「條」，據監本、毛本、殿本、庫本改。

也。發，見也。既須外接，故所行事，樂得其禮迹發見於外也。一云：君子，謂民下識禮道者也。庾云：「王功被於物，君子樂其外見也。」禮之以少爲貴者，以其內心者也。內心，用心於內，其德在內。德産之致也精微，致，致密也。觀天下之物無可以稱其德者，萬物皆天所生，孰可奉薦以稱也。如此，則得不以少爲貴乎？是故君子慎其獨也。少其牲物，致誠慤。疏正義曰：此一節亦覆説禮之以少爲貴之意。「以其內心者也」，內心，謂用心於內也。用心於內，謂行禮不使外迹彰著也。「德産之致也精微」者，此以下解心在內義也。德，天地之德也。産，生也。致，密也。言天地之德，生於萬物，深密唯精唯微，無所遺忘者也。盧云：「天地之德所生，至精至微也。」「觀天下之物無可以稱其德」者，觀，猶覽視也。言視天下萬物，皆是天地所生，若持彼所生，以報於彼，終非報義，故云「無可以稱其德者」也。「如此，則得不以少爲貴乎」者，既無物可稱，則宜少外多內也，是其外迹豈得不貴少乎？王云：「欲徧取萬物以祭天，終不能稱其德，報其功，故以特犢，貴誠慤之義也。」「是故君子慎其獨也」者，獨，少也。既外迹應少，故君子用少而極敬慎也。前云「故」，此云「是故」者，慎之情深，故加「是」也。古之聖人，內之爲尊，外之爲樂，少之爲貴，多之爲美。是故先王之制禮也，不可多也，不可寡也，唯其稱也。疏正義曰：此一節覆説聖人制禮，或內或外，或少或多，然後爲稱也。「古之聖人，內之爲尊」者，解「內心」也。天不可外報，所以內極敬慎，而其理爲尊也。「外之爲樂」者，解外心接物須廣大，故外極繁富，而其事可樂也。《隱義》云：「樂多其外見者，謂衣服萬物，悉外見物也。己有功德，故得使有此物，以光輝祀先人爲樂也。」「少之爲貴」者，極心於內，故外以少爲貴也。「多之爲美」者，極禮迹於表，故以外多爲美也。「是故先王之制禮也，不可多也，不可寡也，唯其稱也」者，合結多少乃異，而以有稱爲禮也。是故君子大牢而祭謂之禮，匹士大牢而祭謂之攘。君子，謂大夫以上。攘，盜竊也。疏正義曰：此一節説禮既須稱，中則得禮，僭則盜竊。「君子大牢而祭謂之禮」者，君子，大夫以上。大夫常祭少牢，遣奠及卒哭、祔用大牢，故祭用大牢而謂之禮也。「匹士大牢而祭謂之攘」者，匹士，士也。攘，盜也。士常祭特豚，遣奠、卒哭、祔，加一等少牢，若用大牢，則是盜竊用君子之禮也。然不直言「士」而言「匹士」者，庾云：「士言其微賤，不得特使，爲介乃行，故謂之匹也。」《白虎通》云：「庶人稱匹夫者，匹，偶也，與其妻偶，陰陽相成之義也。故《論語》云『匹夫匹婦』。」檢於《禮》本，時有「匹」字作「正」字者。有通者云：「天子大夫常祭亦大牢，故此文云大夫大牢謂之禮，正也。若諸侯大夫，自常祭少牢，加一等乃大牢耳。《少牢饋食》是諸侯大夫禮也。」崔氏亦用此義。然盧、王《禮》本並作「匹」字矣。今定本及諸本並作「正」字，熊氏依此本而爲「正」字，恐誤也。

管仲鏤簋、朱紘，山節、藻梲，君子以爲濫矣。 濫，亦盜竊也。鏤簋，謂刻而飾之。大夫刻爲龜耳，諸侯飾以象，天子飾以玉。朱紘，天子冕之紘也。諸侯青組紘，大夫士當緇組紘纁邊。栭謂之節。梁上楹謂之梲。宫室之飾，士首本，大夫達棱，諸侯斲而礱之，天子加密石焉。無畫山藻之禮也。 **疏** 正義曰：此一節明奢而失禮之事。「管仲鏤簋、朱紘」者，此是不稱之人也。管仲，齊大夫也。簋，黍稷器也。紘，冕之飾，用組爲之。以其組從下屈，而上屬之於兩旁，垂餘爲纓。此鏤簋、朱紘，是天子之飾，而管仲僭濫爲之也。「山節」者，山節，謂刻柱頭爲斗栱，形如山也。「藻梲」者，謂畫梁上短柱爲藻文也。此是天子廟飾而管仲僭爲之也。鄭注《明堂》云：「山節，刻欂盧爲山也。藻梲，畫侏儒柱爲藻文也。」「君子以爲濫矣」者，君子，識禮者也。謂管仲行此事，是爲僭濫也。 **注**「鏤簋」至「禮也」 正義曰：「鏤簋，謂刻而飾之」，鏤，謂刻鏤，故知「刻而飾之」。云「大夫刻爲龜耳」者，案《少牢》「敦皆南首」，鄭注云：「敦有首者，尊者器飾也。飾蓋象龜。周之禮，飾器各以其類。龜有上下甲也。」龜、簋聲相近，故知爲龜形也。❶云「諸侯飾以象」者，案《燕禮》有「象觚」，故知「飾以象」也。云「天子飾以玉」者，案《周禮·九嬪》云「贊玉齍」，《玉府》云「共玉敦」是也。云「朱紘，天子冕之紘也。諸侯青組紘」，皆《祭義》文也。云「大夫士當緇組紘纁邊」者，案《士冠禮》「緇組紘纁邊」，是士也。天子、諸侯用純，大夫當用雜，故宜與士同也。云「栭謂之節，梁上楹謂之梲」者，《釋宫》云：「其梁上楹謂之梲。」孫炎云：「梁上侏儒柱也。」又云：「栭謂之

❶「爲龜形」，閩本、監本、毛本、殿本作「刻爲龜」，疑是。

節。」李巡本「節」作「楶」，謂「欂盧，一名節，皆謂斗栱也」。熊氏云：「栭上著木鬚櫶謂之欂盧，即今之榰木也。」以欂盧與栭異物，其説非也。云「宮室之飾，士首本，大夫達棱，諸侯斲而礱之，天子加密石焉」者，此莊二十四年《穀梁傳》文。彼云「大夫斲之，士斲本」，與此異。案《禮緯含文嘉》云：「大夫達棱，謂斲爲四棱，以達兩端。士首本者，士斲去木之首本，令細與尾頭相應。」《晉語》及《含文嘉》并《穀梁傳》，雖其文小異，大意略同也。此管仲所僭，皆天子之禮。知者，《明堂位》云「山節、藻棁，天子之廟飾」故也。晏平仲祀其先人，豚肩不揜豆，澣衣濯冠以朝，君子以爲隘矣。隘，猶狹陋也。祀不以少牢，與無田者同，不盈禮也。大夫士有田則祭，無田則薦。澣衣濯冠，儉不務新。疏正義曰：此一節論儉而不中禮，非稱之事。「豚肩不揜豆」者，晏平仲，齊大夫也。大夫祭用少牢，士用特豚。而平仲今用豚，豚又過小，併豚兩肩不揜豆也。必言肩者，周人貴肩也。肩在俎，今云「豆」，喻其小，假豆言之，其實在俎不在豆也。「澣衣濯冠以朝」者，大夫須鮮華之美，而晏氏「澣衣濯冠以朝君」，是不華也。「君子以爲隘矣」者，隘，狹也。譏禮君子評其大儉褊狹。注「祀不」至「者同」 正義曰：「與無田者同」，謂與無田之士同，不關大夫也。無田大夫猶用羔也。❶ 是故君子之行禮也，不可不慎也，衆之紀也，紀散而衆亂。言二大夫皆非也。紀，絲縷之數有紀。孔子曰：『我戰則克，祭則受福。』蓋得其道矣。」我，我知禮者也。克，勝也。疏正義曰：此一節論孔子述知禮之人，自稱戰克、祭受福之事。「我戰則克，祭則受福」者，又引《郊特牲》語結稱也。我，謂知禮者。克，勝也。言知禮之人戰必勝，祭必受福。「蓋得其道矣」者，解所以戰勝而祭受福也。戰勝，祭受福，是所爲得道，不多不少，隨而稱當也。秖爲二大夫之不稱也。然此無戰事，秖應云「祭受福」，而此連言「戰」者，彼爲二句相連，故合引之也。且彼因祭之田獵而教戰選兵，祭有戰事。注「我，我知禮者也」 正義曰：知非孔子自我者，君子務在謙光，不應自言祭祀受福之事，故知述知禮者而言我也。君子曰：「祭祀不

❶「羔」，阮本「羔」下有「羊」字，閩、監、毛本同。

祈，祈，求也。祭祀不爲求福也。《詩》云：「自求多福。」福由己耳。不麾蚤，麾之言快也。祭有時，不以先之爲快也。齊人所善曰麾。不樂葆大，謂器幣也。葆之言褒也。不善嘉事，嘉事之祭，致夫人是也。禮宜告見於先祖耳，不善之而祭。牲不及肥大，薦不美多品。」以禮之義，有以小、少爲貴也。疏正義曰：此一節論祭祀之事，依禮而行，不樂華美。「祭祀不祈」者，祈，求也。凡祭祀之禮，本爲感踐霜露思親，而宜設祭以存親耳，非爲就親祈福報也。「不麾蚤」者，麾，快也。蚤，謂先時也。孝子感霜露，應心而思親，思親而宜祭，不以霜露未至而先時早設爲快也。「不樂葆大」者，葆者，褒也。褒，崇高之稱也。祭之器幣，大小長短，自有常宜。幣通丈八尺，豆盛四升，不以貴者貪高大爲之也。「不善嘉事」者，嘉事，冠、昏也。人年二十成人，自宜冠；三十嗣世，自宜昏。若無親者，昏三月祭以告廟，冠畢埽地而祭禰，並是有爲而然，非謂善之而設祭。「牲不及肥大」者，❶謂郊牛繭栗，宗廟角握，社稷尺，各有所宜，不必須並及肥大也。「薦不美多品」者，薦祭品味，宜有其定，不以多爲美，故「郊特牲而社稷大牢」是也。注「祈求」至「己耳」　正義曰：案《鄭志》答趙商問「祭祀不祈」，商案：「《周禮》設六祈之科，禱禳而祭，無不祈。故敢問《禮記》者何義也？」鄭答云：「祭祀常禮，以序孝敬之心，當專一其志而已。禱祈，有爲言之，主於求福，豈禮之常也。」又鄭《發墨守》云：「孝子祭祀，雖致其誠信與其忠敬而已，❷不求其爲。而祝尸嘏主人曰：『皇尸命工祝，承致多福無疆于女孝孫，來女孝孫，使女受禄于天，宜稼于田，眉壽萬年，勿替引之。』若此祭祀，内盡己心，外亦有祈福之義也。」注「嘉事」至「是也」　正義曰：案桓三年，「齊侯使仲年來聘，致夫人」。于時公取文姜，三月廟見，故仲年來致夫人。于時無祭，而云「嘉事之祭」者，當致夫人之時，必告廟也。故《曾子問》卿大夫取妻三月，有廟見之禮。

孔子曰：「臧文仲安知禮？夏父弗綦逆祀而弗止也，燔柴於奥。文仲，魯公子彄之曾孫臧孫辰也。莊、文之間爲大夫，於時爲賢，是以非之，不

❶「牲」上原有「用」字，據阮本、潘宗周《校勘記》删。

❷「雖」，阮校云：「許宗彦校，『雖』改『維』。」孫詒讓《校記》云：「『雖』，當作『唯』。古書多互譌。」今按：不必改字，俞樾《古書疑義舉例》有《雖唯通用例》。

正禮也。文二年「八月丁卯，大事于太廟，躋僖公」，始逆祀，是夏父弗綦爲宗人之爲也。❶奥，當爲「爨」，字之誤也。或作「竈」。禮，尸卒食而祭饎爨、饔爨也。時人以爲祭火神，乃燔柴。夫奥者，老婦之祭也，盛於盆，尊於瓶。老婦，先炊者也。盆、瓶，炊器也。明此祭先炊，非祭火神，燔柴似失之。疏正義曰：此以下引仲尼，證不得所宜之人也。文仲，魯大夫也，事莊、閔、僖、文四君，時人衆尊爲知禮，故孔子證其不知禮之事以譏時人也。

「夏父弗綦逆祀而弗止也」者，此非禮之一事也。魯閔公、僖公俱是莊公之子，閔適而小，僖庶而大。莊公死而立閔爲君，僖時爲臣。閔少而死，後乃立僖爲君。僖死，僖公子文公立。文二年八月丁卯，大事于大廟。是時夏父弗綦爲宗伯典禮，佞文公，云：「吾見新鬼大，故鬼小。」使列昭穆，以閔置僖下。是臣在君上，爲逆亂昭穆。時臧文仲爲卿大夫，見有此逆祀之事而不諫使止，故云「安知禮」也。

「燔柴於奥」者，此又非禮之事。奥，音爨。爨以爨煮爲義也。禮，祭至尸食竟而祭爨神，言其有功於人，人得飲食，故祭報之。而夏父弗綦爲禮官，謂爨神是火神，而遂燔柴祭之。此是失禮，而文仲又不能諫止之，又爲不知禮也。

「夫奥者，老婦之祭也」者，既譏燔柴於爨，又明祭爨不可以燔柴之義。爨者，是老婦之祭，其祭卑，唯盛食於盆，盛酒於瓶。卑賤若此，何得燔柴祭之也。

注「文仲」至「燔柴」 正義曰：云「文仲，魯公子彄之曾孫臧孫辰也」者，案《世本》：「孝公生僖伯彄，彄生哀伯達，達生伯氏瓶，瓶生文仲辰。」是公子彄曾孫也。云「莊、文之間爲大夫」者，案莊二十八年「臧孫辰告糴于齊」，文二年「縱逆祀」，是「莊、文之間爲大夫」。云「於時爲賢」者，襄二十四年《左傳》云：「先大夫曰臧文仲，既没，其言立。」於後世，死猶不朽，是「於時爲賢」也。云「文二年『八月丁卯，大事于大廟，躋僖公』，始逆祀」者，案文二年《公羊傳》云：「大事者何？大祫也。逆祀奈何？先禰而後祖也。」何休云：「近取法《春秋》，惠公與莊公當同南面，西上。隱、桓與閔、僖亦當同北面，西上。閔、僖爲兄弟，以繼代言之，有父子君臣之道。此恩義逆順，故云先禰後祖。」此《公羊》之義也。案《外傳》云：「躋僖公，弗綦云：『明爲昭，其次爲穆。』」以此言之，終文公至惠公七世，惠公爲昭，隱公爲穆；桓公爲昭，莊公爲穆；閔公爲昭，僖

❶「人」，殿本、阮本作「伯」。

公爲穆。今躋僖公爲昭，閔公爲穆，自此以下，昭穆皆逆。故定公八年「順祀先公」，服氏云：「自躋僖公以來，昭穆皆逆。」是同《國語》之説，與何休義異。《公羊》董仲舒説：❶躋僖公，逆祀，小惡也。《左氏》説：爲大惡也。許君謹案：同《左氏》説。鄭駁之云：「兄弟無相後之道。登僖公主於閔公主上，不順，爲小惡也。」如鄭此意，正以僖在閔上，謂之爲昭，非昭穆也。❷云「奥，當爲『爨』，字之誤也」者，下文云「老婦之祭，盛於盆，尊於瓶」，故知非「奥」。奥者，夏祀竈神，其禮尊，以老婦配之耳。故《中霤禮》祭竈，先薦於奥，有主有尸，用特牲，迎尸以下，略如祭宗廟之禮，是其事大也。爨者，宗廟祭祀，尸卒食之後，特祭老婦，盛於盆，尊於瓶，是其事小也。云「或作『竈』」者，諸《禮記》本有作「竈」字，故云「或」也。云「禮，尸卒食而祭饎爨、饔爨也」者，《特牲·記》注：「舊説云：宗婦祭饎爨，亨者祭饔爨，用黍肉而已，無籩豆俎。」云「時人以爲祭火神，乃燔柴」者，依尸卒食而祭饎爨、饔爨，當時失禮，又以此爲祭火神，遂乃燔柴。故文云「燔柴於奥」，明失禮也。皇氏云：「弗綦既以逆祀爲是，又以燔柴祭爨爲是。」云「祭火神，乃燔柴」者，熊氏云：「《宗伯》『以實柴祀日月星辰』，有大火之次，故祭火神乃燔柴。」案《異義》：「竈神，今《禮》戴説，引此燔柴盆瓶之事。古《周禮》説：顓頊氏有子曰黎，爲祝融，祀以爲竈神。許君謹案：同《周禮》。」鄭駁之云：「祝融乃古火官之長，猶后稷爲堯司馬，其尊如是，王者祭之，但就竈陘，一何陋也！祝融乃是五祀之神，祀於四郊，而祭火神於竈陘，於禮乖也。」如鄭此言，則祝融是五祀之神，祀於郊。奥者，正是竈之神，常祀在夏，以老婦配之，有俎及籩豆，設於竈陘，又延尸入奥。爨者，宗廟祭後，直祭先炊，老婦之神，在於爨竈。此祝融并奥及爨，三者所以不同也。

禮也者，猶體也。若人身體。體不備，君子謂之不成人。設之不當，猶不備也。禮有大有小，有顯有微。大者不可損，小者不可益，顯者不可揜，微者不可大也。故《經禮》三百，《曲禮》三千，其致一也。致之言至也。一，謂誠也。經禮，謂《周禮》也。《周禮》六篇，其官有三百六十。曲，猶事也。事禮，謂今《禮》也。

❶「公羊董仲舒説」，揆之孔疏引用《五經異義》之例，疑此句上脱「異義」二字。

❷「昭」，阮校云：「段玉裁校本『昭』改『爲』。」

禮篇多亡，本數未聞，其中事儀三千。未有入室而不由户者。三百、三千，皆猶誠也。君子之於禮也，有所竭情盡慎，致其敬而誠若，謂以少、小、下、素爲貴也。若，順也。有美而文而誠若。謂以多、大、高、文爲貴也。君子之於禮也，有直而行也，謂若始死，哭踊無節也。有曲而殺也，謂若父在爲母期也。有經而等也，謂若天子以下至士庶人，爲父母三年。有順而討也，討，猶去也。謂若天子以十二、公以九、侯伯以七、子男以五爲節也。有摲而播也，摲之言芟也。謂芟殺有所與也。若祭者貴賤皆有所得，不使虚也。有推而進也，謂若王者之後得用天子之禮。有放而文也，謂若天子之服，象日、月以至黼、黻。有放而不致也，謂若諸侯自山、龍以下。有順而摭也。謂若君沐粱，❶大夫沐稷，士沐粱。三代之禮一也，民共由之，或素或青，夏造殷因。」一也，俱趨誠也。由，用也。素尚白，青尚黑者也。言所尚雖異，禮則相因耳。孔子曰：「殷因於夏禮，所損益可知也；周因於殷禮，所損益可知也。」變「白」「黑」言「素」「青」者，秦二世時，趙高欲作亂，或以青爲黑，黑爲黄，民言從之，至今語猶存也。【疏】正義曰：此一節論因上禮之有稱，故此以下廣明三代之禮皆由誠信乃合。亦各依文解之。

「禮也者，猶體也」者，猶若人身體也。「體不備，君子謂之不成人」，釋體也。人身體髮膚骨血筋脉備足乃爲成人，❷若片許不備，便不爲成人也。「設之不當，猶不備也」者，合譬也。禮既猶如人之有體，體雖備，但設之不當則不成人，則設禮不當亦不成禮，猶如人體之不當也。所以已祭天地，復祭山川、社稷，已事生人，復祭宗廟。是「備」之義也。「禮有大」者，謂有大及多爲貴也。「有小」者，謂有小及少爲貴也。「有顯」者，謂有高及文爲貴也。「有微」者，謂有素及下爲貴也。「大者不可損，小者不可益，顯者不可揜，微者不可大也」者，各隨其體而設禮，不得不當也。「故《經禮》三百，《曲禮》三千」者，既設禮大小，隨於萬體，不可不備，故周公制禮，遂有三千、

❶「粱」，原作「梁」，據余本、岳本、殿本改。下「士沐粱」放此。疏放此。

❷「血」，阮本作「肉」，閩、監、毛本同，衛氏《集説》同。

三百之多也。　「其致一也」者，致，至也。一，誠也。雖三千、三百之多，而行之者，皆須至誠，故云「一也」。若損大益小，揜顯大微，皆失至誠也。周公攝政七年，制禮作樂，爲設官分職之法，亦名《周官》，有六卿，每卿下各有屬官六十，凡三百六十。經秦焚燒之後，至漢孝文帝時，求得此書，不見《冬官》一篇，乃使博士作《考工記》補之，非上之義，唯證《周禮》三百六十職也。　「未有入室而不由户者」，室，猶禮也。户，猶誠也。入室必由户，行禮必由誠，故云：未有入室而不由户，行禮不由誠者，言皆由誠也。　「君子」至「誠若」　此經覆明上以少、小、下、素之義。　「有所竭情盡慎，致其敬而誠若」者，謂所以少、小、下、素爲貴者，當求諸於内。有所求，竭己情，盡其戒慎，致其恭敬，而行至誠和順，故以少、小、下、素爲貴也。「有美而文而誠若」，此一經明多、大、高、文爲貴之義。「有美而文」者，謂有威儀之美，而文章顯著，而行至誠和順者，章之於外，故須多、大、高、文也。言内行誠順，則以少、小、下、素求諸内也；外行誠順，則以多、大、高、文章之外也。　「君子」至「摭也」　此經廣明禮意不同。　「有直而行也」者，君子之於禮，一事也。「直而行」，謂親始死，孝子哀感，哭踊無節，直任己天性而行也。　「有曲而殺也」者，二事也。曲殺，謂服父斬衰三年，爲母齊衰期，是曲殺也。　「有經而等也」者，三事也。經，常也。常而等，謂上自天子，下至庶人，雖尊卑有異，而服其父母，則貴賤同等也。　「有順而討也」者，四事也。順，猶順序。討，猶去也。謂天子至尊，每十二爲節。自此以下，轉相降差：公九，侯伯七，子男五，是順序而稍去之也。　「有摲而播也」者，五事也。摲，芟也。播，布也。謂君祭，而群臣助祭得俎，而下至胞翟，一切悉有所得。是芟上貴之分，以布徧於下也。　「有推而進也」者，六事也。謂二王之後，已喪天位，而天子必推而進之，使用王禮也。　「有放而文也」者，七事也。放，法也。謂天子畫日月星辰於衣服，是法天以爲文。　「有放而不致也」者，八事也。致，極也。謂諸侯以下亦有放法而不得極也。　「有順而摭也」者，九事也。摭，猶拾取也。謂若君沐粱，大夫用稷，士用粱。士卑不嫌，是拾君之禮而用之也。　「三代」至「殷因」❶　此一節廣明三代損益不同。「三代之禮一也」者，謂三代所行之禮雖各别，一皆趨於至誠，故云「一也」。　「民共由之」者，由，用也。非唯君行禮用誠如一

❶「代」，原作「伐」，據阮本改。

也，民亦共用誠如一也。「或素」者，前明三代雖異，而俱用誠是同。此述其迹異也。或素，尚白也。尚白，殷世之禮也。「或青」者，尚黑，夏世之禮也。然夏先殷後，今先云「或素」者，記是周時，今欲見周因於殷，殷因於夏禮也。「夏造」者，往來之禮雖同，而先從夏始，故云「夏造」也。「殷因」者，因於夏禮而用之，故云「殷因」也。

注「一也」至「存也」　正義曰：「一也，俱趨誠也」，文承上「《經禮》三百，《曲禮》三千，其致一也」，一，謂至誠，故知此「一」亦至誠也。云「青尚黑者也」者，夏以十三月爲正，於時草之萌牙變白而青也。❶夏正尚黑，故知青謂黑也。云「秦二世時，趙高欲作亂，或以青爲黑，黑爲黃，民言從之，至今語猶存也」者，案《史記》，秦二世，謂胡亥。❷於時丞相趙高欲殺二世，未知人從己否，乃指鹿爲馬，民畏趙高，皆稱鹿爲馬，是其事也。其以青爲黑，以黑爲黃，即「鹿馬」之類也。❸鄭去胡亥既近，相傳知之。此作《記》之人在胡亥之後，故「或素或青」。❹若王肅之説，則異於此。故《家語》云：「夏后氏金德而王，色尚黑。周以木德王，色尚黃。❺舜以土德王，色尚青。」《聖證論》王肅以爲：「夏同堯，皆尚其紫色。舜土德王，尚白而尚青者，土以生爲功，東方生物之始，故尚青。土既尚青，水則辟之青而用白也，故殷是水德而尚白。」王肅此説，與《檀弓》、緯候文乖，不可用也。

禮記正義卷第三十二

❶「牙」，原作「不」，據閩本、監本、毛本、殿本、庫本、阮本及衛氏《集説》改。
❷「謂」，阮本作「名」，閩、監、毛本同。
❸「即鹿」，阮校云：「閩、監、毛本『即鹿』作『鹿爲』。」
❹「故」，《續通解》「故」下有「云」字，義勝。
❺「黃」，浦鏜校，「黃」改「赤」。

禮記正義卷第三十三

國子祭酒上護軍曲阜縣開國子臣孔穎達等奉勑撰

周坐尸，詔侑武方，其禮亦然，其道一也。言此亦周所因於殷也。武，當爲「無」，聲之誤也。方，猶常也。告尸行節、勸尸飲食無常，若孝子之爲也。孝子就養無方。「詔侑」，或爲「詔囿」。夏立尸而卒祭，夏禮，尸有事乃坐。殷坐尸，無事猶坐。周旅酬六尸。使之相酌也。后稷之尸，發爵不受旅。曾子曰：「周禮其猶醵與！」合錢飲酒爲醵。旅酬相酌，似之也。《王居明堂之禮》：「仲秋，乃命國醵。」疏正義曰：此一節論三代尸禮不同。「周坐尸」者，此言周所因於殷也。殷人坐尸，周因坐之也。「詔侑武方」者，亦因殷也。詔，告也。侑，勸也。方，常也。子事父母，就養無方。故在宗廟之中，禮主於孝，凡預助祭者，皆得告尸威儀，勸尸飲食，無常人也。「其禮亦然」者，其於周禮「坐尸」及「詔侑無方」之禮，❶亦因於殷禮，故云「亦然」也。「其道一也」者，其用至誠之道一也。「夏立尸而卒祭」者，此更本殷、周所損益相因也。夏祭乃有尸，但立，猶質，言尸是人，人不可久坐神坐。故尸唯飲食時蹔坐，若不飲食時，則尸倚立，以至祭竟也。「殷坐尸」者，此殷因夏之有立尸而損其不坐之禮，益爲恒坐之法也，是殷轉文也。言尸本象神，神宜安坐，不辯有事與無事，猶坐也。「周旅酬六尸」者，此周又因殷而益之也。「旅酬六尸」，謂祫祭時，聚群廟之主於大祖后稷廟中，后稷在室西壁，東鄉，爲發爵之主，尊，不與子孫爲酬酢。餘自文、武二尸，就親廟尸，凡六，在后稷之東，南北對爲昭穆，更相次序以酬也。殷但坐尸，未有旅酬之禮，而周益之也。然大祫多主，而唯云「六尸」者，先儒與王肅並云：「毁廟無尸，但有主也。」「曾子曰：周禮其猶醵與」者，曾子引世事證周禮旅酬之儀象也。醵，斂錢共飲酒也。凡相敵斂

❶「坐」，原作「侑」，據閩本、監本、毛本、殿本及庫本改。

錢飲酒，❶必非忘懷之酌得而遽飲，必令平徧，不使偏頗，與周禮次序旅酬相似也。其王肅《禮》作「遽」，注云：「曾子以爲使六尸旅酬，不三獻，猶遽而略。」注「告尸」至「爲也」　正義曰：「告尸行節」，解經「詔」也。「勸尸飲食」，解經「侑」也。案《特牲》、《少牢》延尸及詔侑相尸之禮，皆是祝官，則是「有常」，而云「無常」者，熊氏云：「謂就衆祝之中，但是祝官，皆得爲之，不常用一祝也。」案《周禮》：「大祝，下大夫二人，上士四人。小祝，中士八人，下士十有六人。」是皆得相侑尸也。

君子曰：禮之近人情者，非其至者也。近人情者褻，而遠之者敬。**郊血，大饗腥，三獻爓，一獻孰。**郊，祭天也。大饗，祫祭先王也。三獻，祭社稷、五祀。一獻，祭群小祀也。爓，沈肉於湯也。血、腥、爓、孰，遠近備古今也。尊者先遠，差降而下，至小祀，孰而已。

疏　正義曰：此一節論禮以尊遠爲敬，近人情爲褻。「禮之近人情者」，謂若「一獻孰」。飲食既孰，是人情所欲食啗，最近人情也。「非其至者也」，既近人情，非是敬之至極也。「郊血」者，近者爲褻，❷遠者爲敬。其事非一，今此先從鬼神之事而説也。郊用犢，犢有血有肉。肉於人食啗之事，於人情爲近。血於人食啗最遠。天神尊嚴，不可近同人情，故薦遠人情者，以爲極敬也。「大饗腥」者，大饗，祫祭宗廟也。腥，生肉也。宗廟爲私，比郊爲劣，故薦去人情稍近之腥示爲敬，降於天也。「三獻爓」者，三獻，謂祭社稷、五祀也。其禮三獻，故因名其祭爲三獻也。爓，沈湯肉，去人情漸近，而社稷、五祀降於宗廟，故用「爓」，又明其敬劣也。「一獻孰」者，一獻，祭群小祀。小祀卑，酒一獻也。其用孰肉，孰肉是人情所食，最爲褻近。小祀神爲最輕，故以褻近人之食祭之，表其敬又劣也。注「郊祭」至「而已」　正義曰：知「郊，祭天」者，《郊特牲》云：「於郊，故謂之郊。」是郊爲祭天也。云「大饗，祫祭先王也」者，案《宗伯》「以肆獻祼享先王」以下宗廟之祭凡有六享，此云「大饗」，享中最大，故爲祫也。此「大饗」之文在「郊血」之下，故知非「大饗帝」也。云「三獻，祭社稷、五祀。一獻，祭群小祀也」者，以祭服差之，❸案《司服》「祀四望山川則毳冕」，毳冕，子男之服，子男五獻。以下差之

❶「相」，原作「口」，據阮本改。
❷「近」，殿本、阮本「近」上有「以」字。
❸「祭」，阮本作「冕」，閩、監、毛本同，衛氏《集説》同。

也。「祭社稷、五祀則絺冕」，宜三獻也。「祭群小祀則玄冕」，宜一獻也。云「血、腥、爓、孰，遠近備古今也」者，血爲遠，腥次之，爓稍近，孰最近。遠者爲古，近者爲今。一祭之中，兼有此事，故云「備古今」也。云「尊者先遠，差降而下，至小祀，孰而已」者，郊祭是尊而用血，是「尊者先遠」也。案《宗伯》，祭廟以祼鬯爲始，祭社稷、五祀以血爲始。此云「郊血，大饗腥，三獻爓」者，❶謂祭祀初始，降神之外，於正祭之時，有此「郊血，大饗腥」之屬也。凡郊與大饗、三獻之屬，正祭之時，皆有血、有腥、有爓、有孰。此云「郊血」，是郊有血也。《郊特牲》云「毛血告幽全」，❷是宗廟有血也。《宗伯》云「以血祭祭社稷、五祀」，是三獻有血也。《周語》云「禘郊之事，則有全烝」，❸是郊祭天有孰也。有孰則有腥可知也。《宗伯》云「以肆獻祼享先王」，是大饗有腥有孰也。此云「三獻爓」，《宗伯》云「以血祭社稷、五祀」，既有血有爓，明有腥有孰可知也。然則，郊天與大饗、三獻並有血、腥、爓、孰。今所以各言者，皇氏云：「此據設之先後。郊則先設血也，後設腥與爓、孰。雖以郊爲主，其祭天皆然也。大饗之時，血與腥同時俱薦。當朝事迎尸於户外，薦血腥也。雖以大饗爲主，其宗廟之祭皆然也。其三獻之祭，血、腥與爓，一時同薦。凡薦爓之時，皆在薦腥之後。但社稷、五祀，初祭降神之時已埋血，《宗伯》之文是也。至正祭薦爓之時，又薦血，此文是也。若群小祀之屬，唯有薦孰，無血、腥、爓也，以其神卑故耳。先薦者設之在前，後進者設之居後。」皆皇氏之說，義當然也。熊氏云：「宗廟之祭無血。鄭注《論語》云『禘祭之禮，自血腥始』者，謂腥肉有血。」今案《詩·小雅》論宗廟之祭云「執其鸞刀，以啓其毛，取其血膋」，則是有用血之明文也。熊氏云「無血」，其義非也。

是故君子之於禮也，非作而致其情也，作，起也。敬非己情也，所以下彼。**此有由始也。**有所法也。**是故七介以相見也，不然則已愨；三辭三讓而至，不然則已蹙。**已，猶甚也。愨、蹙，愿貌。大愿則辭不見，情無由至也。**故魯人將有事於上帝，必先有事於**

❶「者」，衛氏《集説》「者」上有「一獻孰」三字。浦鏜校云此三字當有。

❷「毛血」，原作「血毛」，據阮本乙正。

❸「周」原作「楚」，據阮本改。按引文見《國語·周語中》。

頖宮；❶上帝，周所郊祀之帝，謂蒼帝靈威仰也。魯以周公之故，得郊祀上帝，與周同。先有事於頖宮，告后稷也。告之者，將以配天，先仁也。頖宮，郊之學也，《詩》所謂「頖宮」也，字或爲「郊宮」。晉人將有事於河，必先有事於惡池；惡，當爲「呼」，聲之誤也。呼池、嘔夷，并州川。齊人將有事於泰山，必先有事於配林。配林，林名。三月繫，七日戒，三日宿，慎之至也。繫，繫牲于牢也。戒，散齊也。宿，致齊也。將有祭祀之事，必先敬慎如此，不敢切也。故禮有擯詔，樂有相步，温之至也。皆爲温藉重禮也。擯詔，告道賓主者也。相步，扶工也。詔，或爲「紹」。

疏 正義曰：此一節論君子行禮，當降下於彼，積漸擯相，敬慎之至。「非作而致其情也」者，作，起也。君子行禮，本意所爲，中下前人，❷非是私自專輒，徒起而致其己情也。「此有由始也」者，既非直任我情，而凡有所行，皆有所由，以爲始也。由，謂法天地之道，先人後己。「是故七介以相見也」者，行敬既非直起己情，皆有所由爲始，故陳七介以相見，申賓主之情也。此言七介者，❸舉中言之也。「不然則已愨」者，已，甚也。愨，愿貌。若不如是陳擯介相見，則甚爲愿愨，言愿愨大甚也。「三辭三讓而至」者，依《司儀》，賓至大門外，陳擯介，交擯，三辭畢，君迎賓，拜辱，至大門，三讓，三讓入大門。主君每門讓，賓一辭。是三辭三讓而情意相至也。「不然則已蹙」者，謂愨愿急蹙。若不爲此三辭三讓，則大急蹙，情無由達也。「故魯人將有事於上帝，必先有事於頖宮」者，明相見有積漸之義。有事於上帝，謂祭天也。必先有事於

❶「頖宮」，王引之云：「案注言『《詩》所謂頖宮也』，則正文必不作『頖宮』而作『郊宮』。注内『先有事於頖宮』，『頖』字亦當作『郊』。蓋經言『郊宮』即《魯頌》之頖宮，故曰『郊宮，郊之學也，《詩》所謂頖宮也』。『頖宮』，正釋『郊宮』二字。『字或爲郊宮』，當作『字或爲頖宮』。蓋郊宮即頖宮，故本亦有作『頖宮』者。後人多聞頖宮，罕聞郊宮，故改正文之『郊』爲『頖』，又改注以從之，而『《詩》所謂頖宮』一語，遂以頖宮釋頖宮，重複而不可通矣。」疏放此。詳《經義述聞》。

❷「中」，殿本、庫本、阮本作「上」，疑是。

❸「此言七介者」，阮校引孫志祖云：「按《集説》引此上有『《周禮》上公九介，侯伯七介，子男五介』十四字，諸本俱脱。」

頖宮之中，告后稷，告以將配天也。是先告卑，然後祭尊也。　「晉人將有事於河，必先有事於惡池」者，有事於河，謂祭河也。必先告惡池小川，從小而祭也。先告從祀者，然後祭河也。　「齊人將有事於泰山，必先有事於配林」者，有事於泰山，謂祭泰山也。先告配林，配林是泰山之從祀者也。故先告從祀，然後祭泰山。此皆積漸從小至大之義也。　「三月繫，七日戒，三日宿，慎之至也」者，上云先小後大，此言事神積漸絜敬之義。「三月繫」，謂祭前三月，繫牲于牢也。「七日戒」者，謂祭前十日，於七日之中散齋戒慎也。「三日宿」者，謂祭前三日而嚴宿以致齋也。將祭之時，以漸如此，謹慎至極也。禮須積漸，不敢切迫也。　「故禮有擯詔，樂有相步，温之至也」者，禮既不可卒迫，故賓主相見有擯相詔告也。但作樂之人，今既無目，有扶相行步。所以擯詔輔相者，温藉之至極也。

注「上帝」至「學也」　正義曰：「上帝，周所郊祀之帝，謂蒼帝靈威仰也」者，《孝經》云：「郊祀后稷以配天。」《喪服小記》云：「王者禘其祖之所自出，以其祖配之。」周人出自靈威仰，則后稷配靈威仰也。云「魯以周公之故，得郊祀上帝，與周同」者，《明堂位》云：「祀帝于郊，配以后稷，天子之禮。」故知也。云「先有事於頖宮，告后稷也」者，魯人無后稷之廟，今將祭天，而於頖宮告后稷也。云「將以配天，先仁也」者，謂將欲以后稷配天，先以仁恩存偶之也。云「頖宮，郊之學也」者，周人立大學於東郊，則天子、魯侯大學在公宮東也。小學在郊。《詩》云：「思樂泮水，❶薄采其藻。」則魯以小學爲頖宮，頖宮在郊。天子亦以小學爲辟廱。故鄭《駁異義》云：「三靈一廱，在郊明矣。」

注「呼池、嘔夷，并州川」　正義曰：此《夏官・職方》之文。

注「繫繫」至「切也」　正義曰：《充人》云：「祀五帝，則繫于牢，芻之三月。」是繫於牢也。云「戒，散齋也。宿，致齋也」者，《祭義》曰：❷「散齋七日，致齋三日。」謂之宿者，鄭注《儀禮》云：宿是又戒，宿之言肅，肅敬之義也。云「不敢切也」者，以積漸敬慎，不敢偪切也。

注「皆爲」至「爲紹」　正義曰：皇氏云：「温謂丞藉。❸凡玉，以物緼裹丞藉。君子亦以威儀擯相以自丞藉。」今定本作「温」字，則

---

❶「思」，原作「斯」，據殿本、庫本改。
❷「祭義」，按：當「祭統」之誤。
❸「温謂丞藉」，阮校云：「閩、監、毛本『丞』作『承』，衛氏《集説》同。下『丞藉』皆同。盧文弨校，『温』改『緼』。」

當云温潤相丞藉也。禮也者，反本脩古，❶不忘其初者也。故凶事不詔，朝事以樂。二者反本也。哭泣由中，非由人也。朝廷養賢，以樂樂之也。醴酒之用，玄酒之尚；割刀之用，鸞刀之貴；莞簟之安，而稾鞂之設。❷三者脩古。穗去實曰鞂。《禹貢》：「三百里納鞂服。」是故先王之制禮也，必有主也，主，謂本與古也。故可述而多學也。以本與古求之而已。**疏**正義曰：此一節論禮之所設，反本脩古，故可述而多學。「反本」，謂反其本性。「脩古」，謂脩習於古。定本及諸本作「循」字，當作「脩」。

「不忘其初者也」者，由其反本脩古，故不忘其初也。「故凶事不詔」者，此凶事及朝事，是反本也。本，謂心也。凶事，喪親之事也。詔，告也。孝子親喪，痛由心發，故啼號哭泣，不待外告，而哀自至。是反本，還其孝性之本心也。「朝事以樂」者，朝事，謂朝廷之事也。以樂，奏音樂也。朝廷是養老尊賢之地，爲賢所樂也。故臣入門必縣興奏樂之事，是反本，還其樂朝廷之本心。「醴酒之用，玄酒之尚」者，此下三事，是脩古也。醴酒，五齊第二酒也。玄酒是水也。尚，上也。言四時祭祀，有醴酒之美，而陳尊在玄酒之下，以玄酒之尊置在上，此是脩古也。「割刀之用，鸞刀之貴」者，割刀，今之刀也。鸞刀，古刀也。今刀便利，可以割物之用。古刀遲緩，用之爲難。而宗廟不用今刀，而用古刀，亦是脩古故也。「莞簟之安，而稾鞂之設」者，莞簟，今之席也。《詩》云：「下莞上簟，乃安斯寢。」言其細精而可安人也。稾鞂，除穗粒取稈稾爲席。郊祭不用莞簟之可安，而用設稾鞂之麤席，亦脩古也。「是故先王之制禮也，必有主也」者，主，謂本與古也。既初不可忘，故先王制禮，必有反本脩古之法也。「故可述而多學也」者，禮既反本而脩古，若欲述行學習，但用本與古以求之，則可得也，故云「可述而多學也」。

注「穗去」至「鞂服」 正義曰：案《禹貢》「五百里甸服。百里賦納緫」，謂所刈禾也；「二百里納銍」，❸謂刈禾穗也；「三百里納秸服」，謂禾去其實，唯稾秸也；「四百里粟，五百里米。」君子曰：「無節於内者，觀物弗之察

❶「脩」，王念孫云「脩」當作「循」。詳《經義述聞》。
❷「稾」，原作「槀」，據《唐石經》、阮本及阮校改。
❸「銍」，原作「絰」，據阮本改。

矣。節，猶驗也。欲察物而不由禮，弗之得矣。」故作事不以禮，弗之敬矣；出言不以禮，弗之信矣。故曰：「禮也者，物之致也。」致之言至也，極也。**疏**正義曰：此一節明作事云爲，非禮不可。「無節於内者，觀物弗之察矣者」，節，猶驗也。内，猶心也。物，萬物也。察，猶分辯也。言若欲外觀察萬物，必先内有識驗之明。若心内無明，則外不能分辯也。「欲察物而不由禮，弗之得矣」者，心由内所識是可節，❶是禮也。言若外欲觀察萬物，而心不由禮，則察物不能得也。「故曰：禮也者，物之致也」者，引舊語結察物必須禮也。致，猶至極也。無禮既不爲民物敬信，故禮所以爲萬物之至極也。❷是故昔先王之制禮也，因其財物而致其義焉爾。故作大事必順天時，大事，祭祀也。《春秋傳》曰：「啓蟄而郊，龍見而雩，始殺而嘗，閉蟄而烝。」爲朝夕必放於日月，日出東方，月生西方。❸爲高必因丘陵，謂冬至祭天於圓丘之上。爲下必因川澤。謂夏至祭地於方澤之中。是故天時雨澤，君子達亹亹焉。達，猶皆也。亹亹，勉勉也。君子愛物，見天雨澤，皆勉勉勸樂。**疏**正義曰：此一節論必因其財物之性而事天地。「因其財物而致其義焉爾」者，財物，猶云才性也。禮既爲一切萬物之至極，故聖人制禮，因萬物之才性而致其義也。「故作大事必順天時」者，自此以下，皆因財物之事也。但財物大莫過於天，❹故順天時而起也。順於天時，其事在下。「爲朝夕必放於日月」者，亦順天時也。「爲朝」，謂天子春分之旦朝日於東門之外也。「爲夕」，謂天子秋分之夕祀月於西門之外也。日是陽，故朝旦用事；月爲陰，故夕晚用事也。日旦出自東方，故於東方而朝之。月初生，出自西方，故於西方而祀之。朝禮有東西之異，是放法於日月之始。「爲高必因丘陵」者，爲高，謂冬至祭皇天大帝耀魄寶也。丘陵，謂圓丘。天圓而高，故祭其天神

---

❶「心由内所識是可節」，浦鏜校云：「『心由』字疑誤倒。『是可』，疑『乃可』誤。」

❷「以」字原脱，據閩本、監本、毛本、殿本補。

❸「生」，阮校云，宋監本「生」改「出」。撫本「生」作「出」。張敦仁《考異》云作「出」是。

❹「財」，毛本作「萬」。

於圓丘之上也。是「爲高必因丘陵」也。 「爲下必因川澤」者，爲下，謂夏至祭崐崘之神也。川澤，方澤也。地方而下，故祭其神於方澤，是「爲下必因川澤」也。 「是故天時雨澤，君子達亹亹焉」者，達，猶皆也。亹亹，勉勉，勸樂之貌也。君子，謂天子也。天以高圓爲質，地以下方爲體，天子以愛物爲用。故天地感祭而降雨澤，天子皆愛物生而勉勉勸樂，所以與天地合德也。 注「大事」至「而烝」 正義曰：案成十三年《左傳》云：「國之大事，在祀與戎。」故知大事謂祭祀也。引《春秋傳》者，桓五年《左傳》文。云「啓蟄而郊」者，謂夏正建寅之月，蟄蟲啓户，郊祭天也。云「龍見而雩」者，謂建巳之月，龍星昏見而雩，祭天求雨也。云「始殺而嘗」者，謂建酉之月，陰氣始殺，而嘗祭宗廟也。云「閉蟄而烝」者，謂建亥之月，烝祭宗廟。烝，衆也。萬物皆成，可薦者衆。

是故昔先王尚有德，尊有道，任有能，舉賢而置之，聚衆而誓之。古者將有大事，必選賢誓衆，重事也。 是故因天事天，天高，因高者以事也。 因地事地，地下，因下者以事也。 因名山升中于天，名，猶大也。升，上也。中，猶成也。謂巡守至於方嶽，燔柴祭天，告以諸侯之成功也。《孝經説》曰「封乎泰山，考績燔燎；禪乎梁甫，刻石紀號」也。 因吉土以饗帝于郊。吉土，王者所卜而居之土也。饗帝於郊，以四時所兆祭於四郊者也。今漢亦四時迎氣，其禮則簡。 升中于天，而鳳皇降，龜龍假；功成而太平，陰陽氣和而致象物。 饗帝於郊，而風雨節，❶寒暑時。五帝主五行。五行之氣和，而庶徵得其序也。五行：木爲雨，金爲暘，火爲燠，水爲寒，土爲風。 是故聖人南面而立，而天下大治。南面立者，視朝。 疏 正義曰：上經論作大事必順天時，故此經明舉賢任能，敬事天地，遂致龜龍降集，寒暑順時。 「尚有德」者，謂貴尚有德之人。 「尊有道」者，謂尊崇有道之士。 「任有能者」，謂使任有能之衆。 「舉賢而置之，聚衆而誓之」者，謂至將祭之時，選舉賢能，置之在於祭位，則「射以擇士」是也；而又聚集其衆而誓戒之，則「其有不恭，則服大刑」是也。 「是故因天事天」者，謂因天體之高，以高處以事天，則上文「爲高

❶「節」，《唐石經》無。阮校、張敦仁《考異》、馮登府《唐石經考異》、汪文臺《識語》皆以爲本無「節」字。疏同。

必因丘陵」是也。「因地事地」者，地體卑下，因卑下之處以事地，則前文「爲下必因川澤」是也。「因名山升中于天」者，此還因天事天，但事天非在一所，此謂封禪之時。中，成也。謂天子巡守至方嶽之下，因此有名之大山，升進諸侯成功之事以告於天。「因吉土以饗帝于郊」者，此謂祭五方之帝，因其所卜吉土以爲都，饗祭五方之帝於都之四郊。「升中于天，而鳳皇降，龜龍假」者，假，至也。此覆説上文「升中于天」。以天下大平，故鳳皇隨德而降，龜龍感化而至。「饗帝于郊，而風雨節，寒暑時」者，覆説前文「因吉土以饗帝」。以陰陽順序，故風雨應節，寒暑順時。然上「因天事天，因地事地」，是圓丘、方澤不有感致者，以圓丘、方澤等未大平之時，未能感致，故不云「升中于天」。此是大平之後，故致鳳皇與龜龍。吉土饗帝，雖未大平，已行此禮，但功成之後，陰陽彌更順之，故舉以言焉。❶若據大平饗帝，則致時和，自然圓丘方澤大平之時，致祥瑞可知。「是故聖人南面而立，而天下大治」者，以其尚德尊賢，奉天事地，陰陽既合，❷嘉瑞並來。以是之故，聖人但南面而立，朝夕視朝，而天下大治。**注**「名猶」至「號也」　正義曰：大山，謂方嶽也。「巡守至於方嶽，燔柴祭天，告以諸侯之成功也」，此謂封禪也。大平乃封禪，其封禪必因巡守而爲之。若未大平，但巡守而已。其未大平，巡守之時，亦燔柴以告至。故《王制》説天子巡守必先柴。若大平巡守之時，初到方嶽亦燔柴。告至之後，乃考諸侯功績，又封土爲壇，更燔柴祭天，告諸侯之成功也。此唯泰山爲之，餘嶽則否。其巡守，則每嶽皆至也。而皇氏云：「大平乃巡守。」案《詩・頌・時邁》：「巡守告祭柴望。」《時邁》，武王之詩，而有巡守之禮。武王未大平，何得云「太平乃巡守」？其義非也。云《孝經説》曰」至「刻石紀號」，皆《孝經緯》文也。「封乎泰山」者，謂封土爲壇，在於泰山之上。「考績燔燎」者，謂考諸侯功績，燔柴燎牲以告天。「禪乎梁甫」者，禪，讀爲墠，謂除地爲墠，在於梁甫，以告地也。梁甫，是泰山之旁小山也。「刻石紀號也」者，謂刻石爲文，紀録當代號謚。案《白虎通》云：「王者易姓而起，必升封泰山何？報告之義。所以必於泰山何？萬物之所❸交代之處也。必於其上何？因高告高，順其類。故升封者，增高也。

❶「舉」，原作「奉」，據阮本、阮校改。
❷「既」，監本、毛本、殿本作「相」。
❸「所」，陳立《白虎通疏證》校改作「始」。

下禪梁甫之基，廣厚也。刻石紀號者，著己之功迹以自勸也。增泰山之高以報天，附梁甫之基以報地。或曰封者，金泥銀繩，或曰石泥金繩，封之印璽。故孔子曰：『封泰山，❶觀易姓而王，可得數者七十有餘』。三皇禪於繹繹之山，五帝禪於亭亭之山，三王禪於梁甫之山。繹繹，無窮之意。禪于有德者，而居之無窮已。亭亭者，制度審諦，道德著明。梁甫者，梁，信也；甫者，輔也。信輔天地之道。」今案《書説》：「禪者，除地爲墠。」而《白虎通》云「以禪讓有德」，其義非也。案《史記·封禪書》，齊桓公欲行封禪，管仲諫止，辭云：「自古封禪七十二家，夷吾所識十有二焉。昔有無懷氏封泰山，禪云云；伏犧氏封泰山，禪云云；神農、炎帝、黄帝、顓頊、帝嚳、堯、舜、禹、湯、周成王，皆封泰山，唯禹禪會稽，成王禪社首，其餘皆禪云云。」云云者，亦泰山旁小山名也。但《白虎通》與《史記》禪處不同，未知孰是也。《白虎通》又云：「王所以巡守何？巡者，循也。守者，收也。❷謂循行天下，收人道德。大平，恐遠近不同，政化幽隱，有不得其所者，故必自行之，謹敬重民之至也。」熊氏云：「大平乃巡守。」其義非也，已難於上。注「吉土」至「則簡」　正義曰：「饗帝於郊，以四時所兆祭於四郊者也」，謂木帝於東郊，火帝於南郊，金帝於西郊，水帝於北郊，土帝亦於南郊。又王者各祭感生之帝於南郊，故《小宗伯》云「兆五帝於四郊」，謂此也。注「五帝」至「爲風」　正義曰：「五帝主五行」者，即蒼帝靈威仰之屬，分主五行，各主七十二日。故《坤靈圖》云「五帝：東方木，色蒼，七十二日」云云是也。云「庶徵得其序也」者，即《尚書·洪範》「八曰念用庶徵」。庶，衆也。徵，驗也。謂衆行得失之驗。云「五行：木爲雨，金爲暘，火爲燠，水爲寒，土爲風」者，案《洪範》曰：「肅，時雨若。曰乂，時暘若。曰哲，時燠若。曰謀，時寒若。曰聖，時風若。」是五行之氣各有所主也。鄭義五行所主如此也。❸**天道至教，聖人至德。**目下事也。**廟堂之上，罍尊在阼，犧尊在西；廟堂之下，縣鼓在西，應鼓在東。**禮樂之器尊西也。小鼓謂之應。犧，《周禮》作「獻」。**君在阼，夫人在房。**人君尊東也。天

❶「封」，《白虎通·封禪》作「升」是也。

❷「收」，阮本作「牧」，陳立《白虎通疏證》同。下「謂循行天下收人」之「收」放此。

❸「鄭」字原漶滅，據阮本補。

子、諸侯有左右房。**大明生於東，月生於西。此陰陽之分，夫婦之位也。**大明，日也。**君西酌犧象，夫人東酌罍尊，**象日出東方而西行也，月出西方而東行也。《周禮》曰：「春祠夏禴，祼用雞彝、鳥彝，皆有舟。其朝踐用兩獻尊，其再獻用兩象尊，皆有罍，諸臣之所酢。」**禮交動乎上，樂交應乎下，和之至也。**言交乃和。**疏**正義曰：此一節明天道用教以示人，聖人則放之以爲德，故君立於阼以象日，夫人在西房以象月。「天道至教」者，謂天垂日月以示人以至極而爲之教。

「聖人至德者，」聖人法天之至極而爲德。「廟堂之上，罍尊在阼，犧尊在西」者，「罍尊在阼」，謂夫人所酌也。「犧尊在西」，謂君所酌也。❶「廟堂之下，縣鼓在西，應鼓在東」者，縣鼓，謂大鼓也，在西方而縣之。應鼓，謂小鼓也，在東方而縣之。熊氏云：「此謂諸侯時祭所用之禮，故罍尊夫人所酌也。若天子之祭，則罍尊在堂下。故《禮運》云：『澄酒在下。』酒，謂三酒，在堂下。《司尊彝》云：『皆有罍，諸臣之所酢。』則君不酌罍也。」案《大射禮》：「建鼓在阼階西，南鼓。應鼙在其東。一建鼓在其南，東鼓。朔鼙在其北。一建鼓在西階之東，南面。」《大射禮》是諸侯之法，此亦諸侯之禮。所以大鼓及應所縣不同者，熊氏云：「《大射》謂射禮也，此謂祭禮也。是諸侯之法雖同，諸侯祭、射有異。」案《大射》注云：「應鼙，應朔鼙也。」又云：「便其先擊小，後擊大也。」以此言之，則朔鼙、應鼙，皆在大鼓之旁。先擊朔鼙，次擊應鼙，乃擊大鼓。以其相近，故云「便」也。以其稱「朔」，朔，始也，故知先擊朔鼙。以其稱「應」，故知「應朔鼙」也。又《大射》稱「建鼓」，此云「縣鼓」，《大射》應鼓既在大鼓之旁，此「應鼓在東」，乃與縣鼓別縣者，皆謂祭與射別也。「君西酌犧象，夫人東酌罍尊」者，案上云「罍尊在阼」，當阼階堂上而設之；則「犧尊在西」，當西階堂上而陳之。❷故君於阼階，西鄉，酌犧尊；夫人於西房之前，東鄉，酌罍尊。「禮交動乎上」者，謂君與夫人酌獻之禮交相動於堂上也。「樂交應乎下」者，謂縣鼓、應鼓相應在於堂下。「和之至也」者，謂堂之上下，禮樂交相應會，和諧之至極也。**注**「禮樂」至「作獻」 正義曰：「禮樂之器尊西也」者，鄭據此經而論犧尊貴於罍尊，而犧尊在西；縣鼓大於應鼓，而縣鼓

❶「酌」字原漶滅，據阮本補。

❷「當」，原作「堂」，據阮本改。

在西，故云「禮樂之器尊西」。云「犧，《周禮》作『獻』」者，案《周禮・司尊彝》「兩犧尊」，字作「兩獻尊」，鄭云：「獻，讀爲犧。」 注「人君」至「右房」 正義曰：此以經云「君在阼，夫人在房」，故云「人君尊東」。云「天子、諸侯有左右房」者，以卿大夫以下唯有東房，故《鄉飲酒》、《鄉射》尊於房户間，❶賓主夾之，無西房也。知「天子、諸侯有左右房」者，以《士喪禮》主婦髽于室，在主人西。《喪大記》「君之喪，❷婦人髽，帶麻于房中」，亦當在男子之西，故彼注亦云「則西房也」。又《顧命》云「天子有左右房」，此云「夫人在房」，又云「夫人東酌罍尊」，是西房也。故云「天子、諸侯有左右房」。 注「象日」至「所酢」 正義曰：引《周禮・司尊彝》者，證罍尊與此經中「夫人東酌罍尊」不同，❸故引以明之，見其不同之意。❹春祠夏禴，祼用雞彝、鳥彝之屬」，其義具於《明堂》疏，於此略之。

禮也者，反其所自生。自，由也。制禮者本己所由得民心也。**樂也者，樂其所自成。**作樂者，緣民所樂於己之功。舜之民樂其紹堯而作《大韶》，湯、武之民樂其濩伐而作《濩》、《武》。**是故先王之制禮也以節事，**動反本也。**脩樂以道志。**勸之善也。**故觀其禮樂，而治亂可知也。**國亂禮慢而樂淫也。**蘧伯玉曰：「君子之人達。」**觀其禮樂則知治亂也。蘧伯玉，衛大夫也，名瑗。**故觀其器而知其工之巧，觀其發而知其人之知。**禮樂亦猶是也。**故曰：君子慎其所以與人者。**將以是觀。❺

疏 正義曰：前經明禮樂相交，故此經更論先王制禮樂以節事道志，化民治下也。「禮也者，反其所自生」者，自，由也。言王者制禮，各反其本業所由生以制禮也。猶若殷、周爲民除害，以得民心，初生王業，其制禮，還以得民心之事而爲禮本。「樂也者，樂其所自成」者，自，亦由也。言王者制樂，樂己所由成者以制樂。若殷周之等，民樂其用武，除殘討惡，以成王業，故作樂以尚其威武也。但禮之

❶「間」，原作「聞」，據阮本改。
❷「大」，原作「是」，據殿本、衛氏《集説》及浦鏜、潘宗周二家校改。
❸「罍尊與」三字原漶滅，據阮本補。
❹「同之」二字原漶滅，據阮本補。
❺「是」，撫本作「見」，《考文》引古本、足利本同。張敦仁《考異》云作「見」者是。

與樂，俱是象其王業所由，但禮據王業之初，樂據王業之末。但大平功成，治定之後，制禮本論其初，故云「反其所自生」，作樂論其末，故云「樂其所自成」。　「是故先王之制禮也以節事」者，以禮爲反本，故用禮以節萬事，動皆反本。以初生王業，用此禮以得民心，故用民心之義，以節事宜。　「脩樂以道志」者，王者脩治所作之樂，以道達己志。由己用此樂以成王業，故脩正其樂以勸道己志，使行之不倦。　「故觀其禮樂，❶而治亂可知也」者，若能以禮節事，以樂道志，則國治也。若不以禮節事，不以樂道志，則國亂也。故云「治亂可知也」。　「蘧伯玉曰：君子之人達」者，達，謂通達。言有德君子，自達義理，觀其禮樂，則知治亂。蘧伯玉先有此言，故記者引之，結成治亂可知之事。　「故觀其器而知其工之巧」者，此又以工匠之事譬喻禮樂。觀其器之善惡而知工匠巧拙，器善則工巧，器惡則工拙。　「觀其發而知其人之知」者，此又以人事譬喻禮樂。觀其人之發動所爲，而知其人之有知。若發而皆中，則知有知；若發而不中，則知無知。禮樂亦猶是也。若禮正而樂和，則知其國治；若禮慢而樂淫，則知其國亂也。　「故曰：君子慎其所以與人者」，禮樂既爲人之所觀，以此之故，君子治國，以謹慎其所以與人相接者，謂禮樂之事。此禮樂者，謂與人交接之具，故慎之，言將以見觀之。　**注**「自由」至「心也」　正義曰：「制禮者本己所由得民心」者，若舜，元由能紹堯之功，得民心而初王業至，❷制禮之時，還基本初時得民心之事而制禮。若舜質素，初則陶於河濱，後制禮則尚質素。故《考工記》云「有虞氏尚陶」是也。禹則治水，始立溝洫。後制禮，則尚其工匠之事，「夏后氏尚匠」是也。湯則以桀荒淫，器物失所。湯以制禮樂之器而得民心，「殷人尚梓」是也。周武王以紂昏淫，尊卑無敘，故尚文物車服之屬而得民心，「周人尚輿」是也。此皆本其所以得民心是也。　**注**「作樂」至「濩武」　正義曰：「作樂者，緣民所樂於己之功」者，樂章功成之事，己之功成，人之所樂，故云「所樂於己之功」也。「舜之民樂舜紹堯而作《大韶》」，湯、武之民樂其濩伐而作《濩》、《武》者，此亦因其所由，與禮不異。但禮雖治定乃作，則本其初始得民心之時；樂以成功乃爲，即歌當時喜樂之事，所以與禮異也。但禮是初始得民心而已，樂

❶「禮」字原脱，據殿本、阮本補。

❷「初王業至」，阮本作「而初王業全」，殿本、庫本作「後王業全」，疑殿本、庫本是。

是樂其末，故其民心樂紹堯，❶樂其濩伐。注「動反本也」 正義曰：王者治國，動皆反本，萬事皆以禮節之。注「勸之善也」 正義曰：經云「脩樂以道志」，樂是功成之極，故王者作樂之後，恒脩治此樂，以勸道己志，行善不忘，故云「勸之善也」。大廟之内敬矣：君親牽牲，大夫贊幣而從；納牲於庭時也，當用幣告神而殺牲。君親制祭，夫人薦盎；親制祭，謂朝事進血膋時。所制者，制肝洗於鬱鬯，以祭於室及主。君親割牲，夫人薦酒；親割，謂進牲孰體時。卿大夫從君，命婦從夫人。洞洞乎其敬也！屬屬乎其忠也！勿勿乎其欲其饗之也！勿勿，猶勉勉也。納牲詔於庭，血毛詔於室，羹定詔於堂。三詔皆不同位，蓋道求而未之得也。肉謂之羹。道，猶言也。設祭于堂，設祭之饌於堂，人君禮然。爲祊乎外，祊，祭明日之繹祭也。謂之祊者，於廟門之旁，❷因名焉。其祭之禮，既設祭於室，而事尸於堂。孝子求神，非一處也。《周禮》曰：「夏后氏世室，門堂三之二，室三之一。」《詩·頌·絲衣》曰：「自堂徂基。」故曰：「於彼乎？於此乎？」不知神之所在也。

疏正義曰：此一節論祭宗廟之事。「大廟之内敬矣」者，舉大祫之祭，故云「大廟」，其實諸廟亦皆敬矣。此章所論，謂侯伯子男祭廟之禮。「君親牽牲，大夫贊幣而從」者，此謂祼鬯既訖，君出廟門以迎牲，牽牲而入，納於庭之時也。於時須告神以殺牲，大夫則贊佐執幣而從君，君乃用幣以告神。「君親制祭，夫人薦盎」者，此謂殺牲已畢，進血腥之時，斷制牲肝，❸洗於鬱鬯，入以祭神於室。於此之時，夫人薦盎齊以獻之。侯伯子男之君，朝踐，君不獻，故「夫人薦盎」。「君親割牲，夫人薦酒」者，謂薦孰時，君親割牲體。於時君亦不獻，故「夫人薦酒」。「卿大夫從君，命婦從夫人」者，謂制祭割牲之時，則卿大夫從君也；薦盎、酒之時，命婦從夫人也。「洞洞乎其敬也」者，洞洞，質慤之貌。言君與夫人、卿大夫之等，皆容貌洞洞然，其爲恭敬也。「屬屬乎其忠也」者，屬屬，專一之貌。其心則屬屬然，專一盡其忠誠也。「勿勿乎其

❶「樂」，殿本、阮本「樂」下有「其」字。
❷「門」，浦鏜從疏校，「門」下補「外」字。
❸「斷」，浦鏜從衛氏《集説》校，「斷」上補「君」字。

欲其饗之也」者，勿勿，猶勉勉也。言中心勉勉乎，欲望神之歆饗。　「納牲詔於庭」者，詔，告也。謂牲入在庭，以幣告神，故云「詔於庭」。　「血毛詔於室」者，謂殺牲取血及毛，入以告神於室。　「羹定詔於堂」者，羹，肉湆也。定，孰肉也。謂煮肉既孰，將欲迎尸、主入室，乃先以俎盛之，告神於堂，是薦孰未食之前也。　「三詔皆不同位，蓋道求而未之得也」者，道，言也。所以三詔皆不同位者，蓋言求而未之得也，故於三處告之。　「設祭于堂」者，謂薦腥、爓之時，設此所薦饌在於堂。　「爲祊乎外」者，祊，謂明日繹祭，在廟門之旁，謂之祊。言爲此祊祭在於廟門外之西也。　「故曰：於彼乎？於此乎」者，以其不知神之所在，或祭之於堂，或祭之於外，不知此神於彼堂乎？於彼室乎？於此祊乎？以古語有此，故記者引以結之。

注「納牲」至「殺牲」　正義曰：下云「納牲詔於庭」，此有「大夫贊幣」，故知「納牲於庭時，用幣以告神」。　注「親制」至「及主」　正義曰：「親制祭，謂朝事進血膋時」者，案《郊特牲》云：「取膟膋燔燎升首，報陽也。」又《祭義》「取膟膋」之後，又「爓祭，祭腥」，則膟膋所用，在腥、爓之前，故知血膋是朝事時也。云「所制者，制肝洗於鬱鬯」者，約漢禮而知也。　知「祭於室及主」者，《郊特牲》云「詔祝於室」是也。　注「親割」至「體時」　正義曰：皇氏以爲「謂薦孰之時，進牲之孰體也」。熊氏《禮》本「牲」爲「腥」也，謂「薦腥體，孰體。薦腥體，謂朝踐薦腥時；孰體，謂饋食薦孰時」。案經文「君親制祭，夫人薦盎；君親割牲，夫人薦酒」。薦酒、薦盎既不得同時，則割牲何得薦腥兼薦孰？熊氏之説非也。　注「肉謂之羹」　正義曰：《爾雅·釋器》文。　注「設祭」至「禮然」　正義曰：知者，《特牲》、《少牢》皆設饌在奥，此言「設饌於堂」，故知「人君禮」也。　注「祊祭」至「徂基」　正義曰：此云「爲祊乎外」，稱外，故知「明日繹祭」也。《郊特牲》云「索祭祝于祊」，不云「外」，故鄭彼注不云「明日繹祭」也。云「謂之祊者，於廟門外之旁，因名焉」者，以《釋宫》云「廟門謂之祊」，❶今曰繹祭，❷在廟門外之西旁，因以廟門爲稱，故云「因名焉」。云「其祭之禮，既設祭於室，而事尸於堂」者，以正祭設饌在室，故知繹祭亦設饌在室。案《有司徹》上大夫賓尸，坐尸侑於堂，酌而獻尸，故知人君繹祭亦事尸於堂也。但卿大夫賓尸禮略，不設祭於室，又不在廟門，異於君也。云

❶「廟」，阮校云：「浦鏜云：『廟』，衍字。」

❷「曰」，原作「日」，據閩、監、毛本改。

「夏后氏世室，門堂三之二，室三之一」者，證廟門之旁有室有堂也。又引《詩·頌·絲衣》之篇者，證繹祭在堂事尸也。《絲衣》之篇，論繹祭之時，從堂上往於堂下之基，故云「自堂徂基」。**注**「不知神之所在也」　正義曰：案《郊特牲》云：「不知神之所在，於彼乎？於此乎？」此文唯云「於彼乎？於此乎」？故鄭引彼上文爲注，以會此文，明是一也。

一獻質，謂祭群小祀也。三獻文，謂祭社稷、五祀。五獻察，察，明也。謂祭四望、山川也。七獻神。謂祭先公。**疏**正義曰：此一節明祭諸神獻數之差，取義各别。　「一獻質」者，謂祭群小祀，最卑，但一獻而已，其禮質略。　「三獻文」者，謂祭社稷、五祀，其神稍尊，比群小祀禮儀爲文飾也。　「五獻察」者，謂祭四望、山川，其神既尊，神靈明察。　「七獻神」者，謂祭先公之廟，禮又轉尊，神靈尊重也。**注**「謂祭」至「先公」　正義曰：鄭知然者，案《周禮·司服職》，玄冕一章，「祭群小祀」，故知一獻當祭群小祀；絺冕三章，「祭社稷、五祀」，故知三獻「祭社稷、五祀」也；毳冕五章，「祀四望、山川」，故知五獻「祭四望、山川」也；鷩冕七章，「享先公」，故知七獻「祭先公」也。案此社稷三獻，卑於四望、山川，而《大宗伯職》云「以血祭社稷、五嶽」，❶又《大司樂》「祭社稷，奏大蔟；祀四望，奏姑洗」，又《禮緯》云「社稷牛角握，五嶽四瀆角尺」，以此言之，則社稷尊於四望、山川，而獻與衣服卑者，熊氏云：「獻與衣服，從神之尊卑。其餘處尊者，以其有功，與地同類，故進之在上。從國中之神，❷莫貴於社稷之類，直以功見尊，其實卑也。以是地别神，故不爲尊也。」

大饗，其王事與！盛其饌與貢，謂祫祭先王。三牲、魚腊，四海九州之美味也。籩豆之薦，四時之和氣也。此饌，諸侯所獻。内金，示和也。此所貢也。内之庭實，先設之。金從革，性和。荆、楊二州貢金三品。束帛加璧，尊德也。貢享所執致命者。君子於玉比德焉。龜爲前列，先知也。龜，知事情者，陳於庭，在前。荆州納錫大龜。金次之，見情也。金炤物。金有兩義。先入後設。丹、漆、絲、纊、竹、箭，與衆共財也。萬民皆有此物。荆

❶ 「祭」，衛氏《集説》「祭」字重，與《周禮·大宗伯》合。

❷ 「從」，浦鏜從衛氏《集説》校，「從」改「也」，屬上讀。

州貢丹，兖州貢漆、絲，豫州貢纊，揚州貢篠、簜。**其餘無常貨，各以其國之所有，則致遠物也。**其餘，謂九州之外夷服、鎮服、蕃服之國。《周禮》：「九州之外，謂之蕃國，世一見，各以其所貴寶爲摯。」周穆王征犬戎，得白狼、白鹿，近之。**其出也，《肆夏》而送之，蓋重禮也。**出，謂諸侯之賓也。禮畢而出，作樂以節之。「肆夏」，當爲「陔夏」。

疏正義曰：此一節明天子大饗之事，諸侯各貢其方物，奉助祭之禮。「大饗，其王事與」者，饗，謂饗祭先王。饗中之大，謂祫也。「其王家之事與」，「與」是語辭也。諸侯雖有祫祭，不可致有九州之物，唯王者乃然，故云「其王事與」也。「三牲、魚腊，四海九州之美味也」者，言此等是諸侯所貢，故云「九州之美味」也。「籩豆之薦，四時之和氣也」者，此亦諸侯所貢，實於籩豆，是四時和氣所生，故云「四時和氣」也。「内金，示和也」者，謂諸侯所貢，納金以爲庭實，示其柔和也，以金能從革故也。「束帛加璧，尊德也」者，謂朝而行享之時，以束帛加璧於上，尊崇其德也。以君子之德，與玉相似，故尊之也。「龜爲前列，先知也」者，此謂布庭實之時，龜在衆物之前而爲列，先其有知也。以龜有靈知，故云「先知也」。「金次之，見情也」者，陳列此金，次在龜後。所以次在龜後者，以金能炤物，露見其情。「丹、漆、絲、纊、竹、箭，與衆共財也」者，龜、金之後，布陳丹之與漆也、絲也、纊也、竹也、箭也，與天下衆人共有此財。故諸侯之朝來而貢之，❶陳列在下。「其餘無常貨，❷各以其國之所有，則致遠物也」者，知以上所陳，謂九州之内諸侯。此言「其餘」者，謂九州之外。其於四海之國，無常貢之貨，各以其國之當時所有而貢之，則招致遠物也。「其出也，《肆夏》而送之，蓋重禮也」者，《肆夏》，當爲《陔夏》。其諸侯之賓，禮畢而出，去則奏《陔夏》之樂而送之，蓋貴重於禮。雖禮畢而出，猶《陔夏》而戒之，使不失禮。

注「盛其」至「先王」　正義曰：「盛其饌」者，即三牲、魚腊，籩豆是也。「貢」者，則「内金示和、龜爲前列」之屬是也。「謂祫祭先王」者，以有三牲、魚腊，則非祭天；以内金布庭實，又非饗賓，饗賓時無此庭實故也。知非朝而貢物謂之大饗者，以朝而貢物，不名大饗。《孝經》云：「四海之

❶「故諸侯之朝來而貢之」，衛氏《集説》作「故諸侯來朝而貢之」義勝。

❷「其」上原有「一」字，據阮本删。

内，各以其職來助祭。」故知此大饗是祫祭也。以饗中最大，故稱大饗。注「此所」至「三品」　正義曰：知爲「庭實」者，《左傳》云：「庭實旅百，奉之以玉帛。」故知金爲庭實。今先設金者，發首先云「内金」，故知先設金。云「荆、楊二州貢金三品」者，《禹貢》文，鄭注以爲金銀銅。❶三品者，三色也。注「貢享」至「德焉」　正義曰：知「束帛加璧」行享之時所執致命者，《覲禮》文也。云「君子於玉比德焉」者，謂諸侯執玉來貢，欲自勗勵，以玉比德。又示敬王，以玉比王。注「龜知」至「大龜」　正義曰：龜能豫知吉凶，故云「知事情」。云「陳於庭，在前」者，據與所陳衆物，最在前，仍在馬之後。故《覲禮》「匹馬卓上，九馬隨之」，鄭注云：「初享以馬若皮，然後乃陳龜、金、竹、箭之等」是也。注「金炤」至「後設」　正義曰：「金炤物」者，解經「見情」。「金有兩義」者，一示和，二是見情，故云「兩義」。云「先入後設」者，此經先云「内金示和」，是先入；陳在龜後，是「後設」。注「萬民」至「篠簜」　正義曰：「荆州貢丹，兖州貢漆、絲，豫州貢纊，揚州貢篠、簜」，皆《禹貢》文也。注「其餘」至「近之」　正義曰：「其餘，謂九州之外夷服、鎮服、蕃服之國」者，案《周禮·大行人》陳六服之貢，乃云「九州之外，謂之蕃國，各以其所貴寶爲摯」。其六服之外，於九州言之，唯有夷、鎮、蕃三服是九州之外也。云「周穆王征犬戎，得白狼、白鹿，近之」者，案《周語》，穆王征犬戎，祭公謀父諫，不從，遂往征之，得四白狼、四白鹿。言「近之」者，彼因征而得，非因貢而來，故云「近之」。近者，謂近其貴寶也。注「出謂」至「陔夏」　正義曰：「肆夏，當爲陔夏」者，案《大司樂》云：「王出入奏《王夏》，尸出入奏《肆夏》，牲出入奏《昭夏》。大饗不入牲，其他皆如祭祀。」今破爲《陔夏》者，以《大司樂》之文，大饗諸侯，則諸侯出入奏《肆夏》。此經是助祭之後無筭爵，禮畢客醉而出，宜奏《陔夏》。故《燕禮》、《大射》賓出奏《陔夏》，明不失禮也。**祀帝於郊，敬之至也。**言就而祭之，不敢致也。**宗廟之祭，仁之至也。**仁，恩也。父子主恩也。**喪禮，忠之至也。**謂哭踊袒襲也。**備服器，仁之至也。**謂小斂、大斂之衣服，葬之明器。**賓客之用幣，義之至也。**謂來賻賵。**故**

❶「銀」，阮校云：「段玉裁校本『銀』改『者』字是也。以三品爲金、銀、銅，乃《書》孔傳及王肅説耳，非鄭義也。」

君子欲觀仁義之道，禮其本也。言禮有節於內，可以觀也。疏正義曰：此一節揔明祭祀、死喪、賓客之等，所以禮爲備具，人道之至也。　「祀帝於郊，敬之至也」者，天尊彌遠，祭之宜極盡於敬，故云「敬之至也」。「宗廟之祭，仁之至也」者，宗廟主親，祭之必極盡於仁愛，故云「仁之至也」。　「喪禮，忠之至也」者，親戚之喪，必盡忠心追念，故云「忠之至也」。　「備服器，仁之至也」者，此亦據喪禮。備此小斂、大斂之衣服，及葬之明器，亦是仁愛之親，故云「仁之至也」。　「賓客之用幣，義之至也」者，此亦謂喪禮。賓客用幣帛以相賻賵，於事合宜，故云「義之至也」。　「故君子欲觀仁義之道，禮其本也」者，言君子欲觀其人行仁義之道，必須用禮爲其本。若行合於禮，則有仁義；若不合於禮，則無仁義：故云「禮其本也」。案前文有仁、有義、有敬、有忠，此不言「敬」與「忠」者，舉「仁義」則「忠敬」可知也。

君子曰：「甘受和，白受采，忠信之人可以學禮。苟無忠信之人，則禮不虛道。是以得其人之爲貴也。」道，猶由也，從也。疏正義曰：前文觀仁義之道，禮爲其本。此經明學禮之人，唯須必有忠信。　「甘受和，白受采」者，記者舉此二物，喻忠信之人可得學禮。甘爲衆味之本，不偏主一味，故得受五味之和。白是五色之本，❶不偏主一色，故得受五色之采。以其質素，故能包受衆味及衆采也。❷　「忠信之人可以學禮」者，心致忠誠，言又信實，質素爲本，不有雜行，故「可以學禮」也。　「苟無忠信之人，則禮不虛道」者，苟，猶誠也。道，猶從也。言人若誠無忠信爲本，則禮亦不虛空而從人也。言雖學禮而不得也。　「是以得其人之爲貴也」者，其人，即忠信之人也。學禮得忠信之人，則是禮道爲貴也。

孔子曰：「誦《詩》三百，不足以一獻。一獻之禮，不足以大饗。大饗之禮，不足以大旅。大旅具矣，不足以饗帝。誦《詩》三百，喻習多言而不學禮也。大旅，祭五帝也。饗帝，祭天。毋輕議禮。」謂若誦《詩》者，不可以强言禮。疏正義曰：此一節明禮之爲貴，貴於衆事。　「誦《詩》三百，不足以一獻」者，假令習誦此《詩》，雖得三百篇之多，若不學禮，此誦《詩》之人不

❶「之」字原漶滅，據阮本補。
❷「受」字原漶滅，據阮本補。

足堪爲一獻之祭。言一獻祭群小祀，不學禮則不能行也。「一獻之禮，不足以大饗」者，言雖習一獻小祀，其禮既小，不堪足以行大饗之禮。大饗，謂祫祭宗廟也。「大饗之禮，不足以大旅」者，大饗其禮雖繁，仍是去人不遠，其禮可知。大旅是摠祭五帝，天與人道隔，其禮轉難，故雖能行大饗之禮，不堪足以行大旅事天。「大旅具矣，不足以饗帝」者，大旅雖摠祭五帝，是有故而祭，其禮簡略，不如饗帝正祭之備，故云「大旅具矣，不堪足以正饗天帝」，謂郊祭天也。故《典瑞》云：「四圭有邸，以祀天，旅上帝。」是祀天重於旅帝。又《郊特牲》云：「郊之祭，大報天而主日。」是郊爲祭天之重。「毋輕議禮」者，若不學於禮，無得輕脱論議于禮。猶如誦《詩》三百篇，不能行小祀禮也。**注**「大旅」至「祭天」　正義曰：知「大旅，祭五帝」者，案《典瑞》云：「兩圭有邸，以祀地，旅四望。」與上「四圭有邸，以祀天，旅上帝」，其文相對。「祀地」云「旅四望」，則知上云「旅上帝」是旅五帝也。云「饗帝，祭天」者，經既云「大旅」，又云「饗帝」，是饗帝與大旅不同，故知此「饗帝」是常祀祭天也。鄭直云「祭天」，則感生之帝與圓丘，俱包之也。

子路爲季氏宰，宰，治邑吏也。季氏祭，逮闇而祭，日不足，繼之以燭。謂舊時也。雖有强力之容，肅敬之心，皆倦怠矣。以其久也。有司跛倚以臨祭，其爲不敬大矣。偏任爲跛，依物爲倚。他日祭，子路與，室事交乎户，堂事交乎階，質明而始行事，晏朝而退。室事，祭時。堂事，儐尸。孔子聞之，曰：「誰謂由也而不知禮乎！」多其知禮。**疏**正義曰：前經既明禮爲其重，故記者引子路能行禮之事。「季氏祭，逮闇而祭」者，逮，及也。言季氏祭於宗廟，逮至日闇而行祭禮。「日不足，繼之以燭」者，謂祭祀未終，日已昏没，故云「日不足」。禮事未畢，❶故繼日明而以燭也。「有司跛倚以臨祭」者，以其事久，有司倦怠，故皆偏跛邪倚於物臨於祭祀，其爲不敬甚大矣。「他日祭，子路與」者，言往舊以來，所祭之時，恒皆如此。「他日」，謂別日。其後別日而祭，子路與在行禮之中。「室事交乎户」者，室事，謂正祭之時，事尸在室，故云「室事」。「交乎户」，外人

❶「禮」，殿本、庫本、阮本作「祀」。

將饌至户，内人於户受饌，設於戸前，相交承接在於户也。「堂事交乎階」者，謂正祭之後，儐尸之時，事尸於堂，故云「堂事」。「交乎階」，謂在下之人送饌至階，堂上之人於階受取，是「交乎階」。「質明而始行事，晏朝而退」者，質，正也。晏，晚也。謂正明之時，而始行事，朝正嚮晚，禮畢而退。言敬而能速也。「孔子聞之，曰：誰謂由也而不知禮乎」者，子路好勇，時人多不尚其所爲，故孔子以此明之。「誰謂由也而不能知禮乎」，❶言其知禮也。以其禮從宜，寧可禮略而敬，不可禮煩而怠也。

禮記正義卷第三十三

❶「能」，衛氏《集説》無「能」字。

禮記正義卷第三十四

國子祭酒上護軍曲阜縣開
國子臣孔穎達等奉勑撰

郊特牲第十一

正義曰：案鄭《目録》云：「名《郊特牲》者，以其記郊天用騂犢之義。此於《別録》屬《祭祀》。」

郊特牲而社稷大牢，天子適諸侯，諸侯膳用犢，諸侯適天子，天子賜之禮大牢，貴誠之義也。故天子牲孕弗食也，祭帝弗用也。犢者，誠慤未有牝牡之情，是以小爲貴也。孕，任子也。《易》曰：「婦孕不育。」大路繁纓一就，先路三就，次路五就。此因小説以少爲貴者。《禮器》言「次路七就」，與此乖，字之誤也。郊血，大饗腥，三獻爓，一獻孰，至敬不饗味而貴氣臭也。血、腥、爓，祭用氣。諸侯爲賓，灌用鬱鬯，灌用臭也。大饗尚腶脩而已矣。亦不饗味也。此大饗，饗諸侯也。

疏 正義曰：此一節論小、少及薄味爲貴。各依文解之。

既以郊祭名篇，先儒説郊，其義有二。案《聖證論》以「天體無二，郊即圜丘，圜丘即郊」。鄭氏以爲天有六天，丘郊各異。今具載鄭義，兼以王氏難。鄭氏謂天有六天，天爲至極之尊，其體秖應是一，而鄭氏以爲六者，指其尊極清虚之體，其實是一，論其五時生育之功，❶其別有五。以五配一，故爲六天。據其在上之體，謂之天。天爲體稱，故《説文》云：「天，顛也。」因其生育之功，謂之帝。帝爲德稱也，故《毛詩傳》云：「審諦如帝。」故《周禮·司服》云：「王祀昊天上帝，則大裘而冕。祀五帝亦如之。」五帝若非天，何爲同服大裘？又《小宗伯》云：「兆五帝於四

❶「時生」二字，原作墨丁，據阮本補。

郊。」《禮器》云：「饗帝於郊，而風雨寒暑時。」帝若非天，焉能令風雨寒暑時？又《春秋緯》「紫微宫爲大帝」，又云「北極耀魄寶」，又云「大微宫有五帝坐星。青帝曰靈威仰，赤帝曰赤熛怒，白帝曰白招拒，黑帝曰汁光紀，黄帝曰含樞紐」。是五帝與天帝六也。❶又五帝亦稱上帝。故《孝經》曰「嚴父莫大於配天，則周公其人也」，下即云「宗祀文王於明堂，以配上帝」。帝若非天，何得云「嚴父配天」也？而賈逵、馬融、王肅之等，以五帝非天，唯用《家語》之文，謂「大皞、炎帝、黄帝五人帝之屬」，其義非也。又先儒以《家語》之文，王肅私定，非孔子正旨。又王肅以郊、丘是一而鄭氏以爲二者，案《大宗伯》云「蒼璧禮天」，《典瑞》又云「四圭有邸以祀天」，是玉不同。《宗伯》又云「牲幣各放其器之色」，則牲用蒼也；《祭法》又云「燔柴於泰壇，用騂犢」，是牲不同也。又《大司樂》云：「凡樂，圜鐘爲宫，黄鐘爲角，大蔟爲徵，姑洗爲羽。冬日至，於地上之圜丘奏之，若樂六變，則天神皆降。」上文云：「乃奏黄鐘，歌大吕，舞《雲門》以祀天神。」是樂不同也。故鄭以爲蒼璧、蒼犢、圜鐘之等，爲祭圜丘所用；以四圭有邸、騂犢及奏黄鐘之等，以爲祭五帝及郊天所用。王肅以《郊特牲》「周之始郊，日以至」，與圜丘同配以后稷。鄭必以爲異，圜丘又以帝嚳配者，鄭以「周郊，日以至」，自是魯禮，故注《郊特牲》云：「周衰禮廢，儒者見周禮盡在魯，因推魯禮以言周事。」鄭必知是魯禮，非周郊者，以宣三年「正月，郊牛之口傷」，是魯郊用日至之月。案周郊祭天，大裘而冕。《郊特牲》云：「王被衮，戴冕璪十有二旒。」故知是魯禮，非周郊也。又知圜丘配以帝嚳者，案《祭法》云：「周人禘嚳而郊稷。」「禘嚳」在「郊稷」之上，稷卑於嚳，以明禘大於郊。又《爾雅》云：「禘，大祭也。」大祭莫過於圜丘，故以圜丘爲禘也。圜丘比郊，則圜丘爲大，《祭法》云「禘嚳」是也。若以郊對五時之迎氣，則郊爲大。故《大傳》云：「王者禘其祖之所自出。」故郊亦稱禘。其宗廟五年一祭，比每歲常祭爲大，故亦稱禘也。以《爾雅》唯云「禘」爲大祭，是文各有所對也。后稷配天，見於《周頌》。故《思文》云：「思文后稷，克配彼天。」周若以嚳配圜丘，詩頌不載者，后稷周之近祖，王業所基，故配感生之帝，有勤功用，故詩人頌之。嚳是周之遠祖，爲周無功，徒以遠祖之尊，以配遠尊天帝，故《詩》無歌頌。或可《詩》本亦有也，但後來遺落。故正考甫得商之遺《頌》十二篇，至孔子之時，唯五篇

❶「天」，原作「大」，據閩、監、毛本及殿本改。

而已。以此言之，明《詩》有遺落也。皇氏云：「天有六天，歲有八祭。冬至圓丘，一也；夏正郊天，二也；五時迎氣，五也，通前爲七也；九月大饗，八也。雩與郊禖爲祈祭，不入數。」崔氏以「雩爲常祭，九也」。凡祭天，其服皆大裘，《周禮·司服》文。其尸服亦大裘。故《節服氏》云「郊祀裘冕，送逆尸」是也。其樂，除圓丘所用圜鐘爲宫之外，皆奏黄鐘，歌大吕，舞《雲門》。故《大司樂》云：「乃奏黄鐘，歌大吕，以祀天神。」注云「天神，謂五帝及日月星辰也。王者又各以夏正月祀其所受命之帝於南郊」是也。其玉，圓丘用蒼璧，夏正郊天用四圭有邸。其五時迎氣，東方用青圭，南方用赤璋，西方用白琥，北方用玄璜。其中央無文，先師以爲亦用黄琮，熊氏以爲亦用赤璋。鄭注《宗伯》云：「璧圓，象天。琮八方，象地。圭鋭，象春物初生。半圭曰璋，象夏物半死。琥猛，象秋嚴。半璧曰璜，象冬月閉藏，❶地上無物，唯天半見。」其牲幣各放其玉之色。案天色玄而用蒼犢者，但天色雖玄，遠望則蒼，取其遠色，故用蒼也。其祭天之器，則用陶、匏。陶，瓦器，以薦菹醢之屬。故《詩·生民》之篇，述后稷郊天云「于豆于登」，注云：「木曰豆，瓦曰登。」是用薦物也。匏，酌獻酒。故《詩·大雅》美公劉云「酌之用匏」，注云：「儉以質。」祭天尚質，故酌亦用匏爲尊。皇氏云：「祭天用宗廟犧尊。」皇氏又云：「祭天既用犧尊，其陶匏者，是盛牲牢之器。」今案陶匏所用，如上所陳。而皇氏以「匏爲盛牲之器」，義無此理，其説非也。其祭天之處，冬至則祭於圓丘。圓丘所在，雖無正文，應從陽位，當在國南。故魏氏之有天下，營委粟山爲圓丘，在洛陽南二十里。然則周家亦在國南，但不知遠近者。其五時迎氣，則在四郊。故《小宗伯》云：「兆五帝於四郊。」鄭云：「春迎青帝於東郊，夏迎赤帝於南郊，季夏迎黄帝亦於南郊，❷秋迎白帝於西郊，冬迎黑帝於北郊。」《司馬法》：「百里遠郊。」鄭注《書序》云：「近郊半遠郊，去國五十里，謂今河南、洛陽相去則然。」是天之郊去國皆五十里也。其夏正祭感生之帝，亦於南郊。知者，《孝經緯》云「祭帝於南郊，就陽位」是也。其雩祭五天帝，亦於國城南。故鄭注《論語》云「沂水在魯城南，雩壇在其上」是也。其九月大饗五帝，則在明堂。鄭《駁異義》云：「明堂在國之南，丙巳之地，三里之外，七里之内。」其圓丘之祭，崔氏云：「其初，先燔柴及牲玉於丘訖，次乃埽

❶「月」，孫詒讓《校記》云：「《周官》注無『月』字。」
❷「夏」字原漶滅，據阮本補。

丘下而設正祭。若夏正及五郊，初則燔柴及牲玉於壇。故《祭法》云：『燔柴於泰壇，祭天也。』次則於壇下埽地而設正祭。故《禮器》云「至敬不壇，埽地而祭」是也。其所配之人，虞、夏、商、周，用人各異。文具《祭法》。圓丘之祭，周人則以嚳配之，《祭法》「禘嚳」是也。其感生之帝，則以后稷配之。五時迎氣及雩祭，則以五方人帝配之。九月大饗五帝，則以五人帝及文、武配之。以文王配五天帝則謂之祖，以武王配五人神則謂之宗。」崔氏云：「皆在明堂之上，祖、宗通言。故《祭法》云『祖文王』。文王稱祖。《孝經》云『宗祀文王於明堂』，是文王稱宗。文王既爾，則武王亦有祖、宗之號，故云『祖、宗通言』。」其祭天之樂，皆用雷鼓。故《鼓人》云「以雷鼓鼓神祀」是也。其圓丘之祭，皇氏云：「祭日之旦，王立丘之東南，西鄉，燔柴及牲玉於丘上，升壇以降其神。故《韓詩内傳》云『天子奉玉升柴，加於牲上』，《詩》又云『圭璧既卒』，是燔牲玉也。次乃奏圜鐘之樂，六變以降其神。天皇之神爲尊，故有再降之禮。次則埽地而設正祭，置蒼璧於神坐以禮之。其在先燔者，亦蒼璧也。次則以豆薦血、腥。祭天無祼。故鄭注《小宰》云：『唯人道宗廟有祼。天地大神，至尊不祼，莫稱焉。』然則祭天唯七獻也。故鄭注《周禮》云：『大事于大廟，備五齊、三酒。』則圓丘之祭，與宗廟祫同。朝踐，王酌泛齊以獻，是一獻也。后無祭天之事，大宗伯次酌醴齊以獻，是爲二獻也。王進爵之時皆奏樂，但不皆六變。次薦孰，王酌盎齊以獻，是爲三獻也。宗伯次酌醍齊以獻，是爲四獻也。次尸食之訖，王酌朝踐之泛齊，是爲五獻也。❶又次宗伯酌饋食之醍齊以獻，是爲六獻也。次諸臣爲賓長，❷酌泛齊以獻，是爲七獻也。以外皆加爵，非正獻之數。其尸酢王以清酒，酢宗伯以昔酒，酢諸臣以事酒。其祭感生之帝，則當與宗廟禘祭同，唯有四齊，無泛齊，又無降神之樂，唯燔柴升煙一降神而已。王朝踐獻以醴齊，宗伯亞獻以盎齊。次饋孰，王獻以醍齊，宗伯又獻以沈齊。尸食訖，王獻以朝踐之醴齊，宗伯獻以饋孰之沈齊。諸臣爲賓長，亦獻以沈齊，不入正數。其五時迎氣，與宗廟時祭同。其燔柴以降神及獻尸，與祭感生之帝同，但二齊醴、盎而已。諸臣終獻，亦用盎齊。」從上至此，皆皇氏所説。皇氏以圓丘之祭，賓長終獻，不取沈齊而取泛者，以《禮運》約之，沈齊當在堂丘下，❸不可用之，故更上取泛齊。案《禮運》沈齊在廟堂之下，尚得酌之升堂以獻。

❶「獻」字原漶滅，據阮本補。
❷「爲」字原漶滅，據阮本補。
❸「沈齊當在堂丘下」，王國維校云：當作「沈齊當在堂下」。

又皇氏祭感生帝及五時迎氣，沈齊亦在壇下，賓長皆得用之升壇以獻，何爲圜丘沈齊獨不可用乎？若以圜丘高遠，不可下取沈齊，凡齊，泛、醴爲尊，盎、醍爲卑，賓長終獻，秖可以次用醍齊，何得反用泛齊乎？今謂圜丘賓長之獻用沈齊也。以其賓長是臣，助祭終獻，遠下於君，故從丘下酌沈齊。又崔氏云：「以清酒酢王，昔酒酢后。」案《司尊彝》云：「皆有罍，諸臣之所酢也。」鄭注云：「酌罍以自酢，不敢與王之神靈共尊。」罍盛三酒，唯云「諸臣所酢」，不云「酢王、酢后」，崔氏所説，於義疑也。皇氏於此經之首，廣解天地百神用樂委曲及諸雜禮制，繁而不要，非此經所須，又隨事曲解，無所馮據，今皆略而不載。其必有所須者，皆於本經所須處各隨而解之。他皆倣此。熊氏云：「四時迎氣及諸神小祀等，並有降神之樂，則《大司樂》『分樂而序之』以下降神正祭，同用其樂。」亦是一義也。然此「郊特牲」以下至「降尊以就卑」，文承《禮器》之下，覆説以少爲貴之事。郊所以用特牲者，郊，謂於南郊祭感生之帝。但天神至尊，無物可稱，故用特牲。郊與配坐皆特牲。故下文云「養牲必養二」，「帝牛不吉，以爲稷牛」。❶又《召誥》云「用牲于郊，牛二」是也。然祭天初有燔燎，後有正祭，皆須有牲。故《大宗伯》云：「實柴祀日、月、星辰。」鄭司農云：「實牛柴上也。」鄭康成云：「實牲體焉。」郊唯特牲，得供燔燎、正祭二處所用者，熊氏、皇氏等以爲「分牲體供二處所用，❷其實一特牲也」。而《月令》郊禖用大牢者，彼是求子之祭，❸不與常祭同，故不用犢。《我將》祀文王於明堂，經云「維羊維牛」者，據文、武配祭，得用大牢也。若孔安國之義，后稷配天，亦用大牢。故《召誥》云：❹「后稷貶於天，有羊豕。」案《羊人》云：「釁、積，共其羊牲。」注云：「積，積柴。」則祭天用羊者，熊氏云：「謂祭日月以下，故燔燎用羊也。」祭日月以下既用羊，《小司徒》云：「凡小祭祀，奉牛牲。」鄭注云：「小祭祀，王玄冕所祭。」然則王者之祭，無不用牛。又《禮緯》云：「六宗、五嶽、四瀆之牛角尺。」則日月以下之祀皆用牛者，蓋日月以下，常祀則用羊，王親祭則用牛。故《小司徒》注云

❶「故下文」至「稷牛」，浦鏜校，改作「故下文云『帝牛不吉，以爲稷牛』，注云『養牲必養二』」。按浦校是也。

❷「二」，原作「三」，據殿本、阮本改。

❸「是」，原作「尋」，據殿本、阮本改。

❹「故召誥云」，案：下引文乃《召誥》孔傳語，非《召誥》正文。

「玄冕所祭」，據王親祭也。此「郊特牲」指用而言，故下文云「用騂犢」。故《牧人》云：「陽祀，用騂牲毛之。」注云：「陽祀，祭天於南郊及宗廟。」以此約之，夏、殷以上祭感生之帝，各用其正之色。其迎五方之帝，其牲，上已備陳。帝牛、稷牛，其牲雖異，其色宜同。凡配祭之人，牲與天同色也。其四月大雩，九月大饗，其天及配人，其牲各依當方之色。其文、武汎配則用大牢，其牲色無文，周人尚赤，當用騂也。《論語》云：「敢用玄牡，敢昭告于皇皇后帝。」注云：「帝，謂大微五帝。❶用玄牡者，彼謂告祭也。」其四鎮、五嶽之等，各用當方之色。故《牧人》云：「望祀，各以其方之色牲毛之。」若尋常山川，時祭以下，則用純物，不隨四方之色；若國外表貉、磔禳之等，則用雜色。故《牧人》云：「凡時祀之牲，則用牷物。凡外祭毀事，用尨可也。」其常祀之牲，則皆用牡。祈禱之祭，或用牝，❷唯孟春禁之。故《月令》「孟春犧牲，無用牝」。其日月以下及五祀之等，常祀用羊，王親祭則用牛。具如前説。「而社稷大牢」者，社，五土揔神。稷是原隰之神。功及於人，人賴其功，故以大牢報祭。其牲則黝色。《牧人》云：「陰祀，用黝牲。」注云：「陰祀，祭地北郊及社稷也。」則神州亦用黝牲也。其崐崘地秖用黄犢。故《大宗伯》「黄琮禮地，牲幣各放其器之色」是也。其社稷與神州，其樂用大蔟與應鍾。故《大司樂》云：「乃奏大蔟，歌應鍾，以祭地祇。」注云：「謂神州之神及社稷。」其玉，神州則用兩圭有邸。其社稷無文，崔氏云：「玉當與神州同，用兩圭有邸，以四望亦用兩圭故也。」其服，社稷則絺冕。神州與崐崘，服無明文。崔氏云：「用大裘。爲崐崘之神，玉則用黄琮。鄭注《宗伯》：『琮八方，象地。』其樂則用函鍾爲宫。故《大司樂》云『凡樂，函鍾爲宫，大蔟爲角，姑洗爲徵，南吕爲羽。夏日至，於澤中之方丘奏之。若樂八變，則地示皆出，可得而禮矣』是也。其夏至祭方澤之禮，齊、酒、獻數與圜丘同。其神州獻數與夏正郊天同。而社稷之祭，尊用大瓦罍，三獻。」文具崔氏《義宗》，於此煩而不録也。「天子適諸侯，諸侯膳用犢」謂天子巡守至諸侯之國，諸侯致膳於天子則用犢也。「諸侯適天子，天子賜之禮大牢」謂諸侯朝天子，天子賜之禮用大牢。熊氏云：「大牢者，則《掌客》云『殷膳大牢』，非是飱積饔餼之等。」皇氏云：

❶「大」，原作「天」，據阮本、魏氏《要義》改。

❷「牝」，原作「牡」，據殿本、阮本改。下「故《月令》孟春犧牲無用牝」同。

「此直云『大牢』，則揔包饗飱殯積之等。雖牢數多少有異，皆用大牢也。」今謂此經説以小爲貴，天子少而諸侯多，又「膳」文與「殷膳」同，則熊氏、皇氏，未知孰是也。

「貴誠之義也」　釋郊所以用特牲，天子所以膳用犢之意。郊之特牲，亦是犢也。貴此犢未有牝牡之情，貴其誠慤之心，故云「貴誠之義也」。然社稷及諸侯大牢，非是貴誠而載之者，言「社稷大牢」，以明郊用特牲；言「諸侯大牢」，以明天子用犢，顯其「貴誠」也，不取大牢之意。　「故天子牲孕弗食也，祭帝弗用也」　天子尊極，貴其誠慤之心，故因上起下之辭，是以云「故」。**注**「《易》曰：婦孕不育」　正義曰：此《易·漸卦》九三爻辭云：「夫征不復，婦孕不育。」案《漸卦》艮下巽上，九三上與九五互體爲《离》，《离》爲大腹，❶孕之象也。又互體爲《坎》，《坎》爲丈夫，《坎》爲水，水流而去，是「夫征不復」也。夫既不復，則婦人之道顛覆，故孕而不育。引之者，證經「孕」是懷任之意也。

「大路」至「五就」　因貴誠重小，故説以少爲貴也。大路，殷祭天車也。用以祭天，故曰大路。五采一成曰就。天質慤，故止一就也。故《明堂位》云「大路，殷路」是也。「先路三就」者，先路，亦殷路也。殷則三路，其世猶質，故以少飾爲先。「先」，相「次」爲言，對「次」故稱「先」也。每加以兩：大路一，先路三也，次路故五就也。**注**「禮器」至「誤也」　正義曰：今此經「大路一就，先路三就，次路五就」，是節級相降以二。案《禮器》「大路一就，次路七就」，無「先路」之文。若以先路爲三，則於「次路七就」非加兩之差；若以先爲五，則於「大路一就」又非加兩之差。故知此經「次路五就」爲是，《禮器》云「次路七就」爲誤也。

「郊血」至「臭也」　因貴少，更説不貴味也。所進、血腥，如《禮器》中説。崔氏云：「《周禮》之法：郊天，燔柴爲始；宗廟，以祼地爲始；社稷，以血爲始；小祀，疈辜爲始。此云『郊血，大饗腥，三獻爓，一獻孰』者，謂正祭之時，薦於尸坐之前也。」「至敬不饗味而貴氣臭也」者，此解「郊血」義。血，氣也。夫孰食有味，味者爲人道，人道卑近。而天神尊貴，事宜極敬，極敬不褻近，故用血也。用血是貴氣而不重味，❷故云「貴氣臭也」。而宗廟敬降於天，故用腥。腥稍近味。社又降於宗廟，故用爓，爓又稍近味。　「諸侯」至「已矣」　此一經亦明貴氣義也。「諸侯爲賓，灌用鬱鬯」者，灌，猶獻也。謂諸侯來朝，在廟

❶「大」，原作「火」，據阮本改。
❷「重」，衛氏《集説》作「貴」。

中行三享竟，然後天子以鬱鬯酒灌之也。故《大行人》云：「上公之禮，廟中將幣三享，王禮再祼而酢。侯伯之禮，廟中將幣三享，王禮壹祼而酢。諸子、諸男之禮，廟中將幣三享，王禮壹祼不酢。」鄭注云：「王禮，王以鬱鬯禮賓也。禮者，使宗伯攝酌圭瓚而祼，王既拜送爵，又攝酌璋瓚而祼，后又拜送爵，是謂再祼。再祼，賓乃酢王也。禮侯伯一祼而酢者，祼賓，賓酢王而已，后不祼也。禮子男一祼不酢者，祼賓而已，不酢王也。」「灌用臭也」者，覆説諸侯爲賓，灌用鬱鬯之意。鬱鬯是臭，故云「灌用臭也」。此亦明貴氣之禮。「大饗尚腶脩而已矣」者，謂諸侯行朝享及灌以後，而天子饗燕食之也。若上公，則三饗、三食、三燕；若侯伯，則再饗、再食，再燕；若子男，則壹饗、壹食、壹燕也。南本或云「侯伯亦三饗」，誤也。其行饗之時，雖設大牢之饌，于時先薦腶脩于筵前，然後始設餘饌，故云「尚腶脩而已矣」。此亦明不饗味之義也。注「此大」至「侯也」　正義曰：以文承上「大饗腥」之下，上「大饗」謂祫祭，恐此「大饗」者亦是祫祭，故云「饗諸侯」也。必知饗諸侯者，以此經前云「諸侯爲賓」，下云「大饗，君三重席而酢焉」，皆論待諸侯之事，故以爲「饗諸侯」也。

大饗，君三重席而酢焉。言諸侯相饗，獻酢禮敵也。三獻之介，君專席而酢焉。此降尊以就卑也。三獻，卿大夫來聘，主君饗燕之。以介爲賓，賓爲苟敬，則徹重席而受酢也。專，猶單也。疏正義曰：此一節論尊卑之席。各依文解之。此「大饗」，謂諸侯相朝，主君饗賓，賓主禮敵，故主君設三重之席而受酢焉。注「言諸」至「敵也」　正義曰：知非諸侯朝天子，天子饗之，而云「諸侯相饗」者，以經云「君三重席而酢」。三重席是諸侯之禮，而又稱「君」，故知「諸侯相饗」也。案《周禮·司几筵》「諸侯莞筵紛純，加繅席畫純」，止有二席，得爲「三重」者，皇氏云：「三重者，有四席爲三重，謂鋪莞筵三，上加繅席一。」熊氏以爲「席之重數，異於棺也。三重，止三席也。」云「獻酢禮敵也」者，以賓與主人，俱是諸侯，並有三重之席，無所降下。對下「三獻之介，君專席而酢」，降尊就卑之義，是尊卑不敵也，故此云「獻酢禮敵也」。「三獻」至「卑也」　此謂諸侯遣卿來聘，卿禮三獻。其副既是大夫，與卿爲介，謂之「三獻之介」。此介是大夫，大夫席雖再重，今爲介，降一席，秖合專席。主君若受此介之酢爵，雖是諸侯，應合三重之席，必徹去重席，單席而受此介之酢爵焉。所以然者，降諸侯之尊，以就介之卑故也。**注**「三獻」至「單也」　正義曰：「三獻，卿大夫」者，以五等諸侯有九獻、七獻、五獻，故五等諸侯之卿皆三獻也。大夫，卿之摠號。若春秋之時，則與此禮有異。若霸國之卿，❶則禮同子男。故昭元年「鄭人饗趙孟，具五獻籩豆」，杜元凱云：「朝聘之制，大國之卿五獻。」其侯伯次國，其卿與大國大夫同。故昭六年季武子如晉，晉人享之，武子辭云：「下臣得貺，不過三獻。」杜云「大夫三獻」是也。云「來聘，主君饗燕之，以介爲賓，賓爲苟敬」者，案《燕禮記》云：「若與四方之賓燕，賓爲苟敬，席于阼階之西，北面。其介爲賓。」注云：「主國君饗時，親進醴于賓。今燕，又宜獻焉。❷人臣不敢褻煩尊者，至此升堂而辭讓，欲以臣禮燕，爲恭敬也。於是席之，如獻諸公之位。言苟敬者，賓實主國所宜敬。」如鄭此言，則燕時「賓爲苟敬」，饗時則否。今此注云「饗燕之，賓爲苟敬」，連言「饗」者，因「燕」而連言「饗」，其實饗時，賓自爲賓，不爲苟敬也。案《燕禮》注：「介門西北面，西上。公降，迎上介以爲賓，揖讓升。乃命宰夫爲主人，獻賓於西階上。其有媵爵，群臣入即位，如《燕禮》。」案《禮》，主人與賓俱升自西階，主人酌於賓，筵前獻賓。賓西階上拜，筵前受爵，反位。主人賓右拜送爵。賓就筵，祭酒，西階上卒爵，以酢主人。主人於賓右北面受酢。此是使宰夫爲主人與賓相獻之禮也。據《燕禮》之文，唯有賓酢主人，無賓酢主君之禮。今此主君專席而受賓酢者，案《燕禮》無賓酢公禮，至於説屨升堂坐之後，賓降洗，升，媵觚于公，公受賓爵，飲以賜下。此云「受酢」，蓋謂此也。或可燕己臣子，賓不酢公。若與鄰國賓燕，以介爲賓，賓得酢公也。但禮不具耳。皇氏以「介爲賓，宰夫爲主人。賓與主人席於西階上，主人在東，賓在西，俱北面。又席主君於堂中，南面」。今案鄭注《燕禮》，主君迎上介爲賓，宰夫爲主人獻賓之後，如《燕禮》。如是，則事事如《燕禮》。案《燕禮》「筵賓于户西，南面；席公于阼階上，西面；胥薦主人于洗北，西面」。《燕禮》席位分明如此，而皇氏乃云「主人與賓俱席西階上，北面。主君堂中南面」，未審何所馮據以知之。

饗禘有樂，而食嘗無樂，陰陽之義也。凡飲，養陽氣也。凡食，養陰氣也。故春禘而

❶「霸」，阮本作「大」，閩、監、毛本同。
❷「宜」，浦鏜校云：當作「且」。

秋嘗，春饗孤子，秋食耆老，其義一也，而食嘗無樂。❶言義同，而或用樂，或不用樂也。此「禘」當爲「禴」，字之誤也。《王制》曰：「春禴夏禘。」飲，養陽氣也，故有樂。食，養陰氣也，故無聲。凡聲，陽也。**疏**正義曰：此一節論饗禘、食嘗有樂無樂之異。「饗禘有樂」者，饗，謂春饗孤子。禘，謂春祭宗廟也。以其在陽時，故有樂。「而食嘗無樂」者，食，謂秋食耆老。嘗，謂秋祭宗廟。以其在陰時，故無樂。「陰陽之義也」者，無樂爲陰，有樂爲陽，故云「陰陽之義也」。「凡飲，養陽氣也。凡食，養陰氣也」者，此覆釋上文「饗有樂而食無樂」之義。以飲是清虛，❷養陽氣，故有樂。而食是體質，養陰氣，故無樂。「故春禘而秋嘗，春饗孤子，秋食耆老」者，此明饗禘在春爲陽，食嘗在秋爲陰也。「其義一也」者，禘之與嘗，俱是追慕；饗之與食，同是賞功。其事無殊，故云「一也」。「而食嘗無樂」者，文承「秋食耆老」之下，以秋是陰時，故云「食嘗無樂」，重結之也。舉「食嘗無樂」，亦應重結「饗禘有樂」，不言者，略可知也。「飲，養陽氣也，故有樂」者，更覆釋上文「飲養陽氣，饗有樂」也。「食，養陰氣也，故無聲」者，覆釋上文「食養陰氣」故無樂也。「凡聲，陽也」者，釋所以「饗有樂，食無樂」。凡聲，是陽也。陽時爲饗，故有樂；陰時爲食，故無樂也。**注**「禘當」至「夏禘」　正義曰：依禮，三代無「春禘」之文，周則「春曰祠」，《王制》夏、殷之禮云「春曰禴」。今云春曰「禘」，故知「禘」當爲「禴」。此經所論，謂夏、殷禮也。熊氏云：「此夏、殷禮，秋嘗無樂。而下文云『殷人先求諸陽』，則秋嘗亦有樂者，謂殷人春夏祭時有樂，秋冬即無也。舉春見夏，舉秋見冬也。若周則四時祭皆有樂。故《祭統》云：『內祭則大嘗禘，升歌《清廟》，下管《象》』。是秋嘗有樂也。」案《王制》，夏后氏養老以饗禮，則夏家養老用春時，有樂，無秋食之禮。殷人養老以食禮，而秋時不作樂，無春饗之禮。周人脩而兼用之，則周人養老，春夏用饗禮，秋冬用食禮，四時皆用樂。故《文王世子》云：「凡大合樂，必遂養老。」注云：「春合舞，秋合聲。」下云養老之禮，「遂發咏焉，登歌《清廟》」，是秋時養老亦

❶「而食嘗無樂」，《欽定禮記義疏》卷三十六：「或云『而食嘗無樂』五字衍。」虞万里云：「五字與前面重複。確係多餘。」

❷「是」，原作「饗」，據阮本及衛氏《集説》改。

用樂也。皇氏云：「春是生養之時，故饗孤子，取長養之義。秋是成孰之時，故食耆老，取老成之義。」熊氏云：「春饗孤子，亦饗耆老；秋食耆老，亦食孤子。」而皇氏云：「此既破『禘』爲『禴』，故於《祭統》『春禘秋嘗』不復更破，❶從此可知也。」鼎俎奇而籩豆偶，陰陽之義也。籩豆之實，水土之品也。水土之品，言非人常所食。不敢用褻味而貴多品，所以交於旦明之義也。旦，當爲「神」，篆字之誤也。疏正義曰：此一節論鼎俎、籩豆所法陰陽之事。「鼎俎奇」者，以其盛牲體，牲體動物，動物屬陽，故其數奇。「籩豆偶」者，其實兼有植物，植物屬陰，故其數偶，故云「陰陽之義也」。「籩豆之實，水土之品也」者，謂籩豆所充實之物，皆是水土所生品類，非人所常食也。「不敢用褻味而貴多品」者，覆釋籩豆所以用水土品族之意。言不敢用褻美食味而貴重衆多品族也。何意如此？「所以交接神明之義也」。神道與人既異，故不敢用人之食味。神以多大爲功，故貴多品。「鼎俎奇」者，案《聘禮》，牛一，羊二，豕三，魚四，腊五，腸胃六，膚七，鮮魚八，鮮腊九也。是鼎九，其數奇也。又有陪鼎：膷一也，臐二也，膮三也，亦其數奇也。正鼎九，鼎別一俎，俎亦九也。又《少牢》陳五鼎：羊一，豕二，膚三，魚四，腊五。其腸胃從羊。五鼎五俎。又肵俎一，非是正俎也。《特牲》三鼎：牲鼎一，魚鼎二，腊鼎三。亦有三俎。肵俎一，非正俎，不在數。是皆「鼎俎奇」也。《有司徹》陳六俎者，尸及侑、主人、主婦各一俎，其餘二俎者，司馬以一俎羞羊肉湆，其一俎司士羞豕肉湆。此二者，益肉之俎也。此云「鼎俎奇」者，謂一處並陳。又「籩豆偶」者，案《掌客》云：「上公豆四十，侯伯三十二，子男二十四。」又《禮器》云：「天子之豆二十有六，諸公十有六，諸侯十有二，上大夫八，下大夫六。」案禮，籩與豆同，是「籩豆偶」也。《鄉飲酒義》「六十者三豆，七十者四豆，八十者五豆」，而奇數者，彼是年齒相次，非正豆也。《士喪禮》注「小斂一豆一籩」者，降於大斂，又不同於吉故也。《籩人》：「饋食之籩，棗、栗、桃、乾䕩、榛實。」凡有五物，似五籩者，熊氏云：「乾䕩之中有桃諸、梅諸，則爲六物，實六籩也。」賓入大門而奏《肆夏》，示易以敬也，

❶「祭統春禘秋嘗」，按：「春禘秋嘗」，《祭義》文。「祭統」，當作「祭義」。

賓，朝聘者。易，和説也。卒爵而樂闋。孔子屢歎之。美此禮也。奠酬而工升歌，發德也。以《詩》之義發明賓主之德。歌者在上，匏竹在下，貴人聲也。匏，笙也。樂由陽來者也，禮由陰作者也，陰陽和而萬物得。得，得其所。疏正義曰：此一節論朝聘之賓，及己之臣子有王事勞者，設燕饗之禮，奏樂之節。各依文解之。《饗禮》既亡，❶無可馮據。今約《大射》及《燕禮》解其奏樂及樂闋之節。案《大射禮》：主人納賓，賓是己之臣子，又無王事之勞，故賓入不奏《肆夏》。賓入及庭，公升即席，乃奏《肆夏》。於是主人引賓升，主人酌獻賓。賓拜受爵，坐，啐酒，拜告旨。樂闋。賓飲卒爵，酢主人。主人受酢畢，主人盥洗獻于公。公拜受爵，乃奏《肆夏》。公飲卒爵，拜，主人答拜。樂闋。主人洗爵，受酢於公。主人受酢畢，主人又盥洗，「媵觚于賓」，所謂酬也。主人飲畢，酌以酬賓。賓筵前受酬，奠于薦東，不舉。下大夫二人於阼階下媵爵於公，公取一大夫所媵爵以立飲，卒爵，酬賓。賓受爵，請於大夫。公許。賓以旅大夫于西階上。大夫受旅爵畢，主人洗，獻卿于西階上。獻卿徧，又二大夫媵爵於公，公又行一爵。若賓若長，唯公所賜。以旅于西階上。大夫受旅畢，主人又洗，升，獻大夫于西階上。大夫受獻畢，乃席工，升歌，歌《鹿鳴》三終。「主人獻工，乃管《新宫》」。此是《大射》賓入門至工升歌之節也。《燕禮記》云：「若以樂納賓，則賓及庭，奏《肆夏》。賓拜酒，主人答拜而樂闋。公拜受爵而奏《肆夏》。公卒爵而樂闋。」鄭注云：「卿大夫有王事之勞，則奏此樂。」此是己之臣子有王事之勞，賓及庭而奏《肆夏》也。其餘與《大射禮》同。以《大射禮》、《燕禮》而言，此云「賓入大門」，謂朝聘之賓行朝聘既畢，受燕饗之時，燕則大門是寢門也，饗則大門是廟門也。「而奏《肆夏》」，示易以敬也」者，樂主和易，今奏此《肆夏》大樂者，示主人和易，嚴敬於賓也。「卒爵而樂闋」者，賓至庭，樂作。乃至主人獻賓，❷賓受爵，啐酒，拜告旨，而樂止。賓飲訖，酢主人。主人受酢畢，主人獻公而樂作，公飲卒爵而樂止。是「卒爵而樂闋」也。此「卒爵」，謂兼賓及主君也。依《大射禮》，主人受酢不作樂。若其饗時，主君親獻賓，賓親酢主君，賓主俱作樂也。「孔子屢歎之」者，孔子見禮「入門

❶「亡」，原作「云」，據殿本、阮本改。
❷「乃」，殿本、庫本作「及」，疑是。

而縣興，卒爵而樂闋」，屢，數也，數數歎美此禮，善其和易恭敬之義。　「奠酬而工升歌」者，據《大射禮》，獻卿之後，大夫「媵觶於公」，所謂酬也。公奠置此酬而未舉，❶於時工升歌也。或可饗時主君親酬賓，賓初奠酬薦東，於時即工升歌也。《大射》與《燕禮》異也。❷「發德也」者，所以奠酬升歌，歌詠其《詩》，發明賓主之德。案《燕禮記》：❸「賓及庭，奏《肆夏》。」此「入大門」即奏肆夏者，熊氏云：「《燕禮》燕己之臣子，此謂朝聘之賓，故入即奏《肆夏》也。」皇氏云：「《鍾師》『奏九夏』：一曰《王夏》，《大司樂》云『王出入所奏』。二曰《肆夏》，《大司樂》云『尸出入所奏』。三曰《昭夏》，《大司樂》云『牲出入所奏』也。四曰《納夏》，注云『四方賓來所奏』也。五曰《章夏》，注云『臣有功所奏』也。六曰《齊夏》，注云『夫人祭所奏』也。七曰《族夏》，注云『族人侍所奏』也。八曰《祴夏》，注云『客醉而出所奏』也。九曰《驁夏》，❹注云『公出入所奏』也。」皇氏又云：「襄四年《左氏傳》云：『《三夏》，天子所以享元侯。《文王》、《大明》、《緜》，兩君相見之樂也。』《燕禮》『歌《鹿鳴》，合鄉樂』，凡合樂，降於升歌一等。王享燕元臣，❺升歌《三夏》。《三夏》即頌。合樂降一等，即合《大雅》也。元侯自相享，亦歌《頌》，合《大雅》。故《仲尼燕居》『兩君相見歌《清廟》』是也。侯伯子男相見，既歌《文王》，合《鹿鳴》也。準約元侯，則天子饗燕侯伯子男，亦歌《文王》，合《鹿鳴》也。諸侯燕臣子，『歌《鹿鳴》，合鄉樂』，《燕禮》是也。其天子燕在朝臣子，工歌《鹿鳴》，合鄉樂。故鄭作《詩譜》云「天子、諸侯燕群臣及聘問之賓，皆歌《鹿鳴》，合鄉樂」是也。」升歌、合樂所以異者，案《鄉飲酒禮》及《燕禮》，「工升自西階，歌《鹿鳴》、《四牡》、《皇皇者華》。歌訖，「笙入，立于堂下，奏《南陔》、《白華》、《華黍》。」奏訖，「乃間歌《魚麗》，笙《由庚》；歌《南有嘉魚》，笙《崇丘》；歌《南山有臺》，笙《由儀》」。間歌訖，「乃合鄉樂。《周南》：《關雎》、《葛覃》、《卷耳》；《召南》：《鵲巢》、《采蘩》、《采蘋》」。間者，謂堂上堂下，一歌一吹，更遞而作。合者，上下之樂並作。此其所以異也。皇氏云：「此經『卒爵樂闋』之義，主人受酢之時作樂。」今案《大射禮》，宰夫

❶「置」字原漶滅，據阮本補。
❷「也」字原作墨丁，據阮本補。
❸「案」字原作墨丁，據阮本補。
❹「驁」，原作「鷔」，據阮本改。
❺「臣」，孫詒讓《校記》云，「臣」，當爲「侯」。

爲主人，受酢之時，不作樂。皇氏説非也。皇氏又云：「卒爵而樂闋。凡樂三闋也：一是賓飲畢樂闋也，二是主人受酢飲畢樂闋也，三是賓奠酬之後，工升歌畢，將旅酬之時樂闋也。」今案此經，初云「入門而奏《肆夏》」，次云「卒爵而樂闋」，下云「奠酬而工升歌」。所陳之事，依先後次第，則樂闋之中，不得并數奠酬升歌樂闋也。且工升歌之後，則有笙入、奏《南陔》之等，及間歌、合樂，無「樂闋」之文，何得「卒爵樂闋」之中數之爲三闋？皇氏非也。案《鍾師》「九夏」，皆「夏」文在下。而南本《納夏》獨「夏」文在上，其義疑也。皇氏云：「天子燕饗己之臣子與燕饗諸侯，同歌《文王》，合《鹿鳴》。」今案《詩譜》云：「天子、諸侯燕群臣及聘問之賓，歌《鹿鳴》，合鄉樂。」皇説非也。「歌者在上，匏竹在下，貴人聲也」解所以不升笙之義也。匏，笙也。竹，篪、笛也。歌是人聲，人聲可貴，故升之在堂。匏竹可賤，故在堂下。然瑟亦升堂者，瑟工隨歌工故也。

「樂由」至「物得」　此因上有賓主禮樂之事，遂説禮樂之義。「樂由陽來者也」者，此明樂也。陽，天也。天氣化，❶故作樂象之。樂以氣爲化，是「樂由陽來者也」。氣化，謂五聲八音也。「禮由陰作者也」者，陰，地也。地以形生，故制禮象之。禮以形爲教，是「禮由陰作」也。形教，謂尊卑、大小、拜伏之事也。「陰陽和而萬物得」者，和，猶合也。得，謂各得其所也。若禮樂由於天地，天地與之和合，則萬物得其所也。

旅幣無方，所以别土地之宜，而節遠邇之期也。旅，衆也。邇，近也。**龜爲前列，先知也。以鍾次之，以和居參之也。**鍾，金也。獻金爲作器，鍾其大者。以金參居庭實之間，示和也。**虎豹之皮，示服猛也。束帛加璧，往德也。**

疏 正義曰：此一節明朝聘貨賄庭實之物。「旅幣無方」者，旅，衆也。幣，庭實也。衆國貢獻幣物，非止一方，故云「無方」。「所以别土地之宜」者，五方各殊，所出有異，所以分别土地所生之宜。「而節遠邇之期也」者，邇，近也。六服有遠近，或嬪或貨，所貢之屬，各有期也。「龜爲前列，先知也」者，此即「旅幣無方」之事也。龜是靈知之物，陳之於庭，則列龜最在前，故云「先知也」。「以鍾次之」者，鍾，金也。陳金則次於龜後也。不謂之爲「金」而謂之爲「鍾」者，貢金以供王之鑄

❶「天」，衛氏《集説》「天」下有「以」字。

器，器之大者，莫大於鐘，故言「以鐘次之」也。　「以和居參之也」者，解以金次龜義也。金性柔和，從時變革也。金列庭實，❶前龜後皮帛，以金參廁，❷居龜、帛之中間，故云「以和居參之也」。　「虎豹之皮，示服猛也」者，釋庭實有皮義也。虎豹是威猛之獸，今得其皮來列在王庭，❸是表示君臣之德能服四方之威猛者也。　「束帛加璧，往德也」者，解享用束帛，帛上又加璧之義也。玉以表德，今將玉加於束帛，或錦繡黼黻之上，是以表往歸於德故也。謂主君有德而往歸之。南本及定本皆作「往德」，北本爲「任德」，熊氏云「任用德」，恐非也。

庭燎之百，由齊桓公始也。僭天子也。庭燎之差，公蓋五十，侯、伯、子、男皆三十。**大夫之奏《肆夏》也，由趙文子始也。**僭諸侯。趙文子，晉大夫，名武。**疏**正義曰：自此以下，至「夷王以下」，揔論朝聘失禮之事。各隨文解之。

「庭燎之百」者，謂於庭中設火，以照燎來朝之臣夜入者，因名火爲庭燎也。禮，天子百燎，上公五十，侯、伯、子、男三十。齊桓公是諸侯而僭用百，後世襲之，是失禮從齊桓公爲始。**注**「僭天」至「三十」　正義曰：此數出《大戴禮》也。但崇翺問：❹「引《大戴禮》也，何以言蓋？」沈閣對曰：❺「言『蓋』無別意，猶如《禮運》云『仲尼之嘆，蓋嘆魯也』，亦無別意。」百者，皇氏云：「作百炬列於庭也。或云百炬共一束也。」**注**「僭諸」至「名武」　正義曰：案《大射禮》：「公升即席，奏《肆夏》。」《燕禮》云：「若以樂納賓，則賓及庭，奏《肆夏》。」是諸侯之禮。今文子亦奏之，故云「僭諸侯」。此謂納賓樂也。若登歌、下管，正樂則天子用《三夏》以饗元侯，元侯相與，❻亦得用之。《周禮》「九夏」，《王夏》者，天子所用。其餘八夏，諸侯皆得用之。其《陔夏》，卿大夫亦得用之。故《鄉飲酒》客醉而出，❼奏《陔夏》，但非堂上正樂所用也。

朝覲，大夫之私覿，非禮也。大夫執圭而使，所以申信也。其君

---

❶「金」，浦鏜校云：「『金』，當作『今』字。」今按：浦校是也。

❷「廁」字原漶滅，據阮本補。

❸「來」字原作墨丁，據阮本補。

❹「崇翺」，阮校引許宗彦云：「《曲禮》疏有『崇精』。」

❺「沈閣」，阮校引許宗彦云：「《月令》疏有『氾閣』。」

❻「與」，殿本、阮本作「饗」。

❼「鄉」，原作「卿」，據阮本、衛氏《集説》改。

親來，其臣不敢私見於主國君也。以君命聘則有私見。不敢私覿，所以致敬也。而庭實私覿，何爲乎諸侯之庭？非其與君無別。爲人臣者無外交，不敢貳君也。私覿是外交也。疏正義曰：此一節論大夫從君朝覲行私覿非禮之事。「朝覲，大夫之私覿，非禮也」者，朝覲，謂君親往鄰國行朝覲之禮，大夫從君而行，輒行私覿，是非禮也。「大夫執圭而使，所以申信也」者，既從君而行，不可私覿。若專使而出，則可爲之。故云「大夫執圭而使」，謂受命執圭，專使鄰國，得行私覿，所以申己之誠信也。「不敢私覿，所以致敬也」者，覆明從君而行，不敢行私覿，所以致敬於己君也。「而庭實私覿，何爲乎諸侯之庭」者，當周衰之後，有臣從君而行，設庭實，私覿於主國之庭。作記者譏之：庭實私覿，何得爲乎諸侯之庭？譏其與君無別也。「爲人臣者無外交，不敢貳君也」者，解所以從君而行，不敢私覿之意。爲人之臣，既無外交，唯專一事君。既從君而行，不敢貳心於他君，所以不行私覿之禮。注「其君」至「私見」　正義曰：案《聘禮》，臣出使，有私覿。今云「私覿，非禮也」，故知從君行也。且經云「朝覲」，是君親行之事。云「以君命聘則有私見」者，解經文「執圭而使，所以申信也」。約《聘禮》有私覿，故云「以君命聘則有私見」也。

大夫而饗君，非禮也。其饗君，由强且富也。大夫强而君殺之，義也，由三桓始也。❶三桓，魯桓公之子，莊公之弟公子慶父、公子牙、公子友。慶父與牙，通於夫人，以脅公。季友以君命鴆牙。後慶父弑二君，又死也。天子無客禮，莫敢爲主焉。君適其臣，升自阼階，不敢有其室也。明饗君非禮也。覲禮，天子不下堂而見諸侯。正君臣也。下堂而見諸侯，天子之失禮也，由夷王以下。夷王，周康王之玄孫之子也。時微弱，不敢自尊於諸侯。疏正義曰：大夫富强，專制於君，召君而饗之，非禮也。「大夫强而君殺之，義也」者，大夫强盛則干國亂紀，而君能殺之，是銷絕惡源，得其義也。「由三桓始也」者，從三桓以後，有能誅殺强臣，由三桓而來，故云「由三桓始也」。注「三桓」至「死也」　正義曰：案《春秋》，

❶「由三桓始也」，王引之云此句衍。詳《經義述聞》。

公子慶父、公子牙、公子友，皆莊公弟，是桓公子也。云「慶父與牙，通於夫人以脅公」者，案莊公二十七年「公子友如陳葬原仲」，《公羊》云：「辟内難。内難者何？公子慶父、公子牙通乎夫人，以脅公。」何休云：「公病，問後於牙。牙對曰：『魯一生一及，君已知之。』牙欲立慶父。」是脅公也。云「季友以君命鴆牙」者，案莊三十二年《左傳》云「公疾，問後於叔牙，對曰：『慶父材。』問於季友，對曰：『臣以死奉般。』公曰：『鄉者牙曰：慶父材。』成季使以君命命僖叔，待于鍼巫氏，使鍼季酖之」是也。「後慶父殺二君」者，❶莊公三十二年《左氏》云：「八月癸亥，公薨于路寢，子般即位。冬十月己未，共仲使圉人犖賊子般于黨氏。」閔二年：「秋八月辛丑，共仲使卜齮賊公于武闈。」是「弑二君」也。云「又死也」者，案《左氏》云：「成季以僖公適邾。共仲奔莒，乃入，立之。以賂求共仲于莒，莒人歸之。及密，使公子魚請，不許，哭而往。共仲曰：『奚斯之聲也。』乃縊。」是慶父「又死也」。案三桓之前，齊有公孫無知作亂，衛有州吁，宋有長萬，皆以强盛被殺，而云「由三桓始」者，熊氏云：「據魯而言，猶如《論語》云『十世、五世希不失矣』。三桓之後，若襄仲、季孫意如，雖强，君不能殺。據時有能殺者言之。」然此經注並《公羊》文，以《左氏傳》爲解耳。**注**「明饗君非禮也」 正義曰：「天子無客禮，莫敢爲主焉。君適其臣，升自阼階，臣不敢有其室」，臣既不敢爲主，「明饗君非禮」，結上文也。春秋之時，則有諸侯饗天子。故莊二十一年「鄭伯享王于闕西辟，樂備」，亂世，非正法也。 「覲禮」至「以下」 案《覲禮》，天子負斧依南面，侯氏執玉入，是「不下堂見諸侯」也。若春朝夏宗，則以客禮待諸侯，以車出迎。熊氏云：「春夏受三享之時，乃有迎法。」義或然也。故《齊僕》云：「各以其等爲車送逆之節。」注云「節，謂王乘車迎賓客及送相去遠近之數」是也。 「由夷王以下」者，夷王下堂而見諸侯，自此以後，或有然者，故云「以下」。**注**「夷王」至「子也」 正義曰：案《世本》：「康王生昭王，昭王生穆王，穆王生恭王，恭王生懿王。懿王崩，弟孝王立。孝王崩，懿王大子燮立，是爲夷王。」懿王是康王之玄孫，夷王是懿王之子，故云「玄孫之子」也。

諸侯之宫縣，而祭以白牡，擊玉磬、朱干設錫，冕而舞《大武》，乘大路，諸侯之僭禮也。言此皆天子之禮

❶「殺」，阮本作「弑」，與注合。

也。宫縣，四面縣也。干，盾也。錫，傅其背如龜也。《武》，萬舞也。白牡、大路，殷天子禮也。**臺門而旅樹，反坫，繡黼丹朱中衣，大夫之僭禮也。**言此皆諸侯之禮也。旅，道也。屏謂之樹。樹所以蔽行道。「管氏樹塞門」，塞猶蔽也。禮，天子外屏，諸侯内屏，大夫以簾，士以帷。反坫，反爵之坫也。蓋在尊南。兩君相見，主君既獻，於反爵焉。繡黼丹朱，以爲中衣領緣也。繡，讀爲「綃」。綃，繒名也。❶《詩》云：「素衣朱綃。」又云：「素衣朱襮。」襮，黼領也。**故天子微，諸侯僭；大夫强，諸侯脅。於此相貴以等，相覿以貨，相賂以利，而天下之禮亂矣。**言僭所由。**諸侯不敢祖天子，大夫不敢祖諸侯，而公廟之設於私家，非禮也，由三桓始也。**言仲孫、叔孫、季孫氏皆立桓公廟。魯以周公之故，立文王廟，三家見而僭焉。**疏**正義曰：此一節揔論諸侯及大夫奢僭强盛之事。❷各依文解之。「諸侯之宫縣」者，諸侯唯合軒縣，今乃有宫縣；又諸侯祭用時王牲，今用白牡；又諸侯擊石磬，今擊玉磬；又諸侯得舞《大武》，故《詩》云「方將萬舞」，宣八年「萬入去籥」是也，但不得朱干設錫，冕服而舞，今「朱干設錫，冕而舞《大武》」；諸侯合乘時王之車，今乃乘殷之大路。並是「諸侯僭禮」也。**注**「言此」至「禮也」　正義曰：案《小胥》「天子宫縣。」案文十三年《公羊傳》云「周公用白牡」，又《明堂位》云「祀周公於太廟，牲用白牡」。「擊玉磬」，則《皐陶謨》云「鳴球」是也。《祭統》云「朱干玉戚，冕而舞《大武》。」《明堂位》云「魯君孟春乘大路」。其《祭統》、《明堂位》所云，皆天子禮樂，特賜周公，故云「皆天子之禮」。魯唯文王、周公廟而得用之，若用於他廟，則爲僭也。若他國諸侯，非二王之後，祀受命之君而用之，皆爲僭也。云「錫，傅其背如龜也」者，《詩》云「鏤錫」，謂以金飾之，則此錫亦以金飾也。謂用金琢傅其盾背，盾背外高，龜背亦外高，故云「如龜」也。蓋見漢禮然也。白牡是殷之正色，「大路」與「白牡」同文，故知白牡大路是殷天子之禮也。「臺門」至「禮也」　此一經明大夫僭諸侯禮。「臺門」者，兩邊起土爲臺，臺上架屋曰臺門。「而旅樹」者，旅，道也。樹，立也。人君當門道立屏，蔽

❶「繒」，原作「繪」，據余本、撫本、岳本及阮本改。
❷「論」字原脱，據殿本、阮本補。

内外爲敬也。「反坫」者，反爵之坫也。若兩君相饗，則設尊兩楹間，坫在其南。坫以土爲之。「繡黼丹朱中衣」者，綃，繒也。黼，刺繒爲黼文也。丹朱，赤色，謂染繒爲赤色也。中衣，謂以素爲冕服之裏衣，猶今中衣單也。

「大夫之僭禮也」者，自「臺門」以下，於時大夫皆有此事，故言「僭禮也」。注「言此」至「領也」　正義曰：「旅，道也」，所行處，故以爲道也。云「屏謂之樹」，《釋宫》文。引「管氏樹塞門」者，據經「旅樹」之義。云「禮，天子外屏，諸侯内屏，大夫以簾，士以帷」者，《禮緯》文。南本及定本皆然，或云「大夫以帷，士以簾」，誤也。云「反坫，反爵之坫也」者，以《明堂位》云「反坫出尊」，則坫爲尊而設，故知「反坫，反爵」也。以言「出尊」，故云「蓋在尊南」也。《鄉飲酒》是卿大夫之禮，「尊於房户間」，《燕禮》是燕己之臣子，故「尊於東楹之西」。若兩君相敵，則尊於兩楹間，故其坫在兩楹間。❶云「兩君相見，主君既獻，於反爵焉」者，案《論語》云：「邦君爲兩君之好，有反坫。」故知「兩君相見」也。彼注云：「其獻酢之禮，更酌酌畢，則各反爵於坫上。」故云「主君既獻，於反爵焉」，謂於此坫上而反爵焉。熊氏云：「主君獻賓，賓筵前受爵，飲畢，反此虚爵於坫上，於西階上拜，主人於阼階上荅拜。賓於坫取爵，洗爵，酌以酢主人。主人受爵，飲畢，反此虚爵於坫上。主人阼階上拜，賓荅拜。是賓主飲畢反爵於坫上也。」而《論語》注「酌畢各反爵於坫上」者，文不具耳，其實當云「飲畢」。或可初酌之時，則奠於坫，與《鄉飲酒禮》異也。義有疑，故具存焉。❷云「繡黼丹朱，以爲中衣領緣也」者，中衣，謂冕及爵弁之中衣，以素爲之，繡黼爲領，丹朱爲緣。云「繡，讀爲綃。綃，繒名也」者，案注《昏禮》引《詩》云「素衣朱綃」；❸《魯詩》亦以爲綃。綃，綺屬。以《魯詩》既爲「綃」字，又五色備曰繡，白與黑曰黼，繡、黼不得共爲一物，❹故以繡爲綃也，謂於綃上而刺黼文也。引《詩》云「素衣朱綃」者，證以「繡」爲「綃」。又引《詩》「素衣朱襮」者，證黼領也。❺案《釋器》「黼領謂之襮」，故云「襮，黼領也」。案《玉藻》云：「以帛裏布，非禮也。」此素衣是絲，當爲冕及爵弁之中衣。禮，朝、燕之服，皆以布爲之。皇氏

❶「坫」，原作「玷」，據殿本、阮本改。
❷「具」字原漶滅，據阮本補。
❸「昏」，原作「引」，據阮本改。
❹「不」，原作「領」，據阮本、衛氏《集説》改。
❺「領」，原作「不」，據殿本、阮本改。

云「此素爲中衣，兼爲朝、燕服之中衣」，非也。案禮，公之孤四命，則爵弁自祭也。則天子大夫四命，亦當爵弁自祭。則中衣得用素，但不得用綃黼爲領，丹朱爲緣耳。熊氏云：「此云大夫僭，謂非四命大夫而著素衣爲僭。」今爲四命得著素衣，但以綃黼丹朱，猶爲僭也。其大夫士助祭於君，服爵弁以上，雖中衣用素，亦不得用綃黼丹朱以爲領緣，以其是諸侯之服。故《唐詩·揚之水》刺晉昭公微弱，云：「素衣朱綃，從子於鵠。」國人欲進此服，去從桓叔爲諸侯也。　「於此相貴以等，相覿以貨」　謂臣下不畏懼於君，而擅相尊貴以等列。故庾云：「擅相封爵也。」「相覿以貨」者，大大私相覿以貨賄，不辟君。注「魯以」至「僭焉」　正義曰：知魯得立文王廟者，案襄十二年「秋，吴子壽夢卒，臨於周廟，禮也」，注云：「周廟，謂文王廟也。」此經云「諸侯不敢祖天子」，而文二年《左傳》云：「宋祖帝乙，鄭祖厲王」；「大夫不敢祖諸侯」，而莊二十八年《左傳》云「凡邑，有宗廟先君之主曰都」。與此文不同者，此據尋常諸侯大夫，彼據有大功德者。故《異義》：「《禮》戴引此《郊特牲》云。又匡衡説：支庶不敢薦其禰，下士諸侯不得專祖於王。古《春秋左氏》説：天子之子，以上德爲諸侯者，得祖所自出。魯以周公之故，立文王廟。《左傳》『宋祖帝乙，鄭祖厲王，猶上祖也』。又曰：『凡邑，有宗廟先君之主曰都。』以其有先君之主，公子爲大夫，所食采地亦自立所出公廟。其立先公廟，準禮，公子得祖先君，公孫不得祖諸侯。許慎謹案：周公以上德封於魯，得郊天，兼用四代之禮樂，知亦得祖天子。諸侯有得祖天子者，❶知大夫亦得祖諸侯。」鄭氏無駁，與許慎同也。其王子母弟，無大功德，不得出封，食采畿内。賢於餘者，亦得采地之中立祖王廟，故都宗人、家宗人，皆爲都、家祭所出祖王之廟也。

禮記正義卷第三十四

❶「得」，原作「德」，據魏氏《要義》及阮校改。

禮記正義卷第三十五

國子祭酒上護軍曲阜縣開
國子臣孔穎達等奉勑撰

天子存二代之後，猶尊賢也。尊賢不過二代。過之，遠難法也。二，或爲「三」。疏正義曰：此一節論王者立二王後尊賢之事。「天子存二代」者，天子繼世而立，子孫以不肖滅亡，見在子孫又無功德，仍須存之。所以存二代之後者，猶尚尊其往昔之賢，所取法象。「尊賢不過二代」者，所以尊賢之事，取其法象。但代異時移，今古不一。若皆法象先代，今則不可盡行，故所尊之賢，不過取二代而已。若過之，遠難爲法也。案《異義》：「《公羊》説：存二王之後，所以通天三統之義，引此文。古《春秋左氏》説：周家封夏、殷二王之後以爲上公，封黄帝、堯、舜之後謂之三恪。許慎謹案云：治《魯詩》丞相韋玄成、治《易》施犨等説引《外傳》曰：『三王之樂，❶可得觀乎？』知王者所封，三代而已，不與《左氏》説同。」❷鄭駁之云：「所存二王之後者，命使郊天，以天子之禮祭其始祖受命之王，自行其正朔、服色。恪者，敬也。敬其先聖而封其後。與諸侯無殊異，何得比夏、殷之後？」如鄭此言，《公羊》自據二王之後，《左氏》兼論三恪，義不乖異也。熊氏云：「周之三恪，越少昊、高辛遠存黄帝者，取其制作之人。故《易·繫辭》云：『神農氏没，黄帝、堯、舜氏作。』」義當然也。

諸侯不臣寓公，故古者寓公不繼世。寓，寄也。寄公之子非賢者，世不足尊也。寓，或爲「託」也。疏正義曰：此一節論寄公之子爲臣之事。注「寓寄」至「尊也」　正義曰：案《喪服傳》云：「寄公者何也？失地之君也。」或天子削地，或被諸侯所逐，皆爲失地也。「諸侯不臣」者，不敢以寄公爲臣也。

君之南鄉，答陽之義也。臣之北面，答君也。答，對也。大夫之臣不稽首，非尊家臣，

❶「三」，原作「五」，據阮本改。下「三代而已」放此。
❷「不」，原作「而」，據阮本、阮校改。

以辟君也。辟國君也。疏正義曰：此一經論大夫君辟正君之事。諸侯則稽首於天子，大夫則稽首於諸侯，皆盡其臣禮以事君。今大夫家臣於大夫之處拜時不爲稽首，非是尊敬此家臣，不令稽首。所以不稽首者，以辟國之正君。臣於國君已皆稽首，今大夫之臣又稽首於大夫之君，便是一國兩君，故云「以辟君也」。大夫得稽首於諸侯，不辟天子者，謂諸侯有大功德，出封畿外，專有其國，故大夫得專盡臣禮事之也。大夫有獻弗親，君有賜不面拜，爲君之答己也。不面拜者，於外告小臣，小臣受以入也。《小臣》「掌三公及孤卿之復逆」也。疏正義曰：此一經論君尊大夫之事。「大夫有獻弗親」者，謂大夫有物獻君，使人獻之，不親來獻。「君有賜不面拜」者，謂君有物賜大夫，大夫不面自來拜。所以然者，恐爲君之答己，故不自來，不報而去。注「小臣」至「逆也」　正義曰：案《大僕》「掌諸侯之復逆」，《御僕》「掌群吏之逆及庶民之復」，皆無「大夫」之文。即此小臣所掌「孤卿」中兼之，故鄭云：「復，謂奏事也。逆，謂受下奏。」鄉人裼，裼，强鬼也。謂時儺，索室毆疫，逐强鬼也。裼，或爲「獻」，或爲「儺」。孔子朝服立于阼，存室神也。神依人也。疏正義曰：此一經論孔子存神之事。「鄉人裼」者，庾云：「裼是强鬼之名，謂鄉人驅逐此强鬼，孔子則身著朝服立於阼階之上。所以然者，于時驅逐强鬼，恐己廟室之神時有驚恐，故著朝服立于廟之阼階，存安廟室之神，使神依己而安也。所以朝服者，大夫朝服以祭，故用祭服以依神。」孔子曰：「射之以樂也，何以聽？何以射？」多其射容與樂節相應也。孔子曰：「士使之射，不能則辭以疾，縣弧之義也。」男子生而設弧於門左，示有射道而未能也。女子設帨。疏正義曰：此一節論歎美祭廟擇士之射，必使容體合樂，故云「射之以樂」。「何以聽」者，言何以能聽此樂節使與射容相應？「何以射」者，言何以能使射與樂節相應？故多善其兩事相應。故鄭注《射義》云：「何以，言其難也。」「孔子曰：士使之射，不能則辭以疾，縣弧之義也」者，孔子既美射之與樂相應，又論身之不可不習。爲士之法，理合能射。今使之射，若其不能，便是乖於爲士之義，則當辭以疾病。「縣弧之義也」者，以男子初生，縣弧於門左，示有射道而未能也。今士亦有射道，以其疾病而不能，與男子初生縣弧相似，故云「縣弧之義也」。注「男子」至「設帨」 正義曰：案《内則》云：「子生，男子設弧於門左，女子設帨於門右。」男子所以設弧者，示其有射道；所以縣之者，以其未能也。長大不得不能，故「辭以疾」也。

孔子曰：「三日齊，一日用之，猶恐不敬。二日伐鼓，何居？」居，讀爲「姬」，語之助也。何居？怪之也。伐，猶擊也。齊者止樂，而二日擊鼓，則是成一日齊也。疏正義曰：此一經論祭之失禮之事。祭前宜齊而專一，不得伐鼓也。凡祭，必散齊七日，致齊三日，不樂不弔。致齊三日，專其一心，用以祭祀，猶恐爲敬不足，故云「猶恐不敬」也。于時祭者在致齊三日之中，而二日伐鼓，使祭者情散意逸以違禮，故譏而問之：「二日伐鼓，何姬？」姬是語助之辭也。

孔子曰：「繹之於庫門内，祊之於東方，朝市之於西方，失之矣。」祊之禮，宜於廟門外之西室，繹又於其堂，神位在西也。此二者同時，而大名曰繹。其祭禮簡，而事尸禮大。朝市宜於市之東偏。《周禮》市有三期：「大市，日側而市，百族爲主。朝市，朝時而市，商賈爲主。夕市，夕時而市，販夫販婦爲主。」疏正義曰：此一經論魯失禮之事。「繹之於庫門内」者，繹祭之禮，當於廟門外之西堂，今乃於庫門内。「祊之於東方」者，祊當在廟門外西室，今乃於廟門外東方。「朝市之於西方」者，朝市，謂朝時而市，當於市内東方，謂市内近東也，今乃於市内西方。「失之矣」者，言此三事，皆違於禮，故言「失之矣」。注「祊之」至「爲主」 正義曰：「祊之禮，宜於廟門外之西室」者，下文「索祭祝于祊」，是爲祭設，故當在廟門外。又《釋宮》云：「閍謂之門。」❶孫炎云：「謂廟門外。」❷又引《詩》云「祝祭於祊」，故知廟門也。知「廟門外」者，《禮器》云「爲祊乎外」，故知在外也。以西是鬼神之位，室又求神之處，故知在「廟門外之西室」。云「繹又於其堂」者，祊是求神之名，繹是接尸之稱。求神在室，接尸在堂，故云「繹又於其堂」。云「此二者同時，而大名曰繹」者，祊是室内求神，繹是堂上接尸，一時之事，故云「二

❶「閍謂之門」，阮校云：「閩、監、毛本作『門謂之祊』，衛氏《集説》同。」

❷「外」，案《詩·小雅·楚茨》孔疏、《左傳》襄二十四年孔疏引，並「外」作「也」，疑是。

者同時」。案《春秋》宣八年：「壬午，猶繹。」《釋天》云：「繹，又祭。」《詩·絲衣》云：「繹，賓尸。」但有繹名，而無祊稱，是「大名曰繹」。云「其祭禮簡，而事尸禮大」者，案《儀禮·有司徹》是上大夫儐尸也，但於堂上獻尸、獻侑，全無室中之事。又《絲衣》云「自堂徂基，自羊徂牛」，是祭神也。下云「兕觥其觩，旨酒思柔」，是接尸也。故知「祭神禮簡，事尸禮大」。天子、諸侯謂之爲繹，在祭之明日，❶於廟門外西室及堂而行禮也。上大夫曰儐尸，與祭同日，於廟堂之上而行禮也。下大夫及士，雖有獻尸，及賓等相酬酢行禮於廟之事，不謂之儐尸也。引「《周禮》：大市，日側而市」以下，皆《周禮·司市》文。日中「百族爲主」者，注云：「百族必容來去。商賈爲主，謂商賈家在於市城。❷販夫販婦，朝資夕賣。」凡日中、朝、夕，百族商賈及販夫販婦皆言「爲主」者，據其多耳。皇氏以爲：「日側，日將中而未中，猶在東側。故鄭注彼云『日昃，昳中也。』」

社祭土而主陰氣也，君南鄉於北墉下，答陰之義也。牆謂之墉。北墉，社内北牆。日用甲，用日之始也。國中之神，莫貴於社。天子大社，必受霜露風雨，以達天地之氣也。大社，王爲群姓所立。是故喪國之社屋之，不受天陽也。薄社北牖，使陰明也。絶其陽，通其陰而已。薄社，殷之社。殷始都薄。社，所以神地之道也。地載萬物，天垂象，取財於地，取法於天，是以尊天而親地也，故教民美報焉。家主中霤而國主社，示本也。中霤，亦土神也。唯爲社事，單出里。唯爲社田，國人畢作。唯社，丘乘共粢盛。所以報本反始也。單出里，皆往祭社於都鄙。二十五家爲里。畢作，人則盡行，非徒羨也。丘，十六井也。四丘六十四井曰甸，或謂之乘。乘者，以於車賦出長轂一乘。乘，或爲「鄰」。

疏 正義曰：此一節總論社神之義，兼明所祭之禮。「社祭土而主陰氣也」者，土，謂五土：山林、川澤、丘陵、墳衍、原隰也。以時祭之，故云「社祭土」。土是陰氣之主，故云「而主陰氣也」。「君南鄉於北墉下，答陰之義也」者，墉，牆也。社既主陰，陰宜在

❶「在」，阮本作「其」。

❷「於」，原作「外」，據閩、監、毛本改。

北。故祭社時，以社在南，設主壇上，北面。而君來在北牆下，而南鄉祭之，是「對陰之義也」。　「日用甲，用日之始也」者，社是國中之貴神，甲是旬日之初始，故用之也。

「天子大社，必受霜露風雨，以達天地之氣也」者，是解社不屋義也。達，通也。風雨至則萬物生，霜露降則萬物成，故不爲屋，以受霜露風雨。霜露風雨至，是天地氣通也，故云「達天地之氣也」。「是故喪國之社屋之，不受天陽也」者，喪國社者，謂周立殷社也。立以爲戒，不生成。天是生法，其無生義，故屋隔之，令不受天之陽也。《白虎通》云：「王者、諸侯必有誡社者何？示有存亡也。明爲善者得之，爲惡者失之。」　「薄社北牖，使陰明也」者，即喪國社也。殷始都薄，故呼其社爲薄社也。周立殷社，爲戒而屋之，塞其三面，唯開北牖，示絶陽而通陰，陰明則物死也。　「社，所以神地之道也」者，言立社之祭，是神明於地之道故也。發此句爲下張本也。　「地載萬物」者，釋地所得神之由也。地之爲德，以載萬物爲用故也。

「天垂象」者，欲明地之貴，故引天爲對也。地有其物，天上皆垂其象，所謂「在天成象，在地成形」也。　「取財於地」者，地須財財，❶並在地出，❷爲人所取也。　「取法於天」者，人知四時早晚，皆放日月星辰以爲耕作之候，是「取法於天」。　「是以尊天而親地也」者，所取法者，故尊而祭之，天子祭天是也。所取財者，故親而祭之，一切親地而共祭社是也。　「故教民美報焉」者，此結祀社也。地既爲民所親，故與庶民祭之，以教民美報故也。　「家主中霤」者，中霤，謂土神。卿大夫之家，主祭土神，在於中霤。　「而國主社」者，謂天子、諸侯之國，主祭土神於社。　「示本也」者，以土神生財，以養官之與民，故皆主祭土神，示其生養之本也。「唯爲社事，單出里」者，社事，祭社事也。單，盡也。里，居也。社既爲國之本，故若祭社，則合里之家並盡出，故云「單出里」也。此唯每家出一人，不人人出也。　「唯爲社田，國人畢作」者，田，獵也。畢，盡也。作，行也。既人人得社福，故若祭社，先爲社獵，則國中之人皆盡行，無得住家也。　「唯社，丘乘共粢盛」者，鄉説祭社用牲，此明祭社用米也。「丘乘」者，都鄙井田也。九夫爲井，四井爲邑，四邑爲丘，四丘爲乘。　唯祭社而使丘乘共於粢盛也。粢，稷也。稷曰明粢，在器曰盛。庾蔚云：「粢盛所須者少，故丘乘共之也。」皇氏云：

❶「財財」，阮本作「産財」。阮校云：「閩、監、毛本同。」

❷「出」，阮校云：「惠棟校宋本『出』作『上』。」

「若天子、諸侯祭社，則用藉田之穀。大夫以下無藉田，若祭社，則丘乘之民共之，示民出力也。」「所以報本反始也」者，結「美報」也。皇氏云：「國人畢作是報本，而丘乘共粢盛是反始。言粢盛是社所生，故云反始也。」熊氏云：「祭社稷之神，爲報本。祭所配之人，爲反始。」未知孰是，故兩存焉。

注「大社」至「所立」　正義曰：知「爲群姓所立」者，《祭法》文。但社稷之義，先儒所解不同。鄭康成之説，以社爲五土總神，稷爲原隰之神。句龍以有平水土之功，配社祀之；稷有播種之功，配稷祀之。鄭必以爲此説者，案《郊特牲》云「社祭土而主陰氣」，又云「社，所以神地之道」，又《禮運》云「命降于社之謂殽地」，又《王制》云「祭天地社稷，爲越紼而行事」。據此諸文，故知社即地神，稷是社之細別，別名曰稷。稷乃原隰所生，故以稷爲原隰之神。若賈逵、馬融、王肅之徒，以社祭句龍，稷祭后稷，皆人鬼也，非地神。故《聖證論》王肅難鄭云：「《禮運》云：『祀帝於郊，所以定天位。祀社於國，所以列地利。』社若是地，應云『定地位』。而言『列地利』，故知社非地也。」爲鄭學者馬昭之等通之云：「天體無形，故須云『定位』。地體有形，不須云定位，故唯云『列地利』。」肅又難鄭云：「祭天牛角繭栗，而用特牲；祭社用牛角尺，而用大牢。又祭天地，大裘而冕；祭社稷，絺冕。又唯天子令庶民祭社，❶社若是地神，豈庶民得祭地乎？」爲鄭學者通之云：「以天神至尊，而簡質事之，故牛角繭栗而用特牲，服著大裘。天地至尊，天子至貴。天子祭社，是地之別體，有功於人，報其載養之功，故用大牢。貶降於天，故角尺也。祭用絺冕，取其陰類。庶人蒙其社功，故亦祭之，非是方澤神州之地也。」肅又難鄭云：「《召誥》『用牲于郊，牛二』，明后稷配天，故知二牲也。又云：『社于新邑，牛一羊一豕一。』明知唯祭句龍，更無配祭之人。」爲鄭學者通之云：「是后稷與天，尊卑既別，不敢同天牲。句龍是上公之神，社是地祇之別，尊卑不盡縣絶，故云配同牲也。」肅又難鄭云：「后稷配天，《孝經》有配天明文，后稷不稱天也。《祭法》及昭二十九年《傳》云：『句龍能平水土，故祀以爲社。』不云『祀以配社』，明知社即句龍也。」爲鄭學者通之云：「后稷非能與天同功，唯尊祖配之，故云不得稱天。句龍與社同功，故得云『祀以爲社』，而得稱社也。」肅又難云：「《春秋》説『伐鼓於社，責上公』，不云『責地祇』，明社是上公也。又《月令》『命民社』，鄭注云：『社，后土也。』《孝經》

❶「令」，原作「今」，據殿本、庫本、阮本改。

注云：『社，后土也。』句龍爲后土。鄭既云『社，后土』，則句龍也。是鄭自相違反。」爲鄭學者通之云：「伐鼓責上公者，以日食，臣侵君之象，故以責上公言之。句龍爲后土之官，其地神亦名后土。故《左傳》云：『君戴皇天而履后土。』地稱后土，與句龍稱后土，名同而實異也。❶鄭注云『后土』者，謂地神也，非謂句龍也。故《中庸》云『郊社之禮』，注云：『社，祭地神。』又《鼓人》云『以靈鼓鼓社祭』，注云：『社祭，祭地祇也。』是社祭地祇也。」其社稷制度，《白虎通》云：「天子之社壇，方五丈。諸侯半之。」説者又云：「天子之社，封五色土爲之。若諸侯受封，各割其方色土與之。則東方青、南方赤之等是也。上皆以黄土也。」❷其天子、諸侯皆有二社者，《祭法》云：「王爲群姓立社，曰大社。王自爲立社，曰王社。諸侯爲百姓立社，曰國社。諸侯自爲立社，曰侯社。」是各有二社。又各有勝國之社。故此云「喪國之社屋之」，是天子有之也。案《春秋》「亳社災」，《公羊》云：「亡國之社蓋揜之，揜其上而柴其下。」是魯有之也。襄三十年《左傳》云：「鳥鳴于亳社。」是宋有之也。此是天子、諸侯二社之義。其所置之處，《小宗伯》云：「右社稷，左宗廟。」鄭云：「庫門内、雉門外之左右。」爲群姓立社者，在庫門内之西。自爲立者，在藉田之中。其亡國之社，《穀梁傳》云：「亡國之社，以爲廟屏，戒。」或在廟，或在庫門内之東，❸則亳社在東也。故《左傳》云：「閒于兩社，爲公室輔。」魯之外朝在庫門之内，東有亳社，西有國社，朝廷執政之處，故云「閒于兩社」也。其卿大夫以下，案《祭法》云：「大夫以下，成群立社，曰置社。」注云：「大夫不得特立社，與民族居，百家以上則共立一社，今時里社是也。」如鄭此言，則周之政法，百家以上得立社。其秦、漢以來，雖非大夫，民二十五家以上則得立社，故云「今之里社」。又《鄭志》云：「《月令》『命民社』，謂秦社也。自秦以下，民始得立社也。」其大夫以下所置社者，皆以土地所宜之木。則《論語》云：「夏后氏以松，殷人以栢，周人以栗。」故《大司徒》云「而樹之田主，各以其野之所宜木」是也。其天子大社之等，案《尚書》逸篇曰：❹「大

❶「實」，原作「無」，據殿本、庫本改。

❷「皆」，阮校引盧文弨云：「『皆』，當作『冒』。」

❸「或在廟或在庫門内之東」，孫詒讓《校記》云：「文有舛互。疑當云『屏在廟外，廟在庫門内之東』。」

❹「逸」上原有「無」字，阮校引齊召南云：「案『無』字衍。此《尚書》逸篇文也，見《後漢志》注。」今按：《魏書・劉芳傳》引此亦作「《尚書》逸篇曰」。據删。

社唯松，東社唯柏，南社唯梓，西社唯栗，北社唯槐。」其天子、諸侯、大夫等皆有稷也。故注《司徒》「田主，田神，后土、田正之所依也」。田正，則稷神也。田主尚然，故知天子、諸侯社皆有稷。其亡國之社亦有稷。故《士師》云：「若祭勝國之社稷，則爲之尸。」是有稷也。但亡國之社稷，故略之。用刑官爲尸，則其祭餘社，爲尸不用刑官也。其社之祭，一歲有三：「仲春命民社」，一也；《詩》云「以社以方」，謂秋祭，二也；孟冬云「大割祠于公社」，是三也。其社主用石。故鄭注《宗伯》云：「社之主，蓋用石。」案《條牒論》：「稷壇在社壇西，俱北鄉，營並壇共門。或曰在社壇北。其用玉無文，不可强言。今禮用兩圭有邸。」❶《異義》：「今《孝經説》曰：社者，土地之主。土地廣博，不可偏敬，封五土以爲社。古《左氏》説：共工爲后土，❷后土爲社。」許君謹案亦曰：「春秋稱公社，今人謂社神爲社公，故知社是上公，非地祇。」玄駁之云：「『社祭土而主陰氣』，❸又云：『社者，神地之道。』謂社神，但言上公，失之矣。今人亦謂雷曰雷公，天曰天公，豈上公也？」《異義》：「稷神，❹今《孝經説》：稷者，五穀之長。穀衆多，不可偏敬，故立稷而祭之。古《左氏》説：列山氏之子曰柱，死，祀以爲稷。稷是田正。周棄亦爲稷，自商以來祀之。」許君謹案：「禮緣生及死，故社稷人事之。既祭稷，穀不得但以稷米祭稷，反自食。同《左氏》義。」鄭駁之云：「《宗伯》『以血祭祭社稷、五祀、五嶽』。社稷之神，若是句龍、柱、棄，不得先五嶽而食。」又引《司徒》五土名，又引《大司樂》「五變而致介物及土示」。「土示，五土之總神，即謂社也。六樂於五地，無原隰而有土祇，則土祇與原隰同用樂也。」又引《詩·信南山》云「畇畇原隰」，下之「黍稷或云」。❺原隰生百穀，黍爲之長。❻然則稷者，原隰之神。若達此義，不得以稷米祭稷爲難。」**注**「單出」至「一乘」 正義

❶「兩」字未刻，據阮本補。

❷「共工」，孫詒讓《校記》云：「『共工』下當有『氏有子曰句龍』六字。陳有。」按：「陳有」者，謂陳壽祺《五經異義疏證》有此六字也。

❸「社祭土」，孫詒讓《校記》云：「陳壽祺云：『社祭土』句上當脱『《郊特牲》云』四字。」

❹「稷神」，阮本無「神」字。

❺「下之黍稷或云」，浦鏜校以爲當作「下云黍稷彧彧」。孫詒讓《校記》與浦同。

❻「黍」，孫詒讓《校記》云：「『黍』下當有『稷』字，或『黍』即『稷』之誤。陳校改『稷』。」

曰：「單出里，皆往祭社於都鄙」者，案《周禮》，都鄙，公卿大夫采地。此卿大夫祭社，其里之人，皆往就祭。此據采地言之，故云「往祭社於都鄙」。必知據采地者，以經云「唯社丘乘」，丘乘是采地井田之制，故舉采地言焉。其公邑之民，所屬酇、鄙、縣、遂有祭社之事，則亦往酇鄙中助之。其六鄉之内，族祭酺，❶黨祭禜，雖滿百家以上，不祭社也。唯其州祭社，其所屬閭民，祭社、祭禜、祭酺之時，亦皆往也。但此文主於社，故特言社耳。云「人則盡行，非徒羨也」者，案《周禮・小司徒》云：「凡起徒役，毋過家一人，以其餘爲羨。」則家一人之外皆爲羨也。此云「人則盡行，非徒羨」，似羨外更有人者，若六鄉上劑致民一人爲正卒，又一人爲羨卒，其餘爲餘夫，則據都鄙及六遂之外，羨卒外有餘夫，故云「非徒羨也」。云「丘，十六井也」以下，皆《司馬法》文。季春出火，爲焚也。謂焚萊也。凡出火以火出，建辰之月火始出。然後簡其車賦而歷其卒伍，❷而君親誓社，以習軍旅，左之右之，坐之起之，以觀其習變也。簡、歷，謂筭具陳列之也。君親誓社，誓吏士以習軍旅，既而遂田，以祭社也。言祭社，則此是仲春之禮也。仲春以火田，田止，弊火，然後獻禽。至季春火出，❸而民乃用火。今云「季春出火」乃誓社，記者誤也。社，或爲「省」。而流示之禽，而鹽諸利，以觀其不犯命也。流，猶行也。行，行田也。鹽，讀爲「豔」。行田示之以禽，使歆豔之，觀其用命不也。謂禽爲利者，凡田，大獸公之，小禽私之。求服其志，不貪其得。失伍而獲，猶爲犯命。故以戰則克，以祭則受福。疏正義曰：此一節論仲春祭社之前，田獵取禽，以祭社獲福之事。「季春出火，爲焚也」者，祭社既用仲春，此出火爲焚，當在仲春之月。今云「季春」者，記者以季春之時民始出火，記者錯誤，遂以爲天子、諸侯用焚亦在季春，故誤爲「季春」，當在仲春也。「爲焚」者，謂焚燒除治宿草。「然後簡其車賦」者，謂既焚之後，簡選車馬及兵賦器械之屬。「而歷其卒伍」者，謂歷其百人之卒，五人之伍。「而君親誓社」者，

❶「族」，原作「於」，據殿本、庫本、阮本改。

❷「歷」，原作「備」，據《唐石經》及余本、撫本、岳本及阮本改。

❸「火出」，阮校云：「惠棟校宋本作『出火』。」

謂君親自誓此士衆以習軍旅，既而遂田，以所得之禽獸因以祭社，故云「親誓社」。　「左之右之，坐之起之」者，謂戒勑之以習軍旅之事，或左或右，或坐或起。　「以觀其習變也」者，謂君親自觀於習武變動之事。　「而流示之禽」者，流，行也。謂教陳訖而行田禮，謂驅禽於陳前，以示士卒也。　「而鹽諸利」者，鹽者，豔也。諸，於也。利則禽也。所以驅禽示之，而歆豔之以小禽之利。　「以觀其不犯命也」者，於此之時，觀其士卒犯命與不犯軍命者。

「求服其志，不貪其得」者，所以觀其犯命與否者，求欲服其士卒之志，使進退依禮，不欲貪其犯命，苟得於禽。言失伍得禽，猶爲犯命，不免罰也。　「故以戰則克，以祭則受福」者，以其所爲得禮，戰則克勝，祭則受福。　注「謂焚」至「始出」　正義曰：「出火以火出」者，案《春秋》，火出爲夏三月。此「出火」者，謂出陶冶之火。故《左氏》昭六年「鄭人鑄刑書，火未出而用火」，故晉士文伯譏之。若田獵之火，則昆蟲蟄後得火田，以至仲春也。　注「簡歷」至「誤也」　正義曰：「簡、歷，謂筭具陳列之」者，經云「左之右之」，軍或須左或須右；「坐之起之」，謂須坐須起。崔氏云：「謂士卒至前表而坐，❶將行而起。」崔氏所言，是仲冬大閱之禮，未知春時亦然以否。云「言祭社，則此是仲春之禮也」者，此經無「祭社」之文，以連前經祭社之事，故云此是仲春之禮。云「仲春以火田，田止，弊火」者，《周禮・大司馬職》文。引之者，證仲春火弊而田止。云「至季春出火而民乃用火」者，案《司爟》云：「季春出火，民咸從之。」故「民乃用火」。云「今云『季春出火』，乃誓社，記者誤也」者，謂作記之人見季春民之出火，謂爲焚萊祭社，故稱季春。　注「鹽讀」至「私之」　正義曰：「鹽」、「豔」聲相近，歆豔是愛欲之言，故讀從豔也。云「大獸公之，小禽私之」，二者，《大司馬》文。

天子適四方，先柴。所到必先燔柴，有事於上帝也。《書》曰：「歲二月，東巡守，至于岱宗，柴。」疏正義曰：此一節明天子巡守祭天之禮。

「天子適四方，先柴」者，謂巡守至方嶽，先燔柴以告天。是尊天故也。　注「書曰」至「宗柴」　正義曰：此《虞書・舜典》文。案鄭注《尚書》，以爲別有《舜典》之篇，將此爲《堯典》，與古文異也。此祭上帝，謂祭當方帝。皇氏云「謂祭感生帝」，義非也。

郊之祭也，迎長日之至也。《易説》曰：「三王之郊，一用夏正。」夏正，建寅之月

❶「表」，閩、監、毛本及殿本作「列」。

也。此言迎長日者，建卯而晝夜分，分而日長也。疏正義曰：此一節總明郊祭之義。「迎長日之至也」者，明郊祭用夏正建寅之月意。以二月建卯，春分後日長。今正月建寅郊祭天，❶而迎此長日之將至。注「易説」至「長也」 正義曰：此《易緯乾鑿度》文。必用夏正。彼文云：「方此之時，天地交，萬物通，所以順四時法天地之道。」案《書傳》云：「迎日，謂春分迎日也。」即引「寅賓出日」，皆謂春分。知此迎長日非春分者，此云「兆於南郊，就陽位」，若是春分朝日，當在東郊，故知非也。又下云「帝牛不吉，以爲稷牛」，故知祭天，非唯祭日也。**大報天而主日也。**大，猶徧也。天之神，日爲尊。**兆於南郊，就陽位也。**日，大陽之精也。疏「正義曰：大，猶徧也。雖特尊所出之帝，而又徧報天之一切神。而天之諸神，唯日爲尊，故此祭者，日爲諸神之主，故云「主日也」。不用所出之帝爲主而「主日」者，所出尊，不與諸神爲賓主也。猶如君燕群臣，使膳宰爲主人，不以君爲主也。注「大猶」至「爲尊」 正義曰：天之諸神，莫大於日。祭諸神之時，日居諸神之首，故云「日爲尊」也。凡祭日月之禮，崔氏云：「一歲有四。迎氣之時，祭日於東，祭月於西。故《小宗伯》云『兆五帝於四郊，四望、四類亦如之』，是其一也。春分朝日，秋分夕月，是其二也。此等二祭，日之與月，各祭於一處。日之與月，皆爲壇而祭，所謂『王宫祭日，夜明祭月』，皆爲燔柴也。夏正郊天之時而主日，配以月。《祭義》云『大報天而主日，配以月』，是其三也。孟冬大蜡之時，又祭日月。故《月令》『孟冬，祈來年于天宗』，是其四也。此二祭，并祭日月，共在一處。則祭日於壇，祭月於坎。壇則實柴，坎則瘗埋也。其牲皆用犢。故《小司徒》云：『凡小祭祀，奉牛牲。』鄭云『小祭祀，王玄冕所祭』是也。若所祈禱，則用少牢。故《祭法》云『埋少牢於泰昭，祭時及日月』等，鄭注云『凡以此下，皆祭用少牢』是也。皇氏云以爲日月合祭之時用犢，分祭之時用少牢。其義非也。**埽地而祭，於其質也。器用陶匏，以象天地之性也。**觀天下之物，無可以稱其德。**於郊，故謂之郊。牲用騂，尚赤也。用犢，貴誠也。**尚赤者，周也。疏正義曰：燔柴在壇，正祭於地，故云「埽地而祭」。陶，謂瓦器，謂酒尊及豆籩之屬。

❶「天」，原作「通」，據殿本、庫本改。

故《周禮・旊人》「爲簋」。匏，謂酒爵。此等已具解於上。

郊之用辛也，周之始郊，日以至。言「日以周郊天之月而至，陽氣新用事，順之而用辛日」。此説非也。郊天之月而日至，魯禮也。三王之郊，一用夏正。魯以無冬至祭天於圓丘之事，是以建子之月郊天，示先有事也。用辛日者，凡爲人君，當齊戒自新耳。周衰禮廢，儒者見周禮盡在魯，因推魯禮以言周事。

疏正義曰：王肅用董仲舒、劉向之説，以「此爲周郊。上文云『郊之祭，迎長日之至』，謂周之郊祭，於建子之月，而迎此冬至長日之至也。而用辛者，以冬至陽氣新用事，故用辛也。『周之始郊，日以至』者，對建寅之月，又祈穀郊祭。此言始者，對建寅爲始也。」鄭康成則異於王肅：「上文云『迎長日之至』，自據周郊。此云『郊之用辛』，據魯禮也。言郊用辛日者，取齊戒自新。『周之始郊，日以至』者，謂魯之始郊，日以冬至之月。云始者，對建寅之月，天子郊祭。魯於冬至之月初始郊祭，示先有事，故云始也。」

注「言日」至「周事」 正義曰：「日以周郊天之月而至」者，謂日體以周郊天建子之月而南至。云「陽氣新用事，順之而用辛日」者，以冬至一陽生，故云「新用事而用辛日」。云「此説非也」者，謂日以周禮郊天之月而日至，陽氣新用事，此等之説非也。謂董仲舒、劉向而爲此説。所以非者，案《周禮》冬至祭天圓丘，不論郊也。又此下云「戴冕璪十有二旒」，《周禮》「祀昊天上帝則大裘而冕」，是服不同。《周禮》「玉路」以祀天，此下云「乘素車」，是車不同也。《祭法》云「燔柴於泰壇，用騂犢」，《周禮》「蒼璧禮天」，牲從玉色，是牲不同也。《爾雅》曰「非人爲之丘」，泰壇則人功所作，是圓丘與泰壇别也。以是知郊與圓丘所祭非一，故云「此説非也」。云「郊天之月而日至，魯禮也」者，言此經「始郊，日以至」，是魯國之禮。必知魯禮者，以《明堂》云：「魯君孟春乘大路，載弧韣，旂十有二旒，日月之章，祀帝于郊。」又《雜記》云：「正月日至，可以有事於上帝。」故知冬至郊天魯禮也。云「三王之郊，一用夏正」者，證明天子之郊，必用夏正。魯既降下天子，不敢郊天與周同月，故用建子之月而郊天，欲示在天子之先而有事也。但魯之郊祭，師説不同。崔氏、皇氏用王肅之説，以魯冬至郊天，至建寅之月，又郊以祈穀。故《左傳》云「啓蟄而郊」，又云「郊祀后稷，以祈農事」，是二郊也。若依鄭康成之説，則異於此也。魯唯一郊，不與天子郊天同月，轉卜三正。故《穀梁傳》云：「魯以十二月下辛卜正月上辛；若不從，則以正月下辛卜二月上辛；若不從，則以二月下辛卜三月上辛；若不從，則止。」故《聖證論》馬昭引《穀梁傳》以答王肅之難，是魯一郊則止。或用建子之月郊，則此云「日以至」，及宣三年「正月，郊牛之口傷」是也。或用建寅之月，則《春秋左傳》云「郊祀后稷，以祈農事」是也。但《春秋》，魯禮也，無建丑之月耳。若杜預不信《禮記》，不取《公羊》、《穀梁》，魯唯有建寅郊天及龍見而雩。云「周衰禮廢，儒者見周禮盡在魯」者，欲見經文實是魯郊而爲周字，❶故云「因推魯禮以言周事」，誤作周也。從上説郊是周禮，自此以下是魯禮，爲此周、魯雜亂也。案《聖證論》王肅難鄭云：「《郊特牲》曰『郊之祭，迎長日之至』，下云『周之始郊，日以至』，玄以爲『迎長日』，謂夏正也；『郊天日以至』，玄以爲『冬至之日，迎其長日至』於上，❷而妄爲之説，又徙其『始郊日以至』於下，非其義也。玄又云『周衰禮廢，儒者見周禮盡在魯，因推魯禮以言周事』。若儒者愚人也，則不能記斯禮矣。苟其不愚，不得亂於周、魯也。鄭玄以《祭法》『禘黄帝及嚳』爲配圓丘之祀。《祭法》説禘，無圓丘之名；《周官》圓丘，不名爲禘。是禘非圓丘之祭也。玄既以《祭法》『禘嚳』爲圓丘，又《大傳》『王者禘其祖之所自出』，而玄又施之於郊祭后稷，是亂禮之名實也。案《爾雅》云：『禘，大祭也。繹，又祭也。』皆祭宗廟之名。則禘是五年大祭先祖，非圓丘及郊也。周立后稷廟，而嚳無廟，故知周人尊嚳，不若后稷之廟重。而玄説圓丘祭天祀大者，❸仲尼當稱『昔者周公禘祀嚳圓丘以配天』。今無此言，知禘配圓丘非也。❹又《詩·思文》，『后稷配天』之頌，無帝嚳配圓丘之文，知郊則圓丘，圓丘則郊。所在言之，則謂之郊。所祭言之，則謂之圓丘。於郊築泰壇，象圓丘之形。以丘言之，本諸天地之性。故《祭法》云『燔柴於泰壇』，則圓丘也。《郊特牲》云『周之始郊，日以至』，《周禮》云『冬至祭天於圓丘』，知圓丘與郊是一也。言『始郊』者，冬至陽氣初動，天之始也。對『啓蟄』及將郊祀，故言始。《孔子家語》云，定公問孔子郊祀之事，孔子對之，與此《郊特牲》文同，皆以爲天子郊祭之事。」如《聖證論》之言，王肅所據，經傳分明。鄭必别爲其説者，案《聖證

❶「字」，閩、監、毛本及殿本作「事」。

❷「迎」，原作「説」，據殿本、庫本改。

❸「而玄説圓丘祭天祀大者」，浦鏜校曰：「此下疑有脱字。」

❹「禘」，孫詒讓《校記》云：「『禘』，疑當作『嚳』。」

論》馬昭申鄭云：「《易緯》云『三王之郊，一用夏正』，則周天子不用日至郊也。夏正月陽氣始升，日者陽氣之主，日長而陽氣盛，故祭其始升而迎其盛，《月令》天子正月迎春是也。若冬至祭天，陰氣始盛，祭陰迎陽，豈爲理乎！《周禮》云『冬日至，祭天於地上之圓丘』，不言郊，則非祭郊也。言凡地上之丘，皆可祭焉，無常處，故不言郊。《周官》之制，祭天圓丘。其禮，王服大裘而冕，乘玉路，建大常。《明堂位》云：『魯君以孟春祀帝于郊，服衮服，乘素車，龍旂。』衣服車旂，皆自不同，何得以諸侯之郊説天子圓丘？言『始郊』者，魯以轉卜三正，以建子之月爲始，故稱始也。又《禮記》云『魯君臣未嘗相弑，禮俗未嘗相變』，而弑三君，季氏舞八佾，旅於泰山，婦人髽而相弔，儒者此記，豈非亂乎！據此諸文，故以郊、丘爲別，冬至之郊，特爲魯禮。」案《聖證論》，王肅與馬昭之徒，或云「祭天用冬至之日」，或云「用冬至之月」。據《周禮》，似用冬至之日。據《禮記》，郊日用辛，則冬至不恒在辛，似用冬至之月。案張融謹案：郊與圓丘是一。又引《韓詩説》「三王各正其郊」，與王肅同。又魯以轉卜三正，王與鄭玄同。《周禮》圓丘服大裘，此及《家語》服衮冕。《家語》又云：「臨燔柴，脱衮冕，著大裘，象天。」❶臨燔柴，輟祭，脱衮，著大裘象天，恭敬之義，既自不通。❷是張融以《家語》及此經郊祭，並爲魯禮，與鄭玄同。融又爲「圓丘是祭皇天，❸孟春祈穀於上帝及龍見而雩，此五帝之等，並是皇天之佐，其實天也。」融又云：「祀大神，率執事而卜日。圓丘既卜日，則不得正用冬至之日。」此是張融之説。鄭此注云「以建子之月郊天，用辛日者，當齊戒自新」，如鄭此言，是亦不用冬至日也。但郊、丘大事，王、鄭不同，故略陳二家所據而言之也。案《聖證論》及《異義》，皆同《穀梁》之義，魯轉卜三正之内，一郊則止。而崔氏、皇氏以爲「魯冬至郊天，夏正又郊，凡二郊」，非鄭義也。

卜郊，❹受命于祖廟，作龜于禰宫，尊祖親考之義也。受命，謂告之。退而卜。疏正義曰：郊事既尊，不敢專輒，故先告祖，後乃卜，亦如受命也。故《禮器》云「魯人將有事於上

❶「家語」至「象天」，孫詒讓《校記》云：「今《家語·郊問》云『至泰壇，王脱裘矣，服衮以臨燔柴』，與此所引不同，未詳。」

❷「通」，殿本、阮本作「同」。

❸「爲」，殿本、庫本作「謂」。

❹「卜」字原脱，據《唐石經》及余本、撫本、岳本、阮本補。

帝，必先有事於頖宮」是也。「作龜于禰宮」者，作，灼也。禰宮，禰廟也。先告祖受命，又至禰廟卜之也。「尊祖親考之義也」者，考，亦禰也。尊祖，故受之命，命宜由尊者出。親禰，故作龜，作龜是事，事宜就親近者也。

卜之日，王立于澤，親聽誓命，受教諫之義也。澤，澤宮也，所以擇賢之宮也。既卜，必到澤宮，擇可與祭祀者，因誓勑之以禮也。《禮器》曰「舉賢而置之，聚衆而誓之」是也。**疏**正義曰：澤，澤宮也。王在於澤宮中，於其宮以射擇士，故因呼爲澤宮也。王卜已吉，又至澤宮射以擇賢者爲助祭之人，故云「王立于澤」也。《禮器》云「舉賢而置之」是也。然王者獵在囿，而主皮射亦在澤，故鄭注《鄉射記》引《尚書傳》「主皮射陳於澤，然後卿大夫相與射也」。又云：「嚮之取也於囿中，勇力之取也。今之取也於澤宮，揖讓之取也。澤，習禮之處。」「親聽誓命」者，因以澤宮中，又使有司誓勑舊章齊戒之禮，王又親聽受命之，故《禮器》云「聚衆而誓之」是也。「受教諫之義也」者，釋前義也。告祖作禰，是受教義也。又立澤聽誓，是受諫義也。

獻命庫門之內，戒百官也。大廟之命，戒百姓也。王自澤宮而還，以誓命重相申勑也。庫門在雉門之外，入庫門則至廟門外矣。大廟者，❶祖廟也。百官，公卿以下也。百姓，王之親也。入廟戒親親也。王自此還齊路寢之室。庫，或爲「厩」。

祭之日，王皮弁以聽祭報，示民嚴上也。報，猶白也。夙興，朝服以待白祭事者，乃後服祭服而行事也。《周禮》「祭之日，小宗伯逆粢，省鑊，告時于王，告備于王」也。**疏**正義曰：王自澤宮而還，至欲致齊之時，有司獻王所以命百官之事，王乃于庫門之內戒百官，大廟之內戒百姓。百官疏，故在公朝重戒之；百姓，王之親屬，故在大廟而重戒之。**注**「百姓」至「之室」。正義曰：以上有「百官」之文，故以「百姓」爲「王之親」也。王親謂之百姓也者，皇氏云：「姓者，生也，並是王之先祖所生。」云「王自此還齊路寢之室」者，卜法必在祭前十日，《祭義》云「散齊七日，致齊三日」，❷又云「七日戒，三日齊」。❸鄭既云「王自此還齊路寢之室」，則此經「戒百官、百姓」，則祭前三日

❶「者」字原脱，據余本、撫本、岳本、阮本補。
❷「祭義」，按「祭義」當「祭統」之誤。
❸「又云七日戒三日齊」，按「又云」以下乃《坊記》文。

欲致齊之時，以誓命重相申勑也。「祭之日，王皮弁以聽祭報」者，報，白也。郊日之朝，天子早起，皮弁服以聽之。小宗伯告日時早晚，及牲事之備具也。未郊，故未服大裘而冕，❶當且服日視朝之服也。「示民嚴上也」者，結早朝著皮弁朝服以聽祭報之義，示教人尊嚴其君上之義也。注「周禮」至「王也」　正義曰：引之者，證小宗伯既有告事，王皮弁聽之是也。

喪者不哭，不敢凶服，汜埽反道，鄉爲田燭，謂郊道之民爲之也。反道，剗令新土在上也。田燭，田首爲燭也。弗命而民聽上。化王嚴上。疏正義曰：郊祭之旦，人之喪者不哭，又不敢凶服而出，以干王之吉祭也。「汜埽反道」者，汜埽，廣埽也。反道，剗路之土反之，令新土在上也。郊道之民，家家各當界廣埽新道也。「鄉爲田燭」者，鄉，謂郊内六鄉也。六鄉之民，各於田首設燭照路，恐王嚮郊之早。「弗命而民聽上」者，合結「喪者不哭」以下至此，並非王命，而民化王嚴上故也。然《周禮・蜡氏》云：「凡國之大祭祀，令州里除不蠲，禁刑者、任人及凶服者，以及郊野。」而此云「不命」者，《蜡氏》所云，有司常事。至郊祭之時，王不特命，故云「不命」。且作《記》之人，盛美民之聽上之義，未必實然也。《蜡氏》云「除不蠲」及「刑者、任人」等，此不言者，文不備也。

祭之日，王被衮以象天；謂有日、月、星辰之章。此魯禮也。《周禮》：「王祀昊天上帝，則服大裘而冕。祀五帝亦如之。」魯侯之服，自衮冕而下也。戴冕璪十有二旒，則天數也；「天之大數，不過十二」。乘素車，貴其質也；設日月，畫於旂上。素車，殷路也。魯公之郊，用殷禮也。旂十有二旒，龍章而設日月，以象天也。天垂象，聖人則之，郊所以明天道也。明，謂則之以示人也。疏正義曰：當祭之日，王被衮冕。衮冕有日月星辰，以象天也。首戴衮冕，其璪十有二旒，法則天數也。「乘素車」者，乘殷之朴素之車，貴其象天之質也。所建之「旂十有二旒，畫龍爲章，而設日月以象天也」者，旂十有二旒，象天數十二也，龍爲陽氣變化，日月以光照下，皆是「象天」也。「聖人則之，郊所以明天道也」者，總結上「王被衮冕」以下之事。言天垂日月之象，各有其數，故聖人則之。郊天象日月所以光明天之道以示於人，故事事則之。注「謂有」至「下也」　正義曰：此明被

❶「冕」，原作「衣」，據殿本、阮本及《周禮・春官・司服》改。

衮象天。《明堂位》云「日月之章」，故衮有日月星辰也。與周不同，故云「此魯禮也」。引《周禮》以下者，證王禮與魯禮不同。云「魯侯之服，自衮冕而下也」者，證魯侯得著衮冕，故經云「衮」也。魯公得稱「王」者，作《記》之人既以魯禮而爲周郊，遂以魯侯而稱「王」也。皇氏云：「魯用王禮，故稱王。」或亦當然也。【注】「天之」至「十二」 正義曰：此哀七年《左氏傳》文。【注】「素車」至「禮也」 正義曰：《明堂位》云：「大路，殷路也。乘路，周路也。」又此上文云「大路繁纓一就」，此云「乘素車」，故知殷路也。云「魯公之郊，用殷禮也」者，《公羊傳》云：「周公用白牡，魯公用騂犅。」周公既用殷之白牡，故知「用殷禮也」。

帝牛不吉，以爲稷牛。養牲必養二也。帝牛必在滌三月，稷牛唯具，所以別事天神與人鬼也。滌，牢中所搜除處也。唯具，遭時又選可用也。【疏】正義曰：郊天既以后稷爲配，故養牲養二，以擬祭也。若「帝牛不吉」或死傷，「以爲稷牛」者，爲，猶用也。爲用稷牛而爲帝牛，其祭稷之牛，臨時別取牛用之。 「帝牛必在滌三月，稷牛唯具」者，此覆説上文「帝牛不吉」而取稷牛之事。以帝牛既尊，必須在滌三月。今帝牛不吉，故取稷牛已在滌三月也。其祀稷之牛，臨時別取，故云「稷牛唯具」。天神既尊，故須在滌。人鬼稍卑，唯具而已。是分别天神與人鬼不同。【注】「養牲必養二也」 正義曰：案《春秋》宣三年：「正月，郊牛之口傷，改卜牛。牛死，乃不郊。」《公羊》云：「曷爲不復卜？養牲養二，卜帝牲不吉，則扳稷牲而卜之。」何休云：「先卜帝牲，養之。有災，更引稷牲卜之，以爲天牲養之。凡當二卜爾。復不吉，則止不郊。」【注】「滌牢」至「用也」 正義曰：「滌，牢中所搜除」者，搜，謂搜埽清除。故《周禮》掌養馬者謂之廋人。云「唯具，遭時又選可用也」者，遭時，謂帝牲遭災之時。既取稷牲而用之，其祀稷之牲，臨時選其可者。凡帝牲、稷牲，尋常初時皆卜，取其牲繫於牢，芻之三月，若臨時有故，乃變之也。

萬物本乎天，人本乎祖，此所以配上帝也。言俱本，可以配。郊之祭也，大報本反始也。【疏】正義曰：此一經論祖配天之義。人本於祖，物本於天，以配本故也。 「郊之祭也，大報本反始也」 此一經釋所以郊祭天之義。天爲物本，祖爲王本。❶祭天以祖配之，所以報謝其本。「反始」者，反其初始。以財言之，謂物爲

❶「祖」，原作「祀」，據阮本、衛氏《集説》改。

本。以終言之，謂初爲始。謝其恩謂之報，❶歸其初謂之反，大義同也。皇氏云：「上文『社稷』下直云『報本反始』，此文天神尊，故加『大』字。」義或然也。**天子大蜡八。**所祭有八神也。**伊耆氏始爲蜡。**伊耆氏，古天子號也。**蜡也者，索也，**謂求索也。**歲十二月，合聚萬物而索饗之也。**歲十二月，周之正數，謂建亥之月也。饗者，祭其神也。萬物有功加於民者，神使爲之也，祭之以報焉。造者配之也。**蜡之祭也，主先嗇而祭司嗇也，**先嗇，若神農者。司嗇，后稷是也。**祭百種以報嗇也。**嗇所樹蓺之功，使盡饗之。疏 正義曰：此一節論蜡祭之事。各依文解之。「大蜡八」者，即鄭注云：❷「先嗇一，司嗇二，農三，郵表畷四，猫虎五，坊六，水庸七，昆蟲八。」所祭之神，合聚萬物而索饗之，但以此八神爲主。蜡云「大」者，是天子之蜡，對諸侯爲大。天子既有八神，則諸侯之蜡未必八也。謂若先嗇，古之天子，諸侯未必得祭也。知諸侯亦有蜡者，《禮運》云「仲尼與於蜡賓」，是諸侯有蜡也。案《周禮·大司樂》云「六變而致象物及天神」，鄭云：「有象在天，所謂日月。」❸此神不數象物及日月者，先嗇、司嗇，並是人神，有益於人；水庸之屬在地，益其稼穡，故索而祭之，急其近者故也。天神象物，去人縣遠，雖祭，不爲八神之數。注「伊耆氏，古天子號也」 正義曰：《明堂》云：「土鼓、葦籥，伊耆氏之樂。」《禮運》云：「夫禮之初，始諸飲食，蕢桴而土鼓。」俱稱「土鼓」，則伊耆氏，神農也。以其初爲田事，故爲蜡祭以報天也。下云「主先嗇」，神農既爲始蜡，豈自祭其身以爲先嗇乎？ 皇氏云：「神農、伊耆，一代總號。其子孫爲天子者始爲蜡祭，祭其先祖造田者，故有先嗇也。」注「歲十」至「之也」 正義曰：知是「周十二月」者，下云「既蜡而收，民息已」。收，謂收斂，則《詩》所謂「十月納禾稼」。又《月令》「孟冬，祈來年于天宗」，是知蜡周建亥之月。❹三代皆然。此經文據周，故爲十二月。皇氏以爲「三代各以十二月爲蜡」，其義非也，已具於《月令》疏。云「饗者，祭其神也」者，解經「合聚萬物而索饗之」。萬物非所饗，但饗其萬物之神。所以饗其神者，萬物所以能功加

❶「恩」，阮本作「財」。孫詒讓《校記》云作「財」是。

❷「注」，原作「生」，據阮本改。

❸「日月」，浦鏜校云：「日月」，彼注作「四靈」。孫詒讓《校記》云：「此疏『日月』上有奪句。孔知蜡有日月者，據《月令》祈年於天宗而言，非本《大司樂》注也。」

❹「周」，汪文臺《識語》云：「『用』誤『周』，各本同。」

於民者，神使爲之，故云「祭之以報焉」。云「造者配之也」者，賀瑒云：「謂造此蜡祭，配此八神而祭。」注「先嗇」至「是也」　正義曰：「若神農者」，「若」是不定之辭，以神農比擬，故云「若」。「司嗇，后稷」無所疑，故不言「若」，直云「后稷是也」。經言「主先嗇而祭司嗇」者，以先嗇爲主，司嗇從祭。種曰稼，斂曰嗇。不云「稼」而云「嗇」者，取其成功收斂，受嗇而祭也。　「祭百種以報嗇也」者，此一經爲下「饗農及郵表畷」起文。百種，則農及郵表畷、禽獸等。所以祭之者，報其助嗇之功，使盡饗焉。

饗農及郵表畷、禽獸，仁之至，義之盡也。農，田畯也。郵表畷，謂田畯所以督約百姓於井間之處也。《詩》云：「爲下國畷郵。」禽獸，服不氏所教擾猛獸也。古之君子，使之必報之。迎貓，爲其食田鼠也。迎虎，爲其食田豕也。迎而祭之也。迎其神也。祭坊與水庸，事也。水庸，溝也。疏正義曰：此一經總明祭百種之事。「農」，謂古之田畯，有功於民。「郵表畷」者，是田畯於井間所舍之處。郵，若郵亭屋宇處所。表，田畔。畷者，謂井畔相連畷。於此田畔相連畷之所，造此郵舍，田畯處焉。「禽獸」者，即下文云貓虎之屬。言「禽獸」者，猫虎之外，但有助田除害者，皆悉包之。下特云猫虎，舉其除害甚者。　「仁之至，義之盡也」者，不忘恩而報之，是仁。有功必報之，是義也。蜡祭有仁義之至盡也。　注「詩云」至「獸也」　正義曰：所引《詩》者，《齊》、《魯》、《韓詩》也。郵，謂民之郵舍。言成湯施布仁政，爲下國諸侯，在畷民之處所，使不離散。今《毛詩》作「綴旒」，在《商頌·長發》之篇。云「禽獸，服不氏所教擾猛獸也」者，若非猛獸，不能殺害於物以助天故也。　注「迎其神也」　正義曰：恐迎猫虎之身，故云「迎其神」而祭之。「祭坊與水庸，事也」者，是營爲所須之事，故云「事也」。坊者，所以畜水，亦以鄣水。庸者，所以受水，亦以泄水。謂祭此坊與水庸之神。

曰：「土反其宅，水歸其壑，昆蟲毋作，草木歸其澤。」此蜡祝辭也。若辭同，則祭同處可知矣。壑，猶坑也。昆蟲，暑生寒死，螟螽之屬爲害者也。皮弁素服而祭。素服，以送終也。葛帶榛杖，喪殺也。疏正義曰：此以下皆蜡祭之祝辭。「土」即坊也。反，歸也。宅，安也。土歸其宅，❶則得不崩。　「水歸其壑」者，水即水庸。壑，坑坎

❶「宅」，原作「安」，據監本、毛本、殿本及衛氏《集說》改。

也。「水歸其壑」，謂不汎溢。　「昆蟲毋作」者，昆蟲，❶螟螽之屬也，得陰而死，得陽而生，故曰「昆蟲毋作」，謂不爲災。　「草木歸其澤」者，草，苫、稗。木，榛、梗之屬也。當各歸生藪澤之中，❷不得生於良田害嘉穀也。　蜡祭乃是報功，❸故亦因祈禱，有此辭也。　一云：祝辭言此神由有此功，故今得報，非祈禱也。　注「此蜡」至「知矣」　正義曰：蜡有八神，恐祭處各別，故言「則祭同處可知也」。陳辭有水土、昆蟲、草木者，以其無知，故特有辭也。　而先嗇之屬有知，故不假辭也。　據此祭草木有辭，則草木當有神，八蜡不數之者，以草木偏地皆是，不如坊與水庸之屬，各指一物，故不數。　蜡之祭，仁之至，義之盡也。送終喪殺，所謂「老物」也。　素服，衣裳皆素。❹　黄衣黄冠而祭，息田夫也。　祭，謂既蜡，臘先祖、五祀也。於是勞農以休息之。《論語》曰：「黄衣狐裘。」疏　正義曰：「素服送終」，是仁恩也，故云「仁之至」。「葛帶榛杖」，示陰氣喪殺，斷割其理，是義也，故云「義之盡也」。　注「送終」至「皆素」　正義曰：「送終喪殺，所謂老物」者，案《周禮・籥章》云：「國祭蜡，則龡《豳頌》，擊土鼓，息老物。」以物老，故素服。　物老將終，故「葛帶榛杖」。「素服，衣裳皆素」者，謂白素衣、積素裳。❺　經直云「素服以送終」，不云「皮弁」者，從上省文也。　注「祭謂」至「狐裘」　正義曰：上云「蜡」，此云「祭」，故知「既蜡，臘先祖、五祀」。　對文「蜡」「臘」有別，總其俱名蜡也。❻　故《月令》「孟冬，祈來年于天宗，大割祠于公社及門閭，臘先祖、五祀」，鄭注云「此《周禮》所謂蜡」是也。　云「於是勞農以休息之」者，❼即經文「息田夫」是也。「勞農」，《王制》文。

❶「昆」，原作「不」，據殿本、阮本改。

❷「藪」，原作「數」，據殿本、阮本改。

❸「功」字原漶滅，據殿本、阮本補。

❹「送終」至「皆素」，阮校云：「此注十五字當在上『皮弁』節下。」今按：阮校是也。經文「蜡之祭，仁之至，義之盡也」亦當合於上「皮弁」節。

❺「積素裳」，疑當作「素積裳」。《郊特牲》：「三王共皮弁素積。」孫希旦《集解》：「素積，以素繒爲裳而襞積之也。素言其色，積言其制。」《釋名・釋衣服》：「素積，素裳也，辟積其要中使踧，因以名之也。」《朱子語類》卷八十五：「素積，白布爲裙。」

❻「其」，浦鏜校云：「其」下脱「義」字。

❼「云」，原作「公」，據閩、監、毛本、殿本及孫詒讓、汪文臺二家校改。

野夫黄冠。黄冠，草服也。言祭以息民，服象其時物之色。季秋而草木黄落。疏正義曰：此解上「息田夫」用黄衣黄冠之意。田夫則野夫也。野夫著黄冠，黄冠是季秋之後，草色之服，故「息田夫」而服之也。

禮記正義卷第三十五

禮記正義卷第三十六

國子祭酒上護軍曲阜縣開
國子臣孔穎達等奉勑撰

大羅氏，天子之掌鳥獸者也，諸侯貢屬焉。草笠而至，尊野服也。諸侯於蜡，使使者戴草笠貢鳥獸也。《詩》云：「彼都人士，臺笠緇撮。」又曰：「其餉伊黍，其笠伊糾。」皆言野人之服也。羅氏致鹿與女，而詔客告也，以戒諸侯曰：「好田好女者亡其國。」詔使者，使歸以此告其君，所以戒之。天子樹瓜華，不斂藏之種也。」華，果蓏也。又詔以天子樹瓜蓏而已，戒諸侯以蓄藏蘊財利也。疏正義曰：此一節因上蜡祭，廣釋歲終蜡時之事。天子掌鳥獸之官謂大羅也。謂爲大羅者，鄭云「能以羅捕鳥獸者」也。《周禮·羅氏》「掌羅烏鳥，蜡則作羅襦」，鄭司農云：「襦，細密之羅也。」解者云，順秋冬殺物，故羅氏用細密之羅網以捕禽鳥矣。然《周禮》不云「掌獸」，此云「獸」者，以其受貢獸故也。「諸侯貢屬焉」者，大羅氏既以羅爲名，能張羅得鳥獸，故四方諸侯有貢獻鳥獸於王者，皆入屬大羅氏也。「草笠而至」者，草笠，以草爲笠也。此諸侯所使貢獻鳥獸之使者著草笠而至王庭也。「尊野服也」者，草笠是野人之服，今歲終功成，是由野人而得，故重其事而尊其服。「羅氏致鹿與女，而詔客告也」者，詔亦告也。客，謂貢鳥獸之使者。羅氏先受貢畢，使者臨去，羅氏又以鹿及女子致與使者，而宣天子之詔於使者，令使者反還其國，以告戒其君，故云「詔客告也」。「以戒諸侯曰：好田好女者亡其國」者，此宣詔所告之言也。令使者還其國，以如此告汝君曰：「不得好田獵及女色，使國亡也。」言鹿是田獵所得之物，女是亡國之女而王所以獲者也，故與之鹿、女，明以此爲戒也。一云：豈每國輒與女鹿邪？正當羅氏以鹿與女示使者爾。「天子樹瓜華，不斂藏之種也」者，瓜，今之瓜。華，果蓏也。言天子唯樹瓜與果蓏，所以唯樹植此瓜華者，是供一時之食，不是收斂久藏之種。若其可久藏之物，則不樹之，不務畜藏與民爭利。令使者歸告其君，亦當如此，不得畜藏與民爭利。**注**「詩云」至「伊糾」　正義曰：「彼都人士，臺笠緇撮」，是《小雅·都人士》篇也。《毛詩箋》云：「臺，夫須。都人以臺夫須爲笠，❶緇布爲冠。」云「又曰：其餉伊黍，其笠伊糾」者，此《周頌·良耜》之篇也。引此二詩者，證笠是野人所著之服。**注**「戒諸」至「利也」　正義曰：天子可蓄聚斂藏之物，既不種殖，戒諸侯不可蓄藏蘊積財利也。

八蜡以記四方。四方，方有祭也。四方年不順成，八蜡不通，以謹民財也。其方穀不孰，則不通於蜡焉，使民謹於用財。蜡有八者：先嗇，一也；司嗇，二也；農，三也；郵表畷，四也；貓虎，五也；坊，六也；水庸，七也；昆蟲，八也。順成之方，其蜡乃通，以移民也。移之言羨也。《詩·頌·豐年》曰：「爲酒爲醴，烝畀祖妣，以洽百禮。」此其羨之與？既蜡而收，民息已，故既蜡君子不興功。收，謂收斂積聚也。息民與蜡異，則黃衣黃冠而祭，爲臘必矣。

疏正義曰：此一節論天子蜡祭四方不同，豐荒有異，兼記臘祭宗廟息民之事。各依文解之。　「八蜡以記四方」者，言蜡祭八神，因以明記四方之國，記其有豐稔、有凶荒之異也。　「四方年不順成，八蜡不通」者，謂四方之内，年穀不得和順成孰，則當方八蜡之神，不得與諸方通祭。所以然者，以謹慎民財。欲使不孰之方，萬民謹慎財物也。　「順成之方，其蜡乃通」者，謂四方之内，有順成之方，其蜡之八神，乃與諸方通祭。所以然者，以蜡祭豐饒，皆醉飽酒食，使民歆羨也。皇氏以「此一節皆據諸侯之國而爲蜡祭以記其功，當國不成，則不爲蜡，成則爲蜡」，義亦通也。**注**「蜡有」至「八也」　正義曰：鄭數八神，約上文也。王肅分貓、虎爲二，無昆蟲。鄭數昆蟲，合貓虎者，昆蟲不爲物害，亦是其功；貓虎俱是除田中之害，不得分爲二。不言「與」，故合爲一也。**注**「詩頌」至「百禮」　正義曰：所引《詩》者，《周頌·豐年》之篇。烝，進也。畀，與也。言豐年多黍多稻，故爲酒醴，進與祖妣，謂烝嘗於廟之祭也。**注**「息民」至「必矣」　正義曰：上文雖云「黃衣黃冠而祭」，不云臘之與蜡，似爲一。此文云「既蜡而收，民息已」，先蜡後息民，是息民爲臘，與蜡異也。前「黃衣黃冠」在「蜡祭」之下，故知是臘也，是以云「爲臘必矣」。故《月令》「臘」在「祈天宗」之下，但不知臘與蜡祭相去幾日。准隋禮及今禮，皆蜡之後日。經云「既蜡，不興功」者，謂不興農功。若其土功，則《左氏傳》云：「龍見而畢務，戒事也。火見而致用，水昏正而栽，

❶「夫須」，浦鏜校云，「夫須」二字當作「皮」字。

日至而畢。」土功建亥之月起，日至而畢也。恒豆之菹，水草之和氣也；其醢，陸産之物也；加豆，陸産也；其醢，水物也。此謂諸侯也。天子朝事之豆，有昌本、麋臡、茆菹、麇臡；饋食之豆有葵菹、蠃醢，豚拍、魚醢；其餘則有雜錯云也。籩豆之薦，水土之品也，不敢用常褻味而貴多品，所以交於神明之義也，非食味之道也。言禮以異爲敬。先王之薦，可食也，而不可嗜也。卷冕、路車，可陳也，而不可好也。《武》，壯而不可樂也。宗廟之威，而不可安也。宗廟之器，可用也，而不可便其利也。所以交於神明者，不可以同於所安樂之義也。《武》，萬舞也。酒醴之美，玄酒、明水之尚，貴五味之本也。黼黻文繡之美，疏布之尚，反女功之始也。莞簟之安，而蒲越、稾鞂之尚，明之也。大羹不和，貴其質也。大圭不琢，美其質也。丹漆雕幾之美，素車之乘，尊其樸也。貴其質而已矣。所以交於神明者，不可同於所安褻之甚也，如是而后宜。尚質貴本，其至如是，乃得交於神明之宜也。明水，司烜以陰鑑所取於月之水也。蒲越、稾鞂，藉神席也。明之者，神明之也。琢，當爲「篆」，字之誤也。幾，謂漆飾沂鄂也。鼎俎奇而籩豆偶，陰陽之義也。牲，陽也。庶物，陰也。黄目，鬱氣之上尊也。黄者，中也；目者，氣之清明者也。言酌於中而清明於外也。黄目，黄彝也，周所造，於諸侯爲上也。祭天，埽地而祭焉，於其質而已矣。醯醢之美，而煎鹽之尚，貴天産也。割刀之用，而鸞刀之貴，貴其義也，聲和而后斷也。

疏正義曰：此一節總明祭祀籩豆、酒醴、莞簟、尊彝、醯醢、鸞刀之屬，明其尚質，所用之宜。自「恒豆之菹」至「之道也」，偏明諸侯祭祀之禮。❶「恒豆之菹」者，謂朝事恒常所薦之豆，所盛之菹，是水草和美之氣，若昌本、茆菹是也。其所盛之醢，陸地所産之物也。「加豆，陸産也」者，謂祭末酳尸之後，其菹，陸地産生之物而爲之，若葵菹、豚拍之屬是也。「其醢，水物也」者，

❶「偏」，原作「偏」，據殿本、阮本改。

加豆所盛之醢，用水中之物，若蠃醢、魚醢是也。「籩豆之薦，水土之品也」者，其籩豆所薦之物，或水或土所生品類也。前文唯云「豆」，此連言「籩」者，籩是配豆之物，所盛亦有水土所生也。而《周禮・籩人》云，天子「朝事之籩，其實有麷、蕡、白、黑」，則土所生也；「鮑魚」，則水物也。但籩之所盛，陸産甚多也。「不敢用常褻味而貴多品」者，言所薦之物，不敢用常褻美味，貴其多有品類。言物多而味不美也。「所以交於神明之義也，非食味之道也」者，解所以物多不美之意。所以交接神明之義，取恭敬質素，非如人事飲食美味之道也。**注**「此謂」至「云也」　正義曰：知「此謂諸侯」者，以其與《周禮》天子豆物不同，故知是諸侯也。案《醢人》「加豆」，謂尸食訖，酳尸所加之豆。則此「恒豆」者，謂朝事及饋食，俱爲恒豆也。諸侯，菹悉用水物，醢悉用陸産，與天子不同，故引「天子朝事之豆」以下不同之事以明之。天子朝事之豆，有「昌本、麋臡、茆菹、麇臡」，與此經同。其「菁菹、鹿臡」，其「菁菹」非水物，❶與此經異也。天子饋食之豆有「葵菹、蠃醢、豚拍、魚醢」，與諸侯加豆不同。其天子加豆，有「芹菹、兔醢、深蒲、醓醢，箈菹、鴈醢，筍菹、魚醢」，芹菹與深蒲，及箈菹等，非陸産也。鹿與醓醢，非水物也。與此經異也。又天子饋食有「蜃、蚳醢」，蜃爲水物，亦與此經不同。故鄭總云「其餘則有雜錯」，是天子與諸侯異也。

「先王」至「義也」　此以下揔明祭祀之物不可同於尋常安樂之義。「而不可嗜」者，祭祀薦羞，質而無味，不可歆嗜。「而不可好也」者，衮冕、路車尊嚴，不可尋常乘服，以爲榮好也。「《武》，壯而不可樂也」者，《武》是萬舞《大武》也，以示壯勇之容，不可常爲娱樂。「宗廟之威，而不可安也」者，言宗廟尊嚴肅敬，不可寢處其中以自安也。「而不可便其利也」者，宗廟之器，供事神明之道，不可回便以爲私利也。❷「所以交於神明者，不可以同於所安樂之義也」，是總結上文。「酒醴」至「后宜」　此明祭祀所用之物，不尚繁華，皆取尚質貴本。「玄酒、明水之尚」者，玄酒，謂水也。明水，謂取於月中水也。陳列酒尊之時，明水在五齊之上，玄酒在三酒之上，是「玄酒、明水之尚」，謂尊尚其古，故設尊在前也。「疏布之尚」者，《冪人》云「疏布冪八尊」，《禮器》云「犧尊疏布鼏」是也。「蒲越、稾鞂之尚」者，凡常而居，下莞上簟，祭天則

❶「其」，衛氏《集説》無「其」字，疑是。

❷「回」，衛氏《集説》作「因」。浦鏜校云作「因」是。

蒲越、稾鞂之上也。「明之也」者，釋所以祭天用蒲越、稾鞂之意，是神明矣。此祭天不敢用褻美味，故用質也。「丹漆雕幾之美，素車之乘，尊其樸也」者，雕，謂刻鏤。幾，謂沂鄂。言尋常車以丹漆雕飾之，以爲沂鄂，而祭天以素車之乘者，尊其樸素。「貴其質而已矣」者，此一句包上「酒醴」以下諸事。言祭祀之時，不重華飾，唯質素而已，故用玄水、疏布、稾鞂之屬。「所以交於神明者，不可同於所安褻之甚也」者，解所以諸事貴質者，以其交接神明，不可同於尋常身所安褻之甚極者。若其安褻之不甚者，亦得同之。「如是而后宜」者，言尚質尚儉如是，而后得交神明之義也。**注**「尚質」至「鄂也」　正義曰：「尚質」，則「大羹不和、大圭不琢、素車之乘」是也。「貴本」，則「玄酒、明水之尚」及「疏布之尚」是也。云「明水，司烜以陰鑑所取於月之水也」者，《周禮·秋官·司烜氏》文也。云「蒲越、稾鞂，藉神席也」者，今禮及隋禮，稾鞂爲祭天席，蒲越爲配帝席，俱藉神也。云「幾，謂漆飾沂鄂也」者，「幾」與「畿」字相涉，畿是畿限之所，故以幾爲沂鄂也。**注**「牲，陽也。庶物，陰也」　正義曰：案《宗伯》云「以天産作陰德」，❶注云：「天産者，動物，謂六牲之屬也。」動物，故爲陽也。「庶物，陰也」者，庶物雖出於牲體，雜以植物相和，非復牲之全體，故爲陰也。然《聘禮》陳醓醢，醓在碑東，醢在碑西，鄭云：「醓，穀，陽也。醢，肉，陰也。」與此不同者，醓是穀物所爲，其體清輕，故爲陽也。醢是肉物所爲，肉有形質，故爲陰也。文各有所對，故不同也。「黄目」至「外也」　「黄目」，黄彝也，以黄金鏤其外以爲目，❷因取名也。因將貯鬱鬯酒，故云「鬱氣」也。祭祀時，列之最在諸尊之上，故云「上」也。故鄭注《司尊彝》云「黄目，以黄金爲目」是也。「黄者，中也；目者，氣之清明者也」者，解用黄目之義也。黄是中方色，目是氣之清明者也。「言酌於中而清明於外也」者，又解必用中及清明義也。言酒清明在尊中而可斟酌，示人君行祭事，必斟酌盡於中也。目在尊外而有清明，示人君慮於祭，必外盡清明絜浄也。**注**「黄目」至「上也」　正義曰：案《明堂位》云：「夏后氏以雞彝，殷以斝，周以黄目。」是「周所造」也。天子則黄彝之上有雞彝、鳥彝，備前代之器，諸侯但有黄彝，故云「於諸侯爲上也」。「祭天」至「斷也」　此所論，亦尚質及貴天産，及聲和之義。「貴

❶「陰」，原作「陽」，據孫詒讓《校記》改。
❷「鏤」，原作「縷」，據殿本、阮本改。

天產也」者，餘物皆人功和合爲之，鹽則天產自然，故云「貴天產也」。言「煎」者，煎此自然之鹽，鍊治之也。言「煎鹽之尚」者，皇氏云：「設之於醯醢之上，故云尚。」熊氏云：「煎鹽，祭天所用，故云尚。」義俱通也。「貴其義也」者，言割刀之用，必用鸞刀，貴其聲和之義。「聲和而后斷也」者，必用鸞刀，取其鸞鈴之聲宮商調和，而后斷割其肉也。

冠義：始冠之，緇布之冠也。始冠三加，先加緇布冠也。大古冠布，齊則緇之。其緌也，孔子曰：「吾未之聞也，大古無飾，非時人緌也。《雜記》曰：「大白、緇布之冠不緌。」大白，即大古白布冠，今喪冠也。齊則緇之者，鬼神尚幽闇也。唐、虞以上曰大古也。冠而敝之可也。」此重古而冠之耳。三代改制，齊冠不復用也。以白布冠質，以爲喪冠也。適子冠於阼，以著代也。東序少北，近主位也。❶醮於客位，加有成也。每加而有成人之道也。成人則益尊。醮於客位，尊之也。三加彌尊，喻其志也。始加緇布冠，次皮弁，次爵弁。冠益尊，則志益大也。冠而字之，敬其名也。重以未成人之時呼之。委貌，周道也；章甫，殷道也；毋追，夏后氏之道也。常所服以行道之冠也。或謂委貌爲玄冠也。周弁，殷冔，夏收，齊所服而祭也。三王共皮弁、素積。所不易於先代。無大夫冠禮，而有其昏禮。古者五十而后爵，何大夫冠禮之有？言年五十乃爵爲大夫也。其有昏禮，或改取也。諸侯之有冠禮，夏之末造也。言夏初以上，諸侯雖有幼而即位者，猶以士禮冠之，亦五十乃爵命也。至其衰末，未成人者，多見篡弒，乃更即位則爵命之，以正君臣，而有諸侯之冠禮。天子之元子，士也，天下無生而貴者也。儲君副主，猶云士也，明人有賢行著德，乃得貴也。繼世以立諸侯，象賢也。賢者子孫，恒能法其先父德行。以官爵人，德之殺也。言德益厚，官益尊也。死而謚，今也。古者生無爵，死無謚。古，謂殷以前也。大夫以上乃謂之爵，死有謚也。周制，爵及命士，雖及之，猶不謚耳。今記時死則謚之，非禮也。禮之所尊，尊其義也。言禮所以尊，

❶「也」字原脱，據余本、撫本、岳本、阮本補。

尊其有義也。**失其義，陳其數，祝、史之事也。故其數可陳也，其義難知也。知其義而敬守之，天子之所以治天下也。**言政之要，盡於禮之義。**疏**正義曰：此一節總明尊卑加冠，因明官爵及禮義之意。各依文解之。　「冠義」者一節，總論初冠之義。以《儀禮》有《士冠禮》正篇，此説其義，故云「冠義」。如下篇有《燕義》、《昏義》，與此同。皇氏云：「冠義，秖明用緇布重古之義。」其説非也。　「始冠，緇布之冠也」者，謂人之加冠，必三加，初始所加之冠，緇布之冠也。「大古冠布，齊則緇之」者，此釋有緇布冠之由。大古之時，其冠唯用白布，常所冠也。若其齊戒，則染之爲緇。今始冠重古，先冠之也。　「其緌也，孔子曰『吾未之聞也』」者，以緇布之冠，古禮不合有緌，而後世加緌，故記者云其今世加緌非禮，故引孔子之言，云「我未之聞也」。言未聞緇布冠有緌之事。　「冠而敝之可也」者，言緇布之冠，初加暫用冠之，罷冠則敝棄之可也。以其古之齊冠，後世不復用也。**注**「始冠」至「冠也」　正義曰：鄭云此者，解經「始冠」之義。「始冠」者，謂三加之時，以緇布冠爲始，故云「先加緇布冠」。先加即始也。**注**「大古」至「古也」　正義曰：「大古無飾」，緇布冠無緌也。云《雜記》曰：大白、緇布之冠不緌」者，孔子云「吾未之聞」，是非駮時人加緌也。引《雜記》文者，證緇布冠無緌。而《玉藻》云「緇布冠繢緌」，則緇布冠有緌者，皇氏云：「此經所論，謂大夫士，故緇布冠無緌。諸侯則位尊盡飾，故有緌也。」云「大白，即大古白布冠，今喪冠也」。《禮運》云後世有絲麻，雖絲麻同出，尚質，故用白布也。云「齊則緇之者，鬼神尚幽闇也」者，謂祭前齊時著緇布冠，正祭則著祭服，「有虞氏皇而祭」是也。云「唐、虞以上曰大古也」者，以下云「三王共皮弁、素積」，三王之前云大古，故云「唐、虞以上曰大古」，與《易》之「大古」別也。**注**「三代改制，齊冠不復用也」　正義曰：唐、虞既用之爲齊冠，三代改唐、虞之制，齊冠不復用之，以委貌、章甫、牟追。三代去緇布冠，其唐、虞白布冠，三代用之爲喪冠。緇布冠既棄而不用，所以《詩》「彼都人士，臺笠緇撮」，注云「緇撮，緇布冠」者，彼謂「儉且質」，❶故著古冠耳。**注**「東序」至「位也」　正義曰：案《士冠禮》，冠者在主人之少北，是「近主位也」。其庶子則冠於房户外，南面。**注**「醮於客位，尊之也」　正義曰：「客位」，謂户牖之間，南面。此謂適子也。若夏、殷，

❶「質」，今《詩·都人士》鄭箋作「節」。

醮用酒，每一加則一醮於客位。周則用醴，三加畢，乃一醴於客位。其庶子，則皆醮於房户外。　「三加彌尊，喻其志也」　言「三加」者，初加緇布冠，次加皮弁，是益尊。至三加爵弁，是彌尊。所以尊者，曉喻其冠者之志意，令其志意益大。初加緇布冠，欲其尚質重古。次加皮弁，欲其行三王之德。後加爵弁，欲其行敬事神明。是志益大也。　**注**「始加」至「爵弁」　正義曰：此皆約《士冠禮》文。案《士冠禮》，三加者，謂冠時三徧加冠也。至冠日，賓至，而主人設冠身之席于阼階上，近主人之北，又設笄纚、櫛具于席南。冠身立于東房，賓揖冠身出就位，佐冠爲冠身梳頭著纚畢，賓洗手，爲正髻。正髻畢，往西階至第一等，受取緇布冠，還至冠席前，跪，爲冠身著冠。著冠畢，冠身起，入東房，著玄端玄裳。士子皆隨其父朝夕之服，朝用玄衣素裳，夕用上士玄裳，中士黄裳，下士雜裳。雜裳，前黄後玄。若大夫以上至天子，當同上士玄裳也。畢，又揖冠身出就位。就位畢，賓又下西階至第二等，受皮弁冠，還爲冠身著冠。然後又著爵弁。其儀皆如緇布冠也。

注「重以」至「呼之」　正義曰：賀氏云：「重，難也。難未成人之時呼其名，故以字代之。」案《冠禮》，冠身既冠，見母畢，「立于西階東，南面。賓東面，字之曰伯某甫」是也。

「委貌」至「素積」　此下三代恒所服行道之冠。然三代乃俱用緇布，而其形自殊。周爲委貌之形，殷則爲章甫之形，夏則爲毋追之形，故云「委貌，周道也」。鄭注《士冠禮》：「委，安也，言所以安正容貌。章，明也。殷質，言所以表明丈夫。毋，發聲。追，猶推也。❶夏后氏質，以其形名之。」「周弁、殷冔、夏收」者，鄭注《冠禮記》云：「弁名出於槃。槃，大也，言所以自光大。冔名出於幠，幠，覆也，言所以自覆飾也。收，言所以收斂髮也。其制之異亦未聞。」❷「三王共皮弁、素積」者，以其質素，故三王同服，無所改易也。　**注**「常所」至「冠也」　正義曰：「行道」，謂養老、燕飲、燕居之服。若視朝行道，則皮弁也。此云「委貌」，而《儀禮記》稱「玄冠」，故云「或謂委貌爲玄冠」。　**注**「齊所服而祭也」　正義曰：言齊及祭時所服也。若三命以下，齊祭同冠。四命以上，齊祭則異冠。委貌一條，論三加始加之冠。周弁一條，論第三所加之冠。

---

❶「推」，阮校云：「閩本『推』作『椎』。監、毛本『推』作『堆』，衛氏《集説》同。」按作「堆」與今《儀禮》鄭注合。

❷「異」，阮元《儀禮注疏校勘記》云：「『異』下敖氏有『同』字，與《要義》所載疏合。」

皮弁一條，論第二所加之冠。在後言皮弁者，以其三王共同，故在後言之。　「無大」至「之有」　前所明悉士禮，故無大夫冠禮也。所以然者，二十而冠，五十爵爲大夫，故無大夫冠禮也。然「四十强而仕」，亦應無士冠禮，而云士有冠禮者，士是有識之目，故立禮悉用士爲正，所以五等並依士禮冠子也。若試爲大夫者，亦用士禮。故鄭注《冠禮記》云：「周之初禮，年未五十而有賢才者，試以大夫之事，猶服士服，行士禮。」　「而有其昏禮」者，言有大夫昏禮也。然禮三十而昏，❶五十乃爲大夫，亦應無大夫昏禮，而云「有」者，是改取也。　「古者五十而后爵，何大夫冠禮之有」者，記者覆解「無大夫冠禮」所由也。注「言夏」至「冠禮」　正義曰：「諸侯雖有幼而即位者，猶以士禮冠之」，知用士禮者，以《儀禮·冠禮》是士之正禮，於《冠禮》之末云「公侯之有冠禮，夏之末造也」者，明夏初以前，諸侯未有冠禮，與士冠同。其夏末以來，諸侯有冠禮，與士禮異。故《大戴禮》有《公冠》篇，加玄冕爲四加也。皇氏云：「諸侯亦三加。」與《大戴禮》違，其義非也。此經直明諸侯，不云天子。又下云「天子之元子」猶與士同，則天子與士異也。然則天子冠禮，其來已久，但無文以言之。《玉藻》云：「玄冠朱組纓，天子之冠也。」鄭注云：「始冠之冠也。」是天子別有冠禮。注「儲君」至「貴也」　正義曰：此文繫「冠禮」之下，皇氏云：「天子元子，唯冠同於士，其餘則與士不同也。故《喪服》諸侯之兄弟，得行大夫之禮也。　「繼世以立諸侯，象賢也」者，此釋夏末以來，有諸侯冠禮之意也。　「以官爵人，德之殺也」者，此明所以無大夫冠義也。言官爵之授，隨德隆殺也。大夫以上，雖以德授爵，猶無冠禮，兼明士又德薄而無爵也。　「死而」至「無謚」　此一經明士禮。此是《士冠禮記》之文也。以士爲主，故此論士死而加謚，是爲記之時加謚，故云「今也」。　「古者生無爵，死無謚」者，古，謂殷以前。士生時無爵，謂爵不及也。死時無謚，謂不制謚也。注「周制」至「謚耳」　正義曰：案《典命》云：「小國之君，其卿三命，其大夫再命，其士一命。」士既有命，命即爵也，故知「爵及命士，猶不謚」者，《檀弓》云：「士之有誄，自此始也。」既從縣賁父、卜國爲始，明以前無誄也。無誄，則無謚也。

「禮之」至「下也」　此經所論，因上論冠義，下論昏義，故記人因上起下，於中説重禮之義也。　「禮之所尊，尊其義也」者，言禮之所以可尊重者，尊其有義理也。　「失其

❶「而」字原漶滅，據阮本補。

義，陳其數，祝、史之事也」者，若不解禮之義理，是「失其義」；唯知布列籩豆，是「陳其數」，其事輕，故云「祝、史之事也」。「故其數可陳，其義難知也」者，謂籩豆事物之數可布陳，以其淺易故也。其禮之義理難以委知，以其深遠故也。「知其義而敬守之，天子所以治天下也」者，言聖人能知其義理而恭敬守之，是天子所以治天下也。天地合，而后萬物興焉。目禮之義。夫昏禮，萬世之始也。取於異姓，所以附遠厚別也。同姓或則多相褻也。幣必誠，辭無不腆，誠，信也。腆，猶善也。告之以直信。直，猶正也。此二者，所以教婦正直信也。信，事人也。信，婦德也。事，猶立也。壹與之齊，終身不改，故夫死不嫁。齊，謂共牢而食，同尊卑也。齊，或爲「醮」。男子親迎，男先於女，剛柔之義也。天先乎地，君先乎臣，其義一也。先，謂倡道也。執摯以相見，敬章別也。言不敢相褻也。摯，所奠鴈也。男女有別，然後父子親；父子親，然後義生；義生，然後禮作；禮作，然後萬物安。言人倫有別，則氣性醇也。無別無義，禽獸之道也。言聚麀之亂類也。壻親御授綏，親之也。親之也者，親之也。言己親之，所以使之親己。敬而親之，先王之所以得天下也。先王，若大王、文王。出乎大門而先，男帥女，女從男，夫婦之義，由此始也。先者，車居前也。婦人，從人者也。幼從父兄，嫁從夫，夫死從子。從，謂順其教令。夫也者，夫也。夫也者，以知帥人者也。夫之言丈夫也。夫，或爲「傅」。玄冕齊戒，鬼神陰陽也。將以爲社稷主，爲先祖後，而可以不致敬乎？玄冕，祭服也。陰陽，謂夫婦也。共牢而食，同尊卑也。故婦人無爵，從夫之爵，坐以夫之齒。爵，謂夫命爲大夫，則妻爲命婦。器用陶匏，尚禮然也。此謂大古之禮器也。三王作牢，用陶匏。言大古無共牢之禮，三王之世作之，而用大古之器，重夫婦之始也。厥明，婦盥饋。❶舅姑卒食，婦餕餘，私之也。私之，猶言恩也。舅姑降自西階，婦降自阼階，授之室也。明當爲家事之主也。昏禮不用樂，幽陰之義也。樂，陽氣也。幽，深也。欲使婦深思其義，不以陽散之也。昏禮不賀，人之序也。序，猶代也。疏正義曰：此一節論聖人重昏禮之事。各依文解之。「天地合，而后萬物興焉」者，言天氣下降，地氣上騰，天地合配，則萬物生焉。若夫婦合配，則子胤生焉。此與下昏禮爲目，故鄭云「目禮之義」也。皇氏云：「『禮之所尊，尊其義也』以下，結上爵德之事。」其義非也。「所以附遠厚別也」者，取異姓者，所以依附相疏遠之道，厚重分別之義，不欲相褻，故不取同姓也。「幣必誠」者，誠，謂誠信。幣帛必須誠信，使可裁制，勿令虛濫。❷「辭無不腆」者，腆，善也。賓之傳辭無自謙退云「幣不善」，不詐飾也。「告之以直信」者，所以幣必信，辭必直，欲告戒婦人以正直誠信也。「信，事人也」者，事，立也。言婦人立身之道，非信不立。「信，婦德也」者，言貞信是婦人之德。注「此二」至「信也」　正義曰：「二者」，謂辭也，幣也。辭不虛飾，是正也。幣不濫惡，是信也。故《昏禮記》云：「辭無不腆，皮帛必可制。」鄭注云：「賓不稱幣不善。」此二者，正也，信也。下唯云「信，事人。信，婦德」，不云「正」者，正是信之小別，信則兼之。「執摯以相見，敬章別也」者，摯，鴈也。章，明也。壻親迎入門而先奠鴈，然後乃與婦相見，是先行敬，以明夫婦。禮有分別，不妄交親。「壻親御授綏」者，案《昏禮》「婦降自西階，壻親御婦車，授綏」，是「壻親御授綏」也。「親之也」者，謂壻御婦車授綏，欲親愛於婦也，故云「親之也」。言壻所以親其婦者，欲令婦之親己也，故云「親之也者，親之也」。「玄冕」至「敬乎」　「玄冕齊戒」，廣陳敬事也。玄冕，謂助祭服也。五冕通玄，故合爲「玄冕」也。今用助祭之服以親迎也。齊戒者，齊戒自整勑也。「鬼神陰陽也」者，陰陽，謂夫婦也。著祭服而齊戒親迎，是敬此夫婦之道如事鬼神，故云「鬼神

❶「婦盥饋」，阮校云：「《釋文》出『婦盥饋』，云『一本無婦盥饋三字』。案《正義》云『而《禮》本亦有云厥明婦盥饋者也』，云『《禮》本亦有』，是《正義》本本無也。盧文弨亦云：『婦盥饋』三字，注疏本無。」

❷「虛濫」，阮校云：「《通解》作『濫惡』。」

陰陽也」。　「將以爲社稷主，爲先祖後，而可以不致敬乎」者，釋所爲者重，故宜用敬，所以冕而親迎也。妻爲内主，❶故有國者，是爲社稷内主也。始此嗣廣後世，故云「先祖後」也。明如此之重，可以不致敬乎？言宜敬也。

注「玄冕，祭服也」　正義曰：案《昏禮》，士昏用上服以爵弁。爵弁是士服之上者，則天子以下，皆用上服。以五冕色俱玄，故總稱玄冕也。　「器用陶匏，尚禮然也」者，謂共牢之時，俎以外，其器但用陶匏而已。此乃貴尚古之禮自然也。❷陶是無飾之物，匏非人功所爲，皆是天質而自然也。　「厥明」至「餕餘」者，厥，其也。其明，謂共牢之明日也。「舅姑卒食」，謂明日婦見舅姑訖，婦乃盥饋特豚，舅姑食特豚之禮竟也。食餘曰餕。「婦餕餘」，謂舅姑食竟，以餘食與之也。而《禮》本亦有云「厥明婦盥饋」者也。　「私之也」者，解「婦餕餘」義也。私，猶恩也。所以食竟以餘食賜婦者，此示舅姑相恩私之義也。　「舅姑降自西階，婦降自阼階，授之室也」者，謂適婦也。婦見餕餘之禮畢，舅姑從賓階而下，婦從主階而降，是示授室與婦之義也。案《昏禮》，既昏之後，「夙興，贊見婦于舅姑。席于阼，舅即席。席于房外，南面，姑即席。婦執笲棗、栗，奠于舅席。又執腶脩，奠于姑席。訖，贊者醴婦，席于户牖間。贊者酌醴以醴婦，薦脯醢。婦受醴畢，取脯醢降出，❸授人于門外。舅姑入于室，共席于奥。婦盥，饋特豚。無魚，腊，無稷。卒食一酳。席于北墉下，婦徹，設於席前，婦即席餕姑之餘。卒食，姑酳之」。此士禮也。其大夫以上，牲牢則異也。　「昏禮不用樂，幽陰之義也。樂，陽氣也」者，昏禮所以不用樂者，幽，深也，欲使其婦深思陰静之義，以脩婦道。「樂，陽氣也」者，陽是動散，若其用樂，則令婦人志意動散，故不用樂也。

有虞氏之祭也，尚用氣。血、腥、爓祭，用氣也。尚，謂先薦之。爓，或爲「腤」。**殷人尚聲，臭味未成，滌蕩其聲。樂三闋，然後出迎牲。聲音之號，所以詔告於天地之間也。**滌蕩，猶搖動也。**周人尚臭，灌用鬯臭，鬱合鬯，臭陰達於淵泉。灌以圭璋，用玉氣也。既灌，然後迎牲，致**

❶「主」，原作「王」，據阮本、衛氏《集説》改。

❷「之禮」，衛氏《集説》作「禮之」。

❸「醢」，浦鏜校曰：「醢，衍字。」按：浦校是也。《儀禮·士昏禮》無「醢」字。

陰氣也。蕭合黍稷，臭陽達於牆屋，故既奠，然後焫蕭合羶薌。灌，謂以圭瓚酌鬯，始獻神也。已，乃迎牲於庭殺之。天子、諸侯之禮也。奠，謂薦孰時也，《特牲饋食》所云「祝酌，奠于鉶南」是也。蕭，薌蒿也，染以脂，合黍稷燒之。《詩》云：「取蕭祭脂。」羶，當爲「馨」，聲之誤也。奠，或爲「薦」。凡祭，慎諸此。魂氣歸于天，形魄歸于地，故祭求諸陰陽之義也。殷人先求諸陽，周人先求諸陰。此其所以先後異也。詔祝於室，坐尸於堂。謂朝事時也。朝事延尸于户西，南面，布主席東面，取牲膟膋，燎于爐炭，洗肝于鬱鬯而燔之，入以詔神於室，又出以墮于主前。❶主人親制其肝，所謂制祭也。時尸薦以籩豆。至薦孰，乃更延主于室之奧，尸來升席，自北方，坐于主北焉。用牲於庭，謂殺之時。升首於室。制祭之後，升牲首於北墉下，尊首尚氣也。直祭祝于主，謂薦孰時也，如《特牲》、《少牢饋食》之爲也。直，正也。祭以孰爲正，則血、腥之屬，盡敬心耳。索祭祝于祊。索，求神也。廟門曰祊。謂之祊者，以於繹祭名也。不知神之所在，於彼乎？於此乎？室與？堂與？或諸遠人乎？祭于祊，尚曰求諸遠者與？尚，庶幾也。祊之爲言倞也，倞，猶索也。倞，或爲「諒」。肵之爲言敬也。爲尸有肵俎，此訓也。富也者，福也。人君嘏辭有「富」，此訓之也。或曰「福也者，備也」。首也者，直也。訓所以升首祭也。直，或爲「犆」也。相，饗之也。相，謂詔侑也。詔侑尸者，欲使饗此饌也。《特牲饋食禮》：❷「主人拜妥尸。尸答拜，執奠。祝饗。」嘏，長也，大也。主人受祭福曰「嘏」，此訓也。尸，陳也。尸或詁爲「主」。此尸神象，當從「主」訓之，言「陳」非也。毛血，告幽全之物也。幽，謂血也。告幽全之物者，貴純之道也。純，謂中外皆善。血祭，盛氣也。祭肺、肝、心，貴氣主也。氣主，氣之所舍也，周祭肺，殷祭肝，夏祭心。

❶「前」字原脱，據阮校、張敦仁《考異》補。疏「又出墮於主前」同此。

❷「禮」，余本、撫本、岳本、阮本「禮」下有「曰」字。

祭黍稷加肺，祭齊加明水，報陰也。祭黍稷加肺，謂綏祭也。明水，司烜所取於月之水也。齊，五齊也。五齊加明水，則三酒加玄酒也。取膟膋，燔燎升首，報陽也。膟膋，腸間脂也。與蕭合燒之，亦有黍稷也。明水、涗齊，貴新也。涗，猶清也。五齊濁，泲之使清，謂之涗齊。及取明水，皆貴新也。《周禮·㡛氏》：「以涗水漚絲。」涗齊，或爲「汎齊」。凡涗，新之也。新之者，敬也。其謂之明水也，由主人之絜著此水也。著，猶成也。言主人齊絜，此水乃成，可得也。君再拜稽首，肉袒親割，敬之至也。敬之至也，服也。拜，服也。稽首，服之甚也。肉袒，服之盡也。割，解牲體。祭稱「孝孫」「孝子」，以其義稱也。謂事祖禰。稱「曾孫某」，謂國家也。謂諸侯事五廟也。於曾祖以上，稱曾孫而已。祭祀之相，主人自致其敬，盡其嘉，而無與讓也。相，謂詔侑尸也。嘉，善也。腥、肆、爓、腍祭，豈知神之所饗也？主人自盡其敬而已矣。治肉曰肆。腍，孰也。爓，或爲「膶」。舉斝角，詔妥尸。古者，尸無事則立，有事而后坐也。尸，神象也。祝，將命也。妥，安坐也。尸始入，舉奠斝若奠角。將祭之，祝則詔主人拜安尸，使之坐。尸即至尊之坐，或時不自安，則以拜安之也。天子奠斝，諸侯奠角。古，謂夏時也。縮酌用茅，明酌也。謂泲醴齊以明酌也。《周禮》曰：「醴齊縮酌。」五齊，醴尤濁，和之以明酌，泲之以茅，縮去滓也。明酌者，事酒之上也。名曰明者。❶事酒，今之醳酒，皆新成也。❷《春秋傳》曰：「爾貢包茅不入，王祭不共，無以縮酒。」酌，猶斟也。酒已泲，則斟之以實尊彝。《昏禮》曰：「酌玄酒，三注于尊。」凡行酒亦爲酌也。醆酒涗于清，謂泲醆酒以清酒也。醆酒，盎齊。盎齊差清，和之以清酒，泲之而已。泲盎齊必和以清酒者，皆久味相得。汁獻涗于醆酒。謂泲秬鬯以醆酒也。獻，讀當爲「莎」，齊語聲之誤也。秬鬯者，中有煮鬱，和以盎齊，摩莎泲之，出其香汁，因謂之汁莎。不以三酒泲秬鬯者，秬鬯尊也。猶明、清與醆

❶「名曰明者」，《考文》引古本、足利本下有「神明之也」四字。

❷「新」，原作「親」，據余本、撫本、岳本、阮本改。

酒于舊澤之酒也。猶，若也。澤，讀爲「醳」。舊醳之酒，謂昔酒也。泲醴齊以明酌，泲醆酒以清酒，泲汁獻以醆酒，天子、諸侯之禮也。天子、諸侯禮廢，時人或聞此而不審知，云「若今明酌、清酒與醆酒以舊醳之酒泲之矣」，❶就其所知以曉之也。泲清酒以舊醳之酒者，爲其味厚腊毒也。有報焉，謂若穫禾報社。有由辟焉。由，用也。辟，讀爲「弭」，謂弭災兵，遠罪疾也。齊之玄也，以陰幽思也。故君子三日齊，必見其所祭者。齊三日者，思其居處，思其笑語，思其志意，思其所樂，則見之也。【疏】正義曰：此一節總論祭祀之事。各依文解之。「有虞氏之祭也，尚用氣」者，尚，謂貴尚。其祭祀之時，先薦用氣物也。「血、腥、爓祭，用氣也」者，此解用氣之意。血，謂祭初以血詔神於室。腥，謂朝踐薦腥肉於堂。爓，謂沈肉於湯，次腥，亦薦於堂。《祭義》云「爓祭、祭腥而退」是也。今於堂以血、腥、爓三者而祭，是「用氣」也。以其並未孰，故云「用氣」也。【注】「尚，謂先薦之」正義曰：言「先薦」者，對合亨饋孰爲先也。此「虞氏尚氣，殷人尚聲，周人尚臭」，皆謂四時常祭也。若其大祭祫，周人仍先用樂也。故《大司樂》云：「若樂九變，則人鬼可得而禮矣。」鄭云：「先奏是樂，以致其神，而後祼焉。」推此言之，虞氏大祭，亦先作樂也。故鄭注《大司樂》引《虞書》云：『戛擊鳴球，搏拊琴瑟以詠，祖考來格，《簫韶》九成，鳳皇來儀。』此宗廟九奏之效。」此虞氏大祭，與周同樂九奏。夏、殷大祭雖無文，或當與周同。熊氏以爲「殷人先求諸陽」，謂合樂在灌前；「周人先求諸陰」，謂合樂在灌後，與降神之樂別。熊氏又云：「凡大祭，並有三始。祭天以樂爲致神始，以煙爲歆神始，以血爲陳饌始。祭地以樂爲致神始，以腥爲歆神始，以血爲陳饌始。❷祭宗廟亦以樂爲致神始，以灌爲歆神始，以腥爲陳饌始。」義或然也。案禮，宗廟之祭，先薦血，後薦腥，而云「宗廟腥爲陳饌始」，於義未安也。熊氏又云「社稷以下之祭，皆有三始」，於義非也。「殷人尚聲」者，帝王革異，殷人不尚氣而尚聲，謂先奏樂也。不言夏，或從虞也。「臭味未成，

❶「之」，原作「宅」，據余本、撫本、岳本、阮本改。

❷「以腥」至「饌始」，「腥」，原作「埋」，據阮本改。又孫詒讓《校記》云：「祭地當云『以血爲歆神始，以腥爲陳饌始』，疑傳寫誤易之。血爲歆神始者，據《大宗伯》地示以血祭爲重也。《大宗伯》疏正用熊説，可證此疏『血』、『腥』互易之誤。前卷引崔靈恩説亦可證。」

滌蕩其聲」者，臭味未成，謂未殺牲也。滌蕩，猶搖動也。殷尚聲，❶故未殺牲而先搖動樂聲以求神也。「樂三闋，然後出迎牲」者，闋，止也。奏樂三徧，止，乃迎牲入殺之。「聲音之號，所以詔告於天地之閒也」者，解所以先奏樂之義。❷言天地之閒，虛豁亦陽也。言鬼神在天地之閒，聲是陽，故用樂之音聲號呼告於天地之閒，庶神明聞之而來，是先求陽之義也。「周人尚臭」者，周禮變於殷，故先求陰，尚臭也。「灌用鬯臭」者，臭，謂鬯氣也。未殺牲，先酌鬯酒灌地以求神，是尚臭也。「鬱合鬯」者，鬱，鬱金草也。鬯，謂鬯酒。煮鬱金草和之，其氣芬芳調鬯也。又以擣鬱汁和合鬯酒，使香氣滋甚，故云「鬱合鬯」也。鄭注《鬱人》云：「鬱，鬱金香草，宜以和鬯。」盧云：「言取草芬芳香者，❸與秬黍鬱合釀之，成必爲鬯也。」馬氏說：「鬱，草名，如鬱金香矣，❹合爲鬯也。」庾氏讀句則云「臭鬱合鬯」。「臭陰達於淵泉」者，用鬱鬯灌地，是用臭氣求陰，達於淵泉也。「灌以圭璋，用玉氣也」者，王肅云：「以圭璋爲瓚之柄也。瓚所以𣂏鬯也。玉氣絜潤，灌用玉瓚，亦求神之宜也。玉氣亦是尚臭也。周言用玉，則殷不用圭瓚。」「既灌，然後迎牲」者，先求神，後迎牲也。「致陰氣也」者，解所以先灌，是先求陰也。先致氣於陰，故云「致陰氣也」。「蕭合黍稷」者，周人後求陽也。取蕭草及牲脂膋，合黍稷燒之也。此謂饋食時也。「臭陽達於牆屋」者，謂以「蕭合黍稷」之臭氣，求陽達於牆屋也。「故既奠，然後焫蕭合羶薌」者，明上焫蕭之時節也。既奠，謂薦孰時也。堂上事尸竟，延尸户內，更從孰始也。於薦孰時，祝先酌酒，奠於鉶羹之南訖，尸未入。於是又取香蒿，染以腸閒脂，合黍稷燒之於宮中，此又求諸陽之義也。馨香，謂黍稷。注「天子」至「燒之」 正義曰：知此經所云「天子、諸侯禮」者，以《儀禮·少牢》、《特牲》是大夫士之禮，無臭鬱灌鬯之事故也。云「奠，謂薦孰時也，《特牲饋食禮》所云『祝酌，奠于鉶南』是也」者，尸未入之前，當饋孰之始。饋孰有黍稷，此云「蕭合黍稷，既奠，然後焫蕭」，故知當饋孰之時也。云「染以脂，合黍

❶「殷」，原作「既」，據阮本、阮校改。按經云：「殷人尚聲。」

❷「所」字原脱，據殿本、庫本、阮本補。

❸「芬」，孫詒讓《校記》云：「『芬』，當爲『華』。」

❹「如鬱金香矣」，阮本「矣」作「草」，閩、監、毛本同。孫詒讓《校記》云：「『如』當作『以』，據臧琳《經義雜記》說正。」

稷燒之」者，此云「蕭合黍稷」，是蕭與黍稷合。《詩》云「取蕭祭脂」，是蕭與脂合也。故知有蕭及脂、黍稷合馨香也。

「詔祝於室」，謂朝事時也。詔，告也。祝，呪也。天子、諸侯朝事之時，坐尸於堂，户西南面。坐主在西方，東面。尸、主之前，則薦用籩豆也。祝乃取牲膟膋，燎於爐炭，入告神於室，又出墮於主前。當此時，王乃親洗肝於鬱鬯而燔之，以制於主前。今云「詔祝於室」，是燎於爐炭，入告於室也。「坐尸於堂」者，既灌之後，尸出堂，坐户西而南面也。**注**「謂朝」至「北焉」　正義曰：「謂朝事時」者，以下云「用牲於庭，升首於室」，此云「詔祝於室」，當殺牲之初，故知當「朝事時」也。云「朝事，延尸于户西，南面。布主席東面，取牲膟膋，燎于爐炭，洗肝于鬱鬯而燔之」者，此等並於堂上而燔燎之，故始云「入以詔神」，明以前在堂也。云「入以詔神於室，又出以墮于主前」者，墮，謂墮祭也。謂分減肝膋以祭主前也。云「主人親制其肝，所謂制祭也」者，制，割也。謂割其肝而不相離。案《禮器》云「君親制祭，夫人薦盎」。此云「詔祝於室」，下云「用牲於庭」，故知制祭當此節也。云「時尸薦以籩豆」者，即是朝事籩豆也。云「至薦孰，乃更延主于室之奥」者，約《少牢》、《特牲》饋食在奥室也。云「尸來升席，自北方，坐于主北焉」者，以在奥東面，以南爲尊，主尊，故在南。主既居南，故尸來升席，自北方也。尸、主各席，故朝事延尸於户外，「尸南面，主席于東面」是也。鄭之此注，雖參《禮記》及《少牢》、《特牲》而言之，亦約漢時祭宗廟之禮言也，故其事委曲也。**注**「制祭」至「氣也」　正義曰：知在「制祭後」者，熊氏云：「見下文『升首』在『燔燎』下，故知在『制祭後』也。又知在『北墉下』者，見下云『升首以報陽』，明是當户北墉可知。此升首，非説有虞氏祭以首者，故《羊人》云：『祭祀，割羊牲，登其首。』則三牲之首皆升也。」

「直祭祝于主」者，直，正也。祭以薦孰爲正。言薦孰正祭之時，祝官以祝辭告于主，若《儀禮·少牢》「敢用柔毛剛鬣，用薦歲事于皇祖伯某」是也。**注**「謂薦」至「心耳」　正義曰：知「薦孰時」者，以上文云「詔祝於室」，次云「用牲於庭，升首於室」，下云「索祭祝于祊」，以文次之，知此當薦孰之節也。

「索祭祝于祊」者，索，求也。廣博求神，非但在廟，又爲求祭，祝官行祭在於祊也。祊，謂廟門。祭于廟門。凡祊，有二種。一是正祭之時，既設祭於廟，又求神於廟門之内。《詩·楚茨》云：「祝祭于祊。」注云：「祊，門内平生待賓客之處。」與祭同日也。一是明日繹祭之時，設饌於廟門外西室，亦謂之祊。即上文云「祊之于東方」，注云「祊之禮，宜于廟門外之西室」是也。今此「索祭于祊」，當是正祭日之祊矣。知者，《禮器》云：「爲祊乎外。」以其稱「外」，故注云：「祊祭，明日之繹祭。」鄭又注上「祊之于東方」云：「祊之禮，宜於廟門外之西室。」此經直云「祊」，不云「外」，又注直云「廟門曰祊」，亦不云「外」，是據正祭日祊也。故下云「肵之爲言敬也。相，饗之也。嘏，大也。血毛，告幽全之物」，是皆據正祭之日，明此祊亦正祭日。**注**「廟門」至「名也」　正義曰：「廟門曰祊」，《爾雅・釋宫》文。云「謂之祊者，以於繹祭名也」者，此既正祭日於廟門內求神，應總稱云「廟」，而謂之「祊」者，以祊是廟門，明日繹祭稱祊，雖今日之正祭，假以明日繹祭祊名，同稱之曰祊也。　「不知神之所在，於彼乎？於此乎」者，此解正祭在廟之時，或設饌在室，或設饌在堂，不知神之所在之處，爲於彼室乎？爲於此堂乎？故兩處設饌也。　「或諸」至「者與」　此解索祭爲祊之時。「或諸遠人乎」者，諸是語辭。其神靈或遠離於人不在廟乎？「祭于祊，尚曰求諸遠者與」者，尚是庶幾也。言正祭之時，祭於廟門祊者，庶幾求於遠處者與？言於遠處求神也。　「祊之」至「陳也」　此皆訓祭祀所爲之事。**注**「爲尸有肵俎」　正義曰：案《特牲》、《少牢》，設饌之後，尸祭饌訖，祝取牢心舌，載于肵俎，設于饌北。尸每食牲體，反置于肵俎。是主人敬尸之俎也。**注**「人君」至「備也」　正義曰：《少牢》云：「皇尸命工祝，承致多福無疆于女孝孫，使女受禄于天，宜稼于田，眉壽萬年，勿替引之。」此是大夫嘏辭也。人君則福慶之辭更多。故《詩・楚茨》云「永錫爾極，時萬時億。卜爾百福，如幾如式」是也。**注**「訓所」至「犆也」　正義曰：經云「首者，直也」。直，正也。言首爲一體之正。　「相，饗之也」，相，謂詔侑。所以立祝詔侑尸者，欲尸歆饗此饌。**注**「特牲」至「祝饗」　正義曰：引《特牲》者，證饗尸時節，延尸初入，主人拜妥尸，尸答拜訖，執此鉶南之奠，祝則設辭以饗之，欲尸饗此奠也。尸遂祭與啐之。　「嘏，長也，大也」者，尸嘏主人，欲使長久廣大也。**注**「尸或」至「非也」　正義曰：此經「尸」爲「陳」，諸本「尸」爲「主」。尸是神象，當從主。主是人所主事，陳是器物陳列。今訓之爲「陳」，故云「非也」。

「毛血」至「道也」　此謂祝初薦血毛於室時也。血是告幽之物，毛是告全之物。告幽者，言牲體肉裏美善。告全者，牲體外色完具。所以備此告幽全之物者，貴其牲之純善之道也。故鄭云：「純，謂中外皆善。」言中善則血好，外善則毛好也。　「血祭」至「主也」　此是堂上制祭後，又薦血腥時也。　「祭肺肝心，貴氣主也」，此三者並爲氣之宅，故祭時先用之，是貴於氣之主故也。血是氣之所舍，故云「盛氣也」。三者非即氣，故云氣之主也。「祭黍稷加肺」者，謂尸既坐，綏祭之時，祭黍稷加之以肺。言兼肺而祭，故云「加肺」也。「祭齊加明水」者，謂於正祭之時，陳列五齊之尊，上又加明水之尊，故云「祭齊加明水」也。「報陰也」者，解加肺、加明水之意。肺是五藏在内，水又屬北方，皆是陰類。又親形魄歸地，是陰，以陰物祭之，故云「報陰也」。「取膟膋，燔燎升首」者，此謂朝踐時，祝取膟膋，燎于爐炭，入以告神於室，出以綏於主前，又升首於室。至薦孰之時，祝更取膟膋及蕭，與黍稷合燒之，是「臭陽達於牆屋」也。「報陽也」者，言膟膋黍稷，並是陽氣之物。首又是牲體，亦是陽。親之魂氣在天爲陽，今以陽物祭之，故云「報陽也」。「明水涚齊，貴新也」者，明水，謂以陰鑑取月中之水也。涚，猶清也。謂泲五齊使清，故云「涚齊」。所以設明水及涚齊者，貴其新絜之義也。「凡涚，新之也」者，釋「涚齊」之意。言所以涚此齊者，以敬於鬼神，故新絜之也。「其謂之明水也，由主人之絜著此水也」者，此釋「明水」之意。所以謂之清明之水者，著，成也，由主人清絜，成就此水，乃成可得而用也。**注**「祭黍」至「酒也」　正義曰：「祭黍稷加肺，謂綏祭」者，案《特牲禮》云：「祝命綏祭，尸左執觶，右取菹擩于醢，祭于豆閒。佐食取黍稷肺祭，授尸，尸祭之。」是尸綏祭之時有黍稷肺也。《少牢》亦然。皇氏以爲「尸綏祭之時無黍稷，至主人綏祭之時乃有黍稷」，解此祭爲主人綏祭也，違背《儀禮》正文，其義非也。云「五齊加明水，則三酒加玄酒也」者，崔氏云：「五齊尊上，加明水之尊，五齊重，明水亦重，故加明水。三酒輕，玄酒亦輕，故云『三酒加玄酒』也。此云玄酒對明水，直謂水也。若總而言之，明水亦名玄酒。故《禮運》云『玄酒在室』及《司烜》注云『明水以爲玄酒』是也。」此經「祭齊加明水」之文，謂總據祭時而用五齊，非謂綏祭之時也。故鄭云「祭黍稷加肺，謂綏祭」，不云「祭齊」也。案《儀禮》綏祭之後，亦祭酒。必知此「祭齊」非綏祭者，以鄭云「三酒加玄酒」，三酒本非綏祭之用故也。**注**「與蕭」至「稷也」　正義曰：凡祭血、腥之時，已有膟膋燔燎，故前文「詔祝於室」，鄭注云「取牲膟膋，燎于爐炭，洗肝于鬱鬯而燔之」是也。至薦孰之時，又取膟膋而燔之。故上經云「蕭合黍稷，故既奠，然後焫蕭合馨香」。故鄭此注云：「與蕭合燒之。」謂饋孰時也。❶故云「亦有黍稷也」者，非但有蕭與膟膋，兼有黍稷，故云

❶「謂」字原脱，據阮本補。

「亦」也。　「敬之至也，服也」者，言君所以再拜稽首、肉祖者，是恭敬之至極。恭敬之至極，❶乃是服順於親也。此總結上「再拜稽首、肉袒」之文，下又各釋「拜、稽首、肉袒」之事。　「拜，服也」者，釋「再拜」之文。拜者，是服順於親也。　「稽首，服之甚也」者，釋「稽首」之文。拜既是服，而稽首頭至於地，是服之甚極也。「肉袒，服之盡也」者，釋「肉袒」之文。言心雖内服，外貌不盡，今肉袒去飾，是服之竭盡也。　「祭稱」至「家也」　熊氏云：「祭稱孝孫，對祖爲言。稱孝子，對禰爲言。」　「以其義稱也」者，義，宜也。事祖禰宜行孝道，是以義而稱「孝」也。　「稱曾孫某，謂國家也」者，國，謂諸侯。家，謂卿大夫。既有國家之尊，不但祭祖禰而已，更祭曾祖以上。但自曾祖以上，唯稱「曾孫」而已，言己是曾重之孫。　注「謂諸」至「而已」　正義曰：熊氏云：「經既稱『國家』，則兼諸侯及大夫。今注直云『諸侯』者，注文略也。大夫三廟，亦事曾祖而得稱曾孫也。其諸侯、大夫事祖禰之時，亦稱孝子、孝孫。事曾祖以上，雖是内事，則同於外稱。故《下曲禮》云『諸侯内事曰孝子某侯某，外事曰曾孫某侯某』是也。此《記》不云『某侯』者，略也。上士二廟，祖禰各一廟。中下士一廟，祖禰共廟。前經注云『謂祖、禰』，據上士也。」

「祭祀」至「讓也」者，解爲相之法也。相，謂詔侑也。嘉，善也。庾氏云：「賓主之禮，相告以揖讓之節。祭祀之禮，則是主人自致其敬，盡其善。故詔侑尸者，不告尸以讓，是其無所與讓也。」　「腥、肆、爓、腍祭」者，肆，鬄也。腍，孰也。言祭或進腥體，或薦解鬄，或進湯沈，或薦煮孰，故云「腥、肆、爓、腍祭」也。　「豈知神之所饗也，主人自盡其敬而已矣」者，四種之薦，豈知神適所饗邪？正是主人自盡敬心而求祭之心不一耳。　「舉斝、角」者，斝、角，爵名也。天子曰斝，諸侯曰角。若依此，則饋食薦孰之時，尸未入，祝先奠爵于鉶南。尸入，即席而舉之，如《特牲禮》陰厭後，尸入舉奠焉也。❷但云「舉斝角」，恐非周禮耳。崔云是周也。　「詔妥尸」者，詔，告也。妥，安也。尸始即席，舉奠斝角之時，既始即席，至尊之坐，未敢自安，而祝當告主人拜尸，使尸安坐也。　「古者尸無事則立，有事而后坐也」者，古，夏時也。夏立尸，唯有飲食之事時乃坐，若無事則倚立也，由世質故耳。　「尸，神象

❶ 「極」字原脱，據阮本、閩本、監本、毛本補。

❷ 「焉」，浦鏜校曰：「當作『爵』。」按：楊復《續通解》卷二十九作「爵」，疑是。

也」者，尸是神象，故無事則立，有事而后坐也。　「祝，將命也」者，祝以傳達主人及神之辭令也。　「縮酌」至「酒也」　正義曰：此一節，記人總釋《周禮·司尊彝》沸二齊及鬱鬯之事。　「縮酌用茅，明酌也」者，縮，沸也。酌是斟酌。謂醴齊既濁，沸而後可斟酌，故云「縮酌」也。「用茅」者，謂沸醴齊之時而用茅也。「明酌也」者，謂事酒之上，酒色清明，❶謂之明酌。言欲沸醴齊時，先用明酌和此醴齊，然後用茅沸之。不云「泛齊」者，與醴齊同。**注**「謂沸」至「酌也」　正義曰：「謂沸醴齊以明酌」者，言沸醴齊之時，以明酌和之。引「《周禮》『醴齊縮酌』」者，證此經縮酌是醴齊也。云「五齊，醴尤濁」者，以醴比盎齊、醍齊、❷沈齊，以次漸清，故云「尤濁」。其實，泛齊亦濁也。云「明酌者，事酒之上也」者，《周禮》三酒，一曰事酒，二曰昔酒，三曰清酒。三酒之中，事酒尤濁。五齊之内，醴齊尤濁。醆酒清於醴齊，清酒又清於事酒，故知以事酒沸醴齊也。明，謂清明，故知是事酒之上清明者也。云「事酒，今之醳酒，皆新成也」者，言古之事酒，正是漢之醳酒，事酒與醳酒，皆是新作而成。故鄭注《周禮》云：「事酒，酌有事者之酒。」謂爲事而新作者。醳是和醳醞釀之名，即今卒造之酒也。引《春秋傳》者，僖四年《左傳》文，證此用茅是縮酒也。云「酒已沸，則斟之以實尊彝」者，以別器沸之，沸訖，取之以實尊彝也。言「彝」者，通鬱鬯而言也。引「《昏禮》曰：酌玄酒，三注于尊」者，證實尊稱酌之意。云「凡行酒亦爲酌也」者，言非但實尊爲酌，凡以爵行酒亦爲酌。故《儀禮·鄉飲酒》、《燕禮》實爵與人，皆稱爲酌也。　「醆酒涗于清」者，醆酒，盎齊也。涗，沸也。謂沸之以清酒。盎齊差清，先和以清酒而後沸之。沸，謂沸漉也。以其差清，不用茅。其醍齊、沈齊，沸之與醆酒同。鄭注《司尊彝》云：「泛從醴，緹、沈從盎。」此《記》不言五齊，獨舉醴、盎二齊者，以《司尊彝》説時祭二齊三酒與鬱，❸故此記者釋之。天子時祭，所用尤多，故特言之。

注「醆酒」至「相得」　正義曰：「醆酒，盎齊」者，《周禮》云「盎齊涗酌」，此云「醆酒涗于清」，「涗」文是同。又《周禮》醴齊之後有盎齊，《禮運》醴後有醆，故知醆謂盎齊也。

---

❶「明」，原作「和」，據殿本、阮本改。

❷「醍」，原作「醴」，據阮本改。

❸「時祭二齊三酒」，殿本、庫本在「時祭」下有「惟用」二字，疑是。按：《禮運》孔疏引崔氏云：「四時之祭，唯二齊三酒。」

云「皆久味相得」者，盎齊既清，作之必久。清酒又冬釀，接夏而成，故云「皆久味相得」也。　「汁獻涚于醆酒」者，獻，謂摩莎。涚，謂泲也。秬鬯之中，既有煮鬱，又和以盎齊，摩莎泲之，出其香汁，是汁莎泲之以醆酒也。**注**「不以」至「尊也」　正義曰：既以事酒泲醴齊，清酒泲盎齊，則泲秬鬯應亦用三酒。今泲秬鬯乃用盎齊，故云「不以三酒泲秬鬯者，秬鬯尊」。以其尊，故用五齊泲之。五齊卑，故用三酒泲之。事相宜也。　「猶明、清與醆酒于舊澤之酒也」者，猶，若也。明，謂明酌。清，謂清酒。醆酒，謂盎齊。作《記》之時，呼明酌及清酒與醆酒等，皆泲於舊醳之酒，謂以舊醳昔酒，和此明酌、清酒等三者而泲之。作《記》之時，其事如此。古禮廢亡，恐人不知泲醴齊以明酌，泲醆酒以清酒，泲汁莎以醆酒之意，故記者云：泲此醴齊之等，猶若今時明、清、醆酒泲於舊醳之酒也。就其今日所知，以曉古者難知之事。**注**「天子」至「毒也」　正義曰：「天子、諸侯禮廢」者，謂祭禮廢。則今日見存，此經所云泲酒，皆天子、諸侯之事。以其禮廢，其事難知，故舉今事以譬曉之。云「泲清酒以舊醳之酒者，爲其味厚腊毒也」者，舊醳之酒，謂昔酒，作雖久成，比清酒爲薄，故用薄酒泲此清酒。爲其清酒是冬釀夏成，❶其味厚，久腊毒害，故以薄酒泲之。故《國語》云：「高位寔疾顛，厚味寔腊毒。」鄭之此注，解《記》時清酒泲於舊醳之酒。　「祭有」至「辟焉」　正義曰：「有求」者，❷謂求福祥也。「有報焉」者，謂獲福而報之。「有由辟焉」者，由，用也。辟，弭也。謂用此祭之，以弭止災兵罪戾之事。**注**「辟讀」至「疾也」　正義曰：祭既有祈有報，除祈報之外，唯有攘除凶惡，故解爲「弭災兵，遠罪疾」，❸取《周禮·小祝》之文也。　「齊之」至「祭者」　正義曰：解齊服所以用玄冠、玄衣義也。玄，陰色。鬼神尚幽陰，故齊者玄服，以表心思幽陰之理，故云「陰，幽思也」。　「故君子三日齊，必見其所祭者」，解思陰義也。三日，謂致齊時也。所祭者，謂親也。爲親而祭，故云「所祭者」也。鬼神居陰，故三日齊，思其親之居處、笑語，故祭時如見其所祭之親也。

禮記正義卷第三十六

❶「釀」字原不可辨識，據阮本改。
❷「求」，阮本作「祈」，與經文合。
❸「遠」，原作「速」，據阮本改。

禮記正義卷第三十七

國子祭酒上護軍曲阜縣開
國子臣孔穎達等奉敕撰

内則第十二

正義曰：案鄭《目録》云：「名曰《内則》者，以其記男女居室、事父母舅姑之法。此於《别録》屬《子法》。」以閨門之内，軌儀可則，故曰《内則》。

后王命冢宰，降德于衆兆民。后，君也。德，猶教也。萬億曰兆。天子曰兆民，諸侯曰萬民。《周禮》冢宰掌飲食，司徒掌十二教。今一云「冢宰」，❶記者據諸侯也。諸侯并六卿爲三，或兼職焉。疏正義曰：此一經論子事父母，由此后王之教使之然，故先云施教之法。「后王」者，后，君也。君，謂諸侯。王，謂天子。不先云「王」者，辟天子妃后之嫌，故言「后王」也。「命冢宰」者，若天子，則天官爲冢宰。若諸侯，則司徒爲冢宰。今記者據諸侯爲文，命此司徒之冢宰。「降德于衆兆民」者，降，下也。德，教也。諸侯命冢宰降下教令於群衆兆民也。既據諸侯，當云「萬民」而云「兆民」者，此經雖以諸侯爲主，雜以天子言之，故又稱「王」，又稱「兆民」也。

注「后君」至「職焉」　正義曰：「后，君也」，《釋詁》文。云「萬億曰兆」者，依如筭法，億之數，有大小二法。其小數以十爲等，十萬爲億，十億爲兆也。其大數以萬爲等，數萬至萬，是萬萬爲億。又從億而數，至萬億曰兆，億億曰秭。故《詩·頌》毛傳云：「數萬至萬曰億，數億至億曰秭。」兆在億秭之間，是大數之法。鄭以此據天子天下之民，故以大數言之。《詩·魏風》刺在位貪殘，魏國褊小，不應過多，故以小數言之，故云「十萬曰億」。云「天子曰兆民，諸侯曰萬民」者，閔元年《左傳》文。《周禮》是天子之法，每云「萬民」者，據畿内言之。或可通稱也。鄭引此者，明天子、諸侯之異。經云「兆民」，互明天子也。云

❶「今」，原作「令」，據阮本改。

「《周禮》冢宰掌飲食，司徒掌十二教」者，欲明飲食、教令所掌，各有别官，不得獨云「冢宰」。云「今一云『冢宰』」，記者據諸侯也」者，今此《内則》之篇，既有飲食，又有教令，則經文當云「命冢宰、司徒」，兩官備言之。今唯一云「冢宰」，不兼言「司徒」者，是司徒兼冢宰之事，故云「記者據諸侯」而言之。云「諸侯并六卿爲三，或兼職焉」者，此明司徒兼冢宰之事。意疑而不定，故稱「或」焉。盧氏云「后，謂天子之妃」者，若是后妃，唯主内事，不得「降德于衆兆民」。孫炎、王肅皆云：「后王，君王，謂天子也。」此經論教訓法則，是司徒所掌，不可獨據冢宰，盧與孫、王之説，其義皆非。故鄭以爲據諸侯言也，但雜陳王事耳。

子事父母，雞初鳴，咸盥漱，櫛、縰、笄、總、拂髦、冠、緌纓，端、韠、紳、搢笏。 咸，皆也。縰，韜髮者也。總，束髮也，垂後爲飾。拂髦，振去塵著之。髦用髮爲之，象幼時鬌，其制未聞也。緌，纓之飾也。端，玄端，士服也。庶人深衣。紳，大帶，所以自紳約也。搢，猶扱也，扱笏於紳。笏，所以記事也。**左右佩用：** 自佩也。❶ 必佩者，備尊者使令也。**左佩紛帨、刀、礪、小觿、金燧，** 紛帨，拭物之巾也，今齊人有言「紛」者。刀、礪，小刀及礪礲也。小觿，解小結也。觿貌如錐，以象骨爲之。金燧，可取火於日。**右佩玦、捍、管、遰、大觿、木燧。** 捍，謂拾也，言可以捍弦也。管，筆彄也。遰，刀鞞也。木燧，鑽火也。**偪，** 偪，行縢。**屨著綦。** 綦，屨繫也。疏 正義曰：自此以下至「不敢私祭」以上，總論在内法則：子事父母，婦事舅姑，男女出入之禮，長幼相事之法。其文既多，各隨事節而解之。自「子」至「著綦」以上，還論子事父母之法也。此「子」，謂男子。知者，以經云「端、韠、紳、搢笏」故也。「咸盥漱」者，盥，謂洗手。漱，謂漱口。此據年稍長者。若其孺子則晏起，而不能「雞初鳴」也。「笄」者，著縰既畢，以笄插之。熊氏云：「此笄，謂安髻之笄。以縰韜髮，作髻既訖，横施此笄於髻中，以固髻也。故《士喪禮》云『笄用桑，長四寸，纋中』是也。纋中，謂殺其中使細。非固冠之笄，故文在『冠』上。且玄冠有纓，約《士冠禮》有纓者無笄。《問喪》云『親始死，雞斯』之時，去玄冠而有笄縰，是知笄

❶ 「自」，《考文》引足利本作「目」。張敦仁《考異》、孫詒讓《校記》皆云作「目」是。

縰不得爲冠。」「總」者，裂練繒爲之，束髮之本，垂餘於髻後，故以爲飾也。此經所陳，皆依事先後。櫛訖加縰，縰訖加笄，笄訖加總，然後加髦著冠，冠畢然後服玄端，著韠，又加大帶也。「左佩紛帨、刀、礪、小觿、金燧」者，皇氏云：「左旁用力不便，故佩小物。」「右佩玦、捍、管、遰、大觿、木燧」者，皇氏云：「以右廂用力爲便，故佩大物。」注「縰韜」至「事也」　正義曰：「縰，韜髮者也」，《士冠禮》云「緇纚長六尺」，鄭云：「纚一幅長六尺，足以韜髮而結之矣。」盧云：「所以裹髻承冠，以全幅疊而用之。」未知孰是，盧説爲優。云「緌，纓之飾也」者，結纓頷下以固冠，結之餘者，散而下垂謂之緌。云「端，玄端，士服也」者，《特牲禮》士祭服玄端，故云「士服也」。云「庶人深衣」者，以深衣是服之最下者，庶人是人之賤者，故知服深衣也。云「紳，大帶」者，其制備於《玉藻》。云「笏，所以記事也」者，《玉藻》文，其制亦備於《玉藻》。注「紛帨」至「於日」　正義曰：鄭恐人不識佩巾，當鄭之時，齊人呼佩巾爲「紛」，故鄭指而言之，云「今齊人有言『紛』者」是也。云「刀、礪，小刀及礪礱也」者，鄭恐刀、礪是一物，故明之云：「小刀及礪礱也。」知小刀者，與「小觿」連文，故知也。注「捍謂」至「火也」　正義曰：「拾」，斂也。故《鄉射》、《大射》將射謂之遂，射罷謂之拾。拾是收斂之意也。云「遰，刀鞞也」者，此刀大於左廂刀也。云「木燧，鑽火也」者，皇氏云：「晴則以金燧取火於日，陰則以木燧鑽火也。」注「綦，屨繫也」　正義曰：皇氏云：「屨頭施繫，以爲行戒。」未知然否。或可著屨之時，屨上自有繫以結於足也。故鄭注《士冠禮》「黑屨青絇」云：「絇之言拘也，以爲行戒。」

婦事舅姑，如事父母。雞初鳴，咸盥漱，櫛、縰、笄、總、衣紳。笄，今簪也。衣紳，衣而著紳。左佩紛帨、刀、礪、小觿、金燧，右佩箴、管、線、纊，施縏袠，大觿、木燧。縏，小囊也。縏袠言「施」，明爲箴、管、線、纊有之。衿纓，綦屨。衿，猶結也。婦人有纓，示繫屬也。疏正義曰：此一節論女事父母，婦事舅姑，所服之衣，所佩之物，皆異於男子之事。各依文解之。注「笄今」至「著紳」　正義曰：云「笄，今簪也」者，謂婦人之笄，異於上男子「笄、縰」，故於此始云「笄，今簪也」，則與《士冠禮》男子「爵弁笄、皮弁笄」同。故鄭注《冠禮》亦云「笄，今之簪也」。則《喪服》「女子吉笄尺二寸」也。❶

❶「則喪服女子」，王國維校云：「『則喪服』上奪『《檀弓》云榛以爲笄長尺』九字。」浦鏜校曰，「子」下脱「子」字。

云「衣紳，衣而著紳」者，鄭恐經云「衣紳」謂「衣著此紳」，故云「衣而著紳」，謂加玄端綃衣而後著紳帶。此異於男子，故不有冠、緌、端、韠、紳、搢笏之屬。注「縏小」至「有之」　正義曰：熊氏云：「袠，刺也。以針刺袠而爲縏囊，故云縏袠也。」餘物皆不言「施」，獨於「箴、管、線、纊」之下而言「施」，「縏袠」明爲四物而施矣。注「衿猶」至「屬也」　正義曰：案鄭注《昏禮》云：「婦人十五許嫁，笄而禮之，因著纓，明有繫也。蓋以五采爲之。其制未聞。」鄭注《昏禮》既云「笄而著纓」，則未笄無纓也。下「男女未冠笄」亦云「衿纓」者，彼未冠笄之纓，用之以佩容臭。故下注云：「容臭，香物，以纓佩之。」故童子男女皆有之，與此婦人既笄之纓別也。

以適父母舅姑之所。適，之。及所，下氣怡聲，問衣燠寒，疾痛苛癢，而敬抑搔之。怡，說也。苛，疥也。抑，按。搔，摩也。出入則或先或後，而敬扶持之。先後之，隨時便也。進盥，少者奉槃，長者奉水，請沃盥。盥卒，授巾。槃，承盥水者。巾，以帨手。問所欲而敬進之，柔色以温之。温，藉也。承尊者，必和顏色。饘、酏、酒、醴、芼羹、菽、麥、蕡、稻、黍、粱、秫，唯所欲。酏，粥也。芼，菜也。蕡，熬枲實。棗、栗、飴、蜜以甘之，堇、荁、枌、榆、免、薨、滫、瀡以滑之，脂、膏以膏之。謂用調和飲食也。荁，堇類也。冬用堇，夏用荁。榆白曰枌。免，新生者。薨，乾也。秦人溲曰滫，齊人滑曰瀡也。父母、舅姑必嘗之而后退。敬也。

疏正義曰：此一節論子事父母，婦事舅姑，至其處所，奉持沃盥之儀，奉進酒醴膳羞之事。各依文解之。注「苛，疥也」　正義曰：「苛，疥」者，以其「苛」與「癢」共文，故知「苛，疥也」。注「温，藉也」　正義曰：「藉」者，所以承藉於物。言子事父母，當和柔顏色，承藉父母，若藻藉承玉然。注「酏粥」至「枲實」　正義曰：「酏」既爲粥，粥是薄者，則「饘」爲厚者。故《左傳》云「饘於是」，注云：「饘，鬻也。」《爾雅·釋言》云：「餬，饘也。」郭景純謂「糜也」。「芼，菜」者，案《公食大夫禮》，三牲皆有芼者，「牛藿、羊苦、豕薇」也，是芼乃爲菜也，用菜雜肉爲羹。云「蕡，熬枲實」者，《釋草》云：「黂，枲實也。」此中菽豆以下，供尊者所食，悉皆須孰，或煮或熬，故云「熬枲實」也。「棗栗」至「膏之」　「以甘之」者，謂以此棗、栗、飴、蜜，以和甘飲食。「以滑之」者，謂用堇、用荁及枌、榆及新生、乾薨相和，滫瀡之，令柔滑之。「脂、膏以膏之」者，凝者爲脂，釋者爲膏。以膏沃之，使之香美。此等總謂調和飲食也。**注**「冬用」至「瀡之」 正義曰：案《士虞禮記》「夏用葵，冬用荁」，鄭注云：「荁，堇類也，乾則滑。夏秋用生葵，冬春用乾荁。」與此不同者，此經「堇」、「荁」相對，故「冬用堇，夏用荁」。《士虞禮》「葵」與「荁」相對，故「夏用葵，冬用荁」也。所對不同，故注有異。云「榆白曰枌」者，《釋木》云：「榆白，枌。」孫炎云：「榆白者名枌。」郭景純曰：「枌，榆，先生葉，却著莢，皮色白。」云「免，新生者。薨，乾也」者，案《庖人》云：「共鱻薨之物。」「鱻」、「薨」相對，此經以「免」對「薨」。薨既是乾，故知免爲新生。此「免、薨」，於《周禮》據肉爲言。熊氏、皇氏皆云文承「堇、荁、枌、榆」之下，據堇荁等爲免薨，義或爲然。

男女未冠笄者，雞初鳴，咸盥漱，櫛、縰、拂髦，總角，衿纓，皆佩容臭。總角，收髮結之。容臭，香物也，以纓佩之，爲迫尊者，給小使也。昧爽而朝，後成人也。問「何食飲矣」？若已食，則退；若未食，則佐長者視具。具，饌也。

疏正義曰：此一節論未冠笄者事親之禮。**注**「容臭」至「使也」 正義曰：臭，謂芬芳。臭物謂之容者，庾氏云：「以臭物可以脩飾形容，故謂之容臭。以纓佩之者，謂纓上有香物也。」❶

凡內外，雞初鳴，咸盥漱，衣服，斂枕簟，灑掃室堂及庭，布席，各從其事。斂枕簟者，不欲人見己褻者。簟，席之親身也。孺子蚤寢晏起，唯所欲，食無時。又後未成人者。孺子，小子也。

疏正義曰：此一經總論子婦之外卑賤之人，爰及僕隸之等，故云「斂枕簟，灑埽室堂及庭，布席」之屬。

由命士以上，父子皆異宮。昧爽而朝，慈以旨甘。日出而退，各從其事。日入而夕，慈以旨甘。異宮，崇敬也。慈，愛敬進之。日出乃從事，食祿不免農也。

疏正義曰：此一經論命士以上事親，異於命士以下之禮。

父母、舅姑將坐，奉席請何鄉。將衽，長者奉席請何趾，少者執牀與坐。將衽，謂更卧處。御者舉几，斂席與簟，縣

❶「也」，原作「色」，據阮本及閩、監、毛本改。

衾篋枕，斂簟而襡之。須卧乃敷之也。襡，韜也。

疏正義曰：此一節論父母、舅姑將坐將卧奉席之禮，及未卧之前，且斂枕簟，衾篋舉藏，須卧乃鋪。「御者舉几」者，謂早旦親起之後，侍御之人則奉舉其几以進尊者，使馮之。「斂席與簟」者，斂此所卧在下大席與上襯身之簟，❶又縣其所卧之衾，以篋貯所卧之枕也。「斂簟而襡之」者，簟既襯身，恐其穢污，故斂此細簟以襡韜之。言簟則韜藏，席則否。

父母、舅姑之衣、衾、簟、席、枕、几，不傳；杖、屨，祇敬之，勿敢近；傳，移也。敦、牟、卮、匜，非餕莫敢用。餕乃用之。牟，讀曰「堥」也。卮、匜，酒漿器。敦、牟，黍稷器也。與恒食飲，非餕莫之敢飲食。餕乃食之。恒，常也，旦夕之常食。

疏正義曰：此一節論父母舅姑所服用之物，子婦不得輒用；所恒飲食之饌，不得輒食。「衣、衾、簟、席、枕、几，不傳」者，侍御之人，停貯常處，子婦不得輒更傳移，令嚮他處。「杖、屨，祇敬之，勿敢近」者，杖、屨是尊者服御之重，彌須恭敬，故云「祇敬之，勿敢偪近」也。「與恒食飲，非餕莫之敢飲食」者，與，及也。接上「敦牟」之文，非但不敢用，及父母恒食飲食，非因餕時，莫敢飲食。

注「牟讀」至「漿器」　正義曰：「敦」，則《周禮》有「玉敦」，今之杯盂也。《隱義》曰：「堥，土釜也。今以木爲器，象土釜之形。」卮，酒器也。匜，盛水漿之器。故《春秋》僖二十三年《左傳》云「懷嬴奉匜沃盥」是也。

父母在，朝夕恒食，子婦佐餕，婦皆與夫餕也。既食恒餕。每食餕而盡之，末有原也。父没母存，冢子御食，群子婦佐餕如初。御，侍也，謂長子侍母食也。侍食者不餕，其婦猶皆餕也。旨甘柔滑，孺子餕。

疏正義曰：此一節論父母之食，子婦餕餘之禮。「子婦佐餕」者，謂長子及長子之婦佐餕者，食必須盡。以父母食不能盡，故子婦佐助餕，食之使盡，勿使有餘，恐再進。故注云：「末有原也。」末，無也。原，再也。無使有餘而再設也。「群子婦佐餕如初」者，冢子既侍母而食，群子婦，謂冢子之弟婦及衆弟婦。而「佐餕如初」者，如上「父母在，子婦佐餕」之禮，故云「如初」也。注「侍食」至

❶「大」，衛氏《集説》作「之」，疑是。

「餕也」　正義曰：經云「冢子御食」，則云「群子婦佐餕」，不云「冢子」，故知「侍食者不餕」。冢子無父，故得侍母而食。冢婦既不侍食，故云「猶皆餕也」。

在父母舅姑之所，有命之，應「唯」敬對。進退周旋慎齊，齊，莊也。升降出入揖遊，不敢噦噫、嚏咳、欠伸、跛倚、睇視，不敢唾洟。睇，傾視也。《易》曰：「明夷，睇于左股。」寒不敢襲，癢不敢搔。襲，謂重衣。不有敬事，不敢袒裼。父黨無容。不涉不撅。撅，揭衣也。褻衣衾不見裏。爲其可穢。父母唾洟不見。輒刷去之。冠帶垢，和灰請漱；衣裳垢，和灰請澣。手曰漱，足曰澣。和，漬也。衣裳綻裂，紉箴請補綴。綻，猶解也。五日則燂湯請浴，三日具沐。其間面垢，燂潘請靧；足垢，燂湯請洗。潘，米瀾也。少事長，賤事貴，共帥時。共，猶皆也。帥，循也。時，是也。禮皆如此也。

疏正義曰：此一節論事父母舅姑在尊者之所畏敬之法，并論漱澣沐浴，并明少事長，賤事貴，如事父母、舅姑。

注「睇傾」至「左股」　正義曰：「明夷，睇于左股」者，是《明夷》六二爻辭，彼注云：「旁視爲睇。六二辰在酉，酉是西方。又下體《离》，《离》爲目。九三體在震，震東方。九三又在辰，辰得巽氣爲股。此謂六二有明德，欲承九三，故云睇于左股。」引之者，證睇爲旁視也。

注「撅，揭衣也」　正義曰：言於尊所，不因涉水，不敢揭衣。

注「手曰漱，足曰澣」　正義曰：以冠帶既尊，故以手漱之，用力淺也。衣裳既卑，故以足澣之，用力深也。此據士，故冠帶得漱。晏子是大夫，❶故譏其「澣衣濯冠」也。此「漱」、「澣」對文爲例耳，散則通也。❷故《上曲禮》云「諸母不漱裳」，是裳亦漱也；《詩·周南》箋云「澣，謂濯之耳」，亦是不用足。

男不言內，女不言外。謂事業之次序。非祭非喪，不相授器。祭嚴喪遽，不嫌也。其相授，則女受以篚。其無篚，則皆坐奠之，而后取之。奠，停地也。外內不共井，不共湢浴，不通寢席，不通乞假。男女不通衣

❶「晏子」二字原是墨丁，據阮本補。
❷「則通」二字原是墨丁，據阮本補。

裳。内言不出，外言不入。湢，浴室也。男子入内，不嘯不指，夜行以燭，無燭則止。嘯，讀爲「叱」。叱，嫌有隱使也。女子出門，必擁蔽其面，夜行以燭，無燭則止。擁，猶障也。道路，男子由右，女子由左。地道尊右。**疏**正義曰：此經論男子女子殊别之宜。**注**「祭嚴喪遽，不嫌也」正義曰：以經云「非祭非喪，不相授器」，則是祭與喪時，得相授器。所以得者，祭是嚴敬之處，喪是促遽之所，於此之時，不嫌男女有淫邪之意。**注**「嘯讀」至「使也」正義曰：「嘯」是自嘯，「叱」謂叱人。經言「不嘯」與「不指」連文，而指既指物，明嘯是叱人，故以嘯爲叱矣。云「嫌有隱使」者，若其常事，以言語處分，是顯使人也。如有姦私，恐人知聞，不以言語，但諷叱而已，是幽隱而使，故云「叱，嫌有隱使也」。

子、婦孝者敬者，父母舅姑之命，勿逆勿怠。恃其孝敬之愛，或則違解。若飲食之，雖不嗜，必嘗而待。待後命而去也。加之衣服，雖不欲，必服而待。待後命釋藏也。加之事，人代之，己雖弗欲，謂難其妨己業。姑與之而姑使之，而后復之。遠懟怨於勞事。姑，猶且也。子、婦有勤勞之事，雖甚愛之，姑縱之，而寧數休之。不可愛此而移苦於彼也。子、婦未孝未敬，勿庸疾怨，庸之言用也。姑教之。若不可教，而后怒之。怒，譴責也。不可怒，子放婦出，而不表禮焉。表，猶明也。猶爲之隱，不明其犯禮之過也。**疏**正義曰：此一節論子婦事父母舅姑，受飲食衣服之事，并明父母舅姑接待子婦之禮。「子婦孝者敬者，父母舅姑之命，勿逆勿怠」者，子孝於父母，婦敬於舅姑，或恐倚恃孝敬之心，違逆其命意，有怠惰其身，故戒令「勿逆勿怠」也。「若飲食之，雖不嗜，必嘗而待」者，謂尊者以飲食與己，己雖不嗜愛，必且嘗之而待尊者後命，令己去之而後去之。「加之衣服，雖不欲，必服而待」者，爲尊者加己衣服，己雖不欲，必且服之，而待後命而藏去之。「加之事，人代之，己雖弗欲」者，謂尊者言加己以事業，事業欲成，尊者又使人代己。此事既嚮成，不欲他人代己，而難其妨己之業。「姑與之而姑使之」者，姑，且也。且與代己者之事，而且使代己者爲之。

「而后復之」者，待代己者休解，而后復本事業於己身也。　「子婦有勤勞之事，雖甚愛之」者，從此以下，論尊者接待卑者之禮。「有勤勞之事」者，謂子婦有辛苦勤勞之事。「雖甚愛之」者，謂父母、舅姑素來雖甚愛此勤勞之子婦。「姑縱之」者，姑，且也。所愛子婦既有勤勞，且緩縱之。「而寧數休之」者，寧可數數休息此所愛子婦，不可移此勤勞於他不愛之子婦也。　「子婦未孝未敬，勿庸疾怨」者，庸，用也。子婦既不孝敬，勿用憎疾怨惡之。　「姑教之」者，姑，且也。且教誨之。　「若不可教，而后怒之」者，「不可教」，謂教而不從，然後責怒之。　「不可怒」者，謂雖責怒之而不從命者。　「子放婦出，而不表禮焉」者，既不可責怒，子被放逐，婦被出棄。表，明也。雖被出棄，猶爲之隱，不顯明言其犯禮之過也。

父母有過，下氣怡色，柔聲以諫。諫若不入，起敬起孝，説則復諫。子事父母，有隱無犯。起，猶更也。不説，與其得罪於鄉黨州閭，寧孰諫。子從父之令，不可謂孝也。《周禮》曰「二十五家爲閭，四閭爲族，五族爲黨，五黨爲州，五州爲鄉」也。　父母怒，不説，而撻之流血，不敢疾怨，起敬起孝。撻，擊也。

疏正義曰：此一節論父母有過，子諫諍之禮。　「不説」者，謂父母有過，子犯顔諫諍，使父母不説也。　「與其得罪於鄉黨州閭」者，謂子恐父母不説，不敢孰諫，使父母有過，「得罪於鄉黨州閭」。謂鄉黨州閭所共罪也。　「寧孰諫」者，犯顔而諫，使父母不説，其罪輕。畏懼不諫，使父母得罪於鄉黨州閭，其罪重。二者之間，寧可孰諫，不可使父母得罪。孰諫，謂純孰殷勤而諫，若物之成孰然。

父母有婢子若庶子庶孫，甚愛之，雖父母没，没身敬之不衰。婢子，所通賤人之子。　子有二妾，父母愛一人焉，子愛一人焉，由衣服飲食，由執事，毋敢視父母所愛，雖父母没，不衰。由，自也。　子甚宜其妻，父母不説，出。宜，猶善也。　子不宜其妻，父母曰：「是善事我。」子行夫婦之禮焉，没身不衰。

疏正義曰：此一節論父母有婢子庶子庶孫，父母所愛，己亦愛之；并明己有妻妾，被父母之所愛，己亦當愛之。　「由衣服飲食，由執事，毋敢視父母所愛」者，由，自也。爲自己身所愛妾，衣服飲食及執事，毋敢比視父母所愛者，故鄭云：「由，自也。」「子甚宜其妻」者，宜，謂與之相善而寵愛。「子不宜其妻」者，謂不與之相善，被疏薄。「父母曰：是善事我」者，言此妻汝雖疏薄，是善能事我，子當行夫婦之禮焉。子雖寵愛其妻，「父母不説，出」者，出，謂出去也。案《大戴禮·本命》云：「婦有七出。不順父母，去；無子，去；淫，去；妬，去；有惡疾，去；口多言，去；竊盜，去。不順父母，爲逆德也；無子，爲其絶世也；淫，爲亂其族也；妬，爲亂其家也；有惡疾，爲其不可共粢盛也；口多言，爲其離親也；竊盜，爲其反義也。」《大戴禮》又云：「婦有三不去。有所受，無所歸，不去；曾經三年喪，不去；前貧賤，後富貴，不去。」何休又云：「喪婦長女不娶，無教戒；世有惡疾，不娶，棄於天；世有刑人，不娶，棄於人；亂家女不娶，類不正；逆家女不娶，廢人倫也。」案《周易·同人》六二鄭注云：「天子、諸侯后夫人，無子不出。」則猶有六出也。其天子之后，雖失禮，亦不出。故《鼎卦》初六鄭注云：「嫁於天子，雖失禮，無出道，廢遠而已。」若其無子，不廢，遠之，后尊。如其犯六出，則廢之。」父母雖没，將爲善，思貽父母令名，必果；將爲不善，思貽父母羞辱，必不果。貽，遺也。果，決也。

疏 正義曰：此一節論子事父母，父母雖没，思行善事，必果決爲之；若爲不善，思遺父母羞辱，必不得果決爲之。

舅没則姑老，謂傳家事於長婦也。冢婦所祭祀、賓客，每事必請於姑。婦雖受傳，猶不敢專行也。介婦請於冢婦。以其代姑之事。介婦，衆婦。舅姑使冢婦，毋怠，雖有勤勞，不敢解倦。不友無禮於介婦。衆婦無禮，冢婦不友之也。善兄弟爲友。娣姒猶兄弟也。❶ 舅姑若使介婦，毋敢敵耦於冢婦，雖有勤勞，不敢掉磬。不敢並行，不敢並命，不敢並坐。下冢婦也。命，爲使令。凡婦，不命適私室，不敢退。婦，侍舅姑者也。婦將有事，大小必請於舅姑。不敢專行。子婦無私貨，無私畜，無私器，不敢私假，不敢私與。家事統於尊也。婦或賜之飲食、衣服、布帛、佩帨、茝蘭，則受而獻諸舅姑。舅姑受之則喜，如新

❶「兄」字原漶滅，據殿本、阮本補。

受賜。或賜之，謂私親兄弟。若反賜之，則辭；不得命，如更受賜，藏以待乏。待舅姑之乏也。不得命者，不見許也。

婦若有私親兄弟，將與之，則必復請其故賜，而后與之。**疏**正義曰：此一節論婦事舅姑之禮，并明冢婦、介婦相與之節，[1]又明婦有私親賜之美物，當獻於舅姑也。**注**「謂傳」至「婦也」　正義曰：若舅姑未没，年七十以上，傳家事於長子，其婦亦從夫知家事也。若舅没姑未老，則其婦不得專知家事也。故經云「姑老」，若其不老，則不得知也。**注**「衆婦」至「弟也」　正義曰：「衆婦無禮，冢婦不友之也」者，以其無禮，故冢婦疏薄之。此「無禮」，謂非七出之罪。若其七出，自當棄之。若冢婦無禮，罪非七出，衆婦當友之，以適婦尊故也。**注**「雖有」至「掉磬」　正義曰：庾氏云：「齊人謂之差訐。」崔氏云：「北海人謂相激之事爲掉磬。」[2]《隱義》云：「齊人謂相絞訐爲掉磬。」**注**「命，爲使令」　正義曰：謂介婦不敢與冢婦並有教令之命，下冢婦也。**注**「或賜」至「兄弟」　正義曰：以下文云「婦若有私親兄弟，將賜之」，此云「或賜之，獻諸舅姑」，故知「私親兄弟」賜也。雖藏之以待舅姑之乏，若舅姑不乏，私親兄弟既貧，將欲以物與之，不敢別請其財，則必於舅姑處復請其故賜所藏之物，舅姑既許，然後取而與之。

適子、庶子，祗事宗子、宗婦，祗，敬也。宗，大宗。雖貴富，不敢以貴富入宗子之家；雖衆車徒，舍於外，以寡約入。入，謂入宗子家。子弟猶歸器，衣服、裘衾、車馬，則必獻其上，而后敢服用其次也。猶，若也。子弟若有功德，以物見饋賜，當以善者與宗子也。若非所獻，則不敢以入於宗子之門，謂非宗子之爵所當服也。不敢以貴富加於父兄宗族。加，猶高也。若富，則具二牲，獻其賢者於宗子，賢，猶善也。夫婦皆齊而宗敬焉，當助祭於宗子之家。終事而后敢私祭。祭其祖禰。**疏**正義曰：此一節論族人敬事宗子之禮。「適子、庶子祗事宗子、宗婦」者，適子，謂父及祖之適子，是小宗也。庶子，謂適子之弟。宗子，謂大宗子。宗婦，

[1]「與」，原作「於」，據閩、監、毛本及衛氏《集説》改。

[2]「之」字原漶滅，據殿本、阮本補。

謂大宗子之婦。言小宗及庶子等敬事大宗子及宗婦也。「子弟猶歸器，衣服、裘衾、車馬」者，猶，若也。歸，謂歸遺也。子弟若有功德，被尊上歸遺衣服、裘衾、車馬，則必獻其善者於宗子。「若富，則具二牲，獻其賢者於宗子」者，賢，猶善也。善者獻宗子，使祭之，不善者私用自祭也。「夫婦皆齊而宗敬焉」者，大宗子將祭之時，小宗夫婦皆齊戒以助祭於大宗，以加敬焉。謂敬事大宗之祭。「終事而后敢私祭」者，謂大宗終竟祭事，而后敢以私祭祖禰也。此文雖主事大宗子，其大宗之外，事小宗子者亦然。

飯：目諸飯也。黍、稷、稻、粱、白黍、黄粱，稰、穛。執穫曰稰，生穫曰穛。黍，黄黍也。膳：目諸膳也。膷、臐、膮、醢、牛炙，醢、牛胾、醢、牛膾，羊炙、羊胾、醢、豕炙，醢、豕胾、芥醬、魚膾，雉、兔、鶉、鴽。此上大夫之禮，庶羞二十豆也。以《公食大夫禮》饌校之，則「膮」「牛炙」間不得有「醢」，「醢」，衍字也。又以鴽爲鴐也。飲：目諸飲也。重醴，稻醴清、糟，黍醴清、糟，粱醴清、糟。重，陪也。糟，醇也。清，泲也。致飲有醇者，有泲者，陪設之也。或以酏爲醴，釀粥爲醴。黍酏，酏，粥。漿，酢截。水，清新。醷，梅漿。濫。以諸和水也。以《周禮》六飲校之，則濫，涼也。紀、莒之間，名諸爲濫。酒：目諸酒也。清、白。白，事酒、昔酒也。羞：目諸羞也。糗餌、粉酏。糗，擣熬穀也，以爲粉餌與餈。此《記》似脱。《周禮》羞籩之實，糗餌、粉餈。羞豆之實，酏食、糝食。」此「酏」當爲「餰」，以稻米與狼臅膏爲餰是也。食：目人君燕食所用也。蝸醢而苽食、雉羹，麥食、脯羹、雞羹，折稌、❶犬羹、兔羹，和糝不蓼。苽，彫胡也。稌，稻也。凡羹齊宜五味之和，米屑之糝，蓼則不矣。此脯，所謂析乾牛羊肉也。濡豚，包苦實蓼；濡雞，醢醬實蓼；濡魚，卵醬實蓼；濡鼈，醢醬實蓼。凡濡，謂亨之以汁和也。苦，苦荼也，以包豚，殺其氣。卵，讀爲「鯤」。鯤，魚子，或

❶「折」，阮本作「析」，余本同，撫本同。阮校云：「段玉裁校本云：『折』當『析』字誤。析，同淅，汰米也。陸云之列反，非。」疏内「折」字放此。

作「擱」也。腶脩，蚳醢；腶脩，捶脯施薑桂也。蚳，蚍蜉子也。脯羹，兔醢；麋膚，魚醢；魚膾，芥醬；麋腥，醢醬；桃諸、梅諸，卵鹽。自「蝸醢」至此二十六物，似皆人君燕所食也，其饌則亂。膚，切肉也。膚，或爲「胖」。卵鹽，大鹽也。凡食齊視春時，飯宜温也。羹齊視夏時，羹宜熱也。醬齊視秋時，醬宜涼也。飲齊視冬時。飲宜寒也。凡和，春多酸，夏多苦，秋多辛，冬多鹹，調以滑甘。多其時味，以養氣也。牛宜稌，羊宜黍，豕宜稷，犬宜粱，鴈宜麥，魚宜苽。言其氣味相成。春宜羔豚，膳膏薌；夏宜腒鱐，膳膏臊；秋宜犢麛，膳膏腥；冬宜鮮羽，膳膏羶。此八物，四時肥美也。爲其大盛，煎以休廢之膏，節其氣也。牛膏薌，犬膏臊，雞膏腥，羊膏羶。腒，乾雉也。鱐，乾魚也。鮮，生魚也。羽，鴈也。牛脩、鹿脯、田豕脯、麋脯、麕脯、麋、鹿、田豕、麕，皆有軒。雉、兔，皆有芼。脯，皆析乾其肉也。軒，讀爲「憲」。憲，謂藿葉切也。芼，謂菜釀也。軒，或爲「胖」。爵、鷃、蜩、范、蜩，蟬也。范，蜂也。芝栭、蔆、椇、棗、栗、榛、柿、瓜、桃、李、梅、杏、柤、梨、薑、桂。蔆，芰也。椇，枳椇也。柤，梨之不臧者。自「牛脩」至此三十一物，皆人君燕食所加庶羞也。《周禮》天子「羞用百有二十品」，記者不能次録。

疏正義曰：此一節總論飯、飲、膳、羞調和之宜，又明四時膳食所用，并明善惡治擇之等，又顯貴賤所食之別。各依文解之。

「飯黍」至「稰穛」　此飯之所載，凡有六種。下云「白黍」，則上「黍」是黄黍也。下言「黄粱」，則上「粱」是白粱也。案《玉藻》，諸侯朔食四簋：黍、稷、稻、粱。此則據諸侯，其天子則加以麥、苽爲六，但記文不載耳。

注「孰穫」至「曰穛」　正義曰：穛是斂縮之名，明以生穫，故其物縮斂也。「稰」既對「穛」，故爲「孰穫」。

「膳膷」至「鶉鷃」　此一節論豆上所盛美膳，謂羹與胾醢之屬也。

注「此上」至「駕也」　正義曰：知「上大夫之禮，庶羞二十豆」者，案《公食大夫禮》文云二十豆者：膷一，謂牛臛也；臐二，謂羊臛也；膮三，謂豕臛也；牛炙四，炙牛肉也。此依《公食大夫禮》所陳設，此等四物，共爲一行，最在於北，從西爲始。醢五，謂肉醬也；牛胾六，謂切牛肉；醢七，牛膾八。此等四物，又爲第二行，陳之從東爲始。羊炙九，羊胾十，醢十一，豕炙十二。此等四物，爲第三行，陳之從西爲始。醢十三，豕胾十四，芥醬十五，魚膾十六。此等四物，爲第四行，陳之從東爲始。以上十六豆，是下大夫之禮也。雉十七，兔十八，鶉十九，鴽二十。此等四物，爲第五行，陳之從西爲始。此是上大夫所加二十豆。案《公食大夫禮》，「膮」之下，「牛炙」之上，無「醢」字，故云「以《公食大夫禮》饌校之，則『膮』『牛炙』閒不得有『醢』。『醢』，衍字也」。又《公食大夫禮》以「鷃」爲「鴽」。案《釋鳥》云：「鴽，鴾母。」某氏云謂鵪。李巡云：「鴽，鵪，一云鴾母。」郭景純云：「鵪，青州呼爲鴾母。」皇氏用賀氏之説：「鴽，蝙蝠。」其義未聞。熊氏云：「此經『醢』文承『牛』『羊』之下，則是牛肉、羊肉之醢。以其庶羞，故得用三牲爲醢。若其正羞，則不得用三牲。故《醢人職》無三牲之醢也。」「飲重」至「醷濫」 此一節明諸飲之物也。注「重陪」至「之也」 正義曰：此稻、黍、粱三醴，各有清糟，以清糟相配重設，故云「重醴」。凡致飲之時，有清者，有糟者。案《周禮·漿人》「共王之六飲」，有「水、漿、醴、涼、醫、酏」，不云「糟」也；「共夫人致飲于賓客之禮，清醴醫酏糟」，注云：「三物有清有糟。夫人不體王，得備之。」若后之致飲於賓客，有糟無清。故《酒正》「共后之致飲于賓客之禮醫酏糟」，注云：「后致飲，無醴醫酏不清者，與王同體，屈也。」注「以諸」至「爲濫」 正義曰：案《漿人》六飲有「涼」，注云：「涼，今寒粥，若糗飯雜水也。」康成以涼與濫是一物矣，則此「以諸和水」，謂以諸雜糗飯之屬和水也。「諸」者，衆雜之辭。案《漿人》六飲，一曰水，則此經「水」一也；二曰漿，則此經「漿」一也；三曰醴，則此經「重醴」一也，但用清耳；四曰涼，則此經「濫」一也；五曰醫，則此經「或以酏爲醴」一也；六曰酏，則此經「黍酏」一也。除六飲之外，此經别有「醷」也。若鄭司農之意，醷與醫爲一物，即「以酏爲醴」者，非康成義也。鄭必知醷爲梅漿者，見下文云「調之以醯醢」及「若醯醷」，則醷是醯之類也。又云「獸用梅」，故知梅漿也。案《酒正》云「一曰清」，則此「醴」也；「二曰醫」，則此「以酏爲醴」也；「三曰漿」，則此「漿」也；「四曰酏」，則此黍酏也。但無水、涼二物，鄭云：「無厚薄之齊，故酒正不辨矣。」「酒：清、白」 此一節論酒之所用。「清」，謂清酒。「白」，謂事酒、昔酒。以二酒俱白，故以一「白」標之。配清酒則三酒，故鄭云：「白，事酒、昔酒也。」此無五齊者，五齊是祭祀獻神所飲，非人常用故也。「羞：糗餌、粉酏」

案《周禮》「羞籩之實，糗餌、粉餈」，鄭注云：「合蒸曰餌，餅之曰餈。此二物皆粉稻米、黍米爲之。糗者，擣粉熬大豆，爲餌餈之黏著，故以粉糗摶之。」❶據《周禮》「粉」下有「餈」，今無者，記人脱漏，更以「酏」益之。酏者，於《周禮》羞豆之實。故《周禮》云：「羞豆之實，酏食、糝食。」酏，謂餈也。 **注**「此『酏』當爲『餰』」 正義曰：上以「黍酏」是粥，知此「酏」當爲「餰」者，案《周禮》「酏食」共「糝食」文連，則酏是糝之般類。此《内則》作「糝」與「餰」，其事相連，故云「此酏當爲餰」。若其黍酏，非膳羞所用。且餰雖雜以狼臅膏，亦粥之般類也。 「食蝸」至「卵鹽」 此一節總明人君燕食所用。 「蝸醢而苽食、雉羹」者，謂以蝸爲醢，以苽米爲飯，以雉爲羹，三者味相宜。 「麥食、脯羹、雞羹」者，謂以麥爲飯，析脯爲羹，又以雞爲羹，此三者亦味相宜也。 「折稌、犬羹、兔羹」者，稌，稻也。謂細折稻米爲飯，以犬兔爲羹，此三者亦味相宜也。 「和糝不蓼」者，此等之羹，宜以五味調和，米屑爲糝，不須加蓼也。

「濡豚，包苦實蓼」者，濡，謂亨煮，以其汁調和。言濡豚之時，包裹豚肉以苦菜，殺其惡氣，又實之以蓼。 「濡雞，醢醬實蓼」者，言亨濡此雞，加之以醢及醬，又實之以蓼。 「濡魚，卵醬實蓼」者，卵，謂魚子。以魚子爲醬，濡亨其魚，又實之以蓼。 「濡鼈，醢醬實蓼」者，謂亨其鼈，加醢及醬，又實之以蓼。凡言「實蓼」者，皇氏云：「謂破開其腹，實蓼於其腹中，又更縫而合之。」 「腶脩，蚳醢」者，腶脩，謂腶脯也。言食腶脯之時，以蚳醢配之。 「脯羹，兔醢」者，脯羹，即上析脯爲羹，以兔醢配之。 「麋膚，魚醢」者，麋膚，謂麋肉外膚。食之，以魚醢配之。 「麋腥，醢醬」者，腥，謂生肉。言食麋生肉之時，還以麋醢配之。此云「麋腥」，即上「麋膚」謂孰也。 「桃諸、梅諸、卵鹽」者，言食桃諸、梅諸之時，以卵鹽和之。王肅云：「諸，菹也，謂桃菹、梅菹，即今之藏桃也，藏梅也。❷欲藏之時，必先稍乾之。故《周禮》謂之『乾橑』，鄭云『桃諸、梅諸』是也。」 **注**「卵，讀爲鯤。鯤，魚子」 正義曰：知「卵」讀爲「鯤」者，以鳥卵非爲醬之物，蚳醢是蚍蜉之子，今「卵醬」承「濡魚」之下，宜是魚之般類，故「讀爲鯤」。鯤是魚子也。

注「自蝸」至「鹽也」 正義曰：「自『蝸醢』至此二十六

❶「摶」，阮本作「擣」，閩、監、毛本同。阮校云當作「擣」，潘宗周《校勘記》云當作「摶」。疑潘是。

❷「即今之藏桃也藏梅也」，衛氏《集説》、《通解》均無上「也」字。

物」者，皇氏云：「蝸一也，苽食二也，雉羹三也，麥食四也，脯羹五也，雞羹六也，折稌七也，犬羹八也，兔羹九也，濡豚十也，濡雞十一也，濡魚十二也，濡鼈十三也。自此以上，醢之與醬，皆和調濡漬雞豚之屬，爲他物而設之，故不數矣。自此以下，醢及醬，各自爲物，但相配而食，故數之。腶脩十四也，蚳醢十五也，脯羹重出，兔醢十六也，麋膚十七也，魚醢十八也，魚膾十九也，芥醬二十也，麋腥二十一也，醢二十二也，醬二十三也，桃諸二十四也，梅諸二十五也，卵鹽二十六也。」諸儒更無所説，今依用之。云「似皆人君燕所食也」者，案《周禮・掌客》云，諸侯相食，皆「鼎簋十有二」，其正饌與此不同。其食臣下，則《公食大夫禮》具有其文，與此又異。故疑是人君燕食也。云「其饌則亂」者，案上陳庶羞有「膷、臐、膮」，有「牛炙、牛胾」，始云「羊炙、豕炙」，而依牲大小先後而陳。此則先云「雉羹」，後云「脯羹」，又先云「雞羹」，後云「犬羹」，不依牲之次第；又飯食在簋，醢羹之屬在豆，是上下雜亂。故云「其饌則亂」也。云「膚，切肉也」者，以其與醢醬相類，在豆之物，故爲切肉。若其正膚，則在俎。故《少牢》、《特牲》膚皆在俎也。云「卵鹽，大鹽也」者，以其鹽形似鳥卵，故云「大鹽」也。注「多其」至「氣也」　正義曰：依《經方》：「春不用食酸，夏不用食苦，四時各減其時味也。」此云「多其時味，以養氣」者，《經方》所云，謂時氣壯者，減其時味，以殺盛氣。此經所云，食以養人，恐氣虚羸，故「多其時味，以養氣也」。注「言其氣味相成」　正義曰：此云「牛宜稌」，❶上云「折稌」用「犬羹」，又云「犬宜粱」，而以犬羹配折稌者，此「牛宜稌」之屬，據尊者正食；上之所云，據人君燕食，以滋味爲美，故與此不同。「春宜」至「膏羶」　上文「食齊視春時」至「魚宜苽」，皆《周禮・食醫》之文，記者載之於此，論調和食飲之法。此「春宜羔豚」一經，又記庖人論四時煎和膳食之宜，以王相休廢相參，其味乃善。「春宜羔豚，膳膏薌」者，春爲木王。膏薌，牛膏也。牛，中央土畜。春，東方木，木剋土，木盛則土休廢，用休廢之膏，故用牛膏也。「夏宜腒鱐，膳膏臊」者，腒，乾雉。鱐，乾魚。膏臊，犬膏也。犬屬西方金，夏南方火，火剋金，火盛則金休廢，故用犬膏也。「秋宜犢麛，膳膏腥」者，膏腥，謂雞膏也。雞屬東方木，秋西方金，金剋木，金盛則木休廢，故用雞膏也。「冬宜鮮羽，膳膏羶」者，鮮，魚。羽，鴈。膏羶，謂羊膏也。羊屬南方

❶「宜」字原脱，據阮本、衛氏《集説》補。

火，冬水王，水剋火，水盛則火休廢，故用羊膏也。《周禮・庖人》文與此同。鄭彼注云：「羔豚，物生而肥。犢與麛，❶物成而充。腒鱐，暵熱而乾。魚鴈，水涸而性定。此八物者，得四時之氣尤盛，爲人食之弗勝，是以用休廢之脂膏煎和膳之。」義與此同。**注**「牛膏」至「鴈也」　正義曰：案《洪範五行傳》云「思之不睿，則有牛禍」，牛屬土也；「言之不從，則有犬禍」，犬屬金也；「貌之不恭，則有雞禍」，雞屬木也；「視之不明，則有羊禍」，羊屬火也。今四時各有所剋脂膏而和膳食，故知「牛膏薌，犬膏臊，雞膏腥，羊膏羶」也。云「腒，乾雉也」者，《士相見禮》云：「冬執雉，夏執腒。」故知腒爲乾雉。云「鱐，乾魚也」者，《周禮・籩人》云：「膴、鮑魚、鱐。」「鱐」與「鮑」相對，鮑爲濕魚，故知鱐是乾魚也。云「鮮，生魚也」者，鱐既爲乾魚，故鮮爲生魚也。《月令》云「季冬獻魚」，又《王制》云「獺祭魚，然後虞人入澤梁」，是冬魚成也。云「羽，鴈也」者，羽族既多，而冬來可食者唯鴈，故知「羽，鴈也」。《庖人》云「春行羔豚」，「行」謂行用；此云「宜」，謂氣味相宜，其事同也。

「牛脩」至「薑桂」　「麋、鹿、田豕、麕，皆有軒」者，言此等非但爲脯，又可腥食。腥食之時，皆以藿葉起之而不細切，故云「皆有軒」。不云「牛」者，牛唯可細切爲膾，不宜大切爲軒，故不言之。　「雉兔皆有芼」者，爲雉羹、兔羹皆有芼菜以和之。　「芝栭」者，庾蔚云：「無華葉而生者曰芝栭。」盧氏云：「芝，木芝也。」王肅云：「無華而實者名栭，皆芝屬也。」庾又云：「自『牛脩』至『薑桂』，凡三十一物，則芝栭應是一物也。今春夏生於木，可用爲菹。其有白者，不堪食也。」賀氏云：「栭，軟棗。」亦云：「芝，木椹也。」以「芝栭」爲二物。鄭下注云「三十一物」，則數「芝栭」爲一物也，賀氏説非也。**注**「蔆芰」至「次録」　正義曰：「柤，梨之不臧者」，柤是梨屬，其味不善，故云「不臧」也。　云「自『牛脩』至此三十一物」者，牛脩一，鹿脯二，田豕脯三，麋脯四，麕脯五，麋軒六，鹿軒七，田豕軒八，麕軒九，雉芼十，兔芼十一，爵十二，鷃十三，蜩十四，范十五，芝栭十六，蔆十七，椇十八，棗十九，栗二十，榛二十一，柿二十二，瓜二十三，桃二十四，李二十五，梅二十六，杏二十七，柤二十八，梨二十九，薑三十，桂三十一。云「皆人君燕食所加庶羞也」者，以下文云「大夫燕食，有膾無脯」，故知此是人君燕食也。案《周禮・籩人》、《醢人》，

❶「麛」，阮校云：「案《周禮》注作『麑』是也。麑，鹿子。麛乃麋鹿字。」

正羞唯有棗、栗、榛、桃，無以外雜物，故知「所加庶羞」也。引「《周禮》天子『羞用百有二十品』」以下者，證天子庶羞既多，不唯三十一物而已。云「記者不能次録」者，謂作《記》之人，不能依次條録天子之事，但録諸侯燕食三十一物而已，亦不能依次也。

禮記正義卷第三十七

禮記正義卷第三十八

國子祭酒上護軍曲阜縣開國子臣孔穎達等奉勑撰

大夫燕食，有膾無脯，有脯無膾。士不貳羹胾，庶人耆老不徒食。尊卑差也。疏正義曰：此一經接上人君燕食，因明大夫、士、庶人燕食不同。「有脯無膾」者，言大夫燕食，若有脯則不得有膾。案《鄭志》云：「脯非食殽。」此燕得食脯者，「脯非食殽」，謂食不專用脯以爲食殽，若有餘饌兼之，則得有脯。「士不貳羹胾」者，謂士燕食也。若朝夕常食，則下云「羹食，自諸侯以下至於庶人，無等」。膾，春用葱，秋用芥。豚，春用韭，秋用蓼。芥，芥醬也。脂用葱，膏用薤。脂，肥凝者，釋者曰膏。三牲用藙，藙，煎茱萸也。漢律，會稽獻焉。《爾雅》謂之榝。和用醯，畜與家物自相和也。獸用梅。亦野物自相和。鶉羹，雞羹，鴽，釀之蓼。釀，謂切雜之也。鴽在「羹」下，烝之不羹也。魴、鱮烝，雛燒，雉，薌，無蓼。薌，蘇荏之屬也。燒，烟於火中也。自「膾用葱」至此，言調和菜釀之所宜也。疏正義曰：此一節論調和飲食之宜。「鶉羹、雞羹」者，謂用鶉用雞爲羹。「鴽」者，唯烝煮之而已，不以爲羹，故文在「羹」下。「釀之蓼」者，釀，謂切雜和之。言鶉羹、雞羹及烝之等，三者皆釀之以蓼。「魴、鱮烝」者，魴鱮二魚，皆烝孰之。「雛燒」者，雛是鳥之小者，火中燒之，然後調和，若今之臓也。「雉」者，文在「烝」「燒」之下，或燒或烝，或可爲羹，其用無定，故直云「雉」。「薌，無蓼」者，薌，謂蘇荏之屬。言魴、鱮烝及雛燒并雉等三者，調和唯以蘇荏之屬，無用蓼也。注「芥，芥醬也」正義曰：上云「魚膾，芥醬」，則謂秋時用芥。芥辛，於秋宜也。注「藙煎」至「之榝」正義曰：賀氏云：「今蜀郡作之，九月九日取茱萸，折其枝，連其實，廣長四五寸，一升實，可和十升膏，名之藙也。」不食雛鼈。狼去腸，狗去腎，貍去正脊，兔去尻，狐去首，豚去腦，魚去乙，鼈去醜。皆爲不利人也。鷄鼈，伏乳者。乙，魚體中害人者名也。今東海鰫魚有骨名乙，在目旁，狀如篆「乙」，食之鯁人不可出。醜，謂鼈竅也。肉曰脱之，魚曰作之，棗曰新之，栗曰撰之，桃曰膽之，柤、棃曰攢之。皆治擇之名也。

疏正義曰：此一節論治擇肉物惡者及果實之屬。「肉曰脱之」者，皇氏云：「治肉除其筋膜，取好處。」故李巡注《爾雅·釋器》云：「肉去其骨曰脱。」郭云：「剥其皮也。」「魚曰作之」者，皇氏云：「作，謂動摇也。凡取魚，摇動之，視其鮮餧，餧者不食。」李巡注《爾雅》云：「作之，魚骨小，無所去。」郭氏《爾雅》今本作「斮之」，注云：「謂削鱗也。」「棗曰新之」者，棗易有塵埃，恒治拭之使新。「栗曰撰之」者，栗蟲好食，數數布揀撰，❶省視之。「桃曰膽之」者，桃多毛，拭治去毛，令色青滑如膽也。或曰：膽，謂苦。桃有苦如膽者，擇去之。「柤梨曰攢之」者，恐有蟲，故一一攢看其蟲孔也。

牛夜鳴則庮；羊泠毛而毳，羶；狗赤股而躁，臊；鳥皫色而沙鳴，鬱；豕望視而交睫，腥；馬黑脊而般臂，漏。雛尾不盈握，弗食。舒鴈翠，鵠鴞胖，舒鳧翠，雞肝，鴈腎，鴇奥，鹿胃。亦皆爲不利人也。庮，惡臭也。《春秋傳》曰：「一薰一庮。」泠毛毳，毛別聚旃不解者也。赤股，股裏無毛也。皫色，毛變色也。沙，猶嘶也。鬱，腐臭也。望視，視遠也。腥，當爲「星」，聲之誤也。星，肉中如米者。般臂，前脛般般然也。漏，當爲「螻」，如螻蛄臭也。舒鴈，鵞也。翠，尾肉也。鵠鴞胖，謂脅側薄肉也。舒鳧，鶩也。鴇奥，脾胵也。鵠，或爲「鴇」也。

疏正義曰：此一節論腥臊羶臭及諸物不可食者。❷從「牛夜鳴」至「般臂，漏」，皆與《周禮·内饔》職文同。「牛夜鳴則庮」者，庮是臭惡之氣。牛好夜鳴，則其肉庮臭。「羊泠毛而毳，羶」者，羶，謂羶氣。泠，謂毛本稀泠。毳，謂毛頭毳結。羊若如此，其肉羶氣。「狗赤股而躁，臊」者，臊，謂臊惡。赤股，股裏無毛。躁，謂舉動急躁。狗若如此，其肉臊惡。「鳥皫色而沙鳴，鬱」者，鬱，謂腐臭也。皫色，其色變無潤澤。沙鳴者，沙，嘶也，

❶「揀」，原作「陳」，據監本、毛本及衛氏《集説》改。
❷「臭」字原漶滅，據阮本補。

謂鳴而聲嘶。鳥若如此，其肉腐臭。　「豕望視而交睫，腥」者，腥，謂肉結如星。望視，謂豕視望揚。交睫，謂目睫毛交。豕若如此，則其肉似星也。　「馬黑脊而般臂，漏」者，漏，謂螻蛄臭。黑，謂馬脊黑。般臂，謂馬之前脛，其色般般然。馬若如此，其肉如螻蛄臭也。　「雛尾不盈握，弗食」者，雛，謂小鳥。尾盈一握，然後堪食。若其過小，未盈握，不堪食也。自此以下，因廣言不堪食之物。　「舒鴈翠」者，舒鴈，鵝也。翠，謂尾肉也。言鵝尾之肉不堪食也。　「鵠鴞胖」者，胖，謂脅側薄肉也。謂鵠鳥、鴞鳥脅側薄肉不可食。　「舒鳧翠」者，舒鳧，謂鶩。鶩即是鴨，其翠不可食。雞肝、鴈腎，亦不可食。　「鴇奥」者，奥，謂脾肶，謂藏之深奥處。鴇奥及鹿胃，亦不可食。凡此，皆爲不利人也。　**注**「庮惡」至「肶也」　正義曰：引《春秋傳》者，僖四年《左傳》文，論晉獻公卜娶驪姬，其繇曰：「一薰一蕕，十年尚猶有臭。」薰，謂香草。蕕，謂臭草。薰蕕一時相和，十年臭氣尚在。言善易銷，惡難除也。蕕，❶比於驪姬之惡也。云「沙，猶嘶也」者，嘶，謂酸嘶。古之「嘶」字，單作「斯」耳。云「腥，當爲星」者，謂肉中白點似星也，故不得爲「腥臊」之字也。云「漏，當爲螻」者，以漏非臭惡氣名，故讀爲「螻」也。云「舒鴈，鵝。舒鳧，鶩也」者，《爾雅·釋鳥》文。某氏云：「在野舒翼飛遠者爲鵝。」❷李巡云：「野曰鴈，家曰鵝。」李巡又云：「野曰鳧，家曰鶩。」

肉腥，細者爲膾，大者爲軒。言大切、細切異名也。膾者，必先軒之，所謂「聶而切之」也。**或曰：麋、鹿、魚爲菹，麕爲辟雞，野豕爲軒，兔爲宛脾。切葱若薤，實諸醯以柔之。**此軒、辟雞、宛脾，皆菹類也。釀菜而柔之以醯，殺腥肉及其氣。今益州有鹿矮者，近由此爲之矣。菹、軒，聶而不切。辟雞、宛脾，聶而切之。軒，或爲「胖」。宛，或作「鬱」。　**疏**正義曰：此一節明虀、菹之異，用肉不同。言「或曰」者，作《記》之人，爲《記》之時，無菹、軒、辟雞、宛脾之制，作之未審，舊有此言，記者承而用之，故稱「或曰」。　「麋鹿魚爲菹」者，凡大切，若全物爲菹，細切者爲虀。其牲體大者菹之，其牲體小者虀之。用此「麋、鹿、魚爲菹」及「野豕爲軒」，是菹也。　「麕爲辟雞，兔爲宛脾」者，是虀也。故鄭注《醢人》云：「細切爲虀，全物若腜爲菹。」《少儀》曰：「麋

❶「蕕」，原作「猶」，據阮本改。

❷「鵝」，阮校云：「段玉裁校本『鵝』改『鴈』。」

鹿爲菹，野豕爲軒，皆牒而不切。麕爲辟雞，❶兔爲宛脾，皆牒而切之。」是菹大而韲小也。案《少儀》不云「魚」，此云「魚」者，記者異聞也。此「魚」與「麇、鹿」相對，是魚之大者，故以爲菹。其辟雞、宛脾及軒之名，其義未聞。「切葱若薤，實諸醯以柔之」者，此亦《少儀》文也。或用葱，或用薤，故云「切葱若薤」。肉與葱薤置諸醋中，故云「實諸醯」。物置醯中，悉皆濡孰，故云「柔之」。注「釀菜」至「切之」 正義曰：此經云葱、薤，是釀菜而柔之，故鄭注《醢人》云：「韲、菹之稱，菜、肉通也。」云「今益州有鹿痿者，近由此爲之矣」者，鄭以今益州人有將鹿肉畜之痿爛，謂之鹿痿，附近由此，名古之菹軒，而爲此鹿痿也。云「菹、軒，聶而不切。辟雞、宛脾，聶而切之」者，皆《少儀》文。聶則牒也，聲相近耳。

羹食，自諸侯以下至於庶人無等。羹食，食之主也。庶羞乃異耳。大夫無秩膳，謂五十始命，未甚老也。秩，常也。大夫七十而有閣。有秩膳也。閣，以板爲之，庋食物也。天子之閣，左達五，右達五。公侯伯於房中五，大夫於閣三，士於坫一。達，夾室。大夫言「於閣」，與天子同處。天子二五，倍諸侯也。五者，三牲之肉及魚、腊也。疏正義曰：此一節論天子、諸侯及大夫士等尊卑膳食節級之等差。注「羹食」至「異耳」 正義曰：食，謂飯也。言羹之與飯，是食之主，故諸侯以下無等差也。此謂每日常食，若非是依常禮，食之外，或别有牛羊豕之肉，隨時得爲羹也。其黍稷稻粱之屬，依禮正食之外，臨時别有稼穡收穫，皆得爲飯，故云「羹食無等」。若依禮正食，天子日食，即《周禮·膳夫》「王日一舉，鼎十有二，物皆有俎」，❷及天子八簋，諸侯六簋，大夫四簋，此等即尊卑亦有差降也。言「羹食，食之主也」者，凡人所食，羹飯爲主，助以雜物。醬是衆食所須，故《曲禮》云「醯醬處内」，注云：「近醯醬者，食之主。」又案《公食大夫禮》「宰夫自東房授醯醬，公設之」，注云「以其爲饌本」是也。又牲與黍稷，亦諸食之本。故《掌客》云「鼎簋十有二」，注云：「合言鼎簋者，牲與黍稷，俱食之主也。」雖文各有所施，大理不異。云「庶羞乃異耳」者，《公食大夫禮》下大夫十六豆，上大夫二十豆。又《周禮·掌客》云「上公食四十，侯伯食三十二，子男食二十四」，鄭注云：「食，謂庶羞

❶「麕」，原作「麇」，據阮本、衛氏《集説》改。
❷「俎」，原作「菹」，據阮本改。

美可食者。」是「庶羞乃異」也。**注**「謂五」至「常也」 正義曰：知「五十始命，未甚老也」者，以下云「六十宿肉」，是有常秩。此經云「無秩膳」，故知是五十也。「秩，常」，《釋詁》文。**注**「有秩」至「物也」 正義曰：此經云「七十而有閣」，故知「有秩膳也」。然則六十者，比五十者則有常肉，比七十者則有無肉時也。**注**「達夾」至「腊也」 正義曰：崔氏云：「宮室之制，中央爲正室，正室左右爲房，房外有序，序外有夾室。天子尊，庖廚遠，故左夾室五閣，右夾室五閣。諸侯卑，庖廚宜稍近，故於房中，減降於天子，唯在一房之中而五閣也。大夫既卑，無嫌，故亦於夾室而閣三也。三者，豕、魚、臘也。士卑，不得作閣，但於室中爲土坫庋食也。」云「五者，三牲之肉及魚、腊也」者，以天子腊用六牲，❶今云「五閣」，是不一牲爲一閣，以魚腊是常食之物，故知「三牲及魚、腊也」。

凡養老，有虞氏以燕禮，夏后氏以饗禮，殷人以食禮，周人脩而兼用之。凡五十養於鄉，六十養於國，七十養於學，達於諸侯。八十拜君命，一坐再至，瞽亦如之。九十者使人受。五十異粻，六十宿肉，七十貳膳，八十常珍，九十飲食不違寢，膳飲從於遊可也。六十歲制，七十時制，八十月制，九十日脩。唯絞、紟、衾、冒，死而后制。五十始衰，六十非肉不飽，七十非帛不煖，八十非人不煖，九十雖得人不煖矣。五十杖於家，六十杖於鄉，七十杖於國，八十杖於朝，九十者，天子欲有問焉，則就其室，以珍從。七十不俟朝，八十月告存，九十日有秩。五十不從力政，六十不與服戎，七十不與賓客之事，八十齊喪之事弗及也。五十而爵，六十不親學，七十致政。凡自七十以上，唯衰麻爲喪。凡三王養老，皆引年。八十者一子不從政，九十者其家不從政，瞽亦如之。凡父母在，子雖老，不坐。有虞氏養國老於上

❶「腊」，孫詒讓《校記》云：「『腊』，當作『膳』。此用《膳夫》文。」

庠，養庶老於下庠。夏后氏養國老於東序，養庶老於西序。殷人養國老於右學，養庶老於左學。周人養國老於東膠，養庶老於虞庠。虞庠在國之西郊。有虞氏皇而祭，深衣而養老；夏后氏收而祭，燕衣而養老；殷人冔而祭，縞衣而養老；周人冕而祭，玄衣而養老。《記·王制》有此。**疏**正義曰：此一節皆《王制》文，記者重而録之。後人雖知其重，因而不去，慎疑不敢刪易也。

曾子曰：「孝子之養老也，樂其心，不違其志，樂其耳目，安其寢處，以其飲食忠養之，孝子之身終。終身也者，非終父母之身，終其身也。是故父母之所愛亦愛之，父母之所敬亦敬之，至於犬馬盡然，而況於人乎！」賤喻貴也。**疏**正義曰：此一節因上陳養老之事，遂陳孝子事親之禮。「孝子之身終」者，謂安樂其親之心，「不違其志，樂其耳目，安其寢處，以其飲食中心養之」，是孝子事親之身終也。「終身也者，非終父母之身，終其身也」者，作《記》之人既云「孝子之身終」，恐人不解，謂言孝子事親至親身終，故解云「終身也者，非終竟父母之身也，終其孝子之身也」。言父母雖没，終竟己身而行孝道，與親在無異。「至於犬馬盡然，而況於人乎」者，言父母所敬愛犬馬之屬，盡須敬愛，而況於父母所敬愛人乎！

凡養老，五帝憲，憲，法也。養之，爲法其德行。三王有乞言。有，讀爲「又」。又從之求善言可施行也。

五帝憲，養氣體而不乞言，有善則記之，爲惇史。三王亦憲，既養老而后乞言，亦微其禮，皆有惇史。惇史，史惇厚者也。❶微其禮者，依違言之，求而不切也。**疏**正義曰：此一節論五帝三王養老之禮。「五帝憲」者，憲，法也。言五帝養老，法其德行。「三王有乞言」者，言三王其德漸薄，非但法其德行，又從求乞善言。「五帝憲，養氣體而不乞言」者，覆説上「五帝憲」之法。奉養老人，就氣息身體，恐其勞動，故「不乞言」。「有善則記之，爲惇史」者，惇，厚

---

❶「惇」，原作「孝」，據余本、撫本、岳本、阮本改。

也。言老人有善德行則記録之，使衆人法則，爲惇厚之史。

「亦微其禮，皆有惇史」者，言三王養老，既法德行，又從乞言。其乞言之禮，亦依違求之，而不偪切。三代皆法其德行善言，爲惇厚之史，故云「皆」。皆者，皆三代也。

淳熬：煎醢加于陸稻上，沃之以膏，曰淳熬。淳，沃也。熬，亦煎也。沃煎成之，以爲名。淳毋：煎醢加于黍食上，沃之以膏，曰淳毋。毋，讀曰「模」。模，象也，作此象淳熬。炮：取豚若將，刲之刳之，實棗於其腹中，編萑以苴之，塗之以謹塗。炮之，塗皆乾，擘之，濯手以摩之，去其皽。爲稻粉，糔溲之以爲酏，以付豚，煎諸膏，膏必滅之。鉅鑊湯，以小鼎薌脯於其中，使其湯毋滅鼎。三日三夜毋絶火，而后調之以醯醢。炮者，以塗燒之爲名也。將，當爲「牂」。牂，牝羊也。刲，刳，博異語也。謹，當爲「墐」，聲之誤也。墐塗，塗有穰草也。皽，謂皮肉之上魄莫也。糔、溲，亦博異語也。糔，讀與「滫瀡」之滫同。薌脯，謂煮豚若羊於小鼎中，使之香美也。謂之脯者，既去皽，則解析其肉使薄，如爲脯然，唯豚全耳。豚羊入鼎三日，乃内醯醢可食也。擣珍：取牛、羊、麋、鹿、麕之肉，必脄，每物與牛若一，捶反側之，去其餌，孰，出之，去其皽，柔其肉。脄，脊側肉也。捶，擣之也。餌，筋腱也。柔之爲汁和也。汁和亦醯醢與？漬：取牛肉，必新殺者，薄切之，必絶其理，湛諸美酒，期朝而食之，以醢若醯、醷。湛，亦漬也。爲熬：捶之，去其皽，編萑，布牛肉焉，屑桂與薑，以洒諸上而鹽之，乾而食之。施羊亦如之。施麋、施鹿、施麕，皆如牛羊。欲濡肉，則釋而煎之以醢。欲乾肉，則捶而食之。熬，於火上爲之也，今之火脯似矣。欲濡欲乾，人自由也。醢，或爲「醯」。此七者，《周禮》八珍，其一「肝膋」是也。糝：取牛、羊、豕之肉，三如一，小切之，與稻米，稻米二、肉一，合以爲餌，煎之。此《周禮》「糝食」也。肝膋：取狗肝一，幪之以其膋，濡，炙之，舉燋其膋，不蓼。膋，腸間脂。舉，或爲「巨」。取稻米，舉糔溲之，小切狼臅膏，以與稻米爲酏。❶狼臅膏，臆中膏也。以煎稻米，則似今膏餈矣。此《周禮》「酏食」也。此「酏」當從「餰」。❷ 疏 正義曰：此一節論養老須飲食如養親之事，明八珍之饌，并明羞、豆、糝、餈之等。「淳熬」者，是八珍之内，一珍之膳名也。淳，謂沃也，則「沃之以膏」是也。熬，謂煎也，則「煎醢」是也。　「陸稻」者，謂陸地之稻也。謂以陸地稻米孰之爲飯，煎醢使熬，❸加于飯上。恐其味薄，更沃之以膏，使味相湛漬，曰淳熬。　注「毋讀」至「淳熬」　正義曰：以經云「淳毋」，「毋」是禁辭，非膳羞之體，故讀爲「模」。模，象也，法象淳熬而爲之，但用黍爲異耳。經云「黍食」，食，飯也，謂以黍米爲飯。不言「陸」者，黍皆在陸，無在水之嫌，故不言「陸」。　「炮取」至「醯醢」　「炮：取豚若將」者，言爲炮之法，或取豚，或取牂，故云「取豚若將」，刲刳其腹，實香棗於其腹中。　「編萑以苴之」者，萑是亂草也。苴，裹也。編連亂草，以裹市豚牂。裹之既畢，「塗之以謹塗」，謂穰草相和之塗也，以此墐塗而泥塗之。　「炮之，塗皆乾，擘之」者，謂擘去乾塗也。　「濯手以摩之，去其皽」者，手既擘泥，不浄，其肉又熱，故濯手摩之，去其皽莫。　「爲稻粉，糔溲之以爲酏」者，付全豚之外，煎之於膏。若羊，則解析肉，以粥和之。　「膏必滅之」者，滅，没也。小鼎盛膏，以膏煎豚牂，膏必没此豚牂也。　「鉅鑊湯，以小鼎薌脯於其中」者，謂以大鑊盛湯，以小鼎之香脯實於大鑊湯中。　「使其湯毋滅鼎」者，使鑊中之湯，無得没此小鼎。若湯没鼎，恐湯入鼎中，令食壞也。　「三日三夜毋絶火」者，欲令用火微，熱勢不絶。　注「將當」至「全耳」　正義曰：以經云「取豚若將」，則「將」是豚類，故知「將，當爲牂」，聲相近，又字體一邊相似。云「刲、刳，博異語也」者，案《易》云「士刲羊」，又云「刳木爲舟」，意同而語異。云「謹，當爲墐」者，以「謹」非泥塗之物，以聲相近，故爲「墐」也。云「墐塗，塗有穰草也」者，用之炮豚，須相黏著，故知「塗有穰草」也。云「糔、溲，亦博異語也」者，「亦」者，「亦」上「刲、刳」。「刲、刳」既博異語，故云「糔、溲，亦博異語

❶ 「酏」，阮校引段玉裁云：「經文『酏』字，鄭時本作『餰』。《周官・醢人》注引《内則》正作『餰』字。」
❷ 「此」，阮校引段玉裁云：「『此』字賸。」
❸ 「熬」，孫詒讓《校記》云：「熬」，當爲「熟」。

也」。云「唯豚全耳」者，案《周禮・封人》有「毛炮之豚」，豚形既小，故知全體。《周禮》鄭注云：「毛炮豚者，爓去其毛而炮之。」豚既毛炮，則此牂或亦毛炮。既無正文，不敢定也。 注「胑脊」至「醢與」 正義曰：知「胑」是「脊側肉」者，以脊側肉美，今擣以爲珍，宜取美處，故爲「脊側肉」。云「餌，筋腱也」者，以經云「去其餌」，又云「去其皽」，皽既爲皮莫，則餌非復是皮莫，故以爲筋腱。腱即筋之類。云「汁和亦醯醢與」者，以上「炮豚、炮牂，調以醯醢」，下「漬」，亦「食之以醢若醯」，故知擣珍，和亦用醯醢。

「爲熬」至「食之」 此一經論作熬之法。 「施羊亦如之」者，爲熬之法，於牛如上所陳。若施設於羊，亦如牛也。 「欲濡肉，則釋而煎之以醢」者，言食熬之時，唯人所欲，若欲得濡肉，則以水潤釋而煎之以醢也。 注「此七」至「是也」 正義曰：「七者」，謂第一淳熬也，第二淳模也，第三第四炮取豚若牂也，第五擣珍也，第六漬也，第七熬也。云「其一肝膋」者，則此「糝」下「肝膋」也。但作《記》之人，文不依次，故在「糝」下陳之。 「糝取」至「煎之」 「三如一」者，謂取牛、羊、豕之肉，等分如一。 「稻米二、肉一」者，謂二分稻米，一分肉也。 注「此《周禮》『糝食』也」 正義曰：案《周禮・醢人》云：「羞豆之實，酏食、糝食。」故云然也。此先陳糝食者，亦記人不次。 注「膋腸」至「爲巨」 正義曰：舉，皆也。謂炙膋皆燋也。 注「以煎」至「從餰」 正義曰：「則似今膏𩞁矣」者，似漢時膏𩞁，以膏煎稻米。鄭舉時事以說之。云「此『酏』當從『餰』」者，此《內則》及《周禮》「酏」之字，當從「餰」字。以酏是粥，非是膏煎稻米，故改「酏」從「餰」也。

禮始於謹夫婦。爲宮室，辨外內。男子居外，女子居內。深宮固門，閽寺守之。男不入，女不出。閽，掌守中門之禁也。寺，掌內人之禁令也。 男女不同椸枷。不敢縣於夫之楎椸，不敢藏於夫之篋笥，不敢共湢浴。竿謂之椸。楎，杙也。 夫不在，斂枕篋簟席，襡器而藏之。不敢褻也。 少事長，賤事貴，咸如之。咸，皆也。 夫婦之禮，唯及七十，同藏無間。衰老無嫌。 及，猶至也。 故妾雖老，年未滿五十，必與五日之御。五十始衰，不能孕也，妾閉房，不復出御矣。此御，謂侍夜勸息也。 五日一御，諸侯制也。 諸侯取九女，姪娣兩兩而御，則三日也；次兩媵，則四日也；次夫人專夜，則五日也。天子十五日乃一御。將御者，齊、漱、澣，慎衣服，櫛、縰、笄，總角，拂髦，❶衿纓，綦屨。其往如朝也。「角」，衍字也。拂髦，或爲「繆髦」也。雖婢妾，衣服、飲食，必後長者。人貴賤不可以無禮。妻不在，妾御莫敢當夕。辟女君之御日也。

疏正義曰：此一節論夫婦、男女及內外之別，又明妾與適妻尊卑相降之等。各依文解之。**注**「笄謂之椸。楎，杙也」正義曰：案《爾雅·釋宮》云：「樴謂之杙。」郭景純注云：「樴，音杙。」李巡曰：「謂橛杙也。」❷《釋宮》又云：「在牆者謂之楎。」❸郭景純引《禮》云「不敢縣於夫之楎箷」。植曰楎，橫曰椸。然則楎椸是同類之物，橫者曰椸，則以竿爲之，故云「竿謂之椸」。「唯及七十，同藏無間」者，間，別也。夫婦唯至七十，同處居藏，無所間別。以其衰老，無所嫌疑故也。夫七十，則婦六十以上。若夫雖七十，婦唯六十以下，則猶間居也。《詩傳》云：「男女不六十，不間居。」據婦人言之。若其宗子，雖七十無妻，猶得更娶。故《曾子問》「宗子雖七十，無無主婦」，是必須有主婦也。**注**「五十」至「一御」正義曰：此經據妾言之，「未滿五十，必與五日之御」。五十以上，則不與也。然則妻雖五十以上，猶得與也。云「姪、娣兩兩而御，則三日也」者，以夫人及二媵，各有姪、娣，凡六人，故三日也。云「次兩媵，則四日也」者，如鄭此言，夫人姪娣，卑於兩媵。若望前，卑者在前，尊者在後，望後，乃反之。知者，約天子御法。云「天子十五日乃一御」者，案《九嬪》注云「女御八十一人當九夕，世婦二十七人當三夕，❹九嬪九人當一夕，三夫人當一夕，后當一夕，亦十五日而徧云。自望後反之」是也。**注**「辟女君之御日也」正義曰：此謂卿大夫以下，故經云「妻」而注云「女君」。大夫一妻二妾，則三日御徧。士一妻一妾，則二日御徧。妾恒辟女君之御日。非但不敢當女君之御日，縱令自當君之御日，猶不敢當夕而往。故《詩·小星》云：「肅肅宵征，夙夜在公。」注引此云「凡妾御於君，不當夕」是也。

妻將生子，及月辰，居側室。側室，謂夫之室，❺次燕寢也。夫使人日

❶「拂髦」，王夫之《章句》以此二字爲衍文，孫希旦《集解》說同。
❷「謂橛杙也」，案《詩·周南·兔罝》孔疏引作「杙謂橛也」。
❸「楎」，原作「揮」，據殿本、阮本改。下同。
❹「三」，原作「二」，據阮本改。
❺「夫」，阮本作「夾」，余本、撫本、岳本、衛本《集説》同。孫詒讓《校記》云：「疏似亦作『夫』。」

再問之，作而自問之。妻不敢見，使姆衣服而對。至于子生，夫復使人日再問之。作，有感動。夫齊，則不入側室之門。若始時使人問。子生，男子設弧於門左，女子設帨於門右。表男女也。弧者，示有事於武也。帨，事人之佩巾也。三日，始負子，❶男射，女否。始有事也。負之，謂抱之而使鄉前也。疏正義曰：從此以下終篇末，論國君以下至庶人生子之禮，及適庶差別，妻妾異等，所生男女養教之法。從此「妻將生子」至「男射，女否」，則明大夫以下未生子之前，夫問之宜，及生子設弧矢之法。注「側室」至「寢也」　正義曰：夫正寢之室在前，燕寢在後，側室又次燕寢，在燕寢之旁，故謂之側室。妻既居側室，則妾亦當然也。故《春秋傳》云：「趙有側室曰穿。」是妾之子也。生子不於夫正室及妻之燕寢，必於側室者，以正室、燕寢尊故也。經云「及月辰」，謂生月之辰，初朔之日也。注「若始時使人問」　正義曰：夫不齊之時，未動作之前，夫使人日再問之。今雖動作之後，以其齊，故但使人問之，故云「若始時使人問」之也。國君世子生，告于君，接以太牢，宰掌具。接，讀爲「捷」。捷，勝也，謂食其母，使補虛强氣也。三日，卜士負之。吉者宿齊，朝服寢門外，詩負之。射人以桑弧蓬矢六，射天地四方。詩之言承也。桑弧蓬矢，本大古也。天地四方，男子所有事也。保受，乃負之。代士也。保，保母。宰醴負子，賜之束帛。醴，當爲「禮」，聲之誤也。禮以一獻之禮，酬之以幣也。卜士之妻、大夫之妾，使食子。食子不使君妾，適妾有敵義，不相褻以勞辱事也。士妻、大夫之妾，謂時自有子。疏正義曰：此一經論國君世子生，及三日負子及食之法。注「接讀」至「氣也」　正義曰：王肅、杜預並以爲「接待夫人以大牢」，鄭必讀爲「捷」，爲補虛强氣者，以婦人初産，必困病虛羸，當産三日之内，必未能以禮相接，應待負子之後。今在前爲之，故知「補虛强氣」，宜速

❶「三日始負子」，劉台拱《經傳小記》云：「案『三日』上屬爲句，言設弧帨三日乃收之也。下文言『三日，卜士負之』，則是三日始卜，猶未行負子之禮也。」

故也。注「詩之」至「事也」　正義曰：《詩含神霧》云：「詩者，持也。以手維持，則承奉之義，謂以手承下而抱負之。」云「桑弧蓬矢，本大古也」者，以桑與蓬皆質素之物，❶故知「本大古也」。云「天地四方，男子所有事也」者，男子上事天，下事地，旁禦四方之難，故云「所有事」。然《射禮》唯四矢者，謂天地非射事所及，唯禦四方，故止四矢。　蓬是禦亂之草。桑，衆木之本。注「禮以」至「幣也」　正義曰：此約《士昏禮》禮賓酬幣之法。此士負子，故禮之，還用士禮。注「士妻」至「有子」　正義曰：使其食子，須有乳汁，故知「時自有子」者。皇氏云：「士之妻，大夫之妾者，隨課用一人。故桓六年《左傳》云『卜士負之，士妻食之』。不云有大夫妾，文略也。」凡接子擇日，雖三日之内，尊卑必皆選其吉焉。冢子則大牢，天子世子也。冢，大也。冢子，猶言長子，通於下也。庶人特豚，士特豕，大夫少牢，國君世子大牢。皆謂長子。其非冢子，則皆降一等。謂冢子之弟及衆妾之子生也。天子、諸侯少牢，大夫特豕，士特豚，庶人猶特豚也。疏 正義曰：此一節論國君以下至庶人以上，接子牲牢之異，并適庶不同。注「天子」至「下也」　正義曰：此云「冢子大牢」，下云「國君世子大牢」，既別言「國君世子」，故知此「冢子大牢」謂「天子世子」也。云「冢子，猶言長子，通於下也」者，《喪服》「父爲長子」，是上下通稱長子，故云「通於下」。鄭云此者，以天子特云「冢子則大牢」，恐冢子之名，唯施天子世子，故云「通於下」。必知冢子「通於下」者，以下文云「庶人特豚，士特豕，大夫少牢，國君大牢」，下即云「其非冢子，則皆降一等」，明冢子之名，庶人、大夫、士等，皆有其號。注「庶人猶特豚也」　正義曰：以冢子「庶人特豚，士特豕，大夫少牢，國君大牢」，庶子既降一等，天子、諸侯少牢，大夫特豕，士特豚，則庶人全應無牲。今以禮窮，欲與士同，故云「猶特豚」。此是三日接子之禮，故牲牢如此。若三月名子之時，則與此異。故下文云「具視朔食」，注云：「朔食，天子大牢，諸侯少牢，大夫特豕，士特豚也。」與此接子適庶，參差不同。異爲孺子室於宮中，特埽一處以處之。擇於諸母與可者，必求其寬裕、慈惠、温良、恭敬、慎而寡言者，使爲子師，其次爲慈母，其次

❶「桑」，原作「木」，據阮本、衛氏《集説》改。

爲保母，皆居子室。此人君養子之禮也。諸母，衆妾也。可者，傅、御之屬也。子師，教示以善道者。慈母，知其嗜欲者。保母，安其居處者。士妻食乳之而已。他人無事不往。爲兒精氣微弱，將驚動也。**疏**正義曰：此一節謂三日負子之後，三月名子之前，諸侯養子，選擇諸母及養子之法。此文雖據諸侯，其實亦兼大夫、士也。但士不具三母耳，大夫以上則具三母。故《喪服·小功章》中「君子爲庶母慈己者」，❶鄭注引此《内則》三母，獨言慈母，舉中以見上下，是知大夫有三母也，爲之服小功。若諸侯之子，三母則不服也。又此雖在三月之前，其實三月之後，養子亦當然也。**注**「士妻食乳之而已」正義曰：既有子師、慈母、保母，各爲其事，故知「士妻但食乳之而已」。

三月之末，擇日翦髮爲鬌，男角女羈，否則男左女右。鬌，所遺髮也。夾囟曰角，午達曰羈也。是日也，妻以子見於父。貴人則爲衣服，由命士以下皆漱澣。貴人，大夫以上也。由，自也。男女夙興，沐浴，衣服，具視朔食。朔食，天子大牢，諸侯少牢，大夫特豕，士特豚也。夫入門，升自阼階，立于阼，西鄉。妻抱子出自房，當楣立，東面。入門者，入側室之門也。大夫以下見子就側室，見妾子於内寢，辟人君也。姆先，❷相曰：「母某敢用時日祗見孺子。」某，妻姓，若言姜氏也。祗，敬也，或作「振」。夫對曰：「欽有帥。」父執子之右手，咳而名之。欽，敬也。帥，循也。言教之敬，使有循也。執右手，明將授之事也。妻對曰：「記有成。」遂左還授師。記，猶識也。識夫之言，使有成也。師，子師也。子師辯告諸婦、諸母名，後告諸母，若名成於尊。妻遂適寢。復夫之燕寢。夫告宰名。宰辯告諸男名，書曰「某年某月某日某生」而藏之。宰，謂屬吏也。《春秋》書「桓六年九月丁卯，子同生」。宰告閭史。閭史書爲二，其一藏諸閭府，其一獻諸州史。

---

❶「君子」，案《喪服·小功章》，「子」字當重。

❷「姆先」，劉台拱《經傳小記》云：「《正義》以『姆先相』爲句。案文當於『先』字句絶。」今經文標點從之。

州史獻諸州伯，州伯命藏諸州府。四閭爲族，族百家也。閭胥，中士一人。五黨爲州，州二千五百家也。州長，中大夫一人也。皆有屬吏。獻，猶言也。夫入，食如養禮。夫入，已見子入室也。其與妻食，如婦始饋舅姑之禮也。【疏】正義曰：此一節明三月之末，卿大夫以下名子之法，又書名藏之州府，妻遂適寢，夫入，與妻饌食之事。各依文解之。【注】「鬌所」至「羈也」　正義曰：三月翦髮，所留不翦者，謂之鬌。云「夾囟曰角」，囟者，是首腦之上縫，故《說文》云：「十，❶其字象小兒腦不合也。」夾囟兩旁，當角之處，留髮不翦。❷云「午達曰羈也」者，案《儀禮》云：「度尺而午。」注云：「一從一橫曰午。」今女翦髮，留其頂上，縱橫各一，相交通達，故云「午達」。不如兩角相對，但縱橫各一在頂上，故曰羈。羈者，隻也。文雖據大夫、士，天子、諸侯之子，亦當然也。【注】「入門」至「君也」　正義曰：知「入側室之門也」者，上文云「妻將生子，居側室」，至此三月之末，未有「妻出」之文，則知恒在側室。此云「夫入門」，❸謂「入側室之門」。但側室在燕寢之旁，亦南嚮，故有阼階西階。夫立於阼，西嚮。但卿大夫之室，唯有東房。「妻抱子出自房」者，出東房，當楣，東面立，與夫相對。云「大夫以下見子就側室」者，見子，謂見適妻子就側室，則此文是也。云「見妾子於内寢」者，則下文云「妾將生子，三月之末，漱澣，夙齊，見於内寢」是也。鄭注云：「内寢，適妻寢也。」大夫所以見適子於側室，見庶子於適妻寢者，「辟人君也」。人君則見適子於路寢，見庶子於側室，故云「辟人君也」。知人君見世子於路寢者，下文云「世子生，則君沐浴朝服，夫人亦如之，皆立于阼階，西鄉。世婦抱子，升自西階。」既著朝服，又東西階相對，故知在路寢也。又知人君見庶子在側室者，下云「公庶子生，就側室。三月之末，其母見於君，擯者以其子見」，是就側室也。然大夫見妾子於内寢，諸侯見妾子於側室，何以下文「適子、庶子見於外寢」？注云：「此適子，謂世子弟也。庶子，妾子也。外寢，君燕寢也。」又是人君見妾子於外寢，❹不在側室者。❺但人君世子之弟見於外寢，❻妾子見於側室。但庶子「撫首，咳而名之」，

❶「十」，段玉裁《說文注》「囟」字下，「十」作「囟」。
❷「翦」，衛氏《集說》「翦」下有「曰角」二字。
❸「此云」，浦鏜校云：「『此云』，當『故知』誤。」
❹「又」，禮記《集說》作「則」，疑是。
❺「者」，禮記《集說》作「也」，疑是。
❻「但」，禮記《集說》作「蓋」，疑是。

與世子弟同，故連文云「見於外寢」，其實在側室也。熊氏、皇氏俱爲此説，故今從焉。　「姆先」至「適寢」　此一節論母以子見父，及父名子，妻遂適寢之事。　「姆先相」者，妻既抱子，當楣東面而立，傅姆在母之前而相佐。其辭曰：「母某氏敢用時日祗見孺子。」祗，敬也。孺，稚也。謂恭敬奉見稚子。　「夫對曰『欽有帥』」者，欽，敬也。帥，循也。夫對妻言：當教之令其恭敬，使有循善道。對妻既訖，父遂「執子右手，咳而名之」，謂以一手執子右手，以一手承子之咳而名之。　「妻對曰『記有成』」者，當記識夫言，教之使有成就。　「遂左還授師」者，妻對既訖，遂左嚮迴還，轉身西南，以子授子師也。　「子師辯告諸婦、諸母名」者，諸婦，謂同族卑者之妻。諸母，同族尊者之妻。後告諸母，欲名成於尊。　注「某妻」至「敬也」　正義曰：「祗，敬」及下注「欽，敬」、「帥，循」，皆《釋詁》文也。　注「宰謂」至「同生」　正義曰：此經所陳，謂卿大夫以下，故以名徧告同宗諸男也。若諸侯，既絶宗，則不告諸男也。此舉「諸男」，舉其卑者。卑者尚告，則告諸父可知。此既據卿大夫以下，而引《春秋》「桓六年，子同生」者，欲證明子生年月日之事。彼謂諸侯也，直云「子同生」，不云「世子」者，杜元凱云：「不云世子，書始生。」言始生之時，未立爲世子也。經云「書名而藏之」者，謂以簡策書子名，而藏之家之書府。　注「四閭」至「屬吏」　正義曰：「四閭爲族」以下，皆《周禮・地官》文。云「皆有屬吏」者，閭之屬吏則有閭史也，州之屬吏則有州史也。「州伯」則州長也。「州府」是州長之府藏。　注「夫入」至「禮也」　正義曰：「夫入，已見子入室也」者，夫既就側室而見子，見子既畢，從側室而入正室。云「其與妻食，如婦始饋舅姑之禮也」者，經云「如養禮」，是如養舅姑之禮。案《士昏禮》婦盥，饋舅姑。特豚合升，側載。右胖載之舅俎，左胖載之姑俎。其大夫以上則無文。必知「如婦始饋舅姑」者，以下文云「妾生子」及「三月之末」見子之禮，「如始入室」，明知此「如養禮」，如始入室養舅姑之禮也。

世子生，則君沐浴、朝服，夫人亦如之，皆立于阼階，西鄉。世婦抱子，升自西階，君名之，乃降。子升自西階，則人君見世子於路寢也。見妾子就側室。凡子生，皆就側室。諸侯夫人朝於君，次而褖衣也。

適子、庶子見於外寢，❶**撫其首，咳而名之，**

❶「適子庶子見於外寢」，朱熹《通解》曰：「今按下文方説庶子。此『庶子』字宜爲衍字。或是適子之次者名爲適子庶子也。」

禮帥初，無辭。此適子，謂世子弟也。庶子，妾子也。外寢，君燕寢也。無辭，辭謂「欽有帥」、「記有成」也。疏正義曰：此一節明人君見世子及適庶之禮。各依文解之。注「子升」至「衣也」　正義曰：「凡子生，皆就側室」者，案上文「妻將生子，居側室」，是卿大夫生子居側室。此文人君見世子在路寢，經云「世婦抱子，升自西階」，是世婦抱子，從外而入。其内寢，是君之常居之處，夫人不可於此寢生子，故知亦在側室也。云「夫人朝於君，次而褖衣也」者，案《内司服》注云：「后六服。后從王祭先王則服褘衣，祭先公則服揄翟，祭群小祀則服闕翟。鞠衣，黄桑服也。展衣，以禮見王及賓客。褖衣，御于王之服。」諸侯夫人以下所得之服，各如王后之服，❶則夫人亦如王后也。此既在路寢，與君同著朝服，則是以禮見君，合服展衣。此云「次而褖衣」者，此謂見子，又見子若訖，則當進入君寢，侍御於君，故服進御之服，異於尋常以禮見君，故不服展衣也。「次」者，首飾，次第髮爲之，則《少牢禮》「髲鬄」是也。❷鄭注云：「古者，或剔賤者、刑者之髮爲之。」其褘衣、揄翟、闕翟，首服副。副者，覆首爲飾，鄭注云「若今步繇矣」。鞠衣、展衣，首服副。鄭云「編列髮爲之，若今假紒矣」。「適子」至「無辭」　此一節明人君見世子弟及妾子之禮。「適子、庶子見於外寢」者，適子，謂大子之弟，見於外寢。庶子則見側室，但撫首、咳名，無辭之事，與世子之弟同，故與「適子」連文，同云「見於外寢」，其實庶子見於側室也。「禮帥初，無辭」者，禮，謂威儀也。帥，循也。初，謂前文「世子生，見於路寢，君、夫人皆西鄉」。言見適子、庶子威儀，依循初世子之法，但無勑戒之辭。然夫人所生之子，容可如世子見禮，君與夫人俱西鄉。若妾之見子，則不得與夫人同，當與卿大夫之妻見適子同，但不親抱子耳。注「外寢」至「成也」　正義曰：燕寢當在内，而云「外寢」者，對側室而爲外耳。側室在旁處内，故謂燕寢爲外寢也。云「無辭，辭謂『欽有帥』、『記有成』也」者，案前「世子生」，直云「世婦抱子，升自西階，君名之，乃降」，亦無辭也，而云「適子、庶子無辭」者，以前文卿大夫妻見適子之時，既有「父執右手，咳而名之」及戒告之辭，其文既具，故於見世子之禮，略而不言。其實，世子亦「執右手，咳而名之」及戒告也。故鄭引前文卿大夫見

❶「各」，原作「名」，據阮本改。
❷「髲」，原作「髮」，據阮校改。

子之辭而言之也。凡名子，不以日月，不以國，終使易諱。不以隱疾。諱衣中之疾，難爲醫也。大夫、士之子，不敢與世子同名。尊世子也。其先世子生，亦勿爲改。疏正義曰：此一節論子名之法，尊卑上下，同有諱辟。又大夫、士之名子，辟世子之名。注「其先」至「爲改」　正義曰：知「先世子生，亦勿爲改」者，案《春秋》衛襄公名惡，其大夫有齊惡。明齊惡先衛侯生，故得與衛侯同名，是知先生者不改也。妾將生子，及月辰，夫使人日一問之。子生三月之末，漱澣，夙齊，見於內寢，禮之如始入室。君已食，徹焉，使之特餕，遂入御。內寢，適妻寢也。禮謂已見子，夫食而使獨餕也。如始入室，始來嫁時，妾餕夫婦之餘亦如之。既見子，可以御。此謂大夫、士之妾也。凡妾稱夫曰君。疏正義曰：此一節論大夫妾生子之禮異於適子之法。「君已食，徹焉」者，君，謂夫也。以妾賤，故謂夫爲君。「使之特餕」者，尋常夫食之後，衆妾共餕。今以其生子，故使之特餕也。注「內寢」至「曰君」　正義曰：知「內寢，適妻寢」者，以其稱「內」，故知是適妻寢也。凡宮室之制，前有路寢，次有君燕寢，次夫人正寢。卿大夫以下，前有適室，次有燕寢，次有適妻之寢。但夫之燕寢，對夫人及適妻之寢及側室等，其燕寢在外，亦名外寢，故前注云「外寢，君燕寢」是也。云「妾餕夫婦之餘亦如之」者，案《昏禮》，夫婦同牢之後，「媵餕夫餘，御餕婦餘」。彼謂正妻。若妾初嫁始來，夫婦共食，初來之妾，特餕其餘。今妾已見子之後，夫婦共食，令生子之妾特餕其餘，亦如始來時，故云「亦如之」。云「既見子，可以御。此謂大夫、士之妾也」者，以前文大夫之妻見子之後，妻遂適夫寢，未即進御，後始云「夫入食，如養禮」，是夫始入與妻食，乃後進御。此文云「見子遂入御」，故謂云此「大夫士之妾也」，❶言其異正妻也。公庶子生，就側室。三月之末，其母沐浴，朝服見於君，擯者以其子見。君所有賜，君名之。衆子則使有司名之。擯者，傅姆之屬也。人君尊，雖妾，不抱子。有賜於君，有恩惠也。有司，臣有事者也。魯桓公名子，問於申繻也。疏正義曰：此一經明君庶子生處，及三

❶「謂云此」，浦鏜校云：「疑『云此謂』之誤。」

月見父，異於世子之禮。前文已云「適子、庶子，見於外寢」，異於世子。今此更重出者，以前文「庶子」與「適子」連文，恐事事皆同適子，故以此經特見庶子之法。案前注云：「凡子生，皆就側室。」則世子亦就側室。今特云「庶子就側室」者，舉庶子，世子可知也。「君所有賜，君名之」者，謂生子之妾，君所特有恩賜。偏所愛幸，君則自名其子，故云「君名之」。「衆子則使有司名之」者，衆子，謂衆妾之子，不特寵御，則使有司以名其子也。注「人君」至「繻也」　正義曰：「人君尊，雖妾，不抱子」者，以經云「其母朝服見於君」，乃云「擯者以其子見於君」，是擯者抱子也，故知妾不抱子。引《春秋》問名於申繻者，證「有司名之」，一邊同耳，其實異也，《春秋》所云，謂世子也。

庶人無側室者，及月辰，夫出居群室。其問之也，與子見父之禮，無以異也。夫雖辟之，至問妻及見子，禮同也。庶人或無妾。疏正義曰：此一經論庶人之禮。「庶人無側室者，及月辰，夫出居群室」者，以無側室，妻在夫寢，妻將生子，故夫出辟之。若有側室，則妻在側室，夫自居正寢，不須出居群室也。「其問之也，與子見父之禮，無以異也」者，與，及也。言夫問妻，及子見父之禮，無以異於卿、大夫、士，言與卿、大夫、士同也。亦「夫使人日再問之，作而自問之」。其見父之時，父亦「執子之右手，咳而名之」，及有戒告之事，一如上矣。

凡父在，孫見於祖，祖亦名之，禮如子見父，無辭。見子於祖，家統於尊也。父在則無辭，有適子者無適孫，與見庶子同也。父卒而有適孫，則有辭，與見冢子同。父雖卒，而庶孫猶無辭也。疏正義曰：此一節論孫見祖之禮。卿大夫以下之事，故鄭注云「家統於尊」。所以「無辭」者，若父之於子，有傳重之事，故有戒告之辭。今孫見於祖，而隔於父，故無辭也。注「父在」至「辭也」　正義曰：所以「無辭」者，適子既在，其孫猶爲庶孫，無所傳重，故云「有適子者無適孫，與見庶子同」。若所生適子，其父既卒，則適孫與長子相似，當有辭也，故云「父卒而有適孫，則有辭，與見冢子同」。若庶孫，父雖卒，見祖亦無辭也。

食子者，三年而出，見於公宮，則劬。劬，勞也。士妻、大夫之妾，食國君之子三年，出歸其家，君有以勞賜之。大夫之子有食母，選於傅、御之中，《喪服》所謂「乳母」也。士之妻自養其子。

賤，不敢使人也。疏正義曰：此一節論國君以下，及大夫士適妻養子之人，尊卑有别。

由命士以上及大夫之子，旬而見。旬，當爲「均」，聲之誤也。有時適妾同時生子，子均而見者，以生先後見之。既見乃食，亦辟人君也。《易·説卦》「坤爲均」，今亦或作「旬」也。冢子未食而見，必執其右手；適子、庶子已食而見，必循其首。天子諸侯尊别，世子雖同，母禮則異矣。未食已食，急正緩庶之義也。疏正義曰：此一節論大夫及命士適妻與妾同時生子，見之先後，差異之别，并明天子、諸侯見冢子及適子、庶子緩急之儀。「旬而見」者，旬，均也。謂大夫命士適、妾生子，皆以未食之前均齊見。又先生者先見，後生者後見，雖見有先後，同是未食之前，故云「均而見」。「冢子未食而見，必執其右手」者，此謂天子、諸侯之禮。未食，謂未與后、夫人禮食而先見冢子，是急於正也，故先見乃食也。「適子、庶子已食而見」者，謂先與后夫人禮食之後，然后始見適子、庶子，是緩於庶也。「必循其首」者，言見適子、庶子之時，必以手撫循其頭首，示恩愛之情也。注「《易·説卦》『坤爲均』」正義曰：引《易·説卦》者，證此經「旬」爲「均」義。案《易·説卦》以坤爲均，象地之均平。今《易》之文，或以「均」爲「旬」者，是「均」得爲「旬」也。皇氏云：「母之禮見子，象地之生物均平，故引《易》以爲均。」若然，案《周禮·均人職》云：「上年公旬用三日。」鄭注亦引《易》「坤爲均」，豈是母見子之禮？皇氏説非也。注「天子」至「世子」正義曰：知此經是「天子、諸侯」者，以上文「命士以上及大夫之子」適庶均見，此則有食前食後見之不同；又前文云「世子生」，其次云「適子、庶子見於外寢」，是國君之禮。此經亦云「適子、庶子」，故知是「天子、諸侯」也。

子能食食，教以右手。能言，男「唯」女「俞」。男鞶革，女鞶絲。俞，然也。鞶，小囊盛帨巾者，男用韋，女用繒，有飾緣之，則是「鞶裂」與？《詩》云：「垂帶如厲。」紀子帛名裂繻，字雖今異，意實同也。疏正義曰：此一節論男女自幼少之時，教之言語及鞶革鞶絲之事也。注「鞶小」至「同也」正義曰：此「鞶」是小囊，盛帨巾，男用韋爲之，女用繒帛爲之。云「有飾緣之，則是『鞶裂』與」者，言男女鞶囊之外，更有繒帛之物，飾而緣之，則是《春秋》桓二年所稱「鞶裂」者與？疑而未定，故稱「與」。

案傳作「鞶厲」，鄭此注云「鞶裂」，厲、裂義同也，秖謂鞶囊裂帛爲之飾。又引《詩》云「垂帶如厲」者，證「厲」是鞶囊裂帛之飾也。此《詩·小雅·都人士》之篇也。案彼注云：「而，如也。而厲，如鞶厲也。鞶必垂厲以爲飾。厲字當作『裂』。」謂彼都人之士，垂此紳帶，如似鞶囊之裂，是以「厲」爲「裂」也。又引「紀子帛名裂繻」者，雖引《毛詩》以「厲」爲「裂」，其義未顯，故引「紀子帛名裂繻」者以證之，言帛必分裂也。此隱二年經稱「紀子帛、莒子盟于密」，又「紀裂繻來逆女」。云「字雖今異，意實同也」者，言古時「厲」、「裂」通爲一字，今時「厲」、「裂」字義俱異，大意是同，故云「字雖今異，意實同」。言同爲分裂之義也。此是鄭康成之義。若如服虔、杜預，則以鞶爲大帶，厲是大帶之垂者。故服氏云：「鞶，大帶。」杜云：「紳，大帶。❶厲是大帶之垂者。」《詩毛傳》亦云：「厲，帶之垂者。」並與鄭異。

六年，教之數與方名。方名，東西。**七年，男女不同席，不共食。**蚤其別也。**八年，出入門户，及即席飲食，必後長者，始教之讓。**示以廉恥。**九年，教之數日。**朔、望與六甲也。**十年，出就外傳，居宿於外，學書計。衣不帛襦袴，禮帥初，朝夕學幼儀，請肄簡、諒。**外傳，教學之師也。不用帛爲襦袴，爲大温，傷陰氣也。禮帥初，遵習先日所爲也。肄，習也。諒，信也。請習簡，謂所書篇數也。請習信，謂應對之言也。**十有三年，學樂，誦《詩》，舞《勺》。成童，舞《象》，學射御。**先學《勺》，後學《象》，文武之次也。成童，十五以上。**二十而冠，始學禮，可以衣裘帛，舞《大夏》，惇行孝弟，博學不教，内而不出。**《大夏》，樂之文武備者也。内而不出，謂人之謀慮也。**三十而有室，始理男事，博學無方，孫友視志。**室，猶妻也。男事，受田給政役也。方，猶常也。至此學無常，在志所好也。孫，順也。順於友，視其所志也。**四十始仕，方物出謀發慮，道合則服從，不可則去。**方猶常也，物猶事也。**五十命爲大夫，服**

❶「杜云紳大帶」，案《左傳》桓二年杜注云：「鞶，紳帶也，一名大帶。」《正義》釋「鞶」而不釋「紳」，此「紳」當爲「鞶」之誤。

官政。統一官之政也。**七十致事。**致其事於君而告老。**凡男拜，尚左手。**左，陽。【疏】正義曰：此一節論男子教之，從幼及長，居官至致事之事。「衣不帛襦袴」者，謂不以帛爲襦袴。「禮帥初」者，帥，循也。行禮動作，皆帥循初日所爲。「朝夕學幼儀」者，言從朝至夕，學幼少奉事長者之儀。「請肄簡、諒」者，肄，習也。簡，禮篇章也。諒，信也，謂言語信實。言請長者習學篇章簡禮，及應對信實言語也。舞《勺》者，熊氏云：「《勺》，籥也，言十三之時，學此舞籥之文舞也。」「成童，舞《象》」者，成童，謂十五以上。舞《象》，謂舞《武》也。❶熊氏云：「謂用干戈之小舞也。以其年尚幼，故習文武之小舞也。」「可以衣裘帛」者，二十成人，血氣强盛，無慮傷損，故可以衣裘帛也。「舞《大夏》」者，《大夏》是禹樂，禪代之後，在干戈之前，文武俱備，故二十習之也。「博學不教」者，唯須廣博學問，不可爲師教人。「内而不出」者，唯蘊畜其德在内，而不得出言爲人謀慮。「始理男事」者，三十丁壯，受其田土，供給征役，❷始理男事。故《韓詩》説：「三十受兵，若口率出泉，國中則二十，野則十五也。」「孫友視志」者，言孫順朋友，視其志意所尚。「四十始仕，方物出謀發慮」者，方，常也。物，事也。言年壯仕宦，行其常事，無所謙遜，出其謀計，發其思慮，以爲國也。**女子十年不出，**恒居内也。**姆教婉娩、聽從，**婉，謂言語也。娩之言媚也。媚，謂容貌也。**執麻枲，治絲繭，織紝組紃，學女事，以共衣服。**紃，絛。**觀於祭祀，納酒、漿、籩、豆、菹、醢，禮相助奠。**當及女時而知。**十有五年而笄，**謂應年許嫁者。女子許嫁，笄而字之。其未許嫁，二十則笄。**二十而嫁，有故，二十三年而嫁。**故，謂父母之喪。**聘則爲妻，**聘，問也。妻之言齊也，以禮見問，則得與夫敵體。**奔則爲妾。**妾之言接也。聞彼有禮，走而往焉，以得接見於君子也。奔，或爲「衒」。**凡女拜，尚右手。**右，陰也。【疏】正義曰：此一節論女子自幼及嫁爲女事之禮。【注】「婉謂」至「貌也」　正義曰：案

❶「舞武」，阮校云：「閩、監、毛本『舞武』作『武舞』，衛氏《集説》同。」

❷「征」字原漶滅，據阮本補。

《九嬪》注云：「婦德，貞順；婦言，辭令；婦容，婉娩；婦功，絲枲。」則「婉娩」合爲婦容。此分「婉」爲言語，「娩」爲容貌者，鄭意以此上下備其四德：以婉爲婦言，娩爲婦容，聽從爲婦順，「執麻枲」以下爲婦功。 **注**「紃，絛也」 正義曰：組、紃俱爲絛也。紝爲繒帛，故杜注《左傳》：「紝，謂繒帛。」皇氏云：「組是綬也。」然則薄闊爲組，似繩者爲紃。 **注**「當及女時而知」 正義曰：下云「十有五年而笄」，此「觀於祭祀」，是未嫁之前，故云「及女時而知」。經云「納酒漿、籩豆、菹醢」，謂於祭祀之時觀看，須於廟外納此酒、漿、籩、豆、菹、醢之等，置於神坐。一「納」之文，包此六事言之也。 「聘則爲妻」者，妻，齊也。 「奔則爲妾」者，妾，接也，接見於君子也。 「女拜尚右手」者，右，陰也，漢時行之也。

禮記正義卷第三十八

禮記正義卷第三十九

國子祭酒上護軍曲阜縣開
國子臣孔穎達等奉勑撰

玉藻第十三

正義曰：案鄭《目録》云：「名曰《玉藻》者，以其記天子服冕之事也。冕之旒，以藻紃爲之，貫玉爲飾。此於《别録》屬《通論》。」

天子玉藻，十有二旒，前後邃延，龍卷以祭。祭先王之服也。雜采曰藻。天子以五采藻爲旒，旒十有二。前後邃延者，言皆出冕前後而垂也。天子齊肩。延，冕上覆也，玄表纁裏。龍卷，畫龍於衣，字或作「衮」。玄端而朝日於東門之外，聽朔於南門之外，閏月則闔門左扉，立于其中。端，當爲「冕」，字之誤也。玄衣而冕，冕服之下。朝日，春分之時也。東門、南門，皆謂國門也。天子廟及路寢，皆如明堂制。明堂在國之陽，每月就其時之堂而聽朔焉。卒事，反宿路寢，亦如之。閏月，非常月也，聽其朔於明堂門中，還處路寢門終月。凡聽朔，必以特牲告其帝及神，配以文王、武王。【疏】正義曰：從「天子玉藻」至「食無樂」，此一節揔論天子祭廟、朝日及日視朝，并饌食、牲牢、酒醴及動作之事，并明凶年貶降之禮。「天子玉藻」者，藻，謂雜采之絲繩，以貫於玉。以玉飾藻，故云「玉藻」也。「十有二旒」者，天子前之與後，各有十二旒。「前後邃延」者，言十二旒在前後垂而深邃，以延覆冕上，故云「前後邃延」。「龍卷以祭」者，卷，謂卷曲。畫此龍形，卷曲於衣，以祭宗廟。【注】「祭先」至「作衮」正義曰：知「祭先王之服」者，以《司服》云「享先王則衮冕」故也。云「天子齊肩」者，以天子之旒十有二就，每一就貫以玉，就間相去一寸，則旒長尺二寸，故垂而齊肩也。言「天子齊肩」，則諸侯以下，各有差降。則九玉者九寸，七玉者七寸，以下皆依旒數垂而長短爲差。旒垂五采玉，依飾射侯之次，從上而下，初以朱，次白，次蒼，次黄，次玄。五采玉既貫徧，周而復始。其三采者，先朱，次白，次蒼。二色者，先朱，後緑。皇氏、沈氏，並爲此説，今依用焉。後至漢明帝時，用曹襃之説，皆用白旒珠，與古異也。云「延，冕上覆也」者，用三十升之布，染之爲玄，覆於冕上，出而前後。冕謂以板爲之，以延覆上，故云「延，冕上覆也」。但延之與板，相著爲一，延覆在上，故云延冕也。❶故《弁師》注：「延，冕之覆，在上，是以名焉。」與此語異而意同也。皇氏以《弁師》注「冕，延之覆，在上」，以《弁師》經有「冕」文，故先云「冕，延之覆，在上」。此經唯有「延」文，故解云「延，冕上覆」。今删定諸本，《弁師》注皆云「延，冕之覆，在上」。皇氏所讀本不同者，如皇氏所讀《弁師》「冕，延之覆，在上」，是解「冕」不解「延」。今案《弁師》注意，云「延，冕之覆，在上」，是解「延」不解「冕」也。皇氏説非也。云「玄表纁裏」者，纁是朱之小別。故《周禮・鍾氏》云：「三入爲纁。」鄭注《士冠禮》云：「朱則四入與？」是纁、朱同類，故注《弁師》「朱裏」，與此不異。云「字或作衮」者，案《司服》作「衮」字，故云「或作衮」，是「字或作『衮』」也。但《禮記》之本，或作「卷」字，其正經《司服》及《觀禮》皆作「衮」字，故鄭注《王制》云「卷，俗讀，其通則曰衮」是也。其六冕玉飾，上下貴賤之殊，並已具《王制》疏，於此略而不言。

注「端當」至「武王」　正義曰：知「端，當爲冕」者，凡衣服，皮弁尊，次以諸侯之朝服，次以玄端。案下「諸侯皮弁聽朔，朝服視朝」，是視朝之服，卑於聽朔。今天子皮弁視朝，若玄端聽朔，則是聽朔之服，卑於視朝，與諸侯不類。且聽朔大，視朝小，故知「端，當爲冕」，謂玄冕也，是冕服之下。案《宗伯》「實柴祀日月星辰」，則日月爲中祀，而用玄冕者，以天神尚質。案《魯語》云：「大采朝日，少采夕月。」孔晁云：「大采，謂衮冕。少采，謂黼衣而用玄冕者。」孔氏之説非也。故韋昭云：「大采，謂玄冕也。」「少采夕月」，則無以言之。云「朝日，春分之時也」者，以春分日長，故朝之，然則夕月在秋分也。案《書傳略説》云：「祀上帝於南郊，即春迎日於東郊。」彼謂孟春，與此春分朝日別。《朝事儀》云：「冕而執鎮圭，帥諸侯朝日於東郊。」此云「朝日於東門」者，東郊在東門之外，遥繼門而言之也。云「東門、南門，皆謂國門也」者，以《朝事儀》云「朝日東郊」，故東門是國城東郊之門也。《孝經緯》云：「明堂在國

❶「故云延冕也」，孫詒讓《校記》云：「『故云延冕也』五字羨贅，宜删。涉上文而誤。」

之陽。」又《異義》：「淳于登説：明堂在三里之外，七里之内。」故知南門亦謂國城南門也。云「天子廟及路寢，皆如明堂制」者，案《考工記》云「夏后氏世室」，鄭注云：「謂宗廟。」「殷人重屋」，注云：「謂正寢也。」「周人明堂」，鄭云：「三代各舉其一，明其制同也。」又《周書》亦云宗廟、路寢、明堂，其制同。又案《明堂位》：「大廟，天子明堂。」魯之大廟如明堂，則知天子大廟亦如明堂也。然大廟、路寢，既如明堂，則路寢之制，上有五室，不得有房。而《顧命》有東房、西房。又鄭注《樂記》云：「文王之廟，爲明堂制。」案《覲禮》朝諸侯在文王廟，而《記》云：「几俟于東箱」者，❶鄭答趙商云：「成王崩時，在西都。文王遷豐、鎬，❷作靈臺、辟廱而已，其餘猶諸侯制度焉。故知此喪禮設衣物，有夾有房也。周公攝政，制禮作樂，乃立明堂於王城。」如鄭此言，是成王崩時，路寢猶如諸侯之制，故有左右房也。《覲禮》在文王之廟而《記》云「几俟于東箱」者，是記人之説誤耳。或可文王之廟，不如明堂制，但有東房西房。故魯之大廟，如文王廟。《明堂位》云「君卷冕立于阼，夫人副褘立于房中」是也。❸《樂記》注稱「文王之廟，如明堂制」，有「制」字者誤也。然西都宮室，既如諸侯制。案《詩·斯干》云：「西南其户。」箋云：「路寢制如明堂。」是宣王之時在鎬京，而云「路寢制如明堂」，則西都宮室如明堂也。故張逸疑而致問，鄭答之云：「周公制于土中，《洛誥》云『王入大室裸』是。❹《顧命》成王崩於鎬京，承先王宮室耳。宣王承亂，又不能如周公之制。」如鄭此言，則成王崩時，因先王舊宮室。至康王已後所營，依天子制度。至宣王之時，承亂之後，所營宮室，還依天子制度，路寢如明堂也，不復能如周公之時先王之宮室也。若然，宣王之後，路寢制如明堂。案《詩·王風》「右招我由房」，鄭答張逸云：「路寢房中，所用男子。」而路寢又有左右房者，劉氏云：「謂路寢下之燕寢，故有房也。」熊氏云：「平王微弱，路寢不復如明堂也。」《異義》：「明堂制，今《禮》戴説：《禮·盛德記》曰：『明堂，自古有之。凡有九室，室有四户八牖，三十六户，七十二

---

❶「記」，原作「託」，據阮本改。

❷「文王遷豐鎬」，按：《詩·小雅·斯干》孔疏引無「鎬」字，疑是。《詩·大雅·文王有聲》：「考卜維王，宅是鎬京。」毛傳：「武王卜居是鎬京之地。」

❸「位」，原作「經」，據浦鏜校和孫詒讓《校記》改。

❹「是」，孫詒讓《校記》云：「據《斯干》疏引，『是』下當有『也』字。」

牖。以草蓋屋，❶上圓下方，所以朝諸侯。其外名曰辟廱。」❷《明堂月令書説》云：「明堂高三丈，東西九仞，南北七筵，上圓下方，四堂十二室，室四户八牖，宫方三百步，在近郊近郊三十里。」❸講學大夫淳于登説：「明堂在國之陽，丙巳之地，三里之外，七里之内，而祀之，就陽位。上圓下方，八窗四闥。布政之宫，周公祀文王於明堂，以配上帝。上帝，五精之帝。大微之庭，中有五帝座星。」其古《周禮》、《孝經》説：「明堂，文王之廟，夏后氏世室，殷人重屋，周人明堂，東西九筵，筵九尺，南北七筵，堂崇一筵，五室。凡室二筵，蓋之以茅。」謹案：今禮、古禮，各以其義説，説無明文以知之。」❹「玄之聞也，《禮》戴所云，雖出《盛德記》及其下，顯與本異章。❺九室、三十六户、七十二牖，似秦相吕不韋作《春秋》時，説者所益，非古制也。『四堂十二室』，字誤，❻本書云『九室十二堂』。淳于登之言，取義於《援神契》。《援神契》説『宗祀文王於明堂，以配上帝』曰：『明堂者，上圓下方，八窗四闥，布政之宫，在國之陽。帝者，諦也。象上可承五精之神，五精之神，實在大微，於辰爲巳。』是以登云然。今説立明堂於巳，❼由此爲也。水木用事，交於東北；木火用事，交於東南；火土用事，交於中央；金土用事，交於西南；金水用事，交於西北。周人明堂五室，帝一室，合於數。」如鄭此言，是明堂用淳于登之説。《禮》戴説而明堂、辟廱是一，古《周禮》、《孝經》説以明堂爲文王廟。又僖五年：「公既視朔，遂登觀臺。」服氏云：「人君入大廟視朔告朔，天子曰靈臺，諸侯曰觀臺，在明堂之中。」又文二年服氏云：「明堂，祖廟。」並與鄭説不同者。案《王制》云：「小學在公宫南之左，大學在郊。」又云：「天子曰辟廱。」辟廱是學也，不得與

❶「草」，阮校云：「盧文弨據《明堂位》疏，云『草』當作『茅』。」按：浦鏜校亦持此説。

❷「外」，阮校云：「盧文弨據《明堂位》疏，『外』下增『有水』二字。」按：陳壽祺《五經異義疏證》亦持此説。

❸「在近郊近郊三十里」，汪文臺《識語》云：「案《明堂位》疏引《異義》，當衍一『近郊』二字。」按：陳壽祺亦持此説。

❹「説」，齊召南云：當作「經」。

❺「本異章」，阮校云：「盧文弨校云：『本異章』，疑是『本書異』。」陳壽祺則徑改作「本章異」。

❻「誤」，原作「設」，據阮本改。

❼「今説立明堂於巳」，阮校引齊召南云：「案以《明堂位》疏推之，當作『今漢立明堂於丙巳』。此疏『説』字係『漢』字之譌，『巳』上又脱『丙』字。」按：浦鏜校同。

明堂同爲一物。又天子宗廟，在雉門之外。《孝經緯》云「明堂在國之陽」，又此云「聽朔於南門之外」，是明堂與祖廟別處，不得爲一也。《孟子》云：「齊宣王問曰：『人皆謂我毁明堂。』孟子對曰：『夫明堂者，王者之堂也。王欲行王政，則勿毁之矣。』」❶是王者有明堂，諸侯以下皆有廟，又知明堂非廟也。以此故，鄭皆不用，具於鄭《駁異義》也。云「每月就其時之堂而聽朔焉」者，《月令》「孟春居青陽左个，仲春居青陽大廟，季春居青陽右个」，以下所居，各有其處，是「每月就其時之堂」也。云「卒事，反宿路寢，亦如之」者，路寢既與明堂同制，故知反居路寢，亦如明堂，每月異所。反居路寢，謂視朔之一日也。其餘日，即在燕寢。視朝則恒在路門外也。云「閏月，非常月也」者，案文六年云：「閏月不告月，猶朝于廟。」《公羊》云：「不告月者何？不告朔也。曷爲不告朔？天無是月也，閏月矣。何以謂之天無是月？是月非常月也。」何休云：「不言朔者，閏月無告朔禮也。」《穀梁》之義，與《公羊》同，《左氏》則閏月當告朔。案《異義》：「《公羊》説：每月告朔朝廟，至于閏月，不以朝者，閏月，殘聚餘分之月，無正，故不以朝。經書『閏月猶朝廟』，譏之。《左氏》説：『閏以正時，時以作事，事以厚生。生民之道，於是乎在。不告閏朔，棄時政也。』」許君謹案：「從《左氏》説，不顯朝廟、告朔之異，謂朝廟而因告朔。」故鄭駁之，引《堯典》「以閏月定四時成歲」，閏月當告朔。又云：「説者不本於經，所譏者異。其是與非，皆謂朝廟而因告朔，似俱失之。朝廟之經，在文六年：『冬，閏月，不告月，猶朝於廟。』辭與宣三年『春，郊牛之口傷，改卜牛。牛死，乃不郊，猶三望』同。言『猶』者，告朔然後當朝廟，郊然後當三望。今廢其大，存其細，是以加『猶』譏之。《論語》曰『子貢欲去告朔之餼羊』，《周禮》有朝享之禮祭，然則告朔與朝廟祭異亦明矣。」如此言，從《左氏》説，又以先告朔而後朝廟。鄭以《公羊》閏月不告朔爲非，以《左氏》告朔爲是。二傳皆以先朝廟而因告朔，二者皆失。故鄭云「其是與非，皆謂朝廟而因告朔，俱失之」也。鄭必知告朔與朝廟異者，案天子告朔於明堂，其朝享，從祖廟，下至考廟。故《祭法》云「曰考廟，曰王考廟，皆月祭之」是也。又諸侯告朔在大廟，而朝享，自皇考至考。故《祭法》云諸侯自皇考以下「皆月祭之」。是告朔與朝廟不同。又天子告朔以特牛，諸侯告朔以羊；其朝享，各依四時常禮，故用大牢。故《司尊彝》朝享之祭，

❶「毁」字原漶滅，據阮本補。

用虎彝、蜼彝、大尊、山尊之等，是其別也。云「聽其朔於明堂門中，還處路寢門終月」者，以閏非常月，無恒居之處，故在明堂門中。案《大史》云：「閏月，詔王居門終月。」是「還處路寢門終月」，謂終竟一月所聽之事於一月中耳。於尋常，則居燕寢也。故鄭注《大史》云：「於文，『王』在『門』謂之閏。」是閏月聽朔於明堂門，反居路寢門。皇氏云：❶「明堂有四門，即路寢亦有四門，閏月各居其時當方之門。」義或然也。❷云「凡聽朔，必以特牲告其帝及神，配以文王、武王」者，《論語》云：❸「告朔之餼羊。」注曰：「天子特牛與？以其告朔禮略，故用特牛。」案《月令》每月云「其帝」、「其神」，故知「告帝及神」。以其在明堂之中，故知配以文王、武王之主，亦在明堂，以汎配五帝。或以武王配五神於下，其義非也。

皮弁以日視朝，遂以食；日中而餕，奏而食。日少牢，餕，食朝之餘也。奏，奏樂也。❹朔月大牢。五飲：上水，漿、酒、醴、酏。上水，水爲上。餘其次之。卒食，玄端而居。天子服玄端燕居也。動則左史書之，言則右史書之。其書，《春秋》、《尚書》其存者。御瞽幾聲之上下。瞽，樂人也。幾，猶察也。察其哀樂。年不順成，則天子素服，乘素車，食無樂。自貶損也。

疏正義曰：此一節明天子每日視朝皮弁食之禮。「遂以食」者，既著皮弁視朝，遂以皮弁而朝食。所以敬養身體，故著朝服。「日中而餕」者，至日中之時，還著皮弁而餕朝之餘食。「奏而食」者，言餕餘之時，奏樂而食。餕尚奏樂，即朝食奏樂可知也。「朔月大牢」者，以月朔禮大，故加用大牢。案《鄭志》，趙商問：「《膳夫》云：『王日一舉，鼎十有二，物皆有俎。』有三牲備。❺商案：《玉藻》天子之食，『日少牢，朔月大牢』。禮數不同，請問其說。」鄭答云：「《禮記》後人所集，據時而言，或諸侯同天子，或天子同諸侯等，所施不同，故鄭據。❻《王制》之法，與周異者多，當以經爲正。」如鄭此

❶「云」字原漶滅，據阮本補。

❷「或」字原漶滅，據阮本補。

❸「語」字原漶滅，據阮本補。

❹「餕食朝之餘也奏奏樂也」，此十字注文，阮本在下「朔月大牢」句下，余本、岳本同。

❺「有」，衛氏《集説》作「則」。

❻「或天子同諸侯等所施不同故鄭據」，阮校云：「孫志祖云：『同』，《周禮・膳夫》疏作『與』是也。又云『禮數不同，難以據也』，此疏『故鄭』二字疑誤。惠棟校云：『故鄭據』三字衍。浦鏜校作『故難據也』。」

言，《記》多錯雜，不與經同。案《王制》云「諸侯無故不殺牛」。及《楚語》云：「天子舉以大牢，祀以會。」孔晁云：「四方來會，助祭也。」又云：「諸侯舉以特牛，祀以大牢；大夫舉以特牲，祀以少牢；士食魚炙，祀以特牲；庶人食菜，祀以魚。」此等與《周禮》及《玉藻》，或合或否。異人之説，皆不可以禮論。案《周禮·大司樂》云：「王大食，令奏鍾鼓。」鄭注云「大食，朔月月半」是也。《周禮》六飲，此以下五飲，亦非周法也。

注「其書，《春秋》、《尚書》其存者」 正義曰：經云「動則左史書之」，《春秋》是動作之事，故以《春秋》當左史所書。左，陽，陽主動，故記動。經云「言則右史書之」，《尚書》記言誥之事，故以《尚書》當右史所書。右是陰，陰主静故也。《春秋》雖有言，因動而言，其言少也。《尚書》雖有動，因言而稱動，亦動爲少也。《周禮》有五史，有内史、外史、大史、小史、御史，無左史、右史之名者，熊氏云：「案《周禮·大史之職》云：『大師，抱天時，與大師同車。』又襄二十五年傳曰：『大史書曰：崔杼弑其君。』是大史記動作之事。在君左廂記事，則大史爲左史也。案《周禮·内史》掌王之八枋，其職云：『凡命諸侯及孤卿大夫，則策命之。』僖二十八年《左傳》曰：『王命内史叔興父策命晉侯爲侯伯。』是皆言誥之事，是内史所掌，在君之右，故爲右史。是以《酒誥》云：『矧大史友、内史友』，鄭注：『大史、内史，掌記言、記行。』是内史記言，大史記行也。此論正法。若其有闕，則得交相攝代。故《洛誥》史逸命周公伯禽，服虔注文十五年傳云：『史佚，周成王大史。』襄三十年：『鄭使大史命伯石爲卿。』皆大史主爵命，以内史闕故也。以此言之，若大史有闕，則内史亦攝之。案《覲禮》『賜諸公奉篋服，大史是右』者，彼亦宣行王命，故居右也。此論正法。若春秋之時，則特置左右史官。故襄十四年『左史謂魏莊子』，昭十二年『楚左史倚相』。《藝文志》及《六藝論》云：『右史記事，左史記言。』與此正反，於傳記不合，其義非也。」

「御瞽幾聲之上下」 御者，侍也。以瞽人侍側，故云「御瞽」。「幾聲之上下」，幾，察也。瞽人審音，察樂聲上下哀樂。若政和，則樂聲樂；政酷，則樂聲哀。察其哀樂，防君之失。

「天子素服，乘素車」者，此由年不順成，則天子恒素服、素車、食無樂也。若大札、大災，則亦素服。故《司服》云：「大札、大荒、大烖，素服。」此是天子、諸侯罪己之義，故素服。此素服者，謂素衣。故下文「諸侯年不順成，君衣布」，與此互文也。若其臣下，即不恒素服，唯助君禱請之時乃素耳。故《司服》云：「士服玄端、素端。」注云：「素端者，爲札荒有所禱請也。」諸侯玄端以祭，祭先君也。端，亦當爲「冕」，字之誤也。諸侯祭宗廟之服，唯魯與天子同。裨冕以朝，朝天子也。裨冕，公衮，侯伯鷩，子男毳也。皮弁以聽朔於大廟，皮弁，下天子也。❶朝服以日視朝於内朝。朝服冠，玄端，素裳也。此内朝，路寢門外之正朝也。天子、諸侯皆三朝。朝，辨色始入。群臣也。入，入應門也。辨，猶正也，別也。君日出而視之，退適路寢聽政，使人視大夫。大夫退，然後適小寢，釋服。小寢，燕寢也。釋服，服玄端。又朝服以食特牲，三俎，祭肺。食必復朝服，所以敬養身也。三俎，豕、魚、腊。夕深衣，祭牢肉。祭牢肉，異於始殺也。天子言「日中」，諸侯言「夕」；天子言「餕」，諸侯言「祭牢肉」，互相挾。朔月少牢，五俎四簋。五俎，加羊與其腸胃也。朔月四簋，則日食粱、稻各一簋而已。子卯，稷食菜羹。忌日貶也。夫人與君同庖。不特殺也。**疏**正義曰：此一節論諸侯自祭宗廟及朝天子、自視朝、食飲牢饌之禮與天子不同之事。**注**「祭先」至「子同」　正義曰：知「祭先君」者，與上「天子龍卷以祭」，其文相類，故知「祭先君」也。云「端，亦當爲冕」者，以玄端賤於皮弁，下文「皮弁聽朔於大廟」，不應「玄端」以祭先君，故知亦當爲「玄冕」。云「唯魯與天子同」者，案《明堂位》云「君卷冕立于阼，夫人副褘立于房中」是也。熊氏云：「此謂祭文王、周公之廟，得用天子之禮。其祭魯公以下，則亦玄冕。故《公羊》云：「周公白牡，魯公騂犅，群公不毛。」是魯公以下，與周公異也。二王之後，祭其先王，亦是用以上之服。二王之後不得立始封之君廟，則祭微子以下亦玄冕。**注**「朝天」至「毳也」　正義曰：知「朝天子」者，案《覲禮》云：「侯氏裨冕。」鄭注：「裨之爲言埤也。天子六服，大裘爲上，其餘爲裨。」是以揔云「裨冕」。**注**「皮弁，下天子也」　正義曰：以天子用玄冕，諸侯用皮弁，故云「下天子也」。此「諸侯聽朔於大廟」，❷熊氏云：「周之天子，于洛邑立明

❶「皮弁以弁下天子也」十四字原脱，據余本、撫本、岳本、阮本補。

❷「此」，原作「故」，據殿本、阮本改。

堂，唯大享帝就洛邑耳，❶其每月聽朔，當在文王廟也。以文王廟爲明堂制故也。」此「聽朔於大廟」，《穀梁傳》云「諸侯受乎禰廟」，❷與禮乖，非也。凡每月以朔告神，謂之告朔，即《論語》云「告朔之餼羊」是也。則于時聽治此月朔之事，謂之聽朔，此《玉藻》文是也。聽朔，又謂之視朔，文十六年「公四不視朔」是也。告朔，又謂之告月，文六年「閏月不告月」是也。行此禮，天子於明堂，諸侯於大祖廟，訖，然後祭於諸廟，謂之朝享，《司尊彝》云「朝享」是也。又謂之「朝廟」，文六年云「猶朝于廟」是也。又謂之「朝正」，襄二十九年「釋不朝正于廟」是也。又謂之「月祭」，《祭法》云「皆月祭之」是也。注「朝服」至「三朝」正義曰：案《王制》云：「周人玄衣而養老。」注云：「玄衣素裳，天子之燕服，爲諸侯朝服。」彼注云「玄衣」，則此「玄端」也。若以素爲裳，則是朝服。此朝服素裳，皆得謂之玄端。故《論語》云：「端章甫。」注云：「端，玄端，諸侯朝服。」若上士，以玄爲裳；中士，以黄爲裳；下士，以雜色爲裳。天子、諸侯，以朱爲裳。則皆謂之玄端，不得名爲朝服也。云「此内朝，路寢門外之正朝也」者，以下文云「君日出而視之，退適路寢」，故知此路寢門外朝也。云「天子、諸侯皆三朝」者，《大僕》云：「掌燕朝之服位。」注云：「燕朝，朝於路寢之庭。」是一也。《司士》云：「正朝儀之位。」注云：「此王日視朝事於路門外。」是二也。《朝士》云：「掌外朝之灋。」注云：「外朝在庫門之外，皋門之内。」是三也。諸侯三朝者，《文王世子》云：「公族朝於内朝。」路寢朝，是一也。《世子》又云：「其在外朝，司士爲之。」與此「視朝於内朝」，皆謂路寢門外每日視朝，是二也。此但云「内朝」，對中門外朝，謂爲内也。《文王世子》云「外朝」者，對路寢庭爲外。此據路寢門外而稱「内朝」，明知中門之外別更有朝也。諸侯三門，是中門外、大門内又有外朝，是三朝也。已具於《文王世子》疏。注「群臣」至「門也」正義曰：應門之内，則路門之外。謂尋常諸侯，中門爲應門，外有皋門。若魯，則庫、雉、路，入者，則入雉門也。注「釋服，服玄端」正義曰：此經文據君，故服玄端也。若卿大夫，釋服服深衣也。注「食必」至「魚腊」正義曰：此經云「朝服以食」，謂釋服之後，將食之時。「又」者，又如朝時服朝服以食。然則上天子云「遂以食」

❶「大」字原是墨丁，據殿本、阮本補。
❷「諸」，原作「謂」，據阮本、魏氏《要義》改。

者，亦退於小寢釋服，❶至將食之時，又朝服，互相明也。❷云「三俎，豕、魚、腊」者，約《特牲禮》，故知豕、魚、腊也。

注「祭牢」至「相挾」　正義曰：早起初殺之時，將食，先祭肺，以周人重肺。至夕，將食之時，切牢肉爲小段而祭之，故云「異於始殺也」。云「互相挾」者，以天子言「日中」，諸侯亦當有「日中」；❸諸侯言「夕」，則天子亦言「夕」；天子言「餕」，則諸侯亦「餕」；諸侯言「祭牢肉」，則天子亦「祭牢肉」。以諸侯之「夕」，挾天子「日中」，故云「互相挾」。

注「五俎」至「而已」　正義曰：知「五俎，加羊與其腸胃」者，約《少牢禮》五俎。但《少牢》祭神，加羊與膚爲五。此皆人君所食，無膚，而有腸胃也。云「朔月四簋，則日食粱、稻各一簋而已」者，以朔月四簋，故知日食二簋。以粱、稻美物，故知各一簋。《詩》云：「每食四簋。」注云：「四簋，黍、稷、稻、粱。」是簋盛稻、粱也。且此文諸本皆作「簋」字，皇氏以注云「稻粱」，以簠宜盛稻粱，故以四簋爲四簠，未知然否。以此而推，天子朔月大牢當六簋，黍、稷、稻、粱、麥、苽各一簋。若盛舉，則八簋。故《小雅》「陳饌八簋」，當加以稻、粱也。案《公食大夫禮》，簠盛稻粱，此用簋者，❹以其常食，異於禮食。又禮食其數更多。故《公食》下大夫「黍稷六簋」，上大夫八簋；其稻粱，上下大夫俱兩簋。又《聘禮》饔餼，上大夫堂上八簋，東西夾各六簋，是其數多也。其諸侯，案《掌客》，上公簠十，侯伯八，子男六，簋則俱同十二。其祭禮，則天子八簋。故《祭統》云：「八簋之實。」注云：「天子之祭八簋。」然則諸侯六簋。《祭統》諸侯禮，云「四簋黍稷」者，見其徧於廟中。不云「六簋」，二簋留之厭故也。大夫祭則當四敦，《少牢禮》是也。士則二敦，《特牲禮》是也。其諸侯與大夫食，亦四簋。故《秦詩》云：「每食四簋。」熊氏更説卿大夫以下日食，及朔食牲牢，及敦數多少，上下差別，並無明據，今皆略而不言也。

注「忌日貶也」　正義曰：紂以甲子死，桀以乙卯亡。以其無道被誅，後王以爲忌日。「稷食」者，食，飯也，以稷穀爲飯，以菜爲羹而食之，故云「忌日貶也」。

注「不特殺也」　正義曰：諸侯夫人與君同庖，則后亦與王同庖。舉諸侯，天子可知。

君無故不殺牛，大夫無故不殺羊，士無故不殺犬

---

❶「釋」字原漶滅，據阮本補。

❷「互」字原漶滅，據阮本補。

❸「有」，浦鏜從衛氏《集説》校，云「言」誤「有」。

❹「此」字原漶滅，據阮本補。

豕。故，謂祭祀之屬。君子遠庖廚，凡有血氣之類，弗身踐也。踐，當爲「翦」，聲之誤也。翦，猶殺也。至于八月不雨，君不舉。爲旱變也。此謂建子之月不雨，盡建未月也。《春秋》之義，周之春夏無雨，未能成災。至其秋秀實之時而無雨，則雩。雩而得之，則書「雩」，喜祀有益也；雩而不得，則書「旱」，明災成也。

疏 正義曰：自此以下終篇末，或論天子，或論諸侯，或論大夫士，所爲尊卑之異，隨文爲義，無復揔科。今各隨文解之。注「故，謂祭祀之屬」 正義曰：此「君」非一，據作《記》之時言之，此「君」得兼天子，以天子日食少牢。若據《周禮》正法言之，此「君」唯據諸侯，以天子日食大牢，無故得殺牛也。大略此文謂諸侯也。「大夫無故不殺羊」者，亦諸侯大夫也。若天子大夫，有故得殺牛，故知此據諸侯大夫。言「祭祀之屬」者，若待賓客，饗食亦在其中，故云「祭祀之屬」。注「踐，當爲翦」 正義曰：此謂尋常，若祭祀之事，則身自爲之。故《楚語》云「禘郊之事，天子自射其牲，又刲羊、擊豕」是也。注「爲旱」至「成也」 正義曰：「此謂建子之月」至「建未月也」者，案文公十年「自正月不雨，至于秋七月」，傳云「不曰旱，不爲災」者，據周正言之。既言「秋七月不雨」，云「不爲災」，明八月不雨則爲災。此據文十年「自正月不雨」，故云「謂建子之月」也。案僖公三年傳云：「自十月不雨，至于五月，不曰旱，不爲災。」文十三年：「自正月不雨，至于秋七月。」此經直云「至于八月不雨」，不云初不雨之月，鄭必知自「建子之月」者，以周之歲首，陽氣生養之初。又文十年有「自正月不雨」之文，故據而爲説。云「雩而得之，則書『雩』，喜祀有益也；雩而不得，則書『旱』，明災成也」者，案僖十一年《穀梁傳》云：「得雨曰雩，不得雨曰旱。」范甯云：「喜其有益也。」則《春秋經》諸書「雩」，皆是得雨。不得雨曰旱者，僖二十一年「夏，大旱」，宣七年「秋，大旱」是也。然傳云至秋七月不雨不爲災，僖二十一年「夏，大旱」，則是周之夏也。建卯、建辰、建巳之月而書「大旱」者，至秋仍不雨而追書于夏，❶故云「夏，大旱」。

年不順成，君衣布、搢本，關梁不租，山澤列而不賦，土功不興，大夫不得造車馬。皆爲凶年變也。君衣布者，謂若衛文公大布之衣、大帛之冠是也。搢本，去珽荼，

❶「仍不」二字原是墨丁，據殿本、阮本補。

佩士笏也。士以竹爲笏，飾本以象。關梁不租，此周禮也，殷則關恒譏而不征。列之言遮列也。雖不賦，猶爲之禁，不得非時取也。造，謂作新也。【疏】正義曰：前經論天子素服素車，此論諸侯及大夫遭凶年之禮。「君衣布」者，謂身衣布衣也。「搢本」者，本，謂士笏，以竹爲之，以象飾本。君遭凶年，搢插士笏，故云「搢本」。「關梁不租」者，關，謂關門。梁，謂津梁。租，謂課税。以其凶年，故不課税。此周禮，殷則雖非凶年，亦不課税。「山澤列而不賦」者，列，謂遮列。❶但遮列人，不得非時而入，恐有損傷於物，不賦斂也。「土功不興」者，謂人食不得滿二鬴之歲。若人食二鬴，則猶興土功也。故《均人》云：「豐年旬用三日，中年用二日，無年用一日。」《廩人》云：「人食四鬴，上；三鬴，中；二鬴，下。」是無年猶有一日之役。【注】「若衛」至「不征」　正義曰：案《春秋》閔二年，狄入衛後，「衛文公大布之衣，大帛之冠」。爲國之破亂與凶年同，故引之。云「殷則關恒譏而不征」者，案《王制》云：「關譏而不征。」譏，謂呵察。但呵察其非，不征税。《王制》是殷禮，故云殷也。**卜人定龜**，謂靈、射之屬所當用者。**史定墨**，視兆坼也。**君定體**。視兆所得也。周公曰：「體，王其無害。」【疏】正義曰：此一經論君卜龜所定之異。「定龜」者，案《龜人》云：「天龜曰靈屬，地龜曰繹屬，東龜曰果屬，西龜曰靁屬，南龜曰獵屬，北龜曰若屬。各以其方之色與其體辨之。」鄭云：「屬，言非一也。色，謂天龜玄，地龜黄，東青，西白，南赤，北黑也。龜俯者靈，仰者繹，前弇果，後弇獵，左倪靁，右倪若。」「定之」者，定其所當用，謂卜祭天用靈，祭地用射，射則繹也，春用果，秋用靁之屬也。「史定墨」者，凡卜，必以墨畫龜，求其吉兆。若卜從墨而兆廣，謂之卜從。《周禮・占人》注云：「墨，兆廣也。」但坼是從墨而裂其旁歧細出，謂之爲璺坼。故《占人》云：「君占體，大夫占色，史占墨，卜人占坼。」注云：「體，兆象也。色，兆氣也。墨，兆廣也。坼，兆璺也。」是大坼稱爲兆廣，小坼稱爲兆璺也。「君定體」者，謂五行之兆象，既得兆體，君定其體之吉凶。尊者視大，卑者視小。【注】「視兆」至「無害」　正義曰：此《尚書・金縢》文。以武王有疾，周公代其請命，卜得吉兆，周公爲此言也。**君羔幦虎犆**。幦，覆苓也。犆，讀皆如「直道而

❶「遮」字原漶滅，據殿本、阮本補。

行」之直。直，謂緣也。此君齊車之飾。大夫齊車，鹿幦豹犆，朝車。士齊車，鹿幦豹犆。臣之朝車，與齊車同飾。**疏**正義曰：此一節論君及大夫士等齊車、朝車所飾之物，尊卑不同。**注**「幦，覆苓也。犆，讀皆如『直道而行』之直。❶直，謂緣也。此君齊車之飾」正義曰：苓即式也。但車式以苓爲之，有竪者，有横者。故《考工記》注云：「轛，式之植者衡者也。」此云「幦，覆苓」，《詩·大雅》「鞹鞃淺幭」，毛傳云：「幭，覆式。」幭即幦也。又《周禮·巾車》作「𧝝」，但古字耳，三者同也。知幦是覆苓者，《少儀》云「負良綏申之面，拖諸幦」是也。云「犆，讀皆如『直道而行』之直」者，案《論語》云：「三代之所直道而行。」故讀如之。云「此君齊車之飾」者，以大夫及士皆云「齊車」，故知此君齊車之飾。此經或有「齊」字者，誤也。❷若有「齊」字，鄭不須此注。皇氏云：「君，謂天子、諸侯也。《詩》云『淺幭』，以虎皮爲幭。彼據諸侯，與『玄衮赤舄』連文，則亦齊車之飾。此用『羔幦』者，當是異代禮。或可《詩傳》據以虎皮飾幦，謂之淺幭也。」**注**「臣之」至「同飾」　正義曰：據此注言之，則君之朝車與齊車異飾也，但無文以言之。君子之居恒當户，鄉明。寢恒東首。首生氣也。若有疾風、迅雷、甚雨，則必變，雖夜必興，衣服冠而坐。敬天之怒。日五盥，沐稷而靧粱，櫛用樿櫛，髮晞用象櫛，進禨進羞，工乃升歌。晞，乾也。沐靧必進禨作樂，盈氣也。更言「進羞」，明爲羞籩豆之實。浴用二巾，上絺下綌。刷去垢也。出杅，履蒯席，連用湯，杅，浴器也。蒯席澀，便於洗足也。連，猶釋也。履蒲席，衣布晞身，乃屨，進飲。進飲，亦盈氣也。將適公所，宿齊戒，居外寢，沐浴。史進象笏，書思對命。思，所思念將以告君者也。對，所以對君者也。命，所受君命者也。書之於笏，爲失忘也。既服，習容觀玉聲，玉，佩。乃出。揖私朝，煇

❶「讀」，原作「論」，據上鄭注及下孔疏改。

❷「此經或有齊字者誤也」，孫詒讓《校記》云：「據此疏，則別本《禮記》此經作『君齊車羔幦虎犆』。疏『此經或有齊字者誤也』，『齊』下當有『車』字。」下「若有齊字」同此。

如也，登車則有光矣。私朝，自大夫家之朝也。揖其臣乃行。疏正義曰：此一節明卿大夫以下，所居處及盥浴并將朝君之義。「日五盥」者，盥，洗手也。「沐稷而靧粱」者，❶沐，沐髮也。靧，洗面也。取稷粱之潘汁用將洗面沐髮，並須滑故也。然此大夫禮耳。又人君沐靧皆粱也。❷「櫛用樿櫛」者，樿，白理木也。櫛，梳也。沐髮爲除垢膩，故用白理澁木以爲梳。「髮晞用象櫛」者，晞，乾燥也。沐已，燥則髮澁，故用象牙滑櫛以通之也。「進機進羞」者，機，謂酒也。故《少儀》注云：「沐而飲酒曰機。」是沐畢必進機酒。又「進羞」，羞，謂羞籩羞豆之實。知非庶羞者，庶羞爲食而設，今「進機」，則飲酒之進，爲飲設羞，故知是羞籩羞豆。是以《籩人》「羞籩」之下，注引《少牢》「主人酬尸，宰夫羞房中之羞」，是酬尸之後，而有羞籩羞豆也，故知非庶羞，是進羞也。「工乃升歌」者，❸入進羞之後，❹樂工乃升堂，以琴瑟而歌。所以「進機進羞乃歌」者，以其新沐體虛，補益氣也。皇氏云：「進機謂飱。」與《少儀》注違，❺非其義也。「出杅」者，杅，浴之盆也。浴時入盆中浴，浴竟而出盆也。「履蒯席」者，履，踐也。蒯菲草席澀，出杅而脚踐履澀草席上，刮去垢也。「連用湯」者，連，猶釋也。言釋去足垢而用湯爛也。「史進象笏」者，史，謂大夫亦有史官也。熊氏云：「案下大夫不得有象笏，有『象』字者誤也。」熊氏又解，與明山賓同，云「有地大夫，故用象」。皇氏載諸所解，皆不同，❻以此爲勝，故存之耳。「書思對命」者，思，謂意所思念，❼將以告君。對，謂君有所問，以事對君。命，謂所受君命，將以奉行。以笏書此三事，故云「書思對命」也。「既服，習容觀玉聲」者，既服，著朝服已竟也。服竟而私習儀容，又觀容聽己佩鳴，使玉聲與行步相中適。玉，佩玉也。「乃出」者，習儀竟而出也。「揖私朝，煇如也」者，私朝，大夫自家之朝也。煇，光儀也。大夫行出，至己之私朝，揖其屬臣，煇如也。「登車則有光矣」者，揖竟，出，登所乘之車，有光煇也，而往適君朝矣。天

❶「粱」，原作「梁」，據阮本改。
❷「皆粱」，原作「者粱」，據閩、監、毛本及阮本改。
❸「歌」，原作「敗」，據殿本、阮本改。
❹「入」，衛氏《集説》無此字，阮本作「又」。
❺「少」，原作「小」，據殿本、阮本改。
❻「皆」字原漶滅，據阮本補。
❼「念」字原漶滅，據阮本補。

子搢珽，方正於天下也。此亦笏也。謂之珽，珽之言珽然無所屈也。❶或謂之大圭，長三尺，杼上終葵首。終葵首者，於杼上又廣其首，方如椎頭，是謂無所屈，後則恒直。《相玉書》曰：「珽玉六寸，明自炤。」諸侯荼，前詘後直，讓於天子也。荼，讀爲「舒遲」之舒。舒，懦者所畏在前也。詘，謂圜殺其首，不爲椎頭。諸侯唯天子詘焉，是以謂笏爲荼。大夫前詘後詘，無所不讓也。大夫，奉君命出入者也。上有天子，下有己君，又殺其下而圜。**疏**正義曰：此一節論天子以下笏制不同之事。「方正於天下也」者，言珽然無所詘，❷示己之端平正直而布於天下。「諸侯荼，前詘後直」者，前詘，謂圜殺其首。後直，下角正方。「讓於天子也」者，降讓於天子，故「前詘」也。「大夫前詘後詘，無所不讓也」者，大夫上有天子，下有己君，上下皆須謙退，故云「無所不讓」也。**注**「此亦」至「自炤」　正義曰：以下文云「笏，天子以球玉」，故知此珽亦笏也。云「或謂之大圭，長三尺，杼上終葵首」者，「或」者，《玉人》文也。《玉人》注：「大圭，或謂之珽。」「或」者，或此文也。云「終葵首者，於杼上又廣其首，方如椎頭」者，終葵首，謂椎頭也。故許慎《說文》云：❸「椎，擊也，齊人謂之終葵」。❹言所杼之上，又廣其首，廣於珽身，頭頭方如椎頭，❺故云「終葵首」。引「《相玉書》『珽玉六寸，明自炤』」者，證珽是玉也。餘物皆光炤於外，此珽玉，❻光自炤於內，內含明也。**注**「荼讀」至「爲荼」　正義曰：「舒，懦者所畏在前也」者，案《說文》：「懦，柔也。」❼所畏在前多舒緩，故云「舒，懦者所畏在前也」。**注**「又殺其下而圜」　正義曰：知「又殺其下」者，以經云「前後詘」，故知「又殺其下」。故下注云「大夫士又杼其下首，廣二寸半」是也。侍坐則必退席，不退，

---

❶「珽然」，阮校云：「段玉裁校本云：『珽然』之珽當作『挻』。」
❷「珽」，原作「班」，據殿本、阮本改。
❸「云」，原作「玉」，據浦鏜校、阮校改。
❹「葵」下原有「首」字，據浦鏜校及《說文解字》删。
❺「頭頭方如椎頭」，阮校云：「盧文弨云：『頭』字不當重。浦鏜校云：『「頭」字疑在「廣」字上。』」
❻「珽」，原作「班」，據阮本、衛氏《集說》改。
❼「說文懦柔也」，桂馥《說文義證》云：「《禮記正義》引《說文》：『懦，柔也。』案本書：『儒，柔也。』」蓋疑「懦」誤「儒」也。

則必引而去君之黨。引，卻也。黨，鄉之細者。退，謂旁側也，辟君之親黨也。❶ 登席不由前，爲躐席。升必由下也。徒坐不盡席尺。示無所求於前，不忘謙也。讀書、食，則齊，豆去席尺。讀書，聲當聞尊者。食，爲污席也。若賜之食，而君客之，則命之祭，然後祭。雖見賓客，猶不敢備禮也。侍食則正不祭。先飯，辯嘗羞，飲而俟。俟君食而後食也。君將食，臣先嘗之，忠孝也。若有嘗羞者，則俟君之食，然後食，飯飲而俟。不祭，侍食不敢備禮也。不嘗羞，膳宰存也。飯飲，利將食也。君命之羞，羞近者。辟貪味也。命之品嘗之，然後唯所欲。必先徧嘗之。凡嘗遠食，必順近食。從近始也。君未覆手，不敢飧。覆手以循咡，已食也。飧，勸食也。君既食，又飯飧。不敢先君飽。飯飧者，三飯也。臣勸君食，如是可也。君既徹，執飯與醬，乃出授從者。食於尊者之前，當親徹也。

疏 正義曰：自此以下至「士側尊用禁」，此一節廣論臣之侍坐於君之儀，并顯君賜食賜酒肉飲食之節，兼明與凡人飲食之禮。「侍坐則必退席」者，若側旁有別席，則退就側席。「不退，則必引而去君之黨」者，不退，謂旁無別席可退，或雖有別席，君不命之使退。「則必引而去君之黨」，黨是鄉之細者而屬於鄉，居在鄉之旁側。今借之爲喻，言臣侍君坐，若不退席，則引而卻去君之旁側也。黨，謂君之親黨。則君命令與君之親黨同席，則卑謙卻引而去，離君之親黨，在君之親黨之下而坐，故注云「辟君之親黨也」。「登席不由前，爲躐席」者，庾云：「失節而踐爲躐席。應從於下升，若由前升，是躐席也。」案《鄉飲酒禮》賓席于户西，以西頭爲下；主人席于阼階，介席于西階，皆北頭爲下。「賓升席自西方」，注云：「升由下也。」又《鄉飲酒·記》云：「主人、介，凡升席，自北方，降自南方。」注云：「席南上，升由下，降由上，由便。」則主人升席自北方，降席自南方。案《鄉飲酒禮》，主人受獻「自席前適阼階」，是主人降席自北方者，以其受獻正禮，須席末啐酒，因從北方降

❶「退謂旁側也辟君之親黨也」，張敦仁《考異》云「退」字衍，又云「辟君之親黨也」一句亦不當有。段玉裁《經韻樓集》卷三《侍坐則必退席》説與張氏略同。

也。故注云：「晬酒席末，因從北方降，由便也。」若其尋常無事，則升由下，而降由上。若賓，則升降皆由下也。

「徒坐不盡席尺」者，徒，空也。空坐，謂非飲食及講問時也。不盡席之前畔，有餘一尺，示無所求於前，不忘謙也。

「讀書、食，則齊」者，讀書，聲則當聞尊者；食，爲其汙席。坐則近前，與席畔齊。　「豆去席尺」者，解食所以近前之意。以設豆去席一尺，不得不前坐就豆。或云：「讀書，聲當聞尊者」，故人頭臨前一尺。「食，爲污席」，人頭臨豆，與豆齊，故云「齊豆」。其豆徑一尺，與去席尺亦一也。　「若賜」至「從者」　正義曰：此一節論人君賜食之禮。　「而君客之，則命之祭，然後祭」者，此廣明侍坐法也。祭，祭先也。禮，敵者共食則先祭。若降等之客，則後祭。若臣侍君而賜之食，則不祭。若賜食而君以客禮待之，則得祭。雖得祭，又先須君命之祭，後乃敢祭也。

「先飯，辯嘗羞」者，飯，食也。謂君未食而臣先食，徧嘗羞膳也。所以爾者，示猶行臣禮，爲先嘗食之義也。

「飲而俟」者，禮，食未飧，必前啜飲，以利滑喉中，不令澁噎。君既未飧，故臣亦不敢飧，而先嘗羞，嘗羞畢而歠飲，以俟君飧，臣乃敢飧。　「若有嘗羞者」，此謂臣侍食，得賜食，而非君所客者也。既不得爲客，故不得祭，亦不得嘗羞，則君若使膳宰自嘗羞，❶故云「有嘗羞者」也。

「則俟君之食，然後食」者，既不祭不嘗，則俟君食後，己乃食也。　「飯飲而俟」者，飯飲者，飲之也。雖不嘗羞，亦先飲，飲則利喉以俟君也。　「君命之羞，羞近者」，猶是君所不客者也。雖君已食，己乃後食，而猶未敢食羞，故又須君命。雖得君命，又猶未自專嘗，先食近其前者一種而止也。所以然者，若越次前食遠者，則爲貪好味也。

「命之品嘗之，然後唯所欲」者，品，猶徧也。既未敢越次多食，故君又命徧嘗，而己乃徧嘗之後，則隨己所欲，不復次第也。　「凡嘗遠食，必順近食」者，客與不客，悉皆如此，故云「凡」也。意在嘗遠者，且從近始，辟貪味也。

「君未覆手，不敢飧」者，侍食者悉然也。覆手者，謂食飽必覆手以循口邊，恐有殺粒污著之也。飧，謂用飲澆飯於器中也。禮，食竟，更作三飧以勸，助令飽實，使不虚也。

「君既食，又飯飧」者，既，猶畢、竟也。飯，飧也。君食畢竟而又飧，則臣乃敢飧，明不先君而飽也。　「飯飧者，

---

❶「若使膳宰自嘗羞」，阮本、閩、監、毛本無「若」字。又，「嘗」，原作「喜」，據阮本及閩、監、毛本改。

三飯也」者，三飯，並謂飧也，謂三度飧也。「君既徹」者，❶既，已也。謂君食竟，已徹饌也。「執飯與醬，乃出授從者」，謂君饌已徹，則臣乃自徹己饌以授從者。飯醬是食之主，故自執之。此食合己之所得，故授從者。

注「食於」至「徹也」 正義曰：此經食不客，故君既徹之後，「執飯與醬，乃出授從者」。若君與己禮食，則但親徹之，不敢授己之從者也。故《公食大夫禮》「賓北面坐，取粱與醬以降，西面坐奠于階西」，注云「不以出者，非所當得」是也。若非君臣，但降等者，則徹以授主人相者。故《曲禮》云「客若降等」，又云「卒食，客自前跪，徹飯齊，以授相者」，注云：「謙也。相者，主人贊饌者。」以非己所得，故授主人之相。若賓主敵者，則徹於西序端。故《公食大夫禮》云：「大夫自相食，徹于西序端。」注云「亦親徹」是也。

凡侑食，不盡食。食於人不飽。謙也。唯水漿不祭，若祭，爲已偞卑。水漿，非盛饌也。已，猶大也。祭之爲大有所畏迫。臣於君則祭之。

疏正義曰：此一節以上文明侍君之食，因明凡人相敵爲食之禮。「凡侑食，不盡食」者，此明勸食於尊者之法。「食於人不飽」者，此通包食於尊者及禮敵之人。所以不盡食、不飽者，謙退，不敢自足。「唯水漿不祭」者，❷言食於禮敵之人，所設水漿，不以祭先。「若祭，爲已偞卑」者，已，大也。偞，厭也。此解不祭水漿之意。若祭水漿，爲大厭降卑微，有所畏迫也。

注「臣於君則祭之」 正義曰：所以知者，案《公食大夫禮》「宰夫執觶漿以進，賓受，坐祭，遂飲」，故知之也。

君若賜之爵，則越席再拜稽首受，登席，祭之，飲卒爵，而俟君卒爵，然後授虛爵。不敢先君盡爵。君子之飲酒也，受一爵而色洒如也，洒如，肅敬貌。洒，或爲「察」。二爵而言言斯，言言，和敬貌。斯，猶耳也。禮已三爵而油油，油油，説敬貌。以退。禮，飲過三爵則敬殺，可以去矣。退則坐取屨，隱辟而后屨，坐左納右，坐右納左。隱辟，俛逡巡而退著屨也。凡尊，必上玄酒。不忘古也。唯君面尊。面，猶鄉也。《燕禮》曰：「司官尊于東楹之西，兩方壺，左

❶「徹者」二字原漶滅，據阮本補。
❷「唯」上原衍「空」字，據阮本刪。

玄酒，南上。公尊瓦大兩，有豐，在尊南，南上。」唯饗野人皆酒。飲賤者，不備禮。大夫側尊用棜，士側尊用禁。棜，斯禁也，無足，有似於棜，是以言棜。【疏】正義曰：此一節論臣於君前受賜爵之禮。「飲卒爵，而俟君卒爵，然後授虚爵」者，俟君飲盡，已乃授虚爵與相者也。必在君前先飲者，亦示其賤者先即事；後授虚爵者，示不敢先君盡爵。然此謂朝夕侍者始得爵也。若其大禮，則君先飲而臣後飲。故《曲禮》云「長者舉未釂，少者不敢飲」，《燕禮》「公卒爵，而後飲」是也。此經云「再拜稽首」，受於尊所，《曲禮》云「拜受於尊所」；此經先「再拜稽首」而後受，《燕禮》「興，受爵，降下，奠爵，再拜稽首」，則先受而後再拜，與此不同者，熊氏云：「文雖不同，互以相備，皆先受而後再拜。」今删定，以爲《燕禮》據大飲法，故先受爵而後奠爵再拜；此經據朝夕侍君而得賜爵，故再拜而後受。必知此經非饗燕大飲者，以此下云「受一爵」以至「三爵而退」，明非大饗之飲也。若《燕禮》，非唯三爵而已。「受一爵而色洒如也」者，言初受一爵，而顔色肅敬洒如也。如者，如此義，謂如似洒然。故《論語》云「申申如也，夭夭如也」，及「踧踖如也」，皆謂容色如此。「二爵而言言斯」者，此事上恒敬，既受二爵，顔色稍和，故言言斯斯耳也。「耳」是助句之辭。皇氏云：「讀言爲誾。」義亦通也。「禮已三爵而油油」者，言侍君小燕之禮，唯已止三爵，❶顔色和説，而油油説敬。故《春秋左氏傳》云：「臣侍君宴，過三爵，非禮也。」「退則坐取屨，隱辟而后屨」者，坐，跪也。初跪説屨堂下爲敬，故退而跪取屨，起而逡巡隱辟而著之。「坐左納右」者，納，猶著也。若坐左膝，則著右足之屨；若坐右膝，則著左足之屨。「唯君面尊」者，面，鄉也。謂人君燕臣子，專其恩惠，故尊鼻鄉君。故引《燕禮》燕臣子之法以解之。若兩君相見，則尊鼻於兩楹間，在賓主之間夾之，不得面鄉尊也。「唯饗野人皆酒」者，饗野人，謂蜡祭時也。野人賤，不得本古，又無德，又可飽食，則宜貪味，故唯酒而無水也。「大夫側尊用棜，士側尊用禁」者，側，謂旁側。在賓主兩楹間，旁側夾之，又東西横行，異於君也。君側尊近於君，南北列之，則《燕禮》所云者是也。大夫士側尊者，《鄉飲酒義》云：「尊於房户之間，賓主共之也。」據大夫士也。若一尊，亦曰側尊。故《士冠禮》云：「側尊一甒醴，在服北。」注云：

❶「止」，原作「上」，據阮本、阮校改。

「無偶曰側。」與此「側」別。　注「棜斯」至「言棜」　正義曰：案《鄉飲酒禮》，設兩壺于房户間，有「斯禁」。彼是大夫禮。此云「大夫用棜」，故知棜是斯禁也。案《特牲禮》注云：「棜，今木轝，上有四周，下無足。」今斯禁亦無足，故云「有似於棜，是以言棜」也。

始冠，緇布冠，自諸侯下達，冠而敝之可也。本大古耳，非時王之法服也。　玄冠朱組纓，天子之冠也。　緇布冠繢緌，諸侯之冠也。皆始冠之冠也。❶玄冠，委貌也。諸侯緇布冠有緌，尊者飾也。繢，或作「繪」。緌，或作「蕤」。　玄冠丹組纓，諸侯之齊冠也。　玄冠綦組纓，士之齊冠也。言齊時所服也。四命以上，齊、祭異冠。　縞冠玄武，子姓之冠也。謂父有喪服，子爲之不純吉也。武，冠卷也。古者冠、卷殊。　縞冠素紕，既祥之冠也。紕，緣邊也。紕，讀如「埤益」之埤。既祥之冠也，已祥祭而服之也。《間傳》曰：「大祥，素縞麻衣。」　垂緌五寸，惰游之士也。惰游，罷民也。亦縞冠素紕，凶服之象也。垂長緌，明非既祥。　玄冠縞武，不齒之服也。所放不帥教者。　居冠屬武，謂燕居冠也。著冠於武，少威儀。　自天子下達，有事然後緌。燕無事者去飾。　五十不散送，送喪不散麻，始衰不備禮。　親没不髦，去爲子之飾。　大帛不緌。❷帛，當爲「白」，聲之誤也。大帛，謂白布冠也。不緌，凶服去飾。　玄冠紫緌，自魯桓公始也。蓋僭宋王者之後服也。緌，當用「繢」。

疏正義曰：自此至「魯桓公始也」，此一節廣論上下及吉凶冠之所用，唯「五十不散送」及「親没不髦」，記者雜録，廁在其間。　「始冠，緇布冠」者，言初加冠，大夫士皆三加，諸侯則四加。其初加者，是緇布冠。　「自諸侯下達」者，自，從也。從諸侯下達於士，「始冠緇布冠」。　「冠而敝之可也」者，言緇布冠重古，始冠，暫冠之耳，非時王之服，不復恒著。冠而敝，去之可也。　注「皆始」至「作蕤」　正義曰：知「始冠之冠」者，以文承上「始冠」之下，故知「玄冠朱組纓」是天子始冠也。云「諸侯緇布冠有緌，尊者飾也」者，案《郊特牲》及《士冠記》皆云「其緌也，吾未之聞」，謂大夫士也。此云

❶「皆」字原漶滅，據余本、撫本、岳本、阮本補。
❷「大」，原作「木」，據余本、撫本、岳本、阮本改。

「繢緌，諸侯之冠」，故云「緇布冠有緌，尊者飾也」。上云「始冠，緇布冠，自諸侯下達」，則諸侯緇布冠可知。更云「緇布冠繢緌，諸侯之冠」者，爲「緌」起文也。諸侯唯「繢緌」爲異，其頍項、青組纓等，皆與士同。注「言齊」至「異冠」　正義曰：「言齊」者，兼祭祀之時。故《曲禮》云「立如齊」，謂祭祀時。恐此齊亦兼祭祀，故言「齊時所服」。其祭，諸侯則玄冕也。云「四命以上，齊、祭異冠」者，以諸侯玄冕祭，玄冠齊；孤則爵弁祭，亦玄冠齊，是「齊、祭異冠」也。必知孤亦玄冠齊者，以諸侯尚玄冠齊，明孤亦玄冠齊也。其三命以下，大夫則朝服以祭，士則玄端以祭，皆玄冠也。此云「玄冠綦組纓，士之齊冠」，是齊、祭同冠也。其天子之士，與諸侯上大夫同。故《深衣目録》云「士祭以朝服」，謂天子之士也，祭用朝服，與諸侯大夫同。然則天子大夫與諸侯孤同，亦爵弁祭，玄冠齊。此是熊氏之説也。皇氏以爲「天子大夫與諸侯大夫同，但朝服以祭」，便與鄭注「四命以上，齊、祭異冠」，於文爲妨，皇氏之説非也。其天子之祭，玄冕祭則玄冠齊，絺冕祭則玄冕齊，以次差之，可知也。此亦熊氏説。此云「四命齊、祭異冠」者，謂自祭也。若助祭於君，則齊、祭同冠。故《鄭志》答趙商問云：❶「以《雜記》云：『大夫冕而祭於公，弁而祭於己；士弁而祭於公，冠而祭於己。』是爲三命以下，齊、祭異冠，何但『四命以上』也？觀注似若但施於己祭，不可通之也。」鄭答云：「齊、祭，謂齊時一冠，祭時亦一冠。四命乃然。大夫冕、士弁而祭於君，齊時服之，祭時服之，何以亦異。」如鄭此言，是助祭齊、祭同冠，故云「何以亦異」。若然，士之助祭，齊服應服爵弁，而鄭注《旅賁氏》云：「王齊服，服衮冕，則士之齊服，服玄端。」不服爵弁者，熊氏云：「若士助王祭祀，服爵弁；若助王受朝覲，齊服則服玄端。」義或然也。注「謂父」至「卷殊」　正義曰：「姓」，生也。孫是子之所生，故曰「子姓」。云「不純吉也」者，武用玄，玄是吉；冠用縞，縞是凶。吉而雜凶，故云「不純吉也」。卷用玄而冠用縞，冠卷異色，故云「古者冠、卷殊」。如鄭此言，則漢時冠卷共材。注「紕緣」至「麻衣」　正義曰：「紕緣邊」者，謂緣冠兩邊及冠卷之下畔，其冠與卷身皆用縞，但以素緣耳。❷縞是生絹而近吉，當祥祭之時，身著朝服，首著縞冠，以其漸吉故也。不言以素爲

❶「答」，阮校云：「惠棟校無『答』字。」今按：惠棟校是也。

❷「但」字原漶滅，據阮本補。

紕。故《喪服小記》云：「除成喪者，朝服縞冠。」注云：「縞冠，未純吉祭服也。」《雜記》曰：「祥，主人之除也，於夕爲期，朝服。」鄭云：「祭猶縞冠，未純吉。」《雜記》又云：「既祥，雖不當縞者必縞。」鄭云：「縞，祥祭之服。」據此兩經二注，皆云「祥祭縞冠」。若既祥之後，微申孝子哀情，故加以素紕，以素重于縞也。故此文云「既祥之冠」。《間傳》曰：「大祥，素縞麻衣。」檢勘經注，分明如此。而皇氏以爲「縞重素輕。祥祭之時，以素爲冠，以縞爲紕，紕得冠名，故云縞冠。祥祭之後，以縞爲冠，以素爲紕，亦紕得冠名，而云素冠」。文無所出，不知有何憑據也。「垂緌五寸，惰游之士也」　正義曰：此亦用既祥冠而加垂緌五寸也。

注「惰遊」至「既祥」　正義曰：鄭知「惰游，罷民」者，與下「不齒」相連，故知是《周禮》坐嘉石之「罷民」。知「亦縞冠素紕」者，以文承上「縞冠素紕」之下，但垂緌爲異。

注「謂燕居冠也」　正義曰：燕居之冠，屬武於冠，冠武相連屬。燕居率略，少威儀故也。又不加緌。若非燕居，則冠與武別，臨著乃合之，有儀飾故也。注「送喪」至「備禮」　正義曰：始死三日之前，要絰散垂；三日之後，乃絞之。至葬，啓殯已後，亦散垂，既葬乃絞。五十既衰，不能備禮，故不散垂。及「親没不髦」，不關冠之義，記者雜廁其間。注「帛當」至「去飾」　正義曰：知「帛，當爲白」者，以《雜記》云「大白冠、緇布冠皆不緌」。彼「大白」與「緇布」連文，故知此「大帛，謂白布冠也」。《左傳》閔二年「衛文公大布之衣，大帛之冠」，白繒冠也，與「大布」相對，與此異也。注「蓋僭宋王者之後」　正義曰：知疑「僭宋」者，以祭周公用白牡，乘大路，是魯用殷禮，故疑魯桓公用紫緌，僭宋王者之後。云「緌，當用繢」者，以上文云「緇布冠繢緌，諸侯之冠」，故知也。

朝玄端，夕深衣。深衣三袪，謂大夫士也。三袪者，謂要中之數也。袪尺二寸，圍之爲二尺四寸，三之七尺二寸。**縫齊倍要，**縫，紩也。紩下齊，倍要中。齊，丈四尺四寸。縫，或爲「逢」，或爲「豐」。**衽當旁，**衽，謂裳幅所交裂也。凡衽者，或殺而下，或殺而上，是以小要取名焉。衽屬衣，則垂而放之，屬裳，則縫之以合前後。上下相變。**袂可以回肘。**二尺二寸之節。**長、中繼揜尺，**其爲長衣、中衣，則繼袂揜一尺，若今褎矣。深衣則緣而已。**袷二寸，**曲領也。**袪尺二寸，**袂口也。**緣廣寸半。**飾邊也。**以帛裹布，非禮也。**中外宜相稱也。冕服，絲衣也，中衣用素。皮弁服、朝服、玄端，麻衣也，中衣用布。**士不衣織。**織，染絲織之。士衣染繒也。**無君者不貳采。**大夫去位，宜服玄端玄裳。**衣正色，裳間色。**謂冕服玄上纁下。**非列采不入公門，**列采，正服。**振絺綌不入公門，表裘不入公門。**振，讀爲「袗」。袗，禪也。表裘，外衣也。二者形且褻，皆當表之乃出。疏正義曰：自此以下至「弗敢充也」一節，廣論衣服及裘裼襲之事。「朝玄端，夕深衣」者，謂大夫士早朝，在私朝服玄端，夕服深衣，在私朝及家也。「深衣三袪」者，袪，謂袂末。言深衣之廣，三倍於袂末。「縫齊倍要」者，齊，謂裳之下畔。要，謂裳之上畔。言縫下畔之廣，倍於要中之廣。謂齊廣一丈四尺四寸，要廣七尺二寸。「衽當旁」者，衽，謂裳之交接之處，當身之畔。「袂可以回肘」者，袂上下之廣二尺二寸，肘長尺二寸，故可以回肘也。「長、中繼揜尺」者，謂長衣、中衣，繼袂之末，揜餘一尺。「袷二寸」者，袷，謂深衣曲領，廣二寸。「袪尺二寸」者，袪，謂深衣袂口。謂口之外畔，上下尺二寸也，故注云：「袪，袂口也。」「緣廣寸半」者，謂深衣邊以緣飾之，廣寸半也。注「謂大」至「二寸」正義曰：上文云「君朝服，日出而視朝。夕深衣，祭牢肉」，此云「朝玄端」，與君不同，故知是「大夫士也」。以視私朝，故服玄端。若朝君之時，則朝服也。朝服，其衣與玄端無異，但其裳以素耳。若大夫，莫夕蓋亦朝服。其士則用玄端。❶故《士冠禮》注云「玄端，士莫夕於朝之服」是也。其私朝及在家，大夫士夕皆深衣也。皇氏以爲「此玄端是朝君之服」。若然，朝禮君臣同服。上文「君朝服，夕深衣」，此文與君無異，鄭何得注云「大夫士也」？恐皇氏之說非也。云「三之七尺二寸」者，案《深衣》云「幅十有二」，以計之，幅廣二尺二寸，一幅破爲二，四邊各去一寸，餘有一尺八寸。每幅交解之，闊頭廣尺二寸，狹頭廣六寸，比寬頭鄉下，❷狹頭鄉上。要中十二幅，廣各六寸，故爲七尺二寸。下齊十二幅，各廣尺二寸，故爲一丈四尺四寸。

注「衽謂」至「相變」　正義曰：「衽，謂裳幅所交裂也」者，裳幅下廣尺二寸，上闊六寸，狹頭鄉上，交裂一幅而爲之。云「凡衽者，或殺而下，或殺而上」者，皇氏云：「言『凡衽』，非一之辭，非獨深衣也。『或殺而下』，謂喪服之衽，

---

❶「則」字原漶滅，據阮本補。

❷「比」，衛氏《集説》作「此」，浦鏜校從衛氏。

廣頭在上，狹頭在下；『或殺而上』，謂深衣之衽，寬頭在下，狹頭在上。云『是以小要取名焉』者，謂深衣與喪服，相對爲小要，兩旁皆有此衽。」熊氏大意，與皇氏同。或殺而下，謂朝祭之服耳。云「衽屬衣，則垂而放之」者，謂喪服及熊氏朝祭之衽。云「屬裳，則縫之以合前後」者，謂深衣之衽。云「上下相變」者，上體是陽，陽體舒散，故垂而下；下體是陰，陰主收斂，故縫而合之。今删定，深衣之上，獨得衽名，不應假他餘服相對爲衽。何以知之？深衣，衣下屬幅而下，裳上屬幅而上，相對爲衽。鄭注《深衣》「鉤邊，今之曲裾」，則宜一邊而有也。但此等無文言之，且從先儒之義。注「其爲」至「而已」　正義曰：「繼袂揜一尺」者，幅廣二尺二寸，以半幅繼續袂口，揜餘一尺。云「深衣則緣而已」者，若長衣，揜必用素；而中衣，揜或布或素，隨其衣而然。長、中制同而名異者，所施異故也。裏中著之則曰中衣，若露著之則曰長衣。故鄭注《深衣目録》：「素紕曰長衣，有表謂之中衣。」　「以帛裹布，非禮也」　若朝服用布，則中衣不得用帛也。　皮弁服、朝服、玄端服，麻衣也，中衣用布。三衣用麻，麻即十五升布，故中衣並用布也。然云「朝服」又云「玄端」者，朝服，指玄衣素裳，而玄端，裳色多種，或朱裳、玄、黄、雜裳之屬，廣言之也。而小祥衰裏孰帛中衣者，吉凶異故也。

「士不衣織」　織者，前染絲，後織者。此服功多色重，故士賤，不得衣之也。大夫以上衣織，染絲織之也。士衣染繒。《詩》庶人得「衣錦」者，禮不下庶人，有經而等也，故服錦衣。下云「居士錦帶」者，直以「錦帶」，非爲衣也。《唐傳》云：「古者有命民，有飾車、駢馬、衣錦者。」非周法。大夫以上得衣織衣，而《禮運》云「衣其澣帛」，謂先代禮尚質故也。　注「大夫」至「玄裳」　正義曰：此謂大夫士去國，三月之内，服素衣素裳。三月之後，别服此玄端玄裳。❶以經云「不貳采」，是有采色，但不貳耳。采色之中，玄最貴也。　注「謂冕服玄上纁下」　正義曰：玄是天色，故爲正；纁是地色，赤黄之雜，故爲閒色。皇氏云：「正，謂青、赤、黄、白、黑，五方正色也。不正，謂五方閒色也，緑、紅、碧、紫、駵黄是也。青是東方正，緑是東方閒。東爲木，木色青，木刻土，土黄，並以所刻爲閒，故緑色青黄也。朱是南方正，❷紅是南方閒。南爲火，火赤，刻金，金白，故紅色赤白也。白是西方正，碧是西方閒。西爲

❶ 「别」，衛氏《集説》作「則」。
❷ 「朱」，閩、監、毛本作「赤」，衛氏《集説》同。

金，金白，刻木，故碧色青白也。黑是北方正，紫是北方閒。北方水，水色黑，水刻火，火赤，故紫色赤黑也。黄是中央正，騮黄是中央閒。中央爲土，土刻水，水黑，故騮黄之色黄黑也。」注「振讀」至「乃出」　正義曰：案《士昏禮》云：「女從者畢袗玄。」彼注以「袗」爲「同」。此云「袗，禪」者，以「振」與「袗」聲相近，「袗」字從衣，故讀從「袗」。蓋「袗」字得爲「同」，又得爲「禪」。故《下曲禮》注引《論語》云「當暑袗絺綌」，是《論語》本有爲「袗」字者。云「形且褻」者，「形」解「袗絺綌」，其形露見。「褻」解「表裘」，在衣外，可鄙褻。二者上加表衣，乃出也。

襲裘不入公門。衣裘必當裼也。

纊爲繭，緼爲袍，衣有著之異名也。纊，謂今之新緜也。緼，謂今纊及舊絮也。

禪爲絅，有衣裳而無裏。

帛爲褶。有表裏而無著。

朝服之以縞也，自季康子始也。亦僭宋王者之後。

孔子曰：「朝服而朝，卒朔然後服之。」謂諸侯與群臣也。諸侯視朔皮弁服。

曰：「國家未道，則不充其服焉。」謂若衛文公者。未道，未合於道。

疏　正義曰：《檀弓》云「裼裘」、「襲裘」，謂若「子游裼裘而弔，曾子襲裘而弔」，皆謂裘上有裼衣，裼衣之上有襲衣，襲衣之上有正服，但據露裼衣、不露裼衣爲異耳。若襲裘，不得入公門也。注「緼謂」至「絮也」　正義曰：如鄭此言，云「緼，謂今纊」者，謂好緜也。則鄭注之時，以好者爲緜，惡者爲絮，故云「緼，謂今纊及舊絮也」。注「亦僭宋王者之後」　正義曰：云「亦」者，「亦」上「玄冠紫緌」是僭宋王者之後。知宋朝服以縞者，案《王制》云：「殷人縞衣而養老。」燕服則爲朝服。宋是殷後，故「朝服以縞」。　「孔子」至「服之」　正義曰：「朝服」，緇衣素裳而朝，謂每日朝君。　「卒朔然後服之」者，卒朔，謂卒告朔之時。服皮弁告朔，禮終，脱去皮弁，而後服朝服也。注「謂諸侯與群臣也」　正義曰：知非天子之朝服，而云「諸侯與群臣」者，以上之次皆云「不入公門」，❶下云「唯君有黼裘」，又云「君衣狐白裘」，皆據諸侯之禮，故知此亦據諸侯也。

唯君有黼裘以誓省，大裘非古也。僭天子也。天子祭上帝則大裘而冕。大裘，羔裘也。黼裘，以羔與狐白

❶「之次」，「之」，阮本作「文」，是。「次」，浦鏜校以爲衍字，是。

雜爲黼文也。省當爲「獮」。獮，秋田也。國君有黼裘誓獮田之禮，時大夫又有大裘也。**疏**正義曰：「君」，諸侯也。黼裘，以黑羊皮雜狐白爲黼文以作裘也。誓者，告勑也。獮，秋獮也。大裘，天子郊服也。禮唯許諸侯服黼裘以誓軍衆田獵耳，不得用大裘。當時有者，非但諸侯用大裘，又有大夫僭用大裘者，故譏之云「非古也」。**注**「時大」至「裘也」　正義曰：經直云「黼裘以誓獮，大裘非古」，而云「大夫用大裘」者，以經云「唯君」，則知時臣亦爲之，故言「唯君」以譏之也。冬始裘，而秋云「裘」者，爲秋殺，始誓衆，須威，故秋而用黼爲裘也。

禮記注疏卷第三十九

禮記正義卷第四十

國子祭酒上護軍曲阜縣開國子臣孔穎達等奉勑撰

君衣狐白裘，錦衣以裼之。君衣狐白毛之裘，則以素錦爲衣覆之，使可裼也。袒而有衣曰裼。必覆之者，裘褻也。《詩》云：「衣錦絅衣，裳錦絅裳。」然則錦衣復有上衣明矣。天子狐白之上衣，皮弁服與？凡裼衣，象裘色也。君之右虎裘，厥左狼裘。衛尊者，宜武猛。士不衣狐白。辟君也。狐之白者少，以少爲尊也。❶

疏 正義曰：「君」謂天子，以狐之白毛皮爲裘，其上用錦衣以裼之。

注「詩云」至「色也」　正義曰：鄭引《詩》者，證錦衣之上更有衣覆之。以無正文，故引《詩》云，然則錦衣復有上衣明矣。云「天子狐白之上衣，皮弁服與」者，亦以無正文，故言「皮弁服與」？「與」爲疑辭也。必知狐白上加皮弁服者，以狐白既白，皮弁服亦白，錦衣亦白，三者相稱，皆爲白也。云「凡裼衣，象裘色也」者，狐白裘用錦衣爲裼，狐青裘用玄衣爲裼，羔裘用緇衣爲裼，是裼衣與裘色相近也。天子視朝服皮弁服，則天子皮弁之下有狐白錦衣也。諸侯於天子之朝亦然。故《秦詩》云：「君子至止，錦衣狐裘。」此經云「君」，則天子兼諸侯也。凡在朝，君臣同服。然則三公在天子之朝，執璧與子男同，則皮弁之下狐白錦衣與子男同也。其天子卿大夫及諸侯卿大夫，在天子之朝亦狐白裘。以下云「士不衣狐白」，則卿大夫得衣狐白也。其裼則不用錦衣，故下注云「非諸侯則不用錦衣爲裼」。熊氏云：「當用素衣爲裼。」其天子之士及諸侯之士，在天子之朝既不衣狐白，熊氏云：「用麛裘素裼也。」諸侯朝天子，受皮弁之裼，❷歸來嚮國，則亦錦衣狐裘以告廟，則《秦詩》云「君子至止，錦衣狐

❶「尊」，余本作「貴」，阮本同，閩、監、毛本同。

❷「裼」，浦鏜校云：「裼」當「錫」字誤。

裘」是也。❶告廟之後則服之。❷其在國視朔，則素衣麑裘。卿大夫士亦皆然。故《論語》注云「素衣麑裘，視朔之服」是也。其受外國聘享，亦素衣麛裘。故《聘禮》「公裼降立」，注引《玉藻》云：「麛裘青豻褎，絞衣以裼之。」又引《論語》云：「素衣麛裘。」皮弁時或素衣。如鄭此言，則裼衣或絞或素，不定也。熊氏云：「臣用絞，君用素。」皇氏云：「素衣爲正，記者亂言絞耳。」君子狐青裘豹褎，玄綃衣以裼之；君子，大夫士也。綃，綺屬也，染之以玄，於狐青裘相宜。狐青裘，蓋玄衣之裘。麛裘青豻褎，絞衣以裼之；豻，胡犬也。絞，蒼黄之色也。孔子曰：「素衣麛裘。」羔裘豹飾，緇衣以裼之；飾，猶褎也。孔子曰：「緇衣羔裘。」狐裘，黄衣以裼之。黄衣，大蜡時臘先祖之服也。孔子曰：「黄衣狐裘。」錦衣狐裘，諸侯之服也。非諸侯則不用錦衣爲裼。犬羊之裘不裼。質略，亦庶人無文飾。疏正義曰：「君子」，謂大夫士也。以狐青爲裘，豹皮爲褎，用玄綃之衣以覆裼之。注「君子」至「之裘」　正義曰：知「君子，大夫士」者，以其上文已云「君」，此文云「君子」，故知是「大夫士」也。云「蓋玄衣之裘」者，皇氏云：「玄衣，謂玄端也。」皇氏又云：「畿内諸侯朝服用緇衣，畿外用玄衣。此『狐青』又是畿外諸侯朝服之裘。」皇氏又云：「凡六冕及爵弁，無裘，❸先加明衣，次加中衣。冬則次加袍繭。夏則不袍繭，用葛也。次加祭服。若朝服布衣亦先以明衣親身，次加中衣。冬則次加裘，裘上加裼衣，裼衣之上加朝服。夏則中衣之上不用裘，而加葛；葛上加朝服。此皆皇氏之説。熊氏云：「六冕皆有裘，此云玄，謂六冕及爵弁

❶「也」字未刻，據阮本補。

❷「告廟之後則服之」，阮校云：「齊召南云：案文義，當作『告廟之後則不服之』。刊本相沿誤脱『不』字耳。《秦風》『錦衣狐裘』疏曰：『諸侯在天子之朝乃服狐白，歸國則不服之。孔子曰：「天子賜諸侯冕弁服於大廟，歸設奠，服賜服。」然則諸侯受天子之賜服，則服之以告廟而已，於後不復服之。』足以證此文脱『不』字矣。」

❸「無」，孫詒讓《校記》云：「『無』，當作『羔』。依後疏，則孔所見已誤作『無』。」

也，❶則天子、諸侯皆然。而云『大夫士』者，君用純狐青，大夫士雜以豹褎。」熊氏又以「内外諸侯朝服皆緇衣，以羔爲裘，不用狐青也。狐青既是冕服之裘，《周禮・司裘》謂之『功裘』者，以在冕服之内，人功微麤，不如黼裘、大裘之美，故謂之功耳」。劉氏云：「凡六冕之裘，皆黑羔裘也。故《司服》云：『祭昊天，大裘而冕。』以下『冕』皆不云裘，是皆用羔裘也。又《論語》注『緇衣羔裘』，皆祭於君之服，是祭服用羔裘也。」劉氏又以此玄衣爲玄端，與皇氏同。今刪定三家之説，雖各有通塗，皆互有長短。皇氏以「畿内諸侯緇衣，畿外諸侯玄衣」，案《王制》直云「玄衣而養老」，不辨外内之異。又《詩・唐風》「羔裘豹袪」，卿大夫之服。《檜風》云「羔裘逍遥」，鄭玄云：「朝燕之服也。」《論語》云「緇衣羔裘」，注云：「諸侯之朝服。羔裘者，必緇衣爲裼。」唐、檜、魯非畿内之國，何得並云「羔裘」？若此玄衣爲畿外諸侯，則鄭注此何得云「君子，大夫士也」？又祭服無裘，文無所出。皇氏之説非也。劉氏以六冕皆用大裘。案《鄭志》「大裘之上有衣」，❷則與玄冕無異，是以小祭與昊天服同。此則劉氏之説非也。今彼此商量，以熊氏之説踰於二家。《論語》注云「緇衣，祭於君之服」者，謂助君祭，朝服而祭也。亦卿大夫祭於君之服也。注「豻，胡犬也」 正義曰：熊氏以「豻，胡犬」，謂胡地野犬。一解此「胡」作「狐」字，謂狐犬雜。未知孰是也。注「黄衣」至「狐裘」 正義曰：案《郊特牲》云「黄衣黄冠而祭，所以息田夫」者，文在「蜡祭」之下；又云「既蜡而收，民息已」，是蜡祭之後，爲息民之祭也。此息民，謂之臘。故《月令》孟冬云「臘先祖、五祀」，是黄衣爲臘先祖之服。皇氏用《白虎通義》云：「天子狐白，諸侯狐黄，大夫狐蒼，士羔。」並與經傳不同，鄭所不取。裘乃各有所施，皇氏説非也。**不文飾也，不裼。**裼主於有文飾之事。疏正義曰：案《聘禮》使臣行聘之時，主於敬，不主於文，故「襲裘」也，是不文飾之事，不裼裘也。至行享之時，主於文，故「裼裘」也。**裘之裼也，見美也。**君子於事，以見美爲敬。疏正義曰：「裘之裼」者，謂裘上加裼衣，裼衣上雖加他服，猶開露裼衣，見裼衣之美，以爲敬也。**弔則襲，不**

❶「六」，孫詒讓《校記》云：「『六』，當作『五』，蓋涉上『六冕』而誤。金榜《禮箋》引作『五』，不誤。」

❷「案鄭」至「有衣」，孫詒讓《校記》云：「據《司裘》疏引《鄭志》，當作『大裘之上有玄衣』，此脱『玄』字。」

盡飾也。喪非所以見美。君在則裼，盡飾也。臣於君所。服之襲也，充美也。充，猶覆也。所敬不主於君則襲。**疏**正義曰：凡此弔襲，謂主人既小斂之後。若未斂之前，則裼裘也。故《檀弓》云「子游裼裘而弔」是也。「君在則裼，盡飾也」正義曰：凡君在之時，則露此裼衣，盡其文飾之道，以敬於君也。「服之襲也，充美也」正義曰：此謂君之不在，臣所加上服揜襲裼衣。充，猶覆也。謂覆蓋裼衣之美。以君不在，敬心殺故也。**注**「所敬」至「則襲」正義曰：凡敬有二體：一則父也，二則君也。父是天性至極，以質爲敬。故子於父母之所，不敢袒裼。君非血屬，以文爲敬，故臣於君所則裼。若平敵以下則亦襲，以其質略故也。所襲雖同，其意異也。《聘禮》行聘致君命亦襲者，彼是聘享相對，聘質而享文，欲文質相變，故裼襲不同也。是故尸襲，尸尊。**疏**正義曰：尸處尊位，無敬於下，故襲也。執玉、龜，襲。重寶瑞也。**疏**正義曰：凡執玉得襲，故《聘禮》執圭璋致聘則襲也。若執璧琮行享，雖玉，裼。此執玉，或容非聘享，尋常執玉，則亦襲也。龜是享禮庭實之物，執之亦裼。若尋常所執及卜則襲，敬其神靈也。無事則裼，弗敢充也。謂已致龜玉也。**疏**正義曰：謂行禮已致龜玉之後則裼，不敢充覆其美也。亦謂在君之前，故裼也。若不在君所，故無事則襲，前文云者是也。笏，天子以球玉，諸侯以象，大夫以魚須文竹，❶士竹本象可也。❷球，美玉也。文，猶飾也。大夫士飾竹以爲笏，不敢與君並用純物也。見於天子，與射，無說笏。入大廟說笏，非古也。言凡吉事，無所說笏也。大廟之中，唯君當事說笏也。小功不說笏，當事免則說之。免，悲哀哭踊之時，不在於記事也。小功輕，不當事，可以搢笏也。既搢必盥，雖有執於朝，弗有

❶「須」，王念孫云：「此節經文及《釋文》、《正義》內『須』字，皆『頒』字之誤。『頒』與『班』，古字通，故《釋文》『音班』，故崔氏曰：『用文竹及魚班也。』隸書『頒』字，形與『須』相似，因誤爲『須』耳。」詳《經義述聞》。

❷「士竹本象可也」，王夫之《禮記章句》讀作「士竹，本，象可也」，云「士竹，常竹也。本，下執處，大夫士皆可以象骨飾之。」孫希旦《集解》斷句與王同。

盥矣。搢笏輒盥，爲必執事。凡有指畫於君前，用笏；造受命於君前，則書於笏。笏，畢用也，因飾焉。畢，盡也。笏度二尺有六寸，其中博三寸，其殺六分而去一。殺，猶杼也。天子杼上終葵首，諸侯不終葵首。大夫士又杼其下首，廣二寸半。**疏**正義曰：此一節明天子以下笏之所用之物，并明用笏之事及闊狹長短。「大夫以魚須文竹」者，文飾也。庾氏云：「以鮫魚須飾竹以成文。」「士竹本象可也」者，士以竹爲本質，以象牙飾其邊緣，飾之可也。言「可」者，通許之辭。**注**「球美」至「物也」　正義曰：案《釋地》云：「西北之美者，有崐崘虛之璆、琳、琅玕焉。」李巡、孫炎、郭璞等並云：「璆、琳，美玉。」此之「球」字，則與「璆」同，故云球是美玉也。云「文，猶飾也」，謂以魚須文飾其竹。盧云：「以魚須及文竹爲笏。」非鄭義也。云「大夫士飾竹以爲笏」者，大夫以魚須，士用象。**注**「言凡」至「笏也」　正義曰：經揔云「見於天子」，則諸侯事在其間，故云「言凡吉事，無所説笏」。「凡」者，非一之辭。下文云「小功不説」，則大功以上皆説之，故云惟吉事無説笏也。❶云「大廟之中，唯君當事則説笏也」者，以臣見君，無不執笏，明大廟之中，雖當事之時，亦執笏也。君則大廟之中，當事之時，則説笏。時臣驕泰，僭儗於君，當事之時，亦説笏。故記者明之云：臣入大廟，當事説笏，非古禮也。是當時之僭，記者據時而言，故鄭云「唯君當事説笏也」。必知當事説者，以下文云「小功不説笏，當事免，則説之」，明君入大廟，當事則亦説耳。凡臣見君皆執笏，笏所以記事，射所以正威儀，獨云「見於天子」者，以天子尊極，恐臣下畏懼，不敢執笏，故特言「見於天子」，明臣下見於君皆然。

「既搢」至「盥矣」　言「既搢笏必盥」者，謂有執事於朝，須預絜浄，故既搢笏於帶，必盥洗其手。於後雖有執事於朝，更不須清絜，不須盥矣。以其初盥已畢。

「造受」至「飾焉」　「造受命」，謂造詣君前而受命，則書記於笏。「笏，畢用也」者，畢，盡也。謂事事盡用笏記之。「因飾焉」者，謂因其記事所須，而飾以爲上下等級焉。

「其中博三寸」者，天子、諸侯上首廣二寸半，其天子椎頭不殺也。❷大夫士下首又廣二寸半，唯笏之中央，同博三寸，故云「其中博三寸」也。「其殺六分而去一」者，天

❶「無」，浦鏜從衛氏《集説》校，云「無」下脱「所」字。

❷「椎」，原作「樵」，據殿本、阮本及衛氏《集説》改。

子、諸侯，從中以上，稍稍漸殺，至上首六分三寸而去其一分，餘有二寸半。在大夫士，又從中以下漸漸殺，至下首，亦六分而去一。 注「殺猶」至「寸半」 正義曰：案《玉人》云「天子杼上」，此云「殺」，故知「殺，猶杼也」。云「諸侯不終葵首」者，以《玉人》云「天子終葵首」，則「諸侯不終葵首」可知也。云「大夫士又杼其下」者，以經特云「其中博三寸」，明笏上下二首不博三寸。諸侯既南面之君，同殺其上；大夫士北面之臣，宜俱殺其下也。

而素帶，終辟。❶ 大夫素帶，辟垂。士練帶，率下辟。居士錦帶。弟子縞帶。并紐、約用組，

而素帶，終辟，謂諸侯也。諸侯不朱裏，合素爲之，如今衣帶爲之，下天子也。大夫亦如之。率，繂也。士以下皆禪，不合而繂積，如今作幧頭爲之也。辟，讀如「裨冕」之裨。裨，謂以繒采飾其側。人君充之，大夫裨其紐及末，士裨其末而已。居士，道藝處士也。此自「而素帶」亂脱在是耳，宜承「朱裏，終辟」。 疏 正義曰：自此以下至「皆從男子」，明帶及韠韍，及王后以下衣服等差。其文雜陳，又上下爛脱，今一依鄭注，以爲先後。天子素帶，朱裏，終辟。而素帶，終辟。大夫素帶，辟垂。士練帶，率下辟。居士錦帶。弟子縞帶。并紐、約用組，三寸，長齊于帶。紳長制：士三尺，有司二尺有五寸。子游曰：「參分帶下，紳居二焉。」紳、韠、結三齊。大夫大帶四寸。雜帶，君朱緑，大夫玄華，士緇辟二寸，再繚四寸。凡帶，有率無箴功。此等揔論帶之義也。今依而解之。 「天子素帶，朱裏」者，以素爲帶，用朱爲裏。「終辟」，辟則裨也。終竟帶身在要及垂皆裨，故云「終辟」。 「而素帶，終辟」者，謂諸侯也。以素爲帶，不以朱爲裏，亦用朱緑終裨。 「大夫素帶，辟垂」者，大夫亦用素爲帶，不終裨，但以玄華裨其身之兩旁及屈垂者。 「士練帶，率下辟」者，士用孰帛練爲帶，其帶用單帛，兩邊繂而已。繂，謂緶緝也。下裨者，但士帶垂者必反屈嚮上，又垂而下。大夫則揔皆裨之，士則用緇，唯裨嚮下一垂者。 「居士錦帶」者，用錦爲帶，尚文也。 「弟子縞帶」者，用生縞爲帶，尚質也。 「并紐約用組」者，并，並也。紐，謂帶之交結之處，以屬其紐。約者，謂以物穿紐，約結其帶。謂天子以下至弟子之等，其

❶「而素帶終辟」，輿國于氏改正本作「諸侯而素帶終辟」。陳澔《集説》云「而」下脱「諸侯」二字。《毛詩·曹風·鳲鳩》孔疏引作「諸侯素帶終辟」。

所紐約之物，並用組爲之，故云「并紐約用組」。　「三寸」者，謂紐、約之組，闊三寸也。　「長齊于帶」者，言約紐組餘長三尺，與帶垂者齊，故云「長齊於帶」。　「紳長制：士三尺，有司二尺有五寸」者，紳，謂帶之垂者。紳，重也，謂重屈而舒申。其制，士長三尺，有司長二尺五寸。　「子游曰：『參分帶下，紳居二焉。』」　記者引子游之言，以證紳之長短。人長八尺，大帶之下四尺五寸，分爲三分，紳居二分焉，紳長三尺也。　「紳、韠、結三齊」者，紳，謂紳帶。韠，謂蔽膝。結，謂約紐餘組。三者俱長三尺，故云「三齊」也。　「大夫大帶四寸」，謂合素爲之，廣四寸。「雜帶，君朱緑，大夫玄華，士緇辟」者，雜，猶飾也。謂飾帶，君用朱緑，大夫用玄華，士用緇也。　「士緇辟二寸，再繚四寸」，謂用單練廣二寸。繚，繞也，再度繞要，亦四寸也。　「凡帶，有率無箴功」者，凡帶，謂有司之帶。有繂，謂其帶既襌，亦以箴線緝其側，但繂襵之而已，無別裨飾之箴功，故云「無箴功」。　**注**「而素」至「終辟」　正義曰：以文承「天子素帶，終辟」，故知「素帶」謂諸侯。以經不云「朱裏」，故云「諸侯不朱裏，下天子也」。　云「率，繂也，士以下皆襌，不合而繂積」者，以「率」非縫繞之事，故讀爲「繂」，與「碑繂」同也。　知「士以下皆襌」者，以經云「士練帶率」，繂是縫襵之名，以縫旁邊，故知襌也。　云「辟，讀如『裨冕』之裨」者，讀如《曾子問》「大祝裨冕」之裨也。　云「人君充之」者，充，滿也。人君，謂天子、諸侯。飾帶從首及末，徧滿皆飾，故云「充之」。　云「大夫裨其紐及末」者，大夫卑，但飾其帶紐以下至於末也。　云「士裨其末而已」者，士又卑，但裨其一條下垂者，故云「裨末而已」。云「宜承『朱裏終辟』」者，以下文云「天子素帶，朱裏，終辟」，此文即云「素帶，終辟」，次云「大夫」，故知宜承「天子素帶」之下，文相次也。　**注**「三寸」至「爲衿」　正義曰：知「三寸，約帶紐組之廣」者，以帶廣四寸，此云「三寸，長齊於帶」，承上「紐約用組」之下，故知是紐廣也。　云「言其屈而重也」者，解垂帶名紳之意。申，重也。　云「宜承『約用組』」者，以此經直云「三寸，長齊于帶」，非發語之端，明知有所承次，故以爲「宜承『約用組』」之下。　**注**「雜猶」至「三齊」　正義曰：上云「裨」，此云「雜」，故知「雜」即上之「裨」也。　云「君裨帶，上以朱，下以緑」者，君，謂天子、諸侯。崔氏、熊氏並云：「據要爲正，飾帶外邊，上畔以朱，朱是正色，故在上也。下畔以緑，緑是間色，故在下也。」云「大夫裨垂，外以玄，内以華。華，黄色也」者，熊氏云：「近人爲内，遠人爲外。玄是天色，故在外。以『華』對

『玄』,故以爲黄也。黄是地色,故在内也。」云「士裨垂之下,外内皆以緇」者,士既練帶,而《士冠禮》謂之「緇帶」。據裨色言之,故謂之緇帶,以裨之外内皆用緇也。云「宜承『紳、韠、結三齊』」者,以下文「三寸,長齊于帶」,合承上「紐約用組」之後,則此「大夫大帶」一經,不得廁在其間,故知宜承下「紳、韠、結三齊」之後也。

韠,君朱,大夫素,士爵韋。此玄端服之韠也。韠之言蔽也。凡韠,以韋爲之,必象裳色。裳色,則天子諸侯玄端朱裳,大夫素裳,唯士玄裳、黄裳、雜裳也。皮弁服皆素韠。圜、殺、直。目韠制。天子直,四角直,無圜、殺。公侯前後方,殺四角,使之方,變於天子也。所殺者,去上下各五寸。大夫前方、後挫角,圜其上角,變於君也。韠以下爲前,以上爲後。士前後正。士賤,與君同,不嫌也。正,直,方之間語也。天子之士則直,諸侯之士則方。韠,下廣二尺,上廣一尺,長三尺,其頸五寸,肩、革帶博二寸。頸五寸,亦謂廣也。頸中央,肩兩角,皆上接革帶以繫之。肩與革帶廣同。凡佩,繫於革帶。大夫大帶四寸。雜帶,君朱緑,大夫玄華,士緇辟二寸,再繚四寸。凡帶有率,無箴功。雜,猶飾也,即上之「裨」也。君裨帶,上以朱,下以緑,終之。大夫裨垂,外以玄,内以華。華,黄色也。士裨垂之下,外内皆以緇,是謂緇帶。大夫以上以素,皆廣四寸。士以練,廣二寸,再繚之。凡帶,有司之帶也,亦綷之如士帶矣。無箴功,則不裨之。士雖綷帶,裨亦用箴功。凡帶不裨,下士也。此又亂脱在是,宜承「紳、韠、結三齊」。一命緼韍幽衡,再命赤韍幽衡,三命赤韍葱衡。此玄冕、爵弁服之韠,尊祭服,異其名耳。韍之言亦蔽也。緼,赤黄之間色,所謂韎也。衡,佩玉之衡也。幽,讀爲「黝」。黑謂之黝,青謂之葱。《周禮》公侯伯之卿三命,其大夫再命,其士一命;子男之卿再命,其大夫一命,其士不命。天子素帶,朱裏,終辟。謂大帶也。

疏 正義曰:此一經揔明韠韍上下尊卑之制,唯有「大夫大帶」一經廁在其間,已於「帶」條説訖。

注「此玄」至「素韠」 正義曰:知「此玄端服之韠也」者,案《士冠禮》「玄端,玄裳、黄裳、雜裳,爵韠」,謂士玄端之韠,此云「士爵韋」,故知是玄端之韠也。云「天子、諸侯玄端朱裳」者,以韠從裳色,君既用朱,故知裳亦朱色也。

然天子、諸侯祭服，玄衣纁裳，知此朱韠非祭服韠者，若其祭服，則君與大夫士無別，同是赤色，何得云「大夫素，士爵韋」？且祭服之韠，大夫以上謂之韍，士爵弁謂之韎韐，不得稱韠也。云「大夫素裳」者，大夫玄端，以素爲裳，故素韠也。此則大夫士朝君之服。大夫既以素裳爲朝服，又以玄端服，禮窮則同故也。云「唯士玄裳、黄裳、雜裳也」者，《士冠禮》謂玄端之裳也。士朝服則素裳。故鄭注《士冠禮》「朝服則玄端之衣，易其裳耳」。云「皮弁服皆素韠」者，案《士冠禮》「皮弁服，素韠」。云「皆」者，君與大夫士皮弁皆然，故云「皆」也。**注**「目韠制」　正義曰：經云「圜」，則下文「大夫前方，後挫角」，則圜也。經云「殺」，則下文「公侯前後方」，方則殺也。經云「直」，則下文云「天子直」。是「目韠制」也。**注**「殺四」至「五寸」　正義曰：以經云「前後方」，是殺四角也。上下各去五寸，所去之處，以物補飾之使方，變於天子也。云「所殺者，去上下各五寸」者，案《雜記》云「韠，會去上五寸」，是上去五寸；又云「紕以爵韋六寸，不至下五寸」，是去下五寸。鄭注《雜記》云：「會，謂上領縫也。領之所用，蓋與紕同。」如鄭此言，即上去五寸是領也。以爵韋爲領，故云「領之所用與紕同」。下云所去五寸「純以素」，故鄭注《雜記》云：「純紕所不至者五寸。」然則上去五寸是領也，下去五寸是純也。若然，唯去上畔下畔，而云「殺四角」者，蓋四角之處，別異之，使殊於餘邊也。其會之下，純之上，兩邊皆紕以爵韋，表裏各三寸。故《雜記》云：「韠，長三尺，下廣二尺，上廣一尺。會去上五寸，紕以爵韋六寸，不至下五寸。純以素，紃以五采。」韠制大略如此。但古制難知，不可委識。或據《禮圖》，天子韠制，形如要鼓也。以今參驗，不附人情。故今依附《記》文，參驗情事，而爲此說，以俟後賢。**注**「圜其」至「爲後」　正義曰：以經云「後挫角」，謂殺上角使圜，不令方也。**注**「正，直、方之間語也」　正義曰：正，謂不衺也。直而不衺謂之正，方而不衺亦謂之正，故云「正，直、方之間語」。**注**「頸五」至「革帶」　正義曰：云「頸五寸，亦謂廣」者，鄭恐上下長五寸，故云「亦謂廣也」。其上下及肩與革帶，俱二寸也。云「凡佩，繫於革帶」者，以韠繫於革帶，恐佩繫於大帶，故云然。以大帶用紐約，❶其物細小，不堪縣韠、佩故也。**注**「此玄」至「不命」　正義曰：以上經云「君朱，大夫素，士爵韋」，是玄端服之韠，故云「此玄冕、爵弁服之韠」，言異於上也。此

❶「紐」，原作「組」，據殿本、庫本及衛氏《集説》改。

據有孤之國，以卿大夫雖三命、再命，皆著玄冕；若無孤之國，則三命再命之卿大夫，皆絺冕，不得唯玄冕也。爵弁則士所服。云「尊祭服，異其名耳」者，他服稱韠，祭服稱韍，是異其名。韍、韠，皆言爲蔽，取蔽鄣之義也。知祭服稱韍者，案《易·困卦》九二：「朱紱方來，利用享祀。」是祭祀稱韍也。案《詩毛傳》：❶「天子純朱，諸侯黄朱。」黄朱色淺，則亦名赤韍也，則大夫赤韍色又淺耳。有虞氏以前，直用皮爲之，後王漸加飾焉。故《明堂位》云：「有虞氏服韍，夏后氏山，殷火，周龍章。」彼注云：「天子備焉。諸侯火而下，卿大夫山，士韎韋而已。」云「緼，赤黄之間色，所謂韎也」者，案此云「一命緼韍」，一命，謂公侯伯之士。《士冠禮》「爵弁，韎韐」，此「緼韍」則當彼「韎韐」，故云「所謂韎也」。《毛詩》云：「韎韐，❷茅蒐染。」齊人謂茅蒐爲韎韐聲也。茅蒐則蒨草也。以蒨染之，其色淺赤，則緼爲赤黄之間色。若子男大夫，但名「緼韍」，不得爲韎韐也，以其非士故耳。云「黑謂之黝，青謂之葱」者，《周禮·牧人》云：「陰祀用黝牲。」又孫炎注《爾雅》云：「黝，青黑。」葱則青之異色。」三命，則公之卿玄冕，侯伯之卿絺冕，皆「赤韍葱衡」。

王后褘衣，夫人揄狄。褘，讀如「翬」。揄，讀如「搖」。翬、搖，皆翟雉名也。刻繒而畫之，著於衣以爲飾，因以爲名也。後世作字異耳。夫人，三夫人，亦侯伯之夫人也。王者之後，夫人亦褘衣。三寸，長齊于帶。紳長制，士三尺，有司二尺有五寸。子游曰：「參分帶下，紳居二焉。」紳、韠、結三齊。三寸，謂約帶紐組之廣也。長齊于帶，與紳齊也。紳，帶之垂者也，言其屈而重也。《論語》曰：「子張書諸紳。」有司，府、史之屬也。三分帶下而三尺，則帶高於中也。結，約餘也。此又亂脱在是，宜承「約用組」。結，或爲「衿」。君命屈狄，❸再命褘衣，一命襢衣，士褖衣。君，女君也。屈，《周禮》作「闕」，謂刻繒爲翟，不畫也。此子男之夫人及其卿大夫士之妻命服也。褘，當爲「鞠」，字之誤也。禮，天子諸侯命其臣，后夫人亦命

❶「案詩」至「黄朱」，案：「天子純朱，諸侯黄朱」，《小雅·斯干》鄭箋文，非《毛傳》文。

❷「韐」，《詩·小雅·瞻彼洛矣》阮校以爲衍字。詳王引之《經義述聞》卷六。下「韐」字同。

❸「君命屈狄」，孫希旦《集解》云：「『君命』，當作『五命』，字之誤也。婦人從其夫之爵位，故夫尊于朝，則妻榮于室，無別受爵命之法。注疏謂『君命』爲受王后之命，非也。」

其妻以衣服，所謂「夫尊於朝，妻榮於室」也。子男之卿再命而妻鞠衣，則鞠衣、襢衣、褖衣者，諸侯之臣皆分爲三等，其妻以次受此服也。公之臣，孤爲上，卿大夫次之，士次之。侯伯子男之臣，卿爲上，大夫次之，士次之。褖，或作「税」。

唯世婦命於奠繭，其他則皆從男子。

奠，猶獻也。凡世婦已下，蠶事畢，獻繭，乃命之以其服。天子之后、夫人、九嬪及諸侯之夫人，夫在其位，則妻得服其服矣。自「君命屈狄」至此，亦亂脱在是，宜承「夫人揄狄」。

疏 正義曰：此一節論王后以下命婦之服，唯有「三寸，長齊于帶」一經廁在其間。帶事前文已解訖。「王后褘衣」者，褘，讀如「翬」。謂畫翬於衣，六服之最尊也。「夫人揄狄」者，揄，讀如「摇」。狄，讀如「翟」。謂畫摇翟之雉於衣。謂三夫人及侯伯夫人也。「君命屈狄」者，君，謂女君，子男之妻也。被后所命，故云「君命」。屈狄者。屈，闕也。狄，亦翟也。❶直刻雉形，闕其采畫，故云「闕翟」也。「再命褘衣」者，再命，謂子男之卿。褘，當爲「鞠」。謂子男卿妻服鞠衣也。「一命襢衣」者，襢，展也。子男大夫一命，其妻服展衣也。「士褖衣」者，謂子男之士不命，其妻服褖衣。鄭注《士喪禮》：❷「褖之言緣。黑衣裳，以赤緣之。」「唯世婦命於奠繭」者，世婦，謂天子二十七世婦以下也。奠，獻也。獻繭，謂世婦及命婦入助蠶畢獻繭也。凡夫尊於朝，妻貴於室，皆得各服其命服。今唯世婦及卿大夫之妻並卑，雖已被命，猶不得即服命服，必又須經入助蠶，蠶畢獻繭，繭多功大，更須君親命之著服，乃得服耳。故云「命於奠繭」。「其他則皆從男子」者，其他，謂后、夫人、九嬪及五等諸侯之妻也。其夫得命，則其妻得著命服，不須奠繭之命，故云「皆從男子」。

注「褘讀」至「褘衣」　正義曰：案鄭注《内司服》，引《爾雅·釋鳥》：「伊、雒而南，素質，五色皆備成章曰翬。江、淮而南，青質，五色皆備成章曰摇。」鄭又云：「王后之服，刻繒爲之形而采畫之，綴於衣以爲文章。褘衣畫翬者，揄翟畫摇者，闕翟刻而不畫。從王祭先王則服褘衣，祭先公則服揄翟，祭群小祀則服闕翟。鞠衣，黄桑服也，色如鞠塵，服之以告桑。展衣，以禮見王及賓客。褖衣，御于王之服。闕翟赤，摇翟青，褘衣玄，鞠衣黄，展衣白，褖衣黑。」又《鄭志》云：「三狄首服副，副，覆也，所以覆首

❶「亦」字原漶滅，據阮本補。
❷「士」，原作「云」，據阮本改。

爲之飾，其遺象若今步繇矣。鞠衣首服編，編列髮爲之，其遺象若今假紒矣。展衣、褖衣首服次，次第髮長短爲之，所謂髲髢。若燕居之時，則亦褖衣纚笄總而已。其六服皆以素紗爲裏。」故《内司服》陳「六服」之下云「素紗」，鄭注云：「六服皆袍制，以白縳爲裏。」云「夫人，三夫人，亦侯伯之夫人也」者，以經云「王后褘衣」，則云「夫人揄狄」，其文相次，故以夫人爲三夫人。但三夫人與三公同，對王爲屈。三公執璧與子男同，則三夫人亦當與子男夫人同。故鄭注《司服》疑而不定，云「三夫人其闕狄以下乎」？爲兩解之也。云「王者之後，夫人亦褘衣」者，以《禮記》每云「君衮冕，夫人副褘」，王者之後，自行正朔，與天子同，故祭其先王，服上服也。若祭先公，則降焉。魯祭文王、周公，其夫人亦褘衣。故《明堂位》云「君衮冕立于阼，夫人副褘立于房中」是也。注「君女」至「作税」 正義曰：以禮，君命其夫，后命其婦，則子男之妻不得受天子之命，故以爲「君」謂「女君」，是子男之妻受后之命。或可「女君」謂「后」也，命子男妻，故云「君命」。云「此子男之夫人及其卿大夫士之妻命服也」者，以《典命》云「子男之卿再命，其大夫一命，其士不命」，此云「再命褘衣，一命襢衣，士褖衣」，又承「闕狄」下，正與子男同，故知據「子男夫人及卿大夫士之妻」也。「褘衣」是王后之服，故疑當爲「鞠衣」。云「子男之卿再命而妻鞠衣，則鞠衣、襢衣、褖衣者，諸侯之臣皆分爲三等，其妻以次受此服也」者，鄭爲此言，欲明諸侯臣之妻唯有三等之服。云「公之臣，孤爲上，卿大夫次之，士次之」者，以《司服》云「孤絺冕而下，卿大夫玄冕而下，士皮弁而下」，此謂上公臣爲三等。云「侯伯子男之臣，卿爲上，大夫次之，士次之」者，以此經「再命鞠衣，一命襢衣，士褖衣」，士與大夫不同。又《典命》「子男之卿再命，大夫一命，士不命」，尚分爲三等。「侯伯之卿三命，大夫再命，士一命」，是亦三等，可知鄭云然也。注「奠猶」至「揄狄」 正義曰：凡獻物，必先奠於地，故云「奠，猶獻也」。云「凡世婦以下，蠶事畢，獻繭乃命之」者，三夫人、九嬪，其位既尊，不須獻繭，自然得命也。世婦以下位卑，因獻繭乃得命。言「以下」，則女御亦然。經唯云「世婦」，舉其貴者。

凡侍於君，紳垂，足如履齊，頤霤，垂拱，視下而聽上，視帶以及袷，聽鄉任左。紳垂則磬折也。齊，裳下緝也。袷，交領也。**凡君召以三節，二節以走，一節以趨。**節，所以明信，輔君命也。使使召臣，急則持二，緩則持一。《周禮》曰：「鎮圭以徵守。」其餘未聞也。今漢使者擁節。**在官不俟屨，在外不俟車。**趨君命也。必有執隨授之者。官，謂朝廷治事處也。

疏正義曰：此一節論人臣侍君及被君召之儀。「凡侍於君」者，謂臣侍君法也。凡者，臣無貴賤皆然也。「紳垂」者，紳，大帶也。身直則帶倚，磬折則帶垂。「足如履齊」者，齊，裳下緝也。身折則裳前下緝委地，故行則足恒如踐履裳下也。「頤霤」者，霤，屋簷。身俯，故頭臨前，垂頤如屋霤。「垂拱」者，拱，沓手也。身俯則宜手沓而下垂也。「視下而聽上」者，視高則敖，故下矚也。聽上，謂聽尊者語，宜諦聽，故仰頭而面嚮上以聽之也。「視帶以及袷」者，視尊者之處也。袷，交領也。視君之法，下不過帶，高不過袷。故《曲禮》云「凡視，上於面則敖，下於帶則憂」是也。「聽鄉任左」者，此解聽上也。庾云：「聽上及聽鄉任左，皆備君教使也。鄭注《少儀》曰：『立者尊右。』則坐者尊左也。侍君之時，君坐，故侍者在右，是以聽鄉皆以左爲任也。此謂臣以左耳近君，故云『任左』」。「凡君召以三節，二節以走，一節以趨」者，節者，以玉爲之，所以明信，輔於君命者也。君使使召臣，有二節時，有一節時，故合云「三」也。隨事緩急，急則二節，臣故走也；緩則一節，臣故趨也。庾氏云：「君召以三節者，謂君召臣急，則以二節；緩，則以一節。急緩不出於三耳。不謂節盡於三也。」「在官不俟屨，在外不俟車」者，急趨君召也。官，謂朝廷治事處也。外，謂其室及官府也。在官近，不須車，故言「屨」；在外遠，故云「車」。

注「周禮」至「擁節」　正義曰：此《周禮·典瑞》文，引之者，證君召臣之節，謂徵召守國諸侯，以鎮圭召之。云「其餘未聞」者，謂召諸侯之外，別召餘臣未聞。云「今漢使擁節」者，擁，持也。漢時使人召臣，持節召之也。

士於大夫，不敢拜迎，而拜送。禮不敵，始來拜，則士辟也。**士於尊者先拜，進面，答之拜則走。**士往見卿大夫，卿大夫出迎答拜，亦辟也。

疏正義曰：此一節明士於尊者之法。「士於大夫，不敢拜迎」者，此謂大夫詣士，禮既不敵，故士不敢迎，而先拜。大夫雖拜，士則辟之。「而拜送」者，案《儀禮·鄉射》、《鄉飲酒》、《公食》、《聘禮》，但是主人送賓者，皆主人再拜，賓不答拜。鄭注云：「不答拜者，禮有終故也。」「士於尊者先拜」者，謂士往詣卿大夫，即先於門外拜之也。「進面」，士先於外拜，拜竟乃進面，親相見也。「答之拜則走」者，若大夫出迎而答拜於士，則士走辟之也。士於君所言大夫，❶没矣則稱謚若字，名士。與大夫言，名士，字大夫。君所，大夫存亦名。

疏 正義曰：此一節論士於君及大夫之所言群臣之法。「士於君所言大夫」者，謂士在君前，與君言，論及於大夫也。「没矣，則稱謚若字」者，君前臣名，若彼大夫生，則士呼其名；若彼大夫已死没，而士於君前言，則稱彼謚，無謚則稱字。不呼其名，敬貴故也。「名士」者，士賤，雖已死，而此生士與君言，猶呼死士名也。「與大夫言，名士，字大夫」者，謂士與大夫言次，論及他生大夫士之法也。士賤，故呼之名。大夫貴，故呼之字也。若大夫士卒，則字士，謚大夫。

於大夫所，有公諱，無私諱。公諱，若言語所辟先君之名。凡祭不諱，廟中不諱，謂祝嘏之辭中有先君之名者也。凡祭，祭群神。廟中上不諱下。教學臨文不諱。爲惑未知者。

疏 正義曰：此一節論諱與不諱之法。「有公諱，無私諱」者，謂士及大夫言，但諱君家，不自私諱父母也。崔氏云：「謂伯叔之諱耳。若至親，則不得言。」庾云：「謂士與大夫言，有音字同己祖禰名字，❷皆不得諱辟。敬大夫，故不重敬。」「凡祭不諱，廟中不諱」者，謂祝嘏之辭中有先君名者也。凡祭，祭群神也，謂社稷、山川百神也。祝嘏辭中有先君之名，不諱之也。「廟中上不諱下」，若有事於祖，則不諱父也。有事於父，則諱祖。「教學臨文不諱」者，教學，爲師長也。❸教人若諱，疑誤後生也。臨文，謂簡牒及讀法律之事也，若諱，則失於事正也。

古之君子必佩玉，比德焉。君子，士已上。右徵、角，左宮、羽，玉聲所中也。徵、角在右，事也，民也，可以勞。宮、羽在左，君也，物也，宜逸。趨以《采齊》，路門外之樂節也。門外謂之趨。齊，當爲「楚薺」之薺。行以《肆夏》，登堂之樂節。周還中規，反行也，宜圜。折還中矩，曲行也，宜方。進則揖之，退則揚

❶「士於君所言大夫」，孫希旦《集解》讀「言」字句絶，「大夫」二字屬下。

❷「音」，阮校云：「毛本『音』作『名』。」按：殿本、庫本亦作「名」。

❸「爲」，阮校云：「毛本『爲』作『謂』，衛氏《集説》同。」

之，然後玉鏘鳴也。揖之，謂小俛見於前也。揚之，謂小仰見於後也。鏘，聲貌。故君子在車則聞鸞和之聲，行則鳴佩玉，是以非辟之心無自入也。鸞在衡，和在式。自，由也。君在不佩玉，左結佩，右設佩。謂世子也。出所處而君在焉，則去德佩而設事佩，辟德而示即事也。結其左者，若於事有未能也。結者，結其綬，不使鳴也。居則設佩，謂所處而君不在焉。朝則結佩，朝於君，亦結左。齊則綪結佩而爵韠。綪，屈也。結又屈之，思神靈，不在事也。爵韠者，齊服玄端。凡帶必有佩玉，唯喪否。喪主於哀，去飾也。凡，謂天子以至士。佩玉有衡牙。居中央以前後觸也。君子無故，玉不去身。君子於玉比德焉。故，謂喪與災眚。天子佩白玉而玄組綬，公侯佩山玄玉而朱組綬，大夫佩水蒼玉而純組綬，世子佩瑜玉而綦組綬，士佩瓀玟而緼組綬。玉有山玄、水蒼者，視之文色所似也。綬者，所以貫佩玉，相承受者也。純，當爲「緇」。古文「緇」字，或作絲旁才。❶綦，文雜色也。緼，赤黃。孔子佩象環五寸而綦組綬。謙不比德，亦不事也。象，有文理者也。環，取可循而無窮。

疏正義曰：此一節廣明佩玉之事。各隨文解之。

注「比德」至「已上」　正義曰：案《詩·秦風》云：「言念君子，溫其如玉。」是玉以比德。案《聘義》云：「溫潤而澤，仁也；縝密以栗，知也；廉而不劌，義也；垂之如隊，禮也；浮筠旁達，信也。」是玉以比德也。案下文云「天子佩白玉」，下至士，是君子含「士以上」也。

注「玉聲」至「宜逸」　正義曰：「玉聲所中也」者，謂所佩之玉，中此徵、角、宮、羽之聲。云「事也，民也，可以勞」者，案《樂記》「角爲民，徵爲事」。右廂是動作之方而佩徵、角，事則須作而成，民則供上役使，故可勞而在右也。云「君也，物也，宜逸」者，案《樂記》云：「宮爲君，羽爲物。」今宮、羽在左，是無事之方。君宜靜而無爲，物宜積聚，故在於左，所以逸也。

注「路門」至「之薺」　正義曰：路寢門外至應門，謂之趨。於此趨時，歌《采齊》爲節。云「齊當爲『楚薺』之薺」者，案《詩·小雅》有《楚

❶「絲」，孫詒讓《校記》云：「絲」當爲「糸」。

茨》之篇，此作「齊」字，故讀爲「楚茨」之茨，音同耳，其義則異。 **注**「登堂之樂節」 正義曰：路寢門内至堂，謂之行。於行之時，則歌《肆夏》之樂。案《爾雅·釋宫》云：「室中謂之時，堂上謂之行，堂下謂之步，門外謂之趨，中庭謂之走，大路謂之奔。」此對文耳。若揔而言之，門内謂之行，門外謂之趨。鄭注《樂師》云「行，謂於大寢之中。趨，謂於朝廷。然則王出既服，至堂而《肆夏》作，出路門而《采薺》作。其反，入至於應門、路門亦如之。此謂步迎賓客。王如有車出之事，登車於大寢西階之前，反降於阼階之前。《尚書傳》曰：『天子將出，撞黄鍾之鍾，右五鍾皆應。入則撞蕤賓之鍾，左五鍾皆應。』」是也。 **注**「反行也，宜圜」 正義曰：反行，謂到行，反而行。假令從北嚮南，或從南嚮北。 **注**「曲行也，宜方」 正義曰：曲行，謂屈曲而行。假令從北嚮南行，曲折而東嚮、西嚮也。

「進則」至「鳴也」 「揖」，俯也。若行前進，則身恒小俯俛也。 「退則揚之」者，揚，仰也。郤退遷行，❶則身微仰也。 「然後玉鏘鳴也」者，若進俯退仰，則然後佩離身而直行摇動，佩自擊，所以玉聲得鏘鏘而鳴也。 **注**「揖之」至「後也」 正義曰：「見於前」者，謂佩嚮前垂而見之。「見於後」者，謂佩嚮後垂而見也。❷ 「是以非辟之心無自入也」 謂君子恒聞鸞和佩玉之正聲，自，由也，是以非類邪辟之心無由入於身也。 **注**「鸞在衡，和在式」 正義曰：「鸞在衡，和在式」，《韓詩外傳》文也。❸ 若鄭康成之意，此謂平常所乘之車也。若田獵之車，則鸞在馬鑣也。故注《秦詩》云：「置鸞於鑣，異於乘車。」鄭於《秦詩》既已明言，故於《毛詩傳》云「在軾曰和，在鑣曰鸞」，鄭不復易毛也。又於《商頌》箋云：「鸞在鑣。」同毛氏之説，亦不復具言，以《秦詩》箋已明言故也。 「君在」至「設佩」 謂世子出所處，而與君同在一處，則不敢佩玉。 玉以表德，去之，示已無德也。 「左結佩」者，佩，亦玉佩。既不佩玉而結左佩也。 鄭云「結者，結其綬，不使鳴也」。賀云：「事佩綬且不鳴。今云結綬使不鳴，則猶在佩玉也。」 「右設佩」者，結左邊玉佩，而設右邊事佩。事佩是木燧、大觿之屬。 **注**「謂世」至「鳴也」 正義曰：知「謂世子也」者，以臣之對君，則恒佩玉，故下云「君子無

❶ 「遷」，阮校云：「毛本『遷』作『還』。」
❷ 「也」，衛氏《集説》作「之」。
❸ 「外傳」，孫詒讓《校記》云：「據《經解》注，『外傳』當作『内傳』。」按《詩·車鄰》疏引亦作「内傳」。

故，玉不去身」，前文云「然後玉鏘鳴也」，是臣之去朝君，❶備儀盡飾，當佩玉。今云「君在不佩玉」，故知非臣。下云「世子佩瑜玉」，是以知世子也。云「出所處而君在焉」者，以下文「朝則結佩」，謂朝時，明此「君在」非朝處也。云「去德佩」者，謂結玉佩，不使鳴，非謂全去也。云「而設事佩」者，大觿、木燧之屬也。云「辟德而示即事也」者，以辟德不敢當，故去德佩。而示有勞役之事，以奉於上，故「設事佩」也。　「朝則結佩」，朝結佩及設佩，亦皆謂世子。　「齊則綪結佩」，此謂揔包凡應佩玉之人，非唯世子。　綪結佩，綪，屈也，謂結其綬而又屈上之也。　「而爵韠」者，謂士玄端齊，故爵韋爲韠也。而熊氏、皇氏並謂：「諸侯以下，皆以玄端齊，而以爵韋爲韠，同士禮。以其齊，故不用朱韠、素韠也。」義或然也。　「佩玉有衝牙」，凡佩玉，必上繫於衡，下垂三道，穿以蠙珠，下端前後，以縣於璜；中央下端，縣以衝牙，動則衝牙前後觸璜而爲聲。所觸之玉，其形似牙，故曰衝牙。　皇氏謂「衝居中央，牙是外畔兩邊之璜」，以衝、牙爲二物。若如皇氏説，鄭何得云「牙居中央以爲前後觸也」？　**注**「玉有」至「赤黄」　正義曰：「玉有山玄、水蒼者，視之文色所似也」者，玉色似山之玄而雜有文，似水之蒼而雜有文，故云「文色所似」。但尊者玉色純，公侯以下，玉色漸雜，而世子及士，唯論玉質，不明玉色，則玉色不定也。瑜是玉之美者，故世子佩之。承上「天子、諸侯」，則「世子」，天子、諸侯之子也。然諸侯之世子雖佩瑜玉，亦應降殺天子世子也。「瓀玟」，石次玉者，賤，故士佩之。云「純，當爲緇」者，以經云「玄組」、「朱組」皆是色，則「純」亦是色也，故讀「純」爲「緇」。鄭讀「純」爲「緇」，其例有異。若經文絲帛義分明，而色不見者，即讀「純」爲「緇」。《媒氏》云：「純帛不過伍兩。」以有「帛」字，故「純」爲「緇」。《祭統》云后、夫人蠶事「以供純服」，以其供蠶絲義分明，故讀「純」爲「緇」。《論語》云：「麻冕，禮也。今也純，儉。」稱古用麻，今用純，則絲可知也。以色不見，故讀「純」爲「緇」。若色見而絲不見，則不破「純」字，以「純」爲絲。《昏禮》「女次純衣」，注云：「純衣，絲衣。」如此之類是也。云「綦，文雜色也」者，《顧命》「四人綦弁」，云：❷「綦，青黑色。」《鄭風》「縞衣綦巾」，注

❶「去」，原作「法」，據阮本與閩、監、毛本、衛氏《集説》改。

❷「云」，衛氏《集説》「云」上有「注」字是也。

云：「綦，蒼艾色。」是綦爲雜色。又《説文》云：「綦，蒼艾。」❶是雜色也。　「孔子佩象環五寸而綦組綬」　孔子以象牙爲環，廣五寸，以綦組爲綬也。所以然者，失魯司寇，故謙，不復佩德佩及事佩，示己無德事也。佩象環者，象牙有文理，言己有文章也。而爲環者，示己文教所循環無窮也。五寸，法五行也。言文教成人，如五行成物也。

童子之節也，緇布衣，錦緣，錦紳并紐，錦束髮，皆朱錦也。童子，未冠之稱也。《冠禮》曰：「將冠者，采衣，紒也。」❷肆束及帶，勤者有事則收之，走則擁之。肆，讀爲「肄」。肄，餘也。餘束，約紐之餘組也。勤，謂執勞辱之事也。此亦亂脱在是，宜承「無箴功」。　童子不裘，不帛，不屨絇，無緦服，聽事不麻，無事則立主人之北，南面。❸見先生，從人而入。皆爲幼少，不備禮也。雖不服緦，猶免，深衣，無麻往給事也。裘帛温，傷壯氣也。絇，屨頭飾也。

疏正義曰：此一節論童子之儀，唯有「肆束及帶」一經，鄭云爛脱，廁在其間，宜承上「無箴功」之下。今先釋之，後論童子之事。　「肆束及帶」者，肆，餘也。謂約束帶之餘組及帶之垂者。若身充勤勞之事，當有事之時，則收斂之。爲其事之切迫，身須趨走，則擁抱之。收，謂斂持在手。擁，謂抱之於懷也。　「童子之節也」者，謂童稚之子，未成人之禮節。　「緇布衣」者，謂用緇布爲衣，尚質故也。　「錦緣，錦紳并紐」者，謂用錦爲緇布衣之緣，又用錦爲紳帶并約帶之紐，皆用錦也。　「錦束髮」者，以錦爲總而束髮也。　「皆朱錦也」者，言童子所用之錦，皆用朱色之錦。童子尚華，示將成人，有文德，故皆用錦，示一文一質之義也。　「童子不裘不帛」者，爲大温，傷壯氣也。　「不屨絇」者，絇，屨之飾也。未成人，不盡飾爲節也。　「無緦服」者，童子唯當室與族人爲禮，有恩相接之義，故遂服本服之緦耳。若不當室，則情不能至緦，故不服也。　「聽事不麻」者，鄭注云：「雖不服緦，猶免，深衣，

---

❶「蒼艾」，原作「蒼文」，據監本、毛本及衛氏《集説》改。

❷「紒」，原作「紛」，據余本、撫本、岳本、阮本改。

❸「立主人之北南面」，王念孫云：「鄭注《論語・憲問》引此作『立主人之南，北面』，《周官・内豎》疏所引與鄭同。童子聽使，不當南面而立，作『立主人之南，北面』者是也。」詳《經義述聞》。

無麻往給事也。」然鄭意是言童子雖不緦，猶著免、深衣，無絰，以往給事緦喪使役也。王云：「聽事不麻也。」❶庾謂：「此云無麻，謂不當室也。」案《問喪》及鄭注之意，皆以童子不當室則無免，而此注云「猶免」者，崔氏、熊氏並云：「不當室而免者，謂未成服而來也。《問喪》云不當室不免者，謂據成服之後也。」　「無事則立主人之北，南面」者，主人，喪主也。此童子來聽使，若有事則使之，若無事時在旁，謂在主人之北，南面而立。　「見先生，從人而入」者，先生，師也。童子不能獨爲禮，若往見師，則隨成人而入也。　注「雖不服緦，猶免、深衣」　正義曰：知「猶免，深衣」者，以經但云「無緦服」，是但不著緦服耳，猶同初著深衣也。知「免」者，以《問喪》云：「免者，不冠者之服。」故知未成服童子，雖不當室，初著免也。

侍食於先生、異爵者，後祭先飯。謙也。　客祭，主人辭曰：「不足祭也。」祭者，盛主人之饌也。　客飧，主人辭以疏。飧者，美主人之食也。疏之言麤也。　主人自置其醬，則客自徹之。敬主人也。徹，奠于序端。　一室之人，非賓客，一人徹。同事合居者也。賓客則各徹其饌也。　壹食之人，一人徹。壹，猶聚也。爲赴事聚食也。　凡燕食，婦人不徹。婦人質，不備禮。

疏　正義曰：此一節論侍食及徹饌之節。　「侍食於先生及異爵者」，此謂凡成人禮。異爵，謂尊於己也。❷「後祭先飯」者，此饌不爲己，故後祭。而先飯者，示爲尊者嘗食也。　「客祭」者，盛主人之饌具，故祭之。「主人辭曰：不足祭也」者，凡主人於客，悉皆然也。祭是盛主人之饌也，故主人致辭云：「疏食不足備禮也。」　「客飧」者，若食竟，作三飯飧也。　「主人辭以疏」者，疏，麤也。飧是已食飽，飽猶食美。❸故主人見客飧而致辭云：「麤食傷客，不足致飽。」若欲使更食然也。　「主人自置其醬，則客自徹之」者，主人敬客，則自置其醬，則客宜報敬，故「自徹之」。《曲禮》曰「主人親饋」是也。　「一室之人，非賓客，一人徹」者，謂同事而合居一室，若賓客，則各徹其饌。今合居，既無的賓主，故必少者一人徹饌也。　「壹

❶「王云」，孫詒讓《校記》云：「『王云』二字疑誤。」
❷「也」，衛氏《集説》作「者」。
❸「食美」，阮校云：「《考文》引補本作『美食』。」

食之人，一人徹」者，壹，猶聚也。謂暫爲赴事，一聚共食。共食竟，則亦不人人徹，亦推一人徹也。「凡燕食，婦人不徹」者，婦人質，不備禮也。緣男子有徹義，故明婦人禮也。**食棗、桃、李，弗致于核。**恭也。**瓜祭上環，食中，弃所操。**上環，頭忖也。❶**凡食果實者，後君子；**陰陽所成，非人事也。**火孰者，先君子。**備火齊不得也。**有慶，非君賜不賀。**唯君賜爲榮也。**有憂者。**此下絶亡，非其句也。**勤者有事則收之，走則擁之。**此補脱重。**疏**正義曰：此一節明食果實及非君賜不賀之事。「弗致于核」，❷謂其懷核不置於地也。「瓜祭上環」者，食瓜亦祭先也。❸環者，横斷，形如環也。斷則有上下環也。上環是疐間，下環是脱華處也。祭時取上環祭之也。「食中」者，用上環將祭而食中也。「棄所操」者，操，謂手所持者，棄之不食。忖，切。謂切瓜頭，切去疐，此庶人法也。「凡食果實者，後君子」者，果實是陰陽所成，非關人事，故不得先嘗也。「火孰者，先君子」者，火孰和調，是人之所爲，恐和齊不備，故先於君子而嘗之。「有慶，非君賜不賀」者，有慶，謂或宗族、親戚燕飲聚會，雖吉，不相賀，不足爲榮故也。唯受君之賜爲榮，故相拜賀，故云「非君賜不賀」也。**孔子食於季氏，不辭，不食肉而飧。**以其待己及饌非禮也。**疏**正義曰：凡客將食，興辭，而孔子不辭者，必是季氏進食不合禮也。「不食肉而飧」者，凡禮食，先食胾，次食殽，乃至肩。至肩則飽，乃飧。孔子在季氏家食，不食肉而仍爲飧者，是季氏饌失禮故也。**君賜車馬，乘以拜；賜衣服，服以拜。**敬君惠也。**君賜，君未有命，❹弗敢即乘服也。**謂卿大夫受賜於天子者，歸必致於其君，君有命，乃服之。**君賜，稽首，據掌，致諸地。**致首於地。據掌，以左手覆案右

---

❶「忖」，原作「甘」，據余本、撫本、岳本、阮本改。

❷「弗致于核」四字原脱，據衛氏《集説》與本書體例補。

❸「先」，阮校云：「浦鏜從《通解》校，『先』下補『圜』字。」

❹「君賜車馬乘以拜賜衣服服以拜賜君未有命」，衛氏《集説》引陸佃讀作「君賜車馬，乘以拜；衣服，服以拜賜。君未有命。」陳澔《集説》、王夫之《章句》、孫希旦《集解》皆從之。江永《禮記訓義擇言》、盧文弨《鍾山札記》亦是陸讀。

手也。酒肉之賜，弗再拜。輕也。受重賜者，拜受，又拜於其室。凡賜，君子與小人不同日。慎於尊卑。疏正義曰：此一節論受君賜之法。「君賜車馬，乘以拜；賜衣服，服以拜」者，謂受君賜，賜至則拜。至明日，更乘服所賜，往至君所又拜，敬重君恩故也。「賜，君未有命，弗敢即乘服也」者，此使臣雖受賜於王，不敢即乘服，當歸國獻其君，君命與之，則臣乃乘服耳。若君未有命，即不敢乘服也。「君賜」者，明受君賜拜謝之法也。「稽首」者，頭至地。「據掌」者，據，案也。謂卻右手，而覆左手案於右手之上也。「致諸地」者，致，至也。謂頭及手俱至地。左手案於右手之上至地也。「酒肉之賜弗再拜」者，亦謂君賜也。再，猶重也。酒肉輕，但初賜至時則拜，至明日不重往拜也。「凡賜，君子與小人不同日」者，凡於君子小人也，不同日者，慎尊卑之雜也。

凡獻於君，大夫使宰，士親，皆再拜稽首送之。敬也。膳於君，有葷、桃、茢，於大夫去茢，於士去葷，皆造於膳宰。膳，美食也。葷、桃、茢，辟凶邪也。大夫用葷、桃，士桃而已。葷，薑及辛菜也。茢，菼帚也。造於膳宰，既致命而授之。葷或作「焄」。大夫不親拜，爲君之答己也。不敢變動至尊。疏正義曰：此一節論臣獻君之物，及致膳於尊者之義。❶「凡獻於君」者，「凡」於大夫士也。謂大夫士有食獻君法也。「大夫使宰」者，大夫尊，恐君拜己之獻，故不自往，而使己膳宰往獻也。「士親」者，以士賤，不嫌君拜，故身自親送也。「皆再拜稽首送之」者，雖大夫使人，初於家亦自拜送；而宰將命及士自送，至於君門付小臣之時，宰及士皆再拜而送之也。「膳於君，有葷、桃、茢」者，美食曰膳。謂天子諸侯之臣，獻孰食於君法也。恐邪氣干犯，故用辟凶邪之物覆之。葷，謂薑之屬也。桃，桃枝也。茢，菼帚也。「於大夫去茢」者，謂大夫之臣以食獻大夫，降於正君，除去茢，餘有葷與桃也。「於士去葷」者，謂士之臣吏以食獻士也，又去葷，唯餘桃耳。「皆造於膳宰」者，皆，「皆」於君、大夫、士也。造，至也。膳宰，主飲食官也。獻孰食者，操醬齊以致命。致命竟，而以所獻之食悉付主人之食官也。「大夫不親拜，爲君之答己也」者，解大夫所以不自獻義也。自獻則

❶「義」，浦鏜校，「義」改「儀」。

屈動君拜答己也，故不親也。大夫拜賜而退，士待諾而退，又拜，弗答拜。小臣受大夫之拜，復以入告，大夫拜便辟也。大夫親賜士，士拜受，又拜於其室；衣服，弗服以拜。異於君惠也。拜受，又就拜於其家，是所謂再拜也。敵者不在，拜於其室。謂來賜時不見也，見則不復往也。凡於尊者有獻，而弗敢以聞。此謂獻辭也。《少儀》曰：「君將適他，臣若致金玉貨貝於君，則曰：『致馬資於有司。』」是其類也。士於大夫不承賀，下大夫於上大夫承賀。承，受也。士有慶事，不聽大夫親來賀己，不敢變動尊也。親在，行禮於人稱父；人或賜之，則稱父拜之。事統於尊。**疏**正義曰：此一節明尊卑受賜拜謝之禮。各隨文解之。「大夫拜賜而退」者，大夫往拜，至於門外，告君之小臣，小臣受其辭，入以白君，小臣亦入，大夫乃拜之。拜竟則退，不待白報，恐君召進答己故也。「士待諾而退」者，君不拜士，士故於外拜。拜竟，又待小臣傳君之報諾出以退。「又拜」者，小臣傳君諾出，則士又拜君之諾報也。「弗答拜」者，謂君不答士拜也。「大夫親賜士，士拜受，又拜於其室」者，初亦即拜受，又往彼家拜也。「衣服，弗服以拜」者，得君賜服，服以拜。大夫輕，故不服其所賜而往拜之也。**注**「拜受」至「拜也」❶ 正義曰：「所謂再拜也」者，前云「酒肉之賜弗再拜」，此非酒肉賜，故再拜也。「敵者不在，拜於其室」「其室」，獻者之家也。敵者相獻，若當時主人在，則主人拜受，不復往彼家拜也。若獻時主人不在，所留物置家，❷主人還，必往彼家拜謝獻也。若朋友，則《論語》云「朋友之饋，非祭肉，雖車馬不拜」也。「凡於尊者有獻，而弗敢以聞」者，凡，謂賤者也。謂臣有獻於君，士有獻於大夫也。「不敢以聞」者，謂有物以獻尊者，其辭不敢云「獻」。聞於尊者，但當云「致馬資於有司」及「贈從者」之屬也。**注**「此謂」至「類也」 正義曰：引《少儀》者，證不敢聞也。他，他國也。君或朝天子，或往朝諸侯，若臣有金玉貨貝物獻君，當但云「致馬資於有司」，不敢言「獻君」也。言君尊恒足，應無所乏故也。「士於大夫不承賀」者，承，受也。不受賀者，謂士有慶事，不聽大夫親來

❶「拜也」，原作「於也」，據阮本改。
❷「所」，衛氏《集説》無「所」字。

賀己，不敢變動尊者故也。「下大夫於上大夫承賀」者，尊相近，故受也。禮不盛，服不充，禮盛者服充。大事不崇曲敬。故大裘不裼，乘路車不式。謂祭天也。《周禮》王祀昊天上帝，則服大裘而冕，乘玉路。或曰「乘兵車不式」。疏正義曰：此一節明禮盛者不崇小敬。「禮不盛，服不充」者，充，猶襲也。服襲是充美於內，唯盛禮乃然也。故聘及執玉龜皆襲，是爲盛禮故也。「故大裘不裼」者，證禮盛服充時也。郊禮盛，服大裘，則無別衣裼之，是不見美也。「乘路車不式」者，路車，謂玉路，郊天車也。不式，謂乘車從門閭過不式，亦是禮盛不爲曲敬之例也。父命呼，「唯」而不「諾」，手執業則投之，食在口則吐之，走而不趨。至敬。親老，出不易方，復不過時。不可以憂父母也。易方，爲其不信己所處也。復，反也。親癠，色容不盛，此孝子之疏節也。言非至孝也。癠，病也。王季有疾，文王色憂，行不能正履。父没而不能讀父之書，手澤存焉爾；母没而杯圈不能飲焉，口澤之氣存焉爾。孝子見親之器物，哀惻不忍用也。圈，屈木所爲，謂巵、匜之屬。疏正義曰：此一節明子事親之禮。「父命呼」者，父召子也。命，謂遣人呼，非謂自唤也。亦云爲父命所呼也。「唯而不諾」者，應之以「唯」，而不稱「諾」。「唯」恭於「諾」也。「手執業則投之，食在口則吐之」者，急趨父命，故投業吐食也。「走而不趨」者，趨，疾趨也。但急走往而不暇疾趨也。「親老，出不易方」者，方，常也。若啓往甲，則不得往乙也。若覓不見，則老人易憂愁也。「復不過時」者，復，還也。假且啓云日中還，不得過中。謂若屢易方，親忽須見之，則不復信己得往常處也。此云「老」者，若親未老，子出或苟有礙，則亦許易方過期也。而《論語》云：「父母在，不遠遊，遊必有方。」亦當謂老者耳。「親癠」者，癠，病也。謂父母病也。「色容不盛」者，謂親之病，孝子當憂愁危懼，行不能正履也。今親病，唯色容不充盛而已，不能顛頓憂愁危懼，此乃是孝子疏簡之節，言孝心不篤也。「父没而不能讀父之書，手澤存焉爾」者，凡孝子之情，父没之後，而不忍讀父之書，謂其書有父平生所持手之潤澤存在焉，故不忍讀也。「母没而杯圈不能飲焉，口澤之氣存焉爾」者，言孝子母没之後，母之杯圈，不忍用之飲焉。謂母平生口飲潤澤之氣存在焉，故不忍用之。經云「不能」者，謂不能忍爲此事。書是男子之所有，故父言書。杯圈是婦人所用，故母言杯圈也。君入門，介拂闑，大夫中棖與闑之閒，士介拂棖。此謂兩君相見也。棖，門楔也。君入必中門，上介夾闑，大夫介、士介鴈行於後，示不相沿也。君若迎聘客，擯者亦然。賓入不中門，不履閾。辟尊者所從也。此謂聘客也。閾，門限。公事自闑西，聘享也。私事自闑東。覿面也。疏正義曰：此一節論兩君朝聘，❶卿大夫入門之儀。各依文解之。「君入門」者，此一經明朝法也。入門，謂入大門也。君必中門。「介拂闑」者，介，謂上介，稍近君，故「拂闑」。「大夫中棖與闑之間」者，大夫之介，微遠於闑，故當棖與闑之間。「士介拂棖」者，士介卑，去闑遠，故拂棖。闑，謂門之中央所豎短木也。棖，謂門之兩旁長木，所謂門楔也。介者，副也。注「此謂」至「亦然」　正義曰：以經云「君入門」，故知「兩君相見也」。云「鴈行於後，示不相沿也」者，鴈行，參差節級。崔氏、皇氏並云：「君必中門者，謂當棖、闑之中。主君在闑東，賓在闑西。主君上擯在君之後，稍近西而拂闑。賓之上介在賓之後，稍近東而拂闑。大夫擯、介，各當君後，在棖、闑之中央。」義或當然，今依用之。「賓入不中門，不履閾」者，前經明朝，此經明聘。「賓入」者，賓，謂聘賓也。「不中門」，謂不當闑西棖闑之中央也，而稍東近闑也。「不履閾」者，閾，門限。足不履踐門限之上。以言「賓入不中門」，故注云「謂聘客也」。「公事自闑西」者，謂行聘享之禮。聘享是奉君命而行，故謂之「公事」。「自闑西」，用賓禮也。「私事自闑東」者，謂私覿、私面，非行君命，故謂之「私事」。「自闑東」者，從臣禮，示將爲主君之臣也。❷

君與尸行接武，尊者尚徐，蹈半迹。大夫繼武，迹相及也。士中武，迹間容迹。徐趨皆用是，君、大夫、士之徐行也，皆如與尸行之節也。疾趨則欲發，而手足毋移。疾趨，謂直行也，疏數自

❶「論」，阮校云：「閩、監、毛本『論』作『明』，衛氏《集說》同。」

❷「將」字原漶滅，據阮本補。

若。發，謂起屨也。移之言靡池也。毋移，欲其直且正。欲，或爲「數」。**圈豚行，不舉足，齊如流。**圈，轉也。豚之言若有所循。不舉足曳踵，則衣之齊如水之流矣。孔子執圭則然。此徐趨也。**席上亦然。**尊處亦尚徐也。**端行，頤霤，如矢。弁行，剡剡起屨。**此疾趨也。端，直也。頤，或爲「䨨」也。**執龜玉，舉前曳踵，蹜蹜如也。**著徐趨之事。**疏**正義曰：此一節明行步、徐趨、疾趨之儀。「君與尸行接武」者，明貴賤與尸行，步廣狹不同也。君，天子、諸侯也。武，迹也。「接武」者，二足相躡，每蹈於半，未得各自成迹，故云「接武」也。尊者舒遲，故君及尸並步遲狹。「大夫繼武」者，謂大夫與其尸行時。「繼武」者，謂兩足迹相接繼也。大夫漸卑，故與尸行，步稍廣速也。「士中武」者，謂士與其尸行也。中，猶間也。每徙足，間容一足地，乃躡之也。士極卑，故及尸行，步極廣也。「徐趨皆用是」者，「徐趨」皆遲行也。皆，皆於君、大夫、士也。是，此也。言皆用此與尸行步之節。「疾趨則欲發」者，疾趨，謂他事行禮，須直身速行時也。發，起也。既無所執持，而欲屨頭恒起，無復繼接之異，其迹或疏或數，自若尋常，故注云「疏數自若」，貴賤同然也。「而手足毋移」者，移，謂靡池搖動也。雖屨恒欲起，而手足猶宜直正，不得邪低靡池搖動也。「圈豚行」者，此釋上徐趨之形也。圈，轉也。豚，循也。言徐趨法，曳轉足循地而行也。「不舉足」者，謂足不離地。「齊如流」者，齊，裳下緝也。足既不舉，身又俯折，則裳下委地，曳足如水流狀也。「席上亦然」者，然，如是也。言在席上未坐，其行之時，亦如是「圈豚行，齊如流」也。「端行，頤霤，如矢」者，此一經覆上疾趨之節也。端行，謂直身而行也。頤霤者，行既疾，身乃小折，而頭直俯臨前，頤如屋霤之垂也。「如矢」者，矢，箭也。身趨前進，不邪如箭也。「弁行」者，弁，急也。既是疾趨，宜急行也。「剡剡起屨」者，剡剡，身起貌也。急行欲速，而身屨恒起也。「執龜玉，舉前曳踵，蹜蹜如也」者，此一經論徐趨之事。言執龜玉之時，有此徐趨也。「舉前曳踵」者，踵，謂足後跟也。謂將行之時，初舉足前，後曳足跟，行不離地。「蹜蹜如也」，言舉足狹數，蹜蹜如也。**凡行容惕惕，**惕惕，直疾貌也。凡行，謂道路也。**廟中齊齊，**恭慤貌也。**朝廷濟濟**

翔翔。莊敬貌也。疏正義曰：此一節明道路、廟中、朝廷行步之法。「凡行容惕惕」者，惕惕，直而疾貌也。道路雖速疾，又不忘於直，故其容直而疾也。「廟中齊齊」者，齊齊，自收持嚴正之貌也。以對神，不敢舒散，故貌恭慤齊齊然。「朝廷濟濟翔翔」者，濟濟，有威儀矜莊也。翔翔，行而張拱也。並朝廷所須也。

君子之容舒遲，見所尊者齊遬。謙慤貌也。遬，猶蹙蹙也。足容重，舉欲遲也。手容恭，高且正也。目容端，不睇視也。口容止，不妄動也。聲容静，不噦欬也。頭容直，不傾顧也。氣容肅，似不息也。立容德，如有予也。色容莊，勃如戰色。坐如尸。尸居神位，敬慎也。燕居告温温。告，謂教使也。《詩》云：「温温恭人。」疏正義曰：此一節明君子動止之儀，手足口目之節也。「君子之容舒遲」者，舒遲，閑雅也。「見所尊者齊遬」者，君子雖尋常舒遲，若見所尊之人，則齊遬。齊，謂齊齊也。遬，謂蹙蹙。言自斂持迫促，不敢自寬奢。故注云「謙慤貌也」，是「齊遬」爲謙敬之貌。皇氏云：「齊，謂裳下緝。遬，謂蹙斂。見所尊之人，自俯下身，裳下蹙斂。」則齊蹙是裳之體，注何得云「謙慤貌也」？皇氏説非也。「目容端」者，目宜端正，不邪睇而視之。「立容德」者，德，得也。立則磬折，如人授物與己，己受得之形也。賀云：「德，有所施與之名也。立時身形小俯嚮前，如授物與人時也。故注云『如有予也』，會前兩注也。」「色容莊」者，欲常矜莊，勃如戰色，不乍變動也。「燕居告温温」者，燕居，謂私燕所居也，色尚和善。教人使人之時，唯須温温，不欲嚴慄。注「《詩》云：温温恭人」正義曰：此《詩·小雅·小宛》之篇，刺幽王之詩。

凡祭，容貌顔色，如見所祭者。如覩其人在此。疏正義曰：此一節明祭之時也。「凡祭」，謂諸祭也。「容貌顔色如見所祭」者，容貌恭敬，顔色温和，如似見所祭之人，謂「祭如在」也。

喪容纍纍，羸憊貌也。色容顛顛，憂思貌也。視容瞿瞿梅梅，不審貌也。言容繭繭。聲氣微也。疏正義曰：此一節論居喪容貌、言語、瞻視之儀。「喪容纍纍」者，謂容貌瘦瘠纍纍然。「色容顛顛」者，顔色憂思，顛顛然不舒暢也。「視容瞿瞿梅梅」者，瞿瞿，驚遽之貌。梅梅，猶微微，謂微昧也。孝子在喪，所視不審，故「瞿瞿梅梅」然。「言容繭繭」者，繭繭，猶緜緜，聲氣微細繭繭然。戎容暨暨，果毅貌也。言容詻詻，教令嚴也。色容厲肅，儀形貌也。❶視容清明。察於事也。立容辨卑，毋讇，❷辨，讀爲「貶」。自貶卑，謂磬折也。讇，爲傾身以有下也。頭頸必中，頭容直。山立，不動摇也。時行，時而後行也。《詩》云：「威儀孔時。」盛氣顛實揚休，顛，讀爲「闐」。揚，讀爲「陽」，聲之誤也。盛身中之氣，使之闐滿，其息若陽氣之休物也。❸玉色。正不變也。❹【疏】正義曰：此一節明戎容之體。「暨暨」，果毅剛强之貌。「言容詻詻」者，謂教令嚴猛也。軍旅行教令，宜嚴猛也。「色容厲肅」者，厲，嚴也。肅，威也。軍中顔色，尚威嚴也。以義斷割，使義形貌，故嚴威也。「視容清明」者，謂瞻視之容，須清察明審。「立容辨卑」者，謂在軍中，立之形容，當貶損卑退，磬折恭敬，不得驕敖，忽略士卒。「毋讇」者，軍中尚威武，雖自貶退，當有威可畏，無得過爲讇曲，以屈下於人。「頭頸必中」者，頭容直，不低迴也。「山立」者，若住立，則嶷如山之固，不摇動也。《樂記》云「揔干而山立」，不動摇也。「時行」者，觀時而行也。「盛氣顛實揚休」者，顛，塞也。實，滿也。揚，陽也。休，養也。言軍士宜怒其氣，塞滿身中，使氣息出外咆勃，如盛陽之氣生養萬物也。「玉色」者，軍尚嚴肅，故色不變動，常使如玉也。凡自稱：天子曰「予一人」，謙，自别於人而已。伯曰「天子之力臣」。伯，上公

❶「儀」，阮校云：「段玉裁校本『儀』改『義』。案《正義》云『以義斷割，使義形貌』，正疏此『義』字之義，作『義形貌』者是也。」按：浦鏜校、張敦仁《考異》與阮校同。《通解》卷十一亦作「義」。

❷「立容辨卑毋讇」，衛氏《集説》引黄氏云：「『立容辨，卑毋讇』，本三字爲句。辨，謂所立之容明辨尊卑左右之分，無僭上也。」王夫之《章句》、孫希旦《集解》從之。

❸「若陽氣」，阮校云：段玉裁校本從《九經三傳沿革例》删去「氣」字。張敦仁《考異》云：「岳氏《沿革例·音釋》條内載此無『氣』字，而今岳本仍有之，似彼脱去也。《正義》云『如盛陽之氣』。」

❹「正」，阮本「正」作「色」，余本、撫本、衛氏《集説》同。岳本「正」作「玉」。潘宗周《校勘記》云：「當是『玉』誤爲『正』，後而疑而改『色』，觀疏意可見。」

九命，分陝者。諸侯之於天子，曰「某土之守臣某」；其在邊邑，曰「某屏之臣某」；其於敵以下，曰「寡人」。小國之君曰「孤」，擯者亦曰「孤」。邊邑，謂九州之外。大國之君自稱曰「寡人」，擯者曰「寡君」。上大夫曰「下臣」，擯者曰「寡君之老」。下大夫自名，擯者曰「寡大夫」。世子自名，擯者曰「寡君之適」。擯者之辭，主謂見於他國君。下大夫自名，於他國君曰「外臣某」。公子曰「臣孽」。孽，當爲「枿」，聲之誤。士曰「傳遽之臣」，於大夫曰「外私」。傳遽，以車馬給使者也。士臣於大夫者曰「私人」。大夫私事使，私人擯則稱名；私事使，謂以君命私行，非聘也。若魯成公時，晉侯使韓穿來言汶陽之田，歸之于齊之類。公士擯，則曰「寡大夫」、「寡君之老」。大夫有所往，必與公士爲賓也。謂聘也。大聘使上大夫，小聘使下大夫。公士爲賓，謂作介也。往，之也。疏正義曰：此一節明天子以下至士自稱，及擯者傳辭之法也。各隨文解之。「凡自稱：天子曰『予一人』」者，案《曲禮下》云：「天子曰『余一人』。」予、余不同者，鄭注《曲禮》云：「余、予，古今字耳。」蓋古稱「予」，今稱「余」，其義同。此云「自稱」，《曲禮》注云「擯者辭」，則天子與臣下言，及遣擯者接諸侯，皆稱「予一人」，言我於天下之内，但秖是一人而已。自謙退，言與餘人無異。若臣下稱「一人」，則謂率土之内，唯有此一人，尊之也。「伯曰『天子之力臣』」，案《曲禮》云「天子之吏」，不同者，此謂自稱，謂身自稱於諸侯也，言己是天子運力之臣。《曲禮》所云謂二伯，擯於天子曰「天子之吏」。鄭注《曲禮》云：「擯者辭。」以此不同也。皇氏云：「所以不同者，殷、周之異。」不顧經文，謬爲異説，其義非也。「諸侯」至「曰孤」，明諸侯自稱之號。「諸侯之於天子，曰『某土之守臣某』」者，謂諸侯身對天子自稱辭，故上文揔以「自稱」冠之。若諸侯上介致辭於天子之擯者，亦當然也。其天子之擯告天子，則曰「臣某侯某」。故《曲禮》云，諸侯之於天子曰「臣某侯某」，鄭注《曲禮》謂「嗇夫承命告天子辭也」。「其在邊邑，曰『某屏之臣某』」者，謂在九州之外，邊鄙之邑，自稱於天子，云「某屏之臣某」。若使上介告天子之擯，亦當然。其天子之擯告天子，則曰「臣某子某某男某」。故《曲禮》云：「其在東夷、北狄、西戎、南蠻，雖大曰子。」注云：「入天子之國曰『子』，男者亦曰『男』是也。」❶此與《曲禮》不同者，亦以自稱及擯者不同。皇氏皆以爲殷、周之異，其義非也。「其於敵以下，曰『寡人』」者，謂諸侯於敵以下自稱「寡人」。言「以下」，通及民也。故《曲禮》云「其與民言，自稱曰寡人」是也。　「小國之君曰『孤』，擯者亦曰『孤』」者，此謂夷狄子男之君自稱，及介傳命，云「某土之孤某」，故云「小國之君曰孤，擯者告天子，亦應云某孤」。云「擯者亦曰孤」，❷其在國自稱亦曰孤。故《曲禮》云「庶方小侯，於外曰『子』，自稱曰『孤』」是也。　**注**「大國」至「寡君」　正義曰：案《春秋》，大夫出使之時，稱己君爲「寡君」，則知爲君擯者，稱己君爲寡君也。　「上大」至「之適」　正義曰：此一節明上下大夫、世子在己國及出使往他國稱謂之異。　「上大夫曰『下臣』」者，上大夫，卿也，自於己君之前，稱曰「下臣」。君前臣名，稱「下臣某」也。　「擯者曰『寡君之老』」者，謂此上大夫出使他國，在於賓館，主國致禮，上大夫設擯禮待之，此擯者稱大夫爲「寡君之老」。　雖以「擯」爲文，其實謂「介」。接主君之時，辭亦當然。擯、介通也。　「下大夫自名」者，謂對己君，稱名而已，不敢稱「下臣」，卑遠於卿也。　「擯者曰『寡大夫』」者，謂下大夫出使，設擯者以待主國，此擯者稱下大夫云「寡大夫」，不敢稱「寡君之老」。　「世子自名」者，謂對己國之君稱名。「擯者曰『寡君之適』」，謂對他國之辭。　**注**「擯者」至「臣某」　正義曰：「擯者之辭，主謂見他國君」，則是出使之臣，在客曰介。當云「介」而云「擯」者，謂出使他國，在於賓館，主國致禮，己爲主人，故稱擯也。且擯、介散文則通也。云「下大夫自名，於他國君曰『外臣某』」者，如鄭此言，則下大夫自名，謂對己君也。則經云「上大夫曰『下臣』」，亦對己君也。故熊氏以爲皆對己君。而皇氏云「對他國君」，違鄭注意，其義非也。　「公子曰『臣孽』」，稱「臣」，謂對己君也。若對他國，當云「外臣」。注從「枿」者，枿是樹生之餘，故《盤庚》云「若顛木之有由蘖」是也。　「士曰」至「外私」　「遽」是促遽，士位卑，給車馬役使，故稱「傳遽」。亦謂對己君也。皇氏以爲對他國君，其義亦通。　「於大夫曰『外私』」者，凡大夫家臣稱「私」。此士既不與大夫爲臣，故對大夫稱曰「外私」。　**注**「士臣於大夫者曰私人」　正義曰：此下文云「大夫私事使，私人擯

❶「曰男」，浦鏜校改作「曰子」，疑是。

❷「云」，阮校云：「盧文弨校云：『云』上當有『故』字。」

則稱名」，故知大夫之臣曰「私人」也。　「大夫」至「稱名」「大夫私事使」者，謂非正聘之禮，謂以君之私事而出使。　「私人擯則稱名」者，謂以己之屬臣爲擯相，雖是上大夫及下大夫，擯者則皆稱大夫之名。以其非公事正聘，故降而稱名也。　注「若魯」至「之類」　正義曰：案成二年，晉及魯、衛伐齊，使齊人歸魯汶陽之田。至成八年，齊人服晉，「晉侯使韓穿來言汶陽之田，歸之于齊」。云「之類」者，若乞師、告糴，故云「之類」。　「公士」至「賓也」前經明大夫以君之私事出使，此經明大夫以國之公事出聘及私問也。　「公士擯」者，謂正聘之時，則用公家之士爲擯，不用私人也。　「則曰『寡大夫』、『寡君之老』」者，若小聘，使下大夫，擯者則稱下大夫曰「寡大夫」；若大聘，使上大夫，擯者則稱上大夫曰「寡君之老」。　「大夫有所往，必與公士爲賓也」者，覆明上正聘使公士爲擯之事。往，謂之適也。言大夫正聘者，有所往之適之時，必與公士爲賓。賓，介也，言使公士作介也。　注「大聘」至「大夫」　正義曰：案《聘禮》「及竟張旜」，《周禮》「孤卿建旜」，故知大聘使卿。《聘禮》又云「小聘曰問，其禮如爲介」。案大聘大夫爲上介，今云「如其爲介」，故知小聘是大夫也。

禮記正義卷第四十

禮記正義卷第四十一

國子祭酒上護軍曲阜縣開
國子臣孔穎達等奉勑撰

明堂位第十四

正義曰：案鄭《目録》云：「名曰《明堂位》者，❶以其記諸侯朝周公於明堂之時所陳列之位也。在國之陽，其制：東西九筵，南北七筵，堂崇一筵，五室，凡室二筵。此於《别録》屬《明堂陰陽》。」案《異義》：「今《戴禮》説：《盛德記》曰：『明堂者，自古有之。凡九室，室四户八牖，共三十六户，七十二牖。以茅蓋屋，上圓下方，所以朝諸侯。其外有水，名曰辟廱。』《明堂月令》説：『明堂高三丈，東西九仞，南北七筵，上圓下方，四堂十二室，室四户八牖，其宫方三百步，在近郊三十里。』講學大夫淳于登説云：『明堂在國之陽，三里之外，七里之内，❷丙巳之地，就陽位。上圓下方，八窗四闥，布政之宫，故稱明堂。明堂，盛貌。❸周公祀文王於明堂，以配上帝五精之神。❹大微之庭中，有五帝坐位』。❺古《周禮》、《孝經》説：『明堂，文王之廟，夏后氏曰世室，殷人曰重屋，周人曰明堂。東西九筵，南北七筵，堂崇一筵。五室，凡室二筵。蓋之以茅。周公所以祀文王於明堂，以昭事上帝。』」許君謹案：「今禮、古禮，各以義説，無明文以知之。」鄭駁之云：「《戴禮》所云，雖出《盛德》篇，云九室，三十六户，七十二牖，

❶「位」字原脱，據衛氏《集説》與《三禮目録》體例補。

❷「七里之内」，《玉藻》疏引《異義》此下有「而祀之」三字。

❸「明堂盛貌」，衛氏《集説》、《玉藻》疏引並無此四字，浦鏜校云衍。

❹「五精之神」，「神」，《玉藻》疏引《異義》作「帝」。此四字上又有「上帝」二字。

❺「坐位」，《玉藻》疏引作「座星」。

似秦相吕不韋作《春秋》時説者，蓋非古制也。❶『四堂十二室』字誤，本書云『九堂十二室』。淳于登之言，取義於《孝經援神契》説：『宗祀文王於明堂，以配上帝。曰明堂者，上圓下方，八窗四闥，布政之宫，在國之陽。帝者，諦也。象上可承五精之神，五精之神，實在大微，在辰爲巳。』是以登云然。今漢立明堂於丙巳，❷由此爲之。」如鄭此言，用淳于登之説。此《别録》所云，❸依《考工記》之文。然先代諸儒，各爲所説不一。故蔡邕《明堂月令章句》：「明堂者，天子大廟，所以祭祀。夏后氏世室，殷人重屋，周人明堂。饗功養老，教學選士，皆在其中。故言取正室之貌，則曰大廟；取其正室，則曰大室；取其堂，則曰明堂；取其四時之學，則曰大學；取其圓水，則曰辟廱。雖名别而實同。」鄭必以爲各異者，袁準《正論》：「明堂、宗廟、大學，禮之本物也。❹事義不同，各有所爲。而世之論者，合以爲一體。取《詩》、《書》放逸之文，經典相似之語，推而致之，考之人情，失之遠矣。宗廟之中，人所致敬，幽隱清浄，鬼神所居。而使衆學處焉，饗射其中，人鬼慢黷，死生交錯，囚俘截耳，瘡痍流血，以干鬼神，非其理也。茅茨采椽，至質之物，建日月，乘玉路，以處其中，非其類也。夫宗廟，鬼神所居，祭天而於人鬼之室，非其處也。王者五門，宗廟在一門之内。若射在於廟而張三侯，又辟廱在内，人物衆多，殆非宗廟之中所能容也。」如準之所論，是鄭不同之意。然《考工記》「明堂南北七筵，每室二筵」，則南北三室，居六筵，室外南北，唯有一筵。宗廟、路寢，制如明堂。既殯在路寢，室外得容殯者，路寢雖制似明堂，其飾不敢踰廟，❺其實寬大矣。故《多士傳》云：「天子堂廣九雉，三分其廣，以二爲内。五分其内，以一爲高。東房、西房、北堂，各三雉。」是其闊得容殯也。或可殯在中央土室之前，近西，在金室

❶「蓋」，浦鏜校云：「『蓋』，當作『所益』，屬上讀。蓋亦據《玉藻》疏也。

❷「巳」，原作「乙」，據阮本、孫詒讓《校記》改。

❸「别録」，孫詒讓《校記》云：「疑當作『目録』。」

❹「本物」，孫詒讓《校記》云：「『本物』，當從《詩・靈臺》《正義》作『大物』。」

❺「飾」，阮本作「室」。阮校云：「閩、監、毛本『室』作『飾』。」

之東，不必要在堂簷之下。

昔者，周公朝諸侯于明堂之位：周公攝王位，以明堂之禮儀朝諸侯也。不於宗廟，辟王也。天子負斧依，南鄉而立；天子，周公也。負之言背也。斧依，爲斧文屏風於户牖之間，周公於前立焉。三公，中階之前，北面東上；諸侯之位，阼階之東，西面北上；諸伯之國，西階之西，東面北上；諸子之國，門東，北面東上；諸男之國，門西，北面東上；九夷之國，東門之外，西面北上；八蠻之國，南門之外，北面東上；六戎之國，西門之外，東面南上；五狄之國，北門之外，南面東上；九采之國，應門之外，北面東上；四塞，世告至。此周公明堂之位也。朝之禮不於此，周公權用之也。朝位之上，上近主位，尊也。九采，九州之牧，典貢職者也。正門謂之應門。二伯帥諸侯而入，牧居外而糾察之也。

四塞，謂夷服、鎮服、蕃服在四方爲蔽塞者，新君即位，則乃朝。《周禮》：「侯服歲一見，甸服二歲一見，男服三歲一見，采服四歲一見，衛服五歲一見，要服六歲一見。九州之外，謂之蕃國，世一見。」

疏正義曰：此一節明周公朝諸侯於明堂之儀，及諸侯、夷狄所立之處。各依文解之。

注「周公」至「王也」　正義曰：「周公攝王位」者，攝，代也。以成王年幼，周公代之居位，故云「攝王位」。然周公攝位而死稱「薨」，不云「崩」，魯隱公攝諸侯之位而稱「薨」，同正諸侯者，鄭《箴膏肓》云：「周公歸政，就臣位乃死，何得記『崩』？隱公見死於君位，不稱『薨』云何？」又玄《發墨守》云：「隱爲攝位，周公爲攝政，雖俱相幼君，攝政與攝位異也。」云「不於宗廟，辟王也」者，案《覲禮》「諸侯受次于廟門外」，是覲在廟。今在明堂，故云「辟王」，謂辟成王也。

注「天子」至「立焉」　正義曰：以周公朝諸侯，居天子位，故云「天子，周公也」。故《大誥》云「王若曰」，鄭云：「王，謂周公，居攝命大事，則權稱王也。」王肅以爲「稱成王命，故稱王」，與鄭異也。王肅以《家語》之文：「武王崩，成王年十三。」鄭康成用衛宏之説「武王崩時，成王年十歲」，與王肅異也。云「斧依，爲斧文屏風於户牖之間」者，《釋宫》云：「牖户之閒謂之扆。」今云「斧依」，故知爲「斧文屏風於户牖閒」。皇氏云：「在明堂中央大室户牖閒。」「三公，中階之前，北面東上」，此以下一經明朝位之法。周公已居天子位，餘有二公，而云「三公」者，舉國本數言之。「中階」者，南面三階，故稱中。「諸侯之位，阼階之東，西面北上」者，侯對伯爲尊，故在阼階，阼階近主位也。案「諸伯」以下，皆云「之國」，此云「位」者，以三公既云「中階之前」，不云「位」，諸侯在諸國之上，特舉「位」言之，明以下皆朝位也。「九夷之國，東門之外，西面北上」者，皇氏云：「在東門外之南，故北上」。「八蠻之國，南門之外，北面東上」者，皇氏云：「在南門外之西，故東上。」「六戎之國，西門之外，東面南上」者，皇氏云：「在西門外之北，故南上。」「五狄之國，北門之外，南面東上」者，皇氏云：「在北門外之東。」今案經云「東上」，則宜在北門外之西，故東上。「九采之國，應門之外，北面東上」，皇氏云：「在應門外之西。」此是九州之牧，謂之「采」者，以采取當州美物而貢天子。故《王制》云：「千里之外曰采。」注云：「取其美物，以當穀税。」采亦是事，言各掌其當州諸侯之事，即此注云「牧居外而糾察之」是也。

「四塞，世告至」者，此謂九州之外夷、鎮、蕃三服。夷狄爲四方蕃塞，每世一來朝告至。或新王即位而來朝，或已君初即位，故云「世告至」也。注「朝位」至「一見」 正義曰：「上近主位，尊也」者，三公則「東上」，侯尊於伯，故在東；子尊於男，亦在東，是「上近主位，尊也」。云「正門謂之應門」者，以明堂更無重門，非路門外之應門。以《爾雅·釋宫》云：「正門謂之應門。」李巡云：「宫中南嚮大門，應門也。」應是當也，以當朝正門，故謂之應門。但天子宫内有路寢，故應門之内有路門。明堂既無路寢，故無路門及以外諸門，但有應門耳。云「二伯帥諸侯而入」者，案《顧命》「畢公率東方諸侯入應門右，召公率西方諸侯入應門左」是也。云「牧居外而糾察之也」者，伯既領之入應門，故牧居應門外，糾察諸侯後入不如儀者。引《周禮》「侯服歲一見」以下，是《大行人》文也。引之者，證夷狄世一見，則經之「四塞，世告至」是也。其夷狄之名，此云九夷、八蠻、六戎、五狄。案《職方》云：「四夷、八蠻、七閩、九貉、五戎、六狄。」《爾雅·釋地》文云：❶「九夷、八狄、七戎、六蠻，謂之四海。」不同者，《爾雅·釋地》所云，謂殷代。此明堂周公朝諸侯，及《職方》，並謂周禮。但戎、狄

❶「文」，當作「又」，形近之譌。又者，又上文《職方云》也。

之數，五、六不同。故《鄭志》趙商問曰：「《職方》『掌四夷、八蠻、七閩、九貉、五戎、六狄之數』。注云：『周之所服國數。』《明堂》云，朝位服事之國數，夷九、蠻八、戎六、狄五。禮文事異，不達其數。」故鄭答云：「《職方》四夷，謂四方夷狄也。九貉，即九夷，在東方。八蠻在南方，閩其別也。戎、狄之數，或六或五，兩文異。《爾雅》雖有與同，皆數爾，無別國之名，不甚明，故不定也。」如鄭此言，夷、狄之名，既無別國顯其名數，或六或五，不可知也。

明堂也者，明諸侯之尊卑也。朝於此，所以正儀辨等也。

疏 正義曰：所以朝諸侯於明堂者，欲顯明諸侯之尊卑，故就尊嚴之處以朝之。　注「朝於」至「等也」　正義曰：解周公所以朝諸侯在此明堂之意。❶云「正儀辨等」者，《大司馬職》文。彼云「設儀辨位，以等邦國」，鄭略言之。

昔殷紂亂天下，脯鬼侯以饗諸侯，以人肉爲薦羞，惡之甚也。是以周公相武王以伐紂。武王崩，成王幼弱，周公踐天子之位，以治天下。六年，朝諸侯於明堂，制禮作樂，頒度量，而天下大服。踐，猶履也。頒，讀爲「班」。度，謂丈尺、高卑、廣狹也。量，謂豆、區、斗、斛、筐、筥所容受。七年，致政於成王。成王以周公爲有勳勞於天下。致政，以王事歸授之。王功曰勳，事功曰勞。

疏 正義曰：此一節明周公有勳勞之事。以殷紂亂天下，周公相武王而伐之。成王幼，不能涖阼，周公踐天子之位以攝之，有大勳勞於天下，所以封周公於魯，行天子之禮樂及四代服器。　「脯鬼侯」者，《周本紀》作「九侯」，❷故庾氏云：「《史記》本紀云：『九侯有女，入於紂。九侯女不好淫，紂怒，殺之。』『九』與『鬼』，聲相近，故有不同也。」「武王崩，成王幼弱」者，《家語》云：「武王崩，成王年十三。」鄭康成則以爲「武王崩，成王年十歲」，是幼弱也。「六年，朝諸侯於明堂，制禮作樂，頒度量」者，周公攝政三年，天下太平。六年而始「制禮作樂」者，《書傳》云：「周公將制禮作樂，優游三年而不能作。將大作，恐天下莫我知也；將小作，則爲人子不能揚父之功烈德澤。然後營洛

❶「諸」字原脱，據殿本、庫本、阮本補。
❷「周本紀」，今案：實爲《殷本紀》。

邑，以期天下之心，❶於是四方民大和會。周公曰：『示之以力役且猶至，而況導之以禮樂乎？』」其度量，六年則頒。故鄭注《尚書・康王之誥》云：「攝政六年，頒度量，制其禮樂。❷成王即位，乃始用之。」故《洛誥》云：「王肇稱殷禮，祀于新邑。」是攝政七年冬也。鄭云「猶用殷禮者，至成王即位，乃用周禮」是也。其周公制禮攝政，孔、鄭不同。孔以武王崩，成王年十三。至明年攝政，管叔等流言。故《金縢》云：「武王既喪，管叔及其群弟流言於國，曰：『公將不利於孺子。』」時成王年十四，即位。攝政之元年，周公東征管、蔡。後二年，克之。故《金縢》云：「周公居東二年，則罪人斯得。」除往年，時成王年十六，攝政之三年也。故《詩序》云：「周公東征，三年而歸。」攝政七年，營洛邑封康叔而致政時成王年二十。故孔注《洛誥》，以時「成王年二十」是也。鄭則以爲武王崩，成王年十歲。《周書》以武王十二月崩，至成王年十二，十二月喪畢，成王將即位，稱己小求攝。周公將代之，管、蔡等流言，周公懼之，辟居東都。故《金縢》云：「武王既喪，管叔等流言。周公乃告二公曰：『我之不辟，無以告我先王。』」「既喪」，謂喪服除。辟，謂辟居東都。時成王年十三。明年，成王盡執拘周公屬黨。故《金縢》云：「周公居東二年，則罪人斯得。」罪人，謂周公屬黨也。時成王年十四。至明年秋，大孰，有雷風之異。故鄭注《金縢》云：「秋大孰，謂二年之後。」明年秋，迎周公而反。反則居攝之元年，時成王年十五，《書傳》所謂「一年救亂」。明年，誅武庚、管、蔡等，《書傳》所謂「二年克殷」。明年，自奄而還，《書傳》所謂「三年踐奄」。四年，封康叔，《書傳》所謂「四年建侯衛」，時成王年十八也。故《康誥》云「孟侯」，《書傳》云「天子大子十八稱孟侯」。明年，營洛邑，故《書傳》云：「五年，營成周。六年，制禮作樂。七年，致政於成王。」時成王年二十一。明年乃即政，時年二十二也。禮既是鄭學，故具詳焉。

注「致政」至「曰勞」　正義曰：「致政，以王事歸授之」者，案《洛誥》云：「朕復子明辟。」是以王事歸授之也。云「王功曰勳，事功曰勞」者，是《司勳職》文。彼注云：「王功，輔成王業，若周公也。」「事功曰勞」者，注云：「以勞定國，若禹也。」周公則勳、勞兼有也。

是以封周公於曲阜，地方七百里，革車千乘。曲阜，魯地。上公之封，地

❶「期」，按：《詩・周頌譜》引《書傳》作「觀」。

❷「其」，衛氏《集說》無「其」字，疑是。

方五百里。加魯以四等之附庸，方百里者二十四，并五五二十五，積四十九，開方之得七百里。革車，兵車也。兵車千乘，成國之賦也。《詩·魯頌》曰：「王謂『叔父，建爾元子，俾侯于魯。大啓爾宇，爲周室輔』。乃命魯公，俾侯于東，錫之山川，土田附庸。」又曰：「公車千乘，朱英緑縢。」命魯公世世祀周公以天子之禮樂。同之於周，尊之也。魯公，謂伯禽。是以魯君孟春乘大路，載弧韣，旂十有二旒，日月之章，祀帝于郊，配以后稷，天子之禮也。孟春，建子之月。魯之始郊，日以至。大路，殷之祭天車也。弧，旌旗所以張幅也，其衣曰韣。天子之旌旗畫日月。帝，謂蒼帝靈威仰也。昊天上帝，魯不祭。季夏六月，以禘禮祀周公於大廟，牲用白牡，尊用犧、象、山罍，鬱尊用黄目，灌用玉瓚大圭，薦用玉豆、雕篹，爵用玉琖仍雕，加以璧散、璧角，俎用梡、嶡。升歌《清廟》，下管《象》。朱干玉戚，冕而舞《大武》；皮弁素積，裼而舞《大夏》。《昧》，東夷之樂也；《任》，南蠻之樂也。納夷蠻之樂於大廟，言廣魯於天下也。季夏，建巳之月也。禘，大祭也。周公曰大廟，魯公曰世室，群公稱宫。白牡，殷牲也。尊，酒器也。犧尊，以沙羽爲畫飾。象骨飾之。❶鬱鬯之器也。❷黄彝也。❸灌，酌鬱尊以獻也。瓚形如槃，容五升，以大圭爲柄，是謂圭瓚。篹，籩屬也，以竹爲之。雕，刻飾其直者也。爵，君所進於尸也。仍，因也，因爵之形爲之飾也。加，加爵也。散、角，皆以璧飾其口也。梡，始有四足也，嶡爲之距。《清廟》，《周頌》也。《象》，謂《周頌·武》也，以管播之。朱干，赤大盾也。戚，斧也。冕，冠名也。諸公之服，自衮冕而下如王之服也。《大武》，周舞也。《大夏》，夏舞也。《周禮·昧師》：掌教《昧》樂。」《詩》曰：「以《雅》以《南》，以籥不僭。」廣，大也。君卷冕立于阼，夫人副褘立于房

❶「象骨飾之」，阮校云：「段玉裁校本作『象尊，象骨飾之』。」孫希旦《集解》校同段。

❷「鬱鬯」，《考文》引古本、足利本「鬱鬯」上有「鬱尊」二字，疑是。

❸「黄彝」，《考文》引古本、足利本「黄彝」上有「黄目」二字，疑是。

中。君肉袒迎牲于門，夫人薦豆籩。卿大夫贊君，命婦贊夫人。各揚其職，百官廢職服大刑，而天下大服。副，首飾也，今之步摇是也。《詩》云：「副笄六珈。」《周禮·追師》：「掌王后之首服，爲副。」褘，王后之上服，唯魯及王者之後夫人服之，諸侯夫人則自揄翟而下。贊，佐也。命婦，於内則世婦也，於外則大夫之妻也。祭祀，世婦以下佐夫人。揚，舉也。大刑，重罪也。天下大服，知周公之德，宜饗此也。是故夏礿，秋嘗，冬烝；春社，秋省，而遂大蜡：天子之祭也。不言「春祠」，魯在東方，王東巡守以春，或闕之。省，讀爲「獮」。獮，秋田名也。春田祭社，秋田祀祊。大蜡，歲十二月索鬼神而祭之。大廟，天子明堂。庫門，天子皋門。雉門，天子應門。言廟及門，如天子之制也。天子五門：皋、庫、雉、應、路。魯有庫、雉、路，則諸侯三門與？皋之言高也。《詩》云：「乃立皋門，皋門有伉。乃立應門，應門將將。」振木鐸於朝，天子之政也。天子將發號令，必以木鐸警衆。山節，藻棁，復廟，重檐，刮楹，達鄉，反坫，出尊，崇坫康圭，疏屏，天子之廟飾也。山節，刻欂盧爲山也。藻棁，畫侏儒柱爲藻文也。復廟，重屋也。重檐，重承壁材也。刮，刮摩也。鄉，牖屬，謂夾户窗也。每室八窗爲四達。反坫，反爵之坫也。出尊，當尊南也。唯兩君爲好，既獻，反爵於其上。禮，君尊于兩楹之間。崇，高也。康，讀爲「亢龍」之亢。又爲高坫，亢所受圭，奠于上焉。屏謂之樹，今浮思也。刻之爲雲氣蟲獸，如今闕上爲之矣。鸞車，有虞氏之路也。鉤車，夏后氏之路也。大路，殷路也。乘路，周路也。鸞，有鸞、和也。鉤，有曲輿者也。大路，木路也。乘路，玉路也。漢祭天，乘殷之路也，今謂之桑根車也。《春秋傳》曰：「大路素。」鸞，或爲「欒」也。有虞氏之旂，夏后氏之綏，殷之大白，周之大赤。四者，旌旗之屬也。綏，當爲「緌」，讀如「冠蕤」之蕤。有虞氏當言「緌」，夏后氏當言「旂」，此蓋錯誤也。緌，謂注旄牛尾於杠首，所謂大麾。《書》云：「武王左杖黄鉞，右秉白旄以麾。」❶《周禮》「王建大旂以賓，建大赤以朝，建大白以即戎，建大麾以田」也。夏后氏駱馬黑鬣，殷人白

❶「秉」，原作「乘」，據余本、撫本、岳本、阮本改。

馬黑首，周人黃馬蕃鬣。夏后氏牲尚黑，殷白牡，周騂剛。順正色也。白馬黑鬣曰駱。殷黑首，爲純白凶也。騂剛，赤色。泰，有虞氏之尊也。山罍，夏后氏之尊也。著，殷尊也。犧、象，周尊也。泰用瓦。著，著地無足。爵，夏后氏以琖，殷以斝，周以爵。斝，畫禾稼也。《詩》曰：「洗爵奠斝。」灌尊，夏后氏以雞夷，殷以斝，周以黃目。其勺，夏后氏以龍勺，殷以疏勺，周以蒲勺。夷，讀爲「彝」。《周禮》：「春祠夏禴，祼用雞彝、鳥彝。秋嘗冬烝，祼用斝彝、黃彝。」龍，龍頭也。疏，通刻其頭。蒲，合蒲如鳧頭也。土鼓、蕢桴、葦籥，伊耆氏之樂也。蕢，當爲「凷」，聲之誤也。籥，如笛，三孔。伊耆氏，古天子有天下之號也。今有姓伊耆氏者。拊搏、玉磬、揩擊、大琴、大瑟、中琴、小瑟，四代之樂器也。拊搏，以韋爲之，充之以穅，形如小鼓。揩擊，謂柷、敔，皆所以節樂者也。四代，虞、夏、殷、周也。魯公之廟，文世室也。武公之廟，武世室也。此二廟，象周有文王、武王之廟也。世室者，不毁之名也。魯公，伯禽也。武公，伯禽之玄孫也，名敖。米廩，有虞氏之庠也。序，夏后氏之序也。瞽宗，殷學也。頖宮，周學也。庠、序，亦學也。庠之言詳也，於以考禮詳事也。魯謂之米廩。虞帝上孝，今藏粢盛之委焉。❶序，次序王事也。瞽宗，樂師瞽矇之所宗也。古者有道德者，使教焉，死則以爲樂祖，於此祭之。頖之言班也，於以班政教也。崇鼎、貫鼎、大璜、封父龜，天子之器也。崇、貫、封父，皆國名。文王伐崇。古者伐國，遷其重器，以分同姓。大璜，夏后氏之璜。《春秋傳》曰：「分魯公以夏后氏之璜。」越棘、大弓，天子之戎器也。❷越，國名也。棘，戟也。《春秋傳》曰：「子都拔棘。」夏后氏之鼓足，❸殷楹鼓，周縣

❶「今」，阮本作「令」，而阮本疏中仍作「今」。孫詒讓《校記》云：「令」譌「今」。疏放此。

❷「子」字原漶滅，據《唐石經》、余本、撫本、岳本、阮本補。

❸「鼓足」，王念孫以爲當作「足鼓」。詳《經義述聞》。

鼓。足，謂四足也。楹謂之柱，❶貫中上出也。縣，縣之簨虡也。《殷頌》曰：「植我鼗鼓。」《周頌》曰：「應朄縣鼓。」垂之和鍾，叔之離磬，女媧之笙簧。垂，堯之共工也。女媧，三皇承宓義者。叔，未聞也。和離，謂次序其聲縣也。笙簧，笙中之簧也。《世本·作》曰：「垂作鍾，無句作磬，女媧作笙簧。」夏后氏之龍簨虡，殷之崇牙，周之璧翣。❷簨虡，所以縣鐘磬也。橫曰簨，飾之以鱗屬。植曰虡，飾之以鸁屬、羽屬。簨以大版爲之，謂之業，殷又於龍上，刻畫之爲重牙，以挂縣紘也。周又畫繒爲翣，戴以璧，垂五采羽於其下，樹於簨之角上，飾彌多也。《周頌》曰：「設業設虡，崇牙樹羽。」有虞氏之兩敦，夏后氏之四璉，殷之六瑚，周之八簋。皆黍稷器，制之異同未聞。俎，有虞氏以梡，夏后氏以嶡，殷以椇，周以房俎。梡，斷木爲四足而已。嶡之言蹷也，謂中足爲橫距之象，周禮謂之距。椇之言枳椇也，謂曲橈之也。房，謂足下跗也，上下兩間，有似於堂房。《魯頌》曰：「籩豆大房。」夏后氏以楬豆，殷玉豆，周獻豆。楬，無異物之飾也。獻，疏刻之。齊人謂無髮爲禿楬。有虞氏服韍，夏后氏山，殷火，周龍章。韍，冕服之韠也。舜始作之，以尊祭服。禹、湯至周，增以畫文，後王彌飾也。山，取其仁可仰也。火，取其明也。龍，取其變化也。天子備焉，諸侯火而下，卿大夫山，士韎韋而已。韍，或作「黻」。有虞氏祭首，夏后氏祭心，殷祭肝，周祭肺。氣主盛也。夏后氏尚明水，殷尚醴，周尚酒。此皆其時之用耳，言「尚」非。❸有虞氏官五十，夏后氏官百，殷二百，周三百。周之六卿，其屬各六十，則周三百六十官也。此云「三百」者，《記》時《冬官》亡矣。《昏義》曰：「天子立六官、三公、九卿、二十七大夫、八十一

---

❶「謂」，孫詒讓《校記》云：「『謂』，《大射》疏引作『爲』，義長。此疑誤。」

❷「璧翣」，王夫之《章句》云：「『璧翣』，當作『樹羽』，因下文更有『殷之崇牙』相仍而誤。」江永《禮記訓義擇言》説同。

❸「非」，原作「也」，據余本、撫本、岳本、殿本、阮本及衛氏《集説》改。

元士。」凡百二十，蓋謂夏時也。以夏、周推前後之差，有虞氏官宜六十，夏后氏宜百二十，殷宜二百四十，不得如此《記》也。**有虞氏之綏，夏后氏之綢練，殷之崇牙，周之璧翣。**綏，亦旌旗之緌也。夏綢其杠，以練爲之旒。殷又刻繒爲重牙，❶以飾其側，亦飾彌多也。湯以武受命，恒以牙爲飾也。此旌旗及翣，皆喪葬之飾。《周禮》大喪葬，巾車「執蓋從車，持旌」，御僕「持翣」。旌從遣車，翣夾柩路，左右前後。天子八翣，皆戴璧垂羽。諸侯六翣，皆戴圭。大夫四翣，士二翣，皆戴緌。孔子之喪，公西赤爲志，亦用此焉。《爾雅》説旌旗曰：「素錦綢杠，纁白縿，❷素升龍於縿，練旒九。」**凡四代之服、器、官，魯兼用之。是故魯，王禮也，天下傳之久矣。君臣未嘗相弑也，禮樂刑法政俗未嘗相變也，天下以爲有道之國，是故天下資禮樂焉。**王禮，天子之禮也。傳，傳世也。資，取也。此蓋盛周公之德耳。春秋時，魯三君弑，又士之有誄由莊公始，婦人髽而弔始於臺駘，云「君臣未嘗相弑，政俗未嘗相變」，亦近誣矣。資，或爲「飲」。**疏**正義曰：自此以下，皆爲周公有勳勞之事，故成王特賜魯家用天子之禮，兼四代服器。各隨文解之。**注**「曲阜」至「緑縢」正義曰：云「曲阜，魯地」者，案《費誓序》云：「魯侯伯禽宅曲阜。」又案定四年《左傳》：「封於少皞之虚。」臣瓚注《漢書》云：「魯城內有曲阜，逶迤長八九里。」云「加魯以四等之附庸」者，魯受上公五百里之封，又加四等附庸。四等，謂侯、伯、子、男也。案《大司徒》注云：「公無附庸，侯附庸九同，伯附庸七同，子附庸五同，男附庸三同。」摠爲二十四同。同，謂百里也。既受五百里之封，五五二十五，爲二十五同，又加二十四同，故云「積四十九，開方計之，得七百里」。云「兵車千乘，成國之賦也」者，案《左傳》云：「成國不過半天子之軍。」案《論語》千乘之賦，居地方三百一十六里有畸。諸侯之地，三百里而下，未成國也。公則五百里，侯四百里，計地餘有千乘，故謂之「成國」。引

❶「重牙」，阮校云：「岳本『重』作『崇』，衛氏《集説》同，《考文》引古本同。盧文弨校云：案前注亦作『崇牙』。」

❷「白」，阮校云：「浦鏜校，『白』字改『帛』。按：浦校是也。」

《詩・魯頌》以下者，《詩・頌・閟宫》文也。引之者，證魯廣開土宇，兵車千乘之事。云「朱英緑縢」者，言以朱爲英飾，以緑爲縢約也。注「同之」至「伯禽」 正義曰：「同之於周」者，謂同此周公於周之天子。云「魯公，謂伯禽」者，《尚書・費誓》云：「魯侯伯禽宅曲阜。」時伯禽歸魯，周公不之魯。故《公羊》文十三年傳：「封魯公以爲周公也。周公拜乎前，魯公拜乎後。曰：生以養周公，死以爲周公主。然則周公之魯乎？曰：不之魯也。曷爲不之魯？欲天下之一乎周也。」言若周公之魯，恐天下歸心於魯，故不之魯，使天下一心以事周。注「孟春」至「不祭」 正義曰：知「孟春」是「建子之月」者，以下云「季夏六月，以禘禮祀周公」。若是夏之季夏，非禘祭之月，即是周之季夏，明此孟春，亦周之孟春。又《雜記》「孟獻子曰：正月日至，可以有事於上帝」。故知此孟春是建子之月也。云「魯之始郊，日以至」者，《郊特牲》云：「周之始郊，日以至。」鄭既破「周」爲「魯」，故云「魯郊，日以至」。云「大路，殷之祭天車也」者，以下文云「大路，殷路」；知「祭天車」者，以祭天尚質，器用陶匏，大路一就，故知是祭天所用也。以尊敬周公，故用先代殷禮，牲用白牡，車乘殷路。云「弧，旌旗所以張幅也」者，弧以竹爲之，其形爲弓，以張縿之幅。故《考工記》「弧旌枉矢，以象弧也」。注云：「弧，以張縿之幅。」云「其衣曰韣」者，謂此弓之衣，謂之爲韣。云「天子之旌旗畫日月」者，《周禮》「日月爲常」，又云「王建大常」，此云「日月之章」，與天子同也。云「帝，謂蒼帝靈威仰」者，鄭恐是昊天上帝，故明之云「靈威仰」也。知非昊天上帝者，以其配后稷。后稷唯配靈威仰，不配昊天上帝也。鄭以此經唯云「配以后稷」，故知「昊天上帝，魯不祭」也。

「季夏」至「下也」 正義曰：此一節明禘禮祀周公於大廟，文物具備之儀。「牲用白牡」者，白牡，殷牲。尊敬周公，不可用己代之牲，故用白牡。「尊用犧、象、山罍」者，魯得用天子之尊也。犧，犧尊也。《周禮》春夏之祭，朝踐堂上薦血腥時，用以盛醴齊，君及夫人所酌以獻尸也。象，象尊也。《周禮》春夏之祭，堂上薦朝事竟，尸入室，饋食時用以盛盎齊，君及夫人所酌以獻尸也。山罍，謂夏后氏之尊，天子於追享、朝享之祭，再獻所用。今褒崇周公，於禘祭之時，亦雜用山尊，但不知何節所用。「鬱尊用黄目」者，鬱，謂鬱鬯酒。黄目，嘗、烝所用。今尊崇周公，故於夏禘用之。「灌用玉瓚大圭」者，灌，謂酌鬱鬯獻尸求神也。酌之所用玉瓚，以玉飾瓚，故曰「玉瓚」也；以大圭爲瓚柄，故曰「大圭」也。「薦用玉豆」者，薦，謂祭時所薦菹醢之屬也。以玉飾豆，故曰「玉豆」，下云「殷玉豆」是也。「雕篹」者，篹，籩也，以竹爲之，形似筥，亦薦時用也。雕鏤其柄，故曰「雕篹」也。「爵用玉琖仍雕」者，爵，君酌酒獻尸杯也。琖，夏后氏之爵名也，以玉飾之，故曰「玉琖」。仍，因也。因用爵形而爲之飾，故曰「仍雕」。「加以璧散、璧角」者，加，謂尸入室饋食竟，主人酌醴齊酳尸，名爲朝獻。朝獻竟而夫人酌盎齊亞獻，名爲再獻，又名爲「加」，于時薦加豆籩也。此再獻之時，夫人用璧角，《内宰》所謂「瑶爵」也。其「璧散」者，夫人再獻訖，諸侯爲賓，用之以獻尸。雖非正加，是夫人加爵之後，摠而言之，亦得稱「加」，故此摠云「加以璧散、璧角」。先「散」後「角」，便文也。「俎用梡、嶡」者，梡、嶡，兩代俎也。虞俎名梡。梡形四足如案。《禮圖》云：「梡長二尺四寸，廣一尺二寸，高一尺。諸臣加雲氣，天子犧飾之。」夏俎名嶡。嶡亦如梡，而横柱四足中央如距也。賀云：「直有脚曰梡，加脚中央横木曰嶡。」「升歌《清廟》」者，升，升堂也。《清廟》，《周頌》文王詩也。❶升樂工於廟堂，而歌《清廟》詩也。「下管《象》」者，下，堂下也。管，匏、竹。在堂下，故云「下管」也。《象》，謂《象武》詩也。堂下吹管，以播《象武》之詩，故云「下管《象》」也。「朱干玉戚」者，干，盾也。戚，斧也。赤盾而玉飾斧也。「冕而舞《大武》」者，冕，衮冕也。《大武》，武王樂也。王著衮冕，執赤盾玉斧，而舞武王伐紂之樂也。「皮弁素積，裼而舞《大夏》」者，皮弁，三王之服也。裼，見美也。《大夏》，夏禹之樂也。王又服皮弁，裼而舞夏后氏之樂也。❷六冕是周制，故用冕而舞周樂；皮弁是三王服，故用皮弁舞夏樂也。而周樂是武，武質，故不裼；夏家樂文，文故裼也。若諸侯之祭，各服所祭之冕而舞。故《祭統》云：「諸侯之祭也，與竟内樂之。冕而摠干，率其群臣以樂皇尸。」是知用冕服舞也。「《昧》，東夷之樂也；《任》，南蠻之樂也」者，周公德廣，非唯用四代之樂，亦爲蠻夷所歸，故賜奏蠻夷之樂於庭也。唯言「夷蠻」，則「戎狄」從可知也。又一通云：正樂既不得六代，故蠻夷則唯與二方也。《白虎通》云：「樂元語曰：『東夷之樂曰《朝離》，萬物微離地而生，樂持矛舞，助時生也。南夷樂曰《南》，南，任

❶「清廟周頌文王詩也」，句意不通，蓋「文王」上脱「祀」字。《清廟》小序：「《清廟》，祀文王也。」孔疏當本諸此。

❷「氏」字原漶滅，據阮本補。

也，任養萬物，樂持羽舞，助時養也。西夷樂曰《味》，味，昧也，萬物衰老，取晦昧之義也。樂持戟舞，助時殺也。北夷樂曰《禁》，言萬物禁藏，樂持干舞，助時藏也。』」又曰：「唯制夷狄樂？❶聖王也。先王推行道德，和調陰陽，覆被夷狄，故制夷狄樂。何不制夷禮？禮者，身當履而行之，夷狄不能行禮也。」此東曰《味》，西曰《株離》，❷與《白虎通》正相反者，以春秋二方俱有味、株離之義，故《白虎通》及此各舉其一。《白虎通》云「朝離」，則「株離」也。《鉤命決》亦云「東夷之樂曰《味》，南夷之樂曰《南》」，與此同。「納夷蠻之樂於大廟」者，皆於大廟奏之。「言廣魯於天下也」者，廣魯，欲使如天子示於天下，故云「廣魯於天下也」。注「季夏」至「大也」　正義曰：「群公稱宮」，此《公羊》文十三年傳曰：「周公稱大廟，魯公稱世室，群公稱宮。此魯公之廟也，曷爲謂之世室？世室，猶世世不毁也。」《左氏經》以爲「大室屋壞」，服氏云：「大廟之室。」與《公羊》及鄭違，今所不取。云「犧尊，以沙羽爲畫飾」者，《鄭志》張逸問曰：「《明堂》注：『犧尊，以沙羽爲畫飾。』前問，曰『犧讀如沙。沙，鳳皇也』。不解鳳皇何以爲沙？」答曰：「刻畫鳳皇之象於尊，其形婆娑然。或有作『獻』字者，齊人之聲誤耳。」又鄭注《司尊彝》云：「山罍，亦刻而畫之，爲山雲之形。」鄭司農注《周禮·司尊彝》云：「獻，讀爲『犧』。犧尊，飾以翡翠。象尊以象鳳皇，或曰以象骨飾尊。」王注《禮器》云：「爲犧牛及象之形，鑿其背以爲尊，故謂之犧尊。」❸阮諶《禮圖》云：「犧尊，畫以牛形。」云「簨，簴屬也，以竹爲之，雕刻飾其直者也」，知簨爲簴屬者，與「豆」連文，故知「簴屬」。以字從竹，故知「以竹爲之」。直，柄也。簨既用竹，不可刻飾，今云「雕其直者」，是刻其柄也。云「仍，因也」者，《釋詁》文也。云「加，加爵也」者，以其非正獻，故謂之「加」。云「散、角，皆以璧飾其口也」者，鄭恐散、角以璧爲之，故云「以璧飾其口」。《內宰》謂之「瑶爵」，此處謂之「璧角」者，瑶是玉名，爵是揔

❶「唯」，阮校云：「浦鏜校『唯』改『誰』。案《白虎通》作『誰』。」

❷「西曰株離」，孫詒讓《校記》云：「此經無『西曰株離』之文。『西曰株離』，見《詩·鼓鍾》傳及《周官·鞮鞻氏》注。疑此本引彼二文於前，而後引《白虎通》於後。今本爲後人删削，故不相應。或沖遠删六朝舊疏而偶有不照，遂致文成贅牾也。」

❸「尊」，原作「象」，據閩、監、毛本及殿本、阮本改。

號，璧是玉之形制，角是爵之所受，之名異，❶其實一物也。云「梡，始有四足也」者，以虞氏尚質，未有餘飾，故知「始有四足」。云「嶡爲之距」者，以夏世漸文，故知以横木距於足中。云「《清廟》，《周頌》也」者，以文王有清明之德，祭之於廟而作頌也。云「《象》，謂《周頌·武》也，以管播之」者，案《詩·維清》「奏《象》舞」，襄二十九年「見舞《象箾》、《南籥》」，知非文王樂，必以爲《大武》武王樂者，以經云「升歌《清廟》，下管《象》」，以父詩在上，子詩在下，故知爲武王樂也。「以管播之」，謂吹管播散詩之聲也。云「《大武》，周舞也」者，上云「下管《象》」，謂吹《大武》詩；此云「舞《大武》」，謂爲《大武》之舞。云「《大夏》，夏舞也」者，以《大夏》是禹樂，故爲夏舞。引《周禮·昧師》者，證經之《昧》樂。引《詩》「以《雅》以《南》」者，證經之南夷之樂《任》即《南》也。則此《詩·小雅·鼓鐘》之詩，鄭云：「《雅》，《萬》舞也。《萬》也，《南》也，《籥》也，三舞不僭，言進退之旅也。周樂尚武，故謂《萬》舞爲《雅》」。「君卷」至「大服」　正義曰：前經明祀周公所用器物，此經明祀周公之時，君與夫人、卿大夫、命婦行禮之儀。　「夫人副褘立于房中」者，尸初入之時，君待之於阼階，夫人立於東房中。魯之大廟，如天子明堂。得立房中者，房則東南之室也，揔稱房耳。皇氏云：「祭姜嫄之廟，故有房。」案此文承上「禘祀周公」之下，下云「天下大服」，鄭注：「知周公之德宜饗此也。」則是祀周公於大廟，而云「姜嫄廟」，非辭也。「迎牲于門」者，謂祼鬯之後，牲入之時，迎於門。「夫人薦豆籩」者，謂朝踐及饋孰并酳尸之時薦豆籩也。　「卿大夫贊君」者，贊，助也。卿大夫助君，謂初迎牲幣告，及終祭以來之屬也。　「命婦贊夫人」者，命婦，於内則世婦以下，於外則卿大夫妻，並助夫人薦豆籩及祭事之屬也。「各揚其職。百官廢職，服大刑」者，當祭之時，命百官各揚舉其職事。如有廢職不供，服之以大刑。　「而天下大服」者，以祭周公文物備具，禮儀整肅，百官供命，而天下大服。明周公之德，宜合如此。　**注**「副首」至「此也」　正義曰：經云「副褘」，副是首飾。以其覆被頭首，漢之步摇亦覆首，故云「今之步摇」。引《詩》「副笄六珈」者，《詩·鄘風》刺衛宣姜之詩也。言宣姜首著副珈，而又以笄六玉加於副上。引《周禮·追師》者，證副者是王后首服，❷言追師掌爲副以供后之首服。云「褘，王后之上服」

❶「之」，衛氏《集説》無「之」字，疑是。

❷「者」，衛氏《集説》無「者」字。浦鏜云「者」字衍。

者，案《周禮》云褘衣、揄翟、闕翟等，皆是后之所服，但褘衣則是王后服之上者。云「唯魯及王者之後夫人服之」者，此經「夫人副褘」，是魯得服之。王者之後，得行先代天子禮樂，是王者之後夫人得服之。云「諸侯夫人則自揄翟而下」者，言其餘諸侯夫人，不得服褘衣也。云「命婦，於内則世婦也，於外則大夫之妻也」者，案《喪服傳》云：「命婦者，婦人之爲大夫妻。」世婦與大夫位同，故知「内則世婦」也。不云女御及士妻者，以經云「卿大夫贊君」，士賤，略而不言，明士妻及女御亦略之。「是故」至「祭也」

正義曰：此一經明魯得祭之事。注「不言」至「祀礿」

正義曰：云「魯在東方」者，朝恒用春，當朝之年，以朝闕祭。云「王東巡守以春」者，鄭既明朝時闕春祭，又明王巡守之時，魯亦闕春祭。巡守在於二月，不於正月祭者，皇氏云：「諸侯預前待於竟，故不得正月祭也。」云「省，讀爲獮。獮，秋田名也」者，以「省」、「獮」聲相近。《大司馬》云：「中秋教治兵，遂以獮田。」故知秋田名也。云「春田祭社，秋田祀礿」者，《大司馬職》文。彼云「秋祀祊」，鄭云：「祊，當爲方。」謂四方句芒之屬也。「大廟」至「應門」

正義曰：此一經明魯之門及廟之制。「大廟，天子明堂」者，言周公大廟，制似天子明堂。「庫門，天子皋門」者，言魯之庫門，制似天子皋門。「雉門，天子應門」者，言魯之雉門，制似天子應門。注「言廟」至「將將」 正義曰：「言廟及門，如天子之制也」者，謂制度高大，如似天子耳，不必事事皆同。故前文祭天不得祭圓丘，又《郊特牲》祭天服袞冕，不服大裘，是不得盡如天子。記者美之，云「天子之禮」耳，是知魯之大廟，不可一一似明堂也。云「天子五門：皋、庫、雉、應、路」者，此經云「天子皋門」、「天子應門」，是天子有皋門、應門。《顧命》有畢門，畢門則路門也，是天子有路門。此經魯有庫門、雉門，明天子亦有五門。云「魯有庫、雉、路，則諸侯三門與」者，此經有庫門、雉門，又《檀弓》云「魯莊公之喪，既葬，而絰不入庫門」，定二年「雉門災」，是魯有庫、雉，則又有路門可知。魯既有三門，則餘諸侯亦有三門，故云「諸侯三門與」？但其餘諸侯有皋門、應門及路門也。引《詩》「乃立皋門、應門」者，證諸侯有皋門、應門也。所引《詩》者，《大雅·文王·緜》之篇也。❶言大王徙居岐周，爲殷諸侯，立此皋門、應門。衛亦有庫門。故《家語》云：「衛莊公反國，孔子譏其繹之於庫門内，祊之於東方，失之矣。」是衛有庫門

❶「文王」，浦鏜云「文王」二字衍，疑是。

也。「山節」至「飾也」　正義曰：此一節論魯之大廟之飾。「山節」，謂欂盧，刻爲山形。「藻棁」者，謂侏儒柱畫爲藻文也。「復廟」者，上下重屋也。「重檐」者，皇氏云：「鄭云『重檐，重承壁材也』，謂就外檐下壁，復安板檐，以辟風雨之灑壁，故云『重檐，重承壁材』。」「刮楹」者，刮，摩也。楹，柱也。以密石摩柱。「達鄉」者，達，通也。鄉，謂窗牖也。每室四户八窗，窗户皆相對。以牖户通達，故曰「達鄉」也。「反坫」者，兩君相見，反爵之坫也。築土爲之，在兩楹閒，近南。人君飲酒，既獻，反爵於坫上，故謂之「反坫」也。「出尊」者，尊在兩楹閒，坫在尊南，故云「出尊」。「崇坫康圭」者，崇，高也。亢，舉也。爲高坫，受賓之圭，舉於其上也。「疏屏」者，疏，刻也。屏，樹也。謂刻於屏樹，爲雲氣蟲獸也。「天子之廟飾也」者，自「山節」以下，皆天子廟飾也。反坫亦在廟，故合言「廟飾」也。注「山節」至「之矣」　正義曰：「刻欂盧」也者，節名欂盧。《釋宫》云：「栭謂之楶。」李巡云：「栭，今欂盧也。」則今之斗栱。云「畫侏儒柱」者，案《釋宫》云：「宋廇謂之梁，其上楹謂之棁。」李巡曰：「梁上短柱也。」云「鄉，牖屬」者，《詩·豳風》「塞向墐户」，是牖屬也。云「出尊，當尊南也」者，以當近南，迴露嚮外爲出。今言「出尊」，故知「尊南」也。云「禮，君尊于兩楹之閒」者，以《燕禮》燕臣子，列尊于東楹之西。今兩君敵體，當尊在兩楹之閒。故《鄉飲酒》賓主敵體，「尊于房户閒」是也。皇氏解此，用《燕禮》之文「尊于東楹之西」，爲「兩楹之閒」，❶失之矣。云「康，讀爲『亢龍』之亢」者，案《易·乾》上九：「亢龍有悔。」讀從之。云「屏謂之樹，今浮思也」者，「屏謂之樹」，《釋宫》文。漢時謂屏爲浮思，故云「今浮思」。解者以爲「天子外屏，人臣至屏，俯伏思念其事」。案《匠人》注云：「城隅，謂角浮思也。」漢時「東闕浮思災」。以此諸文參之，則浮思，小樓也，故城隅闕上皆有之。然則屏上亦爲屋，以覆屏牆，故稱屏曰浮思。或解屏則闕也。《古詩》云：「雙闕百餘尺。」則闕於兩旁，不得當道，與屏別也。闕雖在兩旁，相對近道，大略言之，亦謂之當道。故讖云「代漢者當塗高」，謂魏闕也。云「刻之爲雲氣蟲獸，如今闕上爲之矣」者，言古之疏屏，似今闕上畫雲氣蟲獸。如鄭此言，似屏與闕異也。「鸞車」至「路也」　正義曰：此一經明魯有四代之車，其制各别。「鸞車」，車有鸞、和也。路則車也。「鉤車，夏后氏之路也」者，鉤，

❶「兩」字原脱，據阮本及閩、監、毛本補。

曲也。輿則車牀。曲輿，謂曲前闌也。虞質，未有鉤矣。「大路，殷路也」者，大路，木路也。「乘路，周路也」者，乘路，玉路也。周，王禮，故用玉。注《春秋傳》曰：大路素」正義曰：案桓二年《左氏》云：「大路越席。」越席是祀天之席，則大路亦祭天之車。以祭天尚質，故鄭云「大路素」。

「有虞」至「大赤」　正義曰：此一經論魯有四代旌旗。「有虞氏之旂」者，旂，當爲「綏」，但注旄竿首，未有旒縿。「夏后氏之綏」者，鄭云：綏，當爲「旂」。夏后氏漸文，既注旄竿首，又有旒縿。「殷之大白」，謂白色旗。「周之大赤」者，赤色旗。此「大白」、「大赤」，各隨代之色，無所畫也。注「有虞」至「田也」　正義曰：知「有虞氏當言『綏』，夏后氏當言『旂』」者，以虞質於夏，故知虞世但注旄，夏世始加旒縿。知「注旄牛尾於杠」者，《爾雅·釋天》云「注旄首曰旌」是也。云「所謂大麾」者，所謂《巾車》「建大麾以田」者是也。必知此「綏」當「大麾」者，彼「大麾」上有「大白」、「大赤」，此經「夏后氏之綏」下有「大白」、「大赤」，故知綏當大麾也。然《巾車》注云：「正色言之，大麾，夏后氏之旗，色黑。」鄭此注以「緌」爲有虞氏所建，緌則大麾，不同者，有虞氏但有注旄竿首，夏后氏之旗若去旒縿，則與虞氏不異，同謂之緌也。以《巾車》連「大白」、「大赤」，故以緌麾爲之旗。引「《書》曰」者，《牧誓》文。引之者，證白旄以指麾，是大麾也。引《周禮》者，《巾車職》文，明天子所用，然則魯之所用亦當然也。

「夏后」至「騂剛」　正義曰：此一經明魯有三代之馬及牲色不同。「夏后氏駱馬黑鬣」者，駱，白黑相間也。此馬白身黑鬣，故云駱也。夏尚黑，故用黑鬣也。「殷人白馬黑首」者，殷尚白，故白馬也。純白似凶，故黑頭也。頭黑而鬣白，從所尚也。然類三代，俱以鬣爲所尚也。「周人黃馬蕃鬣」者，蕃，赤也。周尚赤，用黃近赤也。而用赤鬣，爲所尚也。熊氏以爲「蕃鬣爲黑色」，與周所尚乖，非也。「夏后氏牲尚黑，殷白牡，周騂剛」者，賜魯用三代牲也。騂，赤色也。剛，牡也。騂言剛，則白亦剛；白言牡，黑亦牡也。故殷告天云「敢用玄牡」，從天色也。

「泰有」至「尊也」　正義曰：此一經明魯用四代尊也。虞尊用瓦，名泰也。然或用三代，或用四代者，隨其禮存者而用之耳，無別義也。「山罍夏后氏之尊也」者，罍，猶雲雷也，畫爲山雲之形也。「著，殷尊也」者，無足而底著地，故謂爲著也。然殷尊無足，則其餘泰、罍、犧並有足也。「犧、象，周尊也」者，畫沙羽及象骨飾尊也。然殷名著，周名犧、象，而《禮器》云「君西酌犧、象」，亦是周禮也。注「泰用」至「無足」　正義曰：以《考工記》云：「有虞氏尚陶。」《檀弓》又云：「有虞氏瓦棺。」故知泰尊用瓦也。　「爵夏」至「以爵」　正義曰：此一經明魯有三代爵，並以爵爲形，故并標名於其上。　「夏后氏以琖」者，夏爵名也。以玉飾之，故前云「爵用玉琖仍雕」是也。　「殷以斝」者，殷亦爵形而畫爲禾稼，故名斝。斝，稼也。　「周以爵」者，皇氏云：「周人但用爵形而不畫飾。」案《周禮·大宰》「贊玉几、玉爵」，然則周爵或以玉爲之，或飾之以玉，皇氏云「周爵無飾」，失之矣。　「灌尊」至「蒲勺」　正義曰：此一節明魯有三代灌尊及所用之勺。　「夏后氏以雞夷」者，夷，即彝。彝，法也。與餘尊爲法，故稱彝。雞彝者，❶或刻木爲雞形而畫雞於彝。　「殷以斝」者，鄭司農云：「畫爲禾稼。」　「周以黄目」者，以黄金爲目。皇氏云：「夏后氏以瓦泰之上畫以雞彝，殷著尊畫爲稼彝。」然尊、彝別作，事不相依。而皇氏以當代之尊爲彝，文無所據。假因當代尊爲彝，則夏后氏當因山罍，不得因虞氏瓦泰。皇氏之説，其義並非也。　「夏后氏以龍勺」者，❷勺爲龍頭。　「殷以疏勺」者，疏謂刻鏤，通刻勺頭。　「周以蒲勺」者，❸皇氏云：「蒲謂合蒲。當刻勺爲鳧頭，其口微開，如蒲草本合而末微開也。」　注「夷讀」至「頭也」　正義曰：引《周禮》「春祠夏禴」以下，《司尊彝職》之文。云「春祠夏禴，裸用雞彝、鳥彝」者，雞彝盛明水，❹鳥彝盛鬱鬯也。「秋嘗冬烝，裸用斝彝、黄彝」者，義亦然。必知一時之祭，并用兩彝者，以下云「朝踐用兩犧尊，再獻用兩象尊」，犧、象不可即爲二時，故知兩彝祇當一節。　皇氏、沈氏並云：「春用雞彝，夏用鳥彝，秋用斝彝，冬用黄彝。春屬雞，夏屬鳥，秋屬收禾稼，冬屬之色黄，❺故用其尊。」皇氏等此言，文無所出，謂言及於數，非實論也。　種曰稼，斂曰穡，秋時不得稱稼。《月令》「季秋草木黄落」，冬即色玄，不得用黄彝也。下「追享、朝享用虎彝、蜼彝」，追享謂祈禱也，朝享謂月祭也，若有所法，則四時不同，何以獨用虎、蜼？　又崔氏《義》：「宗廟祫祭用十八尊，祫在秋。禘祭用十六尊，禘在夏也。」是一時皆數兩彝，得爲十八、十

❶「雞」上原有「彝」字，據阮本、衛氏《集説》删。
❷「者」字原漶滅，據足利本、阮本補。
❸「蒲」字原漶滅，據足利本、阮本補。
❹自「明水」始，至下文「言魯之」止，底本蓋據毛本鈔補，今改據足利本補。
❺「之色黄」，阮本作「土色黄」。阮校云：「浦鏜校從《續通解》，『土色黄』改『玄黄色』。」

六。若每時用唯有一彝，祇十七、十五。是知皇氏等之説，其義非也。　「土鼓」至「樂也」　正義曰：此一經明魯用古代之樂。「土鼓」，謂築土爲鼓。「蕢桴」，以土塊爲桴。「葦籥」者，謂截葦爲籥。此等是伊耆氏之樂，魯得用也。　注「蕢當」至「氏者」　正義曰：經云「蕢」者，草名，與「土鼓」相對，故讀爲「凷」。云「伊耆氏，古天子有天下之號也」者，《禮運》云：❶「伊耆氏始爲蜡」。蜡是報田之祭。案《易·繫辭》，神農始作耒耜，是田起於神農，故説者以伊耆氏爲神農。　「拊搏」至「器也」　正義曰：此一經論魯有四代樂器。但四代漸文，不如土鼓、葦籥之質，故別起其文也。　「魯公」至「室也」　正義曰：此一經明魯有二廟不毁，象周之文、武二祧也。　「文世室」者，魯公伯禽有文德，世世不毁其室，故云「文世室」。「武世室」者，伯禽玄孫武公有武德，其廟不毁，故云「武世室」。　注「武公」至「名敖」　正義曰：案成六年：「立武宫」。《公羊》、《左氏》並譏之，「不宜立」也。又武公之廟，立在武公卒後。其廟不毁，在成公之時。此《記》所云，美成王，褒崇魯國而已。云「武公之廟，武世室」者，作《記》之人，因成王褒魯，遂盛美魯家之事。因武公其廟不毁，遂連文而美之，非實辭也。故下云「君臣未嘗相弑，禮樂刑法政俗未嘗相變也」，鄭云「亦近誣矣」，是不實也。「伯禽玄孫」者，案《世本》：「伯禽生煬公熙，熙生弗，弗生獻公具，具生武公敖」。是「伯禽玄孫，名敖」。　「米廩」至「學也」　正義曰：此一經明魯得立四代之學也。　「米廩，有虞氏之庠也」者，言魯之米廩，是有虞氏之庠。魯以虞氏之庠爲廩，以藏粢盛。　「序，夏后氏之序也」者，是夏家之學也。　注「魯謂」至「祭之」　正義曰：「虞帝上孝」者，《尚書》云「烝烝乂」，《禮記》云「舜其大孝也與」，是「虞帝上孝」也。云「今藏粢盛之委焉」者，委，謂委積。言魯家於此學中，藏此粢盛委積。案桓十四年「御廩災」，《公羊》云：「御廩者何？粢盛委之所藏也。」云「古者有道德者使教焉，死則以爲樂祖」者，《大司樂》文。云「於此祭之」者，謂於此瞽宗祭之，故《大司樂》云「祭於瞽宗」是也。　注「崇貫」至「之璜」　正義曰：知「皆國名」者，《春秋》宣元年：「晉趙穿侵崇。」又書傳有「崇侯虎」，「貫」與「崇」連文，故知「崇、貫，皆國名」。定四年《左氏傳》「夏后氏之璜，封父之繁弱」。「封父」與「夏后氏」相對，故知封父亦國名。云「文王伐崇」者，《詩·大雅》文。云「古者伐國，遷其重器，

❶「禮運云」，案引文乃《郊特牲》語，非《禮運》語。

以分同姓」者，案昭十五年《左傳》云，「密須之鼓，闕鞏之甲」，以賜晉，是「遷其重器，以分同姓」也。**注**「越國」至「拔棘」　正義曰：以崇鼎，貫鼎是崇、貫所出之鼎，則知越棘是越國所有之棘。引《春秋傳》曰「子都拔棘」者，隱十一年《左傳》文，證棘爲戟。「棘，戟」，《方言》文。❶ **注**「殷頌」至「縣鼓」　正義曰：所引《殷頌》者，《那》之篇。鄭注云：「置，讀曰植。植鞉鼓。」引之者，證「殷楹鼓」。引《周頌·有瞽》之篇者，案《周頌》「《有瞽》，始作樂合於大祖」，經云「應田縣鼓」，毛傳云：「田，大鼓。」鄭云：「田，當爲朄。朄，小鼓，在大鼓之旁。」引之者，證周之「縣鼓」。

「垂之」至「笙簧」　正義曰：此一經明魯有先代之樂。「垂之和鐘」者，垂之所作調和之鐘。「叔之離磬」者，叔之所作編離之磬。「女媧之笙簧」者，女媧所作笙中之簧。言魯皆有之。**注**「垂堯」至「笙簧」　正義曰：案《舜典》「垂作共工」，謂舜時也。鄭不見古文，故以爲堯時。云「女媧，三皇承宓羲」者，案《春秋緯運斗樞》「差德序命，宓羲、女媧、神農爲三皇」，是承宓羲者。《帝王世紀》云「女媧氏，風姓，承庖犧制度，始作笙簧。無所革造，故《易》不載，不序於行，蛇身人首」是也。云「和離，謂次序其聲縣也」者，「聲」解「和」也，「縣」解「離」也。言縣磬之時，其磬希疏相離。云「《世本·作》曰」者，《世本》，書名，有《作》篇，其篇記諸作事。云「無句作磬」者，皇氏云：「無句，叔之別名。」義或然也。「夏后」至「璧翣」　正義曰：此一經明魯有三代樂縣之飾。「夏后氏之龍簨虡」者，謂簨虡之上，以龍飾之。「殷之崇牙」者，謂於簨之上，刻畫木爲崇牙之形，以挂鍾磬。「周之璧翣」者，謂周人於此簨上，畫繒爲翣，戴之以璧，下縣五采羽，挂於簨角。後王彌文，故飾彌多也。**注**「橫曰」至「樹羽」　正義曰：「橫曰簨，飾之以鱗屬；植曰虡，飾之以贏屬」者，案《考工記》，筍飾之以鱗屬，鍾虡飾之以贏屬，磬虡飾之以羽屬。如《考工記》之文，則筍飾以龍，此經并云「虡」者，蓋夏時簨之與虡，皆飾之以鱗，至周乃別，故云「龍簨虡」。或可因「簨」連言「虡」也。云「簨以大版爲之，謂之業」者，《詩·周頌》云：「設業設虡。」以「業」「虡」相對，故知業則簨也。其實，簨上更加大版，刻崇牙，謂之業。故《詩·大雅》云：「虡業惟樅。」注云「虡也，栒也，所以縣鍾鼓也。設大版於上，刻畫以爲飾」是也。云「周又畫繒爲翣，戴以

❶「方言文」，案《方言》無此文。蓋《小爾雅·廣器》文也。

璧」者，翣，扇也。言周畫繒爲扇，戴小璧於扇之上。云「垂五采羽於其下，樹於簨之角上」者，案《漢禮器制度》而知也。引《周頌》者，證簨虡及崇牙、樹羽之義。皇氏云：「崇牙者，崇，重也，謂刻畫大版，重疊爲牙。」 **注**「皆黍」至「未聞」 正義曰：簋是黍稷之器，「敦」與「瑚」「璉」共「簠簋」連文，故云「黍稷器」也。❶案鄭注《周禮·舍人》云：「方曰簠，圓曰簋。」此云「未聞」者，謂「瑚」「璉」之器與簋異同未聞也。鄭注《論語》云：「夏曰瑚，殷曰璉。」不同者，皇氏云：「鄭注《論語》誤也。」此言兩敦、四璉、六瑚、八簋者，言魯之所得唯此耳。 **注**「梡斷」至「大房」 正義曰：知「梡，斷木爲四足」者，以虞氏尚質，未有餘飾，故知但有四足而已。云「謂中足爲横距之象」者，以言嶡，謂足以横蹷，❷故鄭讀「嶡」爲「蹷」，謂足横辟不正也。今俎足閒有横，似有横蹷之象，故知足中央爲横距之象。言雞有距以距外物，今兩足有横而相距也。云「周禮謂之距」者，非《周禮》正文，言周代禮儀，謂此俎之横者爲距。故《少牢禮》「腸三，胃三，長皆及俎拒」是也。云「椇之言枳椇也，謂曲撓之也」者，椇枳之樹，其枝多曲橈。故陸璣《草木疏》云：「椇曲來巢。」❸殷俎似之，故云「曲撓之也」。云「房，謂足下跗也，上下兩閒，有似於堂房」者，案《詩》注云：「其制，足閒有横，下有柎，似乎堂後有房然。」如鄭此言，則俎頭各有兩足，足下各别爲跗，足閒横者似堂之壁，横下二柎似堂之東西頭各有房也。但古制難識，不可委知，南北諸儒，亦無委曲解之。今依鄭注，略爲此意，未知是否。 **注**「獻，疏刻之」 正義曰：「獻」音娑，娑是希疏之義，故爲「疏刻之」。 「有虞」至「龍章」 正義曰：此一經論魯有四代韍制。 「有虞氏服韍」者，直以韋爲韍，未有異飾，故云「服韍」。夏后氏畫之以山，殷人增之以火，周人加龍以爲文章。 **注**「韍冕」至「而已」 正義曰：《易·困卦》九二爻辭：「朱紱方來，利用亨祀。」是韍爲祭服也。云「天子備焉，諸侯火而下，卿大夫山，士韎韋而已」者，案《士冠禮》「士韎韐」，是士無飾。推此即尊者飾多。此有四等，天子至士，亦爲四等，故知卿大夫加山，諸侯加火，天子加龍。 **注**「此皆」至「尚非」 正義曰：夏后氏尚質，故用水。殷人稍文，故用醴。周人轉文，故用酒。

❶ 「黍」，浦鏜云，「黍」上脱「皆」字。

❷ 「以」，浦鏜云，「以」，當「似」字之誤。

❸ 「椇」，阮校引段玉裁云：「『椇』，當作『枳』。『枳曲』，即宋玉賦之『枳句』，又即《説文》之『迟曲』。」

故云「此皆其時之用耳」。云「言『尚』非」者，案《儀禮》設尊尚玄酒，是周家亦尚明水也；案《禮運》云「澄酒在下」，是三酒在堂下，則周世不尚酒。故知經言「尚」者非也。

「有虞」至「三百」　正義曰：此經明魯家兼有四代之官。然魯是諸侯，案《大宰職》，諸侯唯有三卿五大夫。故《公羊傳》司徒、司空之下各有二小卿，司馬之下一小卿，是三卿五大夫也。今魯雖被褒崇，何得備爲四代之官而備三百六十職者？當成王之時，❶褒崇於魯，四代官中，雜存官職名號，是使魯有之，非謂魯得盡備其數。但記者盛美於魯，因舉四代官之本數而言之。　「有虞氏官五十」者，鄭差之，當爲六十。　「夏后氏官百」者，鄭差之，當爲百二十。　「殷二百」者，鄭差之，當爲二百四十。　「周三百」者，鄭據「《記》時《冬官》亡矣」，故言三百。若兼《冬官》，則三百六十也。　**注**「周之」至「記也」　正義曰：云「周之六卿，其屬各六十」者，《小宰職》文。云「此云三百者，《記》時《冬官》亡矣」者，以此經四代相對，各陳其官，宜舉實數，故云「《冬官》亡矣」。若文無所對，即舉其成數。故《禮器》：「經禮三百，曲禮三千。」鄭《禮序》云：「舉大略小，闕其殘者。」是與此經不同。引《昏義》者，欲證明夏官百二十。夏倍於虞，殷倍於夏。殷官既多，周不可倍之，故但加殷百二十耳。案《尚書・周官》云：「唐、虞稽古，建官惟百。夏、商官倍，亦克用乂。」與此數不同者，《禮》是記事之典，須委曲備言；《書》是疏通之教，故舉大略小。

「有虞」至「璧翣」　正義曰：此一經明魯有四代喪葬旌旗之飾。　「有虞氏之綏」者，則前經注旄於竿首。　「夏后氏之綢練」者，謂綢杠以練，又爲之旒。　「殷之崇牙」者，謂刻繒爲崇牙之形，飾旌旗之側。　「周之璧翣」者，謂周代以物爲翣，翣上戴之以璧，陳之而鄣柩車。

注「綏亦」至「旒九」　正義曰：「綏，亦旌旗之緌」者，以前經云「夏后氏之綏」是旌旗之緌，故云「綏亦旌旗之緌」。緌，謂注旄竿首也。云「夏綢其杠，以練爲之旒」者，既綢杠以練，又知以練爲旒者，以《爾雅》云「練旒九」也。云「湯以武受命，恒以牙爲飾也」者，前經云「簨虡」既以崇牙爲飾，此旌旗又飾以崇牙，故云「恒」也。周亦武取天下，但殷既以牙爲飾，周世尚文，更取他物飾之，不復用牙。云「此旌旗及翣，皆喪葬之飾」者，以前文崇牙、璧翣是飾簨虡，此與「夏后綢練」連文，案《檀弓》「綢練設旐，夏也」，是喪葬旌旗，故知「喪葬之飾」。引「《周禮》大喪葬，巾車

❶ 「當」，衛氏《集説》作「蓋」。

「執蓋，從車持旌」，御僕「持翣」」者，證明葬有旌旗及翣之義。云「天子八翣，皆戴璧」者，「天子八翣」，《禮器》文。「皆戴璧」，即此「璧翣」，天子之禮也。云「諸侯六翣，皆戴圭。大夫四翣，士二翣，皆戴綏」，並《喪大記》文也。引《檀弓》「孔子之喪」及《爾雅》者，證明此經是喪葬之飾，并明綢練之義。「凡四」至「樂焉」正義曰：此一經，記者既陳四代服、器、官於前，此經結之於後，美大魯國也。然言「土鼓、葦籥，伊耆氏之樂」，又有「女媧之笙簧」，非唯四代而已。今此秖言四代者，據其多者言之，唯舉四代耳。其間亦有但舉三代者。此四代服、器，魯家每物之中，得有用之，不謂事事盡用。「天下以爲有道之國」者，作《記》之時，是周代之末，唯魯獨存周禮，故以爲「有道之國」。「是故天下資禮樂焉」者，《左傳》襄十年云：「諸侯宋、魯，於是觀禮。」宋爲王者之後，魯是周公之胤，是「天下資禮樂焉」。注「春秋」至「臺駘」正義曰：案隱十一年「羽父請殺桓公將以求大宰」。隱公不許，羽父使賊弑隱公。是弑一君也。莊三十二年「慶父使圉人犖賊子般」，是弑二君也。閔二年「慶父又使卜齮賊公于武闈」，是弑三君也。云「士之有誄，由莊公始」者，《檀弓》文，在《左傳》莊十年乘丘之役也。云「婦人髽而弔，始於臺駘」者，亦《檀弓》文。《左氏》襄四年，臧武仲與邾人戰於狐駘，被邾人所敗，是其事也。

禮記正義卷第四十一

禮記正義卷第四十二

國子祭酒上護軍曲阜縣開國子臣孔穎達等奉勑撰

喪服小記第十五

正義曰：案鄭《目録》云：「《喪服小記》者，以其記《喪服》之小義也。此於《别録》屬《喪服》。」

斬衰，括髮以麻。爲母，括髮以麻，免而以布。母服輕，至免，可以布代麻也。爲母，又哭而免。齊衰惡笄以終喪。❶笄所以卷髮，帶所以持身也。婦人質，於喪所以自卷持者，有除無變。男子冠而婦人笄，男子免而婦人髽。其義，爲男子則免，爲婦人則髽。別男女也。疏正義曰：此一節論斬衰、齊衰之喪，男女括髮、免、髽之異。「斬衰」者，主人爲父之服也。「括髮」者，爲父未成服之前所服也。禮，親始死，子布深衣，去冠而猶有笄纚，徒跣，扱上衽。至將小斂，去笄纚，著素冠視斂。斂訖，投冠而括髮。括髮者，鄭注《喪服》云：「括髮以麻者，自項以前交於額上，卻繞紒如著幓頭焉。」「爲母，括髮以麻」者，爲母，初喪至小斂後，括髮與父禮同，故亦云「括髮以麻」也。「免而以布」者，此謂爲母與父異者也。亦自小斂後而括

❶「惡笄以終喪」，《考文》引古本、足利本「惡笄」上有「帶」字。阮校引段玉裁云：「『惡笄』下應有『帶』字。案注云『笄所以卷髮，帶所以持身』，先釋笄，後釋帶，是脱『帶』字，不當在『惡笄』上。」孫希旦《集解》校同段氏。王念孫則云所脱「帶」字當在「惡笄」上，《喪服》及《士虞禮》疏兩引此文皆作「帶惡笄以終喪」，是孔、賈所見本「帶」字皆在「惡笄」上。詳《經義述聞》。江永《禮記訓義擇言》、汪文臺《識語》校同王氏。按《正義》出經文此句凡二見，並脱「帶」字。

髮，至尸出堂，子拜賓事之時，❶猶與爲父不異。至拜賓竟後，子往即堂下之位時則異也。若爲父，此時猶括髮而踊，襲、絰、帶，以至大斂而成服。若母喪，於此時則不復括髮，乃著布免，踊而襲、絰、帶，以至成服，故云「免而以布」也。**注**「母服」至「而免」　正義曰：「又哭」，是小斂拜賓竟後，即堂下位哭踊時也。故《士喪禮》云：「卒小斂，主人髺髮袒。」此是初括髮哭踊之時也。又云：「男女奉尸，侇于堂。訖，主人降自西階，東即位。主人拜賓，即位踊，襲絰于序東，復位。」此是又哭之節。若爲父，於此時猶括髮。若爲母，於此時以免代括髮，故云「爲母，又哭而免」。

「齊衰惡笄以終喪」　此一經明齊衰婦人笄帶終喪無變之制。　「惡笄」者，榛木爲笄也。婦人質，笄以卷髮，帶以持身，於其自卷持者，有除無變，故要絰及笄，不須更易，至服竟一除，故云「惡笄以終喪」。　「男子」至「則髽」

此明男子婦人冠笄、髽免相對之節。但吉時，男子首有吉冠，則女首有吉笄，是明男女首飾之異，故云「男子冠而婦人笄」。若親始死，男去冠，女則去笄。若成服，爲父，男則六升布爲冠，女則箭篠爲笄；爲母，男則七升布爲冠，女則榛木爲笄，故云「男子冠而婦人笄」也。　「男子免而婦人髽」者，吉時首飾既異，今遭齊衰之喪，首飾亦別。當襲斂之節，男子著免，婦人著髽，故云「男子免而婦人髽」。免者，鄭注《士喪禮》云：「以布廣一寸，自項中而前交於額上，卻繞紒也，如著幓頭矣。」髽者，形有多種，有麻，有布，有露紒也。其形有異，同謂之髽也。今辨男女並何時應著此免髽之服。男子之免，乃有兩時，❷而唯一種。婦人之髽，則有三別。其麻髽之形，與括髮如一，其著之，以對男子括髮時也。前云「斬衰，括髮以麻」，則婦人于時髽亦用麻也。何以知然？案《喪服》「女子子在室爲父，髽，衰，三年」，鄭玄云：「髽，露紒也，猶男子之括髮。斬衰，括髮以麻，則髽亦用麻。以麻者，自項而前，交於額上，卻繞紒，如著幓頭焉。」依如彼注，既云「猶男子括髮」，男子括髮，先去冠，繼用麻，婦人亦去笄，繼用麻，故云「猶」也。又同云「用麻」，不辨括髮形異，則知其形如一也。以此證據，則知有麻髽以對男括髮時也。又知有布髽者，案此云「男子免」，對「婦人髽」，男免既用布，則婦人髽不容用麻

❶「事」，阮校云：「浦鏜校云『事』字衍。」案衛氏《集説》無「事」字。

❷「兩」，《禮記子本疏義》殘卷（簡稱《子本疏義》）作「多」。

也。是知男子爲母免時，則婦人布髽也。又若成服後，男或對賓，必踊免，則婦人理自布髽對之。知有露紒髽者，《喪服傳》云：「布總，箭笄，髽，衰，三年。」明知此服並以三年。三年之内，男不恒免，則婦人不用布髽，故知恒露紒也。故鄭注《喪服》云：「髽，露紒也。」且《喪服》所明，皆是成服後，不論未成服麻、布髽也。何以知然？❶《喪服》既不論男子之括免，則不容説女服之未成義也。既言「髽，衰，三年」，益知恒髽是露紒也。又就齊衰輕期，髽無麻、布。何以知然？案《檀弓》：「南宫縚之妻之姑之喪，夫子誨之髽，曰：『爾無總總爾，爾無扈扈爾。』」是但戒其高大，不云有麻、布别物，是知露紒悉名髽也。又案《奔喪》云：「婦人奔喪，東髽。」鄭云：「謂姑、姊妹、女子子也。去纚大紒曰髽。」若如鄭旨，既謂是姑、姊妹、女子子等，還爲本親父母等，唯云「去纚大紒」，不言布麻，當知期以下無麻布也。然露紒恒居之髽則有笄。何以知之？案笄以對冠，男在喪恒冠，婦則恒笄也。故《喪服》「婦爲舅姑，惡笄有首以髽」，鄭云：「言『以髽』，則髽有著笄者明矣。」以兼此經注，又知恒居笄而露紒髽也。此三髽之殊，是皇氏之説。今考校以爲正有二髽。❷一是斬衰麻髽，二是齊衰布髽，皆名露紒。必知然者，以《喪服》「女子子在室爲父，箭笄，髽，衰」，是斬衰之髽用麻，鄭注以爲「露紒」，明齊衰髽用布，亦謂之露紒髽也。「其義，爲男子則免，爲婦人則髽」者，庾蔚云：「《喪服》往往寄異以明義，或疑免、髽亦有其旨，❸故解之。以『其義』止於男子則免，❹婦人則髽，獨以别男女而已，非别有義也。」賀瑒云：「男去冠，猶婦人去笄，義盡於此，無復别義，故云『其義』也。」此經既論括髮、免、髽之異，須顯所著之時。崔氏云：「立義既載五服變除，今要舉變除之旨。凡親始死，將三年者，皆去冠，笄纚如故，十五升白布深衣，扱上衽，徒跣，交手而哭。故《禮記·問喪》云：『親始死，雞斯，徒跣，扱上衽。』又鄭注《士喪禮》云『始死，將斬衰者雞斯』是也。其婦人則去纚，衣與男子同，不徒跣，不扱衽。知『不徒跣，不扱衽』者，《問喪》文。知去纚者，鄭注《士喪禮》云：『始

❶「知」字原脱，據《子本疏義》、魏氏《要義》及浦鏜校補。

❷「正」，疑「止」字之誤。

❸「亦有其旨」，《子本疏義》「亦」下有「别」字。覩下文「非别有義也」，此「别」字宜有。

❹「止」，原作「以上」，阮校云：「盧文弨校云：『「以」字疑衍，「上」當作「止」。』」按：《子本疏義》「以上」作「止」，是，據改。

死，婦人將斬衰者去纚。』知著白布深衣者，《曾子問》云：『女改服，布深衣，縞總，以趨喪。』鄭注云：『婦人始喪未成服之服。』其齊衰以下男子著素冠，齊衰以下婦人骨笄而纚。知者，鄭注《士喪禮》文。男子婦人皆吉屨無絇，其服皆白布深衣。知者，鄭注《喪服變除》文。至死之明日，士則死日襲，明日小斂。故《士喪禮》云：『小斂，主人髻髮。』若大夫，死之明日，襲而括髮。故鄭注《喪服變除》云『尸襲，去纚括髮，在二日小斂之前』，是據大夫也。大夫與士括髮，於死者俱二日。故鄭注《問喪》云『二日，去笄纚，括髮』，通明大夫士也。始死以後，小斂之前，大夫與士，皆加素冠於笄纚之上。故《檀弓》云：『叔孫武叔之母死，既小斂，舉者出户。出户袒，且投其冠，括髮。』是素冠也。以其始死，哀甚，未暇分別尊卑，故大夫與士，其冠皆同也。至小斂投冠括髮之後，大夫加素弁，士加素委貌。故《喪大記》云：『君、大夫之喪，子弁絰。』又《喪服變除》云：『小斂之後，大夫以上冠素弁，士則素委貌。』其素弁、素冠，皆加環絰。故《雜記》云：『小斂環絰，君、大夫、士一也。』鄭注云『大夫以上素爵弁，士素委貌』是也。凡括髮之後，至大斂成服以來，括髮不改。故鄭注《士喪禮》云：『自小斂以至大斂，括髮不改。』但死之三日，説髦之時，以括髮因而壞損，更正其括髮。故《士喪禮》『既殯説髦』，《喪大記》云『小斂，説髦，括髮』，是正其故括髮也，非更爲之。但士之既殯，諸侯小斂，於死者皆三日説髦同也。其齊衰以下，男子於主人括髮之時，則著免。故《士喪禮》小斂，『主人髻髮，衆主人免』是也。而《喪服變除》不杖齊衰條云襲尸之時云括髮者，誤也。其婦人將斬衰者，於男子括髮之時，則以麻爲髽。故《士喪禮》云：『主人髻髮，婦人髽于室。』其齊衰者，於男子免時，婦人則以布爲髽，故此經云『男子免而婦人髽』是也。其大功以下無髽也。其服，斂畢至成服以來，白布深衣不改。士死後二日襲、帶、絰，故《士喪禮》小斂之前，陳『苴絰大鬲，下本在左。要絰小焉，散帶垂長三尺，牡麻絰亦散垂。斂訖，主人拜賓，乃襲絰于序東』。《既夕禮》『三日絞垂』，鄭注云：『成服日，絞要絰之散垂者。』是主人及衆主人皆絞散垂。此襲、帶、絰、絞垂日數，皆士之禮也。其大夫以上，成服與士不同。其襲、帶、絰之屬，或與士同，或與士異，無文以言之。其斬衰男子括髮，齊衰男子免，皆謂喪之大事，斂殯之時。若其不當斂殯，則大夫以上加素弁，士加素冠，皆於括髮之上。天子七日成服，諸侯五日成服，大夫士三日成服。服之精麤，及日月多少，及葬之時節，皆具在《喪服》及

《禮》文，不能繁説。其葬之時，大夫及士，男子散帶，婦人髽，與未成服時同，其服則如喪服。故《既夕禮》云『丈夫髽，散帶垂』，鄭注云：『爲將啓變也，此互文以相見耳。』諸文言『髽』，見婦人也。若天子諸侯，則首服素弁，以葛爲環絰，大夫則素弁加環絰，士則素委貌加環絰。故《下檀弓》云『弁絰葛而葬』，鄭注云：『接神不可以純凶，天子諸侯變服而葬，冠素弁，以葛爲環絰。』是王侯與卿大夫士異也。至既虞，卒哭之時，乃服變服。故鄭注《喪服》云：『天子、諸侯、卿大夫既虞，士卒哭而受服。』其受服之時，首絰、要帶，男子皆以葛易之。齊斬之婦人，則易首絰，不易要帶。大功、小功婦人，則易要帶爲葛。雖受變麻爲葛，卒哭時亦未説麻，至祔乃説麻服葛。故《士虞禮》云『婦人説首絰，不説帶』，鄭云：『不説帶，齊斬婦人也。婦人少變而重帶。大功、小功者葛帶，時亦不説者，未可以輕文變於主婦之質也。至祔，葛帶以即位。』案文直云『婦人』，不辨輕重，故鄭爲此解。其斬衰，至十三月，練而除首絰，練冠素纓，中衣黃裏，縓爲領袖緣，布帶，繩屨無絇。若母三年者，小祥亦然。斬衰二十五月大祥，朝服縞冠。故《雜記》云：『祥，主人之除也，於夕爲期，朝服。』又《喪服小記》云：『除成喪者，其祭也朝服縞冠。』既祥，乃服十五升布深衣，領緣皆以布，縞冠素紕。故《間傳》云：『大祥，素縞麻衣。』二十七月而禫，服玄冠、玄衣、黃裳而祭。祭畢，服朝服，以黑經白緯爲冠，所謂『纖冠』，而練纓，吉屨，踰月服吉。《間傳》所謂『禫而纖』。父没爲母，與父同。父在爲母，十一月而練，十三月而大祥，十五月而禫，其服變除，與父没爲母同。其不杖齊衰及大功以下，服畢，皆初服朝服素冠，踰月服吉也」。此皆崔氏準約《禮經》及《記》而爲此説。其有乖僻者，今所不取。

苴杖，竹也。削杖，桐也。

【疏】正義曰：此一經解《喪服》「苴杖、削杖」也。然杖有苴、削異者，苴者，黯也。夫至痛内結，必形色外章，心如斬斫，故貌必蒼苴，所以衰裳絰杖，俱備苴色也。必用竹者，以其體圓性貞，履四時不改，明子爲父，禮申痛極，自然圓足，有終身之痛故也。故斷而用之，無所厭殺也。「削杖」者，削，殺也。削奪其貌，不使苴也。必用桐者，❶明其外雖被削，而心本同也。且桐隨時凋落，此謂母喪，示外被削殺，服從時除，而終身之心，當與父同

❶「者」，《子本疏義》「者」下有「桐者同也」四字，觀上下文，此四字宜有。

也。祖父卒，而后爲祖母後者三年。祖父在，則其服如父在爲母也。疏正義曰：此一經論適孫承重之服。「祖父卒」者，謂適孫無父而爲祖後，祖父已卒，今又遭祖母喪，故云「爲祖母後」也。事事得申，如父卒爲母，故三年。若祖父卒時，父已先亡，亦爲祖父三年。若祖卒時父在，己雖爲祖期，今父没，祖母亡時，己亦爲祖母三年也。注「祖父」至「母也」　正義曰：言亦謂無父者，若父在則不然也。爲父、母、長子稽顙。喪尊者及正體，不敢不盡禮。大夫弔之，雖緦必稽顙。尊大夫，不敢以輕待之。婦人爲夫與長子稽顙，其餘則否。恩殺於父母。疏正義曰：此一節論喪合稽顙之事。各依文解之。「爲父、母、長子稽顙」者，謂重服先稽顙而後拜者也。父、母、長子並重故也。其餘期以下，先拜後稽顙也。「大夫弔之，雖緦必稽顙」，前文「爲父、母、長子稽顙」，謂平等來弔，故先稽顙而後拜。若爲不杖齊衰以下，則先拜賓，後稽顙。今大夫弔士，雖是緦麻之親，必亦先稽顙而後拜。故皇氏載「此稽顙，謂先拜而後稽顙。若平等相弔，小功以下，皆不先拜後稽顙。若大夫來弔，雖緦麻，必爲之先拜而後稽顙」。今删定云：小功以下不稽顙，文無所出。又此「稽顙」與上文「稽顙」是一，何得將此爲「先拜後稽顙」？其義非也。「婦人爲夫與長子稽顙，其餘則否」，亦先稽顙而後拜。其餘否者，謂父母也。以受重他族，其恩減殺於父母也。男主必使同姓，婦主必使異姓。謂爲無主後者爲主也。異姓，同宗之婦也。婦人外成。疏正義曰：此一經論婦人外成之事。庾氏云：「喪有男主以接男賓，女主以接女賓。若父母之喪，則適子爲男主，適婦爲女主也。今或無適子、適婦爲正主，遣他人攝主。若攝男主，必使喪家同姓之男；若攝婦主，必使喪家異姓之女。」注「謂爲」至「外成」　正義曰：知「謂爲無主後者爲主也」者，以經云「必使同姓」、「必使異姓」，故知爲無主後。❶云「異姓，同宗之婦也」者，同宗，謂喪家同宗，其婦必與喪家異姓，故云「異姓，同宗之婦」。云「婦人外成」者，解婦主使異姓之意。今與死者同姓婦人，不得與喪家爲喪主，以其外成，適於他族，故不得自與己同宗爲主。此云「異姓」者，與夫家爲異姓。爲父後者，爲出母無服。不敢以己私，廢

❶「爲」，原作「先」，據《子本疏義》及浦鏜校改。

父所傳重之祭祀。**疏**正義曰：此一經論適子承重，不得爲出母著服之事。「出母」，謂母犯七出，爲父所遣。而母子至親，義不可絶。父若猶在，子皆爲出母期。若父没後，則適子一人，不復爲母服。所以然者，己係嗣烝嘗，不敢以私親廢先祖之祀，故無服也。

親親以三爲五，以五爲九。上殺、下殺、旁殺，而親畢矣。己，上親父，下親子，三也。以父親祖，以子親孫，五也。以祖親高祖，以孫親玄孫，九也。殺，謂親益疏者，服之則輕。**疏**正義曰：此一經廣明五服之輕重，隨人之親疏著服之節。「親親以三」者，以上親父，下親子，并己爲三，故云「親親以三」。　「爲五」者，又以父上親祖，以子下親孫，歸者三，今加祖及孫，故言「五」也。　「以五爲九」者，己上祖下孫，則是五也。又以曾祖故親高祖，曾孫故親玄孫，上加曾、高二祖，下加曾、玄兩孫，以四籠五，故爲九也。然己上親父，下親子，合應云「以一爲三」，而云「以三爲五」者，父子一體，無可分之義，故相親之説，不須分矣。而分祖、孫，非己一體，故有可分之義，而親名著也。又以祖親曾祖，以孫親曾孫，應云「以五爲七」，今言「九」者，曾祖、曾孫，爲情已遠，非己一體所親，故略其相親之旨也。庾氏云：「由祖以親曾、高二祖，由孫以親曾、玄二孫，服之所同，義由於此也。」　「上殺」者，據己上服父、祖而減殺。故服父三年，服祖減殺至期。以次減之，應曾祖大功，高祖小功，而俱齊衰三月者，但父祖及於己，❶是同體之親，故依次減殺。曾祖、高祖，非己同體，其恩已疏，故略從齊衰三月。曾、高一等，所以《喪服》注云：「重其衰麻，尊尊也；減其日月，恩殺也。」不可以大功、小功旁親之服加至尊，故皆服齊衰也。　「下殺」者，謂下於子、孫而減殺。子服父三年，父亦宜報服，而父子首足，不宜等衰，故父服子期也。若正適傳重，便得遂情，故《喪服》云「不敢降」是也。父服子期，孫卑，理不得祖報，故爲九月。若傳重者，亦服期也。爲孫既大功，則曾孫宜五月。但曾孫服曾祖止三月，❷故曾祖報亦一時也。而曾祖是正尊，自加齊衰服，而曾孫正卑，故止服緦麻。曾孫既緦麻三月，玄孫理不容異。且曾孫非己同體，故服不依次減殺，略同三月。「旁殺」者，世叔之屬是也。父是至尊，故以三年。若據

❶「及」，衛氏《集説》無「及」字。浦鏜校云「及」字衍。

❷「止」，原作「正」，據《子本疏義》改。下文「故止服緦麻」、「便止五月」同此。

祖期斷，則世叔宜九月。而世叔是父一體，故加至期也。從世叔既疏，加所不及，據期而殺，是以五月。族世叔又疏一等，故宜緦麻。此外無服也。此是發父而旁漸至輕也。又祖是父一體，故加至期。而祖之兄弟，非己一體，故加亦不及，據於期之斷殺，便止五月。族祖又疏一等，故宜緦麻。此外無服。是發祖而旁漸殺也。又曾祖據期，本應五月，曾祖之兄弟謂族曾祖，既疏一等，故宜三月也。自此以外及高祖之兄弟，悉無服矣。又至親期斷，兄弟至親一體，相爲而期。同堂兄弟，疏於一等，故九月。從祖兄弟又疏一等，故小功。族之昆弟又殺一等，故宜三月。此外無服，是發兄弟而旁殺也。又父爲子期，而兄弟之子但宜九月，而今亦期者，父爲於子，本應報以三年，特爲首足，故降至期。而兄弟之子爲世叔，本應九月，但言世叔與尊者一體而加至期。世叔旁尊，不得自比彼父祖之重，無義相降，故報兄弟子期。且己與兄弟一體，兄弟之子，不宜隔異，欲見猶子之義，與己子等，所以至期。故《檀弓》云「兄弟之子，猶子也，蓋引而進之」是也。又同堂兄弟之子，服從伯叔無加，則從伯叔亦止報五月也。❶族兄弟之子又疏，故宜緦耳。此發子而旁殺也。又孫服祖期，祖尊，故爲孫大功。兄弟之孫服從祖五月，故從祖報之小功也。同堂兄弟之孫既疏，爲之理自緦麻。其外無服矣。曾祖爲曾孫三月，爲兄弟曾孫，以無尊降之，故亦爲三月。「而親畢矣」者，結「親親」之義也。始自父母，終於族人，故云「親畢矣」。❷且五屬之親，若同父則期，同祖則大功，同曾祖則小功，同高祖則緦麻，高祖外無服，亦是畢也。**王者禘其祖之所自出，以其祖配之，**禘，大祭也。始祖感天神靈而生，祭天則以祖配之。自外至者，無主不止。**而立四廟。**❸高祖以下，與始祖而五。**庶子王亦如之。**世子有廢疾，不可立，而庶子立，其祭天立廟，亦如世子之立也。春秋時，衛侯元有兄縶。

疏正義曰：此一節論王者庶子之郊天立廟與適子同之義。各依文解之。「王者禘其祖之所自出」者，禘，大祭也，謂夏正郊天。自，從也。王者夏正禘祭其先祖所

❶「止」，原作「正」，據《子本疏義》改。

❷「矣」，原作「也」，據《子本疏義》、殿本、庫本、阮本及衛氏《集説》改。

❸「而立四廟」，劉敞《公是七經小傳》云：「此一句上有脱簡爾，文當曰『諸侯及其太祖而立四廟』。」孫希旦《集解》是之。

從出之天，若周之先祖，出自靈威仰也。「以其祖配之」者，以其先祖配祭所出之天。「而立四廟」者，既有配天始祖之廟，而更立高祖以下四廟，與始祖而五也。「庶子王亦如之」者，天位尊重，故雖庶子而爲王者，則郊天立祀五廟，事事亦如適子爲王也。嫌其不得，故特明之。

注「禘大」至「不止」　正義曰：「禘，大祭也」，《爾雅·釋天》文。云「自外至者，無主不止」，《公羊》宣三年傳文。「外至」者，天神也。「主」者，人祖也。故祭以人祖配天神也。

注「世子」至「兄縶」　正義曰：以其庶子爲王，明知「世子有廢疾，不可立也」。云「春秋時，衛侯元有兄縶」者，案昭七年《左傳》稱長子「孟縶之足不良」而立次子元，元即衛靈公也。

別子爲祖，諸侯之庶子別爲後世爲始祖也。謂之別子者，公子不得禰先君。**繼別爲宗**，別子之世長子，爲其族人爲宗，所謂「百世不遷之宗」。**繼禰者爲小宗。**別子庶子之長子，爲其昆弟爲宗也。謂之小宗者，以其將遷也。**有五世而遷之宗，其繼高祖者也。**謂小宗也。小宗有四：或繼高祖，或繼曾祖，或繼祖，或繼禰，皆至五世則遷。**是故祖遷於上，宗易於下。尊祖故敬宗，敬宗所以尊祖禰也。**宗者，祖禰之正體。**庶子不祭祖者，明其宗也。**明其尊宗以爲本也，禰則不祭矣。言不祭祖者，主謂宗子、庶子俱爲適士，得立祖、禰廟者也。凡正體在乎上者，謂下正猶爲庶也。

疏正義曰：此一節並論尊祖敬宗之義。各依文解之。「別子爲祖」者，謂諸侯適子之弟，別於正適，故稱別子也。「爲祖」者，別與後世爲始祖。謂此別子子孫爲卿大夫，立此別子爲始祖。

注「謂之」至「先君」　正義曰：鄭云此者，決上文「庶子王」。今諸侯庶子，乃謂之別子，是別爲始祖。若稱庶子及公子，若世子不立，則庶子、公子皆得有禰先君之義。今言「別子」，明適子在，故云「謂之別子者，公子不得禰先君」。「繼別爲宗」　謂別子之世世長子，恒繼別子，與族人爲百世不遷之大宗。「繼禰者爲小宗」　禰，謂別子之庶子。以庶子所生長子，繼此庶子，與兄弟爲小宗。謂之小宗者，以其五世則遷，比大宗爲小，故云「小宗」也。「有五世而遷之宗，其繼高祖者也」　「五世」者，謂上從高祖，下至玄孫之子。此玄孫之子，則合遷徙，不得與族人爲宗，故云「有五世則遷之宗，其繼高祖者」。此五世合遷之宗，是繼高祖者之子，以其繼高祖之身未滿五世而猶爲宗，其繼高祖者之子，則已滿五世，禮合遷徙，但《記》文要略，唯云「繼高祖」，其實是繼高祖者之子也。注「謂小」至「則遷」 正義曰：言「或繼高祖，或繼曾祖，或繼祖，或繼禰」者，以別子之後，族人衆多，或有繼高祖者，與三從兄弟爲宗；或有繼曾祖者，與再從兄弟爲宗；或有繼祖者，與同堂兄弟爲宗；或有繼禰者，與親兄弟爲宗。不廢族人。❶一身凡事四宗：事親兄弟之適，是繼禰小宗也；事同堂兄弟之適，是繼祖小宗也；事再從兄弟之適，是繼曾祖小宗也；事三從兄弟之適，是繼高祖小宗也。於族人唯一，俱時事四小宗，❷兼大宗爲五也。又云「皆至五世則遷」者，繼高祖者，至子五世；繼曾祖者，至孫五世；繼祖者，至曾孫五世；繼禰者，至玄孫五世也。是皆五世不復與四從兄弟爲宗，故云「皆至五世則遷」，各自隨近相宗。然則小宗所繼非一，前文獨云「繼禰」者，爲小宗雖四，初皆繼禰爲始，據初爲元，故特云「繼禰」也。「是故」至「禰也」 四世之時，尚事高祖。至五世之時，謂高祖之父，不爲加服，是「祖遷於上」。四世之時，仍宗三從族人，至五世，不復宗四從族人，各自隨近爲宗，是「宗易於下」。宗是先祖正體，所以「尊祖故敬宗」。更覆説云「敬宗所以尊祖禰」，覆結尊祖之文也。「庶子不祭祖者，明其宗也」 此猶尊宗之義也。庶子、適子，俱是人子，並宜供養，而適子烝嘗，庶子獨不祭者，正是推本崇適，明有所宗，故云「明其宗也」。注「禰則」至「庶也」 正義曰：鄭據子名對父，此言「庶子」，則是父庶，父庶即不得祭父，何假言祖，故云「禰則不祭」也。而《記》不應言「不祭祖」，祖是對孫。今既云「庶子不祭祖」，故知是宗子、庶子俱爲適士，適士得立二廟，自禰及祖，是適宗子得立祖廟祭之，而己是祖庶，雖俱爲適士，得自立禰廟，而不得立祖廟祭之，故云「庶子不祭祖」。云「凡正體在乎上者，謂下正猶爲庶也」者，解所以謂禰適爲庶子之義也。正體，謂祖之適也。下正，謂禰之適也。雖正爲禰適，而於祖猶爲庶，故禰適謂之爲庶也。五宗悉然。

庶子不爲長子斬，不繼祖與禰

❶「不廢族人」，衛氏《集説》無此四字，浦鏜校云衍。

❷「俱時事」，阮校云：「閩、監、毛本『俱時』作『時俱』。盧文弨校云：作『俱事』亦疑有譌。」潘宗周《校勘記》云：「作『俱時事』最合，言族人隨時事四小宗，唯一無異也。『時』，即下文『四世之時』、『五世之時』等『時』字。」

故也。尊先祖之正體，不二其統也。言「不繼祖禰」，則長子不必五世。

疏正義曰：此亦尊宗之義也。然此所明，與《喪服》中義同而語異也。《喪服》明父是適，爲長子斬。此明父是庶子，不得爲長子服斬者也。是互相明也。但《經》、《記》文混，正不知幾世之適，得遂茲極服。馬季長注《喪服》云：「此爲五世之適，父乃爲之斬也。」而鄭注此云：「言『不繼祖、禰』，則長子不必五世矣。」庾氏云：「用恩則禰重，用義則祖重。父之與祖，各有一重，故至己承二重而爲長子斬。若不繼祖，則不爲長子斬也。」如庾氏此言，則父適二世承重，則得爲長子三年也。而鄭不明言世數者，鄭是馬季長弟子，不欲正言相非，故依違而言曰「不必」也。然孫系於祖，乃爲長子三年，而此不云「庶孫不得爲長子」，必云「庶子」者，「孫」語通遠，嫌或多世，今欲明此祖非遠，故言「子」以示近。既義須繼祖，言「不繼祖」自足，又曰「與禰」者，庾氏云：「若直云『不繼祖』，恐人謂據庶子長子死者之身不繼祖，故更言『不繼祖與禰』，欲明死者之父不繼祖與禰，非據死者之身。」鄭注《喪服》云：「此言爲父後者，然後爲長子三年。」則是父之適子，即得爲長子三年。此經云必爲父適、祖適乃得爲長子斬者，但禮有適子者無適孫，雖己是祖正，若父猶在，則己未成適。未成適則不得重長，重長必是父没後者，故云「爲父後者，然後爲長子三年」也。然己身雖是祖庶，而是父適，則應立廟。立廟則己長子傳重當祭，而不爲斬者，以是祖庶厭降，故不敢服斬。且死者其父見在，父自供祭。然禮爲後者有四條，皆不爲斬，何者？有體而不正，有正而不體，有傳重而非正體，有正體而不傳重是也。體而不正，庶子爲後是也；正而不體，適孫爲後是也；傳重非正體，庶孫爲後是也；正體不傳重，適子有廢疾不立是也。四者皆期，悉不得斬也。唯正體又傳重者乃極服耳。

庶子不祭殤與無後者。殤與無後者從祖祔食。不祭殤者，父之庶也。不祭無後者，祖之庶也。此二者當從祖祔食而已，不祭祖，無所食之也。共其牲物，而宗子主其禮焉。祖庶之殤則自祭之。凡所祭殤者，唯適子耳。無後者，謂昆弟、諸父也。宗子之諸父無後者，爲墠祭之。

疏正義曰：此事與《曾子問》中義同而語異也。《曾子問》中是明宗子所得祭，就宗子之家，宗子主其禮。今此所言，是庶子不得在當家祭者也。「庶子」者，謂父庶及祖庶也。「殤」者，未成人而死者也。「無後」，謂成人未昏，或已娶無子而死者。不得祭殤者，謂父庶也。不祭無後者，謂祖庶也。「殤與無後者從祖祔食」者，解庶所以不自祭義也。己不得祭父祖，而以此諸親皆各從其祖祔食。祖廟在宗子之家，故己不得自祭之也。**注**「不祭」至「祭之」　正義曰：云「不祭殤者，父之庶」者，謂己是父之庶子，及餘兄弟亦是父之庶子，庶子所生之適子爲殤而死者，不得自祭之。以其己是父庶，不合立父廟，故不得自祭其子殤也。殤尚不祭，成人無後不祭可知。云「不祭無後者，祖之庶也」者，己是祖庶，不合立祖廟，故兄弟無後者不得祭之。己若是曾祖之庶，亦不得祭諸父無後者。諸父無後，當於曾祖之廟而祭。己是曾祖庶，不合立曾祖之廟，故不祭之。此直云「祖之庶」，不云「曾祖之庶」者，言「祖」，兼「曾祖」也。此無後者，身並是庶，若在殤而死，則不合祭也。云「此二者當從祖祔食而已，不祭祖，無所食之也」者，一是殤，二是無後，此二者當從死者之祖而祔食。祖廟在宗子之家，故己不得祭祖。「無所食」，以私家不合祭祖，無處食之也。云「共其牲物，而宗子主其禮焉」者，謂殤者之親，共其牲物，而宗子直掌其禮。庾氏云：「此殤與無後者，所祭之時，非唯一度，四時隨宗子之家而祭也。但牲牢不得同於宗子祭享之禮，故《曾子問》注云『凡殤特豚』。」其義具《曾子問》疏。云「祖庶之殤則自祭之」者，己於祖爲庶，故謂己子爲「祖庶之殤」。己是父適，得立父廟，故自祭子殤在於父廟也。云「無後者，謂昆弟、諸父也」者，昆弟，謂己之昆弟。己是祖庶，祭無後昆弟，當就祖廟。己無祖廟，故不祭無後昆弟。云「諸父也」者，己是曾祖之庶，祭諸父當於曾祖之廟。己無曾祖之廟，故不祭無後諸父。云「宗子之諸父無後者，爲墠祭之」者，宗子合祭諸父，諸父當於宗子曾祖之廟。宗子是士，唯有祖禰二廟，無曾祖廟，故諸父無後者爲墠祭之。若宗子爲大夫，得立曾祖廟者，則祭之於曾祖廟，不於墠也。若宗子有大祖者，不立曾祖廟，亦祭之於墠。案《祭法》云先壇後墠，今祭之墠者，皇氏云：「以其無後，賤之，故於墠也。」

庶子不祭禰者，明其宗也。 謂宗子、庶子俱爲下士，得立禰廟也。雖庶人亦然。**疏**正義曰：解庶所以不祭殤義也。禰適，故得立禰廟，故祭禰。禰庶，不得立禰廟，故不得祭其禰。明其有所宗。既無禰廟，故不得祭子殤也。**注**「謂宗」至「亦然」　正義曰：前文云「不祭祖」，以有祖廟，故注云「宗子、庶子俱爲適士」。此文云「不祭禰」，唯有禰廟，故注云「宗子、庶子俱爲下士」。若庶子是下士，宗子是庶人，此下士立廟於宗子之家，庶子共其牲物，宗子主其禮，雖庶人，是有祭義。若宗子爲下士，是宗子自祭之，庶子不得祭也。**親親，尊尊，長長，男女之有別，人道之大者也。**言服之所以降殺。❶ 疏 正義曰：此一經論服之降殺之義。親親，謂父母也。尊尊，謂祖及曾祖、高祖也。長長，謂兄及旁親也。不言卑幼，舉尊長則卑幼可知。「男女之有別」者，若爲父斬，爲母齊衰；姑、姊妹在室期，出嫁大功；爲夫斬，爲妻期之屬，是「男女之有別也」。「人道之大者也」，言此親親，尊尊，長長，男女有別，人間道理最大者。皇氏云：「親親，結上『以三爲五』；尊尊，結上『王者禘其祖之所自出』；長長，結上『庶子不祭祖』。」❷案鄭注云「言服之所以降殺」，爲服發文，記者別言其事，非是結成上義。上文自論尊祖敬宗，不論服之降殺，皇氏説非也。**從服者，所從亡則已。**謂若爲君母之父母、昆弟、從母也。**屬從者，所從雖没也，服。**謂若自爲己之母黨。**妾從女君而出，則不爲女君之子服。**妾爲女君之黨服，得與女君同。而今俱出，女君猶爲子期，妾於義絶無施服。

疏 正義曰：此一節論從服之事。各依文解之。「從服」者，案服術有六，其一是徒從者。徒，空也，與彼非親屬，空從此而服。彼徒中有四：一是妾爲女君之黨，二是子從母服於母之君母，三是妾子爲君母之黨，四是臣從君而服君之黨。就此四徒之中，而一徒所從雖亡則猶服。如女君雖没，妾猶服女君之黨。其餘三徒，則所從亡則已。謂君母死，則妾子不復服君母之黨；及母亡，則子不復服母之君母；又君亡，則臣不復服君黨親也。❸其中又有妾攝女君，爲女君黨，❹各有義故也。今上云「所從亡則已」，已，止也。止，謂徒從亡，則止而不服者。注「謂若爲君母之父母、昆弟、從母也」 正義曰：鄭此「謂」，略舉一隅也。「屬從者，所從雖没也，服」，此明屬從也。屬者，骨

❶「降」，原作「隆」，據《子本疏義》、岳本、《考文》引古本與足利本改。

❷「祖」，《子本疏義》作「殤」，華喆《〈禮記子本疏義〉校録》（稿本）：「按：作『殤』是。」按：華説是也。

❸「臣不復服君黨親也」，「復」字原脱，據《子本疏義》及衛氏《集説》補；「黨」，《子本疏義》作「之」。

❹「爲女君黨」，《子本疏義》作「不服女君黨，及君亡，猶服君妻」。

血連續以爲親也，亦有三：一是子從母，服母之黨；二是妻從夫，服夫之黨；三是夫從妻，服妻之黨。此三從雖没，猶從之服其親也。鄭特云「謂若自爲己之母黨」者，亦舉一隅也。「妾從女君而出，則不爲女君之子服」 妾服女君之子，皆與女君同。此云「從而出」，謂姪娣也。姪娣從女君而入，若女君犯七出，則姪娣亦從而出。母自爲子猶期，姪娣不復服出女君之子，已義絶故也。**禮，不王不禘。**❶禘，謂郊天。❷**疏**正義曰：此一節論王者郊天之事。王，謂天子也。禘，謂郊天也。禮，唯天子得郊天，諸侯以下否，故云「禮，不王不禘」。此經上下，皆論服制，記者亂録不禘之事，廁在其間，無義例也。以承上文「王者禘其祖之所自出」，故知謂郊天也，非祭昊天之禘也。**世子不降妻之父母，其爲妻也，與大夫之適子同。**世子，天子、諸侯之適子也。不降妻之父母，爲妻故，親之也。爲妻亦齊衰不杖者，君爲之主，子不得伸也。主言與大夫之適子同，據《服》之成文也。本所以正見父在爲妻不杖，於大夫適子者，明大夫以上雖尊，猶爲適婦爲主。**父爲士，子爲天子、諸侯，則祭以天子、諸侯，其尸服以士服。**祭以天子、諸侯，養以子道也。尸服士服，父本無爵，子不敢以己爵加之，嫌於卑之。**父爲天子、諸侯，子爲士，祭以士，其尸服以士服。**謂父以罪誅，尸服以士服，不成爲君也。天子之子，當封爲王者後，以祀其受命之祖。云「爲士」，則擇其宗之賢者若微子者，不必封其子。爲王者後，及所立爲諸侯者，祀其先君以禮卒者，尸服天子、諸侯之服。如遂無所封立，則尸也祭也，皆如士，不敢僭用尊者衣物。**疏**正義曰：「世子不降妻之父母」者，世子，謂天子、諸侯之適子，與君連體，故不降妻之父母，親親之故也。「其爲妻也，與大夫之適子同」者，世子既不降妻之父母，其爲妻也亦不降，與大夫之適子爲妻同也。**注**「世子」至「爲主」 正義曰：知「世子」是「天子、諸侯之適子」者，以其《春秋》王與諸侯適子皆稱世子。云「爲妻亦齊衰不杖者，君爲之主，子不得伸也」者，言世子爲妻，亦齊衰不杖。「亦」者，亦如大夫之適子爲妻。知「齊衰不

❶「禮不王不禘」，衛氏《集説》引陸佃云，此五字宜在上文「王者禘其祖之所自出，以其祖配之」之上。陳澔、王夫之、孫希旦等均持此説。案孔疏已微露此意。

❷「郊天」，原作「祭天」，據《子本疏義》改。

杖」者，以《喪服·齊衰不杖章》稱「大夫適子爲妻」，故知「齊衰不杖」。所以不杖者，父爲主，其子不得伸。今世子爲妻亦不杖，故云「君爲主，子不得伸也」。云「主言與大夫之適子同，據《服》之成文也」者，此解經所以言世子與大夫適子同齊衰，以大夫適子《喪服·齊衰不杖》有成文，故云據《服》之成文也。云「本所以正見父在爲妻不杖，於大夫適子者，明大夫以上雖尊，猶爲適婦爲主」者，言「本」，主謂《喪服》本文也。《喪服》若舉世子爲妻，嫌大夫以下有降；《喪服》若舉士子爲妻，其士既職卑，本無降理。大夫是尊降之首，恐其爲適婦而降，故特顯之。注「祭以」至「卑之」 正義曰：云「尸服士服」者，謂尸服玄端。若君之先祖爲士大夫，則服助祭之服。故《曾子問》云「尸弁、冕而出」，是爲君尸，有著弁者，有著冕者。若爲先君士尸，則著爵弁；若爲先君大夫尸，則著玄冕是也。若大夫士之尸，則服家祭之服。故鄭注《士虞記》「尸服卒者之上服，士玄端」是也。注「謂父」至「衣物」 正義曰：知「謂父以罪誅」者，以其「尸服士服」故也。以其嘗爲天子、諸侯，不可以庶人之禮待之。士是爵之最卑，故服其士服。云「若微子者，不必封其子」者，案《尚書序》云：「成王既黜殷命，殺武庚，命微子啓代殷後。」是擇其賢者，不立封紂子是也。云「祀其先君以禮卒者，尸服天子、諸侯之服」者，案《左傳》云：「宋祖帝乙。」帝乙是以禮卒者，而宋祀以爲祖，明其服天子之服。推此，則諸侯亦然。

婦當喪而出，則除之。爲父母喪：未練而出，則三年；既練而出，則已；未練而反，則期；既練而反，則遂之。當喪，當舅姑之喪也。出除喪，絶族也。

疏正義曰：此一經明婦人遭喪出入之節。「當喪而出」者，謂正當舅姑之服時，被夫遣出者也。恩情既離，故出即除服也。 「爲父母喪：未練而出，則三年」者，謂妻自有父母喪時也。女出嫁，爲父母期。若父母喪未小祥而妻被夫遣歸，值兄弟之小祥，則隨兄弟服三年之受。既已絶夫族，故其情更隆於父母也，故云「則三年」。 「既練而出，則已」者，已，止也。若父母喪已小祥而女被遣，其期服已除，今歸，雖在三年内，則止，不更反服也。所以然者，若反本服，須隨兄弟之節。兄弟小祥之後，無服變節，故女遂止也。 「未練而反，則期」者，此謂先有父母喪而爲夫所出，今喪猶未小祥，而夫命己反，則還夫家，至小祥而除，是依期服也。 「既練而反，則遂之」者，若被遣之還家，已隨兄弟小祥，服三年之受，而夫反命之，❶則猶遂三年乃除，隨兄弟故也。再期之喪，三年也。期之喪，二年也。九月、七月之喪，三時也。五月之喪，二時也。三月之喪，一時也。言喪之節，應歲時之氣。故期而祭，禮也。期而除喪，道也。祭不爲除喪也。此謂練祭也。禮，正月存親，親亡至今而期，期則宜祭。期，天道一變，哀惻之情益衰，衰則宜除，不相爲也。三年而后葬者必再祭，其祭之，間不同時，而除喪。再祭，練、祥也。間不同時者，當異月也。既祔，明月練而祭，又明月祥而祭。必異月者，以葬與練、祥本異歲，宜異時也。而除喪，已祥則除，不禫。大功者主人之喪，有三年者則必爲之再祭，朋友虞、祔而已。謂死者之從父昆弟來爲喪主。有三年者，謂妻若子幼少，大功爲之再祭，則小功、緦麻爲之練祭可也。士妾有子而爲之緦，無子則已。士卑，妾無男女則不服，不別貴賤。

疏正義曰：此一節揔明遭喪時節、除降之義。「故期而祭，禮也」者，孝子之喪親，應歲時之氣，歲序改易，隨時悽感，故一期而爲練祭，是孝子存親之心，故云「禮也」，言於禮當然。「期而除喪，道也」者，言親終一期，天道改變，哀情益衰，而除説其喪，天道當然，故云「道也」。「祭不爲除喪也」者，言爲此練祭，自爲存念其親，不爲除喪而設。除喪祭自爲天道減殺，❷不爲存親。兩事雖同一時，不相爲也，故云「祭不爲除喪也」。此除喪，謂練時除喪也。男子除首絰，女子除要帶。與小祥祭同時，不相爲也。若至大祥除喪，此除喪亦兼之也。大祥祭除喪，亦與大祥同日，不相爲，元意各別也。但祭爲存親，除喪爲天道之變。庾氏、賀氏並云：「祭爲存親，幽隱難知。除喪事顯，其理易識。恐人疑之祭爲除喪而祭，❸故記者特明之，云『祭不爲除喪也』。」祭雖不爲除喪，❹除喪與祭同

❶「而夫反命之」，《子本疏義》作「而夫反之」，言簡意賅。「反之」者，使之反也。「命」蓋衍字，清人未見《子本疏義》，故有「反命」當作「命反」之説。

❷「祭」，浦鏜從《通解》校，云「祭」字衍。

❸「之祭爲除喪而祭」，阮校云：「閩、監、毛本『之祭』二字倒。」又浦鏜校云：下「祭」字當作「設」，蓋從《續通解》校也。

❹「祭」，阮本「祭」上有「然」字，閩、監、毛本同，殿本同。

時。揔而言之，練祭、祥祭，亦名除喪也。故下文云「三年而后葬者必再祭，其祭之，間不同時，而除喪」也，又云「除成喪者，朝服縞冠」，是練、祥之祭，揔名除喪。**注**「禮正」至「爲也」　正義曰：案莊元年「三月，夫人孫于齊」，《公羊傳》云「其言『孫于齊』何？　念母也。正月以存君，念母以首事」是也。　「三年」至「除喪」　此謂身有事故，不得及時而葬，故三年而後始葬。「必再祭」者，謂練、祥祭也。既三年未葬，尸柩尚存，雖當練、祥之月，不可除親服，故三年葬後，必爲此練、祥。　「其祭之，間不同時」者，練之與祥，本是別年別月，今雖三年之後，不可同一時而祭，當前月練，後月祥，故云「不同時」。於練祥之時而除喪，謂練時男子除首絰，婦人除要帶，祥時除衰杖。

注「再祭」至「不禫」　正義曰：知「再祭，練、祥」者，下云「主人之喪，有三年者則必爲之再祭，朋友虞、祔而已」，再祭，非虞、祔。又《雜記》云：「三年之喪，則既潁，其練、祥皆行。」故知再祭謂練、祥也。云「既祔，明月練而祭，又明月祥而祭」者，如鄭此言，則虞、祔依常禮也。必知虞、祔依常禮者，以經云「必再祭」，恐不爲練、祥，故特云「必再祭」，明虞、祔依常禮可知。云「已祥則除，不禫」者，以經直云「必再祭」，故知「不禫」。禫者，本爲思念情深，不忍頓除，故有禫也。今既三年始葬，哀情已極，故不禫也。

「大功」至「而已」　此明爲人主喪法也。大功，從父兄弟也。「主人之喪」者，謂死者無近親，而從父昆弟爲之主喪，故云「主人之喪」也。❶　「有三年者」，謂死者有妻若子，妻不可爲主，而子猶幼少，未能爲主，故大功者主之，爲之練、祥再祭。　「朋友虞、祔而已」者，朋友疏於大功，不能爲練、祥，但爲之虞、祔而已。然則大功尚爲練、祥，則虞、祔亦爲之可知。　**注**「大功」至「可也」　正義曰：親重者爲之遠祭，親輕者爲之近祭。故大功爲之祥及練，小功、緦麻爲之練，朋友但爲之虞、祔也。皇氏云：「死者有三年之親，大功主者爲之練、祥。若死者有期親，則大功主者爲之至期。❷若死者但有大功，則大功主者至期，❸小功、緦麻至祔。若又無期，則各依服月數而止。故《雜

❶「之」字原脱，據《子本疏義》及浦鏜校補。

❷「期」，原作「練」，孫希旦《集解》云：「期喪無練。此『練』字當作『期』。」按：孫説是也，《子本疏義》正作「期」，據改。

❸「至期」，孫希旦《集解》云：「既唯大功，則不當『至期』，當云『至大功』。或『期』讀如字，謂大功九月之期。」

記》云：「『凡主兄弟之喪，雖疏亦虞之。』謂無三年及期者也。」 注「士卑」至「貴賤」 正義曰：云「不別貴賤」者，大夫貴，妾雖無子，猶服之。故《喪服》云大夫爲「貴妾」緦，是別貴賤也。士妾賤，士妾無子則不服，不殊別妾之貴賤。

生不及祖父母、諸父、昆弟，而父稅喪，己則否。 謂子生於外者也。父以他故居異邦而生己，己不及此親存時歸見之，今其死，於《喪服》年月已過乃聞之，父爲之服，己則否者，不責非時之恩於人所不能也。當其時則稅服。❶ 稅，讀如「無禮則稅」之稅。稅喪者，喪與服不相當之言。 疏 正義曰：此一節明稅服之禮。

「生不及祖父母、諸父、昆弟」者，鄭意云，謂父先本國有此諸親，後或隨宦出遊，居於他國，更取而生此子。此子生，❷則不及歸與本國祖父以下諸親相識，故云「不及」，謂不及歸見也。 「而父稅喪，己則否」者，若此諸親死，道路既遠，喪年限已竟而始方聞，父則稅之。稅之，謂追服也。父雖追服，而此子否，故云「己則否」也。所以否者，鄭言「不責非時之恩於人所不能也」。若時年未竟，則稅服其全服。然己在他國後生，得本國有弟者，謂假令父後又適他國更取，所生之子，則爲己弟，故有弟也。王云：「以爲計己之生，不及此親之存，則不稅。若此親未亡之前而己生，則稅之也。」又謂：「昆弟，爲諸父之昆弟也。」劉智、❸蔡謨等解「生」義與王同，而以「弟」爲衍字。庾氏以爲：「己謂死者爲昆，則謂己爲弟。己不能稅昆，則昆亦不能稅己。昆弟尚不能相稅，則餘疏者不稅可知也。」此等並非鄭義，今所不取。 注「當其」至「之言」 正義曰：知「當其時則服」者，以「稅」是不相當之言，若服未除，則猶是服內服，故知「則服」謂服其全服。案《禮論》云「有服其殘服者」，庾氏以爲非也。云「稅，讀如『無禮則稅』之稅」者，案《左傳》僖三十三年，秦師襲鄭，「過周北門，超乘者三百人。王孫滿尚幼，觀之，言於王曰：『秦師輕而無禮，

---

❶「稅」字原脫，據《子本疏義》與日人鈴木由次郎《禮記子本疏義殘卷考文》補。按孔疏云：「知『當其時則服』者，以『稅』是不相當之言。」孔疏既解「稅」字，可證孔疏引注本有「稅」字。

❷「生」字原脫，據《子本疏義》、閩本、監本、毛本及殿本、阮本補。

❸「劉智」，原作「劉知」，據《子本疏義》改。按：劉智，《晉書》本傳略云：「著《喪服釋疑論》，多所辨明。」

必敗。輕則寡謀，無禮則脱』」。今讀從之也。云「税喪者，喪與服不相當之言」者，税是輕税，或前後不與正時相當，故云税也。

禮記正義卷第四十二

禮記正義卷第四十三

國子祭酒上護軍曲阜縣開
國子臣孔穎達等奉勑撰

爲君之父、母、妻、長子，君已除喪而后聞喪，則不税。臣之恩輕也。謂卿大夫出聘問，以他故久留。降而在緦、小功者，則税之。謂正親在齊衰、大功者。正親緦、小功，不税矣。曾子問曰：「小功不税，則是遠兄弟終無服也。」此句補脱誤在是，宜承「父税喪，已則否」。近臣，君服斯服矣。其餘從而服，不從而税。謂君出朝覲，不時反而不知喪者。近臣，閽、寺之屬也。其餘，群介、行人、宰、史也。君雖未知喪，臣服已。從服者，所從雖在外，自若服也。疏正義曰：此一節明臣爲君親税之與否。今各依文解之。

「爲君之父、母」者，此謂臣出聘不在，而君諸親喪，而臣後方聞其喪，時若君未除，則從爲服之，若君已除，則臣不税之。所以然者，恩輕故也。「降而在緦、小功者，則税之」，此句廣釋《檀弓》中曾子所説也。曾子所云「小功不税」，是正小功耳。若本大功以上，降而在緦、小功者，則爲税之，本情重故也。注「此句」至「則否」正義曰：鄭玄此云，一則爲此句應連親屬之下，❶不應孤在君服中央也；二則若此諸父、昆弟在下殤死者，則父亦税之。故知宜承「父税喪，已則否」之下也。「近臣，君服斯服矣」者，顯明臣獨行不税，此明賤臣從君出，朝覲，在外或遇險阻，不時反國。比反而君諸親喪，君自税之，而臣之卑近者，則從君服之，非税義也。其餘爲臣之貴者，群介、行人、宰、史之屬，若君親服限未除，而君既服之，則臣下亦從而服之也。若限已竟，而君税之，此臣不從君而税。「君雖未知喪，臣服已」者，此謂君出而臣不隨君，而君之親於本國内喪，君雖未知，而在國之臣即服之也。嫌從君之未服，臣不先服，故明得先服也。注「從服」至「服也」正義曰：若，如也。謂自如尋常，依限著服也。凡從服

❶「連」字原脱，據《子本疏義》及阮本、阮校補。

者悉然也。虞，杖不入於室。祔，杖不升於堂。哀益衰，敬彌多也。虞於寢，祔於祖廟。疏正義曰：此論哀殺去杖之節也。注「虞於寢，祔於祖廟」正義曰：案《士虞禮》，虞於寢。又案《檀弓》云：「明日祔于祖。」是祔於祖廟也。

爲君母後者，君母卒，則不爲君母之黨服。徒從也，所從亡則已。疏正義曰：此經論徒從所從亡則已之事。「爲君母後者」，謂無適立庶爲後也。妾子於君母之黨悉徒從，若君母卒，則不服君母之黨。今既君母沒，爲後者嫌同於適，服君母之黨，故特明之。徒從也，所從亡則已，謂與不爲後同也。

經殺五分而去一，杖大如絰。如要絰也。疏正義曰：此一節論杖大如要絰之義。「絰殺」者，案《喪服傳》云：「苴絰大搹，左本在下，去五分一以爲帶。」是首尊而要卑。卑宜小，故「五分而去一」，象服數有五也。「杖大如絰」者，謂如要絰也。鄭所以知然者，以其同在下之物故也。

妾爲君之長子，與女君同。不敢以恩輕輕服君之正統。疏正義曰：此一經論妾從女君服同。女君爲長子三年，妾亦爲女君長子三年，故云「與女君同」也。

除喪者，先重者。謂練，男子除乎首，婦人除乎帶。易服者，易輕者。謂大喪既虞、卒哭而遭小喪也。其易喪服，男子易乎帶，婦人易乎首。疏正義曰：此一節論服之輕重相易及除脱之義。重，謂男首絰，女要絰。男重首，女重要。凡所重者，有除無變，所以卒哭不受以輕服，至小祥各除其重也，「謂練，男子除乎首，婦人除乎帶」是也。「易服者，易輕者」，易，謂先遭重喪，後遭輕喪，變先者。輕，則謂男子要，婦人首也。謂先遭斬服，虞、卒哭已變葛絰，大小如齊衰之麻。若又遭齊衰之喪，齊衰要首皆牡麻，牡麻則重於葛。服宜從重，而男不變首，女不易要，以其所重故也。但以麻易男要女首，是所輕故也。男子易乎帶，婦人易乎首。若未虞、卒哭，則後喪不能變也。

無事不辟廟門。鬼神尚幽闇也。廟，殯宮。哭皆於其次。無時哭也。有事則入即位。疏正義曰：此一經論在殯無事之時。「無事不辟廟門」者，辟，開也。廟門，殯宮門也。鬼神尚幽闇，若朝夕入即位哭，則暫開之。若無事，則不開也。「哭皆於其次」者，次，謂倚廬。唯朝夕哭，入門內即位耳。若晝夜無時之哭，則皆於廬次之中也。凡葬前哭，晝夜無時。若有事，謂賓來弔之時，則入即位。若朝夕哭及適子受弔之事，並入門即位而哭。

復與書銘，自天子達於士，其辭一也：男子稱名，婦人書姓與伯仲；如不知姓，則書氏。此謂殷禮也。殷質，不重名，復則臣得名君。周之禮，天子崩，復曰：「臯，天子復！」諸侯薨，復曰：「臯，某甫復！」其餘及書銘則同。疏正義曰：此一經論復與書銘，男女名字之别也。「書銘」，謂書亡人名字於旌旗也。天子書銘於大常，諸侯以下，則各書於旌旗也。「達於士，其辭一也」者，謂士與天子同也。「男子稱名」者，此並殷禮。殷質，不重名，故復及銘皆書稱名也。❶周世則尚文，臣不名君。天子復，曰「臯，天子復」矣；諸侯復，曰「臯，某甫復」矣。「婦人書姓與伯仲」者，與，及也。復則婦人稱字，此云「書姓及伯仲」，是書銘也。姓，謂如魯姬、齊姜也。而伯仲隨其次也。此亦殷禮也。周之文，未必有伯仲，當云「夫人」也。「如不知姓，則書氏」者，氏，如孟孫三家之屬。謂書銘，亦殷禮也。殷無世繫，六世而昏，故婦人有不知姓者。周則不然，有宗伯掌定繫世，百世昏姻不通，故必知姓也。若妾有不知姓者，當稱氏矣。

注「其餘及書銘則同」正義曰：若周天子、諸侯復，與殷異。其餘，謂卿大夫以下，書銘則與殷同矣。

斬衰之葛，與齊衰之麻同。絰之大，俱七寸五分寸之一，帶五寸二十五分寸之十九。齊衰之葛，與大功之麻同。絰之大，俱五寸二十五分寸之十九，帶四寸百二十五分寸之七十六。麻同，皆兼服之。皆者，「皆」上二事也。兼服之，謂服麻又服葛也。男子則絰上服之葛，帶下服之麻；婦人則絰下服之麻，固自帶其故帶也。所謂「易服易輕者」也。「兼服」之文，主於男子。疏正義曰：此一節明前遭重喪，後遭輕喪，麻葛兼服之義。「斬衰之葛，與齊衰之麻同」者，斬衰既虞，受服之葛首絰要帶，與齊衰初喪麻絰帶同，絰則俱七寸五分寸之一，帶俱五寸二十五分寸之十九。「齊衰之葛，與大功之麻同」者，齊衰變服之葛，與大功初死之麻同，絰俱五寸二十五分寸之十九，帶俱四寸百二十五分寸之七十六。「麻同，皆兼服之」者，皆上斬衰、齊衰、大功麻葛之事也。兼服，謂服麻又服葛也。斬衰既虞，遭齊衰新喪，男子則要服齊衰之麻

❶「銘皆書」，浦鏜校云：「書」字當在「銘」字上。

帶，首服斬衰之葛絰，婦人則首服齊衰之麻絰，要仍服斬衰之麻帶。婦人上下皆麻，此云麻葛「兼服之」，謂男子也。注「絰之」至「十九」　正義曰：知絰、帶大小如此者，案《喪服傳》云：「苴絰大搹，去五分一以爲帶。齊衰之絰，斬衰之帶也，去五分一以爲帶。大功之絰，齊衰之帶也，去五分一以爲帶。」《喪服》所云，謂初喪麻之絰帶也。至既虞變葛之時，絰、帶漸細，降初喪一等。斬衰葛絰、帶，與齊衰初死麻之絰、帶同。故云「絰俱七寸五分寸之一」。所以然者，就苴絰九寸之中，五分去一，以五分分之，去一分，故「七寸五分寸之一」。其帶又五分去一，又就葛絰七寸五分寸之一之中，五分去一，故「帶五寸二十五分寸之十九」也。此即齊衰初死之麻絰、帶矣。齊衰既虞變葛之時，又漸細，降初喪一等，與大功初死麻絰、帶同。大功首絰與齊衰初死麻帶同，「俱五寸二十五分寸之十九」也。其帶，五分首絰去一，就五寸二十五分寸之十九之中，去其一分，故餘有「四寸百二十五分寸之七十六」也。凡筭之法，皆以五乘母，乘母既訖，納子餘分，以爲積數，然後以寸法除之。但其事繁碎，故略舉大綱也。注「皆者」至「男子」　正義曰：二事，謂斬衰葛與齊衰麻同，齊衰葛與大功麻同，故云「『皆』上二事也」。云「男子則絰上服之葛，帶下服之麻」者，以前文云「易服者，易輕者」，《間傳》篇云「男子重首」，則要輕也，是男子易要帶，不易首絰，故云「則絰上服之葛，帶下服之麻」也。云「婦人則絰下服之麻，固自帶其故帶也」者，以下服初死，故服下服之麻。故《檀弓》篇云「婦人不葛帶」是也。前服受服之時不變葛，仍服前麻帶，故云「帶其故帶」也。云「『兼服』之文，主於男子」者，言婦人絰、帶俱麻，今經云「麻葛兼服之」，故云「主於男子」也。

報葬者報虞，三月而后卒哭。報，讀爲「赴疾」之赴。謂不及期而葬也。既葬即虞，虞，安神也。卒哭之祭，待哀殺也。疏正義曰：此一節論不得依常葬之禮也。赴，猶急疾也。急葬，謂貧者或因事故，死而即葬，不得待三月也。急虞，謂亦葬竟而急設虞。虞是安神，故宜急也。　「三月而后卒哭」者，雖急即虞，而不即卒哭，卒哭猶待三月。所以然者，卒哭是奪於哀痛，故不忍急，而待哀殺也。

父母之喪偕，先葬者不虞、祔，待後事。其葬，服斬衰。偕，俱也，謂同月若同日死也。先葬者，母也。《曾子問》曰：「葬，先輕而後重。」又曰：「反葬奠，而後辭於殯，遂脩葬事。其虞也，先重而後輕。」待後事，謂如此也。其葬，服斬衰者，喪之隆衰，宜從重也。假令父死在前月，而同月葬，猶服斬衰，不葬不變服也。言「其葬服斬衰」，則虞、祔各以其服矣，及練、祥皆然。卒事反服重。疏正義曰：此一節論並遭父母喪，虞、祔及衣服之制也。「父母之喪偕」者，偕，謂同月若同日死也。「先葬者不虞、祔」者，雖有同日月死而不得同月葬，如《曾子問》篇中所言「葬，先輕而後重」者，謂先葬母也。葬母既竟，不即虞、祔，而更脩葬父之禮也。所以不即虞、祔者，虞、祔稍飾，父喪在殯，故未忍爲虞、祔也。「待後事」者，後事，謂葬父也。葬母竟，不即虞、祔，待葬父竟，先虞父，乃虞母，所謂「祭，先重而後輕」也。「其葬，服斬衰」者，言父母俱喪而猶服斬者，從重也。雖葬母，亦服斬衰葬之。以其父未葬而不得變服也。注「偕俱」至「服重」　正義曰：「謂同月若同日死」者，假令父死在前月而同月葬者，前月，謂母死前之月也，或一月，或二月、三月，但是未葬之間，皆是前月，未必唯母死前之一月也。以其父死未葬，不變服故也。云「及練、祥皆然」者，以經云「其葬，服斬衰」，直以「葬」爲文，明爲母虞、祔、練、祥皆齊衰也。云「卒事反服重」者，卒事之日，反服父服，故云「卒事反服重」。

大夫降其庶子，其孫不降其父。祖不厭孫也。大夫爲庶子大功。大夫不主士之喪。士之喪，雖無主，不敢攝大夫以爲主。疏正義曰：此一節論大夫尊，降庶子一等，兼不爲主之事。各依文解之。「大夫降其庶子」，故爲其庶子不爲大夫者，服其大功也。而《喪服條例》云：「父之所不服，子亦不敢服。❶故大夫不服其妾，故妾子爲母大功也。」今嫌既降其子，亦厭其孫，故此明雖降庶子，而不厭降其孫矣。庶子之子不降其父，猶爲三年也。「大夫不主士之喪」，謂士死無主後，其親屬有爲大夫者，尊，不得主之。

爲慈母之父母無服。恩不能及。疏正義曰：此一節論慈母雖如母，猶不爲慈母之黨服。此「慈母」，即是《喪服》中慈母者，父雖命爲母子，而本非骨肉，故慈母之子，不爲慈母之父母有服者，爲恩所不及也。

夫爲人後者，其妻爲舅姑大功。以不貳隆。疏正義曰：此一節論婦人不貳隆之義。賀云：「此謂子出時已昏，故此婦還，則服本舅姑大功。若子出時未昏，至所爲後家方昏者，不服本舅姑。以婦本是路人，來又恩義不

❶「子」，殿本、庫本、阮本「子」上有「其」字。

相接，猶臣從君而服，不從而税，人生不及祖之徒，而皆不責非時之恩也。」今案夫爲本生父母期，故其妻降一等，服大功。是從夫而服，不論識前舅姑與否。假令夫之伯叔在他國而死，其婦雖不識，豈不從夫服也？熊氏云：「然恐賀義未盡善矣。」士祔於大夫則易牲。不敢以卑牲祭尊也。大夫少牢也。疏正義曰：謂祖爲大夫，孫爲士，孫死祔祖，則用大夫牲，不敢用士牲。士牲卑，不可祭於尊者之前也。「祭殤與無後者」不云「易牲」，而此云「易牲」者，前是宗子家爲祭，不得同如宗子之禮，故殤及無後者，依亡人之貴賤禮供之。此是士卑，許進用大夫牲，故曰「易牲」。然又此下云賤不祔貴，而此云「士祔大夫」者，謂無士可祔，則不得不祔於大夫。猶如「妾無妾祖姑，易牲而祔於女君可也」。若有士，則當祔於士。故《雜記》云「士不祔於大夫」，謂先祖兄弟有爲士者，當祔於士，不得祔於大夫也。繼父不同居也者，必嘗同居。皆無主後，同財而祭其祖禰爲同居，有主後者爲異居。録恩服深淺也。見同財則期。同居異財，故同居、今異居，及繼父有子，亦爲異居，則三月。未嘗同居，則不服。疏正義曰：此一經明繼父同居、異居之禮。此解《喪服經》中有「繼父同居」及「不同居」之文也。「繼父」者，謂母後嫁之夫也。若母嫁而子不隨，則此子與母繼夫，固自路人，無繼父之名，故自無服也。今此言謂夫死，妻稚，子幼，子無大功之親，隨母適後夫，後夫亦無大功之親，後以其貨財爲此子同築宫廟，四時使之祭祀，同其財計，如此則是繼父同居，故爲服期。若經同居，而今異居，異居之道，其理有三：一者昔同今異，二者今雖共居，而財計各別，三者繼父更有子，便爲異居。異居則服齊衰三月而已。今言「有主後者爲異居」者，謂繼父更有子也。舉此一條，餘亦可知矣。然既云「皆無主後爲同居」，則「有主後者爲異居」，則此子有子，亦爲異居也。

哭朋友者，於門外之右，南面。變於有親者也。門外，寢門外。疏正義曰：此一經論哭朋友之處也。「門外」，寢門外也。「右」，西邊也。「南面」，嚮南也。嚮南，爲主以對答弔客。❶ 注「變於」至「門外」　正義曰：案《檀弓》云：「有殯，聞遠兄弟之喪，哭于側室。無側室，哭于門内之右。」今「哭門外」，是變於有親也。云「門

❶「客」，阮本作「賓」，閩、監、毛本同。

外，寢門外」者，案《檀弓》云「兄弟，吾哭諸廟。父之友，吾哭諸廟門之外。師，吾哭諸寢。朋友，吾哭諸寢門之外」是也。

祔葬者不筮宅。宅，葬地也。前人葬既筮之。

士大夫不得祔於諸侯，祔於諸祖父之爲士大夫者。其妻祔於諸祖姑，妾祔於妾祖姑，亡則中一以上而祔，祔必以其昭穆。士大夫，謂公子、公孫爲士大夫者。不得祔於諸侯，卑別也。既卒哭，各就其先君爲祖者兄弟之廟而祔之。中，猶間也。諸侯不得祔於天子。天子、諸侯、大夫可以祔於士。人莫敢卑其祖也。疏正義曰：此一節論貴賤祔祭之義。此謂祔祭也。禮，孫死祔祖。今祖爲諸侯，孫爲士大夫而死，則不得祔祖。謂祖貴，宜自卑遠之故也。「祔於諸祖父之爲士大夫者」，諸祖，祖之兄弟也。既不得祔祖，當祔祖之兄弟亦爲大夫士者也。「其妻祔於諸祖姑」者，夫既不得祔祖，故妻亦不得祔於祖姑，而可以祔於諸祖姑也。諸祖姑，是夫之諸祖父兄弟爲士大夫者之妻也。若祖無兄弟可祔，亦祔宗族之疏不爲諸侯者也。然上云「士易牲祔於大夫」，而大夫不得易牲祔於諸侯者，諸侯之貴絶宗，故大夫士不得輕親也。「妾祔於妾祖姑」者，言妾死亦祔夫祖之妾也。「亡則中一以上而祔」者，亡，無也。中，間也。若夫祖無妾，則又間曾祖而祔高祖之妾也。「祔必以其昭穆」者，解所以祖無妾，不祔曾祖而祔高祖之義也。凡祔必使昭穆同，曾祖非夫同列也。然此下云「妾母不世祭，於孫否」，則妾無廟，今乃云祔及高祖者，當爲壇祔之耳。後別釋。「諸侯不得祔於天子」者，亦謂祔祭，卑孫不可祔於尊祖也。「天子、諸侯、大夫可以祔於士」者，祖雖賤，而孫雖貴，祔之不嫌也。若不祔之，則是自尊，欲卑於祖也。

爲母之君母，母卒則不服。母之君母，外祖適母，徒從也，所從亡則已。疏正義曰：此一節論不責恩所不及之事。「母之君母」者，謂母之適母也。此親於子爲輕，故徒從也。己母若在，母爲之服，己則服之。己母若亡，則己不服母之君母矣。

宗子，母在爲妻禫。宗子之妻尊也。疏正義曰：此一節論宗子妻尊，得爲妻伸禫之事。宗子爲百世不遷之宗。賀瑒云：「父在，適子爲妻不杖，不杖則不禫。若父没母存，則爲妻得杖，又得禫。凡適子皆然。嫌畏宗子尊，厭其妻，故特云「宗子，母在爲妻禫」。宗子尚然，則其餘適子，母在爲妻禫可知。」賀循云：「《出居廬論》稱：杖者必廬，廬者必禫。此明杖章尋常之禮。謂杖章之内，居廬必禫。若別而言之，則杖有不禫，禫有不杖者。案《小記》篇云：『宗子，母在爲妻禫。』則其非宗子，其餘適庶母在，爲妻並不得禫也。《小記》又云：『父在，爲妻以杖即位。』鄭玄云：『庶子爲妻。』然父在，爲妻猶有其杖，則父没母存，有杖可知。此是杖有不禫者也。《小記》又云：『庶子在父之室，則爲其母不禫。』若其不杖，則《喪服》『不杖』之條應有『庶子爲母不杖』之文。今無其文，則猶杖可知也。前文云『三年而后葬者』但有練、祥，而無禫，是有杖無禫。此二條是杖而不禫。」賀循又云：「婦人尊微，不奪正服，並厭其餘哀。」如賀循此論，則母皆厭其適子、庶子不得爲妻杖也。❶故宗子妻尊，母所不厭，故特明得禫也。

爲慈母後者，爲庶母可也，爲祖庶母可也。 謂父命之爲子母者也。即庶子爲後，此皆子也，傳重而已，不先命之與適妻使爲母子也。緣爲慈母後之義，父之妾無子者，亦可命己庶子爲後。

疏 正義曰：此一節論爲庶母後之事。《喪服》有「慈母如母」，傳曰：「慈母者何也？」傳曰：「妾之無子者，妾子之無母者，父命爲子母，而子服此慈母三年。」此即爲慈母後之義也。記者見《喪服》既有妾子爲慈母後之例，將欲觸類言之，則妾子亦可爲庶母後也。爲庶母後者，謂妾經有子而子已死者，餘他妾多子，則父命他妾之子爲無子之妾立後，與爲慈母後同也，故云「爲庶母後可也」。「爲祖庶母可也」者，又觸類言之。此既可爲庶母後，則亦可爲祖庶母之後，故云「爲祖庶母之後可也」。祖庶母者，謂己父之妾亦經有子，子死今無也，父妾既無子，故己命己之妾子與父妾爲後，故呼己父之妾爲祖庶母。既爲後，亦服之三年，如己母矣。必知妾經有子者，若無子，則不得立後故也。賀瑒云：「雖有子道，服於慈、庶母三年，而猶爲己母不異，異於後大宗而降本也。」

注「謂父」至「爲後」 正義曰：「謂父命之爲子母者也」，皇氏云：「此鄭注揔解經慈母、庶母、祖庶母三條也，皆是庶子父命之，使事妾母也，故云『父命爲子母』也。」云「即庶子爲後，此皆子也，傳重而已，不先命之與適妻使爲母子也」者，庾氏云：「鄭注此一經，明庶子爲適母後者，故云『即庶子爲後』，謂爲適母後。『此皆子』者，此庶子皆適母之子，今命之爲後，但命之傳重而已。母道舊定，不須假父命之，❷與適妻使爲母子也。」云「緣爲慈母後之義，父之妾無子者，亦可命己庶子爲後」者，言緣《喪

❶「杖」，阮校云：「惠棟校宋本作『禫』，此本『禫』誤『杖』。」按：惠校、阮校是也。

❷「須假」，原作「假須」，據閩、監、毛本、殿本、庫本、阮本乙正。

服》有妾子爲慈母後義，今起此妾爲後之文也。然緣《喪服》「慈母」而起命二妾之後，而注不云命後己妾，唯言後父妾者，緣己妾既可爲慈，❶亦可爲庶母後易見，❷不言自顯。但以己子後父妾，於文難明，故特言之也。

爲父、母、妻、長子禫。目所爲禫者也。**疏**正義曰：此一經，鄭云「目所爲禫者」，此一人而已。然慈母亦宜禫也，而下有「庶子在父之室，爲其母不禫」，則在父室爲慈母亦不禫也，故不言之。妻爲夫亦禫也，但《記》文不具。

慈母與妾母，不世祭也。以其非正。《春秋傳》曰：「於子祭，於孫止。」**疏**正義曰：此一經論禮有不合世祭之事。祭「慈母」，即所謂承庶母、祖庶母後者也。「妾母」，謂庶子自爲其母也。既非其正，故唯子祭之，而孫則否。**注**「以其」至「孫止」　正義曰：《春秋傳》「於子祭，於孫止」者，此《穀梁傳》隱五年，謂魯孝公之妾，是惠公之母。五年傳：「九月，考仲子之宫。考，成也，成之爲夫人也。」注云：「仲子，本孝公之妾，以其子本孝公之妾子，則惠公也。惠公立爲仲子之後，故成之爲夫人也。」傳又云：「禮，庶子爲君，爲其母築宫，使公子主其祭。」注云：「公子者，長子之弟及妾之子也。」傳又云「於子祭，於孫止」者，此經云「妾母不世祭也」，故鄭引爲注此，明不得世祭也。

丈夫冠而不爲殤，婦人笄而不爲殤。言成人也。婦人許嫁而笄。未許嫁，與丈夫同也。❸

爲殤後者，以其服服之。言「爲後」者，據承之也。殤無爲人父之道，以本親之服服之。**疏**正義曰：此一經論宗子殤死，族人不得以父道爲後之事。「爲殤後者」，謂大宗子在殤中而死，族人爲後大宗，而不得後此殤者爲子也，以其父無殤義故也。既不後殤，而宗不可絶，今來爲後殤者之人，不以殤者之爲父，而依兄弟之服服此殤也。**注**「言爲」至「服之」　正義曰：「言『爲後』者，據承之也」者，既不與殤爲子，則不應云「爲後」，今言「爲後」，是據己承其處爲言也。云「以本親之服服之」者，謂既不以父服服殤，而今來後其宗，事事如子，爲彼殤服，依其班秩，如本列也。爲人後者，若子於無後之宗，既爲殤者父作子，則應服以

❶「慈」，浦鏜校云：「『慈』下脱『母』字，從《續通解》校。」

❷「亦」，浦鏜校云：「『亦』上脱『妾子』二字，從《續通解》校。」

❸「丈」，原作「大」，據余本、撫本、岳本、阮本改。

兄弟之服，而云「以本親之服服」者，當在未後之前，不復追服，不責人以非時之恩。故推此時本親兄弟亡在未後之前者，亦宜終其本服之日月。唯爲後及所後，如有母亡，而猶在三年之內，則宜接其餘服，不可以吉居凶。若出三年，則不追服矣。**久而不葬者，唯主喪者不除，其餘以麻終月數者，除喪則已。**其餘，謂旁親也。以麻終月數，不葬者，喪不變也。**疏**正義曰：此一節論久而不葬不變服之事。「久而不葬」者，謂有事礙，不得依月葬者，則三年服，身皆不得祥除也。今云「唯主喪者」，亦欲廣説子爲父、妻爲夫、臣爲君、孫爲祖，得爲喪主，四者悉不除也。「其餘以麻終月數者」，其餘，謂期以下至緦也。「麻終月數者」，主人既未葬，故諸親不得變葛，仍猶服麻，各至服限竟而除也。「除喪則已」者，謂月足而除，不待主人葬除也。然此皆藏之，至葬則反服之也。故下云「及其葬也，反服其服」是也。然雖緦亦藏服，以其未經葬故也。盧曰：「其下子孫皆不除也，以主喪爲正耳。餘親者，以麻各終其月數除矣。」庾云：「謂昔主《要記》，❶案《服問》曰：『君所主，夫人妻、大子、適婦。』故謂此在不除之例。❷定更思詳，以尊主卑，不得同以卑主尊，無緣以卑之未葬，而使尊者長服衰絰也。且前儒説『主喪不除』，無爲下流之義，是知『主喪不除』，唯於承重之身爲其祖、曾。若子之爲父，臣之爲君，妻之爲夫，此之不除也，不俟言而明矣。盧植云『下子孫皆不除』，蕭望之又云『獨謂子』，皆未善也」。謂庾言爲是。**箭笄終喪三年。**❸亦於喪所以自卷持者，有除無變。**疏**正義曰：此一經論婦人以箭笄終喪之事。前云「惡笄以終喪」，是女子爲母也。此云「箭笄終喪三年」，謂女子在室爲父也。自卷持者，有除無變也。**齊衰三月，與大功同者，繩屨。**雖尊卑異，於恩有可同也。**疏**正義曰：此一經論尊卑屨同之事。大功以上，同名重服，故大功與齊衰三月，可同繩屨，謂以麻繩爲屨。「雖尊卑則異，於恩有可同」者，齊衰爲尊，大功爲卑，而三月爲恩輕，九月恩

---

❶「主要記」，汪文臺《識語》云：「『主』，當作『注』。《雜記》疏引庾氏《要記注》。《隋書·經籍志》注：『梁有《喪服要記》，宋員外常侍庾蔚之注。』」

❷「故」，阮校云：「《續通解》無『故』字。」

❸「箭笄」，阮校引段玉裁云：「注『自卷持』蒙『齊衰惡笄帶以終喪』而言，則此『箭笄』上亦當有『帶』字。」

稍重，制之在尊卑深淺之間。禮法有常，乘權而降，在尊既爲深，故宜有異也，所以衰服殊。而爲恩情處爲淺深矣，故有可同也，所以同其麻屨，❶以表恩無不同也。❷

練，筮日、筮尸、視濯，皆要絰、杖、繩屨。有司告具，而后去杖。筮日、筮尸，有司告事畢，而后杖，拜送賓。臨事去杖，敬也。濯，謂溉祭器也。**大祥，吉服而筮尸。**凡變除者，必服其吉服以即祭事，不以凶臨吉也。《間傳》曰：「大祥，素縞麻衣。」

疏正義曰：此一經論練、祥筮日筮尸之時所著衣服也。❸　「練」，爲小祥也。❹　「筮日」，謂筮占小祥之日。「筮尸」，亦筮占小祥之尸。　「視濯」者，謂視小祥之祭器。祭器須絜，而視其洗濯也。　「皆要絰、杖、繩屨」者，爲喪至小祥，男子除首絰，唯有要絰。而病尚深，故猶有杖。屨是末服，又變爲繩麻。將欲小祥，前日，豫筮其日，而占於尸，及視濯器，則豫著小祥之服以臨此三事也。所以然者，此前三事，悉是爲祭，祭欲吉，故豫服也。不言衰與冠者，亦同小祥矣。　「有司告具，而后去杖」者，有司，謂執事者。　鄉者變服猶杖，今執事之人既告三事辦具，將欲臨事，故孝子便去杖，亦敬生故也。❺　「筮日、筮尸，有司告事畢，而后杖，拜送賓」者，筮日與尸，二事皆有賓來，鄉當臨事時去杖，今若執事之人告筮占之事已畢，則孝子更執杖以拜送於賓矣。不言「視濯」者，視濯輕而無賓，故不言也。　「大祥，吉服而筮尸」者，吉服，❻朝服也。大祥之日，縞冠朝服。今將欲祥，亦於前日豫服大祥之服，以臨筮日及筮尸、視濯。今唯云「尸」，不言「日」及「濯」者，從小祥可知也。大祥則并去絰、杖、繩屨，故不云杖、絰、屨。　**注**「凡變」至「麻衣」　正義曰：「凡變除者，必服其吉服以即祭事，不以凶臨吉也」者，下云大祥「朝服縞冠」，是祥祭之時，唯著朝服。此筮尸又在祥祭前，已著吉服，不以凶臨吉故也。引《間傳》者，以大祥之後著「素縞麻

❶「麻」，原作「末」，據閩、監、毛本及殿本、庫本改。
❷「無」，原作「而」，據閩、監、毛本及殿本、庫本改。
❸「筮尸」，阮校云：「衛氏《集説》『筮尸』下有『視濯』二字。」
❹「爲」，浦鏜校云：「爲」當「謂」字誤。
❺「生」，阮校云：「監、毛本作『賓』。」按：殿本、庫本亦作「賓」。
❻「吉」，原作「告」，據殿本、庫本、阮本改。

衣」，此云「吉服」，則非祥後之服，❶是朝服也，故引以證之。庶子在父之室，則爲其母不禫。妾子，父在厭也。庶子不以杖即位。下適子也。位，朝夕哭位也。父不主庶子之喪，則孫以杖即位可也。祖不厭孫，孫得伸也。父在，庶子爲妻，以杖即位可也。舅不主妾之喪，❷子得伸也。疏正義曰：此一節論庶子父在，應杖及不應杖之節。「庶子在父之室，則爲其母不禫」者，此謂不命之士父子同宫者也。若異宫，則禫之，如下言，則亦猶杖也。禫爲服外，故微奪之耳。「庶子不以杖即位」者，謂適庶俱有父母之喪也，適子得執杖進阼階哭位，庶子至中門外而去之，以下於適子也。然此承前而云「杖」，則似庶子不禫亦不杖，如賀言也。「父不主庶子之喪，則孫以杖即位可也」者，父主適子喪而有杖，故適子子不得以杖即位，以辟祖故耳，非厭也。今此父不主庶子喪，故庶子子則得杖即位也。祖不厭孫，孫得伸也。父皆厭子，故舅主適婦喪，而適子不杖。大夫不服賤妾，妾子亦厭而降服以服其母也。至於祖，雖尊貴，而並不厭孫。故大夫降庶子，而其孫不降其父也。庾云：「謂《雜記上》『爲長子杖，則其子不以杖即位』，鄭注：『辟尊者。』案祖不厭孫，而長子之子『不以杖即位』者，以祖爲其父主，故辟尊，不敢俱以杖即位耳。猶如庶子之子，亦非厭也，父不爲庶子主，故其子以杖即位可也。」「父在，庶子爲妻，以杖即位可也」者，此謂庶子也。父不主其妻，故其子得爲妻以杖即位也。《雜記》云：「爲妻，父母在，不杖。」亦是庶子而云「不杖」者，亦謂同宫者也。又《喪服》注云：「爲其妻以杖即位，謂庶子也。」舅主適婦，則適子不得杖。舅不主庶婦，故庶子爲妻，可以杖即位。謂父主妻喪，故主適婦，所以適子不杖也。明主適婦，猶於主妻故也。父既不主妾喪，故不主庶婦，所以庶子得杖。庶子得杖，由於父不主妾故也。若妻次子，既非正嗣，故亦同妾子之限也。或問者云：「但『以杖』自足，何須言『即位』？言『即位』，如似適婦之喪，❸長子亦得有杖，秖不得即位耳。」答曰：「庶子爲父母厭，下於適子，雖有杖，不得持即位。今嫌爲妻亦得杖而不即位，故明之也。」諸侯

❶「則」，阮校云：「《續通解》作『明』。」

❷「妾」，《考文》引古本作「庶妻」。阮校引盧文弨云，似當作「庶子妻」。

❸「似」，閩、監、毛本及殿本作「依」。

弔於異國之臣，則其君爲主。君爲之主，弔臣，恩爲己也。子不敢當主，中庭北面哭，不拜。諸侯弔，必皮弁錫衰。所弔雖已葬，主人必免。主人未喪服，則君亦不錫衰。必免者，尊人君，爲之變也。未喪服，未成服也。既殯成服。疏正義曰：此一節明諸侯弔喪衣服之節。「弔於異國之臣，則其君爲主」者，君無弔他臣之禮，若來在此國，遇主國之臣喪時，爲彼君之故而弔，故主國君代其臣之子爲主。「諸侯弔，必皮弁錫衰」者，此有二種：一云此句因前而發，「弔必皮弁錫衰」，謂弔異國臣也。若自弔己臣，則素弁環絰錫衰也。故鄭注：「國君於其臣弁絰，他國之臣皮弁。」一云此亦爲自弔己臣，而未當事則皮弁錫衰，至當事乃弁絰耳。《檀弓》已論。「所弔雖已葬，主人必免」者，此承上也。謂諸侯來弔，主人必爲之重禮。凡五服，自大功以上爲重。重服爲免之節，自始死至葬，卒哭後乃不復免也。❶小功以下爲輕。輕服爲免之節，自始死至殯，殯後不復免，至葬啓殯之後而免，以至卒哭，如始死。今若人君來弔，雖非服免時，必爲免，以尊重人君故也。而此云「主人必免」，謂大功以上也，小功以下則不然也。何以知然？下云「親者皆免」，注云「大功以上」，故知之。注「君爲」至「不拜」　正義曰：云「子不敢當主，中庭北面哭，不拜」者，案《士喪禮》，君弔，「主人出迎于門外，見馬首，入門右，北面。君升，主人中庭拜，稽顙成踊」。彼爲主人爲主，故中庭拜。今鄰國君弔，君爲之主，拜賓，則主人中庭北面，哭，不拜。《曾子問》稱季桓子之喪，衛君來弔，魯君爲主，「季康子立於門右，北面，拜而後稽顙」，故譏其喪有二主。當唯哭踊而已，是於禮不拜也。注「必免」至「成服」　正義曰：「未喪服，未成服也」者，以經云「未喪服」，嫌謂未括髮、未散麻帶絰之屬，故云「未成服」。云「既殯成服」者，《士喪禮》「既殯，三日成服」，是殯後乃成服也。

養有疾者不喪服，遂以主其喪。不喪服，求生主吉，惡其凶也。遂以主其喪，謂養者有親也，死則當爲之主。其爲主之服，如素無喪服。非養者入主人之喪，則不易己之喪服。入，猶來也。謂養者無親於死者，不得爲主其有親來爲主者。素有喪服而來爲主，與素無服者異。素無服、素有服，爲今死者當服，則皆三日

❶「哭」字原漶滅，據殿本、阮本補。

成也。**養尊者必易服，養卑者否。**尊，謂父兄。卑，謂子弟之屬。**疏**正義曰：此一節論自有喪服，親族有疾患者，養之法。各依文解之。「養有疾者」，謂養此親屬有疾者。「不喪服」，爲己先有喪服，養疾之時，不著己之喪服。求生主吉，惡其凶故也。「遂以主其喪」者，疾者既死，無主後，此養者遂以主先來無服之法，❶主其死者之喪也。**注**「不喪」至「喪服」　正義曰：云「遂以主其喪，謂養者有親也」者，養者若於病者無親，疾時雖養，死不得爲主。今死得爲主，故知養者於死者有親也。云「其爲主之服，如素無喪服」者，身雖先有服，養時既去其服，今疾者身死，己爲之主，還與素無服同也。「非養」至「喪服」　此謂死者之親屬，當死者病時，不得來爲養，而死時來爲主。此主雖身有前喪之服，今來爲主，則不易己喪服。所以然者，己既前不養，不經變服，故今爲新死者不易己之喪服。**注**「入猶」至「成也」　正義曰：云「謂養者無親於死者，不得爲主其有親來爲主者」，謂養者無親者也，病者若死，而此養者不得爲主，既不得爲主，故知死者之親來入主喪者也。云「素有喪服而來爲主」者，素，猶本也。本有喪，謂有前喪之服也。己服前喪之服而來主之，不易服也。云「與素無服者異」者，本無服，謂若來爲喪主者，身本吉，無喪服，既來爲主，則爲此死者服始死之服。若本有喪服，今來爲喪主，仍以先喪之服主之，故云「異」也。云「素無服、素有服，爲今死者當服，則皆三日成也」者，謂己身若本有服，及本無服，若與死者有親，則皆至三日成服，皆爲死者服其服也。若本有服重，而新死者輕，則爲一成服而反前服也；若新死重，則仍服死者新服也。身本吉而來爲主，則計今親而依限服之也。庾云：「謂此無主後，親族爲其喪主者。鄭云『養者無親於死者，不得爲主』，謂親族不得養其病，朋友養之者。又云『有其親來爲主』，謂親族也。前云『喪服』者，❷及其主喪，則與素無服者同。此明既死而往主，即不易己之喪服，故鄭又云『與素無服者異』也。」　「養尊者必易服，養卑者否」　此廣結前文「養有疾者不喪服」之文。尊，謂父兄也。卑，謂子弟也。前雖云「養有疾者不喪服」，不分明尊卑，故此明之：養尊者必易己之喪服也，若養卑者不變也。庾云：

❶「遂以主先來無服之法」，浦鏜校云：「疑。」蓋不得其解，疑有誤也。

❷「云」，原作「去」，據殿本、阮本改。

「前云去喪服而養之，遂以主喪，是必父兄之行也。」妾無妾祖姑者，易牲而祔於女君可也。女君，適祖姑也。易牲而祔，則凡妾下女君一等。疏正義曰：此一節明祔祭之法者。❶云「妾無妾祖姑」者，謂妾當祔於妾祖姑，若無妾祖姑，當祔於高祖妾祖姑，故前文云「亡則中一以上」。今又無高祖妾祖姑，則當易妾之牲，用女君之牲，祔於女君可也。注「女君」至「一等」　正義曰：鄭恐「女君」是見在之女君，故云「女君，適祖姑也」。妾與女君，牲牢無文。既云「易牲」，故云「下女君一等」。下女君一等者，若女君少牢，妾則特牲；若女君特牲，妾則特豚也。

婦之喪，虞、卒哭，其夫若子主之，祔則舅主之。婦，謂凡適婦、庶婦也。虞、卒哭祭婦，非舅事也。祔於祖廟，尊者宜主焉。士不攝大夫。士攝大夫，惟宗子。士之喪雖無主，不敢攝大夫以爲主。宗子尊，可以攝之。主人未除喪，有兄弟自他國至，則主人不免而爲主。親質，不崇敬也。疏正義曰：此一節論喪祭爲主之事。各依文解之。「婦之喪，虞、卒哭，其夫若子主之」者，虞與卒哭，其在於寢，❷故其夫或子則得主之。祔是祔於祖廟，其事既重，故舅主之。婦之所祔者，則舅之母也。「士不攝大夫」，以此謂士喪無主，不敢使大夫兼攝爲主也。「士攝大夫，唯宗子」者，謂若宗子爲士，而無主後者，可使大夫攝主之也。士之喪雖無主，不敢攝大夫爲主，士卑故也。宗子尊，則可以攝之也。「主人」至「爲主」　「主人未除喪」者，謂在國主人之喪服未除。「有兄弟自他國至，則主人不免而爲主」者，謂五屬之親，從遠歸奔者也。夫免必有時，若葬後，唯君來弔，雖非時，亦爲之免。崇敬，欲新其事故也。若五屬之親，非時而奔，則主人不須爲之免也。嫌親始奔，亦應崇敬爲免如君，故明之也。

陳器之道，多陳之，而省納之可也；省陳之，而盡納之可也。多陳之，謂賓客之就器也，以多爲榮。省陳之，謂主人之明器也，❸以節爲禮。疏正義曰：此一節論以明器

---

❶「者」，殿本、庫本、阮本作「也」。按：「者」、「也」，均衍字。

❷「其在於寢」，阮校云：「其」當作「具」。浦鏜校云：「其」字當在「於」字下。

❸「主」，原作「之」，據余本、撫本、岳本、阮本改。

送葬之事。「陳器之道，多陳之」者，謂朋友賓客贈遺明器，多陳列之，以爲榮也。「而省納之可也」者，雖復多陳，不可盡納入壙，故省少納之可也。以納有常數故也。「省陳之，而盡納之可也」者，謂主人所作明器，依禮有限，故「省陳之」。省陳既少，而盡納之於壙可也。注「多陳」至「爲禮」　正義曰：云「謂賓客之就器也」者，而遺死者謂之就者，❶以其可用故也。故《既夕禮》注云：「就猶善也。贈無常，唯玩好所有也。」揔而言之，亦曰明器。故《宰夫》云：「凡弔，與其幣器。」注云：「器，所致明器也。」是賓客致者，亦曰明器也。云「省陳之，謂主人之明器也」者，此正明器，主人所作。故《上檀弓》云「旬而布材與明器」，又《檀弓》云「竹不成用，瓦不成沬」之屬是也。

奔兄弟之喪，先之墓，而後之家爲位而哭。所知之喪，則哭於宮，而后之墓。兄弟先之墓，骨肉之親，不由主人也。宮，故殯宮也。疏正義曰：此一節論奔兄弟之喪之事。注「兄弟」至「宮也」　正義曰：言「骨肉之親，不由主人也」者，解「兄弟之喪，先之墓」之意。兄弟骨肉，自然相親，不由主人，故先往之墓。若所知之喪，由主人乃致哀戚，故先哭於宮，而後至墓。**父不爲衆子次於外。**於庶子略，自若居寢。疏正義曰：「衆子」，庶子。「次」，謂中門外次也。庶子賤，略之，故父不爲之次，自若常居於寢也，不爲之處門外爲喪次也。長子則次於外，爲喪次也。

與諸侯爲兄弟者服斬。謂卿大夫以下也。與尊者爲親，不敢以輕服服之。言「諸侯」者，明雖在異國，猶來爲三年也。疏正義曰：熊氏以爲：「謂諸侯死，凡與諸侯有五屬之親者，皆服斬也。以諸侯體尊，不可以本親輕服服之也。」注「謂卿」至「年也」　正義曰：「謂卿大夫以下也」者，經云「與諸侯爲兄弟服斬」，恐彼此俱作諸侯，爲之服斬，故云「謂卿大夫以下」。若俱爲諸侯，則各依本服。然卿大夫與君，自應服斬，而云「兄弟」者，或服本親之服，故明之云「服斬」也。以與尊者爲親，不敢以輕服服之。云「言『諸侯』者，明雖在異國，猶來爲三年也」者，鄭以經不云與「君」爲兄弟，而言與「諸侯」爲兄弟，故知容在異國也。然既在異國，仕於他君，得反爲舊君服斬者，以其曾在本國作卿大夫，今來他國未仕，故得爲舊君反服斬。鄭言「謂卿大夫」者，據本

❶「而遺死者謂之就者」，浦鏜校謂「而」字衍。

國經爲卿大夫者也。或可與諸侯爲兄弟，雖在他國仕爲卿大夫，得爲舊君服斬，異於尋常。案《下雜記》云：「外宗爲君、夫人，如内宗。」注云：「謂嫁於國中者。」此云「異國」，二注不同者，《雜記》據婦人，故云「嫁於國中」，此據男子，故得云「異國」。是以鄭注云「謂卿大夫以下」，唯謂男子。賀循云：「以鄭二注不同，故著《要記》，以爲男子及婦人，皆謂在國内者。」譙周亦以爲然。並非鄭義，今所不取也。**下殤小功，帶澡麻，不絶本，❶詘而反以報之。**報，猶合也。下殤小功，本齊衰之親，其經帶，澡率治麻爲之，帶不絶其本，屈而上至要，中合而糾之，明親重也。凡殤，散帶垂。疏正義曰：謂本期親，在下殤，降在小功者，服澡麻爲經帶，而斷麻根本，示輕故也。今若下殤在小功者，則但首經無根，而要帶猶有根，示其重故也。故云「帶澡麻不絶」，不絶，謂不斷本也。「詘而反以報之」者，凡殤，不糾要垂，皆散其帶。而此下殤則不散垂，免麻嚮下，❷又屈反嚮上，故云「屈而反」也。屈嚮上，合而糾之，故云「報」也。注「報猶」至「帶垂」正義曰：謂合糾爲繩。賀瑒云：「下殤小功，男子經牡麻而帶澡，婦人帶牡而經澡，故《小功殤章》云『牡麻經』。若依其次，不應前帶，故知前言男子之帶，後言婦人之經也。」云「澡率治麻爲之」者，謂戛率其麻，使其絜白也。云「帶不絶其本，屈而上至要」者，其帶本垂，今乃屈上至要也。云「中合而糾之，明親重也」者，謂屈所垂散麻上至於要，然後中分麻爲兩股，合而糾之，以垂嚮下也。所以然者，明親重也。云「凡殤，散帶垂」者，謂成人大功以下之殤，其殤既輕，唯散麻帶垂，而下不屈而上糾之，異於「下殤小功」故也。**婦祔於祖姑，祖姑有三人，則祔於親者。**謂舅之母死，而又有繼母二人也。親者，謂舅所生。**其妻爲大夫而卒，而后其夫不爲大夫，而祔於其妻，則不易牲。妻卒而后夫爲大夫，而祔於其妻，則以大夫牲。**妻爲大夫，夫爲大夫時卒。不易牲，以士牲也。此謂始來仕無廟者，無廟

❶「帶澡麻不絶本」，《釋文》出「不絶」，云：「本或作『不絶本』，非也。」阮校云：「案《正義》云：『故云帶澡麻不絶。不絶，謂不斷本也。』是《正義》本亦無『本』字也。」張敦仁《考異》亦云「本」字衍。

❷「免」，浦鏜校云：「『免』，疑『也』字誤，屬上句。」

者不祔。宗子去國，乃以廟從。疏正義曰：此一節明婦人祔祭之事。各依文解之。「祖姑有三人，則祔於親者」，謂舅之母有三人，「親者」，謂舅之所生者。言婦祔祖姑，則祔於舅之所生者也。「其妻爲大夫而卒」者，謂夫爲大夫時而妻死者也。「而后其夫不爲大夫」者，謂妻死後，夫或黜退，不復爲大夫而死也。「而祔於其妻，則不易牲」者，謂夫既不爲大夫死，若祔祭此妻，但依夫今所得用之牲，不得易用昔大夫時牲。「妻卒而后夫爲大夫，而祔於其妻，則以大夫牲」者，此謂妻死時夫未得爲大夫也，妻死後夫乃得爲大夫。今既祔祭其妻，則得用大夫牲，妻從夫之禮故也。注「妻爲」至「廟從」 正義曰：「此謂始來仕無廟者」，若其有廟，則死者當祔於祖，不得祔於其妻。今夫死祔於其妻，故知是無廟者。若其宗子去他國，乃以廟從，則祔於祖矣。

爲父後者，爲出母無服。無服也者，喪者不祭故也。適子正體於上，當祭祀也。婦人不爲主而杖者，姑在爲夫杖，姑不厭婦。母爲長子削杖，嫌服男子當杖竹也。母爲長子服，不可以重於子爲己也。女子子在室爲父母，其主喪者不杖，則子一人杖。女子子在室，亦童子也。無男昆弟，使同姓爲攝主，不杖，則子一人杖，謂長女也。許嫁及二十而笄，笄爲成人，成人正杖也。

疏正義曰：此一節論婦人應杖之節。各隨文解之。「姑在爲夫杖」者，鄭義唯謂出嫁婦人禮也。若成人婦人，在家爲父母，雖不爲主，亦杖。若在夫家，唯爲主乃杖。故爲夫與長子，雖不爲主，亦杖。若餘，非爲主，則不爲杖。但夫是移天之重，婦雖不爲主而杖。而云「姑在」者，舅主適婦喪，則厭適子使不杖。今有「姑在」，姑主子喪，恐姑既爲主，則亦厭婦，明今姑雖爲主，不厭婦也。所以知鄭意然者，注下經「一人杖」云：「女子子在室，亦童子也。成人則正杖。」又《喪大記》云：「士之喪，三日，婦人皆杖。」注云：「婦人皆杖，謂主婦，容妾爲君，女子子在室者也。」故《喪服傳》云：「婦人何以不杖？亦不能病也。」是爲鄭學者，則謂「爲童子婦人，不能爲父母杖也」。而難鄭者云：「鄭以婦人不杖，唯謂童子婦人。然童女未嫁，何以得稱婦人？又《喪服傳》云『童子何以不杖？不能病』，乃云『婦人何以不杖？亦不能病』，明知婦人非童子也。」故賀循等以爲：「婦人不杖，謂出嫁之婦人，不爲主則不杖。其不爲主而杖者，唯姑在爲夫杖，故此記特明之。」鄭必以爲「童子婦人」乃不杖者，鄭以此下經云「女子子在室爲父母，其主喪者不杖，則子一人杖」，既云「女子子在室」，是童女可知；云「主喪者不杖」，若主喪者杖，則此童女不杖。今由主喪者不杖，則此童女一人杖。鄭據此文故，知婦人謂童子之婦人也。若其成人出嫁，婦人爲主皆杖。故《喪大記》云：「三日，子、夫人杖。五日，授大夫、世婦杖。」《喪服傳》妻爲夫杖，《小記》云「母爲長子杖」，是成人婦人皆杖也。童女得稱婦人者，《喪服・小功章》云「爲姪、庶孫丈夫、婦人之長殤」，是殤之童得稱婦人。未嫁而稱婦人者，以其將有適人之端，故得稱婦人也。**注**「許嫁」至「杖也」　正義曰：知「許嫁及二十而笄，爲成人正杖」者，以其許嫁，則已有出適人之理，非復在室，其雖未許嫁，已在二十而笄，猶男子之冠，非復童子，故知成人則正杖也。

緦、小功，虞、卒哭則免。棺柩已藏，嫌恩輕，可以不免也。言「則免」者，則既殯、先啓之間，雖有事不免。既葬而不報虞，則雖主人皆冠，及虞則皆免。有故不得疾虞，雖主人皆冠，不可久無飾也。皆免，自主人至緦麻。爲兄弟既除喪已，及其葬也，反服其服，報虞，卒哭則免，如不報虞，則除之。小功以下。遠葬者，比反哭者皆冠，及郊而后免，反哭。墓在四郊之外。君弔，雖不當免時也，主人必免，不散麻。雖異國之君免也，親者皆免。不散麻者，自若絞垂。爲人君變，貶於大斂之前，既啓之後也。親者，大功以上也。異國之君「免」，或爲「弔」。**疏**正義曰：此一節論著免之節。各隨文解之。「緦、小功，虞、卒哭則免」者，言遭緦、小功之喪，棺柩在時，則當著免。今至虞、卒哭之時，棺柩雖藏已久，至虞、卒哭之時，亦著免也。**注**「言則」至「不免」　正義曰：「言『則免』者，則既殯、先啓之間，雖有事不免」者，以經云「虞、卒哭則免」，明未虞之前則不免也。虞前有葬，葬是喪之大事，棺柩既啓，著免可知。嫌虞與卒哭，棺柩既掩，不復著免，故特言「虞、卒哭」以明之也。**注**「有故」至「緦麻」　正義曰：前云「赴葬者赴虞」，於疾葬者疾虞。今依時而葬，不依時而虞，主人以下則皆冠，不可久無飾也。經云「及虞則皆免」，承上文「緦、小功」之下，故知主人及緦麻皆免也。「遠葬」至「反哭」　「遠葬者」，謂葬在四郊外遠處。「比反哭者皆冠」者，既葬在遠處郊野之外，不可無飾，故至葬訖，臨欲反哭之時，乃皆著冠。　「及郊而后免，反哭」者，謂著冠至郊，而后去冠著免，反哭於廟。　「君弔」至「皆免」　凡大斂之前著免，大功以上散麻。大斂以後著冠，不散麻，糾其垂也。至將葬，啓殯之後，已葬之前，亦免，大功以上亦散麻。若「君弔，雖不當免時」，必爲之著免，不散麻帶，貶於大斂之前及既啓之後。　「雖異國之君免也，親者皆免」者，已君之來，其免如此。❶雖他國君來，與己國君同，主人爲之著免。主人既免，大功以上親者，皆從主人之免，敬異國君也。異國之君尚然，己君來弔，主人著免，則親者亦免可知也。　注「不散」至「爲弔」　正義曰：「不散麻者，❷自若絞垂」者，若，如也。大斂以前，散麻帶垂。大斂畢後，絞其垂者。今人君來弔，自如尋常絞垂，不散麻也。所以然者，「爲人君變，貶於大斂之前及既啓之後也」。云「親者，大功以上也」者，以經云「不散麻」，謂大功以上。今云「親者皆免」，明據應合散麻之人，故云「大功以上也」。云「異國之君『免』，或爲『弔』」者，以經中既「免」字非一，恐皆或爲「弔」，故云「異國之君『免』」一字或爲「弔」也。

除殤之喪者，其祭也必玄。殤無變，文不縟。❸玄冠、❹玄端、黄裳而祭，不朝服，未純吉也。於成人爲釋禫之服。**除成喪者，其祭也朝服縞冠。**成，成人也。縞冠，未純吉祭服也。既祥祭，乃素縞麻衣。**疏**正義曰：此一節明除殤及成人之喪。各依文解之。　「除殤之喪」者，謂除長殤、中殤、下殤之喪。　「其祭也必玄」者，其除喪祭服，必玄冠、玄端、黄裳，異於成人之喪也。　**注**「殤無」至「之服」❺　正義曰：「殤無變」者，無虞、卒哭、及練之變服。所以然者，「文不縟」。本服既重者，意在於質，不在繁縟。若成人喪服初除，著朝服，禫祭始從玄端。今除殤之喪，即從禫服，是文不繁縟也。故鄭注《喪服》云：「縟，數也。」「玄冠、❻玄端、黄裳而祭，不朝服，

❶「其」，阮校云：「毛本作『皆』。」
❷「不」，原作「下」，據殿本、阮本改。
❸「縟」，原作「縞」，據岳本、《釋文》、《九經三傳沿革例》及阮校、張敦仁《考異》改。
❹「玄」字原脱，阮校云：「段玉裁校本從《九經三傳沿革例》作『玄冠』。案段是也。盧文弨校亦依疏，『冠』上增『玄』字。」阮校是，據補。
❺「服」下原有「喪」字，據阮本刪。
❻「玄」，原作「云」，據《續通解》卷九改。

未純吉也」者，以經云「必玄」，故知玄冠、玄端也。知黄裳者，若其素裳，則與朝服純吉同，故知黄裳也。知不玄裳者，以玄、黄相對之色，故知釋禫之服。若云「玄裳」，即與上士吉服「玄端」同文，非釋禫服也。「除成喪者，其祭也朝服縞冠」「成喪」，謂成人之喪。其祥祭也，衣朝服而縞冠。所以朝服縞冠者，未純吉也。**注**「縞冠，未純吉祭服也」正義曰：大夫朝服而祭。朝服者，玄冠、緇衣、素裳，是純吉之祭服也。今用縞冠，是未純吉之祭服也。

奔父之喪，括髮於堂上，袒，降踊，襲、絰于東方。奔母之喪，不括髮，袒於堂上，降踊，襲、免于東方，絰。即位成踊，出門，哭止。三日而五哭三袒。凡奔喪，謂道遠，已殯乃來也。爲母不括髮，以至成服，一而已，貶於父也。「即位」以下，於父母同也。三日五哭者，始至訖夕反位哭，乃出就次，一哭也，與明日、又明日之朝夕，而五哭。三袒者，始至袒，與明日、又明日之朝，而三也。**疏**正義曰：此一節論奔喪之法。「奔父之喪，括髮於堂上」者，於殯宮堂上。不笄纚者，奔喪異於初死也。「袒，降踊，襲、絰于東方」者，袒，謂堂上去衣。降堂阼階東而踊。爲踊，故袒。既畢，襲、絰于東方。襲，謂掩所袒之衣。帶絰東方，謂東方既踊畢，❶升堂，襲、帶、絰於東序東。「奔母之喪，不括髮」者，初時括髮，至又哭以後，至於成服，不括髮。「袒於堂上，降踊」者，與父同。「襲、免于東方」者，東方，亦東序東。父則括髮而加絰，母則不括髮而加免。此是異於父也。此「東方」，《奔喪禮》皆爲東序東。「絰。即位成踊」者，著免加絰已後，即位於阼階之東而更踊，故云「成踊」。其「即位成踊」，父母同。於此之時，賓來弔者則拜之，《奔喪禮》所謂「反位，拜賓成踊」是也。「出門，哭止」者，出殯宮之門，就於廬，故哭者止。初來一哭，❷與明日又明日朝夕之哭，爲五哭也。「三袒」者，初至袒，明日朝袒，又明日朝袒，故爲三袒。雖其初死在家之時，哭踊無節，今聞喪已久，奔喪禮殺，故「三日五哭」，異於在家也。**注**「凡奔」至「三也」❸正義曰：此謂已殯而來者。若未殯之前而來，當與在家同，不得減殺

❶「東方」，浦鏜校云，「東方」二字衍。

❷「初來一哭」，浦鏜校云：「初來一哭」上當有「三日而五哭者」六字。

❸「至」，原作「而」，據阮本改。

也。云「『即位』以下，於父母同也」者，約《奔喪禮》文，故知同也。「三日五哭三袒」，鄭約初來及明日又明日朝夕之節而知也。**適婦不爲舅後者，則姑爲之小功。**謂夫有廢疾他故，若死而無子，不受重者。小功，庶婦之服也。凡父母於子，舅姑於婦，將不傳重於適，及將所傳重者非適，服之皆如衆子、❶庶婦也。疏正義曰：適子之婦不爲舅後者，則姑之服庶婦小功而已。注「謂夫」至「婦也」　正義曰：「夫有廢疾他故，若死而無子，不受重者」，鄭知此者，以其經稱「適婦」，明是適子之婦，今云「不爲舅後」，明知是「夫有廢疾及他故，死而無子」者也。云「小功，庶婦之服也」者，以父母於子，適者正服期，則適婦宜大功，庶婦故小功也。云「將不傳重於適」者，如上所云「廢疾他故，死而無子」之屬是也。云「及將所傳重非適」者，爲無適子，以庶子傳重及養他子爲後者也。

禮記正義卷第四十三

❶「衆」，余本、撫本、閩本、監本、毛本、阮本及衛氏《集說》作「庻」。

禮記正義卷第四十四

國子祭酒上護軍曲阜縣開國子臣孔穎達等奉勑撰

大傳第十六

正義曰：案鄭《目録》云：「名曰《大傳》者，以其記祖宗人親之大義。此於《别録》屬《通論》。」

禮，不王不禘。王者禘其祖之所自出，以其祖配之。凡大祭曰禘。自，由也。大祭其先祖所由生，謂郊祀天也。王者之先祖，皆感大微五帝之精以生，蒼則靈威仰，赤則赤熛怒，黃則含樞紐，白則白招拒，黑則汁光紀。皆用正歲之正月郊祭之，蓋特尊焉。《孝經》曰「郊祀后稷以配天」，配靈威仰也；「宗祀文王於明堂，以配上帝」，汎配五帝也。諸侯及其大祖。大祖，受封君也。大夫、士有大事，省於其君，干祫及其高祖。大事，寇戎之事也。省，善也。善於其君，謂免於大難也。干，猶空也。空祫，謂無廟，祫祭之於壇墠。

疏正義曰：此一節論王及諸侯、大夫、士祭先祖之義。各隨文解之。此「禘」，謂郊祭天也。然郊天之祭，唯王者得行，故云「不王不禘」也。「王者禘其祖之所自出，以其祖配之」者，此文具於《小記》，於彼已釋之。**注**「凡大」至「帝也」正義曰：案《爾雅·釋天》云：「禘，大祭也。」此禘謂祭天。云「王者之先祖，皆感大微五帝之精以生」者，案師説引《河圖》云：「慶都感赤龍而生堯。」又云：「堯，赤精，舜黃，禹白，湯黑，文王蒼。」又《元命包》云：「夏，白帝之子。殷，黑帝之子。周，蒼帝之子。」是其「王者皆感大微五帝之精而生」。云「蒼則靈威仰」至「汁光紀」者，《春秋緯文耀鉤》文。云「皆用正歲之正月，郊祭之」者，案《易緯乾鑿度》云：「三王之郊，一用夏正。」云「蓋特尊焉」者，就五帝之中，特祭所感生之帝，是「特尊焉」。注引《孝經》云「郊祀后稷以配天」者，證「禘其祖之所自出，以其祖配之」；又引「宗祀文王於明堂，以配上帝」者，證文王不特配感生之帝，而汎配五帝矣。「諸侯及其大祖」，大祖，始封君也。諸侯非王，不得郊天配祖於廟及祭大祖耳。「大夫士有大事，省於其君，干祫及其高祖」，省，善也。干，空也。空祫，謂無廟也。大夫士知識劣於諸侯，故無始封之祖。若此大夫士有勳勞大事，爲君所善者，則此是識深，故君許其祫祭至於高祖。但無始祖廟，雖得行祫，唯至於高祖，並在於壇，空而祫之，故云「空祫及其高祖」也。《祭法》云：「大夫三廟二壇，顯考無廟。」雖是無廟，而有壇，爲祈禱而祭之。今唯云「及高祖」，是祫不及始祖，以卑故也。然此對諸侯爲言，言支庶爲大夫士者耳，若適爲大夫，亦有大祖。故《王制》云「大夫三廟，一昭一穆，與大祖之廟而三」是也。師説云：大夫有始祖者，鬼其百世。若有善於君，得祫，則亦祫於大祖廟中，徧祫大祖以下也。注「祭之於壇墠」　正義曰：案《祭法》「大夫二壇」，則大夫無墠，而此言「墠」者，通言耳。或通云：上士二廟一壇，下士一廟無壇，若有功，當爲墠而祫祭之也。

牧之野，武王之大事也。既事而退，柴於上帝，祈於社，設奠於牧室。柴、祈、奠，告天地及先祖也。牧室，牧野之室也。古者郊關皆有館焉。先祖者，行主也。**遂率天下諸侯，執豆籩，逡奔走。**逡，疾也。疾奔走，言勸事也。《周頌》曰：「逡奔走在廟。」**追王大王亶父、王季歷、文王昌，不以卑臨尊也。**不用諸侯之號臨天子也。文王稱王早矣，於殷猶爲諸侯，於是著焉。疏正義曰：此一節論武王伐紂，率領諸侯以祭祖廟，追王大王、王季，上尊祖禰之事，與前相接也。「牧之野，武王之大事也」者，言牧野之戰，是武王之事大者也。「既事而退」者，既戰罷而退也。「柴於上帝」者，謂燔柴以告天。「祈於社」者，陳祭以告社也。「設奠於牧室」者，設此奠祭於牧野之館室，以告行主也。「遂率天下諸侯」者，上言告祭，既訖，遂率領天下諸侯，執豆籩，疾奔走而往在廟祭先祖。於此之時，乃追王大王名亶父者，❶又追王王季歷及文王昌等爲王。所以然者，不以諸侯之卑號臨天子之尊也。注「古者」至「主也」　正義曰：知「郊關有館」者，《遺人》云：「凡國野，十里有廬，三十里有宿，五十里有市」。道路尚

❶「大王」原重，據閩本、監本、毛本、殿本、庫本及衛氏《集説》删其一。

然，明郊關亦有館舍。鄭言此者，證牧野有室。云「先祖者，行主也」者，案《曾子問》篇云「古者師行，必以遷廟主行」，故《甘誓》云「用命賞于祖」，此武王所載行主者也。案《周本紀》云「載文王木主」，❶以其成文王之業，故不載遷廟主。其社則在野外祭之，故不在牧室。此社是土地之神，故鄭云「柴、祈，告天地也」。注《周頌》曰：逡奔走在廟」正義曰：《周頌》所云，謂周公攝政六年，祭清廟。此經「逡奔走」，謂武王伐紂而還告廟。其事不同，引之者，證「奔走」不異，故引之。知執豆籩行還告廟者，以此經上云「柴、祈、設奠」，下云「遂率天下諸侯」，是柴、祈禮畢。故《武成》云：「丁未，祀于周廟，駿奔走，執豆籩。」而皇氏云：「爲柴、祈、奠於牧室之時，諸侯執豆籩。」非此經文之次，又與《武成》違，其義非也。注「不用」至「著焉」正義曰：案此武王追王大王亶父、王季歷、文王昌，案《合符后》云：「文王立后稷配天，追王大王亶甫、王季歷。」與此不同者，文王暫追王耳，號謚未定，至武王時，乃定之矣。《中庸》云「周公追王大王、王季」者，謂以王禮改葬耳。不改葬文王者，先以王禮葬故也。此大王、王季追王者，王迹所由興，故追王也。所以追王者，以子爲天子，而不以卑臨尊，若非王迹所由，❷不必追王也。故《小記》云「父爲士，子爲天子、諸侯，祭以天子、諸侯，其尸服以士服」是也。《周語》云：「先王不窋。」《武成》云：「先王建邦啓土。」謂后稷。皆稱「先王」者，以王者之先祖，故通稱先王也。契稱「玄王」，與此同矣。云「文王稱王早矣」者，土無二王，殷紂尚存，即爲早。所以早稱王者，案《中候我應》云：「我稱非早，一民固下。」注云：「一民心，固臣下。雖於時爲早，於年爲晚矣。」故《周本紀》云：「文王受命六年，立靈臺，布王號，於時稱王，年九十六也。」❸故《文王世子》云「君王其終撫諸」是也。文王既稱王，文王生雖稱王，號稱猶未定，故武王追王，乃定之耳。

上治祖禰，尊尊也；下治子孫，親親也；旁治昆弟，合族以食，序以昭繆，別之以禮義，人道竭矣。

治，猶正也。繆，讀爲「穆」，聲之誤也。竭，盡也。疏正

❶「紀」，原作「記」，據殿本及衛氏《集説》改。下同。

❷「由」，衛氏《集説》「由」下有「興」字。

❸「周本紀云」至「年九十六也」，浦鏜校云：「案《詩·文王序》疏引《乾鑿度》文與此略同。云『周本紀云』誤也。」

義曰：此一節論武王伐紂之後，外治親屬合族之禮，❶敘昭穆之事。「上治祖禰，尊尊也」者，治，猶正也。上正治祖禰，是尊其尊也。「下治子孫，親親也」者，❷下正於子孫，是親其親也。上主尊敬，故云「尊尊」。下主恩愛，故云「親親」。「旁治昆弟」者，謂旁正昆弟，踰遠疏也。「合族以食」者，言旁治昆弟之時，合會族人以食之禮，又次序族人以昭穆之事，所謂「旁治昆弟」也。「別之以禮義，人道竭矣」者，揔結「上治祖禰，下治子孫，旁治昆弟」，言此三事，皆分別之以禮義，使人義之道理竭盡於此矣。❸

聖人南面而聽天下，所且先者五，民不與焉。且先，言未遑餘事。一曰治親，二曰報功，三曰舉賢，四曰使能，五曰存愛。功，功臣也。存，察也，察有仁愛者。五者一得於天下，民無不足，無不贍者；五者一物紕繆，民莫得其死。物，猶事也。紕，猶錯也。五事得則民足，一事失則民不得其死，明政之難。聖人南面而治天下，必自人道始矣。人道，謂此五事。立權、度、量，考文章，改正朔，易服色，殊徽號，異器械，別衣服，此其所得與民變革者也。權，稱也。度，丈尺也。量，斗斛也。文章，禮法也。服色，車馬也。徽號，旌旗之名也。器械，禮樂之器及兵甲也。衣服，吉凶之制也。徽，或作「褘」。其不可得變革者，則有矣：親親也，尊尊也，長長也，男女有別，此其不可得與民變革者也。四者，人道之常。

疏 正義曰：此一節廣明聖人受命以臨天下，有不可變革及有可變革之事。各隨文解之。云「所且先者五」，謂聖人即位，未遑餘事，所且欲先行者而有五種之事也。即下云「一曰治親」之屬是也。「民不與焉」者，言此五事，皆王者所急行，民不得干與焉。言民未行也。以治親、報功之事，皆非民所行，故不得干與焉。「一曰治親」者，此「治親」即鄉者三事。三事若正，則於家國皆正，故急在前。「二曰報功」者，既已正親，故下又報於有所功勞者，使

❶「外」，阮本作「因」，閩、監、毛本同，殿本同，衛氏《集說》同。
❷「下」上原有「空」字，據殿本、阮本刪。
❸「義」，浦鏜校云：「義」字衍。蓋據《通解》爲説也。

爲諸侯之屬是也。緩於親親，故次「治親」。　「三曰舉賢」者，雖已報於有功，若巖穴有賢德之士未有功者，舉而用之。報功宜急，此又次也。　「四曰使能」者，能，謂有道藝。既無功德，又非賢能，而有道藝，亦禄之，使各當其職也。輕於賢德，故次之。　「五曰存愛」者，存，察也。愛，仁也。治親、報功、舉賢、使能，爲政既足，又宜察於民下側陋之中者，若有雖非賢能，而有仁愛之心，亦賞異之。　「五者一得於天下」者，謂上五事，一皆得行於天下，則民無有不足，無有不贍者。贍是優足之餘也。　「五者一物紕繆」者，謂此五事之中，但有一事紕繆，則民莫得其死。莫，無也。言無得以理壽終而死也。「聖人南面而治天下，必自人道始矣」者，人道，即治親、報功、舉賢、使能、存愛，是人理相承順之道，聖人先以此爲始，故云「必自人道始」也。　「立權、度、量」者，此一經至「與民變革者也」，廣明損益之事並輕，故可隨民與變改革也。權，謂稱錘。❶度，謂丈尺。量，謂斗斛也。言新制天下，必宜造此物也。　「考文章」者，考，校也。文章，國之禮法也。　「改正朔」者，正，謂年始。朔，謂月初。言王者得政，示從我始，改故用新，隨寅丑子所損也。❷周子、殷丑、夏寅，是改正也。周夜半，殷雞鳴，夏平旦，是易朔也。

「易服色」者，服色，車馬也。易之，謂各隨所尚赤、白、黑也。　「殊徽號」者，殊，別也。徽號，旌旗也。周大赤，殷大白，夏大麾，各有別也。　「異器械」者，器，謂楬豆、房俎禮樂之器也。械，謂戎路、革路、兵甲之屬也。　「別衣服」者，周吉服九章，虞以十二章，殷凶不厭賤，周貴則降卑也。　「此其所得與民變革者也」，結「權度量」以下諸事是末，故可變革，與民爲新，亦示禮從我始也。　注「文章」至「制也」　正義曰：「禮法」，謂夏、殷、周損益之禮是也。云「服色，車馬也」者，謂夏尚黑，殷尚白，周尚赤，車之與馬，各用從所尚之正色也。云「徽號，旌旗之名也」者，謂《周禮》「九旗」是也。然九旗之外，又有小旌旗。故《司常》云：「官府各象其事，州里各象其名，家各象其號。」與此同也。鄭引《士喪禮》云：「爲銘，各以其物。亡則以緇長半幅，赬末，長終幅，廣三寸。」是徽號與此同矣。

同姓從宗，合族屬。異姓主名，治際會，名著而男女有別。合，合之宗子之家，序昭穆也。異

❶「錘」，原作「鍾」，據殿本、庫本、阮本改。

❷「損」，阮校云：「浦鏜校云：『損』，疑『建』或『指』誤。齊召南校云：『損』字當作『建』。」

姓，謂來嫁者也，主於母與婦之名耳。際會，昏禮交接之會也。著，明也。母、婦之名不明，則人倫亂也。亂者，若衛宣公、楚平王爲子取而自納焉。其夫屬乎父道者，妻皆母道也。其夫屬乎子道者，妻皆婦道也。言母、婦無昭穆，於此統於夫耳。母焉則尊之，婦焉則卑之。尊之卑之，明非己倫，以厚別也。謂弟之妻「婦」者，是嫂亦可謂之「母」乎？言不可也。謂之「婦」與「嫂」者，以其在己之列，以名遠之耳。復謂嫂爲「母」，則令昭穆不明。昆弟之妻，夫之昆弟，不相爲服，不成其親也。男女無親，則遠於相見。名者，人治之大者也，可無慎乎！人治所以正人。**疏**正義曰：此一節論「同姓從宗，異姓主名」，明男女有別之事。❶各隨文解之。「同姓從宗」者，同姓，父族也。從宗，謂從大小宗也。「合族屬」者，謂合聚族人親疏，使昭爲一行，穆爲一行，同時食，故曰「合族屬」也。「異姓主名，治際會」者，異姓，謂他姓之女，來爲己姓之妻。繫夫之親，主爲母、婦之名。夫若爲父行，則主母名；夫若子行，則主婦名。治，正也。際會，所以主此母、婦之名，正昏姻、交接、會合之事。「名著而男女有別」者，若母、婦之名著，則男女尊卑異等，各有分別，不相淫亂。凡姓族異者，所以別異人也。猶萬物皆各有名，以相分別。天子賜姓賜氏，諸侯但賜氏，不得賜姓，降於天子也。故隱八年《左傳》云：「無駭卒。公問族於衆仲。衆仲對曰：『天子建德，因生以賜姓，胙之土而命之氏。諸侯以字爲謚，因以爲族。官有世功，則有官族。邑亦如之。』」以此言之，天子因諸侯先祖所生賜之曰姓。杜預云：「若舜生嬀汭，賜姓曰嬀。封舜之後於陳，以所封之土命爲氏。舜後姓嬀而氏曰陳。」故鄭《駮異義》云：「炎帝姓姜，大皞之所賜也。黄帝姓姬，炎帝之所賜也。故堯賜伯夷姓曰姜，賜禹姓曰姒，賜契姓曰子，賜稷姓曰姬，著在書傳。」如鄭此言，是天子賜姓也。諸侯賜卿大夫以氏，若同姓，公之子曰「公子」，公子之子曰「公孫」。公孫之子，其親已遠，不得上連於「公」，故以王父字爲氏。若適夫人之子，則以五十字伯仲爲氏，若魯之仲孫、季孫是也。若庶子、妾子，則以二十字爲氏，則展氏、臧氏是也。若異姓，則以父祖官及所食之邑爲氏。以官爲氏者，則司馬、司城是也。以邑爲

❶「明」字原模糊，據足利本、阮本釐清。

氏者，若韓、趙、魏是也。凡賜氏族者，此爲卿乃賜。❶有大功德者，生賜以族，若叔孫得臣是也。雖公子之身，若有大功德，則以公子之字賜以爲族，若仲遂是也。其無功德，死後乃賜族，若無駭是也。若子孫不爲卿，其君不賜族，子孫自以王父字爲族也。氏、族對文爲别，❷散則通也。故《左傳》云「問族於衆仲」，下云「公命以字爲展氏」是也。其姓與氏，散亦得通。故春秋有姜氏、子氏。姜、子皆姓而云氏是也。**注**「若衛」至「納焉」　正義曰：案《春秋左氏傳》桓十六年：「初，衛宣公烝於夷姜，生急子，娶於齊而美，公取之。生壽及朔。」又昭十九年《左傳》，楚平王，「鄖陽封人之女奔之，生大子建」，爲大子建取秦女而美，平王自納之。是其淫亂之事。　「其夫」至「道也」　正義曰：此一經言他姓婦人來嫁己族，本無昭穆於己親，唯繫夫尊卑而定母、婦之號也。「其夫屬乎父道」者，道，猶行列也。若其夫隨屬於己之父行者，其妻皆即己之母行也，故云「妻皆母道也」。「其夫屬乎子道者，妻皆婦道也」者，謂其夫隨屬於己之子行者，其妻皆婦行也。❸故婦人來嫁己伯叔之列，即謂之爲母也；來嫁於己之子姪之行，即謂之爲婦也。　注「言母」至「别也」　正義曰：云「母婦無昭穆於此」者，此，謂己之族也。言他姓之女，或爲婦，或爲母，先無昭穆於己之親族。云「統於夫耳」者，言所以有母、婦名者，謂繫統於夫，始有母、婦之名也。云「尊之卑之，明非己倫，以厚别也」者，謂之爲母者，則尊敬之；謂之爲婦者，即卑遠之。既尊卑縣絶，明知非己之倫位，所以厚重相分别之義也。凡男女，若無尊卑，倫類相聚，即淫亂易生，爲無相分别也。　「謂弟」至「母乎」　此一經，論兄弟之妻相稱謂之義。凡子行之妻乃謂之爲「婦」。弟非子行，其妻亦謂之「婦」者，以兄弟同倫，嫌相褻瀆，弟雖非子行，其妻同子行之妻，謂之爲「婦」，欲卑遠之。弟妻既得爲婦號，記者恐兄妻得爲母號，故記者明之云：「是嫂亦可謂之母乎？」言嫂不可亦謂之爲母也。然弟妻既得爲婦，兄妻不可亦得爲母者，然弟小於己，❹妻必幼稚，故可謂之爲婦。而嫂不可借子妻之名，謂之爲婦。嫂雖是兄妻，年必與己相類，既不甚縣絶，何得謂之

❶「此」，阮校引齊召南云：「此」字當作「必」。
❷「文」，原作「之」，據閩本、監本、毛本、殿本及衛氏《集説》改。
❸「皆」，衛氏《集説》「皆」下有「己之」二字。
❹「然」，浦鏜校云：「然」，當「以」字誤。

爲母？且弟妻既爲婦，兄妻又爲母，便是昆弟之倫，翻爲父子之例。故嫂不可謂之爲母，而借嫂老之名，以爲兄妻之號也。注「言不」至「相見」　正義曰：「言不可」者，謂嫂不可爲母也。云「謂之『婦』與『嫂』者，以其在己之列，以名遠之耳」者，謂之「婦」者，弟妻。謂之「嫂」者，兄妻。在己之列，謂兄弟之妻，在己之倫列。恐相褻瀆，故弟妻假以同子婦之名，兄妻假以嫂老之名，殊遠之也。云「復謂嫂爲母，則令昭穆不明」者，既以子妻之名名弟妻爲婦，若又以諸父之妻名名兄妻爲母，則上下全亂，昭穆不明，故不可也。鄭注《喪服》亦云「弟之妻爲婦者，卑遠之，故謂之婦。嫂者，尊嚴之」。❶「是嫂亦可謂之母乎」？言其不可也，故言「乎」以疑之。是弟妻可借婦名，是兄妻不可借母名，與此注正合，無相違也。而皇氏引諸儒異同，煩而不當，無所用也。云「昆弟之妻，夫之昆弟，不相爲服，不成其親也」者，若男女尊卑隔絶，相服成親，義無混雜。此兄弟之妻，己之倫列，若其成親爲服，則數相聚見，姦亂易生，故令之無服，所以疏遠之。云「男女無親，則遠於相見」者，以其全同路人，恩親不接，故云「遠於相見」。

「名者，人治之大者也，可無慎乎」　名，謂母、婦之名。言得之則昭穆明，失之則上下亂，是「人治之大者也」，可得不慎之乎！言須慎名也。

四世而緦，服之窮也。五世袒免，殺同姓也。六世，親屬竭矣。四世共高祖，五世高祖昆弟。六世以外親盡，無屬名。其庶姓別於上，而戚單於下，昏姻可以通乎？問之也。玄孫之子，姓別於高祖，五世而無服。姓，世所由生。繫之以姓而弗別，綴之以食而弗殊，雖百世而昏姻不通者，周道然也。周之禮，所建者長也。姓，正姓也。始祖爲正姓，高祖爲庶姓。繫之弗別，謂若今宗室屬籍也。《周禮·小史》「掌定繫世，辨昭穆」。疏正義曰：此一節論殷、周統敘宗族之異。各依文解之。「四世而緦，服之窮也」者，四世，謂上至高祖，下至己兄弟，同承高祖之後，爲族兄弟，相報緦麻，是服盡於此。故緦麻服窮，是四世也。爲親兄弟期，一從兄弟大功，再從兄弟小功，三從兄弟緦麻，共承高祖，爲四世而緦服盡也。「五世袒免，殺同姓也」者，謂共承

❶「之」，浦鏜校云：「之」下脱「稱」字。案浦校與《喪服》注合。

高祖之父者也。言服袒免，而無正服，減殺同姓也。「六世，親屬竭矣」者，謂共承高祖之祖者也。言不復袒免，同姓而已，故云「親屬竭矣」。　「其庶姓別於上」者，此作《記》之人，以殷人五世以後可以通昏，故將殷法以問於周，云周家五世以後，庶姓別異於上，與高祖不同，各爲氏族，不共高祖，别自爲宗，是「别於上」也。　「而戚單於下」者，戚，親也。單，盡也。謂四從兄弟，恩親盡於下，各自爲宗，不相尊敬。庶，衆也。高祖以外，人轉廣遠，分姓衆多，故曰「庶姓」也。高祖以上，復爲五宗也。　「昏姻可以通乎」者，問者既見姓別親盡，雖是周家，昏姻應可以通乎？問其可通與否。　注「問之」至「由生」　正義曰：「問之」者，是記者以殷法而問周，五世後昏姻可以通否？云「玄孫之子，姓別於高祖」者，玄孫與高祖，服屬仍同，其姓與高祖不異。玄孫之子，則四從兄弟，承高祖父之後，至己五世而無服，各事小宗，因字因官爲氏，不同高祖之父，是「庶姓別於上」。庶姓，爲衆姓也，則氏族之謂也。云「姓，世所由生」者，據五世無服，不相稟承，各爲氏姓，故云「姓，世所由生」。　「繫之」至「然也」　前文記者以殷法而問周，此經記者以周法而答問，言周法昏姻不可通也。　「繫之以姓而弗別」者，周法雖庶姓別於上，而有世繫連繫之，以本姓而不分別，若姬氏、姜氏，大宗百世不改也。　「綴之以食而弗殊」者，連綴族人以飲食之禮而不殊異也。　「雖百世而昏姻不通」者，言雖相去百世，而昏姻不得通。　「周道然也」者，言周道如此，異於殷也。是不許問者之辭也。　注「姓正」至「昭穆」　正義曰：「姓，正姓」者，對氏、族爲正姓也。云「始祖爲正姓」者，若炎帝姓姜，黄帝姓姬，周姓姬，本於黄帝；齊姓姜，本於炎帝；宋姓子，本於契。是「始祖爲正姓」也。云「高祖爲庶姓」者，若魯之三桓慶父、叔牙、季友之後，及鄭之七穆子游、子國之後爲游氏、國氏之等。云「若今宗室屬籍也」者，以漢之同宗有屬籍，則周家「繫之以姓」是也。云「《小史》掌定繫世」者，《周禮》小史之官，掌定《帝繫》、《世本》，知世代昭穆，故云「定繫世，辨昭穆」也。

服術有六：一曰親親，二曰尊尊，三曰名，四曰出入，五曰長幼，六曰從服。術，猶道也。親親，父母爲首。尊尊，君爲首。名，世母、叔母之屬也。出入，女子子嫁者及在室者。長幼，成人及殤也。從服，若夫爲妻之父母，妻爲夫之黨服。疏正義曰：此經明服術之制也。　「一曰親親」者，父母爲首，次以妻、子、伯、叔。　「二曰尊尊」者，君爲首，次以公卿、大夫。「三曰名」者，若伯叔母及子婦，并弟婦、兄嫂之屬也。「四曰出入」者，若女子子在室爲入，適人爲出，及出繼爲人後者也。「五曰長幼」者，長謂成人，幼謂諸殤。「六曰從服」者，即下從服有六等是也。注「從服」至「黨服」　正義曰：案從服有六，略舉夫妻相爲而言之也。

從服有六：有屬從，子爲母之黨。**有徒從，**臣爲君之黨。**有從有服而無服，**公子爲其妻之父母。**有從無服而有服，**公子之妻爲公子之外兄弟。**有從重而輕，**夫爲妻之父母。**有從輕而重。**公子之妻爲其皇姑。疏正義曰：「從服有六」者，從術之中，別有六種。「有屬從」，一也。屬，謂親屬。以其親屬爲其支黨，鄭云「子爲母之黨」是也。鄭舉一條耳。妻從夫，夫從妻，並是也。「有徒從」，二也。徒，空也。與彼無親，空服彼之支黨。鄭云「臣爲君之黨」，鄭亦略舉一條。妻爲夫之君，妾爲女君之黨，庶子爲君母之親，子爲母之君母，並是也。「有從有服而無服」，三也。鄭引《服問》篇云「公子爲其妻之父母」。其妻爲本生父母期，而公子爲君所厭，不得服從，是妻有服而公子無服，是「從有服而無服」。嫂叔無服，亦是也。「有從無服而有服」，四也。鄭亦引《服問》篇云「公子之妻爲公子之外兄弟」也。公子被君厭，爲己外親無服，而妻猶服之，是「從無服而有服」。娣姒亦是也。「有從重而輕」，五也。鄭引《服問》篇云「夫爲妻之父母」。妻自爲其父母期，爲重，夫從妻服之三月，爲輕，是「從重而輕」也。舅之子亦是也。「有從輕而重」，六也。鄭引《服問》云「公子之妻爲其皇姑」。公子爲君所厭，自爲其母練冠，是輕，其妻猶爲服期，❶是「從輕而重」也。

自仁率親，等而上之至于祖，名曰輕。自義率祖，順而下之至于禰，名曰重。一輕一重，其義然也。自，猶用也。率，循也。用恩則父母重而祖輕，用義則祖重而父母輕。恩重者爲之三年，義重者爲之齊衰。然，如是也。疏正義曰：此一經論祖禰仁義之事也。自，用也。仁，恩也。率，循也。親，謂父母也。等，差也。子孫若用恩愛，依循於親，節級而上至於祖，遠者恩愛漸輕，故云「名曰輕」也。「自義率祖，順而下之至於禰，名曰重」者，義主斷割，用義循祖，順而下之至於禰，其義漸

❶「爲」，衛氏《集説》「爲」下有「皇姑」二字。

輕，祖則義重，故云「名曰重」也。　「一輕一重，其義然也」者，言恩之與義，於祖與父母，互有輕重。若義，則祖重而父母輕；若仁，則父母重而祖輕。一輕一重。義，宜也。然，如是也。言人情道理，宜合如是。祖是尊嚴以上漸，宜合重。父母恩愛漸近，宜合重。故云「其義然也」。故鄭云「恩重者爲之三年，義重者爲之齊衰」，言其事合宜如此矣。案《喪服條例》：「衰服表恩，若高、曾之服，本應緦麻、小功，而進以齊衰，踰數等之服，豈非爲尊重而然也！至親以期斷，而父母加三年，寧不爲恩深？故亦然矣。」君有合族之道，族人不得以其戚戚君，位也。君恩可以下施，而族人皆臣也，不得以父兄子弟之親，自戚於君。位，謂齒列也。所以尊君別嫌也。疏正義曰：此一經明人君既尊，族人不以戚戚君，明君有絶宗之道也。　「合族者，言設族食、燕飲，有合會族人之道。既管領族人，族人不得以其戚屬上戚於君位，皆不得以父兄子弟之親，上親君位也。注「所以尊君別嫌也」正義曰：不敢計己親戚與君齒列，是「尊君」也。兄弟親屬，多有篡代之嫌，今遠自卑退，❶是殊别嫌疑也。　庶子不祭，明其宗也。庶子不得爲長子三年，不繼祖也。明，猶尊也。一統焉。族人上不戚君，下又辟宗，乃後能相序。別子爲祖，別子，謂公子，若始來在此國者，後世以爲祖也。繼別爲宗，別子之世適也，族人尊之，謂之大宗，是宗子也。繼禰者爲小宗。父之適也，兄弟尊之，謂之小宗。有百世不遷之宗，有五世則遷之宗。百世不遷者，別子之後也。宗其繼別子之所自出者，❷百世不遷者也。宗其繼高祖者，五世則遷者也。尊祖，故敬宗。敬宗，尊祖之義也。遷，猶變易也。繼別子，別子之世適也。繼高祖者，亦小宗也。先言「繼禰」者，據別子子弟之子也。以高祖與禰皆有繼者，❸則曾祖亦有也。❹則小宗四，與大宗凡五。疏正義曰：上經論人君

❶「今」，閩、監、毛本及殿本作「令」。
❷「之所自出」，朱熹《通解》云：「今按：『之所自出』四字疑衍，注中亦無其文，至作疏時方誤爾。今不取。」
❸「繼」，伯三三八〇「繼」下有「世」字。
❹「曾祖」，伯三三八〇「曾祖」下尚有一「祖」字。

絶宗，此一節論卿大夫以下繼屬小宗、大宗之義。各依文解之。「庶子不祭，明其宗也」者，案《小記》云「庶子不祭祖」，下又云「不祭禰」，此直云「不祭」者，嫌祖、禰俱不祭。但《小記》辨明上士、下士，故有「不祭祖」、「不祭禰」之文，此則揔而言之，故直云「不祭」。「庶子不得爲長子三年，不繼祖也」者，案《小記》云：「庶子不爲長子斬，不繼祖與禰。」斬則三年，與此一也。《小記》文詳，故云「不繼祖與禰」，此文簡略，故直云「不繼祖」也。其義具在《小記》，已備釋之。「別子爲祖」　前既云「明其宗」，故此以下，廣陳五宗義也。別子，謂諸侯之庶子也。諸侯之適子、適孫繼世爲君，而第二子以下，悉不得禰先君，故云「別子」，並爲其後世之始祖，故云「爲祖」也。**注**「別子」至「祖也」　正義曰：「別子，謂公子」者，諸侯適子，繼世爲君。其適子之弟，別於正適，是諸侯之子，故謂之「別子」也。云「若始來在此國者」，此謂非君之親，❶或是異姓，始來在此國者，故亦謂之「別子」，以其別於在本國不來者。「繼別爲宗」　謂別子之適子，世繼別子爲大宗也。族人與之爲絶族者，五世外，皆爲之齊衰三月，母妻亦然。「繼禰者爲小宗」　謂父之適子，上繼於禰，諸兄弟宗之，謂之小宗，以本親之服服之。「有百世不遷之宗」　此一經覆説大宗、小宗之義，并明敬宗所以尊祖也。云「有百世不遷之宗」者，謂大宗也。云「有五世則遷之宗」者，謂小宗也。云「百世不遷者，別子之後也。宗其繼別子之所自出者，百世不遷者也」，此覆明大宗子百世不遷之義也。云「宗其繼高祖者，五世則遷者也」，此覆明小宗五世則遷之義。云「尊祖，故敬宗。敬宗，尊祖之義也」者，此揔結大宗、小宗。以大宗是遠祖之正體，小宗是高祖之正體，尊崇其祖，故敬宗子，所以敬宗子者，尊崇先祖之義也。**注**「遷猶」至「凡五」　正義曰：「繼別子，別子之世適也」者，解經「宗其繼別子」之文。以是別子，適子適孫，世世繼別子，故云「別子之世適」。經云「別子之所自出者」，自，由也。謂別子所由出，或由此君而出，或由他國而來，後世子孫，恒繼此別子，故云「繼別子之所自出」。云「繼高祖者，亦小宗也」者，以前文云「繼禰者爲小宗」，是小宗定稱，在於繼禰。今此經云「宗其繼高祖者」，緣無「小宗」之文，故云「繼高祖者，亦小宗也」。云「先言『繼禰』者，據別子子、弟之子也」者，鄭以經繼高祖爲小宗，何以前文先云「繼禰者爲小宗」？鄭釋此意，先云「繼

---

❶「非」，浦鏜從《通解》校，云「其」誤「非」。

禰」者，文承上「繼別爲大宗」之下，則從別子言之。「別子子」者，別子之適子；「弟之子」者，別子適子之弟所生子也。弟則是禰，其長子則是小宗，故云「繼禰爲小宗」，因別子而言也。云「以高祖與禰皆有繼者，則曾祖亦有也」者，鄭以此經文「宗其繼高祖者」，上文云「繼禰爲小宗」，是高祖與禰，皆有「繼」文，唯曾祖及祖無繼文，故云「明曾祖亦有也」。云「小宗四，與大宗凡五」者，小宗四，謂一是繼禰，與親兄弟爲宗；二是繼祖，與同堂兄弟爲宗；三是繼曾祖，與再從兄弟爲宗；四是繼高祖，與三從兄弟爲宗。是小宗四，并繼別子之大宗，凡五宗也。

有小宗而無大宗者，有大宗而無小宗者，有無宗亦莫之宗者，❶公子是也。公子有此三事也。公子，謂先君之子，今君昆弟。疏正義曰：以前經明卿大夫士有大宗，有小宗，以相繼屬。此經明諸侯之子，身是公子，上不得宗君，下未爲後世之宗，不可無人主領之義。各依文解之。「有小宗而無大宗者」，謂君無適昆弟，遣庶兄弟一人爲宗，領公子，禮如小宗，是「有小宗而無大宗」。「有大宗而無小宗者」，君有適昆弟，使之爲宗，以領公子，更不得立庶昆弟爲宗，是「有大宗而無小宗」也。「有無宗亦莫之宗者」，公子唯一，無他公子可爲宗，是「有無之宗」；亦無他公子來宗於己，是「亦莫之宗」也。「公子是也」者，言公子有此三事，他人無，唯公子也。❷

公子有宗道：公子之公，爲其士大夫之庶者，宗其士大夫之適者，公子之宗道也。公子不得宗君，君命適昆弟爲之宗，使之宗之，是公子之宗道也。所宗者適，則如大宗，死爲之齊衰九月，其母則小君也，爲其妻齊衰三月。無適而宗庶，則如小宗，死爲之大功九月，其母、妻無服。公子唯己而已，則無所宗，亦莫之宗。❸疏正義曰：此一經覆説上公子宗道之意。云「公子有宗道」一句，爲下起文，言公子有族人來與之爲宗敬之道。「公子之公」者，公，君也。謂公子之君，是適兄弟爲君者。「爲其士大夫之庶者」，則君之庶兄弟爲士大夫，所謂「公子」者也。「宗其士大夫之適者」，言君爲此公子士大夫

❶「無」，伯三三八〇「無」下有「之」字。
❷「子」，衛氏《集説》「子」下有「有」字。
❸「莫」，撫本作「無」，《考文》引足利本同。張敦仁《考異》云：「《正義》復舉此注兩見皆是『無』字。作『莫』者，涉經文而誤耳。」

庶者，宗其士大夫適者，謂立公子適者士大夫之身，與庶公子爲宗，故云「宗其士大夫之適」也。此適者，即君之同母弟，適夫人所生之子也。　「公子之宗道也」者，言此適公子爲庶公子宗，是公子宗道，結上「公子有宗道」文也。

注「公子」至「之宗」　正義曰：云「公子不得宗君」，君尊，族人不敢以戚君，故不得宗君也。云「君命適昆弟爲之宗，使之宗之」者，公子既不得宗君，其公子宗親之事，無人主領，故君命適兄弟爲之宗，使宗領之也。云「所宗者適，則如大宗，死爲之齊衰九月，其母則小君也」者，以經文公子既有小宗、大宗，故知適者如大宗，庶者如小宗。云「則如大宗」者，大宗之正，❶本是別子之適，今公子爲大宗，謂禮如之耳，非正大宗，故云「如」也。「死爲齊衰九月」者，以君在厭降，兄弟降一等，故九月；以其爲大宗，故齊衰；與君同母，故云「其母則小君也」。云「爲其妻齊衰三月」者，同《喪服》宗子之妻也。既立適爲大宗，則不復立庶爲小宗，前經所謂「有大宗而無小宗」是也。云「無適而宗庶，則如小宗，死爲之大功九月，其母妻無服」者，此則庶子爲宗，禮如小宗，與尋常兄弟相爲，❷君在厭降一等，故死爲之大功九月。母則庶母，妻則兄弟之妻，故無服也。既無適子可立，但立庶子爲小宗，前文所謂「有小宗而無大宗者」也。❸云「公子唯己而已，則無所宗，亦無之宗」者，「無所宗」，則前經云「有無宗」也。「亦無之宗」者，則前經云「亦莫之宗」。鄭於此注，遥釋前耳。

絶族無移服，族昆弟之子不相爲服。親者屬也。有親者，服各以其屬親疏。

疏正義曰：此一節論親盡則無服，有親則有服。　「絶族」者，謂三從兄弟，同高祖者。族兄弟緦麻，族兄弟之子及四從兄弟爲族屬，既絶，故無移服。在旁而及曰移，言不延移及之。　「親者屬也」者，謂有親者，各以屬而爲之服，故云「親者屬也」。

自仁率親，等而上之至于祖；自義率祖，順而下之至于禰。是故人道親親也。言先有恩。親親故尊祖，尊祖故敬宗，敬宗故收族，收族故宗廟嚴，宗廟嚴故重社稷，重社稷故愛百姓，愛百姓故刑罰中，刑罰中故庶民安，庶民安

❶「正」，原作「王」，據阮本、衛氏《集説》改。
❷「爲」，衛氏《集説》「爲」下有「同」字。
❸「者」，衛氏《集説》「者」下有「是」字，疑是。

故財用足，財用足故百志成，百志成故禮俗刑，禮俗刑然後樂。收族，序以昭穆也。嚴，猶尊也。《孝經》曰：「孝莫大於嚴父。」百志，人之志意所欲也。刑，猶成也。《詩》云：「不顯不承，無斁於人斯。」此之謂也。斁，厭也。言文王之德不顯乎？不承成先人之業乎？言其顯且承之，人樂之無厭也。

疏 正義曰：此一節論人道親親，從親親以至尊祖，❶由尊祖，故敬宗，以收族人，❷故宗廟嚴，社稷重，乃至禮俗成，天下顯樂而無厭倦。各依文解之。❸　「自仁率親，等而上之至于祖；自義率祖，順而下之至于禰」者，前文已具，此重説之者，前文論服之輕重，故云「一輕一重」，此論親親之道，故先親親而後尊祖，故云「親親」，不言輕重也。　「親親故尊祖」者，以己上親於親，親亦上親於祖，以次相親，去己高遠，故云「尊祖」。　「尊祖故敬宗」者，祖既高遠，無由可尊，宗是祖之正胤，故敬宗。　「敬宗故收族」者，族人既敬宗子，宗子故收族人。故《喪服傳》云：「大宗，收族者也。」是其事。　「收族故宗廟嚴」者，若族人散亂，骨肉乖離，則宗廟祭享不嚴肅也。若收之，則親族不散，昭穆有倫，則宗廟之所以尊嚴也。　「宗廟嚴故重社稷」　此以下並立宗之功也。始於家邦，終於四海，若能先嚴宗廟，則後乃社稷保重也。　「重社稷故愛百姓」者，百姓，百官也。既有社稷可重，故有百官可愛也。　「愛百姓故刑罰中」者，百官當職，更相匡輔，則無淫刑濫罰，刑罰所以皆得中也。　「刑罰中故庶民安」者，上無淫刑濫罰，故庶民安也。　「庶民安故財用足」者，民皆手足有所措，各安其業，故財用得足也。　「財用足故百志成」者，「百姓足，君孰與不足」？既天下皆足，所以君及民人百志悉成，是謂「倉廩實，知禮節；衣食足，知榮辱」也。　「百志成故禮俗刑」者，刑，亦成也。天下既足，百志又成，則禮節風俗，於是而成，所以大平告功成也。　「禮俗刑然後樂」者，樂，謂不厭也。禮俗既成，所以長爲民庶所樂而不厭也。　「《詩》云『不顯不承，無斁於人斯』，此之謂也」　此《周頌·清廟》之篇，祀文王之廟，美文王之功。言文王之德豈不光顯乎？言光顯矣。文王豈不承先父

❶「親親」，原作「親己」，據監本、殿本、庫本及衛氏《集説》改。

❷「人」，原作「之」，據監本、毛本、殿本、庫本及阮本改。

❸「依文」二字原漶滅，據足利本、阮本補。

之業乎？❶言承之矣。「無斁於人斯」，斁，厭也。文王之德既能如此，無見厭於人，謂人無厭倦之者。斯，語辭也。今尊祖敬宗，人皆願樂，亦無厭倦，故云「此之謂也」。謂與文王相似矣。《詩》箋云：「周公祭清廟，是不光明文王之德與？言其光明之也。是不承順文王志意與？言其承順之也。」與此注不同者，《禮》注在前，《詩》箋在後，故《詩》有與《禮》注不同，故鄭答炅模云然也。

少儀第十七

正義曰：案鄭《目録》云：「名曰《少儀》者，以其記相見及薦羞之小威儀。少，猶小也。此於《別録》屬《制度》。」

聞始見君子者，辭曰：「某固願聞名於將命者。」君子，卿大夫若有異德者。固，如故也。將，猶奉也。即君子之門，而云「願以名聞於奉命者」，謙遠之也。重則云「固」。奉命，傳辭出入。**疏**正義曰：此一經論見君子之法。但此一篇，雜明細小威儀，不復局以科段。各依文解之。「聞始見君子者」，謂作《記》之人，心自謙退，不敢自專制其儀，而傳聞舊説，故云「聞始見君子者」，謂始欲見君子貴勝之人。「辭曰：某固願聞名於將命者」　辭，客之辭也。某，客名也。再辭曰固。固，如故也。聞名，謂名得通達也。將命，謂傳辭出入，通客主之言語者也。客云「願以己名使通聞於將命之人也」。然客實願見君子，而云「願聞名於傳命」者，不敢必斥見於君子，但願將命者聞之而已。不云初辭而云「固」者，欲明主人不即見己，己乃再辭，故云「固」也。若初辭，則不云「固」，當惟云「某願聞名於將命者」耳。**不得階主。**階，上進者。言賓之辭不得指斥主人。**疏**正義曰：解上文云「聞名」之義也。階，進也。主，謂主人也。客宜卑退，故其辭不得斥進主人也。**注**「階，上進者」　正義曰：階是等級，人升階必上進，故以階爲上進。《隱義》云：「階可升上，故云上進也。」**敵者，曰：「某固願見。」**敵，當也。願見，願見於將命者，謙也。**疏**正義

❶「父」，浦鏜校云：「人」誤「父」。按：作「人」與注合。

曰：此明敵體始相見。言敵體不謙，故云「願見」也。雖云「願見」，亦應云「願見於將命者」，因上已有，故此略之。又云「固」者，義亦如前。**罕見，曰：「聞名。」**罕，希也。希相見，雖於敵者，猶爲尊主之辭，如於君子。**疏**正義曰：前二條明始相見。此明已經相見而疏者。❶罕，少也。若少見尊者，猶云「願聞名於將命者」。❷若少見敵者，亦云「願聞名於將命者」。然敵者始來曰「願見」，重來而疏，翻曰「聞名」者，亦奬之使不疏也。或云：「始來禮隆，故尊卑宜異；重來禮殺，故宜同也。」注「罕希」至「君子」　正義曰：案《爾雅·釋詁》文：「罕，希也。」❸是罕得爲希。云「希相見，雖於敵者，猶爲尊主之辭，如於君子」者，尊而希者，故宜同於始來相見；敵而希者，其辭重於始來，故鄭偏解之也。**亟見，曰：「朝夕。」**亟，數也。於君子，則曰「某願朝夕聞名於將命者」；於敵者，則曰「某願朝夕見於將命者」。**疏**正義曰：此謂數相見者也。亟，數也。若數見尊者，則其辭云「某願朝夕聞名於將命者」；若數見敵者，則云「某願朝夕見於將命者」。**注**「亟，數也」　正義曰：《爾雅·釋詁》文。**瞽曰：「聞名。」**瞽，無目也。❹以無目，辭不稱「見」。**疏**正義曰：「瞽曰：聞名」者，瞽，無目也。其來，不問見貴賤，則並通云「願聞名於將命者」。其目無所見，故不云「願見」。**適有喪者曰「比」。**適，之也。曰「某願比於將命者」。比，猶比方，俱給事。**疏**正義曰：前明吉禮相見，此以下明凶事相見者也。適，往也。此謂往敵者喪家也。比，比方也。喪不主相見，凡往者，皆是助事，故云「比」，謂比方其年力以給喪事也。若「五十從反哭，四十待盈坎」，皆是比方其事。故鄭云「比，謂比方，俱給事」，故辭云「願比於將命者」也。**童子曰「聽事」。**曰「某願聽事於將命者」。童子，未成人，不敢當相見之禮。**疏**正義曰：童子未成人，雖往適他喪，不敢與成人爲比方，但來聽主人以事見使，故云「願聽事於將命者」也。**適公卿之喪，則曰「聽役於司徒」。**喪憂戚，無賓主之禮，皆爲執事來

---

❶ 「此明已經相見而疏者」，衛氏《集説》作「此經明已相見而疏者」。
❷ 「猶」，阮本作「辭」。
❸ 「罕希也」，阮校引孫志祖云：當作「希，罕也」。
❹ 「目」，伯三三八〇「目」下有「者」字。

也。疏正義曰：前往敵喪，此適貴者喪也。不敢云相比方而使，但聽主人之見役，輕重唯命，不敢辭也。不直云「聽役於將命者」，而云「於司徒」者，司徒主國之事，故國有大喪，謂公卿之喪，則司徒皆率其屬掌之。故《司徒職》云：「大喪，帥六鄉之衆庶屬其六引，而治其政令。」鄭云：「衆庶，所致役也。」又《檀弓》云「孟獻子之喪，司徒旅歸四布」是也。《隱義》云：「公卿亦有司徒官以掌喪事也。」君將適他，臣如致金玉貨貝於君，則曰「致馬資於有司」。敵者，曰「贈從者」。適他，行朝會也。資，猶用也。贈，送也。疏正義曰：此一經論臣致物於君及適者之辭。前明吉凶相見之禮，此以下明吉凶相送遺之禮也。此明送吉也。君，謂己君也。適他，謂朝會出往他國也。「臣如致金玉貨貝於君」者，如，若也。君欲往他國，而臣若奉獻財物以充君路之資者也。「金玉貨貝」，略舉其梗概耳。「則曰『致馬資於有司』」者，臣雖以物贈君，君體尊備物，不有乏少，故臣不敢言將物與君，但恐君行有車馬，路中或須資給，故云此物以充馬資。物不可付馬，故云「致馬資於有司」。有司，謂主典君物者也。「敵者曰『贈從者』」，若物送敵者，亦不云贈送敵者，當言贈於左右從行者也。臣致襚於君，則曰「致廢衣於賈人」。敵者曰「襚」。言廢衣，不必其以斂也。❶賈人知物善惡也。❷《周禮·玉府》：「掌凡王之獻金玉、兵器、文織、良貨賄之物，受而藏之。」有賈八人。疏正義曰：此因前送吉，此明送凶。「襚」者，以衣送死人之稱。禮，以衣送敵者死曰襚。襚者，遂彼生時之意也。若臣以衣送君死，不得曰襚，但云「致廢衣」。廢衣者，不敢言必充君斂，但充以廢致不用之例，故云「致廢衣」也。「賈人」者，識物賈貴賤而主君之衣物者也。又不敢云「與君」，故云「致賈人」也。然《喪大記》云：「君無襚。」注云：「無襚者，不陳不以斂。」「敵者曰襚」者，衣送敵者死，既無謙，故云「襚」也。注「周禮」至「八人」。正義曰：引之者，證君有賈人藏獻物也。鄭注《周禮》云：「物謂文織畫繡之屬也。」❸親者兄弟不，以襚進。不

❶「其以」，伯三三八〇作「以其」，閩、監、毛本同。

❷「惡」，伯三三八〇「惡」下有「者」字。

❸「鄭注周禮云物謂文織畫繡之屬也」，案鄭注《周禮·玉府》云：「文織，畫及繡錦。」與此注不同。

執將命也，以即陳而已。**疏**正義曰：此明親者相襚之法。進，謂執之將命也。若非親者相襚，則擯者傳辭將進，以爲禮節。若有親者相襚，但直將進即陳之，不須執以將命也。案《士喪禮》，大功以上同財之親襚，不將命，即陳於房中；小功以下及同姓等，皆將命。

臣爲君喪，納貨貝於君，則曰「納甸於有司」。甸，謂田野之物。**疏**正義曰：言臣爲君喪，而臣進物，納爲獻也。納，入也。甸，田也。言入此物，是自田野之所出，合獻入之於君有司也。必云田所出者，臣皆受君地，明地物本由君出也。衣是送君，故與賈人。貨貝但供喪用，故付有司也。

賵馬入廟門。以其主於死者。賻馬與其幣、大白兵車，不入廟門。以其主於生人也。兵車，革路也。雖爲死者來，陳之於外。戰伐田獵之服，非盛者也。《周禮》「革路，建大白以即戎」。**疏**正義曰：此一節論賻賵之異。「賵馬入廟門」者，以馬送死曰賵。賵副亡者之意也。既送亡者，故將入廟門也。❶庾云：「禮，既祖訖，而後賵馬入，設於廟庭。而入門者，欲以供駕魂車也，故鄭云『主於死者』。」「賻馬與其幣、大白兵車，不入廟門」者，以馬助生人營喪曰賻馬。幣，謂以財貨賻助主人喪用，並助主人之物，故不將入廟也。故鄭云「以其主於生人也」。大白，兵車革路之旗。《周禮》「革路，建大白以即戎」也。兵車，即革路也。雖並爲送喪之從車，而其本是田戰之具，故不可入廟門。故鄭云：「雖爲死者來，陳之於外。戰伐田獵之服，非盛者也。」然所以得有大白兵車來助主人者，此謂諸侯有喪，鄰國之君有以大白兵車而賻之者，或家國自有也。

賻者既致命，坐委之，擯者舉之，主人無親受也。喪者非尸柩之事不親也。舉之，舉以東。**疏**正義曰：此一經明賻者授物及主人受之禮。「賻者既致命，坐委之」者，此明來賻者之法。坐，猶跪也。謂賻者跪委物於地。「擯者舉之」者，謂主人擯者，舉而取之。「主人無親受也」者，吉時若人餽物，主人皆自拜受之。若有喪，主於哀戚，凡有四方使者以物賻己，悉不得拜受，故使擯者受舉之而已。注「舉之，舉以東」正義曰：知「舉以東」者，《雜記》云：「含者入，升堂致命，坐委于殯東南。宰夫朝服，即喪屨，升自西

❶「門」字原漶滅，據阮本補。

階，西面，坐取璧，降自西階，以東。」後襚者、賻者並然。而「升堂致命」，是告殯之辭也。若賻生人，則致命擯者，不告殯而不升堂。然車馬不舉以東，而鄭云「舉以東」者，謂幣之屬也。**受立，授立，不坐。**由便。**性之直者，則有之矣。**有之，有跪者也。謂受授於尊者而尊者短，則跪，不敢以長臨之。疏正義曰：此一節明相授受之禮。前明吉凶相見及贈送之禮，禮有擯相受授之法，故此明之。「坐」，亦跪也。凡尊卑相授，乃以跪爲敬也。「受立」，謂尊者立，以物與卑者，卑者受此尊者之物。「授立」，謂尊者立，己以物授尊者之立。此二事皆不坐，以尊者立故也。若坐，則尊者屈而低身，煩尊者故也。「性之直者，則有之矣」者，性，謂天性。言尊者天性直自如此短小，尊者雖立，若授受尊者之物，則有坐而授受。所以然者，以尊者短小，若立對之，則以長臨尊，故有坐也。

始入而辭，曰：「辭矣。」即席，曰：「可矣。」可，猶止也。謂擯者爲賓主之節也。始入，則告之辭。至就席則止其辭。**排闔説屨於户内者，一人而已矣。**雖衆敵，猶有所尊也。**有尊長在則否。**在，在内也。後來之衆，皆説屨於户外。疏正義曰：此一節明賓主之人，擯者告之辭讓之節，及説屨之儀。「始入而辭」者，謂始入門，主人辭謝賓之節。「曰：辭矣」者，當此之時，擯者告主人曰：「辭謝賓矣。」謂辭讓賓，令賓先入。至階之時，擯者亦應告主人曰：「辭讓賓先登矣。」此不言者，「始入」之文，包入門、登階矣。「即席，曰：可矣」者，謂賓主升堂，各自就席而立，擯者恐賓主辭謝即席，故擯者告之曰：「可矣。」可，猶止也。言既即席之時，止此辭讓，不須辭矣。「排闔説屨於户内者，一人而已矣」者，謂賓主登席，其衆須入户内者，雖尊卑相敵，猶推一人爲尊。闔，謂門扇。謂排推門扇，説屨於户内者，一人而已矣。言止許一人，不得並皆如此也。「有尊長在則否」者，謂先有尊長，已在於堂或室，衆人後入，不得一人説屨於户内也。

問品味，曰：「子亟食於某乎？」問道藝，曰：「子習於某乎？子善於某乎？」不斥人，謙也。道，三德三行也。藝，六藝。疏正義曰：此一經明賓主相問飲食及道藝之事也。「問品味，曰：子亟食於某乎」者，謂客來賓主相問禮也。品味者，殽饌也。亟，數也。凡問人，若欲問彼人已嘗食某殽饌與否者，則不可斥問嘗食否，但當問其數食某食乎，如言彼已嘗經數食也。然彼若不嘗食，❶則自當依事而答之也。「問道藝」者，亦謂賓主先已明知所習道藝，及其問之，亦不敢指斥，故云：「子習於某道乎？子善於某藝乎？」道難，故稱「習」；藝易，故稱「善」也。注「不斥」至「六藝」　正義曰：「不斥人，謙也」者，雖先知其所食、所習、所善，及其問之，猶疑而稱「乎」。乎者，謙退之辭，是以不正指斥人所能。此「人」，兼賓主也。南本云「不斥主人」，非也。云「道，三德三行也」者，案《師氏》「教國子三德三行。三德者：❷一曰至德，二曰敏德，三曰孝德。三行者：一曰孝行，二曰友行，三曰順行也」。皆國子所習，故知道是三德三行也。云「藝，六藝」者，案《保氏》「教六藝，禮、樂、射、馭、書、數」。**不疑在躬**，躬，身也。不服行所不知，使身疑也。**不度民械**，械，兵器也。不計度民家之器物，使己亦有。**不願於大家**，大，謂富之廣也。**不訾重器**。訾，思也。重，猶寶也。疏正義曰：此一節承上賓主相問之事，因明賓主之禮，賓不得願主人所有之物。

「不疑在躬」者，既問主人之道藝，則己亦當習學明了，不得使疑事在其躬。則爲賓爲主皆然也。　「不度民械」者，謂爲客至主人之家，不得計度民家所有器械，使己亦有也。　「不願於大家」者，大家，謂富貴廣大之家，謂大夫之家也。❸謂士往於卿大夫之家，見彼富大，不可願斅之也。非分而願，必有亂心也。　「不訾重器」者，訾，思也。重器，寶珍之物。言謂客至主人之家，見有珍物重器，不可思玩之。若思玩之，則憎疾己貧賤，生淫亂濫惡也。

禮記正義卷第四十四

❶「嘗」，原作「當」，據殿本、阮本改。
❷「三德」二字原脱，據浦鏜校和阮校補。
❸「大夫」，阮校云：「惠棟校宋本『大夫』上有『卿』字。」

禮記正義卷第四十五

國子祭酒上護軍曲阜縣開國子臣孔穎達等奉勅撰

氾埽曰埽，埽席前曰拚。拚席不以鬣。執箕膺擖。鬣，謂帚也。帚恒埽地，不絜清也。膺，親也。擖，舌也。持箕將去糞者，以舌自鄉。疏正義曰：此一經明主人爲賓洒埽之事。「氾埽」者，氾，廣也。若遠路大賓來，主人宜廣埽之，謂外内俱埽，謂之埽。「埽席前曰拚」者，若近路小賓來，則止埽席前，不得名埽，則但曰拚也。所以然者，拚是除穢，埽是滌蕩。「拚席不以鬣」者，鬣，謂埽地帚也。若埽席上，不得用埽地帚也。「執箕膺擖」者，膺，人之胸前。擖，箕之舌也。箕是去物之具，賤者執之，不得持鄉尊者，當持箕舌，自鄉胸前。

不貳問。當正己之心，以問吉凶於蓍龜。不得於正，凶，則卜筮，其權也。問卜筮，曰：「義與？志與？」義則可問，志則否。大卜問來卜筮者也。義，正事也。志，私意也。疏正義曰：此一節明問卜筮之法。「不貳問」者，凡卜筮之法，當正己心志而來問於蓍龜，則得吉兆，不得貳心不正。若貳心不正，必凶，則卜筮權時妄告。「問卜筮，曰『義與？志與』」者，謂大卜問來卜筮者：爲是道理正義與？爲是私意志與？「義則可問，志則否」者，若卜筮者是公義，則可爲卜筮；若所問是私心志意，則不爲之卜筮。

尊長於己踰等，不敢問其年。踰等，父兄黨也。問年，則己恭孫之心不全。燕見，不將命。自不用賓主之正，來則若子弟然。遇於道，見則面，可以隱則隱，不敢煩動也。不請所之。尊長所之或卑褻。喪俟事，不犆弔。亦不敢故煩動也。事，朝夕哭時。侍坐，弗使不執琴瑟，不畫地，手無容，不翣也。端慤所以爲敬也。寢，則坐而將命。命，尊長或使彈琴瑟，則爲之可。侍射則約矢，不敢與有所傳辭也。坐者，不敢臨之。

之拾取也。**侍投則擁矢，**不敢釋於地也。投，投壺也。**投壺坐。勝則洗而以請。**洗爵，請行觴，不敢直飲之。**客亦如之。**客射若投壺不勝，主人亦洗而請之。**不角，**角，謂觥，罰爵也。於尊長與客，如獻酬之爵。**不擢馬。**擢，去也，謂徹也。已徹馬，嫌勝，故專之。

疏正義曰：此一節論卑幼奉侍於尊長諸雜之儀。「燕見，不將命」者，謂卑幼私燕而見，不使擯者將傳其命，無賓主之禮。「遇於道，見則面」者，若於道路遇逢尊者，尊者若見己，己則面見，若尊者不見己，己則隱也。「不請所之」者，雖面自見，而不得問尊者何處往也。「喪俟事，不犆弔」者，謂弔於尊長喪法也。「俟事」，謂待主人朝夕哭時也。「不犆弔」，謂不非時而獨弔也。「侍坐，弗使不執琴瑟」者，卑侍尊者之法也。侍坐於尊，尊者若不使己，己則不得執琴瑟而鼓之。若使己，則得執之也。「不畫地」者，盧云：「不敢無故畫地也。」「手無容」者，盧云：「不弄手也。」「不翣也」者，盧云：「翣，扇也。雖熱亦不敢摇扇也。」此皆端慤所以爲敬。「寢，則坐而將命」者，寢，卧也。坐，跪也。若尊者眠卧，而侍者若傳辭，當跪前，不可以立，恐臨尊者。「侍射則約矢」者，矢，箭也。凡射必計耦，先設楅在中庭。楅者，兩頭爲龍頭，中央共一身，而倚箭於楅身上。上耦前取一矢，❶下耦又進取一。如是更進，各得四箭，而升堂，插三於要，而手執一隻。若卑者侍射，則不敢更拾進取，但一時并取四矢，故云「則約矢」也。「侍投則擁矢」者，投，投壺也。擁，抱也。矢，謂投壺箭也，若柘若棘爲之。《投壺禮》亦賓主各四矢，從委於身前，坐，一一取之。若卑者侍投，則不敢釋置於地，但手并抱投之也。故鄭云「不敢釋於地」。庾云：「擁，抱己所當投矢也。」《隱義》云：「尊者委四矢於地，一一取以投。卑者不敢委於地，悉執之也。」「勝則洗而以請」者，若敵射及投壺竟，司射命酌，而勝者當應曰「諾」。而勝者弟子酌酒，南面，以置豐上。豐在西階上西楹之西。而不勝者下堂，揖讓升堂，就西階上立，北面，就豐上取爵，將飲之而跪之，曰「賜灌」。灌，猶飲也。而勝者立於不勝者東，亦北面跪，而曰「敬養」。若卑者得勝，則不敢直酌，當前洗爵而請行觴，然後乃行也。「客亦如之」者，客若不勝，則主人亦洗而請，如卑侍之法，所以優賓也。「不角」者，角，謂行罰爵，用角酌之也。《詩》

❶「矢」，原作「次」，據閩本、監本、毛本、殿本、庫本及阮本改。

云「酌彼兕觥」是也。今飲尊者及客，則不敢用角，但如常獻酬之爵也。　「不擢馬」者，擢，去也，徹也。投壺立籌爲馬，❶馬有威武，射者所尚也。凡投壺，每一勝輒立一馬，至三馬而成勝。但頻勝三馬難得，若一朋得二馬，一朋得一馬，於是二馬之朋，徹取一馬者，足以爲三馬，以成定勝也。❷今若卑者朋雖得二馬，亦不敢徹尊者馬，足成己勝也。**執君之乘車則坐。**執，執轡，謂守之也。君不在中。坐，示不行也。**僕者右帶劍，負良綏申之面，拕諸幦，**面，前也。幦，覆苓也。良綏，君綏也。負之，由左肩上入右腋下，申之於前覆苓上也。**以散綏升，執轡然後步。**步，行也。**疏**正義曰：此一節明爲君僕御之法。　「執君之乘車則坐」者，執，執轡也。謂君不在車，而僕執轡守君車時也。凡御則立，今守空車則坐，示君不在車，車不行也。　「僕者右帶劍」者，謂初御法也。僕，即御者也。「右帶劍」者，帶之於要右邊也。帶劍之法在左，以右手抽之便也。今御者劍右帶者，御人在中，君在左，若左帶劍，則妨於君，故右帶也。　「負良綏申之面」者，良，善也。善綏，君綏也。君由後升，僕者在車，背君，面嚮前，❸取君綏，由左腋下加左肩上，繞背入右腋下，申綏之末於面前。「拕諸幦」者，拕，猶擲也，亦引也。幦，車覆闌也。綏申於面前，而擲末於車前幦上也。亦云引之，可置車幦上也。　「以散綏升」者，謂初升時也。散綏，副綏也。僕登車既不得執君綏，故執副綏而升也。　「執轡然後步」者，步，猶行也。既升車，執策分轡而後行車也。行車五步而立，待君。君出上，則授良綏而升君也。　**注**「幦，覆苓也」　正義曰：苓，車前闌也，亦名爲式。故《詩傳》云：「幭，覆式。」與此同。知「良綏，君綏」者，以下云「散綏」，❹既有二種，明「良綏，君綏」。其散綏則本繫於車，僕者擎之而登車也。**請見不請退。**去止不敢自由。**朝廷曰退，**近君爲進。**燕遊曰歸，**禮褻，主於家也。**師役曰罷。**罷之言罷勞也。❺《春

❶「籌」，衛氏《集説》作「筭」。浦鏜校云「筭」誤「籌」。

❷「定」，衛氏《集説》無「定」字。

❸「君由後升僕者在車背君面嚮前」，孫希旦《集解》云：「此十三字當刪。君升則僕當嚮君，而以綏授君。疏乃謂背君嚮前而申綏於面，尤不可曉。若刪去此十三字，則其文義自通曉也。」疑是疏文有誤脱。

❹「云」，原作「去」，據阮本改。

❺「罷勞」，阮校引段玉裁云：「『罷勞』之『罷』當作『疲』。」

秋傳》曰：「師還曰疲。」❶ 疏 正義曰：此一節明卑者見尊及朝廷歸退之辭。　「請見不請退」者，謂卑者於尊所，有請見之理。既見，去必由於尊者，故不敢請退。　「朝廷曰退」者，謂於朝廷之中，若欲散還，則稱曰退。以近君爲進，還私遠君，故稱退。《論語》「子退朝」，又云「冉子退朝」，並是對「進」爲言也。　「燕遊曰歸」者若在燕及遊退還，稱曰歸。以燕遊禮褻，主於歸家。　「師役曰罷」者，謂於師役之中，欲散退之時，稱曰罷勞。 注《春秋傳》曰：師還曰疲」　正義曰：案莊八年「夏，魯師及齊師圍郕，郕降于齊師。秋，師還」。《公羊傳》曰：「還者何？善辭也。此滅同姓，何善爾？病之也。」何休云：「慰勞其罷病也。」是鄭用《公羊》爲注也。

侍坐於君子，君子欠伸，運笏，澤劍首，還屨，問日之蚤莫，雖請退可也。以此皆解倦之狀。伸，頻伸也。運，澤，謂玩弄也。金器弄之，易以汙澤。❷ 疏 正義曰：此明侍坐法也。志倦則欠，體疲則伸，爲君子久坐而自爲之也。「運笏」者，運，動也。謂君子摇動於笏。　「澤劍首」者，澤，謂光澤。玩弄劍首，則生光澤。　「還屨」者，還，轉也。謂君子自轉屨也。尊者説屨於户内，是屨恒在側，故得自還轉之也。　「問日之蚤莫」者，尊者忽問日之早晚。「雖請退可也」者，雖，假令也。前言侍者不得請退，今若見君子有欠伸以下諸事，皆是坐久體倦，欲起或欲卧息之意，故侍者當此時，假令請退則可也。

事君者，量而后入，不入而后量。凡乞假於人，爲人從事者，亦然。然，故上無怨而下遠罪也。量，量其事意合成否。疏 正義曰：此一節明臣事君之法。「事君者，量而后入」者，凡臣之事君者，欲請爲其事，先商量事意堪合以否，然後入而請之。　「不入而后量」者，不得先入請見君，然后始商量成否。　「凡乞假於人，爲人從事者，亦然」者，非直事君如此，凡乞貸假借於人，謂就人乞貸假借；爲人從事，謂求請事人。如此之屬，亦須先商量事意成否，不可不先商量，即當其事，故云「亦然」。「然，故上無怨而下遠罪也」者，然，猶如此。事君若能

❶「曰疲」，阮校引段玉裁云：「『曰疲』之『疲』當作『罷』。」

❷「汙」，余本作「汗」，殿本、阮本同。張敦仁《考異》云：「《釋文》以『汗』作音，云『户旦反，一音烏』。案一音即『汙』字也。」

如此，下不忤上，故上無怨；上不責下，故下遠罪。然唯解上下，不結乞假、從事者，略可知。**不窺密**，嫌伺人之私也。密，隱曲處也。**不旁狎**，妄相服習，終或争訟。**不道舊故**，言知識之過失，損友也。孔子曰：「故舊不遺，則民不偷。」**不戲色**。暫變傾顔色爲非常，則人不長，失敬也。**疏**正義曰：此一節明在於僚類，當自矜持之事。

「不窺密」者，人當正視，不得窺覘隱密之處，故鄭云：「嫌伺人之私也。」「不旁狎」者，旁，猶妄也。不得妄與人狎習，或致忿争。言因狎而致訟也。「不道舊故」者，不道説故舊之罪過。「不戲色」者，不戲弄其顔色。**注**「暫變」至「敬也」　正義曰：人當恒自矜持，尊其瞻視，若暫傾變顔色爲非常褻慢，則人不復長久，失他人所敬，故云「則人不長，失敬也」。

爲人臣下者，有諫而無訕，有亡而無疾，亡，去也。疾，惡也。**頌而無讇，諫而無驕**。頌，謂將順其美也。驕，謂言行謀從，恃知而慢也。**怠則張而相之**，怠，惰也。相，助也。**廢則埽而更之**，廢，政教壞亂，無可因也。❶ **謂之社稷之役**。役，爲也。**疏**正義曰：此明臣事君之道。

「有諫而無訕」者，訕，謂道説君之過惡及謗毁也。君若有惡，臣當諫之，不得鄉人道説謗毁。❷故《論語》云：「惡居下流而訕上者。」「有亡而無疾」者，亡，猶去也。疾，謂憎惡也。君若有過，三諫不從，乃出境而去，不得强留而憎惡君也。「頌而無讇」者，頌，美盛德之形容也。讇，謂横求見容。若君有盛德，臣當美而頌之也。君苟無德，則匡而救之，不得虚妄，以惡爲美，横求見容。故《孝經》云：「將順其美，匡救其惡。」「諫而無驕」者，君若從己諫，則己不得藉己言行謀用，恃知而生驕慢。「怠則張而相之」者，怠，惰也。相，助也。若君政怠惰，則臣當爲張起而助成之也。《隱義》云：「君怠惰，當張設法而助之，或張强其志以廣大之也。」「廢則埽而更之」者，君政若已廢壞，無可復張助者，則當埽蕩而更創立爲新政也。

「謂之社稷之役」者，役，爲也。謂事君如上者，是可謂爲社稷之臣也。故衛君云：「柳莊者，社稷之臣也。」**注**「役，爲也」　正義曰：爲，謂助爲也。社稷之臣，謂爲助社稷之臣也。

毋拔來，毋報往，報，讀爲「赴疾」之赴。

❶「無」，余本作「不」，阮本同，閩、監、毛本同。
❷「人」，原作「大」，據阮本改。

拔、赴，皆疾也。人來往所之，當有宿漸，不可卒也。毋瀆神，瀆，謂數而不敬。毋循枉，前日之不正，不可復遵行以自伸。毋測未至。測，意度也。士依於德，游於藝。德，三德也：一曰至德，二曰敏德，三曰孝德。藝，六藝也：一曰五禮，二曰六樂，三曰五射，四曰五御，五曰六書，六曰九數。工依於法，游於説。法，謂規矩尺寸之數也。説，謂鴻殺之意所宜也。《考工記》曰：「薄厚之所震動，清濁之所由出，侈弇之所由興，有説。」説，或爲「甲」。❶毋訾衣服成器，訾，思也。成，猶善也。思此則疾貧也。毋身質言語。質，成也。聞疑則傳疑，若成之，或有所誤。**疏**正義曰：此一節廣明爲人之法。「毋拔來，毋報往」者，報，謂赴也。拔、赴，皆速疾之意。凡人所之適，必有宿漸，毋得疾來，毋得疾往。「毋瀆神」者，謂瀆慢也。❷神明正直，敬而遠之，不可慢。「毋循枉」者，循，猶追述也。枉，邪曲也。人非圓炤，不免時或邪曲，若前已行之，今當改正，不得猶追述己之邪事也。「毋測未至」者，未至之事，聖人難之，凡人固不可豫欲測量之也。❸若終不然，則傷知也。「士依於德」者，士，謂進士有德行者，當依附於三德。「游於藝」者，謂敖游於六藝。「工依於法」者，謂規矩尺寸之法式，❹言工巧皆當依附於法式。「游於説」者，説，謂論説規矩法式之辭。言游息於規矩法式之文書。「毋訾衣服成器」者，訾，思也。成，善也。無得思念衣服善器。「毋身質言語」者，凡言語，有疑則稱疑，無得以身質成言語之疑者。其言既疑，若必成之，或有所誤也。注「德三」至「九數」　正義曰：案《周禮・師氏》：「以三德教國子，一曰至德，二曰敏德，三曰孝德。」彼注云：「至德，中和之德，覆燾持載含容者也。敏德，仁義順時者也。孝德，尊祖愛親。」案《大司徒職》云：「以鄉三物教萬民，一曰六德：知，仁，聖，義，忠，和。」知此「依於德」非六德者，六德所以教萬民，而云三德所以教國子，此經云「士」，故知是三德也。云「一曰五禮」至「九數」者，是《周禮・保氏》

❶「甲」，阮本作「伸」，余本、撫本、岳本作「申」。阮校以「申」爲是。
❷「謂瀆」，二字疑倒。
❸「量」字原漶滅，據阮本補。
❹「式」，原作「或」，據阮校改。

職》文。案彼注云：「五禮，吉、凶、賓、軍、嘉也。六樂，《雲門》、《大咸》、《大韶》、《大夏》、《大濩》、《大武》也。五射，白矢、參連、剡注、襄尺、井儀也。五御，鳴和鸞、逐水曲、過君表、舞交衢、逐禽左。六書，象形、會意、轉注、處事、假借、諧聲也。九數，方田、粟米、差分、少廣、商功、均輸、方程、贏不足、旁要。今有重差、句股。」然五禮、六樂之等，皆鄭康成所注。其五射以下，鄭司農所解。但九數之名，書本多誤。儒者所解：方田一，粟米二，差分三，少廣四，商功五，均輸六，方程七，贏不足八，旁要九。云「今有重差、句股」者，鄭司農指漢時，云今世於九數之内有重差、句股二篇。其重差，即與舊數差分一也。去舊數旁要而以句股替之，爲漢之九數，即今之《九章》也。先師馬融、干寶等更云：「今有夕桀，各爲一篇。」未知所出。今依司農所注《周禮》之數，餘並不取。注「説謂」至「宜也」

正義曰：此經云「依於法，游於説」，法既是規矩法式，法外又云「説」，是「説」與「法」不同，謂説此法式文書，論其法式大小鴻殺之意，與「法」大同小異。法式據其體，論説據其文。引《考工記》者，證説是説法度之意。彼説鑄鐘形狀，言鐘或薄或厚，聲之震動，其聲清濁，由薄厚而出。云「侈弇之所由興」者，侈，謂鐘口寬大。弇，謂鐘口内小。從此法式所由興。「有説」，或大或小，或侈或弇，皆有所宜之意。鐘厚則聲不散，薄則聲散。大短，出聲疾，易竭；小長，聲緩深遠。弇則聲不舒揚：故云「有説」。

言語之美，穆穆皇皇。朝廷之美，濟濟翔翔。祭祀之美，齊齊皇皇。車馬之美，匪匪翼翼。鸞和之美，肅肅雍雍。

匪，讀如「四牡騑騑」。❶齊齊皇皇，讀如「歸往」之往。❷美，皆當爲「儀」，字之誤也。《周禮》：「教國子六儀：一曰祭祀之容，二曰賓客之容，三曰朝廷之容，四曰喪紀之容，五曰軍旅之容，六曰車馬之容。」疏正義曰：此一節明諸事之宜。此「美」，皆當爲「儀」。「言語之美」者，謂與賓客言語，故鄭注《保氏》云「賓客之容」。「穆穆皇皇」者，謂言語形狀，穆穆皇皇然。其天子、諸侯，行容亦「穆穆皇皇」。故《曲禮》云：「天子穆穆，諸侯皇皇。」鄭云：「皆行容止之貌。」穆穆、皇皇，皆美大之狀。「濟濟翔翔」者，據在朝威儀，濟濟翔翔

❶「騑」，浦鏜校云：「『騑』下脱『之騑』二字，從《通解》校。」

❷「讀如」，阮校云：按「讀如」，當依《正義》作「讀爲」。

然。謂威儀厚重寬舒之貌。言語則「穆穆皇皇」，威儀則「濟濟翔翔」。「齊齊皇皇」者，皇，讀爲「歸往」之往。皇氏云：「謂心所繫往。孝子祭祀，威儀嚴正，心有繼屬，故齊齊皇皇然。其言語及威儀，皆當如此。」「匪匪翼翼」者，匪，讀曰「騑」。「騑騑翼翼」者，皆是車馬之形狀。故《詩》云「駟牡騑騑」，❶下又云「駟牡翼翼」，皆是馬之行容貌。翼翼、騑騑，馬之嚴正。❷「肅肅雍雍」者，鸞和聲之形狀，肅肅然，雍雍然。肅肅是敬貌，雍雍是和貌。

注「匪讀」至「之容」　正義曰：《詩·小雅》云：「駟牡騑騑，周道倭遲。」述文王聘臣之勞。云「美，皆當爲『儀』」者，以《保氏》云「教國子六儀，一曰祭祀之容」，容即儀也，故知「美，皆當爲儀」。鄭彼注「祭祀之容，朝廷之容，車馬之容」，皆引此文。其「賓客之容」，則此「言語穆穆皇皇」也；彼注「喪紀之容，纍纍顛顛。軍旅之容，暨暨詻詻」，是《玉藻》文也。

問國君之子長幼，長，則曰「能從社稷之事矣」；幼，則曰「能御」、「未能御」。御，謂御事。問大夫之子長幼，長，則曰「能從樂人之事矣」；幼，則曰「能正於樂人」、「未能正於樂人」。正，樂政也。《周禮·大司樂》：「以樂德教國子：中、和、祗、庸、孝、友。以樂語教國子：興、道、諷、誦、言、語。以樂舞教國子：舞《雲門》、《大卷》、《大咸》、《大韶》、《大夏》、《大濩》、《大武》。」問士之子長幼，長，則曰「能耕矣」；幼，則曰「能負薪」、「未能負薪」。士禄薄，子以農事爲業。執玉、執龜筴不趨，堂上不趨，城上不趨。於重器，於近尊，於迫狹，無容也。步張足曰趨。武車不式，介者不拜。兵車不以容禮下人也。軍中之拜肅拜。

疏正義曰：此一節明問國君及大夫、士之子長幼之稱。「長，則曰『能從社稷之事矣』」者，謂彼人所問君之子長幼，若長，則答之云「能從君供社稷之事」；若幼，則曰「能御」。御，治也，謂已能治事；若大幼，則曰「未能治事」。此治事，謂尋常細小事也，小於社稷事。「問大夫之子長幼，長，則曰『能從樂人之事矣』」者，以大夫之子，恒習學於樂，長則已能習樂，故曰『能從樂人之事』也。「幼，則曰『能正於

❶「駟」，阮本作「四」，閩、監、毛本同，衛氏《集説》同。下「駟牡翼翼」、「駟牡騑騑」同此。

❷「馬」，阮本「馬」上有「皆是」二字，閩、監、毛本同。

樂人』、『未能正於樂人』」者，正，謂政令。以幼者習樂未成，但聽政令於樂人，受樂人所教。幼，則云「已能受命令於樂人」；❶若大幼，則云「未能受政令於樂人」。注「正樂」至「大武」　正義曰：鄭恐經「正」是「樂正」之官，故讀爲「政令」之政，謂年幼受政於樂人也。引《大司樂》者，證卿大夫之子習樂之事。云「以樂德教國子：中、和、祗、庸、孝、友」者，彼注云：「中，猶忠也。和，剛柔適也。祗，敬。庸，有常也。善父母曰孝。善兄弟曰友。」云「以樂語教國子：興、道、諷、誦、言、語」者，彼注云：「興，謂以善物喻善事。導者，言古以剴今也。倍文曰諷。以聲節之曰誦。發端曰言。答述曰語。」云「教國子舞《雲門》」以下者，彼注云：「黄帝曰《雲門》、《大卷》，言其德如雲之所出，民得以有族類。」如鄭此言，「如雲之所出」，解《雲門》也；「民得以有族類」，解《大卷》也。言有族類而集聚也。彼注：《大咸》、《咸池》，堯樂也，言其德無所不施。《大磬》，舜樂也，言其德能紹堯之道。《大夏》，禹樂也，禹治水，言其德能大中國。《大濩》，湯樂也，言其德能使天下得其所。《大武》，武王樂也，言其德能成武功也。」《曲禮》問其父身，此問其子者，皇氏云：「記人之意異耳。」

婦人吉事，雖有君賜，肅拜。爲尸坐，則不手拜，肅拜。爲喪主則不手拜。肅拜，拜低頭也。❷手拜，手至地也。婦人以肅拜爲正，❸凶事乃手拜耳。爲尸，爲祖姑之尸也。《士虞禮》曰：「男，男尸；女，女尸。」爲喪主不手拜者，爲夫與長子，當稽顙也，其餘亦手拜而已。雖，或爲「唯」。或曰：喪爲主則不手拜，肅拜也。疏正義曰：此一經論婦人拜儀。婦人吉禮不手拜，但肅拜。肅拜，如今婦人拜也。吉事及君賜，悉然也。「爲尸坐」者，謂虞祭，婦人爲祖姑作尸也。周禮坐尸，嫌婦人或異，故明之也。若平常祭，無婦人之尸，示主於夫，故設同几而已。「則不手拜，肅拜」者，手拜，手至地。婦人爲尸，或答拜時，但肅拜而不手拜也。「爲喪主，則不手拜」者，婦人若有喪而不爲主，則手拜也。若爲夫及長子喪主，則

---

❶「命」，衛氏《集説》作「政」。浦鏜校云當作「政」。

❷「肅拜拜低頭也」，阮校引段玉裁校本云：「當作『肅拜，拜不低頭也』。別有説。」另詳段氏《經韻樓集・釋拜》。

❸「婦人以肅拜爲正」下，《考文》引古本有「故雖君賜之重，亦肅拜而受」十一字。

稽顙，不手拜。注「肅拜」至「拜也」　正義曰：「手拜，手至地」者，解手拜之義。言手拜之拜，但以手至地，則《周禮》空首。案鄭注《周禮》：「空首，拜頭至手。」此云「手至地」，不同者，此手拜之法，先以手至地，而頭來至手，故兩注不同，其實一也。云「婦人以肅拜爲正」者，言肅拜是婦人之常。而《昏禮》「婦拜扱地」，以其新來爲婦，盡禮於舅姑故也。《左傳》「穆嬴頓首於宣子」之門者，有求於宣子，非禮之正也。云「凶事乃手拜耳」者，言婦人除爲喪主，其餘輕喪，凶事乃有手拜耳。鄭知然者，以經云「爲喪主則不手拜」，明不爲喪主則手拜，故云「凶事乃有手拜耳」。云「爲尸，爲祖姑之尸也」者，以《士虞禮》「男，男尸；女，女尸」故也。若平常吉祭，則共以男子一人爲尸。故《祭統》云「設同几」是也。云「爲夫與長子，當稽顙也」者，《小記》文。以其稽顙，故不手拜。云「其餘亦手拜而已」者，除夫與長子之外，則上云「凶事乃手拜」是也。云「或曰：喪爲主則不手拜，肅拜也」者，鄭更引或解之辭，云「爲喪主不作手拜，但爲肅拜」，與前爲稽顙異，❶違《小記》正文，其義非也。**葛絰而麻帶。**　謂既虞、卒哭也。帶，所以自結束也。婦人質，少變，於喪之帶，有除而無變。疏正義曰：此謂婦人，既虞、卒哭，其絰以葛易麻，故云「葛絰」。婦人尚質，所貴在要，帶則有除無變，終始是麻，故曰「麻帶」。**取俎進俎，不坐。**　以其有足，亦柄尺之類。疏正義曰：「取俎」，謂就俎上取肉。「進俎」，謂進肉於俎。俎既有足，立而進取便，故「不坐」。注「亦柄尺之類」　正義曰：案《管子書·弟子職》云：「進柄尺。」❷謂爵、豆之屬是也。**執虛如執盈，入虛如有人。**　重慎。**凡祭，於室中、堂上無跣，燕則有之。**　祭不跣者，主敬也。燕則有跣，爲歡也。天子、諸侯祭，有坐尸於堂之禮。祭所尊在室，燕所尊在堂。將燕，降説屨，乃升堂。❸疏正義曰：此一經論堂上有跣無跣之事。「凡祭，於室中、堂上無跣」者，凡祭，謂天子至士悉然也。跣，説屨也。下大夫及士，陰陽二厭及燕尸，皆於室中，上大夫陰厭及祭在室，若儐尸，則于堂，天子諸侯則有室有

❶「爲」，浦鏜校云：「爲」下脱「夫爲長子」四字。

❷「進柄尺」，孫希旦《集解》云：「案《弟子職》云：『柄尺不跪。』此係傳寫脱誤。」

❸「堂」，原作「臺」，據余本、撫本、岳本、阮本改。

堂。祭禮主敬，故凡祭在室中者，非唯室中不説屨，堂上亦不敢説屨，故云「凡祭，於室中、堂上無跣」。「燕則有之」者，有之，謂堂上有跣也。燕禮主歡，故得説屨而升堂坐也。《燕禮》云：「賓及卿大夫皆説屨，升就席。」注云：「凡燕，坐必説屨。屨賤，不在堂也。禮者尚敬，敬多則不親。燕安坐，相親之心。」注「祭不」至「升堂」　正義曰：云「祭不跣者，主敬也」者，跣謂説屨，坐而相親。祭禮主敬，不敢私自相親，故云「祭不跣者，主敬也」。云「天子諸侯祭，有坐尸於堂之禮」者，朝事延尸於户外，故坐尸於堂。若卿大夫以下，祭禮於室，無坐尸於堂也。云「祭所尊在室」者，以經云「凡祭於室中、堂上無跣」，故辨之也。此則貴賤通。故卿大夫士正祭饋食，並在室中，而天子諸侯雖朝事延尸於户外，非禮之盛節，初入室灌及饋孰之時，事神大禮，並在室中，❶故云「祭所尊在室」。云「燕所尊在堂」者，於《燕禮》文，無在室，唯在堂行禮，初時立而致敬，故云「燕所尊在堂」。云「將燕，降説屨，乃升堂」者，《燕禮》文也。**未嘗不食新。**嘗，謂薦新物於寢廟。

疏正義曰：嘗，謂薦新物於寢廟也。未嘗，則人子不忍前食新也。**僕於君子，君子升、下則授綏，始乘則式。君子下行，然後還立。**還車而立，以俟其去。疏正義曰：此一經論僕御之禮，必授人綏，故君子升及下，僕者皆授綏也。「始乘則式」者，謂是僕者始乘，君子未至，御者則式，以待君子升也。「君子下行，然後還立」者，僕人之禮，若君子將升，則僕先升；君子下行，則僕後下，更還車而立，待君子去後，乃敢自安。或云：君車將駕，則僕執策立於馬前，故君子將下車，則僕亦下車，立於馬前，待君子下行，乃更還車立，以俟君去。**乘貳車則式，佐車則否。**貳車、佐車，皆副車也。朝祀之副曰貳，戎獵之副曰佐。魯莊公敗于乾時，公喪戎路，傳乘而歸。疏正義曰：謂僕乘副車法也。朝祀副車曰貳，戎獵副車曰佐。朝祀尚敬，乘副車者式。戎獵尚武，乘副車者不式也。注「貳車」至「而歸」　正義曰：云「朝祀之副曰貳，戎獵之副曰佐」者，以此經「佐車」、「貳車」相對，貳車云「式」，主敬，故謂「朝祀之副曰貳」。佐車不式，主

❶「並在室中」，四字原脱。此本批校云：「『事神大禮』下別本有『並在室中』四字，此本接寫時脱去。」所謂「別本」，蓋謂殿本、庫本也。批校是，據補。

武，故云「戎獵之副曰佐」。若戎、獵自相對，則戎車之副曰倅，田車之副曰佐。故《周禮》戎僕馭倅車，田僕馭佐車。熊氏云：「此云『戎獵之副曰佐』者，據諸侯禮也。故莊九年『公及齊師戰于乾時，公喪戎路，佐車授綏』是也。」

注「此蓋」至「之數」 正義曰：案《周禮·大行人》云：「上公貳車九乘，侯伯七乘。」又《典命》云：「卿六命，其大夫四命。車服各如其命數。並與此經不同，故疑爲殷制。

貳車者，諸侯七乘，上大夫五乘，下大夫三乘。❶ 此蓋殷制也。《周禮》貳車，公九乘，侯伯七乘，子男五乘，及卿大夫各如其命之數也。有貳車者之乘馬、服車，❷不齒。尊有爵者之物，廣敬也。服車，所乘車也。車有新舊。觀君子之衣服、服劍、乘馬，弗賈。平尊者之物，非敬也。疏 正義曰：此一節明廣敬之義。 「有貳車者之乘馬、服車，不齒」者，有貳車，則謂下大夫貳車之乘以下者。❸謂其所乘之馬，所服之車，不敢齒次，論其年歲，評其價數高下。車所以不得齒者，以車有新舊。則年歲有多少，價數有貴賤，以尊者之物，故不敢齒也。 「觀君子之衣服、服劍、乘馬，弗賈」者，觀，視也。亦不得輕平尊者物，堪直多少之賈。亦爲不敬，故觀而不平。其以乘壺酒、束脩、一犬賜人若獻人，則陳酒執脩以將命，亦曰「乘壺酒、束脩、一犬」。陳重者，執輕者，便也。乘壺，四壺也。酒，謂清也，糟也。不言「陳犬」，或無脩者，牽犬以致命也。於卑者曰賜，於尊者曰獻。其以鼎肉，則執以將命。鼎肉，謂牲體已解，可升於鼎也。其禽加於一雙，則執一雙以將命，委其餘。加，猶多也。犬則執緤。守犬、田犬，則授擯者，既受乃問犬名。牛則執紖，馬則執靮，皆右之。緤、紖、靮，皆所以繫制之者。守犬、田犬問名，畜養者當呼之。名，謂若韓盧、宋鵲之屬。右之者，執之宜由便也。臣則左之。異於衆物。臣，謂囚俘。車則說綏，

❶「貳車者」至「下大夫三乘」，此十七字經文，及其注文，當從阮本，緊接上文「乘貳車則式」節經注之後，以免疏文反在經注之前。

❷「服車」，王引之云：「『服車』二字，當在下文『乘馬』之下。鄭所見本蓋已誤。」詳《經義述聞》卷十五。

❸「以下」，浦鏜校云：「下」，疑「上」字誤。

執以將命。甲，若有以前之，則執以將命；無以前之，則袒櫜奉胄。甲，鎧也。有以前之，謂他摯幣也。櫜，弢鎧衣也。胄，兜鍪也。袒其衣，出兜鍪以致命。器則執蓋。謂有表裏。弓則以左手屈韣執拊。韣，弓衣也。左手屈衣，并於拊執之，而右手執簫。劍則啓櫝，蓋襲之，加夫襓與劍焉。櫝，謂劍函也。襲，卻合之。夫襓，劍衣也。加劍於衣上。夫，或爲「煩」，皆發聲。笏、書、脩、苞苴、弓、茵、席、枕、几、穎、❶杖、琴、瑟、戈有刃者櫝、筴、籥，其執之，皆尚左手。苞苴，謂編束萑葦以裹魚肉也。茵，著蓐也。穎，警枕也。筴，蓍也。籥，如笛，三孔。皆，十六物也。左手執上，上陽也。右手執下，下陰也。刀，卻刃授穎，削授拊。辟用時。穎，鐶也。拊，謂把。凡有刺刃者，以授人則辟刃。辟刃，不以正鄉人也。**疏**正義曰：此一節廣明以物獻遺人法。各隨文解之。「其以乘壺酒、束脩、一犬賜人若獻人」者，四馬曰乘，故知四壺酒亦曰乘壺。束脩，十脡脯也。酒脯及犬，皆可爲禮也。與卑者曰賜，奉尊者曰獻，隨其所與，故云「賜人若獻人」也。「則陳酒執脩以將命」者，陳，列也。酒重脯輕，故陳列重者於門外，而執輕者進以奉命也。「亦曰『乘壺酒、束脩、一犬』」者，謂將命之時辭也。雖陳酒、犬而單執脯致命，而其辭亦猶曰有酒、脯、犬也。若二犬，亦當言二也。**注**「酒謂」至「命也」 正義曰：案《内則》，酒醴有清有糟，泲者曰清，不泲者曰糟，故知此酒或清或糟。云「不言『陳犬』，或無脩者，牽犬以致命也」者，鄭釋初云有酒、脯、犬，而後唯云陳酒執脯，不言「陳犬」，故明之也。若言「陳犬」，則嫌無脯時亦猶陳之。今欲明若無脯者，則陳酒牽犬以將命，故不言「陳犬」也。「犬馬不上於堂」，牽之當在下耳。「其以鼎肉，則執以將命」 謂無脯犬而有酒肉者也，則亦陳酒而執肉以將命也。云「鼎肉」者，謂肉已解剔，可升於鼎者。解剔則易執也。「其禽加於一雙，則執一雙以將命，委其餘」者，謂以禽獸賜也。二隻曰雙。加於一雙，謂或十或百雙

❶「穎」，阮本作「熲」，余本同，岳本同。蓋《正義》本作「穎」，《釋文》本作「熲」，本自不同也。詳《九經三傳沿革例》及阮校。又，王引之云：「『穎』字當在『枕』下，枕、穎相連，故知穎爲枕屬。」詳《經義述聞》。

也。假令多雙，則唯執一雙將命也。「委其餘」者，所餘多雙，則委陳門外也。　「犬則」至「右之」　「緤」，牽犬繩也。若牽犬將命，則執緤犬繩也。　「守犬、田犬則授擯者，既受乃問犬名」者，犬有三種：一曰守犬，守禦宅舍者也；二曰田犬，田獵所用也；三曰食犬，充君子庖廚庶羞用也。田犬、守犬有名，食犬無名。獻田犬、守犬，則主人擯者既受之，乃問犬名。　「牛則執紖，馬則執靮」者，紖、靮，俱牽牛馬之物，故執之。　「皆右之」者，謂以右手牽之，由便故也。此謂田犬、守犬，畜養馴善，無可防禦。若充食之犬，則左手牽之，右手防禦。故《曲禮》云「效犬者，左牽之」是也。　注「謂若韓盧、宋鵲之屬」　正義曰：《戰國策》云：「韓子盧者，天下之壯犬也。」桓譚《新論》云：「夫畜生賤也，然其尤善者，皆見記識，故犬道韓盧、宋浞。」又魏文帝説諸方物，亦云：「狗，於古則韓盧、宋鵲。」則「浞」、「鵲」音同字異耳，故鄭亦爲「鵲」字。　「臣則左之」者，謂征伐所獲民虜者也。左之，謂左手操其右袂也。以其異於衆物。衆物，犬馬之屬。犬馬不生變異，故皆右之。民虜或起惡慮，故以左手操右袂，右手當制之，❶是與衆物異也。　「車則」至「奉胄」　獻車馬者執策綏，故知陳車馬而「説綏，執以將命」。　「甲，若有以前之，則執以將命」者，甲，鎧也。有以前之，謂他物也。謂獻鎧，若復有他物與鎧同獻，則陳鎧，而執他物輕者以將命也。「無以前之，則袒櫜奉胄」者，袒，開也。櫜，弢鎧衣也。胄，兜鍪也。若無他物，唯獻甲而已，則開甲櫜出胄，奉之將命也。《曲禮》云「獻甲者執胄」是也。　「器則執蓋」器，凡器，若獻則陳底，執蓋以將命，蓋輕便也。　「弓則以左手屈韣執拊」　韣，弓衣。拊，弓把也。獻弓則左手屈弓衣，并於把而執之，以其右手執簫以將命。《曲禮》云「右手執簫，左手承弣」是也。　「劒則」至「劒焉」　「啓」，開也。「櫝」，劒函也。獻劒則先開函也。　「蓋襲之」者，蓋，劒函之蓋也。襲，謂郤合也。開函而以蓋郤合於函下底。於蓋上加夫襓者，襓，劒衣也。先郤合蓋於函下，又加劒衣函中也。　「與劒焉」者，加衣於函中竟，而以劒置衣上也。　注「襲郤」至「發聲」　正義曰：皇氏云：「郤，仰也。謂仰蓋於函底之下，加函底於上，重合之，故云襲。」云「夫襓，劒衣也」者，熊氏云：「依《廣雅》：『夫襓，木劒衣。』謂以木爲劒衣者，若今刀榼。」云「夫，或爲『煩』，皆

❶「右手當制之」下，衛氏《集説》有「曲禮獻民虜者操右袂是也」十一字，疑是。

發聲」者，以《禮記》本「夫」或作「煩」字者，故云「夫」或爲「煩」，俱是發聲，故云「皆發聲」。然則「襓」之一字，是衣之正名。「襓」字從衣，當以繒帛爲之。熊氏用《廣雅》以木爲之，其義未善也。　「笏書」至「左手」　笏也，書也；脩，脯也；苞苴也；❶弓也；茵也；席也；枕也；几也；穎，警枕也；杖也；琴也；瑟也；戈有刃者櫝也，謂戈之有刃者以櫝韜之；筴，蓍也；籥，笛也。　「其執之，皆尚左手」者，言執此諸物，皆尊尚左手。左手在上而執之，右手在下而承之。　注「苞苴」至「陰也」　正義曰：「苞苴，謂編束萑葦以裹魚肉」者，❷案《既夕禮》云：「葦苞長三尺。」《内則》云：「炮取豚，編萑以苴之。」是編萑葦以裹魚及肉也。亦兼容他物。故《禹貢》云「厥包橘柚」，《孔叢子》云「吾於木瓜之惠，見包苴之禮行」是也。❸云「茵，著蓐也」者，❹謂茵是以物所著之蓐。言有著者，謂之曰茵。故《既夕》云：「茵著用茶。」謂茅莠也，用茶以著茵也。云「穎，警枕也」者，以經「枕」外別言「穎」，穎是穎發之義，故爲警枕。云「筴，蓍也」者，《曲禮》云「筴爲筮」，故筴爲蓍也。云「籥，如笛，三孔」者，案《漢禮器》知之。《詩》注或云「籥，六孔」。兩不同者，蓋籥有大小。《詩箋》或云「管如篴，併而吹之」。云「皆十六物也」者，前解經以也，開之即是其數也。　「刀，卻刃授穎」　言授人以刀，卻仰其刃，授之以穎。穎謂刀鐶也，言以刀鐶授之。　「削授拊」者，削，謂曲刀。拊，謂削把。言以削授人，則以把授之。　注「穎，鐶也」　正義曰：「穎」是穎發之義。刀之在手，謂之爲穎；禾之秀穗，亦謂之爲穎；枕之警動，亦謂之穎。其事雖異，大意同也。　「凡有刺刃者，以授人則辟刃」　謂不以刃正嚮人也。

乘兵車，出先刃，入後刃。不以刃鄉國也。**軍尚左，**左，陽也，陽主生。將軍有廟勝之策，左將軍爲上，貴不敗績。**卒尚右。**右，陰也，陰主殺。卒之行伍，以右爲上，示有死志。

疏正義曰：此一節論兵車出入及將士所處之宜。　「出先刃，入後刃」者，不欲以刃嚮國。　「軍尚左」者，軍，謂軍將。行伍尊尚左方，左是陽，陽主生，欲其生，不敗績也。　「卒尚右」者，言士卒行伍，貴尚於右。右爲陰，示其有必死之心。

賓

❶「也」，原作「已」，據阮本改。
❷「裹」，原作「裏」，據阮本改。
❸「包」，阮本作「苞」，閩、監、毛本同。
❹「著」，原作「者」，據阮本改。

客主恭，祭祀主敬，喪事主哀，會同主詡。恭在貌也，而敬又在心。詡，謂敏而有勇，若齊國佐。疏正義曰：恭在貌，敬在心。賓客輕，故主恭。祭祀重，故主敬。「會同主詡」者，詡，謂敏大言語。會同之時，貴在敏捷勇武自光大。注「詡謂」至「國佐」 正義曰：成二年《左傳》，齊、晉戰於鞌，齊國佐陳辭以拒晉師，是「敏而有勇」也。軍旅思險，隱情以虞。險，阻，出奇覆諼之處也。隱，意也，思也。虞，度也。當思念己情之所能，以度彼之將然否。疏正義曰：「軍旅思險」者，言軍旅行處，思其險阻之地，出奇設謀，以覆敗前敵。「隱情以虞」者，隱，意也，思也。虞，度也。謂以意思念彼情，豫測度前敵，知其所欲爲事。記者明軍旅之中，當須如此。注「險阻」至「然否」 正義曰：「險，阻，出奇覆諼之處也」者，鄭解經中「險」字，險是地形險阻。諼，詐也。地形既險，得出奇謀覆詐，故云「險阻，出奇覆諼之處」。若其平地，則不得設奇謀設詐也。「虞，度也」，《釋言》文。云「當思念己情之所能，以度彼之將然否」者，言在軍旅，先須思念己國之情所堪能，以測度彼軍將欲如此以否」。燕侍食於君子，則先飯而後已。所以勸也。毋放飯，毋流歠，小飯而亟之，亟，疾也。備噦噎若見問也。數噍，毋爲口容。口容弄口。客自徹，辭焉則止。主人辭其徹。疏正義曰：此一節明侍食之法。「先飯而後已」者，先飯，先君子之飯，若嘗食然；君子食罷而後已，若勸食然。「小飯而亟之」者，小飯，謂小口而飯。亟，謂疾速而咽。小飯而備噦噎也，速咽之，備見問也。「數噍，毋爲口容」者，數噍，謂數數嚼之。「無爲口容」者，無得弄口，以爲容也。「客自徹，辭焉則止」者，謂食訖，客欲自徹其俎，主人辭其徹俎，客則止而不徹。客爵居左，其飲居右。客爵，謂主人所酬賓之爵也，以優賓耳。賓不舉，奠于薦東。介爵、酢爵、僎爵，皆居右。三爵皆飲爵也。介，賓之輔也。酢，所以酢主人也。古文《禮》「僎」作「遵」。遵，謂鄉人爲卿大夫來觀禮者。酢，或爲「作」。僎，或爲「馴」。疏正義曰：此一節明客爵所在。客爵，依《鄉飲酒禮》，主人酬賓之爵，賓受奠觶于薦東，是「客爵居左」也。「其飲居右」者，《鄉飲酒禮》旅酬之時，一人舉觶于賓，賓奠觶于薦西。至旅酬，賓取薦西之觶以酬主人，是「其飲居右」也。

「介爵、酢爵、僎爵，皆居右」者，介，賓副也。酢，謂客酌還答主人也。僎，謂鄉人來觀禮副主人者也。此三人既不被優，故爵並居右，示爲飲之。案《鄉飲酒》，介爵及主人受酢之爵并僎爵，皆不明奠置之所，故記者於此明之。

注「客爵」至「賓耳」　正義曰：案《鄉飲酒禮》，主人酬賓，奠觶于薦東。所以不奠薦西者，欲優饒其賓，且令閑裕，故不奠於薦西。賓又不盡主人之歡，還奠薦東，示不敢飲也。**注**「三爵」至「禮者」　正義曰：案《鄉飲酒禮》，主人獻介，介飲。獻賓，賓酢主人，主人飲。主人獻僎，僎飲。是「三爵皆飲爵」。云「遵，謂鄉人爲卿大夫來觀禮者」，案《鄉射禮》：「若有遵者，則入門左。」注云：「謂此鄉之人爲大夫者也。謂之爲遵者，方以禮樂化民，欲其遵法之也。今文『遵』或爲『僎』。」云「酢，或爲『作』。僎，或爲『馴』」者，謂他文書本有作此字者，故云「或」。他皆倣此。

羞濡魚者進尾，擗之由後，鯁肉易離也。乾魚進首，擗之由前，理易析也。冬右腴，氣在下。腴，腹下也。夏右鰭，氣在上。鰭，脊也。祭膴。膴，大臠，謂刳魚腹也。膴，讀如「冔」。**疏**正義曰：此一節明進魚之禮。

「羞濡魚者進尾」，濡，溼也。謂膳羞有溼魚也。進尾者，擗溼魚從後來，則脇肉易離也。「冬右腴」者，腴，謂魚腹。冬時陽氣，下在魚腹，故「右腴」。「夏右鰭」者，鰭，謂魚脊。夏時陽氣，上在魚脊，故「右鰭」。凡陽氣所在之處肥美，故進魚使嚮右，以右手取之便也。此「濡魚進尾」、「乾魚進首」，及「右腴、右鰭」之屬，皆謂尋常燕食所進魚體，非祭祀及饗食正禮也。若祭祀，魚在於俎，皆縮載。俎既橫設，魚則隨俎而從，於人爲橫，無進首進尾之理。故《少牢》「魚用鮒，而俎縮載」。其主人正饗亦然。❶《公食大夫禮》「魚七縮俎」是也。正祭魚既縮載，《少牢》「主人獻祝，佐食三，❷魚一橫之」，彼是正祭，魚橫者，以魚與牲體共俎，故特橫之，殊於牲體也。若天子、諸侯繹祭及卿大夫儐尸，魚則橫載之於俎。俎在人前而橫，魚則於人爲從，得有進首尾也。故《有司徹》云：「尸俎五魚，橫載之。侑、主人皆一魚，亦橫載之。」彼注云：「橫載之者，異於牲體。」如鄭此言，正祭之時，牲體橫而魚縮載，儐尸之時，牲體縮而魚橫載之，故云「橫載之者，異於牲體」也。

---

❶「主人」，浦鏜校曰，當作「生人」。按：蓋上文所言乃饗神鬼也。

❷「佐食三」，按《少牢饋食禮》，此句疑有脱誤。

正祭則右首進腴。故《少牢》「魚右首，進腴」，變於生人。若生人，右首進鰭。故《公食大夫》云「寢右」，注云：「右，首也。寢右，進鰭也。乾魚近腴多骨鯁。」案《特牲》、《少牢》，魚皆十有五，鄭云：「從陰類。」《昏禮》魚有十四，減一從偶數。《士喪禮》大斂，及《士虞禮》及《公食禮》，魚皆七。其天子、諸侯，魚數未聞。「祭膴」者，膴，謂刳魚腹下爲大臠。此處肥美，故食魚則刳取以祭先也。**凡齊，執之以右，居之於左。**齊，謂食羹醬飲有齊和者也。居於左手之上，右手執而正之，由便也。疏正義曰：此一經明齊和之宜。「凡齊」者，謂以鹽梅齊和之法。「執之以右」者，謂執此鹽梅以右手。「居之於左」者，謂居處羹食於左手之上，以右手所執鹽梅調和正之，於事便也。**贊幣自左，詔辭自右。**自，由也。謂爲君授幣，爲君出命也。立者尊右。疏正義曰：此一經論贊幣贊辭之異。自，由也。贊，助也。謂爲君授幣之時，由君左。「詔辭自右」者，詔辭，謂爲君傳辭也。君辭貴重，若傳與人時，則由君之右也。**酌尸之僕，如君之僕。**當其爲尸則尊。**其在車，則左執轡，右受爵，祭左右軌范，❶乃飲。**《周禮·大御》：「祭兩軹，祭軌，❷乃飲。」軌與軹，於車同謂轊頭也。範與范聲同，謂軾前也。疏正義曰：此一節明爲尸之僕祖道祭軷之宜。「酌尸之僕」者，僕，爲尸御車之人。將欲祭軷，酌酒與尸之僕，今爲軷祭。❸如似酌酒與君之僕，以其爲尸，則尊之似君也。「其在車，則左執轡，右受爵」者，尸僕受酒法也。「其在車」，謂僕在車中時也。僕既所主尸車，❹故於車執轡而受爵也。尸位在左，僕立在右，故「左執轡，右受爵」祭酒也。君僕亦然。「祭左右軌范」者，

❶「軌」，阮校云：「盧文弨校云：『軌乃軹之譌，而鄭此處但云與軹同，《釋文》又音媿美反，不當改軓。』案盧校是也。戴震有《辨詩禮注軓軌軹斬四字》一文，言之極詳。」按段玉裁云：「《少儀》之『左右軌』，即《周禮·大馭》之『兩軹』也。」其意蓋謂「軌」字不誤，不必改「軹」。詳《經韻樓集》之《濟盈不濡軌傳曰由輈以下曰軌》一文。疏同。

❷「軌」，浦鏜、惠棟、孫希旦校，皆云「軌」當作「軓」。戴震校同。下同，疏同。

❸「今」，孫詒讓《校記》云：「今」當爲「令」。

❹「所」，衛氏《集說》無「所」字。

軌謂轂末，范謂式前。僕受爵將飲，則祭之酒於車左右軌及前范也。所以祭者，爲其神助己，不使傾危故也。「乃飲」者，祭徧乃自飲也。 注「周禮」至「前也」 正義曰：案《周禮・大馭》「祭兩軹，祭軌」，此云「祭左右軌范」，兩文不同，則「左右軌」與「兩軹」是一，故云「軌與軹，於車同謂轊頭」，謂車轂小頭也。此云「范」，《大馭》云「軌」，❶兩事是一，聲同字異，故云「聲同」，謂式前之範與此范，❷俱是式前也。但式前之軓，❸「車」旁著「凡」，或作「範」字。雖作「範」字，聲同而字異，即《詩・邶風》「濟盈不濡軓」，亦「車」旁「凡」，與此同也。若轂末之軌，則「車」旁著「九」，此經「左右軌」是也。其車轍亦謂之軌，亦「車」旁著「九」，則《考工記》「經涂九軌」，是與此字同而事異也。

凡羞有俎者，則於俎内祭。 俎於人爲横，不得祭於間也。 **君子不食圂腴。** 《周禮》「圂」作「豢」，謂犬豕之屬食米穀者也。腴，有似於人穢。 疏 正義曰：此一節廣明祭俎及羞膳之事。 「凡羞有俎者，則於俎内祭」者，若羞在豆，則祭於豆閒。若羞在俎，則於俎内而祭。俎在人前横設，俎内近人之處，以俎於人爲横，不得祭於俎間也。俎横在人前，故不得祭於俎外及兩俎閒也。 「君子不食圂腴」 圂，豬犬也。腴，豬犬腸也。言豬犬亦食米穀，其腹與人相似。故君子但食他處，辟其腴，謂腸胃也，故鼎闕一也。 **小子走而不趨，舉爵則坐祭立飲。** 小子，弟子也，卑，不得與賓、介俱備禮容也。 疏 正義曰：「小子」，弟子也。「趨」，徐趨也。弟子不得與賓主參預禮，但給役使，故宜驅走，不得趨翔爲容也。 「舉爵則坐祭立飲」者，謂弟子若得酒，舉爵時，則先以坐祭，祭竟而立飲之也。 **凡洗必盥。** 先盥，乃洗爵，先自絜也。盥有不洗也。 疏 正義曰：「洗」，洗爵也。「盥」，洗手也。凡飲酒必洗爵，❹洗爵必宜先洗手也。 **牛羊之肺，離而不提心。** 提，猶絶也。刲離之，不絶中央少者，❺使易絶以祭耳。 疏 正義曰：謂祭肺法也。提，猶絶也。取肺刲離之，不絶心。心，謂肺中央少許耳。

❶「軌」，阮校云：「惠棟校宋本『軌』作『軓』是也。」
❷「范」，阮校云：「段玉裁校本『范』改『軓』。」
❸「軓」，原作「軌」，據魏氏《要義》改。
❹「必」，原作「是」，據阮本改。
❺「絶」，原作「終」，據余本、撫本、岳本、阮本改。

凡羞有湆者，不以齊。齊，和也。疏正義曰：庾云：「湆，汁也。若羞有汁，則有鹽梅齊和。若食者更調和之，則嫌薄主人味，故不以齊也。」賀瑒云：「凡湆，皆謂大羹，大羹不和也。」爲君子擇葱薤，則絶其本末。爲有萎乾。疏正義曰：本，根也。葱薤根不浄，末萎乾，故擇者必絶其二處。爲君子如此，則非君子不然。羞首者，進喙，祭耳。耳出見也。疏正義曰：「羞」，亦膳羞也。首，頭也。喙，口也。若膳羞有牲頭者，則進口以鄉尊者。尊者若祭，先取牲耳祭之也。尊者，以酌者之左爲上尊。尊者，設尊者也。酌者鄉尊，其左則右尊也。尊壺者面其鼻。鼻在面中，言鄉人也。飲酒者：機者、醮者，有折俎不坐。折俎尊，徹之乃坐也。已沐飲曰機。酌始冠曰醮。未步爵，不嘗羞。步，行也。疏正義曰：此一節論設尊及折俎、行爵嘗羞之儀。「尊者」，謂設尊人也。人君陳尊，在東楹之西，於南北列之。設尊之人在尊西，鄉東，以右爲上，則尊以南爲上也。「酌」，謂酌酒人也。酌人在尊東，西面，以左爲上，亦上南也。二人俱以南爲上也，故云「以酌者之左爲上尊」。注「尊者」至「尊也」 正義曰：庾云：「《燕禮》『司宫尊于東楹之西，兩方壺，左玄酒，南上。』注：『《玉藻》云：「唯君面尊。」玄酒在南，順君之面也。』下云『公席阼階上，西鄉』，下又云『執冪者升自西階，立于尊南，北面，東上』。案『左玄酒，南上』之言，是設尊者東鄉，酌者西鄉，設者之右，則酌者之左也。」「尊壺者面其鼻」者，尊與壺，悉有面。面有鼻，鼻宜鄉於尊者，故言「面其鼻」也。「飲酒者」，則下文「機者、醮者」是也，摠以「飲酒」目之。「機者」，謂沐而飲酒。「醮者」，謂冠而飲酒者。「有折俎不坐」者，折俎，謂折骨體於俎也。機、醮者，若有折俎爲尊，機、醮小事爲卑，故不得坐也。折俎所以爲尊者，賀云：「折俎則殽饌尊，故《冠禮》庶子冠于房户之前，而冠者受醮不敢坐，及機者並不敢坐也。案《鄉飲酒》、《燕禮》，有折俎者皆不坐，獨云機者、醮者不坐者，以機者、醮者無酒俎之時則得坐，嫌畏有折俎亦坐，故特明之云『有折俎不坐』。」「未步爵，不嘗羞」者，步，行也。羞，殽羞也。殽羞本爲酒設，若爵未行而先嘗羞，是貪食矣，故不先爵嘗之也。此謂無筭爵之時，羞庶羞，行爵之後始嘗之。若正羞脯醢折俎，未飲酒之前則嘗之。故《鄉飲酒》、《鄉射》、《燕禮》、《大射》獻後乃薦賓，皆先祭脯醢，嚌肺，乃飲，卒爵。牛與羊魚之腥，聶而切之爲膾。聶之言牒也，先藿葉切之，復報切之，則成膾。麋鹿爲菹，野豕爲軒，皆聶而不切。麕爲辟雞，兔爲宛脾，皆聶而切之。切葱若薤，實之醯以柔之。此軒、辟雞、宛脾，皆菹類也。其作之狀，以醯與葷菜淹之，殺肉及腥氣也。疏正義曰：此一節明膾及齏菹麤細之異。「聶而切之」者，謂先牒爲大臠，而後報切之爲膾也。❶「麋鹿爲菹」以下，已於《内則》具釋之。其有折俎者，取祭，❷反之，不坐。燔亦如之。亦爲柄尺之類也。燔，炙也。《鄉射》曰：「賓奠爵于薦西，興，取肺，坐，絶祭，左手嚌之，❸興，加于俎，坐，帨手。」尸則坐。尸尊也。《少牢饋食禮》曰：「尸左執爵，右兼取肝肺，❹擩于俎鹽，振祭，嚌之，加于菹豆。」疏正義曰：此一節明祭俎之儀。❺「折俎」，謂折骨於俎。俎既有足柄尺之類，故就俎取所祭肺，立而取之，升席坐祭。祭訖，反此所祭之物，加之於俎。皆立而爲之，故云「取祭，反之，不坐」，唯祭時坐耳。「燔亦如之」者，燔，謂燔肉。雖非折骨，其肉在俎，其取及祭反時，皆亦不坐，故云「燔亦如之」。「尸則坐」者，前云「不坐」者，是賓客耳。若爲尸，尸尊，雖折俎，初取祭反之皆坐也。❻注「尸尊」至「菹豆」正義曰：引《少牢饋食禮》者，證「尸坐」之義。前注引《鄉射禮》云「賓奠爵于薦西，興取肺」，云「興」，則立也。此引《少牢禮》云「尸左執爵，右兼取肝肺」，不云「興」，故知「尸則坐」。「菹豆」，盛菹之豆也。

衣服在躬，而不知其名爲罔。罔，猶罔罔，無知貌。疏正義曰：衣服文章，所以表人之德，亦勸人慕德。若著之而不識知其名義者，則是罔罔無知之人也。其未有燭而有後至者，則以在者告。道瞽亦然。爲其不見，意欲知之也。師冕見，及階，子曰：「階也。」及

---

❶「後報」，阮校云：「監、毛本『報』作『細』。衛氏《集説》『後報』作『復細』。」

❷「祭」，阮本「祭」下有「肺」字，撫本同。

❸「嚌」，原作「齊」，據余本、撫本、岳本、阮本改。

❹「肺」，浦鏜校云「肺」字衍。案《少牢饋食禮》無「肺」字。下同。

❺「明」，原作「問」，據阮本、衛氏《集説》改。

❻「初」，衛氏《集説》無「初」字。

席，子曰：「席也。」皆坐，子告之曰：「某在斯，某在斯。」凡飲酒爲獻主者，執燭抱燋，客作而辭，然後以授人。爲宵言也。主人親執燭，敬賓，示不倦也。言「獻主」者，容君使宰夫也。未爇曰燋。執燭，不讓，不辭，不歌。以燭繼晝，禮殺。疏正義曰：此一節明有燭無燭之儀，爲主人法也。「在者」，謂已在於坐者也。若日已闇，而坐中未有燭繼，新有人後來至者，則主人以在坐中者而告之，云「某人在此，某人在此」，使後來人知之也。「道瞽亦然」者，瞽無目，恒如日闇，故道示之，亦如無燭時也。「凡飲酒爲獻主」者，獻主，主人也。謂爲飲酒主人法也。凡飲酒，主人自獻賓。若尊卑不敵，則使宰夫爲主人以獻賓，故云「爲獻主」也。「執燭」者，謂夜闇執燭。「抱燋」者，燋，謂未爇之炬。既欲留客，又取未然之炬抱之也。「客作而辭」者，作，起也。客既見主人「執燭抱燋」，故自起辭之也。「然後以授人」者，主人見客起辭，故從辭而止，以燭乃授己執事之人。❶「執燭，不讓，不辭，不歌」者，執燭，夜時也。禮，賓主有讓，及更相辭謝，又各歌詩相顯德。今既夜莫，所以殺於三事。❷洗、盥、執食飲者，勿氣；有問焉，則辟咡而對。示不敢歆臭也。口旁曰咡。疏正義曰：「洗」，謂與尊長洗足也。「盥」，謂與尊長洗手也。若爲尊長洗、盥及執尊長飲食，則「勿氣」，謂不以鼻嗅尊長飲食也。「有問焉，則辟咡而對」者，咡，口旁也。當爲尊者洗、盥及執飲食之時，而尊者有事問己，己則辟口而對，不使口氣及尊者。爲人祭曰「致福」，爲己祭而致膳於君子曰「膳」，祔、練曰告。此皆致祭祀之餘於君子也。攝主言「致福」，申其辭也。自祭言「膳」，謙也。祔、練言「告」，不敢以爲福、膳也。凡膳、告於君子，❸主人展之，以授使者于阼階之南，南面，再拜稽首送。反命，主人又再拜

---

❶「以燭乃」，殿本、庫本及衛氏集説作「乃以燭」，疑是。

❷「於」，衛氏《集説》作「此」。

❸「凡膳告於君子」，俞樾《群經平議》云：「案『子』字衍文也。涉上文『致膳於君子』而衍。當作『凡膳告於君』，故下文云『再拜稽首送』。《周官・大祝》疏曰：『稽首，拜中最重，臣拜君之拜。』然則非膳告於君，無所用其稽首也。」

稽首。展，省具也。**其禮，大牢則以牛左肩、臂、臑折九个，少牢則以羊左肩七个，犆豕則以豕左肩五个。**折，斷分之也。皆用左者，右以祭也。羊豕不言臂、臑，因牛序之可知。疏正義曰：此一節明致福及膳於君子，及所膳牲體之數。謂爲人攝祭而致飲胙於君子也，❶其致胙將命之辭則曰「致福」也，謂致彼祭祀之福於君子也。「爲己祭而致膳於君子曰『膳』」者，若己自祭而致胙於君子，則不敢云「福」，而言「致膳」。膳，善也，言致善味耳。「祔、練曰『告』」者，若己祔、祥而致胙，又不敢云「福」、「膳」，但云「告」，言以祭胙告君子，使知己祔、祥而已。故顏回之喪，饋孔子祥肉是也。「凡膳告於君子」者，結上也。膳自祭及告祥也。「主人展之，以授使者于阼階之南，南面，再拜稽首送」者，謂初遣使膳，告君子之去時也。展，省視。敬君子，故主人自省視飲食多少備具，而阼階南稽首拜送使者。「反命，主人又再拜稽首」者，使從君子處還反，則主人亦再拜稽首受命也。亦當在阼階南，南面也。《曲禮》云「使者反，必下堂而受命」是也。「其禮，大牢則以牛左肩、臂、臑折九个」者，明所膳禮數也。若得大牢祭者，則用牛膳也。周人牲體尚右，右邊已祭，所以獻左也。周貴肩，故用左肩也。九个者，取肩，自上斷折之，至蹄，爲九段，以獻之也。臂、臑，謂肩、脚也。「少牢則以羊左肩七个」者，若禮得少牢者，則膳羊左肩也，折爲七个。不云「臂、臑」，從上可知也。然並用上牲，不并備饌。故大牢者唯牛，少牢者唯羊也。「犆豕則以豕左肩五个」者，若祭唯特豕，亦用豕左肩，亦用五个，以爲膳也。

國家靡敝，則車不雕幾，甲不組縢，食器不刻鏤，君子不履絲屨，馬不常秣。靡敝，賦稅亟也。雕，畫也。幾，附纏爲沂鄂也。組縢，以組飾之，及紟帶也。《詩》云：「公徒三萬，貝冑朱綅。」亦鎧飾也。疏正義曰：此一節明國家靡敝減省之禮。「靡」，謂侈靡。「敝」，謂凋敝。由君造作侈靡，賦稅煩急，則物凋敝，則改往脩來。或可「靡」爲「縻」，謂財物縻散凋敝，古字通用。「車不雕幾」者，幾，謂沂鄂。不雕畫漆飾以爲沂鄂。「甲不組縢」者，縢，謂紟帶。其甲不用組以爲飾及紟帶。「君子不履絲

❶「謂爲人攝祭而致飲胙於君子也」，浦鏜校云，此上當有「爲人祭曰致福者」七字。蓋缺少出文也。

屨」者，絲屨，謂絇、繶、純之屬，不以絲飾之，故云「不履絲屨」。注「組縢」至「飾也」正義曰：云「以組飾之」者，謂以組飾甲也。云「及紟帶也」者，謂以組連甲，及爲甲帶。言「紟帶」，解經「縢」字。縢是縛約之名，故《秦詩》云「竹閉緄縢」，注云：「縢，約也。」引《詩》「公徒三萬」者，《魯頌·閟宮》文。引之者，「貝冑朱綅」，貝冑，謂以貝飾冑。朱綅綴之也，謂以朱繩綴甲。故鄭云「亦鎧飾也」。

禮記正義卷第四十五

禮記正義卷第四十六

國子祭酒上護軍曲阜縣開
國子臣孔穎達等奉勑撰

學記第十八

正義曰：案鄭《目録》云：「名曰《學記》者，以其記人學教之義。此於《別録》屬《通論》。」

發慮憲，求善良，足以謏聞，不足以動衆。憲，法也。言發計慮當擬度於法式也。求，謂招來也。謏之言小也。動衆，謂師役之事。就賢體遠，足以動衆，未足以化民。就，謂躬下之。體，猶親也。君子如欲化民成俗，其必由學乎！所學者，聖人之道，在方策。疏正義曰：此一節明雖有餘善，欲化民成俗，不如學之爲重。　「發慮憲」者，發，謂起發。慮，謂謀慮。憲，謂法式也。言有人不學而起發謀慮，終不動衆。舉動必能擬度於法式，故云「發慮憲」。　「求善良」者，良亦善也。又能招求善良之士。　「足以謏聞」者，謏之言小。聞，聲聞也。言不學之人，能有片識謀慮法式，求善以自輔，此是人身上小善，故小有聲聞也。「不足以動衆」者，衆，謂師役也。雖有以小善，恩未被物，若御軍動衆則不能，故云「不足以動衆」也。　「就賢體遠」者，賢，謂德行賢良，屈下從就之；遠，謂才藝廣遠，心意能親愛之也。　「足以動衆」者，以恩被於外，故「足以動衆」也。　「未足以化民」者，雖復恩能動衆，識見猶淺，仁義未備，故「未足以化民」也。　「君子如欲化民成俗」者，君，謂君於上位。子，謂子愛下民。謂天子、諸侯及卿大夫，欲教化其民，成其美俗，非學不可，故云「其必由學乎」！　學則博識多聞，知古知今，既身有善行，示民軌儀，故可以化民成俗也。　注「憲法」至「之事」　正義曰：「憲，法」，《釋詁》文。「謏之言小也」，言謏音近小，故云「謏之言小也」。云「動衆，謂師役之事」者，「動衆」以與「化民」相對，化民事難，動衆稍易，故知是師役之事。

注「所學」至「方策」 正義曰：鄭恐所學唯小小才藝之事，故云「所學者，聖人之道」。以其化民成俗，非聖人之道不可。云「在方策」者，下篇「文、武之道，布在方策」是也。

玉不琢，不成器。人不學，不知道。是故古之王者，建國君民，教學爲先。謂内則設師、保以教，使國子學焉。外則有大學、庠、序之官。《兑命》曰：「念終始典于學。」其此之謂乎！典，經也。言學之不舍業也。兑，當爲「説」，字之誤也。高宗夢傅説，求而得之，作《説命》三篇，在《尚書》，今亡。疏正義曰：此一節論喻學之爲美，故先立學之事。「王者建國君民，教學爲先」者，建國，謂建立其國。君民，謂君長其民。内則設師、保，外則設庠、序以教之，故云「教學爲先」。「《兑命》曰：念終始典于學」者，記者明教學事重，不可暫廢，故引《兑命》以證之。言殷相傳説告高宗云：意恒思念，從始至終，習經典於學也。「其此之謂乎」者，言此經所謂「教學爲先」，則《兑命》「念終始典于學」也。

注「典經」至「今亡」 正義曰：「典，經也」，《釋言》文。「言學不舍業」，即經云「終始思念經典」，是不舍業也。言「高宗夢傅説」者，《書序》云：「高宗夢得説，作《説命》三篇。」高宗，殷王武丁，其德高可尊，故號高宗。其事具《尚書》。篇見在，鄭云「今亡」者，鄭不見《古文尚書》故也。

雖有嘉肴，弗食，不知其旨也。雖有至道，弗學，不知其善也。旨，美也。是故學然後知不足，教然後知困。學則睹己行之所短，教則見己道之所未達。知不足然後能自反也，知困然後能自强也。❶故曰「教學相長」也。自反，求諸己也。自强，脩業不敢倦。《兑命》曰：「學學半。」其此之謂乎！言學人乃益己之學半。疏正義曰：此一節明教學相益。「雖有嘉肴，弗食，不知其旨也」者，嘉，善也。旨，美也。雖有嘉美之肴，兼陳列於前，若不食，即不知其肴之美也。「雖有至道，弗學，不知其善也」者，至，謂至極。雖有至極大道，若不學，則不知大道之善。「是故學然後知不足」者，❷若不學之時，諸事蕩然，不知己身，

❶ 自「然後能自强也」始，至下節經文「七年視論學」止，底本蓋據毛本鈔補。足利本此葉雖不脱，但版面漫漶，闕字甚多，故不取。

❷ 「足」下原有「也」字，據足利本删。

何長何短。若學，則知己之所短，有不足之處也。「教然後知困」者，不教之時，謂己諸事皆通。若其教人，則知己有不通，而事有困弊，困則甚於不足矣。「知不足然後能自反也」者，凡人皆欲嚮前相進，既知不足，然後能自反，嚮身而求諸己之困，故反學矣。「知困然後能自强也」者，凡人多有解怠，既知困弊，然後能自强學，其身不復解怠也。「故曰『教學相長』也」者，謂教能長益於善，教學之時，然後知己困，而乃强學之，是教能長學善也。學則道業成就，於教益善，是學能相長也。但此禮本明教之長學。「《兑命》曰『學學半』」者，上「學」爲教，音斆。下「學」者，謂習也，謂學習也。言教人乃是益己學之半也。《説命》所云，「其此之謂乎」！言學習不可暫廢，故引《説命》以證之。言恒思念從始至終習禮典於學也。

古之教者，家有塾，黨有庠，術有序，國有學。術，當爲「遂」，聲之誤也。古者仕焉而已者，歸教於閭里，朝夕坐於門，門側之堂謂之塾。《周禮》五百家爲黨，萬二千五百家爲遂。黨屬於鄉，遂在遠郊之外。比年入學，學者每歲來入也。中年考校。中，猶間也。鄉、遂大夫間歲則考學者之德行道藝。《周禮》：「三歲大比，乃考焉。」一年，視離經辨志。三年，視敬業樂群。五年，視博習親師。七年，視論學取友，謂之小成。九年，知類通達，强立而不反，謂之大成。離經，斷句絶也。辨志，謂别其心意所趣鄉也。知類，知事義之比也。强立，臨事不惑也。不反，不違失師道。夫然後足以化民易俗，近者説服而遠者懷之。此大學之道也。懷，來也，安也。《記》曰：「蛾子時術之。」❶其此之謂乎！蛾，蚍蜉也。蚍蜉之子，微蟲耳，時術蚍蜉之所爲，其功乃復成大垤。

【疏】正義曰：此一節明國家立庠序上下之殊，并明入學年歲之差。「古之教者」，謂上代也。「家有塾」者，此明學之所在。《周禮》百里之内，二十五家爲閭，同共一巷，巷首有門，門邊有塾。謂民在家之時，朝夕出入，恒受教於塾，❷故云「家有塾」。《白虎通》：「云古

❶「術」，方苞《禮記析疑》：「『術』，宜即『衜』字之誤。」
❷「受」，閩、監、毛本作「就」，殿本、庫本同。

之教民者，❶里皆有師。里中之老有道德者，爲里右師，其次爲左師，教里中之子弟以道藝、孝悌、仁義也。」「黨有庠」者，黨，謂《周禮》五百家也。庠，學名也。於黨中立學，教閭中所升者也。「術有序」者，術，遂也。《周禮》萬二千五百家爲遂。遂有序，亦學名。於遂中立學，教黨學所升者也。「國有學」者，國，謂天子所都及諸侯國中也。《周禮》天子立四代學，以教世子、群后之子及鄉中俊選所升之士也。而尊魯，亦立四代學。餘諸侯於國，❷但立時王之學，故云「國有學」也。「比年入學」者，比年，謂每年也，謂年年恒入學也。「中年考校」者，中，猶閒也。謂每閒一歲，鄉、遂大夫考校其藝也。「一年視離經辨志」者，謂學者初入學一年，鄉、遂大夫於年終之時，考視其業。離經，謂離析經理，使章句斷絶也。辨志，謂辨其志意趣鄉，習學何經矣。「三年視敬業樂群」者，謂學者入學三年，考校之時，視此學者「敬業」，謂藝業長者，敬而親之；「樂群」，謂群居朋友善者，願而樂之。「五年視博習親師」者，言五年考校之時，視此學者「博習」，謂廣博學習也；「親師」，謂親愛其師。「七年視論學取友」者，言七年考校之時，視此學者「論學」，謂學問嚮成，論説學之是非；「取友」，謂選擇好人，取之爲友。「謂之小成」者，比六年已前，其業稍成。比九年之學，其業小。故曰「小成」。「九年知類通達，强立而不反」者，謂九年考校之時，視此學者，言知義理，事類通達無疑。「强立」，謂專强獨立，不有疑滯。「而不反」，謂不違失師教之道，「謂之大成」。「此大學之道也」者，言如此所論，是大學賢聖之道理，非小學技藝耳。「《記》曰：『蛾子時術之』」者，謂舊人之《記》，先有此語，記《禮》者引舊《記》之言，故云「蛾子時術之」。蛾子，小蟲，蚍蜉之子，時時術學銜土之事而成大垤，猶如學者時時學問而成大道矣。《記》之所云，其此學問之謂乎！

注「術當」至「之外」 正義曰：此云「術」，《周禮》作「遂」者，此《記》與「黨」連文，故知「術」當爲「遂」，以聲相近而錯誤也。云「古者仕焉而已者，歸教於閭里，朝夕坐於門」者，已，猶退也。謂仕年老而退歸者。案《書傳》説云：「大夫七十而致仕，而退老歸其鄉里。大夫爲父師，士爲少師。新穀已入，餘子皆入學。距冬至四十五日，始出學。上老平明坐於右塾，庶老坐於左塾，餘子畢出，然後皆歸。夕亦如之。」云「門側之堂謂之塾」者，《爾雅·釋宮》文。引《周禮》者，證黨、遂之

❶「者」，原作「百」，屬下句，據阮校及《白虎通疏證》改。

❷「餘」，阮校云：「惠棟校宋本無『餘』字，衛氏《集説》同。」

異。案《周禮》六鄉之内，「五家爲比，五比爲閭，四閭爲族，五族爲黨，五黨爲州，五州爲鄉」。六遂之内，「五家爲鄰，五鄰爲里，四里爲酇，五酇爲鄙，五鄙爲縣，五縣爲遂」。今此經六鄉舉「黨」，六遂舉「序」，則餘閭、里以上皆有學可知，故此注云「歸教於閭、里」。其比與鄰近，止五家而已，不必皆有學。云「遂在遠郊之外」者，案《周禮》遂人，掌野之官，百里之外，故知「遂在遠郊之外」。鄭注《州長職》云：「序，州、黨之學。」則黨學曰序，此云「黨有庠」者，鄉學曰庠。故《鄉飲酒之義》云「主人拜迎賓于庠門之外」，注云：「庠，鄉學也。州、黨曰序。」此云「黨有庠」者，是鄉之所居黨，爲鄉學之庠，不別立序。凡六鄉之内，州學以下皆爲庠；六遂之内，縣學以下皆爲序也。皇氏云：「遂學曰庠。」與此文違，其義非也。庾氏云：「黨有庠，謂夏、殷禮，非周法。」義或然也。注「中猶」至「考焉」　正義曰：閒年，謂下一年，三年、五年、七年之類是也。云「鄉、遂大夫閒歲則考學者」，計學者入學多少之閒歲，非是鄉、遂大夫閒歲三年入學也。云「《周禮》：『三歲大比，乃考焉』」者，鄭引《周禮》三年大比考校，則此「中年考校」，非周禮也。故《周禮·鄉大夫職》云：「三年大比，而興賢者能者。」皇氏云「此『中年考校』亦周法」，非也。皇氏又以「此『中年考校』謂鄉、遂學也。下文云『一年視離經辨志』以下，皆謂國學」，亦非也。但應入大學者，自國家考校之耳。其未入大學者，鄉、遂大夫考校也。注「蛾，蚍蜉也。蚍蜉之子」　案《釋蟲》云：「蚍蜉，大螘，小者螘。」是蟻爲蚍蜉大者。又云「蟻子」，故云「蚍蜉之子」也。

大學始教，皮弁祭菜，示敬道也。皮弁，天子之朝朝服也。祭菜，禮先聖先師。菜，謂芹藻之屬。**《宵雅》肄三，官其始也。**宵之言小也。肄，習也。習《小雅》之三，謂《鹿鳴》、《四牡》、《皇皇者華》也。此皆君臣宴樂相勞苦之詩，爲始學者習之，所以勸之以官，且取上下相和厚。**入學鼓篋，孫其業也。**鼓篋，擊鼓警衆，乃發篋出所治經業也。孫，猶恭順也。**夏、楚二物，收其威也。**夏，槄也。楚，荆也。二者所以扑撻犯禮者。收，謂收斂整齊之。威，威儀也。**未卜禘，不視學，游其志也。**禘，大祭也。天子、諸侯既祭乃視學考校，以游暇學者之志意。❶ **時觀而弗語，存其心也。**使之悱悱憤憤，然後啓發也。**幼者聽而弗**

❶「暇」，《釋文》「暇」作「假」。張敦仁《考異》云「暇」是「假」之誤。

問，學不躐等也。學，教也，教之長穉。此七者，教之大倫也。倫，理也。自「大學始教」至此，其義七也。《記》曰：「凡學，官先事，士先志。」其此之謂乎！官，居官者也。士，學士也。疏正義曰：此一節明天子、諸侯教學大理凡有七種。各依文解之。

「大學始教」者，大學，謂天子諸侯使學者入大學，習先王之道矣。熊氏云：「始教，謂始立學教。」「皮弁祭菜」者，謂天子使有司服皮弁，祭先聖先師以蘋藻之菜也。「示敬道也」者，崔氏云：「著皮弁，祭菜蔬，並是質素，示學者以謙敬之道矣。」注「祭菜，禮先聖先師」正義曰：熊氏云：「以注『禮先聖先師』之義解經『始教』，謂始立學也。若學士春始入學，唯得祭先師。故《文王世子》云：『春官釋奠于其先師。』秋冬唯祭先師而已，不祭先聖。故《大胥》『春釋菜，合舞』，鄭云：『釋菜，禮先師。』是春始入學，不祭先聖也。」皇氏云：「以爲『始教』，謂春時學士始入學也。」其義恐非。「《宵雅》肄三，官其始也」，宵，小也。肄，習也。當祭菜之時，使歌《小雅》，習其三篇：《鹿鳴》、《四牡》、《皇皇者華》，取其上下之官，勸其始學之人，使上下順序也，故云「官其始也」。亦謂以官勸其始也。注「宵之」至「和厚」正義曰：「宵」音近小，故讀從「小」。案《鄉飲酒禮》、《燕禮》皆歌《鹿鳴》、《四牡》、《皇皇者華》，又襄四年「穆叔如晉」，歌《小雅》三篇，故知《鹿鳴》、《四牡》、《皇皇者華》也。云「爲始學者習之，所以勸之以官」者，《小雅》三篇，皆君臣燕樂及相勞苦，今爲學者歌之，欲使學者得爲官，與君臣相燕樂，各自勸勵，故云「所以勸之以官」也。此云「始」者，謂學者始來入學，故云「始入學習之」也。「入學鼓篋，孫其業也」「入學」，謂學士入學之時，大胥之官先擊鼓以召之，學者既至，發其筐篋，以出其書，故云「鼓篋」也。所以然者，欲使學者孫其業，謂恭順其所持經業。注「鼓篋」至「業也」正義曰：「鼓」，謂擊鼓。故《大胥》云：「用樂者，以鼓徵學士。」《文王世子》云：「大昕鼓徵，❶所以警衆也。」《文王世子》云，謂天子視學之時擊鼓警衆也。若是凡常入學用樂，及爲祭祀用樂者，「以鼓徵學士」是也。「夏、楚二物，收其威也」學者不勤其業，師則以夏、楚二物以笞撻之。所以然者，欲令學者畏之，收斂其威儀也。注「夏槄」至「禮者」正義曰：《爾雅·釋木》云：「槄，山榎。」郭景純云：「今之山

❶「昕」，原作「明」，據阮本、魏氏《要義》改。

楸。」盧氏云：「『扑作教刑』，是扑撻犯禮者。」「未卜禘，不視學，游其志也」皇氏云：「禘，大祭，在於夏。天子諸侯視學之時，必在禘祭之後。未卜禘，謂未爲禘也。禘是大祭，必先卜，故連言之。是未爲禘祭，不視學。所以然者，欲游其學者之志，謂優游縱暇學者之志，不欲急切之，故禘祭之後，乃視學考校優劣焉。」注「禘大」至「考校」

正義曰：「禘，大祭」，《爾雅·釋天》文。云「天子諸侯，既祭乃視學」者，謂於夏祭之時，既爲禘祭之後，乃視學考校。當祭之年，故云「未卜禘，不視學」。若不當禘祭之年，亦待時祭之後乃視學也。此視學，謂考試學者經業。或君親往，或使有司爲之，非天子大禮視學也。若大禮視學，在仲春、仲秋及季春。故《文王世子》云：「凡大合樂，必遂養老。」注云：「大合樂，謂春入學舍菜，合舞；秋頒學，合聲。於是時也，天子則視學焉。」《月令》「季春大合樂，天子率三公、九卿而視學焉」，與此別也。視學既在夏祭之後，則天子春秋視學亦應在春秋時祭之後。此舉「未卜禘，不視學」，則餘可知也。熊氏云：「此禘謂夏正郊天，視學謂仲春視學。若郊天則不視學。」若如熊氏義，「禮，不王不禘」，鄭注何得云「天子諸侯，既祭乃視學」？既連「諸侯」言之，則此禘非祭天，熊説非也。「時觀而弗語，存其心也」「時觀」，謂教者時時觀之而不丁寧告語。所以然者，欲使學者存其心也。既不告語，學者則心憤憤，口悱悱，然後啓之，學者則存其心也。「幼者聽而弗問」

教學之法，若有疑滯未曉，必須問師。則幼者但聽長者解説，不得輒問。推長者諮問，幼者但聽之耳。「學不躐等也」者，學，教也。躐，踰越也。言教此學者，令其謙退，不敢踰越等差。若其幼者輒問，不推長者，則與長者抗行，意有驕矜。今唯使聽而不問，故云「學不躐等也」。

「此七者，教之大倫也」倫，理也。言前七等之事，是教學大理也。「記曰」至「謂乎」引舊《記》結上七事。「凡學」，謂學爲官，學爲士者。「官先事，士先志」者，若學爲官，則先教以居官之事；若學爲士，則先喻教以學士之志。故先七事，皆是教學居官及學士者。「其此之謂乎」者，記者所云，其此在上七事之謂乎！**大學之教也時，教必有正業，退息必有居。**有居，有常居也。**學，不學操縵，不能安弦；**操縵，雜弄。**不學博依，不能安詩；**博依，廣譬喻也。依，或爲「衣」。**不學雜服，不能安禮。**雜服，冕服、皮弁之屬。雜，或爲「雅」。**不興其藝，不能樂學。**興之言喜也，歆也。藝，謂禮、樂、射、御、書、數。故君子之於學也，藏焉，脩焉，息焉，遊焉。藏，謂懷抱之。脩，習也。息，謂作勞休止於之息。❶遊，謂閒暇無事於之遊。❷夫然，故安其學而親其師，樂其友而信其道，是以雖離師輔而不反也。《兑命》曰：「敬孫務時敏，厥脩乃來。」其此之謂乎！敬孫，敬道孫業也。敏，疾也。厥，其也。學者務及時而疾，其所脩之業乃來。疏正義曰：此一節論教學之道，必當優柔寬緩，不假急速，遊息孫順，其學乃成。「大學之教也時」者，言教學之道，當以時習之。「教必有正業」者，正業，謂先王正典，非諸子百家。是教必用正典教之也。「退息必有居」者，退息，謂學者疲倦而暫休息。有居，謂學者退息必有常居之處。各與其友同居，得相諮決，不可雜濫也。「學，不學操縵，不能安弦」者，此以下並正業積漸之事也。此教樂也。樂主和，故在前。然後須以積漸，故操縵爲前也。操縵者，雜弄也。弦，琴瑟之屬，學之須漸，言人將學琴瑟，若不先學調弦、雜弄，則手指不便。手指不便，則不能安正其弦。先學雜弄，然後音曲乃成也。「不學博依，不能安詩」者，此教詩法者。❸詩是樂歌，故次樂也。博，廣也。依，謂依倚也，謂依倚譬喻也。若欲學詩，先依倚廣博譬喻。若不學廣博譬喻，則不能安善其詩，以詩譬喻故也。「不學雜服，不能安禮」者，此教禮法也。前詩後禮，亦其次也。「雜服」，自衮而下，至皮弁、朝服、玄端之屬。禮，謂《禮經》也。《禮經》正體，在於服章，以表貴賤。今若欲學禮，而不能明雜衣服，則心不能安善於禮也。「不興其藝，不能樂學」者，此揔結上三事，並先從小起義也。興，謂歆喜也。故《爾雅》云：「歆、喜，興也。」藝，謂操縵、博依、六藝之等。若欲學《詩》、《書》正典，意不歆喜其雜藝，則不能耽翫樂於所學之正道。「故君子之於學也，藏焉，脩焉，息焉，遊焉」者，「故」，謂因上起下之辭❹。學雖積漸，故

❶「於之」，阮本作「之爲」。潘宗周《校勘記》云作「於之」是，並云「於之」作「於此」解。

❷「於之」，阮本作「之爲」。潘宗周《校勘記》云作「於之」是，並云「於之」作「於此」解。

❸「者」，阮本作「也」。

❹「謂」，浦鏜校云：「謂」，當「者」字誤。案：作「者」字則屬上。

君子之人，爲學之法，恒使業不離身。藏，謂心常懷抱學業也。脩，謂脩習不廢也。息，謂作事倦息之時而亦存學也。遊，謂閒暇無事遊行之時亦在於學。言君子於學，無時暫替也。「夫然，故安其學而親其師」者，此明親師愛友也。然，如此也。若能藏脩息遊，無時暫替，能如此者，乃能安其所學業❶。言安學業既深，必知此深由本師，故至於親愛師也。「樂其友」者，師既獲親，而同志之友，亦被於樂重。然前「三年樂群」，「五年親師」，「親師」在「樂群」之後。而此前「親師」後「樂友」者，「群」即「友」也，爲義然也。前明始學，故「樂友」在前。此明學業已成，故「親師」爲首矣。「而信其道」者，其道，己道也。既親師樂友，己道深明，心自説信，不復虚妄。一云：信師友之道，前安學，故乃親師樂友，後乃信道也。「是以雖離師輔而不反也」者，輔，即友也。友主切磋，是輔己之道深遠也。離，猶違也。己道深明，不復虚妄，心自信之。若假令違離師友，獨在一處，而講説不違反於師友昔日之意旨，此則「强立不反」也。「《兑命》曰」者，引《尚書》合結之。「敬孫務時敏」者，此句結積習也。當能敬重其道，❷孫順學業，而務習其時，疾速行之，故云「敬孫務時敏」。敏，猶疾速也。「厥脩乃來」者，此句結親師敬道也。厥，其也。若敬孫以時，疾行不廢，則其所脩之業乃來，謂所學得成也。所以尊師樂友。「其此之謂乎」者，《兑命》所云，其此經之謂乎！

今之教者，呻其佔畢，多其訊，呻，吟也。佔，視也。簡謂之畢。訊，猶問也。言今之師，自不曉經之義，但吟誦其所視簡之文，多其難問也。呻，或爲「慕」。訊，或爲「訾」。言及于數，其發言出説，不首其義，動云有所法象而已。進而不顧其安，務其所誦多，不惟其未曉。使人不由其誠，由，用也。使學者誦之而爲之説，不用其誠。教人不盡其材。材，道也。謂師有所隱也。《易》曰：「兼三材而兩之。」謂天地人之道。其施之也悖，其求之也佛。教者言非，則學者失問。夫然，故隱其學而疾其師，苦其難而不知其益也。隱，不稱揚也。不知其益，若無益然。雖終其業，其去之必速。速，疾也。學不心解，則忘之易。教之不刑，其

❶「所」，衛氏《集説》「所」下有「習」字。
❷「當」，閩、監、毛本作「常」。

此之由乎！刑，猶成也。**疏**正義曰：此一節論教者違法，學者所以不成，是今師之失，故云「今之教者」。「呻其佔畢」者，此明師惡也。呻，吟也。佔，視也。畢，簡也。故《釋器》云：「簡謂之畢。」言今之師不曉經義，但詐呻吟長詠，以視篇簡而已。　「多其訊」者，訊，問難也。既自不曉義理，而外不肯默然，故假作問難，詐了多疑。言若己有解之然也。　「言及于數」者，數，謂法象。既不解義理，若有所言，而輒詐稱有法象也。　「進而不顧其安」者，務欲前進，誦習使多，而不曾反顧其義理之安不。謂義理危辟而不自知也。「使人不由其誠」者，人，謂學者也。由，用也。誠，忠誠。使學者誦文而已，爲之説義，心皆不曉而猛浪，是不用己之忠誠也。　「教人不盡其材」者，材，道也。謂己既不曉其義，而縱有所悟者，又不能多，恒恐人勝之。故凡有所知，又爲所隱惜，不盡其道也。　「其施之也悖」者，謂教者有上五者之短，故施教於人，違背其理也。　「其求之也佛」者，佛，戾也。❶教者既悖違其理，其學者求之，則又違戾。受學者心既不解，求問於師，師又不曉，違戾義意也。　「夫然，故隱其學而疾其師」者，由師教既悖，而受者又違，故受學者弟子不荷師教之德，乃隱没其師之學而憎疾其師也。　「苦其難而不知其益也」者，師説既不曉了，故弟子受之，苦其難。既難不解，故不自知其有益。　「雖終其業，其去之必速」者，學者勉力自强，雖得終竟其業，爲心不曉解，其忘去之，必速疾矣。　「教之不刑，其此之由乎」者，刑，猶成也。言師教弟子不成，由此在上諸事，故云「其此之由乎」！「其此之由」在上，謂此經文也。以例推之，前文云「其此之謂乎」，則是他書所云：其此經之謂乎！**注**「其發」至「而已」　正義曰：「其發言出説，不首其義」者，首，猶本也。教者爲弟子發言出説，不本其義理，謂不解此義之言也。云「動云有所法象而已」者，既不解義理，舉動所云，則言此義有所法象。猶若「一」則稱配「大一」，「二」則稱配「二儀」，但本義不然，浪爲配當。**注**「務其」至「未曉」　正義曰：「務其所誦多」者，謂師務欲得所誦使多，釋經「進」也。云「不惟其未曉」者，惟，思也，不思其誦得未曉解者，釋經「不顧其安」也。**注**「使學」至「其誠」　正義曰：「使學者」，解經「使人」也。「而爲之説」，解經「不用其誠」也。言師爲學者而説，不用其忠誠實之心，以心不解，誑惑學

❶「佛戾也」，阮本此下有「教者佛戾也」五字，閩、監、毛本同。

者。注「材道」至「之道」　正義曰：鄭恐「材」是材藝，故以「材」爲「道」。道，謂道理。言教人道理。引「《易》曰」者，《易·説卦》文也。但伏犧書上法天，下法地，中法人，謂之三材。《説卦》云：「立天之道，曰陰與陽。立地之道，曰柔與剛。立人之道，曰仁與義。」三材各有其兩，故云「兼三材而兩之」，而有六爻也。鄭引之，證「材」爲「道」也。注「教者」至「失問」　正義曰：「教者言非」，是「其施之也悖」；「學者失問」，是「其求之也佛」。大學之法：禁於未發之謂豫，未發，情欲未生，謂年十五時。當其可之謂時，可，謂年二十，成人時。不陵節而施之謂孫，不陵節，謂不教長者才者以小，教幼者鈍者以大也。施，猶教也。孫，順也。相觀而善之謂摩。不並問，則教者思專也。摩，相切磋也。此四者，教之所由興也。興，起也。疏正義曰：此一節論教之得理則教興也。　「禁於未發之謂豫」者，發，謂情欲發也。豫，逆也。十五以前，情欲未發，則用意專一，學業易入。爲教之道，當逆防未發之前而教之，故云「禁於未發之謂豫」。　「當其可之謂時」者，可，謂年二十之時。言人年至二十，德業已成，言受教之端，是時最可也。「不陵節而施之謂孫」者，陵，猶越也。節，謂年、才所堪。施，猶教也。孫，順也。謂教人之法，當隨其年、才。若年長而聰明者，則教以大事而多與之；若年幼又頑鈍者，當教以小事又與之少，是不越其節，分而教之。❶所謂「孫，順也」，從其人而設教也。「相觀而善之謂摩」者，善，猶解也。受學之法，若人人競問，❷則師思不專，故令弟子共推長者、能者一人諮問，餘小、不能者，但觀聽長者之問答，而各得知解。此朋友琢磨之益，❸故謂之「摩」也。「此四者，教之所由興也」者，結上四者。興，起也。四事並是教成之所起也。發然後禁，則扞格而不勝；教不能勝其情慾。格，讀如「凍洛」之洛。❹扞，❺堅不可

❶ 自「分而教之」始，至下節疏文「不褻朋友及師之譬喻自」止，底本蓋據阮本鈔補而去其《釋文》。足利本此葉雖不脱，但版面漫漶，闕字甚多，故不取。

❷ 「若」，原作「言」，據毛本、殿本、庫本改。

❸ 「磨」，足利本作「摩」。

❹ 「凍洛之洛」，阮校引段玉裁云：「《説文》無『洛』，有『垎』字，『水乾也』。《玉篇》『土乾也』。王逸《九思》自注：『垎，竭也。』則此注及疏，『洛』皆當作『垎』。」

❺ 「扞」，《考文》引古本、足利本「扞」下有「格」字。阮校引段玉裁云：「『扞』下當有『格』字。

人之貌。時過然後學，則勤苦而難成；時過則思放也。雜施而不孫，則壞亂而不脩；小者不達，大者難識，學者所惑也。獨學而無友，則孤陋而寡聞；不相觀也。燕朋逆其師；燕，猶褻也。褻其朋友。燕辟廢其學。褻師之譬喻。此六者，教之所由廢也。廢，滅。疏「發然」至「廢也」 此一節論學不依理，教之廢耳。「發然後禁，則扞格而不勝」者，發，謂情欲既生也。扞，謂拒扞也。格，謂堅强。若情欲既發，而後乃禁，教則扞格於教，教之不復入也。是教弱而欲强，爲教不勝矣。「時過然後學，則勤苦而難成」者，時過，謂學時已過，則心情放蕩，雖復追悔欲學，❶精明已散，徒勤苦四體，終難成也。❷「雜施而不孫，則壞亂而不脩」者，雜施，謂教雜亂無次越節，則大才輕其小業，小才苦其大業，並是壞亂之法，不可復脩治也。「獨學而無友，則孤陋而寡聞」者，獨學，謂獨自習學。❸而無朋友，言有所疑，無可諮問，則學識孤偏鄙陋，❹寡有所聞也。「燕朋逆其師」者，以前四條皆反上「教之所興」，此「燕朋」、「燕辟」，特加二條，不與上相對。「燕朋」，謂燕褻朋友，不相遵敬，❺則違逆師之教道也。「燕辟廢其學」者，辟，譬喻也。謂義理鉤深，或直言難曉，時須假設譬喻，然後可解。而墮學之徒，好褻慢笑師之譬喻，是廢學之道也。「此六者，教之所由廢也」者，結上六事，是廢學之由。前興有四，後廢有六者，庾云：「不褻朋友及師之譬喻，自是學者之常理。若不爲『燕朋』、『燕譬』，則亦不足以致興。言若作此『燕朋』、『燕譬』，則學廢替矣。」注「格，讀如『凍洛』之洛」 正義曰：言「洛」是堅彊，譬如地之凍，則堅彊難入，故云如「凍洛」之洛。❻但今人謂地堅爲洛也。君子既知教之所由興，又知教之所由廢，然後可以爲人師也。故君子之教喻也，道而弗牽，强而弗抑，開而弗達。道，示之

❶「復」，原作「欲」，據足利本改。
❷「終」，足利本「終」上有「而」字。
❸「習學」，足利本作「學習」。
❹「偏」，阮校云：「閩本作『徧』，惠棟校同。」
❺「遵」，衛氏《集説》作「尊」是也。
❻「凍洛」，阮校引段玉裁云：「《正義》本作『凍垎』，俗改爲『凍洛』。『垎』从土，《正義》是，《釋文》非也。」下「洛」字同。

以道塗也。抑，猶推也。開，爲發頭角。**道而弗牽則和，强而弗抑則易，開而弗達則思。和、易以思，可謂善喻矣。**思而得之則深。疏正義曰：此一節明君子教人方便善誘之事。「故君子之教喻也，道而弗牽」者，喻，猶曉也。道，猶示也。牽，謂牽偪。師教既識學之廢興，故教喻有節。使人曉解之法，但廣開道示，語學理而已。若人苟不曉知，亦不偪急，牽令速曉也。「强而弗抑」者，抑，推也。謂師微勸學者，使神識堅强，師當隨才而與之，使學者不甚推抑其義而教之。「開而弗達」者，開，謂開發事端，但爲學者開發大義頭角而已，亦不事事使之通達也。「道而弗牽則和」者，此下三句，釋上三事之所由也。若人苟不曉而牽偪之，則彼心必生忿恚，師與弟子，不復和親。今若但示正道，寬柔教之，則彼心和而意乃覺悟也。「强而弗抑則易」者，賀氏以爲：「師但勸强其神識，而不抑之令曉，則受者和易，和易亦易成也。」「開而弗達則思」者，但開發義理而不爲通達，使學者用意思念，思得必深，故云「則思」也。「和、易以思，可謂善喻矣」者，結上三事之功。若師能教弟子如此三事，則可謂善教喻矣。**學者有四失，教者必知之。人之學也，或失則多，或失則寡，或失則易，或失則止。此四者，心之莫同也。**失於多，謂才少者。失於寡，謂才多者。失於易，謂好問不識者。失於止，謂好思不問者。**知其心，然後能救其失也。**救其失者，多與易則抑之，寡與止則進之。**教也者，長善而救其失者也。**疏正義曰：此一節明教者識學者之心而救其失也，故云「學者有四失，教者必先知之」。「人之學也，或失則多」者，一失也。假或有人，才識淺小，而所學貪多，則終無所成，是失於多也。「或失則寡」者，二失也。或有人才識深大，而所學務少，徒有器調，而終成狹局，是失於寡少也。「或失則易」者，三失也。至道深遠，非凡淺所識。而人不知思求，唯好汎濫外問，是失在輕易於妙道，故云「或失則易」。此是「學而不思則罔」。「或失則止」者，四失也。人心未曉知，而不肯諮問，唯但止住而自思之，終不能達其實理。此失在於自止也。此是「思而不學則殆」。「此四者，心之莫同也」者，結前四失，是由人心之異故也。「知其心，然後能救其失也」者，結救失四事。師既前識其四心之不同，故後乃能隨失而救之也。「教也者，長善而救其失者也」者，使學者「和、易以思」，是「長善」；使學者無此四者之失，是「救失」。唯善教者能爲之。**善歌者使人繼其聲，善教者使人繼其志。**言爲之善者，則後人樂放傚。**其言也約而達，微而臧，罕譬而喻，可謂繼志矣。**師説之明，則弟子好述之。其言少而解。臧，善也。**疏**正義曰：此一節論教者若善，則能使學者繼其志於其師也。言學者繼師之志，記者以善歌而比喻之，故云「善歌者使人繼其聲」。善歌，謂音聲和美，感動於人心，令使聽者繼續其聲也。「善教者使人繼其志」者，設譬既畢，故述其事。而言善教者，必能使後人繼其志。如善歌之人，能以樂繼其聲，如今人傳繼周、孔是也。「其言也約而達」者，此釋所以可繼之事。言善爲教者，出言寡約，而義理顯達，易解之。「微而臧」者，微，謂幽微。臧，善也。謂義理微妙，而説之精善也。「罕譬而喻」者，罕，少也。喻，曉也。其譬罕少，而聽者皆曉。「可謂繼志矣」者，能爲教如上，則可使後人繼其志意。不繼聲而「繼志」者，本爲志設，故不繼聲也。**君子知至學之難易，而知其美惡，然後能博喻，能博喻然後能爲師，能爲師然後能爲長，能爲長然後能爲君。**美惡，説之是非也。長，達官之長。**故師也者，所以學爲君也。**弟子學於師，學爲君。**是故擇師不可不慎也。**師善則善。**《記》曰：「三王、四代唯其師。」此之謂乎！**四代，虞、夏、殷、周。**疏**正義曰：此一節明爲師法。「君子」，謂師也。教人至極之美，可以爲君長之事。「君子知至學之難易」者，三王、四代所以敬師，隨器與之，是「至學之易」；隨失而救之，是「至學之難」。「而知其美惡」者，「罕譬而喻，言約而達」，是爲美。反此，則爲惡也。「然後能博喻」者，博喻，廣曉也。若知四事爲主，觸類長之，後乃得爲廣有曉解也。「能博喻然後能爲師」者，前能廣解，後乃可爲人作師也。「能爲師然後能爲長」者，爲師是學優，學優宜仕，故能爲一官之長也。「能爲長然後能爲君」者，既能治一官之長有功，能爲一國之君也。「故師也者，所以學爲君也」，「《宵雅》肄三，官其始也」。師既有君德，則弟子就師，可學爲君之德。故前云「君子如欲化民成俗，其必由學乎」，即是學能爲君也。「是故擇師不可不慎也」者，師善則能教弟子，弟子則能爲君，故弟子必宜慎擇其師，不可取惡師也。「《記》曰『三王、四代唯其師』」者，引舊《記》結此擇師之重也。「三王」，謂夏、殷、周；「四代」，則加虞也。言三王、四代雖皆聖人，而無不擇師爲慎，故云「唯其師」。庾云：「舉四代以兼包三王，所以重言者，以成其辭耳。言人之從師，自古而然，師善則己善。其『此之謂乎』者，記者證前云『擇師不可不慎』，即此『唯其師』之謂也。」凡學之道，嚴師爲難。嚴，尊敬也。師嚴然後道尊，道尊然後民知敬學。是故君之所不臣於其臣者二：當其爲尸，則弗臣也；當其爲師，則弗臣也。尸，主也，爲祭主也。大學之禮，雖詔於天子，無北面，所以尊師也。尊師重道焉，不使處臣位也。武王踐阼，召師尚父而問焉，曰：「昔黄帝、顓頊之道存乎意，亦忽不可得見與？」師尚父曰：「在丹書。王欲聞之，則齊矣。」王齊三日，端冕。師尚父亦端冕，奉書而入，負屏而立。王下堂，南面而立。師尚父曰：「先王之道不北面。」王行，西折而南，東面而立，師尚父西面道書之言。**疏**正義曰：此一節論師德既善，雖天子以下，必須尊師。「是故君之所不臣於其臣者二」者，二，謂當其爲尸及師，則不臣也。此文義在於師，并言「尸」者，欲見尊師與尸同。「當其爲尸，則弗臣也」者，若不當其時，則臣之。案《鉤命決》云：「暫所不臣者五：謂師也，三老也，五更也，祭尸也，大將軍也。此五者，天子、諸侯同之。」此唯云「尸」與「師」者，此經本意，據尊師爲重，與尸相似，故特言之。所以唯舉此二者，餘不言也。又案《鉤命決》云：「天子常所不臣者三：唯二王之後，妻之父母，夷狄之君。不臣二王之後者，爲觀其法度，故尊其子孫也。不臣妻之父母者，親與其妻，共事先祖，欲其歡心。不臣夷狄之君者，此政教所不加，謙不臣也。諸侯無此禮。」「大學之禮，雖詔於天子，無北面，所以尊師也」者，此證尊師之義也。此人既重，故更言大學也。詔，告也。雖天子至尊，當告授之時，天子不使師北面，所以尊師故也。**注**「尊師」至「之言」正義曰：「武主踐阼」以下，皆《大戴禮・武王踐阼》篇也。云「黄帝、顓頊之道存乎意，亦忽不可得見與」者，❶武王言黄帝、顓頊之道恒在於意，言意恒念之，但其道超

❶「黄帝」至「見與」，按：《戰國楚竹書・武王踐祚》釋文作：「不知黄帝、顓頊、堯、舜之道在乎？意微喪不可得而睹乎？」「意」字屬下爲句。

忽已遠，亦恍惚不可得見與？「與」，語辭。今撿《大戴禮》，唯云「帝顓頊之道」，無「黄」字。❶或鄭見古本，不與今同。或後人足「黄」字耳。云「丹書」者，師説云：赤雀所銜丹書也。云「端冕」者，謂衮冕也。其衣正幅與玄端同，故云「端冕」。故皇氏云：「武王端冕，謂衮冕也。《樂記》『魏文侯端冕』，謂玄冕也。」云「師尚父亦端冕」者，案《大戴禮》無此文，鄭所加也。❷云「西折而南，東面」者，案《大戴禮》唯云「折而東面」，此「西折而南」，「南」字亦鄭所加。❸云「師尚父西面道書之言」者，皇氏云：「王在賓位，師尚父主位，故西面王庭之位。若尋常師徒之教，則師東面，弟子西面，與此異也。」其丹書之言，案《大戴禮》云：「其書之言曰：『敬勝怠者强，怠勝敬者亡。』」《瑞書》云：❹「敬勝怠者吉，怠勝敬者滅。義勝欲者從，欲勝義者凶。」與《瑞書》同矣。「『凡事不强則枉，不敬則不正。枉者滅廢，敬者萬世。以仁得之，以仁守之，其量百世。❺以仁得之，以不仁守之，❻其量十世。以不仁得之，以不仁守之，必傾其世。』❼王聞書之言，惕然若懼，退而爲戒書，於席之四端爲銘，及几、鑑、盂、盤、楹、杖、帶、屨、劍、矛爲銘」。銘皆各有語，在《大戴禮》也。

善學者，師逸而功倍，又從而庸之；不善學者，師勤而功半，又從而怨之。從，隨也。庸，功也。功之，受其道，有功於己。善問者如攻堅木，先其易者，後其節目，及其久也，相説以解；不善問者反此。言先易後難，以漸入。善待問者如撞鐘，叩之以小者則小鳴，叩之以大者則大鳴，待

❶「無黄字」，按：《戰國楚竹書·武王踐祚》有「黄」字。

❷「師尚」至「加也」，按：《戰國楚竹書·武王踐祚》無「師尚父亦端冕」之文，可能就是「鄭所加也」。

❸「南字亦鄭所加」，按：《戰國楚竹書·武王踐祚》作「曲折而南」，有「南」字。則「南」字非鄭所加。

❹「瑞書云」至「與瑞書同矣」凡二十八字，是孔疏語，與丹書之言無關。

❺「量」，《戰國楚竹書·武王踐祚》釋文作「運」，疑是。

❻「以仁得之以不仁守之」，阮校引盧文弨云：「今《大戴》作『以不仁得之，以仁守之』。」按：《戰國楚竹書·武王踐祚》作「不仁以得之，仁以守之」。

❼「必傾其世」，今《大戴禮》「傾」作「及」。按：《戰國楚竹書·武王踐祚》作「及於身」。

其從容，然後盡其聲；不善答問者反此。從，讀如「富父舂戈」之舂。舂容，謂重撞擊也。始者一聲而已，學者既開其端意，進而復問，乃極説之，如撞鐘之成聲矣。從，或爲「松」。**此皆進學之道也。**此皆善問善答也。**疏**正義曰：此一節明善學及善問，并善答不善答之事。「善學者，師逸而功倍」者，受者聰明易入，是爲學之善，故師體逸豫，而弟子所解又倍於他人也。「又從而庸之」者，庸，亦功也。所得既倍於他人，故恒言我師特加功於我也，是從而功之也。「不善學者，師勤而功半」者，此明劣者也。己既闇鈍，故師體勤苦，而功裁半於他人也。「又從而怨之」者，己既闇鈍，而不自責己不明，乃反怨於師獨不盡意於我也。「善問者如攻堅木，先其易者，後其節目」者，此明能問者。問，謂論難也。攻，治也。言善問之人，如匠善攻治堅木，先斫治其濡易之處，然後斫其節目。其所問師之時，亦先問其易，後問其難也。「及其久也，相説以解」者，言問者順理，答者分明，故及其經久，師徒共相愛説，以解義理。「不善問者反此」者，若闇劣不解問之人，則與能問者意反也。謂先問其難，心且不解，則問答之人不相喜説，❶義又不通也，故云「反此」矣。「善待問者如撞鐘，叩之以小者則小鳴，叩之以大者則大鳴」者，嚮明問，此明答也。亦爲設喻譬。善能答問難者，如鐘之應撞，撞小則小鳴應之，撞大則大鳴應之。能答問者，亦隨彼所問事之大小而答之。「待其從容，然後盡其聲」者，又以鐘爲喻也。「不善答問者反此」者，謂不善答他所問，則反此上來之事。或問小而答大，或問大而答小，或暫問而説盡，此皆無益於所問，故云「不善答問者反此」。「此皆進學之道也」者，言上善問善答，此皆進益學者之道也。**注**「從，讀如『富父舂戈』之舂」。正義曰：「舂」，謂擊也，以爲聲之形容。言鐘之爲體，必待其擊，每一舂而爲一容，然後盡其聲。言善答者，亦待其一問，然後一答，乃後盡説義理也。案《左傳》文十一年「冬，叔孫得臣敗狄於鹹，獲長狄僑如，富父終甥以戈摏長狄喉而殺之」是也。

記問之學，不足以爲人師。記問，謂豫誦雜難、雜説，至講時爲學者論之。此或時師不心解，或學者所未能問。**必也其聽語乎！**必待其問乃説之。**力不能問，然後語之。**

❶「問答」，阮本作「答問」，閩、監、毛本同。

語之而不知，雖舍之可也。舍之，須後。疏正義曰：此一節論教者不可爲記問之學。又教人之時，不善教學者，謂心未解其義，而但逆記他人雜問而謂之解。至臨時爲人解説，則先述其所記而示人。以其不解，無益學者，故云「不足以爲人師」。「必也其聽語乎」者，聽語，謂聽其問者之語。既不可記問，遂説教人之時，必待學者之問，聽受其所問之語，然後依問爲説之也。「力不能問，然後語之」者，若受業者才力苟不能見問，待憤憤悱悱之間，則師然後乃示語之矣。「語之而不知，雖舍之可也」者，弟子既不能問，因而語之，語之不能知，且舍住，待後別更語之可也。**良冶之子，必學爲裘。**仍見其家錮補穿鑿之器也。補器者，其金柔乃合，有似於爲裘。**良弓之子，必學爲箕。**仍見其家橈角、幹也。橈角、幹者，其材宜調，調乃三體相勝，有似於爲楊柳之箕。**始駕馬者反之，車在馬前。**以言仍見則貫，即事易也。**君子察於此三者，可以有志於學矣。**仍讀先王之道，則爲來事不惑。疏正義曰：此一節論學者數見數習，其學則善，故三譬之。此爲第一譬。良，善也。冶，謂鑄冶也。裘，謂衣裘也。言積世善冶之家，其子弟見其父兄世業陶鑄金鐵，使之柔合，以補治破器，皆令全好，故此子弟仍能學爲袍裘，補續獸皮，片片相合，以至完全也。「良弓之子，必學爲箕」者，此第二譬，亦世業者。箕，柳箕也。言善爲弓之家，使幹、角橈屈，調和成其弓，故其子弟亦覩其父兄世業，仍學取柳和軟，撓之成箕也。「始駕馬者反之，車在馬前」者，此第三譬，明新習者也。「始駕」者，謂馬子始學駕車之時。「反之」者，駕馬之法。大馬本駕在車前，今將馬子繫隨車後而行，故云「反之，車在馬前」。所以然者，此駒既未曾駕車，若忽駕之，必當驚奔。今以大馬牽車於前，而繫駒於後，使此駒日日見車之行，其駒慣習，而後駕之，不復驚也。言學者亦須先教小事操縵之屬，然後乃示其業，則道乃易成也。「君子察於此三者，可以有志於學矣」者，結上三事。三事皆須積習，非一日所成，君子察此三事之由，則可有志於學矣。❶ **古之學者，比物醜類。**❷ 以事相況而

❶「矣」，原作「也」，據阮本、衛氏《集説》改。

❷「古之學者比物醜類」，朱熹《通解》云：「今詳文意，此句合屬上章，仍有闕文。」

爲之，醜，猶比也。醜，或爲「計」。❶鼓無當於五聲，五聲弗得不和；水無當於五色，五色弗得不章；學無當於五官，五官弗得不治；師無當於五服，五服弗得不親。當，猶主也。五服，斬衰至緦麻之親。疏正義曰：此一節論弟子當親師之事。各依文解之。「比物醜類」者，既明學者仍見舊事，又須以時事相比方也。物，事也。言古之學者，比方其事以醜類，謂以同類之事相比方，則事學乃易成。既云古學如斯，則今學豈不然。「鼓無當於五聲，五聲弗得不和」者，此經論師道之要，以餘事譬之。此以下四事，皆上「比物醜類」也。鼓，革也。當，主也。五聲，宫、商、角、徵、羽。言鼓之爲聲，不宫不商，故言「無當於五聲」。而宫、商等之五聲，不得鼓則無諧和之節，故云「弗得不和」也。所以五聲必鼓者，爲俱是聲類也。若奏五聲，必求鼓以和之而已，即是比類也。「水無當於五色，五色弗得不章」者，水，謂清水也。五色，青、赤、黄、白、黑。章，明也。言清水無色，不在五色之限，無主青黄，而五色畫繢者，不得水則不分明，故云「弗得不章」也。五色是其水之出也，故五色須水，亦其類也。「學無當於五官，五官弗得不治」者，本學先王之道也。五官，金、木、水、火、土之官也。夫學爲官之理，本求博聞强識，非主於一官，而五官不得學，則不能治，故云「弗得不治」也。故「化民成俗，必由學乎」。能爲師然後能爲君長，故官是學之類也。「師無當於五服，五服弗得不親」者，師，教之師也。五服，斬衰也，齊衰也，大功也，小功也，緦麻也。師於弟子，不當五服之一也。而弟子之家，若無師教誨，則五服之情，不相和親也，故云「弗得不親」。是師情有在三年之義，故亦與親爲類。

君子曰：大德不官，謂君也。大道不器，謂聖人之道，不如器施於一物。大信不約，謂若「胥命于蒲」，無盟約。大時不齊。或時以生，或時以死。察於此四者，可以有志於本矣。本立而道生。言以學爲本，則其德於民無不化，於俗無不成。三王之祭川也，皆先河而後海，或源也，或委也，此之謂務本。源，泉所出也。委，流所聚也。始

❶「計」，阮校云：「段玉裁云：『計』當作『討』。古音『討』與『醜』同。」

出一勺，卒成不測。

疏正義曰：此一節論學爲衆事之本。「君子曰」者，記者引君子之言，故云「君子曰」也。「大德不官」者，大德，謂聖人之德也。官，謂分職在位。聖人在上，垂拱無爲，不治一官，故云「大德不官」也。不官而爲諸官之本。「大道不器」者，大道，亦謂聖人之道也。器，謂物堪用者。夫器各施其用，而聖人之道弘大，無所不施，故云「不器」。不器而爲諸器之本也。《論語》云「君子不器」，又云「孔子博學而無所成名」是也。「大信不約」者，大信，謂聖人之信也。約，謂期要也。大信，不言而信。孔子曰：「予欲無言。天何言哉？四時行焉。」不言而信，是大信也。大信本不爲細言約誓，故云「不約」也。不約而爲諸約之本也。「大時不齊」者，大時，謂天時也。齊，謂一時同也。天生殺不共在一時，猶春夏華卉自生，薺麥自死；秋冬草木自死，而薺麥自生。故云「不齊」也。不齊爲諸齊之本也。「察於此四者，可以有志於本矣」者，結之也。若能察此在上四者之事，則人當志學爲本也。庾云：「四者，謂不官爲群官之本，不器爲群器之本，不約爲群約之本，不齊爲群齊之本。言四者莫不有本，人亦以學爲本也。」「三王之祭川也，皆先河而後海，或源也，或委也」者，言三王祭百川之時，皆先祭河，而後祭海也，或先祭其源，或後祭其委。河爲海本，源爲委本，皆曰川也，故揔云「三王之祭川」。源委，謂河海之外諸大川也。「此之謂務本」者，先祭本，是務重其本也。本小而後至大，是小爲大本。先學然後至聖，是學爲聖本也。

注「謂若『胥命于蒲』，無盟約」正義曰：案桓公三年「夏，齊侯、衛侯胥命于蒲」，《左氏》云「不盟也」，杜云：「不歃血也。」案彼直以言語相告命，非大信之事。引之者，取其不盟之一邊，而與此「不約」相當，故引證。

注「源泉」至「不測」正義曰：皇氏以爲「河、海之外，源之與委也」，今依用焉。或解云：源則河也，委則海也。申明先河而後海，義亦通矣。云「始出一勺，卒成不測」者，《中庸》篇云：「水一勺之多，及其不測，鮫龍生焉。」是其始一勺也，後至不測也。猶言學，初爲積漸，後成賢聖也。

禮記正義卷第四十六

禮記正義卷第四十七

國子祭酒上護軍曲阜縣開國子臣孔穎達等奉勑撰

樂記第十九

正義曰：案鄭《目録》云：「名曰《樂記》者，以其記樂之義。此於《別録》屬《樂記》。蓋十一篇，合爲一篇。謂有《樂本》，有《樂論》，有《樂施》，有《樂言》，有《樂禮》，有《樂情》，有《樂化》，有《樂象》，有《賓牟賈》，有《師乙》，有《魏文侯》。今雖合此，略有分焉。」❶案《藝文志》云：「黄帝以下至三代，各有當代之樂名。孔子曰：『移風易俗，莫善於樂也。』周衰禮壞，其樂尤微，❷以音律爲節，又爲鄭、衛所亂，故無遺法矣。漢興，制氏以雅樂聲律，世爲樂官，頗能記其鏗鎗鼓舞，而已不能言其義理。武帝時，河間獻王好博古，❸與諸生等共采《周官》及諸子云樂事者，❹以作《樂記》事也。❺其内史丞王度傳之，❻以授常山王禹。成帝時爲謁者，❼數言其義，獻二十四卷《樂記》。劉向校書，得《樂記》二十三篇，與禹不同，其道浸以益微。」故劉向所校二十三篇，著於《別録》。今《樂記》所斷取十一篇，餘有十二篇，其名猶在。二十四卷《記》，無所録也。其十二篇之名，案《別録》十一篇，下次《奏樂》第十二，❽《樂器》第十三，《樂作》第十四，《意始》第十五，《樂穆》第十六，《説律》第十七，《季札》第十八，

❶「焉」，孫詒讓《校記》云：「後引《目録》作『別』。」

❷「其樂尤微」，阮校云：「按《志》作『樂尤微眇』。」

❸「博古」，按《漢書·藝文志》作「儒」。

❹「諸生」，按《藝文志》作「毛生」。

❺「事」，按《藝文志》無「事」字，疑衍。

❻「王度」，按《藝文志》作「王定」。

❼「成帝」，按《藝文志》「成帝」上尚有一「禹」字。

❽「下」，阮本作「餘」，閩、監、毛本同。

《樂道》第十九,《樂義》第二十,《招本》第二十一,❶《昭頌》第二十二,《竇公》第二十三是也。案《別録》,《禮記》四十九篇,《樂記》第十九,則《樂記》十一篇入《禮記》也,在劉向前矣。至劉向爲《別録》時,更載所入《樂記》十一篇,又載餘十二篇,揔爲二十三篇也。其二十三篇之目,今揔存焉。

凡音之起,由人心生也。人心之動,物使之然也。感於物而動,故形於聲。宮、商、角、徵、羽,雜比曰音,單出曰聲。形,猶見也。聲相應,故生變。樂之器,彈其宮,則衆宮應,然不足樂,是以變之使雜也。《易》曰:「同聲相應,同氣相求。」《春秋傳》曰:「若以水濟水,誰能食之?若琴瑟之專一,誰能聽之?」變成方,謂之音。方,猶文章也。比音而樂之,及干戚、羽旄,謂之樂。干,盾也;戚,斧也:武舞所執也。羽,翟羽也;旄,旄牛尾也:文舞所執。《周禮·舞師》、《樂師》掌教舞,有兵舞,有干舞,有羽舞,有旄舞。《詩》曰:「左手執籥,右手秉翟。」樂者,音之所由生也,其本在人心之感於物也。是故其哀心感者,其聲噍以殺;其樂心感者,其聲嘽以緩;其喜心感者,其聲發以散;其怒心感者,其聲粗以厲;其敬心感者,其聲直以廉;其愛心感者,其聲和以柔。六者非性也,感於物而后動。言人聲在所見,非有常也。噍,踧也。嘽,寬綽貌。發,猶揚也。粗,麤也。是故先王慎所以感之者,故禮以道其志,樂以和其聲,政以一其行,刑以防其姦。禮、樂、刑、政,其極一也,極,至也。所以同民心而出治道也。此其所謂至也。凡音者,生人心者也。情動於中,故形於聲。聲成文,謂之音。是故治世之音安以樂,其政和;亂世之音怨以怒,其政乖;亡國之音哀以思,其民困。

❶「招」,阮本作「昭」。阮校云:「監、毛本同,衛氏《集說》同。」

聲音之道，與政通矣。言八音和否隨政也。《玉藻》曰：「御瞽幾聲之上下。」宫爲君，商爲臣，角爲民，徵爲事，羽爲物。五者不亂，則無怗懘之音矣。❶五者，君、臣、民、事、物也。凡聲，濁者尊，清者卑。怗懘，敝敗不和貌。宫亂則荒，其君驕；商亂則陂，其官壞；角亂則憂，其民怨；徵亂則哀，其事勤；羽亂則危，其財匱。五者皆亂，迭相陵，謂之慢。如此，則國之滅亡無日矣。君、臣、民、事、物，其道亂，則其音應而亂。荒，猶散也。陂，傾也。《書》曰：「王耄荒。」《易》曰：「無平不陂。」鄭、衛之音，亂世之音也，比於慢矣。比，猶同也。桑閒濮上之音，亡國之音也。其政散，其民流，誣上行私而不可止也。濮水之上，地有桑閒者，亡國之音，於此之水出也。昔殷紂使師延作靡靡之樂，已而自沈於濮水。後師涓過焉，夜聞而寫之，爲晉平公鼓之，是之謂也。桑閒，在濮陽南。誣，罔也。凡音者，生於人心者也。樂者，通倫理者也。倫，猶類也。理，分也。是故知聲而不知音者，禽獸是也。知音而不知樂者，衆庶是也。唯君子爲能知樂。禽獸知此爲聲耳，不知其宫商之變也。八音並作，克諧曰樂。是故審聲以知音，審音以知樂，審樂以知政，而治道備矣。是故不知聲者不可與言音，不知音者不可與言樂。知樂則幾於禮矣。禮樂皆得，謂之有德。德者，得也。幾，近也。聽樂而知政之得失，則能正君、臣、民、事、物之禮也。是故樂之隆，非極音也。食饗之禮，非致味也。隆，猶盛也。極，窮也。❷《清廟》之瑟，朱弦而疏越，壹倡而三歎，有遺音者矣。大饗之禮，尚玄酒而俎腥魚，大羹不和，有遺味者矣。《清廟》，謂作樂

❶「懘」，原作「滯」，據《唐石經》、余本、撫本、岳本、阮本及衛氏《集説》改。

❷「窮」，阮校云：「盧文弨校云：足利、古本『窮』上有『猶』字，《史記集解》同。」

歌《清廟》也。朱弦，練朱弦，練則聲濁。越，瑟底孔也，畫疏之，使聲遲也。倡，發歌句也。三歎，三人從歎之耳。大饗，祫祭先王，以腥魚爲俎實，不臑孰之。大羹，肉湆，不調以鹽菜。遺，猶餘也。是故先王之制禮樂也，非以極口腹耳目之欲也，將以教民平好惡而反人道之正也。教之使知好惡也。人生而靜，天之性也。感於物而動，性之欲也。❶言性不見物則無欲。物至知知，然後好惡形焉。至，來也。知知，每物來則又有知也。言見物多則欲益衆。形，猶見也。❷好惡無節於内，知誘於外，不能反躬，天理滅矣。節，法度也。知，猶欲也。誘，猶道也，引也。躬，猶己也。理，猶性也。夫物之感人無窮，而人之好惡無節，則是物至而人化物也。❸人化物也者，滅天理而窮人欲者也。窮人欲，言無所不爲。於是有悖逆詐僞之心，有淫泆作亂之事。是故强者脅弱，衆者暴寡，知者詐愚，勇者苦怯，疾病不養，老幼孤獨不得其所。此大亂之道也。是故先王之制禮樂，人爲之節。言爲作法度，以遏其欲。衰麻哭泣，所以節喪紀也；鐘鼓干戚，所以和安樂也；昏姻冠笄，所以别男女也；射鄉食饗，所以正交接也。男二十而冠，女許嫁而笄，成人之禮。射鄉，大射、鄉飲酒也。禮節民心，樂和民聲，政以行之，刑以防之。禮樂刑政，四達而不悖，則王道備矣。【疏】正義曰：此一節論《樂本》之事。章句既多，各隨文解之。名爲《樂本》者，樂

❶「欲」，阮校云：「《史記》『欲』作『頌』，徐廣曰：『頌，音容，今《禮》作欲。』」于鬯《香草校書》云：「『欲』，當從《史記·樂書》作『頌』，字形相近而誤也。『頌』與『動』爲韻，猶上文『性』與『靜』爲韻。」

❷「猶」，原作「已」，據余本、撫本、岳本、阮本及魏了翁《要義》改。

❸「而人化物也」，阮校云：「惠棟校宋本云：『而人化物也』下脱注『隨物變化』四字。盧文弨云：惠棟據《史記集解》增。」

以音聲爲本，音聲由人心而生，此章備論音聲起於人心，故名《樂本》。此《樂本》之中，論人心感於物而有聲，聲相應而生變，變成方而爲之音，比音而爲樂，展轉相因之勢。「凡音之起，由人心生也」者，言凡樂之音曲所起，本由人心而生也。「人心之動，物使之然也」者，言音之所以起於人心者，由人心動則音起。人心所以動者，外物使之然也。「感於物而動，故形於聲」者，人心既感外物而動，口以宣心，其心形見於聲。心若感死喪之物而興，動於口則形見於悲戚之聲；心若感福慶而興，動於口則形見於歡樂之聲也。「聲相應，故生變」者，既有哀樂之聲，自然一高一下，或清或濁，而相應不同，故云「生變」。變，謂不恒一聲，變動清濁也。「變成方，謂之音」者，方，謂文章。聲既變轉，和合次序，成就文章，謂之音也。音則今之歌曲也。「比音而樂之，及干戚羽旄，謂之樂」者，言以樂器次比音之歌曲，而樂器播之，并及干戚羽旄，鼓而舞之，乃謂之樂也。是樂之所起，由人心而生也。**注**「宮商」至「曰聲」　正義曰：言「聲」者，是宮、商、角、徵、羽也。極濁者爲宮，極清者爲羽。五聲以清濁相次。云「雜比曰音」者，謂宮、商、角、徵、羽，清濁相雜和比謂之音。云「單出曰聲」者，五聲之内，唯單有一聲，無餘聲相雜，是「單出曰聲」也。然則，初發口，單者謂之聲，衆聲和合成章謂之音，金石干戚羽旄謂之樂。則聲爲初，音爲中，樂爲末也。所以唯舉「音」者，舉中見上下矣。**注**「樂之」至「聽之」　正義曰：「彈其宮，則衆宮應，然不足樂」者，明直唯一聲，不足可爲樂，故須變之使雜也。引《易》曰「同聲相應，同氣相求」者，《易·文言》文，證同聲相應之義也。同聲雖相應，不得爲樂，必有異聲相應，乃得爲樂耳。引《春秋傳》以下者，證同聲不得爲樂也。案《春秋》昭二十年《左傳》，齊景公曰：「唯據與我和夫！」晏子對曰：「據亦同也，焉得爲和？同者，若以水濟水，誰能食之？琴瑟之專一，誰能聽之？」言琴瑟專一，唯有一聲，不得成樂故也。**注**「方，猶文章也」　正義曰：凡畫者，青黄相雜，分布得成文章。言音清濁上下，分布次序，得成音曲也。似畫者文章，故云「方，猶文章也」。**注**「干盾」至「秉翟」　正義曰：「干，盾也；戚，斧也；武舞所執也」者，武舞之樂，執此盾與斧也。云「羽，翟羽也；旄，旄牛尾也：文舞所執」者，言文舞執此羽、旄也。引《舞師》、《樂師》者，證有干戚、羽旄舞等。案《樂師》「有帗舞，有羽舞，有皇舞，有旄舞，有干舞，有人舞」也，無兵舞，但有干舞。鄭司農彼注云：「干舞者，兵舞。」又《舞師》云：「掌教兵舞，帥而舞山川之祭祀。」無干舞，但有兵舞。鄭司農彼注：「干舞，兵舞也。」此引《樂師》既謂「干舞」，引謂「兵舞」者，❶「兵舞」非《樂師》之文，但經云「干戚」，用戚則是《大武》，《大武》，兵舞。此引《樂師》益以「兵舞」，解經之「干戚」也。但此經「干戚、羽旄」包含文武之大舞。❷鄭引《樂師》小舞，明羽舞也。引《詩》者，證羽舞是翟舞也。此《詩·邶風》，刺衛君不用賢，衛之賢者，仕於伶官，但「左手執籥，右手秉翟」而已。　「樂者」至「道也」　正義曰：此一節覆明上文感物而動之意，結樂聲生起所由也。合音乃成樂，是樂由此音而生，故云「音之所由生也」。「其本在人心之感於物也」者，欲將明樂隨人心見，故更陳此句也。本，猶初也。物，外境也。言樂初所起，在於人心之感外境也。　「是故其哀心感者，其聲噍以殺」者，心既由於外境而變，故有此下六事之不同也。噍，踧急也。若外境痛苦，則其心哀，哀感在心，故其聲必踧急而速殺也。　「其樂心感者，其聲嘽以緩」者，嘽，寬也。若外境所善，心必歡樂，歡樂在心，故聲必隨而寬緩也。　「其喜心感者，其聲發以散」者，若外境會合其心，心必喜悦，喜悦在心，故聲必隨而發揚放散，無輒礙也。但樂是長久之歡，喜是一時之悦，遇有善事而心喜也。昭二十五年《左傳》云「喜生於好」，是喜與樂别也。　「其怒心感者，其聲粗以厲」者，怒，謂忽遇惡事，而心恚怒。恚怒在心，則其聲粗以猛厲也。　「其敬心感者，其聲直以廉」者，直，謂不邪也。廉，廉隅也。若外境見其尊高，心中嚴敬，嚴敬在心，則其聲正直而有廉隅，不邪曲也。「其愛心感者，其聲和以柔」者，和，調也。柔，軟也。若外境親屬死亡，心起愛情，愛情在心，則聲和柔也。「六者非性也，感於物而后動」者，結外感物也。人生而静，天之性也。性本静寂，無此六事。六事之生，由應感外物而動，故云「非性也」。所以知「非性」者，今設取一人，以此六事觸之，言此人必隨觸而動，故知非本性也。庾云：「隨其所感而應之，是知非性也。」此聲，皆據人心感於物而口爲聲，知是人聲也，故鄭注云「言人聲在所見」，皇氏云「樂聲」，失之矣。「是故先王慎所以感之者」，既六事隨見而動，非關其本性，故先代聖人在上，制於正禮正樂以防之，不欲以外境惡事感之，故云「先王慎所以感之者」也。　「故禮以道其志，樂以和其聲，政以一其行，刑以防其姦」者，此四事，是

❶ 「引」，孫詒讓《校記》云：「引，疑『又』之誤。」
❷ 「舞」，原作「武」，據毛本、殿本、庫本及阮校改。

防慎所感之具矣。政，法律也。既防慎其感，故用其正禮教道其志，用正樂諧和其聲，用法律齊一其行，用刑辟防其凶奸，則民不復流僻也。「禮、樂、刑、政，其極一也」者，極，至也。用其四事齊之，使同其一致，不爲非也。賀云：「雖有禮、樂、刑、政之殊，及其檢情歸正，同至理極，其道一也。」「所以同民心而出治道也」者，結四事之功也。言民心所觸，有前六事不同，故聖人用後四者制之，使俱得其所也。

「凡音」至「通矣」　正義曰：上文云音從人心生，乃成爲樂。此一節明君上之樂，隨人情而動。若人情歡樂，樂音亦歡樂。若人情哀怨，樂音亦哀怨。「凡音者，生人心者也」者，言君上樂音，生於下民心者也。「情動於中，故形於聲」者，言在下人心情，感君政教善惡，動於心中，則上文「感於物而后動」是也。既感物動，故形見於口，口出其聲，則上文云「故形於聲」者是也。「聲成文，謂之音」者，謂聲之清濁，雜比成文，謂之音，則上文云「變成方，謂之音」是也。上云「比音而樂之，及干戚、羽旄，謂之樂」，此云「音」，不云「樂」者，以下云「治世之音」、「亂世之音」，故云「音」而不言「樂」也。必云「音」者，樂以音爲本，變動由於音也，所以特言音也。「是故治世之音安以樂」者，是故，謂情動於中，而有音聲之異。故言治平之世，其樂音安静而歡樂也。治世之音，民既安静以樂，而感其心，故樂音亦「安以樂」，由其政和美故也。君政和美，使人心安樂，人心安樂，故樂聲亦「安以樂」也。「亂世之音怨以怒，其政乖」者，亂世，謂禍亂之世，樂音怨恨而恚怒。亂世之時，其民怨怒，故樂聲亦怨怒流亡，由其政乖僻故也。「亡國之音哀以思，其民困」者，亡國，謂將欲滅亡之國，樂音悲哀而愁思。言亡國之時，民心哀思，故樂音亦哀思，由其人困苦故也。前「治世」、「亂世」皆云「世」，亡國不云「世」者，以國將亡，無復繼世也。其「治世」、「亂世」皆云「政」，亡國不云「政」者，言國將滅亡，❶無復有政，故云「其民困」也。「聲音之道，與政通矣」者，若政和則聲音安樂，若政乖則聲音怨怒，是「聲音之道，與政通矣」。

「宫爲」至「日矣」　正義曰：此一節論五聲宫、商、角、徵、羽之殊，所主之事，上下不一，得則樂聲和調，失則國將滅亡也。「宫爲君」者，宫則主君，所以然者，鄭注《月令》云：「宫屬土，土居中央，揔四方，君之象也。」又「土爰稼穡」，猶君能滋生萬民也。又五音以絲多聲重者爲尊，宫絃最大，用八十一絲，故「宫爲君」。

❶「言」字原漶滅，據阮本補。

崔氏云：「五音之次，以宮最濁。自宮以下，則稍清矣。君、臣、民、事、物，亦有尊卑，故以次配之。」「商爲臣」者，商所以爲臣者何？以鄭注《月令》云：「商屬金，以其濁次宮，臣之象也。」解者云：「宮八十一絲，商七十二絲，次宮，如臣之得次君之貴重也。」崔氏云：「商是金，金以決斷。爲臣事君，亦以義斷爲賢矣。」「角爲民」，所以爲民者，鄭注《月令》云：「角屬木，以其清濁中，民之象也。」解者云：「宮濁而羽清，角六十四絲，聲居宮、羽之中，半清半濁，故云『以其清濁中也』。民比君、臣爲劣，比事、物爲優，故云『角，清濁中，民之象矣』。」崔氏云：「角屬春，春時物生衆，皆有區别，亦象萬民衆多而有區别也。」「徵爲事」，所以爲事者，鄭注《月令》云：「徵屬火，以其徵清，❶事之象也。」解者云：「羽最清，徵次之，故用五十四絲，是徵清。徵清，所以爲事之象也。夫事是造爲，造爲由民，故先事後乃有物也。是事勝於物，而劣於民，故次民，居物之前，所以徵爲事之象也。崔氏云：「徵屬夏，夏時生長萬物，皆成形體。事亦有體，故以徵配事也。」「羽爲物」，羽所以爲物者，鄭注《月令》云：「羽屬水者，以其最清，物之象也。」解者云：「羽者最清，用四十八絲而爲物，劣於事，故最處末，所以羽爲物也。」崔氏云：「羽屬冬，冬物聚則成財用，冬則物皆藏聚，與財相類也。」「五者不亂，則無怗懘之音矣」者，怗，敝也。懘，敗也。敝敗，謂不和之貌也。若君、臣、民、事、物，五者各得其所用，不相壞亂，則五音之響，❷無敝敗矣。「宮亂則荒，其君驕」者，前明音聲與政通，若五事皆正，則音不敝敗，是聲與政通。故此以下，明聲與政通也。若五音之敝敗，則政亂各有所由也。荒，猶散也。若宮音之亂，則其聲放散，是知由其君驕溢故也。崔氏云：「宮聲所以散者，由君驕也。若君驕，則萬物荒散也。」「商亂則陂，其官壞」者，陂，不平正也。若商音之亂，則其聲欹邪而不正也。是知由其臣不治於官，官壞故也。崔氏云：「商聲所以傾邪者，由臣官壞也。官若壞，則物皆傾邪也。」「角亂則憂，其民怨」者，若角音之亂，則其聲憂愁，是知由政虐其民怨故也。崔氏云：「角聲所以亂者，由民不安業，有憂愁之心也。民無自怨，皆君上失政，故下民生怨也。」「徵亂則哀，其事勤」者，若徵音之亂，則其聲哀苦。是知由繇役不休，其民事

❶「徵清」，阮校引盧文弨云：「徵清，當作『微清』。下同。」按：作「微清」與《月令》孟夏鄭注合，盧校是。

❷「音」，阮本作「聲」，阮校云：「閩、監、毛本同。」

勤勞故也。崔氏云：「徵所以亂者，由民勤於事，悲哀之所生。」「羽亂則危，其財匱」者，匱，乏也。若羽音之亂，則其聲傾危。是知由君賦重，其民貧乏故也。崔氏云：「危者，謂聲不安也。羽聲所以不安者，由君亂於上，物散於下，故知財乏，不能得安，故有匱乏也。」「五者皆亂，迭相陵，謂之慢」者，迭，互也。陵，越也。若五聲並和，則君臣上下不失。若五聲不和，則君臣上下，互相陵越，所以爲慢也。崔氏云：「前是偏據一亂以爲義，未足以爲滅亡。今此以五者皆亂，故滅亡無日矣。滅者，絶也。亡，叛也。無日，言無復一日也。若君臣互相陵慢如此，則國必叛滅，旦夕可俟，無復一日也。」注「書曰」至「不陂」　正義曰：所引之書，❶《尚書·呂刑》之文也。「王耄荒」者，謂穆王享國百年耄荒也。引之者，證經之「荒」字矣。云「《易》曰：無平不陂」者，《易·泰卦》九三爻辭。引之者，證經之「陂」字矣。案《樂緯動聲儀》云：「宮爲君，君者當寬大容衆，故聲弘以舒，其和情以柔，動脾也。商爲臣，臣者當以發明君之號令，其聲散以明，其和温以斷，動肺也。角爲民，民者當約儉，不奢僭差，故其聲防以約，其和清以静，動肝也。徵爲事，事者君子之功，既當急就之，其事當久流亡，故其聲貶以疾，其和平以功，動心也。羽爲物，物者不有委聚，故其聲散以虚，其和斷以散，動腎也。」《動聲儀》又云：「若宮唱而商和，是謂善，大平之樂。」注云：「君臣相和。」又云：「角從宮，是謂哀，衰國之樂。」注云：「象人有怨訴。」又云：「羽從宮，往而不反，是謂悲，亡國之樂也。」注云：「悲傷於財竭。」又云：「音相生者和。」注云：「彈羽角應，彈宮徵應，是其和樂。」以此言之，相生應即爲和，不以相生應則爲亂也。「鄭衛」至「止也」　正義曰：前經明五者皆亂，驕慢滅亡。此一節論亂世滅亡之樂。「比」，猶同也。鄭國之音，好濫淫志；衛國之樂，促速煩志，並是亂世之音也。雖亂而未滅亡，故云「比於慢」，即同前「謂之慢」也。　「桑間濮上之音，❷亡國之音也」者，於濮水之上，桑林之間，所得之樂，是亡國之音矣，故云「亡國之音」。　「其政散」者，謂君之政教荒散也。　「其民流」者，流，謂流亡。君既荒散，民自流亡也。　「誣上行私而不可止也」者，君既失政，在下則誣罔於上，行其私意，違背公道，不可禁止也。　注「濮水」至「罔也」　正義曰：「濮水之上，地有桑間」者，言濮水與桑間一處也。云

❶「書」，原作「者」，據阮本和潘宗周《校勘記》改。
❷「上」字原漶滅，據阮本補。

「昔殷紂使師延作靡靡之樂」以下，皆《史記・樂書》之文也。言衛靈公之時，將之晉，至於濮水之上舍。夜半之時，聞鼓琴之聲。問左右，皆對曰：「不聞。」乃召師涓，聽而寫之。明日即去。乃至晉國，見平公，平公享之。靈公曰：「今者來，聞新聲，請奏之。」平公曰：「可。」即命師涓坐師曠之旁，援琴鼓之。未終，而師曠撫而止之曰：「此亡國之聲也，不可遂。」平公曰：「何？」師曠曰：「昔師延所作也，與紂爲靡靡之樂。武王伐紂，師延東走，自投濮水之中。故聞此聲，必於濮水之上而聞之。」是其事。案《異義》云：「今《論語》說：❶鄭國之爲俗，有溱、洧之水，男女聚會，謳歌相感，故云『鄭聲淫』。《左傳》說『煩手淫聲』謂之鄭聲者，言煩手躑躅之聲，使淫過矣。」許君謹案：「《鄭詩》二十一篇，說婦人者十九矣，故『鄭聲淫』也。」今案《鄭詩》說婦人者唯九篇，《異義》云「十九」者誤也，無「十」字矣。

「凡音」至「正也」　正義曰：此一節明音、樂之異。音易識而樂難知，知樂則近於禮。又明禮樂隆極之旨，先王所以禮樂教人之意。　「凡音者，生於人心者也」，言音從聲生，聲從心生，故云「生於人心者也」。　「樂者，通於倫理者也」，❷倫，類也。理，分也。比音爲樂，有金石絲竹，干戚羽旄。樂得則陰陽和，樂失則群物亂，是樂能經通倫理也，陰陽萬物，各有倫類分理者也。　「是故知聲而不知音者，禽獸是也」者，言禽獸知其聲，不知五音之和變，是聲易識而音難知矣。　「知音而不知樂者，衆庶是也」者，言衆庶知歌曲之音，而不知樂之大理，是音猶易而樂極難也。　「唯君子爲能知樂」者，君子，謂大德聖人。能知極樂之理，故云「爲能知樂」。　「是故審聲以知音，審音以知樂，審樂以知政，而治道備矣」者，音由聲生，先審識其聲，然後可以知音。樂由音生，先審識其音，❸然後知樂。政由樂生，先審識其樂，可以知政。所以審樂知政者，樂由音聲而生，聲感善惡而起，若能審樂，則知善惡之理，行善不行惡，習是不習非，知爲政化民。　「而治道備矣」者，政善樂和，音聲皆善，人事無邪僻，則治道備具矣。「知樂則幾於禮矣」者，幾，近也。知樂則知政之得失，知政之得失，則能正君、臣、民、事、物，故云「近於禮矣」。但禮包萬事，萬事備具，始是禮極。今知樂，但知正君、臣、民、事、物而已，於禮未極，故云「近於禮矣」。

❶「語」字原脱，據孫詒讓《校記》和《五經異義疏證》補。
❷「於」，浦鏜校云：「「於」字衍。」按經文無「於」字。
❸「生先」，原作「先生」，據阮本乙正。

「禮樂皆得，謂之有德。德者，得也」者，言王者能使禮樂皆得其所，謂之有德之君。所以名爲德者，得禮樂之稱也。

「是故樂之隆，非極音也」者，隆，謂隆盛。言樂之隆盛，本在移風易俗，非崇重於鐘鼓之音，故云「非極音也」。案《論語》云「樂云樂云，鐘鼓云乎哉」是也。「食饗之禮，非致味也」者，食饗，謂宗廟祫祭。此禮之隆重，在於孝敬也，非在於致其美味而已。禮云「食饗之禮」，則樂應云「祭祀之樂」，互可知也。「《清廟》之瑟，朱弦而疏越，壹倡而三歎」者，覆上「樂之隆，非極音也」。《清廟》之瑟，謂歌《清廟》之詩所彈之瑟。朱弦，謂練朱絲爲弦，練則聲濁也。越，謂瑟底孔也。疏通之，使聲遲，故云「疏越」。弦聲既濁，瑟音又遲，是質素之聲，非要妙之響。以其質素，初發首一倡之時，而唯有三人歎之，是人不愛樂。雖然，「有遺餘之音」，言以其貴在於德，所以有遺餘之音，念之不忘也。

「大饗之禮，尚玄酒而俎腥魚，大羹不和，有遺味者矣」者，此覆上「食饗之禮，非致味也」。大饗，謂祫祭。「尚玄酒」，在五齊之上。「而俎腥魚」，腥，生也。俎雖有三牲，而兼載腥魚也。「大羹」，謂肉湆也。「不和」，謂不以鹽菜和之。此皆質素之食，而大饗設之，人所不欲也。雖然，「有遺餘之味矣」，以其有德質素，其味可重，人愛之不忘，故云「有遺味者矣」。

「是故先王之制禮樂也，非以極口腹耳目之欲也」者，以玄酒、腥魚、大羹，是「非極口腹」也；以「朱弦疏越」，是「非極耳目」也。「將以教民平好惡而反人道之正也」者，言先王制禮樂，不爲口腹耳目，而將以教民均平好惡，使好者行之，惡者避之，而反歸人道之正也。

注「能正君、臣、民、事、物之禮」　正義曰：以宮爲君，商爲臣，角爲民，徵爲事，羽爲物，既能知樂，則能正此五事。五事之外，則餘禮未能弘通，故經云「近於禮」，未盡禮之用也。

注「朱弦」至「餘也」　正義曰：「朱弦，練朱弦」者，案《虞書傳》云：「古者，帝王升歌《清廟》之樂，大琴練弦。」此云「朱弦」者，明練之可知也。云「練則聲濁」者，不練則體勁而聲清，練則絲孰而弦濁。云「越，瑟底孔也」者，案《鄉飲酒禮》「二人皆左何瑟，後首，挎越」，是「越，瑟底孔也」。故《燕禮》注云：「越，瑟下孔也。」云「畫疏之，使聲遲也」者，熊氏云：「瑟兩頭有孔，畫疏之，疏，通也，使兩頭孔相連而通。孔小則聲急，孔大則聲遲，故云『使聲遲也』。」云「三歎，三人從歎之耳」者，三歎，謂擊瑟贊歎美者，但有三人歎之耳，言歎者少也。云「大饗，祫祭先王」者，案《郊特牲》云：「郊血，大饗腥。」此云「腥魚」，故爲宗廟祫祭也。云「以腥魚爲俎實」

者，謂薦血腥之時，以俎薦腥魚。熊氏云：「其牛羊之俎，至薦孰之時，皆亨之而孰薦。腥魚，則始末不亨」，故云「而俎腥魚」也。云「大羹，肉湆」者，《特牲》云「大羹湆」，此云「不和」，故知「不調以鹽菜」。鉶羹則和之。云「遺，猶餘也」者，樂聲雖質，人貴之不忘矣；食味雖惡，人念之不息矣。是有「遺音」、「遺味」矣。熊氏云：「聲有五聲，但有三人歎之，餘兩聲未歎，是有遺音。」非其辭也。　「人生」至「道也」　正義曰：此一節論人感物而動，物有好惡，所感不同。若其感惡，則天理滅，爲大亂之道。故下文明先王所以制禮樂而齊之。　「人生而静，天之性也」　正義曰：言人初生，未有情欲，是其静稟於自然，是天性也。「感於物而動，性之欲也」者，其心本雖静，感於外物，而心遂動，是性之所貪欲也。自然謂之性，貪欲謂之情，是情、性別矣。　「物至知知，然後好惡形焉」者，至，猶來也。言外物既來，知，❶謂每一物來，則心知之。爲每一物皆知，是「物至知知」也。物至既衆，會意者則愛好之，不會意者則嫌惡之，是「好惡形焉」。　「好惡無節於内，知誘於外」者，所好惡，恣己之情，是「無節於内」。知，謂欲也。所欲之事，道誘於外。外見所欲，心則從之，是「知誘於外」也。　「不能反躬，天理滅矣」者，躬，己也。恣己情欲，不能自反禁止。理，性也。是天之所生本性滅絶矣。　「夫物之感人無窮」者，物既衆多，來感於人，無有窮已也。　「而人之好惡無節」者，見物之來，所好所惡，無有法節也。「則是物至而人化物也」者，則是外物來至，而人化逐於物。物善則人善，物惡則人惡，是「人化物」也。　「人化物也者，滅天理而窮人欲者也」者，人既化物，逐而遷之，恣其情欲，故滅其天生清静之性，而窮極人所貪嗜慾也。　「知者詐愚」，謂欺詐愚人也。　「勇者苦怯」，謂困苦怯者。　「疾病不養」，謂心所嫌惡，不收養也。　「老幼孤獨，不得其所」者，此並是人之嫌惡，無所哀矜，故「老幼孤獨，不得其所」也。　「是故」至「備矣」　正義曰：此一節以下至「樂云」，廣明禮樂相須之事。「是故先王之制禮樂，人爲之節」者，庾云：「『人爲』，猶『爲人』也，言爲人作法節也。」　「射鄉食饗，所以正交接也」者，射，大射也。鄉，鄉飲酒也。食饗，饗食賓客也。凡此，皆是正交接之節，不使相陵越也。　「禮節民心」者，前經云「禮樂，人爲之節」，故此經明其所節之事。禮有尊卑上下，故裁節民心，謂無不敬也。　「樂和民聲」者，樂

❶「知」，作爲出文，據經及注，疑當作「知知」。

有宫、商、角、徵、羽及律吕，所以調和民聲也。「政以行之」者，政，謂禁令。用禁令以行禮樂也。「刑以防之」者，若不行禮樂，則以刑罰防止之。「禮、樂、刑、政，四達而不悖，則王道備矣」者，若此四事通達流行而不悖逆，則王道具備矣。

樂者爲同，禮者爲異。同則相親，異則相敬。同，謂協好惡也。異，謂别貴賤。樂勝則流，禮勝則離。流，謂合行不敬也。離，謂析居不和也。合情飾貌者，禮樂之事也。欲其並行斌斌然。禮義立，則貴賤等矣。樂文同，則上下和矣。好惡著，則賢不肖别矣。刑禁暴，爵舉賢，則政均矣。仁以愛之，義以正之，如此，則民治行矣。等，階級也。

疏正義曰：皇氏云：「從『王道備矣』以上爲《樂本》，從此以下爲《樂論》。」今依用焉。此十一篇之説事不分明，鄭《目録》十一篇，略有分别，子細不可悉知。❶熊氏云：「十篇鄭可具詳。依《别録》十一篇，所有《賓牟賈》，有《師乙》，有《魏文侯》。今此《樂記》有《魏文侯》，乃次《賓牟賈》、《師乙》爲末，則是今之《樂記》十一篇之次，與《别録》不同。推此而言，其《樂本》以下亦雜亂，故鄭略有分别。」案熊氏此説，不與皇氏同。「樂者爲同」者，此言《樂論》之事，謂上下同聽，莫不和説也。「禮者爲異」者，謂尊卑各别，恭敬不等也。此章凡有四段。❷自此至「民治行矣」爲第一段，論樂與禮同異。將欲廣論，先論其同異也。❸自「樂由中出」至「天子如此，則禮行矣」爲第二段，論樂與禮之功。論同異既辨，故次宜有功也。自「大樂與天地同和」至「述作之謂也」爲第三段，論樂與禮唯聖人能識。既有其功，故宜究識也。自「樂者天地之和」至「則此所與民同也」爲第四段，論樂與禮使上下和合，是爲同也；禮使父子殊别，是爲異也。「同則相親」，無所間别，故相親也。「異則相敬」，有所殊别，故相敬也。「樂勝則流，禮勝則離」者，此明雖有同異，而又有相須也。勝，猶過也。若樂過和同而無禮，則流慢無復尊卑之敬；若禮過殊隔而無和樂，則親屬離析，無復骨肉之愛。唯須禮樂兼有，所以爲美。故

❶「悉」，原作「委」，據閩本、監本、毛本、殿本及庫本改。
❷「此章凡有四段」至「是爲異也」，浦鏜校云：「此百四十六字，當屬上『不與皇氏同』下。」按：浦校是。
❸「同異」，阮本作「異同」，閩、監、毛本同。

《論語》云「禮之用，和爲貴」是也。「合情飾貌者，禮樂之事也」者，合情，謂樂也。樂和其内，是合情也。飾貌，謂禮也，禮以檢跡於外，是飾貌也。貌與心半，二者無偏，則是「禮樂之事也」。「禮義立，則貴賤等矣」者，義，宜也。等，階級也。若行禮得其宜，則貴賤各有階級矣。「樂文同，則上下和矣」者，文，謂「聲成文」也。若行樂文采諧同，則上下各自和好也。「好惡著，則賢不肖别矣」者，謂所好得其善，所惡得其惡，是「好惡著」，則賢與不肖，自然分别矣。「刑禁暴」者，謂用刑罰禁止暴慢也。「爵舉賢」者，謂用爵以舉賢良也。❶「則政均矣」者，刑爵得所，政教均平矣。刑者則慎罰，爵者則明德。「仁以愛之」者，謂王者用仁以愛民也。「義以正之」者，謂王者用義以正惡矣。「如此，則民治行矣」者，言用仁用義，則民治行也。此經凡有五事，各以「矣」結之。從「禮義立，則貴賤等矣」，是其一也。「樂文同，則上下和矣」，是其二也。「好惡著，則賢不肖别矣」，是其三也。「刑禁暴，爵舉賢，則政均矣」，是其四也。「仁以愛之，義以正之，如此，則民治行矣」，是其五也。

樂由中出，和在心也。禮自外作。敬在貌也。樂由中出，故靜；禮自外作，故文。文，猶動也。大樂必易，大禮必簡。易、簡，若於《清廟》、大饗然。樂至則無怨，禮至則不争。揖讓而治天下者，禮樂之謂也。至，猶達也，行也。暴民不作，諸侯賓服，兵革不試，五刑不用，百姓無患，天子不怒，如此則樂達矣。合父子之親，明長幼之序，以敬四海之内，天子如此，則禮行矣。賓，協也。試，用也。

疏正義曰：此一經明禮樂自内自外，或易或簡，天子行之得所，則樂達禮行。「樂由中出」者，謂樂從心起也。「禮自外作」者，謂禮敬在外貌也。「樂由中出，故静」者，行之在心，故静也。「禮自外作，故文」者，禮肅人貌，貌在外，故云動也。庾云：「樂成在中是和，合反自然之静。禮節在貌之前，動合文理，文猶動也。」「大樂必易」者，「朱弦而疏越」是也。「大禮必簡」者，「玄酒、腥魚」是也。「樂至則無怨」者，至，謂達也，行也。樂行於人，由於和，故無怨矣。「禮至則不

❶「爵」，衛氏《集説》及《禮記纂言》「爵」下有「賞」字。

争」者，禮行於民，由於謙敬，謙敬則不争也。「揖讓而治天下者，禮樂之謂也」者，民無怨争，則君上無爲，但揖讓垂拱而天下自治。其功由於禮樂，故云「禮樂之謂也」。「暴民不作」，此下至「樂達矣」，偏舉樂之功。前云「樂達則無怨」，故致此以下之功也。暴民，謂凶暴之民。不作，謂不動作也。「如此則樂達矣」者，由樂和，故至「天子不怒」，以致前事，是樂道達矣。「天子如此，則禮行矣」者，天子若能使海内如此，則是禮道興行矣。樂云「達」，禮云「行」者，互文也。禮云「天子如此」，樂不云「天子」者，樂既云「天子不怒」，故略其文，不復云「天子」也。

大樂與天地同和，大禮與天地同節。言順天地之氣與其數。和，故百物不失；不失其性。節，故祀天祭地。成物有功，報焉。明則有禮樂，教人者。幽則有鬼神助天地成物者也。《易》曰：「是故知鬼神之情狀，與天地相似。」《五帝德》説黄帝德曰：「死而民畏其神者百年。」《春秋傳》曰：「若敖氏之鬼。」然則聖人之精氣謂之神，賢知之精氣謂之鬼。如此，則四海之内合敬同愛矣。禮者，殊事合敬者也。樂者，異文合愛者也。禮樂之情同，故明王以相沿也。沿，猶因述也。孔子曰：「殷因於夏禮，所損益可知也。周因於殷禮，所損益可知也。」沿，或作「緣」。故事與時並，舉事在其時也。《禮器》曰：「堯授舜，舜授禹，湯放桀，武王伐紂，時也。」名與功偕。爲名在其功也。偕，猶俱也。堯作《大章》，舜作《大韶》，禹作《大夏》，湯作《大濩》，武王作《大武》，各因其得天下之功。

疏正義曰：此一節明禮樂與天地合德，明王用之，相因不改，功名顯著。「大樂與天地同和」者，天地氣和而生萬物，大樂之體，順陰陽律吕，生養萬物，是「大樂與天地同和」也。「大禮與天地同節」者，天地之形，各有高下大小爲限節。大禮辨尊卑貴賤，與天地相似，是大禮與天地同節也。❶「和，故百物不失」者，以大樂與天地同和，能生成百物，故不失其性也。「節，故祀天祭地」者，以大禮與天地同節，有尊卑上下，報生成之功，故祀天祭地。「明則有禮樂」者，聖王既能使禮樂與天地同和節，又於顯明之處尊崇禮樂以教人。「幽則有鬼神」者，幽冥之

❶「節」字原漶滅，據阮本補。

處，尊敬鬼神，以成物也。　「如此，則四海之内合敬同愛矣」者，聖人若能如此上事行禮樂得所，以治天下，故四海之内，會其敬愛。❶以行禮得所，故四海會合其敬；行樂得所，故四海之内齊同其愛矣。　「禮者，殊事合敬者也」者，尊卑有别是「殊事」，俱行於禮是「合敬」也。　「樂者，異文合愛者也」者，宫商别調是「異文」，無不歡愛是「合愛」也。　「禮樂之情同，故明王以相沿也」者，禮樂之狀，質文雖異，樂情主和，禮情主敬，致治是同。以其致治情同，故明王所以相因述也。言前代後代，同禮樂之情，因時質文，或有損益，故云「以相沿也」。沿，謂因而增改也。「故事與時並」者，事，謂聖人所爲之事，與所當時而並行。若堯、舜揖讓之事，與淳和之時而並行；湯、武干戈之事，與澆薄之時而並行。此一句明禮也。　「名與功偕」者，名，謂樂名。偕，俱也。言聖王制樂之名，與所建之功而俱作也。若堯之《大章》、舜之《大韶》，堯章明之功，舜紹堯之德，及禹、湯等樂名，皆與功俱立也。此一句明樂。聖王雖同禮樂之情，因而脩述，但時與功不等，故禮與樂亦殊。　注「言順」至「其數」　正義曰：天地與陰陽，生養爲氣，樂有六律六吕，調和生養，是「順天地之氣」，解經「同和」也。云「與其數」，謂天有日月星辰，地有山川高下，其數不同，故云「與其數」，解經「同節」也。　注「成物有功，報焉」　正義曰：言天地春夏生物，秋冬成物。獨云「成物」者，❷對則「生」「成」有異，揔而言之，「生」亦「成」也。故云「成物有功」，下注云「助天地成物」是也。　注「易曰」至「之鬼」　正義曰：引「《易》曰：是故知鬼神之情狀，與天地相似」者，《易·上繫辭》云：「精氣爲物，遊魂爲變，是故知鬼神之情狀，與天地相似。」注云：「精氣，謂七八。遊魂，謂九六。遊魂謂之鬼，物終所歸。精氣謂之神，物生所信也。言木火之神，生物東南。金水之鬼，終物西北。二者之情，其狀與春夏生物、秋冬終物相似。」云「《五帝德》説黄帝德曰『死而民畏其神者百年』」，案《大戴禮·五帝德》篇云：「宰我問孔子曰：『黄帝三百年。請問黄帝人也？抑非人也？何以至三百年乎？』孔子曰：『生而民利其德百年，死而民畏其神百年，亡而人用其教百年。』」云「《春秋傳》曰：『若敖氏之鬼』」，引《春秋》者，宣四年《左傳》「楚司馬子良生子越椒」，初生，令尹子文請殺之，其父子良不可。「子文以爲大慼，曰：『鬼猶求食，若敖

❶「會」，阮本作「合」，閩、監、毛本同。
❷「成」字原脱，據阮本和潘宗周《校勘記》補。

氏之鬼不其餒而！』」云「聖人之精氣謂之神」者，則黄帝是也。言聖人氣强，能引生萬物，故謂之神。云「賢知之精氣謂之鬼」者，則若敖氏是也。氣劣於聖，但歸終而已，故謂之鬼。熊氏云：「《繫辭》『鬼神』者，謂七八九六，自然之鬼神。又聖人賢人鬼神，與自然鬼神，俱能助天地而成物，故鄭揔引之也。又鄭注《祭法》『七祀』，謂『鬼神司察小過』，引此『幽則有鬼神』。然則有天地自然之鬼神，有聖人賢人之鬼神，有七祀之鬼神。」崔氏云：「明人君及臣，生則以禮樂化民，死則爲鬼神以成物。」此唯據聖人賢人之鬼神也，與鄭引《易·繫辭》不合，其義非也。**注**「沿猶」至「知也」　正義曰：五帝、三王，同用禮樂，是「因」也；就而損益，是「述」也。故引《論語》損益之事以解之。損益者，則下文「事與時並，名與功偕」是也。

故鐘、鼓、管、磬、羽、籥、干、戚，樂之器也。屈伸俯仰，綴兆舒疾，樂之文也。簠簋、俎豆、制度、文章，禮之器也。升降、上下、周還、裼襲，禮之文也。綴，謂酇，舞者之位也。兆，其外營域也。故知禮樂之情者能作，識禮樂之文者能述。述，謂訓其義也。作者之謂聖，述者之謂明。明聖者，述作之謂也。**疏**正義曰：此一節申明禮樂器之與文，❶并述作之體。「綴兆舒疾」者，綴謂舞者行位相連綴也。兆，謂位外之營兆也。「周還裼襲」者，周還，❷謂行禮周曲迴旋也。裼，謂袒上衣而露裼也。襲，謂掩上衣也。禮盛者尚質，故襲。不盛者尚文，故裼。「故知禮樂之情者能作」者，下文云「窮本知變，樂之情」，若能窮盡其本，識其變通，是知樂之情也。下文云「著誠去僞，禮之經也」，若能顯著誠信，棄去浮僞，是知禮之情也。凡制作者，量事制宜，既能窮本知變，又能著誠去僞，所以能制作也。「識禮樂之文者能述」者，文，謂上經云「屈伸俯仰」、「升降上下」是也。述，謂訓説義理。既知文章升降，辨定是非，故能訓説禮樂義理，不能制作禮樂也。「作者之謂聖」，聖者通達物理，故「作者之謂聖」，則堯、舜、禹、湯是也。「述者之謂明」，明者辨説是非，故脩述者之謂明，則子游、子夏之屬是也。

樂者，天

❶「器之」，衛氏《集説》作「之器」，浦鏜校以爲當從。

❷「還」字原脱，據衛氏《集説》補。

地之和也。禮者，天地之序也。和，故百物皆化；序，故群物皆別。化，猶生也。別，謂形體異也。樂由天作，禮以地制。言法天地也。過制則亂，過作則暴。過，猶誤也。暴，失文武之意。明於天地，然後能興禮樂也。**疏**正義曰：此一節申明禮樂從天地而來，王者必明於天地，然後能興禮樂。「樂者」，調暢陰陽，是「天地之和也」。「禮者，天地之序也」，禮明貴賤，是「天地之序也」。「樂由天作」者，樂生於陽，❶是法天而作也。「禮以地制」者，禮生於陰，❷是法地而制。言法天地也。「過制則亂」者，過，謂誤也。唯聖人識合天地者，則制作禮樂不誤。若非聖識，則必誤。誤制禮，則尊卑混亂也。猶地體誤，則亂於高下也。「過作則暴」者，謂違暴失所。若過誤作樂，則樂體違暴，失文武之意，謂文樂武樂雜亂也。論倫無患，樂之情也；欣喜歡愛，樂之官也。倫，猶類也。患，害也。官，猶事也。中正無邪，禮之質也；莊敬恭順，禮之制也。質，猶本也。若夫禮樂之施於金石，越於聲音，用於宗廟社稷，事乎山川鬼神，則此所與民同也。言情、官、質、制，先王所專也。**疏**正義曰：此一節明禮樂文質不同，事爲有異。「論倫無患」者，樂主和同，論說等倫，無相毀害，是「樂之情也」。言樂之本情，欲使倫等和同，無相損害也。「欣喜歡愛，樂之官也」者，官，猶事也。賀瑒云：「八音克諧，❸使物歡欣，此樂之事迹也。」在心則倫類無害，故爲樂情；在貌則欣喜歡愛，故爲樂事也。「中正無邪，禮之質也」者，謂內心中正，無有邪僻，是禮之本質也。「莊敬恭順，禮之制也」者，外貌莊敬，謙恭謹慎，是禮之節制也。「若夫禮樂之施於金石，越於聲音」者，此明樂也。「用於宗廟社稷，事乎山川鬼神」者，此明禮也。若通而言之，則禮樂相將矣。「則此所與民同也」者，言「施於金石，越於聲音，用於宗廟社稷，事乎山川鬼神」，此

❶「生」，原作「主」，據閩本、監本、毛本、殿本、庫本及衛氏《集說》改。

❷「生」，原作「主」，據閩本、監本、毛本、殿本、庫本及衛氏《集說》改。

❸「克」，原作「無」，據阮本改。

等與民共同有也。❶前經論「樂之情，樂之官，禮之質，禮之制」，是先王所專有也，言先王獨能專此四事。王者功成作樂，治定制禮。功成、治定，同時耳。功主於王業，治主於教民。《明堂位》說周公曰「治天下六年，朝諸侯於明堂，制禮作樂」。其功大者其樂備，其治辯者其禮具。辯，徧也。干戚之舞，非備樂也。樂以文德爲備，若《咸池》者。孔子曰：「《韶》，❷『盡美矣，又盡善也』；謂《武》，『盡美矣，未盡善也』。」孰亨而祀，非達禮也。達，具也。❸《郊特牲》曰：「郊血，大饗腥，三獻爓，一獻孰，至敬不饗味而貴氣臭也。」五帝殊時，不相沿樂。三王異世，不相襲禮。言其有損益也。樂極則憂，禮粗則偏矣。樂，人之所好也，害在淫佚。禮，人之所勤也，害在倦略。及夫敦樂而無憂，禮備而不偏者，其唯大聖乎！敦，厚也。**疏**正義曰：此章是《樂記》第三章，名曰《樂禮》章也。章中明王者爲治，必制禮作樂，故名《樂禮》章也。案鄭《目録》云：「第三是《樂施》，第四是《樂言》，第五是《樂禮》。」今記者以《樂禮》第三言，❹鄭《目録》當是舊次未合之時。此今所列，或記家別起意，意趣不同故也。「王者功成作樂，治定制禮」者，功成，謂天子功業既成。治定，謂民得王教，尊卑位定也。然功成、治定，俱是一時，但所斷義，各有異也，故分言耳。「功成作樂」者，王者先王之功，❺由民所樂，故功成命而作樂，❻以應民所樂之心。猶如民樂周有干戈而業成，故周王成功，制干戈之樂也。「治定制禮」者，禮以體別爲義，今治人得體，故制禮應之。如周王大平乃制禮也。❼樂云「作」，禮云「制」者，作是動用，制是裁斷。禮是形化，故言「制」。樂是氣化，故言「作」。亦相互也。《白虎通》云：「樂者陽也，動作倡

❶「共」，阮校云：「衛氏《集說》『共』作『所』。」
❷「韶」，原作「詔」，據殿本、庫本、阮本改。
❸「具」，阮校云：「惠棟校『具』上有『猶』字，《史記》注引同。」
❹「第三言」，阮本「第」上有「爲」字。阮校云：「閩、監、毛本同。衛氏《集說》『言』作『章』。」
❺「先王」，衛氏《集說》無「先王」二字，疑是。
❻「命」，衛氏《集說》無「命」字，疑是。
❼「周王」，浦鏜以爲乃「周公」之誤。

始，故言作也。禮者陰也，繫制於陽，故云制也。」治定，謂教民從化。若用質教民治定者，則制禮省略也；若用文教民而治定者，則制禮繁多也。其法雖殊，若大判而論，則五帝以上尚樂，三王之世貴禮。故樂興五帝，禮盛三王。所以爾者，五帝之時尚德，故義取於和同；❶三王之代尚禮，❷故義取於儀別。是以樂隨王者之功，禮隨治世之教也。「其功大者其樂備，其治辯者其禮具」者，辯，徧也。夫禮樂必由其功治，功治有大小，故禮樂亦應以廣狹也。若以一代而言，則武王功治尚小，故禮樂未得備徧。至周公功成治大，故禮樂應之而備也。若異代言之，則堯、舜功大治辯，樂備禮具。若湯、武比於堯、舜，則功小治狹，樂不備，禮不具也。樂備，謂文德備具。不備，謂「干戚之舞」矣。禮具，則血腥而祭。不具，謂「孰亨而祀」。言禮樂之體，皆以德爲備具也。「干戚之舞，非備樂也」者，言周樂干戚之舞，非如舜時文德之備樂也。「孰亨而祀，非達禮也」者，言後世孰亨牲體而祭祀，非如五帝之時血腥之達禮也。「五帝殊時，不相沿樂」者，沿，因也。五帝既先後殊時，不相共同用一樂也。「三王異世，不相襲禮」者，三王前後異世，不相共襲因一禮也。若論禮樂之情，則聖王同用也。故前文云「禮樂之情同，故明王以相沿」是也。此論禮樂之迹，損益有殊，隨時而改，故云「不相襲」也。「樂極則憂」者，樂，人之所好，害在淫佚，若極而不止，則必至憂慼也。「禮粗則偏矣」者，偏，謂倦略。禮者，人之所勤。言人不能勤行於禮，好生懈倦，則致粗略。偏，謂不周備也。❸「及夫敦樂而無憂」者，敦，厚也。厚重於樂，知足則止，而無至於憂也。「禮備而不偏」者，行禮安静，委曲備具，不至勤苦倦略。能如此者，「其唯大聖乎」？言大聖之人能行禮樂如此也。

注「功成」至「作樂」　正義曰：「功成、治定，同時耳」者，謂一時之事，若周公攝政六年是也。云「功主於王業」者，功，謂王業之功。樂者，聖人所樂，發揚己之功德，故云「功成作樂」。云「治主於教民」者，治，定，謂治人安定，使上下有序。禮者主於施下，明下之從順，故「治定制禮」也。

注「樂以」至「善也」　正義曰：鄭之此注，據異代。此經云「干戚非備樂」，明以文德爲備，故云「若《咸池》者」，下文云《咸池》備矣」是也。引《論語》舜以文德爲備，故云

❶「和同」，阮本作「同和」，閩、監、毛本同。
❷「禮」，原作「體」，據閩本、毛本、殿本、庫本、阮本改。
❸「周」，原作「同」，據阮本和潘宗周《校勘記》改。

「《韶》盡美矣」，謂樂音美也，「又盡善也」，謂文德具也。虞舜之時，雜舞干羽於兩階，而文多於武也。「謂《武》盡美矣」者，《大武》之樂，其體美矣，下文説《大武》之樂是也。「未盡善」者，文德猶少，未致太平。 注「達具」至「臭也」 正義曰：案《禮運》云「薦其血毛」，謂上古也；「腥其俎，孰其殽」，謂中古也；「退而合亨」，謂三王也。是上代質，用血腥；次代文，用亨孰。故引《郊特牲》「郊血，大饗腥，三獻爓，❶一獻孰」以結之。是卑者爓孰，尊者血腥。尊者禮具，卑者不具。然三王之世，禮文煩多。五帝之時，禮文簡略。今以上世爲具禮，下世爲不具禮者，禮之所具，在於德。上代禮文雖略，德備具也。下代禮文雖煩，德不具也。故前文云「大禮與天地同節」，❷故下篇云「無體之禮」，是其具也。 注「樂人」至「倦略」 正義曰：「樂，人之所好也，害在淫佚」，若樂聲之作，❸人聽而不厭，是人之所好。好而不止，放蕩奢佚，故「害在淫佚」。若「朋淫於家」，「俾晝作夜」，物極則反，樂去憂來。又「煩手淫聲，慆堙心耳」，則哀痛生也。云「禮，人之所勤也」者，「一獻之禮，賓主百拜」，是所勤也。勞而不堪，「有司跛倚」，是害在倦略也。

天高地下，萬物散殊，而禮制行矣。 禮爲異也。**流而不息，合同而化，而樂興焉。** 樂爲同也。**春作夏長，仁也。秋斂冬藏，義也。仁近於樂，義近於禮。** 言樂法陽而生，禮法陰而成。**樂者敦和，率神而從天；禮者別宜，居鬼而從地。** 敦和，樂貴同也。率，循也。從，順也。別宜，禮尚異也。居鬼，謂居其所爲，亦言循之也。鬼神，謂先聖先賢也。**故聖人作樂以應天，制禮以配地。禮樂明備，天地官矣。** 官，猶事也。各得其事。

疏 正義曰：此一節申明禮樂配於天地，若禮樂備具，則天地之事，各得其宜。 「天高地下，萬物散殊，而禮制行矣」者，以天高地下不同，故人倫尊卑有異，其間萬物各散殊塗。禮者，別尊卑，定萬物，是禮之法制行矣。 「流而不息，合同而化，而樂興焉」者，言天地萬物，流動不息，合會齊同而變化者也。樂者調和氣性，合

❶「三」，原作「二」，據阮本改。
❷「與」字原脱，據阮本補。
❸「若」，阮本作「者」，屬上爲句。閩、監、毛本同。

德化育，是樂興也。樂主和同，故云「興」。禮主異，故云「行」。此「樂興」與「禮行」相對，樂云「興」，禮加「制」字而云「禮制行」者，禮以裁制爲義，故特加「制」。樂以興作爲本，故不云「制」也。「仁近於樂，義近於禮」者，仁主仁愛，樂主和同，故「仁近於樂」也。義主斷割，禮爲節限，故「義近於禮」也。「樂者敦和，率神而從天」者，率，循也。言樂之爲體，敦重和同，因循聖人之神氣而從於天也。「禮者別宜，居鬼而從地」者，居，謂居處也。言禮之爲體，殊別萬物所宜，居處鬼之所爲而順地也。樂所以率神者，聖人之魂爲神，樂者調和其氣，故云「率神」。禮所以居鬼者，賢人之魂爲鬼，禮者裁制形體，故云「居鬼」。居者，亦率循之義，變文爾。「禮樂明備，天地官矣」者，官，猶事也。言聖人能使禮樂顯明備具，則天地之事，各得其利矣。注「敦和」至「賢也」 正義曰：「敦和，樂貴同也」者，謂敦重於和，由其貴同，故知敦則貴也，和則同也。「敦和」與「別宜」相對者，「別宜」，謂分別其所宜，明「敦和」是敦重其所和也。云「別宜，禮尚異也」者，樂言「敦和，樂貴同也」，禮言「別宜」，是「禮尚異」也。云「居鬼，謂居其所爲，亦言循之也」者，居鬼，謂居處之所爲，居處則依循之義也，故云「亦言循之也」。與「率神」不異，故言「亦」。云「鬼神，謂先聖先賢也」者，鬼則先賢，神即先聖。聖人魂强，能神通變化，樂者清虚無體，亦能變化，故云「率神」也。賢人魂弱，但歸處居住有形，上下之禮亦有體，依循鬼之尊卑，故云「居鬼」也。賀云：「以爲居鬼者，居其所爲。謂若五祀之神，各主其所造而受祭，不得越其分，是不變化也。五祀之神，造門，故祭於門；造竈，故祭於竈，故云『居』」。義亦通也。

天尊地卑，君臣定矣。卑高已陳，貴賤位矣。動静有常，小大殊矣。方以類聚，物以群分，則性命不同矣。在天成象，在地成形。如此，則禮者，天地之别也。卑高，謂山澤也。位矣，尊卑之位，象山澤也。動静，陰陽用事。小大，萬物也。大者常存，小者隨陽出入。❶方，謂行蟲也。物，謂殖生者也。性之言生也。命，生之長短也。象，光耀也。形，體貌也。疏正義曰：自此以下至「禮樂云」，廣明禮樂之功，包天地之德。各隨文解之。此「天尊地卑」一經，明禮爲天地之別也。

❶「陽」，阮校云：「惠棟校『陽』上有『陰』字是也。盧文弨云：《史記集解》有『陰』字。」

「卑高已陳，貴賤位矣」者，卑，謂澤也。高，謂山也。山澤列在天地之中，故云「已陳」也。貴賤，即公卿以下，象山川而有貴賤之位也。所以鄭云：「位矣，尊卑之位，象山澤。」故鄭注《周易》云：「君臣尊卑之貴賤，如山澤之有高卑也。」「動静有常，小大殊矣」者，動静，謂雷風也。動散有常，故云「常」也。小大，謂萬物也。小，謂草木春生秋殺，及昆蟲夏生冬伏者。大，謂常存，不隨四時變化。變化不等，故云「殊」也。鄭注《易》云「動静，雷風也」，而鄭此云「陰陽用事」者，亦得會通也。「方以類聚」者，方，謂走蟲禽獸之屬，各以類聚，不相雜也。「物以群分」者，物，謂殖生，若草木之屬，各有區分，自殊於藪澤者也。鄭注《易》云：「類聚、群分，謂水火也。」而此注云「方，謂行蟲。物，謂殖生」者，言二注不同，各有以也。類聚稱「方」者，行蟲有性識道理，故稱「方」也。群分稱「物」者，謂殖生無心靈，但一物而已，故云「物」也。「則性命不同矣」者，性，生也。各有嗜好，謂之爲性也。命者，長短夭壽也。行殖之物，既稟大小之殊，故性命夭壽不同。萬物各有群類，區分性命之别，聖人因此制禮，❶類族緣物，各隨性命也。「在天成象」者，馬融、王肅注《易》並云：「象者，日月星。」鄭注《易》云：「成象，日月星辰也。」注此云：「象，光耀也。」「在地成形」者，馬融注《易》云：「植物、動物也。」王肅注《易》云：「山川群物也。」鄭注《易》云：「謂草木鳥獸也。」注此云：「形，體貌也。」案此三者所注雖異，其意皆同。「如此，則禮者，天地之别也」者，合結「禮」也。天地有别，聖人制禮有殊别，是從天地之分别也。

地氣上齊，天氣下降，陰陽相摩，天地相蕩，鼓之以雷霆，奮之以風雨，動之以四時，煖之以日月，而百化興焉。如此，則樂者，天地之和也。齊，讀爲「躋」。躋，升也。摩，猶迫也。蕩，猶動也。奮，迅也。百化，百物化生也。**疏**「地氣上齊」者，齊，升也。謂地氣上升天。「天氣下降」者，謂降下與地氣交合。積氣從下升，在樂象氣，❷故先從地始。形以上爲尊，故先禮象形，從天爲初。❸「陰陽相摩」者，

❶「聖」，阮本「聖」上有「故」字，殿本、庫本同。

❷「在」，阮校云：「毛本『在』作『上』。」浦鏜校以毛本爲是，「上」字上屬爲句。

❸「故先禮象形從天爲初」，阮校云：「浦鏜云：『故先』二字疑在『象形』下。按衛氏《集説》作『在禮象形，故從天爲初』。」

摩，謂切迫。陰陽二氣相切迫。「天地相蕩」者，蕩，動也。言天地之氣相感動。「鼓之以雷霆」者，雖以氣生而物未發，故用雷霆以鼓動之。「奮之以風雨」者，萬物得風雨，奮迅而出也。「動之以四時」者，言萬物生長，隨四時而動也。「煖之以日月」者，萬物之生，必須日月煖煦之。自「鼓之以雷霆」至「煖之以日月」，皆以「天地相蕩」之事細別言之耳。「而百化興焉」者，百化，百物也。興，生也。百物化生，由天地齊降以下諸事。「如此，則樂者，天地之和也」者，此結樂也。言作樂者，法象天地之和氣。若作樂和，則天地亦和。前經云「禮者，天地之別」，言制禮者法象之也。若制禮得所，亦能使天地別異。此經「樂者，天地之和」，❶則是法天地之和氣，故云「樂者，天地之和也」。

化不時則不生，男女無辨則亂升，天地之情也。辨，別也。升，成也。樂失則害物，禮失則亂人。

疏此一經明天地不時，由禮樂失所。「化不時」者，謂天地化養，不得其時，則不生物也。此明樂所以調和變化故也。「男女無辨則亂升」者，升，成也。辨，別也。若男女雜亂無別，則亂成也。此明禮之所以別男女故也。「天地之情也」者，樂以法天，化得其時則物生，不得其時則物不生，是「天之情也」。禮以法地，男女有別則治興，男女無別則亂成，是「地之情也」。皇氏云：「天地無情，以人心而謂之耳。」

及夫禮樂之極乎天而蟠乎地，行乎陰陽而通乎鬼神，窮高極遠而測深厚。極，至也。蟠，猶委也。高遠，三辰也。深厚，山川也。言禮樂之道，上至於天，下委於地，則其間無所不之。樂著大始，而禮居成物。著之言處也。大始，百物之始生也。著不息者天也，著不動者地也。著，猶明白也。息，猶休止也。《易》曰：「天行健，君子以自强不息。」一動一靜者，天地之間也。間，謂百物也。故聖人曰「禮樂云」。言禮樂之法天地也。樂靜而禮動，其並用事，則亦天地之間耳。

疏正義曰：此一節盛説禮樂之大。「極乎天」者，極，至也。言禮樂上至乎天。「而蟠乎地」者，蟠，委也。言禮樂下委於地。禮法天地高下，是禮至委於天地。樂法「地

❶「天地」，原作「樂」，據閩本、監本、毛本、殿本及庫本改。

氣上升，天氣下降」，是樂至委於天地。天高，故言「至」。地下，故言「委」。　「行乎陰陽」者，禮法「動静有常」，樂法「陰陽相摩」，是禮樂「行乎陰陽」。陰陽和，四時玉燭，應於禮樂，是禮樂行乎陰陽。　「而通乎鬼神」者，禮樂，用之以祭鬼神，是「通乎鬼神」也。　「窮高極遠」者，窮，盡也。高遠，謂天之三光。三光應禮樂而明，是禮樂盡三光之道也。　「而測深厚」者，測，知也。深厚，謂地之山川。山川應禮樂而出瑞應，是測深厚。此經盛論禮樂之大厚，雖取象於天地，功德又能徧滿於天地之間。《禮運》云「天降膏露」，是「極乎天」也；「地出醴泉」，是「蟠乎地」也；「日月歲時無易，百穀用成」，是「行乎陰陽」也；作樂一變，以至六變，百神俱至，是「通乎鬼神」也；《孝經緯》云「景星出」，是「窮高極遠」也；《禮運》云「山出器車，魚鮪不淰」，是「測深厚」也。言禮樂無所不至。　「樂著大始，而禮居成物」者，言樂象於天，天爲生物之始。著，猶處也。是樂處大始。禮法於地，言禮以稟天氣以成於物，❶故云「禮居成物」。「著」與「居」相對，故注以「著」爲「處」也。「著不息者天也，著不動者地也」者，著，謂顯著。言顯著明白，運生不息者，是天也。案《易·乾·象》云「天行健，君子以自强不息」也。顯著養物，不移動者，地也。故《坤卦·象》云「安貞吉」。言樂法於天，動而不息；禮象於地，静而不動。　「一動一静，天地之間也」者，動者，或一物飛走蠢動，感天之陽氣也；静者，或一物安伏而止静，感地之陰氣也。「天地之間也」者，言此「一動一静」，在天地之間所有百物也。動則《周禮》動物及雷風日月之屬是也，静則植物，山陵之屬是也。　「故聖人曰『禮樂云』」者，云，言也。謂禮樂所言，法天地也。記者引聖人語，證此一章也。言「聖人云」此一章是禮樂法天地，故言「聖人曰『禮樂云』」　注「樂静」至「間耳」　正義曰：「言禮樂之法天地也。樂静而禮動，其並用事，則亦天地之間耳」，釋禮樂所以亦是天地之間物義也。若離而言之，則樂静禮動。若禮樂合用事，則同有動静，故如天地之間物有動静也。❷

禮記正義卷第四十七

❶ 「言禮以稟天氣以成於物」，衛氏《集説》作「地稟天氣而成於物」，浦鏜校以爲可從。

❷ 「如」，毛本、殿本、庫本及衛氏《集説》作「知」，疑是。

禮記正義卷第四十八

國子祭酒上護軍曲阜縣開
國子臣孔穎達等奉勅撰

昔者舜作五弦之琴以歌《南風》，夔始制樂以賞諸侯。夔欲舜與天下之君共此樂也。《南風》，長養之風也，以言父母之長養己，其辭未聞也。夔，舜時典樂者也。《書》曰：「夔，命女典樂。」**疏**正義曰：此一節論《樂記》第四章，❶名爲《樂施》。施者，用於天下。此章中明樂施被之事也。本是第三，前既推《禮》章爲第三，❷此爲第四，亦明禮樂既備，後乃施布天下也。自此至「知其行也」，此一節特明聖人制樂以賞諸侯，其功大者其樂備。「昔者舜作五弦之琴以歌《南風》」者，五弦，謂無文武二弦，唯宫商等之五弦也。《南風》，詩名，是孝子之詩。《南風》長養萬物，而孝子歌之，言己得父母生長，如萬物得南風生也。舜有孝行，故以此五弦之琴歌《南風》之詩而教天下之孝也。此詩今無，故鄭注云「其辭未聞也」。案《世本》云「神農作琴」，今云「舜作」者，非謂舜始造也，正用此琴特歌《南風》始自舜耳。或五弦始舜也。「夔始制樂以賞諸侯」者，夔是舜典樂之官，名夔，欲天下同行舜道，故歌此《南風》以賞諸侯，使海内同孝也。然樂之始亦不正在夔也，正是夔始以此詩與諸侯。**注**「夔欲」至「典樂」　正義曰：「夔欲舜與天下之君共此樂」者，❸舜既獨歌《南風》，夔爲典樂之官，欲令舜與天下諸侯共歌此《南風》之樂，故制此《南風》之樂以賞諸侯。云「其辭未聞也」者，此《南風》歌辭，未得聞也。如鄭此言，則非《詩·凱風》之篇也。熊氏以爲《凱風》，非矣。案《聖證論》引《尸子》及《家語》難鄭云：「昔者舜彈五弦之琴，其辭曰：『南風之薰兮，可以解吾民之愠兮。南風之時兮，可以阜吾民之財兮。』鄭云『其辭未聞』，失其義也。」今案馬

❶「論」，衛氏《集説》作「是」，疑是。

❷「禮章爲第三」，按：疑「禮」上脱「樂」字。前疏云「今記者以《樂禮》第三」，是其證。

❸「之」字原重，今據阮本删其一。

昭云：『《家語》，王肅所增加，非鄭所見。又《尸子》雜説，不可取證正經，故言『未聞』也。」故天子之爲樂也，以賞諸侯之有德者也。德盛而教尊，五穀時孰，然後賞之以樂。故其治民勞者，其舞行綴遠；其治民逸者，其舞行綴短。民勞則德薄，酇相去遠，舞人少也。民逸則德盛，酇相去近，舞人多也。疏正義曰：此一經明諸侯德尊，樂備舞具。各隨文解之。「故其治民勞者，其舞行綴遠」者，綴，謂酇也。遠是舞者外營域行列之處。❶若諸侯治理於民，使民勞苦者，由君德薄，賞之以樂，舞人既少，故其舞人相去行綴遠，謂由人少，舞處寬也。「其治民逸者，其舞行綴短」者，此諸侯治理於民，使逸樂，由其君德盛，故賞之以樂，舞人多，故去行綴短也。謂由人多，舞處狹也。舞處之綴一種，但人多則去之近，人少則去之遠也。注「民勞」至「多也」 正義曰：酇，謂酇聚，舞人行位之處，立表酇以識之。故觀其舞，知其德；聞其謚，知其行也。謚者，行之迹也。疏此覆結上文。觀其舞之遠近，則知其德之薄厚，由舞所以表德也。「聞其謚，知其行也」者，此一句，以謚比擬其舞也。聞謚之善否，知其行之所好惡，由謚所以迹行也。《大章》，章之也。堯樂名也。言堯德章明也。《周禮》闕之，或作「大卷」。《咸池》，備矣。黄帝所作樂名也。堯增脩而用之。咸，皆也。池之言施也，言德之無不施也。《周禮》曰《大咸》。《韶》，繼也。舜樂名也。韶之言紹也。言舜能繼紹堯之德。《周禮》曰《大韶》。《夏》，大也。禹樂名也。言禹能大堯、舜之德。《周禮》曰《大夏》。殷、周之樂盡矣。言盡人事也。《周禮》曰《大濩》、《大武》。❷疏正義曰：此一節論六代之樂也。「《大章》，章之也」者，章，明也。堯樂謂之《大章》者，言堯之德章明於天下也。「《咸池》，備矣」者，咸，皆也。池，施也。《咸池》，黄帝之樂名。言黄帝之德，皆施被於天下，無不周徧，是爲備具矣。「《韶》，繼也」者，《韶》，舜樂名。言舜之道德，能繼紹於堯

❶「遠」，浦鏜校云：「遠」當「酇」字誤。

❷「大濩大武」，阮校云：「惠棟校宋本『大濩』上增『殷曰』二字，『大武』上增『周曰』二字。盧文弨云：惠棟本依《史記集解》增。」

也。「《夏》，大也」者，《夏》，禹樂名。言禹能光大堯、舜之德。「殷、周之樂盡矣」者，殷樂，謂湯之《大濩》也。周樂，謂周之《大武》也。言於人事盡極矣。但自夏以前，皆以文德，王有天下。殷、周二代，❶唯以武功，爲民除殘伐暴，民得以生。人事道理盡極矣。**注**「堯樂」至「大卷」

正義曰：知《大章》堯樂者，案《樂緯》及《禮樂志》云：「黄帝曰《咸池》，堯作《大章》。」故知「《大章》，堯樂名也」。云「《周禮》闕」者，言《周禮》無《大章》，故云「闕」也。此本云《大章》，《周禮》曰《大卷》，言此《大章》當《周禮》《大卷》也。**注**「黄帝」至「大咸」 正義曰：今知《咸池》是黄帝所作樂名者，案《樂緯》及《禮樂志》云：「黄帝曰《咸池》。」故知《咸池》是黄帝樂名。云「堯增脩而用之」者，此黄帝所作《咸池》之樂，至堯之時，更增改脩治而用之。《周禮·大司樂》謂之《大咸》。《咸池》雖黄帝之樂，若堯既增脩而用之者，則《世本》名《咸池》是也。故此文次在《大章》之下矣。又《周禮》云：「《咸池》以祭地。」黄帝之樂，堯不增脩者，則別立其名，則此《大章》是也。其《咸池》雖黄帝之樂，堯增脩者，至周謂之《大咸》。其黄帝之樂，堯不增脩《大章》者，至周謂之《大卷》。於周之世，其黄帝樂堯不增脩謂之《大卷》者，更加以《雲門》之號，是《雲門》、《大卷》一也。熊氏云：「知《大卷》當《大章》者，案《周禮》云《雲門》、《大卷》，《大卷》在《大咸》之上，此《大章》在《咸池》之上，故知《大卷》當《大章》。知周別爲黄帝樂名《雲門》者，以此《樂記》唯云《咸池》、《大章》，無《雲門》之名。《周禮》《雲門》在六代樂之首，故知別爲黄帝立《雲門》之名也。知於《大卷》之上加《雲門》者，以黄帝之樂，堯增脩者既謂之《咸池》，不增脩者別名《大卷》，明周爲黄帝於不增脩之樂別更立名，故知於《大卷》之上別加《雲門》，是《雲門》、《大卷》一也。故《周禮》『《雲門》、《大卷》』，鄭注云：『黄帝曰《雲門》、《大卷》，言黄帝之德，如雲之出，民得以有族類。』知黄帝之樂，堯增脩曰《咸池》者，以《禮樂志》云『黄帝曰咸池』。今《周禮》《大咸》在《雲門》之下，《大韶》之上，當堯之代，故知堯增脩曰《咸池》。增脩者，以五帝殊時，不相沿樂，故知堯增脩也。知樂有增脩者，《禮樂志》『漢之《文始》舞者，《韶》舞，高帝六年更云改名《文始》也。❷漢之《五行》舞者，本周舞，始皇二十六年更立《五

❶「二」，原作「一」，據阮本改。

❷「更云改名」，《漢書·禮樂志》作「更名曰」。

行舞》」。❶是知有增脩之法。」熊氏又云：「案《五行鉤命決》云：❷『伏犧樂爲《立基》，神農樂爲《下謀》，祝融樂爲《祝續》』。❸案《樂緯》云：『黄帝曰《咸池》，帝嚳曰《六英》，顓頊曰《五莖》，堯作《大章》，舜曰《簫韶》，禹曰《大夏》，商曰《大濩》，周曰《大武》、《象》。』《禮樂志》云：『顓頊作《六莖》，帝嚳作《五英》。』與《樂緯》不同，其餘無異。名曰《六英》者，宋均注云：『爲六合之英華。五龍爲《五莖》者，能爲五行之道立根莖也。』」 **注**「韶之言紹也」 正義曰：案《元命包》云：「舜之時，民樂紹堯業，故云『韶之言紹也』。」 **注**「言禹能大堯、舜之德」 正義曰：案《司樂》注云：「禹德能大中國。」此云「大堯、舜之德」者，以廣大中國，則是大堯、舜德，其義然也。 **注**「《周禮》曰《大濩》、《大武》」 正義曰：案《司樂》注云：「湯德能使天下得其所。」是其德也。《元命包》曰：「湯之時，民樂其救之於患害，故曰《濩》，救世。」❹由救之，故民得所，義亦通也。《大武》，武王樂也，以武取定天下，周公制焉。

天地之道，寒暑不時則疾，風雨不節則饑。教者，民之寒暑也，教不時則傷世；事者，民之風雨也，事不節則無功。教，謂樂也。

然則先王之爲樂也，以法治也，善則行象德矣。以法治，以樂爲治之法。行象德，民之行，順君之德也。 **疏** 正義曰：此一節明樂之爲善。樂得其所，則事有功也。「然則先王之爲樂也，以法治也」者，言先王作樂，以爲治爲法。若樂善則治得其善，若樂不善則治乖於法，則前文「教不時則傷世，事不節則無功」是也。 「善則行象德矣」者，言人君爲治得其所，教化美善，則下民之行，法象君之德也。

夫豢豕爲酒，非以爲禍也，而獄訟益繁，則酒之流生禍也。以穀食犬豕曰豢。爲，作也。言豢豕作酒，本以饗祀養賢，而小人飲之善酗，以致獄訟。

是故先王因爲酒禮。壹獻之禮，賓主

---

❶「立」，浦鏜校，「立」改「名」，蓋據《漢書·禮樂志》也。

❷「五行鉤命決」，阮校引齊召南云：「案《鉤命決》，《孝經緯》也。《周禮·大司樂》疏亦引此作《孝經緯》云。此文『五行』二字誤也。」

❸「祝」，阮校引齊召南云：「祝」，《周禮·大司樂》賈疏作「屬」。

❹「濩救世」，浦鏜校云：「濩救世」，當作「濩。濩，救也」。阮校云：「監、毛本『世』作『也』。」

百拜，終日飲酒而不得醉焉，此先王之所以備酒禍也。壹獻，士飲酒之禮。百拜，以喻多。故酒食者，所以合歡也。樂者，所以象德也。禮者，所以綴淫也。綴，猶止也。是故先王有大事，必有禮以哀之；有大福，必有禮以樂之。哀樂之分，皆以禮終。大事，謂死喪也。樂也者，聖人之所樂也，而可以善民心。其感人深，其移風易俗，❶故先王著其教焉。著，猶立也，謂立司樂以下，使教國子。**疏**正義曰：此一節明言，禮樂之設，不得其所則禍亂興，故先王節其禮樂，以防淫亂也。「夫豢豕爲酒，非以爲禍也」者，豢，養也。言養豕作酒，本爲行禮，非以爲禍亂而爲也。「而獄訟益繁，則酒之流生禍也」者，言由酒至酗，鬭爭殺傷，而刑獄增益繁多，則是酒之流害，所以生此獄訟之禍也。「是故先王因爲酒禮」者，由其生禍，故先王因此爲飲酒之禮也。「壹獻之禮，賓主百拜」者，謂士之饗禮，唯有壹獻，言所獻酒少也。從初至末，賓主相答而有百拜，言拜數多也。是意在於敬，不在酒也。「終日飲酒而不得醉焉」者，謂饗禮也。以其恭敬，示飲而已，故不得醉也。「樂者，所以象德也」者，謂君作樂以訓民，使民法象其德也。「禮者，所以綴淫也」者，綴，止也。言人君制禮，以教天下，所以綴止淫邪也。「樂也者聖人之所樂也」者，言樂體者，聖人心所愛樂也。聖人貪愛此樂，以樂身化民。「而可以善民心」者，言用樂化民，調善民心。「其感人深」者，言樂本從民心而來，乃成於樂，故感動人深也。「其移風易俗」者，風，謂水土之風氣，謂舒疾剛柔。俗，謂君上之情欲，謂好惡趣捨。用樂化之，故使惡風移改，弊俗變易。「故先王著其教焉」者，著，立也。以其樂功如此，故先王立樂官以樂教化焉。**注**「壹獻」至「喻多」正義曰：凡饗禮，案《大行人》云「上公九獻，侯伯七獻，子男五獻」，並依命數。其臣介，則孤同子男，卿大夫略爲一節，俱三獻，則天子諸侯之士同壹獻。故昭六年「季孫宿如晉，晉侯享之，有加籩。武子退，使行人告曰：『得貺不過三獻。』」是其事也。但春秋亂世之法，或有大夫五獻

❶「移風易俗」，王念孫云：「《漢書·禮樂志》作『移風易俗易』，下『易』字，顏師古音弋豉反。當從《漢書》補下『易』字。」詳《經義述聞》。

者。故昭元年「鄭伯享趙孟，具五獻之籩豆於幕下」，是亂世之法也。或者鄭以公孤之禮享趙孟，故五獻也。言「百拜，喻多」者，案今《鄉飲酒之禮》，是壹獻也，無百拜。今云「百拜」，故喻多也。夫民有血氣心知之性，而無哀樂喜怒之常，應感起物而動，然後心術形焉。言在所以感之也。術，所由也。形，猶見也。是故志微、噍殺之音作，而民思憂；嘽諧、慢易、繁文、簡節之音作，而民康樂；粗厲、猛起、奮末、廣賁之音作，而民剛毅；廉直、勁正、❶莊誠之音作，而民肅敬；寬裕、肉好、順成、和動之音作，而民慈愛；流辟、邪散、狄成、❷滌濫之音作，而民淫亂。志微，意細也。吴公子札聽《鄭風》而曰：「其細已甚，民弗堪也。」簡節，少易也。奮末，動使四支也。賁，讀爲「憤」。憤，怒氣充實也。《春秋傳》曰：「血氣狡憤。」❸肉，肥也。狄、滌，往來疾貌也。濫，僭差也。此皆民心無常之傚也。肉，或爲「潤」。**疏**正義曰：皇氏以爲，❹自此以下至「君子賤之也」，是《樂言》之科。各隨文解之。此一節「民有血氣」以下，至「淫亂」以上，論人心皆不同，隨樂而變。夫樂聲善惡，本由民心而生。所感善事則善聲應，所感惡事則惡聲起。樂之善惡，初則從民心而興，後乃合成爲樂，樂又下感於人。善樂感人，則人化之爲善；惡樂感人，則人隨之爲惡。是樂出於人而還感人，猶如雨出於山而還雨山，火出於木而還燔本。故此篇之首，論人能興樂。此章之意，論樂能感人也。「夫民有血氣心知之性」者，❺人由血氣而有心知，故血氣、心知連言之。其性雖一，所感不恒，故云「而無哀樂喜怒之常」也。「應感起物而動」者，言内心應感，起於外物。謂物來感己，心遂應之，念慮興動，故云「應感起物而動」。「然後心術形焉」者，術，謂所由道路

❶「勁」，阮校云：「《史記》『勁』作『經』。《集解》引孫炎云：『經，法也。』《索隱》云：『今《禮》本作勁。』」

❷「成」，王引之云：「『成』者，『戉』之譌。『戉』與『越』通。《廣雅》曰：『越，疾也。』隸書『戉』字與『成』字極相似，故譌而爲『成』。」詳《經義述聞》。

❸「血」，衛氏《集説》作「亂」，與僖十五年《左傳》合。

❹自「疏正義曰」始，至本節疏末「音聲速疾也」止，底本全脱，足利本同。今據阮本補。

❺「夫」，原作「故」，據經文及浦鏜校改。

也。形，見也。以其感物所動，故然後心之所由道路而形見焉。心術見者，即下文是也。「是故志微、噍殺之音作，而民思憂」者，志微，謂人君志意微細。噍殺，謂樂聲噍蹙殺小。如此音作而民感之，則悲思憂愁也。「嘽諧、慢易、繁文、簡節之音作，而民康樂」者，嘽，寬也。諧，和也。慢，疏也。繁，多也。簡節，易少也。康，安也。言君若道德嘽和疏易，則樂音多文采而節奏簡略，則下民所以安樂也。「粗厲、猛起、奮末、廣賁之音作，而民剛毅」者，粗厲，謂人君性氣粗疏威厲。猛起，謂武猛發起，奮末，謂奮動手足。廣賁，謂樂聲廣大，憤氣充滿。如此音作而民感之，則性氣剛毅也。「廉直、勁正、莊誠之音作，而民肅敬」者，君若廉直勁正，則樂音矜莊嚴栗而誠信，故民應之而肅敬也。「寬裕、肉好、順成、和動之音作，而民慈愛」者，肉，謂厚重者也。君上如寬裕厚重，則樂音順序而和諧動作，故民皆應之而慈愛也。「流辟、邪散、狄成、滌濫之音作，而民淫亂」者，流辟，謂君志流移不靜。邪散，謂違辟不正，放邪散亂。狄成、滌濫，皆謂往來速疾，謂樂之曲折，速疾而成，疾速而止。滌濫止謂樂聲急速。❶如此音作，民感之，淫亂也。此六事所云「音」者，皆據君德及樂音相雜也。君德好而樂音亦好，君德惡而樂音亦惡。皆上句論君德，下句論樂音。其意易盡者，則一句四字以結之，「志微噍殺」是也。其狀難盡者，則兩句八字以結之，「嘽諧慢易，繁文簡節」之類是也。意稍可盡者，或六字以結之，「廉直勁正莊誠」是也。**注**「志微」至「貌也」。云「志微，意細也」者，謂君德也。言君意苛細，樂聲亦苛細也。故鄭引襄二十九年吴公子札聽《鄭風》云「其細已甚」，是聽《鄭風》而知君德苛細也。云「簡節，少易也」者，謂樂聲曲折雖繁多，其節簡少，謂緩歌而疏節也。云「奮末，動使四支也」者，以身爲本，以手足爲末，故云「動使四支」。云「賁，讀爲『憤』。憤，怒氣充實也」者，以經之「賁」字，於《易》卦，賁爲飾，賁又爲大，皆非猛厲之類，故讀爲「憤」。引《春秋傳》以證之。案僖十五年《左傳》稱晉侯欲乘鄭之小駟，慶鄭諫云：「小駟，鄭之所入也。」言馬之血氣狡作憤怒也。云「肉，肥也」者，言人肉多則體肥，以喻人之性行敦重也。云「狄、滌，往來疾貌也」者，《詩》云：「踧踧周道」，字雖異，與此「狄」同。《詩》又云「滌滌山川」，皆物之形狀，故云「往來疾貌」，謂樂之曲折音聲速疾也。

是故先王本之情性，稽之度數，制之禮義，

❶「滌」，原作「僭」，據經文及浦鏜校改。

合生氣之和，道五常之行，使之陽而不散，陰而不密，剛氣不怒，柔氣不懾，四暢交於中而發作於外，皆安其位而不相奪也。生氣，陰陽氣也。五常，五行也。密之言閉也。懾，猶恐懼也。然後立之學等，廣其節奏，省其文采，以繩德厚，等，差也。各用其才之差學之。廣，謂增習之。省，猶審也。文采，謂節奏合也。繩，猶度也。《周禮・大司樂》：「以樂語教國子：興、道、諷、誦、言、語。以樂舞教國子，舞《雲門》、《大卷》、《大咸》、《大韶》、《大夏》、《大濩》、《大武》。」律小大之稱，❶比終始之序，以象事行，律，六律也。《周禮・典同》「以六律、六同辨天地四方陰陽之聲，以爲樂器」。小大，謂高聲、正聲之類也。終始，謂始於宮，終於羽。宗廟，黄鍾爲宮，大吕爲角，大蔟爲徵，應鍾爲羽，以象事行，宫爲君，商爲臣。使親疏、貴賤、長幼、男女之理皆形見於樂，故曰「樂觀其深」矣。謂同聽之，莫不和敬，莫不和順，莫不和親。**疏**正義曰：上經既明樂之感人，故此節明先王節人情性，使之和其律吕，親疏有序，男女不亂，乃成爲樂也。「本之情性」者，言自然所感謂之性，因物念慮謂之情。言先王制樂，本人情性。「稽之度數」者，稽之言考也。既得人情，考之使合度數。「制之禮義」者，謂裁制人情以禮義。「合生氣之和，道五常之行」者，言聖人裁制人情，使合生氣之和，道達人情以五常之行，謂依金、木、水、火、土之性也。「使之陽而不散」者，陽主發動，失在流散。先王教之，感陽氣者，不使放散也。「陰而不密」者，密，閉也。陰主幽静，失在閉塞。先王節民情，感陰氣者，不有閉塞也。「剛氣不怒，柔氣不懾」者，言先王節之，使剛氣者不至暴怒，❷感柔氣者不至恐懼也。「四暢交於中而發作於外」者，四暢，謂陰陽剛柔也。四者通暢，交在身中，而發見動作於身外也。「皆安其位而不相奪也」者，言陰陽剛柔，各得其所，是「安其位」也，不相侵犯，是「不相奪」也。「然後立之學等」者，先王欲「稽之度數，制之禮義」，非教不可，故立之學等，使依其才藝等級而教學之。「廣其節奏」者，廣，謂增習。寬廣其樂

❶「律」，阮校云：「《史記》『律』作『類』。《索隱》云：『類，今《禮》作律。』」

❷「使」，浦鏜校云：「使」下當脱「感」字。

之節奏也。「省其文采」者，省，謂省審也。文采，謂樂之宫商相應，若五色文采。省其音曲文采也。「以繩德厚」者，繩，度也。謂準度以道德仁厚也。「律小大之稱」者，律，謂六律。小之與大，以爲樂器，使音聲相稱也。「比終始之序」者，五聲始於宫，終於羽。比五聲終始，使有次序也。「以象事行」者，謂使人法象五聲，是事行也。若宫象君，商象臣，角象民，徵象事，羽象物，是以象事行也。「皆形見於樂」者，以先王制樂如此，以化於民，由樂聲調和，故親疏之理，見於樂聲也。樂聲有清濁高下，❶故貴賤、長幼見於樂也。以樂聲有陰陽律吕，故男女之理見於樂也。「故曰『樂觀其深矣』」者，皇氏云：「古語云『樂觀其深』，言樂爲道，人觀之，益人深。古語有此，故記者引古語以結之。」注「生氣」至「行也」　正義曰：云「生氣，陰陽氣也」者，下云「陽而不散，陰而不密」，故爲陰陽。云「五常，五行也」者，此經有陰陽剛柔，皆據天地之氣，故以五常爲五行，非父義、母慈之德。謂五常之行者，若木性仁，金性義，火性禮，水性知，土性信，五常之行也。注「等差」至「國子」　正義曰：經云「立之學等」，是學有等差，隨才高下而爲等。云「廣，謂增習之」者，學習音樂，❷使其廣大也。云「文采，謂節奏合也」者，文謂宫商相應，若畫采成文，即上文「聲成文」是也。云「繩，猶度也」，繩是量度之物，經云「以繩德厚」，謂度量之以道德仁厚。故鄭引《周禮・大司樂》「以樂語教國子：興、道、諷、誦、言、語。以樂舞教國子」之等是也。❸注「律六」至「爲臣」　正義曰：引《周禮・典同》者，證樂器用六律六吕也。案《典同》云：「辨天地四方陰陽之聲。」鄭注云：「六律六吕，布於四方。陽聲屬天，陰聲屬地。」故云「天地四方陰陽之聲」。陰聲謂六吕，陽聲謂六律。云「以爲樂器小大」者，❹若黄鐘之律長九寸，應鐘之律長四寸半强，各自倍半爲鐘，是其小大也。云「謂高聲、正聲之類也」者，案《周禮・典同》云「高聲硍」，鄭注云：「玄謂高，鐘形大上，上大也。高則聲上藏衮然。」「正聲緩」，鄭云：「正謂上下直，正則聲緩無所動。」「下聲肆」，鄭云：「下，謂鐘

❶「樂」，衛氏《集説》「樂」上有「以」字，疑是。
❷「學」，阮本「學」下有「者」字，閩、監、毛本同。
❸「也」字原脱，據阮本補。
❹「云以爲樂器小大」，孫詒讓《校記》云：「此述注失其句讀，疏率可笑。『小大』當屬下。『樂器』以上並《典同》文。」

形大下，下大也。下則聲出去放肆。」「陂聲散」，鄭云：「陂，謂偏侈，陂則聲離散也。」「險聲斂」，鄭云：「險，謂偏弇也，險則聲斂不越也。」「達聲贏」，鄭云：「達，謂其形微大也。達則聲有餘。」「微聲韽」，鄭云：「微，謂其形微小，韽聲小不成也。」「回聲衍」，鄭云：「回，謂形微圜也。回則其聲淫衍，無鴻殺也。」「侈聲筰」，鄭云：「侈，謂中央約也。侈則聲迫筰，出去疾也。」「弇聲鬱」，鄭云：「弇，謂中央寬也。弇則聲鬱勃不出也。」「薄聲甄」，鄭云：「甄，猶掉也。鐘微薄則聲掉。」「厚聲石」，鄭云：「大厚則如石，叩之無聲。」此等之聲，皆鐘形不得其所。此引之，證大小稱者，以作鐘之法，須小大稱宜。今鐘不得其所，明其不稱也。云「宗廟，黄鐘爲宫，大吕爲角，大蔟爲徵，應鐘爲羽」者，《大司樂》文。祫祭降神之樂也。案《大司樂》祭天祭地皆有降神，獨引宗廟降神者，以經云「終始之序」。宗廟降神，黄鐘爲宫，是律之最長者，應鐘爲羽，是律之最短者，故特引之，證經之「終始」。

土敝則草木不長，水煩則魚鼈不大，氣衰則生物不遂，世亂則禮慝而樂淫。是故其聲哀而不莊，樂而不安，慢易以犯節，流湎以忘本，廣則容姦，狹則思欲。感條暢之氣，而滅平和之德，是以君子賤之也。遂，猶成也。慝，穢也。廣，謂聲緩也。狹，謂聲急也。感，動也。動人條暢之善氣，使失其所。

疏正義曰：此經論聖王作樂不得其所，❶則滅和平之德，故君子賤之。「土敝則草木不長」者，土之勞敝，故草木不長。「水煩則魚鼈不大」者，水之煩擾，故魚鼈不大。「氣衰則生物不遂」者，陰陽之氣衰亂，故生物不得遂成。「世亂則禮慝而樂淫」者，慝，惡也。淫，過也。世道衰亂，上下無序，故「禮慝」，男女無節，故「樂淫」。以上三事，皆喻「禮慝樂淫」也。「是故其聲哀而不莊，樂而不安」者，謂男女相愛，涕泗滂沲，是其「哀」也。男女相説，歌舞於市井，是「不莊」也。「俾晝作夜」，是其樂也。終至滅亡，是「不安」也。

「慢易以犯節，流湎以忘本」者，「朋淫於家」，是慢易以犯禮節也。「淫酗肆虐」，是流湎以忘根本也。「廣則容姦」者，廣，謂節間疏緩。言音聲寬緩，多有姦淫之聲也。「狹則思欲」者，狹，謂聲急，節間迫促。樂聲急，則動發人心，思其情欲而切急。「感條暢之氣而滅

❶「聖王」，衛氏《集説》無「聖王」二字，浦鏜校以爲衍。

平和之德」者，感，謂感動也。條，遠也。暢，舒也。言淫聲感動於人，損長遠舒暢之善氣，而毀滅平和之善德矣。「是以君子賤之也」者，賤，謂棄而不用也。若師曠聞桑間濮上之聲，「撫而止之」是也。凡姦聲感人，而逆氣應之。逆氣成象，而淫樂興焉。正聲感人，而順氣應之。順氣成象，而和樂興焉。倡和有應，回邪曲直，各歸其分，而萬物之理，各以類相動也。成象者，謂人樂習焉。是故君子反情以和其志，比類以成其行，姦聲亂色不留聰明，淫樂慝禮不接心術，惰慢邪辟之氣不設於身體，使耳目、鼻口、心知、百體皆由順正以行其義。反，猶本也。術，猶道也。然後發以聲音，而文以琴瑟，動以干戚，飾以羽旄，從以簫管，奮至德之光，動四氣之和，以著萬物之理。奮，猶動也。動至德之光，謂降天神，出地祇，假祖考。著，猶成也。是故清明象天，廣大象地，終始象四時，周還象風雨，五色成文而不亂，八風從律而不姦，百度得數而有常，小大相成，終始相生，倡和清濁，迭相爲經。清明，謂人聲也。廣大，謂鐘鼓也。周還，謂舞者。五色，五行也。八風從律，應節至也。百度，百刻也。言日月晝夜不失正也。清，謂蕤賓至應鐘也。濁，謂黄鐘至中吕。故樂行而倫清，耳目聰明，血氣和平，移風易俗，天下皆寧。言樂用則正人理，和陰陽也。倫，謂人道也。故曰：「樂者，樂也。」君子樂得其道，小人樂得其欲。以道制欲，則樂而不亂；以欲忘道，則惑而不樂。道，謂仁義也。欲，謂邪淫也。是故君子反情以和其志，廣樂以成其教，樂行而民鄉方，可以觀德矣。方，猶道也。德者，性之端也。樂者，德之華也。金石絲竹，樂之器也。詩，言其志也。歌，咏其聲也。舞，動其容也。三者本於心，然後樂氣從之。是故情深而文明，氣盛而化神，和順積中，而英華發外，唯樂不可以爲僞。三者本，志也，聲也，容也。言無此本於內，則不能爲樂也。　樂者，心之動也。聲者，樂之象也。文采節奏，聲之飾也。君子動其本，樂其象，然後治其飾。是故先鼓以警戒，三步以見方，再始以著往，復亂以飭歸，奮疾而不拔，極幽而不隱，獨樂其志，不厭其道，備舉其道，不私其欲。是故情見而義立，樂終而德尊，君子以好善，小人以聽過。故曰：「生民之道，樂爲大焉。」文采，樂之威儀也。先鼓，將奏樂，先擊鼓，以警戒衆也。三步，謂將舞必先三舉足，以見其舞之漸也。再始以著往，武王除喪，至盟津之上，紂未可伐，還歸二年，乃遂伐之。《武》舞再更始，以明伐時再往也。❶ 復亂以飭歸，謂鳴鐃而退，明以整歸也。奮疾，謂舞者也。極幽，謂歌者也。　樂也者，施也。禮也者，報也。言樂出而不反，而禮有往來也。　樂，樂其所自生；而禮，反其所自始。樂章德，禮報情，反始也。自，由也。　所謂大輅者，天子之車也；龍旂九旒，天子之旌也；青黑緣者，天子之寶龜也；從之以牛羊之群：則所以贈諸侯也。贈諸侯，謂來朝將去，送之以禮。【疏】正義曰：皇氏云：「自此以下至『贈諸侯也』，爲《樂象》之科。」各隨文解之。從此至「以行其義」，明樂有姦聲正聲，以類相感。君子當去淫聲，用正聲也。「凡姦聲感人，而逆氣應之」者，姦聲，謂姦邪之聲，感動於人。逆氣，謂違逆之氣，即姦邪之氣也。人既感姦邪之聲，則有姦邪之氣來應也。　「逆氣成象，而淫樂興焉」者，既感姦邪之聲，心又感姦邪之氣，二者相合而成象，淫樂遂興。若人耳初聽姦邪之聲，其姦邪未甚，心又感姦邪之氣，其亂乃成，不可救止，「紂作靡靡之樂」是也。　「正聲感人，而順氣應之。順氣成象，而和樂興焉」者，正聲感動於人，而順氣來應。既聞順聲，又感順氣，二者相合而成象，則和樂興，若周室大平，頌聲作也。　「倡和有應」者，初有姦聲、正聲感人，是倡也。後有逆氣、順氣，是和也。善倡則善和，惡倡則惡和，是「倡和有應」。　「回邪曲直，各歸其分」者，

❶「伐」，阮校云：《史記集解》引「伐」下有「紂」字。

回，謂乖違。邪，謂邪辟。言乖違邪辟及曲之與直，各歸其善惡之分限也。言善歸善分，惡歸惡分。　「而萬物之理，各以類相動也」者，既善惡各歸其分，是萬物之情理，各以類自相感動也。「是故君子反情以和其志」者，反情，謂反去淫溺之情理，以調和其善志也。　「比類以成其行」者，比，❶謂比擬善類，以成己身之美行。　「姦聲亂色不留聰明」者，謂不使姦聲亂色留停於耳目，令耳目不聰明也。　「淫樂慝禮不接心術」者，謂不使淫樂慝禮而連接於心術，謂心不存念也。　「惰慢邪辟之氣不設於身體」者，以耳目心術所爲皆善，則怠惰邪辟之氣無由來入也，故邪辟之氣不施設於身體。　「使耳目、鼻口、心知、百體皆由順正以行其義」者，既邪辟不在於身，耳目鼻口心想知慮，百事之體，皆由順正。由，從也。皆從和順以。行其正直義理也。　「然後」至「皆寧」　正義曰：前經明君子去姦聲，行正聲，故此一節明正聲之道，論大樂之德，可以移風易俗安天下也。　「發以聲音」者，謂其動發心志以聲音也。　「而文以琴瑟」者，謂文飾聲音以琴瑟也。　「動以干戚」者，謂其振動形體以干戚。「飾以羽旄」者，其裝飾樂具以羽旄也。　「從以簫管」者，謂其隨從諸樂以簫管。　「奮至德之光」者，謂用上諸樂，奮動天地至極之德光明，謂神明來降也。　「動四氣之和」者，謂感動四時之氣序之和平，使陰陽順序也。　「以著萬物之理」者，樂既和平，故能著成萬物之道理。謂風雨順，寒暑時，鬼神降其福，萬物得其所也。　「是故清明象天」者，由樂體如此，故人之歌曲，清絜顯明，以象於天也。　「廣大象地」者，謂鐘鼓鏗鏘，寬廣壯大，以象於地也。　「終始象四時」者，終於羽，始於宮，象四時之變化，終而復始也。　「周還象風雨」者，言舞者周帀迴還，象風雨之迴復也。　「五色成文而不亂」者，五色，五行之色也。既有所象，故應達天地五行之色，各依其行色成就文章而不錯亂。崔氏云：「五色者，五行之音，謂宮、商、角、徵、羽之聲，和合成文不亂也。而云五色，因五行之色，別廣以明義也。」　「八風從律而不姦」者，八風，八方之風也。律，謂十二月之律也。樂音象八風，其樂得其度，故八風十二月律應八節而至，不爲姦慝也。八風者，《白虎通》云：「距冬至四十五日，條風至。條者，生也。四十五日，明庶風至。明庶者，迎衆也。四十五日，清明風至。清明者，芒也。❷四十五日，景風至。景者，大也，言陽氣長養也。四十五日，

❶「比」下當脱「類」字。

❷「芒」，浦鏜校云：「芒」上脱「清」字。案浦校與今《白虎通》合。

涼風至。涼，寒也，陰氣行也。四十五日，閶闔風至。閶闔者，咸收藏也。❶四十五日，不周風至。不周者，不交也，言陰陽未合化矣。四十五日，廣莫風至。廣莫者，大莫也，開陽氣也。」八節者，立春，春分，立夏，夏至，立秋，秋分，立冬，冬至。　「百度得數而有常」者，百度，❷謂晝夜百刻。昏明晝夜，不失其正，故度數有常也。　「小大相成」者，賀瑒云：「十二月律互爲宫羽而相成也。」❸「終始相生」者，賀瑒云：「五行宫商，迭相用爲終始。」「倡和清濁」者，謂十二月律先發聲者爲倡，後應聲者爲和。黄鐘至仲吕爲濁，長者濁也。蕤賓至應鐘爲清，短者清也。　「迭相爲經」者，十二月之律，更相爲常，即還相爲宫，❹是樂之常也。　「故樂行而倫清」者，倫，類也。以其正樂如上所爲，故其樂施行而倫類清美矣。人聽之，則耳目清明，血氣和平也。樂法既善，變移敝惡之風，改革昏亂之俗，人無惡事，故「天下皆寧」矣。**注**「清明」至「行也」　正義曰：八音氣濁，唯人聲清明，故知「清明，謂人聲也」。云「廣大，謂鐘鼓也」者，下云「鐘聲鏗」，又云「鼓鼙之聲讙」，「鏗」之與「讙」，皆廣大之意。云「五色，五行也」者，五行之聲，宫、商、角、徵、羽相應成文，如青黄相雜，故云「五色」也。　「故曰」至「不樂」　正義曰：前經明正樂感人情，此經明君子小人，各有所樂。「故云：樂者，樂也」，「故」者，因上起下，所以言「故曰」。諸例皆然矣。

「樂者，樂也」者，謂所名樂者，❺是人之所歡樂也。

「君子樂得其道，小人樂得其欲」者，道，謂仁義。欲，謂邪淫。君子所歡樂，在於得仁義之道，得其道則歡樂也。小人所歡樂，在於邪淫，得邪淫則歡樂也。若君子在上，以仁義之道制邪淫之欲，則意得歡樂而不有昏亂也。若小人在上，以邪淫之欲忘仁義之道，則志意迷惑而不得歡樂也。　「是故」至「爲僞」　正義曰：前文明君子小人，歡樂不同，此明君子敦行善樂也。❻「反情以和其志」者，反己淫欲之情，以諧和德義之志也。　「廣樂以成其教」者，謂寬廣樂之義理，以成就其政教之事也。　「樂行而民鄉方」者，君既如此，正樂興行，方猶道也，而民歸鄉仁義之

❶「咸」，案《白虎通》「咸」作「戒」。
❷「百」字原脱，據阮本補。
❸「也」，原作「者」，據阮本、衛氏《集説》改。
❹「相」字原脱，據閩本、監本、毛本、殿本、庫本、阮本補。
❺「所」，衛氏《集説》「所」下有「以」字。
❻「明」，原作「乃」，據阮本、衛氏《集説》改。

道也。「可以觀德矣」者，人君既如此，是樂可以觀其德行矣。「德者，性之端也」者，言德行者，是性之端正也。「樂者，德之華也」者，德在於内，樂在於外，樂所以發揚其德，故樂爲德之光華也。「金石絲竹，樂之器也」者，樂爲德華，非器無以成樂，故金石絲竹爲樂之器也。「詩，言其志也」者，欲見樂之爲體，有此三事。詩，謂言辭也。志在於内，以言辭言説其志也。「歌，咏其聲也」者，歌，謂音曲，所以歌咏其言辭之聲也。「舞，動其容也」者，哀樂在内，必形見於外，故以其舞，振動其容也。此云「詩言其志」，則《詩序》云「詩者，志之所之也」；「歌咏其聲」，則《詩序》云「言之不足，故嗟歎之；嗟歎之不足，故永歌之」是也；「舞動其容」，則《詩序》云「永歌之不足，則不知手之舞之，足之蹈之」是也。「三者本於心，然後樂氣從之」者，三者，謂志也，聲也，容也。容從聲生，聲從志起，志從心發，三者相因，元本從心而來，故云「本於心」。先心而後志，先志而後聲，先聲而後舞。聲須合於宫商，舞須應於節奏，乃成於樂，是故「然後樂氣從之」也。「是故情深而文明」者，志起於内，思慮深遠，是「情深」也。言之於外，情由言顯，是「文明」也。「氣盛而化神」者，志意蘊積在中，故氣盛。内志既盛，則外感動於物，故變化神通也。❶「氣盛」，謂「不知手之舞之，足之蹈之」是也。「而化神」者，謂「動天地，感鬼神，經夫婦，成孝敬」是也。「和順積中，而英華發外」者，謂思念善事日久，是和順積在心中。言辭聲音發見在外，是英華發於身外。此據正樂也。若其姦聲，則悖逆積中，淫聲發外也。「唯樂不可以爲僞」者，僞，謂虚僞。若善事積於中，則善聲見於外；若惡事積於中，則惡聲見於外。若心惡而望聲之善，不可得也，故云「唯樂不可以爲僞」也。「樂者」至「大焉」❷　正義曰：前經論志也，聲也，容也，三者相將。故此經廣明舞之義理，與聲音相應之事。「樂者，心之動也」者，心動而見聲，聲成而爲樂。樂由心動而成，故云「樂者，❸心之動也」。「聲者，樂之象也」者，樂本無體，由聲而見，是聲爲樂之形象也。「文采節奏，聲之飾也」者，聲無曲折，則大質素，故以文采節奏而飾之使美，故云「文采節奏，聲之飾也」。「君子動其本」者，則亦心之動也。「樂其象」者，則亦樂之象也。「然後治其飾」者，

❶「神通」，阮校云：「毛本『神通』作『通神』。」
❷「大焉」，原作「始也」，據阮本改。
❸「樂」字原脱，據阮本補。

則亦聲之飾也。以此三者，結上三事。自此以下，記者引周之《大武》之樂，以明此三者之義。「是故先鼓以警戒」者，謂作武王伐紂《大武》之樂，欲奏之時，先擊打其鼓聲，以警戒於衆也。「三步以見方」者，謂欲舞之時，必先行三步以見方。謂方將欲舞，積漸之意也。「再始以著往」者，謂作《大武》之樂，每曲一終，而更發始爲之。凡再更發始，以著明往伐紂之時。初發始爲曲，象十一年往觀兵於盟津也。❶再度發始爲曲，象十三年往伐紂也。「復亂以飭歸」者，亂，治也。復，謂舞曲終，舞者復其行位而整治，象武王伐紂既畢，整飭師旅而還歸也。「奮疾而不拔」者，拔，疾也。謂舞者奮迅疾速而不至大疾也。故庾云：「舞者雖貴於疾，亦不失節，謂不大疾也。」「極幽而不隱」者，謂歌者坐歌不動，是極幽静；而聲發起，是「不隱」也。「獨樂其志，不厭其道」者，樂其志者，多違道理。❷言武王今獨能樂其志意，不違厭其仁義之道理也，恒以道自將。「備舉其道，不私其欲」者，武王既不違厭其道理，能備具舉行仁義之道以利天下，❸不私自恣己之情欲也。「是故情見而義立」者，情見，謂武王伐紂之情見於樂也。義立，謂伐紂之義而興立。「樂終而德尊」者，謂觀武王伐紂樂終，而知武王道德尊盛也。「君子以好善」者，謂在位尊者，既觀武王之樂德類如此，故庶幾好行善道也。「小人以聽過」者，小人，謂士庶之等。既觀武王樂音，以聽伏己之愆過也。「故曰『生民之道，樂爲大焉』」者，記者既引《大武》之樂利益如此，是生養民人之道，樂最爲大。此特引武王樂者，以武王之樂，利益爲深，餘樂莫能及故也。但前文舞與聲心相應，故引武王樂，明心見於舞也。**注**「文采」至「者也」　正義曰：上文云「省其文采」謂節奏，今此「文采」謂「樂威儀」者，以經云「聲之飾」，故此以文采爲威儀也。云「武王除喪，至盟津之上，紂未可伐，還歸二年，乃遂伐之」者，並出今文《泰誓》，鄭撮而用之，非正文也。云「復亂以飭歸，謂鳴鐃而退，明以整歸也」者，經云「復亂」，鄭云「整歸」，則「亂」爲「治」也，謂反復整治而還。「鳴鐃而退」，出《大司馬職》文也。云「奮疾，謂舞者也」者，以奮迅速疾，故爲舞者，謂

❶「津」，原作「律」，據阮本改。

❷「樂其志者多違道理」，衛氏《集説》無「樂其志者」四字，浦鏜校曰衍。「多違道理」，衛氏《集説》作「世多違背道理」，義勝。

❸「能」，浦鏜校云：「能」上脱「又」字。

《武》舞者。云「極幽，謂歌者也」者，以「極幽」與「奮疾」相對，「歌」與「舞」相次，以歌者不動，經稱「極幽」，故知是歌者也。

「樂也」至「始也」❶　正義曰：此明禮樂之別，報施不同。　「樂也者，施也」者，言作樂之時，衆庶皆聽之，而無反報之意，但有恩施而已，故云「樂也者，施也」。　「禮也者，報也」者，禮尚往來，受人禮事，必當報之也。故《曲禮》云：「往而不來，非禮。」故云「禮也者，報也」。　「樂，樂其所自生」者，此廣明上「樂者，施也」。自，由也。言王者正樂，歡樂其己之所由生。似若武王，民樂其武德。武王由武功而生王業，即以《武》爲樂名，以受施處立名，無報反之義也。　「而禮，反其所自始」者，言王者制禮，必追反其所由始祖。若周由后稷爲始祖，即追祭后稷，報其王業之由，是禮有報也。　「樂章德」者，覆説「樂者，施也」。言樂但施恩而已，不望其報，是樂章明其盛德也。　「禮，報情反始也」者，此覆説上「禮者，報也」。言行禮者，他人有恩於己，己則報其情。但先祖既爲始於子孫，子孫則反報其初始。以人意言之，則謂之「報情」；以父祖子孫言之，則謂之「反始」：其實一也。

「所謂」至「侯也」　正義曰：前經明樂者爲施，禮者爲報。此明禮報之事。諸侯守土，奉其土地所有來朝天子，故天子以此等之物報之，是禮報之事也。不覆明樂施者，以樂施之恩，其事易知，記者略而不言也。　「大輅者，天子之車也」者，大輅，謂金輅也。據上公及同姓侯伯，故下云「龍旂九旒」，亦上公也。若異姓則象輅，若四衛則革輅，蕃國則木輅。受於天子，揔謂之大輅也。　「龍旂九旒，天子之旌也」者，據上公言之。侯伯則七旒，子男則五旒。　「青黑緣者，天子之寶龜也」者，寶龜之中，❷並以青黑爲之緣。　「從之以牛羊之群」者，天子既與之大輅、龍旂及寶龜占兆，又隨從以牛羊非一，故稱「群」。將此以與諸侯，故云「則所以贈諸侯也」。

樂也者，情之不可變者也。禮也者，理之不可易者也。理，猶事也。樂統同，禮辨異。統同，同和合也。辨異，異尊卑也。禮樂之説，管乎人情矣。管，猶包也。窮本知變，樂之情也。著誠去僞，禮之經也。禮樂偩

❶「始」，原作「報」，據阮本改。

❷「中」，阮校云：「段玉裁校，『中』改『甲』。案《公羊》定八年《傳》『龜青純』，何休云：『謂緣甲頓也。』緣在於甲，此『中』字作『甲』字是也。」

天地之情，達神明之德，降興上下之神，而凝是精粗之體，領父子君臣之節。偩，猶依象也。降，下也。興，猶出也。凝，成也。❶精粗，謂萬物大小也。領，猶理治也。是故大人舉禮樂，則天地將爲昭焉。言天地將爲之昭然明也。天地訢合，陰陽相得，煦嫗覆育萬物。然後草木茂，區萌達，羽翼奮，角觡生，蟄蟲昭蘇，羽者嫗伏，毛者孕鬻，胎生者不殰，而卵生者不殈，則樂之道歸焉耳。訢，讀爲「熹」。熹，猶烝也。氣曰煦，體曰嫗。屈生曰區，無䚡曰觡。昭，曉也。蟄蟲以發出爲曉，更息曰蘇。孕，任也。鬻，生也。内敗曰殰。殈，裂也，今齊人語有殈者。樂者，非謂黄鐘大吕、弦歌干揚也，樂之末節也，故童者舞之。鋪筵席，陳尊俎，列籩豆，以升降爲禮者，禮之末節也，故有司掌之。言禮樂之本，由人君也。禮本著誠去僞，樂本窮本知變。樂師辨乎聲詩，故北面而弦；宗、祝辨乎宗廟之禮，故後尸；商祝辨乎喪禮，故後主人。辨，猶别也，正也。弦，謂鼓琴瑟也。後尸，居後贊禮儀。此言知本者尊，知末者卑。是故德成而上，藝成而下，行成而先，事成而後。德，三德也。行，三行也。藝，才技也。先，謂位在上也。後，謂位在下也。是故先王有上有下，有先有後，然後可以有制於天下也。言尊卑備，乃可制作，以爲治法。**疏**正義曰：皇氏云：「自此以下，名爲《樂情》。」各隨文解之。「樂也者，情之不可變者也」，樂出於心，聽之則歡悦，是情之不可變也。「禮也者，理之不可易者也」，禮見於貌，行之則恭敬。理，事也。言事之不可改易也。樂出於心，故云「情」；禮在於貌，故云「理」也，變易换文也。「樂統同」者，統，領也。言樂主相親，是主領其同。❷「禮辨異」者，辨，别也。禮殊别貴賤，是分别其異也。「禮樂之説，管乎人情矣」者，言禮樂所説義理，包管於人情。樂主和同，則遠近皆合；

❶「成」，阮校云：「盧文弨云：足利、古本『成』上有『猶』字，《史記集解》同。案《正義》亦云『凝猶成也』。」

❷「主」，衛氏《集説》作「統」。

禮主恭敬，則貴賤有序。人情所懷，不過於此，是「管人情」也。「窮本」至「之節」　正義曰：此一節更廣明禮樂之義，言父子君臣之節。「窮本知變，樂之情也」者，以樂本出於人心，心哀則哀，心樂則樂，是可以原窮極本也。若心惡，不可變惡爲善，是知變也，則上文云「唯樂不可以爲僞」是也。此言窮人根本，知内外改變，唯樂能然，故云「樂之情也」。「著誠去僞，禮之經也」者，誠，謂誠信也。僞，謂虚詐也。經，常也。言顯著誠信，退去詐僞，是禮之常也。若人内心虚詐，則外貌敖很，唯禮知之，故云「禮之經也」。「禮樂偩天地之情」者，偩，猶依象也。禮出於地，尊卑有序，是偩依地之情也。樂出於天，遠近和合，是偩依天之情也。「達神明之德」者，禮樂出於人心，❶與神明和會，故云「達神明之德」。「降興上下之神」者，興，猶出也。禮樂既與天地相合，用之以祭，故能降出上下之神，謂降上而出下也。「而凝是精粗之體」者，凝，猶成也。是，謂正也。精粗，謂萬物大小也。言禮樂之能成就正其萬物大小之形體也。「領父子君臣之節」者，領，猶理治也。言禮樂理治父子君臣之限節。而樂主於和，聽之則上下相親。又宫爲君，商爲臣，是樂能領父子君臣也；禮定貴賤長幼，是禮能領父子君臣也。「是故」至「焉耳」　正義曰：此一節論大人舉用禮樂，則天地協和，而生養萬物，爲之昭著之事，則下文「天地訢合」以下是也。但此經禮樂並論，其「天地訢合」，唯論樂之所感，不論禮之功用者，記者主在於樂，故特美樂功。樂功既爾，禮亦同也。「天地訢合」者，訢，猶熹也。熹，謂烝動。言樂感動天地之氣，是使二氣烝動，則「天氣下降，地氣上騰」。「陰陽相得」者，言體，謂之天地，言氣，謂之陰陽。天地動作，則是陰陽相得也。「煦嫗覆育萬物」者，天以氣煦之，❷地以形嫗之，是天煦覆而地嫗育，故言「煦嫗覆育萬物」也。「然後草木茂」者，草木據其成體，故云「茂」。「區萌達」者，據其新生，故云「達」也。「羽翼奮」者，謂飛鳥之屬，皆得奮動也。「角觡生」者，謂走獸之屬，悉皆生養也。「蟄蟲昭蘇」者，昭，曉也。蘇，息也。言蟄伏之蟲，皆得昭曉蘇息也。「羽者嫗伏」者，謂飛鳥之屬，皆得體伏而生子也。「毛者孕鬻」者，言走獸之屬，以氣孕鬻而繁息也。「胎生者不殰」者，謂不有殰

❶「於」，原作「在」，據閩本、監本、毛本、殿本、庫本、阮本及衛氏《集説》改。

❷「以」下原有「地」字，據阮本、衛氏《集説》删。

敗也。「卵生者不殈」者，言不有殈裂也。「則樂之道歸焉耳」者，言所以致此在上諸物各順其性，由此樂道使然，故云「樂之道歸焉耳」，謂歸功於樂也。樂道所以然者，樂之根本，由人心而生，人心調和，則樂音純善，協律呂之體，調陰陽之氣。二氣既調，故萬物得所也。注「訢讀」至「裂也」 正義曰：「訢」「熹」聲相近，故讀爲「熹」。熹，天地氣，故云「熹，猶烝也」。言天地氣之烝動，猶若人之喜也。云「氣曰煦」者，謂天體無形，而降其氣以養物，故云「氣曰煦」也。云「體曰嫗」者，言地體有形，故云「體曰嫗」也。此對文爾，其實地氣矣。❶ 云「屈生曰區」者，謂鉤曲而生出，菽豆是也。云「無鰓曰觡」者，鰓，謂角外皮滑澤者，鹿角之屬是也。云「蟄蟲以發出爲曉，更息曰蘇」者，言蟄蟲之類，皆埋藏其體近於死，今復得活，似闇而遇曉，死而更息也。云「内敗曰殰」者，以經云「胎生」，懷胎在内，故云「内敗曰殰」也。云「殈，裂也」者，卵體多裂。又齊語稱裂爲殈，故以殈爲裂也。「樂者」至「下也」 正義曰：此一節明禮樂各有根本，本貴而末賤。君子能辯其本末，可以有制於天下。「黃鐘大呂，弦歌干揚也，樂之末節也」者，此等之物，唯是樂器，播揚樂聲，非樂之本，故云「樂之末節」。其本在於人君之德，「窮本知變」是也，故云「樂之末節也，故童者舞之」。皇氏云：「揚，舉也。干揚，舉干以舞也。」「鋪筵席，陳尊俎，列籩豆，以升降爲禮者，禮之末節也」者，此等物，所以飾禮，故云「禮之末節」。其本在於人君著誠去僞，恭敬節儉。以末節非貴，「故有司掌之」。「樂師辨乎聲詩，故北面而弦」者，此明知禮樂末者，其位處卑。即樂師以辨曉聲詩，但知樂之末節，故北面而鼓弦，言其位處卑也。「宗、祝辨乎宗廟之禮，故後尸」者，宗，謂宗人。祝，謂大祝。但辨曉於宗廟詔相之禮，故在尸後也。「商祝辨乎喪禮，故後主人」者，商祝，謂習商禮而爲祝者。但辨曉死喪擯相之禮，「故後主人」，謂在主人之後。言此宗、祝、商祝但知禮之末節，故在尸與主人後，言其位處卑賤也。「是故德成而上」者，則人君及主人之屬是也。以道德成就，故在上也。「藝成而下」者，言樂師、商祝之等，藝術成就，而在下也。「行成而先」者，行成則德成矣。言德在内而行在外也。「事成而後」者，事成則藝成矣。在身謂之藝，所爲謂之事。「是故」至「天下也」者，人有多少品類，故先王因其先後，使尊卑得分，然後乃可制禮作樂，爲

❶「地」，衛氏《集説》「地」下有「亦」字。

法以班天下，如周公六年乃制禮樂也。 魏文侯問於子夏曰：「吾端冕而聽古樂，則唯恐臥；聽鄭、衛之音，則不知倦。敢問古樂之如彼何也？新樂之如此何也？」魏文侯，晉大夫畢萬之後，僭諸侯者也。端，玄衣也。古樂，先王之正樂也。**疏** 正義曰：自此以下至「有所合之也」，明魏文侯問古樂今樂之異，并子夏之答，辨明古樂今樂之殊。各隨文解之。

「吾端冕而聽古樂，則唯恐臥」者，文侯言身著端冕，明其心恭敬，❶而聽古樂唯恐臥，聽鄭、衛之音則心所愛樂，不知休倦也。 「敢問古樂之如彼何也」者，言古樂何以朴素之如彼，使人不貪至於臥也？ 「新樂之如此何也」者，新樂何以婉美，使人嗜愛志樂，不知其倦也？ **注**「魏文」至「衣也」 正義曰：云「魏文侯畢萬之後，僭諸侯者也」者，案《春秋》閔元年，晉獻公滅魏，以魏賜畢萬。案《世本》云：「萬生芒，芒生季，季生武仲州，州生莊子降，降生獻子荼，荼生簡子取，取生襄子多，多生桓子駒，駒生文侯斯。」是「畢萬之後」也。 云「端玄衣也」者，謂玄冕也。凡冕服，皆其制正幅，袂二尺二寸，袪尺二寸，故稱端也。

子夏對曰：「今夫古樂，進旅退旅，和正以廣；弦匏笙簧，會守拊、鼓；始奏以文，復亂以武；治亂以相，訊疾以雅；君子於是語，於是道古，脩身及家，平均天下。此古樂之發也。旅，猶俱也。俱進俱退，言其齊一也。和正以廣，無姦聲也。會，猶合也，皆也。言衆皆待擊鼓乃作。《周禮·大師職》曰：「大祭祀，帥瞽登歌，令奏擊拊；❷下管播樂器，令奏鼓朄。」文，謂鼓也。武，謂金也。相，即拊也，亦以節樂。拊者，以韋爲表，裝之以糠。糠一名相，因以名焉。今齊人或謂糠爲相。雅，亦樂器名也，狀如漆筩，中有椎。**疏** 正義曰：此一經明子夏對文侯古樂之體也。古樂，謂古者先王正樂也。 「進旅退旅」者，旅，謂

---

❶「其」，原作「在」，據閩本、監本、毛本、殿本、庫本及阮本改。

❷「令奏」，原作「合奏」，據衛氏《集説》及《周禮·春官·大師》改。下「合奏」同。張敦仁《考異》云：「又《正義》中諸『合』字，今本皆同，但義亦多不可通，蓋本皆是『令』字。」孫詒讓《周禮正義》亦云：「『令奏』，《樂記》注引作『合奏』，下同。並傳寫之誤，不足據。」疏文中之「合奏」，皆徑改，不復一一出校。

俱齊。言古樂進則俱齊，退亦俱齊，進退如一，不參差也。「和正以廣」者，樂音相和，正以寬廣，無姦聲也。　「弦匏笙簧，會守拊鼓」者，言弦也，匏也，笙也，簧也，其器雖多，必會合保守，待擊拊、鼓，然後作也，故曰「會守拊鼓」。「始奏以文」者，文，謂鼓也。言始奏樂之時，先擊鼓，前文云「先鼓以警戒」是也。　「復亂以武」者，武，謂金鐃也。言舞畢反復亂理，欲退之時，擊金鐃而退，故云「復亂以武」也。　「治亂以相」者，相即拊也。所以輔相於樂，故謂拊爲相也。亂，理也。言治理奏樂之時，先擊相，故云「治亂以相」。　「訊疾以雅」者，雅，謂樂器名。舞者訊疾，奏此雅器以節之，故云「訊疾以雅」。　「君子於是語」者，謂君子於此之時，語説樂之義理也。　「於是道古」者，言君子作樂之時，亦謂説古樂之道理也。　「脩身及家，平均天下」者，言君子既聞古樂，近脩其身，次及其家，然後平均天下也。　「此古樂之發也」者，言此上來諸事，古樂之發動也。　**注**「旅猶」至「有椎」　正義曰：云「旅，猶俱也」者，旅，衆也。經云「進旅退旅」，是衆俱進退，故云俱也。云「和正以廣，無姦聲也」者，謂邪淫要妙，煩手淫聲，曲折切急，今經云「和正以廣」，故云「無姦聲也」。云「言衆皆待擊鼓乃作」者，衆，謂弦、匏、笙、簧，衆器皆待擊鼓，乃始動作，解經「會守拊鼓」。言會守謂器之聲也，❶以待拊、鼓也。經有「拊」及「鼓」，鄭直云「擊鼓乃作」者，拊即鼓之類，言擊鼓必擊拊也。引《周禮・大師職》者，證擊拊也。故《大師職》云：「大祭祀，帥瞽登歌。」謂大師領人登堂而唱歌也。云「令奏擊拊」者，謂大師令奏樂之時，則先擊拊而令奏之也。云「下管播樂器，令奏鼓朄」者，謂大祭祀，堂下諸人吹管，❷播揚樂器之聲，大師令奏之時，先擊朄而令奏。言朄，謂小鼓，在大鼓之下引。是大師登歌令奏之時，親擊拊而以合；下管令奏時，親擊朄以奏之。云「文，謂鼓也。武，謂金也」者，金屬西方，可以爲兵刃，故金爲武。鼓主發動，象春，無兵器之用，故鼓爲文也。云「相即拊也」者，前文既云「拊」，故知「相即拊」。鄭必知相爲拊者，案《書傳》云：「以韋爲鼓，謂之搏拊。」《白虎通》引《尚書大傳》：「拊，革著以穅。」鄭以此知也。今《書傳》無「著穅」之文。謂「齊人以穅爲相」，

❶「謂」，浦鏜校云：「『謂』當『諸』字誤。『也』，疑『音』字誤，或衍文。」

❷「諸」，原作「詩」，據閩本、監本、毛本、殿本、庫本及阮本改。

故知穅爲相，即拊也。云「雅，亦器名也，狀如漆筩，中有椎」者，案《周禮·笙師職》云：「掌舂牘、應、雅。」鄭司農云：「雅，狀如漆筩而弇口，大二圍，長五尺六寸，以羊韋鞔之。有兩紐，疏畫。」並以漢時制度而知也。

今夫新樂，進俯退俯，姦聲以濫，溺而不止；及優侏儒，獶雜子女，不知父子；樂終，不可以語，不可以道古。此新樂之發也。俯，猶曲也，言不齊一也。濫，濫竊也。溺而不止，聲淫亂，無以治之。獶，獼猴也。言舞者如獼猴戲也，亂男女之尊卑。獶，或爲「優」。

疏 正義曰：此經明子夏對文侯新樂之禮。「新樂」者，謂今世所作淫樂也。「進俯退俯」者，謂俯僂曲折，不能進退齊一，俱屈曲進退而已，行伍雜亂也。 「姦聲以濫」者，謂濫竊不正。言姦邪之聲，濫竊不正，不能「和正以廣」也。 「溺而不止」者，聲既淫妙，人所貪溺，不可禁止也。不能「始奏以文，復亂以武」也。 「及優侏儒，獶雜子女」者，言作樂之時，及有俳優雜戲、❶侏儒短小之人，獶雜，謂獼猴也。言舞戲之時，狀如獼猴，間雜男子婦人。言似獼猴，男女無別也。 「不知父子」者，言樂之混雜，不復知有父子尊卑之禮也。 「樂終，不可以語」者，言作樂雖復終畢，盡皆邪辟，不可以語。既與古樂乖違，故不可語道於古也。此皆新樂之爲，故云「此新樂之發也」。 **注**「獶，獼猴也」 正義曰：案《詩·小雅》云：「毋教猱升木。」毛傳云：「猱，猨屬也。」是「獶，獼猴也」。《漢書》檀長卿爲獼猴舞，是狀如獼猴。

今君之所問者樂也，所好者音也。夫樂者，與音相近而不同。」言文侯好音而不知樂也。鏗鎗之類，皆爲音。應律乃爲樂。

疏 正義曰：前兩經子夏既答文侯論古樂、新樂之異事畢，此經答文侯所好古樂、今樂之不同也。文侯之意，今樂、古樂，並皆爲樂。子夏之意，以古樂德正聲和，乃爲樂；今樂但淫聲音曲而已，不得爲樂也。故云「今君之所問者樂也」，謂今古皆名樂；❷「所好者音也」，子夏之意，君之所愛者，謂音聲也。 「夫樂者，與音相近而不同」者，古樂有音聲律呂，今樂亦有音聲律呂，是樂與音相近也。樂則德正聲和，音則心邪聲亂，是不同也。

文侯曰：「敢問何如？」欲知音、樂異意。 **疏**「文侯曰

❶「俳」，原作「徘」，據阮本改。
❷「今古」，阮本作「古今」。

『敢問何如』」者，文侯既見子夏論樂、音不同，不曉不同之狀，故云「敢問何如」？　子夏對曰：「夫古者，天地順而四時當，民有德而五穀昌，疾疢不作而無妖祥。此之謂大當。然後聖人作，爲父子君臣，以爲紀綱。紀綱既正，天下大定。天下大定，然後正六律，和五聲，弦歌詩頌。此之謂德音。德音之謂樂。當，謂樂不失其所。❶《詩》云：『莫其德音。其德克明，克明克類。克長克君，王此大邦，克順克俾。俾于文王，其德靡悔。既受帝祉，施于孫子。』此之謂也。此有德之音，所謂樂也。德正應和曰莫。照臨四方曰明。勤施無私曰類。教誨不倦曰長。慶賞刑威曰君。慈和偏服曰順。俾，當爲「比」，聲之誤也。擇善從之曰比。施，延也。言文王之德，皆能如此，故受天福，延於後世也。**疏**正義曰：此一節明子夏與文侯明古樂之正，引《詩》以結之。　「此之謂大當」者，當，謂不失其所。如上所謂，是大得其所當也。　「作爲父子君臣，以爲紀綱」者，案《禮緯含文嘉》云：「三綱，謂君爲臣綱，父爲子綱，夫爲妻綱矣。六紀，謂諸父有善，諸舅有義，族人有敘，昆弟有親，師長有尊，朋友有舊。是六紀也。」　「弦歌詩頌」者，謂以琴瑟之弦，歌此詩頌也。《詩》云：「莫其德」音，此《大雅・皇矣》之篇美王季之德，云「維此王季，帝度其心」，莫然而靖定其道德之音。以道德既正，天下應和，所以莫然而靖也。　「其德克明」者，以其莫然而靖，故其德能照臨天下之明也。　「克明克類」者，類，謂勤施無私。施惠勤勞，不私於己，外及等類，以明能然，故云「克明克類」也。　「克長克君」者，克，長，謂教誨不倦，能爲人師長；克，君，謂慶賞刑威，能與人作君教化，故云「克長克君」也。　「王此大邦，克順克俾」者，俾，當爲「比」，謂比方善事，擇善而從之。既能慈和偏服，又能擇善從之，故云「克順克俾」。　「俾于文王，其德靡悔」者，詩美王季之德，比擬文王。其王季之德，無可恥悔，言堪比文王也。《左傳》引此詩「唯此文王」，皆以爲文王之德。言「比於文王，其德靡悔」者，謂比校文王之德，事事皆美，無可悔恨也。是《左傳》與《詩》文互意別也。

❶「樂」，案《史記集解》引無此字。張敦仁《考異》云：「案《正義》，無『樂』字明甚，有者衍耳。」

「既受帝祉，施於孫子」者，《詩》云王季既受天福祉，以遺子孫，子孫有天下也。《左傳》云文王既受帝祉，以遺後世子孫。「此之謂也」者，言《詩》云「德音」，則此經之所謂也。注「德正應和曰莫」正義曰：以下皆昭二十八年《左傳》文也。今君之所好者，其溺音乎！」言無文王之德，則所好非樂也。文侯曰：「敢問溺音何從出也？」玩習之久，不知所由出也。疏正義曰：上既云「君之所好」，❶音有善惡，故上云「治世之音」、「亂世之音」。今君之所好者非正音，是淫溺之音乎？不敢指斥，故言「乎」而疑之也。「文侯曰『敢問溺音何從出也』」者，文侯既聞子夏之言善，遂問溺音所出之由。子夏對曰：「鄭音好濫淫志，宋音燕女溺志，衛音趨數煩志，齊音敖辟喬志。此四者，皆淫於色而害於德，是以祭祀弗用也。言四國皆出此溺音。濫，濫竊姦聲也。燕，安也。《春秋傳》曰：「懷與安，實敗名。」趨數，讀爲「促速」，聲之誤也。煩，勞也。祭祀者不用淫樂。疏正義曰：此一節子夏爲文侯明溺音所出也。「鄭音好濫淫志」者，濫，竊也，謂男女相偷竊。言鄭國樂音，好濫相偷竊，❷是淫邪之志也。「宋音燕女溺志」者，燕，安也。溺，没也。言宋音所安唯女子，所以使人意志没矣，即前「溺而不止」是也。「衛音趨數煩志」者，言衛音既促且速，所以使人意志煩勞也。「齊音敖辟喬志」者，言齊音既敖很辟越，所以使人意志驕逸也。「此四者，皆淫於色而害於德，是以祭祀弗用也」者，既淫色害德，故不用祭祀也。注「言四」至「敗名」正義曰：經云「鄭音好濫，宋音燕女」，其事是一，而爲別音者，濫竊，非己儔匹，別相淫竊；燕女，謂己之妻妾，燕安而已，所以別「好濫」也。上云「鄭、衛之音」，則鄭、衛亦淫聲也。又此云「四者皆淫於色」，是衛與齊皆有淫聲也，而經唯云「衛音趨數煩志，齊音敖辟喬志」，都不云「女色」者，案《詩》有「桑中」、「淇上」，是淫佚可知。則淫佚之外，更有促速、敖辟。❸推此而言，齊詩有哀公荒淫怠慢，襄公淫於妹，亦女色之外，加以「敖辟驕志」也，故揔謂之

❶「好」下，浦鏜校云：當脱「者音」二字。
❷「濫」，原作「此」，據閩本、監本、毛本、殿本、庫本、阮本及衛氏《集説》改。
❸「敖辟」，衛氏《集説》作「煩志」，疑是。

「溺音」也。注《春秋傳》曰：懷與安，實敗名」者，僖二十三年《左氏》之文，齊女姜氏勸重耳出奔也。《詩》云：『肅雍和鳴，先祖是聽。』夫肅肅，敬也。雍雍，和也。夫敬以和，何事不行？言古樂敬且和，故無事而不用。溺音無所施。疏正義曰：此一節子夏重爲文侯明正樂敬和之事，所以勸勵文侯用古樂也。此《詩·周頌·有瞽》之篇。肅，敬也。雍，和也。言樂音敬和而鳴，先祖之神，聽而從之。若能敬和施設於政教，何事不行也？

爲人君者，謹其所好惡而已矣。君好之，則臣爲之；上行之，則民從之。《詩》云：『誘民孔易。』此之謂也。」誘，進也。孔，甚也。言民從君所好惡，進之於善無難。疏正義曰：此經明子夏既勸文侯所好古樂，又謹慎行之，以此化民，無不從也。引《詩》云「誘民孔易」者，此厲王《大雅·板》之篇也。誘，進也。孔，甚也。言在上教道於民甚易也。但己行於上，則民化之於下。《詩》之所云，則此之謂也。注「誘，進也。孔，甚也」 正義曰：「誘，進也，」《釋詁》文。「孔，甚也，」《釋言》文也。

禮記正義卷第四十八

禮記正義卷第四十九

國子祭酒上護軍曲阜縣開
國子臣孔穎達等奉勑撰

然後聖人作爲鞉、鼓、椌、楬、壎、篪，此六者，德音之音也。六者爲本，以其聲質也。椌、楬，謂柷、敔也。壎篪，或爲「簨虡」。然後鐘、磬、竽、瑟以和之，干、戚、旄、狄以舞之，「此所以祭先王之廟也，所以獻、酬、酳、酢也，所以官序貴賤各得其宜也，所以示後世有尊卑長幼之序也。官序貴賤，謂尊卑樂器列數有差次。

疏 正義曰：上經言人君謹慎所好惡以誘人，故此一節論聖人作爲樂器道德之音以示後世也。「此六者，德音之音也」者，言此鞉、鼓、椌、楬、壎、篪，其聲質素，是道德之音，以尚質故也。「然後鐘、磬、竽、瑟以和之，干、戚、旄、狄以舞之」者，既用質素爲本，然後用此鐘、磬、竽、瑟華美之音以贊和之，❶使文質相雜。干，楯也。戚，斧也。狄，羽也。聲既文質備足，又用干、戚、旄、羽以舞動之。「此所以祭先王之廟也」者，以前云鄭、宋、齊、衛四者爲祭祀之所不用，故此云六器爲道德之音，四器之和，文武之舞，並可用於宗廟之中奏之，若樂九變而鬼神格也。「所以獻、酬、酳、酢也」者，又用於宗廟中接納賓客也。「賓入而奏《肆夏》及卒爵而樂闋，孔子屢歎之」是也。「所以官序貴賤各得其宜也」者，又用樂體別尊卑於朝廷，使各得其宜也。「天子八佾，諸侯六佾」是也。「所以示後世有尊卑長幼之序也」者，聞樂知德，及「施于子孫」，❷是「示後世」。又「宗族長幼同聽之，莫不和順；閨門之内，父子兄弟同聽之，莫不和親」，是「長幼之序」也。注「椌楬」至「簨虡」 正義曰：案鄭注《詩·有瞽》篇云：「柷，形如漆

❶「磬」，原作「聲」，據阮本改。
❷「子孫」，《詩·大雅·皇矣》作「孫子」。

筩，中有椎。敔，狀如伏虎，背上有二十四齟齬。」❶又鄭司農注《笙師》云：「篪，七空。❷塤，六孔。」❸鄭云：「塤，燒土爲之，大如鴈卵。鼗如鼓而小，持其柄搖之，旁耳自擊。」鼓，革也。椌、楬，木也。其聲質素，故《周語》單穆公云「草木一聲」，注云「一聲，無宮商清濁」是也。

鐘聲鏗，鏗以立號，號以立橫，橫以立武。君子聽鐘聲，則思武臣。 號，號令，所以警衆也。橫，充也，謂氣作充滿也。**疏**正義曰：此一節論樂器之聲各別，君子之聽，思其所用之臣。各隨文解之。　「鐘聲鏗」者，言金鐘之聲鏗鏗然矣。　「鏗以立號」者，言鏗是堅剛，故可以興立號令也。　「號以立橫」者，謂橫氣充滿也。若號令威嚴，則軍士勇敢而壯氣充滿。崔氏云：「若嚴正立號，則其號必充徧於萬物矣。」❹　「橫以立武」者，言壯氣充滿，所以武事可立也。崔氏云：「若教令充徧，則武矣。」　「君子聽鐘聲，則思武臣」者，君子，謂識樂之情者，所以聞聲達事。鐘既含號令立武，故聽之而思武臣也。

石聲磬，磬以立辨，辨以致死。君子聽磬聲，則思死封疆之臣。 石聲磬，「磬」當爲「罄」，字之誤也。辨，謂分明於節義。**疏**正義曰：此一經明「石聲磬」者，石，磬也。磬是樂器，故讀聲音罄然矣。❺其聲能和，故次鐘也。言磬輕清響矣，叩其磬，則其聲之罄罄然也。　「磬以立辨」者，❻辨，別也。崔云：「能清別於衆物，則分明辨別也。」　「辨以致死」者，既各有部分，不可侵濫，故能使守節者致死矣。若「諸侯死社稷，大夫死衆，士死制」之屬也。崔云：「若能明別於節義，則不愛其死也。」　「君子聽磬聲，則思死封疆之臣」者，言守分不移，即固封疆之

---

❶ 「案鄭注詩有瞽篇云」至「背上有二十四齟齬」，浦鏜校云：「案『柷形如漆筩，中有椎』八字，見《周禮・小師》先鄭注及鄭君《尚書》『合止柷敔』注。『敔狀如伏虎，背上有二十四齟齬』一十三字，見《爾雅・釋樂》郭注。《詩・有瞽》箋無此文也。」又，「二十四」，《爾雅・釋樂》注作「二十七」。

❷ 「空」，原作「室」，據衛氏《集説》、阮校改。

❸ 「塤六孔」，殿本《考證》云：「按『塤六孔』以下，鄭注《小師》文也。」浦鏜校同。

❹ 「徧」，阮本作「滿」，閩、監、毛本同。

❺ 「聲」，阮校云：「監本『聲』作『罄』，毛本『聲』作『磬』。」

❻ 「磬」，原作「罄」，據阮本改。

義矣。磬含守分，故聽其聲而思其事也。**注**「石聲」至「誤也」　正義曰：讀「磬」爲「罄」者，其字下著「石」，樂器之磬；其下著「缶」，是罄然之罄。今經云「石聲磬」，恐是樂器，故讀爲「罄」，取聲音罄罄然。

絲聲哀，哀以立廉，廉以立志。君子聽琴瑟之聲，則思志義之臣。廉，廉隅也。**疏**正義曰：此一經明「絲聲哀」者，哀，謂哀怨也。謂聲音之體婉妙，故哀怨矣。　「哀以立廉」者，廉，謂廉隅。以哀怨之故，能立廉隅，不越其分也。　「廉以立志」者，既不越分，故能自立其志。　「君子聽琴瑟之聲，則思志義之臣」者，言絲聲含志不可犯，故聞絲聲而思其事也。

竹聲濫，濫以立會，會以聚衆。君子聽竽、笙、簫、管之聲，則思畜聚之臣。濫之意，猶擥聚也。會，猶聚也。聚，或爲「最」。❶ **疏**正義曰：此一經明「竹聲濫」者，濫，猶擥也，言竹聲擥然有積聚之意也。　「濫以立會」者，以竹聲既擥聚，故能立會矣。　「會以聚衆」者，以合會而能聚其衆也。　「君子聽竽、笙、簫、管之聲，則思畜聚之臣」者，亦聞其音而思其事也。　笙以匏爲之，而在竹聲之中者，但笙以匏爲體，插竹於匏，匏竹兼有，故「笙」文在竹也。

鼓鼙之聲讙，讙以立動，動以進衆。君子聽鼓鼙之聲，則思將帥之臣。聞讙囂則人意動作。讙，或爲「歡」。動，或爲「勳」。**疏**正義曰：此一經明「鼓鼙之聲讙」者，讙，謂讙囂也，其聲讙雜矣。　「讙以立動」者，以其聲讙，故使人意動作也。　「動以進衆」者，以動作，故能進發其衆也。　「君子聽鼓鼙之聲，則思將帥之臣」者，將帥，衆聚也。言鼓能進衆，故聞其聲而思其事也。不云「鼗」而云「鼙」者，廣其類也。**注**「聞讙囂則人意動作」　正義曰：是聲能感動於人也。如鄭此言，則五者之器，皆據其聲，聲各不同，立事有異，事隨聲起，是聲能立事也。皇氏用崔氏之説云：「鐘聲爲《兑》，石聲爲《乾》，絲聲爲《离》，竹聲爲《震》，鼓鞞爲《坎》。」安取五方之義，棄其五器之聲，背經違注，曲爲雜説，言及於數，非關義理，又無明文，今

❶「最」，俞樾《禮記異文箋》云：「案『最』乃『冣』字之誤。《説文・冖部》：『冣，積也。』徐鍇曰：『古人以聚物之聚爲冣，才句切。』《从部》『聚』亦才句切。蓋二字並從取聲，其音相同，故古得通用。」

並略而不用也。君子之聽音，非聽其鏗鎗而已也，彼亦有所合之也。以聲合成己之志。**疏**正義曰：此一經摠結上文五者，言君子之聽音聲，非徒聽其音聲鏗鎗而已，彼謂樂聲亦有合成己之志意也。崔氏云：「但釋五音，八卦屬四方四維之音，所感皆應與四方同。所以應同者，四維處四方之間，四方皆五行相生。水生木，匏同竹音。木生火，木音同絲。火生土，土不當於方，土生金，土處金火之間，土音屬金。金生水，石不可屬於水，故不同於革。而不同者，以《乾》爲君父，君父之音，不可屬於人，故不同於革，而磬别有所感。《乾》爲天，《坤》爲地，天既不屬人，《坤》所以不别出者，爲《坤》卑故也。」今案崔氏此説浮虚，體例不等，上下混雜，記人之意，不應如此。鄭注無文，不可附會。今略存崔氏之義，賢者擇焉。今謂八音，唯論五者，以鐘與武臣相會，石與死封疆相將，絲與志義是同，竹與畜聚相類，鼓鼙與將帥同等，故五器而有五事。其匏與土木不同，無此五器之象，故記者不言也。

賓牟賈侍坐於孔子。孔子與之言，及樂，曰：「夫《武》之備戒之已久，何也？」對曰：「病不得其衆也。」《武》，謂周舞也。備戒，擊鼓警衆。病，猶憂也。以不得衆心爲憂，憂其難也。「咏歎之，淫液之，何也？」對曰：「恐不逮事也。」咏歎、淫液，歌遲之也。逮，及也。事，伐事也。「發揚蹈厲之已蚤，何也？」對曰：「及時事也。」時至武事當施也。「《武》坐，致右憲左，何也？」對曰：「非《武》坐也。」言《武》之事無坐也。致，謂膝至地也。憲，讀爲「軒」，聲之誤。「聲淫及商，何也？」對曰：「非《武》音也。」言《武》歌在正其軍，不貪商也。時人或説其義爲貪商也。子曰：「若非《武》音，則何音也？」對曰：「有司失其傳也。若非有司失其傳，則武王之志荒矣。」有司，典樂者也。傳，猶説也。荒，老耄也。言典樂者失其説也，而時人妄説也。《書》曰：「王耄荒。」子曰：「唯丘之聞諸萇弘，亦若吾子之言是也。」萇弘，周大夫。賓牟賈起，免席而請曰：「夫《武》之備戒之已久，則既聞命矣。敢問遲之遲而又久，何也？」遲之遲，謂久立於綴。子曰：「居，吾語女。夫樂者，象成者也。揔干而山立，武王之事也。發揚蹈厲，大公之志也。《武》亂皆坐，周、召之治也。居，猶安坐也。成，謂已成之事也。揔干，持盾也。山立，猶正立也。象武王持盾正立待諸侯也。發揚蹈厲，所以象威武時也。《武》舞象戰鬬也。亂，謂失行列也。失行列則皆坐，象周公、召公以文止武也。**疏**正義曰：此一經，《別録》是《賓牟賈問》章。自此以下至「不亦宜乎」，揔是賓牟賈與夫子相問答之事。今各依文解之。❶「賓牟賈侍坐於孔子」者，姓賓牟，名賈，侍坐於孔子。「孔子與之言，及樂」者，孔子與賓牟賈言説，初論他事，次及於樂。「曰：『夫武之備戒之已久，何也』」者，此是孔子之問，凡有五。「夫」是發語之端。《武》，謂周之《武》樂。欲作《武》樂之前，先擊鼓備戒其衆，備戒之後，久始作舞，故孔子問之云：「《武》樂先擊鼓備戒已久乃始作舞何？」「對曰『病不得其衆也』」者，此賓牟賈所答，亦有五，但三答是，二答非。今此答是也。病，謂憂也。言武王伐紂之時，憂病不得士衆之心，故先鳴鼓以戒士衆，久乃出戰。今《武》樂故令舞者久而不即出，是象武王憂不得衆心故也。**注**「武謂」至「難也」 正義曰：此以下五事，❷故知周舞也。「憂其難」者，憂其不得士衆之難，故擊鼓久而不舞。「咏歎之，淫液之，何也」者，此孔子之問。欲舞之前，其歌聲吟咏之，長嘆之，其聲淫液，是貪羨之貌。言欲舞之前，其歌聲何意吟咏長歎歆羡也？「對曰『恐不逮事也』」，此是賓牟賈答孔子之辭。所以舞前有此咏歎淫液之歌者，象武王伐紂，恐諸侯不至，不逮及戰事，故歌聲吟咏而歆羡。此答是也。**注**「咏歎、淫液，歌遲之也」 正義曰：「咏歎」者，謂長聲而歎矣。「淫液」，謂音連延而流液不絶之意。「歌遲之」，謂作此歌吟思之，欲待衆之至也。「發揚蹈厲之已蚤，何也」者，此又明是孔子之問。初舞之時，手足發揚，蹈地而猛厲。言舞初則然，故云「已蚤何也」，意謂舞時發揚蹈厲即大蚤。「對曰『及時事也』」者，此亦賓牟賈對辭。所以舞時蚤爲發揚蹈厲，象武王及時伐紂戰事也，故發揚象戰。此答非也。知非者，下云「發揚蹈厲，是大公之志」，故知此答非也。「《武》坐，致右憲左，何也」者，此亦孔子問辭。坐，跪也。致，至也。軒，起也。

❶「今」字原重，據阮本删其一。

❷「五」，原作「王」，據殿本、庫本及阮校改。

問《武》人何忽有時而跪，以右膝至地，而左足仰起，何故也？　「對曰『非武坐也』」，此是賓牟賈答。云「致右軒左」，非是《武》人之坐。言以《武》法無坐也。此答亦非。知者，下云「《武》亂皆坐，周、召之治也」，是《武》法有坐，故知此答非也。　「聲淫及商，何也」者，此亦孔子問辭。淫，貪也。問奏樂之聲，何意有貪商之聲也？王氏云：「聲韻歆羨淫液，貪商也。」　「對曰『非武音也』」者，此賓牟賈之答。「非《武》音」，謂非是武樂之音。❶賓牟賈言，武王應天從人，不得已而伐之，何容有貪商之聲，故言「非《武》音」。此答是。　注「言武」至「商也」　正義曰：「言《武》歌在正其軍，不貪商」者，解經「非《武》音」。言《武》歌象武王正其軍事，不得有貪商之歌，故知貪商者非《武》樂之音也。云「時人或説其義爲貪商也」者，解經中「聲淫及商」之義，言當時人不曉《武》音，謂此歌聲爲貪商，故云「或説其義爲貪商」。孔子以時人之意而問賓牟賈，然時人之説非也。孔子大聖，應知其非而問之者，孔子雖知其非而問賓牟賈，是知非而故問矣。　「子曰『若非《武》音，則何音也』」者，賓牟賈既答貪商非是《武》音，孔子因而問之，云貪商之歌若非《武》樂之音，❷則何音也？　「對曰『有司失其傳也』」者，此賓牟賈答。云有司，謂典樂者，失傳説也。言《武》樂之歌有貪商之意者，是典樂有司失其傳説，謂爲貪商，故時人惑之。　「若非有司失其傳，則武王之志荒矣」者，賓牟賈又云：若非是有司失其傳説，將言武王實爲貪商，則是武王之志荒耄矣。言武王荒耄，遂有貪商也。然武王大聖，伐暴除殘，何有貪商之意？故知有司妄説爲貪商，使時人致惑。　注「荒老」至「耄荒」　正義曰：案《大戴禮》云：「文王年十五而生武王發。」又《文王世子》篇云：「文王九十七而終，則武王九十三而終矣。」文王受命七年而崩，十三年伐紂，是文王崩後六年伐紂，時武王八十九矣，年雖老，而大聖不荒耄也。「《書》曰：王耄荒」，《吕刑》文也。言穆王享國百年而耄荒，證「荒」爲老耄也。　「子曰『唯丘之聞諸萇弘』」者，孔子既得賓牟賈之答，故云「聞諸萇弘」。諸，於也。聞於萇弘之説。　「亦若吾子之言是也」者，謂賓牟賈爲「吾子」者，《儀禮》注云：「子，男子之美稱。」❸言「吾子」，相親之辭。

❶「音」，原作「意」，據閩本、監本、毛本、殿本、庫本及阮本改。

❷「云」字原脱，據阮本補。

❸「子」字原脱，據阮本補。

「賓牟」至「何也」 自此以前，孔子問賓牟賈。自此以後，是賓牟賈問孔子。此一經是賓牟賈問辭也。 「免席而請曰」者，免席，謂避席也。言賓牟賈前答孔子，雖被孔子所許，於前答之事，猶有不曉，而反請問孔子，故曰「免席而請」也。 「夫《武》之備戒之已久，則既聞命矣」者，前經是夫子之問，賓牟賈前答其已久之意，被孔子所許，不得爲非，是「既聞命矣」。 「敢問遲之遲而又久，何也」者，此賓牟賈問孔子之辭。「遲之遲」者，賀氏云：「備戒已久是遲，久立於綴亦是遲，而又久，何意如此？」 「子曰」至「治也」 自此以下，孔子爲賓牟賈說《武》樂之意，并廣明克殷以後之事。此一經爲賓牟賈說其將舞之事。「夫樂者，象成者也」，言作樂者，放象其成功者也。「揔干而山立」者，言將舞之時，舞人揔持干盾以正立，似山不動搖，象武王持盾以待諸侯之至也。 「發揚蹈厲，大公之志也」者，言《武》樂之舞，發揚蹈厲，象大公威武鷹揚之志也。 「《武》亂皆坐，周、召之治也」者，亂，謂失行列。作此《武》舞，迴移轉動，亂失行列，皆坐。所以坐者，象周公、召公以文德治之，以文止武，象周、召之治也。

且夫《武》，始而北出，再成而滅商，三成而南，四成而南國是疆，五成而分，❶周公左，召公右，六成復綴以崇。 成，猶奏也。每奏《武》曲一終爲一成。始奏，象觀兵盟津時也。再奏，象克殷時也。三奏，象克殷有餘力而反也。四奏，象南方荆蠻之國侵畔者服也。五奏，象周公、召公分職而治也。六奏，象兵還振旅也。復綴，反位止也。崇，充也。凡六奏，以充《武》樂也。

疏正義曰：此一經，孔子爲賓牟賈說《武》樂六成之意。 上說三者之事已訖，更別廣說《武》樂，故云「且夫《武》」。「始而北出」者，謂初舞位最在於南頭，從第一位而北出者，次及第二位稍北出者。熊氏云：「則前云『三步以見方』，見一成也。作樂一成而舞，象武王北出觀兵也。」 「再成而滅商」者，謂作樂再成，舞者從第二位至第三位，象武王滅商，則與前文「再始以著往」爲一也。 「三

---

❶「分」下，《考文》引古本有「陝」字。阮校引孫志祖云：「案《史記·樂書》、《家語·辨樂解》皆有『陝』字。」梁玉繩《瞥記》云：「《詩·周南·召南譜》疏引《樂記》云『五成而分陝』，今本《樂記》無『陝』字，當是脫耳。」孫詒讓《校記》云：「《大司樂》賈疏引亦有『陝』字。」張敦仁云不當有「陝」字，詳其《考異》。

成而南」者，謂舞者從第三位至第四位，極北而南反，象武王克紂而南還也。　「四成而南國是疆」者，謂《武》曲四成，舞者從北頭第一位却至第二位，象武王伐紂之後，南方之國於是疆理也。　「五成而分，周公左，召公右」者，從第二位至第三位，分爲左右，象周公居左、召公居右也。　「六成復綴以崇」者，綴，謂南頭初位。舞者從第三位南至本位，故言「復綴」。「以崇」，崇，充也，謂六奏充其《武》樂，象武王之德充滿天下。此並熊氏之説也。而皇氏不云次位，舞者本在舞位之中，但到六成而已，今舞亦然。義亦通也。**注**「成猶」至「樂也」　正義曰：成，謂曲之終成。每一曲終成而更奏，故云「成，猶奏也」。云「復綴，反位止也」者，謂最在南第一位，初舞之時，從此位入北，至六成，還反復此位。如鄭所注，熊氏得之。云「凡六奏，以充《武》樂也」者，充，謂充備。言六奏其曲，《武》樂充備，故云「六奏以充《武》樂」。言《武》樂充備，是功成大平，周德充滿於天下也。天子夾振之而駟伐，盛威於中國也。夾振之者，王與大將夾舞者，振鐸以爲節也。駟，當爲「四」，聲之誤也。《武》舞，戰象也。每奏四伐，一擊一刺爲一伐。《牧誓》曰：「今日之事，不過四伐五伐。」分夾而進，事蚤濟也。分，猶部曲也。事，猶爲也。濟，成也。舞者各有部曲之列，又夾振之者，象用兵務於早成也。久立於綴，以待諸侯之至也。象武王伐紂待諸侯也。且女獨未聞牧野之語乎？欲語以作《武》樂之意。武王克殷反商，未及下車而封黄帝之後於薊，封帝堯之後於祝，封帝舜之後於陳；下車而封夏后氏之後於杞，投殷之後於宋，封王子比干之墓，釋箕子之囚，使之行商容而復其位。庶民弛政，庶士倍禄。濟河而西，馬散之華山之陽而弗復乘，牛散之桃林之野而弗復服，車甲衅而藏之府庫而弗復用，❶倒載干戈，包之以虎皮，將帥之士使爲諸侯，名之曰『建櫜』。然後天下知武王之不復用兵也。反，當爲「及」，字之誤也。及商，謂至紂都也。《牧誓》曰：「至于

❶「衅」，阮校云：「《史記》『衅』作『弢』。」

商郊牧野。」封，謂故無土地者也。投，舉徙之辭也。時武王封紂子武庚於殷墟，所徙者微子也，後周公更封而大之。積土爲封。封比干墓，崇賢也。行，猶視也。使箕子視商禮樂之官賢者所處，皆令反其居也。弛政，去其紂時苛政也。倍禄，復其紂時薄者也。散，猶放也。桃林，在華山旁。甲，鎧也。衅，「釁」字也。包干戈以虎皮，明能以武服兵也。建，讀爲「鍵」，字之誤也。兵甲之衣曰櫜。鍵櫜，言閉藏兵甲也。《詩》曰：「載櫜弓矢。」《春秋傳》曰：「垂櫜而入。」《周禮》曰：「櫜之欲其約也。」薊，或爲「續」。祝，或爲「鑄」。 **疏** 正義曰：「天子夾振之」者，謂《武》樂之作，言天子與大將夾舞者，振鐸以節之。 「而駟伐」者，駟當爲「四」。四伐，謂擊刺，作《武》樂之時，每一奏之中而四度擊刺，象武王伐紂四伐也。 「盛威於中國也」者，象武王之德盛大威武於中國。 **注**「夾振」至「五伐」 正義曰：「王與大將夾舞者，振鐸以爲節也」者，經云「天子夾振」，是兩邊相夾，天子與大將相對，明是尊者，故知「王與大將」也。經云「振之」，鐸是所振之物，故知振鐸以爲舞者之節也。《武》樂在庭，天子尊極，所以得親夾舞人爲振鐸者，熊氏：❶「案《祭統》云：『君執干戚就舞位，冕而揔干，率其群臣，以樂皇尸。』又下云：『食三老五更於大學，冕而揔干。』尚得親舞，何以不得親執鐸乎？此執鐸爲祭天時也。」皇氏云：「武王伐紂之時，王與大將親自執鐸，以夾軍衆。今作《武》樂之時，令二人振鐸夾舞者，象武王與大將伐紂之時矣。」皇氏此説，稍近人情，理通勝於熊氏。但注云「王與大將夾舞者」，則似天子親夾舞人，則皇氏説不便。未知孰是，故備存焉。王肅讀「天子」上屬，謂「作樂六成，尊崇天子之德矣」。案《聖證論》，王肅引《家語》而難鄭云：「『六成而復綴，以崇其爲天子』，此《家語》之文也。」馬昭申鄭意云：「凡樂之作，皆所以昭天子之德，豈特六成之末而崇之乎？」孔晁又難馬昭云：「天子夾振用舞之法，在於經典。今謂『天子夾振』，此經之正文，又親舞揔干。」具如熊氏之説，此則經典之證也。云「駟，當爲『四』，聲之誤也」者，以《牧誓》有「四伐」之文，故讀爲四也。云「每奏四伐」者，《武》樂六奏，每一奏之中，舞者以戈矛四度擊刺，象伐紂時也。引《牧誓》曰「今日之事，不過四伐五伐」者，此武王戒誓士衆云：今日戰事前進，不得過四伐五伐，乃止齊焉。今《武》樂唯用四伐，不用五伐者，尚其少也。 「分夾而進，事蚤濟也」者，分，

❶ 「熊氏」，「氏」下當脱「云」字。

謂部分。夾，謂振鐸夾之。言舞者各有部分，振鐸夾之而進也。事，爲也。象武王伐紂，爲蚤濟成也。象爲事之蚤成，故前進也。「久立於綴，以待諸侯之至也」者，言未舞之前，舞者久立於酇綴，象武王待諸侯之至。「且女獨未聞牧野之語乎」，孔子既爲賓牟賈説《武》樂之體也，又欲爲賓牟賈廣論牧野作《武》樂之意，故云「且女獨未聞牧野之語乎」？將欲語以牧野之事，畢周道四達之意也。

「武王克殷反商」，此孔子爲賓牟賈説牧野克殷後事。「反商」者，反，當爲「及」，言武王牧野克殷已畢，及至商紂之都也。「未及下車」者，言速封諸侯，未遑暇及下車，即封黄帝、堯、舜之後也。下車而封夏、殷之後者，以二王之後，以其禮大，故待下車而封之。案《周本紀》云：「武王以與戰伐，紂兵皆崩畔。武王入，至紂死之所。周公把大鉞，畢公把小鉞，以夾武王。武王既入，立社南，❶召公奭貢兵，❷師尚父牽牲，尹逸祝曰：『殷之末孫季紂，殄廢先王明德。』」又云：「乃封紂子禄父，使其弟管叔、蔡叔相禄父。命召公釋箕子之囚，命畢公釋百姓之囚，表商容之閭。命南宫适散鹿臺之財，發鉅橋之粟。命閎夭封比干之墓。武王追思先聖，乃褒封神農之後於焦，及封黄帝之後於薊，封帝堯之後於祝，封帝舜之後於陳，大禹與此同。」然如武王追思先聖乃封之，與此「未及下車」義反，當以《禮記》爲正。此不云封神農者，舉三恪二代也。「釋箕子之囚，使之行商容而復其位」者，既釋箕子，使之行商容者，行，視也。容，謂禮樂之官。使箕子檢視殷家禮樂之官，若有賢者所處，皆令復居其故位也。「庶民弛政」者，弛，去也。庶民被紂虐政者，而放去之也。「庶士倍禄」者，謂庶士紂時禄薄者而倍益之。「車甲衅而藏之府庫」者，言車甲不復更用，故以血衅而藏之。「倒載干戈」者，倒載而還鎬京也。所以倒之者，熊氏云：「凡載兵之法，皆刃向外。今倒載者，刃向國，不與常同，故云倒載也。」「包之以虎皮」者，虎皮，武猛之物也。用此虎皮包裹兵器，示武王威猛，能包制服天下兵戈也。或以虎皮有文，欲以見文止武也。「將帥之士使爲諸侯，名之曰『建櫜』」者，封爲諸侯者，以報勞賞其功也，即《牧誓》云「千夫長」是也。名之曰「建櫜」者，鍵，籥牡也。櫜，兵鎧之櫜也。言鎧及兵戈，悉櫜韜之，置於府庫而鍵閉之，故云「名

❶「立」，阮本「立」下有「於」字，閩、監、毛本同。

❷「貢兵」，浦鏜據《史記》校，云「貢兵」當作「贊采」。汪文臺《識語》校同浦。

之曰建櫜」也。「然後天下知武王之不復用兵也」者，見其放牛、藏器，故知之。注「反當」至「約也」 正義曰：「反，當爲『及』」者，以下文云「濟河而西」，明知此「反商」是「及至商」也。云「投，舉徙之辭也」者，以武王之時，封紂子武庚於殷墟。初克紂，微子復其故位。《左傳》云「武王親釋其縛，使復其所」是也。而蹔時復所，武王即徙而居宋也，故云「所徙者微子也」。云「後周公更封而大之」者，以武庚于周公居攝之時作亂被滅，周公因封微子，先在於宋。更封而大之者，案《書序》云：「成王既黜殷命，命微子啓，作《微子之命》。」是封而大之。其實封爲五百里，在制禮之後。故《發墨守》云「六年制禮作樂，封殷之後，稱公於宋」是也。云「使箕子視商禮樂之官」者，容爲禮樂，故云「視商禮樂之官」。知容爲禮樂者，《漢書·儒林傳》云：「孝文時，徐生善爲容。」是善禮樂者謂之容也。而《武成》篇云「式商容閭」，則商容人名。鄭不見古文，故爲「禮樂」也。云「衅，釁字也」者，以禮傳所云以血塗物皆爲釁，故從釁也。云「建，讀爲鍵」者，鍵是管籥閉藏之名，故讀爲鍵。或以管籥，或以櫜衣，閉藏兵革，故云「鍵櫜」也。引《詩》曰「載櫜弓矢」者，《詩·頌·時邁》篇也，論武王伐紂畢，「載櫜弓矢」也。引《春秋傳》「垂櫜而入」者，昭元年《左傳》文，時楚公子圍聘于鄭公孫段，云「請垂櫜而入」，示無弓，但垂櫜而已。引《周禮》「櫜之欲其約也」者，《考工記》文，言以皮爲甲，櫜中盛之，欲其約。所引此諸文者，證「櫜」是韜盛之物也。

散軍而郊射，左射《貍首》，右射《騶虞》，而貫革之射息也。裨冕搢笏，而虎賁之士説劍也。祀乎明堂，而民知孝。朝覲，然後諸侯知所以臣。耕籍，然後諸侯知所以敬。五者，天下之大教也。郊射，爲射宮於郊也。左，東學也。右，西學也。《貍首》、《騶虞》，所以歌爲節也。貫革，射穿甲革也。裨冕，衣裨衣而冠冕也。裨衣，衮之屬也。搢，猶插也。賁，憤怒也。文王之廟爲明堂制。❶耕藉，藉田也。

食三老、五更於大學，天子袒而割牲，執醬而饋，執爵而酳，冕而揔干，所以教諸侯之弟也。三老、五

❶「制」，案汪文臺《識語》云：「案《覲禮》疏本無『制』字，直云『文王廟爲明堂』。」孫詒讓《校記》據賈疏云：「則唐時别本無『制』字。」

更，互言之耳，皆老人更知三德五事者也。冕而揔干，親在舞位也。周名大學曰東膠。若此，則周道四達，禮樂交通，則夫《武》之遲久，不亦宜乎！」言《武》遲久，爲重禮樂。疏正義曰：此一經論克商之後脩文教也。「散軍而郊射」者，還鎬京，止武而習文也。郊射，射於射宮，在郊學之中也。天子於郊學而射，所以擇士簡德也。「左射《貍首》」者，左，東學也，亦在於東郊。《貍首》，諸侯之所射詩也。周立虞庠之學於西郊，故知使諸侯習射於東學，歌《貍首》詩也。所以歌《貍首》者，皇氏以爲：「舊解云：貍之取物，則伏下其頭，然後必得。言射亦必中，如貍之取物矣。」鄭注《大射》云：「《貍首》，逸詩。貍之言不來也。其詩有射諸侯首不朝者之言，因以名篇。」不取於貍之伏物。而皇氏所説，違鄭注，其義非也。

「右射《騶虞》」者，右是西學，在西郊也。《騶虞》天子於西學中習射也。❶騶虞，白虎黑文，義應之獸也，故知唯天子射歌之詩。其《騶虞》篇云：「彼茁者葭，壹發五豝。」鄭注《射義》云：「壹發五豝，喻得賢者多也。」「而貫革之射息也」者，貫，穿也。革，甲鎧也。所謂「軍射」也。言軍中不習於容儀，又無別物，但取甲鎧張之而射，唯穿多重爲善，謂爲貫革也。春秋養由基「射七札」是也。此既習禮射於學，故貫革之射止息也。「裨冕搢笏，而虎賁之士説劍也」者，裨冕，入廟之服也。搢笏，插笏也。虎賁，言奔走有力，如虎之在軍。説劍者，既並習文，故皆説劍也。「祀乎明堂，而民知孝」者，罷武而教民之行孝於明堂。明堂是文王之廟也。於時未有明堂而云「明堂」者，文王廟如明堂之制，故云「明堂」也。天子於中祀其父也，故教民知孝之道矣。然不於后稷廟而於文王廟者，既是述父之志，故初於中祀也。「朝覲，然後諸侯知所以臣」者，六服更朝，故諸侯知爲臣之道，還國而教也。「耕籍，然後諸侯知所以敬」者，王自耕籍田以供粢盛，故諸侯見而知其敬，亦還國而耕也。❷「五者，天下之大教也」者，郊射一，裨冕二，祀乎明堂三，朝覲四，耕籍五。此五者大益於天下，並使諸侯還其本國而爲教，故云「大教」也。注「郊射」至「田也」 正義曰：「郊射，爲射宮於郊也」者，皇氏云：「於東郊。」熊氏云：「《王制》篇云，殷禮

❶「射」，衛氏《集説》「射」下有「所歌之詩」四字，近是。

❷「耕」，原作「教」，據監本、毛本、殿本、庫本、阮本及衛氏《集説》改。

『小學在公宮南之左，大學在郊』。武王伐紂之後，猶用殷制，故小學射《貍首》，大學射《騶虞》也。言『爲射宮於郊』者，據大學也。」云「裨冕，衣裨衣而冠冕也」者，《覲禮》云：「侯氏裨冕。」鄭云：「裨之爲言埤也。天子六服，大裘爲上，其餘爲埤。」故此云「裨衣，衮之屬也」。衮謂從衮冕之衣以下皆是也。❶言身著衣而首冠冕，故云「裨冕，衣裨衣而冠冕也」。云「文王之廟爲明堂制」者，以周公攝政六年始朝諸侯於明堂，當武王伐紂之時，未有明堂，今云「祀乎明堂」，故知是「文王之廟制」耳，非正明堂也。「天子袒而割牲」者，謂天子養三老、五更之時，親袒衣而割牲也。

「執醬而饋」者，謂天子親執醬而饋之。「執爵而酳」者，謂食訖，天子親執爵而酳口也。「冕而揔干」者，謂天子親自著冕，手持干盾而親舞也。此冕當鷩冕，享先公以饗、射、養老之類。「所以教諸侯之弟也」者，天子親自養老，則諸侯亦然。不言教以「孝」者，與上互文。注「三老」至「東膠」 正義曰：「三老、五更，互言之耳」者，三老亦五更，五更亦三老，故云「皆老人更知三德五事者也」。三德，謂正直、剛、柔。五事，謂貌、言、視、聽、思也。《文王世子》注云「象三辰五星」者，義相包矣。云「周名大學曰東膠」者，案《王制》云：「周人養國老於東膠。」以養國老，故知大學也。此經云「食三老、五更於大學」，亦謂殷禮，周則「右射《騶虞》」之處矣。「若此」至「宜乎」 若，如也。言周德如此之後，則是周之道德，四方通達，禮樂交通，無所不備也。「則夫《武》之遲久，不亦宜乎」，凡功小者易就，其時速也；功大者難成，其時久也。周之禮樂功大，故作此《大武》之樂遲停而久，不亦宜乎！言其宜合當然也。以其功德盛大，故須遲久，重慎之也。

君子曰：「禮樂不可斯須去身。」致樂以治心，則易、直、子、諒之心油然生矣。易、直、子、諒之心生則樂，樂則安，安則久，久則天，天則神。天則不言而信，神則不怒而威，致樂以治心者也。致，猶深審也。子，讀如「不子」之子。油然，新生好貌也。善心生則寡於利欲，❷寡於利欲則樂矣。志明行成，不言而見信如天也，不怒而見畏如神也。樂由中出，故治心。

致禮以治躬，則莊敬，莊敬

❶「衮」，衛氏《集説》無上「衮」字。
❷「善」，阮校云：「《史記集解》引『善』上有『若』字。」

則嚴威。躬，身也。禮自外作，故治身。心中斯須不和不樂，而鄙詐之心入之矣。鄙詐入之，謂利欲生。外貌斯須不莊不敬，而易慢之心入之矣。易，輕易也。

疏正義曰：自此以下至「可謂盛矣」，名爲《樂化》。言樂能化人，始至於善，故名《樂化》。各隨文解之。此一經明樂以治心。記者引君子之言，故云「君子曰」。「禮樂不可斯須去身」者，言禮樂是治身之具，不可斯須去離於身也。「致樂以治心，則易、直、子、諒之心油然生矣」者，致，謂深致詳審。易，謂和易。直，謂正直。子，謂子愛。諒，謂誠信。言能深遠詳審此樂以治正其心，則和易、正直、子愛、誠信之心油油然從内而生矣。言樂能感人，使善心生也。「易、直、子、諒之心生則樂」者，四善之心生，則令人和樂。「樂則安」者，心樂，故體安而不躁也。「安則久」者，既身不躁，故性命長久也。「久則天」者，志明行成，久而不改，則人信之如天。「天則神」者，既爲人所信如天，故又爲人所畏如神也。「天則不言而信」者，謂四時不失。「神則不怒而威」者，言宗廟社稷之中而民自敬，是「不怒而威」也。言聖王既能用樂和心，故不言而信似天也，不怒而威似神也。「致樂以治心者也」，言聖王所以能如此者，正由詳審於樂以和治民心，遂能如此。

注「致猶」至「治心」　正義曰：「致，猶深審也」者，言深遠詳審樂之道理，能致如此，故云「致，猶深審也」。云「子，讀如『不子』之子」者，案《尚書》云：「啓呱呱而泣，予弗子。」是子愛之義。而此經「子」亦是慈愛，故讀如「不子」之子。云「油然，新生好貌也」，書傳箕子歌云：「禾黍之油油。」潤澤好之貌。然善心内生，其貌美好油然也。云「善心生則寡於利欲」者，凡利欲之發，由貪鄙而來。心若思利欲，則神勞形苦。今善心既生，則利欲寡少，利欲既少，則情性和樂。云「志明行成」者，不貪於利用，是志意清明；神和性樂，是善行得成矣。云「不言而見信如天也，不怒而見畏如神也」者，以其志明行成之後，故人皆信其德行，敬其威重，不須言，見信之如天，不須怒，而見畏如神也。但天之與神，其事是一，俱不言而信，不怒而威。天則有形，事似稍近。神則無體，理如幽深。故經先云「久則天」，後云「天則神」也。但天有四時不失，故云「不言而信」；神是人所畏敬，故云「不怒而威」，其實一也，所從之異耳。云「樂由中出，故治心」者，解樂以治心之意也。「致禮以治躬，則莊敬，莊敬則嚴威」者，前經云「致樂」，此經云「致禮」。而聖王詳審禮意以治躬外貌，則莊嚴而恭敬，若能莊嚴而恭敬，則嚴肅威重也。言内心莊嚴恭敬，則人懼之嚴肅威重。「心中斯須不和不樂，而鄙詐之心入之矣」者，前經明致樂治心，得則善心生。此經明樂治心，❶失則怨心起。言不能致樂治心，心中斯須不能調和，則不能喜樂，而有鄙悋詐僞之心入於内矣。❷由貪欲多，故鄙詐起也。「外貌斯須不莊不敬，而易慢之心入之矣」者，前經致禮以治躬，得則莊敬起。此經明致禮以治躬，失則易慢生。故云「外貌斯須不莊不敬」，不能致禮治躬，故輕易怠慢之心從外而入内矣。

故樂也者，動於内者也。禮也者，動於外者也。樂極和，禮極順，内和而外順，則民瞻其顔色而弗與争也，望其容貌而民不生易慢焉。故德煇動於内，而民莫不承聽；理發諸外，而民莫不承順。德煇，顔色潤澤也。理，容貌之進止也。

疏正義曰：此一經言聖人用禮樂以治身，内外兼備，使德煇動於内，而民順於外。「故樂也者，動於内者也」者，但樂從心起，故感動於内。「禮也者，動於外者也」，禮從外生，故發動於外也。「樂極和」者，樂能感人心，故極盡於和也。「禮極順」者，禮以檢貌，故極盡於順也。「内和而外順，則民瞻其顔色而弗與争也」者，由心内和，色見於外順之，故望其顔色而不與争。内和，色見於外，故不争矣。此覆結上「内和」也。「望其容貌而民不生易慢焉」者，外貌和順，故民不生易慢。此覆結「外順」也。「故德煇動於内，而民莫不承聽」者，由樂以和心，故德煇美發動於内，而民莫不承奉聽從也。「理發諸外，而民莫不承順」者，由禮以治貌，故理發見於外，而民莫不承奉敬順也。

注「德煇」至「止也」　正義曰：「德煇，顔色潤澤也」，由内心和順，故和順之德煇然發見於顔色，是德煇由動於内而來也。云「理，容貌之進止也」者，以經云「理發諸外」，凡道理從内心而生，今云「理發諸外」，非「道理」之理，止謂「容貌進止」之理。鄭恐有「道理」之嫌，故云「容貌之進止」也。

故曰：致禮樂之道，舉而錯之天下無難矣。

疏正義曰：此一經揔結致備禮樂之道也。言聖王若能詳

❶「明」，浦鏜校云：「明」下疑脱「致」字。
❷「入」字原脱，據閩本、監本、毛本、殿本、庫本、阮本及衛氏《集説》補。

審極致禮樂之道，舉而錯置於天下，悉皆敬從，無復有難爲之事也。樂也者，動於内者也。禮也者，動於外者也。故禮主其減，樂主其盈。禮主其減，人所倦也。樂主其盈，人所歡也。禮減而進，以進爲文；樂盈而反，以反爲文。進，謂自勉强也。反，謂自抑止也。文，猶美也，善也。禮減而不進則銷，樂盈而不反則放，故禮有報而樂有反。放，淫於聲，樂不能止也。報，讀爲「褒」。褒，猶進也。禮得其報則樂，樂得其反則安。得，謂曉其義，知其吉凶之歸。禮之報，樂之反，其義一也。俱趨立於中，不銷不放也。夫樂者，樂也，人情之所不能免也。樂必發於聲音，形於動静，人之道也。聲音動静，性術之變，盡於此矣。免，猶自止也。人道，人之所爲也。性術，言此出於性也。盡於此，不可過。故人不耐無樂，樂不耐無形。形而不爲道，不耐無亂。形，聲音動静也。耐，古書「能」字也，後世變之，此獨存焉。古以「能」爲三台字。

疏正義曰：此一節論樂之體，❶或減或盈，其事各異，王者當各依其事而和節之也。「故禮主其減」者，行禮在於困匱，主在減損，謂人不能行也。「樂主其盈」者，作樂人所歡樂，言樂主於盈滿，人皆欲得聞也。「禮減而進，以進爲文」者，禮既減損，當須勉勵於前進。文，謂美善之名。若能前進，則爲美善也。「樂盈而反，以反爲文」者，樂主其盈，當須抑退而自反，則爲美善也。「禮減而不進則銷」者，覆明前經禮須進之意。禮既減損，若不勉强自進，則禮道銷衰也。「樂盈而不反則放」者，言樂主盈滿，若不反自抑損，則樂道流放也。「故禮有報，而樂有反」者，報，讀爲「褒」。褒，猶進也。以其病害如此，故行禮之道，須有自進；作樂之道，須有自退反也。「禮得其報則樂」者，言禮能曉其義理而自進，則和樂不至困苦，故和樂也。「樂得其反則安」者，言樂能知吉凶之歸而得其反，則安静而不流放也。「禮之報，樂之反，其義一也」者，言禮能自進，樂能自反，其義於中和之義一也。言俱得其中，故云「一也」。**注**「得謂」至「之

❶「樂」字原脱，據監本、毛本、殿本、庫本及衛氏《集説》補。

歸」 正義曰：「得謂曉其義」者，❶言禮樂俱有義理。云「知其吉凶之歸」者，謂禮之與樂，俱有吉凶。行禮得所爲吉，失禮則凶。爲樂美善則吉，爲樂惡則凶。今案注意，分明兼解禮樂，故鄭唯言「得，謂曉其義」，是兼解「禮得」、「樂得」之字，則自然吉凶之言解禮樂。皇氏之意，乃謂：「曉其義者，解禮；知其吉凶所歸，解樂。」其義非也。「夫樂」至「此矣」 從此以下至章末，揔明樂之德也。「夫樂者，樂也」者，言樂之爲體，是人情所歡樂也。「人情之所不能免也」者，免，猶止退也。言喜樂動心，是人情之所不能自抑退也。「樂必發於聲音」者，言人歡樂之事，發見於聲音。言內心歡樂，聲音發見，則「嗟歎之，咏歌之」是也。「形於動静」者，形，見也。內心歡樂，發見於外貌動静，則「不知手之舞之，足之蹈之」是也。「人之道也」者，謂內心歡樂，發見聲音動静，是人道自然之常。「聲音動静，性術之變，盡於此矣」者，術，謂道路。變，謂變動。言口爲聲音，貌爲動静，是人性道路之變轉竭盡於此矣，而不可過也。內心善，則變轉出音聲，善外貌變轉爲動静。此自然情性爲變改，不過於此度。此外不復更有餘事，故云「盡於此矣」。「故人」至「無亂」 此一節明人稟自然之性而有喜樂。「故人不耐無樂」者，言人感五常之性，自然之常，若見好事，內心不能無喜樂也。「樂不耐無形」者，內既歡樂，不能無形見於外，謂聲音動静而見於外也。「形而不爲道，不耐無亂」者，歡樂既形於外，而不依道理，或歌舞不節，俾晝作夜，是不依道理。既不爲道，不能無淫亂之事，以至於亡國喪家也。 注「耐古」至「台字」 正義曰：言經之「耐」字是古書「能」字之義，言古之「能」字皆作「耐」字。云「後世變之」者，言後世以來，變「耐」爲「能」，不作「耐」字也。云「此獨存焉」者，言此《樂記》獨存「耐」字以爲「能」也。云「古以能爲三台字」者，言古時以今之「能」字爲「三台」之字。是古者以「耐」字爲今之「能」字，「能」字爲「三台」之字。後世以來，廢古「耐」字，以「三台」之「能」替「耐」字之變而爲「能」也，又更作「三台」之字，是今古變也。**先王耻其亂，故制《雅》、《頌》之聲以道之，使其聲足樂而不流，使其文足論而不息，使其曲直、繁瘠、❷**

❶「謂」字原脱，據阮本補。

❷「繁瘠」，惠棟《九經古義》云：「荀子『瘠』作『省』。尋文義，『繁省』爲長。」王念孫進一步論證經、注、疏中的「繁瘠」皆爲「繁省」之譌。詳《經義述聞》。

廉肉、節奏足以感動人之善心而已矣，不使放心邪氣得接焉。是先王立樂之方也。流，謂淫放也。文，篇辭也。息，猶銷也。曲直，歌之曲折也。繁瘠、廉肉，聲之鴻殺也。節奏，闋作進止所應也。方，道也。

疏 正義曰：此一節論先王恥惡其亂，故立正樂以節之。「使其聲足樂而不流」者，言先王制其《雅》、《頌》之聲，作之有節，使人愛樂，不至流逸放蕩也。「使其文足論而不息」者，文，謂樂之篇章，足可談論義理而不息止也。「使其曲直、繁瘠、廉肉、節奏足以感動人之善心而已矣」者，❶曲，謂聲音迴曲。直，謂聲音放直。繁，謂繁多。瘠，謂省約。廉，謂廉稜。肉，謂肥滿。節奏，謂或作或止，作則奏之，止則節之。言聲音之內，或曲或直，或繁或瘠，或廉或肉，或節或奏，隨分而作，以會其宜。但使會其宜，足以感動人之善心，如此而已。「不使放心邪氣得接焉」者，放心，謂放恣之心。邪氣，謂淫邪之氣。既節之以《雅》、《頌》，又調之以律呂，貌得其敬，心得其和，故放心邪氣不得接於情性矣。「是先王立樂之方也」者，方，猶道也。言此上來之事，是先王立樂之道也。注「流猶」至「道也」 正義曰：「流，猶淫放也」者，謂樂聲流動，淫邪放逸，聲既如此，感動人心，人若聽之，心亦流移淫放也。云「息，猶銷也」，言樂德深遠，論量義理而不可銷盡，故云「論而不息」。云「曲直，歌之曲折也」，言爲歌之體，其聲須有曲時，有折時，故云「歌之曲折也」。云「繁瘠、廉肉，聲之鴻殺也」者，鴻，謂麤大。殺，謂細小。言樂聲須弘大而多，❷則肉與繁聲是也。殺謂聲音細小，則瘠與廉聲是也。言聲音之宜，或須繁多肉滿者，或須瘠少廉瘦者。凡樂器大而弦麤者，其聲鴻；器小而弦細者，其聲殺矣。云「節奏，闋作進止所應也」，闋，謂樂息。作，謂樂動。進則作也，止則闋也，故云「進止所應也」。

是故樂在宗廟之中，君臣上下同聽之則莫不和敬；在族長鄉里之中，長幼同聽之則莫不和順；在閨門之內，父子兄弟同聽之則莫不和親。故樂者，審一以定和，比物以飾

❶「足」字原脱，據阮本補。

❷「言樂」至「廉聲是也」，案王念孫校云：此當作「言樂聲或須弘大而多，則肉與繁聲是也；或須細小而少，則省與廉聲是也」。詳《經義述聞》。

節，節奏合以成文，所以合和父子君臣，附親萬民也。是先王立樂之方也。審一，審其人聲也。比物，謂雜金、革、土、匏之屬也。以成文，五聲八音克諧相應和。疏正義曰：此一經覆説聖王立樂之事。使「君臣上下同聽之則莫不和敬」者，以君臣主敬，故「君臣上下同聽之則莫不和敬」也；鄉里主順，故云「莫不和順」；父子主親，故云「莫不和親」也。「故樂者，審一以定和」者，一，謂人聲。言作樂者詳審人聲以定調和之音。但人聲雖一，其感有殊，或有哀樂之感，或有喜怒之感，當須詳審其聲，以定調和之曲矣。「比物以飾節」者，物，謂金、石、匏、土之屬。言須比八音之物，以飾音曲之節也。「節奏合以成文」者，謂奏作其樂，或節止其樂，使音聲和合，成其五聲之文也。「所以合和父子君臣」者，則上文「君臣同聽，莫不和敬；父子同聽，莫不和親」是也。「附親萬民也」者，則上文「族長鄉里之中，長幼同聽，莫不和順」之屬。言親以及疏，言近以至遠，是親附萬民也。

故聽其《雅》、《頌》之聲，志意得廣焉。執其干戚，習其俯仰詘伸，容貌得莊焉。行其綴兆，要其節奏，行列得正焉，進退得齊焉。故樂者，天地之命，❶中和之紀，人情之所不能免也。綴，表也，所以表行列也。《詩》云：「荷戈與綴。」兆，域也。舞者進退所至也。要，猶會也。命，教也。紀，揔要之名也。疏正義曰：此一經論先王制樂，得天地之和，則感動人心，使之和善。「故聽其《雅》、《頌》之聲，志意得廣焉」者，《雅》以施正道，《頌》以贊成功。若聽其聲，則淫邪不入，故「志意得廣焉」。「執其干戚，習其俯仰詘伸，容貌得莊焉」者，干戚是威儀之容，俯仰詘伸，以禮進退，動止必以禮，故容貌得莊敬焉。「行其綴兆，要其節奏，行列得正焉，進退得齊焉」者，綴，表也。兆，域也。言舞者綴表兆域方正，得其所矣。節，謂曲節。奏，謂動作。言作樂或節或奏，是依其綴兆，故行列得正。由隨其節奏，故進退得齊焉。「故樂者，天地之命」者，命，教也。言樂者感天地之氣，是天地之教命也。「中和之

❶「天地之命」，《史記》作「天地之齊」，《荀子》作「天地之大齊」。王念孫云：「作『齊』者是也。齊，同也。上文云『樂者爲同，禮者爲異』，是樂爲天地之同也。命、齊二字篆文相似，故『齊』譌爲『命』矣。」詳《經義述聞》。

紀」者，紀，謂綱紀揔要之所言。❶樂和律吕之聲，是中和紀綱揔要之所言也。 「人情之所不能免也」者，人感天地而生，又感陰陽之氣。樂既合天地之命，協中和之紀，感動於人，是人情不能自免退。言人感樂聲，自然敬愛也。 注「綴表」至「名也」 正義曰：引《詩》云「荷戈與綴」者，證綴爲表也。今案《詩》「荷戈與祋」，不同者，蓋鄭所見《齊》、《魯》、《韓詩》本不同也。云「紀揔要之名也」者，紀是細繩束物之名，❷與衆物爲揔要。言樂者，與中和之聲爲揔要也。

夫樂者，先王之所以飾喜也。軍旅鈇鉞者，先王之所以飾怒也。故先王之喜怒，皆得其儕焉。儕，猶輩類。喜則天下和之，怒則暴亂者畏之。先王之道，禮樂可謂盛矣。天子之於天下，喜怒節之以禮樂，❸則兆民和從而畏敬之。禮樂，王者所常興則盛也。 疏 正義曰：此一經覆説樂道之盛。「故先王之喜怒，皆得其儕焉」者，言樂以飾喜，非喜不樂，是喜得其儕類焉；鈇鉞飾怒，非怒不可横施鈇鉞，是怒得其儕類焉。樂非合喜不喜，鈇鉞非合怒不怒也。 「喜則天下和之」者，以心内而喜，故天下和也。 「怒則暴亂者畏之」者，非惡不怒，故暴亂者畏之。 「先王之道，禮樂可謂盛矣」者，上經以來，但論樂，此兼云禮者，以此一章揔兼禮樂，故於章末揔以「禮樂」結之。

子贛見師乙而問焉，曰：「賜聞聲歌各有宜也。如賜者宜何歌也？」子貢，孔子弟子。師，樂官也。乙，名。聲歌各有宜，氣順性也。 師乙曰：「乙，賤工也，何足以問所宜？請誦其所聞，而吾子自執焉。樂人稱工。執，猶處也。愛者宜歌《商》。❹温良而能斷者，宜歌《齊》。夫歌者，直己而陳德也，動己而天地應焉，

❶「言」，阮校云：「監、毛本『言』作『名』，衛氏《集説》同。下『揔要之所言』同。」

❷「細繩束物」，阮本作「綱紀衆物」，閩、監、毛本同。

❸「怒」字原脱，據余本、撫本、岳本、阮本及衛氏《集説》補。

❹「愛者宜歌商」至「故謂之商」，《考文》云：「謹按：宋板此經次序與諸本異，註亦有闕略矣。蓋隨註意改其次序，並删去註文也。」按：山井鼎的「謹案」，也適用於此本。鑒於此本有此二失，故此節經、注文改用阮本。又，「愛者宜歌商」五字，「愛」字衍。「者宜歌商」四字，是下文「肆直而慈愛」的下半句。

四時和焉，星辰理焉，萬物育焉。故《商》者，五帝之遺聲也。寬而静，柔而正者，宜歌《頌》。廣大而静，疏達而信者，宜歌《大雅》。恭儉而好禮者，宜歌《小雅》。正直而静，廉而謙者，宜歌《風》。肆直而慈愛此文换簡失其次。❶「寬而静」宜在上。「愛者宜歌商」，宜承此下行，讀云「肆直而慈愛者，宜歌商」。《商》，宋詩也。愛，或爲「哀」。直己而陳德，各因其德，歌所宜。育，生也。《商》之遺聲也。云「商之遺聲也」，衍字也，又誤。上所云「故《商》者，五帝之遺聲也」，當居此衍字處也。❷商人識之，故謂之《商》。《齊》者，三代之遺聲也，齊人識之，故謂之《齊》。明乎《商》之音者，臨事而屢斷。明乎《齊》之音者，見利而讓。屢，數也。數斷事，以其肆直也。見利而讓，以其温良能斷也。斷，猶決也。臨事而屢斷，勇也。見利而讓，義也。有勇有義，非歌孰能保此？保，猶安也，知也。故歌者上如抗，下如隊，曲如折，止如槀木，倨中矩，句中鉤，纍纍乎端如貫珠。言歌聲之著，動人心之審，如有此事。故歌之爲言也，長言之也。説之，故言之；言之不足，故長言之；長言之不足，故嗟歎之；嗟歎之不足，故不知手之舞之，足之蹈之也。長言之，引其聲也。嗟歎，和續之也。「不知手之舞之足之蹈之」，歡之至也。《子貢問樂》。上下目。❸美之也。

【疏】正義曰：「子贛見師乙」，依《别録》，是《師乙》之章。「聞聲歌各有宜也」者，子贛問師乙，言凡聲歌，各逐人性所宜者也。「如賜者宜何歌也」者，❹如賜之氣性宜

❶「此文换簡失其次」以下凡五十七字注文，此本原無，據阮本補。

❷「云商之遺聲也」以下凡三十字注文，此本原無，據阮本補。唯阮本將此三十字注文置於下文「故謂之齊」下，非是，今移正。

❸「目」，余本、撫本、閩本、監本、毛本、殿本、庫本、阮本及衛氏《集説》均作「同」。作「同」則注文作一句讀。

❹「賜」下原有「同」字，據毛本、殿本、庫本删。

作何歌？❶是欲令師乙觀己氣性宜聽何歌也。「請誦其所聞，而吾子自執焉」者，此師乙答子贛，請爲論述，不敢定其所宜，故請誦其所聞之詩，令子贛自量己性，執處所宜之歌。但此經倒錯，上下失敘。今依鄭之所注，次而解之。所次依《史記·樂書》也。「寬而静，柔而正者，宜歌《頌》」者，寬，謂德量寬大。静，謂安静。柔，謂和柔。正，謂正直。《頌》，成功德澤弘厚，若性寬柔静正者，乃能包含，故宜歌《頌》也。「廣大而静，疏達而信者，宜歌《大雅》」者，廣大，謂志意宏大，而安静。疏達，謂疏朗通達，而誠信。《大雅》者，歌其大正，故性廣大疏達，宜歌《大雅》。但廣大而不寬，疏達而不柔，包容未盡，故不能歌《頌》。「恭儉而好禮者，宜歌《小雅》」者，恭，謂以禮自持。儉，謂以約自處。若好禮而動，不越法也。《小雅》者，王者小正，性既恭儉好禮而守分，不能廣大疏通，故宜歌《小雅》者也。「正直而静，廉而謙者，宜歌《風》」者，正直而不能包容，静退即不知機變，廉約自守，謙恭卑退，不能好禮自處，其德狹劣，故宜歌諸侯之《風》，未能聽天子之《雅》矣。「肆直而慈愛者，宜歌《商》」者，謂情性肆放質直，❷慈心愛養者，宜歌《商》。「《商》者，五帝之遺聲」，言五帝道大，故肆直慈愛者宜歌之，以慈愛故也。「温良而能斷者，宜歌《齊》」者，❸《齊》，三代之遺聲。三代干戚所起，裁斷是非，❹故温良能斷者宜歌《齊》也。「夫歌者，直己而陳德也」者，言夫歌者，當直己身而陳論其德。謂己有此德而宜此歌，亦是正直己身而敷陳其德，故云「直己而陳德也」。「動己而天地應焉」者，言能直己陳德，❺故有四事而來應之。言歌者運動己德，「而天地應焉」。「四時和焉」者，謂陰陽順也。「星辰理焉」者，謂不悖逆也。「萬物育焉」者，謂群生得所也。「故《商》者，五帝之遺聲也」者，言五帝德既顯盛，遺聲在於後代矣。其「肆直而慈愛者」，宜聽之耳，未能行五帝之德也。❻「商之」至「之齊」「商之遺聲也」者，此五字，鄭云「衍字」者，上已有「《商》者，五帝遺聲」故此云「商人

❶「如」字原脱，據阮本補。「賜」下原有「同」字，據毛本、殿本、庫本删。
❷「肆」，原作「四」，據阮本改。
❸「宜」字原脱，據阮本補。
❹「裁」字原脱，據殿本、庫本、阮本及衛氏《集説》補。
❺「能」字原脱，據閩本、監本、毛本、殿本、庫本及阮本補。
❻「帝」，原作「常」，據阮本改。

識之」，故云「謂之《商》」矣。　「《齊》者，三代之遺聲」者，前經云「温良而能斷者，宜歌《齊》」，故此云「《齊》者，三代之遺聲也」。　「齊人識之」，既識其音曲，故謂之《齊》矣。言三王德備，五帝道盛，但遺聲於後代，故温良而能斷者宜歌之。言宜聽歌聲，❶非謂能行三代之德也。　「明乎《商》之音」者，以其肆直而慈愛，故臨事屢斷也。　「明乎齊之音者，見利而讓」者，以其温良能斷，故見利而讓，不私於己也。　「臨事而屢斷，勇也」者，臨危疑之事，數能斷割，是勇也。　「見利而讓，義也」者，言見利能讓，是有義也。　「有勇有義，非歌孰能保此」者，保，猶安也，知也。故有勇有義之人，不是歌聲辨之，誰能知其有勇有義？言觀其所宜之歌，宜歌《商》者知其有勇，宜歌《齊》者知其有義。　「故歌」至「貫珠」　此一經，論感動人心形狀如此諸事。　「上如抗」者，言歌聲上響，感動人意，使之如似抗舉也。　「下如隊」者，言音聲下響，感動人意，❷如似隊落之下也。　「曲如折」者，言音聲迴曲，感動人心，如似方折也。　「止如槀木」者，言音聲止静，感動人心，如似枯槀之木，止而不動也。　「倨中矩」者，言其音聲雅曲，感動人心，如中當於矩也。　「句中鉤」者，謂大屈也。言音聲大屈曲，感動人心，如中當於鉤也。

「纍纍乎端如貫珠」者，言聲之狀，纍纍乎感動人心，端正其狀，如貫於珠。言音聲感動於人，令人心想形狀如此。

「故歌」至「之也」　上論歌之形狀，此論歌之始終相生，至於舞蹈。　「故歌之爲言也，長言之也」者，言歌之爲言，引液其聲，長遠而言之。　「説之，故言之」者，此更覆説歌意。前境有可説之事，來感己情，則言之。　「言之不足，故長言之」者，直言之，不足更宣暢己意，故引液長言之也。　「長言之不足，故嗟歎之」者，以長言永歌之意猶不足，故嗟歎之，美而和續之。　「嗟歎之不足，故不知手之舞之，足之蹈之也」者，言雖復嗟歎，情猶未滿，故不覺揚手舞之，舉足蹈之，而手舞其體，足蹈其地也。「之」是助句辭也。❸案《詩》云先「嗟歎」，❹後云「永歌之」；此先云「長言之」，後云「嗟歎之」，文先後不同者何也？但《詩序》是屬文之體，又略言之，故彼云「言之不足，故嗟歎之；嗟歎之不足，故永歌之」。此經委曲説歌之狀，其言

❶「聽」，衛氏《集説》「聽」下有「其」字。

❷「意」，原作「音」，據阮本改。

❸「辭」，原作「亂」，據阮本改。

❹「詩云先」，阮校云：「毛本『云先』作『先云』。」浦鏜校云：「『詩』下當脱『序』字。」按：毛本、浦校是也。

備具，「故言之；言之不足，故長言之；長言之不足」；故後始云「嗟歎之」矣。 **注**「《商》，宋詩也」 正義曰：以下文「商人識之」、「齊人識之」，皆據其代也，故知此《商》謂宋人所歌之詩。宋是商後也。 **注**「云商」至「處也」 正義曰：此經中「商之遺聲也」五字，言無此五字。以上經云「《商》者，五帝之遺聲」，故此經不得更有「商之遺聲也」，故知衍字。云「『《商》者，五帝之遺聲也』，當居此衍字處也」者，前云「《商》者，五帝之遺聲」，當居此商之處也。

禮記正義卷第四十九

禮記正義卷第五十

國子祭酒上護軍曲阜縣開
國子臣孔穎達等奉勑撰

雜記上第二十

正義曰：案鄭《目録》云：「名曰《雜記》者，以其雜記諸侯以下至士之喪事。此於《別録》屬《喪服》。分爲上下，義與《曲禮》、《檀弓》分別不殊也。」

諸侯行而死於館，則其復如於其國。如於道，則升其乘車之左轂，以其綏復。館，主國所致舍。復，招魂復魄也。如於其國，主國館賓，與使有之，得升屋招用褒衣也。如於道，道上廬宿也。升車左轂，象升屋東榮。綏，當爲「緌」，讀如「蕤賓」之蕤，字之誤也。緌，謂旌旗之旄也。去其旒而用之，異於生也。

疏正義曰：自此以下至「蒲席以爲裳帷」，揔明諸侯及大夫士在路而死，招魂復魄，并明飾棺貴賤之等。此一經下至「廟門外」，論諸侯之制。今各依文解之。「諸侯行而死於館」者，謂五等諸侯朝覲天子及自相朝會之屬而死者，謂諸侯於時或在主國死於館者，謂主國有司所授館舍也。「則其復如於其國」者，其復，謂招魂復魄也。雖在他國所授之舍，若復魄之禮，則與在己本國同，故云「如於其國」也。「如於道，則升其乘車之左轂」者，如，若也。道，路也。謂若諸侯在道路死，則復魄與本國異也。乘車，其所自乘之車也。其復魄，則倶升其所乘車左邊轂上而復魄也。此車以南面爲正，則左在東也。升車左轂，象在家升屋東榮也。其五等之復，人數各如其命數。今轂上狹，則不知以幾人，崔氏云「一人而已」。「以其綏復」者，綏，旌旗綏也。若在國中招魂，則衣各用其上服。今在路死，則招用旌旗之綏，是在路則異於在國，故云於道用之，亦冀魂魄望見識之而還也。若王喪於國而復於四郊，亦建綏而復。《周禮·夏采》云「以乘車建綏，復于四郊」是也。 **注**「館主」至「生也」 正義曰：「館，主國所致舍」者，案《曾子問》云：「公館與公所爲曰公館。」❶是主國館賓之舍也。云「與使有之」者，謂主國與賓此舍，使賓專自有之，故得升屋招魂，復用褒衣也。褒衣者，天子褒賜之衣，即下文「復用褒衣」是也。云「如於道，道上廬宿也」者，案《遺人》云：「凡國野之道，十里有廬，三十里有宿，五十里有市。」故云「道上廬宿也」。云「升車左轂，象升屋東榮」者，車轅嚮南，左轂在東，故象東榮。不於廬宿之舍復者，廬宿供待衆賓，非死者所專有，故復於乘車左轂。云「綏，當爲『緌』，讀如『蕤賓』之蕤」者，但經中「綏」字，絲旁著妥，其音雖訓爲安，此復之所用者是緌也。緌，絲旁著委，故云「綏，當爲緌」。讀此「綏」字爲「蕤賓」之蕤者，音與「蕤賓」字聲同也。以經作「綏」，故云「字之誤也」。云「緌，謂旌旗之旄也」者，案《夏采》云：「乘車建綏，復于四郊。」乘車，玉路，當建大常，今乃建緌，無大常也。《明堂位》云：「有虞氏之緌，夏后氏之旂。」後王文飾，故知有虞氏之緌但有旄也。❷云「去其旒而用之，異於生也」者，諸侯建交龍之旂，今以其綏復，是去其旒，異於生也。

其輤有裧，緇布裳帷，素錦以爲屋，而行。 輤，載柩將殯之車飾也。輤，取名於櫬與蒨，讀如「蒨旆」之蒨。櫬，棺也。蒨，染赤色者也。將葬，載柩之車飾曰柳。裧，謂鼈甲邊緣。緇布裳帷，圍棺者也。裳帷用緇，則輤用赤矣。輤象宮室。屋，其中小帳。櫬，覆棺者。若未大斂，其載尸而歸，車飾皆如之。 **疏** 正義曰：此一經明諸侯車飾。「輤」，謂載柩之車。「有裧」者，謂輤之四旁有物裧垂，象鼈甲邊緣。「緇布裳帷」者，輤下棺外用緇色之布以爲裳帷，以圍繞棺也。「素錦以爲屋」者，於此裳帷之中，又用素錦以爲屋小帳以覆棺。「而行」者，於死處既設此飾而後行。 **注**「輤載」至「如之」 正義曰：「輤，載柩將殯之車飾也」者，以下經云「遂入，適所殯」，是「將殯車飾也」。云「輤，取名於櫬與蒨」者，言此車所以名輤，凡有二義：一者取名於櫬。櫬，近尸也。二取名於蒨。蒨，草也。故云「取名於櫬與蒨」。云「讀如『蒨旆』之蒨」者，言經中「輤」字，讀如「蒨旆」之蒨。案《左傳》定四年，祝佗

❶「與」，原作「復」，據阮本改。「所」上原有「之」字，據阮本刪。

❷「緌」，原作「綏」，據殿本、庫本、阮本改。

云：「封康叔以綪茷。」❶謂以蒨草染旆爲赤色，故讀此輤與彼同，是亦蒨草以染布也。云「櫬，棺也」者，覆説取名於「櫬」義也。云「蒨，染赤色者也」者，説取名於蒨草之義也。云「將葬，載柩之車飾曰柳」者，證此經中「輤」非將葬車也。云「褖，謂鼈甲邊緣」者，覆説輤象鼈甲，覆於棺上，中央隆高，四面漸下。褖象邊緣，垂於輤之四邊，與輤連體，則亦赤也。若葬車之飾，則上用荒，不用輤也。云「裳帷用緇，則輤用赤矣」者，前雖讀輤爲蒨草，其色未明。今因裳帷用緇，故知定輤爲赤色。以玄纁相對之物，故以赤色對緇也。但玄纁，天地之色，取象不同，或上或下，非一例也。要玄纁是相對之色。云「若未大斂，其載尸而歸，車飾皆如之」者，此經所論，謂大斂後也，故下云「適所殯」。若未大斂，則《曾子問》云「尸入門，升自阼階」，不得云「適所殯」也。知未大斂之前車飾亦然者，以載尸柩車飾，經唯有此一文，故知其飾同也。

至於廟門，不毁牆，遂入，適所殯，唯輤爲説於廟門外。廟，所殯宮。牆，裳帷也。適所殯，謂兩楹之間。去輤乃入廟門，以其入自有宮室也。毁，或爲「徹」。凡柩自外來者，正棺於兩楹之間，尸亦侇之於此，皆因殯焉。異者，柩入自闕，升自西階；尸入自門，升自阼階。其殯必於兩楹之間者，以其死不於室，而自外來，留之於中，不忍遠也。

疏正義曰：此一經，明諸侯禮載柩入制也。「至於廟門」者，謂殯宮門也。「不毁牆」者，牆，謂裳帷。但毁去上輤，不毁去裳帷。「遂入，適所殯」者，遂入殯宮，正柩於兩楹之間，而遂殯焉。「唯輤爲説於廟門外」者，言餘物不説，唯輤一物，説於殯宮門外。**注**「廟所」至「遠也」

正義曰：「廟，所殯宮」者，以殯之所在，故謂爲廟。云「牆，裳帷也」者，鄭恐是宮牆之嫌，故云「牆，裳帷也」。以飾棺之物稱牆，門是入自門也。云「適所殯在兩楹之間」者，以死在外來，故殯於兩楹間。云「去輤乃入廟門，以其入自有宮室也」者，解經所以去輤乃入之意。輤乃覆棺上，象宮室。今入之，有宮室，故去輤也。❷不去裳帷者，以裳帷鄣棺，未可去也。云「凡柩自外來者，正棺於兩楹之間」者，案《公羊》定元年：「癸亥，公之喪至自乾侯，正棺於兩楹之間，然後即位。」鄭以是推之，則知尸自外來者，亦停於兩楹之間，故「尸亦侇之於此，皆因殯焉」。云「異

❶「茷」，原作「茂」，據阮本改。
❷「去」，原作「云」，據阮本改。

者，柩入自闕，升自西階；尸入自門，升自阼階」者，皆《曾子問》文。云「留之於中，不忍遠也」者，以周人殯於客位，今殯於兩楹之間，是不忍遠之也。大夫士死於道，則升其乘車之左轂，以其綏復。如於館死，則其復如於家。綏，亦緌也。大夫復於家以玄冕，士以爵弁服。大夫以布爲輤而行，至於家而説輤，載以輲車，入自門，至於阼階下而説車，舉自阼階，升適所殯。大夫輤言用布，白布不染也。言輤者，達名也。不言裳帷，俱用布，無所別也。至門，亦説輤乃入。言「載以輲車，入自門」，明車不易也。輲，讀爲「輇」，或作「槫」。❶ 許氏《説文解字》曰：「有輻曰輪，無輻曰輇。」《周禮》又有蜃車，天子以載柩。蜃、輇聲相近，其制同乎。輇崇，蓋半乘車之輪。諸侯言「不毀牆」，大夫士言「不易車」，互相明也。不易者，不易以輴也。廟中有載柩以輴之禮，此不耳。疏正義曰：此一經明大夫車飾也。「大夫以布爲輤」者，以白布爲輤，不以蒨草染之。亦言輤者，通名耳，是有輤櫬近之義也。❷「載以輲車」者，大夫初死及至家，皆以輲車。今至家説輤，唯輲車在，故云「載以輲車」。「入自門，至於阼階下而説車」者，謂説去其車矣。「舉自阼階，升適所殯」者，謂舉自阼階下，而升適兩楹之間所殯之處。此云「升適阼階」，謂尸矣；若柩，則升自西階。注「大夫」至「不耳」正義曰：云「白布不染也」者，以經云「用布」，故知白布不染。下經「士輤，葦席以爲屋，蒲席以爲裳帷」，以諸侯爲裳帷，則知大夫亦有裳帷，俱用布耳。云「言輤者，達名也」者，既不用蒨草染之，而言「輤」者，輤是櫬近之義，通達於下，是大夫與士皆有櫬近之名也。云「至門，亦説輤乃入，言『載以輲車，入自門』，明車不易也」者，鄭以經云「至於家而説輤，載以輲車」，恐至家乃載以輴車，故云「明車不易」。上云「不毀牆，遂入」，不云「車不易」，此云「載以輲車」，明車亦不易。云「輲，讀爲『輇』，或作『摶』」者，言經之「輲」字，當讀爲車旁之全。或《禮記》諸本此用輲車作木旁專字者。❸ 云「許氏《説文解字》曰『有輻曰輪，

❶「槫」，原作「摶」，據阮本、阮校改。

❷「有輤櫬」，山井鼎云：「有輤」，疑「輤有」之誤。阮校云：「閩、監、毛本『櫬』作『襯』。下『櫬近』同。」

❸「木」，原作「本」，據阮本改。

無輻曰輇』」者，有輻，謂别施木爲輻。無輻，謂合大木爲之，不施輻曰輇。云「《周禮》又有蜃車，天子以載柩」者，案《周禮・遂師職》「共蜃車之役」，是天子以載柩也。云「蜃、輇聲相近，其制同乎」者，言天子蜃車與此大夫輇車，聲既相近，其制宜同，故云「其制同乎」。云「輇崇，蓋半乘車之輪」者，此無文證，以其蜃類，蓋迫地而行，其輪宜卑，故疑「半乘車之輪」。「蓋」，疑辭矣。《周禮・考工記》「乘車之輪，六尺有六寸」，今云半之，得三尺三寸也。云「諸侯言『不毁牆』，大夫士言『不易車』，互相明也」者，諸侯言「不毁牆」，則大夫亦不毁牆；❶大夫士言「不易車」，明諸侯亦不易車。云「不易者，不易以輴也」者，謂大夫士在路載以輲車，至家説載，亦載以輲車，是「不易以輴也」。若天子、諸侯載柩以蜃車，至門亦以蜃車，其殯時則易之以輴也。云「廟中有載柩以輴車之禮，此不耳」者，謂天子、諸侯殯時用輴，又天子、諸侯及大夫朝廟之時，有用輴車載柩之禮。此喪從外來，大夫士不合用輴，故云「此不耳」。凡在路載柩，天子以下至士，皆用蜃車，與輲車同。故《周禮・遂師》「共蜃車之役」，是天子也。《既夕礼》云：「遂匠納車于階間。」注云：「車，載柩車，《周禮》謂之蜃車，《雜記》謂之團。」是士用蜃車也。《雜記》云「大夫載以輲車」，輲車則蜃車也，是大夫用蜃車。則諸侯不言亦可知。其蜃車之形，鄭注《既夕禮》云：「其車之轝，狀如牀，中央有轅，前後出，設輅轝輅，❷轝上有四周，下則前後有軸，以輇爲輪。許叔重説：有輻曰輪，無輻曰輇。」❸鄭又注《周禮・遂師》云：「四輪迫地而行，有似於蜃，因取名焉。」此是蜃之制也，上下通用，在路載柩也。輲車之制，亦與蜃車同，但不用輻爲輪。天子諸侯殯皆用之。❹故《檀弓》云：「天子菆塗龍輴。」謂畫轅爲龍。諸侯殯亦用輴車，不畫轅爲龍。故《喪大記》云：「君殯用輴。」注云：「君，諸侯也。輴不畫龍。」大夫殯不用輴。故鄭注《喪大記》：「大夫之殯廢輴。」是大夫不用輴。士「掘肂見衽」，是亦廢輴也。其朝廟，大夫以上皆用輴。士朝廟用輁軸。故《既夕禮》云：「遷於祖用軸。」鄭注云「大夫、諸侯以上有四周，謂

❶「大夫」下疑脱「士」字。

❷「輅轝」，浦鏜校，改「輅轝」爲「前後」，與《既夕禮》注合。

❸「輇」，原作「輲」，據浦鏜校改。案作「輇」與注合，與《説文》合。

❹「天」，阮校引段玉裁校云：「天」上疑脱「輴」字。今案：「輴」字當有。

之輴。天子畫之以龍」是也。輴與輁軸所以異者，輴有四周，輁軸則無。故鄭注《既夕禮》云「軸狀如轉轔，刻兩頭爲軹。軹狀如長牀，穿桯前後，著金而關軸焉」是也。士輤，葦席以爲屋，蒲席以爲裳帷。言以葦席爲屋，則無素錦爲帳。疏正義曰：此一經明士輤也。「葦席以爲屋」者，謂用葦席屈之，以爲輤棺之屋。「蒲席以爲裳帷」者，又以蒲席以爲裳帷，圍繞於屋旁也。注「言以」至「爲帳」　正義曰：言以士云「葦席以爲屋」，屋當帷帳之處，故云「無素錦爲帳」矣。然大夫無以他物爲屋之文，則是用素錦爲帳矣，與諸侯同。案諸侯與大夫，上有輤，旁有裳帷，內有素錦屋。今士唯云「葦席以爲屋，蒲席以爲裳帷」，不云屋上所有之物，據文言之，「葦席爲屋」，則當覆上輤處，將「蒲席爲裳帷」，接屋之四邊以鄣棺。或可大夫既有素錦爲帳，帳外上有布輤，旁有布裳帷，則士之葦席屋之外，旁有蒲席裳帷，則屋上當以蒲席爲輤覆於上，但文不備也。未知孰是，故兩存焉。凡訃於其君，曰：「君之臣某死。」訃，或皆作「赴」。赴，至也。臣死，其子使人至君所告之。父、母、妻、長子，曰：「君之臣某之某死。」此臣於其家喪所主者。君，訃於他國之君，曰：「寡君不祿，敢告於執事。」夫人，曰：「寡小君不祿。」大子之喪，曰：「寡君之適子某死。」君、夫人不稱「薨」，告他國君，謙也。疏正義曰：此一節揔明遭喪訃告於君及敵者，并訃於鄰國稱謂之差。各隨文解之。「父、母、妻、長子，曰『君之臣某之某死』」者，上「某」是生者臣名，下「某」是臣之親屬死者。云君之臣姓某甲之父死也。「曰『寡君不祿，敢告於執事』」者，以謙，故稱「寡君」，若云寡德之君。雖復壽考，仍以短折言之，故云「不祿」。不敢指斥鄰國君身，故云「敢告於執事」也。「夫人，曰『寡小君不祿』；大子之喪，曰『寡君之適子某死』」者，皆當云「告於執事」，不言者，略之故也。注「君夫」至「謙也」　正義曰：案《下曲禮》云：「諸侯曰薨。」夫人尊與君同也。今夫人與君同不稱「薨」者，以告他國之君及夫人，自謙退，是不敢從君及夫人之禮也。案《下曲禮》篇云：「士曰不祿。」今雖謙退而同士稱者，案《異義》：「《今春秋公羊》說：『諸侯曰薨。』訃於鄰國，亦當稱薨。經書諸侯言『卒』者，《春秋》之文王魯，故稱『卒』以下魯。《古春秋左氏》說：

諸侯薨，赴於鄰國稱名，則書名稱卒。卒者，終也，取其終身，又以尊不出其國。」許君謹案：「《士虞禮》云：『尸服卒者之上服。』不分別尊卑，皆同言『卒』者，❶卒，終也，是終没之辭也。鄭駁之云：「案《雜記上》云：『君薨，訃於他國之君，曰：寡君不禄。』《曲禮下》曰：『壽考曰卒，短折曰不禄。』今君薨而云『不禄』者，言臣子於君父，雖有考終眉壽，猶若其短折然。若君薨而訃者曰『卒』，卒是壽終矣，斯無哀惜之心，非臣子之辭。鄰國來赴，書以『卒』者，言無所老幼，皆終成人之志，所以相尊敬。」如《異義》所論，是君稱「不禄」之意。若杜元凱注《左氏傳》，則與此異。案隱三年「聲子卒」，傳云：「不赴，故不曰薨。」杜云：「鄰國之赴，魯史書『卒』者，臣子惡其薨名，改赴書也。」❷如鄭此云「不禄」，謂赴者口辭矣。《春秋》所云「薨」，謂赴書之策。所以不同者，言「壽考曰卒，短折曰不禄」，杜以爲《禮記》後人所作，不正與《春秋》同，杜所不用。

大夫訃於同國，適者，曰：「某不禄。」訃於士，亦曰：「某不禄。」訃於他國之君，曰：「君之外臣寡大夫某死。」訃於適者，曰：「吾子之外私寡大夫某不禄，使某實。」訃於士，亦曰：「吾子之外私寡大夫某不禄，使某實。」

適，讀爲「匹敵」之敵，謂爵同者也。實，當爲「至」，此讀，周、秦之人聲之誤也。

疏「大夫」至「某實」　此一經明大夫之卒，相訃告之禮也。「適者，曰『某不禄』」者，謂同國大夫位相敵者，曰「某不禄」。「訃於士，亦曰『某不禄』」者，大夫既尊於士，士處亦得稱「不禄」。稱「某」者，或死者之名，或死者官號，而赴者得稱之。「訃於他國之君，曰『君之外臣寡大夫某死』」，言「外臣」者，大夫不屬他國，故云「外臣」。自謙退無德，故云「寡大夫某」矣。尊敬他君，不敢申辭，故曰「某死」。「訃於適者，曰『吾子之外私寡大夫某不禄，使某實』」者，訃於適者，謂大夫死，訃於他國大夫相敵體者。謂訃告大夫，以是別國私有恩好，故曰「外私」。以赴大夫，其辭得申，故云「某不禄」。以身赴告，故云「使某實」。「訃於士，亦曰『吾子之外私寡大夫

❶「言」，原作「年」，據殿本《考證》及浦鏜校改。

❷「鄰國之赴」至「改赴書也」，殿本《考證》云：「此約『癸未，葬宋穆公』之注及《釋例》中語也，爲魯君書『薨』、鄰國君書『卒』言之也。雖同是隱三年，而義各不相涉也。」浦鏜校同。

某不禄使某實』」者，謂大夫之喪，訃他國之士，其辭與訃大夫同。此所云「大夫」者，上下皆同曰大夫，無以爲異也。士，訃於同國大夫，曰：「某死。」訃於士，亦曰：「某死。」訃於他國之君，曰：「君之外臣某死。」訃於大夫，曰：「吾子之外私某死。」訃於士，亦曰：「吾子之外私某死。」

疏「士訃」至「某死」　此一經論士喪相訃告之稱。云「某死」者，以其士賤，赴大夫及士，皆云「某死」。若訃他國之君及大夫士等，皆云「某死」，但於他君稱「外臣」，於大夫士言「外私」耳。

大夫次於公館以終喪，士練而歸。士次於公館。公館，公宫之舍也。「練而歸」之士，謂邑宰也。練而猶處公館，朝廷之士也。唯大夫三年無歸也。大夫居廬，士居堊室。謂未練時也。士居堊室，亦謂邑宰也。朝廷之士亦居廬。

疏正義曰：此一節明大夫士遭君喪，次舍居處及歸還之節。公館，君之舍也。大夫恩深禄重，故爲君喪居廬，終喪畢乃還家也。「士練而歸」者，謂邑宰之士也。士卑恩輕，故至小祥而反其所治邑也。「士次於公館」者，此謂朝廷之士也。雖輕而無邑事，故亦留次公館三年也。「大夫居廬」者，以位尊恩重，故居廬。「士居堊室」者，士位卑恩輕，故居堊室。注「公館」至「歸也」　正義曰：云「練而歸之士，謂邑宰也」者，以下文云「士次於公館」，今云「練而歸」，明是邑宰。以爲君治邑，若久而不歸，即廢其職事也。若身爲大夫，雖位得采地，亦終喪乃歸也。注「謂未」至「居廬」　正義曰：知此是「未練時」者，案《閒傳》云：「斬衰之喪，居倚廬。既練，居堊室。」此經若練後，則大夫居堊室。今云「大夫居廬」，明未練時也。云「士居堊室，亦謂邑宰也」者，士若非邑宰，未練之前，當與大夫同居廬。今云「居堊室」，故知是邑宰也。必知邑宰者，以上文云「大夫終喪，士練而歸」，言邑宰之士降於大夫。此云「士居堊室」，亦降於大夫，故知是邑宰之士也。云「朝廷之士亦居廬」者，以臣爲君喪，俱服斬衰，故知未練之前，士亦居廬也。然《周禮·宫正》注云「親者貴者居廬，❶疏者賤者居堊室」，引此《雜記》云：「大夫居廬，士居堊室。」則是大夫以上定居廬，士以下定居堊室。此云「朝廷之士亦居廬」，與彼不同者，尋鄭之文意，若與王親者，雖云士

❶「廬」，浦鏜據《宫正》注校，以爲「廬」上脱「倚」字。

賤，亦居廬，則此云「朝廷之士亦居廬」是也。若與王無親，身又是士，則居堊室，則此經「士居堊室」是也。故鄭於《宮正》之注引此「士居堊室」，證賤者居堊室也。若與王親，雖疏，但是貴者，則亦居廬也。庾氏、熊氏，並爲此說。熊氏或説云：「若天子，則『大夫居廬，士居堊室』，則《雜記》言是也。若諸侯，則朝廷大夫士皆居廬也，邑宰之士居堊室，《宮正》之注是也。」此義得兩通，故並存焉。

大夫爲其父母兄弟之未爲大夫者之喪服如士服，士爲其父母兄弟之爲大夫者之喪服如士服。大夫雖尊，不以其服服父母兄弟，嫌若踰之也。士，謂大夫庶子爲士者也。己卑，又不敢服尊者之服。今《大夫喪禮》逸，與士異者，未得而備聞也。《春秋傳》曰：「齊晏桓子卒，晏嬰麤衰斬，苴絰、帶、杖，菅屨，食粥，居倚廬，寢苫、枕草。其老曰：『非大夫之禮也。』曰：『唯卿爲大夫。』」此平仲之謙也。言己非大夫，故爲父服士服耳。麤衰斬者，其縷在齊、斬之間，謂縷如三升半而三升，不緝也。斬衰以三升爲正，微細焉則屬於麤也。然則士與大夫爲父服異者，有麤衰斬、枕草矣。其爲母五升縷而四升，爲兄弟六升縷而五升乎？唯大夫以上乃能備儀盡飾，士以下則以臣服君之斬衰爲其父，以臣從君而服之齊衰爲其母與兄弟，亦以勉人爲高行也。大功以下，大夫、士服同。【疏】正義曰：此篇雜記喪事也。經次上下，無義例科段。今各依文解之。此一經明大夫士爲其父母昆弟之服也。【注】「大夫」至「服同」　正義曰：「嫌若踰之也」者，大夫之父母兄弟，或作士，或無官，今大夫爲之，若著大夫之服，是自尊踰越父母兄弟。今不以大夫之服服父母兄弟，是嫌畏踰之也。云「士，謂大夫庶子爲士者也」者，此「士」，解經中下文「士爲」之文。知此士是大夫庶子爲士者，若大夫適子，雖未爲士，猶服大夫之服，即下文是也。若其適子爲士，則服大夫服可知，故知此「士爲父母之爲大夫者但服士服」是庶子也。所以不服大夫服者，己卑，不敢服尊者之服。云「今《大夫喪禮》逸，與士異者，未得而備聞也」者，欲見大夫與士喪禮殊異未甚分明。引《春秋傳》者，欲證大夫與士之喪服不同。所引傳者，襄十七年《左傳》文。云「齊晏桓子卒」至「唯卿爲大夫」，皆《左傳》辭也。「齊晏桓子卒」者，是晏嬰之父晏弱謚曰桓子也。云「晏嬰麤衰斬」者，桓子之子晏嬰，身服麤衰而斬。云「苴絰、帶、杖」者，以苴麻爲首絰、要帶，以苴色之竹爲杖。云「管屨」者，以菅草爲屨。云「食粥，居倚廬，寢苫」

者，是喪禮之常。「枕草」者，非喪禮之文。云「其老曰『非大夫之禮也』」者，老，謂晏嬰家臣，見晏嬰服士服，故其老言所服云「非大夫之喪禮也」。云「曰『唯卿爲大夫』」者，此晏嬰對家老之言。若身爲卿，得著大夫之服。若身爲大夫，唯得服士服。云「此平仲之謙也」者，言平仲之言非禮也，謙退之辭。云「言己非大夫，故爲父服士服耳」者，若是卿，則得爲父服大夫服，故云「非」。從此以下，皆鄭君解釋之辭。云「麤衰斬者，其縷在齊、斬之間」者，案《喪服》初章《斬衰》，次章《疏衰》，疏即麤也。今言「麤衰斬」者，是下鄕麤，❶上鄕兼斬有麤，故云「麤衰斬者，其縷在齊、斬之間。」齊即麤也，言其布縷在齊、斬之間。斬衰三升，麤衰四升，其布在三升四升之間，故云「縷如三升半」。言麤如三升半，而計縷唯三升，故云「縷如三升半而三升不緝也」。但縷如三升半是麤衰，不緝是斬，而成布三升，爲父之服也。云「斬衰以三升爲正，微細焉則屬於麤也」者，解晏子實斬衰而兼言麤也。云「然則士與大夫爲父服異者，有麤衰斬、枕草矣」者，鄭既約《左傳》晏嬰之事，始明大夫與士不同，故云「然則士與大夫爲父異，麤衰、枕草矣」，則大夫以上斬衰、枕凷，士則疏衰、枕草。案《既夕禮》士禮而云「枕塊」者，記者廣説非辭也。云「其爲母五升縷而四升，爲兄弟六升縷而五升乎」者，❷鄭既約士之父服縷細降一等，經文有母及兄弟，故此約母與兄弟之服也。《喪服》爲母四升，此云「爲母五升縷」，謂麤細似五升之縷，成布四升；《喪服》爲兄弟五升，此云「爲兄弟六升縷」，謂麤細如六升之縷，成布五升：皆謂縷細成布升數少也。云「唯大夫以上乃能備儀盡飾」者，大夫以上，則兼天子、諸侯，德高，能備儀；服無降殺，是盡飾。云「士以下則以臣服君之斬衰爲其父，以臣從君而服之齊衰爲其母與兄弟」者，以《喪服》義服皆降正服一等，今爲父母兄弟降從義服，是卑屈也。云「以臣從君而服之齊衰爲其母與兄弟」者，案《喪服》，臣從君，義服齊衰六升。今士爲兄弟縷如六升，成布五升，得與臣爲君義服齊衰同。其士爲母，父卒，縷如五升，成布四升，與臣爲君義服齊衰全異，而云爲其母與臣爲君義服齊衰同者，前注所云因麤衰降斬衰一等，即連言父卒爲母，云縷如五升，成布四升，據父卒爲母言之也。此注以士爲兄弟與臣爲君義服齊衰同，則父在爲母與兄弟服亦同，縷如六升，而成布五升，據父在爲

❶「鄕」，原作「嚮」，據殿本、阮本改。下「上鄕」同。
❷「乎」，原作「平」，據殿本、庫本及衛氏《集説》改。

母言之，爲此前後注異。云「亦以勉人爲高行也」者，居喪之禮，以服重爲申，以服輕爲屈。今大夫爲父母兄弟之未爲大夫者服士服，是勉勵其父母兄弟使爲高行作大夫之禮；❶士爲其父母兄弟之爲大夫者服士服，亦是勉勵士身使爲高行作大夫也。云「大功以下，大夫、士服同」者，以經唯云父母兄弟士與大夫之異，不云大功以下有殊，是大功以下與大夫、士同。所以然者，以重服情深，故使士有抑屈，使之勉勵；大功以下，輕服情殺，故上下俱申也。案《聖證論》王肅云：「喪禮，自天子以下無等。故曾子云：『哭泣之哀，齊、斬之情，饘粥之食，自天子達。』且大國之卿與天子上士俱三命，故曰『一也』。晉士起，大國上卿，當天子之士也。平仲之言『唯卿爲大夫』，謂諸侯之卿當天子之大夫，非謙辭也。春秋之時，尊者尚輕簡，喪服禮制遂壞。群卿專政，晏子惡之，故服麤衰枕草，於當時爲重，是以平仲云『唯卿爲大夫』，遜辭以辟害也。又《孟子》云：『諸侯之禮，三年之喪，齊疏之服，飦粥之食，自天子達於庶人，三代共之。』又此《記》云：『端衰、喪車皆無等。』又《家語》云：『孔子曰：平仲可爲能遠於害矣，不以己之是駮人之非，遜辭以辟咎也。』」王肅謂：「大夫與士異者，大夫以上，在喪斂時弁絰，士冠素委貌。」馬昭答王肅曰：❷《雜記》云『大夫爲其父母兄弟之未爲大夫者之喪服如士服』，是大夫與士喪服不同者，而肅云『無等』，則是背經説也。鄭與言禮。」❸張融評云：「士與大夫異者，皆是亂世尚輕涼，非王者之達禮。小功輕重，不達於禮。鄭言謙者，不異於遠害。」融意以王肅與鄭，其義略同。如融之説，是周公制禮之時，則上下同當，喪制無等。至後世以來，士與大夫有異，故記者載之，鄭因而解之。禮是鄭學，今申鄭義。云「端衰、喪車無等」者，端，正也。正爲衰之制度，上下無等，其服精麤，卿與大夫有異也。又曾子云「齊、斬之情」，據其情爲一等，無妨服有殊異耳。若王肅之意，大夫以上弁絰，士唯素冠，此亦得施於父母。此經云「爲昆弟」，豈亦弁絰、素冠之異乎？此是肅之不通也。杜元凱注《左傳》，説與王肅同。服虔注《左傳》與「端衰、喪車無等」，其老之問，晏子之答，皆爲非禮。並與鄭違，今所不用也。

大夫之適子，服大夫之服。仕至大夫，賢著而德成，適子得服其服，亦尊其適象賢。疏正義

❶「之禮」，浦鏜校云：「之禮」二字衍。

❷「曰」，原作「同」，據阮本、阮校改。

❸「鄭與言禮」，孫詒讓《校記》云：「此四字有誤。」

曰：云「仕至大夫，賢著而德成，適子得服其服」者，以經云「大夫之適子，服大夫之服」，所以然者，以其父在仕官，身至大夫，賢行既著，道德又成，故其適子雖未仕官，得服大夫之服也。云「亦尊其適象賢」者，非但尊此大夫之身，亦當尊其適子，使服大夫之服，能象似其父之賢者。皇氏云：「大夫適子若爲士，爲其父唯服士服。注云『仕至大夫』，謂此子若仕官至大夫，始得服大夫服，以其賢德著成。」如皇氏之意，解此「仕至大夫」爲大夫之子。案前經注云：「士，謂大夫庶子爲士者。」明大夫適子未仕官及爲士，皆得服大夫之服。皇氏之言，違文背注，不解鄭意，其説非也。

大夫之庶子爲大夫，則爲其父母服大夫服，其位與未爲大夫者齒。雖庶子，得服其服，尚德也。使齒於士，不可不宗適。疏 正義曰：此一節明大夫庶子爲大夫，則得爲父母服大夫之服，其位與未爲大夫者齒。大夫庶子，雖爲大夫得服大夫之服，其行位之處，與適子未爲大夫者相齒列。注「雖庶」至「宗適」 正義曰：云「尚德也」者，言此大夫之子，身雖是庶，所以得服者，以其仕至大夫，由身有德行，故云「尚德也」。云「使齒於士，不可不宗適」者，此庶子雖爲大夫，猶齒列於適子之下。其年雖長於適子，猶在適子之下，使適子爲主。若年少於適子，則固在適子之下，是「不可不宗適」也。

士之子爲大夫，則其父母弗能主也，使其子主之，無子則爲之置後。大夫之子，得用大夫之禮，而士不得也。置，猶立也。疏 正義曰：「其父母弗能主也」者，士子身爲大夫，若死，則父母不能爲喪主也。以身是士，故不可爲大夫喪主。「使其子主之」者，謂使此死者之子爲主。以其子是大夫適子，故得爲大夫之主，以其服大夫服故也。「無子則爲之置後」者，若死者無子，則爲死者別置其後。所置之後，即大夫適子，同得行大夫之禮。此所置之後，謂暫爲喪主，假用大夫之禮。若其大宗子，則直爲之立後，自然用大夫禮也。注「大夫」至「得也」 正義曰：云「大夫之子，得用大夫之禮」者，則前云「大夫之適子，服大夫之服」是也。解經「使其子主之」文，其子爲適子；若無適子，則以庶子當適處；若無庶子，則以族人之子當適子之處：皆得用大夫之禮，故云「大夫之子，得用大夫之禮」揔結此文。云「而士不得也」者，其父是士，不得主大夫喪，故云「而士不得也」。所以然者，父貴可以及子，故大夫之子得用大夫之禮；子貴不可以及父，故其父不得用大夫之禮。大夫卜宅與葬日，有司麻衣、布衰、布帶，因喪屨，緇布冠不蕤。占者皮弁。有司，卜人也。麻衣，白布深衣。而著衰焉，及布帶、緇布冠。此服非純吉，亦非純凶也。皮弁，則純吉之尤者也。占者尊於有司。卜求吉，其服彌吉。大夫士朔服皮弁。**疏**正義曰：「大夫卜宅與葬日」者，宅，謂葬地。大夫尊，故得卜宅并葬日。「有司麻衣、布衰、布帶，因喪屨」者，有司，謂卜人。麻衣，謂白布深衣。布衰，謂麤衰也。皇氏云：「以三升半布爲衰，長六寸，廣四寸，綴於麻衣，❶前當胸上。後又有負版，長一尺六寸，廣四寸。」布帶，以布爲帶。「因喪屨」，謂因喪之繩屨。「緇布冠不蕤」者，以緇布爲冠，不加緌。「占者皮弁」者，謂卜龜之人，尊於卜之有司，故皮弁純吉也。**注**「有司」至「皮弁」正義曰：云「麻衣，白布深衣」者，謂吉服十五升之布，與緇布冠、皮弁相類，故知吉布也。云「而著衰焉」者，熊氏云：「謂以吉布爲衰，綴於深衣。」云「及布帶、緇布冠。此服非純吉，亦非純凶也」者，謂麻衣，白布深衣十五升，是吉；布衰是凶，布帶亦凶，緇布冠是吉，不蕤亦凶，故云「非純吉，亦非純凶」。然緇布冠古法不蕤，今特云「緇布冠不蕤」者，以後代緇布冠有蕤，此以凶事，故不蕤。云「皮弁，則純吉之尤者也」者，以上麻衣、緇布冠，雜有吉禮，此皮弁是純吉尤甚者。云「卜求吉，其服彌吉」者，解用皮弁之意。云「大夫士朔服皮弁」者，於諸侯是視朔之服，於天子是視朝之服也。

如筮，則史練冠、長衣以筮，占者朝服。筮者，筮宅也，謂下大夫若士也。筮史，❷筮人也。長衣，深衣之純以素也。長衣、練冠，純凶服也。朝服，純吉服也。大夫士日朝服以朝也。**疏**正義曰：「如筮」者，謂下大夫及士不合用卜，故知用筮也。「則史練冠、長衣」者，此謂無地大夫筮葬禮也，唯筮宅卜日耳。卜時，緇布冠、麻衣、布衰，雜以吉凶之服。如筮，則練冠、長衣。以筮輕，故用純凶服也。「占者朝服」者，卜重，故「占者皮弁」；筮輕，故「占者朝服」。**注**「筮者」至「朝也」正義曰：「筮者，筮宅也，謂下大夫若士也」者，以《士喪禮》云「筮宅卜日」，故知此「筮」謂「筮宅」也。云「長衣，深衣之純以素也」者，長衣、深衣，其制同也。

❶「麻」字原是墨丁，據魏氏《要義》補。

❷「筮史」，张敦仁云「筮」字衍是也。詳其《考異》。

耳。言此經「長衣」是深衣之純以素者。凶時深衣純以布，上經「麻衣」，深衣亦純以布，此經「長衣」純以素，故云「長衣，深衣之純以素」者也。云「長衣、練冠，純凶服也」者，以長衣則布衣純之以素也。故《聘禮》云：「主人長衣、練冠以受。」鄭注彼云「長衣，素純布衣」是也。練冠，是小祥以後，以練爲冠。都無吉象，故云「純凶服」。云「大夫士日朝服以朝也」者，謂緇衣素裳，諸侯之朝服，每日視朝之服。案《士喪禮》云「族長涖卜，及宗人吉服」，鄭注云：「吉服，服玄端也。」此「占者朝服」者，彼謂士之卜禮，故占者著玄端，此據筮禮，故「占者朝服」。案《士虞禮》注云：「士之屬吏爲其長弔服加麻。」❶此「史練冠長衣」者，此經文含大夫，其臣爲大夫，以布帶繩屨，故「史練冠、長衣」。若士之卜，史當從弔服，不得練冠、長衣也。

大夫之喪，既薦馬，薦馬者哭踊，出，乃包奠，而讀書。

嫌與士異，記之也。《既夕禮》曰：「包牲，取下體。」又曰：「主人之史請讀賵。」

疏正義曰：此明大夫將葬，啓柩朝廟之後，欲出之時。 「既薦馬」者，案《士喪禮下篇》云，薦馬之節，凡有三時：一者柩初出，至祖廟，設奠爲遷祖之奠訖，乃薦馬，是其一也；至日側祖奠之時，又薦馬，是其二也；明日將行，設遣奠之時，又薦馬，是其三也。此云「既薦馬」，謂第三薦馬之時也。以下則云「包奠，而讀書」，於《既夕禮》當第三薦馬之節。「薦馬者哭踊」者，謂主人見薦馬，薦，進也，進馬至，乃哭踊。 「出，乃包奠」者，出，謂馬出。乃包奠者，取遣奠牲下體，包裹之以遣送行也。然馬出在包奠之前，而必云「出乃包奠」者，明出即包奠，包奠爲出之節，故言「出」也。 「而讀書」者，書，謂凡送亡者賵人椁之物書也。讀之者，省録之也。注「嫌與」至「讀賵」 正義曰：「嫌與士異」者，案《既夕禮》「薦馬，馬出」之後，云「苞牲，取下體」也，又云「主人之史請讀賵」。今此大夫亦薦馬出後包奠讀書，與士同。記者嫌畏大夫之尊與士有異，故特記之，明與士同也。故引《既夕禮》以下者，證包牲、讀賵之節。謂主人見薦馬送行物而哭踊，故云「薦馬者哭踊」也。所以馬進而主人哭踊者，馬是牽車爲行之物，今見進馬，是行期已至，故孝子感之而哭踊。云《既夕禮》曰「包牲，取下體」者，士則羊、豕也。鄭注：「苞者，象既饗而歸賓俎者也。前脛折取臂、臑，後脛折取骼也。」臂，謂膝上膊下也。臑，謂肘後。取骼，謂取膊下股骨也。羊豕各三个，必取下體者，下體能行，亦示將行也。有遣車者，亦先包之也。云「又曰『主人之史

❶「加」，原作「如」，據阮本、魏氏《要義》改。

請讀賵」者，賵，猶送者人名也。**大夫之喪，大宗人相，小宗人命龜，卜人作龜。**卜葬及日也。相，相主人禮也。命龜，告以所問事也。作龜，謂揚火灼之以出兆。❶ **疏** 正義曰：「大夫」，謂卿也。明卿喪用人及卜之法也。　「大宗」，謂大宗伯也，相佐威儀。　「小宗人命龜」者，小宗，謂小宗伯也。命龜，謂告龜，道所卜之辭也。卜人，亦有司。作，謂用揚火灼之也。並皆有司也。皇氏云：「大小二宗，並是其君之職，來爲喪事，如『司徒旅歸四布』是也。故《宗伯・肆師》云：『凡卿大夫之喪，相其禮。』」**注**「卜葬及日也」　正義曰：知「卜葬及日」者，以文承上「大夫卜宅與葬日」之下，故知此經是上大夫之卜葬宅及日也。**內子以鞠衣褒衣，素沙。下大夫以襢衣。其餘如士。**此復所用衣也。當在「夫人狄稅素沙」下，爛脱失處，在此上耳。內子，卿之適妻也。《春秋傳》曰「晉趙姬請逆叔隗於狄，趙衰以爲內子而己下之」是也。下大夫，謂下大夫之妻。襢，《周禮》作「展」。王后之服六，唯上公夫人亦有褘衣，侯伯夫人自揄狄而下，子男夫人自闕狄而下，卿妻自鞠衣而下，大夫妻自展衣而下，士妻稅衣而已。素沙，若今紗縠之帛也。六服皆袍制，不襌，以素紗裹之，如今袿袍襈重繒矣。褒衣者，始爲命婦見加賜之衣也。其餘如士之妻，則亦用稅衣。**疏** 正義曰：此一節明卿大夫以下之妻所復之衣。　「內子以鞠衣褒衣」者，內子，謂卿妻。復以鞠衣褒衣者，始命爲內子，尚所褒賜之衣，復時亦用此衣，故云「鞠衣褒衣」。褒衣則鞠衣也。但上命時褒賜，故曰褒衣矣。　「素沙」者，言此「鞠衣褒衣」，亦以素沙爲裏。　「下大夫以襢衣」者，是下大夫之妻所復襢衣也。對卿妻爲下，故服用襢，《周禮》作「展」。「王后之服六，唯上公夫人亦有褘衣，侯伯夫人自揄狄而下，子男夫人自闕狄而下，❷卿妻自鞠衣而下，大夫妻自展衣而下，士妻稅衣而已。六服皆袍制，不襌，以素紗裹之」，袍制，謂通衣裳有表有裏，❸似袍，故云「皆袍制，不襌」。漢時有袿袍，其袍下之襈以重繒爲之。❹古之服皆以素紗爲裏，似此袿袍襈之重繒，故注云

---

❶「揚」，原作「楊」，據余本、撫本、岳本改。疏同。案《周禮・春官・卜師》作「揚」。

❷「狄」字原脱，據阮本、衛氏《集説》補。

❸「通」，阮本作「連」。

❹「重」，原作「裏」，據衛氏《集説》及阮校、潘宗周《校勘記》改。下同。

「如今之袿袍襈重繒也」。❶　「其餘如士」者，謂「内子鞠衣襃衣」已見於經，「大夫以襢衣」亦見於經，唯有「褖衣」未見，故云「其餘如士」。謂鞠衣、襢衣之外，其餘褖衣，如士之妻。士妻既用褖衣而復，則内子、下大夫妻等亦用褖衣也。注「此復」至「税衣」　正義曰：「此復所用衣也」者，以下「復，諸侯以襃衣」，故知此亦復衣也。云「當在『夫人狄税素沙』下」者，以記者作《記》，當依尊卑順序。此「内子」宜承「夫人」之下，故云「當在『夫人狄税素沙』下」也。引《春秋傳》曰以下者，僖二十四年《左傳》文也。初，晉文公在狄，狄人以季隗妻文公，以叔隗妻趙衰。後文公反國，以趙姬妻趙衰，趙姬請趙衰逆叔隗於狄。既逆還，趙姬又請趙衰將叔隗爲内子，趙姬之身卑下之，故云「而已下之」。引之者，證卿妻爲内子之文也。其王后以下之服，已具於《玉藻》，故此略而不言。云「六服皆袍制，不禪，以素紗裏之，如今袿袍襈重繒矣」者，皆袍制，謂連衣裳有表裏似袍，❷故云「皆袍制」。「不禪」，漢時有袿袍，其袍下之襈，以重繒爲之，故云六服以素紗爲裏，似此袿袍襈重繒矣。云「襃衣者，始爲命婦見加賜之衣也」者，謂内子初嫁，始爲卿妻，加賜之以衣，以襃崇之，故云襃衣。**復，諸侯以襃衣、冕服、爵弁服。**復，招魂復魄也。冕服者，上公五，侯伯四，子男三。襃衣，亦始命爲諸侯及朝覲見加賜之衣也。襃，猶進也。疏正義曰：自此以下至「復西上」，揔明諸侯以下及夫人、命婦招魂所用之衣。但此經爛脱，上下顛倒。如鄭所次，以此「諸侯襃衣」一經爲首，次以「夫人税衣、揄狄」之經，然後次「内子以鞠衣」之經。今依鄭次，各隨文解之。　「復，諸侯以襃衣」者，謂復時以始命襃賜之衣。　「冕服、爵弁服」者，諸侯既用襃衣，又以冕服、爵弁服而復也。注「冕服」至「進也」　正義曰：「冕服」者，上公自衮冕而下，故爲五；侯伯自鷩冕而下，故爲四；子男自毳冕而下，故爲三也。凡服，各依其命數，則上公五冕之外，更加爵弁服以下皮弁、冠弁之等而滿九；侯伯冕服之外，亦加爵弁以下而滿七；子男冕服之外，加爵弁、皮弁而滿五。其襃衣，君特所襃賜，則宜在命數之外也。故《王制》云：「三公一命衮，若有加則賜。」是襃衣故不入命數也。此襃衣，或是冕之最上者。**夫人税衣、揄狄，狄、税素沙。**言其招魂

❶「繒」，原作「贈」，據阮本改。

❷「似」，原作「以」，據阮本改。

用稅衣，上至揄狄也。狄、稅素沙，言皆以白紗縠爲裏。

疏 正義曰：此明婦人復衣也。婦人衣有六也。「夫人稅衣、揄狄」者，諸侯夫人復用稅衣，上至揄狄，謂諸侯伯夫人也。「狄、稅素沙」者，言從揄狄以下，至於稅衣，皆用素沙白縠爲裏。

復西上。 北面而西上，陽長左也。復者多少，各如其命之數。

疏 正義曰：凡招魂，皆北面而招，以西頭爲上。注「北面」至「之數」 正義曰：云「北面而西上，陽長左也」者，以招魂冀生氣之來，生氣爲陽，又北面言之，南方是陽，左在西方，故言「陽長左」。云「復者多少，各如其命之數」者，案《士喪禮》「復者一人，以爵弁服」，言諸侯之士一命而用一人，明復者各依命數。其復處不同。故《檀弓》云：「君復於小寢、大寢、庫門、四郊。」而云「復西上」者，但有兩人以上一處復者，則西上也。

大夫不揄絞屬於池下。 謂池飾也。揄，揄翟也。采青黄之間曰絞。屬，猶繫也。人君之柳，其池繫絞繒於下，而畫翟雉焉，名曰振容，又有銅魚在其間。大夫去振容，士去魚。此無人君及士，亦爛脱。

疏 正義曰：此一經明大夫葬時車飾。若諸侯以上，則畫揄翟於絞，屬於池下。若大夫，降下人君，不得畫以揄絞屬於池下。其池上則畫於揄，得有揄絞也。故《喪大記》士亦有揄絞，與大夫同，但不得屬於池下。注「人君」至「爛脱」 正義曰：案《喪大記》云：「君三池，振容。」是人君之柳有振容。振容者，其池繫揄繒於下而畫翟雉焉，名曰振容。云「又有銅魚在其間」者，上有池，下有振容，池與振容之間而有魚，故云「在其間」。云「大夫去振容，士去魚」者，以《喪大記》「大夫不振容」，士不云「魚躍拂池」故也。「大夫不振容」者，謂不以揄絞屬於池下爲振容。云「此無人君及士，亦爛脱」者，以前經云「復」，尊卑俱顯明也。此直云「大夫」，故云亦如前文，爛脱君與士也。

大夫附於士，士不附於大夫，附於大夫之昆弟。無昆弟，則從其昭穆，雖王父母在亦然。 附，讀皆爲「祔」。大夫祔於士，不敢以己尊自殊於其祖也。士不祔於大夫，自卑，別於尊者也。大夫之昆弟，謂爲士者也。從其昭穆，中一以上，祖又祖而已。祔者，祔於先死者。

疏 正義曰：自此以下至「附於公子」，廣明祔祭之義。各依文解之。「大夫附於士」者，謂祖爲士，孫爲大夫，若死，可以祔祭於祖之爲士者也。「士不附於大夫」者，謂先祖爲大夫，孫爲士，不可祔祭於大夫，唯得祔於大夫之兄弟爲士者。「無昆弟，則從其昭穆」者，謂祖爲大夫，無昆弟爲士，則從其昭穆，謂祔於高祖爲士者。若高祖爲大夫，則祔於高祖昆弟爲士者。「雖王父母在亦然」者，謂孫死之後，應合祔於王父，王父見在，無可祔，然猶如是也，亦如是祔於高祖也。注「附讀」至「而已」　正義曰：祔者，祔祭於神，當從示旁爲之。云「大夫之昆弟，謂爲士者也」者，鄭恐經云「祔於大夫之昆弟」，恐大夫之昆弟身作大夫，士亦得祔之，故云「大夫昆弟爲士者」。若大夫昆弟全無者，❶其孫雖士，亦得祔之。故前文云「大夫祔於士」，是孫之尊可以祔祖之卑也。云「從其昭穆，中一以上，祖又祖而已」者，謂父爲昭，子爲穆，中猶間也。謂自祖以上間一世，各當昭穆而祖祔之。❷若不得祔祖，則間去曾祖一世，祔於高祖。若高祖無可祔，則間高祖之父一世，祔高祖之祖，故云「祖又祖而已」。是「中一以上」，《喪服小記》文也。

婦附於其夫之所附之妃，無妃，則亦從其昭穆之妃。妾附於妾祖姑，無妾祖姑，則亦從其昭穆之妾。夫所祔之妃，於婦則祖姑。疏正義曰：此一經論婦之所祔，義與夫同。「無妃，則亦從其昭穆之妃」者，其孫婦祔祖姑，祖無妃，謂無祖姑，「則亦從其昭穆之妃」，謂亦間一以上祔於高祖之妃。高祖無妃，則亦祔於高祖之祖妃。若其祖有昆弟之妃，班爵同者，則亦祔之。

男子附於王父則配，女子附於王母則不配。配，謂并祭王母。不配，則不祭王父也。有事於尊者，可以及卑。有事於卑者，不敢援尊。配與不配，祭饌如一，祝辭異，不言「以某妃配某氏」耳。女子，謂未嫁者也。嫁未三月而死，猶歸葬於女氏之黨。疏正義曰：「男子附於王父則配」者，謂祭王父，并祭所配王母。「女子附於王母則不配」者，謂在室之女，及已嫁未三月而死，祔祭於王母，則不祭所配之王父。注「配謂」至「之黨」　正義曰：云「配，謂并祭王母。不配，則不祭王父也」者，王父母相配之人，祭王父及王母，是其配；祭王母，不祭王父，是不配。云「配與不配，祭饌如一，祝辭異，不言『以某妃配某氏』耳」者，案《特牲禮》不云配，《少牢禮》云「以某妃配」。但士用特牲，大夫用少牢，其餘

❶「無」下空一格，浦鏜校云：「脱『士』字。從《續通解》校。」

❷「祖」，浦鏜校云：「『祖』字衍。」

皆同，是「祭饌如一」。案《少牢》云「以某妃配某氏」，鄭注云：「某妃，某妻也。某氏，若言姜氏、子氏也。」此是言配也。不言配者，若《特牲》云「用薦歲事于皇祖某子」，不云「以某妃配」。《特牲》雖是常祭，容是禫月吉祭，故不舉配。云「嫁未三月而死，猶歸葬於女氏之黨」者，《曾子問》文也。

公子附於公子。不敢戚君。疏正義曰：「公子」者，❶若公子之祖爲君，公子不敢祔之，祔於祖之兄弟爲公子者，不敢戚君故也。

君薨，大子號稱「子」，待猶君也。謂未踰年也。雖稱「子」，與諸侯朝會如君矣。《春秋》魯僖公九年夏，葵丘之會，宋襄公稱「子」而與諸侯序。待，或爲「侍」。疏正義曰：「君薨」，謂先君薨也。「大子號稱子」者，其本大子，君存稱世子。今君既薨，故稱「子」，不言世子。「待猶君也」者，謂與諸侯並列，其待之禮，❷猶如正君。注「謂未」至「侯序」 正義曰：知「未踰年」者，若踰年則稱君，此云「稱子」，故知未踰年也。引《春秋》者，證未踰年稱子及待猶君之義。案僖九年「二月，❸宋公御説卒。夏，公會宰周公、齊侯、宋子以下于葵丘」。是宋襄公稱「子」，序在齊侯之下，與尋常宋公同，是「與諸侯序」。案《公羊傳》云：「君存稱世子，君薨稱子某。既葬稱子，踰年稱公。」今宋襄公未葬君，當稱「子某」而稱「子」者，鄭用《左氏》之義，未葬以前則稱子，既葬以後，踰年則稱公。故僖九年傳云：「凡在喪，王曰小童，公侯曰子。」是未葬爲在喪之稱也。若杜元凱之意，未葬以前皆稱「子」，若既葬雖未踰年亦稱「公」，若未葬雖踰年猶稱「子」。其義具在《下曲禮》疏。其與諸侯序列，宋襄公在喪稱「子」，自在本班。定四年，陳懷公稱「子」，進在鄭上；僖二十八年，陳共公稱「子」，降在鄭下；衛侯弟叔武稱「子」，亦序在鄭下。此皆春秋之時霸者所次，不與此《記》同也。

有三年之練冠，則以大功之麻易之，唯杖屨不易。謂既練而遭大功之喪者也。練除首絰。要絰葛又不如大功之麻重也。言練冠、易麻，互言之也。唯杖屨不易，言其餘皆易也。屨不易者，練與大功俱用繩耳。疏正義曰：此一經明先有三年練冠之節，今

❶「公子者」，浦鏜校云，當作「公子附於公子者」。
❷「其」，原作「共」，據殿本、庫本及衛氏《集説》改。
❸「二月」，常盤《校記》云當作「三月」是也。

遭大功之麻易之。先師解此，凡有三義。案《聖證論》云：❶「范宣子之意，以母喪既練，遭降服大功，則易衰。以母之既練，衰八升，降服大功，衰七升，故得易之。其餘則否。」賀瑒之意，以「三等大功，皆得易三年練衰。其三等大功，衰雖七升、八升、九升之布，有細於三年之練衰，以其新喪之重，故皆易之。」皇氏云：「或不易。庾氏之説，唯謂降服大功衰，得易三年之練，其餘七升、八升、九升之大功，則不得易三年之練。」今依庾説，此大功者，特據降服大功也，故下文云「而祔兄弟之殤」，雖論小功之兄弟而云降服，則知此大功之麻易，據殤也。「有三年之練冠」者，❷謂遭三年之喪，至練時之冠。以首絰已除，故特云冠。「則以大功之麻易之」者，初死者是降服大功，則以此大功之麻易三年之練。「唯杖屨不易」者，言大功無杖，無可改易。三年練與大功初喪同是繩屨，故「杖屨不易」。注「謂既」至「繩耳」正義曰：云「練除首絰」者，《間傳》文。首絰既除，故著大功麻絰。云「要絰葛又不如大功之麻重也」者，斬衰既練要絰，與大功初死要絰麤細同，斬衰是葛，大功是麻，故云「要絰葛，又不如大功之麻重也」。云「言練冠、易麻，互言之也」者，麻謂絰帶。大功言絰帶，明三年練亦有絰帶；三年練云冠，明大功亦有冠。是大功冠與絰帶，易三年冠及絰帶，故云「互言之」。云「唯杖屨不易，言其餘皆易也」者，經既言「冠」言「麻」，以明換易，又云「杖屨不易」，則知衰亦在易中，故言「其餘皆易」。謂冠也，要帶也，衰也，言悉易也。然練之首絰除矣，無可易也。又大功無杖，亦無可易也。而云「易」與「不易」者，因其餘有易者，連言之。

有父母之喪，尚功衰，而附兄弟之殤，則練冠附於殤，稱「陽童某甫」，不名，神也。此兄弟之殤，謂大功親以下之殤也。斬衰、齊衰之喪，練皆受以大功之衰，此謂之功衰。以是時而祔大功親以下之殤。大功親以下之殤輕，不易服。冠而兄爲殤，謂同年者也。兄十九而死，己明年因喪而冠。陽童，謂庶殤也。宗子則曰陰童。童，未成人之稱也。某甫，且字也。尊神不名，爲之造字。疏正義

---

❶「案聖證論云范宣子之意」，阮校引齊召南云：「《聖證論》是魏時王肅所撰以難鄭學者，范宣子即東晉范宣，在肅之後，肅何緣得引之？後文『爲妻父母在，不杖不稽顙』，疏引『《禮論》范宣子申云』，可知此文『聖證論』三字係『禮論』二字之譌也。」

❷「練」，原作「喪」，據阮本改。

曰：此一經明己有父母之喪，既練之後，得附兄弟小功之殤。❶　「尚功衰」者，衰，謂三年練後之衰，升數與大功同，故云功衰。今己有父母之喪，猶尚身著功衰，今兄弟有殤在小功者，當須祔祭，故云「而附兄弟之殤」。「則練冠附於殤」者，小功以下既輕，不合改練時之服，則身著練冠，附祭於殤。「稱『陽童某甫』，不名，神也」者，當附祭此殤之時，其祝辭稱此殤曰「陽童」，又稱此殤曰「某甫」。所以不呼其名者，尊神之也。故爲之造字，稱曰「某甫」且字也。注「此兄」至「造字」　正義曰：知「大功親以下之殤也」者，若大功正服，則變三年之練。此著練冠，故知大功親以下之殤。若成人，合服之大功；其若長殤，小功；若成人小功親，其長殤則緦麻。皆得著此三年練冠爲之祔祭，故云「大功親以下之殤」。言「以下」，兼小功也。己是祖之適孫，若祔大功兄弟長殤，得在祖廟。若祔小功兄弟長殤，則是祖之兄弟之後，所以得祔者，己是曾祖之適，共小功兄弟同曾祖。今小功兄弟當祔於從祖之廟，其小功兄弟身及父是庶人，不合立祖廟，則曾祖適孫爲之立壇，祔小功兄弟之長殤於從祖，立神而祭也。皇氏云：「小功兄弟爲士，從祖爲大夫，士不可祔於大夫，當祔於大功親以下從祖爲士，故祔小功兄弟長殤於己祖廟。」義亦得通。云「大功親以下之殤輕，不易服」者，案《服問》「大功殤長、中，變三年之葛」，得易首絰、要帶，不得易服，故此祔祭著練冠也。此注，諸本或誤云「大功親之下殤」，故諸儒等難鄭云：「既是下殤，何得有弟冠？」范宣子、庾蔚等云：「下殤者，傳寫之誤，非鄭謬也。」云「冠而兄爲殤，謂同年者也」者，此鄭自難云：弟冠而兄得爲殤者，謂弟與兄同年十九也。云「兄十九而死，己明年因喪而冠」者，此新死之兄，既是小功之服，不合變三年之練，而得有因喪冠者，謂己明年之初，用父母喪之練節而加冠以後始祔兄弟也。云「陽童，謂庶殤也。宗子則曰陰童。童，未成人之稱也」者，《曾子問》庶子之殤，祭於室白，故曰陽童；宗子殤死，祭於室奧，則曰陰童。云「某甫，且字也」者，《檀弓》云「五十以伯仲」，是正字；二十之時曰「某甫」，是「且字」，言且爲之立字。云「尊神不名，爲之造字」者，以字者，冠時所有。此兄去年已死，未得有字。雖云「某甫」，是死後祔時爲之造字。必造字者，以神道事之，不可觸名故也。　凡

❶ 「附」，阮本作「祔」。阮校云：「閩本同，衛氏《集説》同。浦鏜云：『當作祔，後并同。』」

異居，始聞兄弟之喪，唯以哭對可也。惻怛之痛，不以辭言爲禮也。其始麻，散帶絰。與居家同也。凡喪，小斂而麻。未服麻而奔喪，及主人之未成絰也，疏者與主人皆成之，親者終其麻帶絰之日數。疏者，謂小功以下也。親者，大功以上也。疏者及主人之節，則用之；其不及，亦自用其日數。

疏正義曰：此一節明異居聞兄弟喪，哭及奔赴之禮。「凡異居」者，言「凡」，非一之辭。異居，別所而始聞兄弟之喪。「唯以哭對可也」者，初聞其喪，惻怛情重，不暇問其餘事，唯哭對使者，則於禮可也。❶「其始麻，散帶絰」者，此謂大功以上兄弟，其初聞喪，始服麻之時，散垂要之帶絰。若小功以下服麻，則糾垂不散也。「未服麻而奔喪」者，謂聞喪未及服麻而即奔喪。「及主人之未成絰也」者，謂道路既近，聞喪即來，至在主人小斂之前，故云「及主人未成絰也」。「疏者與主人皆成之」者，疏，謂小功以下，值主人成服之節，則與主人皆成就之。「親者終其麻帶絰之日數」者，親，謂大功以上。初來奔至，雖值主人成服，未即成之，必終竟其麻帶絰滿依禮日數，而後成服也。注「與居」至「而麻」　正義曰：案《士喪禮》「小斂，襲絰于序東」，是凡士喪，小斂而麻也。又《士喪禮》「三日絞垂」，此云「始麻，散帶絰」，是「與居家同」。注「疏者」至「日數」　正義曰：知「疏者，謂小功以下」者，《喪服傳》云，大功以上，同居爲同財，故知「疏者，謂小功以下」。云「其不及，亦自用其日數」者，謂疏者若其及主人之節，則與主人同成服；若其不及主人之節，亦自用其依禮之日數，奔喪之後，至三日而成服也。此未奔喪而散帶絰，❷案《奔喪禮》聞喪即襲絰，絞帶不散者，彼謂有事，故未得即奔喪，故不散帶。此謂即欲奔喪，故散麻也。此經奔喪來至猶散麻。案《奔喪禮》聞喪則襲絰，至即絞帶，不散麻者，此經即來奔者，故散麻，以見尸柩故也。彼謂奔喪來遲，故注云「不見尸柩，不散帶」。

主妾之喪，則自祔；至於練、祥，皆使其子主之。其殯、祭不於正室。祔自爲之者，以其祭於祖廟。君不撫僕妾。略於賤也。

疏正義曰：妾既卑賤，得

❶「則」，原作「赴」，據《考文》古本、殿本、庫本及衛氏《集説》改。

❷「奔」，原作「葬」，據阮本改。

主之者，崔氏云：「謂女君死，攝女君也。」「則自附」者，以其祔祭於祖姑，尊祖，故自祔也。以其祔廟也，妾合祔於妾祖姑。若無妾祖姑，則祔於女君可也。「其殯、祭不於正室」者，雖攝女君，猶下正適，故殯之與祭，不得在正室。庾蔚云：「妾祖姑無廟，爲壇祭之。」鄭云「於廟」者，崔氏云：「於廟中爲壇祭之。此謂攝女君。若不攝女君之妾，則不得爲主，則別爲壇，不在祖廟中，而子自主之也。」

女君死，則妾爲女君之黨服。攝女君，則不爲先女君之黨服。妾於女君之親，若其親然。疏正義曰：「女君死，則妾爲女君之黨服」者，賀瑒云：「雖是徒從，而抑妾，故爲女君黨服，防覬覦也。」「攝女君，則不爲先女君之黨服」者，以攝女君，差尊，故不爲先女君之黨服也。

禮記正義卷第五十

鳴謝

《儒藏》精華編惠蒙善助，共襄斯文；謹列如左，用伸謝忱。

本焕法師　壹佰萬元

智海企業集團董事長　馮建新先生　壹佰萬元

NE·TIGER時裝有限公司董事長　張志峰先生　壹佰萬元

張貞書女士　壹佰萬元

北京大學《儒藏》編纂與研究中心

本册審稿人　刁小龍

本册責任編委　馬月華　華　喆

圖書在版編目(CIP)數據

儒藏.精華編.五〇/北京大學《儒藏》編纂與研究中心編.—北京：北京大學出版社，2016.9

ISBN 978-7-301-11768-2

Ⅰ.①儒… Ⅱ.①北… Ⅲ.①儒家 Ⅳ.①B222

中國版本圖書館CIP數據核字（2016）第224859號

書　　名	儒藏（精華編五〇） RUZANG
著作責任者	北京大學《儒藏》編纂與研究中心　編
責任編輯	吴遠琴
標準書號	ISBN 978-7-301-11768-2
出版發行	北京大學出版社
地　　址	北京市海淀區成府路205號　100871
網　　址	http://www.pup.cn　　新浪微博：@ 北京大學出版社
電子信箱	dianjiwenhua@126.com
電　　話	郵購部62752015　發行部62750672　編輯部62756449
印 刷 者	北京中科印刷有限公司
經 銷 者	新華書店
	787毫米×1092毫米　16開本　37印張　550千字 2016年9月第1版　2016年9月第1次印刷
定　　價	1200.00元

ISBN 978-7-301-11768-2
9 787301 117682 >
定價:1200.00元